Oberender

Marktstruktur und Wettbewerb in der
Bundesrepublik Deutschland

Marktstruktur und Wettbewerb in der Bundesrepublik Deutschland

Branchenstudien zur deutschen Volkswirtschaft

herausgegeben von

Dr. Peter Oberender
o. Professor für Volkswirtschaftslehre an der Universität Bayreuth

mit Beiträgen von

Hartwig Bartling, Hartmut Berg, Herwig Brendel
Volker Emmerich, Ulrich Fehl, Rudolf Gärtner
Friedrich Geigant, Horst Greiffenberg, Helmut Gröner
Walter Hamm, Helmut Hesse, Rolf Hochreiter
Harald Jürgensen, Jürgen Müller, Peter Oberender
Joachim Schwalbach, Werner Zohlnhöfer

Verlag Franz Vahlen München

CIP-Kurztitelaufnahme der Deutschen Bibliothek

Marktstruktur und Wettbewerb in der Bundesrepublik Deutschland : Branchenstudien zur dt. Volkswirtschaft / hrsg. von Peter Oberender. Mit Beitr. von Hartwig Bartling ... – München : Vahlen, 1984.
 ISBN 3-8006-1001-9
NE: Oberender, Peter [Hrsg.]; Bartling, Hartwig [Mitverf.]

ISBN 3 8006 1001 9

© 1984 Verlag Franz Vahlen GmbH, München
Graphiken: Hans Georg Müller, München
Satz und Druck: Appl, Wemding

Vorwort

Branchenstudien haben in den angelsächsischen Ländern bereits eine Tradition. In der Bundesrepublik Deutschland dagegen stellt dieses Gebiet weitgehend Neuland dar. In den vergangenen Jahren wurde zwar markttheoretischen Branchenstudien auch von deutschen Ökonomen – vor allem von Vertretern der Industrial Organization (Industrieökonomik) – größeres Interesse entgegengebracht, aber im Grunde genommen befindet sich dieses Gebiet in Deutschland noch in den Kinderschuhen. Der vorliegende Band soll darum auch dazu beitragen, die Lücke an markttheoretischen deutschen Branchenstudien zu schließen.

Branchenstudien sind deshalb relevant, weil sich wirtschaftliches Wachstum und wirtschaftliche Entwicklung einer Volkswirtschaft immer über Märkte, genauer: in den Märkten einzelner Branchen, vollziehen. Von besonderer Bedeutung ist dabei die branchenspezifische Wettbewerbssituation, die durch die Rahmenbedingungen, die Marktstruktur sowie die Verhaltensweise der Akteure wesentlich bestimmt wird. Auf diese Aspekte ist folglich in markttheoretischen Studien vor allem abzustellen. Ausdrückliche Beachtung ist den jeweiligen branchenspezifischen rechtlichen und institutionellen Rahmenbedingungen zu schenken, weil sie letztlich den Handlungsspielraum der einzelnen Akteure festlegen; die Verhaltensweisen der Marktteilnehmer einer Branche lassen sich theoretisch nur vor dem Hintergrund der branchenspezifischen Rahmenbedingungen als Teil der „ordnungspolitischen Spielregeln" erklären.

Nun sind Fallstudien nicht l'art pour l'art. Als eine der wichtigsten Informationsquellen über Märkte und Marktvorgänge bilden sie nicht nur eine Grundlage für die Überprüfung und Weiterentwicklung der Markttheorie, darüber hinaus liefern erst sie die Voraussetzungen für eine adäquate wirtschaftspolitische Diagnose und Therapie. Bei den hier vorgelegten Branchenuntersuchungen erfolgt deshalb keine bloß beschreibende Bestandsaufnahme, vielmehr geht es primär um die Diagnose der Wettbewerbssituation in sechzehn ausgewählten Branchen mit entsprechenden wettbewerbspolitischen Schlußfolgerungen. Ziel des Bandes ist es zu zeigen, was die moderne Wettbewerbstheorie mit ihren verschiedenen Konzepten und Leitbildern für die Diagnose wettbewerbspolitischer Probleme und deren Lösung zu leisten vermag. Die Komplexität der Realität, die sich oft als sehr verwirrend und widersprüchlich präsentiert, gilt es durch Abstraktion auf die relevanten Größen zu reduzieren, um funktionale Zusammenhänge zur Erklärung der Wirklichkeit aufzudecken.

Aufgrund des noch defizitären theoretischen und empirischen Kenntnisstandes gibt es nun jedoch verschiedene wettbewerbstheoretische Konzepte. Dies hat zur Konsequenz, daß auch in den einzelnen Beiträgen des vorliegenden Bandes, die von sachverständigen Autoren verfaßt wurden, unterschiedliche Wettbewerbskonzepte verwandt werden. Auf diese Weise wird gleichsam auch ein Abriß der gegenwärtig aktuellen wettbewerbstheoretischen Ansätze und der sich daraus ergebenden wettbewerbspolitischen Leitbilder gegeben. Den einzelnen Autoren wurde lediglich das allgemeine Schema „Rahmenbedingungen – Marktstruktur – Marktverhalten – Marktergebnisse – wettbewerbspolitische Folgerungen" vorgegeben, um zumindest für den formalen Aufbau der Beiträge eine gewisse Gemeinsamkeit zu erzielen. Jeder Autor sollte bei seiner Studie vor allem die branchenspezifischen Besonderheiten herausarbeiten. Der Aufbau des Bandes wurde so vorgenommen, daß die Beiträge nach Sektoren geordnet wurden. Es wird mit dem primären Sektor begonnen, daran schließen sich sekundärer und tertiärer Sektor an.

Das Buch soll Praktikern als Nachschlagewerk zur Information über Besonderheiten und Wettbewerbsprobleme der eigenen sowie fremder Branchen dienen. Dadurch soll das wettbewerbspolitische Interesse und Verständnis dieses Personenkreises gefördert werden.

Durch den ausgeprägten Anwendungsbezug der Studien soll nicht nur Praktikern, sondern vor allem auch Studierenden anhand konkreter Branchenuntersuchungen demonstriert werden, wie komplexe Tatbestände der Realität mit Hilfe wettbewerbstheoretischer Instrumente adäquat erfaßt und erklärt werden können. Es werden auf diese Weise Wettbewerbstheorie und Wettbewerbspolitik „in action" gezeigt. Der Band eignet sich als Arbeitsbuch für wirtschaftspolitische Lehrveranstaltungen an Universitäten und Fachhochschulen. Die Publikation enthält sowohl kurze Studien, die einen bestimmten Aspekt in den Mittelpunkt ihrer Betrachtungen stellen, als auch solche Beiträge, die sich sehr ausführlich mit einer Branche beschäftigen. Auf diese Weise soll dem unterschiedlichen Bedürfnis hinsichtlich Umfang und Tiefe einer Branchenstudie im Rahmen von Lehrveranstaltungen Rechnung getragen werden. Durch Kontrollfragen am Ende eines jeden Beitrags soll die Erschließung wettbewerbspolitischer Probleme einer Branche erleichtert werden. Außerdem werden am Schluß jeder Studie kommentierte Literaturempfehlungen zum Weiterstudium gegeben, um den Leser zur Vertiefung seiner Kenntnisse anzuregen. Das Sachregister wurde nach folgenden drei Gesichtspunkten aufbereitet: Es wurde innerhalb des gesamten Registers für jede Studie ein eigenes Sachregister erstellt, um so Lesern, die an einzelnen Branchen interessiert sind, das Auffinden branchenspezifischer Sachverhalte zu erleichtern; außerdem wurde eine Reihe von Schlagworten, die von allgemeinem Interesse sind, aufgenommen, wobei für einige zusätzlich eine Zuordnung nach Branchen vorgenommen wurde.

Als 1979 mit der Realisierung des vorliegenden Projektes begonnen wurde, bereitete es besondere Schwierigkeiten, Autoren für die einzelnen Branchenstudien zu finden, die nicht nur kompetent, sondern auch zeitlich dazu in der Lage waren. Für einige Branchen, die von Interesse gewesen wären, konnten diese Voraussetzungen nicht erfüllt werden. Dies ist ein wesentlicher Grund für das Fehlen der einen oder anderen Branche. Insbesondere gilt dies hinsichtlich neuer, sehr expansiver Sektoren; auch aufgrund der seitenmäßigen Limitierung des Buches konnten einige Branchen nicht berücksichtigt werden.

Als Herausgeber habe ich an erster Stelle allen Autoren zu danken, die nicht nur trotz großer anderweitiger Beanspruchung eine Studie anfertigten, sondern sich auch sehr geduldig zeigten, bis der Band endgültig fertiggestellt werden konnte. Das Erscheinen des Buches verzögerte sich, weil bei einigen Autoren unvorhersehbare Probleme bei der Beschaffung des erforderlichen Materials auftraten; einige Studien konnten deshalb überhaupt nicht angefertigt werden.

Mein Assistent, Herr Diplom-Volkswirt *Bernd Noll,* hat nicht nur mit außergewöhnlicher Akribie alle Beiträge sehr kritisch gelesen und zahlreiche Anregungen sowie Verbesserungsvorschläge gegeben, sondern darüber hinaus hat er mit sehr großer Umsicht und Sorgfalt die redaktionelle Aufbereitung der Manuskripte sowie die Anfertigung des Sachregisters übernommen. Außerdem haben mich Frau Diplom-Kaufmann *Ute Schlegel,* Fräulein cand. rer. pol. *Martina Sindelar,* Herr Diplom-Volkswirt *Armin Rockholz* und Herr cand. rer. pol. *Georg Rüter* sehr tatkräftig bei der Herausgabe des Bandes unterstützt. Mein Assistent, Herr Dr. *Martin Wilhelmi,* hat durch sein großes Engagement im Rahmen der üblichen Lehrstuhlarbeiten indirekt wesentlich zur Herausgabe dieses Bandes beigetragen. Hierfür danke ich allen sehr herzlich.

Last but not least gebührt Fräulein *Iris Wolf* und in der Schlußphase Frau *Evelyn Hülsmann* Dank für die Anfertigung des druckreifen Manuskriptes. Herrn Diplom-Volkswirt *Dieter Sobotka,* dem Lektor des Verlages Franz Vahlen, gilt mein Dank für die Geduld und für die fachmännische Betreuung bei der Fertigstellung des Buches.

Bayreuth, im Februar 1984   *Peter Oberender*

Inhaltsverzeichnis

Vorwort V

1. Landwirtschaft
   Hartwig Bartling 1

2. Wohnungswirtschaft
   Helmut Hesse 53

3. Elektrizitätsversorgung
   Helmut Gröner 87

4. Mineralölindustrie
   Harald Jürgensen 139

5. Automobilindustrie
   Hartmut Berg 169

6. Chemiefaserindustrie
   Ulrich Fehl, Peter Oberender 217

7. Pharmazeutische Industrie
   Peter Oberender 243

8. Zigarettenindustrie
   Herwig Brendel 311

9. Spirituosenindustrie
   Herwig Brendel, Peter Oberender 371

10. Brauereiindustrie
    Jürgen Müller, Joachim Schwalbach 421

11. Transportwesen
    Walter Hamm 455

12. Versicherungen
    Rudolf Gärtner 491

13. Banken
    Friedrich Geigant 537

14. Pressewesen
    Horst Greiffenberg, Werner Zohlnhöfer 577

15. Tourismusindustrie
   Rolf Hochreiter 629

16. Sachverständigenmarkt: Die Technischen Überwachungsvereine als Beispiel
   Volker Emmerich 659

Autorenverzeichnis 681

Sachverzeichnis 682

Landwirtschaft

Hartwig Bartling

Gliederung

1. Einführung

2. Strukturdaten von Agrarmärkten
   2.1. Wirtschaftsstufen der Agrargüterversorgung
   2.2. Zahl, Größe und innerbetriebliche Strukturen sowie (Mindest-)Optimalgrößen landwirtschaftlicher Betriebe
   2.3. Anteile der Landwirtschaft am Bruttoinlandsprodukt zu Faktorkosten und an der Zahl der Erwerbstätigen

3. Verhaltensweisen und Preisbildung auf wettbewerblichen Agrarmärkten
   3.1. Nachfrage nach Agrargütern
       3.1.1. Endnachfrage von Haushalten nach Nahrungsmitteln
       3.1.2. Nachfrage von Handels- und Verarbeitungsunternehmen nach Agrarerzeugnissen landwirtschaftlicher Betriebe
   3.2. Angebot von Agrargütern
       3.2.1. Kostenverläufe als Bestimmungsfaktoren des Agrargüterangebots landwirtschaftlicher Betriebe
       3.2.2. Marktaustrittsschranken
       3.2.3. Zur These inversen Angebotsverhaltens der Landwirte
   3.3. Agrarpreisbildung
       3.3.1. Klimatisch und biologisch bedingte Agrarpreisschwankungen
       3.3.2. Konjunkturbedingte Agrarpreisschwankungen
       3.3.3. Preisinduzierte Agrarpreisschwankungen bei Angebotsrigiditäten
       3.3.4. Preisverzerrungen wegen Vermachtungen vor- und nachgelagerter Wirtschaftsstufen
       3.3.5. Preisverzerrungen aufgrund externer Effekte
       3.3.6. Preisverfall bei „ruinöser Branchenkonkurrenz" aufgrund von Marktaustrittsschranken
       3.3.7. Würdigung der wettbewerblichen Selbststeuerungseffizienz im Agrarsektor

4. Wirtschaftspolitische Folgerungen
   4.1. EG-Agrarmarktordnungen
       4.1.1. Außenwirtschaftsschutz
       4.1.2. Binnenmarktinterventionen
       4.1.3. Grad der Verwirklichung agrarpolitischer Ziele
   4.2. Alternative Konzepte neutralisierender Agrarpolitik
       4.2.1. Mitverantwortungsabgabe
       4.2.2. Kontingente
       4.2.3. Produktionsabhängige Transferzahlungen („deficiency payments")
       4.2.4. Produktionsneutrale Transferzahlungen („direkte Einkommensbeihilfen")

4.3. Ursachenadäquate Strukturpolitik durch Senken von Marktaustrittsschranken und durch an EG-Bestbetrieben ausgerichtete produktionsneutrale Transferzahlungen

5. Kontrollfragen

6. Literaturhinweise

1. Einführung

Es gibt derzeit keine Volkswirtschaft, in der die Agrarmärkte einer wettbewerblichen Selbststeuerung ohne staatliche Eingriffe überlassen werden. Ob und gegebenenfalls wieweit solche Eingriffe ökonomisch begründet sind, wird im folgenden untersucht. Dazu werden einige Daten zur Struktur der Landwirtschaft in der Europäischen Gemeinschaft (EG) vorgestellt. Anschließend werden Verhaltensweisen und Preisbildungsprozesse auf wettbewerblichen Agrarmärkten analysiert, um darauf aufbauend wirtschaftspolitische Folgerungen hinsichtlich der aktuellen EG-Agrarpolitik und deren Reform zu ziehen.

2. Strukturdaten von Agrarmärkten

2.1. Wirtschaftsstufen der Agrargüterversorgung

Tabelle 1 veranschaulicht Wirtschaftsstufen bei der Nahrungsmittelversorgung, wobei die Größenordnungen der aufgeführten Marktkomponenten aus den für die BR Deutschland genannten Umsätzen ersichtlich sind. Wettbewerbliche Austauschbeziehungen sind auf folgenden Marktstufen zu beachten:
- im landwirtschaftlichen Beschaffungsbereich zwischen den Lieferanten von Investitionsgütern und Vorleistungen sowie den Landwirtschaftsbetrieben,
- im landwirtschaftlichen Absatzbereich zwischen den Landwirtschaftsbetrieben sowie den Handels- und gewerblichen Verarbeitungsunternehmen von Nahrungsmittelindustrie, -handwerk und Gaststättengewerbe,
- im inländischen Endnachfragebereich zwischen den Handels- und Verarbeitungsunternehmen als Anbietern und den Haushalten als Nachfragern, wenn vom quantitativ unerheblichen Direktabsatz der Landwirtschaftsbetriebe an die Endverbraucher abgesehen wird.

Die weitere Betrachtung konzentriert sich auf die Märkte für Agrarprodukte, auf denen die landwirtschaftlichen Betriebe als Anbieter auftreten. Dafür sind die anderen

Tabelle 1: Wirtschaftsstufen der Nahrungsmittelversorgung (mit Umsätzen im Jahr 1976 in der BR Deutschland in Mrd. DM)

Wirtschafts-stufen	Marktkomponenten				
(I) landwirtschaft- licher Beschaf- fungsbereich	Gebäude und Maschinen (7,6) als Investi- tionsgüter	Futter- mittel (10,4)	Energie und Maschinen- wartung (7,4)	Chemie- produkte (4,5)	Sonstige Vorleistun- gen (5,1)
		als Roh-, Hilfs- und Betriebsstoffe für die laufende land- wirtschaftliche Produktion			

Tabelle 1 (Fortsetzung)

Wirtschafts-stufen	Marktkomponenten			
(II) landwirtschaftlicher Produktionsbereich	Inlandserzeugung landwirtschaftl. Betriebe (50,0)		Agrargüterimport (36,0)	
(III) landwirtschaftlicher Absatzbereich	Direktabsatz bei Endverbrauchern (o. Angabe)	Erfassungsgroßhandel (46,3) ↓ Lebensmittelsortimentsgroßhandel (76,5) ↓ Lebensmitteleinzelhandel (94,7)	gewerbliche Verarbeiter: • Nahrungsmittelindustrie (92,9) • Nahrungsmittelhandwerk (48,0) • Gaststätten (34,4)	Agrargüterexport (11,9)
	Kauf von Nahrungs- und Genußmitteln durch Haushalte (164,4)			

Quelle: Zahlenangaben nach *Wöhlken, W.*, Einführung in die landwirtschaftliche Marktlehre, Stuttgart 1979, S. 78f.

Marktstufen insofern unmittelbar mitrelevant, als einerseits die Nachfrage nach Agrargütern auf der Erzeugerstufe von der Endnachfrage und den Vorgängen im zwischengeschalteten gewerblichen Bereich abzuleiten ist und andererseits für das Angebot der Landwirtschaftsbetriebe deren Beschaffungsmöglichkeiten zu berücksichtigen sind.

2.2. Zahl, Größe und innerbetriebliche Strukturen sowie (Mindest-)Optimalgrößen landwirtschaftlicher Betriebe

Die ausgewählten Daten in *Tabelle 2* zur Struktur der landwirtschaftlichen Betriebe in der Europäischen Gemeinschaft zeigen, daß es sich um ein **Polypol** mit über fünf Millionen Wirtschaftseinheiten handelt, deren Zahl allerdings seit Jahren zurückgeht (durchschnittliche jährliche Abnahme von 1970 bis 1977 in der EG 2,3%). Bei den vereinfacht nach dem Umfang der landwirtschaftlichen Nutzfläche unterschiedenen Größenklassen dominieren die Kleinbetriebe (fast 60% der EG-Betriebe haben weniger als 10 ha landwirtschaftliche Nutzfläche), während der Anteil der Betriebe mit über 50 ha landwirtschaftlicher Nutzfläche weniger als 7% ausmacht. Auffällig ist der hohe Eigentümeranteil der Betriebsinhaber am Boden (mit über 60% in der EG) und der geringe Anteil familienfremder Lohnarbeitskräfte (von nur 8% in der EG), worin die ausgeprägt **bäuerliche Eigentums- und Familienverfassung** der Landwirtschaftsbetriebe zum Ausdruck kommt.

1. Landwirtschaft

Tabelle 2: Ausgewählte Daten zur Struktur landwirtschaftlicher Betriebe in der Europäischen Gemeinschaft

Merkmal	EG: 9 Länder 1977	jährl. Änd. 1970–1977	Deutschland 1977	jährl. Änd. 1970–1977	Frankreich 1977	jährl. Änd. 1970–1977	Italien 1977	jährl. Änd. 1970–1977	Benelux 1977	jährl. Änd. 1970–1977	Großbritannien 1977	jährl. Änd. 1970–1977	Irland 1977	jährl. Änd. 1970–1977	Dänemark 1977	jährl. Änd. 1970–1977	(Mindest-) Optimal- größe nach Mansholtplan (von 1968)
Gesamtzahl landw. Betriebe[1]	5,0 Mio.	–2,3%	0,9 Mio.	–3,8%	1,1 Mio.	–3,4%	2,2 Mio.	–1,1%	0,2 Mio.		0,3 Mio.	–2,6%	0,2 Mio.		0,1 Mio.	–1,9%	
davon Hauptausrichtung[2]:																	
• Getreide u. sonst. Ackerbau	18,0%		14,0%		11,8%		24,2%		10,1%		13,9%		2,6%		34,8%		
• Rindviehhaltung u. Futterbau	27,1%		28,3%		41,5%		10,1%		44,6%		65,1%		84,8%		16,9%		
• Schweinehaltung u. sonst. Veredelg.	1,5%		1,9%		0,9%		0,8%		6,8%		4,1%		0,8%		0,8%		
• Dauerkulturen u. Gartenbau	31,7%		13,5%		25,2%		48,8%		7,8%		8,4%		0,7%		9,5%		
• ohne beherrschende Ausrichtung	21,8%		42,2%		20,8%		16,0%		21,5%		17,5%		11,0%		38,1%		
und Größenklassenanteile an landw. Nutzfläche[3]:																	
• 1 bis unter 10 ha	59,8%	–0,8%	52,8%	–3,8%	35,0%	–3,6%	85,7%	+1,0%	42,0%	–3,9%	26,3%	–2,7%	31,6%	–0,7%	30,2%	–3,7%	
• 10 bis unter 50 ha	33,7%	–1,3%	43,9%	–1,4%	52,5%	–2,5%	12,6%	+1,8%	51,8%	–1,7%	42,6%	–1,9%	59,8%	–0,7%	61,2%	–1,9%	
• über 50 ha	6,5%	+0,9%	3,3%	+3,9%	12,5%	+1,0%	1,7%	–0,8%	6,2%	+4,5%	31,1%	–0,8%	8,7%	–0,3%	8,6%	+2,9%	
Betriebsinhaber-Eigentum an landw. Nutzfläche	64,3%		69,7%		52,3%		78,9%		47,4%		57,6%		96,3%		85,4%		
Betriebsinhaber mit mindestens 50% ihrer Arbeitszeit im landw. Betrieb	55%		54%		70%		41%		88%		80%		74%		75%		
Gesamtarbeitskräfte in Jahresvoll- arbeitskrafteinheiten[2]	7,5 Mio.		1,2 Mio.	–6,5%	2,0 Mio.	–3,8%	2,8 Mio.	–1,1%	0,4 Mio.		0,6 Mio.		0,3 Mio.		0,2 Mio.		
Gesamtarbeitskräfte n. Personenzahl[1]	12,2 Mio.	–2,0%	2,1 Mio.	–4,4%	2,9 Mio.	–4,0%	5,4 Mio.	–0,8%	0,5 Mio.	–3,7%	0,7 Mio.		0,4 Mio.		0,2 Mio.		
davon:																	
• vollzeitbeschäftigt	28%	–2,4%	28%	–3,7%	34%	–5,1%	17%	+0,9%	41%	–6,0%[5]	66%		39%		50%	+2,5%	
• Betriebsinhaber	46%	–1,9%	41%	–3,7%	43%	–3,4%	49%	–1,2%	55%	–3,9%[5]	34%		51%		53%	–1,7%	
• Familienangehörige	46%	–2,4%	55%	–5,0%	48%	–4,6%	46%	–0,9%	38%	–2,6%[5]	29%		41%		37%	+4,5%	
• familienfremde Lohnarbeitskräfte	8%	–0,3%	5%	–4,4%	9%	–3,9%	5%	+5,6%	7%	–2,8%[5]	37%		7%		10%	+4,1%	
landw. Nutzfläche pro Betrieb mit Hauptausrichtung Getreidebau[2]	18,8 ha		12,3 ha		44,5 ha		7,7 ha		9,7 ha		86,8 ha		30,2 ha		17,1 ha		80–120 ha
Zahl der Milchkühe pro Halter	14		12		14		6		23		53		14		23		40–60
Zahl der Mastrinder pro Halter	71		100		81		28		134		87		52		106		150–200
Zahl der Mastschweine pro Halter	35		41		30		9		161		225		114		127		450–600

[1] Die Angaben zur jährlichen Änderung 1970 bis 1977 erfassen auch Betriebe unter 1 ha, während sich die absoluten Zahlen für das Jahr 1977 nur auf Betriebe ab 1 ha landw. Nutzfläche beziehen.
[2] Die Angaben beruhen auf der besonderen Strukturerhebung des Jahres 1975.
[3] Die Angaben zur jährlichen Änderung beziehen sich auf den Zeitraum von 1975 bis 1977.
[4] Ohne unregelmäßig beschäftigte familienfremde Arbeitskräfte. Außerdem beziehen sich für Großbritannien und Dänemark die Angaben zur jährlichen Änderung nur auf die Entwicklung von 1975 bis 1977.
[5] Die Angaben für die jährliche Änderung von 1970 bis 1977 wurden für die Benelux-Länder vereinfacht aus dem arithmetischen Mittel des für die Niederlande und für Belgien angegebenen Wertes ermittelt, da Belgien und Luxemburg zusammen etwa das gleiche Gewicht wie die Niederlande haben.

Quelle: *EG-Kommission, Die Lage der Landwirtschaft in der Gemeinschaft,* Bericht 1981, Brüssel und Luxemburg 1981, S. 266, 270–272, 286, 291f. In Verbindung mit *EG-Kommission, Die Lage der Landwirtschaft in der Gemeinschaft,* Bericht 1980, Brüssel und Luxemburg 1980, S. 252f. sowie Angaben der letzten Spalte nach: *EG-Kommission,* Memorandum zur Reform der Landwirtschaft in der Europäischen Wirtschaftsgemeinschaft (Sonderbeilage zum Bulletin 1/1969 der EG), Brüssel 1969.

Allerdings sind heute in der EG lediglich etwas über die Hälfte der Betriebsinhaber mit mindestens 50% ihrer Arbeitszeit im landwirtschaftlichen Betrieb tätig, und nur 28% von allen landwirtschaftlichen Arbeitskräften sind in der Landwirtschaft vollzeitbeschäftigt. Das folgt aus den bei den heutigen Produktionsbedingungen im Durchschnitt viel zu kleinen Betrieben. Dieser Umstand wird im unteren Teil der *Tabelle 2* nochmals pointiert deutlich, indem die – vereinfacht vom **Mansholtplan**[1] übernommenen – **Mindestoptimalgrößen** für wesentliche Wirtschaftszweige der Landwirtschaft den tatsächlich vorliegenden Durchschnittsgrößen gegenübergestellt sind. Sie erreichen für die gesamte EG meist ein Fünftel der Mindestoptimalgrößen, wobei sich für die einzelnen Mitgliedsländer starke Unterschiede ergeben. Im allgemeinen sind die Betriebseinheiten im Süden der EG kleiner als im Norden der Gemeinschaft.

2.3. Anteile der Landwirtschaft am Bruttoinlandsprodukt zu Faktorkosten und an der Zahl der Erwerbstätigen

Wie sehr die Landwirtschaft ein Problembereich ist, zeigt sich daran, daß ihr Beitrag zum Bruttoinlandsprodukt zu Faktorkosten in allen Ländern der EG kleiner ist als ihr Erwerbstätigenanteil. Wie *Abbildung 1* verdeutlicht, sind zwar in allen Ländern die Erwerbstätigen- wie auch die Bruttoinlandsprodukt-Anteile vom Jahr 1968 (bzw. 1973) bis zum Jahr 1979 zurückgegangen, und zwar am stärksten in Irland und Italien als den Ländern mit hohen Ausgangsanteilen. Indessen sind keine deutlichen Tendenzen zu einem ausgeglichenen Verhältnis der Anteile von 1:1 zu erkennen, vielmehr haben sich die Relationen z. B. für Großbritannien und die Niederlande sogar verschlechtert.

Die darin zum Ausdruck kommende Disparität zwischen dem Landwirtschaftsbereich und der übrigen Wirtschaft könnte von landwirtschaftlichen Interessenvertretern einseitig auf zu niedrige Preise zurückgeführt werden, weil bei steigenden Agrarpreisen ceteris paribus der landwirtschaftliche Bruttoinlandsproduktanteil ansteigen und damit dem landwirtschaftlichen Erwerbstätigenanteil angeglichen würde. Verbrauchervertreter könnten demgegenüber ähnlich einseitig fordern, daß die unausgeglichene Relation durch Senken des landwirtschaftlichen Erwerbstätigenanteils bis zur Gleichheit mit dem unveränderten Bruttoinlandsproduktanteil zu beseitigen sei. Um zu klären, wieweit die divergierenden Standpunkte berechtigt sind, bedarf es im weiteren der Kausalanalyse statt der Deskription.

---

[1] Damit wird nicht der politische Gesamtvorschlag des **Mansholtplans** gutgeheißen, sondern werden nur die dadurch bekanntgewordenen produktionskostenoptimalen Betriebsgrößen bezogen. Zur Frage optimaler Betriebsgrößen vgl. die speziellen Ausführungen im folgenden.

1. Landwirtschaft

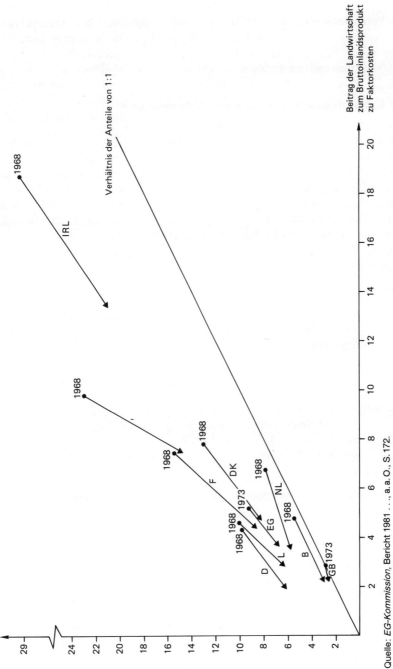

Quelle: *EG-Kommission, Bericht 1981 ... a.a.O., S.172.*

Abbildung 1: Entwicklung der landwirtschaftlichen Anteile am Bruttoinlandsprodukt und an der Zahl der Erwerbstätigen vom Jahr 1968 (bzw. teils 1973) bis jeweils zum Jahr 1979 in der EG (Länderbezeichnung nach internationalen Kfz-Kennzeichen)

3. Verhaltensweisen und Preisbildung auf wettbewerblichen Agrarmärkten

3.1. Nachfrage nach Agrargütern

3.1.1. Endnachfrage von Haushalten nach Nahrungsmitteln

Für einen Haushalt läßt sich durch Nachfragefunktionen angeben, wie die Menge eines von ihm nachgefragten Gutes (m_1) von den Hauptbestimmungsfaktoren: der Bedürfnisintensität (b_1), dem Preis des Gutes (p_1), den Preisen aller anderen Konsumgüter ($p_2 \ldots p_n$) und der Konsumsumme des Haushalts (c), abhängt, wobei letztere wiederum eine Funktion von der Einkommenshöhe (y) und der personellen Struktur (s) wie Personenzahl, Alter und Verzehrgewohnheiten des Haushalts ist. Die Bedürfnisintensität als einzige nicht direkt meßbare Größe wird zweckmäßigerweise indirekt in der Art der funktionalen Beziehung zwischen den direkt meßbaren Variablen berücksichtigt, so daß sich ergibt:

$m_1 = b_1 [p_1; p_2 \ldots p_n; c(y, s)]$.

Da die für die Preisbildung relevante Marktnachfrage M_1 nichts anderes als die Aggregation der individuellen Nachfrage der Haushalte ist, ergibt sich als generelle Marktnachfragefunktion:

$M_1 = B_1 [p_1; p_2 \ldots p_n; c_A(y_A, s_A) \ldots c_Z(y_Z, s_Z)]$

wobei außer den bereits eingeführten Symbolen gilt:

B_1 = Bedürfnisintensität für das Gut auf dem Markt,
$c_A \ldots c_Z$ = Konsumsummen der Haushalte A bis Z,
$y_A \ldots y_Z$ = Einkommen der Haushalte A bis Z,
$s_A \ldots s_Z$ = personelle Struktur (wie Personenzahl, Alter, Verzehrgewohnheiten) der Haushalte A bis Z.

Die von der generellen Funktion zu unterscheidende spezielle Marktnachfragefunktion:

$M_1 = f(p_1)$

gibt an, wie die Marktnachfragemenge (als Wirkung) vom Preis des Gutes (als Ursache) abhängt, wenn alle anderen Einflußgrößen im Sinne der „ceteris paribus"-Methode unverändert bleiben. Änderungen der anderen Bestimmungsfaktoren der Marktnachfrage führen allerdings zu Verlagerungen der Nachfragefunktionen, so daß z. B. in *Abbildung 2* ein Anstieg des Einkommens von Haushalten ceteris paribus eine Rechtsverschiebung der speziellen Nachfragekurven für die dort aufgeführten Nahrungsmittel bewirken kann.

Durch empirische Messung der Elastizitäten wird ermittelt, um wieviel Prozent sich die nachgefragte Menge ändert, wenn einer der Bestimmungsfaktoren um ein Prozent bei Konstanz der übrigen Größen variiert. Vor allem durch Querschnittsanalysen lassen sich relativ einfach Daten für die Einkommenselastizitäten wie

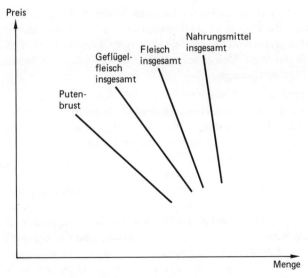

Abbildung 2: Unterschiedliche Nachfragekurven und Preiselastizitäten der Nachfrage für unterschiedlich große Gütergruppen

$$E_{M_1/y} = \frac{\text{Nachfragemengenänderung bei dem Gut 1 (in \%)}}{\text{Einkommensänderung der Haushalte (in \%)}}$$

errechnen.

Wegen der **Slutsky-Schultz-Relation**

$$E_{M_1/y} + E_{M_1/p_1} + E_{M_1/p_j} = 0$$

wobei: $E_{M_1/p_1} = \dfrac{\text{Nachfragemengenänderung bei dem Gut 1 (in \%)}}{\text{Preisänderung bei dem Gut 1 (in \%)}}$

= direkte Preiselastizität der Nachfrage

und $E_{M_1/p_j} = \dfrac{\text{Nachfragemengenänderung bei dem Gut 1 (in \%)}}{\text{Preisänderung bei einem anderen Gut (in \%)}}$

= Kreuzpreiselastizität der Nachfrage

kann dann bei bekannter Einkommenselastizität auf die Größenordnung der Preiselastizitäten geschlossen werden. Je größer beispielsweise die substitutive Beziehung beim Konsum zwischen Gütern (wie bei Butter und Margarine) ist, um so größer ist deren Kreuzpreiselastizität, und entsprechend negativ und absolut größer als die Einkommenselastizität muß die Preiselastizität sein. Da für die Nahrungsmittel insgesamt kaum eine Substitutions- oder Komplementärbeziehung zu anderen Gütern besteht (d.h. die Kreuzpreiselastizitäten sind annähernd Null), wird die Preiselastizität der Nachfrage absolut etwa gleich groß wie die Einkommenselastizität sein und ein umgekehrtes Vorzeichen haben.

Im allgemeinen wird die Preiselastizität eines Gutes im Vergleich mit der Preiselastizität eines anderen Gutes um so kleiner sein, je geringer die Substitutionsbeziehung zu anderen Gütern ist, je stärker die Komplementärbeziehung zu anderen Gütern ist und je weniger die Haushaltseinkommen durch das Gut belastet werden. Entsprechend wird bei gegebenem Preis für eine gesamte Gütergruppe die Preiselastizität der Nachfrage in der Regel kleiner sein als für einzelne Güter der Produktgruppe, was *Abbildung 2* veranschaulicht.

Charakteristisch für die Gesamtnahrungsmittelnachfrage ist, daß der Verbrauch in Ländern mit hohen Einkommen wie in der BR Deutschland auch bei weiter ansteigenden Pro-Kopf-Realeinkommen nicht über Werte von 3000 bis 3300 Kilokalorien pro Kopf und Tag zunimmt[2]. Die Einkommenselastizität von in Kalorien gemessenen Mengen aller Nahrungsmittel ist somit annähernd Null. Allerdings ist dabei nicht berücksichtigt, daß mit steigendem Wohlstand pflanzliche Nahrungsmittel **(Primärkalorien)** durch tierische **(Sekundärkalorien)** ersetzt werden[3] und für die Erzeugung einer Sekundärkalorie im Durchschnitt fünf bis sieben Kalorien aus pflanzlicher Grundsubstanz benötigt werden. Da die Nahrungsmittel tierischer Herkunft im allgemeinen pro Kalorie wesentlich teurer als pflanzliche Erzeugnisse sind, wird der mit steigendem Wohlstand einhergehende Übergang der Verbraucher zu höherwertigen Nahrungsmitteln dann berücksichtigt, wenn die nachgefragten Mengen der jeweiligen Produkte mit den Preisen eines Basisjahres bewertet und damit in monetären Einheiten aggregierbar werden. Als Einkommenselastizität ergab sich auf dieser monetären Basis für die BR Deutschland im Jahr 1975/76 ein Wert von etwa 0,25, d. h. eine Einkommenserhöhung von 1% ging mit einer Mehrnachfrage nach Nahrungsmitteln einschließlich der alkoholischen Getränke von 0,25% einher[4].

Die starken Unterschiede bei den Elastizitätswerten für einzelne Nahrungsmittel veranschaulicht *Tabelle 3*. Fleisch wird mit steigendem Wohlstand relativ kräftig mehr nachgefragt. Insbesondere ergab sich 1955 eine einkommenselastische Nachfrage nach Geflügelfleisch, während 1974 Rindfleisch – wenn auch einkommensunelastisch – dominierte. Wegen des begrenzten Gesamtkalorienbedarfs pro Kopf haben sich Kartoffeln und Trinkmilch inzwischen zu leicht inferioren Gütern entwickelt. Insgesamt nehmen die Einkommens- und Preiselastizitäten im Zeitablauf mit steigendem Einkommen ab und weisen generell unelastische Werte auf.

Die Kenntnis der Elastizitäten ist für die Nachfrageprognose bei den landwirtschaftlichen Gütern von unmittelbarer Bedeutung. Darüber hinaus wird agrarpolitisch gelegentlich bereits aus der unbestreitbaren Tatsache, daß die Einkommenselastizität der Nachfrage nach Nahrungsmitteln kleiner als Eins ist **(Engelsches Gesetz[5])** und damit die Ausgaben für Nahrungsmittel um einen geringeren Prozentsatz steigen als die

---

[2] Vgl. als Untersuchung für über zwanzig Länder *Wöhlken, E.* und Mitarbeiter, Nahrungsmittelverbrauch im Mehrländervergleich, Münster-Hiltrup 1981, bes. S. 10ff., S. 100ff.

[3] Vgl. ebenda, S. 16: „Die aus dem Mehrländervergleich 1973-75 errechnete Einkommenselastizität des Verbrauchs an Kalorien pflanzlicher Herkunft liegt ... auf hohem Einkommensniveau bei −0,04" und führt für den „Verbrauch an Kalorien tierischer Herkunft ... zu einer Einkommenselastizität von 0,47".

[4] Vgl. *Wöhlken, E.*, Einführung in die landwirtschaftliche Marktlehre, Stuttgart 1979, S. 49 mit Bezug auf *Wöhlken, E./Meyer, H.*, Elastizitäten der Mengennachfrage nach der Gesamtheit aller Nahrungsmittel, in: Agrarwirtschaft, Jg. 26 (1977), S. 142.

[5] Vgl. *Burk, M. C.*, Das Engelsche Gesetz: Hundert Jahre später (Übersetzung aus dem Amerikanischen), in: Agrarwirtschaft, Jg. 11 (1962), S. 323ff.

1. Landwirtschaft

Tabelle 3: Einkommens- und Preiselastizitäten nach ausgewählten Nahrungsmitteln in der BR Deutschland

Nahrungsmittel	Einkommenselastizität					Preiselastizität	
	1955	1962/63	1969	1973	1974	1955	1974
Fleisch insgesamt		0,85	0,29				
Rindfleisch	0,80				0,54	−0,83	−0,57
Geflügelfleisch	2,05				0,43	−2,80	−0,60
Schweinefleisch	0,72				0,44	−0,85	−0,52
Eier	0,44	0,28	0,14		0,27	−0,44	−0,27
Obst		0,77	0,33				
Margarine		0,16					
Butter		0,36		0,35			
Trinkmilch		0,01		−0,05			
Kartoffeln		0,70	−0,09				

Quelle: *Koester, U.*, Grundzüge der landwirtschaftlichen Marktlehre, München 1981, S. 54f. (mit weiteren Quellennachweisen). Die Zahlen sind nur begrenzt vergleichbar, da für die Jahre 1962/63, 1969 und 1973 Querschnittsanalysen und für die übrigen Jahre Zeitreihenanalysen gemacht wurden. Außerdem liegen unterschiedliche Grundgesamtheiten vor.

Durchschnittseinkommen in der Volkswirtschaft, gefolgert, daß die Einkommen der Landwirte nur unterproportional steigen könnten (**disparitätische Einkommensentwicklung**).

Wie wenig allerdings das **Engelsche Gesetz** eine ausreichende Bedingung für eine disparitätische Entwicklung der landwirtschaftlichen Einkommen ist, läßt sich anhand folgender Bestimmungsgleichung für das Pro-Kopf-Einkommen der Familienarbeitskräfte in der Landwirtschaft zeigen:

$$\left(\frac{Y_L}{E_L}\right) = \frac{[(p - StK_{Spanne}) - StK_{Lfremdbez.}] \cdot m_L}{E_L} = \frac{StG_L \cdot m_L}{E_L}$$

oder in Wachstumsraten:

$$W_{Y_L/E_L} = W_{StG_L} + W_{m_L} - W_{E_L}$$

Y_L = Einkommen der landwirtschaftlichen Familienarbeitskräfte

E_L = Zahl der auf Vollarbeitskräfte umgerechneten Familienarbeitskräfte in der Landwirtschaft

p = durchschnittlicher Preis der Agrarprodukte beim Verbraucher

StK_{Spanne} = Stückkosten-Spanne als Entgelt für die auf dem Weg vom Erzeuger zum Verbraucher durchschnittlich pro Guteinheit hinzugefügten komplementären Handels- und Verarbeitungsleistungen

$StK_{Lfremdbez.}$ = Stückkosten aller fremdbezogenen Produktionsfaktoren der landwirtschaftlichen Betriebe

m_L = Menge aller landwirtschaftlich abgesetzten Produkte

StG_L = landwirtschaftlicher Stückgewinn als Differenz von p und der Summe von StK_{Spanne} und $StK_{Lfremdbez.}$

W = Wachstumsraten (mit den jeweils bezogenen Größen als Index)

Bei Ansteigen des Pro-Kopf-Einkommens außerhalb der Landwirtschaft z.B. um 10% würde m_L wegen des **Engelschen Gesetzes** um weniger als diesen Betrag zunehmen – z. B. um 2% –, so daß sich das Pro-Kopf-Einkommen der Landwirte ceteris paribus nur um diesen unterparitätischen Betrag erhöhen würde. Das ist allerdings insofern eine unzureichende Erklärung, als die Zahl der landwirtschaftlichen Erwerbstätigen E_L im Zuge von Rationalisierungsmaßnahmen abnehmen könnte – z. B. ceteris paribus um die bei obigen Annahmen für eine einkommensparitätische Entwicklung erforderlichen 8%. Dafür würden nach obigen Gleichungen sogar weniger Prozentpunkte ausreichen, wenn außerdem Stückkostensenkungen z. B. durch biologisch-technische Fortschritte oder durch Ausnutzung des gegenwärtigen Potentials an Betriebsvergrößerungen bis hin zu optimalen Betriebsgrößen genutzt würden. Hinzu kommen solche Einflüsse auf die landwirtschaftliche Pro-Kopf-Einkommensentwicklung, die durch mögliche Änderungen der Agrarpreise sowie der Handels- und Verarbeitungsspannen entstehen, was im weiteren analysiert wird.

3.1.2. Nachfrage von Handels- und Verarbeitungsunternehmen nach Agrarerzeugnissen landwirtschaftlicher Betriebe

Die Nachfrage nach Agrargütern bei den landwirtschaftlichen Betrieben ist eine von der Nachfrage der Verbraucher „**abgeleitete Nachfrage**". Mit *Abbildung 3* wird unter vereinfachten Annahmen gezeigt, auf welche Bestimmungsfaktoren es dabei ankommt[6].

Im Quadranten I ist eine im Prinzip vom vorangehenden Abschnitt bekannte Nachfragekurve der Verbraucher N^v eingezeichnet. Für jede dadurch charakterisierte Preis-Mengenkombination der Endnachfrage – z. B. für p_1^v und M_1^v – läßt sich eine zugehörige Nachfrage der Handels- und Verarbeitungsunternehmen bei den landwirtschaftlichen Betrieben ableiten.

Als Bindeglied spielt dabei eine wesentliche Rolle, welche Menge (M^l) von Agrarprodukten in den landwirtschaftlichen Betrieben eingesetzt wird, um die nachgefragte Menge der Verbrauchshaushalte (M^v) verwirklichen zu können. Im Quadranten II ist eine konstante Transformationsbeziehung zwischen produzierten und eingesetzten Agrargütermengen (M^v/M^l) bei den Handels- und Verarbeitungsunternehmen unterstellt, wie sie z.B. bei Trinkmilch oder Frischobst und anderen Gütern, deren Identität auf der Erzeuger- und Verbraucherstufe im Prinzip gewahrt bleibt, vorliegt. Die Abweichung der dann durch den Ursprung gehenden Transformationsgeraden von der 45°-Linie ergibt sich durch die Erfassung von Mengenverlusten z.B. durch Verderbnis bei der Lagerhaltung. Würde das landwirtschaftliche Produkt nur eine Teilmenge des konsumreifen Produkts sein – was z. B. bei der Herstellung von in Flaschen abgefülltem Ketchup aus Tomaten vorliegen könnte –, wäre das Verhältnis von M^v zu M^l größer als Eins und die Transformationsgerade verliefe an der anderen Seite der 45°-Linie. Wenn wie z. B. bei Fertigsuppen eine gewisse Substitution zwischen den landwirtschaftlichen Rohprodukten und den sonstigen komplementären Sach- und Dienstleistungen bei der Produktion möglich ist, wird das Transformationsver-

---

[6] Ähnlich *Koester, U.*, Grundzüge der landwirtschaftlichen Marktlehre, München 1981, S. 62 ff.

1. Landwirtschaft

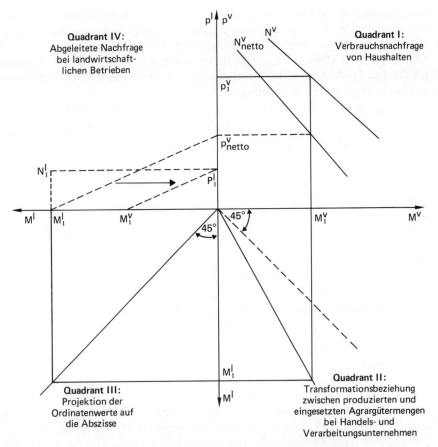

Abbildung 3: Ableitung der Nachfrage nach Agrargütern bei landwirtschaftlichen Betrieben von der Endnachfrage von Haushalten

hältnis M^v zu M^l nicht immer konstant sein. Vielmehr wird ein gewinnmaximierender Unternehmer unter den üblichen Prämissen der Grenzproduktivitätstheorie jeweils so viel Faktoreinsatzmengen nachfragen, daß der Faktorpreis gleich dem Grenzwertprodukt wird. Im Ergebnis läge dann eine nichtlineare Transformationsbeziehung vor.

Bei der speziellen in *Abbildung 3* unterstellten konstanten Transformationsbeziehung resultiert aus der nachgefragten Menge M_1^v eine bei den landwirtschaftlichen Betrieben nachgefragte Menge M_1^l. Diese wird mit Hilfe der 45°-Linie im Quadranten III auf die Abszisse gespiegelt, um im p^l-M^l-Diagramm des Quadranten IV die abgeleitete Nachfragekurve darstellen zu können.

Dazu ist allerdings noch der zur Endnachfrage M_1^v/P_1^v gehörende landwirtschaftliche Preis p_1^l zu ermitteln. Werden von den Preisen p^v der Endnachfragekurve N^v jeweils die Stückkosten für komplementäre Sach- und Dienstleistungen einschließlich eines risikodeckenden Unternehmergewinns abgezogen, die von den Handels- und Verarbeitungsunternehmen bei alternativen Verbraucherpreisen und Nachfragemengen im Gleichgewicht verwirklicht würden, ergibt sich im Quadranten I die Kurve N^v_{netto}. Bei der Endnachfragemenge $M^v_{1\,v}$ und dem Preis p^v_1 wären die Unternehmen dann bereit, Ausgaben in Höhe von $p_{netto} \cdot M^v_1$ für die Beschaffung der benötigten landwirtschaftlichen Produktmenge M^l_1 aufzuwenden. Das heißt, diese Menge würden sie noch zu folgendem Preis p^l_1 nachfragen:

$$p^l_1 = \frac{p^v_{netto} \cdot M^v_1}{M^l_1}.$$

Der Wert kann errechnet und in den Quadranten IV übertragen werden, so daß sich N^l_1 als Punkt der abzuleitenden Nachfragekurve ergibt. Entsprechend lassen sich alle weiteren Punkte ermitteln.

Alternativ kann grafisch von der aus vorstehender Gleichung hervorgehenden Relation

$$\frac{p^l_1}{M^v_1} = \frac{p^v_{netto}}{M^l_1}$$

ausgegangen werden. Wird M^v_1 von der Abszisse des Quadranten I (durch Spiegelung an den 45°-Linien im Quadranten II und III) auf die Abszisse des Quadranten IV übertragen und zur Hilfslinie zwischen p^v_{netto} und M^l_1 eine Parallele durch diesen Punkt M^v_1 gezogen, so gibt der Schnittpunkt mit der Ordinate den gesuchten Preis p^l_1 an.

Generell zeigt sich also bei der Ableitung der Nachfrage nach Agrarerzeugnissen landwirtschaftlicher Betriebe von der Endnachfrage der Haushalte, daß die Beziehungen zwischen den Preisen auf den beiden Märkten sowohl von den mengenmäßigen Transformationsmöglichkeiten als auch von den Handels- und Verarbeitungsspannen abhängen. Empirisch hat sich die Produktivität der mengenmäßigen Transformation mit der wirtschaftlichen Entwicklung ständig verbessert. Demgegenüber ist der Anteil der Handels- und Verarbeitungsspannen an den Verbraucherausgaben für Nahrungsmittel zuungunsten der Landwirtschaft größer geworden. So schrumpfte der Anteil der Verkaufserlöse der Landwirtschaft an den Verbraucherausgaben für Nahrungsmittel inländischer Herkunft in der BR Deutschland in den zehn Jahren von 1970/71 bis 1980/81 von 46,4% auf 43,0% und betrug z. B. bei Brotgetreide und Brotgetreideerzeugnissen 1980/81 nur noch 11,9%, während er bei Eiern mit 80,0% einen relativ hohen Wert besitzt[7].

Streng genommen weisen die zuletzt gemachten Angaben bereits über die reine Nachfrageanalyse hinaus, weil sie Preisbildungsprozesse voraussetzen, für die im nächsten Abschnitt Erklärungen des Angebots behandelt werden.

---

[7] Vgl. *Bundesregierung,* Agrarbericht 1982, Materialband, Bundestagsdrucksache 9/1341, Bonn 1982, S. 101. Im Mehrländervergleich siehe *OECD,* Preise und Spannen bei Nahrungsmitteln, Münster-Hiltrup 1980. Zu Ursachen für die Entwicklung vgl. *Koester, U.,* Grundzüge..., a.a.O., S.133 ff.

3.2. Angebot von Agrargütern

3.2.1. Kostenverläufe als Bestimmungsfaktoren des Agrargüterangebots landwirtschaftlicher Betriebe

Für den einzelnen landwirtschaftlichen Betrieb ist der Marktpreis ein Datum, so daß er als Polypolist gewinnmaximierend handelt, wenn er jeweils die Menge zu verwirklichen trachtet, bei der seine Grenzkosten gleich dem herrschenden Preis sind. Die individuelle Angebotskurve für einen Mengenanpasser ist deshalb der aufsteigende Ast der Grenzkostenkurve ab den minimalen Stückkosten, und die Gesamtangebotskurve ergibt sich als Aggregation dieser individuellen Kurven für alle Anbieter auf einem Markt.

Für die landwirtschaftlichen Betriebe ist es zweckmäßig, zumindest zwischen den beiden Produktionsausrichtungen der bodengebundenen und der bodenungebundenen Produktion zu unterscheiden. Zu letzterer gehört die tierische Veredelung durch Verfütterung von Getreide bei der Schweinemast oder bei der Geflügelhaltung (Eier- oder Fleischproduktion), bei der die Produktionsmenge der einzelnen Erzeugnisse variiert werden kann, ohne daß hierdurch direkt die Produktionsmenge der anderen produzierten Güter beeinflußt wird (Fall der **Parallelproduktion,** für die die optimale Produktionsmenge wie bei Einproduktunternehmungen bestimmt wird).

Bei der bodengebundenen Produktion – zu der der Marktfruchtbau (Getreide, Zuckerrüben, Kartoffeln u. a.) und der innerbetrieblich verwertete Raufaser-Futterbau für die Rindviehhaltung (Milch- und/oder Fleischproduktion) gehören – konkurrieren demgegenüber die Erzeugungsausrichtungen um den begrenzt verfügbaren Produktionsfaktor Boden. Insoweit liegt **Alternativproduktion** vor, die allerdings keine völlig freie Substitution in der Bodennutzung durch die verschiedenen Kulturpflanzen ermöglicht. Vielmehr sind – außer bei Dauerkulturen (wie Wein, Hopfen oder Obst) – die Substitutionsmöglichkeiten durch einen ackerbaulich notwendigen Fruchtwechsel eingeengt, der die Bodenfruchtbarkeit durch einen Mindestumfang an Blattfrüchten sowie einen kritischen Höchstanteil von einzelnen Kulturpflanzen aufgrund mangelnder Selbstverträglichkeit und besonderer Schädlingsgefahren (wie Fußkrankheiten bei Getreide oder Nematoden bei Zuckerrüben) erhält und möglichst fördert. Deshalb sind landwirtschaftliche Betriebe bei bodengebundener Produktion Mehrproduktbetriebe, bei denen gewinnmaximale Kombinationen von alternativen Produktionsausrichtungen jeweils speziell nach den Ertragsbedingungen der Standorte zu bestimmen sind **(Vielfalt der Betriebstypen).**

Abbildung 4 veranschaulicht, wie bei jeweils verwirklichten Minimalkostenkombinationen die Grenz- und Stückkosten ceteris paribus von den produzierten Mengen pro Hektar (ha) im Ackerbau oder von den erzeugten Mengen pro Großvieheinheit (GVE) in der Viehhaltung abhängen. Dabei spielen biologisch bedingte Ertragsgrenzen, wie sie erblich bedingt sowohl in der pflanzlichen als auch in der tierischen Produktion auftreten, eine zentrale Rolle. Vor voller Ausnutzung des „Ertragspotentials" von Pflanzen oder Tieren sind in einem weiten Bereich die Grenzkosten konstant niedrig (vgl. Kurve a) oder sie nehmen leicht zu (vgl. Kurve b), um dann bei Erreichen der „Ertragsgrenzen" sehr stark – in *Abbildung 4* wird ein senkrechter Verlauf

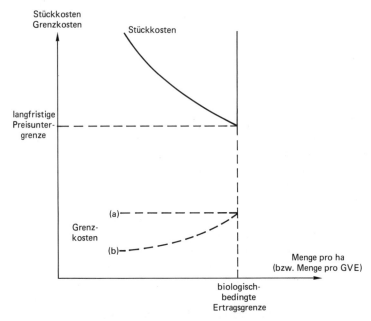

Abbildung 4: Kostenverläufe unter Berücksichtigung erblich bedingter Produktionspotentiale von Pflanzen und Tieren

unterstellt – anzusteigen. So können bei Milchkühen bis zu ihren individuellen „Ertragsgrenzen" jeweils etwa 2 kg mehr Milch pro Kuh durch einen zusätzlichen Einsatz von 1 kg Kraftfutter ceteris paribus produziert werden, während sich ab den „biologisch-bedingten Ertragsgrenzen" die Milchleistungen pro Kuh selbst durch erhebliche Steigerungen des Kraftfuttereinsatzes und damit ansteigende Kosten kaum noch erhöhen lassen. Ähnlich kann beim Getreideanbau zunächst eine Mehrproduktion pro Hektar durch zusätzliche Stickstoffdüngergaben erzielt werden, bis ab einem bestimmten Punkt die Standfestigkeit der Getreidehalme leidet, so daß der Ertrag pro Hektar durch eine Steigerung des Stickstoffdüngers ceteris paribus nicht mehr zunimmt, vielmehr der Getreideertrag pro Hektar gegebenenfalls sogar sinken kann. Bei gegebenen fixen Kosten für Gebäude, Maschinen und Arbeitskräfte führt die durch ertragssteigernde Betriebsmittel mögliche Erhöhung des Produktionsertrags je ha oder je GVE zu einer Degression der durchschnittlichen Fixkostenbelastung einer erzeugten Mengeneinheit, so daß die Stückkostenkurve in der Regel an der biologisch-bedingten Ertragsgrenze ihren niedrigsten Wert erreicht. Das bedeutet, daß bei Preisen unterhalb des Stückkostenminimums die Produktion des Agrargutes langfristig nicht rentabel ist, während es sich bei Preisen vom Stückkostenminimum an aufwärts lohnt, grundsätzlich an den biologisch-bedingten Ertragsgrenzen von Pflanzen und Tieren zu produzieren.

Ergänzend wird durch *Abbildung 5* veranschaulicht, bei welcher Betriebsgröße im Ackerbau die geringsten Kosten auftreten. Es wird unterstellt, daß beim Realkapital wie Gebäuden und Maschinenaggregaten die jeweils kostengünstigsten Einheiten

1. Landwirtschaft

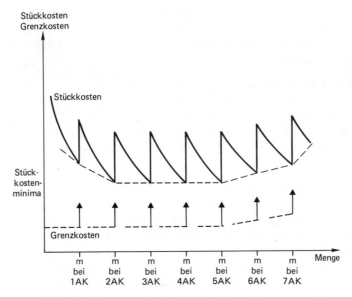

Abbildung 5: Kostenkurven und (Mindest-)Optimalgröße im Ackerbau

eingesetzt und deren Kapazitäten voll genutzt sind, so daß hier ceteris paribus keine Stückkostendegression mehr möglich ist. Tatsächlich haben inzwischen auch Mittel- und Kleinbetriebe Wege gefunden, sich durch gemeinschaftliche Maschinenhaltung (wie in Maschinengenossenschaften, Maschinenringen oder durch Lohnunternehmen) die Nutzung von Großmaschinen, z.B. von Mähdreschern, von Rüben- und von Kartoffelerntemaschinen, kostengünstig zugänglich zu machen.

Stückkostendegressionen werden dann im wesentlichen dadurch bedingt, daß die Arbeitskapazitäten nicht teilbarer, ständiger Vollarbeitskräfte besser ausgelastet werden. In *Abbildung 5* treten jeweils bei Einstellung einer weiteren Arbeitskraft (AK) sprungfixe Kosten auf, die auch die Grenzkosten nach oben schnellen lassen. Da bei den heutigen Produktionsverfahren im Ackerbau eine weitere Senkung der Stückkosten nicht schon bei der Auslastung von einer Arbeitskraft, sondern erst bei der Zusammenarbeit von mindestens zwei Arbeitskräften nicht mehr möglich ist[8], liegt bei der Hektarzahl, die von diesen beiden Arbeitskräften mit den kostengünstigsten Hilfsmitteln bis zu den jeweils biologisch-bedingten Ertragsgrenzen gerade noch bewirtschaftet werden kann, die sogenannte **Mindestoptimalgröße im Ackerbau.** Wie schon oben genannt, erfordert das unter europäischen Bedingungen eine Anbaufläche von

---

[8] Vgl. als Überblick über die Betriebsgrößenproblematik (mit weiteren Quellenhinweisen) *Brandes, W.,* Zur Konzentration der Agrarproduktion in der Bundesrepublik Deutschland aus betriebswirtschaftlicher Sicht, in: Agrarwirtschaft, Jg. 27 (1978), S. 1 ff.; z. B. S. 5: „Vieles deutet darauf hin, und amerikanische Untersuchungen bestätigen dies, daß – unter Zugrundelegung neuer Technologie – eine Vergrößerung der Produktionseinheiten mit ausreichend Boden und Kapital ausgestattet über zwei Arbeitskräfte hinaus keine wesentliche Kostendegression ermöglicht, d. h. aus volkswirtschaftlicher Sicht keine Vorteile mehr erwarten läßt".

mindestens 80 bis 120 ha[9]. Zugleich können dann in der Regel auch die Kapazitäten aller Spezialmaschinen bereits betriebseigen ausgelastet werden, so daß die nur als Notbehelf praktizierten – und deshalb gelegentlich instabilen – gemeinschaftlichen Maschinennutzungen entfallen.

Für die Ableitung der **Mindestoptimalgrößen** in der **Nutzviehhaltung** kann ähnlich argumentiert werden. Allerdings reicht hier wohl bereits die Auslastung von einer auf den Betriebszweig spezialisierten Vollarbeitskraft weitgehend aus, um bei entsprechender Ausstattung mit komplementären Produktionsfaktoren und Ausschöpfung des biologisch-bedingten Ertragspotentials der Tiere das Stückkostenminimum zu verwirklichen[10].

Eine besondere Frage ist, wieweit in der Landwirtschaft auch Unternehmensgrößen zu erwarten sind, die – wie derzeit gelegentlich in der Industrie und im Handel – weit über die Verwirklichung von Mindestoptimalgrößen hinausgehen. Dagegen spricht, daß bei dem für die Landwirtschaft typischen Wechselspiel zwischen Witterung und den biologischen Lebensvorgängen sowie dem Arbeitseinsatz sich häufig ändernde, oft unvorhergesehene und teils nicht standardisierte Arbeitsgänge erforderlich sind, für die sich nur selten allgemeine Leistungsentlohnungen festsetzen lassen. Dabei kommt der termingerechten und sachlich wirkungsvollen Arbeitsausführung erhebliche Bedeutung für die Erträge zu. „Kein anderer Zweig der Volkswirtschaft ist zur Entfaltung des Leistungswillens der Erwerbspersonen derart auf die Dynamik des privaten Eigeninteresses angewiesen wie die Landwirtschaft"[11], so daß für die kostengünstige Anpassung des Arbeitseinsatzes an den Arbeitsbedarf die ständige Mitarbeit des Betriebsinhabers bei einer kleinen Zahl von Mitarbeitern von Vorteil ist. Deshalb lassen sich – wie aus *Abbildung 5* zu ersehen – bei mehr als fünf Vollarbeitskräften die minimalen Stückkosten gegebenenfalls bereits nicht mehr verwirklichen.

Außerdem bleibt das von den Arbeitskräften zu bewältigende Produktionsvolumen wegen des Einsatzes mobiler Maschinenaggregate begrenzt. Ab einem bestimmten Umfang von Betriebszweigen kann sogar ein Anstieg der Grenzkosten und eine Progression der Stückkosten wegen des Wiederanstiegs von Wege-, Rüst- und Nebenzeiten eintreten. Aufgrund der typisch flächengebundenen Betriebszweige in der Landwirtschaft ist also mit deren Ausweitung grundsätzlich nur bis zu einer gewissen Mindestgröße zu rechnen. Insgesamt sind deshalb die – oben bei den Strukturdaten

---

[9] Vor allem durch technische Fortschritte könnte sich diese von zwei Arbeitskräften kostengünstig zu bewirtschaftende Ackerbaufläche ändern. Vgl. die Modellrechnungen von *Johnston, W. E./Bischoff, Th.*, Zur Betriebsgröße auf Ackerbaustandorten unter Berücksichtigung neuerer technischer Fortschritte, in: Agrarwirtschaft, Jg. 20 (1971), S. 117 ff.

[10] Die dann kostengünstigsten Viehbestandsgrößen haben im letzten Jahrzehnt infolge von technischen Fortschritten und der relativen Verteuerung des Produktionsfaktors Arbeit gegenüber den durch den Mansholtplan bekanntgewordenen und oben wiedergegebenen Mindestoptimalgrößen zugenommen, aber obwohl „z. B. das derzeitige Kostenoptimum bei ca. 100 Kühen liegt, könnte die untere Grenze für die Förderung durchaus bei nur 40 Kühen liegen; denn die oberhalb dieser Zahl mögliche Kostendegression ist, insbesondere bei niedrigen Arbeitskosten, gering und kann durch andere Faktoren aufgewogen werden". *Brandes, W.*, a. a. O., S. 10.

[11] *Blohm, G.*, Die Neuorientierung der Landwirtschaft, 2. Auflage, Stuttgart 1966, S. 117.

bereits genannten – (Mindest-)Optimalgrößen für einzelne Produktionszweige zugleich nicht sehr weit von den Höchstwerten für eine kostengünstige Produktion entfernt.

3.2.2. Marktaustrittsschranken

Wenn auch zweifellos die Tendenz zur Verwirklichung von Mindestoptimalgrößen bei den landwirtschaftlichen Betrieben vorhanden ist, fällt auf, daß sich dieser strukturelle Prozeß nur langsam vollzieht. Eine Aufstockung bodengebundener Betriebszweige setzt voraus, daß andere Betriebe ausscheiden. Dem stehen allerdings erhebliche Marktaustrittschranken entgegen. Dabei spielt die Mobilität des Produktionsfaktors Arbeit eine besondere Rolle; denn würden die Landwirte aus der Agrarproduktion ausscheiden, würden sie auch den Boden, die Maschinen sowie die Gebäude und sonstigen landwirtschaftlichen Realkapitalgüter verkaufen oder verpachten.

Abbildung 6 veranschaulicht modellanalytisch, wie sehr die Preise für Agrarprodukte sinken können, bevor Landwirte ihren Betrieb aufgeben. Nach der Grenzproduktivitätstheorie lohnt sich bei Polypolen, wie sie im Agrarbereich typisch sind, die Erwerbstätigkeit in der Landwirtschaft, solange das Produkt aus physischem Grenzprodukt der Arbeit (GP_L) und dem Preis des Produktes (p_L) größer oder höchstens gleich dem Arbeitslohn in der Landwirtschaft (l_L) ist. Bei Löhnen, die höher als in der im folgenden angenommenen Ausgangssituation l_L^1 sind, würden gemäß der ursprünglichen Wertgrenzproduktkurve $GP_L \cdot p_L^1$ Nichtlandwirte zu Landwirten werden und den Lohn auf l_L^1 reduzieren **(Marktzutrittsschwelle)**. Sinkt der Produktpreis von p_L^1 auf p_L^2, verschiebt sich ceteris paribus die Wertgrenzproduktkurve bis $GP_L \cdot p_L^2$ nach un-

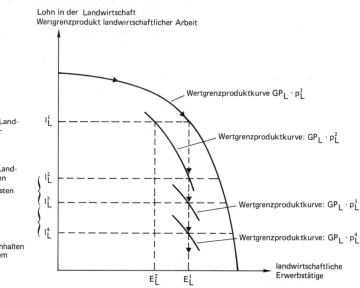

Abbildung 6: Marktaustrittsschranken bei Landwirten

ten. Wenn keine Marktaustrittsschranken bestehen würden, ginge bei unverändertem Lohn l_L^1 die Zahl der landwirtschaftlichen Erwerbstätigen von E_L^1 bis E_L^2 zurück. Tatsächlich bestehen jedoch Marktaustrittsschranken, und der Produktpreis kann ceteris paribus wie folgt verfallen, ohne daß Landwirte ihre Betriebe aufgeben:

- Sinkt p_L^1 bis p_L^2, gilt als neue Wertgrenzproduktkurve $GP_L \cdot p_L^2$, und für die Gesamtzahl der bisherigen Landwirte E_L^1 wäre nur der Lohn l_L^2 möglich, weil dann l_L^2 gleich $GP_L \cdot p_L^2$ sein würde. In *Abbildung 6* ist l_L^2 der außerhalb der Landwirtschaft erzielbare Lohn von Landwirten. Er ist im allgemeinen niedriger als der Marktzutrittsschwellenlohn l_L^1, weil z. B. viele in der Landwirtschaft relevante Fertigkeiten wie Pflügen oder Melken in anderen Bereichen nicht verwandt werden können. Abgesehen davon, daß nicht immer genügend außerlandwirtschaftliche Erwerbstätigkeiten zum Lohn l_L^2 zur Verfügung stehen, stellt der außerlandwirtschaftlich erzielbare Lohn auch aufgrund der folgenden Aspekte noch nicht die Marktaustrittsschwelle dar.

- Sinkt beispielsweise p_L weiter bis p_L^3, würde selbst noch der Lohn l_L^3 von den Landwirten hingenommen, ohne daß sie abwandern, wenn die **Mobilitätskosten** wie durch eine berufliche Umschulung oder einen notwendigen Umzug entsprechend hoch wären.

- Selbst ein Sinken des Lohnes bis l_L^4 könnte die Mobilität nicht bewirken, solange **immaterielle Vorteile des Landlebens** wie die Naturverbundenheit, Abwechslung bei der Arbeit und Selbständigkeit oder die psychischen Bindungen an einen gewohnten Lebensraum, an bestimmte Menschen, den Hof und einen Heimatort den Einkommensnachteil aufwiegen.

Auch wenn der Lohn unter l_L^4 sinken sollte und zeitweilig sogar unter dem **Existenzminimum** läge, würde das die Landwirte nicht notwendigerweise zur Abwanderung zwingen, weil sie wegen des oft hohen Realkapital- und Bodeneigentums außer dem Arbeitseinkommen auch Zins- und Pachteinkommen erzielen. Außerdem sind Kreditaufnahmen meist leicht möglich, und vorübergehend könnten die Abschreibungen erst einmal verlebt werden. Schließlich ist zu bedenken, daß in der Landwirtschaft das physische Existenzminimum schon durch die Selbstversorgung weitgehend garantiert ist. So lassen sich von Landwirten, die auf zukünftig bessere Zeiten hoffen oder sich in der Tradition eines Hofes fühlen, den sie kurzfristigem Vorteil nicht opfern wollen, landwirtschaftliche Krisenzeiten gegebenenfalls lange durchstehen.

Unter Berücksichtigung dieser Marktaustrittsschranken ist für bodengebundene Agrargüter in *Abbildung 7* die kurzfristige Angebotskurve bei einer Preissenkung vollkommen unelastisch angenommen worden, während bei der langfristigen Angebotskurve die Kostensenkungsmöglichkeiten durch Übergang von den heute vorherrschenden suboptimalen Betriebsgrößen zu den Mindestoptimalgrößen berücksichtigt werden und vereinfacht jeweils 1 Mio. landwirtschaftlicher Anbieter als mit gleicher Kostensituation angenommen und stilisiert zusammengefaßt sind.

Im Gegensatz zur bodengebundenen Erzeugung ist bei den bodenungebundenen Produktionszweigen mit elastischeren Angebotsreaktionen auf Preisänderungen zu rechnen. Hier stellt sich die – im folgenden behandelte und im Hinblick auf Ursa-

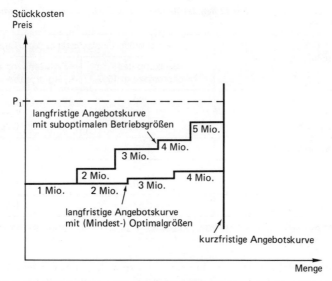

Abbildung 7: *Angebotskurven unterschiedlicher Fristigkeit bei einer Agrarpreisniveausenkung für bodengebundene Agrargüter*

chen für Marktversagen im Agrarsektor generell wichtige – Frage, wieweit das Agrarangebot invers reagiert.

3.2.3. Zur These inversen Angebotsverhaltens der Landwirte

Diese These besagt, daß bei sinkendem Produktpreis die angebotene Menge steigt, so daß die Angebotskurve einen anormalen Verlauf aufweist[12]. Das wäre plausibel, wenn beispielsweise bei Sinken des Milchpreises die Landwirte ihren Kuhbestand vergrößern würden, um ihr gewohntes Einkommen aus der Milchviehhaltung aufrechtzuerhalten.

Sinkt ein einzelner Agrargüterpreis, wird die Produktionsrichtung weniger rentabel und eventuell langfristig durch eine lohnendere Erzeugung substituiert. Wenn es sich wie **im Ackerbau** um konkurrierende Produkte mit der Beanspruchung weitgehend gleicher Produktionsfaktoren handelt, bleibt die insgesamt bebaute Fläche entweder gleich oder die Bewirtschaftung einiger Grenzböden ist durch die Preissenkung unrentabel geworden, so daß sie aus der Produktion ausscheiden. Insoweit kann also von einer inversen Angebotsreaktion beim Ackerbau keine Rede sein.

Die Frage ist allerdings, ob gegebenenfalls als Folge der Preissenkung bei einem Produkt die **tierische Veredelungsproduktion** ausgeweitet wird, weil die Landwirte durch

---

[12] Vgl. *Schmitt, G.*, Landwirtschaft in der Marktwirtschaft: Das Dilemma der Agrarpolitik, in: *Cassel, D./Gutmann, G./Thieme, H.J.* (Hrsg.), 25 Jahre Marktwirtschaft in der Bundesrepublik Deutschland, Stuttgart 1972, S. 332 ff. (mit dogmengeschichtlichen Hinweisen und kritischer Würdigung).

Tabelle 4: Ausgewählte Preiselastizitäten des Angebots (Durchschnittswerte des Zeitraumes 1961/62 bis 1975/76)

Agrarprodukt	Angebotspreiselastizität in bezug auf:	
	Senkung des Milchpreises um 10%	Senkung aller Agrarpreise um 10%
Milch	2,02	0,97
Rindfleisch	1,69	0,88
Schweinefleisch	−0,12	0,79
Tierproduktion insgesamt	1,08	1,01
Getreide	−1,32	−1,05
Hackfrüchte	0,10	0,46
Bodenproduktion insgesamt	−0,57	0,02

Quelle: *Bauer, S.*, Quantitative Sektoranalyse als Entscheidungshilfe für die Agrarpolitik, Berlin 1979, S. 392 und 405.

Ausweitung des Arbeitseinsatzes ihre Einkommen zu halten versuchen. Das setzt allerdings voraus, daß kurzfristig Leerkapazitäten bei komplementären Produktionsfaktoren, wie Stallraum, zur Verfügung stehen, was in der Regel allenfalls in engen Grenzen der Fall ist. Außerdem muß diese Zusatzproduktion überhaupt Erträge abwerfen, die höher sind als die aufzuwendenden Kosten. Schließlich würden sich die Haushalte für eine Mehrarbeit nur entscheiden, wenn trotz der Senkung der Freizeit die individuellen Gesamtnutzen erhöht würden. Es ist einsichtig, daß diese Voraussetzungen nicht generell, sondern höchstens einmal ausnahmsweise erfüllt sein werden.

Auch empirisch finden sich für die These in entwickelten Industrieländern keine Anhaltspunkte. Wie *Tabelle 4* zeigt, sind einige Preiselastizitäten des Angebots zwar negativ, was jedoch nicht auf inverse Angebotsreaktionen schließen läßt. Vielmehr handelt es sich dabei nur um die durch einzelne Güterpreissenkungen bewirkten Produktionsverlagerungen zu relativ rentabler gewordenen Erzeugnissen, z. B. vom Raufaserfutterbau zu Getreide.

Insgesamt kann die These vom inversen Angebotsverhalten also nicht zur Begründung eines generellen Marktversagens im Agrarsektor herangezogen werden. Wieweit andere Umstände eher ein Marktversagen bedingen können, ist im folgenden Kapitel zu behandeln.

3.3. Agrarpreisbildung

3.3.1. Klimatisch und biologisch bedingte Agrarpreisschwankungen

Bereits im 17. Jahrhundert beobachtete der Engländer *Gregory King,* daß eine naturbedingte Änderung des Angebots landwirtschaftlicher Güter um ein Prozent z. B. bei witterungsbedingten Ernteschwankungen zu einer mehr als einprozentigen Änderung der Preise führte (**Kingsche Regel**[13]). Dafür sind die oben aufgezeigten geringen

---

[13] Vgl. *Abel, W.,* Agrarpolitik, 2. Auflage, Göttingen 1958, S. 403 f.

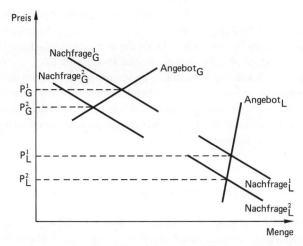

Abbildung 8: Auswirkungen eines Nachfragerückgangs auf Preise und Mengen bei Gütern der Landwirtschaft (L) und des gewerblichen Sektors (G)

Preiselastizitäten des Angebots und der Nachfrage verantwortlich; denn generell gilt, daß die als Folge von Nachfrage- oder Angebotsvariationen auftretenden Preisschwankungen um so größer sind, je geringer die Preiselastizität von Angebot und Nachfrage ist.

Kurzfristig können die landwirtschaftlichen Betriebe bei eingeleiteten Produktionsprozessen, z. B. während der Vegetationszeit von rund einem Jahr oder der Mastzeit von mindestens fünf Monaten, die Produktionsmenge nicht mehr rentabel umdisponieren. Wird zusätzlich die hohe Verderblichkeit vieler landwirtschaftlicher Produkte als Produktionsbesonderheit im Agrarsektor mitberücksichtigt, wird deutlich, wie unelastisch die Anbieter den klimatisch und biologisch bedingten Angebotsschwankungen und den dadurch verursachten starken Preisbewegungen ausgeliefert sind.

Solche Besonderheiten bedeuten bei freier Preisbildung laufende Einkommensschwankungen in der Landwirtschaft. Allerdings können sie nicht einen dauernden landwirtschaftlichen Einkommensrückstand oder ein prinzipielles Marktversagen begründen; denn die Landwirte werden Risiken als Kostenelemente in ihre Produktionsplanungen aufnehmen, so daß sich alle naturbedingten Produktionseigenarten landwirtschaftlicher Produktion bei wettbewerblicher Selbststeuerung letztlich in entsprechenden Preisen niederschlagen müßten.

3.3.2. Konjunkturbedingte Agrarpreisschwankungen

Ein Konjunkturrückgang mit z. B. sinkenden Realeinkommen wirkt sich einerseits weniger auf den Agrarsektor als auf die meisten anderen Sektoren aus, weil die Agrargüternachfrage wegen der relativ niedrigen Einkommenselastizität der Nachfrage nach Nahrungsmitteln weniger stark zurückgeht als die Nachfrage nach anderen Gütern. Andererseits hängt die Wirkung auf Preise und Einkommen auch hier wieder maßgeblich von den Preiselastizitäten der Nachfrage und des Angebots ab.

Verschiebt sich z. B.[14] in *Abbildung 8* die Nachfragekurve für Agrargüter (vgl. unteren Bereich mit niedrigen Preiselastizitäten des Angebots und der Nachfrage) absolut um einen etwas geringeren Betrag nach links als die unterstellte Nachfragekurve für gewerbliche Güter (vgl. oberen Bereich mit hohen Preiselastizitäten des Angebots und der Nachfrage), so sinken die Agrarpreise p_L sowohl absolut als auch relativ stärker als die gewerblichen Preise p_G. Entsprechend reagiert der gewerbliche Sektor auf Konjunkturschwankungen im allgemeinen vor allem durch Änderungen der Produktionsmenge und gegebenenfalls der Beschäftigtenzahlen, während sich im Agrarsektor in stärkerem Maß Preisänderungen ergeben.

3.3.3. Preisinduzierte Agrarpreisschwankungen bei Angebotsrigiditäten

Wenn das Angebot kurzfristig sehr unelastisch, aber mittelfristig – nach Ablauf einer biologisch-technisch bedingten Angebotsverzögerung – stark elastisch reagiert und außerdem die Produzenten davon ausgehen, daß die Gegenwartspreise auch in Zukunft gelten, ergeben sich zyklische Preis- und Mengenfluktuationen, wie sie sich modelltheoretisch durch das bekannte **Spinngewebe-Theorem** veranschaulichen lassen. Liegt z. B. auf dem Markt für Schweine in der Ausgangssituation der Preis p_1 über dem Gleichgewichtspreis p_{Gl} und nehmen die Landwirte an, daß der hohe Preis auch in Zukunft weitergilt, werden sie nach einer Zeitverzögerung von etwa elf Monaten (vier Monate Trächtigkeitsdauer der Sauen, zwei Monate Ferkelaufzucht, fünf Monate Schweinemast) mit dem Schweineangebot m_2 auf den Markt kommen. Diese nach der einmal eingeleiteten Erzeugung bei Erlangung der Marktreife vollkommen unelastisch angebotene Menge kann nur zu einem niedrigen Preis p_2 am Markt abgesetzt werden, der unter dem Gleichgewichtspreis liegt. Der hohe Ausgangspreis p_1 hatte die Produktionsausweitung also „übersteuert". Analog induziert der sich bildende neue Preis p_2 – nach der biologisch-technisch bedingten Zeitverzögerung – eine Produktionseinschränkung bis m_3, wodurch wiederum das Gleichgewicht verfehlt wird. Den weiteren spinngewebeartigen Prozeß veranschaulicht *Abbildung 9*.

Ob die um das Marktgleichgewicht oszillierenden Preis- und Mengenbewegungen im Zeitablauf abgeschwächt werden (konvergierender Fall wie in *Abbildung 9*) oder zunehmen (explodierender Fall), läßt sich modelltheoretisch als allein davon abhängig ansehen, ob die Neigung der Angebotskurve größer ist als die Neigung der Nachfragekurve (Konvergenz) oder umgekehrt. Empirisch spielt der die Effizienz der wettbewerblichen Selbststeuerung in Frage stellende Fall ständig zunehmender Preis- und Mengenausschläge letztlich vor allem deshalb keine Rolle, weil Lernprozesse bei den Erzeugern dazu führen, daß die Produktionsentscheidungen nicht nur nach den jeweils geltenden Preisen, sondern auch nach dem erwarteten Preisverlauf eines ganzen Zyklus erfolgen.

Musterbeispiele für Zyklen von preisinduzierten Über- und Untersteuerungen der verzögerten Produktionsmengenanpassungen ließen sich in Zeiten freier Preisbildung ausgeprägt für Schlachtschweine und Hopfen sowie für Eier, Kaffee und

---

[14] Ähnlich *Koester, U.*, Grundzüge ..., a. a. O., S. 156.

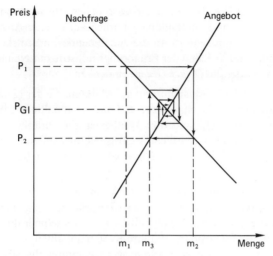

Abbildung 9: Spinngewebe-Theorem

Schlachtrinder beobachten[15]. Der für Verbraucher und Produzenten gleichermaßen unerwünschte Wechsel von einer Überproduktion zu Preisen, die die Produktionskosten nicht decken, mit Zeiten der Unterversorgung des Marktes zu hohen Preisen, bei der die Kapazitäten nicht ausgenutzt sind, hat die Agrarpolitik zu Gegenmaßnahmen veranlaßt. Einerseits sind die Marktschwankungen bereits durch Instrumente zur Verbesserung der Markttransparenz gedämpft worden, denn auch nur annähernd korrekte Preisprognosen haben stabilisierende Wirkungen. Andererseits haben in der Europäischen Gemeinschaft die später noch zu analysierenden Marktordnungen mit ihren faktischen Höchst- und Mindestpreisregelungen die Preisausschläge gezügelt und damit auch die preisinduzierten Mengenschwankungen eingeengt.

3.3.4. Preisverzerrungen wegen Vermachtungen vor- und nachgelagerter Wirtschaftsstufen

Gelegentlich wird die Landwirtschaft schon deshalb für einen Problemsektor gehalten, weil die landwirtschaftlichen Betriebe unter polypolistischen Bedingungen produzieren, indessen bei der Beschaffung monopolistisch überhöhte Produktionsmittelpreise zu zahlen haben und beim Absatz monopsonistisch erniedrigte Verkaufspreise erhalten. Tatsächlich gibt es landwirtschaftliche Bezugsmärkte mit hoher Konzentration[16], wie den Stickstoffdüngermarkt, der von nur drei Unternehmen

---

[15] Vgl. *Wöhlken, E.*, Schweinezyklus, in: Wirtschaftswissenschaftliches Studium, 5. Jg. (1976), S. 26 ff.; *Jarchow, H. J.*, Der Hopfenzyklus in der Bundesrepublik (1950-1970) und das Spinngewebe-Theorem, in: *Hesse, H.* (Hrsg.), Arbeitsbuch angewandte Mikroökonomik, Tübingen 1980, S. 81 ff.
[16] Vgl. *Klein, B.*, Der Wettbewerb in der Düngemittelindustrie der Bundesrepublik Deutschland, Berlin 1977; *Wöhlken, E.*, Einführung..., a.a.O., S. 86 ff.

(Ruhr-Stickstoff AG, BASF, Farbwerke Hoechst) beherrscht wird, oder das sich auf wenige große deutsche und internationale Firmen aufteilende Angebot an Ackerschleppern. Auf der Absatzseite ist an die zunehmende Einkaufskonzentration im Lebensmittelhandel und in Teilen der Ernährungsindustrie mit Namen wie *Unilever-* und *Nestlé-Konzern* oder die *Oetker-Gruppe* zu denken.[17]

Insgesamt können gewisse Vermachtungen auf Märkten, die der Landwirtschaft vor- oder nachgelagert sind, nicht ohne weiteres Sondermaßnahmen für die Landwirtschaft rechtfertigen. Vielmehr sind dort Wettbewerbsbeschränkungen wegen ihrer Nachteile für die marktwirtschaftliche Selbststeuerungseffizienz genauso konsequent und nicht anders als in anderen Wirtschaftsbereichen zu bekämpfen.

Auch die These, daß sich die Disparität der landwirtschaftlichen Einkommen im Verhältnis zu den Gesamteinkommen aus der Vermachtung vor- und nachgelagerter Wirtschaftsstufen erklärt[18], hält analytischer Überprüfung nicht stand. Wenn – wie oben erläutert – alle Landwirte als polypolistische Unternehmer ihre Angebotsmenge stets flexibel an die Marktpreise und ihre Kosten anpaßten, so daß die Grenzkosten gleich den Absatzgüterpreisen wären, würden monopolistisch überhöhte Bezugsgüterpreise bewirken, daß die Kosten ansteigen, Grenzbetriebe ausscheiden und alle verbleibenden Anbieter zumindest Normalgewinne erzielen. Zum im Prinzip gleichen Ergebnis würden ceteris paribus monopsonistisch erniedrigte Absatzpreise bei unveränderten Kosten führen. Deshalb läßt sich also allein aus einer Vermachtung vor- und nachgelagerter Wirtschaftsstufen keineswegs unmittelbar auf eine Einkommensdisparität der Landwirtschaft schließen.

3.3.5. Preisverzerrungen aufgrund externer Effekte

Ein heute zunehmend beachtetes Problem sind externe Effekte. Daß nicht über den Markt gehende Wirkungen von einer Wirtschaftseinheit auf andere Wirtschaftseinheiten, die bei mindestens einer Wirtschaftseinheit nicht in der Wirtschaftsrechnung erfaßt werden, zu unzureichend knappheitsbezogenen Preisen und damit einer Beeinträchtigung der Steuerungseffizienz des auf privatwirtschaftlichen Planungen beruhenden Wettbewerbs führt, ist im Grundsatz unbestritten. Fraglich ist allerdings das Ausmaß der externen Kosten und Ersparnisse bei der landwirtschaftlichen Produktion und der daraus gegebenenfalls resultierende agrarpolitische Handlungsbedarf.

Bei den **externen Kosten,** wie sie für die Allgemeinheit durch Schädlingsbekämpfung, Düngung, Futtermittel, Impfungen oder generell ökologisch bedenkliche Anbautechniken einschließlich der Trockenlegung von Feuchtgebieten und der Schaffung möglichst großflächig-uniformer Felder auftreten können, fehlt es weitgehend noch an der genauen Kenntnis von Art und Umfang der Wirkungszusammenhänge, die

---

[17] Vgl. eingehender *Grosskopf, W./Alter, R.,* Die Marktstruktur im Ernährungssektor unter besonderer Beachtung der landwirtschaftlichen Marktstellung, Münster-Hiltrup 1978.

[18] Vgl. *Giersch, H.,* Allgemeine Wirtschaftspolitik, Bd. 1: Grundlagen, Wiesbaden 1961, S. 228: „Die Landwirtschaft produziert im Vergleich zur übrigen Wirtschaft zuviel und verdient zuwenig, weil die Konkurrenz auf den Agrarmärkten zu vollkommen und im gewerblichen Bereich zu unvollkommen (monopolistisch) ist".

Grundlage für Verbote oder auf Internalisierung ausgerichtete Maßnahmen sein könnten. Ähnlich ist es bei der Frage nach den Rentabilitätschancen einer ökologisch betriebenen Alternativlandwirtschaft. Statt empirischen Wissens haben sich hier teilweise von Angst und Eigennutz getriebene ideologische Gegensätze ausgebreitet.

Externe Erträge der Landwirtschaft werden spätestens dann deutlich, wenn in Gebieten mit ungünstigen natürlichen Bedingungen die landwirtschaftliche Tätigkeit so wenig rentabel ist, daß die dort bisher noch wirtschaftenden Betriebe die Produktion auf Dauer aufgeben. Das kann zu regionalwirtschaftlichen Problemen und eventuell zur Verödung ganzer Landstriche führen. Wenn – wie es in der Europäischen Gemeinschaft mit dem sogenannten Bergbauernprogramm im Prinzip begonnen wurde[19] – besondere Ausgleichszahlungen an Landwirte gezahlt werden, um in Problemgebieten eine Mindestbewirtschaftung des Bodens zu sichern, ist das ökonomisch so lange von Vorteil, wie dadurch externe Ersparnisse kompensiert werden.

Die Tatsache, daß eine Internalisierung externer Effekte ökonomisch wünschenswert wäre, rechtfertigt allerdings noch keine prinzipielle Sonderstellung der Agrarwirtschaft. Vielmehr ist die Bekämpfung der hier mit der Landwirtschaft verbundenen Probleme besser Teil einer umfassenden Umweltschutzpolitik und sonstigen Politik zur Bekämpfung von auftretenden Externalitäten.

3.3.6. Preisverfall bei „ruinöser Branchenkonkurrenz" aufgrund von Marktaustrittsschranken

Das Vorliegen hoher Marktaustrittsschranken in der Landwirtschaft wurde bereits oben erörtert. In *Abbildung 10* ist die dort erläuterte langfristige Angebotskurve als A_1 wieder aufgenommen und zusammen mit der normal und relativ unelastisch verlaufenden Nachfragekurve N_1, deren Bestimmungsfaktoren ebenfalls oben genauer behandelt sind, dargestellt. Bei nicht beschränktem Wettbewerb würde sich durch die Marktkräfte das Ausgangsgleichgewicht G_1 mit dem Preis p_1 und der Menge m_1 einstellen.

Für die Entwicklung der Agrarpreise in hochindustrialisierten Ländern ist einerseits eine relativ geringe Verlagerung der Nachfragekurve (in *Abbildung 10* bis N_2) als Folge geringer Einkommenselastizitäten der Nachfrage und eine relativ starke Verlagerung der Angebotskurve (in *Abbildung 10* nach A_2) charakteristisch. Für Richtung und Ausmaß der Verlagerung der Angebotskurve sind dabei vor allem die beiden folgenden Bestimmungsfaktoren maßgeblich:

(1) Technische Fortschritte, wobei üblicherweise wiederum zwischen biologisch-technischem Fortschritt, mechanisch-technischem Fortschritt und organisatorisch-technischem Fortschritt unterschieden wird. Biologisch-technische Fortschritte wie bei Erfolgen der Pflanzen- und Tierzüchtung werden in der Regel zu

---

[19] Vgl. dazu kritisch *Wissenschaftlicher Beirat beim Bundesminister für Ernährung, Landwirtschaft und Forsten*, Zu aktuellen Problemen der Agrarstrukturpolitik, Münster-Hiltrup 1976; *Peters, W.*, Untersuchung zur Ausgleichsabgabe, in: Berichte über Landwirtschaft, Bd. 58 (1980), S. 213 ff.

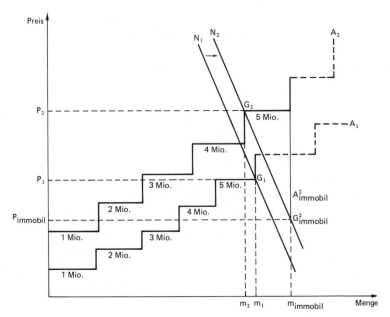

Abbildung 10: Preisverfall bei „ruinöser Branchenkonkurrenz"

größeren Produktionsmengen bei gleichen Faktoreinsatzmengen genutzt und bewirken dadurch eine Verschiebung der Angebotskurve nach rechts. Beispielsweise sind in der BR Deutschland die Weizenerträge pro Hektar von 27,3 Doppelzentnern im Durchschnitt der Jahre 1950 bis 1952 auf 50,0 Doppelzentner im Durchschnitt der Jahre 1978 bis 1980 gestiegen, und die Milchleistung pro Kuh und Jahr erhöhte sich von 3307 Litern im Jahr 1959 auf 4351 Liter im Jahr 1979[20]. Demgegenüber führen mechanisch-technische Fortschritte z. B. durch verbesserte Maschinen in erster Linie zu Kostensenkungen. Der außerdem denkbare organisatorisch-technische Fortschritt wird sowohl zu Kostensenkungen als auch zur Verwirklichung höherer Ausbringungsmengen eingesetzt, wodurch die Angebotskurve insgesamt nach rechts verschoben wird.

(2) Erhöhungen der – wegen des hohen Anteils familieneigener Arbeitskräfte in erster Linie kalkulatorischen – Löhne in der Landwirtschaft aufgrund des Ansteigens der Erwerbseinkommen außerhalb der Landwirtschaft verschieben die Angebotskurve ceteris paribus nach links. Dieser Effekt wirkt den kostensenkenden Effekten durch technischen Fortschritt entgegen und mag – wie in *Abbildung 10* angenommen – per Saldo überwiegen.

Bei komparativ-statischer Betrachtung würde sich die durch A_2 und N_2 bestimmte neue Gleichgewichtssituation G_2 ergeben, bei der die eine Million am kostenungünstigsten produzierenden landwirtschaftlichen Betriebe ausscheiden müßten.

---

[20] *Koester, U.*, Grundzüge . . ., a.a.O., S. 208f.

Wenn allerdings wegen der hohen Marktaustrittsschranken alle 5 Millionen Landwirtschaftsbetriebe, die bisher an der Produktion beteiligt waren, weiterproduzieren, ist statt der langfristigen Angebotskurve A_2 die Angebotskurve $A^2_{immobil}$ relevant. Sie verläuft bis zum Stückkostenminimum der am kostenungünstigsten produzierenden, etablierten Anbieter vollkommen unelastisch. Angesichts der Marktaustrittsschranken verfallen bei den in *Abbildung 10* zugrunde gelegten Annahmen die Agrarpreise „ruinös". Das heißt, beim sich durch die Marktkräfte einstellenden Preis $p_{immobil}$ müssen die meisten Betriebe Verluste hinnehmen, obwohl sich der Preis bei funktionsfähigem Wettbewerb ohne die drastischen Anpassungshemmnisse viel höher bei p_2 herausbilden würde.

Allgemein ist bei den hohen Marktaustrittsschranken in der Landwirtschaft also ein anhaltender Verfall der Agrarpreise möglich, bei dem unter Wettbewerbsbedingungen an sich rentable Betriebe nur unterdurchschnittliche Faktorentgelte beim Arbeitslohn und der Eigenkapitalverzinsung erzielen, eventuell ihre Abschreibungen nicht erwirtschaften oder gar noch größere Verluste hinnehmen müssen. Wie oben dargestellt, wird das bei den bereits in der Landwirtschaft Tätigen zwar kaum zur Abwanderung aus der Landwirtschaft führen. Da es allerdings für die Kinder der Landwirte außerhalb der Landwirtschaft im Prinzip dieselben beruflichen Entwicklungschancen gibt wie für andere Nachkommen auch, werden sich bei „ruinös" niedrigen Agrarpreisen vor der Berufswahl stehende Jugendliche gegen die landwirtschaftliche Tätigkeit entscheiden. Konkret bedeutet das also, daß z. B. vierzigjährige Landwirte nach einem drastischen Verfall der Agrarpreise ihre Kinder zu einer Abwanderung aus der Landwirtschaft veranlassen werden, selbst aber gegebenenfalls noch über zwanzig Jahre landwirtschaftlich weiterproduzieren.

Volkswirtschaftlich besteht dann die Gefahr, daß bei den landwirtschaftlichen Produktionsfaktoren Boden und Realkapital (Gebäude und Maschinen) die Produktionskräfte ausgehöhlt werden, weil sich Vorkehrungen und Rücksichtnahmen zur langfristigen Sicherung der Bodenfruchtbarkeit oder z. B. größere Stallreparaturen oder sonstige Investitionen in Realkapital, soweit sie nicht zur befristeten Aufrechterhaltung der elementaren Funktionsfähigkeit der Produktionsmittel erforderlich sind, nicht mehr lohnen. Charakteristisch ist, daß dieser zu befürchtende „Raubbau" in der landwirtschaftlichen Produktion lange Zeit versteckt bliebe, weil die erzeugten Agrargütermengen – und damit auch die „ruinös" niedrigen Preise – zunächst gleichbleiben würden.

Eine noch größere Gefahr besteht darin, daß es zusätzlich beim Produktionsfaktor Arbeit in der Landwirtschaft zu einem lange Zeit verdeckten Verfall kommt. Wie oben schon ausgeführt, werden nach der „ruinösen" Preissenkung nachwachsende Arbeitskräfte eine berufliche Entwicklung zum Landwirt meiden, während die etablierten Landwirte bis zur Erreichung ihrer Altersgrenze oder einer Erwerbsunfähigkeit die Produktion aufrechterhalten. Auch wenn die nach einer zeitlichen Verzögerung Ausscheidenden dann kaum noch durch Neuzugänge ersetzt werden, wirkt sich das gegebenenfalls in den erzeugten Agrargütermengen lange Zeit kaum aus, weil durch arbeitssparende technische Fortschritte die Mitnutzung der durch Betriebsauflösungen freigesetzten Produktionsfaktoren auch von den restlichen Landwirten noch vorgenommen werden kann. So ist zu befürchten, daß das Ausbleiben des landwirtschaftlichen Nachwuchses nach einem „ruinösen" Preisverfall erst nach einem

Zeitraum von z. B. zwanzig bis dreißig Jahren zu dann drastischen Rückgängen der Agrargütermengen führt. Daraus könnte ein im Verhältnis zum langfristigen Gleichgewicht – wie es in *Abbildung 10* durch G^2_{immobil} veranschaulicht ist – übersteuerter Mengenrückgang mit entsprechendem Preisanstieg bewirkt werden und als weiterer Prozeßverlauf eine Art Spinngewebe-Entwicklung eintreten, wie sie oben für Einzelmärkte geschildert wurde und hier für die Agrarmärkte insgesamt ähnlich – wenn auch mit wesentlich längeren Anpassungsverzögerungen des Angebots – als Erklärungsmuster dienen kann.

Wegen der hohen Marktaustrittsschranken in der Landwirtschaft ist also bei sich selbst überlassenen Wettbewerbsprozessen ein ruinöser Preisverfall zu erwarten, der dann gegebenenfalls erst über Jahrzehnte verzögert zu **volkswirtschaftlich übersteigerten Mengen- und Preisanpassungen** führt. Das würde nicht nur die Allokationseffizienz beeinträchtigen, vielmehr träten auch problematische Verteilungswirkungen auf, weil Landwirte, die bisher oft mehr an ihren Hof als an ihre Familien denken, in ihrer sozialen Einordnung destabilisiert würden und damit Gefahren für den gesellschaftlichen Frieden entstehen könnten. Das wirft die Frage nach einer geeigneten Agrarpolitik auf, durch die sich Effizienzsteigerungen im Marktablauf erzielen lassen, ohne daß die wettbewerbliche Selbststeuerung als solche außer Kraft gesetzt wird.

3.3.7. Würdigung der wettbewerblichen Selbststeuerungseffizienz im Agrarsektor

Angesichts der erörterten Besonderheiten auf den Agrarmärkten führt eine ausschließliche wettbewerbliche Selbststeuerung ohne ergänzende Agrarpolitik nicht generell zu einem wirksamen Abbau von Diskrepanzen zwischen den Wirtschaftslagen und den Vorstellungen, die heute als **Hauptziele der Agrarpolitik** gelten können[21]:

(1) Einkommensparität für die Landwirte, wobei insbesondere
   (a) intersektorale Parität gemeint ist, während
   (b) die Einebnung intrasektoraler Einkommensdisparitäten nur subsidiär verfolgt wird.
(2) Bestmögliche Agrargüterversorgung für die Verbraucher mit den Aspekten
   (a) preiswerter und
   (b) sicherer Versorgung;
(3) Internationale Arbeitsteilung bei
   (a) Agrargütern und
   (b) sonstigen Welthandelsgütern.

---

[21] Ähnlich *Bundesregierung*, Agrarbericht 1982, Bundestagsdrucksache 9/1340, Bonn 1982, S. 89 ff. und vorhergehende Agrarberichte (mit einer die „Hauptziele" allerdings in viele „Unterziele" und „Teilziele" zergliedernden Zielstruktur). Für die EG legt Artikel 39 EWG-Vertrag fest: „Ziel der gemeinsamen Agrarpolitik ist es, a) die Produktivität der Landwirtschaft ... zu steigern; b) auf diese Weise der landwirtschaftlichen Bevölkerung, insbesondere durch Erhöhung des Pro-Kopf-Einkommens der in der Landwirtschaft tätigen Personen, eine angemessene Lebenshaltung zu gewährleisten; c) die Märkte zu stabilisieren; d) die Versorgung sicherzustellen; e) für die Belieferung der Verbraucher zu angemessenen Preisen Sorge zu tragen."

(4) Umweltschutz sowohl in bezug auf
 (a) schadstofffreie Agrarproduktion als auch
 (b) allgemeinen Landschaftschutz.

Die ernstzunehmende Gefahr eines Marktversagens auf den Agrarmärkten ist in der Tendenz zu ruinöser Branchenkonkurrenz aufgrund von hohen Marktaustrittsschranken in der Landwirtschaft erkannt worden. Zu einer disparitätischen Entwicklung zuungunsten der landwirtschaftlichen Einkommen kommt es – und zwar um so stärker, je preisunelastischer das Angebot aufgrund vorhandener Marktaustrittsschranken reagiert –, wenn sich bei preisunelastischer Nachfrage die Nachfragekurven aufgrund des **Engelschen Gesetzes** nur geringfügig und die Angebotskurven durch Produktivitätsfortschritte in stärkerem Maß nach rechts verschieben. Unter realistischen Bedingungen ist insofern bei einer sich selbst überlassenen Selbststeuerung für lange Zeiträume mit einer Verletzung der Verteilungseffizienz zu rechnen. Außerdem ist wegen der Tendenz zur durch die ruinös niedrigen Preise schließlich „übersteigert" erfolgenden Produktionseinschränkung die Allokationseffizienz betroffen, so daß das Ziel der preiswerten und sicheren Versorgung der Verbraucher mit Agrargütern nur unbefriedigend angesteuert wird.

Darüber hinaus ließe sich gegebenenfalls die Allokationseffizienz erhöhen, wenn starke Agrarpreisschwankungen, die – wie aufgezeigt – typischerweise witterungs-, biologisch- oder konjunkturbedingt sowie eventuell zyklisch preisinduziert (wegen charakteristischer Angebotsrigiditäten bei einzelnen Gütern) erfolgen, institutionell geglättet werden könnten. Das ist eine im Prinzip alte und z. B. schon in der Bibel überlieferte Erkenntnis, als Josef versuchte, einen Ausgleich zwischen sieben fetten und sieben mageren Erntejahren zu schaffen.

Demgegenüber rechtfertigen die oben außerdem behandelten Preisverzerrungen bei Agrargütern wegen Vermachtungen von vor- und nachgelagerten Wirtschaftsstufen oder aufgrund externer Effekte zwar im Grundsatz ebenfalls wirtschaftspolitische Eingriffe, aber daraus lassen sich kaum Sonderregelungen für die Landwirtschaft ableiten, weil die hier auftretenden Ziel/Lage-Diskrepanzen nicht ausgeprägter als in anderen Sektoren auch sind. Die weiteren Überlegungen konzentrieren sich deshalb darauf, die Eignung alternativer Konzepte zur Bekämpfung der aufgezeigten speziellen Mängel der wettbewerblichen Selbststeuerung im Agrarsektor zu erörtern.

4. Wirtschaftspolitische Folgerungen

4.1. EG-Agrarmarktordnungen

4.1.1. Außenwirtschaftsschutz

Die in der EG geltenden über zwanzig Marktordnungen für Agrarprodukte zielen auf eine straffe Verwirklichung der durch politische Beschlüsse angestrebten Preise für die einzelnen Güter auf den Binnenmärkten. Dazu muß insbesondere der Binnenmarkt gegenüber dem Angebot aus Drittländern abgeschirmt werden, wenn – wie derzeit in der Regel – die Preise auf dem Weltmarkt niedriger sind, als in der EG gewollt. Ein für diesen Zweck geeignetes Instrument ist das bei den EG-Marktordnungen typische Abschöpfungssystem, dessen Grundzüge am Beispiel der EG-Getreidemarktordnung im folgenden skizziert werden.

Als zentraler Ausgangspunkt für die angestrebten Preise in der EG wird jährlich für jede Getreideart durch politischen Beschluß ein **Richtpreis** für die Hauptzuschußregion Duisburg festgelegt. Der für Importe maßgebliche **Schwellenpreis** errechnet sich, indem vom Richtpreis die von Rotterdam als billigstem Einfuhrhafen der EG bis Duisburg auftretenden Kosten für den Getreidetransport (einschließlich Versicherungen und Gewinnspannen) abgezogen werden. Die Differenz zwischen dem so ermittelten Schwellenpreis und dem je nach Marktlage schwankenden cif-Weltmarktpreis ergibt die **Abschöpfung,** die täglich berechnet und bei der Einfuhr von Getreide an die EG zu bezahlen ist.

Ökonomisch wird dadurch einerseits erreicht, daß die Importware im Hauptzuschußgebiet nicht unter dem Richtpreisniveau angeboten werden kann, das heißt durch die von der EG-Kommission festgesetzten Abschöpfungsbeträge wird ein niedriger Weltmarktpreis für Getreide auf das höhere Richtpreisniveau „hinaufgeschleust". Andererseits hat der Schwellenpreis zugleich die Funktion eines Höchstpreises, wenn vom Weltmarkt zu diesem Preis ein ausreichend elastisches Angebot vorhanden ist. Für die EG als relativ großem Wirtschaftsgebiet und Welthandelsteilnehmer ist es allerdings nicht realistisch anzunehmen, daß das Weltmarktangebot vollkommen elastisch ist. Vielmehr ergibt sich insgesamt eine Situation, wie sie in *Abbildung 11* veranschaulicht ist.

Die Nachfrage- und Angebotskurven weisen im EG-Inland und für die zum Sektor „Ausland" zusammengefaßten Drittländer normalen Verlauf auf. Das Angebot innerhalb der EG ist dann wegen des Außenwirtschaftsschutzes unterhalb des Schwellenpreises $p_{Schwelle}$ mit der Angebotskurve der inländischen Produzenten Angebot$_{Inland}$ identisch. Beim Schwellenpreis kommt zu dem inländischen Angebot m^A_{Inland}

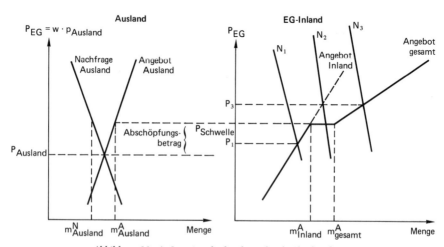

Abbildung 11: Außenwirtschaftsschutz durch Abschöpfungen

das ausländische Überschußangebot ($m^A_{Ausland} - m^N_{Ausland}$) hinzu, so daß die Gesamtangebotskurve bis m^A_{Gesamt} vollkommen elastisch verläuft. Oberhalb des Schwellenpreises erklärt sich das Gesamtangebot aus der Aggregation des inländischen Angebots mit dem jeweiligen Überschußangebot des Auslands, ohne daß jedoch eine vollkommen elastische Angebotssituation vorliegt. Insgesamt ergibt sich so eine – wie *Abbildung 11* typisiert zeigt – doppeltgeknickte Angebotskurve.

Für den Einfluß des Außenwirtschaftsschutzes auf die Preisbildung innerhalb der EG lassen sich dann drei Fälle unterscheiden. Wenn die Nachfragekurve in der EG die Angebotskurve unterhalb des Schwellenpreises schneidet (vgl. N_1), ist ein auf dem Weltmarkt billig zu habendes Auslandsangebot durch die Abschöpfungen wirksam abgeschirmt. Liegt der Schnittpunkt der EG-Nachfragekurve (vgl. N_2) im vollkommen elastischen Bereich des Gesamtangebots in der EG, hat der Schwellenpreis die Funktion eines Höchstpreises. Erst bei noch größerer Nachfrage (vgl. N_3) kann es sogar zu über den Schwellenpreis hinausgehenden Preisen kommen. Bei der derzeitig festgesetzten Höhe der Schwellenpreise spielt allerdings in der Regel nur der erste Fall eine Rolle, d.h. ein preisgünstiges Auslandsangebot ist für das Marktgeschehen in der EG vollkommen irrelevant.

Demgegenüber von Bedeutung sind die spiegelbildlich zu den Abschöpfungen als Einfuhrabgabe von der EG als Ausfuhrsubventionen praktizierten **Exporterstattungen**. Mit ihnen wird der Unterschied zwischen den EG-Preisen und niedrigeren Preisen auf dem Weltmarkt ausgeglichen, wenn ein Marktabsatz in dritten Ländern gesucht wird. Warum es darauf ankommt, wird im nächsten Abschnitt deutlich.

4.1.2. Binnenmarktinterventionen

Der Agrarministerrat der EG beschließt im Rahmen z.B. der Getreidemarktordnung jährlich außer den Richtpreisen die davon abgeleiteten Schwellenpreise und auch die **Interventionspreise**. Sie liegen etwas unterhalb der beiden anderen Preise und verpflichten die staatlichen Interventionsstellen zum Ankauf der ihnen angebotenen Erzeugnisse in unbegrenzter Menge, wenn gewisse Mindestmengen eingehalten werden. Insofern sind die Interventionspreise staatlich garantierte Mindestpreise. Die Nachfragekurve wird somit beim Interventionspreis vollkommen elastisch. Sofern die Angebotskurve die Nachfragekurve in diesem Bereich schneidet, füllen sich also die Lagerhäuser der EG, und zwar um so mehr, je höher die Interventionspreise über den wettbewerblichen Gleichgewichtspreisen festgelegt werden.

Grundsätzlich zu unterscheiden ist, ob mit den fixierten Mindestpreisen nur vorübergehende Marktschwankungen ausgeglichen werden und die entstehenden Lagerbestände bei steigenden Preisen und Angebotsverknappungen wieder abgebaut werden können (**kurzfristige Überschüsse**) oder ob die Interventionspreise so hoch festgelegt werden, daß ständig Überschüsse produziert und zu den Garantiepreisen aufgekauft werden müssen (**strukturelle Lagerbestände**). Seit Einführung der EG-Marktordnungen vor etwa zwanzig Jahren hat sich das Gewicht von den kurzfristigen Überschüssen inzwischen in bedenklicher Weise zu strukturellen Lagerbeständen verschoben, so daß spektakuläre „Berge" von Agrargütern in den Lagerhäusern der EG mit hohen Kosten verwaltet und teils mit Hilfe von erheblichen Exportsubventionen auf

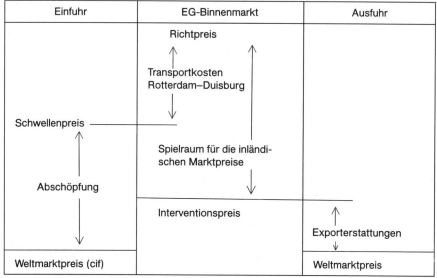

Abbildung 12: Grundelemente der EG-Getreidemarktordnung

den Weltmärkten verkauft oder verbilligt an die Landwirte als Futtermittel abgegeben wurden[22]. Bevor im folgenden Abschnitt die kritische Würdigung der EG-Agrarmarktordnungen vertieft wird, veranschaulicht *Abbildung 12* die behandelten Grundelemente der EG-Getreidemarktordnung nochmals zusammenfassend.

Ergänzend sei auf die besonderen Probleme, die durch währungspolitische Maßnahmen bei der Festlegung gemeinsamer Agrarpreise aufgetreten sind, hingewiesen.[23]

Abwertungen nationaler Währungen gegenüber den Mitgliedsländern in der EG bewirken an sich einen Anstieg der nationalen Marktordnungspreise, und Aufwertungen bedeuten deren Senkung. Um zu verhindern, daß sich die Nahrungsmittelpreise abrupt erhöhen oder die Erzeugerpreise für die Landwirte sinken, sind Währungsausgleichsbeträge beschlossen worden **(Grenzausgleich)**. Sie können zwar bewirken, daß die Agrarpreise von den Änderungen der Währungsparitäten weitgehend unbeeinflußt bleiben. Im Ergebnis sind damit jedoch zollgleiche Abgaben geschaffen worden, die dem Grundprinzip eines freien innergemeinschaftlichen Warenverkehrs widersprechen. Deshalb wird ihr allmählicher Abbau angestrebt.

---

[22] Vgl. für die Märkte Milch und Rindfleisch *Bundesregierung,* Agrarbericht 1982, Materialband, a.a.O., S.109ff., sowie für weitere Agrarmärkte *EG-Kommission,* Bericht 1981, a.a.O., S.121ff.

[23] Vgl. *Seebohm, E.,* Das EWS und die gemeinsame Agrarpolitik, in: Agrarwirtschaft, Jg.28 (1979), S.118ff.; *Schmitz, P.M.,* Wohlfahrtsökonomische Beurteilung preis- und währungspolitischer Interventionen auf EG-Agrarmärkten, Frankfurt 1980.

Tabelle 5: Übersicht über den prozentualen „Abstand" der landwirtschaftlichen (Vergleichs-)Reineinkommen von der Summe der Vergleichsansätze nach § 4 Landwirtschaftsgesetz im Wirtschaftsjahr 1980/81 bei den Vollerwerbsbetrieben in der BR Deutschland

Betriebsgröße \ Betriebsform	Marktfrucht	Futterbau	Veredelung	Dauerkultur	Gemischt
kleine Vollerwerbsbetriebe	−53%	−60%	−57%	−57%	−65%
mittelgroße Vollerwerbsbetriebe	−34%	−46%	−42%	−55%	−42%
große Vollerwerbsbetriebe	−6%	−31%	−12%	−27%	−24%

Quelle: *Bundesregierung,* Agrarbericht 1982, Materialband, a. a. O., S. 60.

4.1.3. Grad der Verwirklichung agrarpolitischer Ziele

In der BR Deutschland ist nach § 4 des Landwirtschaftsgesetzes[24] aus dem Jahr 1955 im jährlich vorzulegenden Agrarbericht der Bundesregierung anzugeben, „inwieweit

- ein den Löhnen vergleichbarer Berufs- und Tarifgruppen entsprechender Lohn für die fremden und familieneigenen Arbeitskräfte – umgerechnet auf notwendige Vollarbeitskräfte –,
- ein angemessenes Entgelt für die Tätigkeit des Betriebsleiters (Betriebsleiterzuschlag) und
- eine angemessene Verzinsung des betriebsnotwendigen Kapitals erzielt sind."

Der prozentuale „Abstand" der tatsächlich verwirklichten (Vergleichs-)Reineinkommen von der Summe der vorgenannten Vergleichsansätze läßt sich als Indikator für die **intersektorale Einkommensdisparität** der Landwirtschaft ansehen.[25] Die Übersicht in *Tabelle 5* zeigt, daß im für die Landwirte relativ ungünstigen Wirtschaftsjahr 1980/81 keine Gruppe von Betriebstypen die Vergleichsansätze voll verwirklicht hat. Die großen Vollerwerbsbetriebe schnitten allerdings im Durchschnitt besser ab als die kleinen, und die Marktfruchtbetriebe erwiesen sich als relativ günstigste Betriebsform.

Für das Ziel einer **sicheren Agrargüterversorgung** können die Selbstversorgungsgrade als Indikatoren gelten. Wie aus *Tabelle 6* hervorgeht, hat das vorrangig zur Sicherung

---

[24] Vgl. auch § 1 des Landwirtschaftsgesetzes, Bundesgesetzblatt, Teil I, Jg. 1955, S. 565: „Um der Landwirtschaft die Teilnahme an der fortschreitenden Entwicklung der deutschen Volkswirtschaft und um der Bevölkerung die bestmögliche Versorgung mit Ernährungsgütern zu sichern, ist die Landwirtschaft mit den Mitteln der allgemeinen Wirtschafts- und Agrarpolitik – insbesondere der Handels-, Steuer-, Kredit- und Preispolitik – in den Stand zu setzen, die für sie bestehenden naturbedingten und wirtschaftlichen Nachteile gegenüber anderen Wirtschaftszweigen auszugleichen und ihre Produktivität zu steigern. Damit soll gleichzeitig die soziale Lage der in der Landwirtschaft tätigen Menschen an die vergleichbarer Berufsgruppen angeglichen werden."

[25] Vgl. Einzelkritik bei *Schmitt, G.,* Grenzen und Möglichkeiten der landwirtschaftlichen Einkommenspolitik unter veränderten gesamtwirtschaftlichen Rahmenbedingungen, in: Agrarwirtschaft, Jg. 27 (1978), S. 171 f.

Tabelle 6: Selbstversorgungsgrade für ausgewählte Agrarprodukte in der Europäischen Gemeinschaft im Durchschnitt der drei Jahre 1978 bis 1980 und der Jahre 1967 bis 1969 (in %)

Agrarprodukt	1978–1980	1967–1969
Kondensmilch	163	142
Magermilchpulver	111	140
Butter	114	91
Zucker	124	82
Weizen insgesamt	108	94
Rindfleisch insgesamt	100	90
Schweinefleisch	100	100
Eier	101	99
Wein	99	97
Reis	75	(ohne Angabe)
Zitrusfrüchte	41	(ohne Angabe)

Quelle: *EG-Kommission*, Bericht 1981, a. a. O., S. 222f. und S. 111.

Tabelle 7: EG-Einfuhrpreise in % der Weltmarktpreise für ausgewählte Agrarprodukte in den Jahren 1979/80 und 1973/74 (cif-Weltmarktpreise = 100)

Agrarprodukte	1979/80	1973/74
Butter	411	320
Magermilchpulver	379	156
Weichweizen	163	79
Zucker	131	66
Rindfleisch	204	110
Schweinefleisch	152	131

Quelle: *EG-Kommission*, Bericht 1980, a. a. O., S. 196f.

der landwirtschaftlichen Einkommen eingesetzte Agrarpreisstützungssystem in der EG inzwischen bei wichtigen Agrarerzeugnissen zur vollständigen Selbstversorgung und teils – insbesondere bei Milchprodukten – sogar zu unökonomischer Überproduktion geführt.

Wieweit inzwischen das Ziel der **preiswerten Versorgung** mit Agrargütern verfehlt wird, kann für den ersten Augenschein durch die in *Tabelle 7* aufgeführten Abstände der EG-Marktordnungspreise von den Weltmarktpreisen angezeigt werden. Allerdings sind die Weltmarktpreise wegen der vielfältigen agrarpolitischen Interventionen aller Staaten keine unverzerrten Wettbewerbspreise, sondern eher „Restpostenpreise", und außerdem würden im Fall des Wegfalls der EG-Preisstützungen die Weltmarktpreise ansteigen, da nicht von einem vollkommen elastischen Weltmarktangebot ausgegangen werden kann.[26]

---

[26] Vgl. dazu eingehend *Tangermann, S.*, Weltmarktpreise und EG-Agrarpreispolitik, in: *Langbehn, C./Stamer, H.* (Hrsg.), Agrarwirtschaft und wirtschaftliche Instabilität, München u. a. 1976, S. 47ff.

1. Landwirtschaft

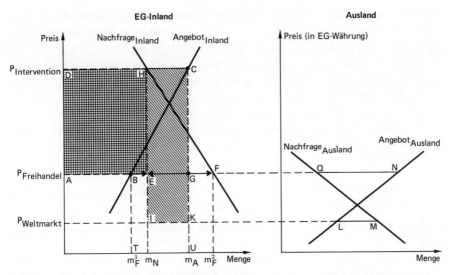

Abbildung 13: *Gegenüberstellung von EG-Interventionspreissystem und Freihandelssituation (wobei $\overline{BF} = \overline{QN}$ und $\overline{HC} = \overline{LM}$)*

Analytisch genauer sollen die Zielwirkungen der EG-Preisstützungen jetzt mit Hilfe von *Abbildung 13* erläutert werden, zumal sich mit diesem Ansatz[27] auch die alternativen agrarpolitischen Konzepte im weiteren vergleichend bewerten lassen.

Als Ausgangssituation ist unterstellt, daß im EG-Inland Angebotsüberschüsse erzeugt werden, die beim Preis $p_{Intervention}$ vom Staat in Höhe von HC aufgekauft und durch Exporterstattungen auf dem Weltmarkt zu $p_{Weltmarkt}$ abgesetzt werden müssen. Würde in der EG der Binnen- und Außenschutz abgeschafft, ergäbe sich bei den angenommenen Angebots- und Nachfrageverhältnissen der Preis $p_{Freihandel}$, zu dem die EG-Landwirte die Menge m_F^1 erzeugen und zusätzlich die Menge $(m_F^2 - m_F^1)$ vom Weltmarkt importieren würde.

Als gewollter Einkommensvorteil für die Landwirte **(Ziel A)** ergibt sich durch die EG-Preisstützungspolitik im Vergleich zur Freihandelssituation ein Betrag entsprechend der Fläche ABCD. Bei Freihandel könnte nur der Betrag $m_F^1 \cdot p_{Freihandel}$ von den EG-Landwirten erlöst werden, während bei $p_{Intervention}$ ein Bruttoerlös von $m_A \cdot p_{Intervention}$ erzielt wird, von dem als zusätzliche variable Kosten die Fläche TUCB unter der inländischen Angebotskurve, die der aggregierten Grenzkostenkurve entspricht, abzuziehen ist.[28]

---

[27] Vgl. zu dieser Methode generell *Currie, J. M./Murphy, J. A./Schmitz, A.*, The Concept of Economic Surplus and its Use in Economic Analysis, in The Economic Journal, Vol. 81 (1971), S. 741 ff. und speziell für die Agrarpolitik *Josling, T.*, A Formal Approach to Agricultural Policy, in: Journal of Agricultural Economics, Vol. 20 (1969), S. 175 ff. oder *Koester, U.*, Grundzüge ..., a. a. O., S. 236 ff.

[28] Hinsichtlich eventuell entstehender zusätzlicher Kosten sei vereinfachend angenommen, daß sie den Landwirten als Einkommen zufließen und insofern nicht einkommensmindernd zu berücksichtigen sind.

Die Stützung der landwirtschaftlichen Einkommen hat für die preiswerte Verbraucherversorgung **(Ziel B)** volkswirtschaftlich folgende direkte und indirekte Nachteile:

(1) Es entstehen den Verbrauchern Mehrausgaben

(a) direkt durch hohe Agrarpreise in Höhe der Fläche AEHD, die in *Abbildung 13* doppelt schraffiert gekennzeichnet ist. Statt des Preises $p_{Freihandel}$ haben die Verbraucher für die nachgefragte Menge m_N den hohen Preis $p_{Intervention}$ zu zahlen, was den Landwirten zugute kommt;

(b) indirekt durch Aufbringung der Ausfuhrerstattungen von CHIK (vgl. die einfach schraffierte Fläche in *Abbildung 13*). Es wird unterstellt, daß der Staat die Überschußproduktion bei $p_{Intervention}$ in Höhe von $(m_A - m_N)$ durch die Exporterstattung in Höhe von $(p_{Intervention} - p_{Weltmarkt})$ auf dem Weltmarkt absetzt und die dadurch verursachten Kosten letztlich vom Verbraucher durch höhere Abgaben an den Staat getragen werden müssen.

(2) Darüber hinaus ergeben sich Verluste durch Fehlallokation der Produktionsfaktoren:

(a) Auf der Angebotsseite veranschaulicht das die Fläche BGC. Die Ausdehnung der Inlandserzeugung auf m_A gegenüber der Freihandelssituation von m_F^1 verursacht variable Kosten entsprechend der Fläche unter der Grenzkosten-(=inländische Angebots-)Kurve zwischen den Punkten B und C. Zum Preis $p_{Freihandel}$ bewertet hat diese inländische Mehrproduktion jedoch nur den Wert der Fläche TUGB. In Höhe der Flächendifferenz BGC werden also Produktionsfaktoren in der Landwirtschaft gebunden, mit denen in anderer Verwendung bei Vollbeschäftigung ein sozialprodukterhöhender Effekt erzielt werden könnte. Die potentielle Sozialproduktsteigerung wäre gleich der Fläche BGC, wenn die Erträge der alternativen Verwendung der Produktionsfaktoren den variablen Kosten gleich wären (Opportunitätskostenbewertung).

(b) Auf der Nachfrageseite tritt durch den eingeschränkten Verbrauch m_N gegenüber der Freihandelssituation m_F^2 ein Nutzenentgang bei den Verbrauchern ein, der durch die Fläche EFH charakterisiert werden kann. Da im Polypol die Nachfragekurve identisch oder zumindest proportional mit der Grenznutzenkurve ist, ändert sich der Gesamtnutzen durch die geringere Nachfrage m_N gegenüber m_F^2 um die Fläche unter der inländischen Nachfragekurve zwischen den Punkten H und F. Dieser Minderkonsum könnte bei Freihandel zum Preis $p_{Freihandel}$ durch Importausgaben für $(m_F^2 - m_N)$ ausgeglichen werden, so daß insoweit die Schlechterstellung der Verbraucher gegenüber der Freihandelssituation durch die verbleibende Differenzfläche EFH ausgedrückt werden kann.

Hinsichtlich der internationalen Arbeitsteilung **(Ziel C)** versteht sich, daß die Freihandelssituation anzustreben ist. Das bedeutete allerdings ein Einverständnis mit der Abkehr von der heimischen Überschuß- zu einer Importbedarfslage. Letztlich wäre politisch zu entscheiden, ob bei der verbleibenden inländischen Erzeugung m_F^1 das Ziel der Versorgungssicherheit noch hinreichend gewahrt[29] sowie das Umweltschutz-

---

[29] Vgl. dazu *Henze, A.*, Stabilisierungspolitik im Hinblick auf die nationale und internationale Versorgung mit Nahrungsmitteln, in: *Langbehn, C./Stamer, H.* (Hrsg.), a.a.O., S. 257 ff.

Tabelle 8: *Öffentliche Haushaltsausgaben für den Agrarbereich in der Europäischen Gemeinschaft und in der BR Deutschland im Jahr 1982 (Soll-Ansätze)*

Öffentliche Haushaltsausgaben	EG-Soll für Jahr 1982	in Mio. ECU	Anteil an EG-Agrar-ausgaben in %	BR-Deutschland-Soll (Bundesmittel) für 1982	in Mio. DM	Anteil an BR-Agrar-ausgaben in %
1. Preisstützungen	Abt. „Garantie" des EAGFL[+] davon für:	13703,1	94,5	Marktordnung, Aufklärung, Absatzförderung u. ä.	173	2,8
	a) Binnenmarktintervention darunter:	7462,8	51,5			
	• Milcherzeugnisse	2132,0				
	• Getreide	709,0				
	b) Exporterstattungen darunter:	6034,3	41,6			
	• Milcherzeugnisse	2287,6				
	• Getreide	1327,2				
	c) Währungsausgleich	125,0	0,9			
2. Strukturver-besserungen	Abt. „Ausrichtung" des EAGFL[+]	790,7	5,5	Strukturverbesserung insgesamt	1459,3	23,9
				davon:		
				a) Gemeinschaftsaufgabe „Verbesserung der Agrarstruktur und des Küstenschutzes"	1050,0[++]	
				darunter:		
				• einzelbetriebliche Förderung	313,0	
				• Flurbereinigung	260,0	
				• Wasserwirtschaftliche und kulturbauliche Maßnahmen (z. B. Wirtschaftswegebau)	272,5	
				b) Maßnahmen außerhalb der Gemeinschaftsaufgabe (bes. Zinsverbill.)	163,3	
				c) Landabgaberente	246	
3. Soziale Sicherung				Soziale Sicherung insgesamt	3497,9	57,4
				davon:		
				a) Altershilfe	2105,0	
				b) Krankenversicherung	1030,0	
				c) Unfallversicherung	340,0	
4. Verschiedenes				Verschiedenes wie Forschung, Gasölverbilligung	967,8	15,9

[+] EAGFL bedeutet „Europäischer Ausrichtungs- und Garantiefonds für die Landwirtschaft".
[++] Zusätzlich zu diesen Bundesmitteln ist bei der Gemeinschaftsaufgabe als Länderanteil ein Betrag von 669,1 Mio. DM vorgesehen.

Quelle: Zusammengestellt nach *EG-Kommission*, Bericht 1981, Brüssel-Luxemburg 1982, S. 147, S. 244 f. sowie *Bundesregierung*, Agrarbericht 1982, Bundestagsdrucksache 9/1340, Bonn 1982, S. 69, S. 76, S. 84 und *dieselbe*, Rahmenplan der Gemeinschaftsaufgabe „Verbesserung der Agrarstruktur und des Küstenschutzes" für den Zeitraum von 1982 bis 1985, Bundestagsdrucksache 9/1608, Bonn 1982, S. 121.

ziel der Landschaftserhaltung nicht zu sehr beeinträchtigt wird. Daraus könnte ein gewisser Außenschutz, durch den das Inlandsagrarpreisniveau etwas über den Preis bei Freihandel angehoben bleibt, ökonomisch gerechtfertigt sein.

Außerdem verbleibt zu prüfen (vgl. Abschnitt 4.3), wie bei einem Übergang vom gegenwärtigen EG-Agrarsystem zum Freihandel durch geeignete Maßnahmen die oben aufgezeigte Gefahr „ruinöser Branchenkonkurrenz" herabgesetzt werden kann. Zunächst wird im folgenden allerdings auf andere diskutierte Möglichkeiten zur Verbesserung der EG-Agrarpolitik eingegangen. Zudem gibt *Tabelle 8* für die gegenwärtige Agrarpolitik einen Überblick über die Struktur öffentlicher Haushaltsausgaben für den Agrarbereich in der EG und in der BR Deutschland.

4.2. Alternative Konzepte neutralisierender Agrarpolitik

4.2.1. Mitverantwortungsabgabe

Seit 1977 wird auf dem Milchmarkt eine Mitverantwortungsabgabe erhoben, die als Prozentsatz vom Richtpreis für Milch – seit dem Wirtschaftsjahr 1981/82 in Höhe von 2,5% – festgesetzt ist. Obwohl diese Abgabe als Erzeugerbeteiligung an den Kosten der Überschußverwertung gedacht ist, ist der Auszahlungspreis für Milch für die Landwirte nicht gesunken, sondern lediglich weniger gestiegen als der von den Verbrauchern zu zahlende Milchpreis. Entsprechend wird die Wirkung der Mitverantwortungsabgabe in *Abbildung 14* so dargestellt, daß vereinfacht der von *Abbildung 13*

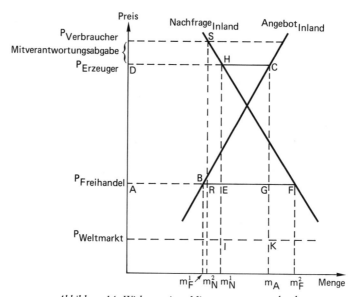

Abbildung 14: Wirkung einer Mitverantwortungsabgabe

bekannte Erzeugerpreis $p_{Erzeuger}$ unverändert bleibt und nur der Verbraucherpreis auf $p_{Verbraucher}$ steigt.[30]

In dem Fall bleibt der Einkommensvorteil für die Landwirte **(Ziel A)** gleich hoch, wie im vorangehenden Abschnitt dargestellt. Der Staat nimmt allerdings als Mitverantwortungsabgabe einen Betrag entsprechend der Fläche $(p_{Verbraucher} - p_{Erzeuger}) \cdot m_N^2$ ein. Daraus resultieren als Nachteile für die Verbraucher **(Ziel B)**:

(1) Mehrausgaben
   (a) direkt durch den erhöhten Verbraucherpreis entsprechend der Differenz der Flächen $(p_{Verbraucher} \cdot m_N^2)$ und $(p_{Erzeuger} \cdot m_N^1)$, wobei wegen der preisunelastischen Nachfragereaktion die erste Fläche immer größer ist als die zweite, sowie
   (b) indirekt durch den Anstieg der notwendigen Ausfuhrerstattungen um $(m_N^1 - m_N^2) \cdot (p_{Erzeuger} - p_{Weltmarkt})$, wenn die Zusatzmenge zum Weltmarktpreis abgesetzt werden kann.
(2) Zusätzlich ergeben sich als Allokationsverluste
   (a) auf der Angebotsseite keine Veränderungen, aber
   (b) auf der Nachfrageseite tritt eine Erhöhung um REHS ein.

Im Ergebnis hat die Einführung der Mitverantwortungsabgabe die Verbraucher also bei der unterstellten Ausgestaltung zugunsten der Staatskasse in Höhe von $(p_{Verbraucher} - p_{Erzeuger}) \cdot m_N^2$ belastet, ohne daß die störende Überschußproduktion abgebaut worden ist – sie ist wegen der bei den getroffenen Annahmen zurückgegangenen nachgefragten Menge sogar noch größer geworden.[31]

4.2.2. Kontingente

Unmittelbar gegen eine bestehende Überproduktion wenden sich Kontingente. Wenn bei der bereits bekannten, in *Abbildung 15* wiederaufgenommenen Ausgangssituation der Preis $p_{Intervention}$ erhalten und dennoch Überschüsse vermieden werden sollen, müßte ein Kontingent in Höhe von m_N festgelegt werden, so daß die inländische Angebotskurve in Höhe der Kontingentmenge senkrecht nach oben abknickt.

Der Einkommensvorteil für die Landwirte **(Ziel A)** fiele dann um die Fläche RCH niedriger aus. Das könnte die Bauernverbände veranlassen, eine weitere Reduzierung der Kontingentmenge und dadurch mögliche Erhöhung des Inlandpreises in ei-

---

[30] Die gleiche Annahme trifft *Koester, U.*, Grundzüge..., a.a.O., S. 280f. Zu der Variante, daß der Erzeugerpreis um den Betrag der Mitverantwortungsabgabe sinkt und der Verbraucherpreis unverändert bleibt, vgl. *Ryll, E.*, Mitverantwortungsabgabe und allgemeine Milchpreissenkung: Eine vergleichende quantitative Analyse aus budget-, verbraucherpolitischer und wohlfahrtsökonomischer Sicht, in: Agrarwirtschaft, Jg. 28 (1979), S. 319ff.
[31] „Im Extremfall könnte man sich vorstellen, daß die Agrarpreise eher noch stärker als bisher angehoben werden, daß dann jedoch ein Teil der Agrarpreisanhebungen durch die Erzeugerabgabe wieder ‚zurückgeholt' wird, um die verfügbare Finanzmasse zu strecken. Faktisch würde dann die ‚Erzeugerabgabe' die Einführung einer neuen ‚Verbrauchersteuer' bedeuten, durch die unter Umgehung der üblichen Wege der Steuererhebung die Finanzmasse zur Finanzierung von Marktordnungsausgaben aufgestockt wird." *Henrichsmeyer, W./Rauer, S./Gans, O.*, Vorschläge für eine Reform der EG-Agrarpolitik: Eine kritische Bestandsaufnahme, in: Zur Reform der EG-Agrarpolitik, Münster-Hiltrup 1981, S. 49.

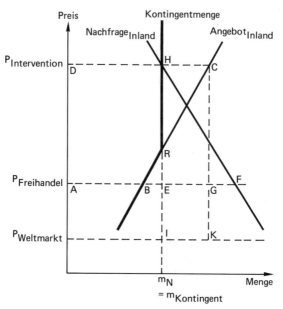

Abbildung 15: Wirkung einer Kontingentierung

nem solchen Ausmaß zu verlangen, daß der einkommenssenkende Effekt durch die Kontingentierung zumindest vermieden wird.

Wenn sich dies immerhin verhindern ließe, ergäben sich nach *Abbildung 15* für die preiswerte Verbraucherversorgung **(Ziel B)**, daß

(1) die Mehrausgaben
   (a) durch den unverändert hohen Verbraucherpreis gleichbleiben, während
   (b) die Ausfuhrerstattungen ganz entfielen, und
(2) bei den Allokationsverlusten
   (a) auf der Angebotsseite eine Verringerung um EGCR einträte
   (b) bei unveränderten Nachteilen auf der Nachfrageseite.

Insoweit hätten Kontingentierungen also durchaus Vorteile gegenüber dem uneingeschränkten EG-Preisstützungssystem. Allerdings kommt beim Einsatz dieses Instruments eine Reihe besonderer Probleme hinzu:

(1) Durch legale und illegale **Ausweichreaktionen** werden die Anbieter versuchen, die Zwangsanordnungen zu unterlaufen. Wenn z. B. die Produktion bei einem Gut, wie derzeit bei Zucker, kontingentiert wird, werden die Flächen für die Produktion anderer Agrargüter eingesetzt werden.

(2) Um die illegalen Ausweichreaktionen zu bekämpfen, sind **Kontrollkosten** unvermeidlich. Sie lassen sich nur dann in vertretbaren Grenzen halten, wenn beim Absatz der Produkte ein leicht kontrollierbarer Absatzkanal („Flaschenhals") vorliegt. Das gibt es nur beim Zucker durch die Zuckerrübenfabriken, während schon bei Milch, für die Kontingentierungen in letzter Zeit verstärkt diskutiert

werden, Absatzkanäle unter Umgehung der vorhandenen Molkereien relativ leicht erschlossen werden können.

(3) Generell noch schädlicher wirkt sich bei Kontingentierungen aus, daß die Preise die **Anreiz- und Steuerungsfunktion** verlieren. Die ohnehin schleppende Entwicklung zu Mindestoptimalgrößen würde zusätzlich erschwert, und ganz allgemein könnte die Kontingentvergabe kaum flexibel den laufenden Änderungen durch technische Fortschritte oder andere betriebsinterne und -externe Datenverschiebungen angepaßt werden. Entsprechend werden ökonomisch vorteilhafte Strukturwandlungen verhindert oder – z. B. bei handelbaren Kontingenten – zumindest gehemmt. Schon aus diesem Grund sind Kontingentierungen keine vorteilhafte Dauerlösung.

(4) Hinzu kommen **politische Risiken**. So lassen sich oft nur Quoten durchsetzen, die eine Überschußproduktion nicht vermeiden, wie z. B. die Erfahrungen mit der EG-Zuckerkontingentierung zeigen (Selbstversorgungsgrad gemäß *Tabelle 6* im Durchschnitt der Jahre 1978–1980 in Höhe von 124%). Außerdem können Kontingentierungen leicht den Anfang einer Kette von weiteren staatlichen Zwangsmaßnahmen wie Investitionskontrollen oder Betriebsumstellungssperren bis hin zu zentralverwaltungswirtschaftlichen Produktionsdirektiven sein, so daß letztlich die ordnungspolitische Grundsatzentscheidung zugunsten der Marktwirtschaft in Frage gestellt würde („Ölflecktheorie").

Die Gesamtheit der mit Kontingentierungssystemen verbundenen Probleme macht deutlich, daß sie ökonomisch nicht als geeignetes Konzept zur Reform des EG-Agrarmarktes dienen können.

4.2.3. Produktionsabhängige Transferzahlungen („deficiency payments")

Das für die englische Agrarpolitik vor dem EG-Beitritt Großbritanniens typische „deficiency payments system" ist durch eine besondere Form produktionsabhängiger Transferzahlungen charakterisiert. Bei der in *Abbildung 16* wiederum in bekannter Weise unterstellten Ausgangssituation können die Verbraucher zum Preis $p_{Freihandel}$ kaufen, während der Staat den Produzenten den Preis $p_{Intervention}$ durch spezielle Subventionen garantiert.

Der Einkommensvorteil für die Landwirte **(Ziel A)** bleibt dann insgesamt unverändert. Allerdings würde auf dem Markt nur der Betrag $p_{Freihandel} \cdot m_A$ erlöst, der durch produktionsgebundene Transfers von $m_A \cdot (p_{Intervention} - p_{Freihandel})$ ergänzt würde.

Diese Transferzahlungen entsprechen in der Höhe weitgehend den entfallenden Verbraucherbelastungen **(Ziel B):**

(1) (a) aufgrund vorher über $p_{Freihandel}$ hinausgehender Verbraucherpreise und
    (b) aufgrund vorher notwendiger Ausfuhrerstattungen zur Verwertung der Überschußproduktion $m_A - m_N$. Für diese Menge ist allerdings genaugenommen an Transferzahlungen nur die Differenz zwischen $p_{Intervention}$ und $p_{Freihandel}$ zu zahlen, während bei Ausfuhrerstattungen ein Hinunterschleusen des Preises von $p_{Intervention}$ auf $p_{Weltmarkt}$ notwendig ist, so daß insoweit insgesamt bei einem Übergang zu dem System produktionsabhängiger Transferzahlungen als kleiner Verbrauchervorteil $(p_{Freihandel} - p_{Weltmarkt}) \cdot (m_A - m_N)$ verbleibt.

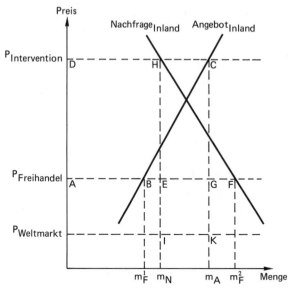

Abbildung 16: Wirkung des „deficiency payments system"

(2) Demgegenüber treten beim „deficiency payments system" Allokationsverluste
   (a) auf der Angebotsseite noch in unveränderter Höhe auf,
   (b) auf der Nachfrageseite entfallen sie jedoch.

Hinsichtlich der bestehenbleibenden Allokationsverluste lassen sich durch das folgende Konzept noch weitere Verbesserungen erzielen.

4.2.4. Produktionsneutrale Transferzahlungen („direkte Einkommensbeihilfen")

Bei diesem System ist als Preis sowohl für die Nachfrage der Verbraucher als auch für die Produktion der Landwirte der Freihandelspreis möglich. Die Landwirte erhalten jedoch, ohne daß sich das auf die Produktion auswirken soll, vom Staat zusätzliche Transfers, z. B. pro Hektar landwirtschaftlicher Nutzfläche, so daß sich ihr Gesamteinkommen letztlich nicht zu verschlechtern braucht. Bei der bekannten Ausgangssituation in *Abbildung 17* würde das staatliche Direkteinkommenszahlungen in Höhe von ABCD bedeuten.

Der gewollte Einkommensvorteil für die Landwirte **(Ziel A)** bliebe so wiederum erhalten, wenn es auch offensichtlicher als beim jetzigen Preisstützungssystem würde, daß die Landwirte von den Nicht-Landwirten subventioniert werden.

Als Vorteil ergäbe sich gegenüber dem „deficiency payments system", daß die Transferzahlungen, ohne daß die Landwirte negativ betroffen würden, um BGC kleiner sein könnten. Außerdem ergäben sich zusätzlich zur notwendigen Finanzierung der Transferzahlungen keine weiteren Verbraucherbelastungen **(Ziel B)** – weder direkt durch (1) Mehrausgaben aufgrund (a) hoher Agrarpreise oder (b) notwendiger Ausfuhrerstattungen noch indirekt durch (2) Allokationsverluste auf der (a) Angebotsseite oder (b) Nachfrageseite.

1. *Landwirtschaft* 45

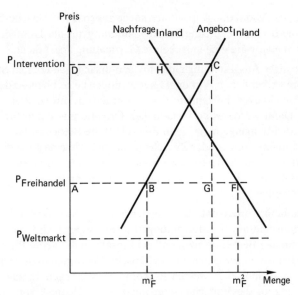

Abbildung 17: Wirkung „direkter Einkommensbeihilfen"

Insofern ist dieses Konzept von den behandelten neutralisierenden agrarpolitischen Instrumenten ökonomisch am vorteilhaftesten, wenn es gelingt, das „Unfugpotential" beim konkreten wirtschaftspolitischen Einsatz gering zu halten. Außerdem fragt es sich, warum bei einer das oben analysierte Marktversagen lediglich neutralisierenden Agrarpolitik stehengeblieben werden soll und nicht auch die staatlichen Transferzahlungen noch überflüssig werden können.

4.3. Ursachenadäquate Strukturpolitik durch Senken von Marktaustrittsschranken und durch an EG-Bestbetrieben ausgerichtete produktionsneutrale Transferzahlungen

Als wesentliche Ursache für ein Marktversagen in der Landwirtschaft sind hohe Marktaustrittsschranken und damit verbundene Tendenzen zu „ruinöser Branchenkonkurrenz" erkannt worden. Sie lassen nicht nur soziale Verteilungsprobleme entstehen; sondern wegen der Gefahr, daß Produktionseinschränkungen erst nach einer erheblichen Zeitverzögerung schließlich ähnlich dem Spinngewebe-Theorem übersteigert erfolgen, ist auch mit erheblichen Nachteilen für die Allokationseffizienz zu rechnen.

Ursachenadäquate Gegenmaßnahmen sind Anpassungsinterventionen, die die verzögerten Marktaustritte beschleunigen und zugleich die Entwicklung zu optimalen Betriebsgrößen fördern, ohne Anreize zur Ausweitung der Gesamtproduktionskapazität in der Landwirtschaft zu geben. Das erfordert einerseits Erleichterungen für Betriebseinstellungen, wie durch Zurverfügungstellen von außerlandwirtschaftlichen Arbeitsplätzen und Angebote für geeignete Umschulungen. Andererseits wären Hilfen für Betriebsaufstockungen entwicklungsfähiger Betriebe angebracht. Insgesamt dürften allerdings nicht, wie gegenwärtig, die Maßnahmen zum Ausbau und zur Rationalisierung der Produktionskapazitäten sowie zur sozialen Absicherung der Landwirte gegenüber der Unterstützung der Abwanderung aus der Landwirtschaft dominieren, sondern eher wäre eine umgekehrte Gewichtung angebracht.[32]

Selbst bei günstiger Ausgestaltung einer solchen ursachenadäquaten Strukturpolitik ist allerdings mit erheblichen Wirkungsverzögerungen zu rechnen, so daß es doch zur sozialen und allokativen Fehlentwicklung aufgrund „ruinösen Preisverfalls" kommen könnte. Dann würde es an verläßlichen Orientierungsdaten für die Entscheidung der Landwirte mangeln, ob sie in ihrem Fall die Betriebsaufgabe oder die Betriebsaufstockung anstreben oder Zwischenlösungen wie eine Erwerbskombination aus Landwirtschaft und anderen Erwerbstätigkeiten oder ein bewußtes Bescheiden mit unterparitätischem Einkommen aufgrund suboptimaler Produktionsstrukturen verwirklichen wollen.

Deshalb ist zu befürworten, daß die ursachenadäquate Strukturpolitik durch besondere produktionsneutrale Transferzahlungen soweit ergänzt wird, daß Betriebe nach Schaffung optimaler Betriebsgrößen und bei Einsatz qualifizierter Produktionsfaktoren auch tatsächlich eine weitgehend paritätische Einkommensentwicklung aufweisen. Für die Bemessung der direkten Einkommenszahlungen könnte politisch eine Ex-ante-Bindung an die Wirtschaftsergebnisse eines „Korbs" von konkreten EG-Bestbetrieben erfolgen. Dabei dürfte eine Konzentration auf eine kleine Gruppe von Ackerbaubetrieben in der EG mit optimalen Betriebsgrößen und den relativ besten Produktionsfaktoren als politische Richtbetriebe hinreichend sein, weil eine über die Ackerbaubetriebe hinausgehende Einkommensgarantie auch für Viehhaltungszweige wegen der hier im Prinzip weniger dauerhaft verzögerten Produktionsanpassungen im Rahmen der wettbewerblichen Selbststeuerung entbehrlich erscheint.

Dieser Vorschlag steht in Übereinstimmung mit den Schlußfolgerungen eines Gutachtens des *Wissenschaftlichen Beirats beim Bundesminister für Ernährung, Landwirtschaft und Forsten,* daß unter „den Meßgrößen, die als Orientierungskriterien für die Preis- und Einkommenspolitik in Betracht kommen, ... die Messung der Einkommensänderungen in ausgewählten Richtbetrieben im Prinzip die beste Anpassung der Preis-, Einkommens- und Strukturpolitik an vorgegebene agrarpolitische Ziele" ermöglicht.[33] Allerdings ergeben sich für die Auswahl der Richtbetriebe und die Festlegung von bei ihnen abgeleiteten Schwellenwerten für konkrete Maßnahmen besondere Schwierigkeiten, wenn – wie der Beirat meint[34] – „die Richtbetriebe ... in den Grenzregionen der künftig noch benötigten landwirtschaftlich genutzten Fläche (Agrarraum) ausgewählt werden" und die „Faktorausstattung ... nach der Ausstattung der jeweiligen ,Grenzbetriebe' ausgewählt werden" müßte. Wenn indessen nicht eine irgendwie konzipierte Simulation von Wettbewerbsergebnissen angestrebt wird, sondern es lediglich um eine Mindesteinkommenssicherung im Falle „ruinösen Preisverfalls" zur Vermeidung allokativer Fehlentscheidungen von Landwirten im Zuge des ökonomisch erwünschten Strukturwandels geht, ist die Ex-ante-Bindung

---

[32] Vgl. *Wöhlken, E./Besch, M.,* Abwanderung aus der Landwirtschaft bei abgeschwächtem Wirtschaftswachstum, Friedrichsdorf 1980 (mit weiteren Literaturhinweisen).
[33] *Wissenschaftlicher Beirat beim Bundesminister für Ernährung, Landwirtschaft und Forsten,* Orientierungskriterien für die landwirtschaftliche Preis- und Einkommenspolitik, Berichte über Landwirtschaft, Bd. 50 (1972), S. 807.
[34] Ebenda, S. 805.

1. Landwirtschaft

an wesentlich leichter auswählbare EG-Ackerbau-Bestbetriebe optimaler Größe sachgerechter.

Um Sonderentwicklungen bei den für maßgeblich erklärten Betrieben aufgrund ihrer herausgehobenen Rolle entgegenzuwirken, könnte die konkrete Zusammensetzung des Kreises der EG-Bestbetriebe nach einem rollenden Verfahren oder anderen Regeln von Zeit zu Zeit geändert werden. Außerdem wäre dauerhaft im voraus ein als prinzipielle Richtgröße angesehenes Einkommensniveau der Bestbetriebe festzulegen.[35] Würde diese Richtgröße ohne Transferzahlungen nicht erreicht, erfolgten als Ausgleich direkte Einkommenszahlungen z. B. als einheitlicher Satz pro Hektar landwirtschaftlicher Nutzfläche, die im gleichen Umfang auch allen anderen landwirtschaftlichen Betrieben zufließen würden.

Durch die politische Ex-ante-Bindung würde zugleich dem wesentlichen Einwand gegen die Einführung von direkten Einkommenszahlungen, daß mit diesem Instrument in der Hand der Politiker der „agrarpolitische Unfug" eher zunehmen als abnehmen würde[36], begegnet. Zwar bliebe bei der grundsätzlichen Konstituierung des Konzeptes und dem Austausch der einzelnen EG-Bestbetriebe im maßgeblichen „Korb" in Abständen von z. B. zehn Jahren ein Raum – und damit auch ein „Unfugpotential" – für politische Entscheidungen. Nach den politischen Grundsatzentscheidungen wäre die Höhe der Transferzahlungen aber nicht mehr politisch manipulierbar, sondern ein institutionelles Rahmendatum für den im übrigen marktwirtschaftlicher Selbststeuerung überlassenen Agrarbereich.

Nach Einführung der vorgeschlagenen Regelungen könnten der bisherige Außenschutz und die Binnenmarktinterventionen zur Stützung der Preise auf hohem Niveau mit der Folge auftretender Dauerüberschüsse aufgegeben werden. Die EG-Marktordnungen wären dann von der protektionistischen Einkommensfunktion der Preise befreit. Allerdings empfiehlt es sich, sie im Prinzip nicht abzuschaffen, sondern auf die langfristige Marktausgleichsfunktion zu konzentrieren. Mit ihnen könnten – die oben analysierten –, teils heftigen witterungs-, biologisch- oder konjunkturbedingten sowie gelegentlich zyklisch preisinduzierten Agrarpreisschwankungen gedämpft werden, so daß die Allokationseffizienz erhöht und dem Interesse der Verbraucher wie der Erzeuger an weitgehend stabilen Preisen entsprochen würde.

Die bisherigen wissenschaftlichen Kenntnisse lassen allerdings keine sichere Aussage zu, ob bei einem Sinken der Agrarpreise und unter den genannten agrarpolitischen Vorkehrungen ein Marktausgleich durch Vermeidung der inländischen Überproduktion wirklich erreicht werden kann. Deshalb könnte es sich unter diesem Aspekt auf die Dauer als notwendig erweisen, die Transfers mit Anreizen zum Übergang zu extensiven Bewirtschaftungsformen wie z. B. Forstnutzungen zu verbinden, statt sie nur als administrativ relativ einfach zu handhabende Einkommenszahlungen pro Hektar landwirtschaftlicher Nutzfläche zu gewähren[37].

---

[35] Die hier auftretenden Probleme werden derzeit in einem besonderen Forschungsvorhaben untersucht.
[36] Vgl. z. B. *Sachverständigenrat zur Begutachtung der gesamtwirtschaftlichen Entwicklung,* Jahresgutachten 1980/81, Bundestagsdrucksache 9/17, Bonn 1980, S. 192f. (Ziffer 460ff.), bes. Ziffer 463.
[37] Außer der relativ einfachen Handhabung läßt sich als Vorteil flächengebundener Transfers unter Allokationsaspekten sehen, daß sie im Hinblick auf Landschaftspflege und Umwelt-

Insgesamt scheinen die vorgeschlagenen Regelungen die Möglichkeiten zu einem politischen Konsens in der EG zumindest nicht von vornherein auszuschließen. Die wachsende Überschußproduktion in der EG und daraus resultierende Agrarpreisstützungsausgaben mit durchschnittlichen jährlichen Zuwachsraten seit dem Jahr 1973 von fast 20%[38] machen Änderungen des derzeitigen EG-Agrarsystems zunehmend unvermeidlich. Statt im wesentlichen neutralisierender Erhaltungsinterventionen erscheint eine Gewichtsverlagerung zu ursachenadäquaten Anpassungsinterventionen zwingend. Bei einer entsprechenden Strukturpolitik, die durch ex ante an einen festgelegten „Korb" von EG-Bestbetrieben gebundene direkte Einkommenstransfers ergänzt wird und so die landwirtschaftlichen Einkommen klar und politisch kaum manipulierbar gegen „ruinösen" Preisverfall aufgrund hoher Marktaustrittsschranken absichert, ließe sich möglicherweise sogar die Zustimmung der landwirtschaftlichen Interessenverbände für die Neuorientierung der Agrarpolitik gewinnen. Jedenfalls erhielten dann die Landwirte für ihre persönliche Entscheidung, ob sie sich gegebenenfalls für die Betriebsaufgabe oder andere Anpassungen mit ihren Betrieben entscheiden, wesentlich verläßlichere Rahmendaten, als wenn wie bisher vor allem unvorhersehbare politische Machtverhältnisse für das Ausmaß der betrieblichen Rentabilität maßgeblich sind.

5. Kontrollfragen

1. In der EG ist eine ausgeprägt bäuerliche Betriebsstruktur vorhanden. Anhand welcher Kennzahlen läßt sich das erkennen?
2. Kennzeichnen Sie den typischen Stückkosten- und Grenzkostenverlauf bei bodengebundener Agrarproduktion und geben Sie die daraus resultierende Angebotsfunktion von Agrargütern an!

---

schutz Anreize zur Aufrechterhaltung landwirtschaftlicher Bodennutzung geben. Zudem begünstigen sie verteilungspolitisch die Betriebe an ungünstigen Standorten. Dem stehen negative Allokationswirkungen gegenüber, die sich aus der Nivellierung der Einkommensunterschiede zwischen guten und ungünstigen Produktionsstandorten ergeben, wie auch große bodenstarke Betriebe begünstigt werden. Da flächengebundene Transfers generell einen Anreiz geben, Boden in der landwirtschaftlichen Nutzung zu halten, könnte dadurch letztlich der angestrebte Marktausgleich gefährdet werden und ein die an sich gewünschte Produktionsneutralität der Transfers noch besser bewirkender Verteilungsschlüssel einzuführen sein. Völlig produktionsneutrale Transfers sind in der Praxis nicht möglich. Vgl. *Priebe, H.*, Probleme und Möglichkeiten einer Preis-Beihilfen-Politik, in: *von der Groeben, H./Möller, H.* (Hrsg.), Möglichkeiten und Grenzen einer Europäischen Union, Bd. 6: Die agrarwirtschaftliche Integration, Baden-Baden 1979, S. 193 ff.; *Henrichsmeyer, W./Rauer, S./Gans, O.*, a. a. O., S. 22 ff. (mit weiteren Literaturhinweisen).

[38] „Für die Jahre 1980 und 1981 ergeben sich jedoch infolge relativ hoher Weltmarktpreise und der ... maßvollen EG-Preispolitik nur noch Zuwachsraten von 8,5 bzw. 2,6%. Die Agrarmarktausgaben beanspruchen rund 70% der Gemeinschaftsausgaben, und von diesen entfallen wiederum allein durchschnittlich 42% auf den EG-Milchmarkt. Da die Bundesregierung ..., aber auch andere EG-Staaten, die Notwendigkeit zur Einhaltung der 1% Obergrenze der Mehrwertsteuereigenmittel bekräftigt haben, muß die Korrektur bestehender Ungleichgewichte im EG-Haushalt ansetzen. Insbesondere muß Vorsorge für eine drastische Verminderung im Anstieg der Agrarausgaben getroffen werden." *Willer, H./Haase, F.*, Agrarpolitik unter veränderten Rahmenbedingungen: Rückblick und Ausblick, in: Berichte über Landwirtschaft, Bd. 60 (1982), S. 13.

1. Landwirtschaft

3. Welche Determinanten bestimmen die Mindestoptimalgröße landwirtschaftlicher Betriebe, und wieweit sind diese in der EG verwirklicht?
4. Erläutern Sie die Bestimmungsgründe der Nachfrage von Haushalten nach Nahrungsmitteln!
5. Leiten Sie aus der Endnachfrage der Haushalte nach Nahrungsmitteln die Nachfrage nach Agrargütern bei landwirtschaftlichen Betrieben unter Berücksichtigung von Spannen und Transformationsmöglichkeiten zwischengelagerter Wirtschaftsstufen ab!
6. Die Einkommenselastizität der Nachfrage von in Kalorien gemessenen Mengen aller Nahrungsmittel ist annähernd Null. Wie und warum verändert sich die Einkommenselastizität, wenn die nachgefragten Mengen an Nahrungsmitteln – statt in Kalorien gemessen – mit den Preisen eines Basisjahres bewertet werden?
7. Die Einkommenselastizität der Nachfrage betrug im Jahr 1969 für Fleisch 0,29 und für Kartoffeln $-0,09$. Warum reagiert die Nachfrage in beiden Fällen einkommensunelastisch, und warum ist die Einkommenselastizität bei Fleisch größer als bei Kartoffeln?
8. Inwieweit ist das Engelsche Gesetz eine notwendige Voraussetzung und eine hinreichende Bedingung für eine disparitätische Entwicklung der landwirtschaftlichen Einkommen?
9. Eine Marktanalyse ergab, daß die Preiselastizität der Nachfrage nach der Gesamtheit aller Nahrungsmittel und die entsprechende Einkommenselastizität der Nachfrage absolut weitgehend gleich sind und sich nur im Vorzeichen unterscheiden. Ist dieses Ergebnis zufallsbedingt oder kann aus einer geringen Einkommenselastizität der Nachfrage nach Nahrungsmitteln auf eine geringe Preiselastizität der Nachfrage nach Nahrungsmitteln geschlossen werden?
10. Welche Bedeutung für die Preisbildung haben geringe Preiselastizitäten des Angebots und der Nachfrage bei klimatisch oder biologisch bedingten Angebotsschwankungen?
11. In der BR Deutschland ist der Anteil der landwirtschaftlichen Erwerbstätigen an der Gesamtzahl der Erwerbstätigen dreimal so hoch wie der Beitrag der Landwirtschaft zum Bruttoinlandsprodukt. Inwieweit läßt sich hieraus
    - eine Einkommensdisparität der Landwirtschaft erkennen,
    - die Forderung nach Agrarpreissteigerungen ableiten oder
    - die Notwendigkeit begründen, die Anzahl der landwirtschaftlichen Erwerbstätigen zu senken („Gesundschrumpfen")?
12. Welche Relevanz hat das Spinngewebe-Theorem für Agrarmärkte, und wieweit erfordert das eine besondere Agrarpolitik?
13. Erläutern Sie, ob naturbedingte Besonderheiten der Agrarproduktion eine Einkommensdisparität für die Landwirtschaft und Maßnahmen zu deren Bekämpfung rechtfertigen können!
14. Gefährdet inverses Angebotsverhalten der Landwirte die wettbewerbliche Steuerungseffizienz?
15. Nehmen Sie Stellung zu der These: „Die Vermachtung von der Landwirtschaft vor- und nachgelagerter Wirtschaftsstufen bewirkt eine unterparitätische Entwicklung der landwirtschaftlichen Einkommen"!
16. Rechtfertigt das Auftreten externer Effekte eine Sonderstellung des Agrarsektors?
17. Erläutern Sie Gründe, die eine weitgehende Immobilität des Produktionsfaktors Arbeit bei den Landwirten bedingen!
18. Inwieweit besteht in der Landwirtschaft bei ausschließlich wettbewerblicher Steuerung insbesondere wegen vorhandener Marktaustrittsschranken
    - die Gefahr der ruinösen Branchenkonkurrenz,
    - eine dadurch bewirkte Beeinflussung der agrarpolitischen Zielerreichung und
    - eine Rechtfertigung für einen besonderen Instrumenteneinsatz in der Agrarpolitik?
19. Geben Sie zusammenfassend an, wieweit alleinige wettbewerbliche Selbststeuerung im Agrarsektor zu unbefriedigenden Marktergebnissen führen kann und dies eine ergänzende Agrarpolitik rechtfertigt!
20. Erläutern Sie die Grundelemente einer EG-Agrarmarktordnung!
21. Stellen Sie den Einfluß der Interventionspreise auf Nachfrage nach und Angebot an Agrargütern dar und zeigen Sie, unter welchen Bedingungen die Interventionspreise zu spektakulären ‚Bergen' von Agrargütern führen!

22. Wie beeinflußt der Außenwirtschaftsschutz das Angebot an Agrarprodukten und damit die Preisbildung innerhalb der EG?
23. Zeigen Sie – auch modellanalytisch –, wie sich der derzeitige Einsatz der EG-Agrarmarktordnungen auf die Verwirklichung agrarpolitischer Ziele auswirkt!
24. Welche Auswirkungen auf die agrarpolitischen Ziele Einkommensparität und bestmögliche Verbraucherversorgung ergeben sich durch Einführung einer Mitverantwortungsabgabe,
    - die bei unveränderten Erzeugerpreisen die Verbraucherpreise erhöht,
    - die bei unveränderten Verbraucherpreisen die Erzeugerpreise reduziert?
25. Inwieweit können durch Kontingentierung die agrarpolitischen Ziele Einkommensparität und bestmögliche Verbraucherversorgung realisiert werden, und welche generellen Probleme treten beim Einsatz von Kontingentierungen auf?
26. Inwieweit können durch den Einsatz von produktionsabhängigen Transferzahlungen („deficiency payments") die Ziele Einkommensparität und bestmögliche Verbraucherversorgung realisiert werden?
27. Inwieweit können durch den Einsatz von produktionsneutralen Transferzahlungen („direkte Einkommensbeihilfen") die agrarpolitischen Ziele Einkommensparität und bestmögliche Versorgung realisiert werden?
28. Erläutern Sie den Unterschied von neutralisierender und ursachenadäquater Agrarpolitik an je einem Beispiel!
29. Inwieweit können agrarpolitische Ziele durch Senkung von Marktaustrittsschranken und durch produktionsneutrale Transferzahlungen, die sich an EG-Bestbetrieben orientieren, realisiert werden?
30. Nehmen Sie kritisch zu einer an EG-Bestbetrieben ausgerichteten Agrarpolitik im Vergleich zu den zuvor diskutierten alternativen Ausgestaltungen einer EG-Agrarmarktordnung Stellung!

6. Literatur

In den **Gesamtbereich** agrarwirtschaftlicher Probleme führen ein:
Koester, U., Grundzüge der landwirtschaftlichen Marktlehre, München 1981.
Ritson, Ch., Agricultural Economics: Principles and Policy, London u. a. 1977.

Über **laufende Entwicklungen** informieren jeweils für ihre Zuständigkeitsbereiche:
Bundesregierung, Agrarbericht (jeweils mit ergänzendem Materialband), erscheint jährlich.
EG-Kommission, Die Lage der Landwirtschaft in der Gemeinschaft, erscheint jährlich.
OECD, Agrarpolitischer Jahresbericht, erschienen für die Jahre 1974–1976 und ab dem Jahr 1977 jährlich.

Die verschiedenen **Agrarmärkte** analysieren differenziert:
Wöhlken, E., Einführung in die landwirtschaftliche Marktlehre, Stuttgart 1979.
Plate, R., Agrarmarktpolitik, 2 Bde., München u.a. 1968 und 1970.
OECD, Die Instabilität der Agrarmärkte, Münster-Hiltrup 1981.

Quantitative Angaben zur agraren Gesamtversorgung sind zu entnehmen aus:
Thiede, G., Gesamtrechnungen zur EG-Versorgungslage mit Hilfe von Getreideeinheiten, Brüssel 1980.
Food and Agriculture Organization of the United Nations, FAO Production Yearbook, erscheint jährlich.

Zu quantitativen **Prognosen** im Agrarbereich siehe:
EG-Kommission,Vorausschätzungen für den Agrarsektor – Prognose der Entwicklung der Agrarstruktur und des Faktoreinsatzes in der Landwirtschaft der EG, 3 Bde., Brüssel, Luxemburg 1977 und 1979.
Bauersachs, F./Henrichsmeyer, W., Beiträge zur quantitativen Sektor- und Regionalanalyse im Agrarbereich, 2 Bde., Hannover 1979.
Bauer, S., Quantitative Sektoranalyse als Entscheidungshilfe für die Agrarpolitik, Berlin 1979.
von Witzke, H., Personelle Einkommensverteilung in der Landwirtschaft und Agrarpreise, Berlin 1979.

1. Landwirtschaft

Wöhlken, E. und Mitarbeiter, Nahrungsmittelverbrauch im Mehrländervergleich: Analyse von Niveau und Entwicklungstendenzen für OECD- bzw. EG-Länder, Münster-Hiltrup 1981.

Food and Agriculture Organization of the United Nations, Agricultural Commodity Projections, Rom 1979.

Speziell zu **Agrarstrukturfragen** vergleiche:

Weinschenck, G., Artikel „Agrarpolitik: II. Strukturpolitik", in: Handwörterbuch der Wirtschaftswissenschaften, Bd. 1, Stuttgart u. a. 1977, S. 128–147.

Wissenschaftlicher Beirat beim Bundesminister für Ernährung, Landwirtschaft und Forsten, Zu aktuellen Problemen der Agrarstrukturpolitik, Münster-Hiltrup 1976.

Brandes, W., Zur Konzentration der Agrarproduktion in der Bundesrepublik Deutschland aus betriebswirtschaftlicher Sicht, in: Agrarwirtschaft, Jg. 27 (1978), S. 1–12.

Seuster, H./Wöhlken, E. (Hrsg.), Konzentration und Spezialsierung im Agrarbereich, Münster-Hiltrup 1979.

Wöhlken, E./Besch, M., Abwanderung aus der Landwirtschaft bei abgeschwächtem Wirtschaftswachstum, Friedrichsdorf 1980.

In Probleme der **EG-Agrarpolitik** führen ein:

Ries, A., Das ABC der Europäischen Agrarpolitik, Baden-Baden 1979.

Koester, U., EG-Agrarpolitik in der Sackgasse: Divergierende nationale Interessen bei der Verwirklichung der EWG-Agrarpolitik, Baden-Baden 1977.

Buchholz, H. E., Artikel „Agrarmarkt: EWG-Marktordnungen", in: Handwörterbuch der Wirtschaftswissenschaften, Bd. 1, Stuttgart u. a. 1977, S. 87–106.

Seebohm, E., Nationalstaatliche Landwirtschaftsförderung und Europäische Agrarpolitik: Zum Problem der Kompatibilität nationaler Beihilfen mit der gemeinsamen Agrarpolitik, Hannover 1981.

Alternativen zur derzeitigen EG-Agrarmarktpolitik erörtern generell:

Wissenschaftlicher Beirat beim Bundesminister für Ernährung, Landwirtschaft und Forsten, Markt- und Preispolitik der EG, Münster-Hiltrup 1981 (und vorangehende Gutachten).

Sachverständigenrat zur Begutachtung der gesamtwirtschaftlichen Entwicklung, Jahresgutachten 1980/81, Bundestagsdrucksache 9/17, Bonn 1980, Kapitel 4.

Zur Reform der EG-Agrarpolitik (Beitrag von *Henrichsmeyer, W., Rauer, S.,* und *Gans, O.,* sowie Beitrag von *Tangermann, S.*), Münster-Hiltrup 1981.

Rodemer, H., Die EG-Agrarpolitik: Ziele, Wirkungen, Alternativen, Tübingen 1980.

Günnemann, W., Agrarpolitik in der EG – Markt oder Lenkung? Opladen 1981.

Studien zu einzelnen behandelten Instrumenten und vor allem zum **EG-Problemmarkt Milch** sind:

Ryll, E., Mitverantwortungsabgabe und allgemeine Milchpreissenkung: Eine vergleichende quantitative Analyse aus budget-, verbraucherpolitischer und wohlfahrtsökonomischer Sicht, in: Agrarwirtschaft, Jg. 28 (1979), S. 319–327.

Henze, A./Zeddies, J., Nutzen-Kosten-Untersuchung über Angebotskontingentierung in der Landwirtschaft, dargestellt am Beispiel des Milchmarktes, Münster-Hiltrup 1979.

Ryll, E., Abschöpfungs- und deficiency-payment-System: Eine vergleichende theoretische Analyse, Hamburg, Berlin 1978.

Hanf, C.-H./Koester, U., Milchpreissenkungen und Einkommensübertragungen, Münster-Hiltrup 1980.

In didaktischer Aufbereitung mit Fragen vergleiche:

Henrichsmeyer, W., Alternativen der EG-Agrarpolitik: Preisstützung versus direkte Einkommenstransfers, in: *Hesse, H.* (Hrsg.), Arbeitsbuch angewandte Mikroökonomik, Tübingen 1980, S. 67–80.

Zum **Welthandel mit Agrarprodukten** siehe:

Hasenpflug, H. (Hrsg.), Die EG-Außenbeziehungen: Stand und Perspektiven, Hamburg 1979.

Cline, W. R. u. a., Trade Negotiations in the Tokyo Round: A Quantitative Assessment, Washington, D.C. 1978.

Hillmann, J. S./Schmitz, A., International Trade and Agriculture: Theory and Policy, Boulder, Col. 1979.

Wohnungswirtschaft

Wissenschaftlicher Beirat beim Bundesministerium für Wirtschaft
*Helmut Hesse**

Gliederung

Vorbemerkungen
1. Struktur und institutionelle Besonderheiten
    1.1. Verhindern Besonderheiten des Wohnungsmarkts einen zufriedenstellenden Ausgleich von Angebot und Nachfrage?
    1.2. Unterschätzen Mieter den „wahren" Nutzen von Wohnungen?
    1.3. Externe Effekte in der Wohnungswirtschaft
    1.4. Marktwirtschaft im Wohnungssektor und gerechte Einkommensverteilung
    1.5. Fazit
2. Befund
    2.1. Wohnungspolitik in Zeitverlauf
    2.2. Angebotsdefizit zu Beginn der 80er Jahre
        2.2.1. Rückgang im Mietwohnungsbau seit etwa 1970
            2.2.1.1. Rückgang des freifinanzierten Mietwohnungsbaus
            2.2.1.2. Rückgang des sozialen Wohnungsbaus
        2.2.2. Entwicklung der Baukosten und Grundstückspreise
            2.2.2.1. Entwicklung der Baukosten je Wohnung
            2.2.2.2. Entwicklung der Grundstückspreise
        2.2.3. Verminderung des Angebots aus dem Bestand
    2.3. Inflationsprobleme
    2.4. Bewertung im Hinblick auf sozialpolitische Ziele
        2.4.1. Hebung des Wohnungsstandards
        2.4.2. Vernachlässigung der Probleme einkommensschwacher Gruppen
        2.4.3. Widerspruch zwischen Bestandsschutz und Versorgung
        2.4.4. Weitere Argumente
    2.5. Bewertung im Hinblick auf die effiziente Ressourcenallokation
        2.5.1. Verringerung der interregionalen Mobilität
        2.5.2. Steuerliche Anreize als Ursache einer Kapitalfehlleitung

---

* **Anmerkung des Herausgebers:** Der *Wissenschaftliche Beirat beim Bundesministerium für Wirtschaft* hat im Januar 1982 ein Gutachten über „Probleme der Wohnungswirtschaft" vorgelegt (Studienreihe des Bundesministers für Wirtschaft, Nr. 35). Dieses Gutachten liefert einen klaren Überblick über die Wohnungswirtschaft der Bundesrepublik Deutschland und soll deshalb mit wesentlichen Teilen in dieses Lehrbuch aufgenommen werden. Um Vergleichbarkeit mit den übrigen Kapiteln des Lehrbuchs herzustellen, erwiesen sich jedoch eine Umstellung der Hauptkapitel des Gutachtens und zum Teil wesentliche Kürzungen einzelner Abschnitte als notwendig. Auch waren eine Tabelle sowie eine Abbildung einzufügen. Die Bearbeitung des Gutachtens hat der Vorsitzende des Beirats, Prof. Dr. **Helmut Hesse** (Göttingen), vorgenommen. Die von ihm eingefügten Formulierungen sind kursiv gesetzt worden, während der aus dem Gutachten übernommene Teil in der für dieses Lehrbuch üblichen Weise nachgedruckt worden ist. Die Seitenangaben im Text beziehen sich dabei auf das Gutachten. Der Abdruck der aus dem Gutachten übernommenen Teile erfolgte mit freundlicher Genehmigung des *Bundesministeriums für Wirtschaft*.

2.6. Fazit
3. Wirtschaftspolitische Folgerungen
   3.1. Allokationspolitische Folgerungen
       3.1.1. Vertragsfreiheit zwischen Vermieter und Mieter
           3.1.1.1. Mehr Vertragsfreiheit sichert mehr Effizienz
           3.1.1.2. Vertragsfreiheit und Mobilitätskosten der Mieter
       3.1.2. Freie Preisbildung statt steuerpolitischer Interventionen im Wohnungssektor
       3.1.3. Marktkonforme Anreize zur Verstärkung des Baulandangebots und zur Senkung der Baukosten
   3.2. Stabilitätspolitische Folgerungen
   3.3. Verteilungspolitische Folgerungen
       3.3.1. Freie Transfers oder Wohngeld
       3.3.2. Größere Treffsicherheit der Individual- gegenüber der Objektförderung
4. Kontrollfragen
5. Literaturhinweise

Vorbemerkungen

Eine Analyse der Wohnungswirtschaft der Bundesrepublik Deutschland erfordert mehr als die Untersuchung anderer Wirtschaftszweige, daß man sich zuvor auf eines der wichtigsten Grundprobleme der Nationalökonomie besinnt: auf das Koordinationsproblem. Dieses ergibt sich aus der Notwendigkeit, wirtschaftliches Handeln in einer Gesellschaft zu koordinieren, und aus der Unmöglichkeit, das Handeln von Millionen von Menschen in einer arbeitsteiligen Volkswirtschaft durch unmittelbare Vereinbarungen aufeinander abzustimmen. So muß das Problem mit Hilfe von Mechanismen der indirekten Koordination gelöst werden. Zu diesen indirekten Mechanismen gehört der „Marktmechanismus, der primär Preis und Vertrag als konkrete Koordinationsinstrumente benutzt."[1]

Von diesem Koordinationsmechanismus erwartet man in einem Wirtschaftszweig nicht nur, daß er hier Angebot und Nachfrage nach Umfang und Art in Übereinstimmung bringt, sondern auch, daß er zur Erreichung des grundlegenden wirtschaftspolitischen Ziels der Gesellschaft, nämlich der effizienten Allokation der Ressourcen, ohne Beeinträchtigung des Gerechtigkeitsziels beiträgt. Damit der Marktmechanismus dieser Erwartung entsprechen kann, sind eine Reihe von Rahmenbedingungen zu erfüllen. Der Staat muß nicht nur für Vertragssicherheit sorgen, vielfach wird er auch zum Schutz wirtschaftlich Schwacher bestimmte Vertragsinhalte (z. B. Wucher) auszuschließen haben. In verschiedenen Wirtschaftszweigen muß er ferner durch gesetzliche Vorschriften, Setzung von Standards oder steuerliche Maßnahmen die Produktion so beeinflussen, daß negative, z. B. gesundheitsschädigende Wirkungen, die von der Gesellschaft nicht toleriert werden, nicht auftreten.

Die Rahmenbedingungen für den Marktmechanismus sind in der Wohnungswirtschaft im Vergleich mit anderen Wirtschaftszweigen seit jeher zahlreich und zugleich eng gewesen. Darüber hinaus hat der Staat vielfach massiv interveniert: Er hat gesetzlich vorgeschrieben, was zuvor in dieser oder jener Form von den Vertragsparteien ausgehandelt wurde; und er hat den Preis als Koordinationsinstrument zum Teil außer Kraft gesetzt und die Faktorallokation stattdessen u.a. mit Hilfe steuerlicher Regelungen gelenkt. Die Geschichte der Wohnungswirtschaft in Deutschland ist weitgehend eine Geschichte des Interventionismus. Wer die Struktur und die institutionellen Besonderheiten der Wohnungswirtschaft erfassen will, muß sich deshalb mit jenen Argumenten beschäftigen, mit denen die Setzung enger Rahmenbedingungen und die oft wechselnden Interventionen des Staats begründet werden.

1. Struktur und institutionelle Besonderheiten

Es sind im wesentlichen vier Argumente, mit denen besondere Rahmenbedingungen für und staatliche Eingriffe in die Wohnungswirtschaft verlangt werden. Zum einen wird behauptet, einige Besonderheiten des Wohnungsmarkts vereitelten einen zufrieden-

---

[1] *Wissenschaftlicher Beirat beim Bundesministerium für Wirtschaft,* Staatliche Interventionen in einer Marktwirtschaft, Studienreihe des BMWi, Nr. 24, 1978, S. 5.

stellenden Ausgleich von Angebot und Nachfrage (...). Zum andern heißt es, viele Mieter unterschätzten den wahren Nutzen, den sie aus guten Wohnverhältnissen ziehen könnten und blieben deshalb mit ihrer Wohnungsnachfrage unter dem gesellschaftlich erwünschten Maß (...). Weiter wird darauf verwiesen, daß in der Wohnungswirtschaft vielfältige externe Effekte auftreten und Ursache eines unannehmbaren Marktversagens seien (...). Schließlich wird argumentiert, die Verwirklichung marktwirtschaftlicher Grundsätze gerate in einen unauflöslichen Gegensatz zu dem Ziel einer gerechteren Einkommensverteilung (S. 27).

1.1. Verhindern Besonderheiten des Wohnungsmarkts einen zufriedenstellenden Ausgleich von Angebot und Nachfrage?

Besonderheiten des Wohnungsmarkts werden unter anderem darin gesehen, daß Wohnungen an einen bestimmten Standort gebunden sind und sehr langlebige Güter darstellen. Da ein Haus für längere Zeit am Markt verbleibt und seine Kosten weitgehend von seiner Nutzung unabhängig sind, überlegt sich der Investor wohl, ob er in den Markt eintreten soll oder nicht. Die Reaktionsgeschwindigkeit des Angebots auf Veränderungen der Nachfrage ist relativ gering. Diese Gegebenheiten bedingen, daß die Wohnungsversorgung einer zahlenmäßig noch wachsenden Bevölkerung dann zunehmend schwieriger wird, wenn mit einer baldigen Abnahme der Wohnbevölkerung zu rechnen ist. Noch deutlicher wirken sich diese Besonderheiten dann aus, wenn Nachfrage nach besonderen Arten von Wohnraum offensichtlich nur vorübergehend entfaltet wird. So ist beispielsweise erklärlich, daß das Angebot auf die gegenwärtige starke Nachfrage Jugendlicher nach relativ anspruchslosem Wohnraum nur zögernd reagiert; die Nachfrage gilt als „unständig", zumal sicher damit gerechnet wird, daß sich die Altersstruktur der Bevölkerung rasch wieder ändert und der zur Zeit hohe Anteil der 18–30jährigen an der Bevölkerung schon bald wieder zurückgeht.

Hiermit steht in Verbindung das Risiko von Mietwohnungsbauherren hinsichtlich ihres Mietertrags. Sie konzentrieren sich vielfach auf den Bau von „gängigen" Wohnungen, die – wie es heißt – von „Durchschnittsmietern" regelmäßig nachgefragt werden. Anbieter, die Wohnraum für die speziellen Bedürfnisse kinderreicher Familien, Behinderter oder von Gastarbeitern bauen, müssen auf oft kleinen Teilmärkten damit rechnen, daß diese Wohnungen länger leerstehen oder daß nach Einzug von Angehörigen dieser Gruppen andere Mieter ausziehen. Dies macht für den Vermieter einen **Risikozuschlag** zu seinem Kalkulationszinsfuß erforderlich. Da jedoch diese zusätzlichen Risiken vielfach nicht in der normalen Marktmiete vergütet werden, hat das zur Folge, daß ein Angebot für diese „Problemgruppen" nicht in gleichem Maße wie für andere Bevölkerungsgruppen zur Verfügung steht. Es ist auch zu berücksichtigen, daß Vermieter verschiedentlich gegenüber Angehörigen der genannten Gruppen diskriminieren, was die Verfügbarmachung von Mietraum für diese Gruppen über den Markt weiter erschwert.

Schließlich zählen die sog. Sickerprozesse („Filteringprozesse") zu den Besonderheiten des Wohnungsmarkts. Sie bestehen darin, daß die aufeinanderfolgenden Mieter einer bestimmten Wohnung in der Mehrzahl Personen aus immer niedrigeren Einkommensklassen oder mit immer geringerem Sozialprestige sind. Gleichzeitig wechseln Mieter mit steigendem Einkommen vielfach in bessere Wohnungen über. Diese Prozesse vollziehen sich erfahrungsgemäß langsam. Das kann Konsequenzen für die Versorgung der sog. Problemgruppen mit Wohnraum haben, die aus Preisgründen meist Wohnungen am unteren Ende der Qualitätsskala nachfragen. Soweit nämlich die Vergrößerung des Wohnungsbestands durch Bau von Wohnungen (bzw. Eigenheim) mit vergleichsweise hoher Qualität erfolgt, läßt sich über den Markt eine über den langfristigen Trend hinausgehende Mehrnachfrage dieser Gruppen nach billigem Wohnraum nicht unverzüglich befriedigen. *Diese Besonderheiten der Wohnungswirtschaft erklären,* weshalb ein reines Laissez-Faire in diesem Sektor der Volkswirtschaft nicht angebracht ist (S. 29). *Dies gilt besonders* wegen der offensichtlichen Diskriminierung der Angehörigen einzelner Bevölkerungsgruppen und wegen der in unvorhergesehenen, besonderen Situationen möglichen Wohnungsnot (z. B. von Asylanten) ... Hier ist es unter Umständen geboten, daß der Staat eine „Eingreifreserve" von Wohnungen schafft und daß er – in Ausnahmefällen – eine „Objektförderung" vornimmt (S. 31), *das heißt, den Bau von Wohnungen für diese Zwecke unmittelbar fördert.*

Dagegen läßt sich aus den dargestellten Besonderheiten der Wohnungswirtschaft nicht ableiten, daß in ihr marktwirtschaftliche Grundsätze nicht verwirklicht werden sollten. Denn die grundsätzliche Überlegenheit der auf individuelle Bedürfnisse Rücksicht nehmenden Marktsteuerung gilt auch hier. Dabei ist zu berücksichtigen, daß die Wohnungsprobleme in entwickelten westlichen Industrieländern nicht mehr diejenigen sind, die vor hundert Jahren in diesen Ländern oder heute noch in den Entwicklungsländern anzutreffen waren bzw. sind (S. 29f.). Die Unterlegenheit des Staats als Planer gerade auch in einem Bereich wie dem Wohnungssektor wird schon aus folgenden Überlegungen deutlich. Der Staat ist erstens nicht in der Lage, Nachfrageänderungen besser vorauszusehen als wohlinformierte private Investoren (S. 30). *Zweitens zeigt die Wirtschaftsgeschichte (wie im Kapitel 2 dieses Beitrags noch zu sehen sein wird), daß Wohnungsnot häufig von staatlichen Interventionen verursacht, statt beseitigt wurde.* Drittens steht außer Frage, daß besonders das derzeitige Mietrecht die Reaktionsgeschwindigkeit und die Flexibilität der Vermieter und Mieter gesenkt hat. Viertens steht dem Marktmechanismus der Preis, d. h. hier die Marktmiete, zur Verfügung, um Ungleichgewichte auf Teilmärkten wieder zu beseitigen oder doch zu vermindern, während einer staatlichen Wohnungswirtschaft dieser Anpassungsmechanismus völlig fehlt (S. 30). *Schließlich ist ein besonders schwerwiegender Nachteil staatlicher Betätigung als Wohnungsanbieter darin zu sehen,* daß der Staat – im Gegensatz zum privaten Investor – die mit der Investitionsentscheidung verbundenen Risiken, insbesondere das Vermietungsrisiko, nicht berücksichtigen muß. Dies geht darauf zurück, daß er dann, wenn die Lage des betreffenden Wohnungsmarkts dies erfordern sollte, eher Mietpreisverzichte leisten und so die Vermietbarkeit sicherstellen kann. Das Marktrisiko wird dadurch vollständig auf den nicht mit öffentlichen Mitteln geförderten Wohnungsbau abgewälzt (S. 30f.).

1.2. Unterschätzen Mieter den „wahren" Nutzen von Wohnungen?

Zur Begründung der These, der marktwirtschaftliche Prozeß könne in der Wohnungswirtschaft nicht zu einer optimalen Befriedigung der Bedürfnisse der Bürger führen, wird u. a. angeführt, daß Haushalte vielfach die Bedeutung von größeren und besser ausgestatteten Wohnungen für ihr Wohlbefinden fehlerhaft einschätzten; der tatsächliche individuelle Nutzen der Wohnungen werde unterschätzt. Insbesondere sei Eltern bei der Anmietung von Wohnraum vielfach nicht hinreichend bewußt, wie negativ sich beengtes Wohnen auf die psychische und soziale Entwicklung von Kindern auswirkt. Ein staatlicher Eingriff in den Markt sei deshalb verdienstvoll („a merit") für den Konsumenten. Dies entspricht einer engen Definition der **„meritorischen Güter"**, bei deren Bereitstellung der Markt – wie die finanzwissenschaftliche Literatur ausweist – nicht optimal funktioniert.

Gelegentlich wird der Begriff der „meritorischen Güter" auch in einem weiteren Sinn verwendet und vom Staat gefordert, sich über die am Markt geoffenbarten individuellen Präferenzen auch dann hinwegzusetzen, wenn die frei gewählten Wohnungsverhältnisse so beengt und so schlecht sind, daß dies für die Mehrheit der Bürger als „unzumutbar" gilt. So wird beispielsweise darauf hingewiesen, daß die gesellschaftliche (auf individueller Basis ermittelte) Wohlfahrt dann nicht sehr groß sei, wenn alte Menschen „nicht ordentlich und angemessen" untergebracht seien. Der Staat habe für bessere Wohnverhältnisse dieser Menschen zu sorgen[2] (S. 31 f.).

Die in diesen Argumenten enthaltenen Besorgnisse sind verständlich. Doch läßt sich die aus solchen Argumenten immer wieder gezogene Schlußfolgerung, der Wohnungssektor dürfe dem Marktmechanismus nicht anvertraut werden, aus zwei Gründen zurückweisen:

Erstens ist die Vorstellung, der Staat wisse besser als der einzelne Bürger, was für diesen gut ist, ... grundsätzlich abzulehnen. Der Begriff der „meritorischen Güter", der dazu dienen soll, die Grenze zu ziehen, an der die Einsicht des Staats an die Stelle der Einsicht des Bürgers zu treten hat, ist viel zu unscharf, als daß es zulässig wäre, staatliche Reglementierungen allgemein damit zu rechtfertigen, daß Wohnungen meritorischen Charakter hätten. Vielmehr müßte in jedem Einzelfall nachgewiesen werden, daß ein staatlicher Eingriff wirklich „verdienstvoll" („a merit") ist. Dieser Nachweis dürfte allerdings angesichts der evidenten Realität der Wohnansprüche der Bevölkerung, der Verbreitung des Wunsches nach den „eigenen vier Wänden", des ungebrochenen Trends zu größeren Wohnungen und angesichts der vergleichsweise guten Ausstattung der Wohnungen schwerlich zu führen sein (S. 32 f.).

Selbst wenn aber in Einzelfällen der meritorische Charakter von Wohnungen überzeugend nachgewiesen werden könnte, würde – *zweitens* – daraus nicht notwendig folgen, daß der Staat Wohnraum zu subventionieren oder selbst zur Verfügung zu stellen habe. In den meisten Fällen dürfte es sich nämlich erweisen, daß anderen Maßnahmen der Vorzug gebührt. Zu ihnen gehört bei Anerkennung des Prinzips der Konsumentensouveränität eine bessere Information der Bürger über die angeblich negativen Auswirkungen ihres Handelns. Auch kann der Staat bereits durch Bau- und andere Vorschriften über die Beschaffenheit von Wohnungen das Entstehen „unzumutbarer" Wohnverhältnisse größtenteils vereiteln. Der Marktwirtschaft im Wohnungssektor werden dadurch Rahmenbedingungen gesetzt, die hier ihre Be-

---

[2] Man könnte hier auch von externen Effekten sprechen, auf die in Kapitel 1.3 dieses Beitrags näher eingegangen wird.

gründung finden können. Schließlich zählen „gebundene Transferleistungen" des Staats an diejenigen, deren private Nachfrage hinter dem aus den genannten Gründen sozial erwünschten Umfang zurückbleibt, zu diesen im allgemeinen überlegenen Maßnahmen. Sie stellen nicht nur einen Anreiz zur Anmietung von mehr und von besserem Wohnraum dar; sie gleichen auch eine möglicherweise durch die genannten Bauvorschriften verursachte Verteuerung des Wohnraums aus (S. 33).

1.3. Externe Effekte in der Wohnungswirtschaft

Zu den Argumenten, der marktwirtschaftliche Prozeß könne in der Wohnungswirtschaft nicht zu einer optimalen Befriedigung der Bedürfnisse der Bürger führen, zählt die Behauptung, hier seien starke positive wie negative „externe Effekte" zu beobachten, also Effekte, die zu direkten, nicht marktmäßigen Begünstigungen oder Beeinträchtigungen des Wohlbefindens anderer Bürger führen. Diese externen Effekte ergeben sich insbesondere in dreierlei Hinsicht, wobei die Grenze zur Befriedigung „meritorischer Bedürfnisse" (i. w. S.) nicht eindeutig gezogen werden kann.

(a) Diese Grenzziehung fällt besonders bei der ersten Gruppe von externen Effekten schwer. Die Entscheidung nämlich einzelner Bürger, ansehnliche Häuser zu bauen oder ausreichenden Wohnraum zu mieten, hat unmittelbaren Einfluß auf das Wohlbefinden anderer Menschen. Dies ergibt sich aus sozialhygienischen Gesichtspunkten ebenso wie aus der Erkenntnis, daß der soziale Zusammenhalt einer Gesellschaft auch von den Wohnverhältnissen der einzelnen Bevölkerungsschichten abhängig ist. Auch sehen viele Menschen in der Schönheit der Städte und Dörfer einen erheblichen Nutzen für sich selbst. Dies gilt besonders hinsichtlich desjenigen Wohnviertels, in dem die Menschen jeweils zu Hause sind; das Wohlbefinden des Besitzers einer Wohnung oder eines Hauses hängt erfahrungsgemäß vielfach unmittelbar auch vom Aussehen und von der Qualität der Häuser in der Umgebung und von den Bewohnern dieser Häuser ab. Der gleiche Sachverhalt läßt sich aus der Sicht eines Vermieters oder Hausverkäufers formulieren: Miete und Preis, die er erzielen kann, sind im allgemeinen von der Qualität des Viertels abhängig, auf die er keinen Einfluß hat.

Dieser Gesichtspunkt wird vor allem dann bedeutsam, wenn der einzelne Hauseigentümer aus Furcht, die Nachbarn würden ihre Häuser vernachlässigen, auf Modernisierung und Instandsetzung verzichtet und dadurch u. U. einen Prozeß einleitet, der zum Niedergang des Viertels führt und viele seiner ursprünglichen Bewohner zum Fortzug verleitet. Es setzt dabei möglicherweise ein zu schnell ablaufender Sickerprozeß ein. In Einzelfällen mag es – wie amerikanische Beispiele zeigen – sogar zur „Brachebildung" kommen. Obwohl die unteren Einkommensgruppen von diesem Sickerprozeß begünstigt werden (sie finden schneller billigen Wohnraum), ist er im Ergebnis negativ zu beurteilen: Die Fortziehenden haben nämlich hohe Kosten (z. B. des Umzugs) zu tragen; auf anderen Teilmärkten steigen die Mieten oder stellen sich Ungleichgewichte ein; in dem „verfallenden" Gebiet sammeln sich u. U. gettoartig einzelne Volksgruppen, deren gesellschaftliche Integration dadurch erschwert werden kann. Schlimmstenfalls erhöht sich in solchen „verfallenden" Quartieren die Neigung zur Kriminalität.

(b) Externe Effekte können sich, zweitens, bei gewerblicher Nutzung von Grundstücken einstellen. Ballen sich beispielsweise im Zentrum einer Stadt Geschäfte und

Kaufhäuser, so mag das auf den Zufahrtsstraßen zu Verkehrsverdichtungen mit einem starken Anstieg von Fahrtkosten (inkl. Zeitverlusten) und Unfällen führen. Diese zusätzlichen sozialen Kosten können größer als die Mehrbeträge sein, die der Handel für Grundstücke oder Mieten im Vergleich mit Mietern bei einer Wohnbesiedlung aufzubringen hat. Dabei sind die negativen externen Effekte einer Verödung der Stadtzentren außerhalb der Geschäftszeiten nicht einmal mitgerechnet. Ein anderes Beispiel bildet die Mischnutzung eines Gebiets dann, wenn die gewerblichen Betriebe die Umwelt belasten und dadurch das Wohlbefinden der Bürger merklich mindern.

(c) Drittens können Bauweise und Gebäudestellung zu einer Gefahr für die Bewohner, die Nachbarn oder gar die Allgemeinheit führen. Dies gilt besonders in Notfallsituationen, z. B. bei Ausbruch eines Brands.

Der Hinweis auf externe Effekte dieser Art ist berechtigt; mit ihnen läßt sich überzeugend begründen, daß ein Laissez-Faire in der Wohnungswirtschaft nicht in Frage kommen kann. Doch keineswegs läßt sich aus diesen externen Effekten ableiten, daß marktwirtschaftliche Grundsätze zur Ordnung der Wohnungswirtschaft keine oder nur eine untergeordnete Rolle spielen können. Externe Effekte, wenn sie in konkreten Situationen überzeugend nachgewiesen werden können, machen es lediglich notwendig, daß der Staat jeweils entsprechende Rahmenbedingungen schafft, an denen sich marktwirtschaftliche Prozesse auszurichten haben. Auf eine Bauleitplanung und auf ein Minimum an Bauvorschriften kann – analog zu den Überlegungen über die Befriedigung meritorischer Bedürfnisse *(Kapitel 1.2)* – nicht verzichtet werden; sog. Zonenregelungen, die über die Ansiedlung industrieller Betriebe entscheiden, sind – soweit sie derart flexibel gehandhabt werden, daß die regionalen Besonderheiten, und die sonstigen speziellen Verhältnisse bei einzelnen Entscheidungen berücksichtigt werden können – notwendig. Auch können Kommunen durch frühzeitige Angabe ihrer Pläne verhindern, daß Bürger mit der Möglichkeit eines Verfalls ihres Viertels rechnen. Ferner ist es gegebenenfalls sinnvoll, Stadtsanierungsmaßnahmen zu ergreifen, um den Wohnwert verfallener Stadtgebiete wieder zu steigern.

Bauvorschriften, die wegen des Auftretens externer Effekte notwendig werden, können zu einer Steigerung von Baukosten und Mieten führen. Das wird sogar sicher der Fall sein, wenn es das erklärte Ziel der öffentlichen Hand ist, die externen Effekte ganz oder teilweise zu internalisieren, beispielsweise dadurch, daß Kommunen die Genehmigung der Errichtung neuer Kaufhäuser an die Bedingung des Baus von Parkgebäuden knüpfen. Eine solche Erhöhung von Baukosten oder Mieten mag unerwünschte soziale Wirkungen haben. Ihnen kann der Staat mit gebundenen Transferzahlungen entgegentreten.

Zu berücksichtigen ist ferner, daß die Beseitigung oder Kompensation externer Effekte mit so hohen sozialen Kosten verbunden sein kann, daß es für die Gesellschaft sinnvoller ist, die externen Effekte in Kauf zu nehmen. Der Vergleich marktwirtschaftlicher Prozesse, die innerhalb wohlverstandener, staatlich gesetzter Rahmenbedingungen ablaufen, mit einem idealen Zustand, in dem es keine Störungen gibt, kann Forderungen nach nicht-marktwirtschaftlichen Regelungen der Wohnungswirtschaft nicht begründen; denn dieser ideale Vergleichszustand entpuppt sich als Wolkenkuckucksheim. Zu vergleichen ist er vielmehr mit einem Zustand, der durch viele Schwächen und Fehlentwicklungen staatlicher Willensbildung geprägt ist (S. 34 ff.).

1.4. Marktwirtschaft im Wohnungssektor und gerechte Einkommensverteilung

Staatliche Interventionen auf dem Wohnungssektor werden schließlich damit begründet, daß anders eine gerechtere Realeinkommensverteilung nicht erreicht werden könne. Dieses Argument wird in zweifacher Weise konkretisiert. **Einmal** wird darauf hingewiesen, daß mit Wohnungen, die gewissen Standards entsprechen, ein „Grundbedürfnis" befriedigt werde; und es wird behauptet, nur die staatlich bewirkte Bereitstellung von entsprechendem Wohnraum an die Angehörigen verschiedener Bevölkerungsgruppen zu vergleichsweise niedrigen Preisen garantiere die Befriedigung dieses Grundbedürfnisses und trage damit zur Erreichung der als gerecht angesehenen Realeinkommensverteilung bei. **Zum andern** wird ausgeführt, auf dem Wohnungsmarkt entstünden immer wieder „monopolistische Preisspielräume", die von Vermietern ausgenutzt würden. Dadurch würden dem Mieter hohe Lasten aufgebürdet.

Beide Behauptungen können nicht anerkannt werden. Wenn Menschen nicht hinreichend mit Wohnraum versorgt sind, ist das in der Regel eine Folge ihres niedrigen Einkommens und nicht den sich in den Grenzen staatlicher Rahmenbedingungen vollziehenden Marktprozessen anzulasten. Als Konsequenz bieten sich überwiegend staatliche Transferzahlungen an ... Nur in wenigen Ausnahmefällen, in denen dies eigens zu begründen ist (z.B. damit, daß Vermieter Angehörige bestimmter Gruppen allgemein diskriminieren und sie von der Vermietung praktisch ausschließen), hat der Staat die Bereitstellung von Wohnungen und ihre Vermietung zu vergleichsweise niedrigen Mieten zu übernehmen. Grundsätzlich sind nämlich ... starke Bedenken gegen eine aus Verteilungsgründen vorgenommene Übertragung der Produktion auf den Staat und gegen eine dabei vorgenommene Ausschaltung des Preismechanismus zu erheben[3]. Hinzu kommt, daß die Forderung, der Staat müsse durch eigene Produktion von Wohnungen und niedriges Mietniveau aus Gründen sozialer Gerechtigkeit einen „Mindestlebensstandard" sicherstellen, aus weiteren Gründen nicht überzeugt: Bei anderen Gütern, die in gleicher Weise der Befriedigung von Grundbedürfnissen dienen, bewirkt die staatliche Verteilungspolitik sogar bewußt Preiserhöhungen, wie das Beispiel der Nahrungsmittel und der Agrarpolitik gegenwärtiger Ausprägung zeigt. Außerdem ist der Staat unter vergleichbaren Bedingungen in dem Sinn vielfach ein teurerer Produzent von Gütern als private Anbieter, daß er vergleichsweise viele Ressourcen beansprucht. Schließlich ist daran zu erinnern, daß unter dem Verteilungsgesichtspunkt immer zugleich die **horizontale** und die **vertikale Gerechtigkeit** zu betrachten sind. Mit horizontaler Gerechtigkeit wird die Verteilungsgerechtigkeit (d.h. Gleichbehandlung) von Personen mit gleichem Einkommen und Familienstatus bezeichnet. Vertikale Gerechtigkeit ist die Gerechtigkeit der Einkommens- und Vermögensverteilung auf die verschiedenen Gruppen der Bevölkerung.

---

[3] Siehe dazu besonders: *Wissenschaftlicher Beirat beim Bundesministerium für Wirtschaft,* Kosten und Preise öffentlicher Unternehmen, BMWi-Studienreihe, Bd. 11, 1975.

Eingriffe in die Marktprozesse durch Manipulation des Preismechanismus (z.B. Mietkontrolle) bedingen nahezu immer eine Abkehr von der horizontalen Gerechtigkeit, indem sie zur Ungleichbehandlung von Personen in vergleichbarer wirtschaftlicher Lage führen.

Die zweite Behauptung, es gebe monopolistische Preisspielräume, umfaßt in der Regel drei Sachverhalte, bei denen man allerdings korrekterweise von Knappheitsrenten und nicht von monopolistischer Marktmacht zu sprechen hat. Einmal entstehen solche Knappheitsrenten als Folge vorübergehender Engpässe, die durch unvorhergesehene Nachfrageverschiebungen auftreten. Diese Knappheitsrenten werden durch eine von ihnen ausgelöste Angebotsausweitung wieder beseitigt. Zum anderen entstehen in bestimmten, bevorzugten Wohnlagen dauerhafte Lagerenten, d.h. „mühelose" Einkommen, an denen Anstoß genommen wird. Die hohen Mieten und Grundstückspreise in diesen Lagen übernehmen die Funktion der Zuteilung des knappen Guts. Dadurch wird allerdings möglicherweise die Verteilungsgerechtigkeit verletzt. Dies läßt sich jedoch im Rahmen des Steuersystems durch entsprechende Vorkehrungen (z.B. durch Festsetzung realistischer Einheitswerte) sowie durch allgemeine Maßnahmen der Verteilungspolitik abwehren und gebietet nicht eine Abkehr von marktwirtschaftlichen Grundsätzen. Schließlich mögen Besitzer von Altbauten deshalb Renten erzielen, weil die historischen Baukosten weit niedriger waren, als es die Baukosten von Neubauten jeweils sind, an denen sich die Marktmieten in erster Linie orientieren. Auch diese Wertsteigerungen von Altbauten sind kein Grund gegen die Marktwirtschaft im Wohnungsbereich. Sie sind im übrigen zum Teil eine Kompensation für die damalige Bereitschaft der Investoren, trotz niedrigerer laufender Rendite ihr Kapital im Wohnungsbau statt anderweitig zu investieren. Dieser Effekt der antizipierten Wertsteigerung mag auch heute noch Bauherren veranlassen, sich mit vergleichsweise äußerst niedrigen Renditen im Mietwohnungsbau zufriedenzugeben und damit dazu beizutragen, daß das heutige Mietniveau nicht erheblich höher liegt (S. 38 ff.).

1.5. Fazit

Insgesamt haben die Erörterungen in den Kapiteln 1.1 bis 1.4 ergeben, daß ein Laissez-Faire in der Wohnungswirtschaft unvertretbar ist, daß jedoch den Bedenken, die gegen eine Anwendung marktwirtschaftlicher Grundsätze geltend gemacht werden, dadurch Rechnung zu tragen ist, daß der Staat dem Wohnungsmarkt adäquate Rahmenbedingungen schafft und durch verteilungspolitische Maßnahmen eingreift (S. 41).

Obwohl dieses Fazit überzeugend gezogen werden kann, ist mit den vorgetragenen Überlegungen noch nicht gesagt, welchen konkreten marktwirtschaftlichen Grundsätzen im einzelnen gefolgt werden sollte (S. 41). Auch läßt sich aus den erörterten Argumenten nicht ableiten, wie die Rahmenbedingungen im einzelnen auszugestalten sind, wie weit der Staat in konkreten Fällen mit verteilungspolitischen Maßnahmen eingreifen und wann genau er Wohnungen zu vergleichsweise niedrigen Mieten bereitstellen sollte. So ist es nicht verwunderlich, daß die Beantwortung dieser spezifischen Fragen kontrovers erfolgt und von Periode zu Periode und von Region zu Region unterschiedlich ausfällt. Dabei wirken sich immer auch die politischen Grundeinstellungen der Antworten-

den aus. Entsprechend haben die staatlichen Regelungen für die Wohnungswirtschaft in der Bundesrepublik Deutschland gewechselt; sie waren zeitweise stark interventionistisch geprägt, zeitweise waren sie mehr marktwirtschaftlich orientiert. Struktur und institutionelle Besonderheiten der Wohnungswirtschaft haben sich demzufolge im Verlauf der letzten drei Jahrzehnte gewandelt. Dies aufzudecken, ist Ziel des Kapitels 2.

2. Befund

2.1. Wohnungspolitik im Zeitverlauf

In den Jahren **unmittelbar nach dem Krieg** stand im Vordergrund der staatlichen Wohnungspolitik das Bemühen, die Nutzung des noch verfügbaren Wohnungsbestands durch öffentliche Bewirtschaftung zu regeln (Wohnungszwangswirtschaft) sowie den Neubau von Wohnungen zu fördern, um das durch Kriegszerstörungen und die Zuwanderung von Flüchtlingen und Vertriebenen entstandene Wohnungsdefizit zu beseitigen. Als Instrument der Förderung dienten einmal Subventionen in Form von Kapitalhilfen und Zinsverbilligungen im sozialen Wohnungsbau und zweitens Quasisubventionen verschiedenster Art mittels der Steuergesetzgebung. Ergänzt wurden diese Förderungsmaßnahmen durch eine Mietbegrenzung für den Wohnungsbestand und den sozialen Wohnungsbau. Nachdem in den sechziger Jahren ein Wohnungsbestand erreicht war, bei dem man glaubte, die Anpassungen des Angebots an die Nachfrage dem Markt überlassen zu können, veränderten sich die Prioritäten der staatlichen Wohnungsbaupolitik. Stärker als bisher trat der Gesichtspunkt sozialpolitischer Korrekturen des Marktprozesses in den Vordergrund.

In den **sechziger Jahren** wurde zunächst schrittweise – nach Maßgabe der Beseitigung von rechnerischen Nachfragedefiziten – eine weitgehende Lockerung der staatlichen Wohnraumbewirtschaftung vorgenommen. Ferner wurde die bisher ausschließlich in der Form von Steuerbegünstigungen und Kapitalsubventionen betriebene Förderung des Wohnungsbaus durch eine sozialpolitisch motivierte **Transferzahlung** (Wohngeld) ergänzt. Getragen wurde die Wohnungspolitik in dieser Phase von der Überzeugung, daß eine marktwirtschaftliche Ordnung der Wohnungswirtschaft am besten geeignet sei, einen Ausgleich von Angebot und Nachfrage herbeizuführen, und daß sozialpolitischen Gesichtspunkten grundsätzlich durch eine Individualförderung Rechnung getragen werden sollte.

Veranlaßt durch partielle und regionale Anspannungen am Wohnungsmarkt, insbesondere am Markt für Altbauwohnungen, mit entsprechendem Anstieg der Mieten auf den betreffenden Teilmärkten wurde **1971** dann jedoch eine **Umorientierung** der Wohnungspolitik vollzogen. Die Politik der allmählichen Einführung marktwirtschaftlicher Verhältnisse durch schrittweise Aufhebung der Mietpreisbindung im Altbaubestand wurde aufgegeben zugunsten einer indirekten Begrenzung der Mieten und einer Verstärkung der **sozialpolitischen Komponente** der staatlichen Wohnungspolitik durch einen weitgehenden Mieterschutz. Durch das „Gesetz zur Verbesserung des Mietrechts und zur Begrenzung des Mietanstiegs sowie zur Regelung von Ingenieur- und Architektenleistungen" vom 4. November 1971 und durch das „Gesetz über den Kündigungsschutz für Mietverhältnisse über Wohnraum" vom 25. November 1971 wurden weitgehende Mietpreisregelungen (Vergleichsmietenkonzept) und Kündigungsschutzvorschriften eingeführt. Diese Vorschriften erfaßten auch den Bestand an freifinanzierten Wohnungen, der bisher von der Wohnungsbewirtschaftung und der Mietenbegrenzung ausgenommen war. Die zunächst nur als Übergangsregelung eingeführten Vorschriften wurden **1974** als Dauerrecht in das Bürgerliche Gesetzbuch aufgenommen. Ergänzt wurden diese Maßnahmen **1977** durch Ausdehnung der steuerlichen Objektförderung (§ 7 b EStG) auf den Erwerb von Wohnungen und Häusern aus dem vorhandenen Bestand. Dadurch sollte aus vermögenspolitischen, aber auch städtebaulichen Gründen eine Gleichbehandlung des Erwerbs von Neubauten und Altbauten erreicht und außerdem die Mobilität von Wohnungseigentümern gefördert werden (S. 4–6).

2.2. Angebotsdefizit zu Beginn der 80er Jahre

2.2.1. Rückgang im Mietwohnungsbau seit etwa 1970

In den sechziger Jahren war ein zwar konjunkturell leicht schwankendes, aber im Durchschnitt hohes Volumen der Bautätigkeit zu verzeichnen. Anfang der siebziger Jahre setzte dann bis 1973 ein inflationsbedingter Bauboom („Betongold") ein, der zu einem beträchtlichen Überangebot im freifinanzierten Wohnungsbau führte, das sich in einem hohen Bestand an Leerwohnungen namentlich in Neubauten zeigte. Dieser ging erst ab 1975 allmählich zurück.

Von 1974 an nahm das Volumen des Mietwohnungsbaus dramatisch ab, und zwar auf etwa ein Drittel des Durchschnittsvolumens der vorangegangenen Jahre (siehe *Abbildung 1*). Demgegenüber blieb das Volumen des Neubaus von Ein- und Zweifamilienhäusern zunächst praktisch konstant. Erst in der jüngsten Zeit ging namentlich wegen der gestiegenen Finanzierungskosten der Neubau von Einfamilienhäusern stark zurück, während der Rückgang des Neubaus von Zweifamilienhäusern schwächer war. Da die Wohnungsversorgung in den Ballungsgebieten stärker als in anderen Gebieten auf Mietwohnungen in Mehrfamilienhäusern beruht, kam es zu einem besonders ausgeprägten Rückgang des Angebots von neugebauten Wohnungen in Ballungsgebieten, so daß hier Engpässe entstanden (S. 6 f.).

2.2.1.1. Rückgang des freifinanzierten Mietwohnungsbaus

Für den Rückgang des freifinanzierten Mietwohnungsbaus seit 1974 sind sicher verschiedene Gründe verantwortlich zu machen. Ins Auge fällt zunächst der aus dem Bauboom von 1969–1973 stammende Angebotsüberhang, durch den die Rentabilität von Mehrfamilienhäusern kurzfristig merklich gesenkt wurde. Ferner dürfte eine Rolle gespielt haben, daß von der Mitte der siebziger Jahre an pessimistische Bevölkerungsprognosen bekannt und diskutiert wurden, durch die die Erwartungen der Rentabilität von Mietwohnungen gedämpft wurden. Außerdem scheint die Nachfrage nach Mietwohnungen zurückgegangen zu sein, weil die Attraktivität dieser Wohnform abgenommen hat. Von entscheidender Bedeutung jedoch war die Tatsache, daß

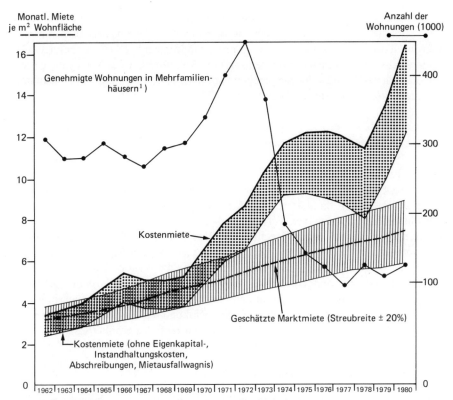

1 Errichtung neuer Gebäude: 1962 bis 1967 geschätzt (einschl. Eigentumswohnungen).
Quelle: *Statistisches Bundesamt Wiesbaden.* Der Mietwohnungsbau im Spiegel der Statistik. Beitrag zur aktuellen Wohnungsbaudiskussion, 1981, S. 29.

Abbildung 1: Zusammenhang zwischen Baugenehmigungen, Kostenmieten und Marktmieten

durch die wohnungspolitische Gesetzgebung Unsicherheit über die zukünftige Rentabilität von Mietwohnungen geschaffen wurde (vgl. dazu *Abbildung 1*). Solange freifinanzierte Wohnungen keiner staatlichen Mietpreisregelung und keinen Kündigungsschutzvorschriften unterlagen, konnte ein Investor auch bei einem temporären Angebotsüberhang und dem damit verbundenen Druck auf die Marktmiete damit rechnen, daß in der Zukunft eine Korrektur möglich und wieder eine Miethöhe erreichbar sein würde, die eine Rentabilität der Investition über deren gesamte Lebensdauer sicherstellen würde. Einer solchen Kalkulation wurde durch die Regelungen über die Mietpreisbegrenzung und die Kündigungsschutzvorschriften (zumal eine Kündigung zum Zweck der Mieterhöhung verboten wurde) der Boden entzogen (S. 7).

2.2.1.2. Rückgang des sozialen Wohnungsbaus

Für den Rückgang des sozialen Wohnungsbaus ist vor allem maßgeblich, daß einerseits Baukosten und Grundstückspreise erheblich schneller gestiegen sind als die Bewilligungsmieten für neugebaute Wohnungen. Als Folge davon erhöhte sich der an der Differenz zwischen Kostenmiete und Bewilligungsmiete im sozialen Wohnungsbau ablesbare Subventionierungsbedarf pro Quadratmeter bei Sozialwohnungen. Da andererseits das Volumen der für den sozialen Wohnungsbau zur Verfügung gestellten öffentlichen Mittel nicht entsprechend erhöht wurde, mußte das Angebot an neugebauten Sozialwohnungen abnehmen (S. 7f.).

2.2.2. Entwicklung der Baukosten und Grundstückspreise

Nachteilig für die Bautätigkeit, insbesondere – wie schon erwähnt – für den sozialen Wohnungsbau, aber auch für den freifinanzierten, hat sich ferner die Entwicklung *(Kapitel 2.2.2.1)* der Baukosten und *(Kapitel 2.2.2.2)* der Grundstückspreise sowie der Finanzierungskosten *(vgl. Kapitel 2.3)* ausgewirkt. Die Baukosten haben sich seit den fünfziger Jahren bis zur Gegenwart im Verhältnis zum Nettoeinkommen eines Industriearbeiters nahezu verdoppelt, sie haben sich jedoch während der siebziger Jahre nur annähernd im gleichen Maße erhöht wie die Nettoeinkommen der Industriearbeiter; sie sind nur geringfügig stärker gestiegen als der Lebenshaltungskostenindex. Demgegenüber haben sich in den siebziger Jahren die Grundstückspreise etwas stärker als das durchschnittliche Nettoeinkommen eines Industriearbeiters, jedoch erheblich stärker als der Lebenshaltungskostenindex erhöht (S. 8).

2.2.2.1. Entwicklung der Baukosten je Wohnung

Die relative Erhöhung der Baukosten je Wohnung hängt u. a. von der mit steigendem Pro-Kopf-Einkommen eingetretenen Erhöhung des Anspruchsniveaus hinsichtlich der Wohnungsgröße und -ausstattung ab. Als Folge davon hat sich mit steigendem Volkseinkommen pro Kopf sowohl die durchschnittliche Wohnfläche pro Person *(siehe dazu die Ergebnisse der 1 vH Wohnungsstichprobe 1972 und 1978 in Tabelle 1)* wie auch die qualitative Ausstattung der Wohnungen erhöht.

Der Anstieg der Ansprüche an die Wohnungsausstattung hat seinen Niederschlag auch im kommunalen Planungsverhalten (Straßenbreiten, Planungsauflagen, Erschließungsaufwand), in Ortssatzungen, in den Bauordnungen, DIN-Normen, Sicherheitsbestimmungen oder Förderbestimmungen der Länder im sozialen Wohnungsbau gefunden.

Es spricht vieles dafür, daß die fortlaufende Anpassung und autonome Weiterentwicklung der verschiedenen Normen und Vorgaben, denen die einzelnen Bauherren gegenüberstehen, ihrerseits zur Erhöhung der durchschnittlichen Baukosten pro Quadratmeter Wohnfläche beigetragen haben. Diese Vorgaben sollen den Bauherrn zwar vor unsachgemäßer Bauausführung schützen, sie sollen die Lebensdauer der Gebäude verlängern, langfristig zu geringeren Instandhaltungsaufwendungen führen, die Standardisierung und Rationalisierung beschleunigen oder die Sicherheit der Gebäude erhöhen. Sie spiegeln aber auch Ansprüche wider, die in einem Sozialstaat als Ausdruck des Wunsches nach einer allgemeinen Versorgung mit „angemessenen" Wohnungen gelten ... Die laufende Anpassung der als Mindeststandards geltenden Normen an die gestiegenen Ansprüche führt dazu, daß das Angebot an

Tabelle 1: Entwicklung der Haushalte nach Haushaltsgrößen und der Flächenversorgung pro Person 1972–1978

Haushalts-größe in Personen	Haushalte insgesamt			Flächenversorgung pro Person		
	im Tausend		Index 1978 1972 = 100	Fläche pro Person in m^2		Index 1978 1972 = 100
	1972	1978		1972	1978	
	(1)	(2)	(3)			
1	4774,6	6380,1	134	51.5	56.5	109.7
2	6041,4	6679,6	111	33.8	38.0	112.3
3	4157,3	4227,4	102	26.3	29.6	112.8
4	3320,1	3457,1	104	22.2	25.0	112.8
5 und mehr	2672,1	2211,5	83	18.2	20.8	114.0
insgesamt	20965,5	22955,7	110	26.9	31.5	117.3

Quelle: 1 vH Wohnungsstichprobe 1972 und 1978.

einfachen Neubauwohnungen die in früheren Jahren als durchaus angemessen galten, zurückgeht. ... Fraglich ist außerdem, inwieweit die Anpassung solcher Vorgaben wirklich ein Reflex sich wandelnder gesellschaftlicher Anschauungen über angemessene Wohnungen ist oder nicht auch die Folge des Drucks von Interessengruppen oder von übersteigerten Ordnungs- und Normvorstellungen von Fachverbänden, Fachverwaltungen oder Fachpolitikern, die nicht zuerst nach dem Nutzen für Mieter und Eigentümer fragen. Die Tatsache, daß im gesamten Prozeß der Formulierung und Durchsetzung von Normen die Produzenten und Fachleute ohne intensive Kontrolle durch die Nachfrager Qualitätsniveaus autonom weiterentwickeln, ist für sich genommen schon problematisch (S. 8–10).

2.2.2.2. Entwicklung der Grundstückspreise

Der relative Anstieg der Grundstückspreise in der jüngsten Zeit beruht auf mehreren Gründen, die zu einer Verminderung des Angebots an Bauland geführt haben. Erstens werden Grundstücke vielfach deshalb nicht verkauft, weil sie als inflationssichere und steuerbegünstigte Anlage gelten; und sie werden nicht bebaut, weil die Rentabilität im Mietwohnungsbau fragwürdig geworden ist. Ferner dürfte die ab 1971 aufgrund eines Urteils des *Bundesverfassungsgerichts* notwendig gewordene Einbeziehung der Landwirtschaft in die Besteuerung des realisierten Wertzuwachses beim Verkauf landwirtschaftlich genutzter Grundstücke eine Verminderung des Angebots bewirkt haben. Ungünstig wirkt sich weiterhin aus, daß aus agrarpolitischen Gründen der Verwendung von bisher landwirtschaftlich genutzten Flächen für den Wohnungsbau administrative Hemmnisse entgegenstehen. Überdies spielt eine zunehmend wichtige Rolle, daß Gemeinden vielfach aus ökologischen Gründen bei der Ausweisung von Bauland spürbare Zurückhaltung üben. Die Erschließung von Bauland und selbst die Bebauung bereits erschlossener Baugrundstücke scheitern häufig an Einsprüchen, die aus Sorge um die Umwelt erhoben werden. Dabei handelt es sich vielfach um einen echten Zielkonflikt zwischen der Erhaltung einer unbelasteten Umwelt und der Schaffung ausreichenden Wohnraums. Nicht selten jedoch werden diese Einsprüche aus anderen als den vorgetragenen, auf die Umwelt bezogenen Gründen erhoben: Individualinteressen verbergen sich hinter dem angeblich gefährdeten Gemeinwohl.

Selbst dann jedoch, wenn alle Hemmnisse der Nutzungsänderung von Land beseitigt wären, kann bei wachsendem Sozialprodukt pro Kopf ein Anstieg der Grundstückspreise nicht ausgeschlossen werden (S. 10 f.).

2.2.3. Verminderung des Angebots aus dem Bestand

Das gegenwärtig zu beobachtende Angebotsdefizit in Teilbereichen des Mietwohnungsmarkts ist nicht nur auf den Rückgang der Neubautätigkeit, sondern auch auf eine Verminderung des Angebots aus dem Bestand zurückzuführen, die erstens ursächlich mit dem neuen Mietrecht zusammenhängt, zweitens durch die staatliche Förderung der Wohnungsmodernisierung bedingt ist und drittens steuerliche Gründe hat.

- Der ursächliche Zusammenhang zwischen der Verminderung des Angebots aus dem Bestand und dem neuen Mietrecht ist insofern offensichtlich, als die Möglichkeit der Mieterhöhung in bestehenden Verträgen stark eingeschränkt ist, während bei neuen Verträgen die Miete frei ausgehandelt werden kann.

  Daher sind beim nicht gebundenen Wohnungsbau die Mieten in neuen Verträgen tendenziell höher als in alten Verträgen. Die Folge ist eine Hortung von Wohnraum, denn es ist für einen Mieter oft vorteilhafter, eine große Altbauwohnung zu behalten, als eine kleinere Wohnung zu höherem Mietpreis pro Quadratmeter neu zu mieten.

  Noch wesentlich mehr tragen die Mietpreisunterschiede zwischen älteren Sozialwohnungen und neuen freifinanzierten Wohnungen zur Hortung von vergleichsweise billigem Wohnraum bei. Weil die Mieter nur beim Bezug einer Sozialwohnung die Nutzungsberechtigung nachweisen müssen und ihre mit der Zeit relativ zu Neubauwohnungen immer billiger gewordene Sozialwohnung bei Fortfall der Subventionsberechtigung nicht freigeben müssen, befindet sich gegenwärtig ein großer Teil des Sozialwohnungsbestands im Besitz von Personen, deren Einkommen die für den Bezug einer Sozialwohnung erforderlichen Grenzen übersteigen (Fehlbelegung von Sozialwohnungen).

- Da Wohnungsmodernisierungen durch staatliche Maßnahmen gefördert werden (z. B. einkommensteuerrechtliche Bestimmungen und Städtebauförderungsgesetz), namentlich bei einer Verbindung mit energiesparenden Maßnahmen (Modernisierungs- und Energieeinsparungsgesetz), und da obendrein eine Mieterhöhung in bestehenden Kontrakten dann leichter möglich ist, wenn eine Modernisierung vorgenommen wird, ist eine Tendenz zur Modernisierung des vorhandenen Wohnungsbestands ausgelöst worden, durch die sich der Bestand an relativ einfachen und billigen Wohnungen verringert. Während normalerweise ein natürlicher Prozeß des Alterns von Wohnungen stattfindet, in dem entsprechend dem Zugang von Neubauwohnungen ein Angebot an älteren, einfacheren und auch billigeren

Wohnungen vorhanden ist, wurde durch die staatliche Begünstigung von Modernisierungen die natürliche Angebotsstruktur verändert. Die Neubautätigkeit nahm relativ ab und wurde ersetzt durch Modernisierungen.

Dadurch hat sich zwar die durchschnittliche Qualität des gesamten Wohnungsbestands erhöht, aber das Angebot an einfacheren und billigeren Wohnungen nahm ab.

- Weil das Mietrecht eine ausreichende Rentabilität vielfach ausschließt, kommen bei der Modernisierung verstärkt allgemeine steuerliche Erwägungen ins Spiel. Da das Steuersystem nicht neutral ist, kann häufig erst durch eine konsequente Ausnutzung aller durch die Steuergesetze und die laufende Rechtsprechung gebotenen steuerlichen Möglichkeiten (Bauherrenmodell[4]) eine ausreichende Rentabilität von Baumaßnahmen erreicht werden (S. 11–13).

2.3. Inflationsprobleme

Von der Instabilität des Geldwerts gehen in mannigfacher Weise Störungen des Wohnungsmarkts und der Wohnungspolitik aus. Die Erfahrung lehrt, daß über Jahrzehnte hinweg die Grundvermögensbesitzer regelmäßig besser gefahren sind als die Geldvermögensbesitzer. Verstärkt wurde diese Diskrepanz noch durch das Steuerrecht, durch welches das Grundvermögen erheblich weniger belastet wird als das Geldvermögen. Von der Einkommensteuer werden auch diejenigen Teile der Zinseinkünfte, die wirtschaftlich lediglich einen Ausgleich der Inflationsverluste darstellen, voll erfaßt, während der Hausbesitz begünstigt ist durch großzügige Abschreibungsmöglichkeiten. Daraus ergeben sich eine anhaltende Nachfrage nach Grundstücken zum Zwecke einer nicht-inflationsgefährdeten Vermögensanlage und als Folge dieser **Hortung von Grundstücken** eine Verminderung des Angebots von Baugrundstücken, was notwendigerweise die Grundstückspreise erhöht und zu einer Verringerung der Bodenmobilität beiträgt.

Selbst ertragloser Grundbesitz (etwa in Form von unbebautem Bauland) kann auf längere Sicht eine attraktive Vermögensanlage sein angesichts der niedrigen Einheitswerte, der Erwartung hoher Wertsteigerung sowie der Tatsache, daß nicht-realisierter Wertzuwachs nicht steuerpflichtig ist. Selbst der **realisierte Wertzuwachs** braucht von privaten Eigentümern nicht versteuert zu werden, wenn die zweijährige „Spekulationsfrist" abgelaufen ist. Demgegenüber errechnet sich für Geldvermögensanleger auch in Zeiten relativ hoher „Realzinsen", wie sie gegenwärtig „vor Steuern" herrschen, „nach Steuern" – vor allem in den höheren Progressionsstufen – vielfach ein negativer Realzins.

Die Bundesbank ist den inflationären Entwicklungen durch ihre Geldpolitik in den letzten Jahren energisch entgegengetreten. Die dadurch bedingten hohen Nominal- und Realzinsen haben jedoch zu einer starken Erhöhung der Finanzierungskosten geführt. Da die Zinskosten im Wohnungsbau ein besonders stark ins Gewicht fallen-

---

[4] Unter dem „Bauherrenmodell" wird die konsequente Ausnutzung aller steuerlichen Möglichkeiten durch private Kapitalanleger verstanden.

der Kostenbestandteil sind, ist die Finanzierung zunehmend schwieriger geworden. Das gilt auch für den sozialen Wohnungsbau.

Im Zuge dieser Entwicklungen haben sich am organisierten Kapitalmarkt starke Fluktuationen ergeben, die am Wohnungsmarkt zu Unsicherheiten geführt haben. Die Besitzer von Wertpapieren mit langen Restlaufzeiten wurden durch Kursrückgänge verschreckt. Die für Kreditnehmer und für Kreditgeber gleichermaßen bestehende Unsicherheit über die künftige Entwicklung des Kapitalmarktes hat eine drastische Verkürzung der Laufzeiten neu emittierter Wertpapiere bewirkt, so daß heute für den Wohnungsbau nicht mehr die Möglichkeit einer langfristigen Finanzierung mit vorhersehbaren Belastungen besteht. Vielmehr haben viele Schuldner von Hypothekarkrediten nach wenigen Jahren eine Umschuldung vorzunehmen, wobei über die Konditionen einer Anschlußfinanzierung völlige Unsicherheit herrscht. Während die Finanzierungskosten starken Schwankungen unterliegen, wurden durch das Mietrecht im ganzen kaum überwindbare Rigiditäten geschaffen. Dadurch hat sich die Rentabilität des Mietwohnungsbaus in jüngster Zeit stark verschlechtert.

Am widerstandsfähigsten war in den letzten Jahren noch der Bau von Ein- und Zweifamilienhäusern (einschließlich des Baus von Eigentumswohnungen) zur eigenen Nutzung und im Rahmen des schon erwähnten Bauherrenmodells. Bei den Zweifamilienhäusern und dem sog. Bauherrenmodell wird die hohe Zinsbelastung weitgehend durch die volle Ausnutzung steuerlicher Möglichkeiten kompensiert. Zudem sind die Inhaber von Eigenheimen noch am ehesten bereit, im Interesse einer gesicherten Vermögensbildung eine hohe Anfangsbelastung hinzunehmen. Das Bauherrenmodell verdankt seinen Reiz vor allem der Kumulierung steuerlicher Möglichkeiten und ist im wesentlichen nur für Bauherren mit hohem Grenzsteuersatz attraktiv. Neuerdings ist jedoch auch der Eigenheimbau durch hohe Finanzierungskosten und kurze Finanzierungsfristen in Verbindung mit einer überproportionalen Steigerung der Grundstückspreise und der Baukosten beeinträchtigt, so daß sich die „Eintrittsschwelle" wesentlich erhöht hat.

Auf dem Gebiet des Bausparwesens ist die früher übliche, der ursprünglichen Idee des Bausparens entsprechende langsame Ansparung der erforderlichen Eigenmittel durch die inflationsbedingte überproportionale Erhöhung der Grundstückspreise, der Baukosten und der Finanzierungskosten für die nicht von der Bausparkasse gewährten erststelligen Hypotheken in wachsendem Maße schwieriger geworden. Im Bausparkassensystem haben sich so ungewollt Umverteilungswirkungen zugunsten der (meist wohlhabenden) Kurzzeitsparer, die ihre hohen Einmalbeiträge evtl. noch durch Kreditaufnahme finanzieren, zu Lasten der weniger wohlhabenden Langzeitsparer ergeben, die nach wie vor nur ihre Ersparnisse aus laufenden Einkommen einzahlen können.

Unter dem Blickwinkel der Inflationsbekämpfung ist die starke Wirkung der restriktiven Notenbankpolitik auf den Wohnungsbau gewiß nicht nur negativ zu beurteilen. Da eine Politik hoher Zinsen und knapper Bankenliquidität regelmäßig dahin wirkt, das Volumen möglicher kreditfinanzierter Investitionen im Interesse der Inflationsbekämpfung zu beschränken, darf man sich nicht wundern, wenn ein so stark zinsabhängiger Wirtschaftssektor wie der Wohnungsbau dadurch zu einem Hauptleidtragenden der Stabilitätspolitik geworden ist. Doch hat dies bei der starken Arbeitsintensität der Bauwirtschaft zugleich auch erhebliche Folgen für den Beschäftigungsgrad. Und daß der Mietwohnungsbau dabei besonders stark betroffen ist, ist gewiß nicht so sehr durch die Stabilitätspolitik als vielmehr durch die wohnungspolitische Problematik der neueren Entwicklung des Mietrechts bedingt (S. 13-16).

2.4. Bewertung im Hinblick auf sozialpolitische Ziele

Zweifellos haben die Maßnahmen der siebziger Jahre dazu geführt, daß

- der Kündigungsschutz für Mieter in bestehenden Mietverhältnissen verstärkt und daß
- der Anstieg der Mieten für bestehende Mietverhältnisse vorübergehend ... begrenzt wurde.

Insgesamt jedoch sind die sozialpolitischen Ziele der Wohnungspolitik nur sehr unvollkommen erreicht worden. Das rührt vor allem daher, daß diese sozialpolitischen Ziele insgesamt sehr vielfältig und unterschiedlich waren und miteinander konkurrierten, wenn nicht einander widersprachen (S. 16 f.).

2.4.1. Hebung des Wohnungsstandards

So trat neben das Ziel der Versorgung der Bevölkerung mit Wohnungen mehr und mehr das Ziel der Hebung des Wohnungsstandards. Die steigende Qualität der Wohnungen wurde nicht nur zu einem Ergebnis des Markts, sondern auch zu einem erklärten Ziel der Politik der Wohlstandsgesellschaft. Zusätzlich wurde sie durch immer höhere Normen (Rechtsvorschriften, technische Normen usw.) erzwungen. Und die Steuerpraxis machte die Modernisierung von Wohnräumen zu einem vorzüglichen Feld der Steuerersparnis (während zugleich die Steuerersparnis mit der wachsenden Abgabenlast zu einer „Verdienstquelle" eigener Art wurde).

Die Investitionen zur Verbesserung des Bestands (Modernisierungen und Instandsetzungen) sind in der zweiten Hälfte der siebziger Jahre weit überdurchschnittlich gestiegen. Dabei kam es im Vergleich mit der Vergangenheit auch zu einer größeren Zahl von Wohnungszusammenlegungen. Damit ging das Angebot von preisgünstigen Wohnungen deutlich zurück. Die Angebots-/Nachfrageverhältnisse verschlechterten sich überproportional zu Lasten von Haushalten mit niedrigem Einkommen. Nicht selten sind solche Haushalte auch aus ihren Wohnungen „herausmodernisiert" worden (S. 17 f.).

2.4.2. Vernachlässigung der Probleme einkommensschwacher Gruppen

Auch darüber hinaus wirkte die staatliche Wohnungspolitik mehr zugunsten mittlerer und oberer Schichten, während sie die Probleme der unteren Schichten der Bevölkerung vernachlässigte.

Das gilt generell für alle steuerlichen Förderungen des Wohnungsbaus. Es gilt ferner für die Bereiche, in denen Vermögenspolitik durch Wohnungspolitik betrieben wird (insbesondere die Förderung des Eigenheimbaus). Mit steigenden Preisen und Kosten vernachlässigte diese Politik die am meisten benachteiligten Gruppen der Gesellschaft um so mehr, je mehr auch die Standards stiegen.

Beim Eigentumserwerb auf dem Weg über das Bausparen werden diejenigen Personenkreise, die aufgrund eines vergleichsweise hohen Einkommens schnell ansparen können und deshalb nur einen relativ geringen inflationsbedingten Verlust ihrer Ersparnisse erleiden, im Vergleich zu den Normalsparern begünstigt, die eine längere Ansparzeit benötigen.

Die Einkommensgrenzen für die Inspruchnahme der Vergünstigungen des sozialen Wohnungsbaus sind so festgesetzt worden und werden regelmäßig in der Weise an die allgemeine Einkommensentwicklung angepaßt, daß der Kreis der Berechtigten immer größer (im allgemeinen etwa doppelt so groß) ist als die Zahl der vorhandenen Sozialwohnungen. Damit erhält der Vermieter eine Auswahlmöglichkeit unter den Bewerbern um eine Sozialwohnung. Obgleich diese Auswahlmöglichkeit des Vermieters in Großstädten mit erhöhtem Wohnungsbedarf durch eine engere Begrenzung des Kreises der jeweils Berechtigten eingeschränkt ist, führt doch generell die Auswahlmöglichkeit des Vermieters dazu, daß Bezieher geringster Einkommen, Familien mit Kindern und Ausländer, die alle als ungünstige Vermieterrisiken gelten, vergleichsweise schlechte Chancen haben, eine Sozialwohnung zu erhalten. Es gehen also gerade diejenigen leer aus, die aus sozialen Gründen am ehesten begünstigt werden sollten.

Entsprechendes vollzieht sich, indem diejenigen, die in den Vorteil von Sozialwohnungen kommen, diesen Vorteil behalten, wenn ihr Einkommen über die Grenze, die den Vorteil rechtfertigte, steigt („Fehlbelegung"), während das Absinken des Einkommens unter diese Grenze keineswegs immer den Zugang zu einer Sozialwohnung nach sich zieht. Das gleiche gilt für die Eigentümer von Sozialwohnungen.

Die Vorschriften über den Kündigungsschutz von Mietverhältnissen haben vor allem die mittleren und oberen Schichten begünstigt, weil sie über vergleichsweise bessere Rechtskenntnisse verfügen als die einkommensschwächeren Schichten der Bevölkerung. Aufgrund der besseren Rechtskenntnisse waren vielfach Mieter aus den mittleren und oberen Schichten sogar in der Lage, Vermieter mit vergleichsweise geringen Rechtskenntnissen zu übervorteilen (S. 18 f.).

2.4.3. Widerspruch zwischen Bestandsschutz und Versorgung

Diese Beobachtungen zum sozialen Wohnungsbau und zum Mieterschutz lenken den Blick auf einen anderen Grundwiderspruch der sozialen Wohnungspolitik: auf den Widerspruch zwischen Bestandsschutz (zugunsten derer, die Wohnungen haben) und Versorgung (derer, die Wohnungen brauchen).

Durch die Mieterschutzmaßnahmen wurden die Mieter in bestehenden Mietverhältnissen begünstigt. Benachteiligt wurden jedoch jene, die neu in den Wohnungsmarkt eintreten, also vor allem junge Familien und Ausländer. Damit wird als Folge der vor allem sozialpolitisch begründeten Interventionen am Wohnungsmarkt das Prinzip der sog. horizontalen Gerechtigkeit, nach dem Personen in gleichartigen wirtschaftlichen Verhältnissen gleich behandelt werden sollten, gröblich verletzt (S. 19 f.).

2.4.4. Weitere Argumente

Weiter widersprechen sich am Markt die Ziele der Mietpreisbindung und der Ausweitung des Wohnungsangebots.

Endlich darf die Spannung zwischen dem raumpolitischen Interesse an einer möglichst gleichmäßigen Nutzung des Raums und der Wohnungsnachfrage derer, die in Ballungsräumen leben, nicht übersehen werden. Raumpolitisch können hohe Wohnungskosten in Ballungsräumen die Agglomerationstendenzen in durchaus erwünschter Weise begrenzen. Individuell aber treffen sie keineswegs nur Personen, die den Ballungsraum meiden sollen oder können, sondern beispielsweise auch Familien mit Kindern.

Durch den Anstieg der Bau- und Grundstückskosten sowie der Finanzierungskosten wurde die „Eintrittsschwelle" für den Erwerb von Wohnungseigentum stark heraufgesetzt, so daß sich die Chancen zum Erwerb von Wohnungseigentum für Personen mit geringerem Einkommen gegenüber früheren Jahren verschlechtert haben (S. 20).

2.5. Bewertung im Hinblick auf die effiziente Ressourcenallokation

Abgesehen davon, daß die Wohnungspolitik auf sozialpolitischem Gebiet wohl mehr Probleme geschaffen als gelöst hat, geht von der Wohnungspolitik eine Reihe von Beeinträchtigungen der gesamtwirtschaftlichen Effizienz aus, die sich wohlstandsmindernd auswirken (S. 20 f.).

2.5.1. Verringerung der interregionalen Mobilität

Eine wesentliche Aufgabe der Wohnungspolitik sollte nach dem Erreichen eines globalen Ausgleichs von Angebot und Nachfrage auf dem Wohnungsmarkt darin bestehen, Bedingungen zu schaffen, die eine möglichst schnelle Anpassung des Angebots an Änderungen der Nachfrage sicherstellen.

Änderungen der Nachfrage ergeben sich aus dem Anstieg des Einkommens pro Kopf der Bevölkerung, aus einer Änderung der Bevölkerungszahl bzw. der Zahl der Haushalte und aus Änderungen der Wirtschaftsstruktur und den damit zusammenhängenden regionalen Verschiebungen der Wohnungsnachfrage sowie aus der Veränderung der Präferenzen. Wenn durch Mängel der Wohnungspolitik die Mobilität der Arbeitskräfte verringert wird, verlangsamt sich auch die Durchsetzung des zum gesamtwirtschaftlichen Wachstum erforderlichen Strukturwandels, und die Entwicklung des ökonomischen Wohlstands wird gehemmt.

Tatsächlich wird man davon ausgehen müssen, daß durch die oben beschriebene Verzerrung der Mietenstruktur zwischen bestehenden und neuen Mietverhältnissen die Mobilitätskosten der Arbeitskräfte erhöht werden und daß die Mobilität deshalb gemindert wird. Die Mobilitätskosten sind ferner deshalb relativ hoch, weil es zahlreiche Hemmnisse für die Übertragung von Wohnungseigentum gibt, zu denen auch die Grunderwerbssteuer zählt. Deshalb ist die interregionale Mobilität von Personen mit Wohnungseigentum geringer als die Mobilität von Mietern. Aus diesem Grund dürfte der Rückgang des Mietwohnungsbaus und die damit zusammenhängende Erhöhung des Anteils der vom Eigentümer genutzten Wohnungen die interregionale Mobilität ebenfalls vermindert haben. Als Folge einer Verringerung der interregionalen Mobilität wird z. B. die Entstehung regionaler und damit auch struktureller Arbeitslosigkeit bei gleichzeitiger Nachfrage nach Arbeitskräften in den industriellen Ballungsgebieten begünstigt und das Wachstum des Sozialprodukts nachteilig beeinflußt. Insbesondere läßt mit verminderter Flexibilität auch die internationale Wettbewerbsfähigkeit der Wirtschaft nach (S. 21 f.).

2.5.2. Steuerliche Anreize als Ursache einer Kapitalfehlleitung

Darüber hinaus ergibt sich die Frage, ob als Folge der Wohnungspolitik der Vergangenheit nicht eine Kapitalfehlleitung in den Wohnungssektor stattgefunden hat. Diese Frage scheint auf den ersten Blick angesichts des partiellen Angebotsdefizits am Wohnungsmarkt paradox zu sein. Gleichwohl gibt es Gründe, die eine Kapitalfehlleitung annehmen lassen.

Staatlich begünstigt wurde der Wohnungsbau nämlich erstens durch Kapitalhilfen und Zinsverbilligungen im sozialen Wohnungsbau und indirekt durch das Wohngeld, zweitens durch gezielte steuerliche Maßnahmen (z. B. günstige Abschreibungsmöglichkeiten und Steuerfreiheit gemeinnütziger Wohnungsunternehmen) und drittens als Nebenwirkung des Steuerrechts und seiner Entwicklung[5].

---

[5] Die Begünstigungswirkungen des Steuerrechts entstehen im wesentlichen nicht durch gezielte steuerliche Subventionen, die politisch so gewollt sind. Sie resultieren vielmehr aus dem Zusammenwirken verschiedener Elemente der Normalbesteuerung, die bei geschickter und systematischer Ausnutzung besondere wirtschaftliche Vorteile ermöglichen.
Folgende Faktoren wirken zusammen:
- Für Eigentümer von nicht eigengenutzten Wohnungen mit hohen Einkommen ergeben sich hohe steuerliche Minderbelastungen, wenn sie Verluste aus Vermietung und Verpachtung mit ihren anderen Einkünften verrechnen. Diese Verluste resultieren in der Herstellungs- bzw. Anschaffungsphase aus den Bauzeitzinsen, dem Disagio und unterschiedlichen Gebühren und in den ersten 5 bis 15 Jahren nach der Fertigstellung aus den regelmäßig die Mieteinnahmen übersteigenden Aufwendungen (vor allem Abschreibungen, Schuldzinsen, Erhaltungsaufwand).
- Diesen Steuermindereinnahmen stehen keine Steuermehreinnahmen gegenüber, wenn – und dies ist zunehmend der Fall – das vermietete Wohneigentum vor Eintritt in die Gewinnphase wieder veräußert wird und der Veräußerungsgewinn unversteuert bleibt, soweit das Wohneigentum sich im Privatvermögen befand.
- Die Erwerber können nun wieder die vollen Anschaffungs- und Finanzierungskosten als Verluste aus Vermietung und Verpachtung geltend machen und dies um so mehr bei stetig steigenden Anschaffungskosten auf dem Immobilienmarkt.

Vorgänge dieser Art treten grundsätzlich auch bei anderen Wirtschaftsgütern auf. Sie haben jedoch in anderen Sektoren quantitativ kein vergleichbares Gewicht.
Durch die Kombination von hohen Werbungskosten während der Bauzeit oder im Zusammenhang mit dem Erwerb und längeren Verlustphasen nach dem Erwerb einer Mietwohnung mit der Möglichkeit, Wertsteigerungen steuerfrei zu realisieren, kommt es insbesondere unter den Bedingungen eines inflationären Immobilienmarkts im wirtschaftlichen Ergebnis

Der Prozeß verstärkter Investitionen im Wohnungsbau, die an einer optimalen Ausschöpfung der steuerlichen Möglichkeiten orientiert werden, dürfte um so mehr an Bedeutung gewonnen haben, je geringer die Renditeerwartungen aus den Mieteinnahmen wurden. Außerdem hat im Zuge der allgemeinen Einkommensentwicklung und des damit verbundenen Hineinwachsens breiterer Einkommensschichten in die Steuerprogression die professionelle Suche nach Möglichkeiten, Steuern zu vermeiden, an Bedeutung gewonnen. Diese Entwicklung von der renditeorientierten Kapitalanlage im Wohnungsbau hin zur steuersparorientierten Investition hat auch zu einer Änderung der Struktur der Kapitalanleger geführt. An die Stelle der langfristig renditeorientierten größeren Kapitalanleger wie Versicherungen ist eine Vielzahl kleinerer Investoren aus den oberen Einkommensschichten getreten, die sich vor allem unter dem Aspekt steueroptimaler Gewinnrealisierungen relativ kurzfristig im Wohnungsbau und im Handel mit Wohnungseigentum engagieren.

Als Folge der staatlichen Hilfen und der begünstigenden Wirkungen des Steuerrechts wurden die effektiven Kapitalkosten des Wohnungsbaus für den Eigentümer gesenkt und damit eine Vergrößerung des Angebots an Neubauwohnungen – insbesondere in Ein- und Zweifamilienhäusern – bewirkt. Infolgedessen sank auch der Nutzungspreis der Wohnungen, und die Nachfrage nach Wohnraum wurde größer, als sie wäre, wenn die vollen Kapitalkosten von den Nutzern getragen werden müßten. Angesichts der Tatsache, daß, von partiellen Engpässen abgesehen, kaum Angebotsdefizite an Wohnraum bestehen, ist der Schluß zwingend, daß das Angebot an Neubauwohnungen der indirekt subventionierten Nachfrage gefolgt ist und Kapital vermehrt in den Wohnungssektor gelenkt wurde, solange nicht vom Mietrecht her eine Dämpfung des Wohnungsangebots verursacht wurde.

Eine Verzerrung der Allokation von Produktionsfaktoren würde daraus nicht resultieren, wenn die übrigen Investitionen der Volkswirtschaft im gleichen Ausmaß begünstigt wären. Davon kann man aber in der Gegenwart nicht ausgehen. Ein Problem würde auch insoweit nicht entstehen, als infolge der staatlichen Förderungsmaßnahmen mit der zunehmenden Investition im Wohnungssektor die volkswirtschaftliche Sparquote stiege. Eine Erhöhung der Sparquote als Folge der Förderungsmaßnahmen kann in einem gewissen Umfang wohl beim Ersterwerber einer Eigentumswohnung für die Zwecke der Eigennutzung angenommen werden, kaum aber beim Erwerb von Wohnungseigentum für die Zwecke der Kapitalanlage. Es spricht deshalb vieles dafür, daß in der Tat Kapital dank interventionistischer Maßnahmen verstärkt in den Wohnungssektor gelenkt wurde und damit anderen Sektoren entzogen wurde, die für die Kapitalnutzung einen höheren Preis zu zahlen hatten. Eine solche Kapitalfehlleitung wirkt sich auf die wirtschaftliche Entwicklung nachteilig aus (S. 22–25).

---

zu erheblichen steuerlichen Vorteilen für die Kapitalanleger im Wohnungsbau. Gleichzeitig entstehen Verzerrungen zwischen Vermögensanlegern, die ihre Wohnungen dauerhaft bewirtschaften wollen, und solchen, die auf eine „steueroptimale" Realisierung der Wertsteigerungen aus sind. Besonders hoch werden die Vorteile dann, wenn durch hohe Modernisierungsinvestitionen, die steuerlich sofort geltend gemacht werden können, vorübergehend Phasen extrem hoher Verluste entstehen und die verbesserten Wohnungen anschließend veräußert werden, ohne daß der Veräußerungsgewinn besteuert wird.

2.6. Fazit

Zusammenfassend läßt sich feststellen,

- daß durch die in den siebziger Jahren vorgenommene Kehrtwendung der Wohnungspolitik die sozialpolitischen Ziele nur höchst unvollkommen erreicht und eine Reihe von neuen sozialpolitischen Problemen geschaffen worden sind;
- daß darüber hinaus die Wohnungspolitik zu einer Verschwendung volkswirtschaftlicher Ressourcen geführt und sich damit insgesamt auf das Wachstum und die Entwicklung der ökonomischen Wohlfahrt nachteilig ausgewirkt hat;
- daß die Probleme durch die anhaltende Inflation verschärft worden sind (S. 25).

Aus diesen Ergebnissen lassen sich unter Berücksichtigung der im ersten Kapitel gewonnenen Erkenntnisse eindeutige wirtschaftspolitische Schlußfolgerungen ziehen, die im folgenden erörtert werden sollen.

3. Wirtschaftspolitische Folgerungen

Diese Schlußfolgerungen sind mehrheitlich auf das Allokationsziel, aber auch auf das Stabilitäts- und das Verteilungsziel der Wirtschaftspolitik ausgerichtet.

3.1. Allokationspolitische Folgerungen

Das Ziel, die knappen Ressourcen der Gesellschaft effizient zu verwenden, gebietet auf dem Wohnungssektor die stärkere Beachtung marktwirtschaftlicher Grundsätze, als dies im vergangenen Jahrzehnt geschehen ist. Besonders drei Grundsätze sind zu beachten.

3.1.1. Vertragsfreiheit zwischen Vermieter und Mieter

3.1.1.1. Mehr Vertragsfreiheit sichert mehr Effizienz

Zur schrittweisen Verwirklichung der Marktwirtschaft im Wohnungssektor gehört es, daß zwischen Mieter und Vermieter eine größere Vertragsfreiheit wieder eingeführt wird, die insbesondere durch das erste und zweite Wohnraumkündigungsschutzgesetz Anfang der siebziger Jahre erheblich eingeschränkt worden ist.

Die Vorschriften dieser Gesetze, die inzwischen ins Bürgerliche Gesetzbuch eingearbeitet worden sind, sollten revidiert werden, so daß unter Aufrechterhaltung eines Kündigungsschutzes ... eine größere **Gestaltungsfreiheit** der Mietverträge eröffnet wird. Die derzeit gültigen, zwingenden Vorschriften des Bürgerlichen Gesetzbuchs machen es dem Vermieter insbesondere unmöglich, die Änderungskündigung eines

Mietverhältnisses durchzusetzen. Wer also Wohnungen vermieten will, ist in der Freiheit, das Verhältnis zu seinen Mietern zu gestalten, erheblich eingeschränkt. Die Bereitschaft, an Angehörige solcher Gruppen zu vermieten, bei denen die Vermieter insbesondere Risiken sehen, wird besonders stark vermindert, weil es für die Vermieter sehr viel schwieriger geworden ist, Mietverhältnisse aufzulösen (S. 42).

Daß Vertragsfreiheit auch auf dem Mietwohnungsmarkt eine wesentliche Voraussetzung der Effizienz ist, liegt insbesondere an drei Faktoren: Erstens handelt es sich um einen Wettbewerbsmarkt, so daß die disziplinierende Funktion der Wettbewerber bei Vertragsfreiheit der Tendenz nach zu Vertragsbedingungen führt, die eine Verschwendung von knappen Gütern vermeidet und die Marktgegenseite vor Ausbeutung schützt. Dies hat der Mietwohnungsmarkt mit anderen Wettbewerbsmärkten gemeinsam. Zweitens besteht sowohl auf der Anbieter- als auch auf der Nachfragerseite eine große Vielzahl von Präferenzen und Interessen. Dieser Vielfalt entspricht die Möglichkeit der Vielgestaltigkeit freiwillig abgeschlossener Verträge. Zwingendes, in die Vertragsfreiheit eingreifendes Mietrecht schränkt diese Vielgestaltigkeit ein und hemmt damit das Finden optimaler Formen des Interessenausgleichs zwischen Mietern und Vermietern. Insbesondere hat zwingendes Mietrecht die Eigenschaft, sich auszudehnen und immer mehr Formen der Vertragsgestaltung zu unterbinden, weil jedes zwingende Recht Umgehungsmöglichkeiten offen läßt, die durch weiteres zwingendes Recht wiederum bekämpft werden müssen. Beispielsweise sind vorübergehende Mietverhältnisse zwecks Ausnutzung von solchem Mietraum, der später für andere Zwecke verwendet werden soll, durch das heutige Mietrecht nur noch schwer zu vereinbaren. Dies führt dazu, daß Wohnungen vorübergehend leerstehen, was seinerseits Ärgernisse schafft. Drittens werden unter Bedingungen der Vertragsfreiheit Verträge so abgeschlossen, daß künftige Reibungen und Auseinandersetzungen zwischen den Vertragspartnern über das abgeschlossene Vertragsverhältnis (z. B. Auslegungsfragen) gering gehalten werden können. Zwingendes Recht führt der Tendenz nach zu höheren Reibungskosten und Auseinandersetzungskosten zwischen Vertragsparteien. Allerdings muß durch geeignete staatliche Regelungen verhindert werden, daß aufgrund von Übereinkünften der Vermieter untereinander nur Einheitsmietverträge angeboten werden.

Es kann dahingestellt bleiben, ob die Einführung von mehr Vertragsfreiheit längerfristig für die Gesamtheit aller Wohnungen zu durchschnittlich höheren oder zu niedrigeren Mieten führen würde (S. 43 f.).

In jedem Fall würde mehr Vertragsfreiheit auf dem Mietwohnungsmarkt zu befürworten sein; denn bei freier Marktpreisbildung gibt der Preis das richtige Signal über die relative Knappheit der verschiedenen Güter, und ein hoher Preis für Mietwohnungen spiegelt dann nur wider, daß das vom Mieter in Anspruch genommene Gut mit hohen volkswirtschaftlichen Kosten produziert werden muß. Eventuell höhere Mietpreise wären also kein Gegenargument gegen mehr Vertragsfreiheit auf dem Markt für Mietwohnungen.

Für mehr Vertragsfreiheit auf dem Mietwohnungsmarkt spricht ferner, daß durch den Prozeß der Angleichung von Altbau- und Neubaumieten die zur Zeit bestehende Ungleichbehandlung von Mietern von Altbauwohnungen und von Neubauwohnungen abgebaut wird und dadurch gleichzeitig die zur Zeit bestehenden Mobilitätskosten vermindert werden.

Schließlich wären unverzerrte Marktmieten ein erwünschter Indikator für die Beurteilung staatlicher Eingriffe in den Wohnungsmarkt (S. 45 f.).

3.1.1.2. Vertragsfreiheit und Mobilitätskosten der Mieter

Gegen die Vertragsfreiheit auf dem Mietwohnungsmarkt wird eingewendet, daß Mieter mit besonders hohen Mobilitätskosten des Schutzes vor der Ausbeutung durch den Vermieter bedürften, da sie sich einen Umzug nicht leisten könnten. Dabei mögen diese Mobilitätskosten nicht nur pekuniärer, sondern auch psychischer Natur sein, wenn die Mieter an ihrer bisherigen Wohnung mit ihren wohlbekannten Nachbarn und ihrer wohlbekannten Umgebung hängen. Das Gewicht dieses Arguments wird jedoch häufig überschätzt. Wer die Absicht hat, die Notwendigkeit zum Umzug auszuschalten, hat hierzu bei funktionsfähigen Märkten zahlreiche Möglichkeiten. Viele können Wohnungseigentum erwerben, so daß das Kündigungsproblem entfällt. Mieter können ferner den Kündigungsschutz vertraglich vereinbaren. Dies wird zweckmäßigerweise durch einen langfristigen, eventuell erst durch den Tod des Mieters beendigten Mietvertrag bewirkt, indem gewisse, an objektiven Indizes ausgerichtete Anpassungsklauseln über die Miethöhe für einen sinnvollen Interessenausgleich zwischen Mieter und Vermieter sorgen. Es kann erwartet werden, daß sich Vermieter finden, die solche langfristigen Verträge abzuschließen bereit sind.

Eine andere, freie Vertragsform, die bei Vertragsfreiheit dem Mieterinteresse an der Vermeidung von Mobilitätskosten entgegenkäme, wäre die Vereinbarung eines Kündigungsrechts des Vermieters mit angemessener Kündigungsfrist verbunden mit einer Kompensationszahlung, die im Fall einer Kündigung an den Mieter zu leisten ist. Dadurch kann der Mobilitätsnachteil des Mieters zum Teil oder voll auf den Vermieter überwälzt werden (S. 46).

...

Für den Zusammenhang zwischen Vertragsfreiheit und dem Mieterinteresse an der Vermeidung von Mobilitätskosten sind noch folgende zwei Gesichtspunkte zu erwähnen. Ein Unternehmen, das zahlreiche Wohnungen vermietet, hat ein großes Interesse daran, bei Mietern und potentiellen Mietern ein positives Image zu haben. Es wird im Interesse der Wiedervermietbarkeit seiner Wohnungen seinen Goodwill bei den Mietern nicht dadurch aufs Spiel setzen, daß es in unfairer Weise versucht, hohe Mieterhöhungen bei seinen jetzigen Mietern durchzusetzen, selbst dann nicht, wenn es dazu vertragsgemäß die Möglichkeit hätte. Insofern schützt die Mobilität der potentiellen Mieter indirekt auch die aktuellen Mieter mit hohen Mobilitätskosten vor einer rein vertraglich möglichen Ausbeutung durch den Vermieter.

Ferner ist zu berücksichtigen, daß die Mobilitätskosten des Mieters ihrerseits davon abhängen, ob Vertragsfreiheit herrscht oder durch staatlich verordneten Kündigungsschutz eingeschränkt ist. Im letzteren Fall ist wegen der Kündigungsschutzprivilegien der Mieter ihre Mobilität weit kleiner. Das hat zur Folge, daß ein Mieter, der eine Wohnung verlassen muß, in seiner bisherigen Wohngegend weniger gerade freistehende äquivalente Wohnungen findet, als wenn Vertragsfreiheit besteht. Die Wahrscheinlichkeit, bei Wohnungswechsel die bekannte Nachbarschaft nicht aufgeben zu müssen, ist also bei Vertragsfreiheit größer als bei staatlicher Marktreglementierung (S. 47).

3.1.2. Freie Preisbildung statt steuerpolitischer Interventionen im Wohnungssektor

Der Wohnungsbau konkurriert mit anderen Sektoren um die knappen Ressourcen der Volkswirtschaft, also um Arbeit, Kapital, Boden und andere natürliche Ressourcen. In einer Marktwirtschaft wird das Volumen eines Sektors als Ergebnis des Wettbewerbs bestimmt durch die Höhe der kaufkräftigen Nachfrage bei einem Produktionspreis, der die Produktionskosten deckt. Die Produktionskosten geben wieder, wieviel an knappen Produktionsfaktoren die Erstellung einer Produkteinheit erfordert. Die bestmögliche, den Wohlstand maximierende Verteilung der knappen Produktionsfaktoren auf die verschiedenen Produktionssektoren ist gewährleistet, wenn in allen Sektoren die Produktpreise und die Produktionskosten (mit Einschluß der Abgeltung von Unternehmerleistungen) gleich groß sind. Wird ein bestimmter Sektor durch steuerliche oder andere staatliche Maßnahmen subventioniert und anderweitig begünstigt, so ergeben sich in diesem Sektor bei Wettbewerb Preise, die unter den volkswirtschaftlichen Herstellungskosten liegen. Die Differenz zwischen beiden ergibt sich aus dem Volumen der Subventionen und sonstigen staatlichen Begünstigungen. Durch diesen zu niedrigen Preis wird die Nachfrage höher sein als bei einem kostendeckenden Preis. Der Sektor beansprucht mehr knappe Produktionsfaktoren und entzieht diese damit einer Verwendung in anderen Bereichen der Volkswirtschaft, wo sie produktiver eingesetzt werden könnten. Eine Subventionierung des Wohnens bewirkt – für sich betrachtet – zum Beispiel, daß mehr Kapital im Wohnungssektor gebunden wird. Das hat zur Folge, daß Kapital für Investitionen zur Schaffung von Arbeitsplätzen insbesondere in der gewerblichen Wirtschaft nur zu einem höheren Nutzungspreis zur Verfügung steht, so daß die Investitionstätigkeit in der gewerblichen Wirtschaft beeinträchtigt wird. Deshalb muß gerade in Zeiten, in denen über die wachstumshemmenden Wirkungen der Defizite in öffentlichen Haushalten so viel gesprochen wird, die Frage gestellt werden, ob nicht auch die staatlichen wohnungsbaufördernden Maßnahmen steuerlicher und sonstiger Art wachstumshemmend sind (S. 49 f.).

...

Wie der Befund im 2. Kapitel dieses Beitrags zeigt, geht vom gegenwärtigen Steuersystem und Subventionssystem eine starke Begünstigung der Kapitalbildung im Wohnungssektor im Verhältnis zur Kapitalbildung *aus,* die direkt oder indirekt (über Kapitalsammelstellen) den Investoren im gewerblichen Sektor zugute kommt. Wer z. B. sein Vermögen in der Form von Wertpapieren (Schuldverschreibungen oder Aktien) anlegt, zahlt auf Zins- und Dividendenerträge Einkommensteuer. Wer sein Vermögen in einem Haus anlegt, zahlt zwar auf anfallende Mieterträge Einkommensteuer, aber er kann insbesondere bei Neubauten und bei Modernisierung von Altbauten steuerlich relevante Abschreibungsbeträge geltend machen, die nur wenig mit der wirtschaftlichen Entwertung des Mietobjekts zu tun haben. Dazu kommt, daß der im Regelfall eintretende Wertzuwachs eines Wohngebäudes auch nach Veräußerung beim Privatmann steuerfrei bleibt. Durch die Inflation wird diese unterschiedliche steuerliche Behandlung von Geldvermögen und Wohnungseigentum noch verschärft. Nach dem steuerrechtlichen Nominalwertprinzip werden auch diejenigen Teile der Zinserträge der Einkommensteuer unterworfen, die nur Ausgleich der Geldentwertung sind. Umgekehrt kann der Eigentümer einer Mietwohnung Schuldzinsen auch insoweit als Werbungskosten von dem zu versteuernden Einkommen absetzen, als sie nur einen Ausgleich für das – in konstanter Kaufkraft gerechnet – ständige Leichterwerden der Schuldsumme ... darstellen (S. 51 f.).

Angesichts der in Kapitel 2 geschilderten Folgen der steuerlichen Regelungen und Subventionen wäre es richtig, sich auf die Lenkungsfunktion des Preises auch auf dem Mietwohnungsmarkt zu besinnen. Wie oben schon eingehend dargelegt, sollte die Vertragsfreiheit für Mietverhältnisse wieder eingeführt werden. Dadurch würde der Mietwohnungsbau stimuliert werden. Zugleich aber sollte man die steuerlichen Vergünstigungen des Wohnungssektors abbauen, statt sie zu vergrößern. Dieser Abbau dürfte zu Mietsteigerungen führen. Solche Mietsteigerungen sind aber volkswirtschaftlich als Ausdruck der Kosten des Mietwohnungsangebots gerechtfertigt. Reagieren hierauf die Mieter und Bauherren durch Nachfrage nach kleineren Wohnungen oder Häusern, so geschieht im Prinzip das, was erwünscht ist. Volkswirtschaftliche Ressourcen werden freigesetzt, die anderweitig für produktivere Zwecke verwendet werden können. Unerwünschte Folgen, die namentlich darin bestehen, daß Familien mit geringem Einkommen sich den als angemessen geltenden Wohnstandard ... nicht mehr leisten können, sollten durch **Subjektförderung** ausgeglichen werden (S. 53).

3.1.3. Marktkonforme Anreize zur Verstärkung des Baulandangebots und zur Senkung der Baukosten

Die Verwirklichung der ersten beiden marktwirtschaftlichen Grundsätze würde erleichtert, wenn bestehende Hemmnisse des Wohnungsbaus beseitigt würden. Deshalb muß den beiden Grundsätzen ein dritter an die Seite gestellt werden. Danach sind angebotsorientierte Strategien zu befolgen: Die einer Ausweitung des Wohnungsangebots entgegenstehenden Hemmnisse sind – soweit möglich – abzubauen. Hierbei ist besonders zu denken an eine Ausweitung des Bodenangebots, eine Senkung der Baukosten und die Beibehaltung von Anreizen zu vermehrtem Angebot, die sich aus Knappheitssituationen ergeben (S. 54 f.).

Zur Ausweitung des Bodenangebots kommt es darauf an, die Gemeinden, die im Rahmen eines komplizierten administrativen Prozesses weitgehend für die Umwandlung von landwirtschaftlich oder anders genutztem Boden in Bauland verantwortlich sind, zur Vereinfachung und Beschleunigung des oft schwerfälligen und langsamen Planungsprozesses und zur Baulandausweitung anzuregen. Gleichzeitig ist darauf hinzuwirken, daß privaten Grundstückseigentümern die Hortung von Bauland weniger attraktiv erscheint. Dazu kann bereits die glaubhafte Ankündigung einer energischen Politik der Baulandausweitung seitens des Staats (S. 56) *beitragen, da dies zu zunächst sinkenden* Baulandpreisen und auf die Dauer zu einem geringeren Anstieg der Baulandpreise führen (S. 56) *würde. Auch bieten sich zur Verminderung der Hortungsneigung die Festlegung marktgerechter Einheitswerte unbebauten Bodens als auch die Erhöhung der Sätze der Grundsteuer für unbebautes Land an* (S. 56).

Die Höhe der Baukosten wird – *wie in Kapitel 2.2.2.1 erläutert worden ist* – unter anderem von einer Reihe von DIN-Normen mitbestimmt, mit denen Mindestansprüche an die Bauqualität festgelegt werden ... Dadurch wird die **"Eintrittsschwelle"** in das Hauseigentum spürbar erhöht. Zur Verringerung dieser Schwelle empfiehlt sich eine Durchforstung der vorhandenen Bauvorschriften und eine Überprüfung der derzeitigen Standards für Bauausführungen. Manche Qualitätsforderungen an die Bauausführung sind sicherlich überzogen und verursachen vermeidbare Bauaufwendungen. Der Bauherr sollte wieder mehr Herr seines eigenen Baus sein können. Dies darf allerdings nicht dazu führen, daß sich "Sparbauweisen" durchsetzen, die städtebaulich und unter Sicherheitsaspekten ... nicht zu vertreten sind. Mit diesen Einschränkungen sollte aber die Qualität von Wohnbauten Sache der Präferenz des Käufers sein, der zwischen ihr und dem Preis abwägen muß (S. 57 f.).

Wie in Kapitel 1.4 ausgeführt ist, ergeben sich am Wohnungsmarkt mit seinen besonderen Knappheitssituationen vielfache Gewinnmöglichkeiten. Diese stellen – wie sich zeigt – für viele Personen einen Anreiz dar, hier tätig zu werden und die Umwandlung von Grund und Boden in Bauland zu beschleunigen. So verständlich es ist, daß in der Bevölkerung von "Spekulanten" die Rede ist, darf man doch nicht vergessen, daß diese Personen oft den durch mancherlei Rigiditäten gekennzeichneten Wohnungsmarkt in Bewegung halten, das Angebot an Bauland und Wohnungen vergrößern und insofern unternehmerische Tätigkeiten ausüben. **Knappheitsgewinne** und **Differentialrenten,** die dies bewirken, sollten deshalb grundsätzlich zugelassen werden. ... *Solche Einkommen begründen allerdings* steuerliche Leistungsfähigkeit und müßten wie alle anderen Einkommen versteuert werden (S. 58 f.).

3.2. Stabilitätspolitische Folgerungen

In Kapitel 2.3 wurde dargelegt, in wie starkem Maße ein befriedigendes Funktionieren der Wohnungswirtschaft durch Störungen des gesamtwirtschaftlichen Gleichgewichts, insbesondere durch eine anhaltende und in ihrer Stärke wechselnde Inflation sowie auch durch die zu ihrer Bekämpfung getroffenen zins- und liquiditätspolitischen Maßnahmen beeinträchtigt wird. Die wohnungspolitischen Probleme wären somit leichter zu lösen, wenn es der Stabilisierungspolitik gelänge, solche Störungen zu vermeiden oder zumindest soweit zu begrenzen, daß vor allem der Geldwert auf längere Sicht weitgehend stabil bliebe. Die Bemühungen der allgemeinen Wirtschaftspolitik, die gesamtwirtschaftliche Entwicklung zu verstetigen und der Geldpolitik, den Preisauftrieb nachhaltig zu dämpfen, verdienen daher auch unter wohnungspolitischem Blickwinkel, nachdrücklich unterstützt zu werden. (S. 60 f.).

Freilich kann man kaum erwarten, daß in absehbarer Zeit ein Zustand dauerhafter Kaufkraftstabilität erreicht werden kann (S. 61). *So sollte versucht werden,* die unerwünschten Rückwirkungen inflatorischer Prozesse auf dem Wohnungsmarkt *abzumildern.* Dabei ist in erster Linie an die Bereitstellung wertgesicherter Vermögensanlagen als Alternativen zum Grundbesitz zu denken, wobei sicherzustellen wäre, daß eine solche Ausweitung der bisherigen Genehmigungspraxis für Indexbindungen auf langfristige Kapitalschuldverhältnisse beschränkt bleibt (S. 61) ... Eine wohnungspolitisch ähnlich willkommene Wirkung könnte die in *Kapitel 3.1.1* empfohlene Herstellung der Vertragsfreiheit zwischen Gläubigern und Schuldnern haben. Indexierte (private) Schuldverhältnisse, die dann möglich wären, würden die langfristige Finanzierung des Wohnungsbaus erleichtern. Ein Gläubiger, dessen Forderung nicht mehr der inflationsbedingten Erosion ausgesetzt wäre, könnte nun bereit sein, die Realwertsicherung des Kapitalbetrags dadurch zu honorieren, daß er sich mit einem vergleichsweise niedrigen Zinssatz begnügt. Diese Regelung würde gleichzeitig dem Schuldner für die gesamte Laufzeit des Darlehens Sicherheit über seine reale Belastung gewähren. Gläubiger und Schuldner wären daher bei Zulassung wertbeständiger Schuldverhältnisse im Realkreditgeschäft vermutlich auch wieder bereit, sich für wesentlich längere Kreditlaufzeiten bei festem Zins zu engagieren als gegenwärtig, wo die kurzen Laufzeiten im Aktiv- und Passivgeschäft der Realkreditinstitute zu einer Crux der Wohnungswirtschaft geworden sind (S. 62).

3.3. Verteilungspolitische Folgerungen

Die Ordnung des Wohnungssektors nach den in *Kapitel 3.1* dargestellten marktwirtschaftlichen Grundsätzen beseitigt zugleich mit schwerwiegenden Effizienzmängeln auch Unzuträglichkeiten in der Verwirklichung horizontaler Gerechtigkeit. Die ungleichmäßige vertikale Realeinkommensverteilung hingegen wird weiterhin soziale Korrekturmaßnahmen erfordern. Trotz des qualitativ stark differenzierten Wohnungsangebots, mit dem unter marktwirtschaftlichen Bedingungen zu rechnen ist, wird es Familien geben, die sich wegen ihres niedrigen Einkommens nicht mit einem der Familiengröße angemessenen Wohnraum versorgen können. Für sie muß die Gemeinschaft sozialen Beistand leisten. Mindestanforderungen an die Größe und die Ausstattungen von Wohnungen erhöhen die Mieten auch der einfacheren Wohnungen und belasten dadurch die Familien mit niedrigerem Einkommen. Der Kreis der hilfsbedürftigen Familien und das Ausmaß der erforderlichen Hilfe durch die Gemeinschaft werden so noch vergrößert.

Wo das Familieneinkommen nicht ausreicht, den nach sozialnormativen Standards angemessenen Wohnraum zu mieten, sollte eine individuelle Unterstützung gewährt werden. Dabei stellt sich die Frage, ob eine freie oder eine gebundene Transferzahlung besser den im *Kapitel 1* begründeten Anforderungen gerecht wird. Weil mit freien Transferzahlungen die in *Kapitel 1* dargestellten externen Effekte nicht berücksichtigt werden können, ist der gebundene Transfer in der Form des Wohngelds vorzuziehen. Die grundsätzlich ebenfalls als sozialpolitische Ergänzung in Betracht kommende sog. Objektförderung ist dem Wohngeld aus allokations- und verteilungspolitischen Gründen unterlegen. Die Objektförderung sollte auf die im Kapitel 1 dargestellten Ausnahmefälle begrenzt bleiben.

Alle staatlichen Hilfen im Wohnungssektor – die individuelle Förderung ebenso wie die Objektförderung – müssen den allgemeinen Normen für verteilungspolitische Maßnahmen genügen. Nur so läßt sich verhindern, daß die Sozialpolitik auf ihren verschiedenen Tätigkeitsfeldern unterschiedlich vorgeht und dadurch inkonsistent wird. Deshalb sollten die staatlichen Hilfen auch im Wohnungssektor durch das Subsidiaritätsprinzip geleitet werden. Eine Überforderung des Staats mit Sozialleistungen kann so vermieden werden. Schließlich ist zu fordern, daß das System der verschiedenen wohnungspolitischen Hilfen möglichst effizient ist (S. 63 f.).

3.3.1. Freie Transfers oder Wohngeld

Unter den beiden Voraussetzungen, daß die im Nachfrageverhalten geäußerten privaten Bedürfnisse sich mit den sozial gewünschten decken und externe Effekte keine Rolle spielen, wäre eine freie Transferzahlung der verwendungsgebundenen Subventionen in der Form des Wohngelds hinsichtlich der Effizienz überlegen. Mit einem gegebenen Betrag staatlicher Hilfen an den einzelnen Haushalt wird durch die freie Transferzahlung die höchstmögliche Steigerung der individuellen Wohlfahrt bewirkt; anders gewendet: Es muß mehr Wohngeld bezahlt werden, um dieselbe Wohlfahrtsentwicklung wie durch freie Transferzahlung zu erzielen (S. 64 f.).
...
Auch hinsichtlich der administrativen Kosten schneidet eine freie Transferzahlung besser ab, wenn sie im Rahmen der allgemeinen Einkommensbesteuerung – gegebenenfalls als negative Einkommensteuer – oder einer allgemeinen Sozialhilfe geregelt werden würde. Eine solche allgemeine Regelung ließe jedoch die beträchtlichen regionalen Unterschiede in den Wohnkosten außer acht; ihre soziale Treffsicherheit wäre gering. Um dieselben Wohlfahrtswirkungen wie beim Wohngeld zu erzielen, müßten daher bei der Ausgestaltung des freien Transfers die jeweiligen regionalen Wohnkosten berücksichtigt werden. Die Verwaltungskosten einer solchen nach Wohnkosten differenzierenden freien Transferzahlung wären die gleichen wie beim Wohngeld.

Die unter den beiden oben genannten Voraussetzungen abzuleitende grundsätzliche Effizienzüberlegenheit der freien gegenüber der gebundenen Transferzahlung verliert empirisch an Gewicht, wenn man den Kreis der Subventionsberechtigten und ihr Verhalten berücksichtigt. Wohngeldempfänger beim derzeitigen Wohngeldsystem sind zu etwa 70% Rentnerhaushalte, überwiegend in städtischen Regionen. Die Gewährung von Wohngeld (oder freier Transferzahlung) ermöglicht es diesen Bürgern, ihre alte Wohnung beizubehalten und weiter in der gewohnten Umgebung zu leben. Wegen ihrer sehr hohen Wertschätzung des Guts Wohnen, d. h. geringer Substitutionselastizität gegenüber anderen Gütern, ist die Wohlfahrtswirkung der gebundenen Subvention für sie praktisch die gleiche wie die einer freien Transferzahlung gleichen Umfangs. Damit wird das Argument der geringeren Effizienz des Wohngelds bereits stark entkräftet.

Die gebundene ist der freien Transferzahlung hinsichtlich der Effizienz sogar überlegen, wenn und soweit die beiden zu Beginn des *Kapitels 3.3.1* genannten Voraussetzungen nicht erfüllt sind.

Legt man ... die weite Abgrenzung des meritorischen Guts zugrunde, so werden vor allem Haushalte mit niedrigem Einkommen durch die Einschränkung ihres Wohnkonsums hinter dem sozial erwünschten quantitativen und qualitativen Wohnstandard zurückbleiben. Die private Wohnungsnachfrage dieser Haushalte kann der sozial erwünschten angenähert werden, wenn ihnen ein Wohngeld gezahlt wird, dessen Höhe nicht nur – wie bei einer freien Transferzahlung – von Familieneinkommen und Familiengröße abhängt, sondern außerdem noch von der Größe und gegebenenfalls Ausstattung der tatsächlich genutzten Wohnung. Das höhere Wohngeld z. B. für die der Familiengröße angemessenen Wohnungsgröße stellt einen Anreiz zur Anmietung des größeren Wohnraums dar, der bei der freien Transferleistung fehlt.

Für die Steuerung des Wohnverhaltens durch Wohngeld und gegen das auf diese Steuerung verzichtende System freier Transferleistungen sprechen ferner die im Kapitel 1.3 behandelten externen Effekte. Weil das Wohlbefinden der Bürger auch von den Wohnverhältnissen benachbarter Haushalte und von der Stabilität sozialer Gemeinschaften in der Nachbarschaft und im Wohnviertel beeinflußt wird, bewirken staatliche Maßnahmen, die zu höherer Wohnqualität führen bzw. ein Absinken der Wohnqualität verhindern und die sozialen Bindungen erhalten, Nutzensteigerungen auch für den nicht unmittelbar Begünstigten. Zu diesen Maßnahmen gehört das Wohngeld. Die durch Wohngeld erhöhte wohnungswirtschaftliche Kaufkraft der ärmeren Mieter und Wohnungseigentümer ermöglicht eher die Aufrechterhaltung angemessener Wohnstandards für alle Schichten der Bevölkerung und verhindert eher die soziale Erosion von gefährdeten Wohnvierteln als eine freie Transferzahlung (S. 65 ff.).

3.3.2. Größere Treffsicherheit der Individual- gegenüber der Objektförderung

Die Wohnungsversorgungsziele für Haushalte mit niedrigerem Einkommen können grundsätzlich statt durch Individualförderung auch durch Objektförderung mit Belegungs- und Mietbindung verwirklicht werden. Ein gleiches gilt für die Stimulierung positiver bzw. die Verhinderung negativer externer Effekte der Wohnversorgung. Damit stellt sich die Frage, welches Förderungssystem grundsätzlich vorzuziehen ist.

Eine Individualförderung durch Wohngeld (Mietzuschuß und Lastenzuschuß) zeichnet sich gegenüber einer Objektförderung mit Miet- und Verwendungsbindungen durch ihre unmittelbare soziale Treffsicherheit aus. Wird ein Teil des Wohnungsbestands, etwa der durch die Zuweisung öffentlicher Mittel erstellte (sozialer Wohnungsbau) oder der durch steuerliche Privilegien begünstigte (Wohnungen gemeinnütziger Unternehmen) oder der von Gemeinden angemietete und verbilligt weitervermietete, der Allokation durch den allgemeinen Wohnungsmarkt entzogen und für eine bestimmte Gruppe von Personen reserviert, so kann der unmittelbar angestrebte soziale Subventionszweck nur durch die Anpassung des Kreises der Wohnberechtigten erreicht werden. Wer als Mieter die Subventionskriterien nicht mehr erfüllt, müßte – wenn eine Fehlsubventionierung verhindert werden soll – entweder die Wohnung für andere freimachen oder höhere Mieten zahlen. Ein Verzicht auf die rigorose Anpassung durch Wohnungsbelegung oder Mietanpassung würde zur Folge haben, daß die Zahl der Fehlsubventionierungen mit der Zeit immer mehr wächst, wie es die Erfahrung in der Bundesrepublik belegt.

Die Kosten einer Anpassung durch Wohnungsfreigabe – Wohlfahrtseinbußen durch erzwungene Freigabe der Wohnung in der gewohnten Umgebung, erhöhte Kosten durch häufige Umzüge und dergleichen mehr – wären vermutlich sehr hoch. Hinzu kommt, daß eine strenge Verwendungsbindung der subventionierten Wohnungen in manchen Wohnblocks und Wohnvierteln zu einer Konzentration von Familien mit Niedrigeinkommen führen müßte und damit einer Gettobildung Vorschub leisten würde. Dies könnte verhindert werden, wenn die Mieten der nicht mehr Subventionsberechtigten an die Marktmieten angeglichen würden. Der Mieter müßte also verpflichtet werden, den Subventionsgeber über seine jeweilige Einkommenslage zu informieren. Die Miete wäre dann bei Fortfall der Subventionsberechtigung des Mieters bis zur Marktmiete zu erhöhen.

Die beiden Grundwidersprüche der Objektförderung werden weder durch Wohnungsfreigabe noch durch Mietenanpassung aufgehoben. Erstens gibt es keinen Mechanismus, der den Gesamtbestand an Wohnungen der Objektförderung, seine Güterverteilung und seine regionale Verteilung und die Nachfrage der Subventionsberechtigten aufeinander abstimmte. Der Kreis der Anspruchsberechtigten mag daher – wie gegenwärtig – den verfügbaren Bestand in einzelnen Regionen um ein Mehrfaches übersteigen. Zweitens gibt es bei einem Objektförderungssystem keinen Ausgleichsmechanismus, der gleiche soziale Fälle gleich behandelte.

Im Gegensatz zur Objektförderung kann bei der Bemessung der Wohngeldhöhe unmittelbar an die sozialen Merkmale wie Familieneinkommen, Kinderzahl u.a.m. angeknüpft werden, die eine Hilfsbedürftigkeit begründen. Es ist auch möglich, einer Veränderung dieser Merkmale durch Anpassung der Subventionszahlung schnell Rechnung zu tragen. Eine Beschränkung der Subventionsempfänger auf bestimmte Wohnungsarten oder Preisklassen von Wohnungen ist nicht erforderlich. Deshalb können die Wohnberechtigten ihre Nachfrage auf einen wesentlich größeren Teil des gesamten Wohnungsmarktes richten als im Falle der objektgebundenen Subventionen. Wenn also die wohl abgewogene politische Entscheidung für die Gewährung gebundener Subventionen im Wohnungsbereich fällt, sollte das Wohngeld im Zentrum dieser Förderung stehen (S.67–70).

4. Kontrollfragen

1. Durch welche Besonderheiten ist der Wohnungsmarkt gekennzeichnet, und rechtfertigen diese Besonderheiten ein staatliches Eingreifen in diesen Markt?
2. Erfordert das staatliche Eingreifen eine Abkehr von marktwirtschaftlichen Grundsätzen?
3. Sind in der Wohnungswirtschaft meritorische Bedürfnisse zu befriedigen? Wie könnte das geschehen?
4. Welche „externen Effekte" treten in der Wohnungswirtschaft auf?
5. Welche allokationspolitischen Probleme werfen externe Effekte auf, und welche Möglichkeiten hat man, diese Probleme zu lösen?
6. Wirft die Wohnungswirtschaft besondere Aspekte für die Verteilungspolitik auf?
7. Erfordern diese Aspekte eine Abkehr von marktwirtschaftlichen Grundsätzen in der Wohnungswirtschaft?
8. Wie haben das „Gesetz zur Förderung der Modernisierung von Wohnungen" (23.8. 1976) und das „Gesetz zur Förderung der Modernisierung von Wohnung und von Maßnahmen zur Einsparung von Heizenergie" (27.6. 1978) die sog. „Filterungsprozesse" beeinflußt?
9. Haben diese Gesetze zur sog. „Neuen Wohnungsnot" beigetragen?
10. Welche Auswirkungen haben das „Gesetz zur Verbesserung des Mietrechts und zur Begrenzung des Mietanstiegs sowie zur Regelung von Ingenieur- und Architektenleistungen" (4.11. 1971) und das „Gesetz über Kündigungsschutz für Mietverhältnisse über Wohnraum (25.11. 1971) auf die Neubautätigkeit gehabt?
11. Erörtern Sie das Für und das Wider folgender Hypothese: „In den 70er Jahren haben in der Wohnungswirtschaft die Preise ihre Lenkungsfunktion weitgehend verloren, die Allokation knapper Ressourcen wurde statt dessen in starkem Maße von Steuerersparnissen gelenkt."
12. Welche Probleme wirft eine Inflation für die Wohnungswirtschaft auf?
13. Prüfen Sie, ob wohnungspolitische Regelungen in den 70er Jahren zur Verletzung des Prinzips der horizontalen Gerechtigkeit geführt haben!

14. Warum sind „freie Transferzahlungen" der Objektförderung als verteilungspolitische Maßnahme im allgemeinen überlegen?
15. Warum ist eine Individualförderung durch Wohngeld (=gebundene Transferzahlungen) entsprechenden „freien Transferzahlungen" überlegen?

5. Literaturhinweise

Eine **Gesamtanalyse der Wohnungswirtschaft** bietet vor allem:
Schneider, H. K./Kornemann, R., Soziale Wohnungsmarktwirtschaft, Studien zur Kommunalpolitik, Band 20, Bonn 1977.
Einen Überblick über den gegenwärtigen Stand der Diskussion bieten:
Pfeiffer, U., Zum Stand der gegenwärtigen wohnungspolitischen Diskussion – Ein Überblick, Bonn 31.3.1981.
Sachverständigenkommission „Neue Perspektiven des Wohnungsbaus", Baden-Württemberg – WBK-Schlußbericht, Stuttgart 1981.
Eekhoff, J./Sievert, O./Werth, G., Bewertung wohnungspolitischer Strategien: Modernisierungsförderung versus Neubauförderung, Schriftenreihe „Wohnungsmarkt und Wohnungspolitik" des Bundesministers für Raumordnung, Bauwesen und Städtebau, Band 07.007, Bonn 1979.
Auf besondere Aspekte dieser Diskussion geht insbesondere ein:
Eekhoff, J., Zur Kontroverse um die ökonomischen Auswirkungen des Zweiten Wohnraumkündigungsschutzgesetzes, in: Zeitschrift für die gesamte Staatswissenschaft, Band 137 (1981), S.62–77.
Einen äußerst klaren **statistischen Überblick** über die Entwicklung der Wohnungswirtschaft in den 60er und 70er Jahren gibt.
Statistisches Bundesamt, Wiesbaden, Der Mietwohnungsbau im Spiegel der Statistik – Beitrag zur aktuellen Wohnungsbaudiskussion, 1981.
Weitere oder detailliertere statistische Angaben über die Wohnungswirtschaft enthalten die Veröffentlichungen:
Schräter, A., Ergebnisse der 1%-Wohnungsstichprobe 1978 – Ein erster Überblick, in: Bundesbaublatt, Heft 7 (1980), S.435f.
Statistisches Bundesamt, Wiesbaden, Die Fläche der Wohnungen. Ergebnis der 1%-Wohnungsstichprobe 1972, Wirtschaft und Statistik, 1/1975, S.34ff.
Statistisches Bundesamt, Wiesbaden, Fachserie 5, 1%-Wohnungsstichprobe 1978, Heft 2: Ausgewählte Strukturdaten. Stuttgart und Mainz 1980.
Ulbrich, R./Bartholmai, B., Staatliche Subventionen im Wohnungsbau, in: Deutsches Institut für Wirtschaftsforschung, Abschwächung der Wachstumsimpulse. Analyse der strukturellen Entwicklung der deutschen Wirtschaft, Materialband 2 zur Strukturberichterstattung 1980, S.349ff.
Weiterhin seien folgende Publikationen empfohlen:
Beyfuss, J./Vajna, Th., Schwankungen der Bautätigkeit – Ursachen und Konsequenzen, Beiträge zur Wirtschafts- und Sozialpolitik, Institut der deutschen Wirtschaft, Nr.75, 12/1979, S.12ff.
Brüggemann, J., Ordnungspolitische Grundsatzprobleme in der Wohnungswirtschaft der 80er Jahre, in: *Duwendag, D./Siebert, H.*, Politik und Markt. Wirtschaftspolitische Probleme der 80er Jahre, Stuttgart, New York 1980, S.451ff.
Eekhoff, J./Werth, G., Der gegenwärtige Mieterschutz und eine Alternative, in: Wirtschaftsdienst, Band 11/1978, S.557–563.
Gustafsson, K., Einkommen und Wohnungsnachfrage. Erkenntnisse und Hypothesen auf der Basis der Wohnungsstichprobe 1978, in: Archiv für Kommunalwissenschaften, Jg.26 (1981), S.4ff.
Heuer, J., u.a., Lehrbuch der Wohnungswirtschaft, Frankfurt a.M. 1979.
Kloten, N., Geldpolitik und Wohnungsbau, in: ifo-Schnelldienst, Band 18/81, S.18–25.

Elektrizitätsversorgung

Helmut Gröner

Gliederung

1. Einführung: Elektrizitätsversorgung im Gesamtzusammenhang der Energiewirtschaft
2. Rahmenbedingungen
   2.1. Strukturmerkmale und Branchenbesonderheiten
   2.2. Staatlich gesetzte Rahmenbedingungen
      2.2.1. Allgemeine staatliche Rahmensetzungen
         2.2.1.1. Schranken öffentlicher Versorgungstätigkeit?
         2.2.1.2. Standortplanung
         2.2.1.3. Genehmigungsvorschriften für Energieanlagen
      2.2.2. Spezifisch marktbezogene Rahmenbedingungen
3. Marktstruktur
   3.1. Nachfrage: Lastkurven
   3.2. Angebot
      3.2.1. Produktionsstruktur
      3.2.2. Konzentration
      3.2.3. Struktur der Elektrizitätsversorgungsunternehmen
      3.2.4. Regulierung der Marktstruktur
4. Marktprozesse und Lenkungswirkungen
   4.1. Allgemeine Lenkungseinflüsse
   4.2. Staatliche Verhaltenskontrollen
      4.2.1. Elektrizitätsversorgung und Marktversagen
      4.2.2. Staatliche Preislenkung
      4.2.3. Kartellaufsicht
         4.2.3.1. Preismißbrauch
         4.2.3.2. Behinderungsmißbrauch
   4.3. Elektrizitätsversorgung im Spannungsfeld der Regulierungseinflüsse
5. Kontrollfragen
6. Literaturhinweise

1. Einführung: Elektrizitätsversorgung im Gesamtzusammenhang der Energiewirtschaft

Die Energiewirtschaft hat seit Ende der fünfziger Jahre einen umwälzenden Strukturwandel erlebt, dem der Vormarsch des Erdöls und der erzwungene Rückzug der festen Brennstoffe ihren Stempel aufgedrückt haben, wie *Abbildung 1* deutlich macht. Dort läßt sich aber auch ablesen, daß der elektrische Strom bei der Deckung des Endenergieverbrauchs seine Position unter den Energieträgern ständig verbessern konnte.[1] Während der Primärenergieverbrauch in den letzten beiden Jahren wie schon 1974 und 1975 absolut zurückging, nahm der Bruttostromverbrauch mit Ausnahme des Jahres 1975 immer noch zu. Wenn auch die Zuwachsraten absanken, so drückt dies doch deutlicher aus, welch wichtige Stellung die Elektrizitätsversorgung in der Energiewirtschaft einnimmt. Noch besser kennzeichnen diese Position die Verhältnisse bei den Nutzenergien Wärme (Raumwärme und Prozeßwärme), Kraft (stationär und mobil) sowie Licht, in die die Energieträger umgewandelt werden. So besitzt der elektrische Strom von anderen Energieträgern kaum erreichbare Nutzungsvorteile bei der Deckung des stationären Kraftbedarfs sowie des Lichtbedarfs und ist auch an der Wärmeversorgung, zu der alle Energieträger beitragen, mit immerhin 11 Prozent (1980) beteiligt.

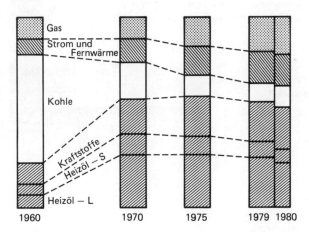

Quelle: *Schürmann, H.J.*, Energiewirtschaft und -politik in der Bundesrepublik Deutschland, als Manuskript herausgegeben vom *Energiewirtschaftlichen Institut an der Universität Köln (EWI)*, Köln 1981, S. 53.

Abbildung 1: Energieverbrauch nach Energieträgern in der BR Deutschland

---

[1] Zu ausführlichen empirischen Daten vgl. *Deutsches Institut für Wirtschaftsforschung (DIW)/ Energiewirtschaftliches Institut an der Universität Köln (EWI)/Rheinisch-Westfälisches Institut für Wirtschaftsforschung (RWI)*, Der Energieverbrauch in der Bundesrepublik Deutschland und seine Deckung bis zum Jahre 1995, Essen 1981; *Schürmann, H.J.*, Energiewirtschaft und -politik in der Bundesrepublik Deutschland, als Manuskript herausgegeben vom EWI, Köln 1981.

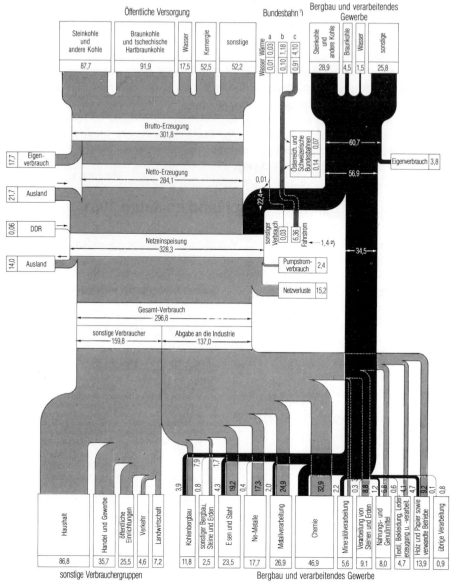

[1] Erzeugung für Bundesbahn; a Drehstromerzeugung in bundesbahneigenen Kraftwerken b Einphasen-Stromerzeugung in bundesbahneigenen Kraftwerken c Einphasen-Stromerzeugung in öffentlichen Kraftwerken

[2] Lieferung aus dem öffentlichen Netz für Fahrstromzwecke (über Umformer und an Hamburger S-Bahn) bereits in Verkehr enthalten

Quelle: *Bundesministerium für Wirtschaft (BMWi),* Die Elektrizitätswirtschaft in der Bundesrepublik Deutschland im Jahre 1981, Bd. 81 (1982), S. 704.

Abbildung 2: Gesamte Elektrizitätsversorgung

2. Rahmenbedingungen

2.1. Strukturmerkmale und Branchenbesonderheiten

Beim elektrischen Strom handelt es sich um eine **Sekundärenergie,** die aus Primärenergieträgern gewonnen wird. Über die Stromproduktion und über die Elektrizitätslieferungen an die Letztverbraucher gibt das Flußbild der ‚Gesamten Elektrizitätsversorgung' für das Jahr 1981 Aufschluß.

Aus *Abbildung 2* lassen sich zunächst für die Stromerzeugung typische **Strukturmerkmale** ablesen, die für die Elektrizitätsversorgung kennzeichnend sind.[2] So besteht die gesamte **Elektrizitätswirtschaft** aus

- der **öffentlichen Elektrizitätsversorgung,** die nach § 2 Abs. 2 Energiewirtschaftsgesetz (EnWG) alle Unternehmen umfaßt, die ‚andere' mit elektrischer Energie versorgen [Elektrizitätsversorgungsunternehmen (EVU)],
- der **industriellen Kraftwirtschaft,** die ganz oder teilweise den eigenen Strombedarf deckt und regelmäßig Liefer- und Bezugsbeziehungen zu EVU unterhält, sowie
- der **eigenständigen Stromversorgung der Bundesbahn,** die fortan wegen ihres wirtschaftlichen Eigendaseins nicht weiter berücksichtigt wird.

In den letzten zwanzig Jahren erhöhte sich das Gewicht der öffentlichen Versorgung gegenüber der industriellen Kraftwirtschaft, doch stabilisierte sich in jüngster Zeit der Anteil der industriellen Stromerzeugung an der Gesamterzeugung. Nach wie vor ist der Außenhandel mit Strom per Saldo gering und dient im wesentlichen dem Zweck, einen Ausgleich der von Land zu Land unterschiedlichen Verbrauchsspitzen zu bewirken.

Die Marktprozesse in der Elektrizitätsversorgung sowie vor allem deren wirtschaftspolitische Steuerung hängen eng mit spezifischen Besonderheiten dieses Wirtschaftszweiges zusammen. Zu diesen typischen **Branchenbesonderheiten** zählen:

- Elektrische Energie läßt sich als solche grundsätzlich **nicht speichern.** Allenfalls läßt sie sich zu diesem Zweck in sehr begrenztem Umfang durch äußerst kostspielige Verfahren in andere Energieformen umwandeln, die bei Bedarf wieder in Elektrizität zurückgeführt werden. Deshalb muß sich die Versorgungskapazität an der maximalen Spitzenlast ausrichten.
- Der Transport elektrischer Energie ist **leitungsgebunden** und bedarf weiträumiger Netzsysteme.
- Der Einsatz von Elektrizität erfordert einen **Energiewandler,** so daß eine Substitution elektrischer Energie durch andere Energieträger nur bei gleichzeitiger Substitution der Energiewandler möglich ist.
- Die Elektrizitätsversorgung ist gekennzeichnet durch eine **außergewöhnlich hohe Kapitalintensität** und durch **lange Ausreifungszeiten der Investitionen** mit einem entsprechend weitgespannten Planungshorizont. Das verzögert Anpassungsvorgänge.

---

[2] Vgl. *Gröner, H.,* Die Ordnung der deutschen Elektrizitätswirtschaft, Baden-Baden 1975, S. 24–29 und S. 46–73; *Monopolkommission,* Hauptgutachten I: Mehr Wettbewerb ist möglich, Baden-Baden 1976, S. 382–407; *Mönig, W./Schmitt, D./Schneider, H.K./Schürmann, J.,* Konzentration und Wettbewerb in der Energiewirtschaft, München 1977, S. 353–440.

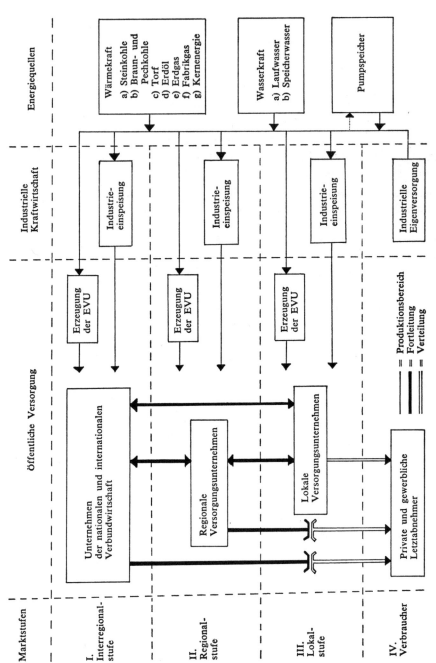

Abbildung 3: Aufbau der Elektrizitätsversorgung in der BR Deutschland (ohne Deutsche Bundesbahn)

3. Elektrizitätsversorgung

Aus diesen Strukturmerkmalen ergibt sich, daß in der Elektrizitätswirtschaft Mehrproduktunternehmen tätig sind, und zwar mit den Leistungsbereichen

- Erzeugung und Handel von elektrischer Energie,
- überregionale und regionale Stromfortleitung sowie
- lokale Stromverteilung.

Einen schematisierten Überblick über Leistungsbereiche und Aufbau vermittelt *Abbildung 3,* die neben der Industriellen Kraftwirtschaft eine deutliche Dreiteilung in Verbundbetrieb, Regionalversorgung und örtlicher Versorgung erkennen läßt. Dieser heute allenthalben verwendeten Dreiteilung, wenn man von dem Sonderfall der reinen Erzeugerunternehmen absieht, in **interregionale, regionale und lokale Versorgung** entspricht die Differenzierung in **vollintegrierte** oder **einstufige** und **mehrstufige Versorgung**. Für die tatsächlichen Versorgungsverhältnisse gilt jedoch, daß in Gebieten mit dominierender einstufiger Versorgung, wie etwa im Einflußbereich des RWE, gleichwohl selbständige Unternehmen der Regional- und Lokalstufe anzutreffen sind. Andererseits gibt es in Regionen mit typisch dreistufigem Aufbau einzelne Versorgungsgebiete, die ein großes Stromerzeugungsunternehmen, in der Regel ein Verbundunternehmen, direkt beliefert. Mit Ausnahme der Stadtstaaten sind zwar in allen Bundesländern Regionalunternehmen tätig, aber ihre hauptsächlichen Arbeitsgebiete liegen im Einzugsbereich derjenigen Verbundunternehmen, die aus historisch zu erklärenden Gründen nicht unmittelbar in die Weiter- und Letztverteilung elektrischer Energie eindrangen[3], nämlich in Schleswig-Holstein *(NWK),* in Niedersachsen *(Preußen-Elektra)* und in Bayern *(Bayernwerk).* Hingegen erfassen die Arbeitsbereiche der Verbundunternehmen das gesamte Bundesgebiet und sind scharf gegeneinander abgegrenzt.

Die auf der Interregionalstufe tätigen Verbund-EVU sind vertikal-integrierte Unternehmen, die eigene Kraftwerke betreiben und über Verteilernetze der Nieder-, Mittel- und Hochspannung für den lokalen, regionalen und überregionalen Stromtransport verfügen. Außer in Hamburg *(HEW)* und Berlin *(Bewag, Elektrowerke)* sind ihre Absatzgebiete durchweg größer als die Gebiete der von ihnen unmittelbar versorgten Letztverbraucher. Die nicht direkt belieferten Letztabnehmer werden dann von nachgelagerten Regional- und/oder Lokal-EVU versorgt, die meistenteils den Strom ganz oder teilweise von Verbundunternehmen beziehen. Große Industrieabnehmer erhalten elektrische Energie gewöhnlich von den Verbundunternehmen direkt. Die Regionalunternehmen besitzen in der Regel ein Mittelspannungsnetz und mehr oder weniger viele örtliche Versorgungsnetze der Niederspannung. Häufig gehören ihnen auch Kraftwerke, doch können sie nur selten ihren Strombedarf allein aus eigener Produktion decken. Ihr Stromabsatz umfaßt die Belieferung von Letztverbrauchern (B-Versorgung) und von lokalen Verteiler-EVU (A-Versorgung), die in dichtbesiedelten Gebieten vorherrschen. Bei diesen Lokal-EVU handelt es sich gemeinhin um Kommunalunternehmen, die mit zunehmender Gemeindegröße neben dem Niederspannungsnetz auch Mittel- oder sogar Hochspannungsnetze betreiben. Großstadt-EVU sind nicht selten potente Stromerzeuger und überragen auch in der Stromabgabe manches Regionalunternehmen.

---

[3] Vgl. *Gröner, H.,* Die Ordnung der deutschen Elektrizitätswirtschaft, a.a.O., S. 191–258.

Dem Flußbild der Gesamten Elektrizitätsversorgung *(Abbildung 2)* läßt sich auch entnehmen, daß man die Letztabnehmer zu Kundengruppen zusammenfaßt. Über die dort vorgenommene Gruppierung hinaus ist es üblich, nach den jeweiligen Versorgungsverhältnissen und nach den hierfür typischen, historisch gewachsenen Vertragsarten folgende **Abnehmergruppen** zu unterscheiden:

- **Tarifabnehmer:** Haushalte, Landwirtschaft und kleinere gewerbliche Unternehmen, die die EVU zu festen Tarifbedingungen aus dem örtlichen Niederspannungsnetz beliefern,
- **Sonderabnehmer,** und zwar
    = **Großkunden,** die gewöhnlich aus dem Mittelspannungsnetz nach Standardverträgen versorgt werden, sowie
    = **Größtabnehmer,** die Strom über das Hochspannungsnetz beziehen. Mit ihnen schließen die EVU individuelle Sonderverträge ab, die die Strombelieferung im einzelnen regeln.

2.2. Staatlich gesetzte Rahmenbedingungen

Forderungen nach staatlichen Regelungen haben die Entwicklung der Elektrizitätswirtschaft zwar von ihren Anfängen im vergangenen Jahrhundert an begleitet, doch schufen die öffentlichen Instanzen einschlägige Bestimmungen in nennenswertem Umfang erst in den dreißiger Jahren und in den nachfolgenden Jahrzehnten,[4] dann freilich weit ausgreifend und außergewöhnlich aufgefächert. Diese Regelungsdichte verbietet es, sie hier in ihren Einzelheiten aufzublättern, vielmehr können bloß wichtige Rahmenbedingungen, und die auch nur kurz, vorgestellt werden.[5]

2.2.1. Allgemeine staatliche Rahmensetzungen

2.2.1.1. Schranken öffentlicher Versorgungstätigkeit?

In der Elektrizitätsversorgung dominieren eindeutig, was später noch im einzelnen belegt wird, öffentliche und gemischtwirtschaftliche Unternehmen, obschon es immer noch eine erhebliche Zahl privater EVU gibt, die aber wirtschaftlich unbedeutend sind. In einer wettbewerblich geordneten Marktwirtschaft versteht sich eine solch ausgedehnte wirtschaftliche Betätigung der öffentlichen Hand nicht von selbst, was die Frage nach den Schranken staatlicher Unternehmertätigkeit aufwirft. Eine derartige staatliche Selbstzügelung ist unter marktwirtschaftlichen Vorzeichen zwar ordnungspolitisch geboten, kam aber bisher überhaupt nicht wirkungsvoll zustande.[6] So unterliegen Bund und Länder keinen gezielten gesetzlichen Vorschriften, welche sie entscheidend an unternehmerischen Tätigkeiten hindern könnten. Gleichwohl bauten Bund

---

[4] Vgl. *Gröner, H.,* Die Ordnung der deutschen Elektrizitätswirtschaft, a.a.O., S.248ff.
[5] Zu einer ausführlichen Übersicht über die Vielzahl einschlägiger Rechtsvorschriften vgl. *Büdenbender, U.,* Energierecht, München, Köln 1982. Kommentierung und Analyse geben den Standpunkt der Elektrizitätswirtschaft wieder. – Zu einem kurzgefaßten Überblick *Evers, H.-U.,* Das Recht der Energieversorgung, München 1974.
[6] Vgl. *Hamm, W.,* Kollektiveigentum, Heidelberg 1961; *Emmerich, V.,* Das Wirtschaftsrecht der öffentlichen Unternehmen, Bad Homburg v.d.H., Berlin, Zürich 1969; *Gröner, H.,* Die Ordnung der deutschen Elektrizitätswirtschaft, a.a.O., S.73–258.

und Länder, sieht man einmal von Einzelfällen wie etwa die Übernahme der *BELG* durch das *Bayernwerk* ab, ihre Beteiligungen in der letzten Zeit nicht weiter aus, verringerten ihren Einfluß aber auch nicht. Anders als Bund und Länder begrenzen die Gemeindeordnungen die Wirtschaftstätigkeit der Kommunen und Kommunalverbände. Doch die Bindung der Rechtfertigung an einen öffentlichen Zweck und in manchen Bundesländern darüber hinaus an den Vorbehalt, daß nicht andere Unternehmen den fraglichen öffentlichen Zweck besser oder wirtschaftlicher erfüllen können, vermochte die kommunale Versorgungstätigkeit überhaupt nicht zu erfassen, geschweige denn einzuschränken. Infolgedessen verfügen die Gemeinden über eine traditionell starke unternehmerische Position in der Versorgungswirtschaft im allgemeinen und in der Elektrizitätsversorgung im besonderen. Dies liegt zu einem nicht geringen Teil an der leerformelhaften Formulierung der Zulassungskriterien, welche immer neue konkretisierende Ausdeutungen erlaubt, die jedoch allesamt bisher einer ökonomischen Analyse nicht standhielten, aber wohl mehr noch an dem kommunalen Einfluß auf den politischen Entscheidungsprozeß.

2.2.1.2. Standortplanung

Die Elektrizitätsversorgung benötigt für Kraftwerke und für ausgedehnte Leitungsnetze die Nutzung erheblicher Flächen. Da dieser Raumbedarf, wie die öffentliche Diskussion über die Errichtung von Energieanlagen in der letzten Zeit zeigt, vielfältigste Interessen berührt, erhielten die Regelungen zur Standortplanung ein energiepolitisch bedeutsames Gewicht.[7] Die hierzu geltenden Rahmenbedingungen finden sich einmal in der Regionalplanung nach dem Bundesraumordnungsgesetz und nach den Landesplanungsgesetzen sowie zum anderen in der kommunalen Bauleitplanung. Dabei weisen diese Pläne Flächen für Energieanlagen aus und betreiben so eine Standortvorsorge, die besonders wichtig ist für den Kraftwerksbau. Dabei stützen sich diese Flächenreservierungen auf eine grobere Vorprüfung, die die Bereiche Luft- und Gewässerschutz, Natur- und Landschaftsschutz, Energieversorgung sowie allgemeine Erfordernisse der Raumordnung, des Städtebaus und der Ortsplanung abdeckt. Für die kommunale Bauleitplanung hat das BBauG den Katalog der Prüfungskriterien viel genauer spezifiziert und auch die Belange der Energieversorgung ausdrücklich aufgeführt, jedoch mit dem grundsätzlichen Verlangen, „sowohl öffentliche wie auch private Belange zu berücksichtigen und untereinander gerecht abzuwägen",[8] was immer man darunter verstehen mag. Ob eine reservierte Fläche als Standort letztlich geeignet ist, „wird erst im jeweiligen Anlagengenehmigungsverfahren abschließend geprüft."[9] Die Standortstruktur der Kraftwerke, die sich schließlich ergibt, beeinflußt maßgeblich die Produktions- und Lieferverhältnisse innerhalb der Elektrizitätswirtschaft und damit auch die Marktprozesse des Stromabsatzes. Außerdem erfordert die kombinierte Strom- und Wärmeversorgung verbrauchsnahe Kraftwerksstandorte, weil sich Wärme nur über verhältnismäßig kurze Strecken transportieren läßt.[10]

2.2.1.3. Genehmigungsvorschriften für Energieanlagen

Wie in jedem anderen Wirtschaftszweig müssen auch die Unternehmen der Elektrizitätsversorgung ausscheidende Anlagen ersetzen und gegebenenfalls neue Kapazitäten errichten. Änderung und Ausbau elektrizitätswirtschaftlicher Anlagen unterliegen Genehmigungsvorschriften, die die materiellen Voraussetzungen, die Eingriffsmöglichkeiten der zuständigen Behörden und die Regelungen für das Genehmigungsverfahren enthalten.[11] Diese Anlagengenehmigung dient

---

[7] Zu Einzelheiten vgl. *Büdenbender, U.*, a.a.O., S.419–442 und die dort angeführte Literatur.
[8] Ebenda, S.429.
[9] Ebenda, S.425.
[10] Vgl. *Gröner, H.*, Fernwärmeversorgung und Struktur der Elektrizitätswirtschaft, in: ORDO, Bd.33 (1982), S.241–251.
[11] Vgl. statt vieler: *Büdenbender, U.*, a.a.O., S.443–562, mit ausführlichen Literaturnachweisen.

nicht energiewirtschaftlichen Versorgungszwecken, die allein der Investitionskontrolle der elektrizitätswirtschaftlichen Fachaufsicht zugeordnet ist, sondern vielmehr einer ‚Umweltverträglichkeitsprüfung'. Sie soll sichern, daß Errichtung und Änderungen von Energieanlagen weder Menschen noch fremdes Eigentum und die Natur schädigen oder stören. Davon trennen muß man ebenfalls die Bestimmungen, die Grundstücksbenutzungen zur Leitungsverlegung regeln.

Für ihre Energieleitungen müssen EVU zu ihrer Genehmigung Vorschriften der Bauplanung und Bauordnung, des Natur- und Gewässerschutzes sowie bei Freileitungen auch des Luftverkehrs erfüllen. An der Trassenführung von Energieleitungen entzündeten sich in den letzten Jahren immer wieder äußerst kontroverse öffentliche Diskussionen, aber ungleich viel stärker am Bau von Kraftwerken. Für Anlagen zur Stromerzeugung gibt es nun keine einheitlichen Genehmigungsregelungen, vielmehr bestehen differenzierte Vorschriften für die verschiedenen Kraftwerksarten, so vor allem für herkömmliche Wärmekraftwerke, Wasserkraftwerke und Kernkraftwerke. Dabei dürfen die zuständigen Behörden Wärmekraftwerke, also hauptsächlich Kohle-, Öl- und Gaskraftwerke, nur genehmigen, wenn ihre Errichtung oder Änderung den einschlägigen Normen des Immissionsschutzes entsprechen. Dazu legt das Bundesimmissionsschutzgesetz (BImSchG) folgende Kriterien fest:

- **Schutzprinzip:** Danach dürfen Bau und Betrieb von Energieanlagen keine schädlichen Umwelteinwirkungen, sowie keine erheblichen Nachteile und Belästigungen für Allgemeinheit und Nachbarschaft verursachen.
- **Vorsorgeprinzip:** Das bedeutet, daß die Anlagen dem jeweiligen Stand der Technik genügen müssen, um die Emissionen zu begrenzen.

Übersicht 1: Regelungen zur Genehmigung von Kernkraftwerken

Urheber	Regelung	Geltung
Gesetzgeber (Bundestag, Bundesrat)	Genehmigungsvoraussetzungen in § 7 AtG	für Behörden und Gerichte verbindliche Rechtsnormen
Verordnungsgeber (Bundesregierung) mit Zustimmung des Bundesrates	teilweise Präzisierung in der StrlSchV	
Bundesminister des Innern	Sicherheitskriterien für Kernkraftwerke	Verwaltungsinterne Regelung; Vermutung, daß gesetzliche Genehmigungsvoraussetzungen eingehalten sind (§ 28 Abs. 3 StrlSchV)
Bundesminister des Innern	Leitlinien für Kernkraftwerke	
Bundesminister des Innern	Richtlinien für Kernkraftwerke	Verwaltungsinterne Regelung
Bund-Länderausschuß für Atomenergie	Kriterien und Richtlinien für Kernkraftwerke	
Reaktorsicherheitskommission; Strahlenschutzkommission	Leitlinien und Empfehlungen	Geltung für Behörden kraft Weisung nach Art. 85 GG durch BMI
Kerntechnischer Ausschuß	Regeln des Kerntechnischen Ausschusses	Regeln der Technik; nach der Rechtsprechung mit der Vermutung der Richtigkeit ausgestattet
Organisationen der privaten Wirtschaft	sonstige technische Regelwerke (z.B. von VDE, VDI, AD)	

Quelle: *Büdenbender, U.,* Energierecht, München, Köln 1982, S. 513.

3. Elektrizitätsversorgung

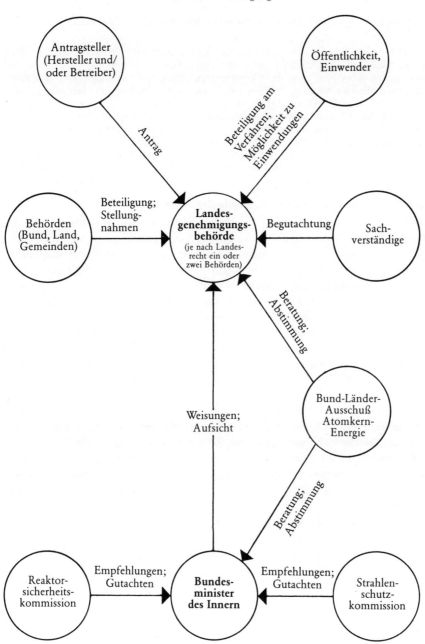

Quelle: *Büdenbender, U.,* a.a.O., S. 530.

Abbildung 4: Beteiligte am Genehmigungsverfahren nach § 7 AtG

- **Entsorgungsprinzip:** Dies schreibt vor, die anfallenden Rohstoffe schadlos zu verwerten oder zu beseitigen.

Weit umfassender sind die Sicherheits- und Umweltvorschriften für Kernkraftwerke, von deren Vielfalt *Übersicht 1* einen Eindruck vermittelt.[12] Auf die ökonomischen Aspekte dieser zahlreichen Spezialmaßnahmen kann nicht im einzelnen eingegangen werden.[13] Aber dies ändert nichts daran, daß die Nutzung der Kernenergie trotz aller Sicherheits- und Schutzvorschriften in einer tiefen Akzeptanzkrise steckt. Da die politisch Verantwortlichen in dieser energiepolitischen Frage bisher keine klärende Entscheidung treffen konnten, spricht man wohl zu Recht von einer politikbedingten Engpaßbedrohung für eine ausreichende Stromerzeugung. Manche Verzögerung und manche Schwierigkeit liegt sicherlich im komplizierten Genehmigungsverfahren mit einer ungewöhnlich aufgefächerten Kompetenz- und Beteiligungsregelung, die *Abbildung 4* schematisiert aufzeigt. Diese Entwicklung wirkt, wie später dargelegt wird, auf die Struktur der Kraftwerkparks und damit auf Stromproduktion und Stromangebot zurück.

2.2.2. Spezifisch marktbezogene Rahmenbedingungen

Die Wirtschaftspolitik schuf für die Elektrizitätsversorgung Regelungen, die das Marktgeschehen lenken und überwachen sollen. Ein typisches Merkmal dieser Marktorganisation der Elektrizitätswirtschaft liegt darin, daß sie wirtschaftspolitisch tief in einem Unwerturteil über den Wettbewerb und seine mögliche Entfaltung in der Elektrizitätsversorgung wurzelt. Deshalb wurden spezifische **Wettbewerbsbeschränkungen** nicht nur geduldet, sondern durch vielfältige öffentliche Einflüsse geradezu gefördert und als wirtschaftspolitisches Steuerungsmittel verfestigt. Die Institutionen bis hin zum Gesetzgeber, die mit ihren Einflüssen auf die Elektrizitätswirtschaft durchdrangen, versprechen sich nämlich von ihnen bestimmte, als vorteilhaft eingeschätzte ökonomische oder auch außerökonomische Wirkungen. Damit unterstellen sie aber jeweils eine ganz bestimmte, von ihnen als richtig angesehene Ursache-Wirkungs-Kette. Eine wirtschaftspolitisch schwierige Situation entsteht freilich dann, wenn die elektrizitätswirtschaftspolitisch Verantwortlichen, wo immer sie tätig sind, bei der Freistellung vom Verbot für Wettbewerbsbeschränkungen von Ursache-Wirkungs-Zusammenhängen ausgehen, die weder theoretisch fundiert noch empirisch abgesichert sind. Dies zwingt eigentlich zu wirtschaftspolitischen Revisionen, wenn der elektrizitätswirtschaftliche ‚Erfolg' ausbleibt oder allmählich schwindet, doch alle Anläufe zu einer wirtschaftspolitischen Richtungsänderung schlugen bislang fehl.

Die **wettbewerbspolitische Freistellung** der Elektrizitätswirtschaft vom Verbot gebietlicher Wettbewerbsbeschränkungen dient unbestritten dem **energiewirtschaftlichen Zweck,** eine **möglichst billige** und eine **möglichst sichere Versorgung** der Letztverbraucher mit elektrischer Energie zu gewährleisten.[14] Diese allgemein gehaltene Leitlinie besitzt den Charakter eines Oberziels, denn mittelbares Zwischenziel und damit direkte konkrete Auswirkungen der in der Elektrizitätsversorgung vorliegenden Marktorganisation soll das Ausschöpfen von Rationalisierungsmöglichkeiten sein.[15] Auf

---

[12] Vgl. auch: *Michaelis, H.,* Handbuch der Kernenergie, München 1982, Bd. 2, S. 674–884.

[13] Ebenso ist es nicht möglich, die Genehmigungsvorschriften für Wasserkraftwerke näher zu behandeln. Sie stehen vorwiegend im Zusammenhang mit der Wasserwirtschaft und dem Gewässerschutz sowie mit dem Naturschutz.

[14] Ausführlich hierzu: *Tegethoff, W./Büdenbender, U./Klinger, H.,* Das Recht der öffentlichen Energieversorgung, Gräfelfing, München 1982, S. I 1–41; *Büdenbender, U.,* a.a.O., S. 23–32.

[15] Vgl. etwa: Bericht der Bundesregierung über die Ausnahmebereiche des Gesetzes gegen Wettbewerbsbeschränkungen (GWB). BT-DrS. 7/3206, S. 33.

solche tatsächlichen oder vermeintlichen Rationalisierungseffekte stützt sich die Rechtfertigung der wettbewerbspolitisch freigestellten gebietlichen Wettbewerbsbeschränkungen. Sie stellen das Kernstück des elektrizitätswirtschaftlichen Regulierungssystems dar, an dem sich die marktorganisatorischen Rahmensetzungen für die Elektrizitätsversorgung durchweg orientieren. Hauptsächlich handelt es sich dabei um folgende Regelungselemente:[16]

Investitionskontrolle der Fachaufsicht:
Eine Fachaufsicht über die Elektrizitätswirtschaft existiert seit 1935. Als Hauptziel wurde ihr vorgegeben, eine möglichst sichere und möglichst billige Versorgung mit elektrischer Energie zu gewährleisten. Dabei darf man den Sicherheitsaspekt hier nicht als Norm des Umweltschutzes auffassen, sondern als konstante, möglichst unterbrechungsfreie Belieferung mit Strom. Als Mittel, um diese Ziele zu erreichen, dienen die für erforderlich gehaltenen Wettbewerbsbeschränkungen. Zu ihrer wirtschaftspolitischen Instrumentalisierung richten sich infolgedessen die Maßnahmen der Fachaufsicht darauf, diese Wettbewerbsbeschränkungen abzusichern. Zu diesem Zweck verlangt § 5 Abs. 1 EnWG zunächst von allen Nicht-EVU, die andere mit Strom versorgen möchten, eine ‚Betriebsaufnahmegenehmigung', bei der die Aufsichtsbehörde über subjektive Anforderungen an die Antragsteller hinaus die Notwendigkeit geschlossener Versorgungsgebiete als angeblich alleiniges Kriterium zu beachten hat. Die Fachaufsicht muß demnach eine Genehmigung versagen, „wenn sie ein Gebiet betrifft, in dem bereits eine umfassende und geordnete Versorgung besteht, die durch die Tätigkeit eines neuen EVU beeinträchtigt würde"[17]. Dies schafft eine staatlich regulierte Marktzutrittsschranke, die nur ganz schwer zu überspringen ist. Da der hiermit gewährte Bestandsschutz nicht einmal zeitweise gegen unternehmerische Fehlleistungen vorbeugen kann, stellte man ihm einen staatlich regulierten Marktaustritt an die Seite. Nach § 8 Abs. 1 EnWG kann nämlich die Fachaufsicht einem EVU, das seine Versorgungspflicht verletzt, vor allem indem es keine störungsfreie Lieferkonstanz mehr garantiert, den Betrieb ganz oder teilweise untersagen. Um die Versorgung nicht zu unterbrechen, kann die Aufsichtsbehörde ein anderes EVU mit der Strombelieferung beauftragen. Damit erweisen sich solche Abmeierungsverfahren zugleich als Marktzutrittsschranke, weil die Einweisungsbefugnis nur für EVU gilt, nicht aber für potentielle andere Stromanbieter.

Die Investitionsaufsicht erstreckt sich freilich nicht nur auf Markteintritt und auf Marktaustritt, sondern auch auf Kapazitätserneuerungen und -änderungen bei bestehenden EVU, denn nach § 4 Abs. 2 EnWG kann die Kontrollbehörde den Bau, die Erneuerung, die Erweiterung oder die Stillegung von Energieanlagen beanstanden und untersagen. Um jegliche Art von Kapazitätsveränderung erfassen zu können, unterliegen die EVU einer Meldepflicht. Dies soll den Aufsichtsinstanzen die Gelegenheit geben, auf eine möglichst rationelle Elektrizitätsversorgung hinzuwirken,

---

[16] Vgl. hierzu statt vieler: *Immenga, U.*, Wettbewerbsbeschränkungen auf staatlich gelenkten Märkten, Tübingen 1967; *Gröner, H.*, Die Ordnung der deutschen Elektrizitätswirtschaft, a.a.O.; *Emmerich, V.*, Ist der kartellrechtliche Ausnahmebereich für die leitungsgebundene Versorgungswirtschaft wettbewerbspolitisch gerechtfertigt?, Hannover 1978; *Obernolte, W./ Danner, W.* (Hrsg.), Energiewirtschaftsrecht, Kommentar, München 1982; *Tegethoff, W./ Büdenbender, U./Klinger, H.*, a.a.O.; *Büdenbender, U.*, a.a.O., alle mit weiteren Nachweisen.
[17] *Büdenbender, U.*, a.a.O., S.47.

was vor allem als Kompetenz aufgefaßt wird, „gegen Strukturverschlechterungen durch Aufnahme des branchenintemen Wettbewerbs und eine daraus resultierende Zersplitterung der Versorgung vorzugehen"[18].

Über die Aufsichtsmaßnahmen des EnWG hinaus schreibt § 12 des 3. Verstromungsgesetzes eine spezielle Investitionskontrolle vor, die die Errichtung von Kraftwerken oder von Kapazitätserweiterungen über 10 MW Nennleistung einer Genehmigungspflicht unterwirft, sofern diese Anlagen ausschließlich oder überwiegend mit Heizöl und/oder Erdgas betrieben werden. Damit will die Wirtschaftspolitik den Einsatz von Heizöl und Erdgas in der Stromerzeugung zurückdrängen und allmählich ganz unterbinden, um die Kohleverstromung auszuweiten, was zwar die Gefahr von Lieferstörungen bei importabhängigen Primärenergieträgern mindern kann, aber wegen unvermeidbarer Kostennachteile zu Konflikten mit dem Ziel einer preiswürdigen Elektrizitätsversorgung führt.

Wegehoheit und kommunale Quasi-Aufsicht:
Um das Leitungsnetz verlegen zu können, benötigen die EVU in großem Umfang Nutzungsrechte an fremden Grundstücken, die Eigentum von Privaten oder öffentlichen Verbänden (Bund, Länder, Gemeinden) sind. Während private Grundstückseigentümer einer weitgehenden Duldungspflicht unterliegen, gilt dies für das öffentliche Wegeeigentum nicht. Da insbesondere die Gemeinden eine umfassende Wegehoheit besitzen, verfügen sie über ein wichtiges Lenkungsinstrument für die Elektrizitätsversorgung, weil ihnen damit die Zuständigkeit über die Zulassung zur Versorgungstätigkeit zufällt. Danach entscheiden die Kommunen zunächst darüber, ob sie die Stromversorgung durch eigene unternehmerische Tätigkeit wahrnehmen wollen (‚Eigenversorgung') oder ob sie ein anderes EVU zur Strombelieferung zulassen (‚Fremdversorgung'). Je nach den Umständen des Einzelfalles können sie dabei zwischen verschiedenen EVU wählen. Die Gemeinden kontrollieren demnach den Marktzutritt und beeinflussen somit ganz beträchtlich die Unternehmens- und Versorgungsstruktur der Elektrizitätswirtschaft.[19]

Tarifkontrolle der Preisbehörden:
Die Strompreise können sich nicht frei bilden, sie sind vielmehr eingebunden in ein enges Geflecht von preisrechtlichen Einzelvorschriften, und zwar vor allem für die Versorgung der Tarifkunden. Für diesen Abnehmerkreis hat der Gesetzgeber die Bundestarifordnung Elektrizität (BTO Elt) erlassen, die bestimmte Tarifformen festlegt und für die einzelnen Preiselemente Obergrenzen fixiert. Diese Höchstpreise dürfen die EVU nur mit Genehmigung der Preisbehörde anheben. Demgegenüber wurde die Belieferung von Sondervertragskunden im Mai 1982 völlig aus der staatlichen Preisbindung entlassen, die noch auf die Preisstoppverordnung von 1936 zurückging, aber in der Zwischenzeit durch Anpassungsklauseln schon stark aufgelockert worden war. Preisänderungsklauseln können nunmehr vertraglich frei vereinbart werden, sofern sie mit dem Währungsgesetz übereinstimmen. Freilich darf man

---

[18] *Büdenbender, U.*, a.a.O., S.73.
[19] Die ihnen mit dem Wegemonopol zugefallene unanfechtbare Position nutzen die Kommunen auch, um in Form von sogenannten Konzessionsabgaben eine Verbrauchsteuer auf elektrische Energie zu erheben. Auf die Probleme, die hiermit zusammenhängen, kann nicht näher eingegangen werden. Vgl. *Gröner, H.,* Die Ordnung der deutschen Elektrizitätswirtschaft, a.a.O., S.286–306.

diese formale Preisfreigabe nicht überbewerten, weil die Preisbehörden bei Anträgen auf Genehmigungen zur Erhöhung der Tarifpreise die gesamte Preis-, Erlös- und Kostensituation der EVU überprüfen.

Mißbrauchsaufsicht der Kartellbehörden:
Das GWB gesteht den EVU als Ausnahme von der Verbotsnorm des § 1 wettbewerbsbeschränkende Gebietsschutzabreden zu, die den EVU eine marktbeherrschende Stellung verschaffen. Den hiermit verbundenen autonomen Verhaltensspielraum soll die kartellrechtliche Mißbrauchsaufsicht kompensieren. Neben der allgemeinen Mißbrauchskontrolle der §§ 22 und 26, der auch EVU nicht entzogen sind, findet sich im GWB in §§ 103 und 103a eine spezielle Mißbrauchsaufsicht. Danach können die Kartellbehörden einschreiten, wenn die wettbewerbsbeschränkenden Verträge oder die Art ihrer Durchführung einen Mißbrauch der durch die Freistellung erlangten Stellung im Markt darstellen. Bei der Mißbrauchsaufsicht über freigestellte Wettbewerbsbeschränkungen muß man nun vom jeweiligen Freistellungszweck ausgehen, der bei der versorgungswirtschaftlichen Bereichsausnahme in der Realisierung sonst nicht erzielbarer Rationalisierungseffekte zu erblicken ist. Dies gilt sowohl für den Preismißbrauch als auch für den Behinderungsmißbrauch.

3. Marktstruktur

3.1. Nachfrage: Lastkurven

Die Letztabnehmer fragen elektrischen Strom nach, um einen mehr oder weniger großen Teil ihres Bedarfs an Nutzenergien zu decken. Die Intensität dieses Energiebedarfs schwankt nun täglich, wöchentlich, monatlich und jahreszeitlich, so daß auch die Stromnachfrage einem solchen zeitlichen Rhythmus folgt.[20] Da man Elektrizität grundsätzlich nicht lagern kann, muß die Produktion immer zeitgleich diesen Nachfrageschwankungen folgen, was eine ausreichende Erzeugungs- und Transportkapazität verlangt, um auch die Spitzennachfrage bedienen zu können. Der Elektrizitätsverbrauch unterscheidet sich zwar von Abnehmer zu Abnehmer, doch besitzt er gewöhnlich für bestimmte Verbrauchergruppen, wie etwa private Haushalte, Kleingewerbe, Landwirtschaft, oder bestimmte Industriezweige typische Merkmale. Den Zusammenhang zwischen den zeitlichen Verbrauchs- und Nachfrageschwankungen und der für die Versorgung erforderlichen Kapazität, für die Elektrizitätsversorgung auch Leistung genannt, kann man anhand sogenannter Lastkurven verdeutlichen. Ein solches Belastungsdiagramm kann man für jeden einzelnen Abnehmer erstellen, ein Aufwand, der sich freilich nur für typische Abnehmergruppen oder für einzelne Großkunden lohnt. Und durch Aggregation nach sachlichen und/oder räumlichen Abgrenzungen kann man Belastungsdiagramme für beliebig viele Abnehmergesamtheiten bilden. Welche Abgrenzung man wählt, hängt von den elektrizitätswirtschaft-

---

[20] Vgl. auch: *Blankart, C.B.*, Ökonomie der öffentlichen Unternehmen, München 1980, S. 56–68.

lichen Problemen des jeweiligen Einzelfalls ab. Für die deutsche Elektrizitätsversorgung insgesamt ist die bundesweite Lastkurve maßgebend, die *Abbildung 5* wiedergibt für den Tag der Jahreshöchstlast im Dezember und einen Sommertag mit einer bedeutend niedrigeren Kapazitätsbelastung. Solche Lastkurven informieren nun über folgende **elektrizitätswirtschaftliche Kenngrößen:**

- den **Verlauf der Kapazitätsbelastung** L(t) (Leistungsinanspruchnahme) in Kilowatt (kW),
- die Zeit t oder das Zeitintervall dt (Tageszeit, Wochentag, Monat, Jahreszeit) des Strombezugs,

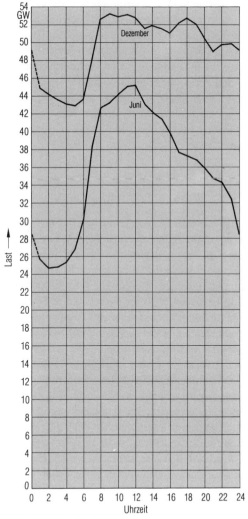

Quelle: *BMWi*, a.a.O., S.713.

Abbildung 5: Tageslastkurve Sommer und Winter 1981

- die **bezogene Strommenge** in kWh. Denn der Lastverlauf stellt die Umhüllungskurve des Stromverbrauchs der fraglichen Zeitperiode dar, so daß die verbrauchte Strommenge gleich der Fläche unter der Lastkurve ist.

Die Tageslastkurve eignet sich kaum als Kenngröße der Nachfrage für produktionswirtschaftliche Analysen, weil sie nur über einen Bruchteil der gesamten Kapazitätsbelastung Aufschluß gibt. Denn es ist nicht allein wichtig, die jeweilige Lasthöhe sowie die Höchst- und Niedrigstwerte zu kennen, sondern auch die Dauer der jeweiligen Kapazitätsbelastung über das Jahr oder über einen anderen Zeitraum hinweg. Dazu ordnet man die auftretende Leistung ihrer Größe nach und erhält dann etwa eine Jahresleistungsdauerlinie, wie sie der obere Teil der *Abbildung 6* im nächsten Abschnitt enthält, die die Intensität und Dauer der Leistungsinanspruchnahme ausweist. Die Fläche unter der Jahresleistungsdauerlinie ergibt dann die Strommenge, die die Abnehmer in diesem Jahr bezogen haben. Eine solche geordnete Lastkurve zeigt nun, daß die Höchstlast und damit die Nachfragespitzen nur während weniger Stunden im Jahr auftreten, daß zu deren Belieferung aber gleichwohl ein ausreichendes Leistungspotential vorgehalten werden muß, das im allergrößten Teil des Jahres als Leerkapazität brachliegt. Deshalb haben Nachfrager und Anbieter ein Interesse daran, die Nachfrageschwankungen zu dämpfen, also für eine Abflachung der Jahresleistungsdauerlinie zu sorgen, was eine geringere Gesamtkapazität und zugleich eine günstigere Auslastung dieser installierten Leistung bedeutet.

3.2. Angebot

3.2.1. Produktionsstruktur

Stromerzeugung sowie dessen Transport und Verteilung müssen zeitgleich mit der auftretenden Nachfrage geschehen. Dies wirft Produktionsprobleme auf, und hier vor allem für die Stromerzeugung in den Kraftwerken. Zwar ist die Leitungstechnik keineswegs invariant, aber doch in einem hohen Maße homogen, so daß höchst selten Wahlentscheidungen zwischen grundlegend verschiedenen Produktionsverfahren zu fällen sind. Anders hingegen sieht es im Bereich der Stromerzeugung aus, für den verschiedenartige Technologien mit demgemäß unterschiedlichen Produktionsfunktionen vorliegen.[21] Diese verschiedenen Technologien weisen ein unterschiedliches Verhältnis von Leistungs- oder Kapazitätskosten zu den Kosten für Arbeit (Primärenergieeinsatz) auf. Danach lassen sich die **Kraftwerke in drei Typenklassen** einteilen, und zwar je nachdem, ob sich die Technologie und damit die Kostenlage besser für eine hohe, eine mittlere oder eine niedrige Benutzungsdauer eignet:

- **Grundlastkraftwerke:** Sie weisen die höchsten Leistungskosten (DM/kW), aber die niedrigsten Arbeitskosten (DM/kWh) auf.

---

[21] Vgl. hierzu: *Mitchell, B. M./Manning, W. G./Acton, J. P.*, Peak-Load Pricing, Cambridge/Mass. 1978, S. 23–36; *Mitchell, B. M./Müller, J.*, Auswirkungen staatlicher Regulierung auf die Elektrizitätsversorgung, Schriften des Vereins für Socialpolitik, NF Bd. 102 (1979), S. 625–650, hier: S. 626–630; *Schulz, W.*, Ordnungsprobleme der Elektrizitätswirtschaft, München 1979, S. 70–107.

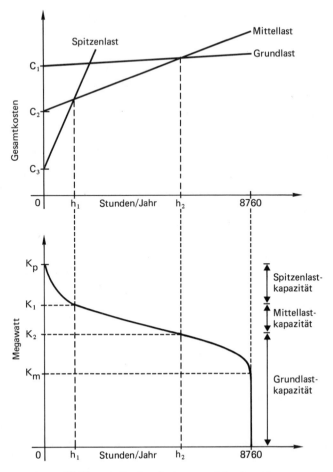

Abbildung 6: Kraftwerkseinsatz und Lastbereiche

- **Mittellastkraftwerke:** Bei ihnen liegen die Leistungskosten niedriger, die Arbeitskosten jedoch höher.
- **Spitzenlastkraftwerke:** Dieser Typ von Kraftwerken, die nur kurzzeitig im Jahr verfügbar sein müssen, sind so ausgelegt, daß sie die niedrigsten Kapazitätskosten, dafür aber die höchsten Arbeitskosten besitzen, weil sie enorm viel, meist hochwertige Einsatzenergien verschlingen.

Der Einsatz dieser Kraftwerkstypen läßt sich anhand von *Abbildung 6* erläutern, die eine Jahresleistungsdauerlinie enthält sowie stark vereinfachte Gesamtkostenkurven in Abhängigkeit von der Einsatzdauer und somit zugleich von der produzierten Strommenge. Soll elektrische Energie nun mit den geringsten Gesamtkosten erzeugt werden, so ergibt sich aus *Abbildung 6,* daß man dies durch einen kombinierten Einsatz der verschiedenen Kraftwerkstypen erreichen kann. Dabei decken Spitzenlastkraftwerke den kurzzeitigen Spitzenbedarf, der nur an $0 h_1$ Stunden im Jahr auftritt, Mittellastkraftwerke den Nachfragebereich mittlerer Dauer, während Grundlast-

Tabelle 1: Größte Unternehmen in der öffentlichen Bruttostromerzeugung im Jahre 1979

Unternehmen	Gigawattstunde (GWh)	in v. H. der öffentlichen Gesamterzeugung
1) *RWE*	97 184	32,5
2) *VEW*	22 958	7,7
3) *Preag*	19 076	6,4
4) *NWK*	18 456	6,2
5) *Veba Kraftwerke Ruhr*	17 827	6,0
6) *Bayernwerk*	13 272	4,4
7) *HEW*	12 423	4,2
8) *Steag*	11 044	3,7
9) *KKW Unterweser*	8 603	2,9
10) *Bewag*	8 329	2,8
10 größte Unternehmen	229 172	76,8

Quelle: *Schürmann, H.J.*, a.a.O., S.191.

kraftwerke – von technisch bedingten Stillstandszeiten abgesehen – möglichst das ganze Jahr hindurch Strom liefern. Nach der derzeitigen Kostensituation rechnet man gewöhnlich zu den Grundlastkraftwerken die Laufwasser-, Braunkohle- und Kernkraftwerke, zu den Mittellastkraftwerken vor allem größere Steinkohlekraftwerke sowie zu den Spitzenlastkraftwerken Pumpspeicherwerke, ältere Steinkohlekraftwerke sowie Öl- und Erdgaskraftwerke. Es läßt sich nun weiter zeigen[22], daß die Abgrenzung der Lastbereiche, also die Abschnitte $0-h_1$, h_1-h_2, $>h_2$, allein von relativen Leistungs- und Energiekosten der alternativen Kraftwerkskapazitäten abhängt, nicht aber vom Verlauf der Jahresleistungsdauerlinie. Demgegenüber bestimmt die Kurve der Lastdauer bei gegebener Technologie und Kostenlage Höhe und Anpassung der Kapazität bei den verschiedenen Kraftwerkstypen. Die Struktur des deutschen Kraftwerksparks sehen viele als verzerrt an[23], weil wegen des verzögerten Baus von Kernkraftwerken[24] Grundlastkraftwerke fehlen, so daß für die Mittellast bestimmte Steinkohlekraftwerke auch Bedarf aus der Grundlast abdecken müssen, was sich kostensteigernd auswirkt. Nur Größt-EVU mit eigener Erzeugung betreiben auch Kraftwerke für alle Leistungsbereiche, die weitaus meisten EVU mit Erzeugung erhalten jedoch Strom für bestimmte Lastbereiche aus dem Verbundbetrieb mit anderen Elektrizitätswerken.

---

[22] Vgl. *Wenders, J. T.*, Spitzenlastpreise in der Elektrizitätswirtschaft, in: *Blankart, C. B./Faber, M.* (Hrsg.), Regulierung öffentlicher Unternehmen, Königstein/Ts. 1982, S.91–101.

[23] Vgl. etwa: *Casser, E./Weiß, J.-P./Ziesing, H.-J.*, Möglichkeiten der künftigen Strombedarfsdeckung in der Bundesrepublik Deutschland, Berlin 1980, S.57–115; *Vereinigung Deutscher Elektrizitätswerke (VDEW)*, Die öffentliche Elektrizitätsversorgung 1980, Frankfurt/Main 1981, S.29–35. – Zu den Kosten der Stromerzeugung, die nach den zuvor angestellten Erwägungen die Struktur der Kraftwerksparks bestimmen, vgl. etwa: *EWI*, Kostenvergleich der Stromerzeugung auf der Basis von Kernenergie und Steinkohle, BMWi Studien-Reihe, Nr.33, Bonn 1981.

[24] Zu einer Übersicht über die deutsche Kernkraftwirtschaft vgl. *Hünlich, W. H. F.*, Kernenergie in der Bundesrepublik Deutschland, in: Atom + Strom, Bd.28 (1982), S.153–168.

Tabelle 2: Größte Unternehmen in der Stromabgabe im Jahre 1979

(1) Abgabe an Sondervertragskunden		
Unternehmen	(a)	(b)
1) RWE	41 671	24,3
2) VEW	10 101	5,9
3) HEW	6 798	4,0
4) Veba Kraftwerke Ruhr	4 859	2,8
5) Badenwerk	4 306	2,5
6) NWK	3 860	2,3
7) Bewag	3 247	1,9
8) EVS	3 114	1,8
9) Ver. Saar-Elektr. Werke	2 902	1,7
10) Steag	2 672	1,6
Insgesamt	83 530	48,8
(2) Abgabe an Tarifabnehmer		
Unternehmen	(a)	(b)
1) RWE	16 519	14,3
2) VEW	6 158	5,3
3) BEWAG	4 186	3,6
4) HEW	3 952	3,4
5) EVS	3 070	2,7
6) Schleswag	2 794	2,4
7) Badenwerk	2 565	2,2
8) EAM	2 520	2,2
9) Isar Amperwerke	2 250	1,9
10) EV Ostbayern	2 155	1,9
Insgesamt	46 169	39,9
(3) Stromabgabe insgesamt		
Unternehmen	(a)	(b)
1) RWE	113 500	37,8
2) VEW	29 506	9,8
3) NWK	20 671	6,9
4) Preag	20 584	6,9
5) Bayernwerk	17 093	5,7
6) Veba Kraftw. Ruhr AG	16 720	5,6
7) Badenwerk	13 084	4,4
8) EVS	12 761	4,3
9) HEW	12 643	4,2
10) Steag	11 284	3,8
Insgesamt	267 846	89,4
a = in GWh, b = in v. H. der jeweiligen öffentlichen Gesamtabgabe		

Quelle: *Schürmann, H.J.*, a.a.O., S. 192.

3.2.2. Konzentration

Die Unternehmensstruktur der Elektrizitätsversorgung hat sich in der Nachkriegszeit auffällig gewandelt. Während 1955 rund 3000 EVU gezählt wurden, registrierte die *Vereinigung Deutscher Elektrizitätswerke e. V. (VDEW)* für 1980 nur noch 678[25] im Hauptbetrieb, von denen 43 reine Erzeugerunternehmen sind, 9 Verbundunternehmen, 59 EVU der Regionalversorgung und 563 EVU mit örtlicher Versorgung. Die immer noch relativ große Zahl von EVU verdeckt die hohe Konzentration in diesem Wirtschaftszweig.[26] Denn die „61 größten Unternehmen vereinigten 93,5% der Erzeugung, 86,2% des Aufkommens und 77,4% der nutzbaren Abgabe auf sich."[27] Noch deutlicher treten die Konzentrationsverhältnisse hervor, wenn man die Anteile der zehn größten Elektrizitätsunternehmen an Stromerzeugung und Stromabgabe betrachtet. Dabei fällt vor allem der gewaltige Abstand zwischen dem Branchenführer *RWE* als dem größten deutschen EVU und den nachfolgenden Unternehmen auf. Dieser hohe Konzentrationsgrad entwickelte sich keineswegs erst in neuerer Zeit, sondern ist in seinen Grundzügen aus den zwanziger und dreißiger Jahren übernommen, so daß die Elektrizitätswirtschaft zu den ‚altkonzentrierten' Wirtschaftszweigen zu zählen ist.

Diese ohnehin schon **ausgeprägte Konzentration** wird darüber hinaus noch unübersehbar dichter und augenscheinlicher, wenn man zusätzlich die **Kapitalverflechtungen** der großen umsatzstarken EVU berücksichtigt.[28] Während unter ihnen die großen Stadtwerke nur über wenige Kapitalbeteiligungen an anderen Unternehmen der Elektrizitätswirtschaft verfügen, sind die Unternehmen der Verbundstufe in großem Umfang mit anderen EVU kapitalmäßig verflochten.[29] Dabei richten sich die Bestrebungen der Groß-EVU zum einen vornehmlich darauf, bisher selbständige Verteilerunternehmen vollständig einzugliedern, um auf diese Weise ein möglichst weiträumiges einheitliches Versorgungsgebiet zu schaffen. Zum anderen werden hauptsächlich die Erzeugerunternehmen als konzernabhängige, rechtlich aber selbständige Gesellschaften geführt, was aus finanzierungs- oder steuerrechtlichen Gründen geschieht, aber auch, um bei Gemeinschaftsunternehmen großer EVU die Größendegression der Erzeugungskosten ausschöpfen zu können. Die hieraus resultierenden informellen Kanäle zwischen den Groß-EVU lassen sich durch Konzentrationskennzahlen kaum darstellen, sind aber gleichwohl ein nicht zu unterschätzendes Wettbewerbshindernis.[30] Einen Eindruck von diesen **Kapitalverflechtungen** vermittelt *Übersicht 2,* in der die größten EVU umrandet eingetragen sind.

---

[25] *VDEW,* a.a.O., S.12–13.
[26] Vgl. *Mönig, W./Schmitt, D./Schneider, H.K./Schürmann, J.,* a.a.O., S.353–496; *Monopolkommission,* a.a.O., S.382–407. – Wegen der marktstrukturellen Besonderheiten sind alle Einzelkennzahlen zur Messung der Konzentration problematisch und spiegeln die Realität nur unvollständig wider.
[27] *Monopolkommission,* a.a.O., S.387.
[28] Vgl. *Mönig, W./Schmitt, D./Schneider, H.K./Schürmann, J.,* a.a.O., S.414–440.
[29] Beteiligungen außerhalb der Elektrizitätsversorgung werden hier nicht berücksichtigt.
[30] Vgl. *Mönig, W./Schmitt, D./Schneider, H.K./Schürmann, J.,* a.a.O., S.419–421.

Übersicht 2: Größte EVU mit ihren wichtigsten Kapitalbeteiligungen in der Elektrizitätswirtschaft

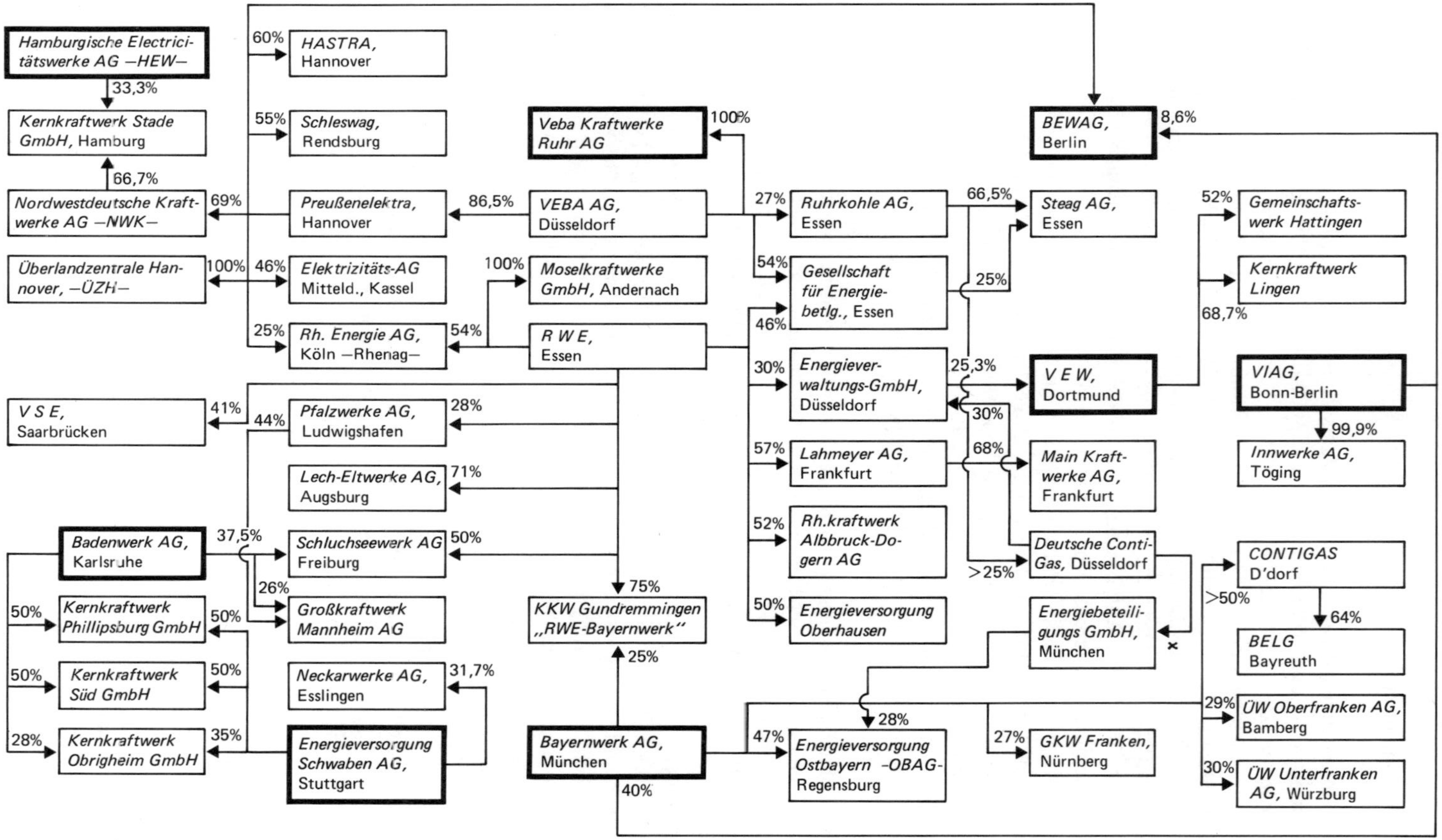

* **Anmerkung:** Ergänzt um den Beteiligungserwerb der *Bayernwerk AG* an der *BELG*.

Quelle: *Schürmann, H.J.*, a. a. O., S. 193.

3.2.3. Struktur der Elektrizitätsversorgungsunternehmen

In der Elektrizitätsversorgung dominieren seit langem öffentliche und gemischtwirtschaftliche Unternehmen, und zwar sowohl nach der Anzahl wie auch nach ihren Anteilen an der nutzbaren Stromabgabe, was die *Tabellen 3* und *4* verdeutlichen. Danach sind etwas mehr als 81 Prozent aller EVU öffentlich und gemischtwirtschaftliche Unternehmen, die zusammen sogar etwas mehr als 97 Prozent der nutzbaren Stromabgabe kontrollieren. Infolgedessen können Bund, Länder und kommunale Gebietskörperschaften über ihre Kapitalbeteiligungen an EVU einen indirekten Einfluß auf die Marktstruktur in der Elektrizitätswirtschaft ausüben. Allein um diesen marktstrukturrelevanten Dispositionsspielraum öffentlicher Verbände geht es in diesem Zusammenhang, nicht aber um die wirtschaftspolitische Problematik öffentlicher Unternehmen in der Elektrizitätsversorgung schlechthin.[31]

Tabelle 3: EVU nach Kapitalbeteiligung (in %)

	1957	1971	1976	1977	1978	1979	1980	1981
Unternehmen der öffentlichen Hand	463 (71)	493 (67)	442 (66)	438 (65)	437 (64)	441 (65)	445 (66)	453 (66)
Gemischtwirtschaftliche Unternehmen	64 (10)	89 (12)	97 (14)	99 (15)	104 (15)	104 (15)	103 (15)	104 (15)
Private Unternehmen	123 (19)	159 (21)	137 (20)	137 (20)	140 (21)	136 (20)	130 (19)	129 (19)
Gesamtzahl der Unternehmen	650 (100)	741 (100)	676 (100)	674 (100)	681 (100)	680 (100)	678 (100)	686 (100)

Quelle: *VDEW*, Die öffentliche Elektrizitätsversorgung im Bundesgebiet, verschiedene Jahrgänge.

Ob und in welchem Umfang sowie mit welcher Intensität staatliche Instanzen über ihre Kapitalbeteiligungen marktstrukturelle Maßnahmen planen und durchsetzen können, hängt nun ganz entscheidend davon ab, wie der Einfluß des Muttergemeinwesens auf die öffentlichen Unternehmen der Elektrizitätswirtschaft abgesichert werden kann.[32] Ausschlaggebend ist hierfür zunächst einmal die Rechtsform, in der die öffentlichen EVU geführt werden. Bei den EVU in öffentlich-rechtlicher Form kann auch bei den Eigenbetrieben das Muttergemeinwesen durchweg unverkürzt Einfluß nehmen, obschon die Eigenbetriebe bis zu einem gewissen Grad verselbstän-

---

[31] Obwohl die Diskussion um die wirtschafts- und ordnungspolitische Rechtfertigung öffentlicher EVU in den letzten Jahren fortgesetzt wurde, förderte sie kaum neue Gesichtspunkte zu Tage. Vgl. zur Kritik deshalb nach wie vor: *Gröner, H.*, Die Ordnung der deutschen Elektrizitätswirtschaft, a.a.O., S. 73–258 mit ausführlichen Nachweisen.

[32] Vgl. *Emmerich, V.*, Entziehen sich öffentliche Unternehmen der bürgerschaftlichen Kontrolle?, in: *Eichhorn, P.* (Hrsg.), Auftrag und Führung öffentlicher Unternehmen, Berlin 1977, S. 88–100 sowie die dort angeführte Literatur.

Tabelle 4: *EVU nach der Rechtsform und Kapitalbeteiligung Nutzbare Abgabe 1981 (gesamte Abgabe an Verbraucher und andere EVU)*

Rechtsform	Unternehmen der öffentlichen Hand[1]		Gemischtwirtschaftliche Unternehmen[2]		Private Unternehmen[3]		Zusammen	
	Anzahl der Unternehmen	Anteil an der nutzbaren Abgabe %	Anzahl der Unternehmen	Anteil an der nutzbaren Abgabe %	Anzahl der Unternehmen	Anteil an der nutzbaren Abgabe %	Anzahl der Unternehmen	Anteil an der nutzbaren Abgabe %
AG	50	15,6	54	63,9	14	2,3	118	81,8
darunter Eigengesellschaften	(29)	(6,2)	–	–	–	–	(29)	(6,2)
GmbH	94	4,4	45	7,1	8	0,2	147	11,7
darunter Eigengesellschaften	(76)	(1,9)	–	–	–	–	(76)	(1,9)
OHG, KG	1	0,0	4	0,3	51	0,1	56	0,4
Genossenschaften	1	0,0	1	0,0	21	0,1	23	0,1
Einzelunternehmen	–	–	–	–	35	0,0	35	0,0
Eigenbetriebe	302	5,9	–	–	–	–	302	5,9
Zweckverbände	5	0,1	–	–	–	–	5	0,1
Insgesamt	453	26,0	104	71,3	129	2,7	686	100,0

[1] 95% und mehr Kapitalbeteiligung des Bundes, der Länder, Gemeindeverbände und Gemeinden
[2] Unter 95% öffentliches und unter 75% privates Kapital
[3] 75% und mehr privates Kapital

Quelle: *VDEW*, Die öffentliche Elektrizitätsversorgung im Bundesgebiet 1981, S. 46.

digt sind und die Entscheidungskompetenz in den einzelnen Bundesländern unterschiedliche Regelungen erfuhren.[33]

Auch wenn in letzter Zeit der Einfluß der Verwaltungsträger durch paritätische Besetzungen von Aufsichtsorganen häufig zurückgedrängt wurde, ist dieser Wandel für marktstrukturelle Veränderungen weniger bedeutsam, weil diese Entscheidungen nach wie vor in den Gemeinderäten fallen. Gleichwohl ist nicht auszuschließen, daß paritätische Besetzungen von Entscheidungsorganen der Eigenbetriebe auf die politische Willensbildung und Entscheidungsfindung in den Kommunalparlamenten zurückwirken, und zwar mit zunehmender Größe der Eigenbetriebe, so daß im Laufe der Zeit vor allem die öffentlich-rechtlichen Stadtwerke der Großstädte ein beträchtliches Eigengewicht erhielten. Wenn in Gemeinden die Frage ansteht, von der Eigenversorgung zur Fremdversorgung – sei es mit oder ohne Kapitalbeteiligung – überzugehen, so kommt der entschiedenste Widerstand gewöhnlich aus den betroffenen Eigenbetrieben selbst.

In privatrechtlicher Form können öffentliche EVU als GmbH oder als AG geführt werden, „weil das Haushalts- und das Gemeindewirtschaftsrecht eine Beteiligung des Staates an anderen Unternehmen nicht zuläßt".[34] Während bei der GmbH durch Satzung der Einfluß des Muttergemeinwesens im gewünschten Umfang verankert werden kann, ist die Zuständigkeitsordnung bei der AG zwingendes Recht, so daß weder besondere Entsendungsrechte noch weitergehende Weisungsrechte an Vorstand und Aufsichtsrat für die öffentliche Hand festgelegt werden können. Und selbst von den Muttergemeinwesen nominierte Aufsichtsratsmitglieder sind vorrangig an die Gesellschaftsinteressen gebunden. Immerhin schließt das nicht aus, daß zwischen wirtschaftspolitischen Instanzen und den Leitungen öffentlicher Unternehmen kooperative Lösungen verabredet werden.

Es ist allenthalben zu beobachten, daß die Entscheidungsfindung in öffentlichen Unternehmen und damit auch in öffentlichen EVU komplex ist.[35] Denn in den Entscheidungs- und Aufsichtsgremien verfügen neben dem oder den Muttergemeinwesen regelmäßig auch andere wirtschaftlich relevante Gruppen Einfluß, wie die nachstehenden Ergebnisse einer Erhebung[36] zeigen. Deutlich sichtbar ist, daß ein unmittelbarer

---

[33] Vgl. die Übersicht bei: *Decker, H./Ludwig, W.*, Politiker, Verwalter, Werkleiter und Bedienstete in Organen von Eigenbetrieben. – Eine Synopse nach dem Recht der Bundesländer, in: Zeitschrift für öffentliche und gemeinwirtschaftliche Unternehmen (ZögU), Bd. 1 (1978), S. 1–15.

[34] *Emmerich, V.*, Entziehen sich öffentliche Unternehmen..., a.a.O., S. 98. Siehe auch: *von Trott zu Solz, J.*, Die staatlich beeinflußte Aktiengesellschaft als Instrument der öffentlichen Verwaltung, Diss. FU Berlin 1975 sowie die dort nachgewiesene Literatur. – In öffentlichen Konzernen finden sich aber in großer Zahl Unternehmen mit anderen Rechtsformen, was zeigt, daß diese Bestimmungen beliebig unterlaufen werden können. Eigentlich dürften sie nicht nur für Muttergesellschaften, sondern müßten durchgreifend gelten.

[35] Vgl. *Emmerich, V.*, Entziehen sich öffentliche Unternehmen..., a.a.O., S. 88–93.

[36] Die Berechnungen stützen sich auf die Angaben von 150 EVU, die sich überwiegend in der Gruppe der 200 größten Unternehmen, gemessen an der nutzbar abgegebenen elektrischen Arbeit (GW/h), befinden, und damit einen recht hohen Aussagewert haben. Die Zahlen in der Tabelle geben jeweils an, in wieviel Prozent der Fälle eine näher spezifizierte Gruppe öffentlicher Vertreter einen bestimmten Anteil am Aufsichtsgremium stellt. Es ist dabei zu beachten, daß die Erhebung vor dem Inkrafttreten der neuen Mitbestimmungsregelung vorgenommen wurde.

Einfluß der öffentlichen Hand, der sich in hohem Maße auf kommunale Gebietskörperschaften konzentriert, zwar ausgeprägt auftritt, aber keineswegs eine Prädominanz besitzt. Mit zunehmender wirtschaftlicher Größe der EVU geht nämlich der unmittelbare öffentliche Einfluß zurück, zumal an vielen der mittleren und größeren, meist als gemischtwirtschaftliche Unternehmen geführten EVU durchweg mehrere öffentliche Verbände beteiligt sind, die nicht selten divergierende Absichten verfolgen. Dies zwingt dazu, einen Kompromiß zwischen den Zielsetzungen der Muttergemeinwesen zu finden. Beachtet man, daß die ursprünglichen isolierten Zielsetzungen Kompromißformeln der internen Willensbildung der einzelnen öffentlichen Verbände darstellen und daß nunmehr Rückkopplungen erforderlich sind, so zeigt dies, daß der Prozeß der Entscheidungsfindung in diesen Unternehmen durchweg recht schwerfällig ist. Auffallend ist, daß auch in den kleineren EVU, die weit überwiegend kommunale Eigenbetriebe sind, neben Gemeindevertretern in beträchtlichem Umfang auch andere Personengruppen am Entscheidungsprozeß beteiligt sind. Ein nicht unbeträchtlicher Einfluß auf Entscheidungsträger öffentlicher EVU ist den Arbeitnehmerorganisationen zugewachsen, und zwar sowohl durch selbständige, über die gesetzlichen Grundlagen hinausgehende Regelungen der Muttergemeinwesen als auch durch die Gesetzgebung zur Mitbestimmung. Freilich stößt die Mitbestimmungsregelung in öffentlichen Unternehmen auf Einwände, weil die verfassungsrechtliche Verantwortung für die wirtschaftspolitische Instrumentalisierung der EVU weder verlagert noch verwässert werden darf.

Tabelle 5: Gesamtanteil der öffentlichen Vertreter am EVU-Aufsichtsgremium (1979)

Anteil am Aufsichtsrat \ Größenklassen	bis 160 GWh	160–400 GWh	400–1000 GWh	1000–2500 GWh	2500–6300 GWh	6300–16000 GWh	16000 und mehr GWh
bis 20%	3,6%	16,7%	11,5%	5,6%	7,1%	20%	25%
20%–33,9%	10,7%	11,1%	30,8%	27,8%	28,6%	20%	–
34%–50,9%	14,3%	11,1%	–	–	35,7%	20%	75%
51%–66,5%	3,6%	5,5%	11,5%	22,2%	14,3%	40%	–
66,6% und mehr	67,8%	55,6%	46,2%	44,4%	14,3%	–	–

Quelle: Eigene Erhebungen.

3.2.4. Regulierung der Marktstruktur

Mit fortschreitender Marktentwicklung wächst das unternehmerische Bemühen, günstig erscheinende Marktstrukturen durch den Aufbau von Marktschranken und durch den Abschluß von marktsichernden Absprachen zu erhalten und zu festigen. Es hängt nun weitgehend von der Wirtschaftspolitik ab, ob die Märkte auch in diesem Stadium ihrer Entwicklung wettbewerblich bleiben oder aber in wettbewerbsbeschränkende Marktorganisationen übergehen.

3. Elektrizitätsversorgung

In der Elektrizitätsversorgung bildete sich nun, begünstigt durch die bereits erwähnten Branchenbesonderheiten, eine in ihrem Grundmuster **festgefügte Marktstruktur** heraus, die weit mehr als nötig Wettbewerbselemente zurückdrängte und unterband. Dabei wurden, um jeglichen direkten Wettbewerb zwischen den EVU zu unterbinden, geschlossene Versorgungsgebiete durch vertragliche Absprachen des Privatrechts gesichert, unter denen sogenannte Konzessionsverträge vor allem mit kommunalen Gebietskörperschaften dominierten.[37] Dies konnte jedoch einen Wettbewerb um Großverbraucher nicht ausschließen, die so ‚günstig' lagen, daß sie, ohne öffentliche Verkehrsräume zu benutzen, mit elektrischer Energie beliefert werden konnten. Und „da sich ferner mit der Zeit die Notwendigkeit herausstellte, den Wettbewerb der einzelnen EVU in der Erschließung der Gemeinden einzuschränken, kamen Gebietsabgrenzungsverträge, auch Demarkationsverträge genannt, auf".[38] Seitdem wurden und werden durch typische Marktabreden zwischen EVU oder zwischen EVU und öffentlichen Verbänden Versorgungsgebiete abgegrenzt,[39] für die *Übersicht 3* einen schematisierten Überblick gibt.

Dieses System von vertraglichen Absprachen in der Versorgungswirtschaft erfaßt nun verschiedene Gruppen von Wirtschaftseinheiten und formt somit auch unterschiedliche **Marktbeziehungen**.[40] Zu ihnen gehören vor allem:

- **Marktbeziehungen** zwischen **EVU** und **Letztverbrauchern**.
  Dabei sind die Abnehmer jeweils einem bestimmten Versorgungsunternehmen ‚zugeordnet'.

- **Marktbeziehungen** zwischen **EVU**.
  Sie sind aufzuteilen in die wirtschaftlichen Beziehungen
  (1) zwischen Erzeuger- und Verteilerunternehmen,
  (2) zwischen zwei oder mehreren Erzeugerunternehmen sowie
  (3) zwischen zwei oder mehreren Verteilerunternehmen.
  Wenn sich in den Fällen (1) die vertraglichen Grundlagen dieser Marktbeziehungen ändern, so gibt es gewöhnlich auch Verschiebungen bei und in den Versorgungsgebieten, mit denen sich dann gleichfalls die Marktstruktur wandelt.

- **Marktbeziehungen** zwischen **EVU** und **industrieller Kraftwirtschaft**.
  Sie umschließen
  (1) Lieferungen der EVU von Zusatz- und Reservestrom sowie
  (2) Lieferungen von Überschußstrom der industriellen Kraftwirtschaft an EVU.
  Gestaltung und Abwicklung dieser ökonomischen Transaktionen sind wirtschafts- und wettbewerbspolitisch besonders umstritten. Gleichwohl läßt sich die staatliche Anerkennung dieses privatwirtschaftlichen Systems der Marktstrukturregulierung an der Energie- und Wettbewerbsgesetzgebung deutlich ablesen.

Diese wirtschaftspolitisch autorisierte private Lenkung der Marktstruktur mit Hilfe der angeführten Absprachen zwischen den EVU umfassen nun wettbewerbsbeschränkende Ausschließlichkeitsbindungen, Gebietskartelle der Versorgungsunter-

---

[37] Vgl. *Zacher, M.*, Energiewirtschaftliche Konzessionsverträge, Frankfurt am Main, Bern 1982.
[38] *Rumpf, F.*, Die Entwicklung des deutschen Elektrizitätsrechtes, in: Elektrizitätswirtschaft, Bd. 42 (1943), S. 72–76 und S. 96–99, Zitat: S. 73.
[39] Vgl. *Gröner, H.*, Die Ordnung der deutschen Elektrizitätswirtschaft, a. a. O., S. 320–343.
[40] Vgl. auch *Mönig, W./Schmitt, D./Schneider, H. K./Schürmann, J.*, a. a. O., S. 468–496.

Übersicht 3: *Vertragliche Regulierung der Marktstruktur*

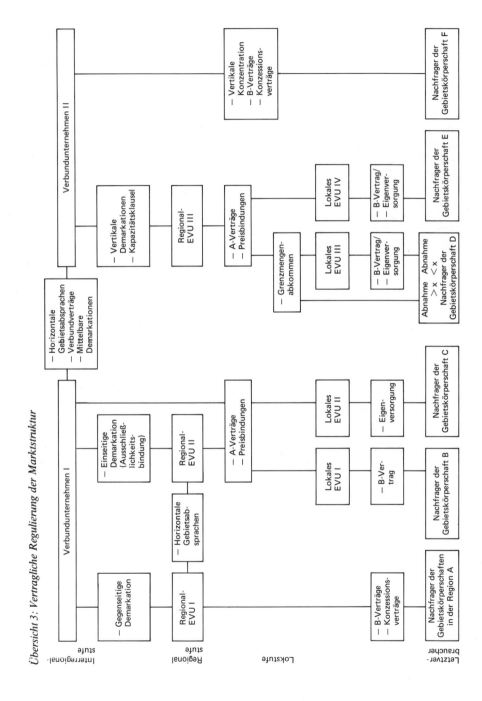

nehmen sowie Absatzsyndikate der Verbundunternehmen.[41] Eingeschränkt ist damit vor allem die vertragliche Abschluß- und Inhaltsfreiheit derjenigen Wirtschaftseinheiten, die in der Lage und willens wären, elektrische Energie zu erzeugen und an andere zu liefern.[42] Dies wird unter dem Regelungssystem der EVU derzeit nur insoweit gestattet, als die gebietliche Marktstruktur in ihrer Substanz davon unberührt bleibt. Das starre private Regulierungssystem läßt leicht vergessen, daß es alleine das wettbewerbsbeschränkende Grundmuster der Marktbeziehungen in der Elektrizitätswirtschaft festschreibt, nicht aber, wie man vermuten könnte, die Versorgungsgebiete schlechthin dauerhaft abgrenzt oder den Übergang von Absatzzonen überhaupt verhindert. Längerfristig sind nämlich durchaus beachtliche Gebietsveränderungen zu beobachten, was freilich nichts daran ändert, daß der Letztverbraucher sich, von ganz wenigen Ausnahmen abgesehen, immer einem alleinanbietenden Gebiets-EVU gegenübersieht und er auch keinen unmittelbaren Einfluß auf Gebietsveränderungen und damit verbundene Wechsel der Liefer-EVU besitzt.

Damit rückt ein bedeutender marktstrukturbildender Faktor in den Vordergrund, nämlich das sogenannte **Wegemonopol** der kommunalen Gebietskörperschaften, dessen versorgungspolitischer Einfluß nicht überschätzt werden kann. Denn Leitungen dürfen in oder über kommunalen Wegen und Straßen wegen des Eigentums der Gemeinden an diesen Flächen und wegen des Landesstraßenrechts nur verlegt werden, wenn und soweit die kommunalen Gebietskörperschaften zustimmen.[43] Deshalb waren Versorgungsunternehmen seit dem Beginn der Elektrifizierung darauf angewiesen, sich diese Gestattung der Gemeinden zum Auf- und Ausbau von Leitungsnetzen vertraglich zu sichern. Über die Regelung zur Leitungsverlegung hinaus verschaffen die Gemeinden regelmäßig dem versorgenden Unternehmen ein **Ausschließlichkeitsrecht,** indem sie sich verpflichten, keinem anderen EVU die Benutzung ihrer Wege und Straßen zur Verlegung von Leitungen zu erlauben und selbst auf eine sogenannte Eigenversorgung zugunsten des fernversorgenden EVU zu verzichten. Bei der meist langen Laufzeit dieser Verträge ergeben sich aus diesen Klauseln zusammengenommen eine beinahe absolute Marktsperre, die es anderen EVU verwehrt, in Wettbewerb mit dem begünstigten Versorgungsunternehmen zu treten. Denselben Marktschutz genießt selbstverständlich eine kommunale Eigenversorgung, weil dann die Gemeinde ihr Straßen- und Wegenetz einfach nicht zur Verlegung von Stromleitungen freigibt.

Neben diesen privatrechtlichen Regulierungen der Marktstruktur, die Versorgungsgebiete mit jeweiliger Alleinzuständigkeit eines EVU konstituieren, verfügt auch die

---

[41] Vgl. auch: *Emmerich, V.,* Ist der kartellrechtliche Ausnahmebereich für die leitungsgebundene Versorgungswirtschaft wettbewerbspolitisch gerechtfertigt?, a. a. O., S. 23–25.

[42] Aber selbst jedem Stromabnehmer bis hin zum letzten Kleinstverbraucher ist es untersagt, rechtmäßig erworbene elektrische Energie weiter zu veräußern.

[43] Vgl. *Biedenkopf, K. H./Kellmann, C.,* Die wege- und kartellrechtliche Problematik der Verlegung von Energieversorgungsleitungen für den Eigenbedarf, Essen o. J. (1970); *Lukes, R.,* Die Benutzung öffentlicher Wege zur Fortleitung elektrischer Energie, Frankfurt/Main 1973; *Emmerich, V.,* Ausnahmebereich für die leitungsgebundene Energieversorgung im GWB, in: *Emmerich, V./Lukes, R.* (Hrsg.), Ordnungspolitische Überlegungen zur leitungsgebundenen Energieversorgung, Köln, Berlin, Bonn, München 1977, S. 45–73, hier: S. 62–65 und S. 67–73; *Gröner, H.,* Die Ordnung der deutschen Elektrizitätswirtschaft, a. a. O., S. 258–286, alle mit weiteren Nachweisen.

staatliche **Wirtschaftspolitik** über ein Instrumentarium zur unmittelbaren Strukturkontrolle über die Elektrizitätsversorgung. Zunächst einmal sieht das EnWG ein spezielles wirtschaftspolitisches Eingriffsinstrumentarium für die Versorgungswirtschaft vor, freilich ohne es ausdrücklich auf eine bestimmte Marktstruktur hin auszurichten. Aber gleichwohl läßt sich aus der Vorgeschichte des Gesetzes[44] und aus seinem zweckgerichteten Maßnahmekatalog[45] zweifelsfrei ableiten, daß der Wettbewerb als Marktordnungsfaktor ausscheiden und daß eine wettbewerbsbeschränkende Marktlenkung an seine Stelle treten sollte, deren Ausmaß und Grundstruktur von den bekannten wirtschaftlich-technischen Branchenbesonderheiten zu bestimmen wären. Aus diesen Branchenmerkmalen leitete man freilich schon vor Erlaß des EnWG als notwendig ab, die Elektrizitätswirtschaft nach Versorgungsgebieten zu organisieren, was zu jener Zeit nicht bloß unbestritten, sondern durch die weitgehende Aufteilung des Reiches in Absatzgebiete auch bereits vollzogen war. Der Zweck der staatlichen Strukturkontrolle liegt demnach in einer **Marktregulierung**, wie sie die EVU herbeigeführt haben, freilich streng gebunden an die bekannten elektrizitätswirtschaftspolitischen Ziele, die wiederum durch die Realisierung aller sich bietenden Rationalisierungseffekte erreicht werden sollen.[46] Dabei umfaßt das hierfür verfügbare wirtschaftspolitische Instrumentarium die oben erläuterten Maßnahmen der **Fachaufsicht**. Allerdings kann man sowohl die Intensität als auch die Ergebnisse dieser **Marktstrukturlenkung** wie insbesondere ihre Fehlschläge und Ineffizienz im einzelnen kaum zuverlässig nachweisen. Denn selbst Befürworter des jetzigen Regulierungssystems gestehen zu, „daß diese Form der Verwaltungskontrolle sich im Stillen vollzieht, es keinerlei präzise Angaben über Art und Ausmaß dieser Staatsaufsicht gibt und daß behördliche Aussagen über die eigene Effektivität sicherlich mit Zurückhaltung gewürdigt werden müssen".[47] Ohnehin konzentriert sich die **Energieaufsicht** in hohem Maße auf den Erzeugungsbereich, was zwar nicht selten nachhaltig die vertikale Unternehmensgliederung beeinflußt, aber meistenteils die Gebietsstruktur unberührt läßt.[48] Für den **Marktzutritt** und damit für die Stabilisierung der herkömmlichen Marktstruktur bleibt somit die staatliche Marktlenkung wirtschaftspolitisch bedeutungslos, weil hierfür, von vernachlässigenswert wenigen Ausnahmen abgese-

---

[44] Vgl. *Gröner, H.,* Die Ordnung der deutschen Elektrizitätswirtschaft, a.a.O., S. 248-258 und S. 321-323.

[45] Vgl. *Immenga, U.,* a.a.O., S. 228-249 und S. 274-285; derselbe, Die wettbewerbspolitischen Ausnahmebereiche als Gegenstand staatlicher und privatwirtschaftlicher Marktregelungen; ein ordnungspolitisches Problem, in: *Cassel, D./Gutmann, G./Thieme, H.J.,* (Hrsg.), 25 Jahre Marktwirtschaft in der Bundesrepublik Deutschland, Stuttgart 1972, S. 148-161; derselbe, Kartellaufsicht und Fachaufsicht im Bereich der leitungsgebundenen Energieversorgung, in: *Emmerich, V./Lukes, R.* (Hrsg.), a.a.O., S. 3-14; *Gröner, H.,* Die Ordnung der deutschen Elektrizitätswirtschaft, a.a.O., S. 324-335 sowie die in diesen Veröffentlichungen angeführten Nachweise.

[46] Näheres hierzu: *Gröner, H.,* Mißbrauch im Freistellungsbereich des § 103 GWB, in: *Emmerich, V./Lukes, R.* (Hrsg.), a.a.O., S. 137-156, hier: S. 143-147.

[47] *Baur, J.F.,* Abbau der Gebietsschutzverträge und Durchleitungspflicht – Mittel zur Verbesserung der Versorgung? O.O. und o.J. (Frankfurt 1979), S. 23.

[48] Man weist zwar darauf hin, daß elektrizitätswirtschaftliche Alternativen erwogen werden, doch handelt es sich dabei regelmäßig um Erwägungen, in die durchweg allein die sogenannte ‚öffentliche Elektrizitätsversorgung' einbezogen wird. Vgl. Bericht der Landesregierung NRW über die Wirksamkeit der staatlichen Preis-, Fach- und Mißbrauchsaufsicht in der Energiewirtschaft, Landtag Nordrhein-Westfalen DrS. 8/2523, S. 10.

3. Elektrizitätsversorgung

hen, das privatrechtliche Regulierungssystem maßgeblich ist. Schließlich untermauert man die Schlagkraft der aufsichtlichen Marktstrukturbeeinflussung mit einer relativ hohen Zahl staatlicher Betriebsuntersagungen nach § 8 EnWG mit der Folge der Übertragung dieser Versorgungsgebiete an andere etablierte EVU.[49] Diese auf den ersten Blick verblüffend große Anzahl von ‚Abmeierungen' muß man jedoch wirtschaftspolitisch im rechten Licht sehen. Denn diese staatlich erzwungenen Marktaustritte fallen in die Zeitspanne, in der sich die oben erörterten Konzentrationsvorgänge abspielten und die Zahl der EVU allgemein stark zurückging. Das erzwungene Ausscheiden von offenbar unteroptimalen Kleinst-EVU mit gewöhnlich empfindlichen technischen Mängeln, denn um solche Fälle handelt es sich in der Regel, kann nicht unbedingt als Erfolgsindikator gelten, zumal dadurch niemals interessierte Dritte in den Elektrizitätsmarkt eintreten konnten. Zudem wird keine stichhaltige Aussage über die wirtschaftliche Effizienz der neu entstandenen Gebietsstruktur geliefert.

Eine **staatliche Marktstrukturkontrolle** läßt sich aber auch über das Kartellrecht vornehmen,[50] wenn der Zweck der wettbewerbsrechtlichen Freistellung nach §§ 103, 103 a GWB, nämlich Rationalisierungseffekte zu ermöglichen und zu sichern, verfehlt wird. Da die Kompetenz zur Regelung der Marktstruktur grundsätzlich bei den EVU liegt, müssen die marktstrukturbildenden Gebietsaufteilungen und -veränderungen als dominierender Teilbereich der insgesamt gesetzten Marktordnung zur Überprüfung ihrer volkswirtschaftlichen Organisationseffizienz von der Mißbrauchsaufsicht erfaßt werden, was grundsätzlich auch schon nach der alten Fassung von § 103 GWB möglich war. Von Mißbrauchskontrollen dieser Art wurde allerdings bislang so gut wie nichts bekannt, obwohl die marktstrukturellen Versorgungsgebiete, wenn überhaupt, nur zögernd an Veränderungen der optimalen Betriebsgrößen in der elektrizitätswirtschaftlichen Leistungserstellung angepaßt werden. Dabei richtet sich dieser marktstrukturelle Kontrollauftrag nicht bloß gegen unteroptimale Verhältnisse bei Klein-EVU, sondern auch gegen überoptimale Konstellationen bei Groß-EVU.

Der unmittelbare staatliche Einfluß auf die elektrizitätswirtschaftliche Marktstruktur bleibt trotz alledem wirtschaftspolitisch denkbar gering. Zwar gibt es durchaus fachaufsichtliche und wettbewerbsaufsichtliche Mittel, doch sind sie redundant, weil das von den EVU geschaffene Regulierungssystem den allein die Marktstruktur prägenden Faktor darstellt. Insofern trifft es zu, was Vertreter der Elektrizitätsversorgung immer wieder betonen, daß § 103 GWB keine neuen Wettbewerbsbeschränkungen schaffe, sondern die privat regulierte Marktstellung gegenüber dem Durchgriff der §§ 1, 15 und 18 GWB ‚schützen' solle. Freilich ist es eine andere Frage, ob sich eine solche privatautonome wirtschaftspolitische Gestaltung politisch vertreten läßt.

---

[49] Vgl. *Baur, J. F.*, a. a. O., S. 23.
[50] Vgl. *Gröner, H.*, Mißbrauch..., a. a. O., S. 143–147; *Baur, J. F.*, a. a. O., S. 16.

4. Marktprozesse und Lenkungswirkungen

4.1. Allgemeine Lenkungseinflüsse

Nicht allein die für die Elektrizitätsversorgung geltenden gesetzlichen Vorschriften stiegen in letzter Zeit sprunghaft, sondern auch die heute notwendigen verschiedenen Genehmigungsverfahren für den Bau und den Betrieb von elektrischen Anlagen zur Stromerzeugung und -verteilung wurden immer aufwendiger und zeitraubender, was längerfristig – ein wirtschaftspolitisches Symptom auch in anderen Wirtschaftssektoren – die unternehmerischen Leistungen entmutigen muß. Denn ein „nicht unwesentlicher Teil unternehmerischer Initiative und Kraftentfaltung wird heute bei den Elektrizitätsversorgungsunternehmen (EltVU) zum Abbau der laufend größer werdenden bürokratischen Markthemmnisse verbraucht".[51] Diese scheinbar unaufhaltsam wachsende Bürokratisierung des elektrizitätswirtschaftlichen Marktgeschehens ist häufig eine Folge von Regelungen in anderen Teilbereichen der Wirtschaftspolitik sowie insbesondere in den übrigen Aufgabengebieten der Energiepolitik. Dabei hat es sich gerade in der Energiepolitik eingebürgert – freilich „oft unter der politischen Drohung weitgehender gesetzlicher Interventionen und des Druckes der Öffentlichkeit"[52] – kooperative Lösungen zwischen staatlichen Instanzen und Organen von Energieunternehmen zu verabreden. Gewiß beeinflußt die Wirtschaftspolitik dann das wirtschaftliche Verhalten einzelner Unternehmen oder Unternehmensgruppen unmittelbar. Allerdings dürfen keineswegs „die aus einer zu engen Kooperation sich ergebenden wechselseitigen Abhängigkeiten und wettbewerbspolitischen Verkrustungen übersehen werden",[53] eine wirtschafts- und ordnungspolitische Gefahr, die namentlich der Energiepolitik droht. Freilich können diese Aspekte für die Elektrizitätsversorgung hier nicht im einzelnen herausgearbeitet werden, vielmehr sind die Darlegungen auf einige wesentliche Gesichtspunkte zu konzentrieren.

- Die **staatliche Energieaufsicht** versucht seit langem, die Größenstruktur der Kraftwerke zu beeinflussen. Sie stützt sich dabei auf 1964 formulierte Grundsätze für den Neubau oder die Erweiterung von Wärmekraftwerken der EVU, nach denen eine Mindestgröße von 300 MW je Kraftwerksblock einzuhalten ist.[54] Es wird jedoch bestritten, daß dieser sogenannte 300-MW-Erlaß mit einer einwandfreien Handhabung der **energieaufsichtlichen Investitionskontrolle** zu vereinbaren ist, weil eine sachgerechte Entscheidung nur bei Würdigung aller elektrizitätswirtschaftlichen Gesichtspunkte des Einzelfalls getroffen werden könne.[55] Gibt man nun zu verstehen, daß der Erlaß „genügend Spielraum für die notwendige Einzelfallbe-

---

[51] *Vereinigung Industrielle Kraftwirtschaft e. V. (VIK),* Tätigkeitsbericht 1977/78, Essen 1978, S. 14.
[52] *Tietmeyer, H.,* Der Einfluß wirtschaftspolitischer Instanzen auf die Willensbildung im Unternehmen, Schriften des Vereins für Socialpolitik, NF Bd. 88 (1976), S. 179–203, Zitat: S. 195.
[53] Ebenda, S. 196.
[54] Vgl. *Danner, W.,* Erläuterungen zu § 4 EnWG, in: *Obernolte, W./Danner, W.* (Hrsg.), a.a.O., S. I 107–110. Dort ist auch der sogenannte 300-MW-Erlaß des BMWi vom 21.7.1964 abgedruckt. Ferner: *Büdenbender, U.,* a.a.O., S. 72.
[55] Vgl.: *Tegethoff, W./Büdenbender, U./Klinger, H.,* a.a.O., S. I 175–176.

trachtung" lasse,⁵⁶ zumal die technische Entwicklung den festgesetzten Grenzwert inzwischen überholt hat, so geraten gleichwohl die betroffenen EVU in einen verstärkten Begründungszwang, was bei den Unternehmen die Neigung wachsen läßt, möglichst unter politischer ‚Schützenhilfe' kooperative Lösungen mit der Verwaltung zu suchen. Freilich haftet sowohl dem Prinzip der Mindestkapazität wie auch der Einzelfallentscheidung der Mangel an, wirtschaftspolitisch ein Notbehelf zu sein, weil man eine effiziente Größenstruktur der Kraftwerke, wie sie sich bei Wettbewerbsauflockerung als Ergebnis der Marktprozesse einstellte, nicht rekonstruieren kann.

- Es wird politisch zunehmend schwieriger, geeignete **Standorte** für elektrische Anlagen (Kraftwerke und Netze) zu finden und durchzusetzen, und zwar obwohl allenthalben in ordentlichen Verfahren verabschiedete Standortsicherungspläne vorliegen. Daneben sind es hauptsächlich bislang unbefriedigend gelöste umweltpolitische Probleme vorwiegend des Immissions- und des Landschaftsschutzes, die den Neu- und Zubau von elektrischen Anlagen sowie selbst Ersatzinvestitionen ungemein erschweren und in nicht geringem Umfang gänzlich blockieren. Wenn der Kapazitätsausbau in der Elektrizitätsversorgung weiter verschleppt wird, ist in absehbarer Zeit ein merklicher Engpaß in der Stromversorgung zu befürchten.

- Bemerkenswerte Einflüsse auf die Elektrizitätsversorgung gehen außerdem von der Entwicklung und von den wirtschaftspolitischen Maßnahmen bei den **Primärenergieträgern** aus. Die Energiepolitik verfolgt dabei das Ziel, den Anteil der Importenergien Mineralöl und Erdgas am Energieverbrauch zu senken. In der Stromerzeugung sollen Steinkohle und Kernenergie diese beiden Energiearten immer mehr ersetzen. Deshalb wird der Einsatz von Primärenergien in Kraftwerken wirtschaftspolitisch teilweise unmittelbar gelenkt, und zwar vornehmlich mit folgenden **energiepolitischen Maßnahmen:**

(1) Nicht nur in bestehenden Kraftwerken unterliegt der Einsatz von Mineralöl und Erdgas **Begrenzungen,** sondern darüber hinaus wird der Bau neuer Öl- und Gaskraftwerke grundsätzlich nicht mehr genehmigt.

(2) Durch mehrere Verstromungsgesetze und die sie ergänzenden Bestimmungen schuf man ein kompliziertes System, um – mit beträchtlichen öffentlichen Mitteln – die Erzeugung elektrischer Energie aus deutscher **Steinkohle** zu fördern.⁵⁷ Die neueste Regelung sieht vor, daß von 1978 bis 1987 durchschnittlich 33 Mio. t Steinkohleeinheiten (SKE) deutscher Steinkohle in der Stromerzeugung eingesetzt werden. Die höheren Brennstoff- und Investitionskosten von Kohlekraftwerken werden durch Unterstützungszahlungen ausgeglichen, deren Finanzbedarf durch eine zweckgebundene regional differenzierte Stromverbrauchssteuer aufgebracht wird, die wegen der Überwälzungsgarantie des Staates die Letztverbraucher elektrischer Energie tragen müssen. In dieser finanziellen Beihilfe ist die ‚Unterstützung' der *Bundesregierung* zu erblicken, welche die Vereinbarung zwischen dem *Gesamtverband des deutschen Steinkohlenbergbaus* und der *VDEW* zur zusätzlichen Kohleverstromung vom

---

⁵⁶ *Danner, W.,* a.a.O., S. I 109.
⁵⁷ Vgl. hierzu: *Vogelsang, I.,* Eine Alternative zur Kohlepolitik des Dritten Verstromungsgesetzes, in: ORDO, Bd. 28 (1977), S. 181–201 und die dort angeführte Literatur.

10. 5. 1977 ermöglichte und absichert. Eine Rahmenvereinbarung zwischen der gesamten Stromwirtschaft (öffentliche Elektrizitätsversorgung, Kraftwirtschaft der Industrie und Bundesbahn) und dem Steinkohlenbergbau aus dem Jahre 1980 ergänzt frühere Absprachen und sieht einen Anstieg der Kohleverstromung auf jährlich 45 bis 50 Mio. t SKE[58] bis 1995 vor.[59] Dies erfordert einen Kapazitätszubau an Steinkohlekraftwerken bis 1995 um mehr als 10 000 MW, was die Kraftwerksstruktur weiter verzerren muß und dadurch die Strompreise nach oben treibt. Bei diesen Vereinbarungen handelt es sich um eine jener Kooperationslösungen, bei der öffentliche Instanzen und private Wirtschaftseinheiten derart enge Verflechtungen eingehen, daß die wirtschaftspolitischen Zuständigkeiten allmählich alarmierend zu verschwimmen drohen. Dies gilt umso mehr, als die betroffenen energiewirtschaftlichen Verbände als Vertragspartner auftreten, obschon sie selbst weder Bezieher noch Lieferant von Steinkohle sind, so daß sie gewollt oder ungewollt wirtschaftspolitische Ausführungskompetenzen übernehmen.[60]

(3) Hauptsächlich die **Kernenergie**, deren Entwicklung und Technologie über einen langen Zeitraum hinweg mit erheblichen öffentlichen Mitteln gefördert wurde, sollte nach Bekundungen nicht nur der offiziellen Energiepolitik nach und nach Importenergien verdrängen.[61] Das wurde jedoch zunehmend fraglich, weil sich im öffentlichen Leben der Widerstand gegen die Errichtung und den Betrieb von Kernkraftwerken spürbar versteift, was auch auf die politische Willens- und Entscheidungsbildung zurückwirkte.[62] Eine dauerhafte Lösung der hieraus resultierenden Probleme ist nach wie vor noch nicht abzusehen.

(4) **Braunkohlenstrom** ist derzeit die kostengünstigste elektrische Energie. Gleichwohl soll der weitere Ausbau der Braunkohleverstromung mit öffentlichen Mitteln finanziell gefördert werden. Beweggründe und wirtschaftspolitische Grundlagen sind öffentlich nicht bekannt, und es gibt keine Anzeichen, daß Informationen hierüber bald zugänglich gemacht werden.

(5) Zu abrundender Ergänzung sei erwähnt, daß **Kleinwasserkraftwerke** gefördert werden. Einen wesentlichen Beitrag zur Stromversorgung kann man davon jedoch nicht erwarten.

Diese Entwicklungen bei den allgemein wirtschaftlichen Grundlagen der Elektrizitätsversorgung rufen merkliche, kaum entscheidend korrigierbare Rückwirkungen auf die Struktur der Elektrizitätswirtschaft hervor. Denn alles in allem begünstigen sie den Ausbau der Erzeugungskapazitäten bei den größeren EVU, und zwar vor-

---

[58] Steinkohleeinheiten.
[59] Zur neueren Entwicklung siehe: *Gesamtverband des deutschen Steinkohlenbergbaus:* Steinkohle 1981/82, Jahresbericht 1981/82, Essen 1982, S. 38–40. – Nachdem die Garantie der Absatzmengen weitgehend gesichert ist, versucht der Bergbau nun mit Macht weitere Preisanhebungen durchzusetzen.
[60] Eine höhere Stromerzeugung aus preisgünstiger liefersicherer Drittlandkohle wird zwar hier und da angestrebt, ist jedoch politisch derzeit kaum zu realisieren.
[61] Freilich ist auch Uran ein Einfuhrgut, dessen Import störanfälliger ist, als gemeinhin angenommen wird, für das aber leichter Vorratslager zu bilden sind.
[62] Zur Willens- und Entscheidungsfindung in Kernenergiefragen vgl. statt aller: *Schmitt-Glaeser, W.,* Planende Behörden, protestierende Bürger und überforderte Richter, in: Der Landkreis, Bd. 46 (1976), S. 442–451 und die dort nachgewiesenen Quellen.

nehmlich bei den Verbundunternehmen, was die ohnehin bereits hohe Konzentration in diesem Wirtschaftszweig weiter verdichtet. Überdies führen sie im Leistungsbereich Stromerzeugung zu Verzerrungseffekten, die man als potentielle Wettbewerbsverzerrungen anzusehen hat. Sollte man ernsthaft versuchen, die Elektrizitätsversorgung wettbewerbspolitisch aufzulockern, so träten diese Wettbewerbsverzerrungen mit ganzer Schärfe hervor und würden unliebsame Marktstörungen auslösen. Es müßte also verhindert werden, daß wettbewerbsaktivierende Maßnahmen mit derartigen marktprozessualen Funktionsschwierigkeiten vorbelastet würden, die sich ansonsten später als Sperriegel gegen weitere Bemühungen um eine schlagkräftigere Wettbewerbspolitik für die Elektrizitätswirtschaft erwiesen.

4.2. Staatliche Verhaltenskontrollen

4.2.1. Elektrizitätsversorgung und Marktversagen

Ein Marktversagen, das traditionell wie auch in der Elektrizitätsversorgung den wirtschaftspolitischen Aufhänger für die Einführung von Regulierungsmaßnahmen liefert, leitet man häufig aus sogenannten Branchenbesonderheiten ab. Solche sektorspezifischen ökonomischen Bedingungen mögen unternehmerische Aktionen in wettbewerblichen Marktprozessen erschweren und erhöhte Anforderungen an die Unternehmen stellen, schließen nach aller Erfahrung jedoch die Funktionsfähigkeit von Konkurrenz nicht aus.[63] So besitzen denn auch die elektrizitätswirtschaftlichen **Branchenbesonderheiten** mit Ausnahme der wettbewerbspolitischen Problematik von Leitungsnetzen keine Beweiskraft.[64]

Darüber hinaus stützt sich auch für die Elektrizitätsversorgung die These von einem allokativen Marktversagen auf die Existenz eines **natürlichen Monopols**,[65] was freilich nur für den Leistungsbereich Netzbetrieb zutrifft. Das natürliche Monopol ist nun dadurch gekennzeichnet, daß ein einziger Anbieter die am Markt nachgefragte Gütermenge kostengünstiger produzieren kann als jede größere Zahl von Unternehmen. Die Kostenfunktion ist dann in dem relevanten Nachfragebereich subadditiv, es liegen also durchschlagende Größenvorteile vor. Wie meistenteils bei Versorgungsnetzen beruhen auch die Größenvorteile in der Elektrizitätsversorgung auf den Vorteilen des Netzverbundes, weil man nämlich die Übertragungskapazität verdoppeln kann, ohne doppelt so viel Kapital in das Leitungsnetz investieren zu müssen, und weil sich Kraftwerkskapazitäten besser nutzen lassen. Darüber hinaus könnten in der Elektrizitätsversorgung, weil sie ja verschiedene Leistungsbereiche umfaßt, Verbund-

---

[63] Vgl. *Hamm, W.,* Staatsaufsicht über wettbewerbspolitische Ausnahmebereiche als Ursache ökonomischer Fehlentwicklungen, in: ORDO, Bd. 29 (1978), S. 156–172.
[64] Vgl. *Gröner, H.,* Die Ordnung der deutschen Elektrizitätswirtschaft, a.a.O., S. 344–351.
[65] Zur Problematik natürlicher Monopole vgl. etwa: *Schmalensee, R.,* The Control of Natural Monopolies, Lexington/Mass. und Toronto 1979; *Müller, J./Vogelsang, I.,* Staatliche Regulierung, Baden-Baden 1979; *Blankart, C. B.,* a.a.O.; *Kaufer, E.,* Theorie der öffentlichen Regulierung, München 1981; *von Weizsäcker, C.C.,* in: Staatliche Regulierung – positive und normative Theorie, Schweizerische Zeitschrift für Volkswirtschaft und Statistik, Bd. 118 (1982), S. 325–342.

vorteile[66] anfallen. Ob dies für die Elektrizitätswirtschaft zutrifft, konnte bisher noch nicht empirisch nachgewiesen werden, wird sich mit letzter Überzeugungskraft nur durch Marktprozesse erweisen oder widerlegen lassen. Jedenfalls führten Größenvorteile im Netzbetrieb bei den EVU zu Marktmacht, die durch staatliche Verhaltenskontrollen gezügelt werden soll, und zu den oben erläuterten struktur-regulierenden Wettbewerbsbeschränkungen, um die Bestandsstabilität des natürlichen Monopols zu sichern. Die Resistenz gegen einen ‚unerwünschten' Marktzutritt hängt von der Preisstruktur ab. Weicht nämlich die Preisstruktur von der Kostenstruktur ab, so kann ein Anreiz bestehen, Teile der Versorgung auch zu niedrigeren Preisen gewinnbringend zu übernehmen (‚**Rosinenpicken**').

Gründe der Allokationseffizienz verlangen nun für natürliche Monopole eine Grenzkostenpreisbildung, die jedoch dann nicht die Eigenwirtschaftlichkeit sichern kann, wenn die langfristigen Grenzkosten im relevanten Bereich degressiv verlaufen. Deshalb muß das Tarifniveau – auf welchem Wege der Defizitabdeckung auch immer[67] – Erlöse erbringen, die die gesamten Kosten decken. Gleichzeitig tritt in der Elektrizitätsversorgung ein weiteres Tarifproblem auf, nämlich die Frage der Spitzenlastpreisbildung.[68] Sie resultiert daraus, daß die Nachfrage im Zeitablauf schwankt und daß die Erzeugungskosten mit diesem Lastverlauf variieren. Insofern stellt die Kilowattstunde in der Spitzenlast ein anderes Gut dar als die Kilowattstunde in der Schwachlast, aber beide Stromeinheiten werden in verbundener Produktion erzeugt. Geben die EVU elektrische Energie gleichwohl zu einem einheitlichen Preis ab, so müssen sie ihre Kapazität auf eine hohe Spitzennachfrage auslegen und wegen der langen Stillstandszeiten beträchtliche **Leerkosten** tragen. Dem wirkt die Spitzenlastpreisbildung entgegen, die durch zeitvariable Tarife versucht, die Nachfrageschwankungen zu dämpfen, was dann zu einer geringeren Gesamtkapazität und zugleich zu einer besseren Kapazitätsauslastung führt. Da nun die Schwachlastnachfrage nicht mit der Spitzenlastnachfrage um die Nutzung einer vorhandenen Kapazität konkurriert, dürfen ihr zur Verbesserung der Allokationseffizienz nach der Spitzenlastpreisregel nur die anfallenden Betriebskosten, also weitgehend bloß die Brennstoffkosten als kurzfristige Grenzkosten angelastet werden, während die Spitzennachfrage die langfristigen Grenzkosten und damit auch die gesamten Kapazitätskosten tragen muß. Neben solchen zeitvariablen Tarifen, nach denen die Elektrizitätswirtschaft hauptsächlich Sondervertragskunden beliefert, wendet sie vor allem zweiteilige Tarife an,[69] die sich aus einem sogenannten Leistungspreis und einem Arbeitspreis (DM/kWh) zusammensetzen. Damit verfolgen die EVU den Zweck, über den Leistungspreis möglichst die gesamten fixen Kapazitätskosten zu decken und über den Arbeitspreis die laufenden variablen Betriebskosten. Handelt es sich um Sondervertragskunden, so bemißt sich der Leistungspreis nach der Spitzennachfrage des jeweiligen Abnehmers. Fällt sie mit der Spitzennachfrage aller Abnehmer zusammen, so deckt sich dieser Tarifaufbau mit einer Preisstruktur nach der Spitzenlastpreisregel.[70]

---

[66] Vgl. hierzu: *Bongaerts, J.*, Marktzutrittsresistenz eines natürlichen Mehrproduktmonopols, in: *Blankart, C. B./Faber, M.* (Hrsg.), a.a.O., S. 39–49 mit weiteren Nachweisen.
[67] Vgl. *Kaufer, E.*, a.a.O., S. 49–86.
[68] Vgl. *Blankart, C. B.*, a.a.O., S. 56–68; *Kaufer, E.*, a.a.O., S. 69–80.
[69] Vgl. *Mitchell, B. M./Manning, W. G./Acton, J. P.*, a.a.O., S. 80–84; *Mitchell, B. M./Müller, J.*, a.a.O., S. 630–636.
[70] Unberührt davon bleibt das Problem der Defizitdeckung bei steigenden Skalenerträgen.

4.2.2. Staatliche Preislenkung

Das Schwergewicht der Regulierung des Marktverhaltens von EVU liegt bei der Tarifgestaltung, die für Tarif- und für Sonderabnehmer grundsätzlich unterschiedlich ausfällt. Die verfügbaren Angaben über Strompreise zeichnen sich nicht durch große Aussagekraft aus, sofern man von den Entgelten der Tarifkunden absieht. Preisregelungen in Sonderverträgen sind gewöhnlich schwer zugänglich und ohne weitere Aufarbeitung kaum miteinander vergleichbar, indessen deuten die erhältlichen Informationen selbst für gleichartige Nachfrage auf bemerkenswerte Unterschiede in Preisniveau, Preisstruktur und Versorgungsbedingungen hin.[71] So behilft man sich mit Durchschnittserlösen, wie sie *Abbildung 7* für die letzten beiden Jahrzehnte aufzeigt, die auf den Umsatz- und Verbrauchszahlen basieren. Da aber Kilowattstunde

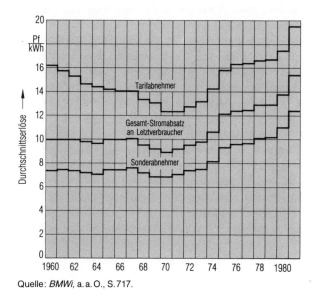

Quelle: *BMWi*, a.a.O., S.717.

Abbildung 7: Durchschnittserlöse aus der Stromabgabe der öffentlichen Elektrizitätsversorgungsunternehmen (ab 1968 ohne Mehrwertsteuer)

eben nicht gleich Kilowattstunde ist, verwischen diese Durchschnittsrechnungen alle maßgeblichen Bestimmungsfaktoren des Tarifaufbaus und vermögen deshalb allenfalls einige Anhaltspunkte für die zeitliche Entwicklung der Strompreise zu liefern.[72] Für den Tarifbereich sind die Strompreise staatlich gelenkt. Dazu verpflichtet die BTO Elt die EVU, für alle Tarifabnehmer ihres Versorgungsgebietes sogenannte leistungsbezogene Preistarife zu bilden. Die dabei vorgenommene Marktspaltung rechtfertigt man dann gewöhnlich mit dem Argument, die Tarifbildung solle „den unterschiedlichen Bedürfnissen der Haushalte, der gewerblichen und der landwirt-

---

[71] Vgl. *Mitchell, B.M./Müller, J.*, a.a.O., S.639–646.
[72] Dies läßt sich noch deutlicher hervorheben, wenn man diese Durchschnittserlöse indexiert. Vgl.: *Schürmann, H.J.*, a.a.O., S.199.

schaftlichen Tarifabnehmer gerecht werden".[73] Außerdem müßten die Abnehmer der einzelnen Tarifgruppen zwischen verschiedenen Tarifen wählen können. Neben den Regelungen für den Aufbau des **Preissystems** gelten für Strompreise nach wie vor folgende **staatliche Vorschriften:**

- bei Lieferungen an **Haushaltsabnehmer:** Höchstpreise für Grundpreise und Arbeitspreise,
- bei Lieferungen an **gewerbliche und landwirtschaftliche Tarifabnehmer:** Grundpreise frei, Höchstpreise für Arbeitspreise,
- bei Lieferungen an **Sonderabnehmer:** Seit Mai 1982 grundsätzlich freie Preisvereinbarung.

Die Preisstruktur der Bundestarifordnung Elektrizität (BTO Elt) folgt dem Grundmuster zweiteiliger Tarife und enthält sonach einen Leistungspreis und einen Arbeitspreis, und zwar zur Wahl in zwei verschiedenen Kombinationen. Dabei verbindet Tarif I einen hohen Arbeitspreis mit niedrigen Leistungspreisen und Tarif II einen niedrigeren Arbeitspreis mit höheren Leistungspreisen. Außerdem werden die Leistungspreise nach den einzelnen Gruppen von Tarifabnehmern differenziert. Aber wegen der Höhe der Meß- und Abrechnungskosten, der Transaktionskosten also, hat man für Tarifabnehmer bisher darauf verzichtet, die Leistungsinanspruchnahme bei jedem einzelnen Tarifkunden zu erfassen. Stattdessen benutzt man bestimmte, leicht zu ermittelnde Indikatoren, die angeblich die jeweilige Kapazitätsbelastung einigermaßen zuverlässig widerspiegeln, was freilich großen und berechtigten Zweifeln begegnet. Weil die Leistungsentgelte nicht individuell festgelegt werden, hat es sich eingebürgert, sie für den Tarifbereich als Grundpreise zu bezeichnen. Ein Beispiel für ein solches Tarifsystem vermittelt *Übersicht 4*. Sie zeigt, daß die EVU darüber hinaus noch einen Kleinverbrauchs- und einen Schwachlasttarif anbieten müssen. Vor allem das Angebot eines Schwachlasttarifs läßt den EVU gewisse Möglichkeiten, den Lastverlauf absatzpolitisch zu beeinflussen, weil diese Preisform stärker das zeitvariable Element des Tarifaufbaus betont. Bei den nicht unmittelbar staatlich gelenkten Preisregelungen in Sonderverträgen dominieren dann zeitvariable Tarifstrukturen.

Mit diesen Vorschriften übernimmt der Staat für den Tarifbereich die Aufgabe, die Strompreise – wie es heißt – ‚wirtschaftlich zu gestalten'. Wie das gelingen kann, ohne Marktprozesse lahm zu legen oder erheblich zu behindern und zu verfälschen, ist eine bisher unbeantwortete Frage. Außerdem stützten sich diese Tarifregelungen ursprünglich auf das hergebrachte deutsche Preisrecht, das in den dreißiger Jahren als ein Zwangsmittel staatlicher Wirtschaftslenkungen entstand, heute jedoch auf das fast zur gleichen Zeit erlassene EnWG, was freilich kaum einen Unterschied macht, weil es von derselben ordnungspolitischen Grundkonzeption geprägt wurde. Diese überkommenen Vorschriften zur Preiskontrolle entstammen zwangswirtschaftlichen Vorstellungen und sind mithin Elemente einer völlig anderen Ordnungskonzeption, stellen also gleichsam ein fossiles Relikt dar. In einer marktwirtschaftlichen Ordnung dürfte es für derartige störende Fremdkörper keinen Platz geben.

Jede staatliche Stelle zur Preisüberwachung und -bindung gegenüber Unternehmen bedarf eines Maßstabes, um ihre Kontrollfunktionen wahrnehmen zu können. Zwar

---

[73] *Baur, J. F.,* a.a.O., S. 17.

Übersicht 4: Beispiel für ein Stromtarifsystem (Preisstand Winter 1980/81)

		Tarif I		Tarif II	
1.1	Arbeitspreise je Kilowattstunde (kWh)	13,8 Pf		10,8 Pf	
1.2	Bereitstellungspreise je Abrechnungsjahr		das sind je Monat		das sind je Monat
1.2.1	für Haushaltsbedarf				
	für die ersten 2 Tarifräume	DM 55,20	4,60	109,20	9,10
	für jeden weiteren Tarifraum	DM 10,20	0,85	20,40	1,70
	Zuschlag für Verbrauchseinrichtungen zur Heizung oder Klimatisierung für je 0,1 Tarif-kW	DM 16,80	1,40	33,60	2,80
1.2.2	für landwirtschaftlichen Betriebsbedarf				
	für die ersten 5 Tarif-Hektar	DM 60,00	5,00	100,80	8,40
	für jedes weitere 0,5 Tarif-ha	DM 6,00	0,50	10,08	0,84
	Zuschlag für Überanschlußwerte für je 0,1 Tarif-kW	DM 16,80	1,40	33,60	2,80
1.2.3	für gewerblichen, beruflichen und sonstigen Bedarf				
	• bei Beleuchtungsanlagen für je 0,1 Tarif-kW	DM 27,60	2,30	40,80	3,40
	• bei anderen Anlagen für je 0,5 Tarif-kW	DM 85,80	7,15	168,00	14,00
1.2.4	bei Berechnung nach gemessener Leistung				
	• für Haushaltsbedarf für je 0,1 kW der Jahreshöchstleistung	DM 21,00	1,75	34,80	2,90
	• für die übrigen Bedarfsarten für je 0,1 kW der Jahreshöchstleistung	DM 24,00	2,00	34,80	2,90
1.3	Verrechnungspreis einheitlich für alle Tarife je Abrechnungsjahr und			das sind je Monat	
	Wechselstromzähler	DM	18,00	1,50	
	Drehstromzähler	DM	27,60	2,30	
	Drehstrom-Zweitarifzähler	DM	30,00	2,50	
	Drehstrom-Maximumzähler	DM	72,00	6,00	
	Stromwandlersatz	DM	42,00	3,50	
	Tarifschaltgerät	DM	24,00	2,00	

Quelle: *Büdenbender, U.,* a.a.O., S. 145f.

ist den allgemeinen Vorgaben für die staatlichen Strompreiskontrollen kein konkreter Maßstab zu entnehmen, doch lassen die Gesetzesmaterialien unzweideutig erkennen, daß die Tarifkontrolle sich an der individuellen Kostenstruktur der EVU auszurichten hat.[74] Dieses Prinzip, die Strompreise auf die Kosten zu beziehen, lag der Strompreisaufsicht seit ihren Anfängen zugrunde, und zwar unbeschadet der jeweiligen gesetzlichen Bezugsgrundlage. Angestrebt wird dabei ein sogenannter ‚**kosten-**

---

[74] Vgl. Amtliche Begründung zur BTO Elt. BR-DrS. 288/71.

naher' oder **,verursachungsgerechter' Preis,** dessen Höhe es also dem EVU gestatten soll, seine Kosten zu decken. Mag man auch die Richtlinien für die Kostenkontrollen der Preisbehörden noch so sehr verfeinern, es wird dennoch nicht gelingen, die grundlegenden wirtschaftspolitischen Schwächen dieses Notbehelfs auszumerzen. Denn der Anreiz, Kosten zu senken, stumpft merklich ab, und die innerbetriebliche Kostenkontrolle erlahmt, da eine nachhaltige Motivation fehlt. Damit aber wird es ein vergebliches Bemühen bleiben, durch eine Preis-Kosten-Kontrolle der Marktmacht der EVU entgegenzuwirken. Vielmehr dürfte sich die mit wachsender Unternehmensmacht ohnehin ansteigende unternehmensinterne Ineffizienz nur noch weiter erhöhen. Überhaupt ist die Preisüberwachung mit ihrer Kostenorientierung bereits vom Ansatz her wirtschaftspolitisch verfehlt, denn die zugrundeliegende Kostentheorie des Preises läßt sich volkswirtschaftlich nicht begründen: Kostenpreise decken sich in den seltensten Fällen mit jenen Preisen, die sich im Auf und Ab der Marktprozesse ergäben. Wettbewerbliche Preisbildungsprozesse bedeuten Preisfluktuationen und fordern das Anpassungsvermögen der Marktteilnehmer heraus, sich den laufend ändernden ökonomischen Bedingungen zu stellen. Demgegenüber sind staatliche Preiskontrollen durch eine täuschende Preisstabilität und bei Anpassungsvorgängen durch vorherige förmliche Verfahren der Behörde gekennzeichnet, die nur in Ausnahmefällen die Gegebenheiten und Erfordernisse des Wirtschaftsprozesses widerspiegeln. Vergeudung bei knappen und Einsparbemühungen bei weniger knappen Ressourcen sind die konsequente Folge. Sowohl Preise als auch Gewinne verlieren ihre Funktion als Indikatoren für ökonomisches Handeln.

Aus diesen Gründen sind alle Versuche, Preiskontrollen ordnungspolitisch zu retten, zum Scheitern verurteilt. Die wirtschaftspolitischen Bedenken gegen die kostenorientierte Preisüberwachung wurden noch weiter durch den Umstand verstärkt, daß bei Aufsichtsmaßnahmen über die gebundenen Preise oder Preiselemente die gesamten Kosten des Unternehmens zu überprüfen sind.[75] Dies hat zur Konsequenz, daß die Preisbehörden trotz der Beschränkungen der Kontrollkompetenz auf nur einen Teil der Strompreise faktisch das gesamte Preisgefüge der EVU beaufsichtigen. Die staatliche Preiskontrolle gerät damit in gefährliche Nähe einer ständigen allgemeinen Verhaltenskontrolle der EVU, was wirtschaftspolitisch weder wirkungsvoll noch ordnungspolitisch vertretbar ist.

4.2.3. Kartellaufsicht

Die marktbeherrschende Stellung der EVU, die maßgeblich auf die Marktstrukturregelung in der Elektrizitätswirtschaft zurückgeht, gab den Anlaß, die leitungsgebundene Versorgungswirtschaft zum einen einer, wenn auch nicht lückenlosen Anschluß- und Versorgungspflicht zu unterwerfen, und sie zum anderen darüber hinaus einer die Marktmacht möglichst kompensierenden wettbewerbspolitischen **Mißbrauchsaufsicht** zu unterstellen. Diese kartellrechtliche Mißbrauchsaufsicht geht davon aus, daß die Freistellung vom Verbot bestimmter wettbewerbsbeschränkender

---

[75] Vgl. Bericht der Landesregierung NRW über die Wirksamkeit der staatlichen Preis-, Fach- und Mißbrauchsaufsicht in der Energiewirtschaft. LT NRW-DrS. 8/2523, S. 7–9.

3. Elektrizitätsversorgung

Absprachen Rationalisierungen ermöglicht, die sich dann vor allem in günstigen Preisen für die Stromabnehmer auswirken sollen. Daher konzentriert sich die Mißbrauchsaufsicht über EVU im wesentlichen auf eine fallweise Preisüberwachung, und zwar auch für Stromlieferungen zwischen allen Stufen der Versorgungswirtschaft, sowie darüber hinaus auch auf ein Einschreiten gegen Behinderungen.[76] Wie wirksam diese Wettbewerbsaufsicht sein kann, hängt davon ab, was als Preismißbrauch und was als Behinderungsmißbrauch angesehen wird und welche Chancen bestehen, entsprechende Tatbestände nachzuweisen.

4.2.3.1. Preismißbrauch

Nach dem Zweck der Freistellung sind Gebietsschutzabreden mißbräuchlich, wie es die *Monopolkommission*[77] formuliert hat, soweit sie „nicht mehr der Rationalisierung der Stromversorgung und damit letztlich der Sicherheit und Billigkeit der Energieversorgung dienen, sondern im Gegenteil vor allem zu einer Verteuerung der Energieversorgung führen". Das bedeutet, daß aus diesem Grund anfallende rationalisierungsbedingte Kosteneinsparungen über günstigere Versorgungsbedingungen unbedingt an Stromverbraucher weiterzugeben sind. Dieser Ansatz war besonders bedeutend für den Preismißbrauch, der bei der Kartellaufsicht über EVU bisher eindeutig im Vordergrund stand. Mit ihm gab das *Bundeskartellamt* sein zunächst geübtes Vorgehen auf, Kostenpreise als Mißbrauchskriterium heranzuziehen. Mit der Mißbrauchsorientierung durch den *BGH*[78] kam es dann zu einem Abrücken von Kostenpreisen und zu einer Rückbesinnung auf den Markt. Die Kostenpreis-Kontrolle wurde vom Jahre 1965 an durch einen Marktergebnistest ersetzt, der den Grundsatz des BGH-Beschlusses konkretisieren sollte.

Als Maßstab für einen Mißbrauch wurden Preisunterschiede zu Versorgungsgebieten von Nachbar- oder Lieferunternehmen herangezogen, sofern das billigere Vergleichs-EVU ohne gebietlichen Marktstrukturschutz in der Lage wäre, das Hochpreisgebiet zu niedrigeren Preisen zu versorgen und hieran nur durch die Gebietsschutzverträge gehindert wird. Dieser Marktergebnistest auf der Grundlage eines Vergleichs aktuell gegebener Marktsituationen, der keineswegs Als-ob-Wettbewerbs-Verhältnisse rekonstruieren soll, vermochte allenfalls einen mäßigen, indirek-

---

[76] Vgl. hierzu statt aller: *Schulz, W.*, a.a.O., S.179–279; *Grimmer, K.*, Die kartellrechtliche Aufsicht nach §§ 103, 104 GWB bei mißbräuchlich überhöhten Strompreisen in der Elektrizitätswirtschaft, Baden-Baden 1980; *Klaue, S.*, Vor § 103, § 103, § 103a, in: *Immenga, U./Mestmäcker, E.-J.* (Hrsg.), GWB-Kommentar, München 1981, S.2046–2104; *Büdenbender, U.*, a.a.O., S.207–314; *Emmerich, V.*, Kartellrecht, 4.Aufl., München 1982, S.316–332; *Niederleithinger, E.*, Preisaufsicht in der Energieversorgung, in: Zeitschrift für Energiewirtschaft (ZfE), Bd. 5 (1982), S.32–36, alle mit ausführlichen Nachweisen.
Auf das Problem eines Mißbrauchs der marktstrukturellen Abgrenzung wurde bereits oben hingewiesen. Nach der letzten GWB-Novelle gilt die Rationalisierungsvermutung für die Gebietsschutzabreden nicht mehr zeitlich unbegrenzt, sondern nach § 103a nurmehr befristet für die Dauer von zwanzig Jahren. Demnach müssen die Kartellbehörden jetzt auch die Demarkierung selbst auf ihren Rationalisierungserfolg hin überprüfen. Doch bei den großen Zeitabständen für diese Kontrolle dürfte der Einfluß auf einen allfälligen Strukturwandel denkbar gering ausfallen.
[77] *Monopolkommission*, a.a.O., S.413.
[78] Wirtschaft und Wettbewerb/E BGH 665–660 – „Zeitgleiche Summenmessung".

ten Wettbewerbsdruck durch einen gezielten Leistungsvergleich auszuüben und eine schwache Abschreckungswirkung zu erzielen, welche die EVU zu einer vorsichtigeren Preispolitik mahnt. Ein begrenzter Erfolg war dieser Mißbrauchsaufsicht über die Elektrizitätsversorgung sicherlich nicht abzusprechen, denn sie erreichte immerhin, daß EVU ihre Preise senkten oder auf Preiserhöhungen verzichteten. Gleichwohl kann aber diese wettbewerbspolitische Beeinflussung höchstens eine gewisse Nivellierung herbeiführen, die aber niemals die Preisüberhöhung der Preisführer treffen wird. Der Erfolg dieser Mißbrauchsverfahren lag wohl darin, daß die Kartellbehörden, so stellt die *Bundesregierung*[79] fest, Preisdifferenzen zwischen Versorgungsgebieten als mißbräuchlich ansehen konnten, „wenn strukturelle Besonderheiten des betreffenden Versorgungsgebietes vorliegen, diese Kostenfaktoren jedoch das vergleichbare Versorgungsunternehmen dennoch nicht an einer billigeren Belieferung hindern würden".

Von diesem Vorgehen mußte die Mißbrauchsaufsicht dann abgehen, als der *BGH* demgegenüber im Jahre 1972 feststellte,[80] es sei nicht mißbräuchlich, bei der Setzung der Strompreise diejenigen Kosten voll zu berücksichtigen, die durch strukturelle Besonderheiten des Versorgungsgebietes verursacht würden. Deshalb sind die mißbrauchsverdächtigen Preisdifferenzen zwischen zwei EVU um diese Kosteneinflüsse zu korrigieren. Der *BGH* verlangt also, zum Mißbrauchsnachweis die strukturbedingten Kostenunterschiede exakt zu trennen von den unternehmensindividuellen Kostenunterschieden. Denn allein unternehmensindividuelle Kostendifferenzen drückten ein Effizienzgefälle und damit einen tatsächlichen Leistungsabfall aus. Aus diesem Beschluß des *BGH* resultierte also zum Mißbrauchsnachweis ein kombinierter Preis- und Strukturvergleich zwischen zwei EVU, der ungeheuer große Beweisschwierigkeiten hervorrief, so daß die spezielle Mißbrauchsaufsicht nach § 104 GWB seit 1974 praktisch zum Erliegen gekommen ist. Dazu hat auch beigetragen die allgemein vom *BGH* zum Preismißbrauch vertretene Auffassung, daß nur eine erhebliche Differenz zum Vergleichspreis einen Mißbrauchsvorwurf rechtfertigen könne.

Sieht man von den systematischen und tatsächlichen **Erfassungs-** und **Beweisschwierigkeiten** eines Preis- und Strukturvergleichs ab, so ist grundsätzlich eine Trennung in strukturbedingte und unternehmensindividuelle Kosten vom Ansatz her verfehlt. Denn erst als Ergebnis von Marktprozessen kann sich herausstellen, welche Standortfaktoren relevant sind und in welcher Weise sie sich strukturbedingt kostenbeeinflussend auswirken. Es gibt Strukturfaktoren, die mit einer großen Varianz in der Fristigkeit Datencharakter besitzen, doch ausschlaggebend ist – und darin drückt sich effiziente unternehmerische Leistung aus –, wie ein Unternehmen solche strukturellen Verhältnisse kostenminimal bewältigt oder Ersatzlösungen anbieten und verwirklichen kann. In dieser Verkennung volkswirtschaftlicher Zusammenhänge ist ein schwerwiegender Mangel in der Ausrichtung der Mißbrauchsaufsicht über die Elektrizitätsversorgung zu erblicken, welche aus der betrieblichen Strukturorientierung des BGH-Beschlusses resultiert.

Im Frühjahr 1980 verabschiedete der deutsche Gesetzgeber die 4. Novellierung des GWB, mit der auch die Regelungen für den Ausnahmebereich Versorgungswirt-

---

[79] BT-DrS. 7/3206, S. 36.
[80] WuW E/BGH 1221–1226 – „Stromtarif".

3. Elektrizitätsversorgung

schaft geändert wurden. Diese Änderung folgt, wie *Danner*[81] hervorhebt, drei Leitgedanken, und zwar sollte am Gebietsschutz festgehalten werden, gewisse Wettbewerbselemente sollten soweit vertretbar gefördert werden und als Korrektiv für die verbleibenden Wettbewerbsbeschränkungen sollte die Mißbrauchsaufsicht verbessert werden. Eine Präzisierung des Mißbrauchsbegriffs soll die Aufsichtspraxis erleichtern und zugleich die Rechtssicherheit für die EVU erhöhen. Danach gilt in einer allgemeinen Umschreibung ein Mißbrauch als gegeben, wenn ein EVU von Grundsätzen abweicht, „die für das Marktverhalten von Unternehmen bei wirksamem Wettbewerb bestimmend sind" (§ 103 Abs. 5 Satz 2 Nr. 1 GWB). Damit wird sozusagen offiziell zugegeben,[82] daß mit dieser neuen Vorschrift mehr eine Programmaussage formuliert wurde. Sie erstreckt sich zwar auch auf den Preismißbrauch, sie wird aber nach allgemeiner Erwartung dort keine große Bedeutung gewinnen und vor allem wenig Wirkung entfalten. Denn der neuerdings sogar im Gesetz fixierte Freistellungszweck mit seinem Unwerturteil über Konkurrenzprozesse schließt einen fiktiven Wettbewerbspreis als Mißbrauchsmaßstab aus, der sich zudem aus den bekannten wettbewerbstheoretischen Gründen auch gar nicht ermitteln ließe.

Ein marktergebnisorientierter als-ob-theoretischer Ansatz der Generalklausel erweist sich außerdem deshalb als überflüssig, weil der Maßstab für den Preismißbrauch in der Neufassung des § 103 GWB in Abs. 5 Satz 2 Nr. 2 ausdrücklich festgeschrieben wurde. Danach liegt ein Mißbrauch dann vor, wenn ein Versorgungsunternehmen spürbar ungünstigere Preise oder Geschäftsbedingungen fordert als gleichartige Versorgungsunternehmen, sofern diese Abweichungen nicht auf Umständen beruhen, die dem Unternehmen nicht zurechenbar sind. Dabei sind, wie *Übersicht 5* ausweist, verschiedene Fallkonstellationen von **Aufgreiftatbestand** und **Rechtfertigungsmöglichkeit** denkbar, die jedoch nicht alle die Mißbrauchsbedingungen erfüllen.

Der hier gewählte Maßstab übernimmt die Kriterien der Rechtsprechung des *BGH* und schreibt sie weiter verengt fest, indem er weitgehend Vorschlägen der Verbände der Elektrizitätswirtschaft folgt. Dies verurteilt eine Mißbrauchskontrolle durch Leistungsvergleich weithin zur Wirkungslosigkeit, weil sich erstens bei der Bildung von Gruppen ‚gleichartiger Versorgungsunternehmen' eine Bandbreite von Vergleichspreisen ergibt, was dem vom Freistellungszweck her diktierten Leistungsvergleich als Mißbrauchsmaßstab nicht entspricht. Und zweitens ist der Bezugspunkt „gleichartige Versorgungsunternehmen" nicht haltbar. Richtiger wäre es, wie auch *Schulz*[83] darlegt, einfach ein anderes, nicht einmal unbedingt benachbartes EVU als Vergleichsunternehmen heranzuziehen. Denn nur wenn man als Vergleichsgrundlage auf die Bildung von Gruppen gleichartiger EVU verzichtet, bleibt es sinnvoll, einen Strukturvergleich vorzusehen. Zur Feststellung der Gleichartigkeit einer Bezugsgruppe benötigt man nämlich bereits einen kostenbezogenen Strukturvergleich, weil ‚Gleichartigkeit' im Zusammenhang mit der Mißbrauchsaufsicht eine weitgehende Übereinstimmung in den strukturbedingten Kostenunterschieden bedeutet. Um Gruppen gleichartiger EVU zu bilden, müssen folglich alle Strukturmerkmale ermittelt und in

---

[81] Vgl. *Danner, W.*, Die Vorschläge der Bundesregierung zur Novellierung des Ausnahmebereichs für die Versorgungswirtschaft im Kartellgesetz, in: ZfE, Bd. 3 (1980), S. 48–54.
[82] Vgl. *Danner, W.*, a.a.O., S. 51.
[83] Vgl. *Schulz, W.*, a.a.O., S. 202–207.

Übersicht 5: Prüfungskriterien für den Preismißbrauch in der Elektrizitätsversorgung

Preise/Geschäftsbedingungen des untersuchten EVU im Vergleich zu gleichartigen EVU (Aufgreiftatbestand)	Rechtfertigung der Abweichung durch dem untersuchten EVU nicht zurechenbare Umstände (Strukturvergleich)?	Mißbrauch
niedriger, gleich oder nicht spürbar ungünstiger	irrelevant, da Aufgreiftatbestand fehlt	nein
spürbar ungünstiger	keinerlei Gründe für Abweichung	ja
spürbar ungünstiger	Gründe, die *nicht* als dem EVU nicht zurechenbare Umstände anzusehen sind (unternehmensindividuelle Gründe)	ja
spürbar ungünstiger	Gründe, die als dem EVU zurechenbare Umstände anzusehen sind, von diesem aber nicht bewiesen werden können	ja (Beweislast liegt beim EVU)
spürbar ungünstiger	Gründe, die als dem EVU nicht zurechenbare Umstände anzusehen sind und vom EVU bewiesen werden können	nein

Quelle: *Büdenbender, U.*, a. a. O., S. 261.

Kostenunterschiede umgerechnet werden. Wird nun im Mißbrauchsverfahren Gleichartigkeit festgestellt, sind alle strukturbedingten Kostendifferenzen eliminiert, und es können darum nur noch unternehmensindividuelle Kostenunterschiede übrigbleiben, die dann voll und ganz zurechenbar sein müssen. Mit der Erfüllung des Kriteriums der Gleichartigkeit ist demnach die in der Neuregelung zusätzlich gestellte Frage der Unzurechenbarkeit mit entschieden. Für eine doppelte Prüfung desselben Sachverhalts läßt sich kein einleuchtender Grund finden. Die vom Freistellungszweck her abgeleiteten Mißbrauchskriterien (Rationalisierungseffekte, Versorgungseffizienz) erfordern aber eindeutig einen Leistungsvergleich ohne Rücksicht auf eine bestimmte Gruppenzugehörigkeit, denn die spezifischen Voraussetzungen einzelner EVU sollen gerade über den Strukturvergleich eliminiert werden. Die Neuregelung im GWB hat die Aufsicht über Preismißbräuche von EVU also nicht verschärft, sondern ganz im Gegenteil abgeschwächt. Ein weiterer wesentlicher Nachteil der Kartellaufsicht über Strompreismißbräuche liegt in ihrem Ansatz begründet, wethin bloß das Tarifniveau zu kontrollieren, was letztendlich auf eine Gewinnbegrenzungskonzeption hinausläuft, nicht aber den Tarifaufbau. Das entzieht ihr eine eigentlich notwendige Allokationsorientierung, ein Effekt, der sich noch dadurch verstärkt, daß die staatlich gelenkten Tarifpreise nicht der Kartellkontrolle unterliegen. Insofern vermag die Mißbrauchsaufsicht über die Strompreise wenig dazu beizutragen, Fehlsteuerungen in der Elektrizitätsversorgung vorzubeugen oder zu verhindern.

4.2.3.2. Behinderungsmißbrauch

Da die Situation bei der Aufsicht über den Preismißbrauch und über den Marktstrukturmißbrauch in der Elektrizitätswirtschaft wettbewerbspolitisch unbefriedigend ist und sich auch durch die letzte Novellierung des GWB nicht entscheidend verbesserte, ist die Wettbewerbsaufsicht in hohem Maße wie schon in den letzten Jahren notgedrungen auf die Kontrolle des **Preisstrukturmißbrauchs** und einzelner, als mißbräuchlich einzustufender Verhaltensweisen von EVUs zurückgedrängt. Wenn auch die neugefaßte Bestimmung des § 103 Abs. 5 Satz 2 Nr. 1 für die marktergebnisorientierte Preisniveau-Überwachung wegen ihrer als-ob-theoretischen Anklänge wenig zu leisten vermag, bietet sie gleichwohl marktverhaltenorientierte Kontrollmöglichkeiten bei Behinderungsmißbräuchen. Denn die Vorschrift zielt auf das Marktverhalten selbst, so daß zu fragen ist, „ob ein bestimmtes Verhalten des Unternehmens auch dann denkbar wäre, wenn es einem spürbaren Konkurrenzdruck ausgesetzt ist"[84].

Insbesondere sind es Behinderungsmißbräuche gegenüber industriellen Eigenversorgern, die von der Wettbewerbsaufsicht verfolgt werden.[85] Dazu enthält die Neufassung des § 103 GWB inzwischen eine Sondervorschrift, die eine unbillige Behinderung bei der Verwertung von in Eigenanlagen erzeugter Energie als Mißbrauchstatbestand ausweist. Gesetzgeberisches Motiv ist hierbei, wie *Danner* bestätigt[86], Möglichkeiten zur Energieeinsparung zu nutzen, die sich bei der **Kraft-Wärme-Kopplung** in der industriellen Eigenerzeugung und in der Heizkraftwirtschaft ergeben. Für die stromwirtschaftliche Zusammenarbeit von Elektrizitätswirtschaft und Industrie besteht mittlerweile eine Rahmenvereinbarung, die die neue Bestimmung zusätzlich wettbewerbspolitisch absichert. Darin haben sich die EVU verpflichtet, Überschußstrom aus industriellen Eigenanlagen aufzunehmen, wenn dadurch in energiepolitisch sinnvoller Weise Primärenergie eingespart wird. Unabhängig davon, daß diese Nebenbedingung eigentlich unbillig ist, kommt es letztlich entscheidend auf die Preise an, die die EVU für diesen Überschußstrom zu zahlen bereit sind. Gewöhnlich gehen die EVU bei der Festsetzung der Übernahmepreise für Überschußstrom von den bei ihnen eingesparten Brennstoffkosten aus, die ohne weitere sachliche Rechtfertigung einfach als absoluter Maßstab gesetzt werden. Dieses Vorgehen wurde auch in der Grundsätzevereinbarung bei der Fixierung von Mindestpreisen gewählt. Gleichwohl ist dieser Ansatz verfehlt, obschon er auf den ersten Blick die ansonsten gültige Grenzkostenpreis-Regelung auf seiner Seite hat. Die Grenzkostenpreis-Regel in dieser Form gilt freilich nur kurzfristig und geht von einer gegebenen Kapazität aus. Bei der laufenden Einspeisung von Überschußstrom muß man dagegen die damit verbundenen Kapazitätsverlagerungen mit berücksichtigen, was sich dann letztlich auch in der Preisstellung auszudrücken hat. Maßgeblich sind nämlich dann die langfristigen Grenzkosten. Insofern werden die Betreiber von Eigenanlagen auf der Grundlage der Wärme-Kraft-Kopplung, seien es nun Industrieunternehmen oder Kommunen, nach wie vor benachteiligt, da in den Stromerlösen keinerlei Kapazitätskosten

---

[84] *Immenga, U.,* Strompreise zwischen Kartell- und Preisaufsicht, Baden-Baden 1982, S. 37.
[85] Vgl. *Emmerich, V.,* Kartellrecht, a.a.O., S. 316–332.
[86] *Danner, W.,* a.a.O., S. 52.

für die Elektrizitätserzeugung abgedeckt werden. Dies zwingt Heizkraftwerksbetreiber, die vollen Kapazitätskosten auf den Wärmepreis zu verrechnen, was notwendigerweise ihre Wettbewerbssituation im Heizwärmemarkt verschlechtert. Im übrigen besteht bis heute für die kommunalen Heizkraftwerke und deren Abgabe von Überschußstrom an das Netz noch keine Grundsatzvereinbarung, ähnlich derjenigen für die industrielle Kraftwirtschaft, weil sich die *Deutsche Verbundgesellschaft* bisher nur zu Einzelabsprachen mit der gemeindlichen Versorgungswirtschaft bereitgefunden hat.

Zwar schuf die Neufassung des § 103 GWB auch den Mißbrauchssachverhalt einer unbilligen Behinderung durch Verweigerung der Durchleitung (Abs. 5 Satz 2 Nr. 4), nahm dieser Bestimmung jedoch beinahe jede wettbewerbsstimulierende Wirkung, weil die Mitbenutzung von Leitungsnetzen (Durchleitung) nicht die bestehenden Marktverhältnisse stören darf.

Ein anderes Problem des Behinderungsmißbrauchs in der Elektrizitätsversorgung hat die Novellierung des GWB indessen ebensowenig gelöst, nämlich das in einer Einzelfrage strittige Verhältnis des allgemeinen Diskriminierungsverbots für marktbeherrschende Unternehmen zur sektorbezogenen Mißbrauchsaufsicht nach §§ 103 und 103 a sowie früher nach 104 GWB. Anlaß sind die von einer Kartellbehörde unternommenen Versuche, mit Hilfe der Mißbrauchsaufsicht die Preisstruktur der Stromlieferungen zwischen Unternehmen der Verbund-, Regional- und Lokalstufe sowie industriellen Sonderabnehmern zum Zwecke der Preisangleichung zu beeinflussen.[87] Dabei wird behauptet, Regionalunternehmen verstießen bei der Weiterwälzung von Erhöhungen der Erzeugerpreise für Elektrizität nicht gegen das Diskriminierungsverbot, wenn sie den Industrieabnehmern günstigere Preise einräumten als den weiterverteilenden Lokal-EVU. Eine solche Differenzierung sei nicht nur bloß erlaubt, sondern sachlich gerechtfertigt und sogar geboten, weil die Mißbrauchsaufsicht nach §§ 103, 103 a GWB das Diskriminierungsverbot überlagere und verdränge. Denn, so die wettbewerbspolitische Begründung, damit werde nur eine Preisdifferenzierung nachvollzogen, wie sie sich auch bei Wettbewerb ergäbe, weil dann nämlich die Lokal-EVU den Regionalunternehmen von sich aus höhere Strompreise anböten, um ein Eindringen der Regionalversorger in die kommunalen Absatzgebiete abzuwehren. Unter Wettbewerbsbedingungen würden die Marktreaktionen jedoch anders verlaufen. Die lokalen Stromanbieter würden eben nicht aus eigenem Antrieb ihre Bezugspreise erhöhen, sondern zur Konkurrenzabwehr, um keine Abnehmer zu verlieren, um also einem Vordringen von Regional-EVU vorzubeugen oder entgegenzuwirken, ihre Absatzpreise senken. Aber nicht nur dieser wettbewerbstheoretische Einwand läßt diese angestrebte Ausschaltung des Diskriminierungsverbots wettbewerbspolitisch fragwürdig erscheinen, sondern ebenso die sich hierin ausdrükkende, mit dem Freistellungszweck und danach auch mit dem Mißbrauchsmaßstab unvereinbare regionale und strukturpolitische Instrumentalisierung der Mißbrauchsaufsicht. Das wiegt wirtschaftspolitisch umso schwerer, weil eine räumliche Gleichpreisigkeit sowieso kein erstrebenswertes wirtschaftspolitisches Ziel sein kann.

---

[87] Vgl. *Baur, J. F.*, Das Diskriminierungsverbot im Energieversorgungsbereich unter besonderer Berücksichtigung der Verhältnisse in der Elektrizitätswirtschaft, Heidelberg, Hamburg 1979; *Gröner, H.*, Möglichkeiten und Grenzen einer Preisangleichung in der Elektrizitätsversorgung, in: Energiewirtschaftliche Tagesfragen (ET), Bd. 31 (1981), S. 24–26.

Alles in allem sollte man freilich die Einflußmöglichkeiten der wettbewerbspolitischen Mißbrauchsaufsicht nicht überschätzen, weil ihr die gebietliche Marktstruktur der Elektrizitätsversorgung als solche vorgegeben ist. Sie kann, falls sie durchgreifend gehandhabt wird, übermäßige und ausgesprochen zweckwidrige Wettbewerbsbeschränkungen bekämpfen, so vor allem Behinderungsmißbräuche gegenüber der industriellen Kraftwirtschaft. Aber wie auch *Emmerich* zutreffend resümiert,[88] kann sie am Grundmuster der gebietsmonopolistischen Marktstruktur selbst kaum etwas ändern. Den Erfordernissen einer wirksamen Verhaltenskontrolle wird sie nicht gerecht.

4.3. Elektrizitätsversorgung im Spannungsfeld der Regulierungseinflüsse

Die Tatsache, daß die Elektrizitätsversorgung recht verschiedenartigen Regulierungsmaßnahmen unterliegt, fordert die Frage nach dem Verhältnis der einzelnen marktsteuernden Einflußnahmen auf die Elektrizitätswirtschaft heraus, ein Problem, das viel zu oft ausgeklammert wird, weil man nicht selten die einzelnen Einflußkanäle isoliert betrachtet. So blieb bisher wenig beachtet, daß Preisaufsicht und Wettbewerbsaufsicht durchaus in der Lage sind, sozusagen in einer Zangenbewegung zusammenzuwirken, um übergeordneten energiepolitischen Zielen, deren Dringlichkeit hier dahingestellt sei, oder auch anderen wirtschaftspolitischen Zwecken zu dienen. Besonders die Politik der Nivellierung der Strompreise verstärkt einerseits ein wohl zumindest abgestimmtes Vorgehen der beiden Aufsichtsbehörden, läßt aber andererseits neuerlich Widersprüche und Reibungsflächen zwischen beiden Maßnahmekategorien erkennen.[89] So ist zu beobachten, daß die Preisbehörden schon geneigt sind, Preiserhöhungsanträgen stattzugeben, und zwar obwohl zur selben Zeit Landeskartellbehörden noch Mißbrauchsvorbehalte geltend machen. Gleichzeitig waren die Aufsichtsbehörden jedoch offenbar der Ansicht, „eine an der Kosten- und Ertragslage orientierte Preisbildung bei den [städtischen] Weiterverteilern nicht erzwingen zu können, weil ansonsten das System gleicher Preise für Letztabnehmer in Ballungsgebieten und ländlich-regionalen Gebieten durch behördlichen Eingriff durchbrochen werden würde".[90] Aber gerade darin soll sich nun ein ‚übergeordneter' wirtschaftspolitischer Zweck ausdrücken, dem die öffentlich-rechtlichen Genehmigungen der Strompreise aufgrund einer Güterabwägung, in die wohl auch die Aufgaben und Gesichtspunkte der Wettbewerbsaufsicht einzugehen hätten, zu dienen haben. Daran seien die Kartellbehörden dann ebenfalls gebunden, so „daß kartellrechtliche Mißbrauchsaufsicht als spezielle Preisaufsicht in den Bereichen ausgeschlossen ist, in denen nach öffentlichem Recht eine Preisgenehmigung für einen bestimmten Preis erteilt wird."[91] Akzeptiert man einen solchen Vorrang der behördli-

---

[88] Vgl. *Emmerich, V.*, Ist der kartellrechtliche Ausnahmebereich..., a.a.O., S.41.
[89] Vgl. hierzu: *Klaue, S.*, Kartellaufsicht und Fachaufsicht im Bereich der leitungsgebundenen Energieversorgung, in: *Emmerich, V./Lukes, R.* (Hrsg.), Ordnungspolitische Überlegungen..., a.a.O., S.15–22; *Immenga, U.*, Kartellaufsicht..., a.a.O., S.12–13; derselbe, Strompreise..., a.a.O.
[90] *Arbeitsgemeinschaft regionaler Energieversorgungs-Unternehmen (ARE)*, a.a.O., S.116.
[91] *Klaue, S.*, a.a.O., S.19.

chen Preisgestaltung, dann ist es kaum aussichtsreich, gegen die für die Versorgung durch lokale Weiterverteiler besonders bedeutungsvollen Tarifpreise wettbewerbspolitisch vorzugehen. Diese Prärogative der behördlichen Preisgenehmigung bleibt freilich umstritten,[92] während unstreitig ist, daß alle genehmigungsfreien Strompreise, die für Lokal-EVU gewöhnlich nachrangig sind, sowie andere Absatzelemente voll und ganz der kartellrechtlichen Mißbrauchsaufsicht unterliegen, und zwar auch dann, wenn die Preisstellung im genehmigungsfreien Bereich von behördlichen Tarifsetzungen im genehmigungspflichtigen Preissektor verursacht wurde. Geht man aber von einem grundsätzlichen Vorrang der Wettbewerbsaufsicht aus, so sind behördlich genehmigte Erhöhungen von Strompreisen keineswegs kartellrechtlich immunisiert. Allerdings gesteht man meistenteils zu, daß die Kartellbehörden bei der Mißbrauchsaufsicht energiepolitische Erwägungen in den Entscheidungen der Preis- und Fachaufsicht nicht überprüfen können und mitzuberücksichtigen hätten, was schließlich doch eine starke Relativierung der wettbewerbspolitischen Mißbrauchskontrolle bedeuten müßte. Der grundsätzliche Vorrang des Wettbewerbsrechts wird nun sicherlich zutreffend damit begründet, daß die allgemeine Bedeutung der kartellrechtlichen Marktmachtbindung die eingeschränkten Aufsichtskriterien der Preisbehörden überwiege. Letztlich geht es aber um den ordnungspolitischen Wertungswiderspruch zwischen Wettbewerbsaufsicht und behördlicher Preiskontrolle, denn das eine ist eine marktwirtschaftlich-kompensatorische Maßnahme, während der andere Ansatz unzweideutig eine lenkungswirtschaftliche Intervention darstellt. Will man an marktwirtschaftlichen Grundprinzipien festhalten und ihnen auch Geltung verschaffen, so ist die wirtschaftspolitische Rangfolge klar vorgegeben und die behördliche Preisüberwachung im Grunde verzichtbar, weil zur Marktmachtbindung neben der Wettbewerbsaufsicht keine zusätzliche Maßnahme Platz finden kann und somit überflüssig ist. Ein Festhalten an der lenkungswirtschaftlichen Preiskontrolle macht dann deutlich, daß nicht nur die Marktstruktur, sondern über die behördliche Preisgenehmigung auch das Marktverhalten und die Marktergebnisse in der Elektrizitätsversorgung wirtschaftspolitisch instrumentalisiert werden sollen. Dafür müßte freilich das Kriterium der wirtschafts- und energiepolitischen Maßnahmeeffizienz erfüllt sein.

Aber solche offenen Fragen gibt es nicht nur bei der Verhaltenskontrolle über EVU, sondern ebenso im Bereich der Marktstrukturpolitik. Nebeneinander bestehen nämlich die letztendlich maßgebliche privatrechtliche Marktstrukturregelung, deren versorgungswirtschaftliche Gebietsabgrenzungen in hohem Maße von Zufallsfaktoren beeinflußt wurden und werden und die somit großenteils dem Rationalisierungskriterium nicht genügen, und ein redundantes fachaufsichtliches Steuerungsinstrumentarium sowie schließlich eine Mißbrauchsaufsicht, die zur Marktstrukturkontrolle praktisch nicht eingesetzt wird. Sowohl eine wirtschaftspolitisch klare Kompetenzzuweisung wie auch die Kriterien der Maßnahmeeffizienz und der Ordnungskonformität verlangen jedoch, das **marktstrukturelle Instrumentarium** besser als bisher aufeinander abzustimmen und auszugestalten. Hierzu sind verschiedene **Möglichkeiten** denkbar, die kurz umrissen werden sollen:

---

[92] Vgl. *Immenga, U.,* Kartellaufsicht ..., a. a. O., S. 12–13 sowie ebenda den Diskussionsbericht auf den S. 35–43.

- Man könnte die jetzige ‚**privatrechtliche Normsetzung**' beibehalten und die Marktstrukturbildung auch fernerhin in der Zuständigkeit der EVU belassen. Man müßte dann freilich die ordnungspolitischen Bedenken gegen eine solche wirtschaftspolitische Funktionsübernahme hintanstellen. Das vorhandene marktstrukturelle fachaufsichtliche Instrumentarium wäre dann eigentlich überflüssig und könnte abgebaut werden. Aus allgemeinen wettbewerbspolitischen Gründen wäre es jedoch erforderlich, die marktwirtschaftlich-kompensatorische Kartellaufsicht über den Marktstrukturmißbrauch erheblich zu intensivieren. Allerdings könnte erst die Erfahrung zeigen, ob eine nachträgliche Kontrolle des marktstrukturbildenden Vertragssystems wettbewerbspolitisch ausreichend ist oder ob man ein Zulassungsverfahren benötigt, in dem die EVU die zu erzielenden Rationalisierungseffekte offenlegen müssen.

- Entscheidet man sich demgegenüber für eine mit klarer Zielvorgabe ausgestatteten behördlichen Marktstrukturlenkung der **Fachaufsicht,** so kann sie „nur auf die Fachaufsichtsbehörden übergehen, wenn das vertragliche System der Gebietsmonopole gelockert wird".[93] Auch hierbei sind zunächst zwei Probleme offen, und zwar ist einmal zu klären, ob es wirklich genügt, das Gebietsschutzsystem aufzulockern, oder ob es doch erforderlich ist, dieses System völlig abzuschaffen. Zum anderen ist aber auch die Steuerungsintensität des zwar bereits vorhandenen, aber leerlaufenden marktstrukturlenkenden Instrumentariums keineswegs hinreichend sicher vorauszuschätzen. Sollte sich die Lenkungskapazität als unzureichend erweisen, so könnte entweder der ‚Restbedarf' über zusätzliche privatrechtliche Marktregelungen abgedeckt werden oder – was im Rahmen dieses Konzepts jedenfalls konsequenter wäre – man könnte die behördlichen Lenkungsmaßnahmen verschärfen und ergänzen. Die Wettbewerbsaufsicht über die Marktstruktur entfiele in diesem Fall. Einen derartigen lenkungswirtschaftlichen Ausnahmebereich kann man in einer marktwirtschaftlichen Ordnung freilich nur dann rechtfertigen, wenn sich keine Lösungen mit einem höheren Grad an Ordnungskonformität realisieren lassen.

- Schließlich ist es denkbar, daß sich die politisch Verantwortlichen trotz mancher Widerstände zu einem **Mehr an Wettbewerb** auch für die Elektrizitätsversorgung durchringen, was gleichbedeutend wäre mit einem Verzicht auf das Gebietsschutzsystem. Unabhängig davon, welche der denkbaren wettbewerbspolitischen Lösungen man anstrebt, jedenfalls müßte zugleich auch das marktstrukturelle Instrumentarium der Fachaufsicht beseitigt werden, um nicht wirtschaftspolitisch Gefahr zu laufen, daß es irgendwann einmal wieder hervorgeholt wird. Insgesamt machen diese drei Alternativen klar, daß es dringend an der Zeit ist, die Teilbereiche der öffentlichen Einflußnahme auf die Elektrizitätswirtschaft zu koordinieren und zu harmonisieren.

5. Kontrollfragen

1. Welche Strukturmerkmale und Branchenbesonderheiten kennzeichnen die Elektrizitätswirtschaft?
2. Erläutern Sie das elektrizitätswirtschaftliche Regulierungssystem!

---

[93] *Immenga, U.,* Kartellaufsicht ..., a.a.O., S. 7.

3. Erläutern Sie die Nachfrage nach elektrischem Strom mit Hilfe von Lastkurven!
4. In welche Typenklassen lassen sich Kraftwerke einteilen und wodurch sind die einzelnen Klassen charakterisiert?
5. Nach welchen Kriterien sollte man die verschiedenen Kraftwerkstypen einsetzen, um die Nachfrage zu befriedigen?
6. Wie entwickelte sich die Unternehmensstruktur der Elektrizitätsversorgung in der Nachkriegszeit?
7. Diskutieren Sie die Möglichkeiten der „öffentlichen Hand", Einfluß auf die Marktstruktur in der Elektrizitätswirtschaft auszuüben!
8. Erläutern Sie die vertragliche Regulierung der Marktstruktur in der Elektrizitätswirtschaft!
9. Diskutieren Sie das Instrumentarium der staatlichen Wirtschaftspolitik zur unmittelbaren Strukturkontrolle über die Elektrizitätsversorgung!
10. Wie beeinflußt die Wirtschaftspolitik heute das wirtschaftliche Verhalten einzelner Unternehmen oder Unternehmensgruppen unmittelbar? Analysieren und beurteilen Sie diese Maßnahmen!
11. Welche Einflüsse auf die Elektrizitätsversorgung gehen von wirtschaftspolitischen Maßnahmen insbesondere bei den Primärenergieträgern aus?
12. Diskutieren Sie die Argumente, mit deren Hilfe gewöhnlich ein Marktversagen in der Elektrizitätswirtschaft begründet wird!
13. Diskutieren Sie die staatliche Preislenkung in der Elektrizitätswirtschaft!
14. Diskutieren Sie die wettbewerbspolitische Mißbrauchsaufsicht über Energieversorgungsunternehmen!
15. Diskutieren Sie das Verhältnis der einzelnen marktsteuernden Einflußnahmen auf die Elektrizitätswirtschaft und die daraus erwachsenden Probleme!

6. Literaturhinweise

Blankart, Ch. B., Ökonomie der öffentlichen Unternehmen, München 1980.
 In dieser Monographie werden umfassend die volkswirtschaftlichen Fragen öffentlicher Unternehmen untersucht, die alle auch für die Elektrizitätsversorgung bedeutend sind.
Blankart, Ch.B./Faber, M. (Hrsg.), Regulierung öffentlicher Unternehmen, Königstein/Ts. 1982.
 Dieser Sammelband vereint eine Reihe von Arbeiten vor allem zur theoretischen Grundlegung staatlicher Regulierung.
Börner, B. (Hrsg.), Probleme der 4. Novelle zum GWB, Baden-Baden 1981.
Börner, B. (Hrsg.), Materialien zu §§ 103, 103 a GWB, Baden-Baden 1981.
 Bei der 4. Novellierung war heftig umstritten, ob die Marktregelungen in der Elektrizitätswirtschaft wettbewerbspolitisch aufgelockert werden sollten oder nicht. In den beiden Sammelbänden werden zu dieser Frage befürwortende und ablehnende Untersuchungen veröffentlicht. Außerdem enthalten sie Analysen der schließlich getroffenen Neuregelung, die hauptsächlich die Mißbrauchsaufsicht verbessern soll.
Büdenbender, U., Energierecht, München, Köln 1982.
 Der Verfasser gibt einen ausführlichen rechtswissenschaftlichen Überblick über die kaum mehr überschaubaren rechtlichen Regelungen für die Elektrizitätsversorgung und geht dabei auch auf ökonomische Bezüge ein. Kommentierung und Analyse geben den Standpunkt der Elektrizitätswirtschaft wieder.
Bundesregierung, Bericht über die Ausnahmebereiche des Gesetzes gegen Wettbewerbsbeschränkungen, BT-DrS. 7/3206.
 In diesem Bericht begründet die Bundesregierung, weshalb an dem wettbewerbspolitischen Ausnahmebereich für die Elektrizitätsversorgung festgehalten werden soll.
Emmerich, V., Ist der kartellrechtliche Ausnahmebereich für die leitungsgebundene Versorgungswirtschaft wettbewerbspolitisch gerechtfertigt? Hannover 1978.
Emmerich, V., Kartellrecht, 4. Aufl., München 1982.
 In diesen Büchern kann sich der Leser über eine entschiedene Kritik an den derzeitigen Marktverhältnissen der Elektrizitätsversorgung aus wettbewerbstheoretischer sowie aus ord-

3. Elektrizitätsversorgung

nungspolitischer und wettbewerbspolitischer Sicht informieren. Vorschläge zur wettbewerbspolitischen Reform der Elektrizitätswirtschaft ergänzen diese kritische Bestandsaufnahme.

Emmerich, V./Lukes, R. (Hrsg.), Ordnungspolitische Überlegungen zur leitungsgebundenen Energieversorgung, Köln, Berlin, Bonn, München 1977.

Dieser Band enthält Untersuchungen zum Verhältnis von Fachaufsicht zu Kartellaufsicht, zur Problematik des elektrizitätswirtschaftlichen Ausnahmebereichs sowie zur Mißbrauchs- und Fusionskontrolle in der Elektrizitätsversorgung. Dabei kommen Befürworter und Kritiker der kartellrechtlichen Regelungen zu Wort.

Grimmer, K., Die kartellrechtliche Aufsicht nach §§ 103, 104 GWB bei mißbräuchlich überhöhten Strompreisen in der Elektrizitätswirtschaft, Baden-Baden 1980.

Der Autor liefert eine umfassende Analyse der Funktionsweise und Leistungsfähigkeit der Kartellaufsicht über EVU bis zur 4. Novellierung des GWB. Viele der untersuchten Probleme bestehen nach wie vor, so daß die Analyse kaum an Informationswert eingebüßt hat.

Gröner, H., Die Ordnung der deutschen Elektrizitätswirtschaft, Baden-Baden 1975.

Eine umfassende ökonomische Analyse der deutschen Elektrizitätsversorgung und deren wirtschaftspolitischer Beeinflussung bis zum Beginn der siebziger Jahre.

Hamm, W., Kollektiveigentum, Heidelberg 1961.

Die Elektrizitätsversorgung weist einen ungewöhnlich hohen Anteil öffentlicher oder öffentlich beeinflußter Unternehmen auf. Das Buch von *Hamm* stellt die Grundlagenliteratur zur ordnungs- und wirtschaftspolitischen Problematik öffentlicher Unternehmen dar. Es leuchtet die Probleme nach allen Seiten hin aus und begründet, weshalb öffentliche Unternehmen nicht das leisten, was man häufig von ihnen erwartet.

Immenga, U., Wettbewerbsbeschränkungen auf staatlich gelenkten Märkten, Tübingen 1967.

Der Autor untersucht die staatlichen Regulierungs- und Steuerungseinflüsse, denen auch die Elektrizitätsversorgung unterliegt. Dabei beleuchtet er kritisch sowohl die Fachaufsicht wie ebenso die Kartellaufsicht.

Immenga, U./Mestmäcker, E.-J. (Hrsg.), GWB-Kommentar, München 1981.

Dieser wohl ausführlichste GWB-Kommentar erhellt das gesamte wettbewerbspolitische Umfeld auch der Elektrizitätsversorgung. Daneben wird eingehend auf die Sonderfragen des elektrizitätswirtschaftlichen Ausnahmebereichs eingegangen.

Kaufer, E., Theorie der öffentlichen Regulierung, München 1981.

Dieses Werk vermittelt die theoretischen Grundlagen staatlicher Regulierung. Besonders ausführlich geht der Verfasser auf Fragen der Preisbildung und Preiskontrolle ein.

Michaelis, H., Handbuch der Kernenergie, München 1982.

In diesem Werk findet man eine eingehende Erörterung der vielschichtigen Probleme einer verstärkten Nutzung der Kernenergie, und zwar aus der Sicht eines entschiedenen Befürworters dieser Energieform. Die Argumente der Kernenergie-Gegner werden kritisch geprüft und analysiert.

Mönig, W./Schmitt, D./Schneider, H.K./Schürmann, J., Konzentration und Wettbewerb in der Energiewirtschaft, München 1977.

Die Autoren untersuchen nicht nur die Marktstruktur (Konzentration) in der Energiewirtschaft, sondern die energiewirtschaftlichen Marktprozesse schlechthin in ihren vielgestaltigen Verästelungen. So breit wie die Verfasser ihre Analyse angelegt haben, findet man in diesem Buch tiefgreifende Einzeluntersuchungen zu jedem Energiesektor. Hervorzuheben ist die Fülle des empirischen Materials über die Energiemärkte, so insbesondere auch über die Elektrizitätsmärkte.

Monopolkommission, Hauptgutachten I: Mehr Wettbewerb ist möglich, Baden-Baden 1976.

Das erste Hauptgutachten der Monopolkommission enthält eine ausführliche markttheoretische und wettbewerbspolitische Analyse der deutschen Elektrizitätswirtschaft. Dabei erörtert sie die allfälligen Wettbewerbsbeschränkungen ebenso wie das dichte Geflecht von Regulierungsmaßnahmen und einschlägige Reformansätze.

Müller, J./Vogelsang, I., Staatliche Regulierung, Baden-Baden 1979.

Die Verfasser erörtern die staatliche Regulierung in ihrer vollen Breite und bringen auch einen Ländervergleich zwischen den USA und der Bundesrepublik. Bei diesem Buch handelt es sich um Grundlagenliteratur.

Röper, B. (Hrsg.), Wettbewerbsprobleme der Elektrizitätsversorgung, Schriften des Vereins für Socialpolitik, NF Bd. 65, Berlin 1972.

In diesem Tagungsband werden Für und Wider wettbewerbspolitischer Neuregelungen für die Elektrizitätswirtschaft diskutiert. Dabei gehen die Autoren auch auf mögliche Übergangs- und Anpassungsprobleme ein.

Schürmann, H.J., Energiewirtschaft und -politik in der Bundesrepublik Deutschland, als Manuskript herausgegeben vom *Energiewirtschaftlichen Institut an der Universität Köln (EWI)*, Köln 1981.

Schürmann liefert eine empirische Untersuchung aller Sektoren der deutschen Energiewirtschaft, die die Beziehungen zwischen den einzelnen Bereichen und zwischen den einzelnen energiepolitischen Maßnahmen deutlich macht. Er behandelt auch die jeweiligen Marktverhältnisse sowie die Problematik der vielfältigen Wettbewerbsbeschränkungen.

Schulz, W., Ordnungsprobleme der Elektrizitätswirtschaft, München 1979.

Der Verfasser untersucht die markttheoretischen Grundlagen der Elektrizitätsversorgung und geht insbesondere den theoretischen Fragen nach, die die Abgrenzung geschlossener Versorgungsgebiete aufwerfen. Ferner analysiert er die kartellrechtliche Mißbrauchsaufsicht über die EVU sowie verschiedene Vorschläge zur wettbewerbspolitischen Auflockerung des Gebietsschutzes.

Mineralölindustrie

Harald Jürgensen

Gliederung

1. Einführung
   1.1. Stellung der Mineralölindustrie in der Weltwirtschaft
   1.2. Rahmendaten der Mineralölindustrie in der Bundesrepublik Deutschland
2. Struktur und Verhaltensweisen der Mineralölindustrie
   2.1. Versorgungslage auf den Mineralölmärkten in der Bundesrepublik Deutschland
   2.2. Nachfrage nach Mineralöl und Mineralölprodukten in der Bundesrepublik Deutschland
   2.3. Anbieterstruktur in der Mineralölindustrie
      2.3.1. Förderung
      2.3.2. Transport
      2.3.3. Raffinerien
      2.3.4. Vertrieb
   2.4. Preisverhalten der Mineralölindustrie
3. Wettbewerbspolitische Folgerungen
   3.1. Ausgleich administrativ bedingter internationaler Wettbewerbsverzerrungen
   3.2. Perspektiven der 80er Jahre und Anpassungserfordernisse an die Mineralölindustrie
4. Kontrollfragen
5. Literaturhinweise

1. Einführung

1.1. Stellung der Mineralölindustrie in der Weltwirtschaft

Politische Krisen in bedeutenden Ölförderländern und anhaltende drastische Preisanhebungen für Rohöl haben die Mineralölwirtschaft in den letzten Jahren in den Blickpunkt wissenschaftlicher und politischer Diskussionen gerückt. Die Veränderungen auf dem Mineralölmarkt haben zu Anpassungen in der internationalen Mineralölwirtschaft geführt, die sichergestellt haben, daß trotz aller Probleme die Versorgungslage ohne größere Friktionen sichergestellt werden konnte. Dies ist bei einem Rohstoff, der heute etwa die Hälfte des Weltenergiebedarfs deckt, in den letzten Jahrzehnten den größten Teil des Zuwachses des Energiebedarfs abdeckte und von dessen Verfügbarkeit die weltwirtschaftliche Entwicklung maßgeblich determiniert wird, von hervorragender Bedeutung.

Ausgangspunkt der Spannungen auf den Mineralölmärkten ist das Auseinanderfallen der Verbraucherregionen und der Förderregionen. Die geologische Verfügbarkeit und die geografische Verteilung der Weltrohölreserven ist in starkem Maße konzentriert[1]: Weit über 50 vH der Anfang 1980 nachgewiesenen Reserven fallen auf den Nahen Osten, jeweils knapp 10 vH auf Mittel- und Südamerika, Afrika und den Ostblock, ca. 5 vH je auf Nordamerika und den Fernen Osten und 3 bis 4 vH auf Westeuropa. Größere, noch nicht explorierte Sedimentbecken werden lediglich – außer in unwirtschaftlichen Gebieten (entlegene Meeresbereiche) – im Ostblock vermutet. Dies verdeutlicht die Mineralölabhängigkeit der westlichen Industrienationen auch für die Zukunft, die sich bereits jetzt in der Verteilung der Rohölförderung darstellt: Bei einer Weltrohölförderung von rd. 3,2 Mrd. Tonnen (1980) entfallen auf den Nahen Osten mit 1,1 Mrd. Tonnen etwa ein Drittel der Gesamtförderung, den Ostblock mit 600 Mio. Tonnen 19 vH, Nordamerika mit 560 Mio. Tonnen entsprechend 17 vH, Afrika mit 305 Mio. Tonnen 9 vH, den mittel- und südamerikanischen Raum 279 Mio. Tonnen (9 vH), den Fernen Osten 251 Mio. Tonnen (8 vH). Auf Westeuropa entfallen 111 Mio. Tonnen, bzw. 3 vH der Weltrohölförderung. Unter Berücksichtigung des Eigenbedarfs der Regionen kommen als Überschuß-Fördergebiete gegenwärtig nur der Nahe Osten und einzelne afrikanische, lateinamerikanische und ostasiatische Länder in Frage.

Diese Situation war die Voraussetzung für die Entwicklung der internationalen Mineralölmärkte, die ursprünglich von den in westlichen Industrienationen beheimateten Mineralölunternehmen aufgebaut wurden. Exploration, Förderung und Vermarktung lagen weitgehend in der Hand von ca. 50 international agierenden Gesellschaften, insbesondere der sog. **„Seven Sisters"** *(EXXON, SHELL, BP, TEXACO, SOCAL (Chevron), GULF, MOBIL)*.[2]

---

[1] Vgl. *BP*(Hrsg.), Zahlen aus der Mineralölwirtschaft, Hamburg 1980; *Schürmann, H.J.*, Deutsche Ölinteressen, in: OEL, Heft 1 (1981), S. 2–10.

[2] Vgl. *Burchard, H.J.*, Funktionsweise der internationalen Ölmärkte, in: *Siebert, H.*, Erschöpfbare Ressourcen, Schriften des Vereins für Socialpolitik, NF Bd. 108, Berlin 1980, S. 461 ff.

Partizipationsabkommen und Verstaatlichungen vor allem in den Ländern der *OPEC* und *OAPEC* haben seit Anfang der 70er Jahre die Marktstruktur grundlegend verändert. Das Rohöl in den angesprochenen Ländergruppen gehört nicht mehr den Mineralölgesellschaften, und die Förderkriterien werden nicht mehr von diesen beeinflußt, sondern die Fördermengen und Rohölpreise werden den jeweiligen nationalen wirtschaftlichen und politischen Zielsetzungen der Lieferländer entsprechend von diesen bestimmt. Die Förderländer sind vom Prinzip her daran interessiert, die Produktion auf ein Niveau zu bringen, bei dem die Erlöse ausreichen, die eigenen Ausgaben zu decken und gleichzeitig die Förderung der begrenzten Reserven zeitlich zu strecken.[3]

Ein weitgehendes monopolistisches Anbieterverhalten gelingt den *OPEC*-Staaten trotz eines Anteils an der Welt-Rohölförderung von nur rd. 50 vH (1973: 54 vH, 1979: 48 vH), weil ihr Anteil an den international gehandelten Erdölmengen wegen ihres geringen Eigenverbrauchs und des hohen Eigenverbrauchs in den meisten anderen Förderländern nahezu 90 vH beträgt. Vor diesem Hintergrund und wegen der kurzfristig niedrigen **Preiselastizität** der Verbraucherländer konnte eine Anhebung des Rohölpreises von unter 3 US-$ je Barrel im Jahre 1973 auf teilweise über 40 US-$ Ende 1980/Anfang 1981 durchgesetzt werden. Die Folgen der enormen Preisschübe sowohl 1973/74 als auch nach 1978 konnten jeweils nur mit erheblichen Friktionen in den Verbraucherländern und für die Weltwirtschaft überwunden werden bzw. wirken fort in einer weitgehenden Wirtschaftsstagnation und ungelösten Zahlungsbilanzproblemen vieler ölabhängiger Industrie- und Entwicklungsländer. Dabei war und ist die Leistungsfähigkeit marktwirtschaftlicher Anpassungsmechanismen weniger durch das Ausmaß der Preisanhebungen gefordert als durch die abrupten Veränderungen. Daß auch diese Situationen überwunden wurden, zeigten die Mechanismen, mit denen die Finanzverwendung der *OPEC*-Überschüsse nach dem ersten Preisschub gelang und deutet sich in den Entwicklungen zur Bewältigung der Zahlungsbilanzprobleme nach dem zweiten Preisschub an, auch wenn hier für die Lösung der Probleme mehr Zeit beansprucht wird[4]: Das international stabile Investitionsverhalten deutet an, daß innovative und Mineralöl-substitutive Maßnahmen die langfristige Lösung der durch die steigenden Ölrechnungen entstehenden Probleme vorbereiten, auch wenn diese Chance teilweise überschattet wird von dem Stabilisierungszwang, dem zahlreiche Länder ausgesetzt sind.

In der Folge der veränderten Marktposition der internationalen Mineralölunternehmen und der gestiegenen Einstandspreise für Rohöl hat auch die internationale Mineralölwirtschaft Anpassungsprozesse eingeleitet und zum Teil durchlaufen, die eine Steigerung ihrer Leistungsfähigkeit auf all ihren Aktionsstufen bedeutet:

- Intensivierung der Exploration und Aufnahme der Produktion in neuen, Nicht-*OPEC*-Regionen,

---

[3] Vgl. *Deutsche Shell AG* (Hrsg.), Perspektiven der Energieversorgung, Hamburg 1980, S. 9. Aus diesem Umstand resultierende quantitative Versorgungsprobleme konnten bislang vermieden werden, da Saudi-Arabien weiterhin auf hohem Niveau produziert, obwohl die innenpolitischen Interessen eher eine Produktionskürzung verlangen.

[4] Vgl. *Sachverständigenrat zur Begutachtung der gesamtwirtschaftlichen Entwicklung*, Jahresgutachten 1980/81, Bonn 1980, Ziff. 1 ff. und Ziff. 280.

- Anpassung der Raffineriekapazitäten,
- Straffung des Distributionssystems.

1.2. Rahmendaten der Mineralölindustrie in der Bundesrepublik Deutschland

Die veränderten internationalen Rahmenbedingungen haben auch für die Mineralölwirtschaft in der Bundesrepublik neue Daten gesetzt. Der steile Anstieg des Energieverbrauchs in der Bundesrepublik Deutschland nach dem Kriege von 135,5 Mio. t SKE (Steinkohleeinheiten) im Jahre 1950 auf nahezu 380 Mio. t SKE im Jahre 1973[5] wurde größtenteils durch Mineralöl gedeckt, seit Anfang der 70er Jahre auch zunehmend durch Gas. Bis 1975 sank der Verbrauch an Primärenergie dann auf 347,7 Mio. t SKE, um bis 1979 auf über 408 Mio. t SKE anzusteigen und 1980 dann wieder auf 391 Mio. t SKE abzusinken. Mit gegenwärtig 48 vH stellen dabei Mineralölprodukte den bedeutendsten Energieträger dar (1973: 55 vH). Damit deckt die Bundesrepublik ihren Energiebedarf etwa zur Hälfte mit einem Rohstoff, der nur zu 4 vH des jährlichen Bedarfs aus heimischer Produktion gewonnen werden kann, also zu 96 vH importiert werden muß. Dies erklärt auch die jeweils nach den internationalen Preisschüben für Rohöl aufgetretenen Zahlungsbilanzprobleme.

In der Bundesrepublik konnten die Belastungen der Zahlungsbilanz nach den Preiserhöhungen 1973/74 infolge der günstigen weltwirtschaftlichen und binnenwirtschaftlichen Konjunkturentwicklung und der DM-Aufwertung weitgehend aufgefangen werden. Die Ölpreiserhöhung 1979/80 dagegen fiel in eine Situation, in der der deutsche Konjunkturaufschwung mehr Kraft hatte als die Erholung im Ausland und aus dem Konjunkturgefälle heraus eine Kompensation der erhöhten Importaufwendungen durch Exporte nicht gelang.[6] So kann allein die Ölverteuerung von Ende 1978 auf Ende 1980 um 150 vH als Hauptdeterminante des Leistungsbilanzdefizits des Jahres 1980 angesehen werden; die Belastung kann mit über 30 Mrd. DM beziffert werden (ca. 63 Mrd. DM statt ca. 31 Mrd. DM in 1978).[7]

Die Perspektiven für die nächsten Jahre lassen nun eine allmähliche Besserung erwarten. Drastisch veränderte Preisrelationen eröffnen niemals zuvor beobachtete Substitutionschancen. Dabei sind die entscheidenden Preisweichen alle schon in den 70er Jahren gestellt worden, die innovatorischen Antworten brauchen aber Zeit, um sich über Grundlagen- und Anwendungsforschung in technischen Fortschritt zu verwandeln. Das bedeutet aber auch, daß, wenn in dieser Sicht die zweite Hälfte der 70er Jahre ungewöhnlich viel neue Herausforderungen formulierte, sich im Verlauf der 80er Jahre nach aller Erfahrung die innovatorischen Antworten häufen werden und diese – das haben Innovationen so an sich – oft über die Erwartungen hinausführen und nicht nur den Problembereich lösen, auf den sie angesetzt wurden.

Allerdings bedeuten diese Tendenzen – bei allen Bemühungen der Energie- und insbesondere Mineralöleinsparung – keinesfalls, daß die Abhängigkeit der wirtschaftli-

---

[5] Hierzu und zu dem Folgenden vgl.: *BP, Zahlen der Mineralölwirtschaft,* a. a. O., S. 58; *Arbeitsgemeinschaft Energiebilanzen,* Pressemitteilung, Düsseldorf, 15. 12. 80; *Mineralölwirtschaftsverband,* Lagebericht Januar 1981.
[6] Vgl. *Sachverständigenrat,* a. a. O., Ziff. 162.
[7] *Statistisches Bundesamt,* zit. nach *BMWI,* Tagesnachrichten vom 10. 2. 1981.

chen Entwicklung vom Energie- und Mineralölabsatz sinken wird. Die aus der gegenwärtigen Struktur der Energieverbraucher resultierenden Vorgaben lassen sich erst mit der Zeit umstrukturieren und reichen bis über das laufende Jahrzehnt, zum Teil Jahrhundert hinaus. Die Veränderung der Strukturen selbst bedarf des Energieeinsatzes. So wird offensichtlich, daß zunächst mehr Energie benötigt wird, um in Zukunft Energie zu sparen, – und die Hauptlast wird auch in den kommenden ein bis zwei Jahrzehnten vom Mineralöl zu tragen sein.

Um einen Strukturwandel zu ermöglichen, der auf lange Sicht unzweifelhaft erforderlich ist, hängt es in den nächsten Jahrzehnten ganz wesentlich von der Fähigkeit der Mineralölindustrie ab, den weiterhin hohen Anteil des Öls am Primärenergieverbrauch bereitzustellen und auch selbst durch zielgerichtete Anpassungsinvestitionen sich verändernden Rahmenbedingungen bezüglich der Angebots- und Nachfragestrukturen anzupassen.[8] Die Leistungsfähigkeit der Mineralölindustrie selbst wird somit daran zu messen sein, inwiefern sie die ihr zugewiesene Rolle in der Sicherung der reibungslosen Versorgung auf einem internationalen Markt wahrnimmt, dessen Risiken eher größer, denn kleiner werden und der den Schlüssel für die weitere Entwicklung darstellt, um damit gleichzeitig die Voraussetzungen für Innovationen zu liefern, die ein Wachstum ermöglichen, dessen neue Struktur sich noch herausbilden muß und eher an qualitativen als an quantitativen Kriterien orientiert ist.

Vor diesem Hintergrund soll im folgenden die Mineralölindustrie in der Bundesrepublik Deutschland untersucht werden.

2. Struktur und Verhaltensweisen der Mineralölindustrie

2.1. Versorgungslage auf den Mineralölmärkten in der Bundesrepublik Deutschland

Der größte Teil der Mineralölversorgung wird durch **Rohölimporte** gedeckt, hinzu kommt ein beträchtlicher **Import an Mineralölprodukten**. Der Anteil der heimischen Förderung ist mit ca. 4 Mio. t oder 4 vH am Rohöleinsatz (1980) gering. Die Bedeutung der heimischen Produktion für die Marktversorgung ist nicht nur relativ rückläufig, seit Ende der 60er Jahre sind auch die absoluten Fördermengen zurückgegangen. Es besteht jedoch die Aussicht, daß diese Menge nur allmählich weiter sinken wird, da die steigenden Preise den Einsatz intensiverer und kostspieligerer Fördertechniken erlauben und somit der Entölungsgrad der bislang erschlossenen Erdölfelder erhöht werden kann.[9] Darüber hinaus erlauben die steigenden Preise die Erschließung bislang wirtschaftlich nicht nutzbarer Quellen.

Die **Rohölimporte** haben sich von 1950 bis 1960 mehr als verzehnfacht, von 1960 bis zu ihrem vorläufigen Höchststand 1973 nahezu verfünffacht[10], um nach einem Rück-

---

[8] Vgl. *Welbergen, J. C.*, Parole „Weg vom Öl" führt in die Irre, in: OEL, Heft 5, (1978).
[9] *ESSO AG*, Wirtschaftliche, technische und politische Aspekte der internationalen Mineralölversorgung und des Mineralölmarkt in der Bundesrepublik Deutschland, Hamburg 1980 (als Manuskript vervielfältigt), S. 12.
[10] Hierzu und zu dem Folgenden vgl. ebenda und *BP*, Zahlen aus der Mineralölwirtschaft, a.a.O., S. 14; *Mineralölwirtschaftsverband (MWV)*, Jahresbericht 1979, Tabellenteil.

4. Mineralölindustrie

gang 1979 dieses Niveau wieder zu erreichen (ca. 110 Mio. t) und 1980 erneut um 10 vH zurückzugehen. Zur Deckung des Mineralölbedarfs tragen die Importe an Rohöl 1980 zu 70 vH bei (Schwankungsbreite in den vergangenen zehn Jahren 60–70 vH). Die Herkunft der Rohöllieferungen hat sich in den vergangenen 30 Jahren erheblich verändert. Während bis 1960 die Länder des Nahen Ostens mit 80 bis 90 vH deutlich den größten Anteil bestritten, ging er bis 1970 auf 33 vH zurück, um in Zeiten von Versorgungsengpässen der 70er Jahre erneut auf teilweise 56 vH anzusteigen. Mitte der 60er Jahre bis zur ersten Ölkrise 1973 kam vorübergehend der größte Anteil der Rohöllieferungen aus Afrika (Libyen und Nigeria).

Tabelle 1: Mineralölverbrauch in der Bundesrepublik Deutschland

	1950	1960	1970	1973	1980
Rohölverbrauch in Mio. t SKE	4,7	44,4	178,9	208,9	187,0
Anteil am Energieverbrauch in vH	4	21	53	55	48
Importe in vH vom Verbrauch	66	81	93	94	96

Quellen: *Hauptberatungsstelle für Elektrizitätsanwendung* (Hrsg.), Energieversorgung, S. 14; *BP*, Zahlen aus der Mineralölwirtschaft, Hamburg 1980, S. 15 f. und S. 58; *Arbeitsgemeinschaft Energiebilanzen*, Pressemitteilung vom 15. 12. 1980.

Die bedeutendsten Rohölanbieterstaaten auf dem Weltmarkt haben sich 1960 zur *OPEC* (Organization of the Petroleum Exporting Countries) zusammengeschlossen.[11] Gegründet als Schutzorganisation gegenüber den internationalen Erdölgesellschaften, ist die *OPEC* inzwischen zu einem **kartellähnlichen Verband** mit wechselnder Intensität in den Erfolgen der gemeinsamen Preis- und Mengenpolitik geworden. Die Mineralölindustrie der Bundesrepublik ist trotz der skizzierten Bemühungen um eine Streuung des Bezuges von Rohöl aus nahezu allen bedeutenden Förderregionen auch weiterhin abhängig von Lieferungen aus der *OPEC*. 1979 kamen 83 vH der Importe von dieser Staatengruppe, wobei der Nahe Osten und Afrika jeweils ca. 40 vH bestritten. Wesentliche Veränderungen sind in Zukunft nicht zu erwarten, allenfalls, daß der seit Mitte der 70er Jahre nennenswerte Anteil des Nordseeöls von 14 vH (1979) auf ca. 20 vH ansteigen kann.

Mit ca. 30 vH ist der **Import an Mineralölprodukten** an der Versorgung der binnenwirtschaftlich wirksamen Nachfrage auf den Mineralölmärkten beteiligt. Grundsätzlich ist die deutsche Mineralölindustrie auf die Versorgung des Binnenmarktes ausgerichtet.[12] Aufgrund der **Kuppelproduktion** stimmen Produktions- und Nachfragestrukturen nicht überein, Spitzen bei den Einzelprodukten werden im internationalen Produkthandel ausgeglichen. Für zahlreiche Produkte kommen internationale Handelsströme durch saisonale und produktspezifische Schwankungen sowie Spezialisierungen zustande oder die Versorgung benachbarter ausländischer (binnenländischer) Regionen erfolgt von binnenländischen (ausländischen) Verarbeitungszentren.

---

[11] Vgl. Mönig, W., u. a., Konzentration und Wettbewerb in der Energiewirtschaft, München 1977, S. 126.
[12] Hierzu und zu dem Folgenden vgl. *MWV*, Jahresbericht 1979, S. 27.

Tabelle 2: *Mineralöl-Versorgung der Bundesrepublik Deutschland 1950–1979**

Jahr	Rohöleinfuhr aus:									Inland-Rohöl (Förderung) in 1000 t	Rohöl-versorgung insgesamt in 1000 t
	Naher Osten		Afrika		Westeuropa		Sonstige Länder		Gesamt			
	in 1000 t	in vH	in 1000 t	in vH	in 1000 t	in vH	in 1000 t	in vH	in 1000 t	in vH		
1950	1837	82,9	–	–	–	–	380	17,1	2217	66,4	1119	3336
1960	18650	80,1	402	1,7	–	–	4221	18,2	23273	80,8	5530	28803
1970	33830	34,3	58118	58,8	–	–	6839	6,9	98787	92,9	7535	106322
1973	54455	49,3	50774	46,0	366	0,3	4898	4,4	110493	94,3	6638	117131
1975	46781	52,0	37373	41,5	624	0,7	5247	5,8	90025	94,0	5741	95766
1976	51138	51,6	41306	41,6	1853	1,9	4905	4,9	99202	94,7	5524	104726
1977	48779	50,0	39228	40,2	5147	5,3	4416	4,5	97570	94,8	5401	102971
1978	45246	47,3	36887	38,6	9088	9,5	4447	4,6	95668	94,9	5059	100727
1979	43621	40,6	43036	40,1	15338	14,3	5360	5,0	107355	95,7	4774	112129
1980	42200	43,1	33700	34,4	17700	18,1	4300	4,4	97900	95,5	4600	102500

* Ohne Eigenverbrauch der Raffinerien und Bunkermengen.

Quelle: *MWV*, Jahresbericht 1979.

Tabelle 3: Im- und Exporte der Bundesrepublik Deutschland von Mineralölprodukten (in 1 000 t)

Jahr	Importe	Exporte
1950	934	118
1960	7 217	2 788
1970	31 041	8 431
1973	41 789	8 835
1975	37 270	6 436
1976	41 619	6 665
1977	40 834	6 452
1978	46 769	6 201
1979	41 265	6 735
1980	40 000	7 300
darunter (1980): Heizöl leicht und Dieseltreibstoff	16 200	1 100
Benzin	9 000	1 000

Quelle: *MWV*, Jahresbericht 1979, Lagebericht Januar 1981

Die Importe der Bundesrepublik Deutschland sind darüber hinaus von der Preis- und Mengenentwicklung auf dem benachbarten internationalen **Spot-Markt** Rotterdam stark abhängig: Besteht dort ein reichliches und preisgünstiges Produktangebot, führt das zu überproportional steigenden oder unterproportional sinkenden Produkteinfuhren bei einer Zurücknahme des binnenländischen Rohöldurchsatzes, wie dies beispielsweise 1980 zu verzeichnen war.[13] Bei Verknappungstendenzen, die in Zukunft eher zu erwarten sind, liegen die Spot-Preise jedoch relativ hoch. Eine Unabhängigkeit von diesen erratischen Preisschwankungen und -strukturen kann auch über eine Anpassung der Produktionsstruktur der heimischen Mineralölindustrie nicht vollständig erreicht werden.

Struktur und Kapazitäten der Raffinerien: Eine Analyse der Importströme zeigt ein deutliches Schwergewicht der Zulieferungen bei leichtem Heizöl, Dieseltreibstoff und Benzin (Anteil an den Gesamtimporten 1979: 65 vH). Aus der Kuppelproduktion resultierende Fehlmengen bei diesen Produkten lassen sich nicht ohne weiteres durch eine Vergrößerung des Raffineriedurchsatzes kompensieren.[14] Hierdurch würde gleichzeitig der Ausstoß der anderen Produkte über den Bedarf hinaus ansteigen, insbesondere der schwerer Öle (schweres Heizöl), deren Absatzmöglichkeiten aufgrund energiepolitischer Beschlüsse sinkt (Versagung von Errichtungsgenehmigungen für neue Ölkraftwerke, Hinwirken auf die Nutzung bestehender nur noch für Mittel- und Spitzenlast, Förderung der Verstromung von Steinkohle).

Bei bestehender Ausbringungsstruktur der Raffinerien beschränkt also eigentlich das Produkt mit dem zur Ausbringung geringsten Verbrauch, im wesentlichen schweres Heizöl, den gesamten Rohöldurchsatz, wenn keine Kompensationsmöglichkeit durch Exporte besteht. Die Ausrichtung auf die gut verkäuflichen Leicht- und Mitteldestillate durch zügigen Ausbau der Raffinerieanlagen in Jahren ungebrochenen

---

[13] Vgl. *MWV*, Jahresbericht 1978, S. 21.
[14] Vgl. hierzu *ESSO AG,* Wirtschaftliche ..., a.a.O., S. 14.

Wachstums des Mineralölverbrauchs, hatte Überschüsse an schwerem Heizöl und entsprechend niedrige Preise dafür zur Folge, die ihrerseits den Ölverbrauch durch Umstellen von Kohle auf Öl anregten.

Angesichts der nach 1973 weltweit verringerten Wachstumsraten stellten sich sowohl in der Bundesrepublik als auch international erhebliche **Überkapazitäten** bei der Mineralölverarbeitung heraus. Die seither laufenden Bemühungen der Mineralölindustrie, die Raffineriekapazitäten an das eher sinkende Absatzniveau und die sich weiterhin ändernde Absatzstruktur an Mineralölprodukten anzupassen, haben sich 1979 erstmals in der Verringerung der Raffineriekapazitäten niedergeschlagen.[15] Mit 159 Mio. t hatten diese 1978 bei einem Rohöleinsatz von 99 Mio. t (Auslastungsgrad: 62 vH) ihren bisherigen Höchststand erreicht (zum Vergleich 1970: Kapazität: 120 Mio. t, Auslastung: 88 vH), der 1979 um 6 Mio. t abgebaut wurde (Auslastung: 90 vH).

Dieser Kapazitätsabbau erfolgte zum Teil marktausgleichsbezogen. Dazu wurden bestehende Destillationseinheiten durch technische Umrüstung in Konversionsanlagen umgewandelt, über welche die Engpaß-Outputgröße ‚schweres Heizöl' teilweise in Gase, Benzine und leichte Heizöle umgewandelt werden kann, um somit eine höhere Anpassung der Ausbringungs- an die Bedarfsstruktur zu erreichen.[16] Der Ausbau dieser Zweitverarbeitungsanlagen ist in den letzten Jahren erheblich vorangetrieben worden. Die **Konversionskapazität** der Mineralölindustrie in der Bundesrepublik Deutschland ist von 1973 bis 1980 von 19 Mio. t auf mehr als 30 Mio. t ausgeweitet worden. Ihr Anteil an der Destillationskapazität wurde damit insgesamt auf ca. 20 vH erhöht.[17] Durch den Rückgang des Schwerölverbrauchs von 30 Mio. t 1973 auf 1980 entstand auf diesem Markt ein Preisdruck, der den Zwang der Mineralölindustrie zur Umstrukturierung der Raffinerien verstärkte.

2.2. Nachfrage nach Mineralöl und Mineralölprodukten in der Bundesrepublik Deutschland

Innerhalb der letzten drei Jahrzehnte hat sich der Verbrauch an Mineralöl von 1950 6,3 Mio. t SKE auf 210 Mio. t SKE im Jahre 1979 erhöht (1980: 187 Mio. t SKE). Der Endenergieverbrauch ist bis 1978 von 1950 unter 4 Mio. t SKE auf 150 Mio. t SKE (1979) angestiegen. Bestimmend für die Verbrauchsentwicklung war zunächst die Nachfrage nach den vier Hauptprodukten Benzin, Dieselkraftstoff, leichtes und schweres Heizöl sowie der Tatbestand, daß die Produkte – mit Ausnahme des schweren Heizöls, das zur Schonung der deutschen Steinkohlenförderung gewissen Absatzbeschränkungen unterworfen wurde – bis zu der vorläufigen Wende in der Energieversorgung 1973 praktisch ohne quantitative Restriktionen und preiswert angeboten wurden. Die Voraussetzung für die Steigerung des Mineralölabsatzes waren die relativ hohen Wachstumsraten der inländischen Produktion der 50er und 60er Jahre, für die Energieeinsatz erforderlich war. Der niedrige Preis und die hohe **Angebotselastizität** ließen den Ölanteil an dieser Nachfrageentwicklung überproportional

---

[15] Vgl. *MWT*, Jahresbericht 1979, S. T 15.
[16] Vgl. ebenda, S. 20.
[17] Vgl. *VWD Montan/EN,* Nr. 157 v. 19.8. 1980, S. 10.

Tabelle 4: Preisentwicklung für ausgewählte Brennstoffe in DM/t SKE (ohne Vst[+] bzw. MWSt)

Jahr	Industrie-Kohle ab Zeche	Leichtes Heizöl ab Lager*	Schweres Heizöl ab Raffinerie*
1960	60,-	90,-	60,-
1970	75,-	85,-	58,-
1975	135,-	185,-	135,-
1979	175,-	340,-	180,-
1980	200,-	415,-	245,-
Januar 1981	210,-	465,-	325,-

* Einschl. Mineralölsteuer.
[+] Vorsteuer

partizipieren (vgl. *Tabelle 4*). Bis Mitte der siebziger Jahre lag der reine Schwerölpreis stets bei oder unter dem für die vergleichbare Industriekohle – berücksichtigt man einen handling-Nachteil für die Kohle von ca. DM 20,-/t und den höheren Wirkungsgrad des Öls, so zeigt sich ein deutlicher Vorteil des Öls (HS) bis Ende der siebziger Jahre.[18]

Während der Einsatz der Primärenergie relativ parallel sowohl zu der Entwicklung der Industrieproduktion als auch des Sozialprodukts verlief, stieg der Mineralölverbrauch bis 1965 im Durchschnitt ca. viermal so stark an wie das Sozialprodukt, von 1965 bis 1973 ca. zweimal so stark. Die seitdem stark schwankenden Wachstumsraten des Sozialprodukts werden auch in den Folgejahren noch von denen des Mineralölverbrauchs übertroffen.[19]

Eine Analyse der Entwicklung der Struktur des Verbrauchs der Mineralölprodukte zeigt eine deutliche Verschiebung der Produktgruppen: Ursprünglich dominierten die Kraftstoffe (1955: 58 vH des mengenmäßigen Absatzes[20]), an leichtem Heizöl wurde lediglich 5 vH, an schwerem 17 vH nachgefragt. In den 60er Jahren drang dann das Heizöl als Brennstoff vor, so daß 1970 der Kraftstoff nur noch 22 vH (Benzin: 14 vH, Diesel: 8 vH) am Gesamtabsatz ausmachte, die Heizöle 61 vH (leichtes Heizöl: 38 vH, schweres Heizöl: 23 vH). Seitdem hat sich erst eine geringfügige Strukturverschiebung zu Lasten des schweren Heizöls und zu Gunsten der Kraftstoffe ergeben. Während des ganzen Zeitraumes hat die Restgröße zwischen 14 und 20 vH geschwankt, hierunter fallen die petrochemischen Produkte, Schmieröle etc. und Spezialprodukte, wie z. B. Lösungsmittelbenzin, Düsentreibstoff.

Eine Aufschlüsselung des Mineralölverbrauchs nach Verbrauchssektoren zeigt, daß die Haushalte und Kleinverbraucher mit ca. 34 vH (1980) den größten Anteil am Ölverbrauch haben, gefolgt von den Sektoren Verkehr (25 vH), Industrie (14 vH) und der Petrochemie (9 vH). Der Anteil des Mineralöls am gesamten Endenergiebedarf hat sich dabei im Zeitablauf deutlich verschoben: In der Industrie von 1 vH (1950) über 39 vH (1973) auf 31 vH (1978), im Verkehr in den entsprechenden Jahren von

---

[18] Selbst bei leichtem Heizöl bis zur Ölpreiswende 1973.
[19] Vgl. *ESSO AG* (Hrsg.), Energiewirtschaft und Energiepolitik, als Manuskript veröffentlicht, Hamburg, September 1980, S. 8a.
[20] 31 vH Dieselkraftstoff und 27 vH Motorbenzin; vgl. hierzu und zu dem Folgenden: *ESSO AG* (Hrsg.), Wirtschaftliche ..., S. 15f.

Tabelle 5: Mineralölverbrauch nach Produkten* (in vH)

	1955	1960	1965	1970	1975	1979	1980
Motorbenzin	27	20	15	14	17	17	20
Dieselkraftstoff	31	17	11	8	9	10	11
Heizöl, leicht	5	23	34	38	39	38	35
Heizöl, schwer	17	26	26	23	19	17	17
Sonstiges (Bitumen, petrochemische Produkte, Schmieröl etc.)	20	14	14	17	16	18	17

* Ohne Eigenverbrauch der Raffinerien, Verluste, Militär, Hochseebunker und Exporte.
Quelle: *ESSO-AG*, Wirtschaftliche, technische und politische Aspekt der internationalen Mineralölversorgung und der Mineralölmarkt in der Bundesrepublik Deutschland, Hamburg 1980, S. 15 a; *MWV*, Lagebericht Januar 1981, eigene Berechnungen.

Tabelle 6: Mineralölverbrauch nach Verbrauchergruppen (in vH)

	1965	1970	1975	1980
Haushalte und Kleinverbraucher	28	31	33	34
Verkehr	22	20	24	25
Industrie, einschließlich industrielle Kraftwerke	25	21	18	14
Öffentliche Kraftwerke	3	4	4	4
Petrochemie	3	7	6	9
Sonstiges	12	10	8	8
Eigenverbrauch der Raffinerien	7	7	7	6

Quelle: *ESSO-AG*, Wirtschaftliche ..., a. a. O., S. 15 a.

23 vH über 96 vH auf 97 vH und schließlich bei den Haushalten und Kleinverbrauchern von 2 vH über 63 vH auf 61 vH.[21]

Die extensiven Wachstumsprozesse waren weitgehend zum Beginn der 70er Jahre abgeschlossen. Die unter langfristigen Knappheitsstrukturen zu beurteilende **Unterbewertung** des Öls und die in keinem Verhältnis zu ihren Reserven stehende Ausbeutung der Energiereserven hat somit im Wettbewerb der Energieträger das Öl begünstigende und die festen Brennstoffe (insbesondere Steinkohle) verdrängende Strukturen teils irreversibler Natur geschaffen.

2.3. Anbieterstruktur in der Mineralölindustrie

Die hohe Kapitalintensität auf allen Verarbeitungsstufen der Mineralölindustrie[22] und das Auseinanderfallen von Förder- und Verbraucherländern hat bereits frühzeitig das Entstehen international agierender Unternehmen gefördert. Dies bezieht sich auf die rohstoff- und produktspezifischen Merkmale des Produkts Öl sowohl im Bereich der „upstream"-Operationen, also den Voraussetzungen und Bedingungen der

---

[21] Vgl. *ESSO AG* (Hrsg.), Wirtschaftliche ..., a. a. O., S. 15 ff.; *HEA*, Energieversorgung, a. a. O., S. 20 ff.
[22] Vgl. *Burchard, H. J.*, a. a. O., S. 463.

4. Mineralölindustrie

Rohölversorgung, als auch im Bereich der „downstream"-Operationen, d. h. der Verarbeitung und Vermarktung der Produkte der Mineralölindustrie.[23]

Die weitgehende **Homogenität** des in der Mineralölindustrie verwandten Rohstoffes, die **technische Identität** der Produktionsprozesse auf der Ausgangsstufe und die in der Mineralölwirtschaft typische **Kuppelproduktion** bei der Mineralölverarbeitung auf der Raffinerieebene haben dazu geführt, daß die Mineralölkonzerne gleichermaßen auf den verschiedenen Absatzmärkten tätig wurden (integrierte Ölkonzerne)[24], wobei die ökonomischen Aktionsräume nicht mit den Staatsräumen identisch sind. Insbesondere die Raffineriezentren Rotterdam, Antwerpen und Amsterdam versorgen große Teile des deutschen Raumes. Die Anzahl der solchermaßen international operierenden Anbieter der Mineralölindustrie kann zur Zeit bei abnehmender Tendenz auf 40 bis 50 geschätzt werden.[25] Hinzu kommen einige mittelständische Raffinerien. Der weitaus größte Teil der Rohölverarbeitung (ca. 75 vH) in Westeuropa wird von integrierten Ölkonzernen abgewickelt, wovon auf die 12 bedeutendsten ein Anteil von etwa 80 vH entfällt.

In der Bundesrepublik bestehen ca. 250 überregionale Unternehmen der Mineralölindustrie – Raffinerien sowie Großhandelsgesellschaften, wovon 50 bis 60 als bedeutsam einzustufen sind[26], von denen wiederum die größten 25 (Stand: 1. 1. 80) im *Mineralölwirtschaftsverband* zusammengeschlossen sind. Neben den internationalen und überregionalen Mineralölunternehmen bestehen eine Vielzahl kleinerer lokaler Unternehmen, die der Mineralölwirtschaft zuzurechnen sind, z. B. Handels- oder Im- und Exportunternehmen mit Verarbeitungsstufen – zum Teil auch mit Raffinerien oder Spezialprodukte herstellende Unternehmen, so daß die Mineralölbranche als Ganzes eine heterogene Anbieterstruktur aufweist und eine Zusammenfassung zur Beurteilung der Wettbewerbssituation problematisch ist[27], zumal Querverbindungen zu nicht-energetischen Prozessen der Petro-Chemie bestehen. Ferner bestehen Probleme der Abgrenzung des für die Beurteilung der Wettbewerbssituation **relevanten Marktes** gegenüber Substitutionsgütern. Aus der Sicht der für die Marktabgrenzungsproblematik als relevant erachteten Nachfrage stellen die Teilmärkte des Mineralölmarktes sich als vielfach unabhängig voneinander dar, so daß auch eine Differenzierung nach den einzelnen Produktgruppen vorzunehmen ist.[28] Da andererseits produktbezogene Einzelmarktanalysen angesichts der integrierten Ölkonzerne und grenzüberschreitender Besonderheiten auf Teilmärkten tendenziell gleichgerichtete Struktur- und Verhaltensweisen verdecken können, soll zunächst der Mineralölmarkt als Ganzes weiterbetrachtet werden.

Die auf dem Mineralölmarkt tätigen Unternehmen können wie folgt klassifiziert werden[29]:

---

[23] Vgl. Ebenda, S. 11. S. 465.
[24] Hierzu und zu dem Folgenden vgl. *Mönig, W.,* u. a., a. a. O., S. 99 sowie *Burchard, H. J.,* a. a. O., S. 11 f. S. 465 f.
[25] Vgl. *Mönig, W.,* u. a., a. a. O., S. 202 f., *Burchard, H. J.,* a. a. O., S. 466.
[26] Vgl. *Mönig, W.,* u. a., a. a. O., S. 99.
[27] Ebenda, S. 202.
[28] Hierzu und zu dem Folgenden vgl. ebenda, S. 114.
[29] *Monopolkommission,* Mehr Wettbewerb ist möglich, Hauptgutachten 1973/75, Baden-Baden 1976, S. 309 f.; *Mönig, W.,* u. a., a. a. O., S. 215.

- Die Tochtergesellschaften der großen internationalen Ölgesellschaften *(ESSO, Shell, BP, Texaco, Mobil Oil, Chevron)*. Ihr Marktanteil beläuft sich auf ca. 50 vH.
- Die großen deutschen Gesellschaften *(VEBA, Wintershall, UK-Wesseling)*. Sie haben einen Marktanteil von rund 20 vH. Hinzu kommen die reinen Handelsunternehmen, z. B. die *Aral AG* als Gemeinschaftsunternehmen, über das insbesondere die *VEBA* vertreibt oder die *Mabanaft-Gruppe*, die zu den unabhängigen Importeuren zählt.
- Die Gruppe der sog. „Mitläufer" (Marktanteil ca. 12 vH). Hierzu zählen die Tochtergesellschaften der „kleineren" US-Gesellschaften (z. B. *Conoco, Gulf*, letztere seit 1973 nicht mehr auf dem deutschen Markt tätig) sowie die Töchter aus anderen europäischen Ländern *(ELF, Total, Fina, Agip)*.
- Die Gruppe der unabhängigen, meist mittelständischen und kleineren Importeure und Händler. Ihr Anteil liegt unter 15 vH.

Zu den bedeutendsten Unternehmen gehören vom Umsatz her die *BP, VEBA, ESSO, Shell, Texaco, Mobil Oil*, die Handelsunternehmen *Aral* (Gemeinschaftsunternehmen) und *Raab Karcher (VEBA)* und die *Mabanaft-Gruppe*.

Einen ersten Eindruck über den Stand und die Entwicklung der Konzentration in der Mineralölwirtschaft als Grundlage zur Diskussion der Wettbewerbssituation liefern **Concentration Ratios (CR),** mit denen der Anteil des Umsatzes, der Beschäftigten oder des Kapitals der größten Unternehmen zu der entsprechenden Gesamtgröße der Branche ausgedrückt werden.[30] Bei der „Erdöl- und Erdgasgewinnung" betrug der Anteil der drei größten am Gesamtumsatz (CR_3) 1973 88 vH, wobei der Anteil der sechs größten (CR_6) aus Geheimhaltungsgründen nicht ausgewiesen wurde, 1977 war dies bei dem Maß CR_3 der Fall und für CR_6 wurden 100 vH festgestellt. Das Niveau der Konzentration kann also für einen wettbewerblichen Marktprozeß als extrem hoch angesehen werden.

In dem Wirtschaftszweig „Mineralölverarbeitung" ist zwar die Konzentration niedriger, doch noch immer als sehr hoch zu quantifizieren, mit einer deutlichen Verschiebung zu Gunsten der **Oligopolspitze:** Der Anteil der drei größten Unternehmen am Gesamtumsatz der Branche betrug 1973 noch 47,5 vH, 1977 bereits 58 vH; der Anteil der sechs größten Unternehmen 1973: 68,3 vH; 1977: 80,9 vH. Die Verschiebung innerhalb der Oligopolspitze drückt sich auch in der Unternehmensgrößenproportion der drei größten Unternehmen zu den drei folgenden aus[31]: Sie stieg von 2,3 vH im Jahre 1973 auf 2,5 vH im Jahre 1977 (vgl. *Tabelle 7).* Eine Aufschlüsselung der Mineralölabsätze nach Produktgruppen bestätigt weitgehend das hohe Niveau der Konzentration, wenn auch hier gewisse Relativierungen durch den relativ hohen Importanteil an Mineralölprodukten vorzunehmen sind, wo gerade die Marktsituation der vergangenen Jahre Spielraum für flexible Unternehmen des Mittelstandes geboten haben (vgl. *Tabelle 8).*

Die Marktposition der Unternehmen drückt sich jedoch nicht nur in derartigen Konzentrationsmaßnahmen, sondern auch in Einflußmöglichkeiten in Beschaffung, Pro-

---

[30] Vgl. *Monopolkommission,* I. und III. Hauptgutachten, a. a. O.
[31] Unternehmensgrößenproportion = durchschnittlicher Umsatz der drei größten Unternehmen bezogen auf den durchschnittlichen Umsatz der drei nächstgrößten Unternehmen. Vgl. *Monopolkommission,* III. Hauptgutachten, a. a. O., S. 249.

4. Mineralölindustrie

Tabelle 7: *Anteil der größten Unternehmen am Gesamtumsatz in der Mineralölverarbeitung in der Bundesrepublik Deutschland*

	1973	1977
CR_3	47,5	58,0
CR_6	68,3	80,9
CR_{10}	83,8	91,6
CR_{25}	98,4	99,4
CR_{50}	99,8	100,0
Unternehmen der Branche	76,0	54,0

Quelle: *Monopolkommission*, I. und III. Hauptgutachten, a. a. O.

Tabelle 8: *Anteil der größten Unternehmen am Gesamtumsatz bei ausgewählten Mineralölprodukten 1974 in der BRD*

	CR_3	CR_6	CR_{10}	(unabhängige Importeure)
Vergasertreibstoff	42,6	69,0	81,5	10,4
Dieselkraftstoff	50,8	77,3	87,7	5,4
Heizöl, leicht	41,5	61,7	72,6	19,8
Heizöl, schwer	43,7	66,4	78,1	13,4
Durchschnitt	42,9	65,6	75,4	15,3

Quelle: *Monopolkommission*, I. Hauptgutachten, a. a. O. S. 311; Mönig, W. u. a., a. a. O., S. 209.

duktion und Absatz aus. So ist die *VEBA* von ihrem Umsatz im Mineralöl- und Chemiebereich her zwar das größte Mineralölunternehmen gewesen (Marktanteil in der Mineralölverarbeitung ca. 13 vH), ihre Markstellung – insbesondere gegenüber den internationalen Unternehmen – litt jedoch an Problemen der Rohölbeschaffung.[32]

Doch auch die anderen Stufen der Mineralölindustrie bzw. das Ausmaß der Integration über die verschiedenen Bereiche ist mitbestimmend für die Position. Angesprochen sind hiermit die verschiedenen Stufen: (1) Förderung, (2) Transport, (3) Raffinerien, (4) Vertriebskanäle.

2.3.1. Förderung

Seit der autonomen Bestimmung der Lieferbedingungen für Rohöl durch die *OPEC*-Staaten sind Wettbewerbsverschiebungen durch die unterschiedliche Verfügungsgewalt der Mineralölunternehmen für Lieferungen aus diesem Raum kaum noch zu erwarten.[33] Das gilt allerdings mit der auch von der Menge her bedeutsamen Ausnahme, daß die ehemals in der *Aramco* zusammengeschlossenen Gesellschaften erhebliche Versorgungsanteile mit saudiarabischem Rohöl decken, das gegenwärtig 4–5 $ unter dem durchschnittlichen Weltrohölpreis abgegeben wird, wobei Saudi-Arabien zur Zeit etwa 40 vH der gesamten *OPEC*-Produktion fördert.

---

[32] Vgl. *Monopolkommission*, Erstes Hauptgutachten, S. 310.
[33] Vgl. *Burchard, H. J.*, a. a. O., S. 14. S. 467 f.

Der wachsende Anteil der Rohölimporte aus den europäischen Nachbarländern kommt zum überwiegenden Teil aus den Nordseeschelfen Großbritanniens (1979: 77 vH der Importe aus Europa) und Norwegens (23 vH). An der Förderung sind die großen internationalen sowie zahlreiche europäische und unter staatlichem Einfluß stehende Gesellschaften beteiligt, wobei staatlich beeinflußte Gesellschaften der Förderländer sich an einzelnen Explorations- und Förderprojekten in der Regel maßgebliche Beteiligung sichern.[34] Hierüber, sowie über staatlich festgelegte Förderzinsen, administrative Preisfestlegungen und verschiedene steuerliche Belastungen, die in den beiden Ländern variieren, erfolgt eine preispolitische Steuerung des Nordseeöls in den Förderländern und damit eine weitgehende Anpassung der Importpreise an die der *OPEC*.

Für die Mineralölindustrie in der Bundesrepublik stellt sich als besonderes Element die Beteiligung der Mineralölunternehmen an der heimischen Förderung dar, insbesondere, da diese im Gegensatz zu den anderen Bezugsquellen in den unmittelbaren Verantwortungs- und Lenkungsbereich der nationalen Wirtschaftspolitik fällt. Zwar wird die inländische Rohölförderung auch in den nächsten Jahren kaum über das bisherige, für die binnenländische Bedarfsdeckung bescheidene Ausmaß hinausgehen, doch entstehen aus der Verfügung über inländische Rohölquellen durch die Ausgestaltung des noch darzustellenden Systems der Förderbedingungen in der Bundesrepublik Deutschland **Wettbewerbsverzerrungen.**

Als tradiertes energiepolitisches Instrument hat sich zur Sicherung der Exploration und Förderung von Rohstoffvorkommen die **regionale Konzessionierung von Abbaurechten** durchgesetzt, die auch von dem marktwirtschaftlichen System der Bundesrepublik Deutschland auf dem Mineralölbereich übernommen wurde[35], in der Zeit von 1952 bis 1969 durch massive Subventionen in Form von **Zollschutz** (von 1952 bis 1963) und **Anpassungsbeihilfen** (1963 bis 1969) unterstützt. Die Vergabe von derartigen Exklusivrechten muß vor dem Hintergrund der Spezifika dieser Branche, insbesondere im Zusammenhang mit dem Aspekt gesamtwirtschaftlich sinnloser Konkurrenzbohrungen als rationale Lenkungsmaßnahme angesehen werden. Erst der Übergang dieses Wirtschaftszweiges von einem hoch subventionierten in einen Bereich extremer und steigender Kostenvorsprünge gegenüber Unternehmen, die von Förderrechten ausgeschlossen sind und ohne Aussicht auf korrigierende Wettbewerbskräfte, machen die extern erzwungenen Rahmenänderungen zu einem die gesamte Mineralölindustrie betreffenden Problem. Die solchermaßen erzielten „**windfall profits**" wurden von den begünstigten Unternehmen zur unmittelbaren Erhöhung ihrer Kostenvorteile in den Folgejahren eingesetzt und dienten teilweise im Rahmen eines **internen Verlustausgleiches** zur Initiierung einer ruinösen Konkurrenz auf einzelnen Produktmärkten und dem Ausbau einer nicht wettbewerbsgerechten Marktposition.

Das Ausmaß der Wettbewerbsverzerrungen durch **windfall profits** wurde 1975 bei Erdöl bereits auf jährlich ca. 400 Mio. DM geschätzt[36], seither haben sich die Förder-

---

[34] Vgl. die verschiedenen Beiträge im Nordsee 80, Sonderdruck aus OEL, Hefte 9 und 10, 1980.
[35] Vgl. *Jürgensen, H.,* Besteuerung und Windfall Profits, in: *Siebert, H.,* Erschöpfbare Ressourcen, a.a.O.
[36] Vgl. *Monopolkommission,* I. Hauptgutachten, a.a.O., S. 313.

kosten nur marginal verändert, der Importpreis für Rohöl hat sich aber seither von 223 DM/t auf 520 DM/t Ende 1980 (600 DM/t Februar 1981) mehr als verdoppelt.[37] Die hieraus resultierenden Vorteile entfallen zu ca. 80 vH auf vier der internationalen Ölgesellschaften, acht weitere Unternehmen teilen sich den Rest und zwei der größten Konzerne auf dem deutschen Mineralölmarkt besitzen keine inländischen Ölquellen.[38]

Zur Verbesserung der schwachen upstream-Position der deutschen Mineralölunternehmen und zur Sicherung der heimischen Versorgung wurde wegen der ungenügenden vertikalen Integration der deutschen Unternehmen zur Auslandsexploration 1969 die *„Deutsche Erdölversorgungsgesellschaft mbH Deminex"* gegründet und aus Bundesfördermitteln mit insgesamt 1,9 Mrd. DM Explorationsdarlehen bis Ende 1981 unterstützt.[39] An der *Deminex* sind die vier größten deutschen Mineralölindustrieunternehmen beteiligt, deren Belieferung durch privilegierte Bezugsbedingungen von derzeit ca. 15 vH auf über zwei Drittel gesteigert werden soll. Dazu beteiligt sie sich (Stand Anfang 1981) an rd. 30 Explorationsvorhaben in 13 Ländern – überwiegend offshore.

2.3.2. Transport

Das Auseinanderfallen von Förder- und Verbraucherregionen für einen Großteil des Erdöls hat zu einem umfangreichen Ausbau des Transportwesens für Öl geführt. Überwiegend wird Rohöl in die Verbraucherregionen befördert, wobei in der näheren Vergangenheit im Nahen Osten Bemühungen, die Produktveredelung in der Förderregion durchzuführen und Fertigerzeugnisse zu exportieren, zu verzeichnen sind. Als Transportmittel für Mineralöl sind Tankschiffe, Rohrfernleitungen, Eisenbahnen und der Straßengüterfernverkehr von Relevanz. Im internationalen Verkehr dominieren die Seeschiffahrt und Rohrfernleitungen. Nicht ganz die Hälfte des in der Welt verbrauchten Öls gelangte 1979 auf dem Seewege in die Verbraucherregionen.

Von dem Rohöltransportaufkommen der Bundesrepublik entfallen auf den Hafenumschlag ca. ein Drittel und nahezu zwei Drittel auf Rohrfernleitungen.[40]

Für die Abwicklung der Seetankschiffahrt haben vor allem die Mineralölkonzerne (38 vH) und privaten Reedereien (59 vH) eine Tankerflotte aufgebaut mit einer Tragfähigkeit von 376 Mio. t (Anfang 1980). Die längerfristige Planung von Schiffsneubauten hat über die Wende der Nachfrageentwicklung nach Öl hinaus die Schiffskapazitäten erhöht, so daß seit 1974 ein anhaltender **Tonnageüberschuß** in der Welttankerflotte von bis zu 10 vH der Gesamtkapazität entstand. Für die Wettbewerbssituation ergeben sich hieraus und angesichts des hohen Anteils der nicht mineralölkonzerngebundenen Reedereien keine beschränkenden Tatbestände.

Die technisch bedingten Probleme eines wirtschaftlichen Transport der Mineralölprodukte haben mit ihrem steigenden Absatz die Errichtung der Raffinerien auch in

---

[37] Der Durchschnittspreis für *OPEC*-Rohöl hat sich in demselben Zeitraum von 11,70 $/Barrel auf 36 $/Barrel mehr als verdreifacht.
[38] Vgl. ebenda, S. 121.
[39] Näheres vgl. *Schürmann, H.J.*, a.a.O., S. 6f.
[40] Vgl. *MWV*, Jahresbericht 1979, S. T. 53.

den Verbrauchsschwerpunkten wirtschaftlich gemacht. Dies machte den Aufbau einer leistungsfähigen Verkehrsinfrastruktur erforderlich. Die speziellen Eigenschaften des Öls haben es ermöglicht, mit den steigenden Verbrauchsmengen einen Strukturwandel im binnenländischen Rohöltransport durchzusetzen, der sich an folgenden Daten ablesen läßt[41]: 1950 wurden noch 70 vH des Rohöltransports von Eisenbahnen durchgeführt, 30 vH von der Binnenschiffahrt. Nach der Inbetriebnahme der ersten Pipelines 1958 entfiel bereits 1960 ein Anteil von 63,3 vH der Raffinerieversorgung mit Rohöl auf diesen Verkehrsträger, 1970 96,1 vH und 1979 97,9 vH. Inzwischen ist ein integriertes westeuropäisches Rohrleitungsnetz von Triest, Genua und Lavera in den süddeutschen Raum, Rotterdam und Wilhelmshaven, in den westdeutschen Raum bis hin nach Frankfurt entstanden.

Die Unsinnigkeit und Unwirtschaftlichkeit der **Parallelführung** von Rohölfernleitungen und der hohe Kostenaufwand der Einrichtung und Unterhaltung der Pipelines hat dazu geführt, daß – anders als bei den anderen Verkehrsträgern, wo die Verkehrswege vom Staat unterhalten oder subventioniert werden – sich in der Regel **Gemeinschaftsunternehmen** nahezu aller Mineralölkonzerne zum Aufbau und Betrieb dieser Verkehrsinfrastruktur zusammengetan haben. Hieraus resultiert eine, gemessen an den Kapitalanteilen am Pipelinedurchsatz, hohe Konzentration ($CR_3 = 45$ vH, $CR_6 = 63$ vH, $CR_{10} = 87$ vH, Angaben für 1974).[42]

2.3.3. Raffinerien

„Auch die Konzentrationsrate im Raffineriebereich bewegt sich auf einem hohen Niveau".[43] Die Konzentrationsraten haben sich in der Vergangenheit nicht wesentlich verändert und bewegen sich bei den Anteilen an den Raffinerie-Kapazitäten für CR_3 um 45 vH (leicht sinkende Tendenz) und für CR_6 um 75 bis 80 vH. Verschiebungen haben sich durch das Ausscheiden zahlreicher kleinerer Unternehmen und das Neuengagement einiger ausländischer Gesellschaften ergeben sowie aus der Tatsache, daß die inländischen Raffinerien der großen ausländischen Mineralölkonzerne in mengenmäßiger und struktureller Hinsicht mit denen in den benachbarten EG-Ländern zu bewerten sind. Insofern sagen die Kapitalanteile an den Raffineriekapazitäten nur bedingt etwas über die Marktstruktur der binnenländischen Mineralölindustrie aus.

Die Zahl der Raffinerien hat sich in den letzten zwanzig Jahren von 24 (1955) auf 32 (1979) erhöht, mit einem Höhepunkt von 35 im Jahre 1970. Dies, die Vergrößerung der Raffinerieeinheiten und neuerdings die Umstrukturierung der Produktionsanlagen hin zu einer Erhöhung der Anteile der Konserviosanlagen, zeigt die flexible Anpassung der Mineralölindustrie an die Nachfrageentwicklung, wobei planungsabhängige time lags unvermeidbar sind. Mit dem in den 50er und 60er Jahren steil steigenden Verbrauch an Mineralöl war gleichzeitig das Bemühen zu verzeichnen, die Rohölraffinierung verbrauchsnah durchzuführen. Das hat im Zeitablauf zu ei-

---

[41] Vgl. *BMV*, Verkehr in Zahlen, versch. Jahrgänge.
[42] Eigene Berechnungen auf der Basis von *Monopolkommission*, I. Hauptgutachten, S. 315.
[43] Vgl. *Monopolkommission*, I. Hauptgutachten, a.a.O., S. 315.

4. Mineralölindustrie 157

Tabelle 9: Raffineriekapazitäten nach Verarbeitungszentren 1950–1979

Jahr	Hamburg, Schleswig-Holstein, Bremen		Niedersachsen		Nordrhein-Westfalen		Baden-Württemberg, Hessen		Rheinland-Pfalz, Saarland		Bayern		Gesamt	
	in 1000 t	in vH	in 1000 t	in vH	in 1000 t	in vH	in 1000 t	in vH	in 1000 t	in vH	in 1000 t	in vH	in 1000 t	in vH
1950	2635	50,7	793	15,3	1720	33,0	51	1,0	–	–	–	–	5199	100,0
1960	10970	27,1	5715	14,1	23770	58,8	8	0,0	–	–	–	–	40463	100,0
1970	17910	14,9	9053	7,5	39550	32,9	23150	19,8	8100	6,7	21900	18,2	120263	100,0
1973	23100	15,9	10060	6,9	51350	35,3	26100	17,9	8700	6,0	26300	18,0	145610	100,0
1975	21350	13,9	17810	11,6	50600	32,9	25100	16,3	8700	5,6	30300	19,7	153860	100,0
1976	21350	13,9	17810	11,6	50600	32,9	25100	16,3	8700	5,6	30300	19,7	153860	100,0
1977	21380	13,8	17450	11,3	50600	32,8	25100	16,2	9900	6,4	30100	19,5	154530	100,0
1978	21380	13,4	17450	11,0	50100	31,4	25100	15,7	15100	9,5	30300	19,0	159430	100,0
1979	20630	13,4	17450	11,4	48800	31,7	25100	16,3	15100	9,8	26800	17,4	153880	100,0

Quelle: MWV, Jahresbericht 1979, S. T. 15.

ner deutlichen Verschiebung der regionalen Raffineriestruktur geführt (vgl. *Tabelle 9*). Lag mit ca. 60 vH der Raffineriekapazitäten 1950 der Schwerpunkt hafennah, so sind dies jetzt nur noch ca. 20 vH. Schwerpunkte liegen im Rhein-Ruhr-Gebiet, in Südwestdeutschland und im bayerischen Raffineriezentrum in und um Ingolstadt.

2.3.4. Vertrieb

Auf allen Endproduktmärkten des Mineralöls herrscht **oligopolistischer Wettbewerb**, doch sind die Intensitäten der Konzentration und die Strukturen der Vertriebssysteme jeweils unterschiedlich.[44] Der Markt für **schweres Heizöl** ist im Bereich des Kraftwerkseinsatzes durch legislative Maßnahmen geprägt. Der Abnehmerkreis beschränkt sich auf eine limitierte und überschaubare Anzahl von Großverbrauchern aus der Industrie und auf Kraftwerke (1980: ca. 3 400), die zum überwiegenden Teil (80 vH) direkt von der gleichermaßen begrenzten Anzahl von Raffineriegesellschaften des Inlands oder der benachbarten Auslandstöchter beliefert werden, der Rest verteilt sich auf wenige unabhängige Importeure.

Im Absatz von **leichtem Heizöl** sind die Absatzwege je nach Verbrauchssektor unterschiedlich. Um den Endverbraucher konkurrieren allein rund 16 000 Händler (Mitte der 60er Jahre noch über 20 000) des meist mittelständischen Brennstoffhandels, bei Industrie und Verkehr treten je nach Abnehmergröße ca. 250 unabhängige überregionale Raffinerie- und Großhandelsgesellschaften in den Vordergrund. Die einzelnen Handelsstufen treten dabei teilweise in Konkurrenz miteinander, wobei sich den nachgelagerten aufgrund ihrer höheren Flexibilität, Planungslücken und -fehler auszunutzen, Marktchancen ergeben.

Der Importanteil auf dem Markt für leichtes Heizöl ist mit ca. 30 bis 40 vH (witterungsabhängig) der höchste der bedeutenden Produktgruppen, wovon ca. die Hälfte auf unabhängige Händler entfällt. Auf der Ebene des Großhandels- sowie des Endverbrauchs entfallen auf die Raffineriegesellschaften ca. 70 vH, auf den unabhängigen Großhandel ca. 30 vH, der seinerseits etwa ein Drittel seiner umgesetzten Heizölmengen von den abhängigen Gesellschaften bzw. den Raffinerien erhält.

Der aus der Anbieterstruktur auf diesem Markt resultierende Wettbewerbsdruck wird durch den Tatbestand verschärft, daß hier zusätzlich zu dem Wettbewerb der Heizölanbieter untereinander ein Wettbewerb mit substitutiven Energieträgern wirksam wird. Insbesondere für die privaten Haushalte, die ca. 60 vH des leichten Heizöls verbrauchen, aber auch für Industrie (13 vH) und Gewerbe (27 vH)[45] wird mit steigenden Preisen des Öls wieder auf Kohle und Gas ausgewichen, dazu wird nicht unerheblich gespart, so daß auf diesem Teilmarkt auch weiterhin ein erheblicher Wettbewerb erwartet werden kann.

---

[44] Vgl. *Burchard, H.J.*, Situation und Entwicklung der Mineralölindustrie in der Bundesrepublik Deutschland, in: Energiewirtschaft Nr. 1, 1977, S. 6f.; *Mönig, W.*, u.a., a.a.O., S. 311 ff.; *Monopolkommission*, I. Hauptgutachten, a.a.O., S. 317 ff.
[45] Vgl. *ESSO AG*, Wirtschaftliche..., a.a.O., S. 22a.

Benzin und Diesel, die zusammen ca. 27 vH des Mineralölverbrauches bestreiten und im wesentlichen zum Kraftstoffmarkt aggregiert werden können[46], werden hier hauptsächlich auf ihre Verwendung im Straßenverkehr betrachtet. Auch dieser Markt wird stark durch Importe zum Teil unabhängiger Unternehmen geprägt (Benzinimport ca. 17 vH des Inlandsbedarfs, Diesel ca. 13 vH). Über 95 vH des Motorenbenzinabsatzes wird über Tankstellen abgewickelt, der Rest entfällt auf Direktbezieher.

Die Anzahl der Tankstellen entwickelte sich zunächst parallel zu der wachsenden Motorisierung von 18 500 Stationen im Jahre 1950 auf 46 884 zu Beginn des Jahres 1969.[47] Der verschärfte Wettbewerb auf dieser Einzelhandelsstufe führte in den folgenden Jahren zu einer gleichmäßigen Strukturbereinigung des Tankstellennetzes, insbesondere der internationalen Mineralölgesellschaften. Durch diese Straffung und durch Rationalisierung (SB) bemühten sich die Gesellschaften, marktrentable Größenordnungen bei den Stationen zu erreichen.

Diese Maßnahmen sowie das Vordringen von Newcomern[48] und freien Tankstellen haben die Intensität des Wettbewerbs erhöht und die Anteile der Großen an den Tankstellen insgesamt verringert (von 1969 bis 1980 sank CR_3 von 51 vH auf 46 vH; CR_5 von 71 auf 66 vH).[49] Dennoch haben sich die Marktanteile der Oligopolspitze erhöht und zwar bei Diesel von 74 auf 80 vH, bei Vergasertreibstoff von 71 auf 78 vH (Anteil des mengenmäßigen Absatzes der fünf großen Ölkonzerne am Gesamtabsatz).[50]

2.4. Preisverhalten in der Mineralölindustrie

In Wirtschaftsordnungen mit einem Primat der Einzelsteuerung über marktwirtschaftliche Mechanismen ist der Preis ein Ergebnis des Marktprozesses, nämlich der Angebots- und Nachfragebedingungen, wobei aus der Anbieterstruktur bei weitgehend atomistischer Nachfragestruktur Verzerrungen resultieren können. Die hohe Konzentration, die auf allen Absatzmärkten der Mineralölindustrie zu verzeichnen ist, könnte nun die Preisbildung beeinflussen. Und in der Tat sind in der Vergangenheit die Preisbildungsprozesse auf Teilmärkten der Mineralölindustrie zahlreicher Kritik und kartellrechtlicher Überprüfungsverfahren ausgesetzt gewesen.

Insbesondere das *Bundeskartellamt* – die in der Bundesrepublik Deutschland zuständige Institution zur Überprüfung und Verhinderung des mißbräuchlichen Einsatzes von Marktmacht – hat seit der Suez-Krise von 1967 mehrfach versucht, Preismißbräuche für Vergaserkraftstoffe durch die marktbeherrschenden Unternehmen nach-

---

[46] Der Anteil an Rohbenzin als chemisches Einsatzprodukt beträgt ca. 3 vH; *Mönig, W.,* u.a., a.a.O., S.320.
[47] Vgl. *Schiffer, H. W.,* Entwicklungstendenzen auf dem Deutschen Tankstellenmarkt, in: OEL, September 1978, S.238.
[48] Töchter „kleinerer" US-Konzerne sowie von Gesellschaften aus EG-Ländern.
[49] Vgl. *BP* (Hrsg.), Zahlen aus der Mineralölwirtschaft, a.a.O., S.47.
[50] Vgl. *Monopolkommission,* I. Hauptgutachten, a.a.O., S.320. Der Vergleichszeitraum ist hier 1965–1974; vgl. auch *Tabelle 7.*

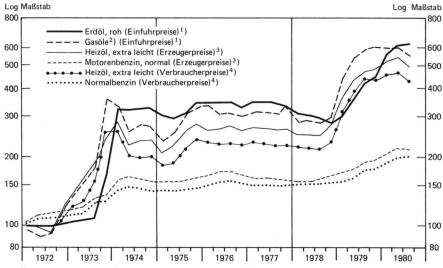

Quelle: Jahresgutachten des *Sachverständigenrates* 1980/81, S.77.

Abbildung 1: Entwicklung der Ölpreise (Januar 1972 = 100)

zuweisen.[51] Wegen des Fehlens brauchbarer Vergleichsmärkte wird in der Regel davon ausgegangen, daß sich die Mineralölunternehmen dann mißbräuchlich verhalten, wenn sie für Vergasertreibstoffe höhere Preise fordern, als infolge der Überwälzung ansteigender Kosten notwendig ist. Die Möglichkeit der internationalen Gesellschaften, Verrechnungspreise innerhalb der vertikalen Konzentration festzusetzen und damit konzerninterne Gewinnverlagerungen vorzunehmen, erschwert daher die Beurteilung. Ansatzpunkt für die Beurteilung ist die Veränderung der Rohölpreise. Ihr Anstieg wirkt sich jedoch nur stark untersetzt auf die Endverbraucherpreise aus, weil Frachtkosten, Verarbeitungsspanne, Bevorratungs- und Distributionskosten sowie die Verbrauchs- und Mehrwertsteuer als weitgehend konstante Faktoren dämpfend wirkten. Die Kosten von der Förderung bis zur Produktion lassen sich den einzelnen Produkten nicht zuordnen, so daß der Ausbringung, im wesentlichen Benzin (20,5 vH), Diesel und Heizöl (40,5 vH), schweres Heizöl (18 vH) und sonstiges (21 vH – alle Werte für 1980), ein gemeinsamer Kostenblock „Rohölkosten einschließlich Fracht, Lagerung und Destillation" gegenübersteht, von dem durch die Rohölpreiserhöhung lediglich die erste Komponente betroffen ist. Bereits hier tritt eine deutliche Überschätzung der Auswirkungen einer Preiserhöhung auf, deren Ausmaß jedoch mit steigendem Rohölpreis sinkt und insbesondere bei Transport und Verarbeitung je nach angewandter Technologie variiert (der Anteil für Transport, Lagerung und Destillation hat im Durchschnitt 1970 bei ca. 44 vH, 1980 dagegen nur noch bei ca. 18 vH der Stoffkosten ab Raffinerie gelegen). Nach Pro-

---

[51] Vgl. *Monopolkommission*, III. Hauptgutachten, a.a.O., S.139.

Tabelle 10: Mineralölpreise in der Bundesrepublik Deutschland 1960–1980

	1960	1970	1975		1980
Rohöl, Grenzübergangswerte Ø in DM/t	62,20 (100)	60,11 (97)	243,95 (392)	(Dez.)	520,– (836)
Schweres Heizöl[1] Ø in DM/t	90,98 (100)	87,55 (96)	201,49 (221)	(Nov.)	400,16 (440)
Leichtes Heizöl[2] Ø in DM/100 l	12,3 (100)	11,6 (94)	25,1 (204)	(Nov.)	56,22 (457)
Diesel, Tankstellenpreis Ø am Stichtag in DM/l	1. Jan.: 0,51 (100)	1. Juni: 0,58 (114)	27. März: 0,84 (165)	(Nov.)	1,23 (241)
Normalbenzin, Tankstellenpreis Ø am Stichtag in DM/l	1. Jan.: 0,59 (100)	1. Juli: 0,55 (93)	15. April: 0,80 (136)	(Nov.)	1,28 (203)

[1] Bei Lieferung an gewerbliche Verbraucher, einschl. Verbrauchsteuer, bei Abnahme von 15–200 t/Monat (Schwefelgehalt nicht unter 1,5 vH), frei Betrieb.
[2] Bei Lieferung an Verbraucher, einschl. Verbrauchsteuer, bei Lieferung von 5000 l auf einmal, frei Haus.

Quelle: *Mönig, W.,* u.a., a.a.O., S. 941 f.; *BP* (Hrsg.), Zahlen aus der Mineralölwirtschaft; *Statistisches Bundesamt* (Hrsg.), Fachserie 17, R. 2; Statistisches Jahrbuch, verschiedene Jahrgänge; Angaben der *ESSO AG*.

*Tabelle 11: Kostenkomponenten der Mineralölindustrie in DM je Tonne**

	1970	1975	1980
Abgabepreis der Förderländer (FOB)	35,–	200,–	440,–
Transportkosten (Seefracht und Pipeline)	25,–	27,–	30,–
Verarbeitungskosten (einschl. anteilige Mehrkosten für Produktenzukäufe)	20,–	43,–	70,–
Stoffkosten für Fertigprodukte	80,–	270,–	540,–
Staatliche Abgaben (Mineralölsteuer, Mehrwertsteuer und ggf. Bevorratungs-Beitrag)	95,–	167,–	217,–
Kosten des Vertriebes	31,–	45,–	38,–
Gesamtkosten	206,–	482,–	795,–

* Eigene Berechnungen nach Angaben aus der Mineralölindustrie.

duktarten lassen sich Distributionskosten sowie insbesondere die steuerlichen Belastungen erfassen. Von letzteren wirken die Mineralölsteuer und der Bevorratungsbeitrag als Mengenabgaben preisdämpfend – allerdings auch bei steigenden Rohölpreisen mit abnehmender Tendenz.[52]

---

[52] Der Anteil der Mineralölsteuer bei Normalbenzin belief sich Anfang 1978 nach seiner Anhebung auf 0,44 DM/l auf ca. 53 vH des Tankstellenpreises, Anfang 1980 waren es nur noch ca. 34 vH. Vgl. auch *Tabelle 11*.

Als weiteres ist hinsichtlich des Preisverhaltens der Gesellschaften zu berücksichtigen, daß die **Bezugsquellen** der Mineralölunternehmen sehr unterschiedlich sind. Zwei Komponenten sind hierbei neben den unterschiedlichen Qualitäten von besonderer Bedeutung: die binnenländische Rohölförderung und die Produktenimporte, die tendenziell preisniveauanstiegsbremsende Funktion ausüben, solange die quantitative Versorgung keine Engpässe aufkommen läßt, wie dies in der Vergangenheit überwiegend der Fall gewesen ist. Gekoppelt mit einer weitgehend gemäßigten Nachfrageentwicklung ist seit dem Übergang der Mineralölmärkte von der **Expansionsphase** zur **Ausreifungsphase** und dem Bemühen der Newcomer der 60er Jahre, ihre Marktposition zu halten und auszubauen, ein Anhalten des intensiven Wettbewerbs zu erwarten. Dennoch haben sich **exogen bedingte Preiserhöhungen** extremen Ausmaßes auf allen Märkten der Mineralölindustrie ergeben, die nicht ohne Auswirkungen auf die Produktpreise bleiben konnten.

Die Referenzgröße für die Ölpreisbildung war bis Anfang 1979 das saudi-arabische Rohöl „Arabian Light". Hiervon wichen die anderen Sorten nach – ursprünglich – qualitäts- und standortspezifischen Kriterien ab.[53] Der offizielle Dollar-Preis je Barrel hatte sich von 1,75 im Jahre 1950 über 1,80 (1960), 2,18 (1971) auf 12,70 Ende 1978 erhöht. Seit 1979 haben sich die Rohölpreise aus ihrer Bindung an „Arabian Light" gelöst, so daß seitdem das *OPEC*-Rohölpreiskartell faktisch nicht mehr existiert. Dennoch konnten die Förderländer ihre Abgabepreise im Verlauf von 1979 und 1980 weiter sprunghaft erhöhen mit dem Ergebnis, daß der durchschnittliche Weltrohölpreis zu Beginn 1981 36 $/Barrel erreichte. Eine Ausnahme bildet der saudiarabische Abgabepreis, der mit dem Ziel der Marktregulierung nur zögernd bis auf 32 $/Barrel erhöht wurde. Afrikanische und Nordseequalitäten erreichten dagegen über 40 $/Barrel. Der effektiv von den Mineralölgesellschaften gezahlte Ölpreis ist durch das vielschichtige Preis- und Rabattgefüge keine völlig transparente Größe. Inzwischen ist er weitgehend an diesen offiziellen Rohölpreisen der Lieferländer bzw. bei Inanspruchnahme kurzfristiger Bezugsmöglichkeiten an den Spotpreisen des Weltmarktes orientiert.

Zusätzlich zu den aus der heimischen Produktion resultierenden waren als Ursache des Preisdruckes die Produktenimporte genannt worden. Diese liegen zum einen in Kostenvorteilen der ausländischen Produktion, wenn diese geringere Auflagen für den Umweltschutz zu erfüllen haben, in der Verarbeitung von Spot-Rohölmengen und einer marginalen Kalkulation von Grenzanbietern bei tendenziellem Überangebot. Darüber hinaus sind die inländischen Produzenten durch Rückläufigkeit der Nachfrage und die Absatzbeschränkungen beim schweren Heizöl an einer Vollauslastung der Kapazitäten gehindert, wodurch solange keine kostenoptimale Produktion möglich ist, als eine – wiederum kostenintensive – Kompensation durch Konversionsanlagen erreicht ist.

---

[53] Vgl. *Burchard, H.J.*, Funktionsweise der internationalen Ölmärkte, a.a.O.

3. Wettbewerbspolitische Folgerungen

3.1. Ausgleich administrativ bedingter internationaler Wettbewerbsverzerrungen

Die Mineralölindustrie in der Bundesrepublik hat die Auswirkungen einer **dreifachen Überkapazität** der Raffinerien zu verkraften: einer inländischen, einer europäischen und einer weltweiten. Der nach 1973 erheblich zurückgegangenen Nachfrage standen auf Expansion eingestellte Raffineriekapazitäten gegenüber, die als Folge zum Teil nur Auslastungsgrade von ca. 60 vH zuließen. Durch die **administrativen Hemmnisse** beim Absatz schweren Heizöls und den daraus resultierenden Auslastungsproblemen im Inland wurden ausländische Produzenten durch den Export in die Bundesrepublik begünstigt.

Die heimische Industrie hat als Konsequenz eine im Vergleich zum europäischen Ausland hohe **Konversionskapazität** aufgebaut, die ein weiteres Absinken der Kapazitätsauslastung verhindert hat. Die **Zweitverarbeitung** – durch die etwa 50 vH des eingesetzten Schweröls in Leicht- und Mitteldestillate umgewandelt wird – ist jedoch wiederum mit zusätzlichen Kosten verbunden, die die Wettbewerbsfähigkeit der solchermaßen gewonnenen Produkte verringert. Somit erscheint es fraglich, ob angesichts der ohnehin bestehenden und mittelfristig sich kaum verändernden Ertragssituation das so produzierte Angebot auf eine Nachfrage stößt, die bereit ist, diese energiepolitisch zweckmäßigen Mehraufwendungen zu finanzieren, solange parallel Importmöglichkeiten von Raffinerien bestehen, die derartige Mehraufwendungen durch die Absatzmöglichkeit der schweren Öle nicht zu tragen haben, da in den benachbarten EG-Ländern die Ölverstromung trotz gemeinsamer Beschlüsse, diese zu reduzieren und vielfach rückläufiger Tendenzen weiterhin auf einem erheblich höheren Niveau vorgenommen wird. So beträgt der Anteil des Öls an der Stromerzeugung in der Bundesrepublik Deutschland ca. 5 vH, in Frankreich 22 vH, in Belgien und Dänemark 33 bzw. 35 vH und in Italien sogar 61 vH.

Es ist ein Widerspruch, wenn der Preisdruck aus den Überkapazitäten der Mineralölindustrie den Verbraucher mit mittel- und langfristig falschen Marktdaten versieht, die eine Anpassung der Kapazitätsstruktur hemmen und die Mineralölgesellschaften durch ihre internationale Verflechtung sowie aus der oligopolistischen Marktstruktur und der Verstromungssituation in den Nachbarstaaten heraus in diesen Ländern die Kapazitäten nicht anpassen und international nicht abbauen, sondern die entstehenden Verluste in anderen Geschäftsbereichen auffangen. Dabei sind alle Gesellschaften mit inländischen „**windfall profits**" im Vorteil, weil ungeachtet der internationalen Verflechtung die inländische Verrechnung von Gewinn und Verlust den längsten Atem garantieren. Vor dem Hintergrund von Marktform und Marktverhalten wäre es erforderlich, die notwendigen Kapazitätsanpassungen nicht auf dem Wege einer Verteilung von Unterauslastung, sondern mittels Kapazitätseinschränkung durch Stilllegung zu erreichen. Nur so könnte es unter gleichzeitiger Orientierung der Verkaufspreise an den Durchschnittskosten der verbleibenden Anlagen gelingen, dem Markt die langfristig realistischen Preise ebenso zu verschaffen wie die verlustfreie Durchhaltung der erforderlichen Angebotskapazität. Dazu sind aber die isolierten Umstrukturierungsbemühungen der heimischen Mineralölindustrie[54] allein nicht in der Lage, solange die außenwirtschaftliche Flanke ungeschützt bleibt. Der Wirtschaftspolitik stellt sich hier die Aufgabe, insbesondere im europäischen Bereich eine Koordination der Energiepolitik mit den Nachbarstaaten zu forcieren, damit die Last struktureller Anpassungen nicht schließlich von denen zu tragen ist, die auf dem Wege einer Kapazitätsbereinigung bereits den größten Weg zurückgelegt haben, nämlich der Mineralölindustrie der Bundesrepublik. Eine derartige Koordination darf sich nicht auf die Frage der Kapazitätsanpassung und evtl. des Aufbaus bereits in anderen Wirtschaftsbereichen sich als untauglich erwiesener Quotenregelungen bei der Mineralölproduktion beschränken, sondern muß umfassend Substitutionsenergien und angrenzende Politikbereiche umfassen. Hierzu zählt auch eine Harmonisierung der Umweltvorschriften zwischen den EG-Ländern. Nur so kann sichergestellt werden, daß die Mineralölindustrie auch weiterhin in der Lage ist, die für den anhaltenden Strukturwandel in allen Bereichen der Mineralölversorgung notwendigen zielgerichteten Anpassungsinvestitionen durchzuführen. Die Mineralölindustrie zeichnet sich traditionell durch eine hohe Kapitalintensität aus, wobei der Eigenfinanzierungsgrad mit früher zum Teil über 90 vH, der inzwischen auf 75–85 vH gesunken ist, ausgesprochen hoch ist.[55] Die Sicherung des anhaltend hohen Mineralölverbrauchs und die Bemühungen der Erschließung *OPEC*-unabhängiger Ölquellen läßt den Kapitalbedarf bei der Gewinnung ansteigen, die Ölkatastrophen auf den Weltmeeren haben aufwendige Sicherungsbemühungen bei Tankern zur Folge, und die Bestrebungen, den **Schwerölanteil** bei der Destillation durch Zweitanlagen zu senken, bedingen einen steigenden Kapitalbedarf.

Das Investitionsvolumen der Mineralölindustrie belief sich 1978 weltweit (ohne Ostblock und VR China) auf 68,4 Mrd. US-Dollar, wovon 55 vH auf die Gewinnung, 13 vH auf den Transport und 25 vH auf die Verarbeitung entfielen. Insbesondere der Anteil der Explorations- und Förderkosten ist in den letzten Jahren ständig angestiegen.

Aus den skizzierten Problemen der windfall profits ergibt sich darüber hinaus auf nationaler Ebene die wirtschaftspolitische Handlungserfordernis der Neutralisierung der auf Nichtleistungsgewinnen beruhenden Machtunterschiede zur Wiederherstellung kompetitiver Marktstrukturen zwischen den Unternehmen der deutschen Mineralölindustrie.[56] Dabei kann es nicht um die Aufhebung der unter allokationspolitischen Gesichtspunkten notwendigen und zweckmäßigen Konzessionierung der Exploration und Förderung gehen. Auch in anderen Wirtschaftsbereichen ist die Gewährung von Exklusivrechten der Produktion üblich, unbestritten und erfolgreich. Unternehmen anderer wettbewerbspolitischer Ausnahmebereiche unterliegen dann allein aufgrund ihrer Branchenzugehörigkeit zum Zwecke eines ordnungsgemäßen Machtmißbrauch verhindernden Kostenfeststellungsverfahrens sowohl einer technischen als auch einer ökonomischen Fachaufsicht.

---

[54] Von 1973 bis 1980 wurde der Anteil der Leicht- und Mitteldestillate an der Raffinerieausbringung von 53,8 vH auf 61 vH erhöht, der Anteil an schwerem Heizöl von 26,2 vH auf 18 vH zurückgedrängt. *MWV*, Lagebericht, Jan. 1981, S. 4.
[55] Vgl. *ESSO-AG*, Wirtschaftliche ..., a.a.O., S. 24a.
[56] Ausführlich diskutiert und entwickelt wurden die hier verkürzt aufgelisteten Konsequenzen zu den windfall profits in meinem Beitrag in: *Siebert, H.*, Erschöpfbare Ressourcen, a.a.O.

Eine angemessene und zeitnahe Begrenzung der windfall profits, die einerseits ein Interesse an der Fortentwicklung von Fördermethoden belassen und die gegebenenfalls im Aufkommen zweckbestimmt verwendet werden können (Entwicklung von Alternativ-Energien, Energieeinsparung u. a.), andererseits aber wettbewerbsverzerrende Wirkungen beseitigt, bietet daher eine angemessene Lösung. Sie wäre am ehesten erreichbar über eine Anpassung des Förderzinses an die extern vorgegebene Preisentwicklung und wäre damit eine Begrenzung der administrativ bedingten Differentialrente vor ihrer Entstehung.

Die hier aufgezeigten Handlungserfordernisse stehen in erheblicher Diskrepanz zu den tatsächlichen Aktivitäten des Staates im energiepolitischen Bereich. Noch immer besteht nahezu eine Reziprozität zwischen dem Beitrag der Energieträger zu unserem Energiebedarf und ihren Reserven. Ansätze zum Strukturwandel durch umgreifende Innovationen wurden durch die Mineralölindustrie unter den marktmäßigen Veränderungen bereits eingeleitet. Verzerrte Strukturen – national wie international – im Wettbewerb verzögern und hindern diese Tendenzen. Die wirtschaftspolitische Aufgabe geht dahin, die Rahmenbedingungen des Wettbewerbs zu sichern, damit er seine Funktionen erfüllen kann, nicht jedoch ihn zu ersetzen; denn letztlich kann die in der Zukunft erforderliche Anpassung nur durch die Mineralölindustrie selbst geleistet werden.

3.2. Perspektiven der 80er Jahre und Anpassungserfordernisse an die Mineralölindustrie

Selten sind marktwirtschaftliche Ordnungen in den letzten Jahrzehnten so gefordert worden wie in den 70er Jahren. Weltweit geringeres Wachstum, Stabilisierungserfordernisse in den meisten bedeutsamen Industrienationen und anhaltende Mineralölpreissteigerungen bedeuten eine harte Prüfung der Anpassungsfähigkeit in den 80er Jahren. Die extremen Preiserhöhungen für Erdöl belegen die gegenwärtige Verteilung der Marktmacht und kennzeichnen künftige Knappheitsstrukturen. In ihrer zweiten Eigenschaft bedeuten sie daher nichts anderes als jene drastische Formulierung eines ökonomischen Problems, das allein aus einem solchen Ansatz heraus den effizienten Suchprozeß nach marktwirtschaftlichen Lösungen auslöst. Die Energiepreisdebakel seit der Mitte und verstärkt seit Ende der 70er Jahre signalisieren daher weniger das Ende des Wachstums als den Anfang einer neuen Wachstumsstruktur. Diese wird sich in **drei zeitlich voneinander abgesetzten Schüben** realisieren:

(1) In der **ersten Phase** wird **gespart**. Vor allem durch Überprüfung von Art und Umfang der bisherigen Verwendung, die oft ohne oder ohne wesentliche Wohlstands- oder Produktivitätseinbußen verringert werden kann, wenn die Preissignale drastisch genug neue Prioritäten in den Konsum- und Produktionsentscheidungen erzwingen. Beispiel ist hierfür der wesentlich deutlichere absolute Rückgang des Heizölverbrauchs in der Bundesrepublik 1980 gegenüber der Reaktion 1974/75 sowie die größere Dämpfung des Treibstoffverbrauchs. So änderte sich der Verbrauch 1980 gegenüber 1979 bei den einzelnen Ölprodukten wie folgt:

leichtes Heizöl	./. 17,6 vH
schweres Heizöl	./. 9,3 vH

übrige Mineralölprodukte ./. 17,7 vH
Diesel ./. 3,1 vH
Motorenbenzin + 1,8 vH

Hierin stecken also beachtliche Einsparerfolge, die bereits dazu führten, daß sich der Importbedarf 1980 um 2,7 vH gegenüber 1974 reduzierte. Außerdem sanken die Netto-Öleinfuhren in diesem Jahr gegenüber 1979 um 13,6 Mio. t oder 9,5 vH. Der so wichtige Anteil des Mineralöls am Primärenergieverbrauch sank auf knapp 48 vH, nachdem er 1979 noch bei 51 vH und 1972 bei 55 vH gelegen hatte. Damit ist der Anteil von 1967 wieder erreicht (47,7 vH), bei weitem aber noch nicht der von 1960 (21,0 vH). Aber Sparen kann nicht die Lösung des Energieproblems, schon gar nicht die Lösung eines hinreichend reduzierten Ölverbrauchs bewirken. Andernfalls müßten erhebliche Wohlstandseinbußen in Kauf genommen werden.

(2) In der **zweiten Phase** muß daher **substituiert** werden in dem innovatorischen Sinne, das „Alte auf eine neue Weise zu tun", wie es *Schumpeter* einmal formulierte. Zum Beispiel: Heizungen vorzeitig zu modernisieren, mit Wärmepumpen zu kombinieren, Motoren rascher durch neue, sparsamere zu ersetzen, den Produktionsprozeß energieextensiver zu gestalten, vorhandene Schiffe oder Flugzeuge mit neuen Antrieben im Energieverbrauch genügsamer zu machen. Diese Phase ist mit wachsender Breite im Gange, seit vor allem die Unternehmen von der Nachhaltigkeit der Energiepreiserhöhung überzeugt sind.

(3) In der **dritten Phase** wird substituiert in dem **innovatorischen Sinne**, „etwas ganz Neues zu tun". Hierzu würden etwa Wärmepumpen mit Gasmotorenantrieb, Heizkraftwerke, neue Turbinengeneratoren, neue Automobile, neue Hausbaukonzepte, aber auch ein so großer Wurf wie der „schnelle Brüter" oder gar die Kernverschmelzung gehören. Hier ist der technische Anlauf natürlich länger, aber ein wachsender Teil der Einfälle dürfte noch in der zweiten Hälfte der 80er Jahre realisiert werden.

Diese Spar- und Substitutionsprozesse haben nicht nur quantitative Auswirkungen auf den Mineralölverbrauch, das unterschiedliche Ausmaß der Spar- und Substitutionsmöglichkeiten bei den einzelnen Ölprodukten hat darüber erhebliche strukturelle Konsequenzen. Die weitgehend technisch bedingten und nur in begrenztem Maße variierbaren Ausbeutestrukturen der Raffinerien weichen trotz der Bemühungen um eine Verringerung des Schwerölanteils allein in den anderen Bereichen, insbesondere bei Benzinen und den Mitteldestillaten, von den Nachfragestrukturen ab, und die anhaltenden Strukturveränderungen durch Innovationen und Verhaltensänderungen lassen diesen Prozeß fortdauern. Hieraus ergibt sich ein permanenter Anpassungsdruck für die Mineralölindustrie. Er wird verschärft durch die anhaltenden Bestrebungen der rohölexportierenden Länder um den Ausbau von Verarbeitungsanlagen und einen Fertigwarenexport. Die binnenländische Mineralölindustrie – und hierzu zählen direkt auch jene Betriebe, die aus transporttechnischen Gründen von in der Regel internationalen Unternehmen außerhalb der Staatsgrenzen liegen, aber für den binnenländischen Markt operieren – steht also einem doppelten Anpassungszwang gegenüber: den sich wandelnden Nachfragestrukturen einerseits und den zu erwartenden Fertigwarenimporten aus den Förderländern der *OPEC* bei eingeschränkten und teureren Rohöllieferungen andererseits. Hieraus resultiert auch in absehbarer Zukunft ein Wettbewerbsdruck, der Regulierungsgedanken unnötig macht. Er bewirkt eine **Anpassungselastizität,** die progressiv mit der Zeit wächst und die Aufgaben der Mineralölindustrie umstrukturiert. Mehr und mehr wird ihr die Aufgabe zuteil werden, eine umfassende Sicherung der Versorgung mit Primärenergiequellen vorzunehmen. Dies gilt insbesondere für die Exploration der kostbaren fossilen Rohstoffe und zwar vor allem die Erschließung neuer, von der *OPEC* unabhängiger und politisch sicherer Ölvorkommen, Ölschiefer und Teersande, aber auch von Gas und gegebenenfalls Kohlevorkommen.

4. Kontrollfragen

1. Die Struktur der Rohöl-Lieferländer der Bundesrepublik Deutschland hat sich in den letzten Jahrzehnten erheblich verschoben. Welches sind die wesentlichen Veränderungen und worauf werden diese zurückgeführt?
2. Als ein wesentliches Problem der bundesdeutschen Mineralölindustrie wird das der Raffineriekapazitäten genannt. Welcher Umstand ist damit angesprochen?
3. Trotz Rückgang der Raffineriekapazitäten hat sich die Zweitverarbeitungskapazität erhöht. Welchen technischen Bedingungen wird damit Rechnung getragen und welche ökonomischen und politischen Ursachen führten zu dieser scheinbar widersprüchlichen Entwicklung?
4. Obwohl eine weitgehende Homogenität des Rohstoffes und Identität der Produktionsprozesse auf der Ausgangsstufe besteht, ist die Abgrenzung des relevanten Marktes der Mineralölwirtschaft problematisch. Worin liegen die Schwierigkeiten?
5. In welche vier großen Gruppen lassen sich die am Mineralölmarkt tätigen Unternehmen einordnen?
6. Wie hat sich die Konzentration in den Branchen „Erdöl- und Erdgasgewinnung" und „Mineralölverarbeitung" entwickelt und lassen sich hieraus Konsequenzen für die Wettbewerbsposition ableiten? Wenn ja, welche? Wenn nein, warum nicht?
7. Im Zusammenhang mit der heimischen Förderung taucht die Auseinandersetzung um „windfall-profits" auf. Worum handelt es sich hierbei und worin liegt die Problematik?
8. Welche Aufgaben hat die Deminex?
9. Trotz zahlreicher Kritik und kartellrechtlicher Überprüfungsverfahren der Preisbildungsprozesse auf dem Markt für Vergasertreibstoffe kann festgestellt werden, daß die Preise für Benzin den langfristig zu verzeichnenden Preiserhöhungen auf den Mineralölmärkten nur stark untersetzt gefolgt sind. Zeigen Sie die wesentlich Gründe auf!
10. Obwohl Anfang der 80er Jahre nach zunächst drastisch angehobenen Rohölpreisen wegen der erfolgreichen Sparmaßnahmen in den Verbraucherländern und des Einbruchs der Weltkonjunktur der weltweite Rückgang des Ölverbrauchs zu einem Preisverfall auf den Ölmärkten führte, ist auf mittlere und lange Sicht ein anhaltender Aufwärtstrend im Ölpreis zu erwarten. Dieser signalisiert jedoch nicht das Ende der Wachstumschancen sondern vielmehr den Anfang einer neuen Wachstumsstruktur, die sich in drei Schüben realisieren wird. Charakterisieren Sie diese!

5. Literaturhinweise

Einen kurzen aber dennoch umfassenden Einstieg in die Energieprobleme bieten der Aufsatz von *Gröner, H.,* Energiepolitik, in: *Issing, O.* (Hrsg.), Spezielle Wirtschaftspolitik, München 1982 und die Beiträge von *Schneider, H. K.,* Energie I und II, in: HdWW, Bd. 2. Im Band 108 (1980) der Schriften des Vereins für Socialpolitik sind zahlreiche Beiträge zu dem Themenbereich „Erschöpfbare Ressourcen" im Allgemeinen und u. a. auch zu Problemfeldern der Mineralölindustrie im Besonderen abgedruckt.

Informationen über die internationale und nationale Entwicklung auf dem Energiemarkt und über die Situation in der Mineralölindustrie werden in der Regel jährlich veröffentlicht von der *Weltbank* und der *OECD (Internationale Energie-Agentur), dem Bundesministerium für Wirtschaft* (Daten zur Entwicklung der Energiewirtschaft), der *Hauptberatungsstelle für Elektrizitätsanwendung e. V.* – *HEA* – (Energieversorgung, Daten und Fakten), in den Jahresberichten des *Mineralölwirtschaftsverbandes* sowie der Mineralölunternehmen, die darüber hinaus auch über weitergehende Analysen und Prognosen verfügen (z. B. *BP,* Energieperspektiven 1950–1980– 2010, Hamburg 1981). Schließlich liefert die Zeitschrift für die Mineralölwirtschatt „OEL" monatlich Beiträge technischer und wirtschaftlicher Art über Probleme und Entwicklungen in der Mineralölindustrie.

Wettbewerbspolitische Analysen liefern *Mönig, W.,* u. a., Konzentration und Wettbewerb in der Energiewirtschaft, München 1977; *Dirrheimer, M. J.,* u. a., Vertikale Integration in der Mineralöl- und Chemischen Industrie, Königstein 1981 sowie die *Monopolkommission* in ihren zweijährig erscheinenden Hauptgutachten, wobei in dem Hauptgutachten 1973/75 die Energiewirtschaft einer Schwerpunktanalyse unterzogen wurde.

Automobilindustrie

Hartmut Berg

Gliederung

1. Einführung
   1.1. Definition und Abgrenzung
   1.2. Historischer Abriß
   1.3. Marktabgrenzung
2. Marktstruktur
   2.1. Konzentrationsgrad und Marktform
   2.2. Markteintrittsschranken
   2.3. Beschaffung und Absatz
   2.4. Nachfragestruktur und Käuferverhalten
3. Marktverhalten
   3.1. Modellpolitik
   3.2. Preispolitik
   3.3. Wettbewerbsintensität
4. Marktergebnis
   4.1. Innovationsdynamik
   4.2. Werbung
   4.3. Gewinn-Niveau und Gewinn-Entwicklung
5. Kontrollfragen
6. Literaturhinweise

1. Einführung

1.1. Definition und Abgrenzung

Die Automobilindustrie umfaßt die Hersteller von Kraftwagen und deren Motoren, von Straßenzugmaschinen, Anhängern, Aufbauten, Kraftfahrzeugteilen und -zubehör. In der amtlichen Statistik der Bundesrepublik ist die Automobilindustrie unter der Kennziffer 33 mit den Herstellern von Kraft- und Fahrrädern und mit den Betrieben des Kraftfahrzeug-Reparaturgewerbes zum Wirtschaftszweig „Straßenfahrzeugbau, Reparatur von Kraftfahrzeugen usw." zusammengefaßt worden.[1]

Im Jahre 1981 waren in der so abgegrenzten Branche rund 800 000 Beschäftigte tätig; erzielt wurde ein Umsatz von 136,7 Mrd. DM. Im folgenden wird indes lediglich ein Teilbereich dieses Wirtschaftszweiges betrachtet – die **Kraftwagenindustrie,** in der 1981 etwa 415 000 Beschäftigte einen Umsatz von 94,5 Mrd. DM erbrachten, von dem fast die Hälfte im Ausland realisiert wurde.

Bei der Analyse der Kraftwagenindustrie gilt unser Interesse vor allem dem Markt für fabrikneue **Personenkraftwagen** (einschließlich Kombinationskraftwagen); der Nutzfahrzeugbereich wird dagegen nur gelegentlich und eher beiläufig berücksichtigt. Gerechtfertigt wird diese Einschränkung durch die Erfahrung, daß der Nutzfahrzeugmarkt gegenüber dem für Personenkraftwagen so zahlreiche und bedeutsame Unterschiede aufweist, daß der Versuch, beide Märkte in eine gemeinsame Betrachtung einzubringen, nicht sinnvoll erscheint. Eine getrennte Untersuchung beider Bereiche wiederum würde bei dem Umfang, der diesem Beitrag vorgegeben ist, lediglich eine sehr skizzenhafte Darstellung zulassen, mit der dem Leser kaum gedient sein dürfte.

1.2. Historischer Abriß

Die Geschichte der deutschen Automobilindustrie beginnt, als *Carl Benz* den 1877 von *Nikolaus Otto* erfundenen Viertakt-Verbrennungsmotor in seinen dreirädrigen „Benz-Patent-Motorwagen" einbaut und mit diesem am 3. Juli 1886 eine erste Ausfahrt unternimmt. Im gleichen Jahr wird in den „Daimler-Motorenbetrieben" die Fertigung des von *Gottlieb Daimler* und *Wilhelm Maybach* 1885 entwickelten „Einzylinder Benzin Motors" aufgenommen.

In der „Experimentierungsphase" *(E. Heuß)* der damit neu entstehenden Branche wird von einer rasch zunehmenden Zahl von Unternehmen – die zumeist jedoch kaum mehr als ein paar Dutzend Mitarbeiter beschäftigen – mit dominierend handwerklich beschaffenen Produktionsverfahren ein vielfältiges Angebot bereitgestellt, das zunächst jedoch den Charakter eines ausgesprochenen Luxusgutes aufweist und

---

[1] Zu Einzelheiten und zu den folgenden Zahlenangaben siehe: *VDA-Verband der Automobilindustrie e. V.* (Hrsg.), Tatsachen und Zahlen aus der Kraftverkehrswirtschaft, 45. Folge, Frankfurt a. M. 1981.

das die überkommenen Transportmittel Eisenbahn und Pferdefuhrwerk weder im Personen- noch im Güterverkehr vorerst ernsthaft zu bedrohen vermag: 1898 werden in Deutschland erst 844 Kraftfahrzeuge gebaut.

Typisch ist die qualitativ hochwertige, individuelle Auftragsfertigung schwerer Fahrzeuge mit relativ kleinvolumigen Motoren. Im Jahre 1906, als die „Pionierzeit" des Automobils mit ihrer Vielzahl von bedeutenden Erfindern, Konstrukteuren und Unternehmern zu Ende geht, widmen sich jedoch bereits 34 Betriebe mit insgesamt 11 500 Beschäftigten der Automobilproduktion, die sich zu diesem Zeitpunkt schon auf 22 000 Einheiten beläuft.[2]

Im Gegensatz zu der Entwicklung in den Vereinigten Staaten, in Großbritannien und in Frankreich kommt es in Deutschland bis zum Ausbruch des 1. Weltkrieges nicht zur Aufnahme der Serienfertigung von kleineren Fahrzeugen von eher einfacher Bauart, die auch für die Bezieher mittlerer Einkommen erschwinglich gewesen wären. Dadurch blieben hier Expansionsmöglichkeiten unerschlossen, die in anderen Volkswirtschaften bereits genutzt werden: 1914 beläuft sich der Bestand an Kraftwagen in Deutschland auf 64 000 Einheiten. In Großbritannien gibt es zu diesem Zeitpunkt dagegen bereits 178 000, in Frankreich immerhin rund 100 000, in den USA sogar mehr als 1,7 Mill. Kraftfahrzeuge.

Nach dem Ende des 1. Weltkrieges kommt es im Deutschen Reich zwar zu einer kräftig ansteigenden Nachfrage nach Personenkraftwagen und Nutzfahrzeugen; zugleich geraten die heimischen Hersteller jedoch zunehmend unter Wettbewerbsdruck: Typenvielfalt und der weitgehende Verzicht auf industrielle Fertigungsmethoden begründen hier Kostennachteile, die den Export stagnieren lassen und zugleich ein rasches Ansteigen der Importe zur Folge haben. So können im Jahre 1928 nur 4 578 Personenkraftwagen ausgeführt werden; die Einfuhr dieses Jahres beläuft sich dagegen auf 18 274 Einheiten; das ist gleichbedeutend mit einer Importquote von 16,5 Prozent.

Der intensive Wettbewerb, der den deutschen Automobilmarkt der zwanziger Jahre kennzeichnet, zwingt zu Sortimentsbereinigung und Mechanisierung. Auch kommt es zu zahlreichen Marktaustritten: Die Zahl der PKW-Produzenten vermindert sich von 1924 bis 1926, also in wenigen Jahren, von 86 auf 30. Alles das hat zur Folge, daß hohe Raten des Produktivitätsfortschritts erzielt werden.

Trotz kräftig sinkender Produktionskosten bleiben die Gewinnmargen jedoch zumeist bescheiden, da der Wettbewerb auch die Preise nach unten drückt. Die Ausstattung der Unternehmen mit Eigenkapital ist folglich vielfach unzureichend. Die Notwendigkeit, die Kapitalintensität der Produktion zu steigern, zwingt in wachsendem Maße zur Verschuldung. Als zu Beginn der dreißiger Jahre im Gefolge der Weltwirtschaftskrise auch in Deutschland eine schwere Rezession ihren Anfang nimmt, kommt es rasch zu weiteren Insolvenzen; zudem entsteht ein Sanierungsbedarf, der zu Unternehmenszusammenschlüssen führt, von denen die Bildung der *Auto Union*

---

[2] Zu Einzelheiten und zum Folgenden siehe: *Busch, K. W.,* Strukturwandlungen der westdeutschen Automobilindustrie, Berlin 1966; *v. Frankenberg, R./Matteucci, M.,* Geschichte des Automobils, Künzelsau 1973; *Seherr-Thoss, H. C. Graf von,* Die deutsche Automobilindustrie. Eine Dokumentation von 1886 bis 1979, 2. Auflage, Stuttgart 1979.

AG durch die Firmen *Audi, Horch* und *Zschopauer Motorenwerke* im Jahre 1932 die künftige Struktur der betrachteten Branche am stärksten beeinflußt.

Mitte der dreißiger Jahre sind es nur vier Unternehmen, die mehr als 75 vH des im Inland getätigten Absatzes auf sich vereinen: die *Auto Union AG,* die so bekannte Marken wie *Audi, Horch, DKW* und *Wanderer* repräsentiert, die *Adler-Werke AG,* die 1862 zur Herstellung von Nähmaschinen gegründet wurde, und die 1929 von der *General Motors Corporation* erworbene *Adam Opel AG* und die *Daimler-Benz AG –* ein Hersteller, der 1926 aus der Fusion der *Daimler-Motoren-Gesellschaft* mit der *Benz & Cie Rheinische Automobil- und Motorenfabrik AG* entstanden ist und den zu dieser Zeit noch sehr weitgehende Kooperationsbeziehungen mit den *Bayerischen Motoren Werken (BMW)* verbinden. (Die Kölner *Ford-Werke* nehmen ihre Produktion erst 1931 auf.)

Die Wirtschaftspolitik des Nationalsozialismus faßt die Unternehmen der Automobilindustrie in einem **Zwangs-Kartell** zusammen. Zur Beschaffung von Devisen wird der Automobilexport massiv gefördert: Die Exportquote beträgt 1933: 11,9 vH der PKW-Produktion; 1938 ist sie auf 24,0 vH angestiegen.

Die Versorgung des Inlandsmarktes wird immer schlechter, da das hier verfügbare Angebot außer durch den zunehmenden Export auch dadurch reduziert wird, daß für Importe kaum Devisen bewilligt werden und daß ein ansteigender Teil der Produktion von der Wehrmacht beansprucht wird. Ein 1937 eingesetzter Generalbevollmächtigter für das Kraftfahrzeugwesen bestimmt, daß die Zahl der PKW-Typen von 50 auf 26, die der LKW-Typen von etwa 100 auf 20 zu reduzieren ist – eine Maßnahme, die nicht primär auf Rationalisierung abzielt, sondern vor allem entsprechende Forderungen der Militärs vollstreckt.

In den Kriegsjahren wird die PKW-Produktion stark eingeschränkt: 1938 beträgt sie noch 276 804, 1944 nur noch 21 656 Einheiten. Der PKW-Bedarf der Wehrmacht wird weitgehend dadurch gedeckt, daß man die Bestände der privaten Haushalte und Unternehmen in Beschlag nimmt. Die Nutzfahrzeug-Produktion wird dagegen bis 1944 in etwa auf dem Niveau des letzten Vorkriegsjahres gehalten.

Bei Kriegsende sind in dem Gebiet der späteren Bundesrepublik etwa 80 Prozent der zuvor verfügbaren Produktionskapazitäten vernichtet; in der sowjetisch besetzten Zone liegen vor allem die Betriebsstätten der *Auto Union;* sie werden zum größten Teil demontiert. Schon 1952 bestehen jedoch in der Bundesrepublik bereits wieder Produktionsmöglichkeiten, die denen des Deutschen Reiches im Jahre 1938 entsprechen.

In den drei Jahrzehnten zwischen 1950 und 1980 ist die Automobilindustrie **Wachstumsbranche** par excellence: 1952 beträgt der PKW-Bestand in der Bundesrepublik und West-Berlin erst 932 047 Einheiten; 1960 sind es 4,49 Mill., 1970: 13,94 Mill. und 1980: 23,2 Mill. Einheiten. Die PKW-Dichte steigt in diesem Zeitraum von 18,3 Einheiten je 1 000 Einwohner im Jahre 1952 auf 80,3 (1960), 228,5 (1970) und schließlich auf 368,9 Einheiten im Jahre 1980.

Die starke Wachstumsdynamik, die auf dem Automobilmarkt Mitte der fünfziger Jahre ihren Anfang nimmt, veranlaßt zahlreiche Unternehmen zu dem Versuch, hier als Newcomer zum Erfolg zu gelangen. Die Zahl der inländischen PKW-Anbieter steigt von 10 im Jahre 1950 auf 18 im Jahre 1957. Damit ist jedoch das Maximum er-

Übersicht 1: PKW-Produzenten in der Bundesrepublik Deutschland im Zeitraum 1945–1981

Werke	1945	46	47	48	49	50	51	52	53	54	55	56	57	58	59	60	61	62	63	64	65	66	67	68	69	70	71	72	73	74	75	76	77	78	79	80	81
Auto Union GmbH																																					
Bayerische Autowerke									▮																												
Bayerische Motoren Werke (BMW)					▮																																▮
Borgward-Werke																▮																					
Champion Automobilwerke							▮	▮																													
Rheinische Automobilwerke							▮																														
Daimler-Benz AG		▮																																			▮
Ford-Werke AG				▮																																	▮
Hans Glas GmbH											▮											▮															
Goliath-Werke						▮											▮																				
Gutbrod						▮		▮																													
Heinkel											▮	▮																									
Lloyd-Werke					▮												▮																				
Maico-Werke							▮										▮																				
Neckar-Automobilwerke																									▮												
Nordwestdeutscher Fahrzeugbau											▮																										
NSU-Werke AG													▮											▮													
Adam Opel AG		▮																																			▮
Dr. Porsche KG				▮																																	▮
Victoria-Werke													▮																								
Volkswagenwerk AG		▮																																			▮
Zündapp-Werke														▮																							

Quelle: *Busch, K.W.*, Strukturwandlungen der westdeutschen Automobilindustrie Berlin 1966, S. 49; *Oswald, W.*, Deutsche Autos 1945–1975. Eine Typengeschichte, 3. Auflage, Stuttgart 1977.

reicht. Schon in den fünfziger Jahren müssen kleinere Hersteller die Produktion einstellen, weil sich ihr Angebot sog. Kabinen- und Kleinstfahrzeuge bei steigendem Einkommen als inferior erweist und sich rasch zeigt, daß die Kapitalkraft fehlt, um neue, größere Modelle zu entwickeln und die zur kostengünstigen Fertigung erforderlichen Anlagen zu erstellen.

1961 kommt es zum Konkurs der *Borgward-Gruppe,* des von den Zulassungszahlen damals viertgrößten deutschen PKW-Herstellers: Ein nicht genügend professionell betriebenes Management, Fehler in der Modellpolitik und eine unzureichende Eigenkapitalbasis lassen das Unternehmen im Gefolge einer konjunkturellen Flaute in Liquiditätsschwierigkeiten geraten, die wider Erwarten nicht gemeistert werden können und somit zur Liquidation führen.[3]

Zuvor sind bereits die *Bayerischen Motoren Werke (BMW)* in eine schwere Krise geraten, da das hier angebotene Produktionsprogramm den Erfordernissen des Marktes nicht gerecht wird. 1959 erscheint eine Übernahme dieses Herstellers durch die *Daimler-Benz AG* unabwendbar. Mit einem neu entwickelten Mittelklassewagen, dem *„BMW 1500",* gelingt es dem Werk dann jedoch, sich zu konsolidieren und in der Folgezeit den Status voller Wettbewerbsfähigkeit zurückzugewinnen.[4]

Im weiteren Verlauf der sechziger Jahre erfährt der Konzentrationsprozeß der nationalen Automobilproduktion kräftige Impulse. Der durch die Kriegs- und die ersten Nachkriegsjahre aufgestaute Bedarf ist weitgehend gedeckt. Die Ansprüche des Käufers an Leistung, Komfort, Qualität, Styling und Service steigen. Im Zeichen der neu gegründeten *Europäischen Wirtschaftsgemeinschaft* unternehmen die französischen und italienischen Automobilproduzenten verstärkt den Versuch, ihren zunächst bescheidenen Anteil am westdeutschen PKW-Markt fühlbar zu steigern. Die großen heimischen Anbieter dieses Marktes verbreitern ihre Modellpalette. So baut die *Adam Opel AG* ein Werk in Bochum, in dem man 1962 die Fertigung des neuen Typs *„Kadett"* aufnimmt. Das *Volkswagenwerk* vollzieht den Eintritt in die Mittelklasse, als 1961 neben dem *„VW 1200"* („Käfer") ein größeres Fahrzeug, nämlich der Typ *„VW 1500"* angeboten wird.

Den veränderten Wettbewerbsbedingungen, die den Automobilmarkt der Bundesrepublik in den sechziger Jahren im Vergleich mit dem Jahrzehnt davor kennzeichnen, sind nicht alle Anbieter dauerhaft gewachsen. Der *Auto Union GmbH,* die 1949 als (westdeutsche) Nachfolgegesellschaft der *Auto Union AG* gegründet worden war, gelingt es nicht, den Zweitakt-Motor, dem sich die Käufer zunehmend verweigern, rechtzeitig durch einen Viertakt-Motor zu ersetzen. 1958 wird dieser Hersteller von der *Daimler-Benz AG* übernommen, die diese Akquisition dann 1965 an das *Volkswagenwerk* veräußert. Von diesem Anbieter werden 1969 auch die *NSU Motorenwerke* erworben und mit der *Auto Union GmbH* zur *Audi NSU Auto Union AG* zusammengefaßt. 1969 schließlich muß die *Hans Glas GmbH* ihre Selbständigkeit aufgeben; sie wird von den *Bayerischen Motoren Werken* übernommen, die zu dieser Zeit kräftig

---

[3] Siehe *Schmidt, G.,* Borgward. Carl F. W. Borgward und seine Autos, Stuttgart 1979.
[4] Siehe *Rohde, C.,* Auslese durch Insolvenzen. Zur Funktionsfähigkeit der marktwirtschaftlichen Sanktionssysteme, Göttingen 1979, S. 80ff.

expandieren und sich vor allem am Facharbeiterstamm des erworbenen Objekts interessiert zeigen.[5]

Mit dem Eintreten in die siebziger Jahre sieht sich die deutsche Automobilindustrie mit massiven Anpassungserfordernissen konfrontiert[6]: Eine mehrfache Aufwertung der Deutschen Mark drückt auf die im Exportgeschäft erzielten Gewinne und verstärkt zugleich den Druck der Importkonkurrenz auf dem Inlandsmarkt. Die Ölpreisschocks, die 1973 und 1979 hingenommen werden müssen, verstärken das Ausmaß der von der Automobilindustrie durchzustehenden Konjunkturschwankungen.

Kräftig verteuerte Energie hat jedoch in ihrem Einfluß auf die Entwicklung der Automobilnachfrage nicht nur einen **Niveau-**, sondern auch einen **Struktureffekt**. Sie führt zu einem Wandel der Käuferpräferenzen, der zwar langfristig neue Wachstumschancen eröffnet, zunächst jedoch die Absatzmöglichkeiten für das bestehende Angebot reduziert. Ende der siebziger Jahre hat die deutsche Automobilindustrie schließlich die Erfahrung zu machen, daß ihr mit den japanischen Produzenten eine Konkurrenz erwachsen ist, die in Potenz und Dynamik beeindruckt.[7] Damit hat uns die Betrachtung der Vergangenheit an die Gegenwart herangeführt, für deren Probleme wiederum gilt, daß erst die Zukunft darüber Auskunft geben wird, wie gut ihre Lösung gelingt.

1.3. Marktabgrenzung

Die **Weltproduktion** von Kraftwagen betrug 1980: 38,64 Mill. Einheiten; davon waren 29,22 Mill. Einheiten (=75,6 vH) Personenkraftwagen und 9,42 Mill. Einheiten (=24,4 vH) Nutzfahrzeuge.

Von der Gesamtproduktion entfielen auf EG-Länder 10,54 Mill. Einheiten (=27,3 vH), auf Westeuropa insgesamt 12,03 Mill. Einheiten (=31,1 vH); auf Nordamerika 9,38 Mill. Einheiten (USA: 8,01 Mill. Einheiten; Kanada 1,37 Mill. Einheiten; zusammen 24,3 vH der Weltproduktion) und auf Japan 11,04 Mill. Einheiten (=28,6 vH).[8]

Außer in den damit erfaßten Ländern wurden 1980 nur noch in der Sowjetunion (2,9 Mill. Einheiten; =5,4 vH der Weltproduktion) und in Brasilien (1,17 Mill. Einheiten; =3 vH) mehr als eine Million Kraftwagen hergestellt. Die Produktion dieser

---

[5] Zu Einzelheiten siehe: *Jürgensen, H./Berg, H.*, Konzentration und Wettbewerb im Gemeinsamen Markt. Das Beispiel der Automobilindustrie, Göttingen 1968.

[6] Siehe *Berg, H.*, Das Kraftfahrzeuggewerbe und die Herausforderungen seiner Märkte von morgen, Hamburg 1980; *Berg, H.*, Das Kraftfahrzeuggewerbe im Zeichen neuer Daten von Konjunktur und Wachstum, Hamburg 1981; *Berg, H.*, Struktur und Strukturveränderungen der Weltautomobilindustrie in den achtziger Jahren, in: *VDA-Verband der Automobilindustrie e. V.* (Hrsg.), Strukturprobleme der Weltautomobilindustrie in den 80er Jahren, Frankfurt a. M. 1982, S. 65 ff.

[7] Siehe *Berg, H.*, Japanische Autos im deutschen Markt: Die Grenzen des Wachstums, in: Wirtschaftswoche, Nr. 8 (1980), S. 28 ff.; *ders.*, Der Automobilmarkt der achtziger Jahre und die Chancen der Japaner, in: Autohaus und Automobilwirtschaft, Heft 6 (1981), S. 500 ff.

[8] Siehe dazu und zum Folgenden ausführlich: *Bhaskar, K.*, The Future of the World Motor Industry, London, New York 1980.

Übersicht 2: Internationale Handelsströme von Kraftfahrzeugen 1960 und 1980

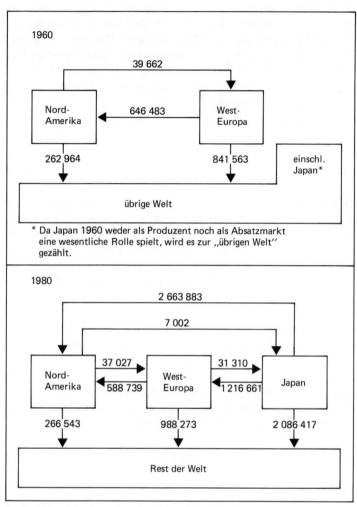

Quelle: *Verband der Automobilindustrie e. V. (VDA).*

Länder dient dabei nahezu ausschließlich der Versorgung des Inlandmarktes. Das gleiche gilt für Kanada und für jene Schwellenländer (Mexiko, Argentinien, Südafrika), in denen 1980 jeweils weniger als eine halbe Million Kraftwagen produziert wurden.

Die beiden größten Hersteller der US-Automobilindustrie, die *General Motors Corporation* und die *Ford Motor Company,* verfügen über zahlreiche ausländische Tochtergesellschaften. Die **Exportquote** dieser Branche beträgt für die USA somit (1980) nur 10,1 vH; wesentlich höher ist sie in Japan mit 54,0 vH, in der Bundesrepublik mit 53,7 vH, in Frankreich mit 50,6 vH sowie in Italien (36,7 vH) und Großbritannien (35,7 vH).

Auch in den Ländern, die selbst über eine leistungsfähige Automobilindustrie verfügen, ist die **Importquote** in der Regel so hoch, daß sie für die heimischen Anbieter einen Wettbewerbsdruck bewirkt, der fühlbar ist. So stammten in der Bundesrepublik 1980 26,3 vH der insgesamt zugelassenen fabrikneuen Personenkraftwagen aus ausländischer Produktion. In Frankreich betrug die Importquote auf dem PKW-Markt im gleichen Jahr 23,1 vH; in Großbritannien belief sie sich auf 56,6 vH, in den USA auf 28,0 vH. Unter den bedeutenden Herstellerländern weist Japan die niedrigste Importquote auf. Sie betrug 1980 lediglich 1,6 vH.

Alle diese Angaben machen deutlich, daß eine Analyse von Marktstruktur, Marktverhalten und Marktergebnis der deutschen Automobilindustrie bei der Abgrenzung des räumlich relevanten Marktes nicht ausschließlich auf den Wirtschaftsraum der Bundesrepublik abstellen kann – auch wenn dieser Binnenmarkt für jeden der hier tätigen inländischen Anbieter unbestreitbar von hoher Bedeutung ist.

Bei der Bestimmung des **sachlich relevanten Marktes** ist zunächst einmal eine Unterscheidung zwischen Personenkraftwagen und Nutzfahrzeugen vorzunehmen. Für den Bereich der Nutzfahrzeuge ist die Gruppe der Fahrzeuge für den Personentransport von der der Fahrzeuge für den Gütertransport zu trennen. Bei den Fahrzeugen für den Personentransport, den Omnibussen also, mag es sinnvoll sein, das Angebot für den (öffentlichen) Nahverkehr von dem für den (privaten) (Fern-)Reiseverkehr abzugrenzen. Beim Gütertransport gibt es Spezialwagen, die jeweils einen eigenen Teilmarkt begründen (Tankwagen, Autotransportwagen, Müllwagen, Betontransportmischer usw.) und Lastwagen, für die nach Maßgabe der jeweiligen Gewichtsklasse unterschiedliche Teilmärkte definiert werden können. Hinzu kommt eine dritte Gruppe, die der Spezialwagen für andere Zwecke als die des Gütertransports (Feuerwehrwagen, Straßenreinigungsmaschinen, Abschlepp- und Krankenwagen, Ausstellungswagen). Fahrzeuge, die einem der hier relevanten Zwecke dienen, bilden jeweils einen sachlich relevanten Markt, der von allen anderen Märkten der Branche durch hinreichend eindeutige „**Substitutionslücken**" abgetrennt wird.

Zu unterscheiden sind ferner der Markt für fabrikneue Fahrzeuge und der für Gebrauchtwagen. Zwischen beiden Märkten bestehen enge und zudem wechselseitige Beziehungen. Verändern kräftige Preiserhöhungen für Neuwagen bei zunächst unveränderten Preisen auf dem Gebrauchtwagenmarkt die hier relevanten Preisrelationen, dann kommt es erfahrungsgemäß zu **Wanderungsbewegungen,** die erst zum Stillstand gelangen, wenn die Preisdisparitäten dadurch wieder auf ihr „Normalmaß" zurückgeführt worden sind, daß unter dem Sog der zusätzlichen Nachfrage auch die Gebrauchtwagenpreise steigen.[9]

In Phasen rückläufiger Konjunktur sind Einkommenseinbußen hinzunehmen und die Erwartungen sind durch Pessimismus gekennzeichnet. Das kann dazu führen, daß Käufer, die zunächst einen Neuwagenkauf beabsichtigt hatten, nunmehr zum

---

[9] Empirische Belege dafür bei: *Ballensiefen, M.,* Zur Konjunkturreagibilität der PKW-Zulassungen, in: Mitteilungen des Rheinisch-Westfälischen Instituts für Wirtschaftsforschung, 27. Jg. (1976), S. 281 ff.; *Franz, W./König, H.,* Ökonomische und technische Bestimmungsgrößen der Ersatznachfrage nach Automobilen: Eine empirische Analyse für die Bundesrepublik Deutschland, in: Jahrbücher für Nationalökonomie und Statistik, Bd. 195 (1980), S. 243 ff.

Gebrauchtwagenmarkt überwechseln. Im Aufschwung mag sich dieser Substitutionsprozeß in umgekehrter Richtung vollziehen. In einer Situation des Booms können zunehmende Lieferfristen dann wieder dazu veranlassen, verstärkt auf das sofort verfügbare Angebot des Gebrauchtwagenmarktes zurückzugreifen. Alle diese Interdependenzen verbieten es, den Gebrauchtwagenmarkt bei einer Analyse der Wettbewerbssituation auf dem Neuwagenmarkt, wie es häufig geschieht, unberücksichtigt zu lassen.

Die Unterteilung des Marktes für Personenkraftwagen in den für fabrikneue und den für gebrauchte Fahrzeuge ist noch zu grob, um dadurch bereits sinnvoll abgegrenzte sachlich relevante Märkte zu erhalten. Hier ist eine stärker differenzierende Betrachtung geboten. Das Verfahren, dazu einzelne Hubraumklassen zu unterscheiden, kann nicht befriedigen; denn zwischen Fahrzeugen des gleichen Hubraums können so erhebliche Preisunterschiede bestehen, daß es ökonomisch unsinnig wäre, diese Angebote als Substitute anzusehen.

Sinnvoller ist es folglich, unterschiedliche **Preisklassen** zu definieren (Kleinwagen, untere Mittelklasse, gehobene Mittelklasse, obere Preisklasse), auch wenn dabei Unschärfen in der Abgrenzung und Zuordnung hingenommen werden müssen. Auch begründet die Zugehörigkeit zur gleichen Preisklasse nicht auch zwangsläufig die zu demselben sachlich relevanten Markt. Es ist vielmehr erforderlich, weitere Unterscheidungen vorzunehmen, so etwa die zwischen **Limousinen** und **Sportwagen**; auch für andere „Spezialitäten" (Geländewagen; Cabriolets) sind eigene Märkte zu bilden.

Fließend ist schließlich der Übergang vom Markt der Personenkraftwagen zu dem der Nutzfahrzeuge, da die Kombinationskraftwagen (Kombis) durchaus Attribute des Angebots beider Bereiche in sich vereinen.

Alle diese Probleme sind zu berücksichtigen, wenn im folgenden vom PKW-Markt der Bundesrepublik gesprochen wird – ein Verfahren, dessen charakteristische Zweckmäßigkeit nur dann gewährleistet erscheint, wenn die starken Vereinfachungen, die damit verbunden sind, bewußt bleiben.[10]

2. Marktstruktur

2.1. Konzentrationsgrad und Marktform

Auf dem PKW-Markt der Bundesrepublik waren im Jahre 1981 mehr als 70 Marken vertreten. Nur fünf Unternehmen – die *Volkswagenwerk AG*, die *Adam Opel AG*, die *Ford-Werke AG*, die *Daimler-Benz AG* und die *BMW AG* – bestritten dabei jedoch allein nahezu 75 vH des in diesem Jahr realisierten Absatzes. Wie der *Übersicht 3* zu

---

[10] Für die Marktabgrenzung wichtige Überlegungen bietet vor allem die Studie: Heidrich, H., Konsumentenwissen und Wettbewerb. Marktprozesse bei dauerhaften Gütern am Beispiel neuer und gebrauchter Personenkraftwagen, Freiburg i. Br. 1981.

Übersicht 3: Bedeutendste Anbieter auf dem PKW-Markt der Bundesrepublik Deutschland im Jahre 1981

Hersteller	Gesamt umsatz in Mill.$[1]	Produktion[2]		Neu-Zulassungen in der BR Deutschland (PKW)	Markt anteil (v.H.)[3]
		PKW	Nfz		
1. Volkswagenwerk AG/ Audi NSU Auto Union AG	18.339	1.517.216	114.591	708.324	30,4
2. Adam Opel AG	5.082	786.663	6.137	370.285	15,9
3. Ford-Werke	4.788	419.517		273.174	11,7
4. Daimler-Benz AG	17.108	438.829	188.392	245.815	10,6
5. Bayerische Motoren Werke	4.000	330.087		133.899	5,8
6. Régie Nationale des Usines Renault	18.979	1.492.339	220.846	100.701	4,3
7. Peugeot S.A.	16.846	1.446.242	200.979	97.082	4,2
8. Fiat S.p.A.	25.155	995.455	156.034	91.774	3,9
9. Toyota Motors Co. Ltd.	14.582	2.303.284	990.060	47.214	2,0
10. Nissan Motors Co. Ltd.	13.042	1.940.615	703.437	44.722	1,9
11. Toyo Kogyo Ltd.	4.573	736.544	384.472	44.140	1,9
12. Honda Motors Co. Ltd.	5.703	845.514	111.388	35.226	1,5
13. Mitsubishi Motors Co.	10.998	659.622	445.308	43.815	1,9
14. Aktiebolaget Volvo	5.629	169.566	35.405	14.200	0,6
15. Alfa Romeo S.p.A.	2.281	219.571	2.087	13.336	0,6
16. Dr. Ing. h.c. F. Porsche AG	681	28.622		9.602	0,4
17. British Leyland Ltd.	6.691	395.820	129.632	5.702	0,2
18. V/O Autoexport (Lada)		ca. 180.000		6.544	0,3
19. Suzuki Motors Ltd	1.767	87.830	380.853	7.626	0,3
20. General Motors Corp.[4]	57.729	4.064.556	688.740	1.905	0,1

[1] Gesamtweltumsatz.
[2] Gesamtproduktion Personen- und Kombinationskraftwagen.
[3] Anteil der Neuzulassungen einer Marke an den Neuzulassungen insgesamt.
[4] Nur Fahrzeuge aus US-Produktion; die Produktion der Adam Opel AG, einer Tochtergesellschaft der General Motors Corporation wird unter (2) gesondert ausgewiesen. Der für General Motors genannte Umsatz umfaßt auch den Umsatz der ausländischen Tochtergesellschaften.

Quelle: VDA-Verband der Automobilindustrie e.V. (Hrsg.), Tatsachen und Zahlen aus der Kraftverkehrswirtschaft, 45. Folge 1981, Frankfurt a.M. 1981; The 500 Largest Industrial Corporations outside the U.S., in: Fortune, August 10, 1981; Geschäftsberichte.

entnehmen ist, belief sich der aggregierte Marktanteil der drei größten Produzenten *(Volkswagen, Opel, Ford)* zum genannten Zeitpunkt auf 58 vH.

Stellt man auf die Gesamtzahl der Anbieter von nennenswerter Bedeutung ab, läßt sich der betrachtete Markt als **„weites"** Oligopol klassifizieren. Die zuvor genannten Konzentrationskennziffern legen es dagegen nahe, den Markt als **„enges"** Oligopol zu kennzeichnen.[11] Zwischen den (großen) Herstellern sog. Massenautomobile *(Volks-*

---

[11] Die Bezeichnungen „weites" und „enges" Oligopol werden hier verwandt, ohne daß damit bereits ein Urteil über die Wettbewerbsintensität des betrachteten Marktes abgegeben werden soll. Im übrigen ist darauf hinzuweisen, daß die Automobilindustrien der anderen bedeutenden Produzentenländer nahezu durchweg durch noch weniger Unternehmen repräsentiert werden:
In Frankreich gibt es neben der staatlichen *Régie Renault* nur noch die *Gruppe Citroën-Peugeot,* die 1976 durch die Verbindung der *Automobiles Peugeot S.A.* mit der *S.A. Automobiles André Citroën* entstand und von der 1978 auch die zuvor als *„Simca"* firmierenden *Talbot-*

wagen, Opel, Ford, Renault, Fiat u. a. m.) besteht eine sehr ausgeprägte oligopolistische Interdependenz, weil hier die Beweglichkeit der Nachfrage groß genug ist, um bei Verstößen gegen das Postulat eines marktgerechten Angebots rasch (unter Umständen erhebliche) Marktanteilseinbußen zu bewirken.

Dort, wo (wie etwa von *BMW* und *Daimler-Benz)* ein Angebot bereitgestellt wird, welches Exklusivität verheißt, ist zwar ein höheres Maß an Markentreue zu beobachten; doch wird dieses Moment in seinen Konsequenzen für die Fühlbarkeit der **wechselseitigen Reaktionsverbundenheit** durch die geringere Anbieterzahl der hier relevanten Märkte gleichsam kompensiert: So bestritten 1980 nur zwei Hersteller – die *Daimler-Benz AG* und die *BMW AG* – rund 80 vH des gesamten Absatzes, der auf dem Teilmarkt für Limousinen der oberen Preisklasse realisiert wurde. Die hier gegebene Marktform des **(Teil-)Dyopols** begründet trotz des für beide Marken bestehenden relativ hohen Prozentsatzes „loyaler" Käufer zwischen den genannten Herstellern ein Moment der Rivalität, das nicht wesentlich weniger fühlbar und den Herstellern in nicht geringerem Maße bewußt sein dürfte als es etwa für die Beziehung *Opel-Ford* gilt.

Die geringe Zahl heimischer Anbieter hätte auf dem PKW-Markt der Bundesrepublik unter den Bedingungen einer geschlossenen Volkswirtschaft vermutlich seit längerem der Neigung zu einem weitgehend **friedlichen Oligopolverhalten** in ähnlicher Weise Vorschub geleistet und dafür auch vergleichbar günstige Möglichkeiten eröffnet, wie das lange Zeit hindurch für das Marktverhalten der „Big Three" der US-Automobilindustrie *(General Motors Corporation; Ford Motor Company, Chrysler Corporation)* vielfach kritisch konstatiert worden ist. Wenn der deutsche PKW-Markt tatsächlich in den sechziger und siebziger Jahren ein deutlich höheres Maß an „competitiveness" und auch ein sehr viel attraktiveres Marktergebnis aufwies als sein amerikanisches Pendant, dann ist das vor allem auch darauf zurückzuführen, daß der deutsche Markt zu Beginn der sechziger Jahre dem ausländischen Angebot (vor allem dem aus anderen EG-Ländern) zunehmend geöffnet wurde und daß man hier bis heute den heimischen Herstellern weniger Protektion zugestanden hat als das für alle anderen Volkswirtschaften mit eigener Automobilproduktion gilt. Der deutsche PKW-Markt wies dadurch schon in den sechziger Jahren eine Importquote auf, die mit (im mittelfristigen Durchschnitt) 25 vH auf dem US-Markt erst Ende der siebziger Jahre erreicht wurde.

Offenheit des Marktes ist gerade für die Automobilindustrie ein wettbewerbspolitisches Desiderat von hohem Rang, weil in dieser Branche auf den Markteintritt abso-

---

Werke der *Chrysler Corporation* übernommen wurden. In Italien wird die gesamte Automobilerzeugung ebenfalls von nur zwei Unternehmen bestritten – von der *Fiat S.p.A.* und der zur staatlichen Holding *IRI* gehörenden *Alfa Romeo S.p.A.* Nach zahlreichen Zusammenschlüssen verblieb als „nationales" Unternehmen in Großbritannien nur noch *British Leyland;* hinzukommen die britischen Tochtergesellschaften der großen US-Automobilkonzerne: *Vauxhall (General Motors Corporation)* und *Ford-Dagenham (Ford Motor Company)* sowie die Firma *Talbot* (früher: *Rootes)* als ehemalige *Chrysler-* und nunmehrige *Citroën/Peugeot*-Tochter. Für die USA ist die Gruppe der „Big Three" *(General Motors, Ford, Chrysler)* lediglich um die *American Motors Corporation (AMC)* zu ergänzen. Schließlich umfaßt auch die noch relativ junge japanische Automobilindustrie nicht mehr als ein halbes Dutzend (bedeutender) Produzenten: *Toyota Motors Co.; Toyo Kogyo Co. (Mazda); Nissan Motors Co. (Datsun); Isuzu Motors Ltd.; Misubishi Motors Corp.* und *Honda Co.*

Übersicht 4: Verflechtungsmatrix für die Weltautomobilindustrie

Kfz-Hersteller / Kooperation mit	Alfa Romeo	AMC	BL	BMW	Chrysler	DAF Trucks	Daimler-Benz	ENASA	Faun	FIAT Holding	- FIAT Auto	- IVECO	Ford	- Ford Europa	Fuji H. Ind.	GM	- GM Europa	Hino	Honda	IHC	Isuzu	Mack	MAN	Metalurgica	Mitsubishi	Motor Iberica	Nissan	Peugeot Holding	- Autom. Peugeot	- Autom. Citroen	Porsche	- RVI	Renault	Rolls-Royce	Saab-Scania	Saurer	SEAT	StDP	Suzuki	Toyo Kogyo	Toyota	VW	- AUDI	Volvo
Alfa Romeo													X	P														B																
AMC				V									K					L					L		X																V			
BL					K								P P					P P			K V				V		P V												K				K	K
BMW			L			L																																	K					
Chrysler	V					K										X			X X																				K X					
DAF Trucks							V		X				B							X											P			X					X					
Daimler-Benz													P			P						X									P			X										
ENASA							X																																					
Faun			L	V																			V				V																	
FIAT Holding		K	K				L									X					K				B										K	K								
- FIAT Auto	X									L															X K		X	V								L								
- IVECO	P			X			V						V										P		X						X													X
Ford		L				L	V									L L									X						P		X K											
- Ford Europa																					L						B																	
Fuji H. Ind.																X			L		X		L		B L																			
GM	K																																											
- GM Europa					L							V																																
Hino		P																																						B		P		
Honda		P		P							L							L																										P
IHC			B	X		V L							X V				V													X														
Isuzu	L									X V																						X												
Mack																									X	K													X					K
MAN					P																																							
Metalurgica			P																																									
Mitsubishi		P	X										L			V											K						L											
Motor Iberica																									X																			
Nissan	B L					X							B					X										B											X	P				
Peugeot Holding		K	X			X			X									L							B					L B	P	L									K			X
- Autom. Peugeot		V	X	X						X	L																				L											B		X
- Autom. Citroen										K																	L																	B
Porsche																K												V																P
Renault	X V				K							X														B L L	B							K									X
- RVI				X		V			X X						X																												X
Rolls-Royce				P																																									
Saab-Scania				V						X									K									P V													V	V		
Saurer																																													
SEAT							B																						L			V				P								
StDP			K		P	V	V	P																					L				V											
Suzuki										B						X															K													
Toyo Kogyo							X																							L	X													
Toyota			K										K			L	B																						P					
VW		V K	X	X						K L					X													P K						K			V				B P	V		V
- AUDI																																												
Volvo		K			X					K X		K					P	P		K						X X			X X												V		

Zeichenerklärung:

- B: Beteiligung (Kapital-)
- K: Kooperation durch Beratung, technische Hilfe, Entwicklung oder Lizenzvergabe
- P: Produktion oder Montage
- V: Vertrieb
- L: Lieferbeziehung
- X: Verflechtung auf mehreren der genannten Ebenen

Es ist zu beachten, daß nicht nur Verflechtungen zwischen den in der Matrix aufgeführten Firmen selbst ausgewiesen sind, sondern auch solche Fälle durch ein Symbol gekennzeichnet sind, in denen zwei der Firmen auf indirekte Weise (gemeinsame Tochter-Firma etc.) miteinander verflochten sind.
Einzelheiten siehe Abschnitt Verflechtungen bei den betr. Kfz.-Herstellern oder Rückfragen bei VWA/FA.

Quelle: *Daimler-Benz AG; IAW-Institut für Angewandte Wirtschaftsforschung,* Tübingen.

luter Newcomer kaum zu hoffen ist. Als Reservoir potentieller Konkurrenz verbleiben somit nur solche ausländischen Unternehmen, die sich als Automobilhersteller (etwa auf dem heimischen Markt) zwar bereits bewährt haben, von denen der Markt der Bundesrepublik jedoch zunächst noch nicht oder nur eher beiläufig bedient wurde: In den sechziger Jahren waren dies vor allem die Unternehmen der französischen und italienischen Automobilindustrie; in den späten sechziger Jahren übernahmen dann die Japaner den Part des aggressiv auftretenden und damit den Wettbewerb wesentlich stimulierenden Newcomers. Für die achtziger und neunziger Jahre ist die Möglichkeit nicht auszuschließen, daß die US-Hersteller mit einem „europäischer" gewordenen Angebot den deutschen Markt auch verstärkt mit der Produktion der Muttergesellschaften (und nicht, wie bislang, vor allem mit der ihrer europäischen Töchter) zu durchdringen versuchen werden.

Der Schutz, den der Wettbewerbsdruck durch ausländische Anbieter vor der Gefahr bietet, daß es zwischen der geringen Zahl von heimischen Herstellern zur Verhaltensabstimmung oder zu bewußtem Parallelverhalten kommt, könnte auf lange Sicht dadurch brüchig werden, daß die Zahl der **Kooperationsvereinbarungen** – auch zwischen großen Unternehmen und über die Staatsgrenzen hinweg – in den letzten Jahren stark zugenommen hat *(Übersicht 4).*

Wichtige Motive der Zusammenarbeit sind das „Splitting" der hohen Kosten anspruchsvoller Neuentwicklungen (z. B. Motoren, automatische Getriebe), die Abrundung des eigenen Angebots durch das des Kooperationspartners und der erleichterte Eintritt in neue Märkte durch den Vertrieb des eigenen Angebots durch das Händlernetz des Unternehmens, mit dem hier die Zusammenarbeit vereinbart wurde.

Im einzelnen zeigt die Analyse, daß Ziele, Formen, Umfang und Verbindlichkeit der in *Übersicht 4* zusammengestellten Vereinbarungen erhebliche Unterschiede aufweisen, so daß nur die genaue Prüfung des Einzelfalles ein Urteil darüber zuläßt, ob hier die leistungssteigernde und der Funktionsfähigkeit des Wettbewerbs insgesamt förderliche Wirkung dominiert oder ob der angestrebte betriebswirtschaftliche Vorteil nur um den hohen Preis einer fühlbaren Wettbewerbsbeschränkung erkauft zu werden droht.

2.2. Markteintrittsschranken

Für ein Unternehmen, das den Eintritt in den PKW-Markt als absoluter Newcomer erwägt, stehen grundsätzlich zwei „Philosophien" zur Wahl:

Eine mögliche Strategie besteht darin, sich als „low volume specialist producer" mit einem exklusiven Angebot ausgesprochen sportlicher (Beispiel: *Ferrari*) oder besonders luxuriöser Fahrzeuge (Beispiel: *Rolls Royce*) an eine relativ kleine Gruppe hier speziell interessierter und zudem entsprechend kaufkraftstarker Nachfrager zu wenden. Geringe Stückzahlen zwingen zu arbeitsintensiven Produktionsverfahren. Massenproduktionsvorteile bleiben weitgehend ungenutzt. Hohe Stückkosten machen hohe Preise erforderlich, die erfolgreiche Anbieter derartiger Sortimente jedoch durchaus zu erzielen vermögen.

Für Newcomer bestehen hier vor allem **„product-differentiation barriers to entry"** *(Joe S. Bain):* Die etablierten Anbieter haben (zumeist über Jahrzehnte hinweg) Traditionen begründet und Images geschaffen, durch die sie glaubhaft Exklusivität, Qualität und Prestige verbürgen können. Für ihr Angebot bestehen folglich Präferenzen, die dem Erfolg eines Newcomers erheblich entgegenstehen, da dieser auch bei massiv betriebener Werbung kaum hoffen kann, seinen Wettbewerbsnachteil genügend rasch auszugleichen.

Die Alternative zur eben skizzierten Strategie besteht im Bereitstellen eines Angebots, das nicht (ausschließlich) auf die Bezieher sehr hoher Einkommen abzielt, sondern den „Durchschnittskäufer" ansprechen will. Die hier relevanten Märkte der unteren Preisklasse, der Mittelklasse und (zum Teil auch) der oberen Preisklasse lassen sich dabei nur erfolgreich bedienen, wenn die Kostenvorteile der Massenproduktion hinreichend genutzt werden, wenn ein leistungsfähiges Netz von Händlern und Servicestationen besteht und wenn ein genügend breites und differenziertes Angebot offeriert wird. Als „volume car producer" sieht sich ein neuer Anbieter folglich vor allem mit **„scale barriers to entry"** *(Joe S. Bain)* konfrontiert.

Im Bereich der Produktion bleiben wesentliche Möglichkeiten der Kostendegression ungenutzt, wenn (bei Mittelklassewagen) nicht arbeitstäglich mindestens 1 000-- 1 200 Einheiten gefertigt werden. Bei 200 Arbeitstagen im Jahr ergibt sich aus dieser Tagesleistung eine **„mindestoptimale technische Betriebsgröße"** (MOTB) von etwa 200 000 bis 250 000 Fahrzeugen pro Jahr. Die **langfristige Planungskostenkurve** stellt bei darüber hinausgehenden Ausbringungsmengen weitere Kostenersparnisse in Aussicht, die bei kleineren Fahrzeugen – bei denen das höchstmögliche Maß an Kapitalintensität realisiert werden kann und eher knapp bemessene Gewinnmargen zudem dem Kriterium der Kosteneffizienz besondere Relevanz verleihen – erst bei einer Jahresproduktion von etwa 500 000 Einheiten weitgehend ausgeschöpft werden: Neue Anlagen werden vielfach auf eine Produktion dieser Größenordnung hin ausgelegt. Ein hohes Maß an Produktionseffizienz erfordert aber nicht nur ausreichend hohe Stückzahlen; wichtig ist vielmehr auch, daß auf modernen Anlagen gefertigt wird und daß deren Kapazität weitgehend und im Zeitablauf auch gleichmäßig gut genutzt wird.[12]

Als „Einprodukt-Unternehmen" kann ein Automobilproduzent im Massengeschäft erfahrungsgemäß dauerhaft nicht bestehen. Bei schmalem Sortiment fehlt die Möglichkeit, die Absatzeinbußen, die sich durch eine mißglückte Neuentwicklung in dieser Branche rasch und drastisch ergeben können, durch die Erfolge anderer Typen auszugleichen. Käufer, die beim Neuwagenerwerb in eine höhere Preisklasse „aufzusteigen" wünschen, gehen zwangsläufig verloren, wenn man nur in der zuvor aufgesuchten, nicht aber auch in der neuen Preisklasse als Anbieter präsent ist. Ein Konjunktureinbruch, der etwa die obere Mittelklasse besonders stark trifft, schlägt auf Umsatz und Gewinn eines Herstellers, der nur in dieser Klasse anbietet, stärker durch als dort, wo durch ein umfassendes Programm kompensiert werden kann. Ein Sortiment, dem es an der erforderlichen Breite und Differenzierung fehlt, spricht zudem nicht genügend Käufergruppen an, um der Gefahr wirksam vorzubeugen, daß

---

[12] Zur viel diskutierten Frage der optimalen Betriebs- und Unternehmensgröße in der Automobilindustrie siehe etwa: *Jürgensen, H./Berg, H.,* Konzentration und Wettbewerb im Gemeinsamen Markt. Das Beispiel der Automobilindustrie, a.a.O., S.33 ff.; *Gempt, O.,* Zukunftsperspektiven der europäischen Automobilindustrie. Zwang zu weiterer Konzentration?, Göttingen 1971, S. 27 ff.; *Central Policy Review Staff,* The Future of the British Car Industry, London 1975, S. 11 ff.; *Genth, M.,* Qualität und Automobile. Eine Untersuchung am Beispiel des westdeutschen Automobilmarktes 1974–1977 (VW Golf und Wettbewerber), Frankfurt a.M., Bern 1981, S. 288 ff.

leistungsfähige Händler abwandern, weil ihnen andere Hersteller ein attraktiveres Verkaufsprogramm anbieten.[13]

Eine Strategie der „full product line" erfordert drei bis vier Grundtypen und eine genügend große Zahl von Varianten, um auf den von ihrem Volumen her wichtigsten Segmenten des PKW-Marktes vertreten zu sein und hier mit einem hinreichend differenzierten Angebot aufwarten zu können. Bei einer „mindestoptimalen" Ausbringungsmenge von 250 000 Einheiten pro Typ und einem Angebot, das den Markt mit nur zwei Typen zumindest in wesentlichen Segmenten abzudecken versucht, müßte ein Newcomer also jährlich bereits 0,5 Mill. Einheiten produzieren (und absetzen), um sich etablierten Anbietern der betrachteten Branche als annähernd gleichwertiger Konkurrent präsentieren zu können.

Die Kosten der Bereitstellung eines solchen Angebots, das man ja völlig neu zu entwickeln hätte, für das Produktionsstätten errichtet werden müßten und ein Händlernetz zu schaffen wäre, dürften mit 10 Mrd. DM noch eher niedrig veranschlagt sein, da in den ersten Jahren sehr wahrscheinlich auch erhebliche Betriebsverluste abzudecken wären.[14]

Der außerordentlich hohe Aufwand, den ein absoluter Neubeginn in der Automobilindustrie einem Investor abverlangt, wirkt vor allem deshalb abschreckend, weil es weder in den USA noch in Westeuropa seit 1945 einen Markteintrittsversuch gegeben hat, der Bestand gehabt hätte. Es gilt vielmehr, daß hier nicht nur zahlreiche Newcomer, sondern auch solche Unternehmen aus dem Markt ausscheiden oder ihre Selbständigkeit aufgeben mußten, denen es an Tradition und Ansehen nicht fehlte und die vielfach auch von durchaus respektabler Größe waren.

Die Kosten der Entwicklung eines neuen Modells und die der Beschaffung jener Werkzeuge, die zu dessen Fertigung benötigt werden, lassen sich gegenwärtig auf (mindestens) 1 Mrd. DM beziffern. In den fünfziger und sechziger Jahren waren die hier erforderlichen Beträge zwar absolut wesentlich geringer; ihre relative, also auf Umsatz, cash-flow, Eigenkapital etc. bezogene Höhe war aber auch damals schon so gewichtig, daß gravierende Fehler in der Modellpolitik aus eigener Kraft zumeist nicht mehr kompensiert werden konnten.

2.3. Beschaffung und Absatz

Ein Personenkraftwagen der Mittelklasse besteht aus 5 000 bis 6 000 Teilen; davon werden im Durchschnitt nicht mehr als 50 Prozent in Eigenfertigung hergestellt

---

[13] Zu empirischen Belegen für diese These siehe: *Edwards, Ch. E.*, Dynamics of the United States Automobile Industry, 2. Auflage, Columbia, S. C. 1966.
[14] Die genannte Zahl von 10 Mrd. DM beruht auf Schätzungen von sachkundigen Mitarbeitern deutscher Unternehmen der Automobilindustrie. Angaben über die Investitionsausgaben für die Errichtung einer Automobilfabrik mit einer Produktionskapazität von 200 000 bis 300 000 Einheiten p. a. sowie Aussagen zur Relevanz von Skalenerträgen in den einzelnen Phasen des Produktionsprozesses auch bei: *Rationalisierungs-Kuratorium der Deutschen Wirtschaft; Battelle Forschungszentrum; Ifo-Institut für Wirtschaftsforschung,* Strukturveränderungen der deutschen Wirtschaft. Die Industrialisierung der Entwicklungsländer und ihre Rückwirkungen auf die deutsche Wirtschaft – Perspektiven bis 1990, Band II – Teil 2, Düsseldorf 1981, S. 285 f.

(Übersicht 5). Entsprechend groß ist die Bedeutung der **Zuliefer-Industrie**. Ein Unternehmen wie das *Volkswagenwerk* unterhält für Fertigungsteile mit mehr als 7000 Firmen regelmäßige Lieferbeziehungen.

Offensichtlich gibt es gewichtige Argumente, die bei der Entscheidung „buy it or make it" vielfach für den Verzicht auf Eigenfertigung sprechen: Spezialisierte Zulieferer können in einem Maße „economies of scale" nutzen und „know how" erwerben, wie es dem einzelnen Automobilhersteller bei der Vielzahl der bei größerer Produktionstiefe von ihm geforderten Engagements nicht möglich wäre. Durch den Verzicht auf ein hohes Maß an vertikaler Integration gewinnt er erfahrungsgemäß Anpassungsflexibilität. Die Möglichkeit, zwischen miteinander konkurrierenden Alternativen zu wählen, schützt ihn besser vor Ineffizienz oder überhöhten Preisen als der Verlaß auf interne Kontrollverfahren und betriebliche Verrechnungspreise.

Ein wesentlicher Teil der Kfz-Teile-Industrie besteht aus kleinen und mittleren Betrieben. Es gibt aber auch in diesem Bereich bedeutende Großunternehmen, so etwa die *Robert Bosch GmbH* (Elektrotechnik), die *Fichtel & Sachs AG* (Kupplungen, Stoßdämpfer), *Pierburg* (Vergaser), *Tewes* (Bremsen), *ZKF* (automatische Getriebe) und die Reifenhersteller *(Continental, Michelin* u. a. m.*)*.

Übersicht 5: Überschlägige Kalkulation des Endverkaufspreises für das Modell „Golf" der Volkswagenwerk AG

	Anteil am Endverkaufspreis
Eigenkosten des Herstellers	ca. 72 vH
dazu gehören:	
(a) Material, Kaufteile	ca. 43 vH
(b) Fertigung, Fertigungsgemeinkosten	ca. 22 vH
zusammen: Herstellungskosten	ca. 65 vH
(c) Entwicklungskosten	ca. 1–3 vH
(d) Qualitätskosten (insgesamt ca. 3–5 vH, wobei etwa die Hälfte den Herstellungskosten zugerechnet wird, der restliche Teil z. B. Garantie und Kulanz beinhaltet und hier angeführt wird)	ca. 1,5–2,5 vH
(e) Sonstige Eigenkosten (etwa Vertrieb, Verwaltung, Umlage typgebundener Betriebsmittel)	ca. 3,5 vH
zusammen: übrige Eigenkosten	ca. 7 vH
Sonstige	ca. 28 vH
dazu gehören:	
(f) Gewinnanteil	ca. 5 vH
(g) Händlerprovision	ca. 13 vH
(h) Mehrwertsteuer	ca. 10 vH

Quelle: Genth, M., Qualität und Automobile. Eine Untersuchung am Beispiel des westdeutschen Automobilmarktes 1974–1977 (VW Golf und Wettbewerber), Frankfurt a. M., Bern 1981, S. 296.

Die Zuliefer-Industrie hat an der Innovationsleistung der betrachteten Branche wesentlichen Anteil. Auch Unternehmen von lediglich mittlerer Größe verfügen als Spezialisten vielfach über ein „know how", das es für die Hersteller sinnvoll und notwendig macht, hier bereits in frühen Phasen der Entwicklung eine enge Zusammenarbeit zu betreiben. Beteiligt ist der Zulieferer damit auch am **Innovationsrisiko.** Er betreibt vielfach Entwicklungsarbeit für neu geplante Modelle, um dadurch bei deren Fertigung als Erstausrüster zum Zuge zu kommen. Wird eines dieser Projekte als nicht genügend aussichtsreich storniert, wird den Zulieferern der dafür geleistete Aufwand in der Regel nicht erstattet.[15]

Zwar ist es nur eine Minderheit von (in diesem Falle zumeist größeren) Unternehmen, die als Zulieferer regelmäßig und in größerem Umfang Forschung und Entwicklung betreiben; für alle Hersteller von Kraftfahrzeugteilen gilt jedoch, daß sie in der Lage sein müssen, hohen Qualitätsanforderungen zu genügen, und daß es ihnen nicht an der Befähigung mangeln darf, überzeugend an der Lösung eines außerordentlich anspruchsvollen Logistik-Problems mitzuwirken.

Da offenkundig gewordene Mängel in der Zuverlässigkeit eines Automobils oder in der Qualität seiner Verarbeitung den Hersteller erfahrungsgemäß rasch Marktanteile einbüßen lassen, haben alle Hersteller umfassende Systeme der **Qualitätssicherung** geschaffen.[16] Die Zulieferer sind in diese Planungs- und Kontrollprozesse dadurch einbezogen, daß ihnen detailliert spezifizierte Qualitätsstandards vorgegeben werden und daß man sie zur Vornahme aufwendiger Ausgangskontrollen verpflichtet.

Die Komplexität des von den Herstellern und den Zulieferern gemeinsam zu lösenden Logistik-Problems ergibt sich zum einen aus der Tatsache, daß es bei Ausschöpfung aller Wahlmöglichkeiten von einem einzigen PKW-Typ mehrere hunderttausend Varianten gibt, so daß die Wagen einer Tagesproduktion kaum jemals im strengen Sinne identisch sind. Es werden also nicht nur sehr viele Einzelteile benötigt, sondern von diesen Teilen werden auch hohe, aber nicht überall gleich hohe Volumina gefordert. Um ihre Lagerhaltungskosten möglichst gering zu halten, werden Teile und andere Vorleistungen von den Herstellern in der Regel nur für wenige Tagesproduktionen bereitgehalten. Das zwingt die Zulieferer zu absolut glaubhaft verbürgter Lieferfähigkeit und damit zu einer entsprechend hohen Lagerhaltung.

Wesentliches Erfordernis dauerhafter Wettbewerbsfähigkeit ist in der betrachteten Branche ein genügend dichtes und hinreichend leistungsfähiges **Händlernetz.**[17] Die Regel ist dabei der Vertragshändler. Er firmiert als rechtlich selbständiges Unternehmen, der die ihm vom Hersteller gelieferten Neuwagen im eigenen Namen und für eigene Rechnung verkauft. Mit dem Hersteller, dessen Marke er vertritt, besteht ein **Händlervertrag,** in dem die Rechte und Pflichten der Vertragspartner detailliert festgelegt werden. (Von den deutschen Herstellern vertreibt nur die *Daimler-Benz AG* ihr

---

[15] Zur Problematik der Beziehung Automobilhersteller/Zulieferindustrie siehe auch: *Monopolkommission,* Mißbräuche der Nachfragemacht und Möglichkeiten ihrer Kontrolle im Rahmen des Gesetzes gegen Wettbewerbsbeschränkungen, Sondergutachten 7, Baden-Baden 1977, S. 68 ff.
[16] Siehe *Genth, M.,* Qualität und Automobile, a. a. O.
[17] Siehe *Pashigian, B. P.,* The Distribution of Automobiles. An Economic Analysis of the Franchise System, Englewood Cliffs, N.J. 1961.

Programm durch werkseigene Niederlassungen, denen sog. **Agenten** unterstehen. Von den Vertragshändlern der anderen Marken unterscheiden diese sich vor allem dadurch, daß sie im Neuwagengeschäft im Namen und für Rechnung des Herstellers verkaufen).

Der **Händlervertrag** regelt u. a. die Größe der Verkaufs-, Ausstellungs- und Werkstattfläche, den Umfang des Neuwagenbestands, die Zahl der zu haltenden Vorführwagen, die Bestückung des Ersatzteillagers und die Höhe des Werbeaufwands. Er verpflichtet die Händler zur regelmäßigen, eingehenden Berichterstattung und zur Verwendung eines für alle Händler einer Marke einheitlichen Kontenplans. Der Händler wird vom Hersteller zumeist verpflichtet, nur dessen Marke zu führen. Ausnahmen von dieser Regel erklären sich durch Besonderheiten einzelner Standorte oder durch historische Entwicklungen, Traditionen und Zufälligkeiten.

Ausländische Hersteller, die in der Bundesrepublik nur relativ geringe Absatzzahlen erreichen, können das Prinzip der Ausschließlichkeit nicht durchsetzen, da ein Händlerbetrieb ohne das Führen weiterer Marken nicht wirtschaftlich arbeiten könnte.

Übersicht 6: Zahl der Vertragshändler, Fahrzeugbestand und Absatz je Händler der 20 bedeutendsten Anbieter auf dem PKW-Markt der Bundesrepublik Deutschland im Jahre 1980*

Hersteller	Zahl der Händler und Werkstätten	Fahrzeugbestand	Fahrzeugbestand/ Händler	Absatz/ Händler
1. Volkswagenwerk AG Audi NSU Auto Union AG	3374	7424726	2201	218
2. Adam Opel AG	2270	4586498	2020	177
3. Ford-Werke AG	2039	3041941	1492	124
4. Daimler-Benz AG	1212	2067670	1706	206
5. Bayerische Motoren Werke AG	1016	1195008	1176	137
6. Régie Nationale des Usines Renault	1697	1214080	715	67
7a S.A. Automobiles André Citroën	854	427713	501	55
7b Automobiles Peugeot S.A.	991	388779	392	34
7c Talbot	1012	371029	367	35
8. Fiat S.p.A.	1334	839041	629	60
9. Toyota Motors Co. Ltd.	993	161050	162	59
10. Nissan Motors Co. Ltd.	703	127938	182	73
11. Toyo Kogyo Ltd.	588	102387	174	79
12. Honda Motors Co. Ltd.	603	90756	151	71
13. Mitsubishi Motors Co.	750	56712	76	55
14. Aktiebolaget Volvo	491	171424	349	35
15. Alfa Romeo S.p.A.	619	167532	271	24
16. Dr. Ing. h.c. F. Porsche AG	205	65127	318	51
17. British Leyland Ltd.	298	105305	353	23
18. V/O Autoexport (Lada)	547	54847	100	11
19. Suzuki Motors Ltd.	212	1930	9	26
20. General Motors Corporation	123	27366	222	41

* Die Übersicht enthält Doppelzählungen, da Händler mehrere Marken vertreten können.
Quelle: *Verband der Automobilindustrie e.V. (VDA); Kraftfahrtbundesamt.*

5. Automobilindustrie

Den Händlern wird bei Präsentation des Angebots, Werbung, Aus- und Fortbildung etc. von den Herstellern vielfältige und umfangreiche Unterstützung gewährt; auch wird dem einzelnen Händler vom Hersteller grundsätzlich **Gebietsschutz** zugestanden. Werden die dem Händler vom Hersteller vorgegebenen Soll-Zahlen im Verkauf wiederholt nicht erreicht oder ist der Hersteller auf andere Weise zu der Überzeugung gelangt, ein lokaler Markt werde in seinen Möglichkeiten durch den zuständigen Händler unzureichend genutzt, dann wird es hier sehr bald zu einer „Verdichtung" des Händlernetzes kommen. **Besitzstandsgarantien** sind also mit dem Einräumen von Gebietsschutz nicht verbunden – dies auch deshalb nicht, weil die Verkaufsgebiete der Händler einer Marke sich zumeist überschneiden.[18]

Ein guter Händler, der auch mit seinen Service-Leistungen überzeugt, kann Präferenzen schaffen, die dann zwar mehr ihm als der von ihm vertretenen Marke gelten, die aber natürlich auch dem Markterfolg des derart indirekt bevorzugten Herstellers dienlich sind. Ein Händler- und Servicenetz von unzureichender Dichte und Leistungsfähigkeit kann dagegen die Wettbewerbschancen auch renommierter Marken wesentlich vermindern.

So ist es etwa *British Leyland* trotz so prestigeträchtiger Marken wie „*Jaguar*" und „*Rover*" vor allem deswegen nicht gelungen, auf dem deutschen Markt mehr als eine Außenseiterrolle wahrzunehmen, weil dem Ausbau des Händlernetzes und der Steigerung seiner Leistungsfähigkeit nicht die nötige Aufmerksamkeit gewidmet wurden. Der Erfolg des Volkswagens auf dem US-Markt in den sechziger Jahren erklärt sich dagegen sehr wesentlich aus der Tatsache, daß hier die Notwendigkeit hoher Servicequalität frühzeitig erkannt und diese Einsicht konsequent in unternehmerisches Handeln umgesetzt wurde.[19]

Der hohe Stellenwert, den die Absatzorganisation eines Herstellers für dessen Erfolg am Markt besitzt, erklärt die umfassenden Weisungsbefugnisse und Kontrollrechte, welche sich die Hersteller gegenüber ihren Händlern vertraglich ausbedingen. Dadurch wird der Händler zweifellos in seinen unternehmerischen Möglichkeiten erheblich eingeschränkt; der Rückhalt, den er bei seinem Hersteller auf vielfältige Weise findet, nimmt ihm jedoch auch einen Teil des Unternehmerrisikos. Sind die Modelle eines Herstellers überdurchschnittlich erfolgreich – so wie etwa der Volkswagen „*Käfer*" in den fünfziger Jahren – dann beziehen dessen Händler eine Art von **Differentialrente**; umgekehrt werden sie allerdings auch für eine verfehlte Modellpolitik mit in die Verantwortung genommen, obwohl sie hier kein Verschulden trifft.

---

[18] Der Gebietsschutz, der den etablierten Händlern gewährt wird, begründet zwar für „newcomer" des Kraftfahrzeuggewerbes eine Marktzutrittsschranke; doch zeigt die Erfahrung, daß leistungsfähige freie Werkstätten keine Mühe haben, einen Händlervertrag zu erhalten, falls sie diese Bindung anstreben. Sie haben ihre Wahl dann jedoch unter den Marken zu treffen, die an ihrem Standort noch nicht oder nicht ausreichend vertreten sind. Zu Einzelheiten siehe: *Tietz, B.*, Der Gruppenwettbewerb als Element der Wettbewerbspolitik. Das Beispiel der Automobilwirtschaft, Köln etc. 1981.
[19] Siehe *Bartram, W./Hilke, W.*, Die Erschließung eines Exportmarktes. Eroberung des US-Marktes durch das Volkswagenwerk, in: *Jacob, H.* (Hrsg.), Exportpolitik der Unternehmung, Wiesbaden 1968, S. 73 ff.

2.4. Nachfragestruktur und Käuferverhalten

Etwa 70 Prozent der fabrikneu erworbenen Personen- und Kombinationskraftwagen werden nicht gewerblich genutzt, sondern dienen dem Gebrauch privater Haushalte. Der hier erreichte **Motorisierungsgrad** ist in der Bundesrepublik höher als in jedem anderen Land Europas. Ein hoher PKW-Bestand, dessen Zuwachsrate in ihrem Trendwert allmählich immer geringer wird, ist gleichbedeutend mit einem hohen und zudem im Zeitablauf steigenden Anteil der sog. Ersatz-Nachfrage an den Neuzulassungen insgesamt; 1960 betrug dieser Anteil erst 41,5 vH, 1980 dagegen bereits 74,3 vH. (Entsprechend sank der Anteil der sog. Neu-Nachfrage von 58,5 vH (1960) auf 25,7 vH im Jahre 1980).[20]

Rechnerisch ist die **Ersatz-Nachfrage** dadurch gekennzeichnet, daß sie nicht zu einer Bestandserhöhung führt, da sie lediglich das ausgleicht, was im gleichen Zeitraum durch Verschrottung oder Gebrauchtwagen-Export an Bestandsreduzierung stattgefunden hat. Ökonomisch ist ein wachsendes Gewicht der Ersatz-Nachfrage gleichbedeutend mit einer zunehmenden Wahrscheinlichkeit dafür, daß die **Konjunkturschwankungen** sich für die Automobilindustrie verstärken.

Die meisten Haushalte sind bereits motorisiert. Dadurch gewinnen sie die Möglichkeit, den Zeitpunkt des Neuwagenkaufs je nach Einkommenserwartung vorzuziehen oder in die Zukunft zu verschieben. Wird angenommen, daß sich die Konjunktur abschwächt, übt man Zurückhaltung oder weicht auf den Gebrauchtwagenmarkt aus. Im Konjunkturaufschwung wird dann nicht nur die Nachfrage, die sich zuvor aufgestaut hatte, nachgeholt; es wird von optimistisch gestimmten Käufern auch eher gekauft, als es bei normalen Einkommenserwartungen und entsprechend normaler Nutzungsdauer der Fall gewesen wäre.

Die Zahl der jährlichen Neuzulassungen entspricht dadurch kaum jemals dem konjunkturbereinigten Trendwert. In guten Jahren wird dieser Wert vielmehr spektakulär überschritten, in Abschwung- und Rezessionsphasen müssen dagegen erhebliche Abstriche hingenommen werden *(Abbildung 1)*. Für die Hersteller ergibt sich aus dieser Instabilität das Problem, daß sich bei vorsichtiger Kapazitätsplanung in Boomphasen längere Lieferfristen ergeben, die Nachfrager abwandern lassen, während eine Ausrichtung der Produktionsmöglichkeiten an den Nachfragespitzen des Konjunkturzyklus den Kapazitätsauslastungsgrad im Abschwung so stark absinken läßt, daß Verluste unvermeidbar werden, die die Gewinne des Booms aufzehren könnten.

So wie der langfristige Wachstumstrend der Automobilnachfrage durch das zyklische Moment „verformt" wird, so wird hier der Branchenzyklus von einer stark ausgeprägten **Saisonkomponente** überlagert *(Abbildung 2)*.

Auch die Saisonschwankungen lassen sich weder durch Maßnahmen der Unternehmenspolitik (Sonderangebote, Preisnachlässe, Einführung neuer Modelle, verstärkte Werbung) wesentlich „glätten" noch in ihrer Stärke genau kalkulieren.

---

[20] Angaben nach: *Deutsche Shell AG,* Die Motorisierung am Beginn ihrer zweiten Entwicklungsphase, Hamburg, September 1971, S. 11; dies., Aufschwung nach der Talfahrt. Shell-Prognose des PKW-Bestandes bis zum Jahre 2000, Hamburg, September 1981.

5. Automobilindustrie

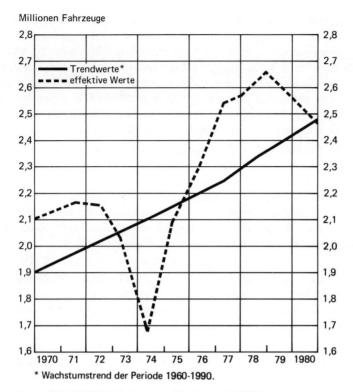

Quelle: Neuzulassungen nach: *Verband der Automobilindustrie e.V. (VDA)*.

Abbildung 1: Entwicklung der PKW-Neuzulassungen in der Bundesrepublik Deutschland 1970–1980: Wachstumstrend und konjunkturelle Abweichungen

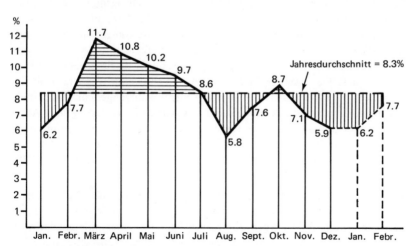

Quelle: *Genth, M.,* Qualität und Automobile, a.a.O., S. 279.

Abbildung 2: Anteil der monatlichen PKW-Neuzulassungen am Jahresvolumen in der Bundesrepublik Deutschland (Durchschnitt 1965–1974)

Da kostengünstige Produktion in der Automobilindustrie vor allem Kontinuität erfordert, empfiehlt es sich, auf das durch die Saisonschwankungen der Nachfrage geschaffene Anpassungsproblem nicht durch kurzfristiges Variieren der **Ausbringungsmenge,** sondern durch Veränderung des **Lagerbestandes** zu reagieren. An den Kosten der Lagerhaltung sind auch die Händler beteiligt, da ihre Bestände zwangsläufig wachsen, wenn ungünstige Witterung oder konjunkturelle Schwächen die Nachfrage ins Stocken geraten lassen, ohne daß die Hersteller das zum Anlaß nehmen, auch die Zahl der den Händlern zugewiesenen Fahrzeuge zu reduzieren.

Der typische Automobilkäufer ist bislang in der Regel stets „**Aufsteiger**" gewesen. Im Durchschnitt ist die beim Neuwagenkauf getätigte Ausgabe in den letzten drei Jahrzehnten noch nahezu immer real angestiegen. Die **Mengenkomponente** des Wachstums wurde auf dem PKW-Markt somit durch eine ebenfalls kräftig positive **Wertkomponente** ergänzt: Das Zusammenwirken beider Komponenten verlieh diesem Markt jene ausgeprägte Dynamik, die die Automobilindustrie zwischen 1950 und 1980 auch das gesamtwirtschaftliche Wachstum wesentlich stimulieren ließ.

Das „trading up" vollzog sich auf dem PKW-Markt – und hier nicht nur auf dem Markt für Neuwagen, sondern zeitlich verzögert auch auf dem für Gebrauchtwagen – zum einen als Bevorzugung der besser ausgestatteten und leistungsstärkeren Angebote einer Preis- oder Hubraumklasse; zum anderen betraten bereits motorisierte Käufer bei der Deckung ihres Ersatzbedarfs eine neue, höhere Preis- oder Hubraumklasse.[21]

Nur 1974 und 1980 wurde bislang beim Neuwagenkauf real im Durchschnitt weniger ausgegeben als im Jahr zuvor. Die „**Ölpreisschocks**" haben hier offensichtlich zu einem Wandel der Konsumentenpräferenzen geführt. Die Nachfrage zielte nun vor allem auf geringen Kraftstoffverbrauch – eine Forderung, der bei zunächst „gegebenen" Angebotsbedingungen „kleine" besser als „große" Wagen genügen konnten.

Der langfristige Trend einer Bevorzugung höherwertiger Fahrzeuge wird durch derartige Phasen eines vorübergehenden „trading down" jedoch vermutlich nicht außer Kraft gesetzt werden. Das Automobil wird in der Freizügigkeit, die es eröffnet, im Komfort, den es bietet und in anderen relevanten Nutzenkategorien auch künftig nicht durch überlegene oder auch nur gleichwertige Verkehrsmittel verdrängt werden. Ihm wird auch weiterhin in der Rangskala der Bedürfnisse ein bevorzugter Platz eingeräumt werden. Der „**Aufsteigereffekt**" wird folglich weiter wirksam bleiben – nicht mehr allerdings als Wunsch nach immer größeren Fahrzeugen mit immer mehr Hubraum und einer immer stärkeren Leistung, sondern als Bevorzugung eines Angebots, das deswegen höherwertig ist als seine Vorläufer, weil es mehr Komfort, mehr Sicherheit und eine geringere Umweltbelastung mit deutlich reduzierten Verbrauchswerten vereint. Dieses Angebot gibt es bislang erst in Ansätzen. In der zweiten Hälfte der achtziger Jahre wird es jedoch zunehmend Realität werden.

Die **Markttransparenz** des PKW-Marktes ist sehr wahrscheinlich höher als die jedes anderen Gebrauchsgütermarktes. Das liegt zum einen an dem außerordentlichen Interesse, das dem Automobil entgegengebracht wird und das unter anderem darin sei-

---

[21] Siehe dazu und zum Folgenden: *Berg, H.,* Das Kraftfahrzeuggewerbe und die Herausforderungen seiner Märkte von morgen, a.a.O., S.25ff.

nen Ausdruck findet, daß Tagespresse, Illustrierte und Fernsehen über neue Modelle u. ä. regelmäßig und ausführlich berichten und daß hier auch zahlreiche Spezialzeitschriften in hoher Auflage ihren Leser finden; zum anderen wird beim Autokauf auch eine höhere Summe verausgabt als sie von einem Haushalt mit durchschnittlichem Einkommen für andere Konsumgüter aufgewendet wird. Das Risiko einer Fehlentscheidung ist hier folglich besonders gravierend. Das erklärt und fördert die Bereitschaft zur sorgfältigen Kaufvorbereitung und zur Hinnahme der dabei entstehenden (relativ, d.h. bezogen auf den Automobilpreis sehr geringen) Informationskosten.

Der „typische" Autokäufer ist nicht nur über die zur Wahl stehenden Alternativen umfassend informiert; er ist auch durch ein hohes Maß an **Markentreue** gekennzeichnet. Markenloyalität und rationales Konsumentenverhalten schließen einander dabei nicht aus; denn gerade wenn eine falsche Wahl zu erheblichen finanziellen Einbußen führt (hohe Reparaturkosten, starke Wertminderung, ungünstige Verbrauchswerte u.a.m.), kann es ratsam sein, dem Produzenten die Treue zu halten, mit dessen Produkt man bisher zufrieden war.

An einer zur Erzeugung von Wettbewerbsdruck ausreichenden **Beweglichkeit der Nachfrage** fehlt es dennoch nicht. Die Markentreue varriiert je nach Hersteller etwa zwischen 60 und 90 Prozent.[22] Das reicht aus, um einem Hersteller, dessen Produkt enttäuscht, erhebliche Absatzeinbußen zu bescheren. Dieses Abwandern ist dabei vor allem deswegen für den Betroffenen so fatal, weil die Erfahrungen der Branche lehren, daß derart verloren gegangene Kunden kaum jemals wieder zurück gewonnen werden können.

Das Gegenstück zu dieser Verlustdrohung durch abwandernde Käufer ist die für die Funktionsfähigkeit des Wettbewerbs nicht minder wichtige Chance, bei überlegener Leistung von anderen Nachfrage abziehen zu können. Auch hier kommt es in wenigen Jahren selbst dann zu erheblichen Verschiebungen der Marktanteile, wenn es in jedem Jahr nur wenige Prozentpunkte sind, die schwächeren Herstellern von ihren überlegenen Konkurrenten an Nachfrage abgewonnen werden.

3. Marktverhalten

3.1. Modellpolitik

Ist Produktionseffizienz gewährleistet und besteht ein leistungsfähiges Netz von Händlern und Servicestationen, dann gilt die Feststellung, daß der Markterfolg eines Herstellers vor allem durch die von ihm betriebene **Produktpolitik** bestimmt wird; denn die Erfahrung lehrt, daß ein Produkt, das in Qualität, Formgebung, Fahrverhalten oder in einer anderen relevanten Eigenschaft den Ansprüchen des Käufers nicht genügt, weder durch Preissenkungen noch gar durch verstärkte Werbung marktgängig gemacht werden kann. Fehler im Bereich der Modellpolitik werden vom Markt rasch aufgedeckt; sie haben nahezu immer erhebliche Konsequenzen für Umsatz,

---

[22] Angaben nach: *Genth, M.,* Qualität und Automobile, a.a.O., S.349.

Marktanteil und Gewinn.[23] Umgekehrt gibt es zahlreiche Beispiele dafür, daß neue Modelle, die den Käufergeschmack deutlich besser treffen als das mit ihnen konkurrierende Angebot der anderen Hersteller, erhebliche Umsatzzuwächse eintragen.[24]

Die Qualität des Managements bemißt sich somit in der Automobilindustrie sehr wesentlich durch die Qualität der von ihm betriebenen Modellpolitik. Es kann folglich nicht überraschen, daß in diesem Bereich auch über viele vermeintlich eher beiläufige Fragen auf der Ebene von Vorstand und Aufsichtsrat diskutiert und entschieden wird. Das gilt auch deshalb, weil die Entwicklung eines neuen Modells in hohem Maße durch **Unsicherheit und Risiko** gekennzeichnet ist. Vom Zeitpunkt der ersten Entwurfsskizze bis zu dem der Markteinführung vergehen – ohne daß sich dieser Zeitraum wesentlich verkürzen ließe – drei bis vier Jahre.[25] Hinreichend detaillierte und genügend zuverlässige Prognosen der künftigen Marktsituation sind nicht verfügbar. Man kann zwar vermuten, was der Markt von morgen fordert, sicheres Wissen gibt es hier jedoch nicht: Einkommenswachstum, Konjunkturerwartungen, Kraftstoffpreise, Käufergeschmack, Konkurrenzverhalten, Aktivitäten des Gesetzgebers, Maßnahmen der Verkehrspolitik, politische Situation – das ist nur eine Auswahl jener Vielzahl von Daten, die die künftige Ergiebigkeit des PKW-Marktes und die Forderungen, die er an die hier tätigen Unternehmen stellt, bestimmen; dabei reicht es aus, daß sich ein einziges Datum auf gravierende und nicht vorhergesehene Weise ändert, um das auf Erfolg zielende Kalkül sorgfältiger Planung und intensiv betriebener Marktforschung zunichte zu machen.

Das Risiko, das sich aus diesem Moment der Unsicherheit ergibt, ist hoch, weil die Entwicklung neuer Modelle und ihre Einführung in den Markt außerordentlich kostspielig sind. Bereits das „Überarbeiten" älterer Modelle kann mehrere 100 Mill. DM erfordern. Für völlige Neu-Konstruktionen, die wie etwa der „*Fiesta*" der Kölner *Ford-Werke* oder der „*Golf*" des *Volkswagenwerkes* neue „Generationen" begründen, also nicht nur ein bereits bestehendes und grundsätzlich bewährtes Angebot fortschreiben, sind Aufwendungen zu tätigen, die, wie erwähnt, mit mindestens 1 Mrd. DM veranschlagt werden müssen. Das bedeutet, daß ein kleinerer Hersteller hier bei krassem Fehlschlagen seiner Bemühungen sofort in eine existenzbedrohende Krise gerät, in der ihm dann vermutlich die Gewinne fehlen, die er brauchen würde, um einen zweiten Versuch finanzieren zu können.

Diese Einsicht hat Konsequenzen: Für alle Hersteller läßt sich feststellen, daß ihr Sortiment „vertikal" breiter und „horizontal" differenzierter geworden ist. In den fünfziger Jahren wurden auch von den großen Herstellern zumeist nur zwei Preisklassen bedient, in denen in der Regel lediglich ein Grundtyp angeboten wurde, der

---

[23] Als Fall-Studie dazu lesenswert: *Brooks, J.*, The Fate of The Edsel: A Cautionary Tale, in: *Brooks, J.*, Business Adventures, Harmondsworth, Middlesex 1971, S. 31 ff.

[24] Bekannt gewordene Beispiele sind die Markterfolge, die die *Ford Motor Comp.* 1964 mit der Einführung des Typs „*Mustang*" und die *Kölner Ford-Werke AG* 1964 mit dem Typ „*Ford Taunus 17 M*" („Die Linie der Vernunft") sowie mit dem 1969 erstmals auf den Markt gebrachten Typ „*Ford Capri*" erzielen konnten. Ein weiteres Beispiel, das des Typs „*Golf*" des *Volkswagenwerkes*, wird ausführlich dargestellt bei: *Genth, M.*, Qualität und Automobile, a. a. O., S. 251 ff.

[25] Siehe dazu und zum Folgenden: *Schlegel, H.*, Produktplanung in der Automobilindustrie, in: Zeitschrift für Organisation, 43 Jg. (1974), S. 23 ff.

auch kaum durch Varianten differenziert wurde.[26] Seit dem Eintreten in die sechziger Jahre ist dieses Sortiment in der Regel konsequent erweitert und vielfältiger gestaltet worden: Zuvor nicht besetzte Preisklassen wurden durch entsprechende neue Modelle abgedeckt.

Eine große Zahl von Varianten (und oft auch mehrere Grundtypen) sollen für jede Preisklasse gewährleisten, daß hier auch Minderheiten angesprochen werden und jedem Käufer ein möglichst weitgehend auf seine Wünsche abgestimmtes Angebot gemacht werden kann. Dadurch wird die Gefahr abgewendet, daß Kunden als „Aufsteiger" (als Erwerber von Zweit- und Drittwagen oder bei schlechter Konjunktur vorübergehend auch als „Absteiger") zum Abwandern gezwungen sind, weil „ihr" Hersteller in der von ihnen aufgesuchten Preisklasse als Anbieter nicht vertreten ist.

Bei sich allmählich abschwächender Wachstumsdynamik des PKW-Marktes ist dieser Übergang vom extensiven zum intensiven Umsatzwachstum vor allem deswegen geboten, weil ein Unternehmen, das nicht alle Marktsegmente abdeckt, Marktlücken ignoriert oder neu entstehende Teilmärkte nicht bedient, damit rechnen muß, daß sich seine Wettbewerbsposition langfristig zunehmend verschlechtert, weil es langsamer expandiert als seine Konkurrenten und dadurch ihnen gegenüber relativ kleiner wird.

Schließlich erhofft man sich von einem hohen Maß an Produktdifferenzierung auch Schutz vor neuer (Import-)Konkurrenz, der sich andernfalls die Chance bieten könnte, jene Käufer erfolgreich anzusprechen, die bei den etablierten Anbietern nicht das finden, was sie suchen: Die Erfolge der japanischen Automobilindustrie auf den Märkten Westeuropas und der USA etwa sind wesentlich auch dadurch zu erklären, daß hier Versäumnisse der eingeführten Anbieter überzeugend zum eigenen Wettbewerbsvorteil gewendet werden konnten.

Die heute vorherrschende Strategie der „full product line" und die eines in jeder Preisklasse stark differenzierten Angebots vermindern das Risiko, das sich mit Fehlschlägen in der Modellpolitik verbindet, auf zweifache Weise:

- Die Präsenz in mehr als nur einer Preisklasse kann einen Ausgleich gewährleisten, wenn auf einem Markt dadurch Rückschläge hingenommen werden müssen, daß hier ein neues Modell nicht „ankommt".
- Varianten eines bereits erfolgreich eingeführten Grundtyps lassen sich mit relativ geringem zusätzlichem Aufwand bereitstellen, und die Akzeptanz, die das Ursprungsmodell bereits gefunden hat, macht es wahrscheinlich, daß auch dessen Modifikationen Anklang finden.

Der Begrenzung der Entwicklungskosten, ihrer Verteilung auf eine möglichst große Zahl von Einheiten und damit der Risikominderung dient auch das ausgeprägte Moment der Kontinuität und der behutsamen Evolution, das die Modellpolitik der meisten Hersteller kennzeichnet. Erfolgreiche Modelle werden im Sinne kontinuierlicher Verbesserung sorgsam gepflegt und, wenn es geboten erscheint, auch stilistisch überarbeitet. Dadurch können sich Laufzeiten von einem Dutzend von Jahren und mehr ergeben.

---

[26] Einzelheiten bei: *Jürgensen, H./Berg, H.*, Konzentration und Wettbewerb im Gemeinsamen Markt – Das Beispiel der Automobilindustrie, a.a.O., S. 133 ff.

Je länger der Zeitpunkt des Modellwechsels hinausgeschoben wird, desto größer wird indes das damit verbundene Risiko. Das Sortiment wird in Technik und Styling zunehmend obsolet. Technische Fortschritte – auch solche im Bereich der Fertigung – können nur noch unzureichend berücksichtigt werden. Das Image des Unternehmens droht als statisch, unbeweglich und bar der Kreativität und innovatorischen Potenz Schaden zu nehmen. Die Phase, in der das alte Modell schließlich durch eine Neukonstruktion abgelöst wird, gerät dann erfahrungsgemäß besonders kritisch. Das von Kritikern der Branche vielfach propagierte Konzept des **„Langzeitautos"** findet hier seine gewichtigsten Einwände – Einwände, die sich durch das sehr lange Festhalten des *Volkswagenwerks* am Modell *„VW Käfer"* und durch die ähnlich beschaffene Philosophie des *„Modell T"* der *Ford Motor Company* in den zwanziger Jahren durchaus auch empirisch fundieren lassen.

Vermutlich noch riskanter als zu lange Fristen des Modellwechsels ist ein zu rascher Rhythmus dieser Aktivitäten. Die Politik des regelmäßig alle zwei Jahre von den großen Herstellern vorgenommenen **„model changing"**, die das Wettbewerbsgeschehen auf dem US-Markt bis zur Mitte der siebziger Jahre so überaus stark bestimmt hat, ist für die europäischen Hersteller nie typisch gewesen. Dafür gibt es mehrere Gründe:

- In der US-Automobilindustrie war *General Motors* durch die Politik des häufigen Modellwechsels in den dreißiger Jahren zur „dominant firm" geworden; *Ford* als Verfechter konsequent betriebener Modellkonstanz *(„Modell T")* war mit dieser Strategie immer stärker ins Hintertreffen geraten. Damit wurde diese „Philosophie" diskreditiert; das „Erfolgsrezept" von *General Motors* dagegen wurde von den anderen nachgeahmt und schließlich auch von *Ford* übernommen. Kleinere Hersteller, die versuchten, sich dem für sie zu aufwendigen Zwang zu einem regelmäßigen Modellwechsel zu entziehen, scheiterten (wie die *Studebaker-Packard Corporation*) oder blieben (wie die *American Motors Corporation*) in ihrem Marktanteil unbedeutend und in ihrer Wettbewerbsposition permanent gefährdet. In Europa errang der (sehr bald) größte Hersteller, das *Volkswagenwerk,* seine spektakulären Erfolge mit einem Modell, das im Styling über viele Jahre hinweg nur marginal verändert wurde. Auch dieses Verfahren dürfte dadurch, daß der Markt es so eindrucksvoll guthieß, „stilbildend" gewirkt haben.
- Der amerikanische PKW-Markt war in den zwanziger und dreißiger Jahren und – nachdem der durch den 2. Weltkrieg geschaffene Nachholbedarf gedeckt worden war – in den späten fünfziger und in den sechziger Jahren viel stärker „ausgereift", viel weitergehend gesättigt als die Märkte in Europa, die in der zweiten Hälfte der fünfziger Jahre erst begannen, in ihre Expansionsphase einzutreten. Dadurch boten sich hier so günstige Wachstumschancen, daß für die nachfragestimulierenden Impulse einer erfolgreich betriebenen **„psychological obsolescence"** gleichsam kein Bedarf bestand: Es brauchte der vorhandene Bestand in dem durch ihn gestifteten (Zusatz-)Nutzen nicht dadurch entwertet zu werden, daß man ihn durch Innovationen, die sich weitgehend in Stylingnovitäten erschöpften, modisch bewußt diskreditierte, um dadurch Ersatz-Nachfrage zu kreieren.[27]

---

[27] Der Vorwurf der „psychologischen Obsoleszenz" ist in der Vergangenheit vor allem dem Angebot der „Big Three" der US-Automobilindustrie gegenüber erhoben worden. „Qualitative Obsoleszenz" („geplanten Verschleiß") hat man dagegen auch als typische Strategie der euro-

- Eine derartige Strategie wäre in Europa in den fünfziger Jahren auch daran gescheitert, daß hier das Pro-Kopf-Einkommen ihre Finanzierung gar nicht zugelassen hätte.[28] Hier wären nur die Nachteile einer solchen Praxis wirksam geworden, nicht jedoch die von den Produzenten erhofften Vorzüge: Die Nachfrage wäre nicht stimuliert worden; die Besitzer der durch ein neues Styling obsolet gewordenen früheren Jahrgänge hätten sich, durch die Entwertung ihres Besitzes verärgert, den Herstellern zugewandt, bei denen ihnen Schutz vor derartigen Überraschungen garantiert worden wäre. Der Wertverlust des Gebrauchtwagenangebots hätte zudem die Fähigkeit zum Neuwagenkauf reduziert.

- Schließlich ist zu bedenken, daß der US-Markt durch ein hervorragend ausgebautes Straßennetz, strenge Geschwindigkeitsbegrenzungen und niedrigere Kraftstoffpreise Innovationen in geringerem Maße forderte und honorierte als die europäischen Märkte, die zudem auch durch die größere Zahl von Anbietern und ein höheres Maß an Heterogenität bei Käuferpräferenzen, Gesetzgebung etc. die besseren Chancen für Fortschritte boten, die mehr als nur Stylingänderungen repräsentierten.

In früheren Jahren wurde häufig die These vertreten, der **Rhythmus des Modellwechsels** werde sich – analog zur vorangegangenen Entwicklung in den USA – auch in Europa zunehmend beschleunigen, wenn der PKW-Markt hier in seine **Sättigungsphase** eintrete.[29] Kräftig gestiegene Kraftstoffpreise haben (nicht nur) diese Prognose falsch werden lassen; sie haben auch in den USA dazu geführt, daß die Aktionsparameter Styling und Modellwechsel ihre zuvor gegebene Dominanz eingebüßt haben. Das Käuferinteresse zielt nun nicht mehr vornehmlich auf das gefällige Design, sondern auf günstige Verbrauchswerte. Hinzu kommen gesetzliche Auflagen zur Abgasentgiftung und zur Verbesserung der durch das Automobil gebotenen Sicherheit, die die Hersteller mit zusätzlichen Kosten und die Käufer mit höheren Preisen belasten.

Das Bereitstellen eines im skizzierten Sinne marktgerechten Angebots erfordert hohe Investitionen. Diese zwingen zur Steigerung der Ausbringungsmenge je Fahrzeug und damit zu möglichst langen Laufzeiten neu eingeführter Modelle. Die US-Produzenten passen sich in ihrer Produktpolitik somit dem europäischen Vorbild an und vollziehen damit die Umkehrung dessen, was prognostiziert wurde.[30]

---

päischen Automobilhersteller angesehen. Der Leser sei dazu auf die ausführliche Studie von *Genth, M.,* Qualität und Automobile, a.a.O., insbes. S. 235ff., verwiesen, durch die diese Kontroverse abgeschlossen worden sein sollte.

[28] Versuche der *Adam Opel AG* und der *Ford-Werke AG,* die in den fünfziger und sechziger Jahren darauf abzielten, den deutschen Automobilkäufer für einen rascheren Rhythmus des Modellwechsels zu gewinnen, erbrachten nicht den gewünschten Erfolg. Die genannten Hersteller nahmen diese Erfahrung zum Anlaß, um wieder zu einer Politik zurückzukehren, die auf häufigen Modellwechsel verzichtete und stattdessen verstärkt auf „Modellpflege" setzte.

[29] Zu Einzelheiten siehe: *Jürgensen, H./Berg, H.,* Konzentration und Wettbewerb im Gemeinsamen Markt – Das Beispiel der Automobilindustrie, a.a.O., S. 123ff.

[30] Siehe o.V., Has Detroit learned its lesson?, in: Business Week, 5.Oktober 1974, S.64ff.; *Burck, Ch. G.,* How G.M. turned itself around, in: Fortune, 16.Januar 1978, S.87ff.; *Burck, Ch. G.,* A comeback decade for the American car, in: Fortune, 2.Juni 1980, S.52ff.; o.V., Why Detroit still can't get going, in: Business Week, 9. November 1981, S.72ff.

3.2. Preispolitik

Von den Herstellern werden den Händlern (für diese unverbindliche) Listenpreise empfohlen, die im Zeitablauf typischerweise so geändert werden, wie es *Übersicht 7* für die Periode 1969–1982 zeigt: Nimmt ein Hersteller Preiserhöhungen vor, so folgen diesem Beispiel die meisten oder gar alle konkurrierenden Unternehmen, indem sie in kurzer Frist ihre Preise auch heraufsetzen, wobei die Steigerungsraten zumeist nur wenig voneinander abweichen.

Nur relativ selten werden Listenpreise dagegen herabgesetzt. Das Mittel der Preissenkung gilt offensichtlich als ultima ratio: Seine Anwendung läßt darauf schließen, daß sich der betreffende Hersteller mit einer äußerst unbefriedigenden Absatzsituation konfrontiert sieht, die er auf andere Weise nicht glaubt zum Besseren wenden zu können. Auf Preissenkungen eines Unternehmens wird von seinen Konkurrenten zumeist nicht reagiert.

Alle diese Beobachtungen legen den Schluß nahe, daß auf dem PKW-Markt der Bundesrepublik **Preiswettbewerb** nicht gegeben sei. Diese Vermutung ist in der Tat in der Öffentlichkeit auch immer wieder geltend gemacht worden. Das *Bundeskartellamt* hat im Gefolge derartiger Sequenzen von Preiserhöhungen mehrfach Ermittlungen angestellt, ohne jedoch den Verdacht eines aufeinander abgestimmten Verhaltens erhärten zu können.[31]

Tatsächlich findet Preiswettbewerb auf dem von uns betrachteten Markt auch sehr wohl statt. Er vollzieht sich allerdings eher auf indirekte, „versteckte" Weise:

- Zum einen werden die Preise neu eingeführter Modelle in ihrer Relation zu den Preisen des Angebots, mit dem diese Modelle konkurrieren sollen, so fixiert, daß sie dem Erreichen des angestrebten Absatzzieles nicht entgegenstehen. So wurde etwa die von den japanischen Herstellern in der Bundesrepublik erfolgte Zielsetzung eines kräftig gesteigerten Marktanteils sehr wesentlich dadurch erreicht, daß man hier zu Preisen anbot, die erheblich unter denen lagen, die für die vergleichbaren Modelle der etablierten Hersteller gefordert wurden.

- Zum anderen kann der vom Käufer tatsächlich gezahlte Preis (der sog. „**Nettopreis**") bei ungünstiger Konjunktur oder schwacher Wettbewerbsposition erheblich unter den Listenpreis absinken. Dieser ist dann nur noch der Ausgangspunkt eines Bargainingprozesses, in dessen Verlauf der Käufer um so höhere Preisnachlässe durchsetzen kann, je geschickter und hartnäckiger er verhandelt, je schlechter die allgemeine Absatzsituation der Branche zum betrachteten Zeitpunkt beschaffen und je weniger marktgängig das Modell ist, das erworben werden soll.

---

[31] Siehe: Bericht des Bundeskartellamtes über seine Tätigkeit im Jahre 1974, Deutscher Bundestag, Drucksache 7/3791, S. 54; Bericht des Bundeskartellamtes über seine Tätigkeit im Jahre 1976, Deutscher Bundestag, Drucksache 8/704, S. 53; Bericht des Bundeskartellamtes über seine Tätigkeit im Jahre 1977, Deutscher Bundestag, Drucksache 8/1925, S. 24f. u. S. 56; siehe ferner die Feststellung des *Bundesministers für Wirtschaft*, nach der „konkrete Anhaltspunkte für eine Preisabsprache oder -abstimmung zwischen den betreffenden Unternehmen (der Automobilindustrie. *H. B.*) ... nach den bisherigen Feststellungen des Bundeskartellamtes ... nicht vorliegen" (*BMWI* Tagesnachrichten Nr. 7223 vom 12. 5. 1975).

5. Automobilindustrie

Die vom Händler gemachten Konzessionen können dabei in direkten Preisnachlässen bestehen; üblich ist aber auch eine Vielzahl indirekter, „versteckter" Preisabschläge, so etwa durch die Zugabe nicht berechneter Extras oder durch die besonders günstige Inzahlungnahme eines vom Neuwagenkäufer angebotenen Gebrauchtwagens. Für die Erlöseinbußen, die sie durch derartige Zugeständnisse hinzunehmen haben, wird den Händlern von den Herstellern häufig ein finanzieller Ausgleich gewährt – dies etwa dadurch, daß man sie durch sog. Abverkaufshilfen unterstützt oder ihnen für besonders schwer verkäufliche Modelle Zusatz-Prämien zubilligt.

- Als eine dritte Form des Preiswettbewerbs kann schließlich die Placierung von **Sonderserien** angesehen werden: Ein Modell wird in bestimmter Ausstattung und Farbgebung in begrenzter Auflage zu einem Preis angeboten, der deutlich unter dem Preis liegt, der zuvor gezahlt werden mußte, wenn diese Variante von einem Käufer individuell ausgewählt wurde.[32]

Ein Herabsetzen der Listenpreise wird von den Herstellern, wie erwähnt, nach Möglichkeit vermieden. (Diese Erfahrung gilt übrigens auch für den US-Markt.)[33] Man befürchtet Imageschäden, weil eine derartige Preispolitik eben bislang typischerweise dann betrieben wurde, wenn das Angebot eines Herstellers vom Markt zuvor nicht akzeptiert worden war, weil die Qualität der Verarbeitung als unzureichend galt, weil das Styling mißfiel, weil der Service Anlaß zur Klage bot oder weil andere Leistungsschwächen vermutet wurden. Gesenkte Listenpreise haben somit in der Regel Ursachen und erzeugen Assoziationen, die dieses Mittel als Aktionsparameter im Wettbewerbsprozeß für die Hersteller stark diskreditieren.

Preisnachlässe, die von den Händlern durch Abschläge von den Listenpreisen oder auf andere, indirekte Weise gewährt werden, haben dagegen Vorzüge, die gerade für Anbieter, zwischen denen ein hohes Maß an oligopolistischer Interdependenz besteht, Gewicht besitzen: Sie können flexibel gehandhabt und gemäß den jeweils gegebenen Erfordernissen von Modell zu Modell, von Händler zu Händler, ja von Käufer zu Käufer in nahezu beliebiger Differenzierung betrieben werden. Auch ist die Konkurrenz über das Ob und Wieviel derartiger Konzessionen nur unvollkommen informiert, wodurch ihr das Treffen gezielter Gegenmaßnahmen erschwert wird.[34]

---

[32] Beispiele bei *Genth, M.*, Qualität und Automobile, a.a.O., S. 312f.

[33] *White, L.J.*, The Automobile Industry Since 1945, Cambridge, Mass. 1971, S. 105 ff.; der starke Nachfragerückgang und der gleichzeitig kräftig zunehmende Importanteil haben allerdings auch in den USA seit 1975 dazu geführt, daß von den Händlern mit Billigung und Unterstützung der Hersteller zum Teil erhebliche direkte und „versteckte" Abschläge von den Listenpreisen gewährt werden.

[34] Bei der Würdigung der Preispolitik der Automobilhersteller ist schließlich zu bedenken, daß auch ein intensiver Preiswettbewerb in einer Volkswirtschaft, in der ständig inflationäre Impulse wirksam werden, kaum die Chance eröffnet, absolute Preissenkungen vorzunehmen. Jede Steigerung, die das Kostenniveau durch höhere Löhne, gestiegene Rohstoffpreise, zusätzliche Sozialleistungen u.ä.m. erfährt, zwingt zu Überwälzungsversuchen, wenn eine Komprimierung der Gewinnmarge vermieden werden soll. Intensiver Preiswettbewerb kann unter diesen Umständen schon dann bestehen, wenn diese Überwälzung am Markt nur teilweise durchsetzbar ist. Hinzu kommt, daß die Preissenkungsspielräume bei gegebener Rate des Produktivitätsfortschritts auch dadurch reduziert werden, daß in Unternehmen, die der Mitbestimmung unterliegen, ein starker Druck auf das Management ausgeübt wird, den rea-

Übersicht 7: *Preiserhöhungen durch inländische Hersteller auf dem PKW-Markt der Bundesrepublik Deutschland im Zeitraum 1969–1982*

1. Preiserhöhungstermine und -raten seit 1976

	1976		1977		1978		1979		1980		1981		1982		Erhöhung 1976–82
	Erhöhung per:	durchschn. Erh.	Erhöhung per:	durchschn. Erh.	Erhöhung per:	durchschn. Erh.	Erhöhung per:	durchschn. Erh.	Erhöhung per:	durchschn. Erh.	Erhöhung per:	durchschn. Erh.	Erhöhung per:	durchschn. Erh.	
		%		%		%		%		%		%		%	%
DB	–	–	14.02.	3,9	24.04. 18.12	3,7 1,9	16.07.	1,9	24.03. 04.08.	3,7 1,8	20.07.	3,4	04.01.	2,7	25,5
BMW	03.05.	3,9	21.03.	3,8	16.05.	3,6	18.01. 29.08.	1,8 1,6[1]	08.04.	3,9	05.01. 31.08.	1,4 2,0	11.01.	2,6	27,4
OPEL	30.03.	4,7	04.04.	3,9	05.05.	3,5	16.03. 26.07.	2,9 0,8	31.03.	4,2	14.05.	3,9	04.01.	2,5	29,6
FORD	01.03.	5,0	06.04.	3,9	08.05.	3,5	20.03.	2,7	09.04.	3,4	18.05.	3,2[2]	02.01.	1,9	26,1[2]
VW/AUDI	29.03.	4,6	28.03.	3,9	02.05.	3,5	12.03.	2,9	10.03.	4,6	11.05. 14.12.	3,9 2,3			28,7

[1] Dieser Erhöhungssatz wurde nicht in der Presse veröffentlicht.
[2] zusätzlich 2,1% Erhöhung für Ausstattungsverbesserungen; Erhöhung seit 1976 28,7%

5. Automobilindustrie

2. Preiserhöhungen p. a. mit Indexentwicklung (Ende 1968 = 100,0)

	DB		BMW		OPEL		FORD		VW/AUDI	
	Erh. pro Jahr	Index	Erh. pro Jahr	Index	Erh. pro Jahr	Index	Erh. pro Jahr	Index	Erh. pro Jahr	Index
	%		%		%		%		%	
1969	4,7	104,7	5,6	105,6	5,5	105,5	6,0	106,0	–	100,0
1970	4,5	109,4	3,0	108,8	7,7	113,6	6,0	112,4	9,2	109,2
1971	5,0	114,9	3,5	112,6	3,0	117,0	3,0	115,7	–	109,2
1972	4,2	119,7	4,1	117,2	3,4	121,0	3,3	119,5	4,9	114,5
1973	4,4	125,0	7,5	126,0	5,7	127,9	5,4	126,0	4,4	119,6
1974	8,7	135,9	9,2	137,6	12,3	143,6	11,7	140,7	12,7	134,8
1975	5,8	143,7	8,8	149,7	7,5	154,4	4,9	147,6	7,9	145,5
1976	–	143,7	3,9	155,5	4,7	161,7	5,0	155,0	4,6	152,2
1977	3,9	149,3	3,8	161,4	3,9	168,0	3,9	161,0	3,9	158,1
1978	5,7	157,8	3,6	167,2	3,5	173,8	3,5	166,6	3,5	163,7
1979	1,9	160,8	3,4	173,0	3,7	180,3	2,7	171,2	2,9	168,4
1980	5,6	169,7	3,9	179,7	4,2	187,9	3,4	177,0	4,6	176,1
1981	3,4	175,5	3,4	185,9	3,9	195,2	3,2	182,7	6,3	187,2
1982	2,7	180,3	2,6	190,7	2,5	200,1	1,9	186,2		

3. Erhöhungsraten für verschiedene Zeitabschnitte

	DB	BMW		OPEL		FORD		VW/AUDI	
	Erhöhung	Erhöhung	Abweichung zu DB	Erhöhung	Abweichung zu DB	Erhöhung	Abweichung zu DB	Erhöhung	Abweichung zu DB
1982 gegenüber	%	%	%	%	%	%	%	%	%
Ende 1968	80,3	90,7	+5,8	100,1	+11,0	86,2	+3,3	87,2	+3,8
1975	25,5	27,4	+1,5	29,6	+ 3,3	26,1	+0,5	28,7	+2,5
1976	25,5	22,6	−2,3	23,8	− 1,4	20,1	−4,3	23,0	−2,0
1977	20,7	18,1	−2,2	19,1	− 1,3	15,6	−4,2	18,4	−1,9
1978	14,2	14,0	−0,2	15,1	+ 0,8	11,7	−2,2	14,4	+0,2
1979	12,1	10,3	−1,6	11,0	+ 1,0	8,7	−3,0	11,2	−0,8
1980	6,2	6,1	−0,1	6,5	+ 0,3	5,2	−0,9	6,3	+0,1

4. DB-Preiserhöhungen, Vergleich Inland zu Export seit 1969

DB (1968 = 100,0)	1969	1970	1971	1972	1973	1974	1975	1976	1977	1978	1979	1980	1981	1982
INLAND														
Erhöhung p. a. %	4,7	4,5	5,0	4,2	4,4	8,7	5,8	−	3,9	5,7	1,9	5,6	3,4	2,7
Index	104,7	109,4	114,9	119,7	125,0	135,9	143,7	143,7	149,3	157,8	160,8	169,7	175,5	180,3
EXPORT														
Erhöhung p. a. %	4,0	2,3	5,0	2,6	5,0	9,9	5,0	3,6	3,7	5,7	1,9	5,6	3,4	2,7
Index	104,0	106,4	111,7	114,6	120,3	132,2	138,8	143,9	149,2	157,7	160,7	169,6	175,4	180,1

Quelle: Angaben der Hersteller.

3.3. Wettbewerbsintensität

Der PKW-Markt der Bundesrepublik ist zweifellos durch Wettbewerb gekennzeichnet.[35] Für ausländische Anbieter ist dieser Markt offener als die Märkte aller anderen Produzentenländer. Damit ist der Gefahr eines **friedlichen Oligopolverhaltens** („oligopoly stalemate") wirksam vorgebeugt. Die Fälle, in denen Unternehmen ihren Marktanteil durch eine in besonderem Maße überzeugende Leistung rasch und kräftig steigern konnten, sind nicht minder zahlreich als ihr Gegenstück – der Fall also, daß zuvor erfolgreiche Unternehmen durch gravierende Fehler ihres Managements binnen kurzem erheblich in Bedrängnis gerieten.

Besitzstandsgarantien gibt es somit nicht. Sie bestehen auch nicht für den „**Sonderfall Daimler-Benz**", denn der besonders hohe Prozentsatz markentreuer Käufer, der sich für dieses Fabrikat feststellen läßt, ist unter Wettbewerbsbedingungen geschaffen worden und kann nur so lange als Wettbewerbsvorteil bewahrt werden, wie es gelingt, jene hohe Qualität der Verarbeitung und jene Innovationsleistung aufrechtzuerhalten, die zum Entstehen derartiger Präferenzen geführt haben. Im übrigen zeigt gerade die Geschichte des größten Anbieters auf dem betrachteten Markt, also die der *Volkswagenwerk AG,* daß auch über viele Jahre hinweg sehr marktstarke Anbieter hohe Verluste hinzunehmen haben, wenn ihr Angebot beim Käufer nicht mehr die gewohnte Akzeptanz findet. Unternehmen, die derart unter Druck geraten, eröffnen im Ablauf des Wettbewerbsgeschehens häufig dadurch eine neue Sequenz von Vorstoß und Verfolgung, daß sie zur Rückgewinnung verloren gegangener Marktanteile Aktivitäten entfalten, die bei Erfolg in der Wahl der Mittel nachgeahmt werden.

So hatte sich beispielsweise die Marktposition der Kölner *Ford-Werke* zu Beginn der siebziger Jahre erheblich verschlechtert. Ein neues Top-Management beschloß daraufhin 1974, die bis dahin für das *Ford*-Programm geltenden **Garantiebedingungen** wesentlich zu verbessern. Die Konkurrenz reagierte zunächst nicht, da man an der Absatzwirksamkeit einer derartigen Maßnahme zweifelte. Diese Annahme wurde jedoch sehr bald durch den Erfolg, den *Ford* mit diesem Vorstoß erzielen konnte, so überzeugend widerlegt, daß sich auch die anderen Anbieter der von *Ford* bedienten Märkte genötigt sahen nachzuziehen.[36]

Eine ähnliche Pionierfunktion übernahm *Ford,* als dieser Hersteller 1975 eine konsequente Abkehr von der bis dahin für die inländischen Hersteller der betrachteten Branche typischen Politik vollzog, zahlreiche Ausstattungsdetails nicht serienmäßig, sondern nur als Extra gegen Aufpreis anzubieten. Die nunmehr von *Ford* offerierten „**Komplettmodelle**" wurden so beifällig aufgenommen, daß den Konkurrenten dieses

---

lisierten Produktivitätsfortschritt nicht durch Preissenkungen oder Verbesserungen des Produktes an den Konsumenten „auszuschütten", sondern ihn in Form höherer Löhne und vermehrter Sozialleistungen den im Unternehmen Beschäftigten zukommen zu lassen.

[35] Siehe dazu als Fall-Studie auch: *Berg, H.,* Alfa Romeo versus Porsche: Eine Fall-Studie zur Analyse marktwirtschaftlicher Wettbewerbsprozesse in: WiSt, 8.Jg. (1979), S.498ff. und S.547ff.; *ders.,* Daimler Benz AG und Bayerische Motoren Werke AG versus Bundeskartellamt. Eine Fall-Studie zur Fusionskontrolle, in: WiSt., 7.Jg. (1978), S.145ff. und S.195ff.

[36] Dabei wurden die von *Ford* offerierten Konditionen zum Teil überboten, so daß nunmehr *Ford* unter Anpassungszwang geriet.

Herstellers wiederum keine andere Wahl blieb, als sich ebenfalls zu dieser Politik zu bekennen.

Die Feststellung, daß die Neigung zu aggressivem Wettbewerbsverhalten durch eine unbefriedigende Absatzsituation deutlich verstärkt wird, läßt sich auch umkehren: Verschafft eine Phase günstiger Konjunktur allen Herstellern voll genutzte Kapazitäten, dann eröffnen sich Preiserhöhungsspielräume, die erfahrungsgemäß zuerst von den Unternehmern genutzt werden, für deren Angebot ein besonders starker „Nachfragesog" besteht. Werden hier die Preise erhöht, können auch die anderen Anbieter ihre Preise heraufsetzen, ohne daß sich dadurch die Preisrelationen gegenüber dem status quo ante verändern und sich ihre Wettbewerbsposition verschlechtert. Wird von dieser Möglichkeit Gebrauch gemacht, ergeben sich jene Sequenzen weitgehend parallel verlaufender Preissteigerungen, wie sie in *Übersicht 7* belegt werden und auch für andere oligopolistisch strukturierte Märkte typisch sind.

Der von der Wettbewerbstheorie postulierte Zusammenhang wird also auf dem PKW-Markt der Bundesrepublik durchaus bestätigt: Zwischen der Intensität des Wettbewerbs und dem Kapazitätsauslastungsgrad besteht ein enger Zusammenhang. Bei stark beanspruchten Kapazitäten, also in der Phase des Booms, erreicht die Wettbewerbsintensität gleichsam ihr Minimum; durchmißt die Branchenkonjunktur der Automobilindustrie ihren Tiefpunkt, weist die Wettbewerbsintensität dagegen ihr Maximum auf. Der ceteris paribus-Vorbehalt, der für diese Feststellung gilt, schränkt ihre Gültigkeit dabei nicht wesentlich ein.

4. Marktergebnis

4.1. Innovationsdynamik

Das Automobil kann mittlerweile auf eine nahezu hundertjährige Geschichte zurückblicken. Es ist damit seit langem als in dem Sinne „ausgereift" anzusehen, daß sich der technische Fortschritt hier nicht – wie in der Frühzeit der Branche – als Aufeinanderfolge einer Vielzahl von spektakulären Neuerungen vollzieht, sondern als ein eher evolutionär beschaffener Prozeß stattfindet, der sich als planmäßig betriebener und kontinuierlich vollzogener Versuch darstellt, das bestehende Angebot in allen relevanten Eigenschaften durch „kleine" Fortschritte zu verbessern.

Das will nicht besagen, daß innovatorische „Durchbrüche" in der von uns betrachteten Branche nicht mehr möglich wären oder in der jüngeren Vergangenheit nicht mehr stattgefunden hätten: Das von der *Robert Bosch GmbH* in Zusammenarbeit mit *Daimler-Benz* und *BMW* entwickelte ABS-System, das ein Blockieren der Bremsen verhindert, und die Entwicklung einer elektronisch gesteuerten Benzineinspritzung sind nur zwei Beispiele, mit der sich eine derartige Vermutung widerlegen ließe.

Die zuvor getroffene Feststellung, es dominiere in der Automobilindustrie das innovatorisch behutsame „step by step", ist auch nicht gleichzusetzen mit der Behauptung, die Innovationsleistung der Branche sei in den letzten Jahrzehnten eher bescheiden gewesen. Es gilt vielmehr, daß sich eine große Zahl von Fortschritten im

Detail im Zeitablauf sehr wohl zu Lösungen summieren kann, die über das, was zuvor geboten wurde, dann doch erheblich hinausgehen.

Schließlich ist festzuhalten, daß die Beträge, die von den Unternehmen der betrachteten Branche für Forschung und Entwicklung (FE) aufgewendet werden, erheblich sind. Mit einem Umsatzanteil dieser Budgets von 3–4 vH gehört die Automobilindustrie unbestreitbar zu den Industriezweigen, die als überdurchschnittlich forschungsintensiv angesehen werden können.

Die Betrachtung muß hier allerdings differenzieren. Sie muß einmal auf den bedeutenden Beitrag verweisen, der von namhaften **Zulieferern** seit jeher zur Innovationsleistung der Automobilindustrie geleistet wurde. Sie muß weiter darauf aufmerksam machen, daß sich nicht alle Unternehmen der Branche gleichermaßen als Neuerer verdient gemacht haben. So ist bekannt, daß das *Volkswagenwerk* in der Ära *Nordhoff*, als der *„VW Käfer"* so überwältigend erfolgreich war, Forschung und Entwicklung weitgehend verkümmern ließ. Auch *Ford* und *Opel* galten lange Zeit wohl zu Recht als Unternehmen mit einer eher bescheidenen Innovationsrate. Von *Daimler-Benz*, *BMW* und *Porsche* wurde dagegen ein hoher Innovationsgehalt neu eingeführter Modelle schon immer als ein wesentliches Erfordernis des dauerhaften Markterfolgs angesehen.[37] FE-Aufwendungen und Innovationsrate dieser Hersteller liegen eindeutig über dem Branchendurchschnitt.

Die damit indirekt aufgeworfene Frage, ob in der Automobilindustrie vor allem das kleine oder primär das große Unternehmen als entscheidender Träger des technischen Fortschritts anzusehen sei,[38] ist mit diesen Hinweisen jedoch noch nicht eindeutig beantwortet; denn die *Daimler-Benz AG*, die hier hervorragende Verdienste für sich in Anspruch nehmen kann, ist nach Umsatz und Marktbedeutung sicher kein „kleines" Unternehmen; sie ist (vor allem im PKW-Bereich) aber auch nicht der Gruppe der großen „Massenproduzenten" zuzuordnen, so wie sie in Europa etwa durch das *Volkswagenwerk*, durch *Renault* und durch *Fiat* repräsentiert wird.

Mehr Relevanz als die Unternehmensgröße besitzt für die Innovationsleistung offensichtlich das Anspruchsniveau jener Nachfrager, die als Zielgruppe angesprochen und als Käufer gewonnen werden sollen. Wer hier in den oberen Preisklassen Erfolg haben will, muß mehr Innovationen bieten als der, der diesen Erfolg vornehmlich in den unteren und mittleren Preisklassen sucht. Hier kann technischer Fortschritt sogar absatzhemmend wirken – nämlich dann, wenn die durch ihn entstehenden Mehrkosten zu Preisnachteilen gegenüber der stärker auf das Konventionelle setzenden Konkurrenz führt. Bei den Beziehern hoher Einkommen ist dagegen nicht nur das

---

[37] *Daimler-Benz AG* (Hrsg.), 1886–1961. 75 Jahre Motorisierung des Verkehrs. Jubiläumsbericht der Daimler-Benz Aktiengesellschaft, Stuttgart-Untertürkheim 1961; *Schrader, H.*, BMW Automobile. Vom ersten Dixi 1898 bis zum BMW Modell von Morgen, München 1978; *Oswald, W.*, Alle BMW-Automobile. Geschichte und Typologie der Marken Dixi und BMW, 2. Auflage, Stuttgart 1979; *Frére, P.*, Die Porsche 911-Story, Stuttgart 1977; *Bentley, J./Porsche, F.*, Porsche. Ein Traum wird Wirklichkeit. Ein Auto macht Geschichte, Düsseldorf 1978; *Weitmann, J./Steinemann, R.*, Projekt 928. Die Entwicklung des Porsche 928 von der Entwurfsskizze bis zur Serienreife, Stuttgart 1978; *Ludvigson, K.*, Porsche. Geschichte und Technik der Renn- und Sportwagen, München 1980.

[38] Ausführlich dazu: *Jürgensen, H./Berg, H.*, Konzentration und Wettbewerb im Gemeinsamen Markt. Das Beispiel der Automobilindustrie, a.a.O., S. 98 ff.

Bedürfnis stärker, ein Fahrzeug zu besitzen, das „Spitzentechnologie" repräsentiert; es fehlt hier zudem auch nicht an der Fähigkeit und Bereitschaft, dafür einen höheren Preis zu zahlen.

Ein Urteil über die Innovationsleistung der Automobilindustrie hat schließlich einen zeitlichen Aspekt zu bedenken: Die „**Ölpreisschocks**" der Jahre 1973 und 1979 und die daraus abgeleitete Erwartung auch künftig weiter steigender Kraftstoffpreise haben dem Wunsch nach günstigen Verbrauchswerten ein Gewicht verliehen, das kein Hersteller ignorieren kann, wenn er seine Wettbewerbsfähigkeit bewahren will. Die vom Käufer angestrebte Kraftstoffersparnis soll dabei nach Möglichkeit ohne Einbußen bei Komfort, Leistung und Sicherheit realisiert werden. Zugleich steigen die Anforderungen, die an die „Umweltverträglichkeit" des Automobils gestellt werden.

Das Bereitstellen des damit geforderten Angebots erfordert von allen Herstellern erheblich gesteigerte Aufwendungen für Forschung und Entwicklung. Diese Vermehrung des „input" wird mit den hier unvermeidlichen Verzögerungen auch einen deutlichen Zuwachs beim „output" erbringen. Die Vermutung lautet somit: Mit der Herausforderung kräftig verteuerter Energie konfrontiert wird die Automobilindustrie in den achtziger Jahren eine Innovationsleistung zeigen, die größer als die der siebziger und allemal auch bedeutsamer als die der sechziger Jahre sein wird.

4.2. Werbung

Im Jahre 1979 wurden auf dem deutschen PKW-Markt von der Gesamtheit der hier tätigen Anbieter Werbeaufwendungen in Höhe von 403,3 Mill. DM getätigt. An diesem Betrag waren die deutschen Hersteller mit 194,6 Mill. DM beteiligt.[39] Bezogen auf die Zahl der abgesetzten Einheiten ergibt sich für das Angebot aus inländischer Produktion ein Betrag von 87 DM je Fahrzeug; der entsprechende Wert für das Angebot der ausländischen Hersteller lautet 344 DM. Das mag Anlaß zu der Vermutung sein, der heimische Markt biete den hier ansässigen Produzenten einen „**home market advantage**", den ihre ausländischen Konkurrenten durch einen höheren Werbeaufwand zu kompensieren bemüht seien.

Von Bedeutung sind jedoch auch andere Momente. Im betrachteten Zeitraum wurde von den japanischen Herstellern auf dem deutschen Markt der „Durchbruch" angestrebt. Dazu mußte dem potentiellen Käufer ein ihm zunächst noch kaum geläufiges Angebot durch massiv betriebene Werbung bekannt gemacht werden. Die hohen Werbeausgaben, die *Übersicht 8* für die japanischen Anbieter ausweist, finden hier ihre Erklärung. Der Erfolg, den die Japaner auf dem westdeutschen Markt erzielen konnten, vollzog sich vornehmlich zu Lasten der Marktanteile der französischen und italienischen Hersteller, die auf diese Bedrohung ihrer Wettbewerbsposition (unter anderem auch) mit verstärkter Werbung reagierten; auch diese Strategie wird durch die Angaben der *Übersicht 8* belegt.

Im übrigen zeigt diese Übersicht einen Sachverhalt, der sich auch für den US-Automobilmarkt feststellen läßt: Die großen Hersteller geben in der Regel absolut mehr,

---

[39] Erfaßt werden in diesen Angaben nur die Kategorien von Werbung, die in *Übersicht 8* aufgeführt werden.

Übersicht 8: Werbeaufwand und Umsatz ausgewählter Automobilhersteller in der Bundesrepublik Deutschland 1980[1]

Hersteller	Werbeaufwand (in 1 000 DM)	Umsatz im Inland (Mill. DM)	Werbeaufwand in vH Umsatz	Werbeaufwand pro abgesetzter Einheit (DM)
Toyota	22 984	500	4,6	403
Mazda	17 137	420	4,1	300
Peugot/Talbot	35 985	970	3,7	522
Nissan/Datsun	17 679	630	2,8	343
Citroën	15 731	570	2,8	335
Mitsubishi	14 348	600	2,4	345
Fiat	28 608	1 200	2,4	402
Honda	13 688	590	2,3	325
Volvo	11 042	540	2,0	647
Renault	26 986	1 500	1,8	250
Ford	58 757	3 900	1,5	241
Opel	64 477	5 500	1,2	159
BMW	21 213	3 100	0,7	153
Volkswagen/Audi	75 310[2]	11 900	0,6	107
Daimler-Benz	31 969	13 800	0,2	133

[1] Erfaßt werden nur die Brutto-Werbeaufwendungen ohne Rabatte und Skonti für „klassische Werbung" (Fernsehwerbung, Hörfunkwerbung, Insertionen in Publikumszeitschriften, Tageszeitungen und Fachzeitschriften); nicht erfaßt werden also Aufwendungen für Prospekte, Plakatwerbung u. a. m.
[2] Ohne Werbung für *MAN/VW*.

Quelle: *Gesellschaft für Werbestatistik Schmidt und Pohlmann*, Hamburg.

je abgesetzter Einheit jedoch weniger für Werbung aus als die kleineren Unternehmen. Der daraus für diese resultierende Wettbewerbsnachteil dürfte allerdings gering sein, denn häufig bedienen die kleineren Produzenten Märkte, auf denen ihre wichtigsten Konkurrenten andere kleinere Unternehmen sind, auf denen die direkte Konfrontation mit den „Massenproduzenten" also weitgehend vermieden werden kann. Auch bieten die kleineren Hersteller häufig nur in den oberen Preisklassen an, wo der Kaufpreis stärker durch Werbung „belastet" werden kann als das beim Angebot für den Durchschnittskäufer der Fall ist. Schließlich berichten Tagespresse, Publikums- und Fachzeitschriften und andere Medien oft besonders ausführlich über das Angebot der kleineren Unternehmen, da das, was hier an technischem Raffinement, avantgardistischem Styling oder exklusiver Ausstattung geboten wird, gerade auch das Interesse jener findet, die diese Fahrzeuge nicht kaufen können.

Im Jahre 1979 wurden beim Neuwagenkauf im Durchschnitt 16 400 DM ausgegeben. Der Werbeaufwand beläuft sich, auf diesen Betrag bezogen, auf 0,09 vH. Das macht die Frage, welcher Art die in der Automobilindustrie betriebene Werbung ist, nicht irrelevant. Daß Inserate und (mehr noch) Prospekte zur Information des Käufers beitragen, ist als Regel nicht zu bestreiten.[40] Die meisten Haushalte tätigen beim Neuwagenkauf eine wesentlich höhere Ausgabe als beim Erwerb jedes anderen von ihnen in vergleichbaren Intervallen bezogenen Gebrauchsgutes. Die Konsequenzen einer

---

[40] Siehe dazu: *Heim, K. P.*, Wie gut sind unsere Automobil-Prospekte?, in: ADAC-Motorwelt, Nr. 12 (1977), S. 18 ff.

Fehlentscheidung sind hier deshalb besonders gravierend. Das erklärt, warum auf dem Automobilmarkt auch der Durchschnittskäufer über das für ihn relevante Angebot besser informiert ist als über die Offerten der meisten anderen von ihm aufgesuchten Märkte. Eine wichtige, wenn auch nicht die einzige der zum Gewinnen von Markttransparenz in Anspruch genommenen Informationsquellen ist die Werbung der Hersteller. Die Werbeausgaben, die im Durchschnitt auf jedes abgesetzte Fahrzeug entfallen, sind somit zu einem wesentlichen Teil als Informationskosten anzusehen, für die es folglich nicht zu beanstanden ist, daß der dafür zahlt, dem sie zuvor zur Fundierung seiner Kaufentscheidung dienten.[41]

Auch Werbung, die nicht über Produkteigenschaften aufklärt, sondern an Emotionen appelliert, kann zur Funktionsfähigkeit des Wettbewerbs beitragen. Das wird etwa dann der Fall sein, wenn sie das Angebot eines Newcomers bekannt macht oder überkommene Präferenzen neu formiert und dadurch ein Mehr an (leistungsbezogener) Nachfragebeweglichkeit schafft.

Vergleicht man die gegenwärtig und in den siebziger Jahren von den Automobilherstellern betriebene Werbung mit der der fünfziger und sechziger Jahre, dann zeigt sich, daß sich in diesem Zeitraum in Stil und Inhalt dieser Werbung ein erheblicher Wandel vollzogen hat. In den beiden Jahrzehnten zwischen 1950 und 1970 wird das Automobil vor allem als Symbol des Aufstiegs und des Erfolges dargestellt. Durch das Automobil gewinnt der einzelne, gewinnt die Familie die Möglichkeit, Freiheitsspielräume zu nutzen, eine wachsende Freizeit unbeschwert zu genießen. Als geeignetes Demonstrationsobjekt für Karriere und Wohlstand wird das Automobil vor allem dort dargestellt, wo der Durchschnittskäufer angesprochen werden soll, den die Werbung in seiner Aufsteiger-Mentalität bestärken und bestätigen will.

In den oberen Preisklassen steht das Argument der hier gebotenen Exklusivität und das Moment des luxuriösen Komforts im Vordergrund. Der (unbewußten) Befürchtung der Bezieher hoher Einkommen und der Besitzer stattlicher Vermögen, ihre bevorzugte Position könne durch das Aufholen eines seinen Lebensstandard rasch steigernden „Mittelstandes" verloren gehen, wird hier gleichsam die beruhigende Botschaft entgegengesetzt, ein *Porsche* habe mit anderen Autos „nur eines gemeinsam – die Straße".

Beim Eintreten in die siebziger Jahre ist in der Bundesrepublik bereits ein hoher Motorisierungsgrad erreicht. Dadurch wird die Tauglichkeit des Automobils als **Statussymbol** verringert. Die Werbung hat dem ebenso Rechnung zu tragen wie der Kritik, der sich das Automobil nun mit zunehmendem **„Umweltbewußtsein"** ausgesetzt sieht. Vor allem aber muß sie zur Kenntnis nehmen, daß das Kriterium der Wirtschaftlichkeit in dem Maße an Bedeutung gewinnt, wie sich die Käufer durch steigende Kraftstoffpreise und abnehmende Zuwachsraten ihres Realeinkommens zum Haushalten genötigt sehen.

---

[41] Die hier relevanten Probleme können an dieser Stelle nur sehr kursorisch behandelt werden. Ausführlicher dazu: *Comanor, W. S./Wilson, Th. A.*, The Effect of Advertising on Competition: A Survey, in: Journal of Economic Literature, Vol. XVII (1974), S. 453 ff.; *Heidrich, H.*, Konsumentenwissen und Wettbewerb. Marktprozesse bei dauerhaften Gütern am Beispiel neuer und gebrauchter Personenkraftwagen, Freiburg i. Br. 1981.

Günstige Verbrauchswerte, Langlebigkeit, geringe Wartungs- und Reparaturkosten – das sind nun die Argumente, die in der Werbung dominieren. Dabei ist wie schon in früheren Perioden auch jetzt der Eindruck bestimmend, daß Werbung in ihrer Beziehung zu den Konsumentenpräferenzen in sehr viel höherem Maße **abhängige** als **unabhängige** Variable ist. Sie vermag den „Geist der Zeiten" zu artikulieren und trägt dadurch vermutlich auch dazu bei, daß sich Entwicklungen rascher vollziehen oder mehr Dynamik aufweisen als es „sonst", d. h. ohne Werbung der Fall gewesen wäre; doch entscheidet über Erfolg oder Mißerfolg der von der Werbung geltend gemachten Argumente ihre Kongruenz mit den Käuferwünschen, so wie diese sich als Konsequenz des jeweils gegebenen sozio-ökonomischen „Datenkranzes" und seiner Veränderungen ergeben; in diesem Sinne gilt auch hier die Aussage: „Die Nachfrage bestimmt das Angebot" mehr als deren Umkehrung, ohne daß diese damit ausgeschlossen werden würde.

4.3. Gewinn-Niveau und Gewinn-Entwicklung

Über die Rendite, die in der Automobilindustrie im Zeitraum 1970–1981 in jedem einzelnen Jahr und im Durchschnitt aller Jahre erwirtschaftet wurde, informiert *Abbildung 3*. Der für die Branche ausgewiesene Wert der Nettorendite (Gewinn nach Steuern in vH des Bruttoproduktionswertes) liegt deutlich, wenn auch nicht spektakulär über dem, was in der deutschen Industrie im betrachteten Zeitraum insgesamt im Durchschnitt verdient wurde. So wurde etwa im Straßenfahrzeugbau 1972–1979 ein Jahresüberschuß (vor Steuern) in Höhe von 6,5 vH erzielt. Das waren 0,8 Prozentpunkte mehr, als die Gesamtheit aller Industriezweige im Durchschnitt in diesen Jahren als Brutto-Umsatzrendite realisierte.

Die große Zahl von Unternehmen, die auf dem PKW- aber auch auf dem Nutzfahrzeugmarkt in der Vergangenheit scheiterten oder ihre Selbständigkeit verloren, ist warnendes Indiz dafür, daß der Investor hier ein **überdurchschnittliches Risiko** zu gewärtigen hat. Es muß ihm folglich auch eine entsprechend hohe Risikoprämie in Aussicht gestellt werden, wenn sich die Branche ihre Fähigkeit bewahren will, das benötigte Kapital zu akquirieren.

Deutlich wird aus *Abbildung 3,* wie stark die Abweichungen sind, die der Konjunkturzyklus der Branche kurzfristig vom mittelfristig geltenden Durchschnittswert der Rendite bewirkt – auch das Ausdruck eines Risikos, das zwar in anderen Industriezweigen ebenfalls besteht, aber in der Automobilindustrie besonders gewichtig ist. Die stark rückläufigen Erträge der „Krisenjahre" 1973 und 1974 machen es zudem verständlich, daß die Preiserhöhungsspielräume der folgenden Aufschwungs- und Boomphase konsequent genutzt wurden. Das Niveau der Durchschnittsrendite wurde dadurch jedoch offensichtlich auf mittlere Sicht nicht verändert.

Auch für die Automobilindustrie gilt offensichtlich der aus der Erfahrung anderer Branchen geläufige, enge Zusammenhang zwischen **Gewinnentwicklung** und **Investitionsdynamik** und zwischen **Investitionen** und **Beschäftigung**. Auch typische „lags" sind erkennbar: Im Abschwung sinken zunächst die Gewinne; dadurch werden geplante Investitionen storniert oder aufgeschoben. Ebenfalls zeitlich verzögert, dann aber um so kräftiger, geht schließlich der Beschäftigungsstand zurück. Im Aufschwung

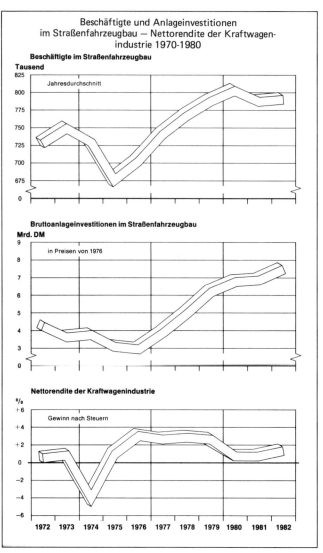

Quelle: *VDA-Verband der Automobilindustrie e. V.*, Frankfurt a. M.

Abbildung 3: Beschäftigte und Anlageinvestitionen im Straßenfahrzeugbau – Nettorendite der Kraftwagenindustrie 1970–1980

kommt es durch gesteigerte Gewinne zu einer Verbesserung auch der Gewinnerwartungen; das veranlaßt zu Neueinstellungen und führt schließlich zu einer verstärkten Investitionstätigkeit.

Die außerordentliche **Investitionsdynamik,** die für die Automobilindustrie durch *Abbildung 3* seit 1976 dokumentiert wird, erklärt sich allerdings nur zum Teil aus der günstigen Branchenkonjunktur dieser Periode; sie ist auch Ausdruck der hohen Investitionen, die von den deutschen Unternehmen zur Bewahrung ihrer Wettbewerbs-

5. Automobilindustrie

fähigkeit (etwa gegenüber der japanischen Automobilindustrie) bereits getätigt wurden und für die kommenden Jahre weitgehend „konjunkturneutral" auch weiterhin geplant werden. Dominierendes **Investitionsmotiv** ist dabei nicht die Kapazitätserweiterung, sondern die **Modernisierung** bestehender Anlagen und ihre Umrüstung für jenes weitgehend neue Angebot, das sich gegenwärtig noch im Stadium der Entwicklung befindet, aber in den nächsten Jahren zunehmend auf den Markt gelangen wird.

Da dem Automobilmarkt – das gilt gleichermaßen für den PKW- und für den Nutzfahrzeugmarkt – das Bestehen von Wettbewerb bereits attestiert wurde, erübrigt sich eine explizite Antwort auf die Frage, ob die in dieser Branche erzielten Gewinne als „angemessen" gelten können oder als „überhöht" anzusehen sind. Der Kapitalbedarf der Branche ist zweifellos hoch. Es sind bedeutsame **Prozeßinnovationen** (so vor allem der verstärkte Einsatz sog. Industrieroboter) und aufwendige **Produktinnovationen** (eben Neukonstruktionen zur Reduzierung des Kraftstoffverbrauchs) zu finanzieren. Auch in Zeiten einer günstigen Branchenkonjunktur reicht der verfügbare Selbstfinanzierungsspielraum dafür nicht aus. Zur Fremdfinanzierung muß die Branche „emissionsfähig" bleiben, d. h. sie muß für Kapitalanleger genügend attraktiv sein.

Bedenken wegen „zu hoher" Gewinne der Branche sind daher wohl nur mit Blick auf bestimmte Perioden und mit Bezug auf den atypischen Einzelfall angebracht. So standen etwa dem *Volkswagenwerk* im Geschäftsjahr 1978 durch nicht ausgeschüttete Gewinne mehrerer Jahre eines für die Branche spektakulären Booms liquide Mittel in Höhe von etwa 6 Mrd. DM zur Verfügung, von denen man einen wesentlichen Teil zur Finanzierung von Beteiligungen zu verwenden gedachte, die der **Diversifikation** dienen sollten. Nachdem sich mehrere Vorhaben (so Engagements bei der *Gutehoffnungshütte,* der *Metallgesellschaft* und dem Computerhersteller *Nixdorf*) als nicht realisierbar erwiesen hatten, wurde schließlich die Mehrheit des Aktienkapitals der *Triumph-Adler AG* erworben, um auf diese Weise Zugang zum Büromaschinenmarkt zu gewinnen. Bei diesem Engagement mußten jedoch zunächst hohe Verluste hingenommen werden.[42]

Die damit vorerst nicht sehr überzeugend geratenen Bemühungen um eine Diversifizierung deutlich „über das Auto hinaus" können als Beleg für die Vermutung genommen werden, daß hier ein Unternehmen in der Phase eines ausgeprägten „Verkäufermarktes" zeitweilig Gewinne erzielte, die zumindest in dem Sinne überhöht waren, daß sie die Befähigung zum erfolgreichen Portfolio-Management überforderten; aber auch wenn sich diese Vermutung durch eine weiterhin unbefriedigende Entwicklung der *Triumph*-Beteiligung dauerhaft beweiskräftig machen ließe, würde sie doch nur einen Fall von grobem Mis-Management belegen, wie er in Anlaß, Art und Folge für die Branche insgesamt sicher nicht typisch ist.

---

[42] Siehe *Diekhof, R.,* Mismanagement VW/Triumph-Adler: „Wir müssen bei Null anfangen", in: manager magazin, Nr. 10 (1981), S. 46 ff.

5. Kontrollfragen

1. Welche Aspekte sind zu bedenken, wenn die für die deutsche Automobilindustrie relevanten Märkte bestimmt werden sollen?
2. Woraus resultieren die hohen „product-differentiation barriers to entry", mit denen sich ein „newcomer" auf dem PKW-Markt erfahrungsgemäß konfrontiert sieht?
3. Erläutern Sie die Aussage: „Ein Unternehmen, das die Automobilproduktion neu aufnimmt, muß damit rechnen, daß es in seiner Wettbewerbsposition gegenüber den etablierten Anbietern durch das Wirksamwerden gewichtiger „scale barriers to entry" beeinträchtigt wird"!
4. Wodurch können (große) Automobilhersteller gegenüber ihren Zulieferern Nachfragemacht gewinnen und wie kann von dieser Nachfragemacht Gebrauch gemacht werden? Welche Möglichkeiten bieten sich den Unternehmen der Zuliefererindustrie, um ihnen gegenüber geltend gemachte Nachfragemacht abzuschwächen oder durch die Bildung von Gegenmacht (countervailing power) zu neutralisieren?
5. Wie erklärt sich, daß die Branchenkonjunktur der Automobilindustrie stärkere Ausschläge aufweist als der gesamtwirtschaftliche Konjunkturzyklus?
6. Warum entspricht es dem Gebot rationalen Verhaltens, wenn vor dem Neuwagenkauf höhere Informationskosten aufgewendet werden als vor der Anschaffung anderer Gebrauchsgüter? Welche Konsequenzen ergeben sich aus dem hohen Grad an Markttransparenz, der den Automobilmarkt kennzeichnet, für die Funktionsfähigkeit des Wettbewerbs?
7. Nennen Sie Argumente, mit denen sich die These belegen läßt, die Modellpolitik der Automobilhersteller sei durch ein ausgeprägtes Moment der Unsicherheit und des Risikos gekennzeichnet!
8. Wie läßt sich die Tatsache erklären, daß die US-Automobilindustrie im Zeitraum 1950-1975 durch einen sehr viel rascheren Rhythmus des Modellwechsels gekennzeichnet war als in der gleichen Periode die PKW-Märkte Europas? Wodurch wurde die US-Automobilindustrie in den letzten Jahren gezwungen, eine Abkehr von der Politik des häufigen Modellwechsels zu vollziehen?
9. Welcher Zusammenhang besteht in der Automobilindustrie zwischen der jeweils durchmessenen Phase des Konjunkturzyklus und der Intensität des Wettbewerbs?
10. Wie läßt sich die These begründen, daß kräftig steigende Treibstoffpreise für die Automobilindustrie starke Innovationsimpulse bewirken?
11. Diskutieren Sie die Wettbewerbsproblematik des den Automobilhändlern von den Herstellern gewährten „Gebietsschutzes"!
12. Zu welchem Preisverhalten kommt es erfahrungsgemäß auf Märkten, die durch ein hohes Maß an oligopolistischer Interdependenz gekennzeichnet sind?
13. Warum kann gerade aus der Beobachtung, daß bei Preissenkungen eines Herstellers die anderen Unternehmen nicht folgen, das Vorliegen eines typischen Oligopolverhaltens vermutet werden?
14. Wie beurteilen Sie die Ausschließlichkeitsbedingungen, die die meisten Automobilhändler gegenüber dem von ihnen vertretenen Hersteller eingehen mußten?
15. Besteht in der Automobilindustrie eine ökonomische Notwendigkeit zu weiterer Unternehmenskonzentration?

6. Literaturhinweise

Albach, H., Notwendigkeit der Konzentration in der Nutzfahrzeugindustrie?, in: *Salin, E.* u.a. (Hrsg.), Notwendigkeit und Gefahr der wirtschaftlichen Konzentration in nationaler und internationaler Sicht. Veröffentlichungen der List Gesellschaft e.V., Bd. 62, Basel, Tübingen 1969, S. 33-43.
Der Beitrag untersucht vornehmlich Ursachen und Relevanz sog. economies of scale in der Nutzfahrzeugproduktion.

Berg, H., Das Kraftfahrzeuggewerbe und die Herausforderungen seiner Märkte von morgen, *Mobil Oil A. G. in Deutschland* (Hrsg.), Hamburg 1980.
Berg, H., Das Kraftfahrzeuggewerbe im Zeichen neuer Daten von Konjunktur und Wachstum, *Mobil Oil A. G. in Deutschland* (Hrsg.), Hamburg 1981.
   Beide Veröffentlichungen diskutieren mögliche Perspektiven des westdeutschen PKW-Marktes im Zeitraum 1980–1990 und darüber hinaus und versuchen jene Konsequenzen für die Unternehmenspolitik von Herstellern und Händlern zu bestimmen, die sich hier aus veränderten Daten von Wachstum, Konjunktur und Wettbewerb ergeben. Behandelt werden auch Probleme des Gebrauchtwagenmarktes.
Central Policy Review Staff, The Future of The British Car Industry, London (Her Majesty's Stationary Office) 1975.
   Eine hochinteressante Studie zur Wettbewerbsposition und Wettbewerbsfähigkeit der britischen Automobilindustrie, die in wesentlichen Passagen und Informationen auch grundsätzliche Relevanz besitzt.
Dautel, P., Konzentration und Wettbewerb in der Herstellung und im Vertrieb von Lastkraftwagen in der Bundesrepublik Deutschland, Berlin 1974.
   Eine gründliche, allerdings nicht mehr sonderlich aktuelle Analyse des Nutzfahrzeugmarktes.
Deutsche Shell AG, Aufschwung nach der Talfahrt. Shell-Prognose des PKW-Bestandes bis zum Jahr 2000, Hamburg 1981.
   Die *Deutsche Shell AG* legt seit vielen Jahren regelmäßig Prognosen der Entwicklung der PKW-Neuzulassungen vor, die in der Vergangenheit durch die tatsächliche Entwicklung vielfach bestätigt wurden und deshalb stets besondere Beachtung finden.
Diekmann, A., Die Automobilnachfrage als Konjunktur- und Wachstumsfaktor, Tübingen 1975.
   Die gesamtwirtschaftliche Bedeutung der Automobilindustrie wird in dieser Darstellung in allen relevanten Aspekten systematisch aufgezeigt und empirisch detailliert und sorgfältig belegt.
Dunnett, P. S., The Decline of The British Motor Industry. The Effects of Government Policy 1945–1979, London 1980.
   Diese Studie informiert über die zahlreichen Versuche der britischen Wirtschaftspolitik, die internationale Wettbewerbsfähigkeit der britischen Automobilhersteller zu steigern. Sie ist vor allem durch die zahlreichen Beispiele dafür aufschlußreich, daß Maßnahmen wirkungslos blieben oder das Gegenteil des angestrebten Effektes zur Folge hatten.
Gempt, O., Zukunftsperspektiven der europäischen Automobilindustrie – Zwang zu weiterer Konzentration?, Göttingen 1971.
   Diskutiert werden Probleme der Bestimmung der optimalen Unternehmensgröße in der Automobilindustrie und die Frage, wieweit die kleineren europäischen Hersteller diese Größe bereits erreicht haben oder ohne Unternehmenszusammenschlüsse erreichen können.
Genth, M., Qualität und Automobile. Eine Untersuchung am Beispiel des westdeutschen Automobilmarktes 1974–1977 (VW Golf und Wettbewerber), Frankfurt a. M., Bern 1981.
   Eine gleichermaßen theoretisch und empirisch außerordentlich fundierte Darstellung, die eine Fülle von unternehmensinternen Informationen auswertet und für ein vertieftes Verständnis wesentlicher Probleme der Automobilindustrie nicht unbeachtet bleiben kann.
Heidrich, H., Konsumentenwissen und Wettbewerb. Marktprozesse bei dauerhaften Gütern am Beispiel neuer und gebrauchter Personenkraftwagen, Freiburg i. Br. 1981.
   Am Beispiel des PKW-Marktes wird die Frage diskutiert, wie unvollkommene Information über die Kosten des Konsums und begrenztes Wissen über die Qualität der Produkte das Verhalten von Anbietern und Nachfragern und den Wettbewerbsprozeß beeinflussen.
Jürgensen, H./Berg, H., Konzentration und Wettbewerb im Gemeinsamen Markt – Das Beispiel der Automobilindustrie, Göttingen 1968.
   Eine empirische Studie, die über Marktstruktur, Marktverhalten und Marktergebnis der deutschen Automobilindustrie der sechziger Jahre informiert und dazu auch zahlreiche Bezüge zur US-Automobilindustrie herstellt; umfangreiches Literaturverzeichnis.
Kater, W., Struktur, Entwicklung und Bestimmungsgrößen des Marktes für gebrauchte Personenkraftwagen in der Bundesrepublik Deutschland, Dissertation Braunschweig 1973.
   Eine umfassende Analyse des Gebrauchtwagenmarktes.

Korp, D., Der Wankelmotor. Protokoll einer Erfindung, Stuttgart 1975.
Eine Fall-Studie, die interessante Einsichten in den Innovationsprozeß eröffnet und die Probleme deutlich macht, die sich für einen kleineren Hersteller bei dem Versuch ergeben, eine wesentliche Neuerung als Pionier am Markt durchzusetzen.

Laleike, K., Struktur und Wettbewerbsprobleme der Kraftfahrzeug-Teile-Wirtschaft, Dissertation TH Aachen 1965.
Über die Probleme der Kraftfahrzeug-Teile-Industrie informieren nur wenige Arbeiten, die zudem durchweg nur noch von begrenzter Aktualität sind.

Marfels, Chr., Relevant Market and Concentration. The Case of the US Automobile Industry, in: Jahrbücher für Nationalökonomie und Statistik, Bd. 187 (1973), S. 209-217.
Aufgezeigt werden Methoden und Probleme der Konzentrationsmessung und der Marktabgrenzung, die grundsätzlich nicht nur für den betrachteten US-Markt, sondern auch für den europäischen PKW-Markt gelten.

Moritz, M./Seaman, B., Going for Broke: The Chrysler Story, New York 1981.
Das Buch behandelt die Krise, mit der sich die *Chrysler Corporation,* der drittgrößte Hersteller der US-Automobilindustrie, seit Beginn der siebziger Jahre konfrontiert sieht und vermittelt dabei eine Fülle von Informationen zu Problemen, die sich grundsätzlich auch in Europa stellen.

Oswald, W., Deutsche Autos 1945-1975, 3. Auflage, Stuttgart 1977.
Eine Typengeschichte der deutschen Automobilindustrie, die interessante Einblicke in die Modellpolitik der Hersteller bietet.

Rosellen, H. P., BMW. Portrait einer großen Marke, Gerlingen bei Stuttgart 1973.
Ein informatives Buch, das, ohne dabei wissenschaftlichen Anspruch zu erheben, sehr deutlich macht, daß Fehler und Versäumnisse in der Modellpolitik den Bestand eines Unternehmens der Automobilindustrie ebenso rasch massiv bedrohen wie eine gelungene Produktpolitik ein weit überdurchschnittliches Umsatzwachstum ermöglicht.

Schlegel, H., Produktplanung in der Automobilindustrie, in: Zeitschrift für Organisation, 43. Jg. (1974), S. 23-29.

Schlegel, H., Fallstudie: Bewertung von drei PKW-Neuentwicklungen, in: WiSt(Wirtschaftswissenschaftliches Studium), 4. Jg. (1975), S. 478-484.

Schlegel, H., Betriebswirtschaftliche Konsequenzen der Produktdifferenzierung - dargestellt am Beispiel der Variantenvielfalt im Automobilbau, in: WiSt(Wirtschaftswissenschaftliches Studium), 7. Jg. (1978), S. 65-73.
Diese drei Beiträge erörtern wesentliche Probleme der Produktplanung und zeigen durchweg ein hohes Maß an Praxisbezug.

Schmidt, G., Borgward. Carl F. W. Borgward und seine Autos, Stuttgart 1979.
Eine Firmengeschichte der Bremer Borgward-Werke, die vor allem auch die besondere Gefährdung zeigt, der sich Unternehmen mittlerer Größe in der Automobilindustrie ausgesetzt sehen.

Seherr-Thors, H. O., Graf von, Die deutsche Automobilindustrie. Eine Dokumentation von 1886 bis 1979, 2. Aufl., Stuttgart 1979.
Eine umfassende Dokumentation der deutschen Automobilindustrie, die in chronologischem Ablauf eine kaum noch zu überbietende Fülle von Informationen bietet; mit Bibliographie.

Stamm, R., Probleme des deutschen Gebrauchtwagenhandels, Dissertation, TH Aachen 1970.
Eine der ersten Arbeiten, die den Problemen des Gebrauchtwagenmarktes gewidmet wurde.

Tietz, B., Der Gruppenwettbewerb als Element der Wettbewerbspolitik. Das Beispiel der Automobilwirtschaft, Köln u. a. 1981.
Die Studie informiert u. a. detailliert über die Vertriebssysteme der auf dem deutschen PKW-Markt tätigen Hersteller.

VDA-Verband der Automobilindustrie e. V. (Hrsg.), Probleme lang- und mittelfristiger Prognosen, speziell im Automobilsektor, Schriftenreihe des Verbandes der Automobilindustrie e. V. (VDA) Nr. 20, Frankfurt a. M. 1976.
Der Band enthält Referate und Diskussionsbeiträge zur Problematik einer Prognose der Automobilnachfrage, die zugleich in ihren Methoden ausführlich dargestellt wird.

VDA-Verband der Automobilindustrie e. V. (Hrsg.), Tatsachen und Zahlen aus der Kraftverkehrswirtschaft, Frankfurt a. M.; erscheint jährlich.

Eine umfassende, für jeden Interessierten unentbehrliche Zusammenstellung von Statistiken zur Kraftverkehrswirtschaft, die auch zahlreiche internationale Übersichten enthält.

White, L. J., The Automobile Industry Since 1945, Cambridge, Mass. 1971.

Eine informative Untersuchung des US-Automobilmarktes, die die gravierenden Veränderungen, die sich hier in den siebziger Jahren vollzogen haben, allerdings noch nicht berücksichtigt.

White, L. J., The automobile industry, in: *Adams, W.* (Hrsg.), The Structure of American Industry, 5. Auflage, New York, London 1977, S. 165–220.

Ein knapper Überblick, der sich zwar auf die US-Automobilindustrie bezieht, jedoch auch zur grundsätzlichen Einführung in die Probleme der Branche geeignet ist.

Chemiefaserindustrie

Ulrich Fehl
Peter Oberender

Gliederung

1. Einführung und Problemstellung
2. Struktur des Chemiefasermarktes
   2.1. Bedeutung der Chemiefaserindustrie im Rahmen der chemischen Industrie
   2.2. Produktion
      2.2.1. Produktionstechnik
      2.2.2. Angebotsstruktur, Konzentrationsgrad und internationale Verflechtung
   2.3. Nachfrage
   2.4. Strukturverschiebungen in der Chemiefaserproduktion
3. Marktverhalten und Marktprozesse
   3.1. Preis
   3.2. Produktgestaltung
   3.3. Kapazitäten
      3.3.1. Überkapazitäten als Korrelat von Wettbewerbsprozessen
      3.3.2. Technische Gründe für das Entstehen von Überkapazitäten
      3.3.3. Oligopolistische Preispolitik und Überkapazitäten
      3.3.4. Mangelnde Antizipation des Marktphasenwandels als Ursache von Überkapazitäten
      3.3.5. Wandel in der weltwirtschaftlichen Arbeitsteilung als Ursache für das Entstehen von Überkapazitäten
      3.3.6. Steigende Überkapazitäten als Rationalisierungsfolge?
      3.3.7. Staatliche Wirtschaftspolitik als Ursache für die Persistenz von Überkapazitäten
4. Ergebnis und wettbewerbspolitische Folgerungen
5. Anhang
6. Kontrollfragen
7. Literaturhinweise

6. Chemiefaserindustrie

1. Einführung und Problemstellung

Lange Zeit war die Chemiefaserindustrie ein Paradebeispiel für eine stark expandierende Branche. Gegenwärtig zeigen sich in diesem Bereich jedoch erhebliche **Überkapazitäten**. Auf dieses zentrale Problem sollen sich daher die folgenden Ausführungen insbesondere konzentrieren. Geht man davon aus, daß es weniger institutionelle Besonderheiten sind, die als Erklärung für diese Situation in Betracht kommen, so müssen die Überkapazitäten primär als Konsequenz der marktprozessualen Gegebenheiten betrachtet werden. Mit Bezug auf den Marktprozeß stellen sich dann folgende Fragen: Entspringen die Überkapazitäten technischen Ursachen (economies of scale, Unteilbarkeiten, Ölkrise)? Sind sie auf unternehmerisches Verhalten (Gleichförmigkeit des Verhaltens), auf ein „Versagen" des Marktes als Informationsverarbeitungssystem (mangelnde Antizipation des marktphasenbedingten Nachfrageumbruchs), auf die Umstrukturierung der Arbeitsteilung im Rahmen der Weltwirtschaft (regionaler versus interregionaler Marktphasenverlauf) oder auf eine wechselseitige Durchdringung all dieser Faktoren zurückzuführen? Inwieweit kommen staatliche Eingriffe im In- und Ausland, insbesondere Subventionen, als Ursache für anhaltende Überkapazitäten in Betracht? Wie ist in diesem Zusammenhang schließlich das Multifaserabkommen zu beurteilen?

Um diese Fragen beantworten zu können, ist die Struktur des Chemiefasermarktes zunächst allgemein darzustellen und in diesem Rahmen dann das unternehmerische Verhalten zu erklären.

2. Struktur des Chemiefasermarktes

2.1. Bedeutung der Chemiefaserindustrie im Rahmen der chemischen Industrie

Der Stellenwert der Chemiefaserindustrie wird deutlich, wenn man ihr Gewicht im Rahmen der chemischen Industrie insgesamt betrachtet. Hierbei ist allerdings nach **Produktionswert** und **Beschäftigungszahl** zu differenzieren. Wie aus *Tabelle 1* hervorgeht, beträgt 1981 der Anteil der Faserindustrie am gesamten Produktionswert der chemischen Industrie 3,8%, was absolut einem Volumen von knapp 5,3 Mrd. DM entspricht. Dabei ist zu berücksichtigen, daß die wertmäßige Bedeutung im Rahmen der gesamten chemischen Industrie rückläufig ist: So ist zwar der Produktionswert 1981 im Vergleich zu 1960 absolut auf das 2,9fache angewachsen, jedoch reduzierte sich sein Anteil von 8% auf die erwähnten 3,8%. Rückläufig ist auch der Anteil an den Beschäftigten der chemischen Industrie, doch bewegt er sich auf höherem Niveau: so betrug der Anteil 1960 ca. 8,8%, während er sich 1981 nur noch auf ca. 5,2% beläuft.[1] Gegenwärtig sind ca. 29 100 (1981) Arbeitskräfte in der Chemiefaserindu-

---

[1] Diese hohe Arbeitsintensität der Faserindustrie im Rahmen der chemischen Industrie hat Konsequenzen für die Umstrukturierung der weltwirtschaftlichen Arbeitsteilung, auf die wei-

Tabelle 1: Chemiefaser-Industrie im Vergleich zur chemischen Industrie und Gesamtindustrie in der BR Deutschland 1960 und 1981

	Chemiefaser-Industrie		Chemische Industrie		Gesamtindustrie	
	Umsatz in Mrd. DM	Beschäftigte in Tausend	Umsatz in Mrd. DM	Beschäftigte in Tausend	Umsatz in Mrd. DM	Beschäftigte in Tausend
1960	1,8 (8%)	40 (8,8%)	22,4 (100%)	453,3 (100%)	266,4	8 081
1981	5,3 (3,8%)	29,1 (5,2%)	138,0 (100%)	565 (100%)	1 255,9	7 489
	Werte 1981 gegenüber 1960 auf der Basis der Werte von 1960					
	2,9-fache	0,7-fache	6,2-fache	1,05-fache	4,7-fache	0,9-fache

Quellen: *Industrievereinigung Chemiefaser e.V.* (Hrsg.), Die Chemiefaserindustrie in der Bundesrepublik Deutschland 1981, Frankfurt a.M. o.J. (1982).
Verband der Chemischen Industrie e.V. (Hrsg.), Chemiewirtschaft in Zahlen 1982, Frankfurt a.M. 1982; *Institut der Deutschen Wirtschaft* (Hrsg.), Zahlen zur wirtschaftlichen Entwicklung der Bundesrepublik Deutschland, Ausgabe 1982, Köln 1982.

strie beschäftigt. Hervorzuheben ist in diesem Zusammenhang, daß die für die chemische Industrie typische hohe Außenhandelsverflechtung auch für die Faserindustrie gegeben ist (siehe S. 223 f.).

2.2. Produktion

2.2.1. Produktionstechnik

Die Angebotsseite des Chemiefasermarktes ist wesentlich von der technischen Basis dieser Industrie, die der organischen Chemie zuzuordnen ist, geprägt. Produktionstechnisch bewältigt diese Industrie die Transformation der Rohstoffe Kohle, Gas und Rohöl zu den Fertigerzeugnissen synthetische Fasern, Kunststoffe, Harze etc. Dieser Transformationsprozeß setzt sich aus einer Reihe von **Kuppelprozessen** zusammen, deren grobe Struktur in *Abbildung 1* dargestellt ist und den Charakter der chemischen Unternehmen als **Multiproduktfirmen** bestimmt. Anzumerken ist, daß diese Kuppelungsverhältnisse in gewissem Maße variierbar sind.[2]

Der für Fasern typische Ablauf des Fertigungsprozesses ist in *Abbildung 2* wiedergegeben. Wegen des in den Nachkriegsjahrzehnten durchgeführten **Substitutionsprozesses** Kohle gegen Erdöl dominiert im hier betrachteten Zeitraum das Rohöl als Rohstoffgrundlage, woraus bereits erhellt, daß die Preiserhöhung für Rohöl in den siebziger Jahren die entsprechenden Industriesegmente unter einen erhöhten Anpassungsdruck setzen mußte.

---

ter unten zurückzukommen ist. Siehe auch: Concerted capacity cuts „will not work in petrochemicals", in: European Chemical News, 11.10.1982, S.18.

[2] Vgl. zur Kuppelproduktion allgemein: *Fehl, U./Oberender, P.*, Grundlagen der Mikroökonomie, München 1976, S.150ff.

6. Chemiefaserindustrie 221

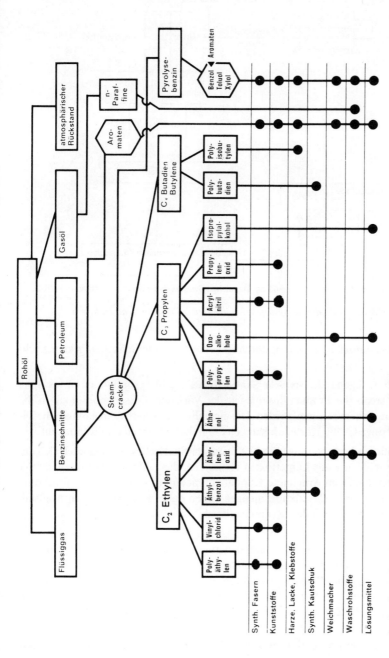

Abbildung 1: Erdöl als Synthesefaser-Rohstoff

Quelle: Bauer, R./Koslowski, H.J., Chemiefaser-Lexikon, 8. Auflage, Frankfurt a.M. 1979, S. 20.

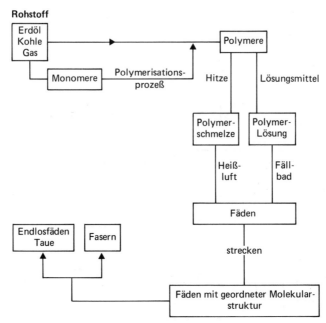

Quelle: *Fischer, B.*, Die Wettbewerbsfähigkeit der Deutschen Synthesefaserindustrie, Göttingen 1975, S. 30.

Abbildung 2: Produktionsprozesse bei der Herstellung von Synthesefasern

Der **Produktionsprozeß** ist weiterhin durch folgende Eigentümlichkeiten gekennzeichnet:

- Es existieren sogenannte **statische Skaleneffekte,** die insbesondere dann ins Spiel kommen, wenn die Produktionsanlagen der Vor- und Zwischenprodukte in die Berechnung miteinbezogen werden. Die eigentlichen **Spinnverfahren** hingegen weisen nur geringe Größenvorteile bezüglich der Faktoren Arbeit und Kapital auf.[3]
- Darüber hinaus bestehen sogenannte **dynamische Skaleneffekte.** Es handelt sich dabei um Vorteile, die aus Lerneffekten resultieren, das heißt, die Produktivität der eingesetzten Faktoren Arbeit und Kapital nimmt aufgrund wachsender Erfahrung zu. Die kumulierten Produktionsmengen geben dabei gleichsam einen Maßstab für das erreichte Niveau des Lernprozesses ab.

Aus beiden Gründen ergibt sich ein Anreiz, möglichst große Mengen herzustellen bzw. den Marktanteil so groß wie möglich zu machen. Bereits hieraus lassen sich Überkapazitäten erklären, wenn die Skaleneffekte auch bei Unterauslastung der Kapazitäten zu geringeren Stückkosten führen als kleinere Kapazitäten bei Vollauslastung. Gedeckt sind durch diese Überlegung insbesondere **temporäre** Überkapazitäten, wenn die Nachfrage im Zeitablauf in die Dimension der Kapazitäten hineinwächst.

- Schließlich ist der Produktionsprozeß im Bereich der chemischen Industrie durch **Unteilbarkeiten** gekennzeichnet, d. h. die Kapazitäten lassen sich nur sprungweise

---

[3] Vgl. *Opitz, K.*, Wettbewerb und Kapazitätsanpassung, Berlin 1980, S. 45.

erhöhen. Auch dadurch lassen sich bei wachsender Nachfrage **temporäre** Überkapazitäten erklären, allerdings nicht deren gleichzeitiges Auftreten bei mehreren Anbietern. Keinesfalls sind auf diese Weise jedoch beharrliche Überkapazitäten bei mehreren Anbietern zu begründen, denn langfristig müssen sich die Produktion und damit die gesamten Kapazitäten an die Nachfrage anpassen.

Grundsätzlich ist festzuhalten, daß alle drei Faktoren auf eine möglichst große Produktionsmenge zielen und insofern jeweils für sich eine mögliche Ursache von Überkapazitäten darstellen können. Sie dürfen allerdings nicht isoliert gesehen, sondern müssen in ihrer Verschränkung analysiert werden, d.h. es kann über die Einzelwirkung hinaus durchaus ein **synergetischer Effekt** entstehen.

2.2.2. Angebotsstruktur, Konzentrationsgrad und internationale Verflechtung

Aus den aufgezeigten produktionstechnischen Tatbeständen lassen sich bereits einige Schlußfolgerungen für den **Marktprozeß** ziehen. So spricht eine gewisse Vermutung dafür, daß die Skaleneffekte auf eine solche Betriebsgröße hinwirken, die für **potentielle Anbieter** zu einer **Markteintrittsbarriere** werden kann, weil nicht nur ein beträchtlicher Kapitalaufwand erforderlich ist, sondern auch entsprechende Marktanteile den bereits etablierten Unternehmen, die darüber hinaus noch über einen **Imagevorsprung** verfügen, abgerungen werden müssen. Dies legt die Vermutung nahe, daß es sich bei der Chemiefaserindustrie um einen relativ **hoch konzentrierten Markt** handeln wird. In der Tat weist der Markt 1977 nur sieben Anbieter auf.[4] Dabei ist insbesondere der hohe Konzentrationsgrad der Produktion unter diesen Anbietern zu beachten, der allerdings nach einer ansteigenden Tendenz seit einigen Jahren unver-

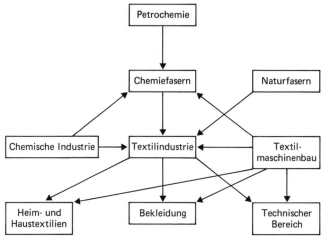

Quelle: *Opitz, K.*, Wettbewerb und Kapazitätsanpassung, Berlin 1980, S. 19.

Abbildung 3: Textile Produktionskette und ihre Beziehungen zu anderen Produktionszweigen

---

[4] Vgl. ebenda, S. 29.

ändert ist.[5] Der Möglichkeit nach könnte dieser Konzentrationsprozeß durch Rückwärtsintegration in der Erdölindustrie bzw. durch Vorwärtsintegration in die Textilbranche noch akzentuiert werden (vgl. *Abbildung 3*). Dieser für manche Länder feststellbare Zusammenhang ist jedoch in Deutschland bisher kaum ausgeprägt.

Der – auf die heimische Produktion bezogen – dennoch als hoch erscheinende Konzentrationsgrad wird jedoch relativiert, wenn die Export- und Importbeziehungen in die Betrachtung einbezogen werden. So schlägt sich die Tatsache, daß die Bundesrepublik der größte Chemiefaserimporteur der Welt ist, in einem beträchtlichen Marktanteil der **Importe** am heimischen Verbrauch nieder. Der mengenmäßige Import weist zudem bis 1980 eine steigende Tendenz auf. So stieg der Importanteil am heimischen Verbrauch von 26,3% (1969) über 39,7% (1973) bzw. 43% (1977) auf 52,7% (1979) laufend an; 1981 sind es 84,6%.[6] Bedenkt man, daß der **Export** 1981 mit 3,7 Mrd. DM etwa 2,7mal so hoch wie der Import (1,4 Mrd. DM)[7] ist, so wird deutlich, wie stark die deutsche Chemiefaserindustrie international verflochten ist. Die Wettbewerbsverhältnisse auf dem deutschen Markt können daher nur unter Einbeziehung der Außenhandelsbeziehungen adäquat beurteilt werden.

2.3. Nachfrage

Die Chemiefaserprodukte lassen sich nach ihrer Rohstoffbasis in **zellulosische** und **synthetische Produkte** unterscheiden. Diese gliedern sich jeweils wiederum in **Filamentgarne** (endlose Einzelfasern) und **Spinnfasern** (längenbegrenzte Chemiefasern) (vgl. *Abbildung 4*). Die Nachfrage nach diesen Produkten geht primär auf die **Textilindu-**

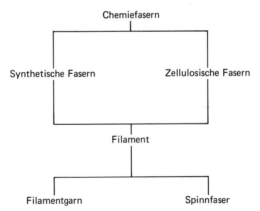

Quelle: *Bauer, R./Koslowski, H. J.*, a. a. O., S. 13.

Abbildung 4: Klassifizierung der Chemiefasern

---

[5] Vgl. ebenda, S. 34.
[6] Eigene Berechnungen aufgrund der Angaben in: *Industrievereinigung Chemiefaser e. V.* (Hrsg.), Die Chemiefaserindustrie in der Bundesrepublik Deutschland 1981, Frankfurt a. M. 1982, S. 3; *Verband der Chemischen Industrie* (Hrsg.), Chemiewirtschaft in Zahlen 1982, Frankfurt a. M. 1982, S. 94.
[7] Vgl. *Verband der Chemischen Industrie e. V.* (Hrsg.), Chemiewirtschaft in Zahlen 1982, a. a. O., S. 94.

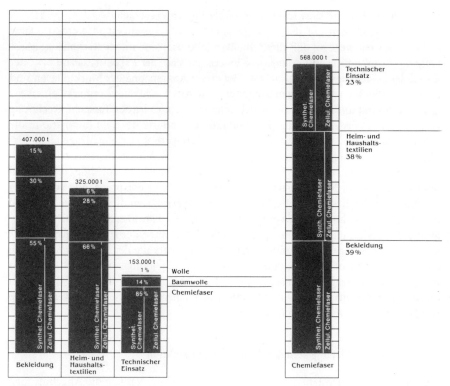

Quelle: *Industrievereinigung Chemiefaser e.V.* (Hrsg.), Die Chemiefaserindustrie in der Bundesrepublik Deutschland 1981, S. 17.

Abbildung 5: Faserverarbeitung 1980 nach Einsatzgebieten in der Bundesrepublik Deutschland

strie zurück, die sich in die drei Gruppen Bekleidung, Heim- und Haushaltstextilien sowie Textilien für technische Einsatzgebiete aufspaltet. Die Nachfrageströme in den einzelnen Bereichen (vgl. *Abbildung 5*) werden im einzelnen bestimmt durch die Substitutionsbeziehungen zwischen diesen Fasern einerseits und den **Naturfasern** andererseits.[8]

---

[8] Über das Gewicht der einzelnen Fasern im Weltmaßstab 1960, 1970 und 1980 orientiert die folgende Tabelle:

Textilfaser-Weltverbrauch in den Jahren 1960, 1970 und 1980

	1960		1970		1980	
	Mill. t	%	Mill. t	%	Mill. t	%
Baumwolle	10,4	(68)	11,6	(54)	14,5	(47)
Wolle	1,5	(10)	1,6	(7)	1,4	(5)
Zellulose	2,6	(17)	3,5	(16)	3,4	(10)
Synthetics	0,7	(5)	4,9	(23)	11,7	(38)
Gesamt	15,2	(100)	21,6	(100)	31,0	(100)

Quelle: *Bauer, R./Koslowski, H. J.*, Chemiefaserlexikon, 8. Auflage, Frankfurt a. M. 1979, S. XV.

Es kann hier nicht die Entwicklung einzelner Fasern untersucht werden, sondern es muß im wesentlichen auf die oben genannten Gruppen abgestellt werden. Dabei kann festgestellt werden, daß die **Zellwolle** (Zellulose) sich in der **Rückbildungsphase** befindet, während sich für **synthetische Fasern** das **Ende der Expansionsphase** bzw. der **Beginn der Ausreifungsphase** abzeichnet. Bei dieser Abgrenzung der Marktphasen sind allerdings die Interdependenzbeziehungen zwischen Chemiefasermarkt einerseits und Textilmarkt andererseits zu berücksichtigen, d. h. es ist der Tatsache Rechnung zu tragen, daß die Verlagerung der Produktionsstandorte der Textilindustrie in die **Schwellenländer** eine entsprechende räumliche Verlagerung der Nachfrage nach Textilfasern mit sich bringt und damit eine Abflachung des Wachstums der Chemiefasernachfrage in Deutschland zur Folge hat. Dabei ist zu beachten, daß eine solche **räumliche Verlagerung der Nachfrage** nach Textilfasern auch eine entsprechende **Verlagerung der Produktion** in diese Schwellenländer nach sich zieht, weil diese Länder aufgrund der niedrigeren Löhne Wettbewerbsvorteile haben. Es wäre allerdings falsch, den Beginn der Rückbildungsphase bei Zellwolle bzw. das Ende der Expansionsphase bei synthetischen Fasern allein auf diese räumliche Verlagerung der Nachfragestandorte zurückführen zu wollen, da bestimmte Sättigungserscheinungen auch im Bereich der heimischen Nachfrage zu konstatieren sind. Hierbei ist insbesondere zu denken an das Ende des Booms der Bau- und Heimtextilien einerseits sowie an die Renaissance der Naturfaser im Textilbereich andererseits.

2.4. Strukturverschiebungen in der Chemiefaserproduktion

Aus den vorstehenden Überlegungen geht bereits hervor, daß sich die Angebots- und Nachfragebedingungen nicht unabhängig voneinander entwickeln. Es ist daher nach der knappen Skizzierung der Nachfrageverhältnisse noch einmal auf die Chemiefaserproduktion zurückzukommen und zwar soll die Entwicklung der nationalen und internationalen Produktion anhand der Produktgruppen etwas detaillierter aufgezeigt werden.

Die globale Entwicklung der Chemiefaserproduktion zeigt *Abbildung 6,* wobei die Stagnation der Zellulosefasern und die stürmische Expansion der Synthesefasern deutlich wird. Ein differenzierteres Bild ergibt sich, wenn die Produktgruppen jeweils nach Filamentgarnen und Spinnfasern unterteilt werden und zudem auf die räumliche Verteilung der Produktionsstandorte abgehoben wird.

Betrachtet man zunächst die Entwicklung der **Zellulosefaserproduktion** insgesamt, so wird deutlich, daß sich eine Verlagerung der Anteile von Westeuropa nach Osteuropa (insbesondere Sowjetunion) und Südostasien (insbesondere nach Taiwan und Südkorea) abzeichnet, während der Anteil der USA nur sehr geringfügig zurückgeht (vgl. *Tabelle A 1*). Unterteilt man weiter in Filamentgarne und Spinnfasern, so erfahren die Strukturverschiebungen eine weitere Akzentuierung: Während die USA und Westeuropa die **Filamentgarnproduktion** von 1960 bis 1979 überproportional reduzieren, nimmt vor allem die Produktion in der Sowjetunion überproportional zu (sie wächst dort auf das 2,28fache gegenüber 1960).[9] Ein etwas anderes Bild zeigt sich bei

---

[9] Hier zeigt sich das typische Gefälle zwischen West- und Osteuropa hinsichtlich „neuer" und „älterer" Techniken; bei letzteren weist Osteuropa insbesondere wegen niedriger Löhne

6. Chemiefaserindustrie

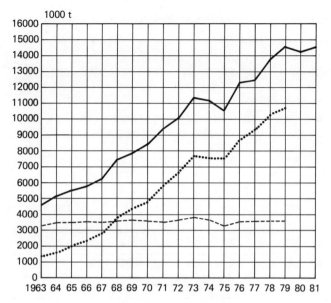

Quelle: Bauer, R./Koslowski, H.J., a.a.O., S.134.

Abbildung 6: Weltproduktion von Chemiefasern von 1963 bis 1981

Zellulosespinnfasern. Die Produktion dieser Faser steigt von 1960 bis 1979 um fast 70%, während die zellulosischen Filamentgarne mit 3% Zuwachs praktisch stagnieren. Bei den zellulosen Spinnfasern schränken Japan und Westeuropa (außer Großbritannien) – insbesondere die Bundesrepublik und Italien – in diesem Zeitraum die Produktion wesentlich ein, während die USA mit ca. 140% und Osteuropa mit 105% eine starke Zunahme verzeichnen; den stärksten Produktionsanstieg weist Taiwan (Zuwachs auf das 38,9fache) auf, wobei allerdings die geringe Ausgangsbasis zu berücksichtigen ist (vgl. *Tabelle A 1*).

Anders verläuft hingegen die Entwicklung bei den **synthetischen Chemiefasern.** Insgesamt steigt hier die Produktion weltweit von 1960 bis 1979 auf das 17,4fache. Auffallend ist dabei jedoch, daß nach 1973 für zwei Jahre zunächst eine gewisse Stagnation eintritt und erst von 1976 bis 1979 die Produktion wieder steigt und danach wiederum weitgehend stagniert.[10] Wird auch hier differenzierend auf Filamentgarne und Spinnfasern abgehoben, so wird deutlich, daß Filamentgarne auf das 11,9fache, Synthesespinngarne jedoch auf das 20,5fache anwachsen. Bei der ländermäßigen Analyse zeigt sich, daß die Produktion vor allem in den osteuropäischen Ländern und in den Ländern Südostasiens sprunghaft zugenommen hat. Dies gilt vor allem für **synthetische Spinnfasern,** wo die Produktion in Osteuropa auf das 34fache und in Südost-

---

Wettbewerbsvorteile auf. Cum grano salis dürfte dies auch für Südostasien zutreffen, wobei allerdings hinsichtlich der angewandten Technik zwischen „Schwellenländern" (Japan 1960) und „Entwicklungsländern" (Südkorea, Taiwan 1960) zu unterscheiden ist.

[10] Vgl. dazu: *Industrievereinigung Chemiefaser e. V.* (Hrsg.), a.a.O., S.7.

Tabelle 2: Chemiefaserumsatz und -produktion in der Bundesrepublik Deutschland von 1973 bis 1981

	1973	1974	1975	1976	1977	1978	1979	1980	1981	Werte 1981 auf der Basis der Werte 1973
Umsatz in Mrd. DM	4,6	4,9	4,0	4,6	4,0	3,9	4,4	4,5	5,3	1,2-fach
Gesamtproduktion in 1000 t	779	935	734	902	837	873	903	854	932	0,95-fach
davon: synth. Fasern	810	767	622	764	705	740	769	716	786	0,97-fach
Polyamid	229	225	175	221	195	203	218	202	220	0,96-fach
Polyester	379	359	295	343	325	328	333	304	331	0,87-fach
Polyacryl	200	179	147	193	174	197	203	192	216	1,08-fach
sonst. synth. Chemiefasern	2	4	5	7	11	12	15	18	19	9,5-fach
Zellul. Chemiefaser	169	168	112	138	132	133	134	138	146	0,86-fach

Quelle: *Industrievereinigung Chemiefaser e.V.*, (Hrsg.), Die Chemiefaserindustrie in der Bundesrepublik Deutschland 1981, a.a.O., S.3; dies., Die Chemiefaserindustrie in der Bundesrepublik Deutschland 1979, a.a.O., S.5.

asien auf das 22fache angestiegen ist. Die mit dieser Entwicklung einsetzende strukturelle Verschiebung schlägt sich darin nieder, daß 1979 (1960) bei der Produktion **synthetischer Spinnfasern** 25,5% (29,1%) auf Westeuropa, 9% (5,4%) auf Osteuropa, 34% (40,2%) auf Nordamerika und ca. 29% (25,1%) auf Südostasien entfallen (vgl. *Tabelle A I*). Auffallend ist in diesem Zusammenhang, daß die Produktion von synthetischen Spinnfasern in Italien auf das 28,6fache ansteigt, während sie in Frankreich (auf das 7,9fache) und Großbritannien (auf das 8,9fache) nur unterproportional zunimmt. Eine ähnliche Situation liegt bei den **synthetischen Filamentgarnen** vor. Hier erhöht sich die Produktion in der Bundesrepublik auf das 12,6fache, während sie in Frankreich (auf das 2,9fache), Großbritannien (auf das 4,6fache) und Italien (auf das 6,8fache) nur unterdurchschnittlich steigt (vgl. *Tabelle A I*).

Werden nun **synthetische Fasern** weiter in **Polyamide** (z.B. *„Nylon", „Silon"*), **Polyester** (z.B. *„Diolen", „Tergol"*) und **Acryl** (z.B. *„Dralon", „Orlon"*) unterschieden, so zeigt sich eine recht unterschiedliche Entwicklung. Aus *Abbildung 7* wird ersichtlich, daß nach 1971 die Produktion von Polyesterfasern im Vergleich zu Polyamiden und Acryl überproportional ansteigt. Wird wiederum auf einzelne Länder abgehoben, so wird erkennbar, daß in den USA der Akzent bis 1969 auf der Produktion von Polyamidfa-

6. Chemiefaserindustrie

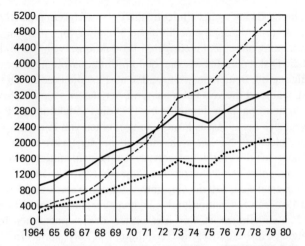

Quelle: *Comité International de la Rayonne et des Fibres Synthétiques (CIRFS)*, 1980, S. 16.

Abbildung 7: Weltproduktion synthetischer Fasern von 1964 bis 1980

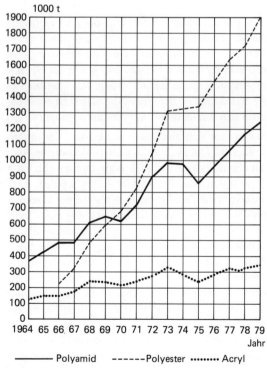

——— Polyamid ------ Polyester ·········· Acryl

Quelle: *Bauer, R./Koslowski, H.J.*, a.a.O., S. 138.

Abbildung 8: Produktion von Synthese-Fasern in USA von 1964 bis 1979

sern liegt, während danach ganz eindeutig die Polyesterfasern (vgl. *Abbildung 8*) dominieren. In Japan findet man eine ähnliche Situation vor. Allerdings bewegt sich hier die Entwicklung auf einem niedrigeren Produktionsniveau als in den USA; außerdem sind die Diskrepanzen zwischen den Produktionsvolumina der einzelnen Faserarten weniger groß. Bemerkenswert ist, daß ab 1969 die Produktion von **Polyesterfasern** wächst, während die von **Polyamid-** und **Acrylfasern** stagniert.[11] Anders ist die Situation in Westeuropa. Hier dominiert bis 1973 die Produktion von **Polyamidfasern**. Danach bewegt sich bis 1976 das Produktionsvolumen von **Polyamid-** und **Polyesterfasern** auf etwa gleichem Niveau, während das von **Acrylfasern** etwas darunter liegt. Ab 1977 befindet sich die Produktion von **Acryl** auf einem mittleren Niveau zwischen den Produktionszahlen von **Polyester** und **Polyamid** (vgl. *Abbildung 7*). Im Falle der Bundesrepublik zeigt sich, daß die Gesamtproduktion **synthetischer Fasern** in der Zeit von 1973 bis 1981 von Stagnation und Rückgang gekennzeichnet ist (vgl. *Tabelle 2*). Wie *Tabelle 2* zu entnehmen ist, sind hiervon alle drei synthetischen Faserarten betroffen, wenngleich insbesondere die Herstellung von Polyesterfasern überproportional sinkt.

3. Marktverhalten und Marktprozesse

Nach dieser knappen Skizzierung der Struktur der Chemiefaserindustrie kann die oben aufgeworfene Fragestellung weiter verfolgt werden, wie nämlich die Überkapazitäten in dieser Industrie zu erklären sind. Gewisse Erklärungselemente sind bereits mit der Produktionstechnik, mit den Verschiebungen in der Nachfragestruktur sowie mit der Raumkomponente angesprochen worden, was allerdings im ganzen gesehen nicht ausreicht, die **Nachhaltigkeit** der Überkapazitäten zu erklären. Hierzu bedarf es der **marktprozessualen Betrachtungsweise**, auf die im folgenden eingegangen wird.

Marktliches Verhalten läßt sich analytisch am Einsatz der unternehmerischen **Aktionsparameter** festmachen. Dabei ist zu beachten, daß dieser Aktionsparametereinsatz wesentlich von den marktprozessualen Bedingungen abhängig ist, welche ihrerseits insbesondere vom Alter des Marktes bestimmt werden. Aktionsparametereinsatz und damit Marktverhalten sind somit im Rahmen der **Marktphasenentwicklung** zu sehen. Grob gesprochen zeichnet sich die Entwicklung eines Marktes dadurch aus, daß das Mischungsverhältnis von mutativen und iterativen Elementen sich im großen und ganzen sukzessive zugunsten der letzteren verschiebt. Diese Tatsache ist deswegen so belangvoll, weil die auf einem Markt seitens der Akteure stattfindenden **Lernprozesse** wesentlich hiervon geprägt werden. Lernprozesse setzen eine gewisse Konstanz der Umwelt voraus; in einem Chaos kann man bekanntlich nicht lernen. Dies aber bedeutet, daß mit der Zunahme der iterativen Elemente Lernprozesse immer stärker begünstigt werden, was freilich nicht heißt, daß die Lernprozesse sich auf den Einsatz aller Aktionsparameter gleichmäßig auswirken. Im Gegenteil, es ist davon auszugehen, daß die Wirkung des Einsatzes der Aktionsparameter zeitlich sehr

---

[11] Vgl. *Bauer, R./Koslowski, H.J.*, Chemiefaserlexikon, a.a.O., S.139.

stark streut. Infolgedessen erfolgt die **Identifikation des Ursache-Wirkungs-Zusammenhangs** (Aktions-Reaktions-Verbundenheit) bei den verschiedenen Aktionsparametern unterschiedlich schnell, d. h. die einzelnen unternehmerischen Aktionsparameter werden nicht gleichzeitig, sondern sukzessive vom Lernprozeß erfaßt.

Was die Aktionsparameter im einzelnen anbelangt, so zeigen empirische Untersuchungen, daß beim **Aktionsparameter Preis** der Wirkungszusammenhang im allgemeinen zuerst erkannt wird, weil hier der Zeithorizont sehr kurz ist. Bei längerfristig wirkenden Aktionsparametern bedarf es noch einer weiteren Zunahme der iterativen Elemente, bis der Lernprozeß auch hier stattfinden kann. Als Beispiel sei hier der Aktionsparameter **Investition** (Kapazitäten) genannt, was insbesondere zutrifft, wenn die Investitionen eine lange Ausreifungszeit benötigen. Ein weiteres Beispiel stellt der Aktionsparameter **Forschung und Entwicklung** (FE) dar; hier kommt zu der üblichen Ungewißheit von Investitionen noch die Unsicherheit hinsichtlich der ökonomischen Verwertbarkeit des FE-Ergebnisses hinzu.

Bei der Analyse des Ursache-Wirkungs-Zusammenhangs bezüglich des Einsatzes der Aktionsparameter ist insbesondere zu beachten, daß die **Identifikationsprozesse** in ganz enger Beziehung zur **Marktnebenseite** zu sehen sind, wobei u.a. die Anzahl der Anbieter als weitere Variable ins Spiel kommt.[12] So erleichtert eine niedrige Anbieterzahl den Identifikationsprozeß erheblich, was insbesondere für den Chemiefasermarkt aktuell wird. Weiterhin ist davon auszugehen, daß die Identifikation einzelner Aktionsparameter nicht ohne Rückwirkung auf den Einsatz der noch nicht identifizierten Aktionsparameter sein wird.

3.1. Preis

Hat auf einem homogenen Markt bei geringer Anbieterzahl der marktliche Erfahrungsprozeß seitens der Akteure zur Identifikation des Ursache-Wirkungs- und des Aktions-Reaktions-Zusammenhangs geführt, d. h. haben die Anbieter erkannt, daß sie sich mit einer selbständigen Preispolitik nur ins „eigene Fleisch schneiden", so werden sie zwecks Akquisition von Nachfrage auf diesen Aktionsparameter – von Ausnahmen abgesehen – nicht mehr zurückgreifen. Der Aktionsparameter Preis wird damit gleichsam eingefroren, d. h. er wird **„oligopolisiert"**. Um Mißverständnissen vorzubeugen, sei betont, daß diese Oligopolisierung des Aktionsparameters Preis nicht bedeutet, daß überhaupt keine Preisveränderungen mehr stattfinden; solche Bewegungen gibt es durchaus, wenn sich die Nachfrage- oder die Kostenfunktionen verändern. Entscheidend ist jedoch, daß die Anbieter in der **Kategorie der Marktnachfrage** denken,[13] was im Fall des heterogenen Marktes eine konzertierte Aktion bedeutet, die über eine **Politik der konstanten Preisrelationen** exekutiert wird.[14] Diese als Folge von Lernprozessen zustande kommende Quasi-Stillegung der Preispolitik kann auf alten Märkten – und in dieser Hinsicht ist die chemische Industrie ein alter

---

[12] Vgl. *Fehl, U./Oberender, P.*, Grundlagen der Mikroökonomie, a.a.O., S.29ff.
[13] Vgl. ebenda, S.29.
[14] Vgl. *Heuß, E.*, Allgemeine Markttheorie, Tübingen, Zürich 1965, S.92ff.; *Fehl, U./Oberender, P.*, Grundlagen der Mikroökonomie, a.a.O., S.202ff.

Markt – beschleunigt werden, wenn **Preisabsprachen bzw. Kartelle** Tradition haben. So fanden die ersten Preisabsprachen in der chemischen Industrie bereits im 19. Jahrhundert statt.[15]

Solche Preisabsprachen haben sich nicht auf die nationalen Anbieter beschränkt, sondern sind in weltweitem Maßstab praktiziert worden, was grundsätzlich der soeben gemachten Aussage über die Preispolitik ein zusätzliches Gewicht verleiht. Allerdings ist zu berücksichtigen, daß durch die Verlagerung der Produktionsstandorte nach Japan und in die Schwellenländer eine hinreichende **Außenseiterkonkurrenz** vorhanden ist, um gelegentlich wieder etwas Leben in die Preispolitik hineinzubringen. Unter Umständen hat dies sogar zur Folge, daß der Identifikationsprozeß der Aktions-Reaktions-Verbundenheit mitunter wieder gestört wird. So läßt sich wohl insbesondere wegen dieses internationalen Zusammenhangs insgesamt der Schluß ziehen, daß die Verstärkung des Einsatzes der noch nicht identifizierten Aktionsparameter nach der **„Oligopolisierung"** des Preisparameters im Bereich der Chemiefaserindustrie nicht so ausgeprägt in Erscheinung tritt wie dies in anderen Märkten mit geringerer Außenhandelsverflechtung der Fall zu sein pflegt.

Fällt nämlich der Preis als **offensiver Aktionsparameter** aus, so müssen die noch nicht identifizierten Aktionsparameter gleichsam in die Bresche springen, um die Auseinandersetzung der Unternehmer um das verfügbare bzw. verfügbar zu machende Erlöspotential des Marktes zu tragen. In aller Regel ist daher mit einem – verglichen mit der Situation vor der Identifikation der Aktions-Reaktions-Verbundenheit bzw. „Oligopolisierung" – verstärkten Einsatz dieser anderen Aktionsparameter zu rechnen. Hierbei kommen in Frage Aktionsparameter wie **Werbung, Produkt, Qualität** bzw. **Produktdifferenzierung, Kapazitäten, Vertriebssysteme** sowie **Forschung und Entwicklung**. Im Falle der Chemiefasern spielen Werbung und Vertrieb eine geringe Rolle, weil es sich bei Fasern um Massenprodukte handelt, die für industrielle Wiederverwender produziert werden, so daß die Präferenzenbeeinflussung wie im Falle von Endverbrauchsgütern in den Hintergrund tritt.

3.2. Produktgestaltung

Kreation und Expansion des Chemiefasermarktes beruhen nicht zuletzt auf der Möglichkeit, durch eine entsprechende Produktgestaltung **spezifische Verwendungszwecke** zu erfüllen und dadurch die in dieser Hinsicht weniger flexiblen Naturfasern zu substituieren. Produktdifferenzierung und Qualitätsgestaltung treten hier bereits in den frühen Phasen des Marktes auf. Es existieren allerdings keine Anzeichen eines übertriebenen Einsatzes dieses Parameters, was aufgrund der vorstehenden Überlegungen theoretisch eigentlich zu erwarten gewesen wäre. Vielmehr scheint das Ausmaß der Produkt- und Qualitätsdifferenzierung den sachlichen Notwendigkeiten zu entsprechen. Aus naheliegenden Gründen folgt daraus, daß diese Ansätze der Tendenz nach auch für den Aktionsparameter Forschung und Entwicklung zutreffen.

---

[15] Vgl. *Vershofen, W.*, Die Anfänge der chemisch-pharmazeutischen Industrie, Bd. 2, Aulendorf 1952, S. 47.

3.3. Kapazitäten

Nun scheint die Existenz von **Überkapazitäten** im Chemiefaserbereich dafür zu sprechen, daß es insbesondere der Aktionsparameter **Investitionen** (Kapazitäten) ist, der infolge der Oligopolisierung des Parameters Preis verstärkt eingesetzt worden ist. Diese Vermutung ist sicherlich nicht von der Hand zu weisen, allerdings handelt es sich – wie oben bereits angedeutet – um ein ganzes **Bündel möglicher Verursachungsfaktoren,** die zu diesen Überkapazitäten geführt haben. Mit aller gebotenen Vorsicht läßt sich jedoch konstatieren, daß ein bestimmter „Rest" bleibt, der der oligopolistischen Verhaltensweise bezüglich des Aktionsparameters Preis als Verursachungsfaktor des „Übereinsatzes" des Aktionsparameters Investition zuzurechnen ist.

3.3.1. Überkapazitäten als Korrelat von Wettbewerbsprozessen

Es ist oben bereits dargelegt worden, daß nicht die Existenz von Überkapazitäten als solche ein Problem darstellt, sondern deren Andauern in einer Phase stagnierender oder sogar rückläufiger Nachfrage. **Überkapazitäten** als solche sind grundsätzlich ein **Korrelat von Wettbewerbsprozessen.**[16] Insbesondere in der **Expansionsphase** sind Überkapazitäten nichts Ungewöhnliches, da die Anbieter von einer wachsenden Nachfrage ausgehen können und wegen der Strategie, den Marktanteil nicht nur zu halten, sondern nach Möglichkeit noch zu erhöhen, darauf bedacht sind, die Kapazitäten so zu dimensionieren, daß sie der aktuellen Nachfrage vorauseilen, um so eine gewisse Reservekapazität zu schaffen.

3.3.2. Technische Gründe für das Entstehen von Überkapazitäten

Wie bereits erörtert worden ist, bestehen im produktionstechnischen Bereich der Chemiefaserindustrie sog. **statische** und **dynamische Skaleneffekte,** die bei wachsender Nachfrage einen zusätzlichen Anreiz bieten, größere Reservekapazitäten zu bilden, was durch **technische Unteilbarkeiten** weiter akzentuiert werden kann. So gesehen entspringen Überkapazitäten dem für die Expansionsphase typischen Wachstums- und Wettbewerbsprozeß.

3.3.3. Oligopolistische Preispolitik und Überkapazitäten

Bringt man die **oligopolistische Verhaltensweise** bezüglich des Parameters Preis ins Spiel, so spricht einiges für die These, daß eine gewisse Verstärkung der soeben für die Expansionsphase als typisch beschriebenen Bildung von Überkapazitäten stattfindet. So ist nämlich eine Oligopolisierung des Aktionsparameters Preis in der Tendenz mit einem höheren Preisniveau, d. h. mit einer relativen Reduktion der Absatzmenge, verbunden. Die dieser Reduktion der Absatzmenge entspringenden Überkapazitäten sind freilich bei wachsender Nachfrage zunächst nur temporärer Natur.

---

[16] Bedenkt man, daß bei allen Konkurrenten jederzeit ausgelastete Kapazitäten keinen Spielraum für Wanderungsbewegungen der Nachfrager bedeuten, so wird die im Text gemachte Aussage evident.

Bedenkt man jedoch, daß sich die oligopolistische „Geschäftsgrundlage" in dieser Phase noch nicht gefestigt haben muß, so müssen die Anbieter mit einem gelegentlichen Aufflammen einer offensiven Preispolitik und damit auch mit einer größeren Absatzmenge rechnen, für deren Bereitstellung im Eventualfall die nötigen Kapazitäten zur Verfügung stehen müssen. Es könnte somit aus der Sicht der Unternehmen durchaus einiges für das **Beibehalten** von „Überkapazitäten" sprechen. Überschüssige Kapazitäten können schließlich auch gehalten werden, um eventuell auftretende **potentielle Anbieter** vom Markteintritt abzuhalten. Die beiden zuletzt genannten Kategorien von Kapazitätsreserven sind solche des **strategischen Marktkampfes**.

3.3.4. Mangelnde Antizipation des Marktphasenwandels als Ursache von Überkapazitäten

Kommt es nun zum Ende der **Expansionsphase**, so bleiben die soeben aufgezeigten Faktoren in ihrer Wirksamkeit voll erhalten. Selbst wenn die Anbieter sich marktphasenbewußt verhalten, so wird ihnen in aller Regel der genaue Zeitpunkt, zu dem die Expansions- in die **Ausreifungs-** oder gar in die **Rückbildungsphase** übergeht, verborgen bleiben, d. h. der einzelne Anbieter kann durchaus der Auffassung sein, daß sich die Nachfrage nicht auf Dauer zurückbildet, und er ist aus diesem Grunde nicht geneigt, am aktuellen Absatz- bzw. Produktionsstand gemessene „Überkapazitäten" abzubauen. Diese **mangelnde Antizipation des Endes der Expansionsphase** dürfte gerade im Fall der Chemiefaserindustrie gegeben sein, zumal die strukturelle Entwicklung des Marktes von konjunkturellen Bewegungen überlagert war und die Anfang der 70er Jahre auftretende Erdölkrise das Ende des überdurchschnittlichen Wachstums in dieser Branche in unvorhersehbarer Weise beschleunigt hat. Dem an sich möglichen Einwand, daß im allgemeinen nicht *alle* Anbieter mit der gleichen, geringen Prognoseleistung auftreten, läßt sich folgendermaßen entgegentreten: Es führt nämlich eine Oligopolisierung der Aktionsparameter sukzessive nicht nur zu ähnlichen Zukunftsbildern der Akteure, sondern zunehmend auch zu einer gleichartigen Interpretation dieser Zukunftsbilder und damit zu einer steigenden Gleichförmigkeit der Aktionen und Reaktionen. Aus diesem Grunde ist es nicht überraschend, daß fast alle Anbieter Überkapazitäten nicht nur aufbauten, sondern auf diese Situation auch gleichmäßig oder zumindest in ähnlicher Weise reagierten.

3.3.5. Wandel in der weltwirtschaftlichen Arbeitsteilung als Ursache für das Entstehen von Überkapazitäten

Ist ein gewisser Attentismus in einer solchen marktlichen Umbruchsituation verständlich, so erklärt sich hieraus dennoch nicht die **Fortdauer** von Überkapazitäten. Hierzu müssen weitere Erklärungsmomente herangezogen werden. So darf in diesem Zusammenhang nicht übersehen werden, daß der Umbruch in der Marktphasenentwicklung seitens der Akteure besonders schwierig zu identifizieren war. Es zeichnete sich nämlich nicht etwa ein kontinuierlicher Sättigungsprozeß auf dem heimischen Markt ab, sondern der Umschwung in der diesbezüglichen Marktphasenentwicklung ist sehr stark von außenwirtschaftlichen Faktoren bestimmt worden. Ein großer Teil der Verlangsamung des Wachstums bzw. des Rückgangs der heimischen Nachfrage ist nämlich auf die rasche Verlagerung der Produktionsstandorte der **Textilindustrie** in die Schwellenländer, insbesondere in den Fernen Osten und zum Teil auch in den Ostblock, zurückzuführen.[17]

Zugleich kommt es insofern zu einer Reduktion bei der heimischen Nachfrage, als **neue Chemiefaserproduzenten** in den genannten Ländern insbesondere wegen der dortigen **Lohnkostenvorteile** wettbewerbsfähiger geworden sind und inzwischen auch über die notwendigen Kapazitäten verfügen.[18] Dabei entbehrt es nicht einer gewissen Ironie, daß bestimmte heimische Anbieter am Aufbau dieser neuen Produktionsstandorte durch die Lieferung der dafür notwendigen Anlagen wesentlichen Anteil hatten.[19]

Nun kann man der Auffassung sein, die heimischen Produzenten hätten voll das von diesen ausländischen Produktionsstätten ausgehende Angebot auf dem deutschen bzw. auf dem westeuropäischen Markt antizipieren und ihre Kapazitäten entsprechend dimensionieren können. Daß dies nicht der Fall gewesen ist, mag zum einen daran liegen, daß die Anbieter – und dies stellt zum Teil eine zu den obigen Ausführungen partiell alternative Erklärung dar – noch nicht in der Kategorie der Marktnachfrage gedacht haben, und zum anderen ist es auch nicht einfach, die Absorption der Produktion der Schwellenländer und des Ostblocks durch deren heimischen Markt abzuschätzen. In bezug auf den Ostblock mag hinzukommen, daß die Produktionsströme teilweise – entgegen dem Plan – aus Gründen akuter Devisennot auf westliche Märkte umgelenkt worden sind bzw. die Bezahlung von Produktionsanlagen auf der Basis von Kompensationsgeschäften erfolgt ist.[20] Über die Verschiebung der Anteile ausgewählter Länder an der gesamten Produktion unterrichtet *Tabelle A 1*.[21]

3.3.6. Steigende Überkapazitäten als Rationalisierungsfolge?

Neben den soeben genannten Faktoren existieren möglicherweise auch noch Gründe auf der Produktionsseite selbst, die zur Erhöhung und Fortdauer der Überkapazitäten geführt haben. So ist paradoxerweise nicht auszuschließen, daß die Erdölkrise – obwohl Mitauslöser eines beschleunigten Marktphasenwechsels – dennoch zur weiteren Erhöhung der Produktionskapazitäten beigetragen haben kann. Zunächst ist es auffällig, daß die Kapazitäten in einer Zeit nachhaltiger Absatzschwierigkeiten – besonders in Deutschland und Italien – noch ausgeweitet worden sind (vgl. *Tabel-*

---

[17] Vgl. *Industrievereinigung Chemiefaser e. V.* (Hrsg.), Die Chemiefaserindustrie in der Bundesrepublik Deutschland 1979, Frankfurt a. M. 1980.

[18] Wie die Darlegungen zur Entwicklung der internationalen Produktion zeigen, trifft dies insbesondere für Produkte zu, die auf der Basis einer „alten Technik" hergestellt werden. Bei der Würdigung des Gewichts der Lohnkosten ist zu berücksichtigen, daß die Chemiefaserindustrie im Rahmen der chemischen Industrie insgesamt – wie oben angemerkt – durchaus als arbeitsintensiv einzustufen ist.

[19] Vgl. *Gehrmann, W.,* Wie gesponnen, so zerronnen, in: Die Zeit vom 20. 3. 1981.

[20] Vgl. *Fehl, U./Oberender, P.,* Wettbewerbliche Wirkungen intersystemarer Wirtschaftsbeziehungen, dargestellt am Beispiel der Kompensationsgeschäfte in der chemischen Industrie, in: *Schüller, A./Wagner, U.* (Hrsg.), Außenwirtschaftspolitik und Stabilisierung von Wirtschaftssystemen, Stuttgart, New York 1980, S. 261 ff.

[21] Vgl. *Comité International de La Rayonne et des Fibres Synthétiques (CIRFS),* Zahlen über Chemiefasern, 1980; Chemieindustrie klagt über Mineralölpreise, in: Frankfurter Allgemeine Zeitung vom 10. 1. 1980.

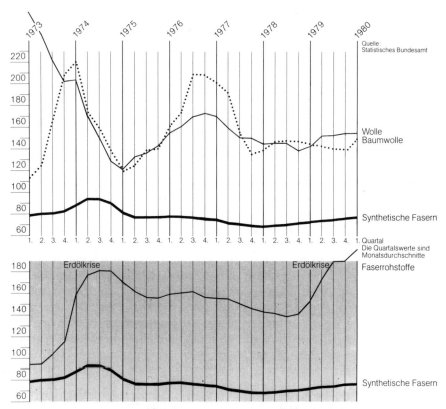

Quelle: *Industrievereinigung Chemiefaser e.V.,* (Hrsg.), Die Chemiefaserindustrie in der Bundesrepublik Deutschland 1979, Frankfurt a. M., o. J. (1980), S. 9.

Abbildung 9: Preisindices für Fasern und Faserrohstoffe von 1973 bis 1980 (1970 = 100)

le A 1).[22] Die Erdölkrise hat die Chemiefaserindustrie ohne Zweifel unter einen erheblichen **Rationalisierungsdruck** gesetzt.[23] Schlagen nun die statischen und dynamischen Skaleneffekte genügend stark durch, so kann die Erhöhung der Betriebsgröße u. U. die einzige Möglichkeit sein, die erhebliche Verteuerung des Rohöls aufzufangen. In einem solchen Fall nimmt man einen geringeren Auslastungsgrad der Kapazitäten durchaus in Kauf.[24] Zumindest läßt sich auf diese Weise die Konstanz des Preisniveaus der Synthesefaser angesichts stark gestiegener Rohstoffpreise erklären (vgl. *Abbildung 9*). Ein weiteres Erklärungselement, das mit der zuvor gegebenen Erklärung keineswegs in Widerspruch steht, kann darin erblickt werden, daß die Gemeinkosten in den Kuppelprozessen der chemischen Industrie möglicherweise anders als vorher aufgeschlüsselt worden sind, was nicht zuletzt der verstärkte Importdruck veranlaßt haben dürfte.

---

[22] Vgl. Billiger Jakob, in: Wirtschaftswoche vom 18. 4. 1980, S. 103 f.
[23] Rationalisierung ist Hauptziel der Investitionen, in: Neue Zürcher Zeitung vom 3. 8. 1982.
[24] Wenn die Skaleneffekte stärker durchschlagen als die Verteuerung des Rohöls, können die Stückkosten per Saldo sogar sinken.

3.3.7. Staatliche Wirtschaftspolitik als Ursache für die Persistenz von Überkapazitäten

Neben diesen Faktoren, die Ausmaß und Dauer der Überkapazitäten begünstigt haben, muß ein weiterer Zusammenhang berücksichtigt werden. Es ist dies die **staatliche Strukturpolitik**.[25] Dabei ist nicht zuletzt an die **Nationalisierung** von Unternehmen in verschiedenen Ländern zu denken.[26] Wozu dieses führen kann, wird aus dem folgenden Zitat deutlich: „Man investiert, ohne daß es einen Markt gibt, man gibt sich damit der Illusion hin, Arbeitsplätze zu schaffen, die letztlich nicht lebensfähig sind, man opfert die finanzielle Gesundheit des Unternehmens, um ehrgeizige Investitionen zu verwirklichen."[27]

Die **Subventionspraxis** ist insbesondere in Italien ausgeprägt, was nicht ohne Rückwirkungen auf die anderen Länder bleibt, weil diese in längerer Frist schon aus Gleichheitsgründen ebenfalls Subventionsforderungen nachgeben müssen. Dieser Tatbestand ist von Bedeutung nicht nur in bezug auf die Erlangung von Subventionen, sondern er muß auch im Zusammenhang der supranationalen Wirtschaftspolitik beachtet werden: So wird man auf Verbands- oder EG-Ebene versuchen, die vorhandenen Überkapazitäten **kollektiv**, d. h. nicht über Wettbewerbsprozesse, abzubauen.[28] Wenn auch das geplante **Chemiefaserabkommen** im europäischen Raum letztlich gescheitert ist, so bleibt die Frage dennoch aktuell, zumal in einem anderen Rahmen bereits gewisse weltweite Reglementierungen getroffen worden sind, die auch den Chemiefasermarkt in entscheidender Weise tangieren. Es handelt sich hierbei um das seit 1974 bestehende **Multifaserabkommen** (MFA)[29] sowie das **Welttextilabkommen**, das ebenso auf Lieferbeschränkungen hinausläuft.[30]

4. Ergebnis und wettbewerbspolitische Folgerungen

Als Ergebnis der vorstehenden Analyse kann festgehalten werden, daß die Überkapazitäten auf dem Chemiefasermarkt nach wie vor das zentrale Problem darstellen und daß die Faktoren, die zur Entstehung und Fortdauer dieses Problems geführt haben, zumindest teilweise in ihrer Wirksamkeit noch andauern. Angesichts dieser Sachlage stellt sich die Frage, ob die Beseitigung von Überkapazitäten den Markt-

---

[25] Vgl. allgemein zu diesem Problem: *Peters, H.-R.*, Grundlagen der Mesoökonomie und Strukturpolitik, Bern, Stuttgart 1981, insbesondere S. 206 ff.
[26] Vgl. Kunstfaserhersteller fordern Hilfe, in: Blick durch die Wirtschaft vom 10.10.1980; Rettung für italienische Chemiefasern, in: Frankfurter Allgemeine Zeitung vom 18.1.1981; Nach Zwischentief geht es der deutschen ICI wieder besser, in: Frankfurter Allgemeine Zeitung vom 13.8.1981.
[27] Vgl. *Gandois:* „Wir wollen keine Geiseln der Regierung sein", in: Frankfurter Allgemeine Zeitung vom 11.8.1982.
[28] Vgl. Brüssel prüft Antrag der Chemiefaserhersteller, in: Frankfurter Allgemeine Zeitung vom 28.10.1982.
[29] Vgl. *Bauer, R./Koslowski, H.J.,* Chemiefaser-Lexikon, a.a.O., S.38; vgl. Das Verhältnis der EG zum Multifaserabkommen, in: Neue Zürcher Zeitung vom 6.8.1982.
[30] Vgl. Das Welttextilabkommen in Gefahr, in: Frankfurter Allgemeine Zeitung vom 28.9.1982.

prozessen selbst überlassen bleiben sollte oder aber durch wirtschaftspolitische Maßnahmen eine Hilfestellung gegeben werden kann bzw. sollte. Zur Beantwortung dieser Frage muß man sich in Erinnerung rufen, daß die Marktprozesse – wie besonders im letzten Abschnitt geschildert worden ist – in ihrer Wirksamkeit durch staatliche bzw. supranationale Eingriffe behindert sind. Will man also die Beseitigung der Überkapazitäten dem Marktprozeß überlassen, so sind zunächst diese staatlichen Barrieren zu beseitigen.

Als mögliche Unterstützung des marktlichen Anpassungsprozesses käme ein **Strukturkrisenkartell** in Betracht.[31] Aufgrund allgemeiner Erfahrung erscheint es jedoch mehr als fraglich, daß eine Kartellverwaltung eher in der Lage ist als die einzelnen Unternehmen, zu entscheiden, welche Produktionsanlagen erhalten bleiben sollen und welche nicht.[32]

5. Anhang

Tabelle A 1: Chemiefaserproduktion (in 1 000 t) weltweit und für ausgewählte Länder in ausgewählten Jahren

	1960				
	Gesamt	Cellulose		Synthetik	
		Filamentgarne	Spinnfasern	Filamentgarne	Spinnfasern
Westeuropa	1 279,1	391,3	613,0	131,5	83,1
Bundesrepublik Deutschland	295,7	74,6	168,6	28,1	24,4
Großbritannien	266,5	84,7	120,8	37,3	23,7
Italien	195,6	81,5	80,1	24,0	10,0
Frankreich	164,0	55,0	63,7	26,9	18,4
Osteuropa	526,2	172,0	319,4	19,4	15,4
UdSSR	211,3	101,2	95,1	10,7	4,3
Nordamerika	825,6	316,6	184,5	209,8	114,7
USA	774,4	297,1	169,8	198,6	108,9
Asien	605,1	168,2	317,9	47,3	71,7
Japan	551,0	142,9	289,8	46,7	71,6
Taiwan	3,2	1,4	1,8	–	–
Südkorea	0,1	–	–	–	0,1
Weltproduktion	3 364,7	1 131,6	1 470,2	417,1	285,6

---

[31] Vgl. ausführlich hierzu *Oberender, P.*, Wettbewerbliche Marktprozesse und struktureller Nachfragerückgang – zur Problematik der Zulassung von Wettbewerbsbeschränkungen, in: ORDO, Bd. 26 (1975), S. 131 ff.

[32] Vgl. *Opitz, K.*, a.a.O., S. 155 ff.

6. Chemiefaserindustrie

1965

	Gesamt	Cellulose		Synthetik	
		Filamentgarne	Spinnfasern	Filamentgarne	Spinnfasern
Westeuropa	1800,3	428,9	751,1	346,7	274,2
Bundesrepublik Deutschland	465,6	78,5	207,6	95,3	84,2
Großbritannien	384,3	98,2	137,5	82,2	66,4
Italien	295,8	85,6	101,4	60,1	48,7
Frankreich	215,8	54,8	73,9	46,4	40,7
Osteuropa	799,9	254,1	411,0	77,8	57,0
UdSSR	407,8	164,8	165,4	54,3	23,3
Nordamerika	1589,6	401,2	344,0	481,1	363,3
USA	1500,1	374,6	318,7	453,0	353,8
Asien	998,9	197,0	412,4	171,5	218,0
Japan	866,3	134,3	352,0	165,8	214,2
Taiwan	6,4	2,0	2,8	1,0	0,6
Südkorea	1,9	–	–	1,5	0,4
Weltproduktion	5375,2	1369,8	1958,5	1123,4	924,5

1970

	Gesamt	Cellulose		Synthetik	
		Filamentgarne	Spinnfasern	Filamentgarne	Spinnfasern
Westeuropa	2575,9	406,1	691,3	766,8	711,7
Bundesrepublik Deutschland	706,0	76,9	136,7	272,0	220,4
Großbritannien	588,4	90,9	160,7	166,6	170,2
Italien	391,0	84,5	92,1	99,5	114,9
Frankreich	305,7	51,6	78,9	81,7	93,5
Osteuropa	1215,8	325,8	526,4	189,2	174,4
UdSSR	623,1	222,1	234,3	115,1	51,6
Nordamerika	2231,2	345,4	312,3	768,3	805,2
USA	2131,8	331,5	291,4	722,6	786,3
Asien	1791,9	227,8	369,6	507,6	586,9
Japan	1462,0	135,9	356,1	436,9	533,1
Taiwan	67,1	3,4	22,9	26,8	14,0
Südkorea	49,8	6,9	–	23,8	19,1
Weltproduktion	8136,1	1392,8	1943,0	2362,7	2337,6

	1977				
	Gesamt	Cellulose		Synthetik	
		Filamentgarne	Spinnfasern	Filamentgarne	Spinnfasern
Westeuropa	2937,2	270,4	541,6	940,3	1184,9
Bundesrepublik Deutschland	801,9	63,7	46,0	327,0	365,2
Großbritannien	535,0	62,6	113,6	176,7	182,1
Italien	436,8	44,4	62,3	118,4	211,7
Frankreich	325,4	20,8	60,7	100,3	143,6
Osteuropa	2072,0	401,2	721,7	469,9	452,2
UdSSR	1040,0	290,0	330,0	265,0	155,0
Nordamerika	3589,9	171,0	268,9	1484,5	1665,5
USA	3437,9	160,0	242,7	1254,6	1622,0
Asien	3048,1	243,1	519,6	1053,1	1232,3
Japan	1660,5	107,4	272,7	590,2	690,2
Taiwan	434,0	3,0	66,6	175,4	187,4
Südkorea	272,5	12,8	9,7	162,5	189,0
Weltproduktion	12302,3	157,4	2098,0	4314,9	4732,0

	1979*				
	Gesamt	Cellulose		Synthetik	
		Filamentgarne	Spinnfasern	Filamentgarne	Spinnfasern
Westeuropa	3500,6 (2,7-f)	260,0 (0,7-f)	696,3 (1,1-f)	1052,4 (8-f)	1491,9 (18-f)
Bundesrepublik Deutschland	918,7 (3,1-f)	58,1 (0,8-f)	76,2 (0,5-f)	354,0 (12,6-f)	430,4 (17,6-f)
Großbritannien	610,0 (2,3-f)	59,2 (0,7-f)	170,0 (1,4-f)	170,1 (4,0-f)	210,7 (8,9-f)
Italien	520,2 (2,7-f)	35,1 (0,4-f)	36,1 (0,5-f)	163,0 (6,8-f)	286,0 (28,6-f)
Frankreich	300,9 (1,9-f)	18,1 (0,3-f)	58,9 (0,9-f)	78,6 (2,9-f)	145,3 (7,9-f)
Osteuropa	2084,2 (4-f)	393,6 (2,3-f)	653,8 (2,1-f)	512,8 (26,4-f)	524,0 (34-f)
UdSSR	1111,0	298,0	337,0	273,0	203,0
Nordamerika	4291,7 (5,2-f)	183,5 (0,6-f)	449,7 (2,4-f)	1667,6 (7,9-f)	1990,9 (17,4-f)
USA	4124,7	169,4	418,4	1594,5	1942,4

Asien	3 779,4 (6,3-f)	268,0 (1,6-f)	609,8 (1,9-f)	1 323,5 (27,9-f)	1 578,1 (22-f)
Japan	1 843,3 (3,3-f)	114,3 (0,8-f)	326,0 (1,1-f)	642,7 (13,8-f)	760,3 (10,6-f)
Taiwan	594,3 (185,7-f)	3,0 (2,1-f)	70,0 (39,9-f)	256,8	264,5
Südkorea	514,3	13,2	16,1	238,7	246,3
Weltproduktion	14 478,4 (4,3-f)	1 169,7 (1,02-f)	2 491,6 (1,7-f)	4 960,5 (11,9-f)	5 856,6 (20,5-f)

* In Klammern wird das Vielfache der Produktion im Jahre 1979 gegenüber der des Jahres 1960 angegeben.

Quelle: *Bauer, R./Koslowski, H.J.,* a.a.O., von 1960, 1965, 1970 und 1977 und *Internationale Chemiefaservereinigung,* a.a.O.

6. Kontrollfragen

1. Warum sind temporäre Mangel- und Überkapazitäten eine für Wettbewerbsprozesse typische Erscheinung?
2. Inwiefern können statische und dynamische Skaleneffekte sowie technische Unteilbarkeiten zu Überkapazitäten führen?
3. Welche marktprozessualen Probleme ergeben sich für die heimische Chemieindustrie aus den Kompensationsgeschäften mit dem Ostblock? Weshalb ist es dennoch zweckmäßig, auf solche Geschäfte einzugehen?
4. Wie können die nationalen und internationalen dauerhaften Überkapazitäten in der Chemiefaserindustrie erklärt werden?
5. Diskutieren Sie die folgenden Vorschläge zur Lösung des Problems nationaler Überkapazitäten:
   - Strukturkrisenkartell,
   - Stillegungsabsprachen zwischen den betroffenen Unternehmen,
   - Staatliche Subventionen (Anpassungshilfen),
   - Verstaatlichungen,
   - Importbeschränkungen,
   - Multifaserabkommen.
6. Nehmen Sie unter wettbewerbspolitischem Aspekt Stellung zu der Aussage von *A. Lourdon,* Präsident der *Akzo,* einem der führenden Chemiefaserhersteller:
„Even if the example of fibres is not quite appropriate to commodity chemicals, it may certainly teach us one lesson. Through a good exchange of information and contacts between producers, we will have more success in solving the problem of overcapacities than in leaving it to cutthroat competition. In a stagnating economy this is the only right choice." (o.V., Fibre makers may divest product lines in new „crises cartel", European Chemical News, 11.10. 1982, S. 34.)
7. Welche wettbewerblichen Wirkungen sind von einer zunehmenden Erhöhung der Markttransparenz zu erwarten?
8. Welcher Zusammenhang besteht zwischen der Zunahme der iterativen Elemente im Laufe der Marktentwicklung und dem Grad der Markttransparenz?
9. Warum sind in einem Chaos keine Lernprozesse möglich?
10. Diskutieren Sie Innovation und Imitation unter dem Aspekt Mutation und Iteration und den Zusammenhang mit unternehmerischen Lernprozessen! (Erläutern Sie in diesem Zusammenhang den Stellenwert unternehmerischer Lernprozesse für den Marktprozeß!)

7. Literaturhinweise

Eine sehr gründliche und ausgewogene **markttheoretische Darstellung der chemischen Industrie** und ihrer Probleme gibt die Arbeit von *Opitz*. Besonders hervorzuheben sind neben der gelungenen Analyse die abgewogene wettbewerbspolitische Bewertung der verschiedenen Vorschläge zur Lösung der bestehenden Probleme, insbesondere der Überkapazitäten:

Opitz, K., Wettbewerb und Kapazitätsanpassung. Eine Analyse des Marktes für Chemiefasern in der Bundesrepublik Deutschland, Berlin 1980.

Bei der Arbeit von *Fischer* steht die **Wettbewerbsfähigkeit der deutschen Synthesefaserindustrie** im Mittelpunkt der Betrachtungen. Dabei sind preistheoretische Überlegungen sehr dominant, was zu entsprechenden Konsequenzen für die Analyse führt.

Fischer, B., Die Wettbewerbsfähigkeit der deutschen Synthesefaserindustrie, Göttingen 1975.

Zu den in diesem Beitrag vorgetragenen **grundsätzlichen markttheoretischen Überlegungen** siehe ausführlich:

Fehl, U./Oberender, P., Grundlagen der Mikroökonomie, München 1976.

Heuß, E., Allgemeine Markttheorie, Tübingen, Zürich 1965.

Die Probleme heimischer Industriezweige im Zusammenhang mit **Kompensationsgeschäften** werden **am Beispiel der chemischen Industrie** ausführlich untersucht in:

Fehl, U./Oberender, P., Wettbewerbliche Wirkungen intersystemarer Kompensationsgeschäfte. Dargestellt am Beispiel der Kompensationsgeschäfte in der chemischen Industrie, in: *Schüller, A./Wagner, U.* (Hrsg.), Außenwirtschaftspolitik und Stabilisierung von Wirtschaftssystemen, Stuttgart, New York 1980, S. 261 ff.

Statistisches Material über die Entwicklung der deutschen und der internationalen Chemiefaserindustrie und -produktion findet sich in:

Comité International de la Rayonne et des Fibres Synthétiques (CIRFS), Zahlen über Chemiefasern, Paris o. J. (1980). *CIRFS,* The Future of the man made industries in Western Europe, unveröffentlichte Studie, Paris, November 1976 und 1980.

Informationen über die **laufende Entwicklung und aktuelle Probleme** der chemischen Industrie und der Chemiefaserindustrie sind in den Jahresberichten des *Verbandes der Chemischen Industrie* und der *Industrievereinigung Chemiefaser e. V.* enthalten. Vor allem sei auf die jährlich erscheinende Publikation „Chemiewirtschaft in Zahlen", zusammengestellt vom *Verband der chemischen Industrie e. V.,* hingewiesen.

In diesem Zusammenhang sei auch aufmerksam gemacht auf die folgenden **Zeitschriften:** „Chemiefaser- und Textilindustrie", „European Chemical News", „Textilwirtschaft".

Sehr hilfreich für die **Erklärung von Begriffen und Handelsnamen** in der Chemiefaserindustrie ist die Publikation:

Bauer, R./Koslowski, H.J., Chemiefaser-Lexikon, 8. Auflage, Frankfurt a. M. 1979.

Pharmazeutische Industrie

Peter Oberender

Gliederung

1. Einführung und Problemstellung
2. Rahmenbedingungen
   2.1. Angebot
   2.2. Nachfrage
      2.2.1. Laienebene
      2.2.2. Arztebene
         2.2.2.1. Versicherte der gesetzlichen Krankenversicherung
         2.2.2.2. Versicherte der privaten Krankenversicherung
   2.3. „Krankenversicherungs-Kostendämpfungsgesetz" (KVKG) und „Kostendämpfungs-Ergänzungsgesetz" (KVEG)
   2.4. Arzneimittel
3. Marktstruktur
   3.1. Angebot
      3.1.1. Arzneimittelproduktion und Außenhandel
      3.1.2. Arzneimittelhersteller und Konzentration
      3.1.3. Markt der öffentlichen Apotheken
      3.1.4. Krankenhausmarkt
      3.1.5. Ausgewählte Teilmärkte
      3.1.6. Bedeutung einzelner Teilmärkte für Unternehmen
      3.1.7. Forschende und nichtforschende Unternehmen
      3.1.8. Marktzutrittsschranken
   3.2. Vertriebsstruktur
   3.3. Nachfrage
4. Interdependenz der Aktionsparameter: Marktprozeß, Verhaltensweise und Marktergebnisse
   4.1. Theoretische Grundlagen
   4.2. Preis
   4.3. Produkt
   4.4. Werbung und Information
   4.5. Forschung und Entwicklung
5. Ergebnis und wettbewerbspolitische Folgerungen
6. Anhang
7. Kontrollfragen
8. Literaturhinweise

1. Einführung und Problemstellung

Seit jeher haben Heilmittel einen ganz besonderen Stellenwert für den Menschen. Zunächst wurden sie von Medizinmännern und Heilern im Rahmen religiöser und magischer Rituale hergestellt und angewandt. Mit dem Vordringen der Naturwissenschaften trat ein grundlegender Wandel ein: die traditionelle Herstellung wurde zunehmend durch „eine auf naturwissenschaftlichen Erkenntnissen beruhende Fabrikation"[1] abgelöst. Nun wurde versucht, von der „Extraktion der in den organischen Rohstoffen enthaltenen heilkräftigen Substanzen" überzugehen zu deren Trennung auf analytischem Wege.[2] Mit der synthetischen Darstellung der Salicylsäure durch *Kolbe* 1873 wurde die Grundlage für die 1899 beginnende industrielle Massenproduktion des Arzneimittels „Aspirin" durch die heutige *Bayer AG* gelegt, so daß etwa dieser Zeitpunkt als Geburtsstunde der pharmazeutischen Industrie im engeren Sinne anzusehen ist.

Lange Zeit beschränkte sich die Tätigkeit der pharmazeutischen Unternehmen hauptsächlich darauf, an Apotheker und Ärzte Bulkware (Rohware) zu liefern, die von diesen nach eigenen Rezepturen zu Fertigarzneimitteln verarbeitet wurden. Nach der pharmakologischen Revolution der Synthetisierung – insbesondere der Sulfonamide 1935 und des synthetischen Penicillins Ende des zweiten Weltkriegs – veränderte sich die Situation grundlegend. Die bisherigen Hersteller der Vorprodukte drangen nun verstärkt in den Bereich der Arzneimittelherstellung ein, indem sie selbst zur Produktion von Fertigarzneimitteln übergingen; somit traten sie in unmittelbare Konkurrenz zu den Apothekern und zu den Ärzten. Diese Entwicklung ist gekennzeichnet durch eine Vielzahl von Innovationen. Die pharmazeutische Industrie befand sich ebenso wie der gesamte Gesundheitsbereich in der Expansionsphase. Dies lag zum einen daran, daß dieser Bereich aufgrund der hohen Einkommenselastizität der Nachfrage überproportional von den wachsenden Einkommen profitierte und zum anderen wurde durch die ständige Ausdehnung des Leistungskataloges der Krankenversicherungen die Nachfrage permanent erhöht.

Diese Entwicklung bewirkte ein ständiges Steigen der Gesundheitsausgaben und führte schließlich zu Finanzierungsproblemen bei der gesetzlichen Krankenversicherung (GKV). Seit einigen Jahren gilt deshalb dem Gesundheitswesen sowohl national als auch international ein gesteigertes wissenschaftliches und politisches Interesse, wobei der Arzneimittelbereich, insbesondere jedoch die pharmazeutische Industrie, zusehends im Mittelpunkt steht. Dies ist überraschend, wenn man bedenkt, daß 1980 in der Bundesrepublik vom Sozialbudget in Höhe von 451 Mrd. DM etwa 151 Mrd. DM auf den Gesundheitsbereich entfallen, davon wiederum nur ca.

---

[1] *Wilhelm, H.*, Artikel: Pharmazeutische Industrie, in: Handwörterbuch der Sozialwissenschaften, Bd. 8, Stuttgart, Tübingen, Göttingen 1964, S. 286. Ab 1769 trat die Bezeichnung „Chemisch-Pharmazeutische Industrie" auf. Nach *Wilhelm Vershofen* ist das zugleich der Beginn der chemisch-pharmazeutischen Industrie. Vgl. *Vershofen, W.*, Die Anfänge der Chemisch-Pharmazeutischen Industrie. Eine wirtschaftshistorische Untersuchung, Bd. I., Berlin, Stuttgart 1949.
[2] Vgl. *Wilhelm, H.*, a.a.O., S. 286.

17 Mrd. DM auf Arzneimittel.[3] Die Ausgaben für Alkohol betrugen im gleichen Jahr ca. 39 Mrd. DM[4] und für Tabak ca. 18,7 Mrd. DM.[5]

Als ein Grund für das große Interesse, das der pharmazeutischen Industrie entgegengebracht wird, kann der Umstand angesehen werden, daß zwar der gesamte Gesundheitsbereich zu einem wettbewerbspolitischen Ausnahmebereich erklärt wird, zugleich aber die Auffassung weit verbreitet ist, dies gelte nicht für den Arzneimittelbereich. Manche Politiker vertreten andererseits die Meinung, durch staatliche Reglementierung der pharmazeutischen Industrie ließe sich ein Großteil der gegenwärtig bestehenden finanziellen Probleme der gesetzlichen Krankenversicherung lösen.

Zur Beurteilung dieser Ansicht ist eine eingehende Untersuchung der pharmazeutischen Industrie erforderlich. Ansätze zur Lösung der vielfältigen Probleme in diesem Bereich lassen sich nur aufgrund einer Analyse der Besonderheiten im Arzneimittelbereich gewinnen und begründen. Im folgenden gilt es deshalb, auf der Grundlage der institutionellen Rahmenbedingungen und der Marktstruktur, das Marktverhalten sowie die Marktergebnisse dieser Industrie zu analysieren; da Verhalten und Ergebnisse sehr stark miteinander verwoben sind, werden sie gemeinsam untersucht. Die am Schluß vorgestellten grundsätzlichen wettbewerbspolitischen Überlegungen sollen die „therapeutischen" Konsequenzen aufzeigen, die sich aus dieser Analyse ergeben.

Im Mittelpunkt der Untersuchung stehen u.a. folgende, immer auf die Besonderheiten der pharmazeutischen Industrie abstellenden Fragen:
Welche institutionellen Rahmenbedingungen, vor allem welche staatlichen Regulierungen bestehen auf dem Arzneimittelmarkt? Wie setzt sich das Angebot zusammen? Wie hoch ist die Angebotskonzentration auf dem Arzneimittelmarkt? Welcher Art sind die Unternehmensverflechtungen? Welche Marktzutrittsschranken sind vorhanden und welches Ausmaß weisen sie auf? Welche Konsequenzen ergeben sich aus den Rahmenbedingungen und den Marktzutrittsschranken für das Marktverhalten der Unternehmen? Sind auf der Nachfrageseite des Arzneimittelmarktes die Voraussetzungen für einen wettbewerblichen Einsatz der verschiedenen unternehmerischen Aktionsparameter gegeben? Wie werden die einzelnen Aktionsparameter auf dem Arzneimittelmarkt tatsächlich eingesetzt? Wie sind die Preismißbrauchsaufsichtsverfahren des *Bundeskartellamtes (BKartA)* gegen pharmazeutische Unternehmen sowie die Arzneimittelimporte eines bayerischen pharmazeutischen Großhändlers wettbewerbspolitisch zu qualifizieren? Welche wettbewerbspolitischen Konsequenzen ergeben sich aus der Diagnose der Wettbewerbssituation auf dem Arzneimittelmarkt für die pharmazeutische Industrie in der Bundesrepublik?

---

[3] Vgl. *Bundesverband der Pharmazeutischen Industrie (BPI)* (Hrsg.), Pharma Daten 81, Frankfurt/Main 1981, S. 79.
[4] Vgl. *Schmidt, H.-G.,* Jahrbuch zur Frage der Suchtgefahren 1983, Hamburg 1983, S. 43.
[5] Vgl. ebenda, S. 47.

2. Rahmenbedingungen

Zum Verständnis der Wettbewerbssituation und des Verhaltens der pharmazeutischen Industrie ist zunächst auf die Rahmenbedingungen einzugehen. Sowohl die Angebotsseite als auch die Nachfrageseite weisen aufgrund staatlicher und standespolitischer Regulierungen Besonderheiten auf, die im folgenden näher zu untersuchen sind.

2.1. Angebot

Lange Zeit unterlag der Arzneimittelmarkt relativ geringen staatlichen Eingriffen. In der Bundesrepublik wurde erst 1961 ein **Arzneimittelgesetz** erlassen, das u. a. Bestimmungen zur Qualitätskontrolle, zur Sicherheit von Arzneimitteln sowie zur Werbung enthielt. Als Reaktion auf die Thalidomidkatastrophe 1962 wurden dann weltweit – wenn auch mit unterschiedlicher Intensität – die Zulassungsvoraussetzungen, die Produktionsanforderungen sowie die Arzneimittelkontrollen wesentlich verschärft. So wurde in den USA bereits 1962 der „Food, Drug and Cosmetic-Act" von 1938 wesentlich modifiziert. Die Bundesrepublik folgte 1976 mit dem Zweiten Arzneimittelgesetz (AMG), das ab 1.1. 1978 vor allem die Anforderungen an den Nachweis der Sicherheit und Wirksamkeit neuer Arzneimittel wesentlich erhöhte; die präventive Sicherheitskontrolle gewann an Bedeutung. Diese Verschärfungen wirkten sich nicht nur kostensteigernd auf die Arzneimittelproduktion aus, wovon besonders kleinere und mittlere Hersteller betroffen waren, sondern sie erhöhten zugleich die Markteintrittsschranken für potentielle Newcomer.

Eine Reihe von Arzneimitteln unterliegt aus gesundheitspolitischen Gründen der **Verschreibungspflicht** (§ 48 AMG), d.h. sie dürfen nur gegen Vorlage eines ärztlichen Rezepts (Bezugsschein) an Verbraucher abgegeben werden. Für verschreibungspflichtige Arzneimittel besteht außerdem – im Gegensatz zu rezeptfreien – ein **Publikumswerbeverbot** (§ 10 Abs. 1 Gesetz über die Werbung auf dem Gebiete des Heilwesens), d.h. es darf nur bei Ärzten geworben werden. Besonderheiten weist auch der Vertrieb von Arzneimitteln auf. Infolge der **Apothekenpflicht** (§§ 43, 46 AMG) besteht bei der Mehrzahl der Arzneimittel (etwa 80% aller Arzneimittel) eine gesetzliche Vertriebsbindung. Die Apotheken erhalten damit ein Warenmonopol, das mit dem Argument der Qualitätssicherung begründet wird.[6] Zusätzlich beschränken Hersteller aus Imagegründen oft auch den Vertrieb freiverkäuflicher Arzneimittel auf Apotheken. Auf diese Weise werden nicht nur andere Vertriebswege diskriminiert, sondern die Monopolstellung der Apotheken gestärkt.

Alle apothekenpflichtigen Arzneimittel unterliegen der **Preisbindung der zweiten Hand**. In der „Verordnung über Preisspannen für Arzneimittel" werden vom Gesetzgeber

---

[6] Vgl. *Thiemeyer, T.*, Diskussionsbeitrag, in: *Henke, K.-D./Reinhardt, U.* (Hrsg.), Steuerung im Gesundheitswesen. Reihe: Beiträge zur Gesundheitsökonomie der *Robert Bosch Stiftung*, Band 4, Gerlingen 1983, S. 244. Kritisch dazu: vgl. *Oberender, P.*, Diskussionsbeitrag, ebenda.

auf der Apothekenstufe Festzuschläge und auf der Großhandelsstufe Höchstzuschläge festgelegt. Da der Apotheker bei Arzneimitteln „auf den Betrag, der sich aus der Zusammenrechnung des bei Belieferung des Großhandels geltenden Herstellerabgabepreises ohne die Umsatzsteuer und des darauf entfallenden Großhandelshöchstzuschlags" (§ 3 Abs. 2 Verordnung über Preisspannen für Fertigarzneimittel vom 17. Mai 1977) den Festzuschlag erheben muß, fixieren die Hersteller mit ihrem Abgabepreis zugleich den Ladenverkaufspreis der Präparate. Die Apotheker sind somit lediglich der verlängerte Arm der Arzneimittelhersteller. Damit verfügen öffentliche Apotheken über keinen eigenen preispolitischen Spielraum.

Für öffentliche Apotheken gilt ein **Aut-Simile-Verbot**; danach ist ihnen untersagt, dem Patienten ein anderes als das vom Arzt verordnete Arzneimittel zu geben. Somit ist keine Produktsubstitution durch Apotheker oder Patient möglich. Weiter ist es durch das **Mehr- und Fremdbesitzverbot** Apothekern untersagt, Eigentümer bzw. Miteigentümer von mehr als einer Apotheke zu sein,[7] zudem sind Nicht-Apotheker als Eigentümer einer Apotheke ausgeschlossen. Der wettbewerbspolitische Stellenwert dieser Verbote wird noch erhöht durch die Zulassungsbeschränkungen zum Pharmaziestudium an deutschen Universitäten.

Neben diesen umfangreichen staatlichen Regelungen bestehen standespolitische Regelungen auf der Apothekenstufe, die für die Untersuchung der pharmazeutischen Industrie relevant sind. Im Gegensatz zu Krankenhausapotheken ist es öffentlichen Apotheken untersagt, aus Großpackungen, die in aller Regel preisgünstiger als kleinere Packungen sind, Teilmengen auszueinzeln **(Auseinzelungs-Verbot)**.[8] Für öffentliche Apotheken besteht ferner eine Sortimentsbeschränkung auf „apotheken-übliche" Waren. Auf diese Weise wird der Handlungsspielraum des pharmazeutischen Einzelhandels weiter beschränkt.

2.2. Nachfrage

Hinsichtlich der Befriedigung der Arzneimittelnachfrage muß zwischen öffentlichen Apotheken und Krankenhausapotheken unterschieden werden. Die ambulante Arzneimittelversorgung ist ausschließlich öffentlichen Apotheken vorbehalten, Krankenhausapotheken ist die Abgabe von Arzneimitteln zur ambulanten Behandlung untersagt. Die Arzneimittelnachfrage der öffentlichen Apotheken gliedert sich in die beiden Segmente Laienebene und Arztebene. Sehr wesentlich für die Ausprägung der Arzneimittelnachfrage ist die Art und der Umfang des Krankenversicherungsschutzes des jeweiligen Patienten.

2.2.1. Laienebene

Direkt über seine Arzneimittelnachfrage entscheidet der einzelne Patient im Falle der **Selbstmedikation**. Hierbei stehen allerdings nur die rezeptfreien Arzneimittel zur Dis-

---

[7] Die Errichtung von Zweigapotheken ist möglich, wenn „infolge Fehlens einer Apotheke ein Notstand in der Arzneimittelversorgung vorhanden ist" (§ 16 Apothekengesetz). 1981 gab es 25 solcher Zweigapotheken in der Bundesrepublik (vgl. *ABDA,* Bericht 1980/81, Frankfurt/Main 1981, S. 53).
[8] Das Auseinzelungs-Verbot sog. Bündelpackungen ist in Verträgen zwischen den Landesverbänden der Krankenkassen und den Landesapothekenvereinen festgelegt.

position. Da der Patient in diesem Fall seine Arzneimittelausgaben selbst zu tragen hat, kann davon ausgegangen werden, daß auch pretiale Aspekte bei seiner Nachfrage eine wichtige Rolle spielen. Dieser Handverkauf (OTC = over-the-counter-Verkauf) beträgt etwa ein Fünftel des Arzneimittelumsatzes öffentlicher Apotheken.[9]

2.2.2. Arztebene

Der größte Teil der Arzneimittelnachfrage entsteht im Wege **ärztlicher Verordnung**. Der Arzt stellt in Form eines Rezeptes einen Berechtigungsschein zum Bezug eines bestimmten Medikamentes aus. Hierbei ist nun allerdings zu unterscheiden, ob die Ausgaben für das verordnete Medikament von einer Krankenkasse vollständig, teilweise oder überhaupt nicht erstattet werden. Da sich der letzte Fall nur dadurch von der Selbstmedikation unterscheidet, daß der Arzt als Zwischenglied bei der Nachfrage auftritt, soll hier nicht näher darauf eingegangen werden. Von größerem Interesse sind die beiden anderen Fälle, in denen nämlich eine Krankenversicherung für diese Ausgaben besteht.

2.2.2.1. Versicherte der gesetzlichen Krankenversicherung

Gemäß § 165 RVO (Reichsversicherungsordnung) unterliegen alle Arbeiter und Angestellte, deren Jahreseinkommen eine bestimmte Höhe nicht übersteigt (ab 1.1.1983 betrug diese Grenze 45.000 DM), der Krankenversicherungspflicht. Dieser Personenkreis ist in aller Regel zu einem Einheitstarif bei einer GKV versichert.

In der Bundesrepublik sind gegenwärtig 99,6% der Bevölkerung krankenversichert, wobei 90% einer gesetzlichen Krankenversicherung (66,1% einer RVO-Kasse; 23,9% einer Ersatz-Kasse), 7,6% einer privaten Krankenversicherung (PKV) und 2% der freien Heilfürsorge der Polizei und Bundeswehr etc. angehören.[10]

Für die GKV sind das **Solidaritätsprinzip** und das **Sachleistungsprinzip** charakteristisch, d.h. zum einen hat jeder Versicherungsnehmer, unabhängig von der Höhe seines Versicherungsbeitrages, den gleichen Versicherungsanspruch – im Gegensatz zum **Äquivalenzprinzip**, wo Leistung und Gegenleistung in einem bestimmten Verhältnis zueinander stehen – und zum anderen erfolgt die Abrechnung nicht monetär, sondern über Scheine. Der Patient erhält gegen ein Rezept beim Apotheker das ärztlich verordnete Arzneimittel.[11] Der Apotheker seinerseits reicht das Rezept bei der GKV ein und muß, wenn der fällige Betrag innerhalb von zehn Tagen durch die Krankenkasse beglichen wird, einen Apothekenabschlag von 5% auf den Ladenverkaufspreis des Medikaments gewähren (§ 376 RVO) (vgl. *Abbildung 1*).

Für den einzelnen Versicherten besteht im Krankheitsfall eine **Kostenvolldeckung**. Aus gesundheits- und sozialpolitischen Gründen wird somit die individuelle Gesund-

---

[9] Vgl. *Rahner, E.,* Umfang der Selbstmedikation in der BR Deutschland, in: Pharmazeutische Industrie, 42.Jg. (1980), S. 1233ff.
[10] Vgl. *BPI* (Hrsg.), Basisdaten des Gesundheitswesens 1980, Frankfurt/Main 1980, Tab. 8.1.7.
[11] Vgl. auch *Herder-Dorneich, P.,* Gesundheitsökonomie. Systemsteuerung und Ordnungspolitik im Gesundheitswesen, Stuttgart 1980, S. 32ff.

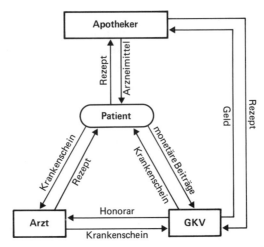

Abbildung 1: Das Sachleistungsprinzip der Gesetzlichen Krankenversicherung (GKV)

heitsnachfrage bewußt nicht durch das Preisausschlußprinzip begrenzt. Dies hat nicht nur die Konsequenz, daß die Gesundheitsnachfrage völlig preisunelastisch ist, für manche Versicherte entsteht dadurch auch ein Anreiz, für die bezahlten Versicherungsbeiträge „soviel wie möglich an Bedürfnisbefriedigung ‚kostenlos' aus dem System herauszuholen"[12], d.h. die Sättigungsmenge der Nachfrage, bei der der Grenznutzen Null ist, zu realisieren.[13]

Somit werden für den Patienten und auch für den Arzt ökonomisch falsche Anreize gesetzt. Ein Symptom dafür ist, daß sich bei Patienten eine Art Frei-Fahrer-Mentalität und gleichsam ein **Moral-Hazard-Phänomen**[14] ausbreitet. In diesem Zusammenhang ist es dann nicht mehr überraschend, wenn wegen eines solchen „Verantwortungsvakuums"[15] die Nachfrager im Gesundheitsbereich sich so verhalten, als würden diese Leistungen zum Nulltarif zur Verfügung gestellt werden, d.h. seien freie Güter und Dienste.[16] Dieser Sachverhalt wird anhand von *Abbildung 2* graphisch dargestellt.[17]

---

[12] *Müller-Groeling, H.*, Kollektivgutproblematik und Isolierungsparadoxon in der Krankenversicherung, in: *Külp, B./Stützel, W.* (Hrsg.), Beiträge zu einer Theorie der Sozialpolitik. Festschrift für E. Liefmann-Keil, Berlin 1973, S. 63.

[13] Eine ähnliche Situation liegt im Bereich der Rechtsschutzversicherung vor. Aufgrund des Versicherungsschutzes bei Rechtsstreitigkeiten kommt es gegenwärtig insbesondere in Bagatellfällen zu einer Flut von Gerichtsverfahren.

[14] Vgl. *Molitor, B.*, „Moral Hazard" in der Sozialpolitik, in: Arbeits- und Sozialpolitik, 29.Jg. (1975), S.11ff.; *Schaper, K.*, Kollektivgutprobleme einer bedarfsgerechten Inanspruchnahme medizinischer Leistungen, Frankfurt/Main 1978, S.89ff.

[15] Vgl. *Nord, D.*, Steuerung im Gesundheitssystem. Systemanalyse der Arzneimittelversorgung in der Bundesrepublik Deutschland, Frankfurt/Main 1979, S.151.

[16] Vgl. *Bonus, H.*, Ordnungspolitische Aspekte öffentlicher Güter, in: *Helmstädter, E.* (Hrsg.), Neuere Entwicklungen in den Wirtschaftswissenschaften, Schriften des Vereins für Socialpolitik, NF Bd.98, Berlin 1978, S.51ff.

[17] Vgl. hierzu auch *Schulz, W.*, Der „Markt" für ambulante ärztliche Leistungen – eine mikroökonomische Analyse. Vervielfältigtes Manuskript, München 1981, S.15.

7. Pharmazeutische Industrie

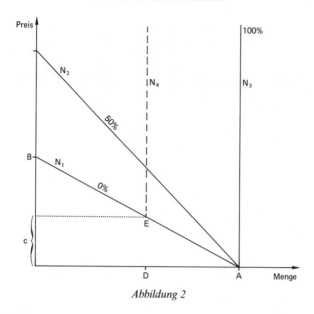

Abbildung 2

Es wird davon ausgegangen, daß bei keiner Kostenerstattung durch die Krankenversicherung für ein bestimmtes Arzneimittel die Nachfragefunktion N_1 gelte. Sie wird begrenzt durch den Prohibitivpreis (B) und die Sättigungsmenge (A). Es wird nun eine 50%-ige Kostenerstattung eingeführt. Die Nachfragekurve dreht sich im Uhrzeigersinn so um die Sättigungsmenge, daß der Prohibitivpreis doppelt so hoch wie vorher ist (N_2). Je höher die Kostenerstattung ist, um so stärker dreht sich die Nachfragekurve nach rechts, bis sie schließlich bei einem Erstattungssatz von 100% (Sachleistungsprinzip) parallel zur Preisachse verläuft und somit völlig preisunelastisch wird (N_3).[18] Das Ausmaß der Drehung der Nachfragekurve um die Sättigungsmenge hängt somit von der Höhe der Erstattung seitens der Krankenversicherung ab. Wird jetzt vom einzelnen Versicherten für jedes verordnete Arzneimittel ein konstanter Selbstbehalt c (gegenwärtig beträgt dieser 2 DM je verordnetem Arzneimittel (§ 182a RVO)) verlangt, so gilt bis zur Höhe dieser Arzneimittelgebühr c die ursprüngliche Nachfragefunktion ($\overline{AE}$ in *Abbildung 2*). Für alle Preise, die höher als c sind, verläuft die Nachfrage wieder parallel zur Preis-Achse (gestrichelte Kurve N_4 in *Abbildung 2*), d.h. sie ist in diesem Beispiel wieder völlig preisunelastisch. Gegenüber der Situation bei einer vollen Kostenerstattung ohne Arzneimittelgebühr ist jetzt allerdings die nachgefragte Menge um AD gesunken. Die Höhe dieses Nachfragerückgangs hängt ab von der Steigung der ursprünglichen Nachfragekurve und von der Höhe der Arzneimittelgebühr c. Je steiler die Nachfragekurve verläuft und je niedriger dieser Selbstbehalt ist, umso geringer wird der mengenmäßige Nachfragerückgang sein.

---

[18] Dies heißt nun nicht, daß die Nachfrage nach oben unbegrenzt ist. Wie jede starre individuelle Nachfragekurve durch das persönlich verfügbare Einkommen begrenzt wird, so wird im vorliegenden Falle diese individuelle Nachfrage durch die der jeweiligen Krankenkasse für Arzneimittel zur Verfügung stehenden Finanzmittel limitiert.

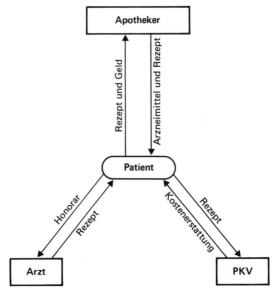

Abbildung 3: Das Kostenerstattungsprinzip der Privaten Krankenversicherung (PKV)

2.2.2.2. Versicherte der privaten Krankenversicherung

Personen, die nicht der Krankenversicherungspflicht unterliegen, können sich bei einer privaten Krankenversicherung (PKV) freiwillig versichern. Hierbei besteht die Möglichkeit, Art und Umfang der Versicherung (Tarifwahl) sowie das Versicherungsunternehmen frei zu wählen. In diesem Bereich ist die Möglichkeit einer individuellen Gestaltung des Krankenversicherungsschutzes gegeben. Der Versicherungsbeitrag bestimmt sich nicht nach der Einkommenshöhe, sondern nach dem Krankheitsrisiko sowie dem Umfang des Versicherungsschutzes (Äquivalenzprinzip). Beispielsweise kann hierbei die Erstattung der Arzneimittelausgaben vollkommen oder teilweise ausgeschlossen werden (Linksdrehung der Nachfragekurve in *Abbildung 2*), was sich in einer entsprechend niedrigeren Versicherungsprämie niederschlägt. Auf diese Weise ist eine pretiale Steuerung der Arzneimittelnachfrage möglich, deren Umfang allerdings sehr wesentlich durch den einzelnen Versicherten bestimmt wird.

Darüber hinaus gilt das **Kostenerstattungsprinzip,** d.h. der Versicherte bezahlt seine Ausgaben zunächst selbst, bekommt sie aber nach Einreichung der Rechnungen von seiner Versicherung ganz oder teilweise erstattet (vgl. *Abbildung 3*).

Die Steuerungswirkung dieses Prinzips ist als gering anzusehen, wenn es nicht zugleich mit finanziellen Sanktionen angewandt wird.

2.3. „Krankenversicherungs-Kostendämpfungsgesetz" (KVKG) und „Kostendämpfungs-Ergänzungsgesetz" (KVEG)

Den bisherigen Höhepunkt staatlicher Interventionen stellen das KVKG und das KVEG dar. Mit Hilfe des KVKG (seit 1.7. 1977 in Kraft) und des KVEG (gültig seit

7. Pharmazeutische Industrie

1.1.1982) soll insbesondere durch ein preisbewußteres Verhalten von Ärzten und Patienten die weitere Zunahme der Gesundheitsausgaben der GKV gebremst werden. Im Arzneimittelbereich sind in diesem Zusammenhang vor allem folgende Instrumente relevant: (a) **Arzneimittelhöchstbetrag**, (b) **Transparenz- und Preisvergleichslisten**, (c) **Bagatellarzneimittel** und (d) **Arzneikostenbeteiligung** des Patienten.

zu (a): Gemäß Ziffer 49 Abs. 2 des KVKG findet jeweils im Frühjahr und Herbst eines jeden Jahres eine Plenarsitzung der **Konzertierten Aktion** im Gesundheitswesen (KAG) statt.[19] Zu den Aufgaben der KAG gehört u. a., einmal jährlich bis zum 31. März (§ 405a Ziff. 1 RVO) eine Empfehlung hinsichtlich eines Höchstbetrages für Arzneimittelausgaben der GKV auszusprechen. Geschieht dies nicht, geben die Spitzenorganisationen der Kassenärzte und der Krankenkassen gemeinsam eine solche Empfehlung. Bei der Festlegung des Höchstbetrages sind die durchschnittliche Grundlohnsumme der beteiligten Krankenkassen, die Entwicklung der Arzneimittelpreise und die Zahl der Behandlungsfälle zu berücksichtigen (§ 368f Abs. 6 RVO), wobei die Wachstumsrate der Grundlohnsumme nach Auffassung des *Bundesministeriums für Arbeit und Sozialordnung (BMA)* jeweils die Obergrenze für den vereinbarten prozentualen Anstieg des Arzneimittelhöchstbetrages darstellt.[20] Damit handelt es sich beim Arzneimittelhöchstbetrag um eine Art Lohnindexierung.[21]

zu (b): Mit Hilfe von Transparenzlisten der Transparenzkommission „Arzneimittel" beim *Bundesgesundheitsamt (BGA)* sowie durch die Preisvergleichsliste des Bundesausschusses der Ärzte und Krankenkassen soll die Preistransparenz der Ärzte hinsichtlich der Arzneimittel erhöht werden, um das ärztliche Verschreibungsverhalten so zu ändern, daß die Arzneimittelausgaben gedämpft werden. Die **Preisvergleichsliste**, die sich auf § 368 Abs. 1 RVO gründet, enthält, von wenigen Ausnahmen abgesehen, nur Monopräparate.[22] Diese Liste soll aufgrund der Gesetzesvorlage zu einer verbindlichen Informationsquelle der Ärzte werden.

Die **Transparenzliste** enthält neben den Preisen Informationen über therapeutische, pharmakologische und pharmazeutische Merkmale der Arzneimittel. Bisher liegt je eine Transparenzliste für die Indikationsbereiche „Herzmuskel-Insuffizienz" und „Herzrhythmus-Störungen" vor.

zu (c): Eine Dämpfung der Arzneimittelausgaben der GKV soll auch dadurch erreicht werden, daß die Kosten sog. Bagatellarzneimittel zur Behandlung „geringfügiger Gesundheitsstörungen" nicht mehr oder nur noch in begründeten Ausnahmefällen von der GKV erstattet werden (§ 182f RVO). Die im Sommer 1982 vom *Bundesarbeitsministerium* vorgelegte **Negativliste,** die am 1. April 1983 in Kraft getreten ist, umfaßt folgende Arzneimittelgruppen: Medikamente gegen Erkältungskrankheiten und grippale Infekte, Mund- und Rachentherapeutika, Abführmittel so-

---

[19] Vgl. ausführlich *Gäfgen, G.,* Konzertierte Aktion als Hilfsmittel der Wirtschaftspolitik, in: Pharmazeutische Industrie, 41. Jg. (1979), S. 833 ff. und S. 941 ff.
[20] Vgl. Orientierungsdaten für Empfehlungen der Konzertierten Aktion im Gesundheitswesen am 22./23. März 1979, BMA VbI – 44022 – 4 vom 2.2. 1979, S. 4.
[21] Vgl. *Hamm, W.,* Irrwege der Gesundheitspolitik, Tübingen 1980, S. 15.
[22] In der dritten Auflage dieser Liste sind 58 Wirkstoffe und über 1300 Fertigarzneimittel enthalten. Die hinsichtlich des Inhaltsstoffes gleichartigen Arzneimittel sind ausschließlich nach dem Preis geordnet, dabei sind neben der Preisangabe pro Dosis keine weiteren Hinweise enthalten.

wie Arzneimittel gegen Reisekrankheiten. Hierbei handelt es sich um solche Indikationsbereiche, bei denen eine hohe Selbstmedikation bereits gegeben ist.

zu (d): Als direkte Kostenbeteiligung hat der Gesetzgeber festgelegt, daß ab 1.1.1983 der GKV-Patient je verschriebenem Präparat eine nichterstattbare Verordnungsgebühr von 2 DM zu entrichten hat. Allerdings kann die Krankenkasse „von der Zahlung befreien, wenn der Versicherte unzumutbar belastet würde" (§ 182 a RVO).

Insgesamt stellen KVKG und KVEG eine Zäsur in der staatlichen Gesundheitspolitik der Bundesrepublik dar.

2.4. Arzneimittel

Arzneimittel sind gemäß § 2 AMG definiert. Unter Arzneimitteln werden im folgenden alle human-pharmazeutischen Produkte verstanden, d. h. veterinär-pharmazeutische sowie dental-medizinische Erzeugnisse, Verbandstoffe, Pflaster, Watte und Desinfektionsmittel bleiben damit außer Betracht. Human-pharmazeutische Arzneimittel sind meist sog. Fertigarzneimittel,[23] daneben gibt es aber auch Arzneimittel, die nach ärztlicher Verordnung vom Apotheker selbst hergestellt werden. Die Arzneimittel lassen sich ihrerseits wiederum in Arzneimittelspezialitäten und in Generika gliedern. Erstere werden unter einem rechtlich geschützten Warenzeichen (Markennamen) in den Verkehr gebracht; es handelt sich dabei um typische Markenartikel. Generika sind No-Name-Produkte. Meist werden sie unter ihrer chemischen Bezeichnung, die rechtlich nicht geschützt werden kann, in den Verkehr gebracht.

Nach dem AMG wird zwischen **verschreibungspflichtigen, apothekenpflichtigen** und **freiverkäuflichen** Arzneimitteln unterschieden. Darüber hinaus ist in verordnete und nicht verordnete Arzneimittel zu differenzieren; auch nichtverschreibungspflichtige Arzneimittel können vom Arzt verordnet werden. Bei den nichtverordneten Arzneimitteln handelt es sich gemäß § 376 Abs. 2 RVO um Handverkaufs-Arzneimittel (sog. OTC-Arzneimittel), die insbesondere im Rahmen der Selbstmedikation von Bedeutung sind. Desweiteren gliedern sich Arzneimittel in erstattungsfähige und nicht erstattungsfähige, d.h. in solche Arzneimittel, für die die Kosten von der Krankenkasse übernommen werden und in solche, die vom Patienten selbst zu bezahlen sind. Hierbei ist es durchaus möglich, daß Arzneimittel rezeptpflichtig und zugleich nicht erstattungsfähig (z. B. Kontrazeptiva) sind. Das Produkt „Arzneimittel" kann demnach in folgender Weise klassifiziert werden (vgl. *Übersicht 1*).

Aufgrund dieser vielfältigen Besonderheiten bestehen vor allem für die Arzneimittelhersteller institutionelle Rahmenbedingungen, die nicht ohne Konsequenzen auf ihr Verhalten bleiben. Bevor nun auf das Verhalten näher eingegangen wird, ist es erforderlich, die Marktstruktur eingehend zu untersuchen.

---

[23] „Fertigarzneimittel sind Arzneimittel, die im voraus hergestellt und in einer zur Abgabe an den Verbraucher bestimmten Packung in den Verkehr gebracht werden" (§ 4 Ziff. 4 AMG).

Übersicht 1: Arzneimittel-Klassifikation

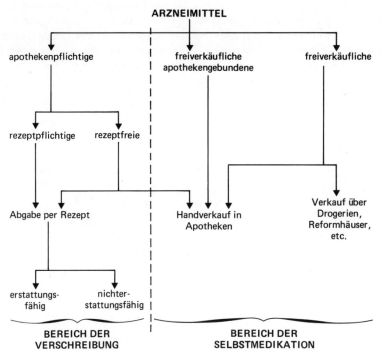

Quelle: *Rahner, E.*, Umfang der Selbstmedikation in der BR Deutschland, a. a. O., S. 1234.

3. Marktstruktur

3.1. Angebot

3.1.1. Arzneimittelproduktion und Außenhandel

Die wertmäßige Gesamtproduktion der pharmazeutischen Industrie stieg von 2,35 Mrd. DM im Jahre 1960 auf 16,3 Mrd. DM im Jahre 1981, davon entfielen ca. 13 Mrd. DM, dies sind 80% der Gesamtproduktion, auf human-pharmazeutische Spezialitäten. Die wertmäßige Gesamtproduktion der pharmazeutischen Industrie wuchs von 1960 bis 1981 auf das 6,9-fache – das Bruttosozialprodukt stieg während des gleichen Zeitraums auf das 4,9fache – und liegt damit deutlich über der Entwicklung der chemischen Industrie und der Gesamtindustrie (vgl. *Tabelle 1*).

Diese sehr expansive Entwicklung der Arzneimittelindustrie beruhte im wesentlichen darauf, daß mit zunehmendem Pro-Kopf-Einkommen die Gesundheitsnachfrage, somit auch die Arzneimittelnachfrage, überproportional stieg; hinzu kamen große Fortschritte in der Entwicklung wirksamerer Arzneimittel. In diesem Zusammenhang darf jedoch nicht übersehen werden, daß die Expansion der pharmazeutischen Industrie in der Vergangenheit zum großen Teil nur deshalb möglich war, weil die GKV praktisch unbegrenzt die Arzneimittelausgaben ihrer Versicherten erstattete. Erst mit der Einführung eines Arzneimittelhöchstbetrages Mitte 1977 hat sich diese Situation für die pharmazeutische Industrie erheblich verändert.

Tabelle 1: Pharmazeutische Industrie im Vergleich zur Chemischen Industrie und zur Gesamtindustrie in der Bundesrepublik Deutschland 1960 und 1981

	Pharmazeutische Industrie				
	Umsatz			Außenhandel	
Jahr	Insgesamt (in Mrd. DM)	Humanpharmazie (in Mrd. DM)	Beschäftigte in Tausend	Export (in Mrd. DM)	Import (in Mrd. DM)
1960	2,350 (10,5%)[1] (100%)	(1,716)		0,596 (11,4%)[1] (25%)	0,190 (7,8%)[1]
1981	16,295 (13,9%)[1] (100%)	13,047	95,6 (17,4%)[1]	6,548 (12,0%)[1] (37%)	3,765 (12,5%)[1]
Werte 1981 auf der Basis der Werte von 1960	6,9-fach	7,6-fach		11-fach	19,8-fach
	Chemische Industrie				
Jahr	Umsatz (in Mrd. DM)		Beschäftigte in Tausend	Export (in Mrd. DM)	Import (in Mrd. DM)
1960	22,360 (100%)		453,3	5,218 (23,3%)	2,488
1981	116,917 (100%)		548	54,001 (46,2%)	30,109
Werte 1981 auf der Basis der Werte von 1960	5,2-fach		1,2-fach	10,4-fach	12,3-fach
	Gesamtindustrie				
Jahr	Umsatz (in Mrd. DM)		Beschäftigte in Tausend	Export (in Mrd. DM)	Import (In Mrd. DM)
1960	266,37 (100%)		8 081	47,9 (18%)	42,7
1981	1 196,54 (100%)		7 489	396,9 (29%)	369,1
Werte 1981 auf der Basis der Werte von 1960	4,5-fach		0,9-fach	8,3-fach	8,6-fach

[1] In vH der entsprechenden Werte der chemischen Industrie.

Quellen: *Statistisches Bundesamt* (Hrsg.), Statistisches Jahrbuch für die Bundesrepublik Deutschland 1962, Stuttgart und Mainz 1962, S. 223 und S. 315; *BPI* (Hrsg.), Basisdaten des Gesundheitswesens, Ausgabe 1982/83, a. a. O., S. 123 und S. 125; *Institut der Deutschen Wirtschaft* (Hrsg.), Zahlen zur wirtschaftlichen Entwicklung der Bundesrepublik Deutschland. Ausgabe 1982. Köln 1982, S. 43 und S. 69; *BPI* (Hrsg.), Pharma Daten 82, Frankfurt/Main 1982; *Verband der Chemischen Industrie e. V.* (Hrsg.), Chemiewirtschaft in Zahlen, 25. Auflage, Frankfurt/Main 1983, S. 18.

1981 waren 17,4% der in der chemischen Industrie Beschäftigten in der pharmazeutischen Industrie tätig. Ein Charakteristikum der pharmazeutischen Industrie ist ihre hohe Auslandsverflechtung; 1981 belief sich der Exportanteil auf 37% der Gesamtproduktion, bei der Gesamtindustrie betrug dieser Anteil 29% (vgl. *Tabelle 1*). Besonders auffallend ist die zunehmende Bedeutung der Importe: von 1960 bis 1980 nahmen sie auf das 19,8fache zu und erreichten damit über 23% der Gesamtproduktion der pharmazeutischen Industrie (vgl. *Tabelle 1*). Die steigenden Importe beruhen vor allem auf den Einfuhren von Tochtergesellschaften ausländischer Unternehmen in der Bundesrepublik. Insbesondere wegen der quantitativen Größe des Arzneimittelmarktes und der – verglichen mit anderen Ländern – noch relativ liberalen Situation auf dem Arzneimittelmarkt in der Bundesrepublik haben ausländische Hersteller – vor allem aus den USA – ihre Aktivitäten in der Bundesrepublik intensiviert (vgl. hierzu auch *Tabelle 9*).

3.1.2. Arzneimittelhersteller und Konzentration

Wegen der engen Verwobenheit zwischen chemischer und pharmazeutischer Industrie ist eine eindeutige Abgrenzung der pharmazeutischen Industrie oft nicht möglich. Insbesondere bei den diversifizierten Mischkonzernen wie beispielsweise *Bayer*, *BASF* und *Hoechst* ist eine solche Abgrenzung schwierig. Allerdings handelt es sich hierbei um kein Spezifikum der pharmazeutischen Industrie, sondern um ein Problem, das immer dann auftritt, wenn große Mischkonzerne in einer Branche tätig sind. Neben solchen Mischkonzernen gibt es in der pharmazeutischen Industrie eine Reihe von Unternehmen, die sich ausschließlich im Arzneimittelbereich betätigen.

Gegenwärtig gibt es in der Bundesrepublik etwa 1 000 Arzneimittelhersteller. Dem *Bundesverband der Pharmazeutischen Industrie (BPI)* gehören 525 Firmen (Stand: 1.4. 1982) an, die ca. 95% des Produktionswertes pharmazeutischer Erzeugnisse in der Bundesrepublik repräsentieren.[24] Die Altersstruktur der deutschen pharmazeutischen Industrie zeigt, daß über die Hälfte (53%) der Unternehmen die Arzneimittelproduktion bereits vor 1935 aufgenommen hat; auf die Zeit nach 1960 entfallen lediglich 9,7% der Neugründungen (vgl. *Tabelle 2*).

Ein differenzierteres Bild der pharmazeutischen Industrie ergibt sich, wenn nun der Markt der öffentlichen Apotheken und der der Krankenhaus-Apotheken getrennt voneinander untersucht werden.

Tabelle 2: Beginn der Arzneimittelproduktion deutscher pharmazeutischer Unternehmen

	Vor 1900	1900 bis 1919	1920 bis 1934	1935 bis 1949	1950 bis 1960	nach 1960
Prozent der Unternehmen	12,4%	19,3%	21,3%	20,1%	17,2%	9,7%

Quelle: *BPI* (Hrsg.), Pharma Daten 81, Frankfurt/Main 1981, S. 8.

---

[24] *BPI* (Hrsg.), Pharma-Jahresbericht 1981/82, Frankfurt/Main 1982, S. 8.

Tabelle 3: Anteile der führenden Hersteller von 1966 bis 1981 am Markt der öffentlichen Apotheken in der Bundesrepublik Deutschland

Jahr	führende	5	10	20	50	100 Firmen
1966		20,42	34,45	49,25	69,71	82,07
1967		20,44	34,21	49,76	70,72	83,96
1968		20,23	32,70	48,89	70,26	84,37
1969		19,97	32,86	48,99	71,49	85,45
1970		19,80	33,05	48,31	71,05	85,50
1971		19,41	32,80	47,94	71,03	85,29
1972		18,75	31,94	46,88	70,13	85,29
1973		18,22	30,96	45,67	69,49	85,31
1974		18,94	31,15	45,65	69,69	85,87
1975		18,50	30,42	45,12	69,43	85,98
1976		18,34	29,62	44,28	68,36	85,95
1977		18,10	28,72	42,91	66,60	84,27
1978		17,49	27,53	41,41	65,11	83,61
1979		16,66	26,05	39,77	64,59	81,05
1980		16,26	25,47	38,81	62,88	81,82
1981		15,71	24,91	38,15	61,98	81,42

Quellen: *BPI* (Hrsg.), Pharma Daten 78, Frankfurt/Main 1978, S. 31; ders., Pharma Daten 82, Frankfurt/Main 1982, S. 30.

3.1.3. Markt der öffentlichen Apotheken

1981 hatte kein Arzneimittelhersteller einen **Marktanteil** von mehr als 4% auf dem Markt der öffentlichen Apotheken. Die 100 größten Unternehmen wiesen im gleichen Jahr einen Marktanteil von 81,42% auf und lagen damit nur sehr geringfügig unter dem Wert des Jahres 1966 (vgl. *Tabelle 3*).

Die Marktanteile der führenden 5, 10, 20 und 50 Unternehmen sanken von 1966 bis 1981 beträchtlich. So ging beispielsweise der Anteil der fünf führenden Hersteller von 20,92% (1966) auf 15,71% (1981) zurück (vgl. *Tabelle 3*).

Betrachtet man die Rangfolge der zehn umsatzstärksten pharmazeutischen Unternehmen und deren Veränderung auf dem Markt der öffentlichen Apotheken von 1966 bis 1981, so fällt auf, daß es etwa bis 1973 innerhalb dieser Gruppe zu stärkeren Rangveränderungen kam als in den Jahren danach (vgl. *Abbildung 4*).[25] Ab 1974 scheint sich die Lage für die Unternehmen weitgehend beruhigt zu haben.

Die Verschiebung der Marktanteile wird von *Vernon* als Indikator der Dynamik der Marktstruktur verwendet.[26] Je nach dem Ausmaß der Veränderung dieser Anteile werden Rückschlüsse auf die Wettbewerbsintensität einer Branche gezogen. So

---

[25] Durch Bereinigung der Daten ist sichergestellt, daß die Verschiebungen in der Rangfolge nicht auf externem Unternehmenswachstum beruhen. Vgl. *Rahner, E./Teichner, H.*, Arzneimittelmarkt und Wettbewerb. Pharma-Dialog 39, herausgegeben vom *BPI*, Frankfurt/Main 1975, S. 7.
[26] Vgl. *Vernon, J. M.*, Concentration, Promotion, and Market Share Stability in the Pharmaceutical Industry, in: The Journal of Industrial Economics, Vol. 19 (1970/71), S. 246 ff.

7. Pharmazeutische Industrie

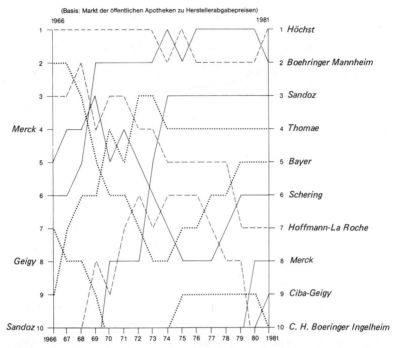

Quellen: *BPI* (Hrsg.), Pharma Daten 82, Frankfurt/Main 1982, S. 32. Eigene Identifikation der Rangpositionen mit Hilfe der Angaben in: *Möbius, K. et al.*, Die Pharmazeutische Industrie in der Bundesrepublik Deutschland, Institut für Weltwirtschaft an der Universität Kiel, unveröffentlichtes Manuskript, Kiel 1975.

Abbildung 4: Ränge der zehn umsatzstärksten Arzneimittelhersteller in der Bundesrepublik Deutschland von 1966 bis 1981

schreibt der *BPI,* „die Verschiebung der Rangfolge der zehn umsatzstärksten Pharma-Unternehmen auf dem Markt der öffentlichen Apotheken in der Bundesrepublik Deutschland ist ein Indiz für den scharfen Wettbewerb auf dem Arzneimittelmarkt."[27] *Kaufer* spricht in diesem Zusammenhang von einer „erheblichen Mobilität der Rangfolgen".[28] In diese Interpretation muß jedoch Wasser gegossen werden. Zum einen weicht die Höhe der Marktanteile der einzelnen Arzneimittelhersteller nur ganz geringfügig voneinander ab, so daß bereits kleine Veränderungen zu entsprechenden Veränderungen in der Rangfolge führen; zum anderen ist über die Gründe, die für diese Marktanteilsverschiebungen verantwortlich sind, zu wenig bekannt. So ist es beispielsweise wichtig zu wissen, ob der Marktanteil eines Unternehmens deshalb stieg, weil der unternehmensrelevante Teilmarkt sehr expansiv war oder weil es einen bestimmten Aktionsparameter sehr intensiv einsetzte, d.h. es ist relevant, ob die Verschiebung auf einer Markt- oder/und einer spezifischen Unternehmensexpansion beruhte.[29] Außerdem muß bedacht werden, daß es sich hier nur um

---
[27] *BPI* (Hrsg.), Pharma Daten 82, a.a.O., S. 31.
[28] *Kaufer, E.*, Die Ökonomik der pharmazeutischen Industrie, Baden-Baden 1976, S. 29.
[29] Vgl. *Ziegler, B.*, Arzneimittelversorgung und Wettbewerb, Göttingen 1980, S. 70ff.

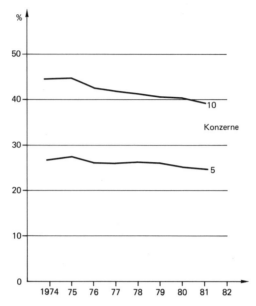

Quellen: Eigene Aufbereitung des empirischen Materials in: *BPI* (Hrsg.), Pharma Daten 78, Frankfurt/Main 1978, S. 31; ders., Pharma Daten 82, a. a. O., S. 30, Anhang *Tabelle A 1*.

Abbildung 5: Anteile der fünf bzw. zehn führenden Konzerne auf dem Markt der öffentlichen Apotheken von 1974 bis 1981

eine Betrachtung der Situation des Marktes der öffentlichen Apotheken handelt, d. h. sowohl der Krankenhausmarkt als auch der Exportmarkt bleiben unberücksichtigt.

Gegen eine zu weitgehende Interpretation spricht ferner, daß es sich um eine firmenspezifische Betrachtung handelt, d. h. finanzielle und personelle Verflechtungen zwischen einzelnen Unternehmen bleiben außer acht. Werden die konzernmäßigen Verbindungen berücksichtigt, so erhält man für die größten Unternehmen einschließlich ihrer Tochterunternehmen und Beteiligungen wesentlich höhere Marktanteile als auf Firmenbasis. Der Anteil der fünf größten Konzerne sank von 27,2% im Jahre 1974 auf 24,8% 1981; der der zehn größten ging von 44,4% (1974) auf 39,4% (1981) zurück[30] (vgl. *Abbildung 5*).

Die Marktanteile und ihre Entwicklung zeigen, daß die Konzentration in der pharmazeutischen Industrie im Bereich der öffentlichen Apotheken nicht nur im Vergleich zu anderen Branchen relativ niedrig ist, sondern daß darüber hinaus die Konzentration auf Firmenbasis beträchtlich und auf Konzernbasis geringfügig gesunken ist. Nun ist jedoch zu berücksichtigen, daß sich hinter Konzentrationsbewegungen recht unterschiedliche marktprozessuale Sachverhalte verbergen können,

---

[30] Die *Monopolkommission* gibt höhere Anteile an. So hatten beispielsweise 1977 (1979) die zehn größten Unternehmen der pharmazeutischen Industrie einen Marktanteil von 45% (44,5%) gegenüber 41,9% (40,6%) des *BPI*. Vgl. *Monopolkommission*, Fusionskontrolle bleibt vorrangig, Hauptgutachten III, Baden-Baden 1980, S. 237; dies., Fortschritte bei der Konzentrationskontrolle, Hauptgutachten IV, Baden-Baden 1982, S. 334.

die letztlich auch für das unternehmerische Verhalten relevant sind. *May* weist deshalb in diesem Zusammenhang zu Recht darauf hin, daß „abgesehen von dem Problem der Wahl des geeigneten Meßverfahrens ... die Konzentrationsfälle häufig nicht eindeutig zu klassifizieren sind".[31] Von großer Bedeutung sind hierbei die mannigfaltigen Verzahnungen und Verfilzungen zwischen den führenden Arzneimittelherstellern (vgl. Anhang *Übersicht A I*). Relevant sind dabei auch insbesondere die nationalen und internationalen Kooperationen, die sich im Konzentrationsgrad nicht niederschlagen. Bei der Analyse des Verhaltens wird auf bestimmte Kooperationen im einzelnen noch einzugehen sein. Hier kann allerdings schon festgestellt werden, daß durch die Verschärfung der Anforderungen hinsichtlich Zulassung, Produktion und Kontrolle von Arzneimitteln im Rahmen des AMG sowie durch die Anwendung der oben erwähnten Instrumente des KVKG und des KVEG bei kleineren und mittleren pharmazeutischen Unternehmen die Neigung zur Kooperation und damit zur Konzentration gefördert wurde.

3.1.4. Krankenhausmarkt

Anders war die Situation auf dem Krankenhausmarkt. Die zwanzig führenden Arzneimittelhersteller hatten 1974 einen Marktanteil von 65,8%, hiervon entfielen auf *Bayer* 13%, auf die *Behring-Werke* (eine *Hoechst*-Tochter) 6,7% und auf *Hoechst* 5,3%.[32] Auch heute dürfte sich an dieser Situation nichts Grundlegendes geändert haben.

3.1.5. Ausgewählte Teilmärkte

Um eine adäquate wettbewerbspolitische Analyse des Arzneimittelmarktes vornehmen zu können, ist es erforderlich, nun auf nach Indikationsbereichen gebildete Teilmärkte abzustellen. Meist stehen diese Teilmärkte in keiner oder nur in einer sehr schwachen Substitutionsbeziehung zueinander.

1981 entfielen 52% des gesamten Umsatzes über öffentliche Apotheken auf die 15 umsatzstärksten Arzneimittelgruppen.[33] Im Vergleich zu 1966 hat dieser Anteil geringfügig abgenommen. Bemerkenswert ist hierbei jedoch die recht unterschiedliche Entwicklung einzelner Teilmärkte; so expandierten einige Bereiche (z.B. periphere und zerebrale Vasodilatoren, Antihypertonika, Antirheumatika, Psychopharmaka) überdurchschnittlich, während andere (z.B. Sedativa, Vitaminpräparate und Herzglykoside) unterdurchschnittlich zunahmen. Diese Entwicklung wurde u.a. sehr stark von den Veränderungen der Morbidität und Mortalität der Bevölkerung in der Bundesrepublik beeinflußt.

Für industrieökonomische Analysen sind nun auch die Marktanteile der umsatzstärksten Hersteller in den einzelnen Segmenten relevant. Leider ist solches Material

---

[31] *May, M.,* Konzentration und Produktinnovation, Dissertation Marburg 1972, S.98.
[32] Vgl. *Möbius, K.* et al., Die Pharmazeutische Industrie in der Bundesrepublik Deutschland. Struktur und Wettbewerb, Tübingen 1976, S.111.
[33] Vgl. *BPI* (Hrsg.), Pharma Daten 82, a.a.O., S.54.

Übersicht 2: *Marktanteile führender Arzneimittelhersteller auf ausgewählten Teilmärkten in der Bundesrepublik Deutschland 1973 (v. H.)*

Teilmarkt	Marktanteil der 10 führenden Präparate	Führende Hersteller	Marktanteil
Antirheumatika	37,6	Sharp & Dohme	12,4
Antiinfektiva	49,1	Bayer darunter: Bayer-Schering	22,1 (3,6)
Herzglykoside	52,9	Boehringer Mannheim darunter: Cassella-Boehringer Mannheim	31,3 (19,2)
Vasoprotektoren	50,8	Nattermann	11,2
Coronartherapeutika	60,1	Thomae	23,3
Periphere und cerebrale Vasodilatatoren	60,5	Albert-Roussel Janssen	16,0 12,9
Vitaminpräparate	47,6	Merck Schwarzhaupt	14,1 11,5
Antidiabetika	81,8	Hoechst darunter: Hoechst-Boehringer Mannheim	66,1 (39,7)
Psychopharmaka[a]	61,4	Hoffmann-La Roche Thomae	34,9 15,1
Contrazeptiva	81,3	Schering Organon	40,5[b] 14,5
Corticoiddermatika und Kombinationen	50,4	Heyden Grünenthal	13,6 11,2
Antihypertonika	67,4	Boehringer Mannheim Sandoz Bayer darunter: Bayropharm	16,4 14,1 11,1 (4,7)

[a] Ohne Psychostimulantien.
[b] Da für den Umsatz mit Microgynon keine Angaben vorlagen, dürfte der effektive Marktanteil in der Nähe von 50 v. H. liegen.
Quelle: *Möbius, K.*, et al., Die Pharmazeutische Industrie, a. a. O., S. 23.

nur für 1973 verfügbar. Die einzelnen pharmazeutischen Hersteller verfügen zwar aufgrund der Erhebungen des *Instituts für Medizinische Statistik (IMS)* über aktuelles Material, aber aus Gründen der Geheimhaltung sind diese Unterlagen nicht zugänglich. Um dennoch einen Eindruck von der Situation auf dem Arzneimittelmarkt der öffentlichen Apotheken zu vermitteln, sei das Material für 1973 wiedergegeben. Aus

Übersicht 2 wird ersichtlich, daß 1973 auf neun dieser zwölf Teilmärkte die zehn führenden Präparate jeweils einen Marktanteil von über 50% hatten; wird weiter berücksichtigt, daß ein Unternehmen mehrere Präparate auf einem solchen Teilmarkt anbot, so ergaben sich bei den meisten Indikationsgruppen für das jeweils größte Unternehmen Anteile zwischen 11% und 20%. Einige Teilmärkte wiesen allerdings weitaus höhere Anteile auf, so entfielen bei Antidiabetika 66,1% auf *Hoechst* (einschließlich *Hoechst/Boehringer* (Mannheim)), bei Kontrazeptiva 40,5% auf *Schering*, bei Psychopharmaka 34,9% auf *Hoffmann-La Roche* und bei Herzglykosiden 31,3% auf *Boehringer* (Mannheim) (einschließlich *Cassella/Boehringer* (Mannheim) mit 19,2%) (vgl. *Übersicht 2*).

Die Konzentration auf dem Teilmarkt Antidiabetika nimmt sowohl auf der Produktbasis als auch auf der Unternehmensbasis im Laufe der Zeit beträchtlich zu; sie erreichte 1980/81 73,2% bzw. 91,3%.[34]

Für die weiteren Betrachtungen wäre es nun wichtig, auch empirisches Material über die Entwicklung der anderen Segmente zu besitzen, anhand dessen sich die Veränderung der Position einzelner Unternehmen verfolgen ließe. Leider ist solches Material nicht zugänglich. Mit Hilfe des zur Verfügung stehenden Materials läßt sich aber ein weiterer wesentlicher Gesichtspunkt erhellen, nämlich welche Bedeutung bestimmte Teilmärkte bzw. Produkte für einzelne Unternehmen haben.

3.1.6. Bedeutung einzelner Teilmärkte für Unternehmen

Wird zunächst wiederum in die beiden großen Bereiche öffentliche Apotheken und Krankenhäuser untergliedert, so wird die sehr unterschiedliche Bedeutung dieser Bereiche für einzelne Unternehmen sichtbar. 1974 entfielen bei *Fresenius* und *Braun* (Melsungen) fast 80%, bei den *Behring-Werken* 70,2%, bei *Bayer* 56,2%, bei *Knoll* 35,7%, bei *Merck* 31,3% und bei *Hoechst* 24,6% des gesamten Arzneimittelumsatzes auf den Krankenhausbereich; bei *Ciba-Geigy* waren es demgegenüber nur 9,6%, bei *Sandoz* 7,8% und bei *Pfizer* 5,7%.[35] Der entscheidende Grund für den unterschiedlichen Stellenwert des Krankenhausbereichs für einzelne Unternehmen liegt in der Art der hergestellten Arzneimittel. So stellen *Fresenius* und *Braun* vorwiegend Fusionslösungen, die *Behring-Werke* darüber hinaus auch noch Impfstoffe her, die in aller Regel nur im Krankenhaus verabreicht werden können. Wird nun auf die Bedeutung der verschiedenen Indikationsgruppen für die einzelnen Unternehmen abgestellt, so zeigt sich, daß die großen pharmazeutischen Hersteller zwar eine sehr breitgefächerte Produktpalette unterschiedlicher Indikationsbereiche haben, aber mehr als die Hälfte des Umsatzes oft auf drei bis vier Indikationsgruppen entfällt, manchmal sind es nur zwei (beispielsweise tätigte *Hoffmann-La Roche* 1977 etwa die Hälfte des gesamten Arzneimittelumsatzes in der Bundesrepublik in den beiden Indikationsgruppen Psychopharmaka und Antibiotika). Eine solche Spezialisierung stellt für die betref-

---

[34] Vgl. arznei-telegramm, 10/1981.
[35] Vgl. *Boehringer* (Mannheim), Informationen über den Pharmamarkt (BRD) 1974, Mannheim 1975 (unveröffentlichte Studie).

fenden Unternehmen eine hohe Abhängigkeit von der Marktentwicklung einzelner Produkte dar.

Differenziert man weiter, indem man den Anteil eines einzigen Präparates am Gesamtumsatz eines Unternehmens betrachtet, so wird deutlich, in welch hohem Maße die Existenz eines Unternehmens von einigen wenigen Präparaten abhängt. In der Regel wurde bei den zehn größten pharmazeutischen Herstellern etwa ein Drittel des jeweiligen Arzneimittelumsatzes von zwei Produkten erbracht. So entfielen beispielsweise bei *Hoechst* im Juli 1976 bis Juni 1977 etwa 30% des Arzneimittelumsatzes der Muttergesellschaft auf die Präparate „Euglucon 5" und „Insulin Hoechst".

Dies bekommt zusätzliches Gewicht, wenn berücksichtigt wird, daß *Hoechst* damals etwa 180 verschiedene Fertigarzneimittel (einschließlich der verschiedenen Darreichungsformen) im Sortiment hatte.[36] Bei *Thomae*, das zu *Boehringer* (Ingelheim) gehört, wurden während des gleichen Zeitraums etwa 40% des Arzneimittelumsatzes von den Präparaten „Adumbran" und „Persumbran" erbracht. Es kann davon ausgegangen werden, daß mit abnehmender Unternehmensgröße der Anteil eines einzigen Präparates am Gesamtumsatz noch gewichtiger sein wird.[37] So dürften beispielsweise bei dem Unternehmen *Dr. Much (American Home Products)* mehr als 50% des Umsatzes vom Verkauf des Präparates „Spalt" stammen. Eine ähnliche Situation liegt vermutlich bei der Firma *Zyma* mit „Venoruton" vor.

3.1.7. Forschende und nichtforschende Unternehmen

Im Zusammenhang mit der Diskussion des KVKG und des KVEG gewinnt – vor allem hinsichtlich des Arzneimittelhöchstbetrages sowie der Transparenzlisten – die Unterscheidung in forschende und nichtforschende Unternehmen in der pharmazeutischen Industrie an Bedeutung.[38] Forschende Unternehmen setzen den Aktionsparameter Forschung und Entwicklung (FE) ein, um neues pharmakologisches Wissen zu entdecken und marktlich zu verwerten. Zur Beurteilung des Einsatzes dieses Parameters müssen jedoch auch die marktprozessualen Gegebenheiten berücksichtigt werden, worauf später noch intensiv eingegangen wird (vgl. Abschnitt 4.5).

Ein Ergebnis des Forschungs- und Entwicklungsprozesses ist ein neues Arzneimittel, das aus einer **Hardware** – dem eigentlichen Arzneimittel – und einer **Software** – den Informationen über das betreffende Arzneimittel vor allem hinsichtlich der therapeutischen Wirkungen – besteht. Aufgrund der Arzneimittelsicherheit muß der Innovator nach der Einführung eines Arzneimittels eine begleitende Produktforschung, z. B. in Form von Monitoring, betreiben. Nachahmer wie beispielsweise *Ratiopharm, Sanorania* und *Siegfried* können das Produkt relativ leicht imitieren und beschränken sich lediglich auf die Produktion der Hardware. Da die Nachahmer in aller Re-

---

[36] Vgl. *BPI* (Hrsg.), Rote Liste 77/78, Aulendorf 1977.
[37] Das pharmazeutische Unternehmen *Dr. Winzer* ist beispielsweise nahezu ausschließlich auf dem Gebiet Ophthalnika tätig.
[38] Vgl. *Hoppmann, E.*, Preisbildung und Preiswettbewerb bei Arzneimittelspezialitäten, in: *Röper, B.* (Hrsg.), Wettbewerb in der pharmazeutischen Industrie, Schriften des Vereins für Socialpolitik, NF 107, Berlin 1980, S. 38 ff.

gel über keine umfassenden Kenntnisse hinsichtlich Wirkungen und Nebenwirkungen eines von ihnen imitierten Präparates verfügen, müssen sich die behandelnden Ärzte beim Auftreten unerwarteter Nebenwirkungen bei der Behandlung eines Patienten mit einem Nachahmerprodukt an das jeweilige forschende innovative Unternehmen wenden.[39] Dies zeigt sehr nachdrücklich, daß zwar eine Identität zwischen Innovations- und Nachahmerprodukt bezüglich der Hardware bestehen kann, jedoch unterscheiden sie sich grundlegend bezüglich der Software. Insgesamt handelt es sich somit um heterogene Produkte, was entsprechende Konsequenzen für die Kosten und auch für die Preise hat.[40] Von innovativen Unternehmen wird das Argument vorgebracht,[41] die Arzneimittelpreise forschender innovativer Unternehmen müßten wegen der hohen FE-Kosten und der Nichtzuordnungsbarkeit dieser Kosten auf einzelne Produkte (Mischkalkulation) immer über denjenigen der Imitationsprodukte nichtforschender Unternehmen liegen. Begründet wird dies damit, daß auf diese Weise zum einen die FE-Ausgaben hereinzuholen und zum anderen die finanziellen Voraussetzungen für künftige FE-Aktivitäten zu schaffen sind.[42] Solange auf beiden Marktseiten wettbewerbliches Verhalten vorliegt, ist gegen eine solche Argumentation nichts einzuwenden. Problematisch wird sie allerdings dann, wenn der Preis keine bzw. nur eine sehr untergeordnete Rolle spielt, wie dies für die Arzneimittelnachfrage der krankenversicherten Patienten der Fall ist. Dann nämlich kann dieses Argument leicht zur Begründung „überhöhter" Preise mißbraucht werden. Die Argumentation innovativer Unternehmen kommt allerdings voll zum Tragen, wenn der Arzt aufgrund einer gesetzlichen Vorschrift gezwungen wird, billigere Nachahmerpräparate zu verordnen, d.h. in seiner Therapiefreiheit eingeschränkt wird. In einer solchen Situation werden dann teurere innovative Medikamente gegenüber billigeren imitativen diskriminiert.

Solange für den Arzt jedoch Therapiefreiheit besteht, was bisher in der Bundesrepublik noch der Fall ist, und zugleich ein preisbewußtes Verhalten auf der Nachfrageseite des Arzneimittelmarktes mit marktadäquaten Maßnahmen (z.B. Selbstbehalt) hergestellt wird, verliert diese Argumentation der forschenden Unternehmen an Bedeutung, denn es ist kein Spezifikum der pharmazeutischen Industrie, sondern es gilt generell, daß der Investor (Innovator) immer das Risiko trägt, ob er seine Investitionen (Innovation) vom Markt honoriert bekommt. Bei Arzneimitteln spielt allerdings eine weitere Besonderheit herein, weil neben der Hardware noch Software angeboten sowie nachgefragt wird, aber nicht separat gehandelt wird. Um zu verhindern, daß die Nachahmer an der begleitenden Forschungsarbeit innovativer Unternehmer

---

[39] In diesem Zusammenhang schildert *Nord* den Fall, daß bei der Behandlung mit dem Generikum „Trimethoprim" unerwartete Nebenwirkungen auftraten. Der behandelnde Arzt wurde von dem Imitator an den Innovator verwiesen. Vgl. *Nord, D.,* Steuerung im Gesundheitswesen, a.a.O., S.94.
[40] Vgl. auch *Grebmer, K. von,* Wettbewerb in einem sich strukturell wandelnden pharmazeutischen Markt. Einige gesundheitsökonomische Überlegungen, in: Pharmazeutische Industrie, 44.Jg. (1982), S.1024ff.
[41] Vgl. *Hoppmann, E.,* Preisbildung und Preiswettbewerb bei Arzneimittelspezialitäten, in: *Röper, B.* (Hrsg.), Wettbewerb in der pharmazeutischen Industrie, a.a.O., S.38ff.
[42] Vgl. *Grebmer, K. von,* Kostenpreise – Marktpreise – Europapreise, in: Pharmazeutische Industrie, 40.Jg. (1978), S.698ff.

unentgeltlich partizipieren, wäre ein eigener Markt für Software zu schaffen. Die Nachfrager müßten dann neben der Hardware noch die Software erwerben.

3.1.8. Marktzutrittsschranken

Eine sehr wesentliche Komponente der Marktstruktur sind die Marktzutrittsschranken einer Branche. Von der Höhe der Marktzutrittsschranken hängt letztlich der Umfang der potentiellen Konkurrenz ab. *Bain* unterscheidet drei Arten von Marktzutrittsschranken, nämlich **Skaleneffekte, absolute Kostenvorteile** und **Produktdifferenzierung**.[43] Darüber hinaus können **staatliche** und **standespolitische Regelungen** – vor allem z.B. in Form von Patenten und Zulassungsvoraussetzungen – sehr entscheidende Marktzutrittsschranken darstellen.

Skaleneffekte der Produktion sind in der pharmazeutischen Industrie als Marktzutrittsschranken unbedeutend.[44] Auch absolute Kostenvorteile sind in dieser Hinsicht nicht relevant, da insbesondere wegen des Sachleistungsprinzips auf der Nachfrageseite das Preisbewußtsein fehlt und somit Preis und Kosten eine völlig untergeordnete Rolle spielen. Dagegen stellen neben dem Patentschutz und der Produktdifferenzierung (Warenzeichenschutz) die staatlichen Zulassungsvoraussetzungen, Produktionsanforderungen sowie die Arzneimittelkontrollen sehr wesentliche Marktzutrittsschranken für potentielle Konkurrenten dar.

Nach der Harmonisierung des Patentrechts innerhalb der EG gilt seit 1.1. 1978 in der Bundesrepublik ein **Patentschutz** von zwanzig Jahren (vorher betrug die Laufzeit des Patentschutzes 18 Jahre). Bei Pharmazeutika sind der Wirkstoff, das Herstellungsverfahren sowie das fertige Arzneimittel patentierbar. Mit Hilfe des Patentschutzes gelingt es den Unternehmen, ihre Teilmärkte gegenüber potentiellen Konkurrenten wirkungsvoll abzuschotten, weil aufgrund der hohen FE-Kosten – nach Angaben des *BPI* betragen gegenwärtig die Kosten für die Entdeckung und Entwicklung eines neuen Wirkstoffes oft bis zu 100 Mio. DM[45] – in aller Regel ein Markteintritt für Konkurrenten nur über Lizenzen möglich ist. Nun werden jedoch Lizenzen in der pharmazeutischen Industrie seit Mitte der 60er Jahre nur noch im Rahmen von Gegenlizenzen gewährt,[46] wodurch die Markteintrittsschranken für potentielle Konkurrenten, insbesondere für kleinere und mittlere Unternehmen, weiter erhöht werden;[47] in der Regel verfügen nur große Unternehmen über Patente, die sich für einen Lizenzaustausch eignen. Newcomer sind daher eher darauf verwiesen, über eine Nach-

---

[43] Vgl. *Bain, J.S.*, Barriers to Entry. Their Character and Consequences in Manufacturing Industries, Cambridge (Mass.) 1962, S.15ff.; vgl. auch *Weizsäcker, C.C. von*, Barriers to Entry. A Theoretical Treatment, Berlin, Heidelberg, New York 1980.
[44] Vgl. *Kaufer, E.*, Die Ökonomik der pharmazeutischen Industrie, a.a.O., S.41; *de Jong, H.W.*, Power, Profits, and Wastage. An Economic Analysis of the European Pharmaceutical Industry, in: *Neumark, F., Thalheim, K.C., Hölzler, H.* (Hrsg.), Wettbewerb, Konzentration und wirtschaftliche Macht, Festschrift für Helmut Arndt zum 65. Geburtstag, Berlin 1976, S.169.
[45] Vgl. *BPI* (Hrsg.), Pharma Daten 82, a.a.O., S.14.
[46] Vgl. ausführlich hierzu *Möbius, K.* et al., Die Pharmazeutische Industrie in der Bundesrepublik Deutschland, a.a.O., S.29f.
[47] 89% aller von 1964 bis 1978 in der Bundesrepublik von Arzneimittelunternehmen angemeldeten Patente entfielen auf Unternehmen mit einem Jahresumsatz von über 150 Mio. DM. Vgl. *BPI* (Hrsg.), Pharma Daten 82, a.a.O., S.19.

ahmung in den Markt einzusteigen. Das Nachahmen des patentgeschützten Präparates („Herumerfinden") kann allerdings wiederum nur von solchen Unternehmen betrieben werden, die schon längere Zeit auf diesem Gebiet forschend tätig sind und die außerdem über die finanziellen Ressourcen für die damit verbundenen FE-Kosten verfügen. Da der Patentschutz gerade in der pharmazeutischen Industrie eine sehr große wettbewerbsbeschränkende Wirkung hat, stellt sich in diesem Zusammenhang die Frage, ob aus wettbewerbspolitischen Gründen der Patentschutz nicht völlig abgeschafft[48] oder doch zumindest mit Hilfe der Einführung von Zwangslizenzen abgeschwächt werden sollte. Es kann nicht als empirisch gesichert angesehen werden, daß Patentschutz eine notwendige Voraussetzung für intensives Forschen und Entwickeln sowie innovatives Verhalten der Unternehmer ist. Selbst ohne Patentschutz bleibt für ein Unternehmen weiterhin der Anreiz bestehen, als Innovator der erste auf dem Markt zu sein und sich damit einen Wettbewerbsvorsprung gegenüber den Konkurrenten zu verschaffen, der auch der marktprozessualen Erosion in aller Regel lange standhält.[49] Oft werden sogar die betreffenden Marktsegmente und damit die Produkte auf diesem Markt mit dem Namen des Innovationsproduktes identifiziert (vgl. z.B. *Uhu, Tempo, Knirps, Camelia, Xerox, Valium*). Der **Warenzeichenschutz** spielt insbesondere bei Arzneimitteln eine sehr wesentliche Rolle und sollte bestehen bleiben. Meist sind es große, etablierte Hersteller, die im Krankenhausbereich schon während der Ausbildungszeit eines Mediziners gezielt ihre Markenpräparate mit der Absicht einsetzen, bereits in dieser frühen Phase die Verschreibungsgewohnheiten eines Arztes dauerhaft zu ihren Gunsten zu beeinflussen. Die so geschaffene Markenloyalität gegenüber Produkten dieser Unternehmen wird dann durch gezielten Einsatz von Pharmareferenten erhalten und ausgebaut.[50] Eine solche Markenloyalität wird durch die Typenvielfalt aufgrund des intensiven Einsatzes des Parameters Produkt verstärkt. Aufgrund der Vielzahl von Produkten, die sich oft nicht oder nur geringfügig voneinander unterscheiden, und der daraus resultierenden hohen Intransparenz auf dem Arzneimittelmarkt werden Produkte kleinerer und mittlerer Unternehmen von den Ärzten nicht wahrgenommen. Oft bleiben die Ärzte auch dann bei ihren bisherigen Markenpräparaten, selbst wenn ihnen andere Präparate (z. B. billigere Generika) bekannt sind, weil sie zum einen mit den bisherigen Präparaten gute Erfahrungen gemacht haben und dem Image sowie der Erfahrung großer Hersteller, insbesondere hinsichtlich Qualität und Sicherheit, vertrauen, und weil für sie zum anderen ein Anreiz fehlt, auf ein anderes – unter Umständen billigeres – Präparat umzusteigen. Die Auswirkungen dieses markenloyalen Verhaltens werden

---

[48] Hierbei ist nicht an eine nationale, sondern an eine internationale Aufhebung des Patentschutzes gedacht, um auf diese Weise Diskriminierungen und sich evtl. daraus ergebende Umlenkungsprozesse zu verhindern.
[49] Empirisch wurde dies von *Bond* und *Lean* nachgewiesen; vgl. *Bond, R.S./Lean, D.F.*, Sales, Promotion, and Product Differentiation in the Prescription Drug Market. Staff Report to the Federal Trade Commission, Washington, D.C. 1977.
Vgl. auch *Schmalensee, R.*, Product Differentiation Advantages of Pioneering Brands, in: American Economic Review, Vol. 72 (1982), S. 349ff.
[50] Im Gegensatz zur Zigarettenindustrie, bei der sich die Werbung ausschließlich auf die Marke konzentriert (vgl. den Beitrag von *Brendel* über die Zigarettenindustrie in diesem Buch), steht im Arzneimittelbereich das Unternehmen im Vordergrund der Werbe- und Informationsaktivitäten. Auf diese Weise wird ein Unternehmensimage geschaffen, das sich dann auf die einzelnen Produkte des Unternehmens überträgt.

durch das Aut-Simile-Verbot (Substitutionsverbot) verschärft. Dadurch werden die Marktzutrittsschranken des Arzneimittelbereichs für potentielle Konkurrenten wesentlich erhöht. Durch den Markenschutz genießt ein Produkt auch nach Ablauf des Patentschutzes einen sehr wesentlichen Schutz gegenüber potentiellen Konkurrenten.[51]

Bei der Betrachtung der **staatlichen Zulassungs- und Produktionsvoraussetzungen** muß in Innovations- und in Imitations-Arzneimittel unterschieden werden. Ab 1.1. 1978 wurden insbesondere die Zulassungsvoraussetzungen hinsichtlich Wirksamkeit und Sicherheit (Qualität und Unbedenklichkeit) für **neue** Arzneimittel verschärft; damit wurden die Marktzutrittsschranken für Innovationen erhöht, wodurch innovative Arzneimittelhersteller betroffen sind. Zugleich wurden jedoch durch die Schaffung der Möglichkeit von **Standardzulassungen** (§ 36 AMG) die staatlichen Marktzutrittsschranken für Nachahmerprodukte wesentlich gesenkt. Auf diese Weise kommt es zu einer Diskriminierung innovativer Unternehmen gegenüber imitativen.

Insgesamt läßt sich festhalten, daß zwar die produktionstechnischen Marktzutrittsschranken relativ niedrig sind, aber die staatlichen Zulassungs- und Produktionsanforderungen, die Arzneimittelkontrolle, der Patentschutz in Verbindung mit dem Markenschutz und die Produktdifferenzierung nahezu unüberwindbare Marktzutrittsschranken für potentielle Newcomer darstellen. Insbesondere sind hiervon kleinere und mittlere innovative Unternehmen betroffen.

3.2. Vertriebsstruktur

Eine weitere wichtige Komponente der Marktstruktur stellt die Vertriebsstruktur dar. *Übersicht 3* zeigt, daß 1981 fast drei Viertel der gesamten Arzneimittel über den Großhandel vertrieben wurden. 8% wurden von den Herstellern direkt an die öffentlichen Apotheken geliefert, 20% gingen über die Krankenhausapotheken direkt an den Patienten. Somit nimmt der Großhandel eine zentrale Position im Vertriebssystem der Arzneimittel ein.[52] Auf der Apothekenstufe wird deutlich, was bereits erwähnt wurde, welche zentrale Rolle dem Arzt bei der Arzneimittelnachfrage zufällt: fast 80% des Arzneimittelumsatzes über öffentliche Apotheken beruhen auf einer ärztlichen Verordnung.

3.3. Nachfrage

Die Nachfrage ist eine sehr wichtige Komponente der Marktstruktur, deshalb wird im folgenden etwas ausführlicher darauf eingegangen. 1981 werden ca. 80% des Arzneimittelumsatzes (ca. 13 Mrd. DM) über öffentliche Apotheken aufgrund einer ärztlichen Verordnung nachgefragt. Dieser Sachverhalt zeigt, welch hoher Stellenwert den Ärzten bei der Arzneimittelnachfrage zufällt. Ärzte sind deshalb von ganz beson-

---

[51] Vgl. *Greif, S.,* Die zeitliche Begrenzung des Patentmonopols und ihre Umgehung (unter besonderer Berücksichtigung der EG und des geplanten europäischen Patentrechts), in: Wirtschaft und Wettbewerb, Jg. 24 (1974), S. 303 ff.

[52] Ein ausführliches Gutachten zum pharmazeutischen Großhandel wurde von *Beske* und *Pehlke* angefertigt. Vgl. *Beske, F./Pehlke, H.,* Stellung des pharmazeutischen Großhandels in den 80er Jahren, Kiel 1980.

7. Pharmazeutische Industrie

Übersicht 3: Vertriebsstruktur der pharmazeutischen Produkte in der Bundesrepublik Deutschland Ende 1981

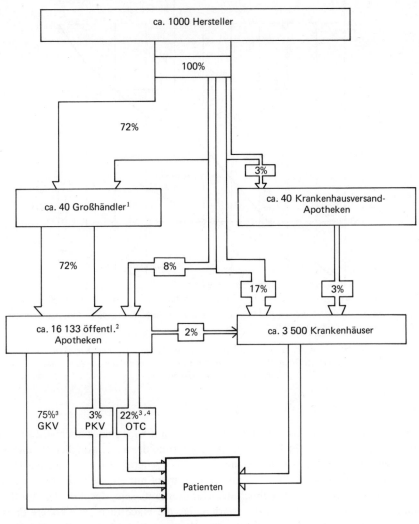

[1] Vgl. o. V., Die Großen im Pharmagroßhandel, in: Frankfurter Allgemeine Zeitung vom 21.8.80.
[2] vgl. *ABDA*-Bericht 1981/82, Frankfurt/Main o. J. (1982), S. 51.
[3] vgl. *Rahner, E.*, Umfang der Selbstmedikation in der BR Deutschland, in: Pharmazeutische Industrie, 42. Jg. (1980), S. 1233 ff..
[4] Selbstmedikation: 19,2%; nichterstattungsfähige rezeptpflichtige Arzneimittel: 2,1%.

Quellen: *Prognos AG,* Internationale Markt- und Preisvergleiche im Pharmabereich, Teil II: Vergleich der Markt- und Wettbewerbsverhältnisse bei pharmazeutischen Produkten zwischen der Schweiz, der Bundesrepublik Deutschland, Frankreich, Großbritannien und Italien, Basel 1976, S. 115. Eigene Recherchen

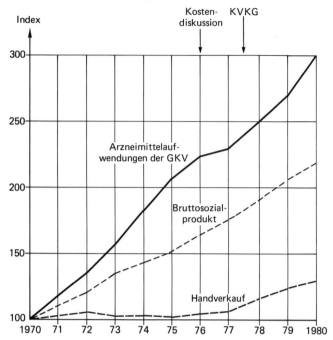

Quelle: Cranz, H. / Czech-Steinborn, S. / Frey, H. / Reese, K.-H., Selbstmedikation – Eine Standortbestimmung, Kiel 1982, S. 97. Vgl. auch Anhang Tabelle A 2.

Abbildung 6: Entwicklung der Arzneimittelaufwendungen der gesetzlichen Krankenversicherung, des Handverkaufs von Arzneimitteln und des Bruttosozialproduktes in der Bundesrepublik Deutschland von 1970 bis 1980

derem Interesse für die Arzneimittelhersteller; hierauf wird später noch ausführlich eingegangen (vgl. Abschnitt 4.4). Da der Arzt aufgrund der institutionellen Besonderheiten bei der Verordnung eines Arzneimittels weitgehend kein Interesse am Preis hat, spielt dieser Parameter auf diesem Marktsegment nur eine sehr untergeordnete Rolle. Anders dürfte dies im Bereich des Handverkaufs sein, der 20% des Apothekenumsatzes ausmacht. Hier ist zu erwarten, daß die Nachfrager eine höhere Preisempfindlichkeit aufweisen als bei Arzneimitteln, die von der Krankenkasse erstattet werden. Betrachtet man die Entwicklung der Arzneimittelnachfrage von 1970 bis 1980, so zeigt sich, daß der Handverkauf gegenüber der Nachfrage im Rahmen der GKV unterdurchschnittlich zunahm (vgl. *Abbildung 6*). Wertmäßig stieg das Volumen des Handverkaufs während dieser Zeitspanne um 29%, während die Ausgaben der GKV für Arzneimittel im gleichen Zeitraum um 197% wuchsen. Das Bruttosozialprodukt erhöhte sich im gleichen Zeitraum um 120%. Eine wesentliche Ursache für diese unterschiedliche Entwicklung liegt darin begründet, daß es aufgrund des ständig umfassenderen Leistungskataloges der GKV den Versicherten möglich wurde, Arzneimittel, die sie früher selbst bezahlt hatten, zunehmend zu Lasten der GKV zu beschaffen, d.h. es fand ein Substitutionsprozeß der Selbstmedikation durch die GKV statt.

Tabelle 4: Gesamtumsatz und Umfang des Handverkaufs über öffentliche Apotheken in ausgewählten Indikationsbereichen bzw. Präparategruppen 1980 in der Bundesrepublik Deutschland (Umsatz einschließlich MWSt in Mio. DM)

Indikationsbereiche bzw. Präparategruppen	Umsatz insgesamt (Handverkauf + Verschreibungen) (in Mio. DM)	Umsatz (in Mio. DM)	Anteil des Handverkaufs am Gesamtumsatz der jeweiligen Indikationsbereiche (in v. H.)	Anteil am gesamten Handverkauf (in v. H.)
Tonika	225	207	92	7,4
Analgetika, rezeptfrei	431	345	80	12,3
Laxantia	311	190	61	6,8
Vitamine	527	295	56	10,5
Antacida	332	113	34	4,0
Hautmittel	840	269	32	9,6
Schlaf- und Beruhigungsmittel	533	160	30	5,7
Husten- und Erkältungsmittel	1334	387	29	13,8
Rheumamittel	444	111	25	4,0
Herz- und Kreislaufmittel	–	308	–	11,0
Sonstige	(12613)	416	–	14,9
insgesamt	17590	2801	–	100,0

Quelle: Eigene Aufbereitung aufgrund des Materials in: *Cranz, H. / Czech-Steinborn, S. / Frey, H. / Reese, K.-H.*, Selbstmedikation – Eine Standortbestimmung, Kiel 1982, S. 79, 82 und 142.

1980 entfallen nahezu 14% der Selbstmedikation auf Husten- und Erkältungsmittel; mit 12,3% liegen rezeptfreie Analgetika an zweiter sowie Herz- und Kreislaufmittel mit 11% an dritter Stelle (vgl. *Tabelle 4*). Für die ökonomische Beurteilung des Einsatzes der verschiedenen unternehmerischen Aktionsparameter (vgl. 4. Kapitel) ist der Anteil des Handverkaufs in den einzelnen Indikationsbereichen von Interesse. *Tabelle 4* zeigt, daß 1980 der Anteil dieses Handverkaufs am Gesamtumsatz bei Tonika 92%, bei rezeptfreien Analgetika 80% und bei Laxantia 61% beträgt.

In Zukunft könnte für Arzneimittelhersteller der Handverkauf an Bedeutung gewinnen, wenn die staatlichen Reglementierungen hinsichtlich der erstattungsfähigen Arzneimittel weiter zunehmen (Bagatellarzneimittel).

4. Interdependenz der Aktionsparameter: Marktprozeß, Verhaltensweise und Marktergebnisse

4.1. Theoretische Grundlagen

Im Marktprozeß finden im Einsatz der Aktionsparameter die Verhaltensweisen der Unternehmer ihren Niederschlag. Mit fortschreitender Marktentwicklung werden in aller Regel aufgrund der zunehmenden Identifikation der **Aktions-Reaktions-Verbun-**

denheit zunächst wettbewerblich eingesetzte Parameter sukzessive eingefroren, weil die einzelnen Akteure erkannt haben, daß die mit dem Einsatz dieser Parameter beabsichtigte Wirkung, nämlich zusätzlich Nachfrage zu gewinnen, durch entsprechende gleichgerichtete Reaktionen der Konkurrenten neutralisiert wird. Der wettbewerbliche Einsatz unternehmerischer Aktionsparameter kann nun nicht nur aufgrund des Erfahrungsprozesses der einzelnen Akteure im Laufe der Marktentwicklung, sondern auch schon von vornherein durch die rechtlich-institutionellen Rahmenbedingungen unterbunden werden. In beiden Fällen werden die Akteure wegen der **zirkularen Interdependenz** – soweit dies möglich ist – auf andere Aktionsparameter ausweichen, indem sie diese wettbewerblich einsetzen, um durch einen zeitlichen Vorsprung gegenüber ihren Konkurrenten zusätzliche Nachfrage auf sich zu ziehen. Scheidet beispielsweise der Preis als Parameter wettbewerblichen Verhaltens aus, so wird aufgrund dieser Interdependenz der Aktionsparameter der Einsatz anderer unternehmerischer Parameter wie Werbung, Produktdifferenzierung, Qualität, Service, Konditionen sowie Forschung und Entwicklung nachhaltig beeinflußt. In aller Regel kommt es zunächst zu einem übermäßigen Einsatz dieser Parameter. Dieser übertriebene Einsatz hat primär das Ziel, Konkurrenten Nachfrage abzujagen. Somit offenbart sich im Einsatz dieser Parameter wettbewerbliches Verhalten. Auf diese Weise findet eine **Spaltung der Aktionsparameter** hinsichtlich der ihrem Einsatz zugrunde liegenden Verhaltensweise statt.[53] Mit zunehmendem **Erfahrungsprozeß** kann aber auch bei diesen – zunächst wettbewerblich eingesetzten – Parametern eine Identifikation der Aktions-Reaktions-Verbundenheit gelingen. Die Konsequenz hiervon ist dann, daß der wettbewerbliche Einsatz dieser Parameter sukzessive eingefroren wird, weil die einzelnen Akteure registrieren, daß die Wirkungen dieser Parameter durch die entsprechenden Reaktionen der Konkurrenten neutralisiert werden.[54] Im folgenden gilt es nun, die Interdependenz von Marktprozeß, Verhaltensweise und Marktergebnissen in der pharmazeutischen Industrie aufzuzeigen, indem vor allem die unternehmerischen Aktionsparameter und deren Einsatz analysiert werden.

4.2. Preis

Bei der Analyse des Parameters Preis sind die beiden Marktsegmente öffentliche Apotheken und Krankenhausapotheken zu unterscheiden. Im Bereich der **Krankenhausapotheken** spielt der Preis eine wichtige Rolle, weil Krankenhausapotheker eine große Markttransparenz besitzen und somit weit weniger durch Werbeaktionen der pharmazeutischen Hersteller beeinflußbar sind als freipraktizierende Ärzte. Der Preis ist für sie ein sehr wesentliches Kriterium beim Einkauf von Arzneimitteln. Da außerdem für Krankenhausapotheken kein Auseinzelungs-Verbot besteht, können sie preisgünstige Großpackungen (Klinikpackungen) beziehen. Der Krankenhausbereich ist für Arzneimittelhersteller deshalb so wichtig, weil – wie bereits erwähnt – während der praktischen Ausbildung des Arztes im Krankenhaus entscheidend Ein-

---

[53] Vgl. *Oberender, P.*, Zur Diagnose wettbewerblicher und nichtwettbewerblicher Marktprozesse, in: Jahrbuch für Sozialwissenschaft, 27. Jg. (1976), S. 277 ff.
[54] Ausführlich hierzu vgl. *Heuß, E.*, Allgemeine Markttheorie, Tübingen, Zürich 1965.

fluß auf seine Verschreibungsgewohnheiten genommen werden kann. Hinzu kommt, daß bei der Entlassung eines Patienten der Krankenhausarzt den Hausarzt darüber informiert, welche Medikamente mit welchem Erfolg bei der stationären Behandlung angewandt wurden; dieser Aspekt ist vor allem bei der Einführung neuer Medikamente sehr wesentlich.[55] Damit wird die Relevanz des Krankenhausbereichs für die Arzneimittelhersteller deutlich. Eine Folge davon ist, daß ein intensiver Preiswettbewerb der Arzneimittelhersteller in diesem Bereich stattfindet. Dieser Wettbewerb wird noch verstärkt durch Importe billiger ausländischer Arzneimittel. Erkennbar wird dies auch daran, daß nicht nur die absoluten[56] Preise, sondern auch die relativen Preiserhöhungen für Arzneimittel in diesem Bereich immer beträchtlich unter denjenigen des öffentlichen Apotheken-Segments lagen (vgl. Anhang *Tabelle A 3*).

Demgegenüber fehlen auf dem Markt der **öffentlichen Apotheken** – soweit es sich um erstattungsfähige Arzneimittel handelt – aufgrund der bereits erwähnten Besonderheiten sowohl bei den Patienten als auch bei den Ärzten jegliche Anreize, sich kosten- und damit preisbewußt zu verhalten, d.h. die Arzneimittelnachfrage ist in diesem Bereich preisunempfindlich. Damit fehlt aber eine sehr wesentliche Voraussetzung für einen aktiven Preiswettbewerb der Arzneimittelhersteller. Warum sollten die Anbieter versuchen, über den wettbewerblichen Einsatz des Aktionsparameters Preis sich gegenseitig Konkurrenz zu machen, wenn dies von der Nachfrage nicht mit entsprechenden Reaktionen honoriert wird? Von einer Preisempfindlichkeit der Nachfrage, d.h. von einer Preiselastizität von ungleich Null, kann lediglich bei der Selbstmedikation ausgegangen werden, weil der Patient die Arzneimittelkosten selbst zu tragen hat; folglich sind nur in diesem Marktsegment von der Nachfrageseite her die Voraussetzungen für einen Preiswettbewerb gegeben. Da Selbstmedikation nur bei einigen Indikationsgruppen ins Gewicht fällt, gehen die Arzneimittelhersteller in aller Regel zu Recht von einer Preisunempfindlichkeit der Nachfrage aus und betreiben somit keinen aktiven Preiswettbewerb. Ein solcher Wettbewerb wird zudem durch die staatlich festgelegte Arzneitaxe, die einer Preisbindung der zweiten Hand entspricht, auf der Apothekenstufe verhindert.

Aufgrund dieses Sachverhalts ist es überraschend, daß das *BKartA* ein **Preismißbrauchsverfahren** gegen die Unternehmen *Merck* (Vitamin B12) und *Hoffmann-La Roche* (Valium) wegen überhöhter Preise durchführte[57] und dabei beanstandete, daß kein Preiswettbewerb stattfände. Ganz abgesehen von den juristischen[58] Schwierigkeiten des Nachweises der Marktbeherrschung und des Mißbrauchs[59] widerspricht

---

[55] Vgl. *Möbius, K.* et al., a.a.O., S. 46.
[56] *Möbius* berichtet davon, daß 100 Tabletten Markenprednisone in öffentlichen Apotheken zwischen 39,– DM und 45,80 DM kosteten, während für Krankenhäuser der Preis für 100 Tabletten dieser Marken bei 3,50 DM lag. Vgl. *Möbius, K.* et al., a.a.O., S. 45.
[57] Kritisch hierzu vgl. *Hoppmann, E.*, Die Abgrenzung des relevanten Marktes im Rahmen der Mißbrauchsaufsicht über marktbeherrschende Unternehmen. Dargestellt am Beispiel der Praxis des BKartA bei Arzneimitteln, Baden-Baden 1974.
[58] Ausführlich hierzu vgl. *Emmerich, V.*, Fälle zum Wahlfach Wettbewerbsrecht, 2. Auflage, München 1981, S. 110 ff.
[59] Wegen der Nichtvergleichbarkeit von Märkten ist es ausgeschlossen, eine objektive Referenzbasis für die Diagnose des Ausmaßes des Preismißbrauchs, wie es das *BKartA* und zum Teil die Gerichte getan haben, anzugeben. Auch das gegenwärtige Verfahren des *BKartA* gegen das Unternehmen *Hoechst* im Zusammenhang mit der Preisgestaltung beim Präparat „Euglu-

es jeglichem rationalen Verhalten, wenn Unternehmen auf dem Arzneimittelmarkt den Preis als Wettbewerbsparameter aktiv einsetzen, weil sich damit aufgrund der fehlenden Preisempfindlichkeit der Nachfrageseite keine Wettbewerbsvorteile gegenüber den Konkurrenten erzielen lassen. Somit verhalten sich die Arzneimittelhersteller rational, wenn sie den Parameter Preis wettbewerblich einfrieren. Die pharmazeutische Industrie wird hier folglich für etwas verantwortlich gemacht, nämlich für den fehlenden Preiswettbewerb, das nicht sie zu vertreten hat, sondern der Gesetzgeber, der durch die Schaffung der rechtlich-institutionellen Rahmenbedingungen auf der Nachfrageseite von vornherein einen solchen Wettbewerb ausschließt.

Einen anderen Sachverhalt, der in diesem Zusammenhang noch zu erwähnen ist, stellt die Importaktivität des bayerischen Arzneimittelgroßhändlers *Eurim-Pharm* dar. Dieses Unternehmen reimportiert Arzneimittel deutscher Hersteller aus dem europäischen Ausland und importiert Präparate deutscher Hersteller, die von Tochtergesellschaften oder Lizenzunternehmen im Ausland hergestellt werden, weil beträchtliche Preisdifferenzen zur Bundesrepublik bestehen. Es handelt sich hierbei um einen **Arbitragehandel,** der im Grunde wettbewerblich positiv zu beurteilen ist. Im vorliegenden Fall ist nun jedoch problematisch, daß dieses Preisgefälle zwischen der Bundesrepublik und den Herkunftsländern der Importe (vor allem Frankreich, Italien und Spanien) aufgrund **staatlicher Preisinterventionen** (Preisdirigismus) geschaffen wird. Ursächlich für die vorhandene Arbitrage ist somit nicht der Marktprozeß, sondern es sind staatliche konstruktivistische Eingriffe. Sie sind primär Folge der noch nicht erreichten Harmonisierung der europäischen Wirtschafts- und Sozialordnung. Aufgrund dieses Sachverhalts erscheint auch der Arbitragehandel des Unternehmens *Eurim-Pharm* in einem anderen Lichte. Läßt man die Importe uneingeschränkt zu, so heißt dies, daß auch die Unternehmer auf dem deutschen Arzneimittelmarkt den staatlichen ausländischen Interventionen unterworfen werden. Die Situation wird besonders dann prekär, wenn die Krankenkassen von den Apothekern verlangen, jeweils die billigeren Import-Produkte abzugeben. Auf diese Weise kommt es zu einem Preisdiktat und somit zu einer Diskriminierung aller derjenigen Produkte, die teurer sind. Diese Importe stellen somit kein **adäquates** Mittel zur Realisierung von mehr Preiswettbewerb am Arzneimittelmarkt dar.

Die Voraussetzungen für den wettbewerblichen Einsatz des Parameters Preis verschlechterten sich auch durch die zunehmende Ausbreitung von Arzneitransparenzlisten (z. B. „Rote Liste", „Weiße Liste", „Gelbe Liste" und „Lauer-Taxe"). Das Ziel dieser Listen ist es zwar, die Markttransparenz der Marktgegenseite (Arzt und Patient) zu verbessern, aber simultan wird auch die Transparenz der Marktnebenseite (Arzneimittelhersteller) erhöht. Jeder Anbieter ist in der Lage, sich relativ schnell ein sehr genaues Bild hinsichtlich seiner Konkurrenzprodukte (unmittelbarer Preisvergleich und ein Vergleich hinsichtlich Zusammensetzung, Packungsgröße, etc.) zu ma-

---

con 5" ist ökonomisch nicht haltbar. Es gibt wegen der Einmaligkeit der marktprozessualen Gegebenheiten keine objektive Referenzbasis, um einen **überhöhten** Preis nachzuweisen. Entscheidend ist letztlich, die Rahmenbedingungen so zu schaffen, daß Wettbewerbsprozesse ungestört ablaufen können. Es ist eine falsche Wettbewerbspolitik, die immer wieder aus politischen Gründen versucht, mit konstruktivistischen Maßnahmen in den Ablauf von Marktprozessen einzugreifen.

chen. Somit wirken sich solche Listen hemmend auf den wettbewerblichen Einsatz des dadurch identifizierten Parameters aus.

Die einzelnen Hersteller setzen ihre Preise weitgehend wie Monopolisten fest, was nun nicht heißt, daß sie einen willkürlichen Preis wählen können,[60] vielmehr müssen sie sich wie jeder Monopolist am Prohibitivpreis der Nachfrage orientieren, dessen jeweilige Höhe u. a. abhängt von dem verfügbaren Einkommen, der Art der Erkrankung, dem Grad der Substituierbarkeit und der Art sowie dem Umfang der Krankenversicherung. An dieser Situation hat sich auch durch den Nachahmerwettbewerb nichts Grundlegendes geändert. 1980 entfielen ca. 2% (gegenüber 1,5% im Jahre 1977) des gesamten Arzneimittelumsatzes über öffentliche Apotheken auf **Nachahmerprodukte,** wovon drei Viertel Generika und ein Viertel Warenzeichenpräparate waren. Drei Unternehmen, nämlich *Ratiopharm* (Tochterunternehmen des Arzneimittelherstellers *Merckle*), *Sanorania* und *Siegfried,* vereinigten 1977 ca. drei Viertel des gesamten Umsatzes dieser Nachahmerprodukte auf sich. Wird in einzelne Indikationsgruppen untergliedert, so zeigt sich, daß der **Imitationswettbewerb** insbesondere in den rezeptpflichtigen Bereichen „Gichtmittel" und „orale Trimethoprim Sulfonamid-Kombinationen" eine wesentliche Rolle spielt. In beiden Fällen hatten bereits 1977 Nachahmerprodukte einen umsatzmäßigen Anteil von ca. einem Viertel, mengenmäßig (Packungen) betrug dieser Anteil bereits 54%. Im ersten Halbjahr 1980 entfielen in der Indikationsgruppe „orale Trimethoprim Sulfonamid-Kombinationen" nahezu 60% des Umsatzes auf Nachahmerprodukte (vor allem auf Präparate der Firmen *Ratiopharm, Sanorania* und *Siegfried*). Das ursprüngliche Innovationsprodukt „Bactrim" *(Hoffmann-La Roche)* hatte dagegen im Vergleich zum entsprechenden Vorjahreszeitraum einen Umsatzrückgang von 25% zu verzeichnen. Ein entscheidender Grund für die große Zahl der Nachahmer sowie das Vordringen der Imitationsprodukte ist neben der relativ problemlosen therapeutischen Handhabung der Präparate dieses Indikationsbereichs in den – mit Ausnahme von „Omsat" – wesentlich niedrigeren Preisen der Imitationsprodukte zu suchen (vgl. *Abbildung 7*). Bei den Nachahmerprodukten fand unmittelbar nach deren Markteintritt 1976/77 ein sehr lebhafter Preiswettbewerb statt. Die Preise blieben dann allerdings bis Anfang 1980 nahezu konstant, nur bei einem Produkt („Microtrim") wurde er dann erhöht (vgl. *Abbildung 7*). Auffallend ist hierbei, daß die Produkte von Markenartiklern ein wesentlich höheres Preisniveau aufwiesen als die nachahmender Unternehmen. Dies änderte sich jedoch, als die Markenartikler *Klinge* und *Nattermann* im Herbst 1982 gemeinsam das Nachahmerpräparat „Co-Trim Puren" zu einem Preis von 16,90 DM (Packung mit 20 Tabletten) einführten, das damit fast 60% unter dem Preis der Innovationspräparate lag (vgl. Anhang *Übersicht A 2*).

Es soll noch das Marktsegment ausgewählter Tranquilizer unter dem Aspekt des Preiswettbewerbs näher betrachtet werden. Das Patent des Diazepams „Valium" *(Hoffmann-La Roche)* lief 1978 in der Bundesrepublik ab. Ende 1982 befanden sich sechs Nachahmer mit erheblich preisgünstigeren Präparaten auf dem Markt, so betrug beispielsweise der Preis der beiden billigsten Nachahmerpräparate „Diazepam"

---

[60] Vgl. hierzu den Diskussionsbeitrag von *Langmann, H.-J.,* in: *Röper, B.,* (Hrsg.), Wettbewerb in der pharmazeutischen Industrie, Schriften des Vereins für Socialpolitik, NF 107, Berlin 1980, S. 86 ff.

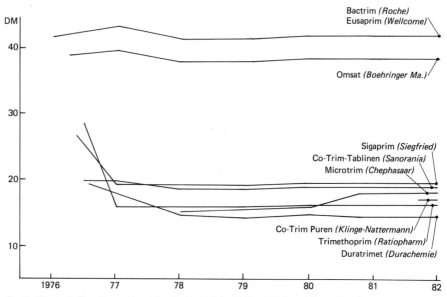

Abbildung 7: *Entwicklung der Apothekenverkaufspreise ausgewählter oraler Trimethoprim Sulfonamid-Kombinationen von 1976 bis 1982 in der Bundesrepublik Deutschland (50 Tabl. zu 80 mg Trimetoprim und 400 mg Sulfamethoxazol)*

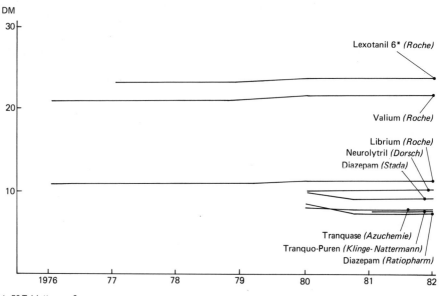

* 50 Tabletten zu 6 mg

Quelle: Eigene Aufbereitung anhand der „Roten Liste", „Weißen Liste" und „Lauer Taxe".

Abbildung 8: *Entwicklung der Apothekenverkaufspreise ausgewählter Diazepame sowie von Librium und Lexotanil von 1976 bis 1982 in der Bundesrepublik Deutschland (50 Tabl. zu 10 mg)*

(Ratiopharm) und „Tranquase" *(Azuchemie)* lediglich 30% des Preises für „Valium" (vgl. *Abbildung 8* und Anhang *Übersicht A 3*). Allerdings gelang es diesen Imitationspräparaten bisher nicht, einen nennenswerten Marktanteil zu erobern, obwohl *Hoffmann-La Roche* keine Preissenkungen vornahm. Ein entscheidender Grund hierfür lag darin, daß die Nachahmer noch nicht sehr lange im Markt waren, und es *Hoffmann-La Roche* im Februar 1977 – also vor Ablauf des Patentschutzes für „Valium" – gelang, mit „Lexotanil" ein Psychopharmakon neu einzuführen, das „Valium" nach Aussage des Herstellers überlegen ist und von den Ärzten auch sehr rasch verordnet wurde. So sank zwar der Absatz des Präparates „Valium" von 9,4 Mio. Packungen im Jahre 1976 auf 3,7 Mio. 1980/81, gleichzeitig aber wurden von „Lexotanil" 6,1 Mio. Packungen abgesetzt, so daß sich 1980/81 ein Absatzzuwachs in Höhe von 0,4 Mio. Packungen für *Hoffmann-La Roche* ergab.[61] Das Eindringen der Nachahmerprodukte könnte dadurch gebremst worden sein, daß sie sich beim Markteintritt preislich nicht nennenswert von „Librium", einem anderen Tranquilizer von *Hoffmann-La Roche,* unterschieden (vgl. *Abbildung 8*). Hinzu kam, daß *Hoffmann-La Roche* wegen seiner Pionierleistungen auf dem Gebiet der Psychopharmaka einen großen Goodwill-Vorsprung bei den Ärzten und bei den Patienten besitzt. Bei einigen Nachahmerprodukten fand zwar 1980 ein Preiswettbewerb statt, *Hoffmann-La Roche* beteiligt sich aber aufgrund seiner gesicherten Position nicht daran. Entscheidend hierfür dürfte das Verhalten der Ärzte gewesen sein, die zum einen noch kein Vertrauen zu den Nachahmerprodukten hatten (Markenloyalität) und zum anderen bisher noch keinen Grund haben, billigere Nachahmerprodukte zu verordnen.

In diesem Zusammenhang ist die Bandbreite der Preise von Nachahmerpräparaten bei ausgewählten patentfreien Substanzen interessant. Wird der Preis des Originalpräparats als Basis gewählt, so fällt auf, daß diese Bandbreite im Bereich „Trimethoprim Sulfonamide" mit 58%-Punkten am größten und bei „Diazepam" mit 9 Prozent-Punkten am kleinsten war (Stichtag 15.10. 1982) (vgl. *Abbildung 9*). Bemerkenswert ist, daß der Nachahmer *Ratiopharm* in drei Bereichen (Doxycyclin, Diazepam, Furosemid) mit seinen Präparaten jeweils den niedrigsten Preis aufwies (vgl. Anhang *Übersichten A2* bis *A6*). Trotz dieser zum Teil sehr beträchtlichen Preisdifferenzen zwischen den Original- und Nachahmerprodukten gelang es in den angeführten Indikationsbereichen keinem Nachahmerpräparat, in die Gruppe der 100 am meisten verordneten Präparate der GKV 1981 vorzustoßen. Dies kann als Indiz für den untergeordneten Stellenwert des Preises bei der Arzneimittelversorgung angesehen werden.

Wird der Preis als Parameter wettbewerblichen Verhaltens eingefroren, so wird versucht, diese Dysfunktionalität über den verstärkten Einsatz anderer Aktionsparameter zu kompensieren. Einer solchen Strategie liegt – wie bereits erwähnt – die Erwartung des einzelnen Akteurs zugrunde, auf diese Weise zusätzliche Nachfrage zu gewinnen. Nun sind jedoch für den Einsatz der Nichtpreisparameter finanzielle Mittel – Gewinne – erforderlich, deren Höhe entscheidend von der Wettbewerbssituation bestimmt wird. Bei einem fehlenden Preiswettbewerb können aufgrund der tendenziell hohen Preise auch hohe Gewinne erwartet werden.[62] Gewinne sind aber

---

[61] Vgl. arznei-telegramm, 9/1981, S.77.
[62] Es kann keine Antwort auf die Frage gegeben werden, in welchem Ausmaß der Preis zu hoch

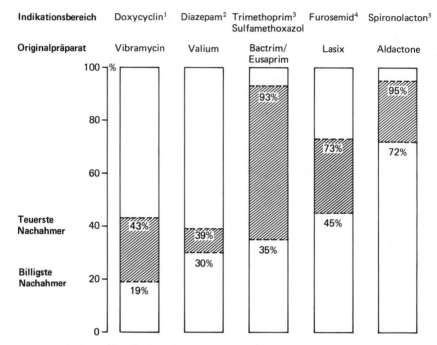

Abbildung 9: *Bandbreite der Preise von Nachahmerpräparaten bei ausgewählten patentfreien Substanzen; Preis des Originalpräparates = 100 % (ausgewählte Handelsformen – Stand 15.10.82 – Endverbraucherpreise)*

nicht nur eine sehr wesentliche Voraussetzung für ein Ausweichen auf diese Parameter sondern sie zwingen die betreffenden Unternehmen geradezu zu einer Verwendung – möglicherweise auch zu einer „Politik des Kostenmachens" –, um sich nicht dem Vorwurf auszusetzen, zu hohe Gewinne zu machen. Daraus resultiert allerdings die Gefahr der Verschwendung knapper Ressourcen, weil die Funktionen des Preises – Informations-, Koordinations- und Allokationsfunktion – lahmgelegt sind.

4.3. Produkt

Da der Preis als Aktionsparameter wettbewerblichen Verhaltens ausfiel, konzentrierte sich das Interesse der Arzneimittelhersteller zunächst auf den Parameter Produkt.

---

oder zu niedrig ist, weil es hierzu einer objektiven Referenzbasis bedarf, die aber wegen der Komplexität der Realität nicht gegeben werden kann. Somit sind nur normative Aussagen möglich.

Kennzeichnend dafür war der lange Zeit herrschende intensive **Produktwettbewerb**. Dies fand seinen Niederschlag in der Anzahl der Einführungen (vgl. *Abbildung 10*) und im Umfang der Modifikationen sowie Variationen bereits vorhandener Pharmazeutika. Der intensive Produktwettbewerb wurde durch die geringe Markttransparenz auf der Nachfrageseite begünstigt. Bis 1976 stand den Ärzten hauptsächlich die vom *BPI* herausgegebene „Rote Liste" zur Verfügung. In ihr waren – bis 1974 lediglich in alphabetischer Reihenfolge – alle Präparate der Mitgliedsfirmen dieses Verbands aufgeführt.

1982 waren etwa insgesamt 140 000 Human-Arzneimittel in der Bundesrepublik „zugelassen", wovon ca. 70 000 industriell gefertigt wurden.[63] Diese Zahl von Arzneimitteln war nicht nur wegen des intensiven Produktwettbewerbs so hoch, sondern insbesondere auch aufgrund der sehr breiten gesetzlichen Definition des Begriffes Arzneimittel.[64] Im August 1982 waren von den erwähnten 140 000 Human-Arzneimitteln in der Bundesrepublik insgesamt 39 591 (25 692 neue und 13 899 alte[65]) zugelassen bzw. registrierte.[66] Für die Zahl der relevanten Medikamente liefert nach Ansicht des *BPI* die von ihm herausgegebene „Rote Liste" einen besseren Anhaltspunkt.[67] 1981 umfaßte diese Liste 8 900 Präparate-Eintragungen mit 11 155 Darreichungsformen und 18 936 Preisangaben von 458 pharmazeutischen Unternehmen.[68] Die **Typenvielfalt** wird vom *BPI* in aller Regel mit gesundheitspolitischen und ethischen Argumenten gerechtfertigt. Zur Beurteilung des Ausmaßes dieser Produktdifferenzierung kann als Anhaltspunkt dienen, daß viele Ärzte mit ca. 120 bis 150 Präparaten auskommen. Aufgrund empirischer Untersuchungen des *Instituts für Medizinische Statistik (IMS)* vertritt der *BPI* die Auffassung, daß ein Arzt maximal 300 bis 500 verschiedene Medikamente verwendet.[69] 1981 entfielen 66% des gesamten Arzneimittelumsatzes der öffentlichen Apotheken auf 500 Präparate, 93% auf 2 000 Medikamente.[70] Seit einigen Jahren ist dabei das orale Antidiabetikum „Euglucon 5" das umsatzstärkste Pharmakon.[71] 1981 hatten bei der GKV die 30 (100) am häufigsten verordne-

---

[63] Vgl. *Schnieders, B.*, Informationen über Medikamente, in: Pharmazeutische Industrie, 45. Jg. (1983), S. 17 ff.
Hierbei handelt es sich um alle als „zugelassen" geltenden Arzneimittel, die sich bereits am 1.1. 1978 (Inkrafttreten des 2. AMG) im Verkehr befanden. Sie dürfen zunächst bis 31.12. 1989 vertrieben werden. Vgl. hierzu auch *Friedrich, V./Hehn, A./Rosenbrock, R.*, Neunmal teurer als Gold. Die Arzneimittelversorgung in der Bundesrepublik, Reinbek bei Hamburg 1977, S. 298 ff.
[64] So fallen hierunter u. a. nicht nur Heilbäder, Heilerden, medizinische Weine, Stärkungsmittel, Teemischungen, sondern auch die verschiedenen Stärken sowie Darreichungsformen eines Arzneimittels.
[65] Altspezialitäten sind solche Arzneimittel, die bereits vor Inkrafttreten des ersten AMG (1.1. 1961) auf dem Markt waren und nach 1961 sukzessive nachregistriert wurden.
[66] Vgl. *ABDA*, Bericht 1981/82, a.a.O., S. 22.
[67] Vgl. *BPI* (Hrsg.), Pharma Daten 82, a.a.O., S. 35.
[68] Vgl. *BPI* (Hrsg.), „Rote Liste 1981", Aulendorf 1981, S. 8.
[69] *BPI* (Hrsg.), Pharma-Daten 82, a.a.O., S. 36. In diesem Zusammenhang muß betont werden, daß der *BPI* ein Interesse daran hat, die Zahl der am Markt befindlichen Arzneimittelspezialitäten möglichst niedrig und die vom Arzt regelmäßig verwendete Anzahl von Medikamenten möglichst hoch anzugeben, um auf diese Weise den Vorwurf zu entkräften, auf dem Arzneimittelmarkt läge eine Typeninflation vor.
[70] *BPI* (Hrsg.), Pharma Daten 82, a.a.O., S. 31.
[71] Vgl. transparenz-telegramm, 10.2. 1978.

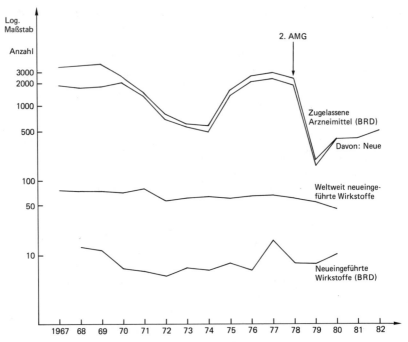

Quellen: Eigene Aufbereitung von Angaben in: *ABDA*, Bericht 1979/80, a. a. O., S. 20; *Reis-Arndt, E.*, 20 Jahre Arzneimittelentwicklung, Neue pharmazeutische Wirkstoffe, In: Pharmazeutische Industrie, 44. Jg. (1982), S. 1115 ff.

Abbildung 10: Jährlich zugelassene bzw. registrierte Arzneispezialitäten bzw. Fertigarzneimittel in der Bundesrepublik sowie Anzahl der weltweit und in der Bundesrepublik neu eingeführten Wirkstoffe von 1966 bis 1982 bzw. 1980

ten Präparate einen Anteil an den gesamten Arzneimittelausgaben der GKV von 19,5% (30,4%).[72]

Der intensive Einsatz des Parameters Produkt hat tendenziell auch eine Erhöhung der FE-Ausgaben zur Folge, denn es ist technisches Wissen notwendig, um bestimmte Produktvariationen vornehmen zu können. In diesem Zusammenhang ist es naheliegend, mit **„Me-too"-Präparaten** eine Politik der Molekülmanipulation und -variation zu betreiben.[73] Es ist allerdings äußerst schwierig, das Ausmaß einer solchen Politik anzugeben. Der intensive Produktwettbewerb führte auch zu einer Verkürzung der Lebensdauer vieler Präparate, was entsprechende Folgen hinsichtlich Umfang und Richtung der unternehmerischen FE-Aktivität hatte (vgl. Abschnitt 4.5). Letztlich leben die Unternehmen jedoch von Dauerbrennern und nicht von „Me-too"-Präparaten. Wenn Unternehmen dennoch solche „Me-too"-Präparate auf den

---

[72] Eigene Berechnungen anhand des GKV-Arzneimittelindex vom 23. 3. 1983.
[73] Einen Einblick in das Wesen und die Möglichkeiten der Molekülvariationen in der Arzneimittelforschung gibt *May*. Vgl. *May, O.*, Molekülvariationen. Basis für therapeutischen Fortschritt. Medizinisch Pharmazeutische Studiengesellschaft e. V., Mainz 1980.

Markt brachten, so hing dies vor allem damit zusammen, daß sie auf die Uninformiertheit und Manipulierbarkeit der Nachfrager vertrauten.

In *Abbildung 10* sind die jährlich in der Bundesrepublik neu zugelassenen Arzneimittel sowie als Referenzbasis die weltweit sowie die in der Bundesrepublik neu eingeführten Wirkstoffe dargestellt. Die Anzahl der weltweit jährlich neu eingeführten Wirkstoffe sank von 87 im Jahre 1967 auf 48 im Jahre 1980; d.h. es war ein Rückgang von ca. 45% zu verzeichnen. Auch in der Bundesrepublik ließ sich – wenn auch in wesentlich abgeschwächter Form – eine solche Abnahme neu eingeführter Wirkstoffe bis 1972 feststellen, nach 1977 fand ein vorübergehender Anstieg statt, nach einem Abfall 1978 war eine leicht steigende Tendenz zu verzeichnen (vgl. *Abbildung 10*). Etwas anders verlief die Entwicklung bei den zugelassenen bzw. registrierten Arzneimitteln in der Bundesrepublik von 1967 bis 1982. Nachdem die Anzahl der jährlich registrierten bzw. zugelassenen Arzneimittel während der Zeitspanne 1969 bis 1974 durch einen Rückgang gekennzeichnet war, fanden von 1974 bis 1977 ein Anstieg und daran anschließend wiederum eine Abnahme statt, die ihren Wendepunkt 1978/79 mit 222 neu zugelassenen Arzneimitteln erreichte. Danach war – wenn auch nicht im gleichen Maße wie vorher – ein deutlicher Aufwärtstrend bis 1982 festzustellen. Der Rückgang bis 1974 dürfte hauptsächlich auf folgende Faktoren zurückzuführen sein: zum einen erkannten die Unternehmer immer mehr, daß durch das schnelle Nachziehen der Konkurrenten der mit einer **Produktdifferenzierung** angestrebte marktliche Vorteil – nämlich zusätzliche Nachfrage zu erringen – vereitelt wird; zum anderen wurde es wegen der zunehmenden technischen Schwierigkeiten immer kostspieliger, entsprechende Produktdifferenzierungen vorzunehmen. Der vorübergehende Anstieg von 1974 bis 1976 ist im Zusammenhang mit dem 2. AMG zu sehen: Viele Unternehmen versuchten, noch vor Inkrafttreten der verschärften Anforderungen am 1.1. 1978 ihre Arzneimittel zuzulassen, was zugleich auch den Tiefstand im Jahre 1978 erklärt. Diese Entwicklung war allerdings auch Ausdruck des sukzessiven Einfrierens des wettbewerblichen Einsatzes des Parameters Produkt. In diese Richtung zielten auch die seit 1977 verstärkten Anstrengungen des *BPI,* der *Kassenärztlichen Bundesvereinigung,* der *Spitzenverbände der GKV* und der *Arbeitsgemeinschaft der Berufsvertretungen deutscher Apotheker (ABDA)* hinsichtlich einer Standardisierung der Packungsgrößen von Arzneimitteln. Anfang 1980 wurde von der *Kassenärztlichen Bundesvereinigung,* der *ABDA* und dem *BPI* eine gemeinsame „Empfehlung über therapiegerechte Packungsgrößen" verabschiedet. Gemäß dieser Vereinbarung wird den Arzneimittelherstellern empfohlen, ab 1.Januar 1983 ihre Packungsgrößen den vereinbarten drei einheitlichen Normgrößen anzupassen.[74] Dadurch werden nicht nur die Wahlmöglichkeiten der Nachfrager beschränkt, darüber hinaus wird auf der Angebotsseite der wettbewerbliche Einsatz des Parameters Produktdifferenzierung wesentlich beschnitten. Wettbewerbspolitisch sind diese Empfehlungen, wenn sie konsequent eingehalten werden, Normen- bzw. Typenkartellen vergleichbar.

Für die Wettbewerbssituation unter den großen forschenden Pharmaunternehmen ist ihr bereits erwähntes Verhalten nach **Auslaufen des Patentschutzes** für ein Arzneimittel typisch: Die etablierten forschenden Unternehmen versuchten in der Regel nicht, das nicht mehr patentgeschützte Pharmakon zu imitieren. Vielmehr überließen sie

---

[74] Vgl. *BPI* (Hrsg.), Pharma Daten 80, Frankfurt/Main 1980, S. 58f.

dies mittleren und kleineren Unternehmen. Dies läßt sich sehr instruktiv anhand des **Imitationswettbewerbs** nach Ablauf des Patentschutzes bei den Markenpräparaten „Valium", „Vibramycin" und „Lasix" zeigen. In allen drei Fällen waren es kleinere nichtforschende Unternehmen, die bis zum Jahre 1982 als Imitatoren auftraten (vgl. Anhang *Übersichten A 3* bis *A 5*). Zu den ersten Nachahmern gehörte hierbei stets das Unternehmen *Ratiopharm*.

Etwas anders war die Situation bei „Bactrim" *(Roche)*, „Eusaprim" *(Wellcome)* und „Aldactone" *(Hoechst/Boehringer* (Mannheim)). *Boehringer* (Mannheim) führte bereits kurze Zeit nach Ablauf des Patentschutzes von „Bactrim" im März 1976 über ihr Tochterunternehmen *Galenus* das Imitationspräparat „Omsat" ein (vgl. Anhang *Übersicht A 2*). Eine ähnliche Situation lag bei „Aldactone", einem Antihypertonikum, vor. Nachdem Ende 1977 für „Aldactone" kein Patentschutz mehr bestand, brachte *Schering* im Januar 1979 das Imitationspräparat „Sincomen" auf den Markt (vgl. Anhang *Übersicht A 6).*

Bemerkenswert ist, daß in beiden Fällen die Preise der Nachahmerprodukte der forschenden Unternehmen nur geringfügig von denjenigen der Innovatoren abwichen. Der Preis des Nachahmerpräparats „Omsat" lag nur um 7% und der von „Sincomen" nur 5% unter dem des jeweiligen Innovationsproduktes. Die niedrigsten Preise forderten ausnahmslos jeweils die Nachahmer *Ratiopharm, Sagitta* und *Durachemie* (vgl. Anhang *Übersichten A 2* bis *A 6).* Im Laufe des Jahres 1982 hat es eine sehr wesentliche Veränderung im Bereich des Nachahmerwettbewerbs durch die Unternehmensgruppe *Klinge-Nattermann* gegeben. Diese beiden Unternehmen, wobei *Nattermann* mit einem Umsatz von ca. 300 Mio. DM zu den großen und *Klinge* zu den mittleren Arzneimittelherstellern zu rechnen ist, traten 1982 nicht nur in allen erwähnten fünf Bereichen als Imitatoren auf, sondern sie setzten ihre Preise – wie bereits dargelegt – auf dem Niveau der Generika fest (vgl. Anhang *Übersichten A 2* bis *A 6)*. Auf diese Weise versuchen beide Unternehmen, ihre verschlechterte Gewinnsituation zu verbessern.

Insgesamt kann jedoch hinsichtlich des Imitationswettbewerbs festgehalten werden, daß der Eintritt forschender Unternehmen eine Ausnahme darstellt; zu diesen Ausnahmen zählen *Merckle,* das mit seinem Tochterunternehmen *Ratiopharm,* dem gegenwärtig führenden Anbieter von Generika, einen wesentlichen Einfluß auf den Nachahmerwettbewerb hat, und seit April 1982 *Klinge-Nattermann.*

Die bisherige große Zurückhaltung der forschenden Unternehmen bei der Imitation von nicht mehr patentgeschützten Konkurrenzpräparaten wurde damit gerechtfertigt, daß es gegen die „Ethik eines forschungsintensiven Unternehmens" verstoße, Produkte von Konkurrenten zu imitieren, wenn der Patentschutz dafür ausläuft. Offenbar besteht ein Gentlemen's Agreement unter den großen, forschenden Unternehmen, kein Produkt eines großen Konkurrenten auf dem deutschen Arzneimittelmarkt zu kopieren, wenn es nicht mehr dem Patentschutz unterliegt. Dieses Verhalten kann als Symptom dafür gewertet werden, daß die Konkurrenten ihre sachlichen Teilmärkte gegenseitig respektieren, was aber ein wettbewerbsbeschränkendes Verhalten darstellt. Freilich zeigt die Entwicklung im Jahre 1982, daß Unternehmen in Situationen zunehmender Schwierigkeiten durchaus bereit sind, diesen Verhaltenskodex aufzugeben (vgl. z. B. die Nachahmeraktivitäten der Unternehmen Klinge und Nattermann).

4.4. Werbung und Information

Aufgrund der **zirkularen Interdependenz der Aktionsparameter** gewann mit zunehmender Begrenzung des wettbewerblichen Einsatzes des Parameters Produkt der unternehmerische Aktionsparameter „Werbung und Information" an Bedeutung. Die Arzneimittelhersteller waren dabei darauf bedacht, die Ausgaben für Werbung und wissenschaftliche Information zu trennen. Wegen der fließenden Grenzen zwischen wissenschaftlicher Information und Werbung ist eine solche Abgrenzung immer mit einer Willkür verbunden.[75] Hierbei haben die Unternehmen verständlicherweise besonderes Interesse daran, die Informationskosten möglichst hoch und die Werbekosten möglichst niedrig auszuweisen, um sich gegen den Vorwurf einer übertriebenen Werbung zu schützen. Beispielsweise werden die Ausgaben für Pharma-Referenten in aller Regel dem Bereich wissenschaftlicher Information zugeordnet. Ein Pharma-Referent treibt aber in hohem Maße Werbung, weil er primär das Ziel hat – und dies ist völlig legitim –, durch seine Aktivitäten den Arzt zur Verordnung der von ihm vertretenen Pharmaka zu veranlassen. Im folgenden werden deshalb Werbung und Information als Parameter zusammengefaßt.

Nun existieren keine einheitlichen Angaben hinsichtlich der Werbe- und Informationsausgaben für die gesamte pharmazeutische Industrie. Aufgrund von Mitgliederbefragungen des *BPI* ergab sich, daß 1980 nach den Herstellkosten der Posten „wissenschaftliche Information und Werbung" mit einem Anteil von 19,2% an den Gesamtkosten den zweitstärksten Aufwandsposten darstellte (vgl. Anhang *Tabelle A 4*). Anteilsmäßig war zwar gegenüber 1975 nur eine geringfügige Zunahme zu verzeichnen; allerdings stiegen die gesamten Informations- und Werbeausgaben während dieses Zeitraums von 1,5 Mrd. DM auf 2,4 Mrd. DM, d.h. um 60%. Nach Angaben der befragten Unternehmen betrugen die Werbeausgaben jeweils etwa ein Viertel der gesamten Ausgaben für Werbung und Information; 1980 beliefen sie sich auf 590 Mio. DM (vgl. *Tabelle 5*). Um eine Vorstellung von der Größenordnung dieser Ausgaben zu bekommen, sei erwähnt, daß im gleichen Jahr die Werbeausgaben für Alkoholika 441 Mio. DM[76] und für Tabakwaren 398 Mio. DM[77] waren.

Die einzelnen Unternehmen unterscheiden sich nicht nur hinsichtlich der absoluten und relativen Werbeaufwendungen – so gaben beispielsweise 1973 mittelgroße Unternehmen wie *Dolorgiet* und *Sanol* 27% bzw. 26,9% des Umsatzes über öffentliche Apotheken für wissenschaftliche Information und Werbung aus, während die entsprechende Relation bei den Großunternehmen *Thomae* 8,6%, *Hoechst* 7,6% und *Schering* 5,6% betrug –, sondern insbesondere auch hinsichtlich der Struktur. So erreichte beispielsweise der Anteil der Ausgaben für Arztbesuche an den gesamten Werbe- und Informationsaufwendungen im Jahre 1973 bei *Hoechst* 74%, bei *Sandoz* 65%, bei *Nattermann* 62%, bei *Hoffmann-La Roche* 39,5% und bei *Thomae* nur 29,2%

---

[75] Vgl. dazu auch *Nord, D.*, Steuerung im Gesundheitssystem, a.a.O., S.136ff.
[76] Vgl. *Schmidt, H.-G.*, a.a.O., S.24ff.
[77] Der bei *Schmidt* angegebene Werbeaufwand für Tabak in den Medien in Höhe von 235 Mio. DM entspricht 59% der gesamten Werbeausgaben. Vgl. *Schmidt, H.-G.*, a.a.O., S.49ff.

Tabelle 5: *Werbe- und Informationsausgaben der pharmazeutischen Industrie aufgrund der Befragungen[1] des BPI von 1975 bis 1980*

	1975	1976	1977	1978	1979	1980	Zunahme von 1975 bis 1980 1975 = 100
Wissenschaftliche Information	1 123	1 233	1 402	1 538	1 676	1 771	157,7
Werbung	410	476	532	575	570	590	143,9
insgesamt	1 533	1 709	1 934	2 113	2 246	2 361	154,0

[1] Die Firmen, die sich an den Mitgliederbefragungen beteiligten, vereinigten jeweils die folgenden Anteile am gesamten Inlandsumsatz human-pharmazeutischer Fertigarzneimittel in Apotheken und Krankenhäusern auf sich: 1975: 74,4%; 1976: 82,9%; 1977: 83,3%; 1978: 84,7%; 1979: 89,4%; 1980: 85%.

Quelle: Eigene Berechnungen anhand der Angaben in: *BPI* (Hrsg.), Basisdaten des Gesundheitswesens 1982/83, Frankfurt/Main 1982, S. 131.

Tabelle 6: *Vergleich zwischen Publikumswerbung und Fachwerbung für Arzneimittelgruppen in v. H. der insgesamt für Publikums- und Fachwerbung aufgewandten Mittel 1972 und 1976*

Arzneimittelgruppe	Publikumswerbung		Fachwerbung	
	1972	1976	1972	1976
Tonika und Roborantia	23,2	34,3	0,4	0,4
Analgetika, rezeptfrei	13,9	18,1	3,4	2,2
Husten- und Erkältungspräparate	9,5	10,9	6,9	7,6
Vitaminpräparate	8,3	7,9	2,3	2,1
Laxantia	5,7	5,9	1,0	1,1
Antirheumatika	2,7	2,0	7,7	10,4
Herz- und Kreislaufmittel	2,4	0,8	18,2	27,0
Sonstige Arzneimittel	34,3	20,0	60,1	49,2
	100	100	100	100

Quelle: *Winckelmann, H.J.:* Rezeptfrei – Selbstmedikation: Gefahr oder Fortschritt, Kulmbach 1978, S. 214.

(vgl. Anhang *Tabelle A 5*). Wird nun weiter untergliedert nach einzelnen Arzneimittelgruppen, so zeigt sich, daß 1976 von den gesamten Ausgaben für **Publikumswerbung** in Höhe von 172,3 Mio. DM (vgl. Anhang *Tabelle A 6*) über ein Drittel (34,3%) auf Tonika und Roborantia, 18,1% auf rezeptfreie Analgetika, 10,9% auf Husten- und Erkältungspräparate, 7,9% auf Vitaminpräparate und 5,9% auf Laxantia entfielen (vgl. *Tabelle 6*). Dies spiegelt sehr eindrücklich den hohen Stellenwert des Handverkaufs in den einzelnen Indikationsbereichen wider (vgl. hierzu auch *Tabelle 4*). Außerdem zeigt *Tabelle 6* eine zunehmende Konzentration der Publikumswerbung auf die beiden Gruppen Tonika und Roborantia sowie rezeptfreie Analgetika; 1976 bezogen sich 52,4% (1972: 37,1%) der Ausgaben für Publikumswerbung auf diese beiden Bereiche.

Von den Ausgaben für **Fachwerbung** entfielen 1976 27% auf Herz- und Kreislaufmittel, 10,4% auf Antirheumatika sowie 7,6% auf Husten- und Erkältungspräparate (vgl. *Tabelle 6*). Gegenüber 1972 fand auch hier eine Konzentration der Ausgaben auf bestimmte Indikationsbereiche statt.

Die große und zunehmende Bedeutung des Parameters „Werbung und Information" ist darin begründet, daß auf dem öffentlichen Apothekenmarkt bei apothekenpflichtigen Medikamenten kein Preiswettbewerb stattfindet und schließlich auch der Produktwettbewerb reduziert wurde. Aufgrund der Interdependenz der unternehmerischen Aktionsparameter führte dies zu einem verstärkten wettbewerblichen Einsatz des Parameters Werbung i. w. S. Den betreffenden Unternehmen gelang jedoch im Laufe der Marktentwicklung wegen der zunehmenden Marktenge und vor allem wegen der Aktivitäten verschiedener Marktforschungsunternehmen auch hinsichtlich dieses Parameters eine Identifikation der Aktions-Reaktions-Verbundenheit. Eine große Rolle spielte in diesem Zusammenhang das Unternehmen *Pharma Data GmbH* (eine Tochtergesellschaft des weltweit tätigen *Instituts für Medizinische Statistik* und von *Infratest*). Neben Umsätzen und Marktanteilen einzelner Präparate veröffentlicht dieses Unternehmen monatlich sehr detaillierte Angaben über die Werbe- und Informationsausgaben der wichtigsten pharmazeutischen Unternehmen; wettbewerbspolitisch ist die Aktivität dieses Unternehmens **Preismeldestellen** gleichzusetzen. Auf diese Weise ist es jedem beteiligten Unternehmen nicht nur möglich, sich ohne große Anstrengungen und ohne zeitliche Verzögerung Klarheit über die Struktur und den Umfang der Werbeaktivitäten seiner Konkurrenten zu verschaffen, sondern es erhält darüber hinaus auch eine Transparenz hinsichtlich der Wirkungen des Einsatzes dieses und anderer unternehmerischer Aktionsparameter auf den Umsatz einzelner Produkte. Wegen der dadurch gelungenen Identifikation der Aktions-Reaktions-Verbundenheit stieg bei den betreffenden Unternehmen das Interesse, auch den wettbewerblichen Einsatz dieses Parameters auf einem bestimmten Niveau bzw. in einer bestimmten Struktur einzufrieren. Eine Begrenzung und eine Einschränkung der intensiven Werbe- und Informationsaktivitäten waren in erster Linie für solche Unternehmen vorteilhaft, die zwar festgestellt hatten, daß sie trotz intensiven Einsatzes des Parameters Werbung Mitkonkurrenten keine Nachfrage abjagen konnten, weil diese ihrerseits durch verstärkten Einsatz dieses Parameters die Wirkung bezüglich der Nachfrage neutralisierten, aber auf diese Attitüden nicht verzichten konnten, weil dies auch die Konkurrenten nicht taten. Eine einseitige Limitierung bzw. Reduktion der Werbe- und Informationsausgaben seitens eines Unternehmens würde zu einem Sinken der individuellen Nachfrage (Produktnachfrage) des betreffenden Unternehmens geführt haben. Ein solcher Rückgang der individuellen Nachfrage konnte nur durch eine **simultane** Begrenzung bzw. Verminderung der Werbe- und Informationstätigkeit aller beteiligten Unternehmen verhindert werden. Voraussetzung für das Zustandekommen eines solchen **abgestimmten Verhaltens** war ein **gemeinsames Interesse** aller davon Betroffenen. Da in der pharmazeutischen Industrie eine weitgehende Identifikation der Aktions-Reaktions-Verbundenheit hinsichtlich des Parameters Werbung und Information vorlag, konnte von einem solchen gemeinsamen Interesse ausgegangen werden. Die Artikulation und Durchsetzung dieses Interesses wurde sehr wesentlich durch die angespannte finanzielle Situation der GKV und durch das politische Interesse des damaligen *Bundeswirtschaftsministers* begünstigt. Auf einer außerordentlichen Hauptversammlung des *BPI* konnte deshalb am

18. November 1975 in Berlin eine Reihe von **Selbstbeschränkungsmaßnahmen** beschlossen werden.[78] Bis zum Herbst 1982 waren hiervon die Beschlüsse Nr. 2, 5 und 6 vom *Bundeswirtschaftsministerium* genehmigt; für die Beschlüsse Nr. 3 und 4, die auf der Hauptversammlung des *BPI* im Mai 1982 erneut verabschiedet wurden, war zu diesem Zeitpunkt das Genehmigungsverfahren noch nicht abgeschlossen. Auf diese Weise wurde auch der Parameter Werbung und Information weitgehend zu einem Instrument nichtwettbewerblichen Verhaltens. Dies ist Ausdruck einer konsequenten Anwendung der Strategie des sukzessiven Einfrierens des wettbewerblichen Einsatzes unternehmerischer Parameter, sobald bei diesen eine Identifikation der Aktions-Reaktions-Verbundenheit gelungen ist. Die Arzneimittelhersteller haben gelernt, daß sich bestimmte Werbe- und Informationsausgaben nicht mehr lohnen. Ein solcher Erfahrungsprozeß kann nicht verboten werden, deshalb ist eine Selbstbeschränkung durchaus konsequent und hat in diesem Fall sogar den Vorteil, daß die Verschwendung knapper Ressourcen beim Einsatz dieses Parameters begrenzt wird. Hierdurch wird zugleich der übertriebene Einsatz anderer Parameter begünstigt. Es gilt allerdings hervorzuheben, daß im vorliegenden Fall ein solcher Erfahrungsprozeß sehr wesentlich von den vorhandenen Wettbewerbsbeschränkungen, insbesondere durch die vom Gesetzgeber geschaffenen und geduldeten, gefördert wurde.

Da die Arzneimittelhersteller weiterhin in einem sehr intensiven Wettbewerbsverhältnis zueinander standen, hatte dies zur Konsequenz, daß sie die noch verbleibenden Freiräume intensiver nutzten. So fand im Rahmen des Parameters Werbung und Information die Tätigkeit des Pharma-Referenten immer größere Bedeutung. Auf diese Weise kam es zu einer "**Veredelung**" des Parameters Werbung und Information. Der verstärkte Einsatz von Pharma-Referenten fast aller Arzneimittelhersteller diente in erster Linie dazu, beim Arzt Präferenzen für die von ihm betreuten Produkte und somit eine verstärkte Heterogenisierung der Nachfrage zugunsten der von ihm vertretenen Unternehmung herbeizuführen. Nach Schätzungen des *Wissenschaftlichen Instituts der Ortskrankenkassen (WIdO)* gab es 1981 etwa 13 000 Ärztebesucher, für die jährlich 2,6 Mrd. DM aufgewandt werden mußten. Im Durchschnitt wurde jeder niedergelassene Arzt monatlich 15mal von Mitarbeitern des wissenschaftlichen

---

[78] Das Ziel dieser sog. „**Berliner Beschlüsse**" war, eine Kostensenkung und eine Stabilisierung der Arzneimittelpreise zu erreichen. Im einzelnen handelte es sich um folgende Maßnahmen: „1. Beschränkung der Abgabe von kostenlosen Arzneimustern auf vier pro ärztliche Anforderung (Beschluß Nr. 7);
2. Beschränkung des Umfangs von Anzeigen in Fachzeitschriften auf maximal 2 Seiten pro Heft und Arzneimittel (Beschluß Nr. 4);
3. Verbot aller Werbegaben (Beschluß Nr. 6);
4. Beschränkung der Größe von Ständen auf pharmazeutischen Ausstellungen auf 60 qm (Beschluß Nr. 3);
5. Beschränkung der Kosten von Fortbildungsveranstaltungen der pharmazeutischen Industrie für Ärzte (Beschluß Nr. 5);
6. Beschränkung des Formats von Aussendungen an die Ärzte auf DIN A4 (Beschluß Nr. 2)."
BPI (Hrsg.), Pharma Daten 82, a.a.O., S. 66.
Selbst von Vertretern der pharmazeutischen Industrie wurden die wettbewerbsbeschränkenden Wirkungen dieser Beschlüsse erkannt. „Es handelt sich hier (gemeint sind die Berliner Beschlüsse, P.O.) um eine Art **Kartell mit wettbewerbsbeschränkenden Merkmalen.**"
Engelhorn, C., Die gesundheitspolitische Situation und ihre Konsequenzen, Pharma-Dialog 44, Frankfurt/Main 1976, S. 12 (Hervorhebung, P.O.).

Außendienstes besucht.[79] Allerdings ist zu erwarten, daß es die Pharma-Referenten in Zukunft schwieriger haben werden, Ärzte bei der Verordnung von Arzneimitteln zu beeinflussen, weil die Ärzte aufgrund anderer – von der Pharma-Industrie unabhängiger – Informationsquellen (z. B. Preisvergleichslisten, Transparenzlisten, arznei-telegramm) eine größere Markttransparenz besitzen werden und damit wahrscheinlich auch kritischer hinsichtlich der Informations- und Werbeaktivitäten der pharmazeutischen Industrie sein werden.

Wegen der höheren ärztlichen Markttransparenz wird dann nicht nur die Indikations- und Werbelyrik der Hersteller wesentlich an Wirksamkeit verlieren, sondern es werden sich nur noch solche Produkte langfristig am Markt durchsetzen können, die den bisher angebotenen auch tatsächlich überlegen sind. Dadurch wird auch von dieser Seite her einer übertriebenen Produktdifferenzierung der Arzneimittelhersteller ein Riegel vorgeschoben.

In diesem Zusammenhang sei noch kurz auf die Vorwürfe gegen pharmazeutische Unternehmen eingegangen, sie versuchten, mit sehr suspekten Praktiken (z. B. Bestechungen) den Absatz von Arzneimitteln zu fördern.[80] Es kann nun nicht bestritten werden, daß es zu Auswüchsen beim Einsatz des unternehmerischen Aktionsparameters Werbung und Information kam, allerdings wäre es vordergründig, allein die pharmazeutische Industrie dafür verantwortlich zu machen. Aufgrund des sehr engen, vom Gesetzgeber geschaffenen Handlungsspielraums wurden die Arzneimittelhersteller geradezu zu solchen Praktiken gezwungen. Die insbesondere von *Langbein* et al. geschilderten Praktiken sind gerade Symptome der umfassenden staatlichen Interventionen im Gesundheitsbereich. Es konnten zwar durch weitere gesetzliche Regelungen und durch Selbstbeschränkungsmaßnahmen bestimmte Praktiken verboten werden, aber es kann nicht ausgeschlossen werden, daß Unternehmer immer wieder beim Versuch, den engen Handlungsspielraum zu sprengen, unerwünschte Verhaltensweisen zeigen. Diese unerwünschten Verhaltensattitüden lassen sich deshalb nur ändern, wenn durch die Schaffung marktwirtschaftlicher Rahmenbedingungen den Unternehmern der für ihr Wirken notwendige Handlungsspielraum eingeräumt wird.

4.5. Forschung und Entwicklung[81]

Der Parameter Forschung und Entwicklung (FE) spielt eine sehr wesentliche Rolle in der pharmazeutischen Industrie. Nicht nur die Arzneimittelhersteller haben ein großes Interesse am Einsatz dieses Parameters, sondern auch seitens der Ärzte beste-

---

[79] Vgl. *BPI* (Hrsg.), Pharma Daten 75, Frankfurt/Main 1975, S. 39.
[80] Vgl. *Levinson, C.,* Valium zum Beispiel. Die multinationalen Konzerne der pharmazeutischen Industrie, Reinbek bei Hamburg 1974; *Friedrich, V./Hehn, A./Rosenbrock, R.,* Neunmal teurer als Gold, a. a. O.; *Langbein, K./Martin, H.-P./Weiss, H./Werner, R.,* Gesunde Geschäfte. Die Praktiken der pharmazeutischen Industrie, Köln 1981; *Borsbach, W.,* Mit PSI macht man Mäuse. Wie ein Pharmakonzern unter dem Deckmantel der Wissenschaft für seine Pillen wirbt, in: Die Zeit vom 20. 2. 1981.
[81] Ausführlich zur markttheoretischen Analyse der industriellen Forschungs- und Entwicklungsaktivität vgl. *Oberender, P.,* Industrielle Forschung und Entwicklung. Eine theoretische und empirische Analyse bei oligopolistischen Marktprozessen, Bern, Stuttgart 1973.

hen hohe Erwartungen hinsichtlich FE. Dies findet u. a. seinen Niederschlag in der Höhe der FE-Ausgaben und der Anzahl der neu eingeführten Präparate. Allerdings sind diese beiden Variablen nur in einem sehr begrenzten Umfang geeignete Indikatoren zur Messung der FE-Intensität, da es sich hierbei um quantitative Größen handelt, bei denen qualitative Komponenten nicht sichtbar werden.[82]

FE stellt einen sequentiellen Prozeß dar, der sehr heterogene Aktivitäten wie Grundlagenforschung, angewandte Forschung sowie Entwicklung umfaßt. 1981 gaben deutsche Arzneimittelhersteller etwa 1,9 Mrd. DM für FE aus, was in etwa 11,7% des Gesamtproduktionswertes der deutschen pharmazeutischen Industrie von 16,3 Mrd. DM dieses Jahres entsprach.[83] Abgesehen von 5 Mio. DM im Jahre 1979[84] bzw. 52 Mio. DM im Jahre 1982[85] vom *Bundesminister für Forschung und Technologie* bereitgestellte Mittel wurden diese Ausgaben von den Unternehmen selbst finanziert. 1981 entfallen auf die 25 führenden forschenden pharmazeutischen Unternehmen, die einen Marktanteil von etwa 45% am Arzneimittelmarkt über öffentliche Apotheken aufweisen, fast 95% der gesamten FE-Ausgaben.[86]

Eine Differenzierung der FE-Ausgaben nach **Unternehmensgröße** und **Sitz des Mutterunternehmens** zeigt, daß deutsche Unternehmen wesentlich mehr für Forschung und Entwicklung in Relation zum Umsatz aufwendeten als ausländische Unternehmen der entsprechenden Größenklasse (vgl. *Tabelle 7*). Dies ist Ausdruck dafür, daß Forschung und Entwicklung meist im Stammhaus durchgeführt wird. Dies ist auch die entscheidende Ursache für die passive Lizenzbilanz der pharmazeutischen Industrie. Von 1975 bis 1980 nahm zwar der Lizenzbilanzüberschuß deutscher Unternehmen von 58,2 Mio. DM auf 78,2 Mio. DM zu, aber zugleich stiegen die Lizenzausgaben der ausländischen Unternehmen in der Bundesrepublik von 97 Mio. DM auf 118 Mio. DM (vgl. *Tabelle 8*). Mit zunehmender Unternehmensgröße wurde außerdem bei den deutschen Unternehmen sowohl absolut als auch relativ immer mehr für FE ausgegeben. Außerdem ist *Tabelle 7* zu entnehmen, daß die relativen FE-Ausgaben in allen Unternehmensklassen – mit Ausnahme der Größenklasse über 15 bis 45 Mio. DM Umsatz – 1980 gegenüber 1977 zurückgegangen sind. Bei den ausländischen Unternehmen galt dies generell. Hier fiel insbesondere der starke Rückgang bei den Unternehmen der Größenklasse mit einem Jahresumsatz von über 150 Mio. DM von 10% im Jahre 1977 auf 2,8% 1980 auf. Dies beruhte im wesentlichen auf einer Zentralisierung der FE-Aktivitäten bei der ausländischen Muttergesellschaft.

Obwohl die FE-Ausgaben absolut ständig zunahmen (in der Bundesrepublik stiegen sie von 0,6 Mrd. DM (1970) auf 1,9 Mrd. DM (1981)),[87] wurden immer weniger neue Wirkstoffe entdeckt. Wird die Spanne 1961 bis 1980 jeweils in Fünfjahresabschnitte unterteilt, so zeigt sich, daß im ersten Abschnitt noch 67 neue Wirkstoffe in der Bun-

---

[82] Vgl. zum Problem der Messung der FE-Aktivität: *National Bureau of Economic Research* (Hrsg.), The Rate and Direction of Inventive Activity: Economic and Social Factors, Princeton 1962, S. 19 ff.
[83] Vgl. *BPI* (Hrsg.), Pharma Daten 82, a. a. O., S. 17 und S. 25.
[84] Vgl. *BPI* (Hrsg.), Pharma Daten 79, a. a. O., S. 16.
[85] Vgl. *BPI* (Hrsg.), Pharma Daten 82, a. a. O., S. 15.
[86] Vgl. *BPI* (Hrsg.), Pharma Daten 82, a. a. O., S. 16 f.
[87] Vgl. *BPI* (Hrsg.), Pharma Daten 72, Frankfurt/Main 1972, S. 13; ders. (Hrsg.), Pharma-Daten 82, a. a. O., S. 17.

Tabelle 7: FE-Kosten (einschl. Lizenzabgaben) in v. H. des Umsatzes nach Unternehmensgrößenklassen von in- und ausländischen Unternehmen in der Bundesrepublik Deutschland 1977 und 1980

Unternehmensgrößenklasse (Jahresumsatz in Mio. DM)	Deutsche Unternehmen		Ausländische Unternehmen	
	1977	1980	1977	1980
1 – 7,5	3,6%	1,7%	2,2%	2,0%
über 7,5– 15	5,4%	3,0%	3,7%	1,0%
über 15 – 45	5,0%	5,4%	3,1%	2,0%
über 45 –150	10,5%	10,0%	3,9%	3,5%
über 150	17,1%	16,4%	10,0%	2,8%

Quellen: *BPI* (Hrsg.), Pharma Daten 79, Frankfurt/Main 1979, S. 16; ders., Pharma Daten 82, Frankfurt/Main 1982, S. 15.

Tabelle 8: Lizenzbilanz der Mitgliedsfirmen des BPI[1]

Jahr	Saldo der Lizenzausgaben und Lizenzeinnahmen		
	insgesamt	davon	
		deutsche Firmen	ausländische Firmen
	Mio. DM		
1975	– 38,8	+ 58,2	– 97,0
1976	– 55,5	+ 60,6	– 116,1
1977	– 29,7	+ 72,4	– 102,1
1978	– 49,6	+ 62,9	– 112,6
1979	– 42,4	+ 69,2	– 111,6
1980	– 39,8	+ 78,2	– 118,0

[1] Ergebnisse der jeweiligen Mitgliederbefragungen. Die Firmen, die sich an den Mitgliederbefragungen beteiligten, vereinigten jeweils die folgenden Anteile am Gesamtumsatz (Inland) mit human-pharmazeutischen Fertigarzneimitteln in Apotheken und Krankenhäusern auf sich
1975: 74,4%, 1976: 82,9%, 1977: 83,3%, 1978: 84,7%, 1979: 89,4%, 1980: 85,0%.
Quelle: *BPI* (Hrsg.), Basisdaten des Gesundheitswesens, Ausgabe 1982/83, a. a. O., S. 133.

desrepublik erfunden wurden, während es in den folgenden Abschnitten nur noch jeweils 45 bzw. 44 (1971–1975) waren.[88] Diese Entwicklung beschränkte sich nicht nur auf die Bundesrepublik, vielmehr ist sie weltweit zu beobachten. Die Anzahl der durchschnittlich pro Jahr erfundenen neuen Substanzen sank von 85,6 (Periode: 1961–1965) auf 54,8 (Periode: 1976–1980). Die Zahl der neu eingeführten Wirkstoffe nahm weltweit ab, so ging die Zahl der neu eingeführten Wirkstoffe – wie bereits erwähnt – von 93 im Jahre 1961 auf 48 im Jahre 1980 zurück, während in der Bundesre-

---

[88] Vgl. *Reis-Arndt, E.,* 20 Jahre Arzneimittelentwicklung. Neue pharmazeutische Wirkstoffe 1961 bis 1980, in: Pharmazeutische Industrie, 44. Jg. (1982), S. 1115 ff.

Tabelle 9: Erfundene und neu eingeführte Wirkstoffe weltweit und in der Bundesrepublik Deutschland, in Frankreich und in den USA (1961–1980)

Jahr	Jährliche Ersteinführungen weltweit	BR DEUTSCHLAND			FRANKREICH			USA		
		erfundene Wirkstoffe	neu eingeführte Wirkstoffe	Relation von neueingeführten zu erfundenen Wirkstoffen	erfundene Wirkstoffe	neu eingeführte Wirkstoffe	Relation von neueingeführten zu erfundenen Wirkstoffen	erfundene Wirkstoffe	neu eingeführte Wirkstoffe	Relation von neueingeführten zu erfundenen Wirkstoffen
1961	93	11	12	1,091	12	10	0,833	31	27	0,871
1962	93	15	18	1,2	21	24	1,14	20	12	0,6
1963	99	17	24	1,412	21	20	0,95	22	7	0,318
1964	70	14	14	1,0	8	16	2,0	15	7	0,467
1965	73	10	14	1,4	14	16	1,14	13	4	0,308
1966	84	7	12	1,714	19	24	1,26	22	6	0,273
1967	87	8	12	1,5	19	19	1,0	20	5	0,25
1968	84	12	15	1,25	17	19	1,118	20	2	0,10
1969	85	11	13	1,182	23	25	1,087	18	3	0,167
1970	71	7	6	0,857	18	21	1,167	21	6	0,286
1971	91	5	5	1,0	16	15	0,938	25	6	0,24
1972	67	4	4	1,0	13	14	1,077	14	4	0,286
1973	77	14	6	0,429	18	21	1,167	10	6	0,6
1974	77	9	5	0,55	13	14	1,077	17	4	0,235
1975	73	12	7	0,583	7	10	1,429	15	3	0,2
1976	60	9	5	0,55	8	9	1,125	17	2	0,118
1977	67	13	18	1,385	6	4	0,66	14	3	0,214
1978	54	7	7	1,0	10	15	1,5	12	3	0,25
1979	45	7	7	1,0	6	9	1,5	14	4	0,286
1980	48	9	13	1,44	2	1	0,5	13	–	0
Insgesamt	1498	201	217	1,08	271	306	1,129	353	114	0,323

Quelle: Eigene Aufbereitung des empirischen Materials bei: Reis Arndt, E., 20 Jahre Arzneimittelentwicklung, in: Pharmazeutische Industrie, 44. Jg. (1982), S. 1115 ff.

publik die Neueinführungen nach einem Sinken in der ersten Periode relativ konstant blieb (vgl. *Tabelle 9* und *Abbildung 10*).

Wird auf das Verhältnis zwischen der Anzahl am Markt **neu eingeführter** und **neu entdeckter Wirkstoffe** auf Länderbasis abgestellt, so zeigt sich, daß in der Bundesrepublik von 1961 bis 1980 durchschnittlich 8% Wirkstoffe mehr zuerst neu eingeführt als erfunden wurden; in Frankreich sind es sogar 12,9% mehr, während in den USA von 1961 bis 1980 insgesamt 353 neue Wirkstoffe entdeckt, aber nur 114 während dieser Periode zuerst eingeführt wurden. Interessant ist in diesem Zusammenhang, daß 1980 in den USA 13 neue Wirkstoffe entdeckt wurden, aber in diesem Jahr keiner zuerst in den Handel gebracht wurde (vgl. *Tabelle 9*). Diese Entwicklung beruhte in erster Linie auf den sehr strengen Zulassungsvoraussetzungen für Arzneimittel in den Vereinigten Staaten, die wesentlich höher sind als in den meisten anderen Ländern.

Aus *Tabelle 9* ergibt sich weiter, daß in der Bundesrepublik nur in den Jahren 1970 sowie von 1973 bis 1976 die Anzahl der neu eingeführten Wirkstoffe niedriger war als die Zahl der entdeckten neuen Wirkstoffe. Dies wiederum kann als Symptom dafür gewertet werden, daß der Arzneimittelmarkt der Bundesrepublik insgesamt attraktiver war als der anderer Länder, was wohl darauf zurückzuführen ist, daß die Zulassungsvoraussetzungen weniger restriktiv und die staatlichen Interventionen weniger konstruktivistisch im Vergleich zu anderen Ländern waren. Die Defizite zwischen zuerst eingeführten und erfundenen neuen Wirkstoffen in den Jahren 1970 sowie 1973 bis 1976 könnten unter Umständen auch Ausdruck der damaligen sehr unsicheren Situation bezüglich des Umfangs der staatlichen Interventionen im Arzneimittelbereich in der Bundesrepublik gewesen sein. Die hohe Zahl von 18 eingeführten neuen Wirkstoffen im Jahre 1977 in der Bundesrepublik war in erster Linie Ausdruck der verschärften Arzneimittelgesetze, die am 1.1. 1978 in Kraft traten (Ankündigungseffekt).

Die hohe Rate der neu eingeführten Wirkstoffe in Frankreich dürfte sehr wesentlich auf den dort herrschenden Preiskontrollen beruhen. Aufgrund des von der Sozialversicherung fixierten Preises ist es Arzneimittelherstellern nicht möglich, die Preise bereits eingeführter Arzneimittel zu erhöhen, was besonders problematisch ist, wenn in einem Land wie Frankreich sehr hohe Inflationsraten vorhanden sind. Die Arzneimittelhersteller versuchten dieses Problem dadurch zu lösen, daß sie nicht mehr gewinnbringend herstellbare Präparate vom Markt nahmen und neue Präparate einführten. Auf diese Weise wurde einer Politik der Neueinführungen Vorschub geleistet.[89]

Wird auf die Herkunft der von 1961 bis 1980 weltweit neu entdeckten 1498 Wirkstoffe abgestellt, so zeigt sich, daß daran 263 Unternehmen beteiligt waren.[90] In der Bundesrepublik wurden 201 neue Wirkstoffe von 26 Unternehmen entdeckt. Hierbei lag eine hohe Unternehmenskonzentration vor. *Tabelle 10* ist zu entnehmen, daß nämlich 25% der gesamten neuen Wirkstoffe in der betrachteten Zeitspanne auf die Unternehmensgruppe *Hoechst/Roussel* entfielen; insgesamt konnten sechs Unternehmen über 86% aller in der Bundesrepublik neu entdeckten Wirkstoffe auf sich vereinigen (vgl. *Tabelle 10*).

Insgesamt läßt sich feststellen, daß im Laufe der Zeit die Zahl der neu entdeckten Wirkstoffe sank, während die FE-Ausgaben beträchtlich zunahmen, d.h. die FE-

Tabelle 10: Deutsche Unternehmen und Anzahl der von ihnen von 1961 bis 1980 entdeckten neuen Wirkstoffe

Unternehmen	Anzahl der neu entdeckten Wirkstoffe
1. *Hoechst/Roussel*	50
2. *Boehringer Ingelheim*	36
3. *Bayer*	35
4. *Schering*	22
5. *E. Merck* (Darmstadt)	16
6. *Degussa-Pharma*	15

Quelle: *Reis-Arndt, E.*, 20 Jahre Arzneimittelentwicklung, a. a. O., S. 1119.

Produktivität als Relation zwischen FE-Output und FE-Aufwand nahm ab.[91] Für die Erklärung dieser Entwicklung kommen als wesentliche Ursachen in Betracht:

(1) **Verschärfung der gesetzlichen Anforderungen** an Zulassung, Herstellung und Kontrolle von Arzneimitteln;
(2) **Abnehmende Grenzerträge** der FE-Aktivität aufgrund zunehmender Erschließung der traditionellen technologischen Basis;
(3) **Steigende Faktorpreise;**
(4) **Verstärkte Slackbildung** aufgrund marktprozessualer Gegebenheiten.

Ad (1) Durch die Kefauver-Harris-Amendments wurde 1962 das US-amerikanische Arzneimittelgesetz (Food, Drug and Cosmetic Act) wesentlich verschärft. Diese Entwicklung führte auch zu Verschärfungen der Arzneimittelgesetzgebung in der Bundesrepublik; ab 1978 wurden die Anforderungen bezüglich Zulassung, Herstellung und Kontrolle von Arzneimitteln wesentlich verschärft. Eine Konsequenz war, daß die FE-Kosten, besonders hinsichtlich des **Wirksamkeitsnachweises** und der **Sicherheit** stiegen.[92] Durch diese Heraufsetzung der gesetzlichen Erfordernisse werden nicht nur die Eintrittsschranken des Arzneimittelmarktes ganz allgemein erheblich erhöht,

---

[89] Vgl. *Kaufer, E.*, Der Einfluß staatlicher Maßnahmen auf Forschung und Entwicklung in der pharmazeutischen Industrie, in: *Röper, B.* (Hrsg.), Wettbewerb in der pharmazeutischen Industrie, a. a. O., S. 110 ff.
[90] Vgl. *Reis-Arndt, E.*, 20 Jahre Arzneimittelentwicklung, a. a. O., S. 1119. Vgl. auch o. V., Hoechst Top of the League last Year with New Drug Launches, in: European Chemical News, 5. 7. 1982, S. 16.
[91] Es ist in diesem Zusammenhang problematisch, nur auf quantitative Größen abzustellen, weil dabei qualitative Elemente nicht sichtbar werden. Dies ist ein generelles Problem ökonomischer Messungen. Der qualitative Aspekt gewinnt jedoch besonders bei FE an Bedeutung; gerade im Rahmen der pharmazeutischen FE werden qualitative Kriterien um so wichtiger, je komplexer die FE-Aktivität wird. Dies ist meist der Fall, je weiter sie sich von der Entwicklung hin zur Grundlagenforschung verlagert. Bei quantitativen Argumentationen sind deshalb immer auch die qualitativen Aspekte zu bedenken.
[92] *Thesing* wies darauf hin, daß von den FE-Ausgaben der sieben Trägerfirmen der *Medizinisch Pharmazeutischen Studiengesellschaft* 1975 bereits 50 % auf die Wirksamkeits- und Sicherheitsprüfung entfielen. Aufgrund dieser verschärften gesetzlichen Bestimmungen für Arzneimittel dürfte dieser Anteil inzwischen weiter zugenommen haben.
Vgl. *Thesing, J.*, Industrielle Arzneimittelforschung: Voraussetzungen und Möglichkeiten, Frankfurt/Main 1977, S. 14.

was insbesondere hinsichtlich der potentiellen Konkurrenz von Relevanz ist, sondern es wird auch die Erfolgsquote der pharmazeutischen FE tendenziell gesenkt.

Ad (2) Die bisher angewandte „trial and error"-Methode (Screening-Methode) hat die traditionelle technologische Basis der pharmazeutischen Industrie weitgehend erschlossen; mit Hilfe dieser Methode wurden in erster Linie Strukturen vorhandener Wirkstoffe variiert. Die Erforschung und Hervorbringung weiterer technologischen Wissens erforderte bei dieser Vorgehensweise wegen der zunehmenden Schwierigkeiten immer größere finanzielle Anstrengungen. Ein Symptom für diese Schwierigkeiten war die Abnahme der **Erfolgsquote** der pharmazeutischen FE: Gegenwärtig wird sie mit 1:6000 angegeben, d.h. von 6000 synthetischen Substanzen entspricht nur noch eine den Wirksamkeits- und Sicherheitsanforderungen. Von einzelnen Firmen wird bereits eine Relation von 1:10000 genannt.[93] Allerdings kann dies nicht generell für alle pharmazeutischen Indikationsbereiche behauptet werden, denn die Erfolgsquote hängt sehr wesentlich vom jeweiligen Forschungsgebiet ab. So ist beispielsweise die Erfolgswahrscheinlichkeit bei Hustenmitteln mit 1:1000 wesentlich höher als bei Zytostatika, wo sie ca. 1:50000 bis 1:100000 beträgt.

Viele Krankheiten werden heute in der Regel noch nicht kausal, sondern nur symptomatisch behandelt. Hier zeichnet sich eine Wende der Arzneimittelforschung ab. Als Ausgangsbasis werden neuerdings die Rezeptoren genommen und danach gefragt, welche Substanzen bei diesen ganz bestimmte Reaktionen auslösen. Dieser Forschungsansatz stellt auf die Wechselwirkung zwischen Arzneimittelstoff-Molekül und Rezeptor ab[94] und wird als „Drug-Design" bezeichnet. Wegen des noch fehlenden Grundlagenwissens wird die Erfolgsquote[95] zunächst zwar abnehmen, aber nach weiterer Erfahrung mit dieser neuen technologischen Basis, die sehr stark geprägt sein wird von bio-chemischen und bio-medizinischen Erkenntnissen, sind wieder steigende Erfolgsquoten zu erwarten.

Ad (3) Im Zeitraum von 1970 bis 1975 stiegen die Löhne und Gehälter des FE-Personals nominell um 64% und die FE-Sachkosten um 82%.[96] Auch in der Zeit danach sind Faktorpreissteigerungen zumindest in der gleichen Höhe zu verzeichnen, so daß eine unvermindert hohe Kostensteigerungsrate unterstellt werden kann.

Ad (4) Es gehörte aufgrund der marktprozessualen Gegebenheiten insbesondere in der Vergangenheit zu den Attitüden der Pharma-Industrie, ständig etwas Neues auf den Markt zu bringen. Der intensive Produktwettbewerb der 60er und 70er Jahre bewirkte eine **Kurzlebigkeit** vieler Pharmazeutika. Hieraus wurde oft gefolgert, das Risiko der unternehmerischen FE-Aktivität im Arzneimittelbereich sei deshalb besonders groß. Damit wurden die Dinge aber völlig auf den Kopf gestellt. Es wurde ein circulus vitiosus konstruiert: Die Kurzlebigkeit hatte eine niedrige Erfolgswahr-

---

[93] Vgl. *BPI* (Hrsg.), Pharma-Daten 82, a.a.O., S.14.
[94] Vgl. *Nord, D.*, Steuerung im Gesundheitswesen, a.a.O., S.67; ders., Die soziale Steuerung der Arzneimittelversorgung. Bedürfnis- versus Budgetsteuerung im Gesundheitswesen, Stuttgart 1982, S.82ff.
[95] Vgl. *Gareis, H.*, Pharma im Jahr 2000, in: Neue Zürcher Zeitung, Fernausgabe Nr.281, 3.12. 1980, S.41. Vgl. auch *Magnet, M.*, The Scramble for the Next Superdrug, in: Fortune, 19.10. 1981, S.94ff.
[96] Vgl. *Prognos AG*, Internationale Markt- und Preisvergleiche im Pharmabereich, Teil III, Basel 1976, S.51ff.

scheinlichkeit der Produkte zur Folge; dem sich daraus ergebenden Risiko versuchte man mit hohen FE-Ausgaben zu begegnen, die wiederum die Einführung neuer Produkte begünstigten. Somit beeinflußte die Kurzlebigkeit nicht nur den Umfang, sondern auch die Richtung der industriellen FE. Auf diese Weise wurden tendenziell die Anreize für eine produktbezogene gegenüber einer verfahrensbezogenen FE verstärkt, weil es aufgrund kurzer Lebenszyklen leicht möglich war, daß Verfahrensverbesserungen erst dann ökonomische Früchte abwarfen, wenn der Lebenszyklus des betreffenden Produktes sich bereits wieder auf seinem abnehmenden Ast befand oder schon zu Ende war. In einer solchen Situation bestand die Gefahr, daß der aus einer Verfahrensverbesserung resultierende Erlös eventuell nicht mehr die FE-Kosten deckte. Die Politik der Molekülmanipulation („Me-too"-Arzneimittel), die selbstverständlich auch gewisse therapeutische Vorteile mit sich bringen kann, hatte damit einen großen Einfluß auf die pharmazeutische FE.

Im marktprozessualen Kontext spielte insbesondere neben der Produktdifferenzierung der Aktionsparameter FE eine entscheidende Rolle. Vor allem für die großen sowie größeren mittleren Unternehmen war – und dies gilt auch heute noch – FE ein sehr wesentlicher Parameter, über den eine wettbewerbliche Verhaltensweise realisiert werden konnte, weil andere Parameter wie Preis und weitgehend auch Werbung nie Vehikel eines wettbewerblichen Verhaltens waren (Preis) bzw. bereits zu Vehikeln nichtwettbewerblichen Verhaltens geworden waren. Da sich seit geraumer Zeit die Anzahl der neu eingeführten Produkte rückläufig, die Werbeausgaben relativ konstant und die FE-Ausgaben progressiv entwickelten, liegt die Vermutung nahe, daß ein Ausweichen von bereits identifizierten unternehmerischen Aktionsparametern auf den noch nicht so weit identifizierten Parameter FE stattfand. So scheint der intensive Einsatz dieses Parameters auch Ausdruck nichtwettbewerblichen Verhaltens bezüglich anderer Aktionsparameter zu sein. Inzwischen gibt es aber auch schon hier vereinzelte Anzeichen – insbesondere bei den großen Arzneimittelherstellern –, die auf eine gewisse Identifikation der Aktions-Reaktions-Verbundenheit bezüglich FE hinweisen. Seit einiger Zeit gewinnen in der pharmazeutischen Industrie Kooperationen in unterschiedlichen Ausprägungen an Beliebtheit und Bedeutung.[97] Diese Zusammenarbeit erstreckt sich dabei von einer Arbeitsteilung bezüglich FE[98], Gegenlizenzen[99], Gemeinschaftsunternehmen bis hin zu einer gemeinsamen FE. Als Rechtfertigung für eine gemeinsame Forschung dienen sehr oft die ständig steigenden FE-Kosten und das damit verbundene höhere Risiko. Wenn dieses Argument auch nicht ganz von der Hand zu weisen ist, kann es doch nicht für die Koordination der FE-Aktivität insgesamt herangezogen werden. Oft wird das Argument vorgebracht, man wolle durch eine gemeinsame FE unnötige Parallel- und Doppelarbeit vermeiden. Hier liegt ein Interessenargument vor, denn wettbewerbliche Marktprozesse sind gerade dadurch gekennzeichnet, daß sie Suchprozesse sind, d.h. die einzelnen Unternehmen versuchen, über die Realisierung bestimmter Strategien bisher

---

[97] So wird von *Hoffmann-La Roche* (Basel) und der *Schering AG* (Berlin) eine Forschungsgemeinschaft auf dem Gebiet biologischer und chemischer Wirkstoffe tierischen Ursprungs betrieben. Vgl. *May, M.,* Konzentration und Produktinnovation, a.a.O., S. 100ff.
[98] Vgl. *Röper, B.,* (Hrsg.), Wettbewerb in der pharmazeutischen Industrie, a.a.O., S. 150.
[99] Beispielsweise besteht zwischen den Farbwerken *Hoechst* und dem amerikanischen Unternehmen *Upjohn* ein Lizenzaustauschabkommen.

unbekanntes Wissen zu entdecken. Erst im Wettbewerb setzt sich dann die beste der gefundenen Lösungen durch. Bei Ungewißheit ist diese Vorgehensweise besser als eine Beschränkung von vornherein auf nur einen Weg. Stellt sich ex post heraus, daß gewisse FE-Arbeiten parallel verliefen, so ist das typisch für wettbewerbliche Suchprozesse und Ausdruck der Komplexität der Realität. In diesem Zusammenhang muß der pharmazeutischen Industrie zugute gehalten werden, daß die sich abzeichnenden Kooperationen auch Ausdruck der verschärften Rahmenbedingungen sind. Viele Unternehmen sind darüber hinaus aufgrund sinkender Gewinne – bedingt durch die enger werdenden Absatzmärkte – gezwungen, ihre FE stärkeren Kontrollen zu unterwerfen. So straffte beispielsweise *Hoffmann-La Roche* seine Pharmaforschung in der Schweiz und in Großbritannien.[100]

Der Einsatz von FE als unternehmerischer Aktionsparameter hängt somit von einer Vielzahl von Faktoren ab. Im Einsatz dieses Parameters kann sich simultan sowohl wettbewerbliches als auch nichtwettbewerbliches Verhalten ausdrücken. Es kann vermutet werden, daß der Aktionsparameter FE in der pharmazeutischen Industrie auch als Instrument einer Politik des Kostenmachens eingesetzt wurde bzw. noch wird.

5. Ergebnis und wettbewerbspolitische Folgerungen

Aufgrund institutioneller Besonderheiten fehlen auf dem größten Teil des Arzneimittelmarktes – soweit er nämlich über die GKV und die PKV abgewickelt wird – die Voraussetzungen für den wettbewerblichen Einsatz des Parameters Preis. Die Arzneimittelhersteller weichen deshalb zu Recht auf andere Parameter aus, um sich gegenseitig Nachfrage abzujagen. Hierbei kommt es zunächst zu einem sehr intensiven – oft auch übertriebenen – Einsatz dieser Parameter. Aufgrund des marktlichen Erfahrungsprozesses gelingt bei einzelnen Parametern sukzessive eine Identifikation der Aktions-Reaktions-Verbundenheit, so daß diese Parameter wettbewerblich eingefroren werden, weil der erwartete Vorteil eines Vorstoßes durch das schnelle Nachziehen (Reaktion) der Konkurrenten nicht eintritt. Die Arzneimittelhersteller setzten zunächst den Parameter Produkt intensiv ein. Im Laufe der Zeit erkannten sie jedoch bei diesem Aktionsparameter ihre Aktions-Reaktions-Verbundenheit. Dieser Prozeß wurde begünstigt durch zunehmende technologische Schwierigkeiten sowie insbesondere auch durch die Verschärfung der Zulassungs- und Produktionsvorschriften für Arzneimittel. Durch den zunehmenden politischen Druck wurde darüber hinaus die Einigung zwischen den Berufsverbänden der Ärzte, der Apotheker und der Arzneimittelhersteller, ab 1.1. 1983 bestimmte Arzneimittel nur noch in drei verschiedenen Normpackungen anzubieten, entscheidend begünstigt.

Im Laufe der Marktentwicklung wurde von den Unternehmern auch die Aktions-Reaktions-Verbundenheit beim Parameter Werbung und Information erkannt.

---

[100] Vgl. o. V., Roche strafft Pharmaforschung, in: Neue Zürcher Zeitung, Fernausgabe Nr. 79, 5./6. 4. 1981.

Durch massiven politischen Druck seitens der Regierung auf die Arzneimittelhersteller wurde eine Abstimmung über weite Teile des Einsatzes dieses Parameters gefördert; die noch nicht regulierten Elemente dieses Parameters – wie beispielsweise Pharmareferent – wurden im Marktprozeß verstärkt eingesetzt.

Man würde es sich aber zu einfach machen und der Situation auf dem Arzneimittelmarkt nicht gerecht werden, wollte man primär die Arzneimittelhersteller für den eingeschränkten Wettbewerb und die bestehenden Wettbewerbsbeschränkungen verantwortlich machen. Vielmehr ist dies in erster Linie Ausdruck und Konsequenz der vom Gesetzgeber geschaffenen und zugelassenen Wettbewerbsbeschränkungen. Durch diese Beschränkungen wurde die Identifikation der Aktions-Reaktions-Verbundenheit bei bestimmten Parametern beschleunigt. Es ist legitim und kann deshalb auch nicht verboten werden, wenn Unternehmer im Laufe der Zeit einen Lernprozeß machen und die Interdependenz der Aktionsparameter nicht nur erkennen, sondern daraus die entsprechenden Konsequenzen ziehen und sich hinsichtlich des Einsatzes dieser Parameter verständigen. Im Falle der pharmazeutischen Industrie bildeten die staatlichen Wettbewerbsbeschränkungen einen fruchtbaren Boden für unternehmerische Wettbewerbsbeschränkungen.

Der ohnehin sehr enge Spielraum für die Arzneimittelhersteller wurde weiter eingeengt durch massive staatliche Interventionen im Rahmen des KVKG und KVEG,[101] durch diese Eingriffe sollte vor allem der Eintritt von Nachahmern gefördert werden, um für eine Belebung des Preiswettbewerbs zu sorgen. Gegen eine Belebung des Nachahmerwettbewerbs ist grundsätzlich nichts einzuwenden. Allerdings wird der Nachahmerwettbewerb dann problematisch, wenn es zu einer Beschränkung oder gar völligen Abschaffung der Therapiefreiheit des Arztes kommt, indem er nämlich gezwungen wird, jeweils ein ganz bestimmtes – beispielsweise das billigste – Nachahmerpräparat zu verordnen. In diesem Fall werden diejenigen Unternehmen, denen es aus Gründen hoher FE-Kosten nicht möglich ist, mit dem Preis entsprechend nach unten mitzuziehen, diskriminiert. Die Folge eines solchen konstruktivistischen Eingriffes wird dann sein, daß bei den forschenden Unternehmen nicht nur die Neigung, sondern wegen der sinkenden Gewinne auch die Fähigkeit zur Forschung und Entwicklung rapide sinken wird.

Bisher führten alle staatlichen Maßnahmen weder zu einer Intensivierung des Preis- und Nachahmerwettbewerbs noch zu dauerhaften grundlegenden Verhaltensänderungen auf der Nachfrageseite.[102] Eine solche Intensivierung des Wettbewerbs unter Gewährung eines angemessenen Schutzes für chronisch Kranke und wirtschaftlich Schwache ist letztlich nur dadurch zu erreichen, daß durch die Schaffung entsprechender Anreize sowohl die Anbieter als auch die Nachfrager auf dem Arzneimittelmarkt preis- und damit kostenbewußt agieren. In diesem Zusammenhang ist es notwendig, auf materielle Sanktionsmechanismen zurückzugreifen. So wäre beispielsweise ein begrenzter Selbstbehalt des Patienten (bis zu 10% seines persönlich

---

[101] Vgl. kritisch hierzu *Oberender, P.*, Die Wirkungen des Krankenversicherungskostendämpfungsgesetzes auf die industrielle Forschungs- und Entwicklungsaktivität der pharmazeutischen Industrie in der Bundesrepublik Deutschland und die Möglichkeit zur Verhinderung bzw. Beseitigung negativer Effekte. Gutachten im Auftrag des *Bundesministeriums für Arbeit und Sozialordnung*, Marburg, 31. August 1978.

[102] Vgl. hierzu *Hamm, W.*, Irrwege der Gesundheitspolitik, a. a. O.

verfügbaren Einkommens) an seinen **gesamten** Gesundheitsausgaben einzuführen. Dieser Selbstbehalt darf somit nicht auf einzelne Bereiche beschränkt bleiben, sondern muß, um Diskriminierungen und dadurch zu erwartende Substitutionsprozesse auszuschließen, für **alle** Gesundheitsbereiche gelten. Auf diese Weise sollen beim Patienten die Voraussetzungen für ein preisbewußtes Verhalten geschaffen werden; damit dieses Verhalten marktprozessual zum Tragen kommt, sind simultan grundlegende Änderungen der Rahmenbedingungen auch auf der Angebotsseite – insbesondere beim Arzt – erforderlich.[103] Auf diese Weise werden nicht nur die Voraussetzungen für eine sparsamere Verwendung der knappen Ressourcen im Gesundheitsbereich geschaffen, sondern darüber hinaus auch der für freies und initiatives menschliches Handeln notwendige Spielraum.

6. Anhang

Übersicht A 1: Konzern- und Gruppenbildung in der pharmazeutischen Industrie der Bundesrepublik Deutschland 1981

Gruppe	Tochter-, Beteiligungsgesellschaften[a]
BASF	Nordmark; Vitamultina; Knoll; Minden; Schiwa
Bayer	Bayropharm; Drugofa; Hüls; Miles; Tropon; Kali/Tropon; Stockhausen; Merck/Bayer; Bayer/Homburg; Bayer/Drugofa; Bayer/Merck; Bayer/Schering
Boehringer Ingelheim	Anasco; Basotherm; Thomae; Dieckmann; Thomae/Duphar
Boehringer Mannheim	Laevosan; Salvia; Galenus; Hestia; Labora; Praemix; Vereinigte Chininfabriken Zimmer & Co.; Boehringer Mannheim/Cassella; Hoechst/Boehringer Mannheim; Boehringer Mannheim/Salvia; Boehringer Mannheim/Sharp & Dohme
Ciba-Geigy	Zyma-Blaes; Ciba/Grünenthal
Degussa-Pharma	Asta; Homburg; Marquart; Bayer/Homburg; Homburg/Beiersdorf
Gödecke	Adenylchemie; Sasse; Warner; Parke-Davis
Grünenthal	Ciba/Grünenthal
Hoechst	Albert-Roussel; Asid; Behringwerke; Benckiser; Cassella/Riedel; Cassella/Boehringer Mannheim; Pino; Curta; Jade; Hoechst/Boehringer Mannheim; Hoechst/Glaxo
Kali	Kali/Tropon; Giulini
Klinge	Schwab; Spezialchemie
Merck	Cascan; Hermal; Manan; Heilit; Allergopharma; Merck/Bayer; Bayer/Merck
Nattermann	Schieffer; Grunitz
Organon	Organon; Dr. Chepharo; Degewop; Nourypharma; Organotherapeutische Werke Thiemann; Hydro-Chemie

---

[103] Ausführlich dazu vgl. *Oberender, P.,* Mehr Wettbewerb im Gesundheitswesen. Zur Reform des Gesundheitswesens in der Bundesrepublik Deutschland, in: Jahrbuch für Sozialwissenschaft, 31.Jg. (1980), S.145ff.

Gruppe	Tochter-, Beteiligungsgesellschaften[a]
Pfizer	Mack, Illertissen; Buer
Quandt	Byk-Gulden; Byk-Essen; Delta-Pharma; Heel; Fides; Helfenberg; Promonta; Roland; Tosse; Milupa; Neuwiepham
Sandoz	Wander
Schering	Asche; Bergazyme; Deutsche Cooper; Germapharm; Menadier; Bayer/Schering

[a] Einschließlich der Vertriebsgesellschaften, an denen die Muttergesellschaft einen Anteil von mindestens 50% hat.
Quellen: *Farbwerke Hoechst AG*, Geschäftsbericht 1974. – *Bayer AG*, Geschäftsberichte 1970 und 1974. – *Schering AG*, Geschäftsbericht 1974. – *Boehringer Ingelheim*, Geschäftsbericht 1974. – *Boehringer Mannheim GmbH*, Geschäftsbericht 1974. – *Möbius, K.* et al., Die pharmazeutische Industrie in der Bundesrepublik Deutschland. Struktur und Wettbewerb, Tübingen 1976. – Eigene Nachforschungen.

Übersichten A 2–A 6: Preise der Nachahmerprodukte in v. H. des jeweiligen Innovationspräparates und Einführungszeitpunkt in ausgewählten Indikationsgruppen (Apothekenverkaufspreis: Stand: 15.10. 1982)

Übersicht A 2: **Trimethoprim** *(Ablauf des Patentschutzes: 1976)*

Hersteller	Warenzeichen	Preis	Rang bzgl. Preis[1]	Einführungszeitpunkt (Monat/Jahr)	Rang bzgl. Einführungszeitpunkt
Innovator:					
Hoffmann-La Roche	Bactrim	100%		4/70	
Wellcome	Eusaprim	100%		4/70	
Nachahmer:					
Durachemie	Duratrimet	35%	1	6/76	6,5
R. A. N.-Pharma	Linaris	37%	2	1/79	16,5
Dorsch	Duobiocin	39%	3,5	9/77	9
Dorsch	Co-Trimoxazol Dorsch	39%	3,5	7/79	18
Ratiopharm	Trimethoprim comp. Ratiopharm	40%	5	5/76	3,5
Chephasaar	Microtrim	41%	6	6/75	1
Klinge-Nattermann	Co-Trim Puren	42%	7	10/82	19
Saarstickstoff	Cotrimoxazol	45%	8,5	6/76	6,5
Saarstickstoff	Eltrianyl	45%	8,5	1/78	13,5
Schwarzhaupt	Sulfacet	47%	11,5	4/78	15
Stada Chemie	Trimethoprim comp. Stada	47%	11,5	11/77	11
Pfleger	Kepinol	47%	11,5	11/77	11
Siegfried	Sigaprim	47%	11,5	6/76	6,5
Ce-Ka-Ce	Co-Trimoxazol Ce-Ka-Ce	49%	14	1/78	13,5
Hoyer	Trigonyl	50%	15	1/79	16,5
Sanorania	Co-Trim	51%	16	6/76	6,5
TAD	TMS	54%	17	11/77	11
Merckle	Drylin	62%	18	5/76	3,5
Galenus	Omsat	93%	19	3/76	2

Berechnungsbasis: Packung mit 20 Tabl.

7. Pharmazeutische Industrie

Übersicht A 3: **Diazepam** *(Ablauf des Patentschutzes: 1978)*

Hersteller	Warenzeichen	Preis	Rang bzgl. Preis[1]	Einführungszeitpunkt (Monat/Jahr)	Rang bzgl. Einführungszeitpunkt
Innovator:					
Hoffmann-La Roche	Valium	100%		1963	
Nachahmer:					
Ratiopharm	Diazepam-Ratiopharm	30%	1,5	12/78	1
Azuchemie	Tranquase	30%	1,5	4/79	3
Klinge-Nattermann	Tranquo-Puren	33%	3	4/82	6
Ce-Ka-Ce	Diazepam USP	35%	4	3/79	2
Stada-Chemie	Diazepam Stada	36%	5	6/79	4
Sanorania	Tranquo Tablinen	39%	6	9/79	5

Berechnungsbasis: Packung mit 50 Tabl. zu 5 mg.

Übersicht A 4: **Doxycyclin** *(Ablauf des Patentschutzes: 1979)*

Hersteller	Warenzeichen	Preis	Rang bzgl. Preis[1]	Einführungszeitpunkt (Monat/Jahr)	Rang bzgl. Einführungszeitpunkt
Innovator:					
Pfizer	Vibramycin	100%		8/67	
Nachahmer:					
Ratiopharm	Doxycyclin Ratiopharm	19%	1	10/79	2
Azuchemie	Azudoxat	22%	2	8/81	8
Remed Econerica	Doxyremed	26%	3	2/80	3
Klinge-Nattermann	Doxy Puren	31%	4,5	4/82	10
Sagitta	Investin	31%	4,5	11/80	6
Efeka	Doxy 100	32%	6	10/80	4,5
Stada-Chemie	Doxy 100 Stada	33%	7,5	1/82	9
Siegfried	Sigadoxin	33%	7,5	10/80	4,5
Merckle	Mespatin	34%	9	2/81	7
Sanorania	Doxy Tablinen	43%	10	5/79	1

Berechnungsbasis: 100 mg Dosis der jeweils kleinsten Packung.

Übersicht A 5: **Furosemid** *(Ablauf des Patentschutzes: 1977)*

Hersteller	Warenzeichen	Preis	Rang bzgl. Preis[1]	Einführungs- zeitpunkt (Monat/Jahr)	Rang bzgl. Einführungs- zeitpunkt
Innovator:					
Hoechst	Lasix	100%		1/64	
Nachahmer:					
Ratiopharm	Furosemid Ratiopharm	45%	1,5	7/79	5
Merckle	Mirfat	45%	1,5	6/80	6
Siegfried	Sigasalur	48%	3,5	1/78	3,5
Klinge-Nattermann	Furo-Puren	48%	3,5	4/82	7
Sanorania	Hydro-rapid	50%	5	1/78	3,5
Stada-Chemie	Furosemid Stada	52%	6	12/77	1,5
Schwarzhaupt	Fusid	73%	7	12/77	1,5

Berechnungsbasis: Packung mit 50 Tabl. zu 40 mg.

Übersicht A 6: **Spironolacton** *(Ablauf des Patentschutzes: 1977)*

Hersteller	Warenzeichen	Preis	Rang bzgl. Preis[1]	Einführungs- zeitpunkt (Monat/Jahr)	Rang bzgl. Einführungs- zeitpunkt
Innovator:					
Boehringer Mannheim	Aldactone	100%		7/75	
Nachahmer:					
Sagitta	Sagisal	72%	1	4/82	8
Ratiopharm	Sprionolacton-Ratiopharm	73%	3	1/78	1,5
Merckle	Euteberol	73%	3	3/81	7
Klinge-Nattermann	Supra Puren	73%	3	10/82	9
Sanorania	Spiro Tablinen	79%	5	1/78	1,5
Endopharm	Acelat	84%	6,5	6/79	5
Heumann	Aldopur	84%	6,5	9/78	3
Searle	Aldace	92%	8	4/80	6
Schering	Sincomen	95%	9	1/79	4

Berechnungsbasis: Packung mit 50 Tabl. zu 100 mg.
[1] Rangfolge vom niedrigsten zum höchsten Preis
Quelle: Eigene Aufbereitung anhand der Publikation Große Deutsche Spezialitätentaxe (Lauer-Taxe).

Tabelle A 1: Anteile der führenden Konzerne am Markt der öffentlichen Apotheken von 1974 bis 1981 in der Bundesrepublik Deutschland

Jahr	1974	1975	1976	1977	1978	1979	1980	1981
5 führende Konzerne	27,2%	27,4%	26,2%	26,0%	26,3%	26,3%	25,0%	24,8%
10 führende Konzerne	44,4%	44,6%	42,6%	41,9%	41,2%	40,6%	40,1%	39,4%

Quellen: *BPI* (Hrsg.), Pharma-Daten 78, Frankfurt/Main 1978, S. 31; ders., Pharma Daten 82, Frankfurt/Main 1982, S. 30.

7. Pharmazeutische Industrie

Tabelle A 2: Entwicklung der Aufwendungen für Arzneimittel durch Selbstmedikation aus Apotheken und durch die gesetzliche Krankenversicherung sowie Entwicklung des Bruttosozialproduktes von 1970 bis 1980 in der Bundesrepublik Deutschland

Umsatzbereiche	1970	1971	1972	1973	1974	1975	1976	1977	1978	1979	1980
Handverkauf in Mio. DM	2155	2245	2300	2220	2212	2194	2252	2289	2454	2619	2801
Index	100	104	107	103	103	102	104	106	114	122	129
GKV-Vergütung für Arzneimittel in Mio. DM	4224	4971	5754	6753	7866	8901	9642	9849	10651	11378	12563
Index	100	118	136	159	186	211	228	233	252	269	297
Bruttosozialprodukt in Mrd. DM	679,0	756,0	827,2	920,1	986,9	1034,9	1125,0	1200,6	1290,7	1398,2	1491,9
Index	100	111	122	136	145	152	166	177	190	206	220

Quelle: *Cranz, H./Czech-Steinborn, S./Frey, H./Reese, K.-H.*, Selbstmedikation..., a.a.O., S. 95.

Tabelle A 3: Arzneimittelpreisentwicklung insgesamt und im Bereich öffentlicher Apotheken sowie im Krankenhausbereich in der Bundesrepublik Deutschland

Jahr	Erzeugerpreisindex „Human-pharmazeutische Spezialitäten"[1]						IMS-Preisstudie[2] (Apothekenmarkt)	
	Insgesamt		davon					
			Apothekenbedarf		Krankenhausbedarf			
	Index	Veränderung gegenüber Vorjahr i.v.H	Index	Veränderung gegenüber Vorjahr i.v.H	Index	Veränderung gegenüber Vorjahr i.v.H	Index	Veränderung gegenüber Vorjahr i.v.H
1970	79,9	+2,4	79,9	–	–	–	–	–
1971	82,5	+3,3	82,5	+3,3	–	–		+4,4
1972	84,8	+2,8	84,8	+2,8	–	–		+3,7
1973	87,8	+3,5	87,9	+3,6	–	–		+3,9
1974	92,0	+4,8	92,0	+4,6	–	–		+4,6
1975	97,2	+6,0	97,3	+5,7	–	–		+4,9
1976	100	+2,6	100	+2,7	100	–		+2,8
1977	103,8	+3,8	104,5	+4,5	101,0	+1,0		+3,4
1978	107,6	+3,7	108,7	+4,0	103,4	+2,4		+3,1
1979	111,0	+3,2	112,4	+3,4	105,6	+2,1		+3,3
1980	116,5	+5,0	118,3	+5,2	109,4	+3,6		+4,8
1981	123,3	+5,8	125,7	+6,2	113,7	+3,9		+5,2

[1] Index des *Statistischen Bundesamtes*, errechnet nach der Formel von *Laspeyres*. Vom *Statistischen Bundesamt* werden die Erzeugerpreise gewerblicher Produkte nunmehr auf der Basis 1976 berechnet; eine Verknüpfung mit den Vorjahren ist nur für den Teilindex „Apothekenbedarf" möglich.
[2] Preiskomponente berechnet vom *Institut für Medizinische Statistik* nach der Formel von *Paasche*.

Quelle: *BPI* (Hrsg.), Basisdaten des Gesundheitswesens 1982/83, a.a.O., S. 145.

Tabelle A 4: Kostenstruktur der Mitgliedsfirmen des BPI von 1975 bis 1980

Jahr	Gesamt-kosten Mio. DM	Herstel-lungs-kosten	Kosten der F+E-Aktivitäten	Lizenzab-gaben	davon in vH						
					Wissen-schaftliche Information	Werbung	Ver-triebsko-sten	Verwal-tungs-kosten	Kalkulatori-sche Zinsen	Kosten-steuern	Sonstige Aufwen-dungen
1975	8 195,3	42,1	11,4	2,6	13,7	5,0	10,3	6,8	2,7	2,1	3,3
1976	9 709,1	45,1	11,1	2,2	12,7	4,9	9,6	6,7	2,3	2,4	3,0
1977	10 236,6	43,9	11,7	2,1	13,7	5,2	9,6	6,9	2,3	2,2	2,4
1978	11 065,4	44,3	11,3	2,1	13,9	5,2	9,6	6,7	2,3	2,1	2,5
1979	11 636,6	44,1	11,7	1,9	14,4	4,9	9,6	6,7	2,1	2,0	2,6
1980	12 301,3	44,4	12,1	2,0	14,4	4,8	9,6	6,4	2,1	1,9	2,3

[1] Ergebnisse der jeweiligen Mitgliederbefragungen.
Die Firmen, die sich an den Mitgliederbefragungen beteiligten, vereinigten jeweils die folgenden Anteile am Gesamtumsatz (Inland) mit human-pharmazeutischen Fertigarznei-mitteln in Apotheken und Krankenhäusern auf sich 1975: 74,4%; 1976: 82,9%; 1977: 83,3%; 1978: 84,7%; 1979: 89,4%; 1980: 85,0%

Quelle: *BPI* (Hrsg.), Basisdaten des Gesundheitswesens 1982/83, a. a. O., S. 131.

Tabelle A 5: Aufwendungen für Information und Werbung ausgewählter Hersteller und deren Fabrikumsatz über öffentliche Apotheken 1973 in der Bundesrepublik Deutschland

Hersteller	Gesamt-werbeaufwand in Mio. DM	Werbeausgaben in Millionen DM für			Fabrikumsatz 1973 über öffentliche Apotheken in Mio. DM
		Arztbesuche	Aussendungen	Anzeigen	
1. Nattermann	14,35	8,86	1,34	4,14	136,42
2. Hoffmann-La Roche	14,27	5,64	1,91	6,70	159,53
3. Thomae	13,71	4,01	5,07	4,62	159,78
4. Sandoz	12,90	8,39	3,01	1,50	142,23
5. Merck	12,78	7,97	1,76	3,04	106,30
6. Mack Illertissen	12,25	7,71	0,62	3,90	71,67
7. Hoechst	11,95	8,83	1,44	1,68	156,91
8. Ciba	10,32	5,98	2,39	1,94	99,81
9. Bayer	10,22	4,17	2,42	3,62	116,04
10. Ciba Geigy	10,09	5,02	2,60	2,47	73,45
11. Dolorgiet	9,71	7,33	0,62	1,75	35,99
12. Albert Roussel Pharma	9,66	6,14	2,10	1,40	71,49
13. Goedecke	9,43	5,26	0,85	3,32	66,60
14. Boehringer Ingelheim	9,06	5,24	1,46	2,35	95,70
15. Gruenenthal	8,87	4,89	2,83	1,15	69,09
16. Adenylchemie	8,83	5,61	0,51	2,70	36,21
17. Minden	8,52	3,94	2,02	2,55	39,84
18. Asche	8,48	4,34	2,76	1,37	39,85
19. Heyden	8,42	6,03	2,10	0,28	73,86
20. Madaus	8,03	5,39	0,02	2,61	65,17
21. Sharp u. Dohme	7,66	4,07	1,05	2,54	52,16
22. Schering AG	7,48	3,64	2,03	1,80	133,58
23. Troponwerke	7,37	5,85	0,95	0,57	50,53
24. Sanol	7,37	2,87	1,69	2,80	27,44
25. Byk Gulden	7,33	3,62	2,66	1,04	37,72

Quelle: *Nord, D.*, Arzneimittelkonsum in der Bundesrepublik Deutschland, Stuttgart 1976, S. 62.

Tabelle A 6: Ausgaben für Publikumswerbung für Arzneimittel in der Bundesrepublik Deutschland von 1969 bis 1979 (in Mio. DM)

Medium	1969	1970	1971	1972	1974	1975	1976	1977	1978	1979
Tageszeitungen	–	22,5	17,8	16,8	–	10,9	11,7	12,3	10,7	15,4
Zeitschriften	–	83,5	94,9	97,0	–	94,1	106,0	129,2	154,5	179,2
Fachzeitschriften	–	0,3	1,2	1,4	–	0,6	0,7	1,0	0,7	4,5
Fernsehen	–	18,4	26,1	25,8	–	43,7	47,0	45,8	49,1	36,8
Rundfunk	–	5,1	6,8	5,8	–	7,5	6,9	11,8	13,2	12,6
Mediawerbung insgesamt	109,3	130,4	146,8	146,8	152,0	156,8	172,3	199,9	228,2	248,5
Index	100	120	135	135	139	144	158	183	209	228

Quelle: *Cranz, H./Czech-Steinborn, S./Frey, H./Reese, K.-H.*, Selbstmedikation..., a.a.O., S. 121.

7. Kontrollfragen

1. Welche Argumente lassen sich für und welche gegen die wettbewerbspolitische Ausnahmebereichs-Regelung des Gesundheitswesens anführen?
2. Welche Marktzutrittsschranken wirken sich in der pharmazeutischen Industrie hemmend für Newcomer bzw. potentielle Konkurrenten aus?
3. Warum stellen der Patentschutz und der Warenzeichenschutz eine Wettbewerbsbeschränkung dar?
   Wie ließen sich die wettbewerbsbeschränkenden Wirkungen des Patentschutzes abschwächen? Welche Probleme ergeben sich bei Zwangslizenzen?
   Welche Konsequenzen ergäben sich aus einer nationalen Aufhebung des Patentschutzes? Wie könnte solchen Entwicklungen vorgebeugt werden?
   Kann es als gesichert angesehen werden, daß der Patentschutz eine notwendige Voraussetzung inventiver und innovativer unternehmerischer Aktivitäten ist?
4. Wie sind Apothekenpflicht, Verschreibungspflicht, Arzneitaxe, Aut-Simile-Verbot und Auseinzelungs-Verbot bei Arzneimitteln wettbewerbspolitisch zu beurteilen?
   Ist zur Qualitätssicherung eine öffentliche Bindung (Apothekenpflicht) bei Arzneimitteln notwendig?
   Welche wettbewerbspolitischen Probleme ergeben sich aus dem Mehr- und Fremdbesitzverbot von Apotheken?
   Inwieweit stellt die Festzuschlagsregelung eine Preisbindung der zweiten Hand dar? Wie beurteilen Sie eine solche Bindung wettbewerbspolitisch?
   Warum ist nicht zu erwarten, daß es durch die Aufhebung des Substitutionsverbots, des Auseinzelungs-Verbots und der Festzuschlagsregelung zu einer Intensivierung des Preiswettbewerbs auf dem Arzneimittelmarkt kommt? Welche Änderungen der Rahmenbedingungen wären hierzu noch erforderlich?
5. Welcher Unterschied besteht zwischen Solidaritäts- und Äquivalenzprinzip? Welcher zwischen Sachleistungs- und Kostenerstattungsprinzip? Erläutern Sie dies anhand der Krankenversicherung!
   Welche Konsequenzen hat das Sachleistungsprinzip der GKV für die Gesundheitsnachfrage des einzelnen Versicherten?
   Warum versucht der einzelne Patient bei einem vermeintlichen Nulltarif seine Sättigungsmenge zu realisieren? Wie hoch ist in diesem Fall sein Grenznutzen?
6. Stellen Sie die Nachfrage nach Arzneimitteln bei einer 100%igen Erstattung durch die Krankenkasse dar. Wie hoch ist in diesem Falle die Preiselastizität der Nachfrage? Wie würde sich die Nachfrage nach Arzneimitteln ändern, wenn der einzelne Patient nun 50% der Kosten zu übernehmen hätte? Stellen Sie diesen Sachverhalt in einem Preis-Mengendiagramm graphisch dar!
7. Welche Konsequenzen ergeben sich aus der Preisunempfindlichkeit der Nachfrage für den Einsatz des Aktionsparameters Preis seitens der Arzneimittelhersteller?
8. Wie beurteilen Sie wettbewerbspolitisch die Appelle des *BPI* an seine Mitglieder zur Zurückhaltung bei Preiserhöhungen?
9. Welcher Zusammenhang besteht zwischen Markttransparenz und Verhaltensweise der Unternehmer?
   Was verstehen Sie unter einer zirkularen Interdependenz der Aktionsparameter? Erläutern Sie dies anhand des Arzneimittelmarktes!
   Welche Gründe führen zu einer Transformation unternehmerischer Aktionsparameter von Parametern wettbewerblichen Verhaltens zu solchen nichtwettbewerblichen Verhaltens?
   Warum ist es rational, wenn Unternehmer nach gelungener Identifikation der Aktions-Reaktions-Verbundenheit den betreffenden Aktionsparameter wettbewerblich einfrieren?
   Welcher qualitative Unterschied besteht zwischen dem wettbewerblichen Einfrieren des Aktionsparameters Preis und dem des Parameters Werbung?
10. Warum ist es für den einzelnen Arzneimittelhersteller ökonomisch sinnvoll, die Aktionsparameter Produkt und Werbung sowie Forschung und Entwicklung wettbewerblich einzuset-

zen? Inwieweit besteht hier die Gefahr, daß diese Parameter übertrieben eingesetzt werden? Was verstehen Sie unter einer „Veredelung" der Werbung? Welche Gründe lassen sich hierfür im Falle der pharmazeutischen Industrie anführen?
11. Inwieweit zeigen etablierte Arzneimittelhersteller ein typisches Markenartiklerverhalten?
12. Nehmen Sie Stellung zu der Aussage:
Die Produktpreise forschender Unternehmen müssen wegen der FE-Kosten immer höher sein als die nichtforschender Nachahmer-Unternehmen!
Untersuchen Sie diese Problematik anhand eines freien Marktes und anhand der Situation, daß die GKV die Ärzte zwingt, das jeweils billigste Präparat zu verordnen!
13. Wie beurteilen Sie wettbewerbspolitisch den Imitationswettbewerb auf dem Arzneimittelmarkt? Ergeben sich zusätzlich Probleme, wenn die Krankenkassen nur noch das jeweils billigste Produkt erstatten?
14. Nehmen Sie Stellung zu der These:
Die Kurzlebigkeit der Produkte hat eine niedrige Erfolgswahrscheinlichkeit der Produkte zur Folge. Dem sich daraus ergebenden Risiko muß mit hohen Forschungs- und Entwicklungsausgaben begegnet werden. Dies wiederum ist nur möglich über entsprechend hohe Preise!
Welche Probleme können sich aus einem intensiven Produktwettbewerb für die Richtung der industriellen Forschung und Entwicklung ergeben?
Warum erfordert die adäquate Beurteilung der industriellen FE-Aktivität eine markttheoretische Analyse?
Geben Sie eine **markttheoretische** Erklärung für die Abnahme der Produktivität der industriellen Forschung und Entwicklung in der pharmazeutischen Industrie? Welche weiteren Gründe können in diesem Zusammenhang angeführt werden?
Weshalb ist es für die Unternehmer schwierig, den Aktionsparameter FE zu einem Vehikel abgestimmten Verhaltens zu machen?
Diskutieren Sie das Problem, daß über die GKV die aufwendigen Forschungs- und Entwicklungsaktivitäten der pharmazeutischen Industrie finanziert werden!
15. Welche **marktwirtschaftlichen** Möglichkeiten gibt es, der Verschwendung knapper Ressourcen im Gesundheitsbereich auf der Angebots- und auf der Nachfrageseite vorzubeugen? Welche Probleme ergeben sich, wenn lediglich der Arzneimittelbereich nach marktwirtschaftlichen Regeln organisiert wird? Warum ist eine solche Maßnahme zur Lösung der gegenwärtigen Probleme nicht ausreichend?
Welche Konsequenzen sind zu erwarten, wenn sich der Selbstbehalt der Patienten auf Arzneimittel beschränkt?
Warum stellt die Arzneimittelhöchstbetragsregelung des KVKG kein marktwirtschaftlich adäquates Instrument dar, die Ausgaben der GKV zu steuern?
Warum kann nicht ohne weiteres erwartet werden, daß auch bei einer marktwirtschaftlichen Ordnung des Gesundheitsbereiches die Gesundheitsausgaben sinken werden? Wovon hängt die Entwicklung dieser Ausgaben ab?
16. Warum kann aus Rangfolgeänderungen des Umsatzes von Unternehmen nicht auf das Ausmaß der Wettbewerbsintensität auf diesem Markt geschlossen werden?
Warum eignet sich die Anzahl der Unternehmensschließungen nicht, um eine Aussage über die Wettbewerbssituation auf einem Markt zu machen?
Warum kann von der Marktstruktur nicht ohne weiteres auf das Marktverhalten und auch nicht auf das Marktergebnis geschlossen werden? Welchem wettbewerbspolitischen Leitbild liegt eine solchen Deduktionskette zugrunde?
17. Warum sind die Preismißbrauchsaufsichtsverfahren des *BKartA* gegen *Merck* und *Hoffmann-La Roche* nicht ursachenadäquat? Nehmen Sie in diesem Zusammenhang Stellung zum wettbewerbspolitischen Leitbild des *BKartA!*
Welche ökonomischen Probleme ergeben sich beim Nachweis des Mißbrauchs einer marktbeherrschenden Stellung?
18. Kann der Importhandel des Arzneimittelgroßhändlers *Eurim-Pharm* mit dem Argument gerechtfertigt werden, daß es sich um eine **marktwirtschaftliche** Konsequenz bestehender Arbitrage handelt und damit der (Preis-) Wettbewerb auf dem Arzneimittelmarkt belebt wird?

8. Literaturhinweise

Pharmazeutische Industrie
Allgemein

Kaufer, E., Die Ökonomik der pharmazeutischen Industrie, Baden-Baden 1976.
Die Arbeit gibt einen guten Überblick über die wirtschaftstheoretische Forschung auf dem Gebiet der Ökonomie der pharmazeutischen Industrie bis Mitte der 70er Jahre. Hierbei wird ausschließlich US-amerikanisches Material verwendet.

Möbius, K. / Seusing, E. / Ahnefeld, A., Die Pharmazeutische Industrie in der Bundesrepublik Deutschland, Kiel 1976.
Die Arbeit beruht auf einem Gutachten des Bundesministers für Wirtschaft, das 1973 dem Institut für Weltwirtschaft in Kiel erteilt wurde. Die Studie enthält umfangreiches empirisches Material, das bis zu diesem Zeitpunkt der Öffentlichkeit nicht zugänglich war. Es ist das große Verdienst – trotz gewisser Einschränkungen inhaltlicher Art – der Autoren, dieses Material zusammengetragen und veröffentlicht zu haben.

Nord, D., Die soziale Steuerung der Arzneimittelversorgung. Bedürfnis- versus Budgetsteuerung im Gesundheitswesen, Stuttgart 1982.
Die Arbeit beschäftigt sich mit der grundsätzlichen Problematik der Budgetsteuerung im Gesundheitswesen und entwickelt auf der Grundlage einer sehr ausführlichen Analyse des gegenwärtigen Systems denkbare Alternativen einer Steuerung. Einen besonders breiten Raum nimmt dabei die pharmazeutische Forschung und Entwicklung ein; insbesondere wird untersucht, welche Auswirkungen der Abbau innovationsorientierter Handlungschancen im technologisch-pharmazeutischen System langfristig haben wird.

Röper, B. (Hrsg.), Wettbewerb in der pharmazeutischen Industrie, Schriften des Vereins für Socialpolitik, N. F. Bd. 107, Berlin 1980;
ders. (Hrsg.), Wettbewerbsprobleme auf dem Markt für Arzneimittel und staatliche Gesundheitspolitik, Schriften des Vereins für Socialpolitik, N. F. Bd. 118, Berlin 1981.
Beide Bände geben nicht nur einen sehr guten Überblick über die gegenwärtigen Probleme der pharmazeutischen Industrie, sondern sie zeigen – dies gilt vor allem für den 2. Band – die ideologischen Positionen der Interessenvertreter; in diesem Zusammenhang ist insbesondere auf die Diskussion zwischen den Vertretern der Ortskrankenkassen und den Wettbewerbstheoretikern hinzuweisen.

Ziegler, B., Arzneimittelversorgung und Wettbewerb. Eine Analyse von Marktstruktur, Marktverhalten und Marktergebnis, Göttingen 1980.
Diese Hamburger Dissertation untersucht den Arzneimittelbereich mit Hilfe des kategorealen Schemas „Marktstruktur – Marktverhalten – Marktergebnis". *Ziegler* wendet dieses Konzept aus der Theorie des industrial organization sehr konsequent an. Auf der Basis des wettbewerbstheoretischen Konzepts „weiter Oligopole" spricht sich *Ziegler* dann allerdings für eine Änderung der Preismißbrauchsaufsicht aus, die zu einem noch stärkeren Preisdirigismus führen würde. Diese Ansicht wird nicht geteilt.

Bundesverband der Pharmazeutischen Industrie (Hrsg.), Pharma Daten, Frankfurt/Main 1972ff.
Ders. (Hrsg.), Basisdaten des Gesundheitswesens, Frankfurt/Main 1981ff.
Ders. (Hrsg.), Reihe: Pharma-Dialog, Frankfurt/Main.
Diese Veröffentlichungen des Bundesverbandes der pharmazeutischen Industrie enthalten umfangreiches empirisches Material über die pharmazeutische Industrie in der Bundesrepublik Deutschland. Die ersten beiden Schriften erscheinen in einem jährlichen Rhythmus, die letzte in unregelmäßiger Folge.

Die Pharmazeutische Industrie (*Editio Cantor,* Aulendorf)
Die 1983 im 45. Jahrgang erscheinende Zeitschrift ist offizielles Mitteilungsorgan des *Bundesverbandes der Pharmazeutischen Industrie.* Sie enthält neben aktuellen Informationen vor allem Beiträge über Probleme des Arzneimittelmarktes und des Gesundheitswesens.

Patente

Kirchner, C., Internationale Marktaufteilungen. Möglichkeiten ihrer Beseitigung mit einer Fallstudie über den internationalen Arzneimittelmarkt, Frankfurt/Main 1975.

Kirchner zeigt anhand theoretischer Überlegungen, welche Konsequenzen der weite territoriale Patentschutz für den Wettbewerb auf dem Arzneimittelmarkt hat; vor allem werden sehr deutlich die wettbewerbsbeschränkenden Wirkungen dieser Regelung herausgearbeitet.

Staatliche Interventionen
Krankenversicherungs-Kostendämpfungsgesetz

Hamm, W., Irrwege der Gesundheitspolitik, Baden-Baden 1980.

In dieser Publikation untersucht *Hamm* zwar die Irrwege, die in der gesamten Gesundheitspolitik eingeschlagen wurden, aber das Hauptinteresse gilt dem Arzneimittelbereich. Es werden sehr eindrucksvoll die Wirkungen der vielfältigen staatlichen Interventionen auf das Verhalten der Beteiligten im Gesundheitswesen aufgezeigt. Sehr wesentlich sind in diesem Zusammenhang die ordnungspolitischen Einwände gegen die Bindung der Arzneimittelausgaben der GKV an die Grundlohnsumme. Sehr nachdrücklich werden die negativen Folgen einer einnahmenorientierten Ausgabenpolitik für die Arzneimittelindustrie herausgearbeitet. Besonders instruktiv sind die Überlegungen hinsichtlich ordnungspolitischer Alternativen zum gegenwärtigen System.

Hamm, W., Staatliche Bremsen für den pharmazeutischen Fortschritt, Tübingen 1982.

Hamm arbeitet sehr klar die Probleme einer staatlichen Intervention im Arzneimittelbereich heraus. Insbesondere weist er sehr nachdrücklich auf die Probleme einer solchen staatlichen Intervention für die pharmazeutische FE hin.

Kaufer, E., Die Kostendämpfung bei Arzneimitteln. Ein Weg zur Verschärfung der Finanzierungskrise im Gesundheitswesen, Baden-Baden 1979.

Kaufer beschäftigt sich sehr eingehend mit dem Einfluß der verschiedenen Krankenversicherungssysteme auf die Nachfrage nach und das Angebot von Gesundheitsleistungen. Insbesondere setzt er sich sehr kritisch mit den Kontrollen der Preise und der Gewinne auseinander. Problematisch sind allerdings die Darlegungen hinsichtlich des Preiswettbewerbs in der pharmazeutischen Industrie.

Oberender, P., Die Wirkungen des Krankenversicherungs-Kostendämpfungsgesetzes auf die industrielle Forschungs- und Entwicklungsaktivität der pharmazeutischen Industrie in der Bundesrepublik Deutschland und die Möglichkeiten zur Verhinderung bzw. Beseitigung negativer Effekte, Marburg 1978.

In diesem Gutachten, das im Auftrag des *Bundesministeriums für Arbeit und Sozialordnung* angefertigt wurde, wird zunächst eingehend das Charakteristische der pharmazeutischen Forschungs- und Entwicklungsaktivität herausgearbeitet. Anschließend wird dann vor allem untersucht, welche negativen Wirkungen die vier Maßnahmen des KVKG – nämlich Konzertierte Aktion, Arzneimittelhöchstbetrag, Bagatellarzneimittel und Transparenzliste – auf die Forschung und Entwicklung der pharmazeutischen Industrie haben. Darüber hinaus werden Möglichkeiten zur Beseitigung bzw. Vermeidung dieser Wirkungen aufgezeigt.

Selbstmedikation

Cranz, H. /Czech-Steinborn, S. / Frey, H. / Reese, K.-H., Selbstmedikation – eine Standortbestimmung, Kiel 1982.

Die Arbeit wurde im *Institut für Gesundheits-System-Forschung* in Kiel angefertigt. Sie vermittelt einen guten Eindruck über die Situation der Selbstmedikation insbesondere bezüglich des Verbraucherverhaltens anhand empirisch-demoskopischer Daten von *Infratest* und der damit zusammenhängenden Probleme. Des weiteren wird der ökonomische Stellenwert der Selbstmedikation aufgezeigt. In einem letzten Teil wird auf die zukünftigen Entwicklungsmöglichkeiten der Selbstmedikation eingegangen.

Herder-Dorneich, P., Zur Ökonomik der Selbstmedikation, in: Der niedergelassene Arzt, 27.Jg. (1978), S.56–97.

Herder-Dorneich gibt hier eine sehr ausführliche Analyse der Selbstmedikation vor dem Hintergrund seines systemtheoretischen Ansatzes.

Rahner, E., Umfang der Selbstmedikation in der BR Deutschland, Pharmazeutische Industrie, 42. Jg. (1980), S. 1233 ff.
Rahner gibt einen aktuellen Überblick über den Umfang und die Struktur der Selbstmedikation in der Bundesrepublik Deutschland Ende der 70er Jahre.

Winckelmann, H. J., Rezeptfrei – Selbstmedikation: Gefahr oder Fortschritt, Kulmbach 1978.
Winckelmann (*Mack* in Illertissen) gibt einen sehr interessanten empirischen Überblick über den Umfang und die Probleme der Selbstmedikation. Die Publikation enthält umfangreiches empirisches Material zu dieser Frage.

Forschung und Entwicklung

Oberender, P., Industrielle Forschung und Entwicklung. Eine theoretische und empirische Analyse bei oligopolistischen Marktprozessen, Bern, Stuttgart 1973.
In der Arbeit wird insbesondere gezeigt, daß eine intensive industrielle FE-Aktivität nicht notwendigerweise Ausdruck eines scharfen Wettbewerbs sein muß. Vielmehr dient sie oft als Alibi dafür, um bestehende Wettbewerbsbeschränkungen zu verdecken. In der Arbeit wird auch anhand der pharmazeutischen Industrie eine Integration von industrieller FE und dynamischer Theorie der Marktprozesse vollzogen. Auf diese Weise wird die Basis für eine marktprozessuale Beurteilung der industriellen FE geschaffen.

Thesing, J., Industrielle Arzneimittelforschung. Voraussetzungen und Möglichkeiten, Frankfurt/Main 1977.
Die Publikation vermittelt einen guten Einblick in die Struktur, die Voraussetzungen und die Möglichkeiten der industriellen Arzneimittelforschung. In einem Anhang werden wichtige pharmazeutische Fachtermini erklärt.

Oberender, P., Entwicklung und Struktur der pharmazeutischen Industrie in der Bundesrepublik Deutschland. Eine kommentierte Materialsammlung unter besonderer Berücksichtigung von Forschung und Entwicklung, Marburg 1978.
Diese Studie wurde im Auftrag des *Bundesministeriums für Arbeit und Sozialordnung* durchgeführt. Sie bringt aktuelles empirisches Material hinsichtlich der pharmazeutischen Industrie in der Bundesrepublik Deutschland.

Bundeskartellamt

Emmerich, V., Fälle zum Wahlfach Wettbewerbsrecht, 2. Auflage, München 1981.
Anhand ausgewählter Fälle wird sehr instruktiv dargelegt, welche Probleme sich bei der Anwendung des GWB in der Praxis des *Bundeskartellamtes* ergeben. Dies wird sehr deutlich auch im Zusammenhang mit der Behandlung des Valium-Falles, als sich *Hoffmann-La Roche* in einem Preismißbrauchsaufsichtsverfahren vor dem *Bundeskartellamt* rechtfertigen mußte, aufgezeigt.

Hoppmann, E., Die Abgrenzung des relevanten Marktes im Rahmen der Mißbrauchsaufsicht über marktbeherrschende Unternehmen. Dargestellt am Beispiel der Praxis des Bundeskartellamtes bei Arzneimitteln, Baden-Baden 1974.
Hoppmann gibt zunächst einen theoretischen Überblick bezüglich des Problems der Abgrenzung des relevanten Marktes und geht dann ausführlich auf die Schwierigkeiten, die sich aus § 22 GWB bezüglich der Abgrenzung des relevanten Marktes ergeben, ein. Er untersucht diese Frage insbesondere anhand der Abgrenzung relevanter Märkte bei Arzneimittelspezialitäten in der Praxis des *Bundeskartellamtes*.

EWG-Vertrag

Emmerich, V., Staatliche Interventionen, Arzneimittelmarkt und EWG-Vertrag, Baden-Baden 1980.
In diesem Rechtsgutachten, das im Auftrag des *Bundesverbandes der Pharmazeutischen Industrie* angefertigt wurde, wird die Vereinbarkeit von Kostenerstattungssystemen der Sozialversicherungsträger mit dem EWG-Vertrag untersucht. Die Studie kommt nach einer sehr gründlichen Diskussion zu dem Ergebnis, daß Krankenkassen durch die Festsetzung unangemessen niedriger Preise den innergemeinschaftlichen Handel mit Arzneimitteln beeinträchtigen und damit gegen den EWG-Vertrag verstoßen können. Die Ausführungen sind insbesondere unter dem Aspekt der Arzneimittel-Importe in der Bundesrepublik von Relevanz.

Internationale pharmazeutische Industrie

U.S. Senate, Subcommittee on Monopoly. Hearings on Competitive Problems in the Drug Industry. Teile 1 bis 33, Washington, D.C. 1967 bis 1978.
Diese Anhörungen stellen die wohl umfangreichste veröffentlichte Materialsammlung bezüglich der US-amerikanischen Arzneimittelindustrie dar. Die über 16000 Seiten umfassenden Hearings sind eine Fundgrube für jeden Forscher, der sich mit der Arzneimittelindustrie beschäftigt. Es werden hier vielfältige Probleme anhand der Situation der amerikanischen pharmazeutischen Industrie von verschiedenen Perspektiven aus diskutiert. Beispielsweise beschäftigt sich der 33. Band sehr ausführlich mit Fragen der Arzneimittelqualität, des Wettbewerbs und der öffentlichen Beschaffung von Arzneimitteln.

Measday, W.S., The Pharmaceutical Industry, in: *Adams, W.* (Hrsg.), The Structure of American Industry, 5. Auflage, New York, London 1977, S. 250 ff.
Measday gibt einen Überblick über die Entwicklung und die Situation der pharmazeutischen Industrie in den Vereinigten Staaten. Ausführlich geht er hierbei auch auf den Einfluß des Staates ein.

Mitchel, S.A. / Link, E.A. (Hrsg.), Impact of Public Policy on Drug Innovation and Pricing, Washington, D.C. 1976.
Hierbei handelt es sich um Proceedings eines Seminars über den Einfluß der öffentlichen Politik auf die pharmazeutische Industrie in den USA. Es wird auf die Möglichkeit einer Kontrolle der Arzneimittelausgaben eingegangen; ausführlich werden Fragen des Einflusses öffentlicher Regulierungen auf die Arzneimittelinnovationen behandelt. Hierbei kommen Vertreter aus Wissenschaft, Industrie und staatlicher Verwaltung zu Wort.

Schwartzman, D., Innovation in the Pharmaceutical Industry, Baltimore, London 1976.
Schwartzman gibt eine sehr ausführliche Analyse der Innovationen in der Arzneimittelindustrie; insbesondere beschäftigt er sich mit Fragen des Einflusses der öffentlichen Regulierung auf dem Arzneimittelmarkt in den USA.

Grabowski, H.G., Drug Regulation and Innovation. Empirical Evidence and Policy Options, Washington, D.C. 1976.
Peltzman, S., Regulation of Pharmaceutical Innovation. The 1962 Amendments, Washington, D.C. 1974.
Wardell, W.M. / Lasagna, L., Regulation and Drug Development, Washington, D.C. 1975.
Diese Arbeiten untersuchen, welche Wirkungen von den verschärften Zulassungsbedingungen aufgrund des Food, Drug and Cosmetic Act von 1962 auf die Forschung und Entwicklung sowie die Innovation der pharmazeutischen Industrie ausgehen.

Reekie, D.W., The Economics of the Pharmaceutical Industry, London, Basingstoke 1975.
Reekie, D.W. / Weber, M.H., Profits, Politics and Drugs, London 1979.
Diese Publikationen ermöglichen einen guten Einblick in die Ertragssituation der pharmazeutischen Industrie in England. Vor allem wird auf die vielfältigen politischen Interventionen auf dem englischen Arzneimittelmarkt eingegangen.

Gesundheitsökonomie

Robert-Bosch-Stiftung (Hrsg.), Reihe: „Beiträge zur Gesundheitsökonomie".
Bei den Veröffentlichungen dieser Reihe handelt es sich um Berichte über die halbjährlich stattfindenden gesundheitsökonomischen Kolloquien der *Robert-Bosch-Stiftung,* bei der namhafte deutsche und ausländische Gesundheitsökonomen über ihre Forschungsarbeiten ausführlich berichten sowie über aktuelle gesundheitspolitische Fragen intensiv diskutieren. Bisher sind die folgenden beiden Bände erschienen:
Herder-Dorneich, P. / Sieben, G. / Thiemeyer, T. (Hrsg.), Wege zur Gesundheitsökonomie I, Gerlingen 1981.
Dies., (Hrsg.), Wege zur Gesundheitsökonomie II, Gerlingen 1982.
Im ersten Band wird eine Einführung in die Gesundheitsökonomie gegeben; insbesondere wird auf Probleme des Marktversagens und auf Fragen der Wirtschaftlichkeitsprüfung im Krankenhaus sowie auf Anwendungsmöglichkeiten betriebswirtschaftlicher Planungsmodelle im Gesundheitswesen eingegangen. Der zweite Band widmet sich besonders Fragen der Systemplanung im Krankenhaus- und Gesundheitswesen, den Allokationswirkungen verschiedener

Eigentumsrechte im Krankenhaus sowie der Kostenentwicklung im Rahmen der GKV. Ausführlich wird auch auf die Gesundheitsökonomie in den Vereinigten Staaten eingegangen.

Bogs, H. / Herder-Dorneich, P. / Scheuch, E.K. / Wittkämper, G. W., Gesundheitspolitik zwischen Staat und Selbstverwaltung. Zur Ordnungspolitik des Gesundheitswesens, herausgegeben von der *Ludwig-Sievers-Stiftung, Hans-Neuffer-Stiftung, Stiftung Zentralinstitut für kassenärztliche Versorgung,* Köln 1982.

In diesem Gemeinschaftsgutachten, das im Auftrag der oben erwähnten ärztlichen Stiftungen angefertigt wurde, werden auf der Grundlage einer sehr ausführlichen Diskussion die notwendigen, insbesondere ordnungspolitische Änderungen des Gesundheitswesens in der Bundesrepublik Deutschland dargelegt. Es handelt sich um eine sehr gründliche und ausführliche Stellungnahme, die eine Vielfalt von Anregungen enthält.

Herder-Dorneich, P., Gesundheitsökonomik, Systemsteuerung und Ordnungspolitik im Gesundheitswesen, Stuttgart 1980.

Herder-Dorneich gibt eine Einführung in den Problemkreis der Gesundheitsökonomie. Es handelt sich um eine Darstellung, die die verschiedenen komplexen Systeme wie Märkte, Quasi-Märkte, Gruppenverhandlungen und Wahlen auch in graphischen Darstellungen verdeutlicht. Im Mittelpunkt der Betrachtungen stehen die strukturellen Besonderheiten des Systems der GKV. *Herder-Dorneich* kommt hierbei zum Ergebnis, daß komplexe Systeme einer Kombination verschiedener Steuerungssysteme bedürfen.

Schaper, K., Kollektivgutprobleme einer bedarfsgerechten Inanspruchnahme medizinischer Leistungen, Frankfurt/Main 1978.

Die Dissertation von *Schaper,* die in Bochum bei *Theo Thiemeyer* und *Lothar Neumann* angefertigt wurde, diskutiert sehr ausführlich und gründlich die public goods-, uncertainty- und moral hazard-Theoreme allokativer Mängel von Gesundheits- und Krankenversicherungssystemen. Bemerkenswert an dieser Arbeit ist nicht nur die breite theoretische Basis, sondern auch die Anwendungsbezogenheit der theoretischen Überlegungen.

Vorschläge zu einer marktwirtschaftlichen Reform des Gesundheitswesens in der Bundesrepublik

Knappe, E. / Roppel, U., Zur Stärkung marktwirtschaftlicher Steuerungssysteme im Gesundheitswesen. Probleme und Ansatzpunkte, Köln 1982.

Die Autoren diskutieren sehr eingehend die Möglichkeiten einer marktwirtschaftlichen Verstärkung der Steuerungselemente im Rahmen der gesetzlichen Krankenversicherung.

Oberender, P., Mehr Wettbewerb im Gesundheitswesen – Vorschläge zur Reform des Gesundheitswesens in der Bundesrepublik Deutschland, in: Jahrbuch für Sozialwissenschaft, Band 31 (1980), S. 145 ff.

Es wird ausführlich dargelegt, daß letztlich nur mit Hilfe der konsequenten Realisierung von mehr Markt die gegenwärtig bestehenden vielfältigen Probleme im Gesundheitswesen langfristig adäquat gelöst werden können. Hierbei sind grundlegende Veränderungen hinsichtlich der Anreizstruktur auf der Nachfrage- und Angebotsseite unerläßlich.

Zigarettenindustrie

Herwig Brendel

Gliederung

1. Einführung und Problemstellung
2. Entstehung und Entwicklung der Zigarettenindustrie in Deutschland: ein historischer Abriß
3. Rahmenbedingungen
   - 3.1. Tabaksteuergesetzgebung und Berlinförderungsgesetz
   - 3.2. Lebensmittel- und Bedarfsgegenständegesetz
   - 3.3. Vereinbarungen der Industrie
4. Struktur des Zigarettenmarktes
   - 4.1. Das Produkt: Herstellung und Vertrieb
     - 4.1.1. Produktionstechnik
     - 4.1.2. Vertriebssystem
   - 4.2. Zigarettennachfrage
     - 4.2.1. Raucherstruktur
     - 4.2.2. Geschmacksrichtungen
     - 4.2.3. Preissegmente
     - 4.2.4. Preisempfindlichkeit
   - 4.3. Zigarettenanbieter
     - 4.3.1. Produktion und Außenhandel
     - 4.3.2. Entwicklung der Unternehmensstruktur
     - 4.3.3. Marktanteile
       - 4.3.3.1. Marktanteile der führenden Unternehmen
       - 4.3.3.2. Marktanteile einzelner Marken
       - 4.3.3.3. Bedeutung einzelner Marken für die Unternehmen
5. Marktprozessuale Verhaltens- und Ergebnisanalyse
   - 5.1. Die Parameteraktivität von Unternehmen im Marktprozeß und in der Marktentwicklung
   - 5.2. Preis
   - 5.3. Rabatte
   - 5.4. Produkt
   - 5.5. Werbung, Verkaufsförderung, Imagetransfer
   - 5.6. Ertragssituation
6. Ergebnis und wettbewerbspolitische Folgerungen
7. Anhang
8. Kontrollfragen
9. Literaturhinweise

1. Einführung und Problemstellung

Die Untersuchung eines Industriezweigs wie der seit rund 120 Jahren bestehenden Zigarettenindustrie kann einen Zeitraum erfassen, der von den Anfängen der Industrie bis zum Auftreten von Sättigungserscheinungen auf dem Markt reicht, – ein Zeitraum, in dem wesentliche Phasen der Marktentwicklung durchlaufen wurden und der durch das Auftreten einer Vielzahl marktprozessualer Besonderheiten gekennzeichnet ist.

Bei der Untersuchung der Wettbewerbssituation einer Industrie kommt der **Analyse und Interpretation des konkreten Verhaltens der Marktteilnehmer** grundlegende Bedeutung zu. Dabei ist vor allem eine Betrachtung des Verhaltens und der Entwicklung der Unternehmen sowie eine Beachtung der Veränderungen in den Bestimmungsgründen unternehmerischen Verhaltens im Zeitablauf erforderlich. Die Analyse der im Entwicklungsverlauf einer Industrie zu beobachtenden Interaktions- und Strukturmuster kann Faktoren offenlegen, durch die industrielle Strukturen und unternehmerisches Verhalten mitbestimmt werden, und damit Hinweise auf Bedingungen für Gestaltung und Aufrechterhaltung von Wettbewerbsverhältnissen in einer Industrie geben.

Das Verständnis der aktuellen Ausprägungen einer Industrie setzt, weil sie in marktwirtschaftlichen Ordnungen stets historisch Gewachsenes darstellen, die Kenntnis derjenigen Kräfte voraus, die zu ihrer Ausbildung beigetragen haben. Diese **Berücksichtigung der historischen Dimension** erlaubt es, einen Teil der Gegebenheiten aus **Erfahrungsprozessen** ableiten und erklären zu können, welche die Unternehmen einer Industrie durchlaufen haben. Im zweiten Abschnitt soll daher die historische Entwicklung der deutschen Zigarettenindustrie knapp skizziert werden.

Die deutsche Zigarettenindustrie unterlag verschiedenen gesetzlichen Regelungen und unterschiedlichen ökonomischen und sozialen Bedingungen, die sich in Industriestruktur und Unternehmensverhalten niederschlagen. Eine **spezifische staatliche Einflußnahme** rührt von dem Tatbestand her, daß Zigaretten ein bedeutendes Genußmittel darstellen. So geriet die Industrie einmal als ergiebige Quelle staatlicher Einnahmen unter steuerpolitischen Einfluß, zum anderen unter den Einfluß der Gesundheitspolitik aufgrund der gesundheitsschädigenden Wirkungen des Zigarettenrauchens.

Wegen der Bedeutung der Frage nach dem Einfluß rechtlich-institutioneller Regelungen oder Bindungen auf das Verhalten der Handlungseinheiten sollen im dritten Abschnitt die für die Zigarettenindustrie in der Bundesrepublik maßgebenden **institutionellen Rahmenbedingungen** dargestellt werden. Unter diesen Rahmenbedingungen ist der Komplex rechtlich und institutionell sanktionierter Handlungsmöglichkeiten und Verhaltensbeziehungen zu verstehen, durch den das Ausmaß erlaubter bzw. nicht verbotener Handlungen begründet und begrenzt wird. Diese Regelungen haben für die betroffenen Wirtschaftseinheiten spezifische Geltung, weil sie mit Hilfe von Sanktionen durchgesetzt werden können.

Institutionelle Rahmenbedingungen definieren einen Teil der „**Spielregeln**" für das Marktgeschehen: durch sie wird die Auswahl unter möglichen Handlungszielen,

Handlungsweisen und Handlungsmitteln beeinflußt und eingeschränkt; sie stellen einen Bezugspunkt dar, auf den sich unternehmerisches Handeln auszurichten hat. Diese Rechtsregeln und Bedingungen resultieren vor allem aus legislativen und judikativen Entscheidungen und dokumentieren die enge Verbindung zwischen Rechts- und Wirtschaftsordnung bzw. wirtschaftlicher Teilordnung für einen Industriezweig.

Im vierten Abschnitt wird dann der **Markt**, der einer Wettbewerbsanalyse unterzogen werden soll, **in seinen strukturellen Merkmalen** dargestellt. Neben dem Produkt Zigarette, dessen Herstellungsprozeß und der Struktur der Absatzwege sollen Nachfrager und Anbieter als diejenigen Handlungseinheiten, durch die die industriellen Gegebenheiten wesentlich mitbestimmt werden, auf ihre Besonderheiten hin untersucht werden.

Mit der Darstellung der institutionellen Rahmenbedingungen für die Zigarettenindustrie und der strukturellen Gegebenheiten des deutschen Zigarettenmarktes ist der **Entscheidungs- und Handlungsspielraum** umschrieben, innerhalb dessen die Unternehmen der Zigarettenindustrie ihre **marktgerichteten Aktivitäten** entfalten können. In diesem gesetzlich begrenzten oder vertraglich oder durch sonstige private Regelungen eingegrenzten Entscheidungsspielraum und dem durch die verfügbaren Ressourcen bestimmten, in der Marktentwicklung veränderlichen Handlungsspielraum können die Unternehmen erlaubte Handlungsmittel einsetzen, um ihre Ziele zu realisieren. Die Aktionsparameter als Handlungsmittel der Unternehmen werden in der Regel kombiniert eingesetzt, jedoch haben sie je nach Marktprozeß und Marktentwicklung einen unterschiedlichen Stellenwert in der Unternehmensstrategie. Von besonderem Gewicht ist dabei die Unterscheidung der **wettbewerblichen Bedeutung des Einsatzes von Preis- und Nichtpreis-Parametern**.

2. Entstehung und Entwicklung der Zigarettenindustrie in Deutschland: ein historischer Abriß

Als **„Geburtsjahr" der deutschen Zigarettenindustrie** wird allgemein das Jahr 1862 angesehen, in dem der russische Zigarettenfabrikant *von Huppmann-Valbella* einen Filialbetrieb seiner in St. Petersburg ansässigen *Compagnie Laferme* in Dresden gründete.[1] Zu dieser Zeit bestand in Deutschland für den Tabakgenuß in Form der Zigarette – im Gegensatz etwa zu Rußland, Italien oder Frankreich – noch keine nennenswerte Nachfrage. Hauptzweck der Unternehmensgründung war daher der Export der zunächst noch in Handarbeit hergestellten Zigaretten, vor allem nach Italien. Zugleich aber richtete *Laferme* sein Augenmerk darauf, auch in Deutschland einen Markt für Zigaretten zu schaffen, indem es durch intensive Werbung Nachfrage zu kreieren suchte.[2] Zwar trat nach dem Krieg 1870/71 eine geringe Konsumbelebung ein, die zu

---

[1] Vgl. *Geck, A.,* Die Trustabwehrbewegung im deutschen Zigarettengewerbe. Ein kritischer Beitrag zur Geschichte der Zigarettenindustrie und des Zigarettenhandels, Dissertation Greifswald 1920, S. 55.
[2] Vgl. *Bormann, K.,* Die deutsche Zigarettenindustrie, Tübingen 1910, S. 5. Die Werbung des Unternehmens erlangte einen Bekanntheitsgrad, daß noch in den neunziger Jahren der Name „*Laferme*" synonym für Zigarette gebraucht wurde; siehe *Dorén, G. N.,* Die Herstel-

einer Welle von Neugründungen während der siebziger Jahre führte, insgesamt entwickelte sich die Zigarettennachfrage jedoch nur zögernd: 1877 belief sich der Jahresverbrauch je Kopf der Bevölkerung auf 2,5 Zigaretten, während der Zigarrenkonsum bei 92 Stück je Kopf im Jahr lag.[3]

Erst mit der Schaffung der **produktionstechnischen Voraussetzungen für eine Massenherstellung** von Zigaretten setzte der Aufschwung der Zigarettenindustrie ein. Nachdem zunächst nur für einzelne Arbeitsvorgänge des Herstellungsprozesses Maschinen verfügbar waren, bedeutete die 1881 patentierte Stopfmaschine mit endloser Papierhülse (kontinuierlicher Tabakstrang) von *Otto Bergsträsser* eine durchgreifende Verfahrensinnovation. Um 1900 lieferte *Bergsträsser* bereits eine Zigarettenmaschine mit einer Tagesleistung von 100000 bis 120000 Zigaretten aus.[4] Um die Jahrhundertwende beschleunigte sich auch die Nachfrageausweitung, die sich in den neunziger Jahren angedeutet hatte: Der Jahresverbrauch je Kopf der Bevölkerung erhöhte sich innerhalb von zehn Jahren um mehr als 340% von 14 (1893) über 23 (1897) auf 62 Zigaretten (1903); die Zahl der Zigarettenfabriken hatte sich zwischen 1890 (87 Betriebe) und 1900 (189 Betriebe) mehr als verdoppelt.[5] Der Zigarettenmarkt trat in seine expansive Phase.

Charakteristisch für den **Beginn der Marktexpansion** ist der **gleichzeitige Einsatz mehrerer Aktionsparameter** als Ausdruck verstärkten Wettbewerbs: Infolge der Einführung leistungsfähiger Zigarettenmaschinen eilten die Produktionskapazitäten der Nachfrageentwicklung voraus, für die steigenden Produktionsmengen mußten neue Absatzmöglichkeiten gefunden werden. **Hauptwettbewerbsmittel** war der **Preis**, der wegen der gesunkenen Produktionskosten spürbar herabgesetzt werden konnte[6], um auch einkommensschwächere Nachfrageschichten zu erschließen. Zugleich entfaltete sich ein heftiger Reklamewettbewerb, an Produkt, Verpackung und Ausstattung erfolgten Verbesserungen, die räumliche Marktausweitung wurde durch den Ausbau des Vertriebssystems (Reisende, Agenten) vorangetrieben.[7]

In dieser Phase intensiven Wettbewerbs erwarb 1901 der **amerikanische Tabaktrust** durch die *Consolidated Tobacco Co.* (ab 1902 *British American Tobacco Co.*) die *Jasmatzi A. G.* in Dresden. Dieser Vorgang wurde von der deutschen Industrie in Zu-

---

lung der Cigarette (1) im Laufe der Reemtsma-Firmengeschichte, in: *Reemtsma Cigarettenfabriken GmbH*, Geschäftsbericht 1978, S. 50.
[3] Die Jahresproduktion 1877 der 33 Zigarettenfabriken im Deutschen Reich betrug 187 Mio. Zigaretten, davon gingen 54 Mio. Stück (28,9%) in den Export; 1977 produzierten in der Bundesrepublik Deutschland 14 Hersteller 141,2 Mrd. Zigaretten, hiervon 24,2 Mrd. Stück (17,1%) für den Export.
[4] Vgl. *Dorén, G. N.*, Die Herstellung der Cigarette (1), a.a.O., S. 55; Geck, A., a.a.O., S. 58. Im selben Jahr wurde für *James Bonsack* in den Vereinigten Staaten eine Zigarettenmaschine patentiert, die auch in Europa eingesetzt wurde. – Zigarettenmaschinen waren bereits auf den Pariser Weltausstellungen von 1867 *(Susini)* und 1878 *(Durand)* vorgestellt worden; vgl. *Voges, E./Wöber, O.*, Tabaklexikon, Mainz 1967, S. 89, 393.
[5] Vgl. *Geck, A.*, a.a.O., S.55f., 67. Bereits 1911 deutete sich der Umschwung von der Zigarre zur Zigarette an: gegenüber 127 Zigarren wurden durchschnittlich 150 Zigaretten je Kopf der Bevölkerung im Jahr geraucht; vgl. *Weisser, M.*, Cigaretten-Reclame, Münster 1980, S. 14.
[6] Zigaretten besserer Qualität wurden weiterhin in Handarbeit hergestellt; vgl. *Bormann, K.*, a.a.O., S. 46ff.
[7] Vgl. *Bormann, K.*, a.a.O., S. 6ff.; *Geck, A.*, a.a.O., S. 59; *Jaffé, E.*, Die Tabakindustrie, in: Handbuch der Wirtschaftskunde Deutschlands, Dritter Band (1904), S. 889.

sammenhang mit der Entwicklung auf dem US-amerikanischen Zigarettenmarkt gesehen, auf dem *James B. Duke,* eine starke Unternehmerpersönlichkeit, systematisch die Marktkontrolle verfolgt und 1890 mit der Bildung des Tabaktrusts *(American Tobacco Co.)* die Monopolisierung erreicht hatte.[8] Die in den Vereinigten Staaten erfolgreichen Praktiken wollte *Duke* auf den europäischen Markt übertragen, zunächst in Großbritannien und von dort aus in Deutschland. Als *Jasmatzi,* ein mit modernster Produktionstechnik ausgestattetes Unternehmen, durch Preissenkungen[9], „beispiellose Reklame" und durch die Qualität seiner Produkte immer mehr Nachfrager an sich band, wurde dies bereits als **Versuch der Monopolisierung** auch des deutschen Zigarettenmarktes interpretiert. Mittlere Unternehmen bildeten eine Antitrustkommission, der *Deutsche Tabakverein* gründete einen Trustabwehrausschuß und leitete eine Boykottbewegung ein. *Jasmatzi* reagierte darauf mit der Einführung eines Couponsystems, das die Markentreue der Nachfrager weiter förderte. 1905 wurde nach Zugeständnissen von *Jasmatzi* der erste Antitrustkampf beendet.[10]

Der eigentliche „**Trustabwehrkampf**" begann 1912 aus Furcht der Industrie vor einer weiteren Expansion des *Jasmatzi*-Konzerns[11] und aus Furcht des Handels, daß *Jasmatzi* nach dem Vorbild der USA auch in Deutschland eine eigene Ladenorganisation aufbauen würde.[12] „Trustfreie" Zigarettenfabriken und Händlerverbände schlossen sich 1913 im *„Verband zur Abwehr des Tabaktrusts"* zusammen. Der Aufruf zum Boykott der zum „Trust" gehörenden Zigarettenfabriken wurde als **„nationaler Kampf" gegen den „Angriff des ausländischen Großkapitals"** ausgegeben.[13] Der Ausbruch des Ersten Weltkriegs vereitelte eine Verschärfung der Situation; *British American Tobacco* wurde gezwungen, sich von der Beteiligung am *Jasmatzi*-Konzern zu trennen.[14]

Bereits in die Anfänge der Expansionsphase fallen die ersten **Versuche einer bewußten Verhaltenskoordination** in der Zigarettenindustrie, die vor allem auf eine **Kontrolle des Aktionsparameters Preis** zielten.[15] Die wiederholten Anläufe des *Verbands der deutschen Zigarettenindustrie* – so zum Beispiel 1907, 1910 und 1912 –, zur Bekämpfung überhöhter Handelsspannen und zur Unterbindung von Preisunterbietungen auf seiten des Handels („Preisschleuderei") Preiskonventionen zwischen Industrie und Handel abzuschließen, blieben ohne Erfolg; Interessengegensätze zwischen Indu-

---

[8] Siehe hierzu *Tennant, R. B.,* The Cigarette Industry, in: *Adams, W.* (Hrsg.), The Structure of American Industry, 4. Auflage New York, London 1971, S. 216 ff.

[9] Die Preispolitik von Jasmatzi trug dazu bei, daß nach der Jahrhundertwende ca. 60% des Zigarettenangebots in der Preisklasse von 1 Pf je Stück lagen; siehe *Weisser, M.,* a.a.O., S. 16.

[10] *Jasmatzi* solidarisierte sich in einem Lohnkampf mit der übrigen Zigarettenindustrie, versicherte seinen Verzicht auf Unternehmensexpansion im Wege externen Wachstums und erklärte, weder in den Detailhandel noch in andere Bereiche der Tabakindustrie vordringen zu wollen. *Geck* (a.a.O., S. 47) hält der *Jasmatzi A. G.* zugute, daß sie „zwar als Tochtergesellschaft eines Trusts, nicht jedoch als Trägerin des Trustgedankens anzusprechen war".

[11] 1912 hatte die *British American Tobacco Co.* unmittelbar oder mittelbar Einfluß auf folgende Zigarettenfabriken: *Jasmatzi, Josetti, Batschari, Sulima, Delta* und *Adler;* ferner gehörte die *Tabak-Handelsgesellschaft* zu ihrem Einflußbereich; vgl. *Geck, A.,* a.a.O., S. 111 ff.

[12] Vgl. *König, H.,* Entstehung und Wirkungsweise von Fachverbänden der Nahrungs- und Genußmittelindustrie, Berlin 1965, S. 227.

[13] Ebenda, S. 226.

[14] Vgl. *Geck, A.,* a.a.O., S. 230.

[15] Zum Folgenden vgl. *König, H.,* a.a.O., S. 224 ff., 232 ff.

8. Zigarettenindustrie

strie und Handel, die Existenz von Überkapazitäten sowie die hohe Zahl von Außenseitern vereitelten die Bildung funktionsfähiger **Kartelle**. Erst eine gesetzliche Produktionskontingentierung während des Ersten Weltkriegs führte 1916 zum Zustandekommen eines Zigarettenkartells (*„Interessengemeinschaft deutscher Zigarettenfabriken"*), das Preise und Konditionen gegenüber dem Handel durchsetzen konnte; 1921 fiel dieses Kartell auseinander. Den Kartellgründungen der folgenden Jahre (1921, 1923, 1926, 1927) war ebenfalls kein dauerhafter Erfolg beschieden.

Parallel zu den Versuchen zur Kartellierung der Zigarettenindustrie in der Zeit nach dem Ersten Weltkrieg verlief ein sich ab 1924 verstärkender **Konzentrationsprozeß**. 1925 bildete die 1910 gegründete Zigarettenfabrik *Reemtsma* mit dem *Jasmatzi*-Konzern eine Interessengemeinschaft, die einen Gewinn-Pool zwischen beiden Unternehmen zum Gegenstand hatte; einen weiteren Poolvertrag schloß *Reemtsma* 1928 mit der Zigarettenfabrik *Haus Neuerburg*. 1929 schließlich vollzog *Reemtsma* die Fusion mit dem *Jasmatzi*-Konzern und stieg zum größten Unternehmen auf dem deutschen Zigarettenmarkt auf.[16] Gegenüber weit über hundert Firmen 1926 bestanden 1929 noch etwa zwanzig Firmen, von denen nur fünf größere Bedeutung hatten, neben *Reemtsma* und *Haus Neuerburg*, die zusammen 80% Marktanteil auf sich vereinigten, die Firmen *Muratti, Greiling* und *Garbaty*.[17]

Die zunehmende Verdrängung kleiner und mittlerer Unternehmen vom Zigarettenmarkt in den Jahren 1928 und 1929 erleichterte schließlich die Bildung eines Kartells, das 1929 unter Führung von *Reemtsma* und *Haus Neuerburg* zustande kam und mit dem Namen *„Preisschutz- und Umsatzverrechnungsstelle der deutschen Zigarettenindustrie"* seinen Sitz in Hamburg nahm.[18] Am Schluß dieser Entwicklung steht 1934, nach zunächst freiwillig vollzogenem Zusammenschluß zur *„Wirtschaftlichen Vereinigung der deutschen Zigarettenindustrie"* im selben Jahr, die Überführung der gesamten Zigarettenindustrie in ein **staatliches Zwangskartell**.[19]

In der Zeit von der Jahrhundertwende bis zur Zwangskartellierung haben **gesetzliche Regelungen** maßgeblich zu den erheblichen Strukturveränderungen der Industrie und zu Wandlungen in den Wettbewerbsformen beigetragen.

In ihren Auswirkungen auf die Entwicklung der Zigarettenindustrie am gravierendsten war die Einführung einer **Zigarettensteuer** im Jahre 1906.[20] Die erste Änderung

---

[16] Einen Abschluß erfuhr dieser Konzentrationsprozeß 1935 durch den Eintritt der Familie *Neuerburg* in die Kommanditgesellschaft *H.F. & Ph.F. Reemtsma*. Vgl. *Reemtsma Cigarettenfabriken GmbH*, Geschäftsbericht 1973, S. 36.

[17] Vgl. *Gross, H.*, Tabakmonopol und freie Tabakwirtschaft, Jena 1930, S. 58f.

[18] Vgl. *König, H.*, a.a.O., S. 237; *Gross, H.*, a.a.O., S. 59.

[19] Vgl. *BAT Cigaretten-Fabriken GmbH* (Hrsg.), Magazin zum 50jährigen Bestehen, Hamburg 1976, S. 10.

[20] Als Begründungen für diese Sondersteuer (Banderolensteuer) auf alle Produkte der Zigarettenindustrie (Zigaretten, Zigarettentabak und -hüllen) wurden die fiskalische Ergiebigkeit und der Schutz der Zigarrenindustrie, zu deren Lasten die rasche Ausdehnung des Zigarettenkonsums ging, angeführt; vgl. *König, H.*, a.a.O., S. 220ff.; *Weisser, M.*, a.a.O., S. 22f. Wegen der außerordentlichen Ergiebigkeit wurde die Zigarettensteuer bereits 1909 erhöht. Diese Erhöhung und die von 1916 führten zunächst zu Nachfrageverschiebungen: Wegen der relativ hohen Steuerlast kam es bei Zigaretten der unteren Preislage (bis 1,5 Pf je Stück) zu Absatzrückgängen. Mit dem Tabaksteuergesetz von 1919 wurde dann als billigste Preisklasse die

dieses Gesetzes, von der eine Wirkung auf die Industriestruktur ausging, war die gesetzliche **Kontingentierung der Zigarettenproduktion** während des Ersten Weltkriegs (1916), die auch „der Tendenz zum Großbetrieb entgegenwirken" sollte.[21] Das Tabaksteuergesetz von 1919 erleichterte die **Neugründung von Unternehmen** durch sicherheitslose Steuerstundung auf drei Monate, so daß es während der Inflationszeit zu einer Übersetzung der Industrie kam.[22] Die Erhebung einer Materialsteuer zusätzlich zur Banderolensteuer im Jahr 1925 verteuerte die unteren Zigaretten-Preislagen in einem Ausmaß[23], daß vor allem Klein- und Mittelunternehmen in Konkurs gingen; aus diesem Grunde wurde 1926 die Steuerbelastung besonders der unteren Preislagen gesenkt. In den sich daraufhin verschärfenden Wettbewerb griff der Staat 1927 mit der „Maiverfügung des Reichsfinanzministers" ein: zum **Schutz kleiner Unternehmen** wurden die Handelsrabatte gesetzlich festgelegt und die Höhe der Werbeausgaben an den Umsatz gebunden. 1928 wurde diese Verfügung wegen ihrer Unwirksamkeit aufgehoben[24], so daß erneut ein intensiver (Rabatt-)Wettbewerb der kleinen und mittleren Unternehmen einsetzte. Die Großunternehmen konzentrierten sich dagegen auf den Aktionsparameter Werbung und setzten Rabatte als Wettbewerbsmittel erst ein, als sich die finanzielle Lage der Klein- und Mittelunternehmen so weit verschlechtert hatte, daß ihr Ausscheiden aus dem Markt absehbar war.[25] Damit war der Weg zur Bildung des erwähnten **Rabattkartells** im Jahr 1929 geebnet. Die Position dieses Kartells wurde 1930 durch eine „Verordnung über die Kontingentierung der Zigarettenherstellungsbetriebe" verstärkt: Wettbewerb wurde ausgeschlossen, die deutsche Zigarettenindustrie genoß staatlichen Schutz vor ausländischer Konkurrenz.[26]

Die Geschichte der Zigarettenindustrie im Deutschen Reich zeigt, daß mit Beginn der Expansionsphase sowohl von Unternehmerseite als auch von seiten des Staates wiederholt Versuche unternommen wurden, **steuernd und kontrollierend direkt in das Marktgeschehen einzugreifen**. Die Interessenorganisation der Zigarettenhersteller, der 1906 gebildete *Verband der deutschen Zigarettenindustrie*, versuchte ab 1907, mit Hilfe zahlreicher Kartellgründungen eine Bindung von Preisen und Konditionen durchzusetzen. Diese Vereinbarungen kamen erst am Ende eines Konzentrationsprozesses zustande, der in seinem Verlauf wiederum durch staatliche Maßnahmen mitgeprägt wurde. Insgesamt war die **Stellung des Staates** gegenüber der Zigarettenindustrie besonders nach dem Ersten Weltkrieg widerspruchsvoll: Regelungen, die Anreize zur Neugründung von Unternehmen setzten, wurden abgelöst von Maßnahmen, die

---

Zigarette zu 3 Pf je Stück geschaffen; gleichzeitig wurde das Banderolensystem auf alle Tabakerzeugnisse ausgeweitet.
[21] *König, H.,* a.a.O., S. 232 Fn. 21.
[22] Vgl. *Weisser, M.,* a.a.O., S. 23; *Flügler, A.,* Tabak, Tabakhandel und Tabakindustrie, in: Handwörterbuch der Staatswissenschaften, Bd. VII (1926), S. 1208.
[23] Die Steuerlast in der Preislage von 2 Pf betrug 81,3%, bei Zigaretten zu 6 Pf 40,4%.
[24] Von der Maiverfügung waren Unternehmen, die ihre Steuerzeichen bar bezahlten, ausgenommen; diese kapitalkräftigen Unternehmen konnten durch verstärkte Werbung und Preissenkungen ihren Marktanteil spürbar ausdehnen; vgl. *König, H.,* a.a.O., S. 236.
[25] Vgl. *Gross, H.,* a.a.O., S. 58.
[26] Vgl. *Gross, H.,* a.a.O., S. 60: „Die Kontingentierungsvorschrift ... enthält ... eine gesetzliche Sicherung der privaten Monopolstellung ... (Sie) bedeutet für die Monopolfirmen eine gesetzliche Sanktion ihrer Monopolgewinne."

konzentrative Tendenzen förderten; auf den Schutz von Grenzbetrieben („Maiverfügung") folgte der Schutz einer marktbeherrschenden Stellung der Großunternehmen durch gesetzliche Kontingentierung der Zigarettenproduktion. Im Vordergrund staatlichen Handelns stand die Durchsetzung des Interesses an der Erhaltung und Steigerung der fiskalischen Ergiebigkeit der Zigarettensteuer. Daraus resultierte eine starke **Veränderlichkeit der Rahmenbedingungen,** der die größeren Unternehmen eher gewachsen waren.

3. Rahmenbedingungen

Der Überblick über die Geschichte der Zigarettenindustrie im Deutschen Reich veranschaulicht die überragende Bedeutung rechtlicher und institutioneller Bedingungen für die Entwicklung eines Industriezweigs. Im wesentlichen wirkten Maßnahmen der Steuergesetzgebung auf den Spielraum der unternehmerischen Verhaltensmöglichkeiten ein. Zeitweise griff der Staat durch gesetzliche Fixierung der Aktionsparameter Menge, Rabatt und Werbung direkt in den Ablauf von Marktprozessen ein; aber sowohl gegenüber den verschiedenen Kartellierungsversuchen als auch hinsichtlich der Bildung von Interessengemeinschaften, Gewinn-Pools und gegenüber Fusionen zwischen Großunternehmen verfügte er über keine gesetzliche Handhabe. Die „Verordnung gegen Mißbrauch wirtschaftlicher Machtstellungen" vom November 1923 (Kartellverordnung) sah im Grunde nur eine staatliche Beaufsichtigung der Kartelle vor. Lediglich sittenwidrige Wettbewerbshandlungen waren aufgrund der **Generalklausel in § 1 des Gesetzes gegen den unlauteren Wettbewerb (UWG)** von 1909 verboten.

In der Bundesrepublik Deutschland sind aufgrund der historischen Erfahrungen eindeutigere ordnungspolitische Rahmenbedingungen vorgegeben, vor allem durch das **Gesetz gegen Wettbewerbsbeschränkungen (GWB),** das zu dem UWG getreten ist.

3.1. Tabaksteuergesetzgebung und Berlinförderungsgesetz

Unter den industriespezifischen Rahmenbedingungen ragt auch in der Bundesrepublik die Tabaksteuergesetzgebung heraus. Die Entwicklung der deutschen Zigarettenindustrie nach dem Zweiten Weltkrieg wurde wesentlich durch das **Tabaksteuergesetz vom 6. Mai 1953** (TabStG 1953), das am 8. Juni 1953 in Kraft trat, mitbestimmt. Nach elf Änderungsgesetzen wurde das TabStG 1953 zunächst im Jahre 1972 (TabStG 1972) sowie im Jahre 1980 (TabStG 1980) neu gefaßt.

Für die **Wettbewerbsbedingungen** auf dem in der Bundesrepublik entstehenden Zigarettenmarkt waren vor allem folgende Bestimmungen des TabStG 1953 von Belang:
- Zigaretten durften nur zu gesetzlich vorgegebenen Kleinverkaufspreisen in Verkehr gebracht werden (gesetzlich vorgeschriebene Preislagen) (§ 3).
- Der Kleinverkaufspreis für Markenwaren mußte einheitlich für alle Abnehmer bestimmt werden (§ 9).

- Die Abgabe von Zigaretten im Kleinhandel unter dem auf dem Steuerzeichen angegebenen Kleinverkaufspreis oder die Gewährung von Rabatt an den Verbraucher waren verboten (§ 28).
- Der Zigarettenverkauf aus Automaten war nur zulässig, wenn sie im räumlichen Zusammenhang mit einer offenen Verkaufsstelle eines Tabakwarenkleinhändlers aufgestellt waren (§ 25 Abs. 5).
- Kleineren Betrieben wurden Steuererleichterungen eingeräumt (§§ 81 ff.).

Im Hinblick auf den wettbewerblichen Verhaltensspielraum der Unternehmen enthielt das TabStG 1953 ein erhebliches **Wettbewerbshindernis:** die weitgehende **Beschränkung von Preiswettbewerb.** Die gesetzliche Festlegung und Bindung von Kleinverkaufspreisen schloß von vornherein die Entfaltung von Preiswettbewerb auf der Einzelhandelsstufe aus; durch die Bindung der Großhandelspreise wurde der Spielraum für Preiswettbewerb vollends beschränkt.

Eine Ausweitung erfuhr der unternehmerische Verhaltensspielraum durch die Neufassung des Tabaksteuergesetzes im Jahr 1972: die Vorschrift von Mindestkleinverkaufspreisen wurde aufgehoben, die Unternehmen waren in der Preisgestaltung nicht mehr an gesetzlich vorgeschriebene Kleinverkaufspreise gebunden. Dennoch gehen vom Tabaksteuergesetz in der derzeit gültigen Fassung (TabStG 1980) weiterhin bedeutsame Einflüsse auf den Wettbewerb auf dem Zigarettenmarkt, insbesondere auf den Preiswettbewerb, aus. Die für den **Einsatz des Aktionsparameters Preis** maßgeblichen Bestimmungen der §§ 5 und 15 TabStG 1980 (vgl. Auszug aus dem Gesetz im Anhang) gebieten immer noch eine **Endverbraucherpreisbindung:** in allen Betriebsformen des Einzelhandels hat der Käufer einer bestimmten Zigarettenmarke denselben Preis je Packung zu entrichten. Folglich ist Preiswettbewerb nach wie vor auf der Einzelhandelsstufe ausgeschlossen. Nur von seiten der Zigarettenhersteller kann der Preis durch Änderung des Kleinverkaufspreises einer eingeführten Marke wettbewerblich eingesetzt werden.

Für die nationalen institutionellen Rahmenbedingungen erlangen zunehmend Richtlinien der **Europäischen Gemeinschaft** (EG) Gewicht. In Zusammenhang mit der Harmonisierung der Verbrauchsteuern in der EG ist eine stufenweise **Vereinheitlichung der Tabaksteuersysteme** vorgesehen, die sich zunächst nur auf die Steuerstruktur, nicht jedoch auf die Steuersätze bezieht; der Vorschlag der *EG-Kommission* zielt auf eine überwiegend preisabhängige Steuerstruktur für die gesamte EG.

In der Bundesrepublik wurde 1971 aufgrund von Empfehlungen des *EG-Ministerrats* eine Ergänzung der seit 1953 rein mengenbezogenen (spezifischen) Zigarettenbesteuerung durch einen preisbezogenen (proportionalen) Anteil der Tabaksteuer auf Zigaretten notwendig. Die im TabStG 1980 vorgenommene Senkung des mengenbezogenen und Anhebung des preisbezogenen Anteils der Tabaksteuer sollte grundsätzlich eine **stärkere Partizipation des Staates an Preiserhöhungen der Zigarettenindustrie** sicherstellen. Das fiskalische Interesse an der Sicherung eines hohen Tabaksteueraufkommens wirkt sich durch entsprechende Gestaltung des Steuertarifs in Richtung einer Stützung von Preiserhöhungstendenzen aus.

Die **Einnahmen des Staates aus der Tabaksteuer** auf Zigaretten, die 1981 97,1% der Tabaksteuereinnahmen darstellten, haben im Zeitraum von 1960 bis 1981 um 230% zugenommen, während im gleichen Zeitraum die Ausgaben der Verbraucher für Zigaretten um 217% stiegen; die versteuerte Menge an Zigaretten nahm dagegen nur um 83,5% zu (vgl. Anhang *Tabelle A1*). Die auf Zigaretten liegende Steuerlast, der Anteil von Tabak- und Mehrwertsteuer am Kleinverkaufspreis, stieg in der umsatzstärksten Zigarettenpreislage von 64,8% (1957) auf 72,4% (1972), verharrte seit 1975 auf einem Wert knapp über 70% und erreichte mit der Tabaksteuererhöhung zum 1.6.1982 wieder 72,7% (vgl. *Tabelle A 2*).

Eine Möglichkeit zu einer bedeutenden Minderung dieser Steuerlast eröffnete das **Gesetz zur Förderung der Berliner Wirtschaft** (Berlinförderungsgesetz/BerlinFG), das Vergünstigungen („Berlin-Präferenzen") bei der Mehrwertsteuer und der Körperschaftssteuer sowie Zulagen für Investitionen in Berlin gewährt. Die Inanspruchnahme der Vergünstigungen hat zur Voraussetzung, daß „sämtliche (zur) Herstellung erforderlichen Bearbeitungen und Verarbeitungen ... einschließlich der zum Verkauf an Endverbraucher üblichen Verpackung in Berlin (West) ausgeführt werden" (§ 4 Abs. 1 Nr. 14 BerlinFG). Wegen der **beachtlichen Steuervorteile** haben alle namhaften Zigarettenhersteller der Bundesrepublik bereits seit 1959 sukzessive wesentliche Teile ihrer **Zigarettenherstellung nach Berlin verlagert**; nach der Tabaksteuererhöhung 1982 haben sich die Berlin-Aktivitäten erneut verstärkt.[27]

3.2. Lebensmittel- und Bedarfsgegenständegesetz

Die am 1.1.1975 in Kraft getretenen Bestimmungen des Lebensmittel- und Bedarfsgegenständegesetzes (LMBG) als weitere institutionelle Rahmenbedingungen für die deutsche Zigarettenindustrie betreffen in erster Linie die **Aktionsparameter Produkt und Werbung** (vgl. Auszug aus dem Gesetz im Anhang).

§ 20 LMBG regelt die Verwendung von Stoffen bei der Herstellung von Tabakerzeugnissen. Aufgrund des Ermächtigungskataloges in § 21 LMBG können gezielte Regelungen zum Schutz des Verbrauchers vor Gesundheitsschäden getroffen werden. So können u.a. bestimmte Herstellungs- oder Behandlungsverfahren verboten, die Verwendung von Rauchfiltern vorgeschrieben oder Höchstmengen an gesundheitsbedenklichen Stoffen festgesetzt werden. Angaben über Rauchinhaltsstoffe sollen dem Verbraucher Hinweise für die Beurteilung von Zigaretten geben, Warnhinweise sollen auf gesundheitliche Gefahren aufmerksam machen. In § 22 LMBG wird die Freiheit beim Einsatz des Aktionsparameters Werbung durch das **Verbot** beschränkt, **für Zigaretten im Rundfunk oder im Fernsehen zu werben**; außerdem sind Beschränkungen der Werbeaussagen enthalten.

3.3. Vereinbarungen der Industrie

Die wesentlichen Bestimmungen des LMBG hatte die Zigarettenindustrie bereits vor Verabschiedung des Gesetzes durch freiwillige Selbstbeschränkungen erfüllt. In den **„Richtlinien für die Werbung auf dem deutschen Cigarettenmarkt"** von 1966 wurden – „ei-

---

[27] Vgl. Bericht des *Bundeskartellamtes* über seine Tätigkeit im Jahre 1960 sowie über Lage und Entwicklung auf seinem Aufgabengebiet, Deutscher Bundestag, Drucksache III/2734, Bonn 1961, S. 105; Wirtschaftswoche, Nr. 51/52 vom 17.12.1982, S. 190.

ner Anregung des Bundesgesundheitsministeriums folgend" – erstmals **quantitative und qualitative Werbebeschränkungen** vereinbart[28], die 1970 und 1971 ergänzt wurden. Trotz der **grundsätzlichen Anwendbarkeit des GWB-Kartellverbots** auf quantitative Werbebeschränkungen wurde die freiwillige Selbstbeschränkung der Zigarettenindustrie aus gesundheitspolitischen Gründen von der Bundesregierung begrüßt.[29] 1972 erteilte der *Bundesminister für Wirtschaft und Finanzen* einer vertraglichen Werbebeschränkung der Industrie eine **Erlaubnis nach § 8 GWB**, die das Verbot der Fernsehwerbung zum 1.1.1973 zum Kern hatte.[30] Als „Richtlinien 1975" beschlossen die Mitglieder des *Verbands der Cigarettenindustrie*, die Werte für den Nikotin- und Rauchkondensatgehalt in Zigaretten einheitlich auf allen Zigarettenpackungen und in der Werbung bekanntzugeben.[31] Das Verbot einer Werbung mit gesundheitlichen Aussagen wurde in den „Richtlinien 1976" aufgelockert, um eine zum leichteren Rauchen hinführende Werbung zu unterstützen. 1980 schließlich folgte eine Einigung auf einen **Warnhinweis**, der auf Zigarettenpackungen, in der Plakat- und Pressewerbung auf die gesundheitsgefährdenden Wirkungen des Zigarettenrauchens aufmerksam machen soll.[32]

Dem Bereich der Rahmenbedingungen ist schließlich auch der Tatbestand zuzuordnen, daß in der Zigarettenindustrie seit 1946 ein **Rabattkartell** besteht, dessen Rabattregelung sich alle führenden Unternehmen der Zigarettenindustrie als Mitglied oder als unechter Außenseiter bedienen.

4. Struktur des Zigarettenmarktes

Neben den rechtlichen und institutionellen Rahmenbedingungen, die dem Verhalten der individuellen Unternehmung als „Spielregeln" vorgegeben sind, prägen die strukturellen Gegebenheiten eines Marktes das Unternehmensverhalten. Von den

---

[28] Bericht des *Bundeskartellamtes* über seine Tätigkeit im Jahre 1966 sowie über Lage und Entwicklung auf seinem Aufgabengebiet, Deutscher Bundestag, Drucksache V/1950, Bonn 1967, S. 58. Die Werberichtlinien beschränkten u. a. die Anzeigen- und Beilagenwerbung und untersagten Werbung mit gesundheitlichen Argumenten, mit Darstellungen oder Äußerungen prominenter Persönlichkeiten, von Leistungssportlern oder Personen unter 25 Jahren und erklärten Hinweise für unzulässig, die zu einem übermäßigen Zigarettengenuß auffordern oder das Inhalieren des Rauches als besonderen Genuß erscheinen lassen.

[29] Verfügung des *Bundesministers für Wirtschaft und Finanzen* vom 14.3.1972, Wirtschaft und Wettbewerb/Entscheidungssammlung (WuW/E) BWM 143.

[30] Vgl. Bundesanzeiger Nr. 229 vom 7.12.1972 und WuW/E BWM 143 ff. Die quantitativen Werbebeschränkungen betrafen ferner: Plakatwerbung innen und außen, Anzeigengrößen in Zeitungen und Zeitschriften.

[31] Vgl. Bericht des *Bundeskartellamtes* über seine Tätigkeit im Jahre 1976 sowie über Lage und Entwicklung auf seinem Aufgabengebiet, Deutscher Bundestag, Drucksache 8/704, Bonn 1977, S. 79.

[32] Ab 1.11.1980 erschien dieser Hinweis in Anzeigen in Zeitungen und Zeitschriften, ab Februar 1981 in der Plakatwerbung und ab 1.10.1981 auf den Zigarettenpackungen: „Der Bundesgesundheitsminister: Rauchen gefährdet Ihre Gesundheit. Der Rauch einer Zigarette dieser Marke enthält nach DIN durchschnittlich ... mg Nikotin und durchschnittlich ... mg Kondensat (Teer)".

Strukturkomponenten eines Marktes sind unter dem Aspekt der **Verhaltenswirksamkeit** besonders folgende Elemente zu beachten:
- Produkt (Ausmaß der Produktdifferenzierung),
- marktspezifische Ausprägung der Nachfrage,
- Markttransparenz,
- Offenheit des Marktes (Zutrittsschranken für neue Anbieter) und
- Zahl und Größenverteilung der Anbieter.

4.1. Das Produkt: Herstellung und Vertrieb

Tabakerzeugnisse sind nach § 3 LMBG „aus Rohtabak oder unter Verwendung von Rohtabak hergestellte Erzeugnisse, die zum Rauchen, Kauen oder Schnupfen bestimmt sind".

Zigaretten sind „Tabakerzeugnisse, die aus einem umhüllten Feinschnittstrang bestehen" (§ 2 Abs. 1 TabStG 1972) bzw. „als solche zum Rauchen geeignete umhüllte Tabakstränge" (§ 2 Abs. 2 TabStG 1980).

4.1.1. Produktionstechnik

Bei der Zigarettenherstellung sind produktionstechnisch zwei Phasen zu unterscheiden: **Tabakvorbereitung** und **Tabakverarbeitung**.[33]

Tabakvorbereitung: Die für die Zigarettenherstellung verwendeten Tabake müssen zunächst eine gewisse Zeit lagern (Virginia und Burley in Fässern, Orient in Juteballen), um zur notwendigen geschmacklichen Reife zu gelangen. Die produktionsreifen Tabake werden zuerst in Vakuumkammern mit Wasserdampf gefeuchtet, um die zusammengepreßten Tabakblätter so geschmeidig zu machen, daß sie ohne Beschädigung voneinander gelöst werden können. Virginia und Burley werden sodann entrippt und mit Extrakten aus pflanzlichen Produkten soßiert, während bei dem kleinrippigen Orienttabak diese Behandlung entfällt. Die Tabake werden dann in dem der Rezeptur entsprechenden Verhältnis gemischt (eine Mischung kann zwischen dreißig und fünfzig Tabaksorten enthalten), gefeuchtet, zusammengepreßt, geschnitten und getrocknet. Mit dem Aufsprühen von Aromastoffen (Flavour) auf die feingeschnittene Mischung in der Kühltrommel, das der Geschmacksgebung dient, wird die Tabakvorbereitung abgeschlossen.

Tabakverarbeitung: Die Weiterverarbeitung des fertigen Schnittabaks erfolgt in der Zigarettenmaschine. In ihr wird der Feinschnitt zum Tabakstrang geformt und von der mit Markennamen oder -zeichen bedruckten Papierbahn umhüllt. Von dem so entstehenden endlosen Zigarettenstrang werden in der Minute bis zu 6000 Zigaretten abgeschnitten. Bei Filterzigaretten wird in einer Filteransatzmaschine zwischen zwei

---

[33] Zur Zigarettenherstellung siehe zum Beispiel *BAT* (Hrsg.), So entsteht eine Cigarette – Milliardenmal Präzision, Hamburg o.J.; *Dorén, G. N.*, Die Herstellung der Cigarette (2) im Laufe der Reemtsma-Firmengeschichte, in: *Reemtsma Cigarettenfabriken GmbH,* Geschäftsbericht 1979, S. 64f.

Zigarettenköpfe ein Filterzuschnitt gelegt, mit einem Belagpapier fest verbunden und mit einem Schnitt halbiert.

Zwischen Zigaretten- und Packmaschine ist teilweise noch ein Transport- und Überbrückungssystem (Schragen) eingefügt, um Unterbrechungen und Ungleichmäßigkeiten in der Produktion auszugleichen. Die erreichte Abstimmung der Geschwindigkeiten von Zigarettenmaschinen (5 000 bis 6 000 Zigaretten pro Minute) und Packmaschinen (5 000 bis 7 200 Zigaretten pro Minute) erlaubt produktionstechnisch die direkte Verbindung beider Maschinen.

In der Packmaschine werden schließlich die Zigaretten je nach Packungseinheit portioniert, mit Alufolie und dem Packungszuschnitt umhüllt. Nach Anbringen der Steuerbanderole werden die Packungen zum Aromaschutz mit Cellophan versiegelt, zu Gebinden von jeweils zehn Packungen (Stange) vereint und mehrere Stangen in Umkartons versandfertig verpackt.

Die Produktionsleistung der Zigarettenmaschinen ist im Verlauf eines Jahrhunderts außerordentlich gesteigert worden, und zwar von drei Zigaretten pro Sekunde im Jahr 1881 auf 100 Zigaretten im Jahre 1980. Dieser beträchtliche Leistungszuwachs ging einher mit einer kontinuierlichen Erhöhung der **Produktionsflexibilität**. Nach Firmenangaben ist auch bei kleinen Produktionsmengen eine wirtschaftliche Nutzung der Maschinenkapazitäten möglich.[34] „Economies of scale" kommt demnach keine besondere Bedeutung bei der Zigarettenherstellung zu, so daß die **produktionstechnischen Marktzutrittsschranken** entsprechend **niedrig** sind; von der Produktionstechnik wird bei der Zigarettenherstellung „kein Zwang zum Großbetrieb" ausgelöst.[35]

4.1.2. Vertriebssystem

Die Struktur der Absatzwege, über die das Produkt zum Verbraucher gelangt, als ein wichtiges Merkmal, das die strukturellen Gegebenheiten eines Marktes charakterisiert, wird auf dem Zigarettenmarkt durch folgende Sachverhalte bestimmt:
- Zigaretten sind Erfahrungsgüter mit in kurzen Zeitabständen wiederkehrendem Bedarf; im Gegensatz etwa zu den USA, in denen der stangenweise Kauf von Zigaretten vorherrscht, übernimmt der deutsche Raucher in der Regel keine Vorratshaltung, er kauft päckchenweise.
- Der Verbraucher identifiziert die von ihm präferierte Zigarette mit Hilfe der „Marke", die in normierten Packungen und zu bundeseinheitlichen Preisen angeboten wird.
- Eine dauerhafte persönliche Beratung durch den Handel ist für den Verbraucher entbehrlich.[36]

---

[34] *BAT Cigaretten-Fabriken GmbH*, Geschäftsbericht 1981, S. 21. Auch die *Parco Zigarettenfabrik* des Lebensmittelfilialisten *Coop* berichtet über „zu jeder Zeit rentable Ergebnisse" selbst bei niedrigen Auflagen; Der Verbraucher, Nr. 20 vom 15.10.1980, S. 23.
[35] *Bundesamt für gewerbliche Wirtschaft*, Bericht über das Ergebnis einer Untersuchung der Konzentration in der Wirtschaft („Konzentrationsenquete"), Deutscher Bundestag, Anlagenband zu Drucksache IV/2320, Bonn 1964, S. 194.
[36] Entsprechend gering ist der Einfluß des Handels auf die Produktwahl: er kann Empfehlungen aussprechen, auf neu eingeführte Zigaretten hinweisen oder Probezigaretten unentgeltlich abgeben.

Übersicht 1: Vertriebssystem für Zigaretten

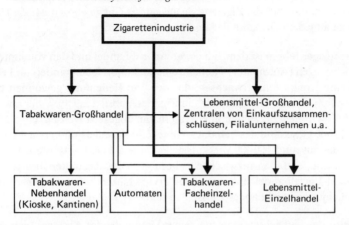

Noch kurz bis nach dem Zweiten Weltkrieg war das Tabakwarengeschäft fast ausschließlich Gegenstand des Fachhandels. Bereits zu Beginn der fünfziger Jahre setzten jedoch **Umstrukturierungen in der Distribution von Zigaretten** ein, die durch Veränderungen der Vertriebsformen im Handel, vornehmlich durch den Übergang zur Selbstbedienung, und durch den Ausbau des Verkaufs über Automaten ausgelöst wurden. Automatenverkauf und Verkauf im Lebensmittel-Einzelhandel sind inzwischen die dominierenden Absatzformen auf dem Zigarettenmarkt (vgl. *Übersicht 1*).

Der Zigarettenabsatz über **Automaten** liegt in den Händen des **Tabakwaren-Großhandels,** der diese Vertriebsform seit 1956 systematisch ausgebaut hat.[37] Zunächst wurde die Aufstellung von Automaten in Gaststätten verstärkt[38] und durch Automaten-Aufstellverträge eine mehrjährige Kundenbindung erreicht. Zwar steigerte das Ladenschlußgesetz vom 28.11.1956 das Bedürfnis, Waren des täglichen Bedarfs auch nach Ladenschluß einkaufen zu können, die im Gesetz vorgeschriebene **Residenzpflicht** engte jedoch den Spielraum hierzu ein: Nur diejenigen Automaten durften nämlich nach dem gesetzlichen Ladenschluß in Betrieb sein, die in räumlichem Zusammenhang mit einer offenen Verkaufsstelle standen; Außenautomaten durften nur bei räumlicher Verbindung mit einem Einzelhandelsbetrieb nach Ladenschluß gefüllt werden. Nach Aufhebung der Residenzpflicht durch das *Bundesverfassungsgericht* im Jahre 1962 erfuhr das Automatengeschäft einen neuen Aufschwung. Nunmehr konnten an fast jedem beliebigen Ort auch nach Ladenschluß verkaufsbereite Automaten aufgestellt werden.

In keinem Land hat der Zigarettenverkauf aus Automaten eine so große Bedeutung erlangt wie in der Bundesrepublik. Ungefähr 750 000 vom Tabakwaren-Großhandel

---

[37] Ursprünglich stand der Tabakwaren-Großhandel dem Zigarettenverkauf über Automaten mehrheitlich ablehnend gegenüber. Erst Anstöße aus dem Gaststättengewerbe führten dazu, daß er sich dieser Vertriebsform intensiver annahm.
[38] Nach einem Erlaß des Bundesfinanzministers vom 2.7.1956 konnte der Verkauf von Tabakwaren in Gaststätten, der bis dahin im Namen und auf Rechnung des Gaststätteninhabers durchgeführt werden mußte, nun im Namen des Automatenaufstellers erfolgen.

betriebene Innen- und Außenautomaten mit über acht Millionen Schächten tragen wesentlich dazu bei, daß die **Zigarette ein ubiquitäres Gut** geworden ist: Zu jeder Zeit und nahezu an jedem Ort kann der Bedarf gedeckt werden.[39]

Seit den sechziger Jahren ist dem Tabakwaren-Großhandel und den von ihm versorgten Vertriebswegen (Automaten, Facheinzelhandel und Nebenhandel) im **Lebensmittelhandel** eine Konkurrenz erwachsen, die stetig an Bedeutung gewonnen hat. Der Anteil des Tabakwaren-Großhandels am Zigarettenabsatz lag 1980 bei etwa 68%.[40] Da 42% bis 44% aller Zigaretten über Automaten abgesetzt werden, etwa 10% über die rund 13000 Geschäfte des Tabakwarenfacheinzelhandels und etwa 8% über den Nebenhandel mit rund 160000 Verkaufsstellen in Kiosken, Gaststätten, Trinkhallen, Tankstellen u.a., entfallen inzwischen nahezu 40% des Zigarettenabsatzes auf den Lebensmittel-Einzelhandel mit rund 100000 Geschäften.[41] Dieser Umschichtungsprozeß scheint noch nicht abgeschlossen zu sein.[42]

Die Struktur des Vertriebssystems mit seiner Dominanz des Absatzes über Automaten und über den Lebensmittel-Einzelhandel bedingt **Marktzutrittsschranken**: die Aufnahmekapazität sowohl von Automaten als auch der Zigarettenträger im Lebensmittelhandel ist durch Schachtzahl bzw. Stellplätze begrenzt, so daß nur wenige umsatzstarke Marken eine Chance haben, in diesen Hauptvertriebswegen vertreten zu sein.

4.2. Zigarettennachfrage

Letztlich sind es die Nachfragebedingungen des betrachteten Marktes, nämlich Kaufkraft und Präferenzen, aber auch Informiertheit und Beweglichkeit der Nachfrager, von denen die konkreten Ausprägungen des Unternehmensverhaltens abhängen; das Nachfragerverhalten entscheidet über den Markterfolg.

Die **Ausgaben für Zigaretten** – gemessen am Kleinverkaufswert der im jeweiligen Jahr versteuerten Menge – sind in der Bundesrepublik von 1960 bis 1980 um das 3,1fache gestiegen, und zwar von 6,0 Mrd. DM auf 18,7 Mrd. DM (vgl. *Tabelle A 1*). Die **Entwicklung des Zigarettenkonsums** je potentiellen Verbraucher (Personen im Alter von 15 Jahren und darüber) im Zeitraum von 1957 bis 1980 gibt *Abbildung 1* wieder. Danach zeigt der Verbrauch einen relativ gleichmäßigen Anstieg bis 1971; seither verharrt er auf einem Niveau von etwas mehr als 2500 Zigaretten je potentiellen Verbraucher im Jahr. Während zwischen 1960 und 1980 der Verbrauch je potentiellen Verbraucher um 57,4% von 1619 auf 2549 Zigaretten im Jahr stieg, nahm der Konsum je Zigarettenraucher um 86,5% von 4111 (1960) auf 7666 (1979) Zigaretten zu; der Tageskonsum erhöhte sich von 11,3 (1960) auf 21 Stück (1979) (vgl. *Tabelle A 4*).

---

[39] Vgl. *Jürgensen, H.*, Ubiquitäres Angebot als Strategie der Marktbehauptung. Das Beispiel des deutschen Zigarettengroßhandels, Wirtschaftsdienst, 59.Jg. (1979), S.90ff.
[40] Vgl. Die Tabak Zeitung vom 24.4.1981, S. IV.
[41] Zahlen der Verkaufsstellen nach Angaben der Firma *Reemtsma*.
[42] Besonders die Erschließung der Frauen als Raucher dürfte dem Vertrieb über den Lebensmittelhandel zugutekommen.

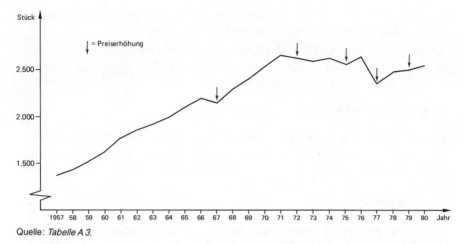

Quelle: *Tabelle A 3*.

Abbildung 1: Entwicklung des Zigarettenkonsums je potentiellen Verbraucher 1957 bis 1980

4.2.1. Raucherstruktur[43]

Der Anteil der Raucher an der rauchfähigen Bevölkerung der Bundesrepublik (Personen im Alter von 15 Jahren und darüber) ist seit 1960 rückläufig, und zwar verminderte er sich von 43,5% (1960) auf 37,1% (1979) bei nunmehr insgesamt 18,4 Mio. Rauchern im Jahr 1979 (vgl. *Tabelle A 4*). Nicht ganz so stark war der Rückgang bei der verbreitetsten Form des Tabakkonsums, dem Zigarettenrauchen: der Anteil der **Zigarettenraucher** an der Bevölkerung im rauchfähigen Alter sank von 37,4% (1965) auf 34,9% (1979) bei einer seit 1970 relativ konstanten Zahl von 17,3 Mio. Zigarettenrauchern. Entsprechend stieg der Anteil der Zigarettenraucher an den Rauchern insgesamt von knapp 85% (1960) auf 94% (1979).

Betrachtet man die **Altersstruktur der Raucher** im Jahre 1980[44], fällt der überproportionale Anteil jüngerer Altersschichten auf: die Altersgruppe bis unter 25 Jahre hat einen Anteil von 20% an der Bevölkerung, sie stellt aber 25% der Raucher; die Altersgruppen 25 bis 34 Jahre und 35 bis 44 Jahre repräsentieren 15% bzw. 18% der Bevölkerung und stellen jeweils 22% der Raucher; in der Altersgruppe über 44 Jahre mit einem Anteil von 47% an der Gesamtbevölkerung befinden sich dagegen nur 31% der Raucher.

Beachtlich sind die Veränderungen in der **Geschlechtsstruktur der Zigarettenraucher** (vgl. *Tabelle A 4*). Während sich die Zahl rauchender Männer von 11,5 Mio. (1960) auf 9,6 Mio. (1979) verminderte, erhöhte sich die Zahl rauchender Frauen von 4,7 Mio. (1960) auf 7,7 Mio. (1979). Der Anteil der Frauen an den Zigarettenrauchern stieg von knapp 29,4% (1960) auf 44,5% (1979). Von den Frauen im rauchfähigen Al-

---

[43] Vgl. *Kommission der Europäischen Gemeinschaften,* Daten und Fakten zur Entwicklung des Rauchens in Mitgliedsländern der Europäischen Gemeinschaften, Bericht EUR 7907, S. 203 ff.

[44] Vgl. *Reemtsma Cigarettenfabriken GmbH,* Geschäftsbericht 1980, S. 12.

ter rauchten 1960 erst 19,8%, 1979 waren es bereits 29%, dagegen ist bei den Männern ein Rückgang von 57,7% (1960) auf 41,1% (1979) eingetreten.

Herausragende Merkmale der Raucherstruktur in der Bundesrepublik sind demnach ein hoher Anteil jüngerer Raucher und eine wachsende Zahl rauchender Frauen.

4.2.2. Geschmacksrichtungen

Schon bei den ersten Zigaretten war eine geschmackliche Differenzierung gegeben: einerseits durch die ab Ende des 18. Jahrhunderts in Spanien hergestellte, mit Virginia-Tabak gefüllte Zigarette, andererseits durch die mit Orienttabak gefüllte Zigarette türkischer bzw. russischer Herkunft.[45] Im Laufe der Zeit ist es zu einer weiteren Auffächerung von Geschmacksrichtungen gekommen, die aus dem Mischen verschiedener Tabaksorten und der jeweiligen Art der Tabakbehandlung (z. B. Soßierung, Aromatisierung, Röstung) resultiert. **Geschmacklich** kann der **Verbraucher** jedoch **nur grobe Unterschiede wahrnehmen;** innerhalb einer bestimmten Geschmacksrichtung ist fast kein Raucher in der Lage, selbst die regelmäßig von ihm gerauchte Zigarette wiederzuerkennen.[46] Nach einer Untersuchung von *Reemtsma*[47] scheint allerdings eine **Konstanz der Geschmackspräferenz** der Raucher in der Weise gegeben zu sein, daß die einmal getroffene Entscheidung für einen Geschmackstyp im Lebenszyklus des Rauchers in der Regel beibehalten wird.

Den deutschen Zigarettenmarkt unterteilt die Industrie in vier **Geschmackssegmente:**
(1) „Full flavour" (kräftig-würzig): American Blend-Zigaretten aus einer Mischung von Virginia-Tabak mit Burley- und Orienttabak, mit Soße und Flavour versetzt (z. B. die Marken: *Marlboro* und *Camel Filters*).
(2) „Normal flavour" (mittelkräftig): German Blend-Zigaretten als eigene Entwicklung der deutschen Zigarettenindustrie nach dem Zweiten Weltkrieg; an den amerikanischen Mischungstyp angelehnt, jedoch mit einem höheren Orienttabakanteil und nicht soßiert (Markenbeispiele: *HB, Peter Stuyvesant*).
(3) „Nikotinarm im Rauch" bzw. Leichtsegment: Zigaretten mit festgelegten Höchstmengen an Rauchinhaltsstoffen (Markenbeispiele: *Lord Extra, R 6, Krone*).
(4) Filterlose Zigaretten (Strangzigaretten): Virginia- und Orientzigaretten sowie „schwarze", mit gerösteten französischen oder deutschen Inlandstabaken gefüllte Zigaretten (Markenbeispiele: *Player's No. 6, Finas, Gauloises, Roth-Händle*).

Daneben werden Zigaretten in Geschmacksrichtungen angeboten, auf die nur ein geringer Teil der Nachfrage entfällt, wie zum Beispiel Mentholzigaretten.

Aus der allgemeinen Entwicklung der Geschmackssegmente sticht der kontinuierliche Absatzrückgang filterloser Zigaretten hervor. Nach Einführung der ersten **Filter-**

---

[45] Vgl. *Dorén, G. N.,* Die Herstellung der Cigarette (1), a.a.O., S. 49ff. In Mitteleuropa wurde die Orientzigarette zur „klassischen Vertreterin" der Zigarette, in Deutschland erreichte sie vor dem Zweiten Weltkrieg einen Marktanteil bis zu 98%; *Dorén G. N.,* Die Herstellung der Cigarette (2), a.a.O., S. 53ff.
[46] Vgl. *Herppich, H. G.,* Das Markenbild als Element flexibler Absatzplanung in der Zigarettenindustrie, in: *Gutenberg, E.* (Hrsg.), Absatzplanung in der Praxis, Wiesbaden 1962, S. 120.
[47] Vgl. *Reemtsma Cigarettenfabriken GmbH,* Geschäftsbericht 1980, S. 12f.

zigaretten, die von den Rauchern geschmacklich akzeptiert wurden, ist ihr Marktanteil von 8,5% (März 1955, Einführung von *HB*) rapide angestiegen: über 68% (1960) und 84,1% (1970) auf 88,9% (1981). Die Mitte der fünfziger Jahre erstmals geführte Auseinandersetzung über den Zusammenhang von Rauchen und Gesundheit mag das Vordringen der Filterzigarette beschleunigt haben.

In der **Absatzrangfolge der Geschmackssegmente** sind aufgrund von Wandlungen in den Geschmackspräferenzen, im Gesundheitsbewußtsein und in der Alterszusammensetzung der Raucher zum Teil erhebliche Veränderungen eingetreten. 1970 dominierte noch eindeutig das Segment der mittelkräftigen Zigaretten (Marktanteil: 59,9%), gefolgt vom Leichtsegment (19,7%), von den Zigaretten ohne Filter (15,8%) und schließlich den kräftig-würzigen Zigaretten (4,6%). Zu Beginn der siebziger Jahre wies zunächst das Leichtsegment die höchsten Zuwachsraten auf und kam 1975 auf einen Marktanteil von 28,1%; seitdem entwickelte sich dieses Segment rückläufig. Die höchsten Wachstumsraten weist seit 1974 das Segment der kräftig-würzigen Zigaretten auf, während Zigaretten ohne Filter und mittelkräftige Zigaretten fortlaufend Marktanteile verloren. 1981 erreichten die einzelnen Geschmackssegmente folgende Marktanteile: Mittelkräftige Zigaretten 41,0%, Leichtsegment 24,3%, würzig-kräftige Zigaretten 23,6% und Zigaretten ohne Filter 11,1%.[48]

4.2.3. Preissegmente

Zigaretten werden bei der Festlegung ihres Kleinverkaufspreises in bestimmte Preislagen plaziert, die in aller Regel unabhängig von der Marktentwicklung beibehalten werden. Das **Gefüge von Preislagen** geht auf das TabStG 1953 und die darin enthaltene feste Zuordnung von Steuerklasse und Kleinverkaufspreis bzw. auf die Einführung von Preisgruppen durch die Änderung des TabStG zum 1.4.1957 zurück.[49] Der niedrigsten Preislage (sogenannte **Vorschaltpreislage**) waren durch die gesetzlich vorgegebenen Höchstmengen je Herstellerbetrieb von vornherein Grenzen gesetzt (Marktanteil 1954: 3,7%). Die größte Bedeutung erlangte die sogenannte **Konsumpreislage** (Zigaretten-Stückpreis 1953: 8⅓ Pf, 1982: 19 Pf), die 1954 einen Marktanteil von 80,3% auf sich vereinigte, während die **höhere Preislage** (1953: 10 Pf, 1982: über 20 Pf je Stück) 1954 einen Anteil von 16,0% verzeichnete.[50] Eine zusätzliche Preislage, die sogenannte **gehobene Konsumpreislage,** wurde 1960 mit der 8¾ Pf-Zigarette (1982: 20 Pf) geschaffen, die mit Zunahme des verfügbaren Einkommens ihren Marktanteil ständig ausdehnte, und zwar von 4,1% (1961) auf 43,5% im Jahre 1981, während der Anteil der Konsumpreislage 1981 nur noch 51,3% betrug.

Dieses Gefüge von vier Preissegmenten hatte bis 1981 auch durch Preiserhöhungen keine strukturellen Veränderungen erfahren, weil die feste Zuordnung einer Zigaret-

---

[48] Vgl. *Reemtsma Cigarettenfabriken GmbH,* Geschäftsbericht 1981, S.13f.
[49] Das TabStG 1953 ließ Preisklassen mit folgenden Stückpreisen zu: 7½, 8⅓, 10, 12½, 15 Pf sowie weitere Preisklassen mit um je 5 Pf steigendem Stückpreis. Das Vierte Gesetz zur Änderung des Tabaksteuergesetzes von 1957 (TabStG 1957) führte folgende Preisgruppen ein: 7½–8 Pf (mit mindestens 50% Inlandstabakanteil), 7½–8, 8⅓–9, 10–12½, 15 Pf und darüber je Stück.
[50] Vgl. Die Tabak-Zeitung, Sonderausgabe 1961: Der europäische Zigarettenmarkt, S.2.

tenmarke zu einer bestimmten Preislage zum Markenbild einer Zigarette gehört[51]; allenfalls wechselten in seltenen Fällen Marken in ein höheres Preissegment. Das Spektrum der Preislagen wurde mit dem **Markteintritt von Handelsunternehmen ab 1981** unterhalb der Vorschaltpreislage ausgeweitet. Auf diese **bewußte preispolitische Maßnahme gegen die etablierten Preissegmente** reagierten die Unternehmen der Zigarettenindustrie Anfang 1983 zunächst mit der Einrichtung sogenannter Zwischenpreislagen, so daß das überkommene Preislagengefüge weiter aufgefächert wurde. Mitte 1983 senkte die Zigarettenindustrie in Reaktion auf die Marktentwicklung die Preise für Zigaretten der Konsum- und der gehobenen Konsumpreislage geringfügig, erhöhte aber gleichzeitig die Preise für Zigaretten der Zwischenpreislage. Das Preisspektrum gängiger Marken reicht seitdem von $14\frac{1}{4}$ Pf (Handelsmarken) bis $18^{18}/_{19}$ Pf je Stück (Industriemarken, gehobene Konsumpreislage).

4.2.4. Preisempfindlichkeit

Die 1981 einsetzenden und sich zu Beginn des Jahres 1983 verstärkenden Verwerfungen im traditionellen Preisgefüge sind auch ein Indiz für die Preisempfindlichkeit der Nachfrage. Auf ein Preisbewußtsein der Zigarettennachfrager deuteten bereits in früheren Jahren zu beobachtende Besonderheiten in der **Absatzentwicklung** hin (vgl. auch *Abbildungen 1* und *2*): 1967 reduzierte sich nach einer Preiserhöhung um 8,6% die versteuerte Menge um 2,7%, der Verbrauch je potentiellen Verbraucher ging um 2,5% zurück. 1977 verminderte sich der Absatz gegenüber dem Vorjahr um 10,1%, als dieses Mal der Preis um 17,4% erhöht wurde. 1982 ging auf eine Preiserhöhung bei Industriemarken von 33% der Absatz um 16,3% zurück. Diese Nachfragereaktionen sind Symptome für eine Preissensibilität der Zigarettenraucher.

Daß nach der Preiserhöhung 1977 bereits 1981 das Absatzniveau von 1976 wieder erreicht wurde, mag zunächst gegen die vermutete Preissensibilität der Nachfrage sprechen. Die jüngste Entwicklung auf dem Zigarettenmarkt legt jedoch den Schluß nahe, daß die latent gegebene Preisempfindlichkeit der Nachfrage mit steigendem Preisniveau stark zugenommen hat. Zwar ist die Zigarettennachfrage wegen der **hohen Suchtkomponente** relativ starr; das schließt jedoch Reaktionen auf preisliche Alternativen nicht aus. Als die Zigarettenpreise in den sechziger und siebziger Jahren einheitlich angehoben wurden, waren keine Ausweichmöglichkeiten gegeben; **Preisalternativen bei Zigaretten** wurden erst durch den Marktzutritt der Handelsunternehmen (1981) und deren Preisunterbietungen eröffnet. Der Absatz dieser billigen Zigaretten bestätigt das hohe Preisbewußtsein der Raucher, das sich aber erst mit der Existenz von Ausweichmöglichkeiten realisieren konnte.

Im Zusammenhang mit Preiserhöhungen waren daneben regelmäßig **Substitutionsprozesse** zu beobachten. Diese drücken sich einmal in einer **Kaufstellen-Substitution** in Form sogenannter Jedermann-Einfuhren aus, die die Versorgung mit preisgünstigen Zigaretten aus dem Ausland erlauben. Zum anderen nahm ein immer größer werdender Teil der Verbraucher nach Preiserhöhungen eine **Produktsubstitution** durch Über-

---

[51] Zur Entwicklung der Preise für Zigaretten der Konsumpreislage und der gehobenen Konsumpreislage von 1953 bis 1983 vgl. *Tabelle A 5* im Anhang.

wechseln von Fabrikzigaretten zur Selbstfertigung von Zigaretten vor: Nach der Preiserhöhung 1977 stieg der Verbrauch von Feinschnitt je potentiellen Verbraucher von 127 Gramm (1976) auf 220 Gramm (1977) und verharrt seither auf einem Niveau über 200 Gramm (vgl. *Tabelle A 3*).

4.3. Zigarettenanbieter

4.3.1. Produktion und Außenhandel

Zur Versorgung des deutschen Zigarettenmarktes trugen 1982 zwölf Unternehmen bei; die Zigaretteneinfuhr kann wegen ihres geringen Umfangs vernachlässigt werden. Die Produktion des Jahres 1982 belief sich auf 146,69 Mrd. Zigaretten, das bedeutet eine Verdoppelung gegenüber 1960 (vgl. *Tabelle A 1*).

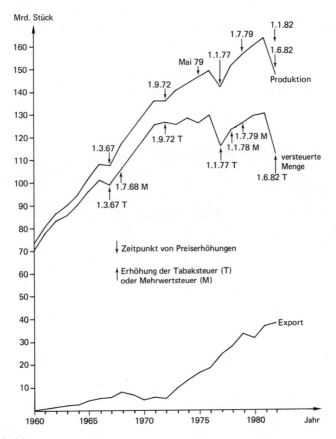

Quelle: *Tabelle A 1*.
Abbildung 2: Produktion, versteuerte Menge und Export von Zigaretten 1960 bis 1982

Der ansteigende Trend in der Produktionsentwicklung von 1960 bis 1981 (vgl. *Abbildung 2*) wird durch **Produktionsrückgänge** in den Jahren 1967, 1972, 1977 und 1982 gekennzeichnet, in denen im Zusammenhang mit Anhebungen der Tabaksteuer von der Industrie **Preiserhöhungen** vorgenommen wurden. Bedeutete schon der Rückgang der Produktion 1977 gegenüber 1976 um über 5% einen starken Einbruch für die Industrie, so wurde sie durch den Produktionsrückgang 1982 um 10,5% gegenüber 1981 um so stärker getroffen. Noch ausgeprägter war der Rückgang des Inlandsabsatzes (versteuerte Menge), der 1977 gegenüber 1976 um 10% und 1982 gegenüber 1981 um 13,5% zurückging, Ausdruck für die Preisempfindlichkeit der Nachfrage. Insgesamt weist die Absatzentwicklung für sogenannte Fabrikzigaretten in der Bundesrepublik seit 1971 Zeichen einer Stagnation auf. Die wiederholten Preiserhöhungen für Zigaretten lösten Substitutionsbewegungen zu Feinschnitt-Tabaken zum Selbstfertigen von Zigaretten aus. Diesem Ausweichprozeß trugen die Zigarettenanbieter durch **Aufnahme von Feinschnitt-Tabaken** in ihr Produktionsprogramm Rechnung.

Entgegen der ungünstigen Absatzentwicklung im Inland gelang der Industrie eine relativ kontinuierliche Produktionssteigerung durch **Erschließung von Auslandsmärkten**. Der Export stieg von 0,6 Mrd. Stück (1960) auf 38,2 Mrd. Stück (1982), er nahm um das 63,7fache zu. Vor allem seit 1973 weisen die Exporte erhebliche Zuwächse auf. Der Anteil der Exporte an der Gesamtproduktion erhöhte sich während dieses Zeitraums von 6,6% (1973) auf 26,0% (1982). Diese Entwicklung unterstreicht die zunehmende Bedeutung der Bundesrepublik – in der nicht wie etwa in Frankreich oder Italien ein staatliches Tabakmonopol tätig ist – als Standort für die Versorgung des europäischen Zigarettenmarktes; gleichzeitig wurde die **Lizenzproduktion** in Ländern außerhalb der EG stetig ausgeweitet.

4.3.2. Entwicklung der Unternehmensstruktur

Die Zahl der Zigarettenhersteller hat in der Bundesrepublik kontinuierlich abgenommen. Die Mehrzahl der **Marktaustritte** fällt in die fünfziger Jahre, und zwar sank die Zahl der selbständigen Unternehmen und Gruppen zwischen 1951 und 1960 von 56 auf 19 Einheiten: aus dem Markt schieden 31 Unternehmen mit einem Marktanteil von insgesamt 2%, zehn Unternehmen (Marktanteil: 14%) wurden von anderen Zigarettenanbietern übernommen, und vier kleine Unternehmen (darunter drei Saar-Unternehmen) traten in den Markt ein.[52] Dieser **Konzentrationsprozeß** vollzog sich **unter dem Einfluß gesetzlicher Maßnahmen**: Durch Erleichterungen bei der Tabaksteuer wurde einerseits versucht, die Lebensfähigkeit kleiner Unternehmen zu erhalten, andererseits sollten Liquiditätshilfen nicht wettbewerbsfähigen Unternehmen einen Anreiz zum Marktaustritt bieten.

Die seit 1960 eingetretenen Veränderungen in der Unternehmensstruktur sind in *Übersicht 2* zusammengefaßt. In diesen Zeitraum fällt der Marktzutritt der vier größten US-amerikanischen Zigarettenhersteller, von denen drei im Markt verblieben sind, sowie ein kurzer Marktauftritt des größten britischen Zigarettenherstellers *Im-*

---

[52] Vgl. *Bundesamt für gewerbliche Wirtschaft*, Anlagenband zur Konzentrationsenquete, a.a.O., S. 193 f.

Übersicht 2: Veränderungen in der Unternehmensstruktur auf dem deutschen Zigarettenmarkt 1960 bis 1981

1960	Markteintritt des größten US-amerikanischen Zigarettenherstellers *R.J.Reynolds* durch Beteiligung an der *Haus Neuerburg GmbH,* Köln (seit 1977: *R.J.Reynolds Tobacco GmbH*).
1960	Erwerb der *Kyriazi Frères GmbH,* Berlin, durch *British American Tobacco* (seit 1963: *BAT*).
1961	Mehrheitsbeteiligung der *Brinkmann GmbH,* Bremen, an der *Cigarettenfabrik Muratti AG,* Berlin.
1965	Beteiligung der *Rupert Tobacco Corp. (Pty) Ltd.,* Stellenbosch (Südafrika), an der *Martin Brinkmann AG* durch Aktientausch (seit 1972 gehört *Brinkmann* über die *Rothmans International Ltd.,* London, ganz zum Einflußbereich der *Rupert*-Gruppe).
1968	Marktzutritt des US-amerikanischen Zigarettenanbieters *Liggett & Myers Inc.,* New York, durch Beteiligung an *Eilebrecht Cigaretten- und Rauchtabakfabriken,* Homburg/Saar (1972 stellt *Eilebrecht* Produktion und Vertrieb ein, *Liggett & Myers* zieht sich vom deutschen Markt zurück).
1970	Der zweitgrößte US-amerikanische Zigarettenhersteller, *Philip Morris Inc.,* gründet die *Philip Morris Germany GmbH* (Übernahme von Vertrieb und Produktion der seit 1960 von *Brinkmann* in Lizenz hergestellten Marke *Marlboro*).
1975	Der größte britische Zigarettenhersteller, *Imperial Tobacco Group,* gründet die *Imperial Tobacco (Germany) GmbH* (Herstellung und Vertrieb der *Imperial*-Marken durch *Austria Tabakwerke;* bereits 1979 scheidet *Imperial* wieder aus dem deutschen Markt aus).
1980	Mehrheitsbeteiligung der auf dem deutschen Kaffeemarkt führenden *Tchibo Frisch-Röst-Kaffee AG* an der *Reemtsma-Gruppe.*
1981	*Cigarettenfabrik Rhenania Boeninger GmbH & Co,* Andernach, stellt die Produktion ein.
1981	*Aldi Nord* führt als erstes Lebensmittel-Filialunternehmen eine eigene Handelsmarke ein *(Tobacco House No. 7).*
1981	*Theodorus Niemeyer Holland-Tabak GmbH* (über die britische *Gallaher Ltd.* im Einflußbereich des viertgrößten US-amerikanischen Zigarettenherstellers *American Brands Inc.*), die Anfang der siebziger Jahre durch Übernahme von *Henric's Oldenkott Senior & Comp.,* Rees am Rhein, in den deutschen Markt für Rauchtabak eingetreten war, wird auch auf dem deutschen Zigarettenmarkt aktiv (Marke: *Roxy*).

perial. Bemerkenswert ist der erste Fall eines „cross entry"[53], durch den die Mehrheit am Marktführer *Reemtsma* auf den größten deutschen Kaffeeröster *Tchibo* überging.

Gegenwärtig beherrschen fünf Unternehmen mit einem Marktanteil von 94,6% (1982) **den deutschen Zigarettenmarkt:**

1. *Reemtsma Cigarettenfabriken GmbH,* Hamburg,
 (Reemtsma-Gruppe)
 mit *H.F. & Ph.F. Reemtsma KG,* Hamburg,
 und *Badische Tabakmanufaktur Roth-Händle GmbH & Co,* Lahr,

---

[53] Zur wettbewerblichen Kontrolle des Marktverhaltens von Großunternehmen durch branchenüberschreitenden Marktzutritt vgl. Krüsselberg, H.-G., Marktwirtschaft und Ökonomische Theorie, Freiburg im Breisgau 1969, S. 199f., 228.

Übersicht 3: Besitzverhältnisse bei den führenden Zigarettenanbietern

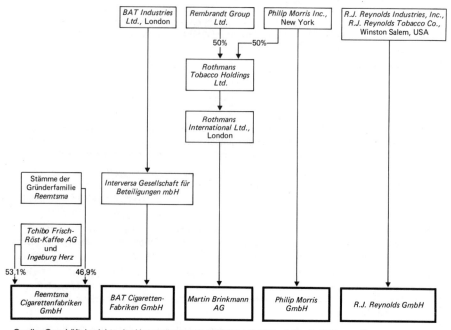

Quelle: Geschäftsberichte der Unternehmen; WuW/E BKartA 1944 *("Morris Rothmans")*.

2. **BAT Cigaretten-Fabriken GmbH**, Hamburg,
3. **Martin Brinkmann AG**, Bremen,
4. **Philip Morris GmbH**, München,
5. **R.J. Reynolds Tobacco GmbH**, Köln.[54]

Von großem Einfluß auf die weitere Entwicklung der Unternehmensstruktur wird die Entscheidung im **Untersagungsverfahren des Bundeskartellamts** (BKartA) gegen einen Zusammenschluß sein, der durch Beteiligungserwerb der *Philip Morris Inc.* an der *Rothmans Tobacco Holdings Ltd.* begründet und im Ausland vollzogen wurde. In

---

[54] Weitere Zigarettenanbieter mit Marktanteilen unter einem Prozent, teilweise nur mit regionaler Bedeutung, sind:
- *Theodorus Niemeyer Holland-Tabak GmbH*, Düsseldorf,
- *Austria Tabakwerke GmbH*, München,
- *Türkische Tabak- und Cigarettenfabrik Jyldis GmbH*, Saarlouis,
- *Heintz van Landewyck GmbH*, Tabak- und Zigarettenfabrik, Trier (*Brinkmann*-Beteiligung: 25%),
- *Sonntag Cigarettenfabrik GmbH*, Bornheim/Rheinland, (Vertrieb durch *BAT*),
- *Nestor Gianaclis Cigarettenfabrik GmbH*, Hofheim-Wallau,
- *TETA Handel Produktion AG*, München, (*Austria*-Tochter).

Als Importeure sind auf dem deutschen Zigarettenmarkt tätig:
- *Tuxedo GmbH*, Hamburg,
- *Gebr. Heinemann*, Hamburg.

Vgl. Die Tabak Zeitung vom 29.4.1983, S. III.

einem derartigen Fall ist eine Zusammenschlußkontrolle durch das *BKartA* nach § 98 Abs. 2 GWB dann zulässig, wenn der Zusammenschluß wettbewerbsbeschränkende Auswirkungen im Inland hat. Nach dem Beschluß des *BKartA* läßt dieser Zusammenschluß, der nach § 23 Abs. 3 Satz 4 GWB auch als **Zusammenschluß** von *Philip Morris GmbH* und *Martin Brinkmann AG* gilt (vgl. *Übersicht 3*), „die **Verstärkung der auf dem inländischen Zigarettenmarkt bestehenden marktbeherrschenden Stellung** einer Gesamtheit von fünf Unternehmen (§ 23 Abs. 2 Satz 1 Nr. 2 GWB) erwarten".[55]

Von Bedeutung für das zukünftige Marktgeschehen ist schließlich, daß sich **seit 1981 der Kreis der Zigarettenanbieter erweitert** hat. Nachdem der Lebensmittelfilialist *Aldi* eine eigene Handelsmarke einführte, folgten alle **größeren Unternehmen des Lebensmittelhandels** nach. Während sich jedoch das Angebot der etablierten Zigarettenhersteller, sogenannte Industriemarken, durch Ubiquität auszeichnet, beschränkt sich die Distribution der **Handelsmarken** und namenlosen Zigaretten des Lebensmittelhandels auf die Einzelhandelsgeschäfte der jeweiligen Gruppe. Von den Anbietern von Handelsmarken verfügt allein die *Coop AG* über einen eigenen Herstellbetrieb *(Parco Zigarettenfabrik)*, die übrigen Anbieter, unter ihnen *Edeka, Gedelfi, Leibbrand, Rewe, Spar* und *Tengelmann*, lassen ihre Zigaretten bei Unternehmen unter anderem in der Bundesrepublik, Luxemburg, Jugoslawien, Griechenland und in der DDR fertigen.

4.3.3. Marktanteile

Das einfachste Merkmal, das eine Aussage über das Ausmaß der Beteiligung eines Unternehmens am Marktgeschehen zuläßt und als Orientierungsgröße für den Markterfolg dienen kann, weil es den Umfang angibt, in dem ein Unternehmen zur Befriedigung eines Bedarfs herangezogen wird, ist der Marktanteil.[56] Für die Beurteilung der Wettbewerbssituation auf dem Zigarettenmarkt ist daher eine Untersuchung der Marktanteile sowohl einzelner Unternehmen als auch einzelner Zigarettenmarken erforderlich.

4.3.3.1. Marktanteile der führenden Unternehmen

Die Entwicklung der Marktposition der fünf Unternehmen, die den Zigarettenmarkt beherrschen, zeigt während der vergangenen zwanzig Jahre einen uneinheitlichen Verlauf. Zum Teil haben sich erhebliche Marktanteilsverschiebungen ereignet, die zu

---

[55] Vgl. Beschluß des *Bundeskartellamts* vom 24.2.1982, WuW/E BKartA 1943 ff., 1945 *("Morris Rothmans")*. Gegen die Untersagungsverfügung des *BKartA*, die begrenzt ist auf die Beseitigung der Verstärkung der marktbeherrschenden Stellung auf dem Zigarettenmarkt der Bundesrepublik Deutschland einschließlich Berlin (West), wurde Beschwerde beim Kammergericht eingelegt. Vom Kammergericht wurde die Untersagungsverfügung des *BKartA* überwiegend bestätigt, allerdings muß die Untersagung deutlicher auf die Inlandswirkungen eingegrenzt werden; vgl. Wirtschaft und Wettbewerb, Jg. 33 (1983), S. 524.
[56] In dieser Untersuchung beziehen sich Angaben zum Marktanteil auf den Absatz; in der Regel bestehen gegenüber dem Umsatzanteil nur geringfügige Abweichungen.

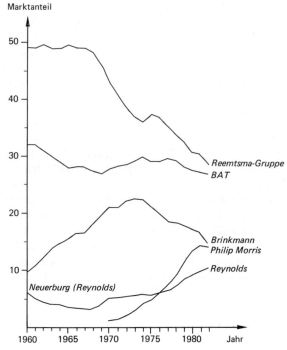

Quelle: Tabelle A 6.

Abbildung 3: Marktanteile der führenden Zigarettenanbieter in der Bundesrepublik Deutschland 1960 bis 1982

einer **Verringerung der Streuung in den Unternehmensgrößen** geführt haben (vgl. *Abbildung 3* und *Tabelle A 6*).

Der **Marktführer,** die *Reemtsma-Gruppe,* lag noch während der sechziger Jahre mit einem Marktanteil von knapp unter 50% unangefochten vor seinen Mitwettbewerbern. Der seit 1969 zu beobachtende jährliche **Verlust von Marktanteilen** – mit Ausnahme von 1975 – hat zu einer ausgeprägten Verschlechterung der Unternehmensposition geführt. Bei einem Marktanteil von 28,6% im Jahr 1982 beträgt der Abstand der Gruppe zum zweitgrößten Unternehmen, *BAT,* inzwischen nur noch knapp zwei Prozent.

Die in britischem Besitz befindliche *BAT* weist eine **relativ stabile Marktposition** auf. Von einem Marktanteil von 14,7% (1955) aus[57], dem tiefsten Nachkriegswert, verdoppelte das Unternehmen binnen fünf Jahren nach Einführung der Marke *HB* im Jahre 1955 seinen Marktanteil und konnte ihn seither knapp unter 30% behaupten (1982: 26,9%).

Der 1982 drittgrößte Anbieter, *Brinkmann,* konnte seinen Marktanteil zwischen 1960 und 1973 von 9,7% auf 23,3% mehr als verdoppeln. Mit dem Rückgang des Leicht-

---

[57] Vgl. *BAT* (Hrsg.), Magazin zum 50jährigen Bestehen, a.a.O., S. 20.

segments hat das Unternehmen **Marktanteile abgeben** müssen und fiel auf 14,7% (1982) zurück.

Marktanteilsgewinne verzeichneten allein die erst 1960 bzw. 1970 in den deutschen Markt eingetretenen **Töchter der US-amerikanischen Zigarettenhersteller** *Reynolds* und *Philip Morris.*

Philip Morris erzielte seit seinem Markteintritt – dank des Erfolgs von *Marlboro* – die **stärksten Marktanteilsgewinne** aller Unternehmen. 1977 wurde *Reynolds* überflügelt, inzwischen bedroht das Unternehmen mit einem Marktanteil von 14,1% (1982) die Marktposition von *Brinkmann.*

Reynolds übernahm *Haus Neuerburg* 1960 mit einem Marktanteil von 6,0% und mußte bis 1968 einen Rückgang auf 3,2% hinnehmen; vor allem aufgrund des Erfolgs der 1968 eingeführten *Camel Filters,* aber auch durch Übernahme der Marken von *Imperial Tobacco* und *Rhenania,* konnte das Unternehmen seine **Marktposition** von Jahr zu Jahr **verbessern;** 1982 belief sich der Marktanteil auf 10,5%.

4.3.3.2. Marktanteile einzelner Marken

Eine nähere Analyse der Marktanteilsverschiebungen zwischen den fünf größten Unternehmen zeigt, daß diese mit dem Auf- und Abstieg einzelner Marken verbunden sind. In der Bundesrepublik werden zwar über 200 Zigarettenmarken angeboten (vgl. *Übersicht A 1*), aber **nur wenige Marken bestimmen das Geschehen auf dem Zigarettenmarkt.** Seit Jahrzehnten ist der Anteil der **zehn führenden Marken** am Gesamtmarkt mit über 75% relativ konstant.[58] Nur insgesamt siebzehn Marken, alle von den fünf führenden Herstellern angeboten, bildeten zwischen 1963 und 1982 die Gruppe der zehn größten Marken. Hinter dem fast gleichbleibenden Marktanteil dieser Gruppe verbergen sich jedoch erhebliche **Unterschiede in der Absatzentwicklung** der einzelnen Marken (vgl. *Abbildung 4* und *Tabelle A 7*).

In *Abbildung 4* ist die Absatzentwicklung der im Jahre 1982 zehn führenden Marken wiedergegeben. Lediglich zwei Marken weisen seit ihrem Eintritt in die Rangliste bis 1981 noch Absatzzuwächse auf: *Marlboro (Philip Morris)* und *Camel Filters (Reynolds),* Marken der zuletzt allein expansiven Unternehmen. Eine von den übrigen Marken abgehobene Position auf hohem Absatzniveau nimmt *HB (BAT)* ein[59]; lediglich bei *R 6 (Reemtsma)* ist ebenfalls eine Phase stabileren Absatzes zu beobachten; alle anderen Marken – *Peter Stuyvesant, Ernte 23* und *Reval (Reemtsma-Gruppe),*

---

[58] Der Anteil der 10 (3) größten Marken am Inlandsabsatz betrug
1965: 77,1 (54,2)%   1980: 79,4 (42,0)%
1970: 79,1 (44,8)%   1981: 78,8 (42,1)%
1975: 76,7 (40,4)%   1982: 75,2 (39,7)%

[59] Der anhaltende Erfolg dieser German Blend-Zigarette erklärt sich teilweise aus dem überdurchschnittlich hohen Anteil junger Raucher; vgl. *BAT Cigaretten-Fabriken GmbH,* Geschäftsbericht 1975, S. 11. Auch das Wachstum des Segments der kräftig-würzigen Zigaretten scheint daher zu rühren, daß dieser Geschmackstyp von jungen Rauchern bevorzugt wird; 52% der Raucher unter 25 Jahre fragen Zigaretten dieses Geschmackssegments nach. Vgl. *Reemtsma Cigarettenfabriken GmbH,* Geschäftsbericht 1980, S. 13.

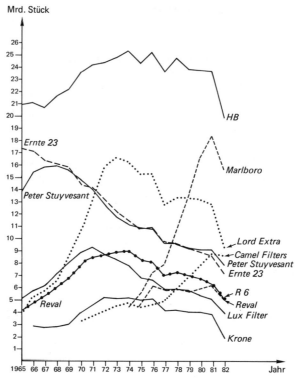

Quelle: Tabelle A 7.

Abbildung 4: Absatzentwicklung von 1965 bis 1982 der zehn größten Zigarettenmarken 1982

Lord Extra, Lux Filter (Brinkmann), Krone (BAT) – haben ihr Absatzmaximum erreicht und befinden sich in der Abschwungphase. Die Marktposition der einzelnen Marken wird also erodiert, jedoch läßt sich **keine Wahrscheinlichkeitsverteilung für das Erreichen des Absatzmaximums einer Zigarettenmarke** angeben, die auf eine Gesetzmäßigkeit der Absatzentwicklung hinweist.[60]

In der unterschiedlichen Absatzentwicklung drücken sich **Umschichtungen zwischen den Geschmackssegmenten** aus. Die Verlagerung der Raucherpräferenzen in Richtung würzig-kräftiger Zigaretten während der siebziger Jahre führte zu den Marktanteilsgewinnen der in diesem Segment dominierenden Marken *Marlboro* und *Camel Filters*. Mittelkräftige Zigaretten wie *Peter Stuyvesant, Ernte 23* und *Lux Filter* verloren ebenso in der Rauchergunst wie das durch *Lord Extra* repräsentierte Leichtsegment.[61]

---

[60] Vgl. auch *Hoffmann, K.,* Der Produktlebenszyklus, Freiburg 1972, S. 62.

[61] Diese Entwicklung kann teilweise der generellen Absenkung der Kondensat- und Nikotinmenge in den letzten Jahren zugeschrieben werden, durch die das deutsche Zigarettenangebot „das leichteste der Welt" wurde. Bei den jeweils 50 führenden Zigarettenmarken veränderte sich von 1970 auf 1979 der gewogene Durchschnitt an Nikotin von 1,0 mg auf 0,74 mg (1979) und an Kondensat von 17,4 mg auf 13,5 mg (1979). Nach den „Werberichtlinien 1978"

Von dem **starken Absatzeinbruch im Jahre 1982** wurden alle Marken betroffen, am stärksten *Lord Extra* mit einem Absatzverlust von 26,2%, am schwächsten *Camel Filters* mit einem Rückgang von 3,3%.

4.3.3.3. Bedeutung einzelner Marken für die Unternehmen

Wegen des hohen Absatzanteils der zehn führenden Marken am Gesamtmarkt liegt es nahe, daß **zwischen der Entwicklung der Marktposition eines Unternehmens und dem Erfolg einzelner seiner Marken Gleichförmigkeiten** bestehen können. Die teilweise **starke Abhängigkeit einzelner Anbieter von nur wenigen Marken** macht eine Analyse des Anteils der jeweiligen Hauptmarken am Gesamtinlandsabsatz der Unternehmen offenkundig (vgl. *Übersicht 4*).

Philip Morris und *Austria,* die als **Ein-Marken-Anbieter** angesehen werden können, belegen am augenfälligsten, daß Auf- und Abstieg nur einer Marke das Unternehmensschicksal nachhaltig bestimmen können. Während der *Marlboro*-Erfolg *Philip Morris* binnen sieben Jahren nach Markteintritt bis auf Platz vier der Unternehmensrangfolge führte, fiel *Austria* mit den Marktanteilsverlusten seiner Hauptmarke *Milde Sorte* (1971: 1,5%, 1981: 0,37%) erheblich zurück. Wenn auch nicht ganz so ausgeprägt, aber noch merklich vom Erfolg nur einer Marke bestimmt sind *Reynolds (Camel Filters)* und *BAT (HB)*.

Brinkmanns Positionsverbesserungen (vgl. *Abbildung 3*) resultierten zunächst aus der Teilhabe am Erfolg der Filterzigaretten *(Lux Filter)* und des damals **neuen Preissegments** der gehobenen Konsumpreislage *(Peer Export),* im wesentlichen aber aus dem Aufstieg des **Leichtsegments,** in dem das Unternehmen mit *Lord Extra* Marktführer wurde. Infolge des hohen Absatzanteils dieser Marke hatte *Brinkmann* mit dem Rückgang des Leichtsegments eine Positionsverschlechterung hinzunehmen.

Der drohende Verlust der in den sechziger Jahren noch unangefochtenen Marktführerposition der *Reemtsma-Gruppe* rührt von der **Abhängigkeit von Marken im Segment der mittelkräftigen Zigaretten** her *(Peter Stuyvesant, Ernte 23),* die ihr Absatzmaximum bereits vor fünfzehn und mehr Jahren erreichten. In den führenden Geschmackssegmenten der sechziger und siebziger Jahre (Leichtsegment, würzig-kräftige Zigaretten) war die Gruppe lediglich mit der Leichtmarke *R 6* vertreten, deren Erfolg die Verluste im Segment der mittelkräftigen Zigaretten nicht kompensieren konnte.

Das sogenannte **Randsortiment** erreicht bei den meisten Unternehmen einen Anteil am Gesamtabsatz um 10%. Zwar nimmt die Bedeutung der Randsorten bei einer Marktschwäche der Hauptmarken zu, sie haben aber aufgrund der besonderen Struktur des Vertriebssystems nur durch Präsenz im Tabakwaren-Facheinzelhandel

---

der deutschen Zigarettenhersteller dürfen Zigaretten als „leicht" bezeichnet werden, die bis zu 0,8 mg Nikotin und 10 mg Rauchkondensat enthalten. Gesundheitsbewußtes „leichteres" Rauchen läßt sich daher mit Zigaretten verschiedener Geschmackstypen realisieren. So weisen Zigaretten wie *Marlboro, Peter Stuyvesant* oder *Ernte 23,* die unterschiedlichen Geschmackssegmenten zugeordnet werden, dieselben Kondensat- (13 mg) und Nikotinwerte (0,8 mg) auf. Vgl. Die Tabak Zeitung vom 25.4.1980, S. VI und vom 6.7.1979, S. X.

Übersicht 4: *Anteil der Hauptmarken am Gesamtinlandsabsatz der Unternehmen 1981 und 1971*

Unternehmen	1981		1971	
	Marke[1]	Anteil %	Marke	Anteil[2] %
Philip Morris	Marlboro	97,6	Marlboro	100,0
	weitere 9 Marken	2,4		
Austria	Milde Sorte	89,9	·	·
	weitere 9 Marken	10,1		
Reynolds	Camel Filters	67,9	Camel Filters	56,7
(Haus Neuerburg)	Camel	6,1	Overstolz	20,9
	Reyno	5,0	Reyno Filter	10,8
	Reyno Lights	3,9		
	weitere 27 Marken	12,1	Restmarken	11,6
BAT	HB	66,0	HB	69,4
	Krone	10,8	Krone	14,8
	Kurmark Filter	6,4	Kurmark Filter	4,7
	Kim	4,6	Kim	3,2
	weitere 40 Marken	12,2	Restmarken	7,9
Brinkmann	Lord Extra	58,7	Lord Extra	49,7
	Lux Filter	22,9	Lux Filter	36,1
	Peer 100	4,9	Peer 100	3,6
	Windsor de Luxe	2,7	Peer Export	3,5
	weitere 34 Marken	11,8	Restmarken	7,1
Roth-Händle	Reval	54,1	Reval	64,2
	Roth-Händle	30,5	Roth-Händle	23,1
	Roth-Händle Filter	7,3	Reval Filter	6,7
	Reval Filter	6,9	Roth-Händle Filter	5,0
	weitere 8 Marken	1,2	Restmarken	1,0
Reemtsma	Peter Stuyvesant	32,2	Ernte 23	37,9
	Ernte 23	30,6	Peter Stuyvesant	36,9
	R 6	22,1	Atika	10,0
	Atika	4,3	Juno	2,9
	weitere 27 Marken	10,8	Restmarken	12,3

· = keine Angabe
[1] Marken 1981 einschließlich der Neueinführungen dieses Jahres.
[2] Die Anteile für 1971 beziehen sich auf die jeweiligen Produktionsmengen der Unternehmen.

Quelle: Die Tabak Zeitung vom 31. 8. 1973, 24. 4. 1981 und 25. 6. 1982; eigene Berechnung.

eine Marktchance. Die durch die Industrie mitgestaltete Handelsstruktur erweist sich hier als Hindernis.

Im Vergleich der Jahre 1971 und 1981 hat sich in der **Zusammensetzung der Marken,** die den Hauptabsatz der Unternehmen bestreiten, **keine wesentliche Veränderung** ergeben, Entwicklung einzelner Marken und Unternehmensschicksal bleiben über einen längeren Zeitraum verknüpft. Eine Gewähr für den dauerhaften Erfolg einer Marke gibt es nicht, so daß es immer wieder zur **Erosion von Marktpositionen** kommt.

5. Marktprozessuale Verhaltens- und Ergebnisanalyse

5.1. Die Parameteraktivität von Unternehmen im Marktprozeß und in der Marktentwicklung

Institutionelle Rahmenbedingungen und marktstrukturelle Gegebenheiten umgrenzen den Entscheidungs- und Handlungsspielraum der auf einem Markt tätigen Unternehmen. Diese Handlungsumwelt ist jedoch nicht invariant; vielmehr wirken die Unternehmen durch den Einsatz von Aktionsparametern selbst auf sie ein und tragen damit auch zu ihrer Veränderlichkeit bei.

Die **unternehmerischen Aktionsparameter** wie Preis, Produkt, Werbung sind Informationsträger und stellen das eigentliche Kommunikationsmittel zwischen den Parteien auf Neben- und Gegenseite des Marktes dar. Der Spielraum beim Einsatz der Aktionsparameter verschafft Unternehmen die Möglichkeit, durch unterschiedliche Gestaltung ihres Angebots um die Nachfrage zu konkurrieren. Aktionsparameter sind also Handlungsmittel, durch die Wirtschaftseinheiten Einfluß auf das Marktgeschehen nehmen, um ihre Handlungsziele zu realisieren. In der konkreten Gestaltung der von einem Unternehmen eingesetzten Aktionsparameter drückt sich letztlich dessen **Verhaltensweise im Marktprozeß** aus. Deshalb muß eine Verhaltensanalyse auf die Gesamtheit der von einem Unternehmen eingesetzten Aktionsparameter abstellen.

Aufgrund der **intertemporalen Interdependenz von Marktstruktur, Marktverhalten und Marktergebnis**[62] durchlaufen Unternehmen einen **Erfahrungsprozeß** hinsichtlich ihres Verhaltens: sie stellen fest, daß beim Einsatz der Aktionsparameter Interdependenzen bestehen. Je nach verfügbarem Handlungsspielraum werden sie im Verlauf der Marktentwicklung zeitlich früher oder später die zwischen ihnen bestehende Aktions-Reaktions-Verbundenheit identifizieren. Diese **Transparenz der Reaktionsverbundenheit** hat **Rückwirkungen auf das Verhalten,** die bis zum bewußten Verzicht auf den Einsatz von Wettbewerbsmitteln reichen können. Führt nämlich der intensivere Einsatz eines Aktionsparameters zu keinem Absatzzuwachs, weil Konkurrenten ebenfalls mit verstärktem Einsatz reagieren, so daß die erhöhte Aktivität in ihrer Wirkung neutralisiert wird, kommt es nach wiederholten derartigen Erfahrungen häufig zu einer stillschweigenden oder offenen Verständigung über ein **wettbewerbliches Einmotten** dieses Aktionsparameters. Die Unternehmen weichen auf andere, weniger schnell transparent werdende und weniger leicht imitierbare Parameter aus, von deren Einsatz sie das Erlangen eines Vorsprungs gegenüber den Mitwettbewerbern erwarten. Der Identifikation der Aktions-Reaktions-Verbundenheit folgt also eine Veränderung der Verhaltensweise. So werden **im Verlauf der Marktentwicklung wettbewerbliche und nichtwettbewerbliche Aktionen und Reaktionen einander ablösen und überlagern.**[63]

---

[62] Vgl. hierzu *Kaufer, E.,* Industrieökonomik, München 1980, S. 365 ff.
[63] Vgl. *Kaufer, E.,* a. a. O., S. 367.

5.2. Preis

In marktwirtschaftlichen Ordnungen kommt dem Preis wegen seiner Informations-, Koordinations-, Allokations- und Verteilungsfunktion eine herausragende Rolle zu; entsprechend ist sein Gewicht im Gefüge unternehmerischer Aktionsparameter.

In der Zigarettenindustrie **fehlten bis 1972 die Voraussetzungen für den freien Einsatz des Aktionsparameters Preis**. Aufgrund der Tabaksteuergesetzgebung wäre – wegen der Vorschrift von Mindestkleinverkaufspreisen und durch die Endverbraucher-Bindung der Kleinverkaufspreise – ein wettbewerblicher Einsatz dieses Parameters nur in Form von Änderungen des Kleinverkaufspreises (Wechsel der Preislage) bereits eingeführter Zigarettenmarken möglich gewesen. Davon machten die Anbieter jedoch keinen Gebrauch, weil bei Zigaretten mit der jeweiligen Preislage in der Regel eine bestimmte Qualität assoziiert wird bzw. ein bestimmtes Image verbunden ist. Preissenkungen bei einer bestehenden Marke wären als Qualitätsverschlechterungen interpretiert worden. Anstelle von Preissenkungen hätten daher – als eine verkümmerte Form von Preiswettbewerb – neue Marken eingeführt und in einer niedrigeren Preislage angesiedelt werden müssen.

Mit der Neufassung des **TabStG 1972** wurden steuerlich keine Preisklassen mehr vorgeschrieben, jedoch wurde die Bindung der Kleinverkaufspreise beibehalten. Diese gesetzlich gewährte **Freiheit in der Preisgestaltung** führte aber nicht zur Bildung neuer Preislagen, das traditionelle Gefüge blieb bestehen. **Gleichförmigkeit im Preisverhalten der Unternehmen** bestimmte weiterhin das Bild. Preiserhöhungen, autonom oder in Verbindung mit Erhöhungen der Tabaksteuer vorgenommen, erfolgten im Gleichschritt durch gleichmäßiges Anheben des Niveaus der Preislagen, so daß das Preisgefüge unangetastet blieb.[64] Neueinführungen von Zigarettenmarken wurden aus Gewinnüberlegungen bevorzugt in der gehobenen Konsumpreislage angesiedelt. Insgesamt konnte noch 1979 zu Recht konstatiert werden: „Ein direkter Preiswettbewerb gegenüber dem Endverbraucher mit dem Ziel der Marktanteilsausweitung findet praktisch nicht statt."[65]

Innerhalb des ihnen gesetzlich vorgegebenen Preisspielraums verhielten sich die Unternehmen der Zigarettenindustrie **rational**. Wegen des ausgeprägten Markenartikel-

---

[64] Bemerkenswert ist ferner, daß die „Preiserhöhungen ... allenfalls vom Zeitpunkt, jedoch nicht vom Ausmaß her durch steuerliche Anlässe bedingt (waren). In allen Fällen wurde nicht lediglich die höhere Steuer überwälzt, sondern die Preiserhöhungen brachten den Herstellern (und Händlern) einen zusätzlichen Erlös." WuW/E BKartA 1950 *(„Morris Rothmans");* vgl. zu den Preiserhöhungen auch *Tabelle A 5* und *Abbildung 2*.

[65] *Jürgensen, H.*, Ubiquitäres Angebot als Strategie der Marktbehauptung, a.a.O., S.91.

[66] Nur der Newcomer *Imperial Tobacco* versuchte, über den Preis Marktanteile zu gewinnen. Nach der Tabaksteuer- und Preiserhöhung 1977 meinte das Unternehmen, das Preisbewußtsein der Zigarettenraucher sei so geschärft, daß es mit der in der untersten Preislage angesiedelten *John Player King Size* vor allem durch Absatz über den Lebensmittelhandel sein Marktziel erreichen und die Schwelle von einem Prozent Marktanteil überschreiten könne. Vgl. Die Tabak Zeitung vom 18.3.1977 und Lebensmittel-Praxis vom 15.4.1977. *Imperial* erzielte zwar 1978 einen Marktanteil von einem Prozent, zog sich jedoch 1979 überraschend vom deutschen Markt zurück, „eine Entscheidung, die den deutschen Markt um einen quicklebendigen Anbieter ärmer macht." Die Tabak Zeitung vom 6.7.1979, S.IX.

8. Zigarettenindustrie

charakters der Zigarette wurden Wechsel der gesetzlichen Preislagen als absatzfördernde Maßnahmen nicht in Betracht gezogen. Die fortbestehende **preispolitische Abstinenz** nach Neufassung des TabStG 1972 läßt sich aus dem vorausgegangenen **Erfahrungsprozeß** der Zigarettenanbieter erklären: Während zweier Jahrzehnte war der Preis ein gesetzlich weitgehend blockierter und deshalb von den Unternehmen wettbewerblich nicht zu nutzender, das heißt ein „eingefrorener" Aktionsparameter.[66] Die **Parallelität von fiskalischem und unternehmerischem Interesse** an hohen Zigarettenpreisen stützte zusätzlich den Ausschluß von Preiswettbewerb.

Die **Reaktivierung des Aktionsparameters Preis** ging bezeichnenderweise nicht von den etablierten Unternehmen aus, sondern wurde **vom Handel in den Zigarettenmarkt hineingetragen**. Den Anstoß gab das Lebensmittelfilialunternehmen *Aldi Nord,* das im April 1981 in seinen Geschäften eine eigene Filterzigarette *(Tobacco House No. 7)* einführte, deren Kleinverkaufspreis (DM 2,50 je 20 Stück) DM 0,35 unter dem der Konsumpreislage lag.[67] Diesem Schritt folgten weitere Handelsunternehmen mit eigenen Marken.[68]

Der Aktionsparameter Preis als Wettbewerbsmittel stand auch beim Markteintritt von *Theodorus Niemeyer* (Marke *Roxy*) im Oktober 1981 im Vordergrund. Das Unternehmen rechnete sich eine Chance aus, über den Preis „relativ leicht in einen sehr verfestigten und weitgehend verteilten Markt hineinzukommen."[69]

Die **im Preis niedrigeren Marken setzten sich relativ schnell am Markt durch:** im Dezember 1982 belief sich ihr Marktanteil bereits auf nahezu 10%.[70] Ausgelöst wurde dieser Absatzgewinn im wesentlichen durch die **Preiserhöhungen für Industriemarken** am 1.1.1982 (autonome Preiserhöhung) und am 1.6.1982 (Erhöhung der Tabaksteuer), durch die diese Marken innerhalb eines halben Jahres um ein Drittel verteuert wurden, so daß sie zwischen 27 und 33 Prozent über dem Preis der Handelsmarken lagen.[71] Begünstigt wurde der Wechsel eines Teils der Raucher zu den preisgünstigeren Handelsmarken durch die **Stagnation der Realeinkommen** aufgrund der konjunkturellen Situation.

---

[67] Der Versuch, mit Hilfe einer billigen Handelsmarke auf dem deutschen Zigarettenmarkt Fuß zu fassen, wurde bereits 1962 von der damaligen *GEG*, jetzt *Coop AG*, mit der Marke *Imperial* unternommen. Offenbar beschieden aber die zu jener Zeit gegebenen Bedingungen auf der Nachfrageseite diesem Vorstoß keinen Erfolg; der beschränkte Distributionsweg mag eine weitere Erklärung für den nicht erfolgreichen Versuch sein.
[68] Ihre anfänglichen Schwierigkeiten beim Auffinden von Herstellern, weil ihnen von den Markenartikelherstellern keine Produktionskapazitäten eingeräumt wurden, scheinen behoben zu sein, inzwischen produzieren u.a. die *Austria Tabakwerke* und *Landewyck* für sie.
[69] So *Niemeyer*-Geschäftsführer *Günther Hill;* vgl. Lebensmittel-Zeitung vom 17.7.1981. Bis zum Jahresende 1981 wurden bereits 223 Mio. Zigaretten der Marke *Roxy* abgesetzt; in der Liste der führenden Zigarettenmarken wurde mit einem Marktanteil von 0,17% Rang 39 erreicht.
[70] Vgl. Die Tabak Zeitung vom 29.4.1983, S.VI. *Theodorus Niemeyer* konnte seinen Absatz von 1981 auf 1982 um 350% steigern (von 223 Mio. auf 1004 Mio. Stück). Der Absatz der Handelsmarken verzehnfachte sich im Jahresvergleich von 438 Mio. auf 4,3 Mrd. Stück; 1982 erreichte ihr Marktanteil damit 3,8%. Vgl. Die Tabak Zeitung vom 29.4.1983, S.III.
[71] Am 1.1.1982 erhöhte sich der Preis je 20 Stück-Packung um jeweils 15 Pf von DM 2,85 auf DM 3,– in der Konsumpreislage und von DM 3,– auf DM 3,15 in der gehobenen Konsumpreislage. Am 1.6.1982 wurden die Packungspreise auf DM 3,80 bzw. DM 4,– angehoben. – Handelsmarken kosteten – mit wenigen Ausnahmen – am 1.6.1982 DM 3,–/20 Stück.

Der sich durch **fortgesetzte Marktanteilsverluste verstärkende Druck auf die eingesessenen Unternehmen** führte schließlich im Januar 1983 zu einer **Revision ihres Preisverhaltens**. Die marktführende *Reemtsma-Gruppe* setzte den Preis ihrer erst im Mai 1980 im würzig-kräftigen Segment eingeführten Marke *West*, die 1982 mit einem Marktanteil von 0,5% Rang 22 unter den größten Zigarettenmarken innehatte, von DM 3,80 auf DM 3,30 je 20 Stück herunter und führte die Marke *Juno Filter* (DM 3,15/19 Stück) neu ein. *Reemtsmas* Konkurrenten warteten zunächst die Reaktionen von Handel und Verbrauchern ab und zogen erst nach, als *West* zusehends Marktanteile gewann.[72]

Dieses Eintreten in den vom Handel ausgelösten Preiswettbewerb wurde – offenbar im Vertrauen auf die bis dahin große Markentreue der Zigarettenraucher – von der Zigarettenindustrie als **„vorübergehende Abwehrmaßnahme"** deklariert.[73] Die mit der Einrichtung von Zwischenpreislagen zwischen herkömmlichen Industrie- und Handelsmarken beabsichtigte Zurückgewinnung der Raucher von Handelsmarken und selbstgefertigten Zigaretten führte jedoch nicht nur zur Konkurrenzierung der Handelsmarken. Gleichzeitig trat ein **„Kannibalisierungs-Effekt"** ein: Die eigenen Marken der Konsum- und der gehobenen Konsumpreislage hatten hohe Marktanteilsverluste zu erleiden.[74]

Diese Entwicklung zeigt sehr eindringlich, wie erst das **Zusammentreffen mehrerer Faktoren** – Veränderung der Marktgegebenheiten durch die Preispolitik der Handels, Änderung der Rahmenbedingungen durch Erhöhung der Tabaksteuer, gesamtwirtschaftliche Lage – eine Situation hat eintreten lassen, durch die die etablierten Unternehmen gezwungen wurden, von ihrem **eingefahrenen Verhalten abzugehen** und den jahrzehntelang eingemotteten Aktionsparameter **Preis wieder als Mittel wettbewerblicher Aktionen** einzusetzen. Obwohl die Entwicklung noch im Fluß ist, kann aufgrund der Erfahrungen der Industrie davon ausgegangen werden, daß sie versuchen wird, den Aktionsparameter Preis durch Neustrukturierung der Preislagen wieder „in den Griff" zu bekommen und **zu einer oligopolistischen Verhaltensweise zurückzufinden**. Darauf deuten die von den Markenherstellern gleichförmig vollzogenen Preiserhöhungen zum 1.7.1983 hin: Zigaretten der Zwischenpreislage wurden verteuert (DM 3,30 bzw. 3,40/19 Stück), während bei Zigaretten der Konsumpreislage und der gehobe-

---

[72] *Philip Morris* folgte als erstes Unternehmen mit einer Preisunterbietung der *West* (*L&M*, DM 3,–/19 Stück), dieselbe Preislage wählte auch *Reynolds* (*Overstolz* mit und ohne Filter), während *Brinkmann* der Preispolitik *Reemtsmas* folgte (*Chesterfield*). *BAT* offerierte als letztes Unternehmen das billigste Angebot der etablierten Hersteller (*Gold Dollar*, DM 3,15/20 Stück) und führte die erste verbilligte Zigarette im Leichtsegment ein (*Cortina No.2*, DM 3,–/19 Stück). – Die Mitwettbewerber von *Reemtsma* hatten zunächst mit verschiedenen Mitteln versucht, die Aufnahme von *West* im Handel zu blockieren, jedoch wurde sie von der Nachfrage „durch den Handel gezogen".

[73] Zum Beispiel vom Vorsitzenden der Geschäftsführung von *Reynolds;* vgl. Fischer, P. W., Waren die Marken-Zigaretten bislang zu teuer?, Handelsblatt vom 2.3.1983.

[74] Die etablierten Marken *HB, Marlboro, Lord Extra, Camel Filters, Peter Stuyvesant* und *Ernte 23*, deren Marktanteil sich im März 1982 noch auf 62,6% belaufen hatte, sanken im März 1983 auf einen Marktanteil von 45,9% ab. Die verbilligten Marken *West, L&M, Overstolz, Juno, Gold Dollar* und *Chesterfield* dagegen vereinigten im März 1983 einen Marktanteil von 20,8% auf sich. Rein rechnerisch gleichen sich Marktanteilsgewinne und -verluste aus, jedoch auf Kosten der Erlöse und vor allem der Gewinne. Vgl. Capital Nr. 3 (1983).

nen Konsumpreislage der Stückpreis geringfügig gesenkt wurde; durch die Verringerung des Packungsinhalts trat zusätzlich eine „optische Verbilligung" ein (vgl. *Tabelle A 5*).

5.3. Rabatte

Scheidet – wie in der Zigarettenindustrie für lange Zeit gegeben – der Preis als Parameter wettbewerblichen Verhaltens aus, werden in der Regel stillschweigende Preisnachlässe gewährt (Rabattwettbewerb). Diese Wettbewerbsform kann deshalb gegenüber Konkurrenten einen Vorteil verschaffen, weil der Einsatz des Parameters zumindest für eine gewisse Zeit im Verborgenen bleibt (Geheimwettbewerb) und deshalb eine Reaktion der Konkurrenten nur zeitlich verzögert erfolgen kann.

Bis zum Jahre 1929 herrschte – wie dargestellt – in der Zigarettenindustrie zwischen den kleinen und mittleren Herstellern ein intensiver Rabattwettbewerb; im selben Jahr wurde jedoch durch Bildung eines Kartells dieser Aktionsparameter gebunden. Das **Rabattkartell,** dem seit 1934 sämtliche Zigarettenhersteller zwangsweise angehörten, ging mit dem Zusammenbruch des Deutschen Reichs 1945 unter. Bereits 1946 wurde die noch heute bestehende *Zigaretten-Umsatzvergütungsstelle (ZUV)* errichtet, die fast bruchlos die Aufgaben der ehemaligen Umsatzverrechnungsstelle übernahm.[75] Die *ZUV* hatte ein Gesamtumsatzrabattverfahren nach Maßgabe einer einheitlichen Rabattstaffel durchzuführen.

1961 meldeten die damals vier führenden Zigarettenhersteller *(Reemtsma, BAT, Brinkmann* und *Haus Neuerburg)* mit einem Marktanteil von zusammen etwa 90%, die sich in der *Interessengemeinschaft der Zigarettenhersteller (IGZ)* vereinigten, ein Gesamtumsatzrabatt-Kartell (GUR-Kartell) nach § 3 GWB an. Dieses Kartell gewährt über die *Zigaretten-Umsatzvergütungsstelle (ZUV)* GmbH seinen unmittelbaren Abnehmern einen **Gesamtumsatzrabatt** nach der Gesamtbezugsmenge bei allen beteiligten Kartellmitgliedern einschließlich den unechten Kartell-Außenseitern.[76]

Seit Ende 1977 vertritt das *Bundeskartellamt (BKartA)* die Auffassung, daß **GUR-Kartelle grundsätzlich nicht mit dem GWB vereinbar** sind[77] und erklärte mit Beschluß vom 17. 7. 1981 das Rabattkartell der *Interessengemeinschaft der Zigarettenhersteller* für unwirksam. Nach Ansicht des *BKartA* stellen Rabatte nur dann ein **„echtes Leistungsentgelt"** im Sinne des § 3 Abs. 1 GWB dar, wenn sie für **Individualleistungen** der Abnehmer gegenüber dem Lieferanten bei Abnahme von dessen Waren gewährt werden. Das besondere Kennzeichen von GUR-Kartellen ist es aber gerade, daß „ein Abnehmer von seinem Lieferanten einen Rabatt auch für solche Leistungen erhält, die er nicht diesem, sondern einem mit ihm konkurrierenden Lieferanten erbringt."[78]

---

[75] Stichtag für den Vergütungsbeginn waren Lieferungen ab 5. 5. 1945.
[76] Vgl. hierzu und zum Folgenden: Beschluß des *BKartA* vom 17. 7. 1981, B 3 – 69 11 00 – CX – 50/80. Neben den Mitgliedern der *IGZ* bedienen sich noch folgende Unternehmen der *ZUV* und ihrer Rabattregelung: *Philip Morris, Badische Tabakmanufaktur Roth-Händle, Heintz van Landewyck, Austria, Niemeyer, Jyldis* und *Parco;* ebenda, S. 8. Diese Unternehmen sind formal Kartell-Außenseiter, weil sie nicht Gesellschafter der *IGZ* sind. Wegen ihrer Anpassung an die Rabattregelung des Kartells sind sie als unechte Außenseiter zu bezeichnen.
[77] Vgl. Wirtschaft und Wettbewerb, Jg. 28 (1978), S. 6.
[78] Beschluß des *BKartA* vom 17. 7. 1981, S. 12. Die gegen die Verfügung des *BKartA* eingelegte Beschwerde hat das Kammergericht durch Beschluß vom 12. 1. 1983 zurückgewiesen.

Das *BKartA* kritisiert ferner die sachlich nicht gerechtfertigte **Begünstigung größerer Unternehmen,** weil Bemessungsgrundlage des Rabatts allein die Größe des Abnehmers ist, nämlich die Gesamtmenge, die er von allen sich der *ZUV* bedienenden Zigarettenherstellern bezieht. Die hierdurch **auf der Handelsstufe geförderten konzentrativen Tendenzen** drücken sich in der schrittweisen Beschränkung des Kreises der rabattberechtigten Abnehmer von ursprünglich rund 10000 Direktbeziehern auf 1250 bis 1300 Großabnehmer (1981) aus.

Die jahrzehntelange Tradition des GUR-Kartells stellt einen wesentlichen Faktor im **Erfahrungsprozeß der Zigarettenindustrie** dar. Mit der Einhaltung gemeinsamer Verhaltensgrundsätze auch durch die unechten Kartell-Außenseiter wurde eine **Vertrauensbasis** geschaffen, die eine Gleichförmigkeit im Verhalten hinsichtlich des Aktionsparameters Rabatt sicherstellte und damit gewährleistete, daß der mit gesetzlicher Hilfe beseitigte Preiswettbewerb nicht durch Geheimwettbewerb unterlaufen wurde. In dieses Bild fügt sich die inhaltlich weitgehende Übereinstimmung in Teilen der Verkaufs- und Lieferbedingungen der einzelnen Hersteller.[79]

Lediglich bei **Sonderaktionen** setzt die Industrie Rabatt als Aktionsparameter ein. Im wesentlichen handelt es sich dabei um die **zeitlich begrenzte Gewährung von Rabatten bei der Einführung neuer Zigarettenmarken,** der sich alle Hersteller bedienen, um sich auf diese Weise der Unterstützung des Handels beim Bekanntmachen neuer Marken zu vergewissern.[80]

5.4. Produkt

Fallen Preis und Rabatt als Parameter wettbewerblicher Aktionen aus, verlagern sich die unternehmerischen Versuche der Nachfragegewinnung und -bindung auf den **Einsatz von Nichtpreis-Aktionsparametern** wie Produkt, Werbung, Service u.a. Der Erfolg dieser Wettbewerbsmittel kann jedoch von vornherein geschmälert werden, wenn – wie in der Zigarettenindustrie – unter den Anbietern weitgehende Transparenz herrscht: das frühzeitige Erkennen von Wettbewerbsvorsprüngen erlaubt schnelle Reaktionen der Konkurrenten.

Im allgemeinen kann die mit dem Einsatz des Aktionsparameters Produkt verbundene **Produktdifferenzierung** entweder innovativer Art sein oder aus qualitativen Änderungen des Produkts entspringen oder in einer Image-Differenzierung durch Markennamen und Werbung bestehen.[81] In der Zigarettenindustrie sind, wenn auch in unterschiedlichem Ausmaß, alle drei Formen der Produktdifferenzierung zu beobachten.

Die **Möglichkeiten innovativer Produktdifferenzierung** scheinen weitgehend **ausgeschöpft** zu sein. Der Anteil der Zigaretten, die zum Zeitpunkt der Markteinführung in einem

---

[79] Vgl. *Bundesamt für gewerbliche Wirtschaft,* Anlagenband zur Konzentrationsenquete, a.a.O., S. 195.
[80] Der Erfolg von *Marlboro (Philip Morris)* und *Camel Filters (Reynolds)* wird von Mitwettbewerbern zum Teil auf die „großzügige Rabattpolitik" zurückgeführt; vgl. o. V., Ubiquität hat ihren Preis, Absatzwirtschaft, Heft 6/1980, S. 54, 61.
[81] Vgl. *Kaufer, E.,* a.a.O., S. 252.

8. Zigarettenindustrie

Übersicht 5: Produktneuheiten auf dem deutschen Zigarettenmarkt seit 1950

Einführungsjahr	Produktneuheit	Marke	Anbieter
1950	Mischungstyp „naturrein blond"	Reval	Badische Tabakmanufaktur Roth-Händle (Reemtsma)
1950	Tabakbehandlung „schwarz"	Roth-Händle	Badische Tabakmanufaktur Roth-Händle (Reemtsma)
1955	Filter, Mischungstyp German Blend	HB	British American Tobacco
1955	Verpackung: „aromaversiegelte" Hartbox	Lux Filter	Brinkmann
1956	Filter, Mischungstyp „naturrein"	Ernte 23	Reemtsma
1959	Länge 85 mm (King Size)	Peter Stuyvesant	Reemtsma
1960	Filter, Mischungstyp American Blend	Marlboro	Brinkmann (Lizenz der Philip Morris Inc.)
1961	Menthol-Geschmack	Reyno	Haus Neuerburg (Reynolds)
1962	Rauchinhaltsstoffe: „im Rauch nikotinarm"	Lord Extra	Brinkmann
1968	Länge 100 mm	Peer 100	Brinkmann
1970	Länge, Format („Frauenzigarette, lang und dünn")	Kim	BAT
1973	Aromaübertragung („im Rauch nikotinarm")	R 6	Reemtsma
1974	Rauchinhaltsstoffe: „im Rauch nikotinfrei"	Auslese	BAT
1974	Tabakfreie Beimischung	Peer leicht	Brinkmann
1975	Im Tabak nikotinfrei	Reynolds No. 1	Reynolds

Quelle: *Brück, F.*, Irrwege im Zigaretten-Marketing, Absatzwirtschaft, 5/1981, S. 54 ff.; eigene Erhebungen.

weiten Sinne als Produktneuheit anzusehen waren, an der Gesamtzahl der Neueinführungen in der Bundesrepublik beläuft sich auf rund 2% (vgl. *Übersicht 5* und *Tabelle 1*). Die Marktentwicklung dieser Neuheiten stützt im übrigen die **These,** daß jeweils das **erste neue Produkt auf dem Markt auch das erfolgreiche Produkt** ist, – sofern es von der Nachfrage akzeptiert wird.[82]

---

[82] Vgl. *Whittin, I. T.*, Brand Performance in the Cigarette Industry and the Advantages of Early Entry, Staff Report to the Federal Trade Commission, Washington, D. C. 1979; *Röper, B.*, a. a. O., S. 471; *Schmalensee, R.*, Product Differentiation Advantages of Pioneering Brands, American Economic Review, Vol. 72 (1982), S. 349 ff.

Übersicht 6: Einführungsjahr der 20 größten Marken des Jahres 1982

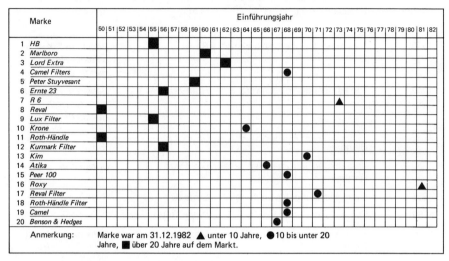

Anmerkung: Marke war am 31.12.1982 ▲ unter 10 Jahre, ● 10 bis unter 20 Jahre, ■ über 20 Jahre auf dem Markt.

Quelle: *Verband der Cigarettenindustrie;* eigene Aufbereitung.

Mit Ausnahme der von den Rauchern nicht angenommenen Zigarette mit besonders niedrigem Nikotingehalt, der im Tabak nikotinfreien Zigarette und der Zigarette mit tabakfreier Beimischung, die fälschlich als „Synthetik-Zigarette" bezeichnet wurde[83], **erzielten die Ersteinführungen einen Markterfolg:** acht von ihnen befinden sich noch unter den zehn führenden Marken des Jahres 1982 *(HB, Marlboro, Lord Extra, Peter Stuyvesant, Ernte 23, R 6, Reval, Lux Filter),* die restlichen vier unter den 25 größten Marken 1982 *(Roth-Händle, Kim, Peer 100, Reyno).*

Ersteingeführte Zigarettenmarken bilden auch die Marktführer in den vier Geschmackssegmenten: *HB, Marlboro, Lord Extra* und *Reval,* – Marken, die bereits 1955, 1960, 1962 und 1950 eingeführt wurden; der „jüngste" Marktführer ist zwanzig Jahre alt. Offensichtlich drückt sich im Alter dieser die Geschmackssegmente anführenden Marken ebenso wie in der **Altersstruktur** der 1982 zwanzig größten Zigarettenmarken (vgl. *Übersicht 6*) der Umstand aus, daß die **technische und qualitative Reife des Produkts Zigarette** ein Niveau erreicht hat, das **Produktinnovationen sowie** nachhaltige, die Raucher überzeugende **Qualitätsverbesserungen nicht mehr erwarten** läßt.

Die zehn führenden Marken des Jahres 1982 mit einem Anteil von 75,2% am Inlandsabsatz weisen ein „Durchschnittsalter" von 22,4 Jahren auf. „Alte" Marken do-

---

[83] Vgl. Frankfurter Allgemeine Zeitung vom 1.2.1975. Bei dem von der amerikanischen *Celanese Corp.* entwickelten Tabakersatzstoff „Cytrel" handelt es sich um ein tabakfreies, aus pflanzlichen Grundsubstanzen (Cellulose) bestehendes Rauchprodukt, das kein Nikotin enthält und dessen Kondensatwerte erheblich unter denen herkömmlicher Tabake liegen. Die Einführung von Zigaretten mit einer Cytrel-Beimischung bedurfte daher einer Ausnahmegenehmigung des Gesundheitsministeriums, weil nach dem LMBG zur Zigarettenherstellung andere Substanzen als Naturtabake verboten sind.

8. Zigarettenindustrie

minieren auch in der Gruppe der zwanzig größten Marken 1982: Neun Marken wurden vor über zwanzig Jahren eingeführt, weitere neun vor mehr als zehn Jahren. Nur zwei Marken waren weniger als zehn Jahre auf dem Markt: neben *R 6 (Reemtsma)* die Marke *Roxy (Niemeyer)*, deren **Markterfolg** allein dem **Einsatz des Aktionsparameters Preis** zuzuschreiben ist.

Der **nicht nennenswerte Spielraum für Produktwettbewerb im Sinne von Qualitätswettbewerb** erklärt sich aus dem Tatbestand, daß bei Zigaretten ohnehin nur beschränkt Möglichkeiten einer auf physischen Unterschieden beruhenden Produktdifferenzierung bestehen. Im wesentlichen können sich Produktvarianten auf die Merkmale Tabakbehandlung und Tabakmischung, Gehalt an Rauchinhaltsstoffen, Filter, Länge, Format und Verpackung beziehen. Wegen des geringen geschmacklichen Unterscheidungsvermögens der Raucher wird der Spielraum für Produktdifferenzierung, bei der qualitative Eigenschaften der Zigarette im Vordergrund stehen, zusätzlich eingeengt. Diese Sachlage schließt aber nicht aus, daß bei Ausschaltung des Preises als Wettbewerbsmittel gerade **Produktdifferenzierung übermäßig betrieben** wird und zu einer „**Markeninflation**" führt.[84]

Die **Intensität der Produktdifferenzierung** drückt sich zunächst einmal darin aus, daß die Bundesrepublik mit einem **Gesamtangebot**, das im langfristigen Durchschnitt mehr als 200 Zigarettenmarken umfaßt (vgl. *Übersicht A 1*), im europäischen Vergleich den Spitzenplatz einnimmt. Noch mehr aber zeugt die **Zahl der jährlichen Neueinführungen von Zigaretten** vom intensiven Einsatz des Aktionsparameters Produkt. Von 1949 bis 1980 wurden insgesamt 641 Marken neu eingeführt, wobei sich die Zahl der Neueinführungen während des letzten Jahrzehnts beträchtlich erhöht hat: mit 349 Marken kamen 54,4% aller Neueinführungen allein im Zeitraum 1969 bis 1980 auf den Markt; davon befinden sich nur noch 76 Marken (21,8%) im Markt (vgl. *Tabelle 1*).

Generell hat die **Kurzlebigkeit der Marken** zugenommen. Der Anteil der Marken, die im Zeitraum von 1949 bis 1980 eingeführt und Anfang 1983 nicht mehr angeboten

Tabelle 1: Zahl der Neueinführungen von Marken im deutschen Zigarettenmarkt 1949 bis 1980

Zeitraum	Anzahl der Neueinführungen	davon Anfang 1983 nicht mehr im Markt	
		absolut	%
1949–1953	57	27	47,4
1954–1958	58	36	62,1
1959–1963	94	57	60,6
1964–1968	83	59	71,1
1969–1973	118	90	76,3
1974–1978	146	111	76,0
1979–1980	85	72	84,7
Insgesamt	641	452	70,5

Quelle: *R. J. Reynolds Tobacco GmbH*, Köln.

---

[84] Vgl. hierzu *Heuß, E.*, Allgemeine Markttheorie, Tübingen, Zürich 1965, S. 128; *Kaufer, E.*, a.a.O., S. 269.

wurden, steigt um so stärker, je kürzer ihr Einführungszeitpunkt zurückliegt: von den 1949 bis 1953 eingeführten Marken wurden bis 1983 insgesamt 47,4% wieder vom Markt zurückgezogen, von den Einführungen der Jahre 1979 und 1980 dagegen befinden sich bereits 84,7% nicht mehr im Markt. Obwohl die **Rate der Mißerfolge („Flops") beträchtlich gestiegen** ist, wird der Parameter Produkt weiterhin intensiv eingesetzt.[85] Vorstöße einzelner Unternehmen rufen dabei in der Regel unverzüglich Gegenmaßnahmen hervor, die zeitlichen Abstände zwischen der Neueinführung ähnlicher Produktvarianten durch verschiedene Anbieter sind außerordentlich gering.[86]

Die **höchste Einführungsaktivität** weisen in den letzten Jahren diejenigen Unternehmen auf, die andauernde Marktanteilsverluste zu erleiden hatten, nämlich die *Reemtsma-Gruppe* und *Brinkmann*. In den Jahren 1975 bis 1981 führten beide Unternehmen insgesamt 49 Marken neu ein. Davon gelangten nur sechs in die Liste der fünfzig führenden Zigarettenmarken des Jahres 1981.[87] *Philip Morris* und *Reynolds,* die mit ihren Neueinführungen die starke Abhängigkeit von nur einer Marke bzw. einem Marktsegment zu reduzieren versuchen, blieben ebenfalls durchschlagende Markterfolge versagt.

Die trotz geringer Erfolgsaussichten anhaltend hohe Zahl von Neueinführungen drückt nichts anderes als die für enge, ausgereifte Oligopolmärkte **typische übertriebene Produktdifferenzierung** aus.[88] In der Hoffnung, daß irgendwann die Nachfrage möglicherweise zündet, werden immer von neuem Marken eingeführt, „bis es endlich einmal klappt."[89]

5.5. Werbung, Verkaufsförderung, Imagetransfer

Begrenzungen des Handlungsspielraums beim Einsatz des Aktionsparameters Produkt von seiten des Angebots (geringe Wahrscheinlichkeit für Produktinnovationen und -variationen; Fähigkeit zu kurzfristiger Produktimitation) und der Nachfrage

---

[85] Vgl. Wirtschaftswoche, Nr. 46 vom 12.11.1979, S. 85: „Unübertroffen im Produzieren von Marktleichen dürfte ... Deutschlands werbefreudige Zigarettenindustrie sein."
[86] Die erste Zigarette mit tabakfreier Beimischung wurde Ende Dezember 1974 von *Brinkmann (Peer leicht)* eingeführt; bereits im Januar 1975 folgten *BAT (Leichte Classe)* und *Reemtsma (No. 1);* vgl. Handelsblatt vom 9.1.1975. – Eine superlange Zigarette (120 mm) wurde im November 1975 von *Brinkmann* eingeführt *(Santos Dumont),* im selben Monat noch folgte *Reynolds' M* (115 mm); vgl. Die Tabak Zeitung vom 12.3.1976. – Als *Philip Morris* Ende 1975 die Marke *WM Feinfilter* einführte (Filterbestandteil: Mischung aus Aktivkohle und Kieselgel-Granulat) erwirkte zwar *Reemtsma* wegen der Verwendung des Wortes „Feinfilter" und wegen der Behauptung, es handle sich um ein „fortschrittliches Filtersystem", eine einstweilige Verfügung gegen die bundesweite Einführung dieser Marke, bot aber im Januar 1976 selbst eine Zigarette mit Aktivkohle-Filter an *(Fairwind mild);* im selben Monat kamen *Brinkmann (SL)* und *BAT (Haus Bergmann Selecta)* mit ähnlichen Produkten auf den Markt; vgl. Handelsblatt vom 7.1.1976 und Frankfurter Allgemeine Zeitung vom 31.1.1976.
[87] Die beste Plazierung erreichten *West* von *Reemtsma* (Marktanteil: 0,6%, Rang 19) und *Lord Ultra* von *Brinkmann* (Marktanteil: 0,3%, Rang 32). Die Marktanteile der weiteren vier Marken bewegten sich zwischen 0,18% und 0,1%; vgl. Die Tabak Zeitung vom 25.6.1982.
[88] Vgl. hierzu *Heuß, E.,* a.a.O., S. 67 ff., 125 ff.
[89] In dieser bezeichnenden Weise äußerte sich der Marketing-Leiter von *Brinkmann;* vgl. Manager Magazin Nr. 1 (1983), S. 31.

8. Zigarettenindustrie

(geringes geschmackliches Unterscheidungsvermögen) lassen bei Zigaretten die **Produktdifferenzierung werblicher Art (Image-Differenzierung)** in den Vordergrund treten.

Allgemein kann der Aktionsparameter Werbung sowohl der Nachfrageausweitung für die Produktgruppe als auch der Schaffung einer autonomen Kernnachfrage für eine einzelne Marke dienen.[90] Auf die Entwicklung der **Gesamtnachfrage nach Zigaretten** scheint Werbung indes keinen herausragenden Einfluß auszuüben. In Ländern mit partiellem oder totalem Werbeverbot stieg der Zigarettenabsatz in der Regel auch in den der Werbebeschränkung folgenden Jahren weiter an.[91] Dagegen wurde in einer ökonometrischen Analyse des Zigarettenkonsums in der Bundesrepublik in den Jahren 1960 bis 1970 für die Werbeelastizität der Nachfrage ein Wert von 0,15 ermittelt.[92] Zum Zusammenhang von Zigarettenwerbung und Zigarettenkonsum, der in gesundheitspolitischen Überlegungen oft eine Rolle spielt, liegen also noch keine eindeutigen, empirisch abgesicherten Erkenntnisse vor.[93]

In der Zigarettenindustrie dient Werbung vor allem als Mittel zur **Heterogenisierung** des an sich homogenen Produkts Zigarette. Wenn nämlich die Ausgereiftheit des Produktionsprozesses eine Angleichung der Produktqualitäten innerhalb gleicher Geschmacksrichtungen bewirkt, die dem Raucher die Unterscheidung der Produkte verschiedener Hersteller nicht mehr erlaubt[94], können die Unternehmen – aufgrund der Einmottung des Aktionsparameters Preis – **nur noch mittels Werbung Marktnachfrage in Unternehmens- oder Markennachfrage zu transformieren versuchen**. Wegen des Mangels an objektiven, produktbezogenen Argumenten, die in der Werbung verwendet werden können, ergibt sich fast zwangsläufig die **Notwendigkeit einer Imagewerbung**.[95]

Ziel der Image- bzw. Leitbildwerbung ist eine Individualisierung der Marken, indem sie mit einer möglichst attraktiven und unverwechselbaren „Markenpersönlichkeit" versehen werden. Durch **Markenbilder,** in denen nicht mehr das Produkt, sondern das auf verschiedene Zielgruppen ausgerichtete Produktumfeld mit unterschiedlichen Erlebnisbereichen dominiert, werden dem Raucher Identifikationsmöglichkeiten angeboten, die ihn zu einer Markenbindung bewegen sollen. Aus dem Markenbild soll er „Qualitätsunterschiede" in das jeweilige Produkt hineinprojizieren und so tatsächlich nicht vorhandene Unterschiede zwischen einzelnen Zigaretten erleben, das heißt: durch **psychologische Marktsegmentierung** sollen Zigaretten mit immateriellen Produkteigenschaften ausgestattet werden.[96] Das Markenbild wird zum eigentlichen Unterscheidungsmerkmal.

---

[90] Vgl. *Heuß, E.,* a.a.O., S.70; *Kaufer, E.,* a.a.O., S.254.
[91] Vgl. *Zentralausschuß der Werbewirtschaft,* ZAW-Service, 10.Jg., Nr.94 – März/April 1981, S.3ff.; Frankfurter Allgemeine Zeitung, Blick durch die Wirtschaft vom 23.3.1981.
[92] Vgl. *Behnke, E.-A.,* Werbung und Zigarettenkonsum, Meisenheim am Glan 1977, S.193.
[93] Vgl. *Müller, S.* und *Potucek, V.,* Pro und Contra Zigarettenwerbung, Markenartikel, Heft 3/1983, S.108ff.
[94] Vgl. *Hoffmann, K.,* a.a.O., S.61; *Herppich, H.G.,* a.a.O., S.116.
[95] Vgl. *Röper, B.,* Werbung für Markenartikel, in: *Blume, O., Müller, G., Röper, B.,* Werbung für Markenartikel. Auswirkungen auf Markttransparenz und Preise, Göttingen 1976, S.488. Bereits 1966 strich das *Bundeskartellamt* in seinem Tätigkeitsbericht heraus, wegen des fehlenden Preiswettbewerbs und wegen der kaum mehr möglichen Produktdifferenzierung werde der „Kampf um Marktanteile nahezu ausschließlich durch Suggestivwerbung geführt"; vgl. Deutscher Bundestag, Drucksache V/1950, Bonn 1967, S.11.
[96] Vgl. *Herppich, H.G.,* a.a.O., S.117; *Röper, B.,* a.a.O., S.467.

Tabelle 2: Werbeaufwand für Zigaretten 1961 bis 1981

Jahr	Mio. DM	Jahr	Mio. DM
1961	135	1971	150,08 (250)
1962	147	1972	142,63 (238)
1963	154	1973	125,36 (209)
1964	161	1974	147,37 (246)
1965	152	1975	146,55 (244)
1966	184	1976	167,51 (279)
1967	162	1977	198,59 (331)
1968	150	1978	178,20 (297)
1969	175	1979	183,92 (307)
1970	160	1980	208,41 (347)
		1981	206,95 (345)

In den Zahlen enthalten sind nur die Ausgaben für Werbung in der Presse, im Fernsehen (bis 1972) und im Rundfunk (bis 1974), nicht jedoch Plakat- und Kinowerbung. Angaben in Klammern: Schätzung des Aufwands einschließlich Plakat- und Kinowerbung unter der Annahme, daß Pressewerbung einen Anteil von 60% am Aufwand für Werbung hat; Ausgaben für Verkaufsförderungsmaßnahmen sind nicht enthalten.

Quellen: *Eckelmann, P.,* a.a.O., S. 107 (1961–1967); *Röper, B.,* a.a.O., S. 472 (1968–1970); *Schmidt, H.G.* (Hrsg.), Jahrbuch zur Frage der Suchtgefahren 1983, Hamburg 1982, S. 49 (1971–1981).

Wenn aber die Markenbindung des Rauchers vornehmlich über eine Identifikation mit der jeweiligen „Markenpersönlichkeit" herbeigeführt werden soll, dann kann der **Wettbewerb** zwischen den Zigarettenanbietern nur noch **„losgelöst vom Produkt über die Werbeidee"** stattfinden.[97] *Philipp F. Reemtsma* gab eine treffende Charakterisierung dieser Situation mit seiner Definition einer Zigarette als „Papier, ein Gramm Tabak und viele Werbemillionen".[98]

Die vorliegenden Zahlen zum **Werbeaufwand für Zigaretten** (vgl. *Tabelle 2*) erfassen nicht alle Aktivitäten der Zigarettenindustrie, die der Absatzförderung dienen. So wurden die in *Tabelle 2* nicht enthaltenen Werbeträger Plakat und Kino seit Einstellung der Fernseh- und Rundfunkwerbung verstärkt genutzt; vor allem aber stieg der Mittelaufwand für Verkaufsförderungsmaßnahmen beträchtlich.[99]

Der **Gesamtwerbeaufwand** der Zigarettenindustrie erreichte **1980** einen Betrag von 700 Mio. DM; er machte damit knapp 20% des Nettoumsatzes der Industrie aus.[100] Bei einem geschätzten Aufwand von 350 Mio. DM für **Werbung in klassischen Medien** (vgl. *Tabelle 2*) wurden also Mittel in gleicher Höhe für andere **Verkaufsförderungsmaßnahmen** eingesetzt. Bezogen auf den Inlandsabsatz des Jahres 1980 wurden durchschnittlich DM 5,40 je 1000 Zigaretten für absatzfördernde Maßnahmen (je

---

[97] Vgl. Beschluß des *BKartA* vom 24.2.1982 *("Morris Rothmans"),* WuW/E BKartA 1952.
[98] o.V., Ernte 71 – Selbst-Zensur der Zigaretten-Werbung, Capital 4/1971, S. 43.
[99] Vgl. *Röper, B.,* a.a.O., S. 472.
[100] Vgl. WuW/E BKartA 1948 *("Morris Rothmans").* Die Verbraucherausgaben für Zigaretten beliefen sich 1980 auf 18,7 Mrd. DM (vgl. *Tabelle A 1*); bei einem Steueranteil von 70,3% (Mehrwert- und Tabaksteuer) und unter Berücksichtigung der Handelsspanne von 36,1% bedeutet das einen Nettoumsatz der Zigarettenindustrie von ca. 3,55 Mrd. DM; der Anteil des gesamten Werbeaufwands am Umsatz beträgt dann 19,7%.

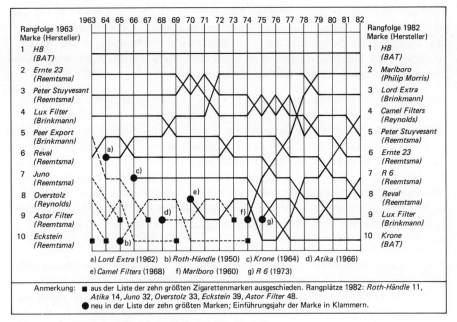

Quelle: *Verband der Cigarettenindustrie;* eigene Aufbereitung.

Abbildung 5: Rangfolgeänderungen bei den zehn führenden Marken 1963 bis 1982

DM 2,70 für klassische Werbung und Verkaufsförderung) aufgewendet, - bei einem Erlös der Industrie von knapp DM 27,- je 1 000 Zigaretten der Konsumpreislage.[101] Die überragende Stellung des Aktionsparameters Werbung ist unübersehbar.

Unter wettbewerblichem Aspekt sind einige Besonderheiten beim Einsatz des Aktionsparameters Werbung von Belang. Ein Charakteristikum ist die **starke Konzentration der Werbeausgaben auf nur wenige der über 200 angebotenen Marken.**[102] Die Haupt-

---

[101] Der Erlös je 1 000 Stück Zigaretten der Konsumpreislage (DM 2,85/20 Stück) im Jahr 1980 errechnet sich wie folgt:

Kleinverkaufspreis (KVP)	DM 142,50
./. Mehrwertsteuer (13%)	DM 16,39
./. Tabaksteuer (DM 41,- + 30,1 v. H. des KVP)	DM 83,89
Nettoerlös („Wirtschaftsnutzen")	DM 42,22
./. durchschnittliche Handelsspanne (36,1%)	DM 15,24
Erlös der Industrie	DM 26,98

Errechnet nach einem Kalkulationsbeispiel der Firma *Reemtsma;* vgl. Ernährungswirtschaft, Heft 7-8/1980, S. 18.

[102] So beanspruchten beispielsweise Ende der sechziger Jahre zehn Marken mit dem höchsten Werbeetat allein zwei Drittel der gesamten Werbeaufwendungen der Industrie; Ausgaben für Neueinführungen und für Sonderaktionen bei eingeführten Marken stehen dabei an erster Stelle. Vgl. *Eckelmann, P.,* Werbung und Werbewettbewerb auf dem deutschen Zigarettenmarkt, Dissertation TH Aachen 1970, S. 100 ff. Der Erfolg der Aufsteiger *Philip Morris* und *Reynolds* erklärt sich auch aus der Konzentration ihrer Werbung auf jeweils nur eine Marke in einem expandierenden Marktsegment, während die etablierten Unternehmen ihre Werbeaktivitäten auf mehrere Marken verteilen müssen.

marken eines Unternehmens erfahren eine fortgesetzte werbliche Stützung, um die Markentreue zu erhalten und neue Nachfrager zu gewinnen. Daß damit zumindest eine Festigung des Rangplatzes dieser Marken erreicht werden kann, macht eine Untersuchung der **Rangfolgeänderungen** im Kreis der zehn führenden Zigarettenmarken zwischen 1963 und 1982 deutlich (vgl. *Abbildung 5*).

Die Zahl der Zu- und Abgänge von Marken hat in den siebziger Jahren erheblich abgenommen, seit 1975 ist die **Markenzusammensetzung konstant.** Darin drückt sich eine stabilisierende Wirkung von Werbung aus. Zugleich wird deutlich, wie gering die Chancen sind, allein durch Einsatz des Aktionsparameters Werbung mit einer neuen Marke in die vorderen Absatzränge zu gelangen. Nur drei Marken – *Marlboro, Camel Filters* und *R6* – ist es in den letzten Jahren gelungen, in den Kreis der absatzstärksten Zigaretten vorzudringen. Vor allem die steten **Positionsgewinne** von *Marlboro* und *Camel Filters,* die aus dem Erscheinungsbild der Rangfolgeänderungen herausragen, dürften vermutlich der Anziehungskraft ihrer Markenbilder zuzuschreiben sein.

Zeichnen sich bei Hauptmarken spürbare Marktanteilsverluste ab, wird durch **werbliche Sondermaßnahmen,** mit denen meistens eine Aktualisierung oder Veränderung des Markenbildes einhergeht, eine Stabilisierung ihres Marktanteils bzw. eine Verlangsamung des Schrumpfungsprozesses versucht; eine nachhaltige **Umkehr des Absatztrends** wird jedoch in der Regel **nicht erreicht** (vgl. *Abbildung 4*).[103]

Im allgemeinen sinken die Werbeausgaben für eine Marke mit ihrem Alter.[104] **Ältere Marken mit geringem Marktanteil** werden schließlich überhaupt nicht mehr beworben. Sie werden Bestandteil des je nach Unternehmen unterschiedlich breiten Randsortiments (vgl. *Übersicht 4*), stellen aber „nicht zu unterschätzende Ertragsbringer" dar.[105]

Einen beträchtlichen Anteil am Werbeaufwand haben die **Kosten der Neueinführung,** die zusehends gestiegen sind. Ende der sechziger Jahre wurde der Werbeaufwand in den ersten sechs Monaten der Einführung einer neuen Marke auf rund 10 Mio. DM beziffert.[106] Wegen der sinkenden Erfolgsaussichten wurden neue Marken vermehrt zunächst nur in regionalen Testmärkten eingeführt. Dabei beliefen sich die Einfüh-

---

[103] Nach *Telser (Telser, L. G.,* Advertising and Cigarettes, Journal of Political Economy, Vol. 70 (1962), S. 498) ist Werbung eine Investition zur Bildung immateriellen Kapitals. Die Schrumpfung des durch Werbung geschaffenen Goodwill (Markentreue) um 15–20% pro Jahr könne durch Erhöhung der Werbung verringert werden.
[104] *HB* von *BAT* wurde 1955 mit einem Aufwand von DM 6,80 je 1000 Stück eingeführt, 1966 (1967) belief er sich auf DM 1,30 (weniger als DM 1,00) je 1000 Stück. Vgl. *Eckelmann, P.,* a.a.O., S. 102.
[105] Vgl. *Reemtsma Cigarettenfabriken GmbH,* Geschäftsbericht 1977, S. 13; vgl. auch *Fuhrhop, U.,* Deutscher Zigarettenmarkt: Blaudunstiger US-Vormarsch in die deutschen Lungen, Ernährungswirtschaft, Heft 7–8/1980, S. 17. Eine Reihe dieser Marken hält sich, wenn auch mit Marktanteilsverlusten, seit Jahren in der Liste der fünfzig führenden Zigarettenmarken, z. B. *Overstolz, Juno, Salem* und *Eckstein.* Die Markennamen *Overstolz, Juno* und *Gold Dollar* werden seit Anfang 1983 für die im Preis herabgesetzten Zigaretten wieder werblich genutzt.
[106] Vgl. Handelsblatt vom 28.8.1969, Industriekurier vom 29.8.1969. Diesen Betrag erforderte zum Beispiel die Einführung der *Reemtsma*-Marke *Atika* im Jahre 1966; vgl. *Gieseler, H. P.,* Konsumgüterwerbung und Marktstruktur, Freiburg 1971, S. 197.

8. Zigarettenindustrie

rungskosten Ende der siebziger Jahre auf 5 Mio. DM, das entspräche bei einer bundesweiten Einführung einem Aufwand von 30 Mio. DM.[107] Die im Mai 1980 eingeführte *West*, mit der *Reemtsma* im wachsenden Segment der kräftig-würzigen Zigarette Fuß zu fassen versuchte war bereits mit einem Einführungsetat von 50 Mio. DM ausgestattet.

Aus dieser Entwicklung der Kosten für die Einführung einer neuen Marke, die sich innerhalb von zehn Jahren verfünffacht haben, wird das **erhöhte finanzielle Risiko** einer Neueinführung ersichtlich. Aufgrund der gestiegenen Aufwendungen hat sich auch der Zeitraum verlängert, den eine erfolgreiche Marke im Durchschnitt bis zur Erreichung der Gewinnschwelle benötigt.[108] Die dennoch hohe Rate von Neueinführungen läßt sich nur aus einer **guten Ertragssituation der Industrie** erklären.

Die Struktur des Gesamtwerbeaufwands im Jahre 1980 zeigt, daß an die Seite der klassischen Werbung Verkaufsförderungsmaßnahmen als Absatzstrategie mit ebenso großem Gewicht getreten sind. Diese mit einer quantitativen Ausweitung der Ausgaben für Werbung einhergehende qualitative Veränderung in den absatzpolitischen Maßnahmen rührt von der **Verengung des Handlungsspielraums für klassische Werbung** her. Trotz hoher Werbeetats stieg die Zahl der Mißerfolge bei der Einführung neuer Marken, weil die durch das Fehlen objektiver Kriterien für die Produkteigenschaften bedingte Motivenge der Schaffung unverwechselbarer Markenbilder Grenzen setzte; auch Imitationen erfolgreicher Markenimages blieb ein Markterfolg versagt. Es wurde ein Stadium erreicht, in dem die **gegenseitig blockierende und neutralisierende Wirkung beim Einsatz des Aktionsparameters Werbung** überwiegt.[109]

Mit Hilfe des Nichtpreis-Aktionsparameters **Verkaufsförderung** trachtete die Industrie, sich **neuen Handlungsspielraum** zu verschaffen. Ziel der Verkaufsförderungsmaßnahmen ist es, den Raucher über neue Kommunikationswege direkt anzusprechen und zu beschäftigen und ihn hierüber zu einer stärkeren Identifikation mit seiner Marke zu führen. Preisausschreiben, Aktionen, Such- und Gewinnspiele, Verlosungen u.a. sind die hauptsächlich eingesetzten Mittel zur Förderung einer engeren Markenbindung.[110]

Mitte der siebziger Jahre erfolgte eine erneute Erweiterung des Handlungsbereichs: Die Industrie ging vermehrt dazu über, branchenfremde Produkte mit ihren Markennamen auszustatten, teils durch Lizenzvergabe, teils in eigener Regie. Die Industrie

---

[107] Vgl. *Fuhrhop, U.*, Deutscher Zigarettenmarkt, a.a.O., S.16. Die 1977 mit einem Etat in Höhe von 30 Mio. DM eingeführte *Merit (Philip Morris)* erzielte im Einführungsjahr einen Absatz von 226 Mio. Stück (vgl. Die Tabak Zeitung vom 6.7.1979); pro 1000 Stück wurden DM 132,70 für Werbung aufgewandt, dennoch blieb diese leichte Filterzigarette ohne Marktbedeutung. – Von *West* wurden 1980 und 1981 insgesamt 791 Mio. Stück abgesetzt; bei einem Werbeetat von 70 Mio. DM entspricht das Kosten von DM 88,50 je 1000 Stück.

[108] Die 1959 eingeführte *Peter Stuyvesant* erreichte bereits nach einem Jahr den Gewinnbereich, während *Atika* (Einführung 1966) und *R 6* (1973) dies erst zweieinhalb Jahre nach ihrer Einführung gelang, vgl. *Reemtsma Cigarettenfabriken GmbH*, Geschäftsbericht 1977, S.13.

[109] Vgl. *Heuß, E.*, a.a.O., S.131. Die seit 1966 – teilweise unter (gesundheits-)politischem Druck – von der Industrie getroffenen freiwilligen Vereinbarungen zur quantitativen und qualitativen Beschränkung des Einsatzes des Aktionsparameters Werbung haben diesen Prozeß beschleunigt.

[110] Vgl. *Freese, G.*, Blauer Dunst und Dixieland. Nach der Werbebeschränkung: Wie die Zigarettenindustrie mit mehr Aufwand als je zuvor die Raucher umwirbt, Die Zeit vom 6.8.1976.

hatte den **Aktionsparameter Imagetransfer** kreiert: Das Image einzelner Marken wird auf Produkte übertragen, die im werblichen Umfeld einer Zigarettenmarke angesiedelt sind. Durch die Angliederung neuer Erlebnisbereiche wird zugleich eine Profilierung des Markenbildes erwartet und damit die Hoffnung auf positive Rückwirkungen für den jeweiligen Markenabsatz verknüpft. Zu den Produkten eines derartigen Imagetransfers zählen bisher: Bücher für den Freizeitbereich (zum Beispiel *HB*-Bildatlanten), Spiele *(Krone),* (Freizeit-)Kleidung *(Camel, Kim, R 6),* Freizeitkarten *(Lord Extra),* Möbel, Grafik-Editionen *(Roth-Händle),* Reisen *(Camel, Marlboro, Stuyvesant)* u. a. m.[111]

Die Wirkung einer derartigen Strategie auf den Absatz wird sich jedoch noch weniger genau als bei konservativer Werbung ermitteln lassen. Fest steht lediglich, daß diese Absatzmaßnahmen zu einer **Verteuerung der Kommunikation zwischen Anbietern und Nachfragern** führen. Es ist ferner zu erwarten, daß im Laufe der Zeit auch bei diesem Aktionsparameter eine Verengung des Handlungsspielraums eintreten wird, die die Industrie vor die Notwendigkeit stellt, neue Strategien zu entwickeln.

Werbung, so wurde 1964 in der Konzentrationsenquete festgestellt, sei wegen der Ausschaltung des Preiswettbewerbs und wegen der nicht nennenswerten Rolle des Qualitätswettbewerbs „zum **weitaus wichtigsten Wettbewerbsfaktor**" der Zigarettenindustrie geworden.[112] Abgesehen von Veränderungen im relativen Gewicht der absatzpolitischen Aktivitäten, trifft diese Feststellung auch für die Gegenwart zu. Die fortschreitende Identifikation der Aktions-Reaktions-Verbundenheit beim Aktionsparameter Werbung führte seit 1966 zu Vereinbarungen über Beschränkungen seines Einsatzes. Diese Verminderung wettbewerblicher Handlungsmöglichkeiten wurde staatlich sanktioniert, weil die Verhaltensabstimmung von der Industrie auch mit gesundheitspolitischen Überlegungen begründet werden konnte.

Die Verlagerung des Wettbewerbs auf die Aktionsparameter Verkaufsförderung und Imagetransfer bedeutet jedoch eine weitere **Erschwerung des Marktzutritts,** für den ohnehin hohe Schranken bestehen:
- Die als Folge starker Produktdifferenzierung gegebene Vielzahl angebotener Marken schränkt die Markttransparenz so erheblich ein, daß es für eine neue Marke schwer ist, Aufmerksamkeit auf sich zu lenken.[113]
- Das Verbot der Rundfunk- und Fernsehwerbung verringert die Kommunikationsmöglichkeiten; vor allem der Fortfall des Mediums Fernsehen behindert die schnelle Diffusion einer Neueinführung.[114]
- Die aufzuwendenden Kosten für die bundesweite Einführung einer neuen Marke

---

[111] Vgl. Frankfurter Allgemeine Zeitung vom 31.1.1976, 31.3.1976, 1.9.1976, 14.1.1977; Süddeutsche Zeitung vom 30.3.1977; Stuttgarter Nachrichten vom 25.1.1978; Touristik aktuell, Nr. 40 vom 7.1.1980; Wirtschaftswoche, Nr. 1/2 vom 7.1.1983. – Diese Verkaufsförderungsaktivitäten können auch als Vorsorgestrategie der Unternehmen der Zigarettenindustrie für den Fall eines generellen Werbeverbots für Tabakwaren angesehen werden. Der Markenname wäre dann mit Produkten verbunden, die auch nach einem Verbot der Zigarettenwerbung erhältlich sein werden und indirekt Werbefunktionen übernehmen können. Imagetransfer ist insofern ein innovatives unternehmerisches Verhalten.
[112] *Bundesamt für gewerbliche Wirtschaft,* Anlagenband zur Konzentrationsenquete, a.a.O., S. 195.
[113] Vgl. *Röper, B.,* a.a.O., S. 287.
[114] Vgl. Frankfurter Allgemeine Zeitung vom 26.1.1974.

übertreffen inzwischen den Nettoumsatz eines Anbieters von der Größenordnung der *Austria Tabakwerke*.
- Die über Automaten und den Lebensmittelhandel erfolgende Distribution überwiegend gängiger Marken setzt der Aufnahme neuer Marken Schranken.[115]
- Verkaufsförderungsmaßnahmen erfordern einen hohen Mittelaufwand, Imagetransfer setzt die Existenz zugkräftiger Markenbilder voraus.

Der Versuch eines Marktzutritts mit Hilfe derselben Aktionsparameter, wie sie die im Markt befindlichen Unternehmen einsetzen[116], erfordert eine beträchtliche Ausstattung mit Ressourcen; die Chancen für eine dauerhafte Etablierung auf dem Markt bleiben jedoch gering. Der Marktzutritt der Handelsunternehmen demonstriert andererseits die Potenz des Preises als Wettbewerbsmittel, wenn in der Aktionsparameter-Aktivität der etablierten Unternehmen eine oligopolistische Verhaltensweise überwiegt.

5.6. Ertragssituation

Die jahrzehntelange Eliminierung von Preiswettbewerb in einer Branche kann nicht ohne Wirkungen auf die Gewinnsituation bleiben. Die Vermutung **relativ hoher Gewinne** läßt sich allerdings nur durch qualitative Aussagen stützen, denen die Industrie nie widersprochen hat.[117] Die Ertrags- und Finanzierungskraft der Zigarettenanbieter drückt sich auch in den branchenfremden Engagements aus (z. B. *Reemtsma* in der Brauereiindustrie; *BAT* bei *Horten, Pegulan; Brinkmann* beim kanadischen Brauerei- und Erdölunternehmen *Carling O'Keefe*), bei denen es „angesichts der üppig angesammelten Reserven offenbar schwerer (fällt), das Richtige zu finden als es zu bezahlen".[118]

Die Zusammenarbeit von Tabakwarenhandel und Zigarettenindustrie habe – so ein Unternehmen – die Basis für „langfristig gute Renditen" geschaffen.[119] Es kann bei dieser guten und durch Ausschluß des Preiswettbewerbs gesicherten Ertragslage

---

[115] Teilweise finden Marken nur nach Zahlung von „Eintrittsgeldern" Aufnahme in Automaten und Zigarettenträgern. Nach *Reemtsma* ist zu beobachten, „daß im Kampf um den Absatzkanal ‚Automat' der wirtschaftlichen Vernunft nicht immer der ihr gebührende Vorrang eingeräumt wird"; vgl. *Reemtsma Cigarettenfabriken GmbH,* Geschäftsbericht 1979, S. 14.

[116] Nach *P. W. Fischer (Reynolds)* sind „hervorragendes Marketing, außergewöhnliche Werbung sowie ungezählte Promotions-Maßnahmen ... Instrumente, die ... eine ganz entscheidende Rolle spielen"; Lebensmittel-Zeitung vom 26.1.1979.

[117] So schreibt *Eckelmann* (a.a.O., S. 169, 181), der seine Arbeit auch auf interne Informationen stützt, daß die „Unternehmensgewinne ... relativ hoch sein (müssen)" und „einige kleine Hersteller, die Spezialitäten in hohen Preislagen anbieten, beachtliche Gewinne machen". Die Zigarettenindustrie wird zu den „ertragsstärksten Wirtschaftszweigen" der Bundesrepublik gezählt (Die Welt vom 23.2.1982), die „solide" (Handelsblatt vom 24.6.1982) oder „beträchtliche Ertragskraft" der Unternehmen (Die Welt vom 29.5.1973) wird herausgestellt. Selbst Unternehmen von der Größenordnung der Zigarettenfabrik *Rhenania* (Absatz 1980 mit sechs Marken: 271 Mio. Zigaretten, Nettoumsatz 1980: etwa 7 Mio. DM) werden als „rentabel und kerngesund" bezeichnet (Handelsblatt vom 30.3.1981). Das BKartA diagnostiziert eine „anhaltend gute Ertragslage"; WuW/E BKartA 1950 *(„Morris Rothmans").*

[118] Die Welt vom 28.7.1978.

[119] Schreiben der *Martin Brinkmann AG* vom 19.1.1983 an den Tabakwaren-Fachhandel.

nicht überraschen, daß die möglichen Gewinnrückgänge, die mit den nach Reaktivierung des Preises als Aktionsparameter gesunkenen Nettoerlösen verbunden sein können, als „existenzgefährdend" für den Handel bzw. negativ für die „Zukunftssicherung der Branche" bezeichnet werden.[120] Einzelne Branchen entwickeln offenbar Vorstellungen über die als Minimum geforderte Rendite, die den Charakter einer **strukturellen Konstante** hat[121] und in einem Industriezweig, in dem über Jahrzehnte der Aktionsparameter Preis nur für Preiserhöhungen im Gleichschritt eingesetzt wurde, relativ hoch sein dürfte. Gewinnerosionen werden dann nicht mehr als eine für marktwirtschaftliche Ordnungen mit funktionsfähigem Wettbewerb normale Erscheinung hingenommen.

6. Ergebnis und wettbewerbspolitische Folgerungen

Bereits in einer frühen Phase ihrer Entwicklung sind in der deutschen Zigarettenindustrie **Versuche einer Verhaltensabstimmung** zu beobachten, die sich gegen den Preiswettbewerb auf der Handelsstufe richteten. Aber erst nach einem Konzentrationsprozeß, der durch die ordnungspolitischen Rahmenbedingungen nach dem Ersten Weltkrieg nicht behindert wurde, war den im Markt verbliebenen Unternehmen die Bildung eines funktionsfähigen Rabattkartells möglich, das in seiner Grundstruktur bis in die Gegenwart fortbesteht.

Die Zigarettenindustrie weist also eine lange Kartelltradition hinsichtlich des Aktionsparameters Rabatt auf. Die damit verbundene **Erfahrung von Verhaltensdisziplin** zwischen den Anbietern wurde durch die in der Bundesrepublik gegebenen Rahmenbedingungen gestärkt. Der weitgehende Ausschluß von Preiswettbewerb im Tabaksteuergesetz 1953 war – so konstatierte das *BKartA* 1968 zu Recht[122] – eine mit einer marktwirtschaftlichen Wettbewerbsordnung nicht kompatible Bestimmung. Innerhalb der für sie gegebenen Rahmenbedingungen verhielten sich die Unternehmen der Zigarettenindustrie jedoch rational: wenn das Erlangen individueller Vorteile durch **Ausschaltung des Preiswettbewerbs gesetzlich erlaubt** ist, dann ist der **Verzicht auf den wettbewerblichen Einsatz dieses Parameters völlig legitim**. Das staatliche Interesse

---

[120] Schreiben der *BAT Cigaretten-Fabriken GmbH* vom 17.1.1983 an den Tabakwaren-Fachhandel. *Reynolds* (Schreiben vom 20.1.1983 an den Tabakwaren-Fachhandel) spricht von mittel- bis langfristig „schweren Schäden für das Ertragsniveau". Wegen des Fehlens aussagefähiger Gewinnzahlen soll die Situation hilfsweise anhand der Nettoerlösentwicklung verdeutlicht werden: Der Nettoerlös einer Handelsmarke (DM 3,–/20 Stück) in Höhe von DM 28,99 je 1 000 Stück übertrifft den Nettoerlös, den die Industrie noch 1981 bei Zigaretten der Konsumpreislage erzielte; vgl. Fn. 101. 1983 beträgt der Nettoerlös der Industrie bei verbilligten Industriemarken wie z. B. *West* (DM 3,30/20 Stück) DM 23,99 und DM 30,99 in der neuen Preislage von DM 3,50/19 Stück, jeweils für 1 000 Stück.

[121] Vgl. *Preiser, E.,* Bildung und Verteilung des Volkseinkommens, 3. Auflage, Göttingen 1963, S. 177; *Krüsselberg, H.-G.,* a.a.O., S. 221.

[122] Vgl. Bericht des *Bundeskartellamtes* über seine Tätigkeit im Jahre 1968 sowie über Lage und Entwicklung auf seinem Aufgabengebiet, Deutscher Bundestag, Drucksache V/4236, Bonn 1969, S. 17.

war nicht auf Erhaltung und Förderung des Wettbewerbs, sondern allein auf die fiskalische Ergiebigkeit der Tabaksteuer ausgerichtet, so daß hinsichtlich des Preisniveaus zwischen Staat und Industrie eine Interessenidentität bestand.

Auch nachdem die gesetzlichen Voraussetzungen für den freien Einsatz des Aktionsparameters Preis vorlagen (TabStG 1972), behielten die Unternehmen ihr **nichtwettbewerbliches Preisverhalten** bei. Es kann allerdings nicht erwartet werden, daß Unternehmen ihre in der Marktentwicklung gesammelten Erfahrungen „vergessen" und nach jahrzehntelanger Abstinenz unverzüglich wieder in Preiswettbewerb eintreten, nachdem ihnen gerade der Nichteinsatz dieses Parameters Vorteile eingebracht hat.

Die Verlagerung der unternehmerischen Aktivitäten auf die Parameter Produkt und Werbung als Wettbewerbsmittel stellte eine Verringerung der wettbewerblichen Handlungsmöglichkeiten dar. Die technische und qualitative Reife der Zigarette ließ das Produkt als Aktionsparameter in den Hintergrund treten zugunsten der Werbung. Die Identifikation der Aktions-Reaktions-Verbundenheit bei diesem Parameter wiederum förderte Vereinbarungen zur Werbebeschränkung, die auch staatlich sanktioniert wurden. Eine zunehmende **Verminderung wettbewerblicher Handlungsalternativen** trat ein; die dennoch beobachtbaren Marktanteilsverschiebungen sind wegen des stets kombiniert vorgenommenen Aktionsparametereinsatzes nicht eindeutig zuzuordnen, wenngleich Werbung der entscheidende Faktor zu sein scheint.

Mit dem **Marktzutritt der Handelsunternehmen** 1981 veränderte sich die Situation grundlegend: Die neuen Anbieter wichen von den auf dem Zigarettenmarkt eingehaltenen Verhaltensnormen ab und setzten den **Preis als Wettbewerbsmittel** ein. Zwar waren für die Unternehmen der Zigarettenindustrie nach der Preiserhöhung 1977 Grenzen ihres allein durch die Nachfrage, nicht durch Wettbewerb kontrollierten Preisspielraums erkennbar[123], dennoch nahmen sie – nachdem die Existenz billiger Zigaretten schon ins Bewußtsein einer breiten Öffentlichkeit vorgedrungen war – anläßlich der Tabaksteuererhöhung 1982 zwei Preiserhöhungen vor. Damit wurde bei der Nachfrage die **Schwelle der Fühlbarkeit** überschritten: Sie zeigte auf die Preisänderungen eine erheblich elastischere Reaktion als auf den Einsatz von Werbung, so daß die Marktanteile der Handelsmarken zu Lasten der Industriemarken beträchtlich stiegen. Auf seiten der etablierten Anbieter lag eine **Fehleinschätzung der Nachfrage** vor. Im Vertrauen auf eine hohe Markenloyalität wurde die Durchsetzungsfähigkeit der Handelsmarken unterschätzt.

Auf die Bedrohung der Marktposition der Anbieter von Industriemarken reagierte als erstes Unternehmen *Reemtsma* durch **Reaktivierung des Aktionsparameters Preis.** Mag auch die abbröckelnde Marktführerposition ein Anlaß gewesen sein, in den vom Handel ausgelösten Preiswettbewerb einzutreten, so scheint der in diesem Zusammenhang gewichtigere Aspekt der **Übergang des Unternehmens auf neue Mehrheitsgesellschafter** gewesen zu sein.[124] Die *Tchibo AG* bringt von ihrem angestammten

---

[123] Vgl. *Reemtsma Cigarettenfabriken GmbH,* Geschäftsbericht 1979, S. 11; WuW/E BKartA 1950 f. *(„Morris Rothmans").*

[124] Vgl. zur Bedeutung der Eigentumsverhältnisse in einem Unternehmen für die Verhaltensweise *Krüsselberg, H.-G.* und *Brendel, H.,* Innovationsfinanzierung, Kapitalmärkte und Kontrolle des Unternehmensverhaltens, in: *Krüsselberg, H.-G.* (Hrsg.), Vermögen in ordnungstheoretischer und ordnungspolitischer Sicht, Köln 1980, S. 83 ff.

Markt andersartige marktprozessuale Erfahrungen mit, weil auf dem Kaffeemarkt der Aktionsparameter Preis die dominierende Rolle spielt. Ob diese Verhaltensweise dauerhaft auf den Zigarettenmarkt übertragen wird oder ob sich das Unternehmen in das „Wettbewerbsklima" der Zigarettenindustrie einfügt, ist gegenwärtig noch nicht absehbar.

Die Wiederbelebung wettbewerblichen Preisverhaltens auf dem Zigarettenmarkt wurde zwar durch den Handel ausgelöst, setzte sich aber erst mit **Veränderungen der Rahmenbedingungen** voll durch[125]: die in Zusammenhang mit der Tabaksteuererhöhung vorgenommenen beträchtlichen Preiserhöhungen wurden von der aufgrund der gesamtwirtschaftlichen Situation preisbewußter gewordenen Nachfrage nicht hingenommen; die Bindung dieser Nachfrage wiederum war dem Handel aufgrund seines ausgebauten Vertriebssystems möglich. Die Dauerhaftigkeit der Reaktivierung des Aktionsparameters Preis allerdings wird davon abhängen, wann die etablierten Unternehmen wieder zu einer Verhaltensabstimmung zurückfinden werden und in welchem Ausmaß sie Marktanteilsverluste an Handelsmarken hinzunehmen gewillt sind.

Die Entwicklung der Zigarettenindustrie zeigt sehr instruktiv, wie ein nur **fiskalisch orientiertes staatliches Handeln** zur **Mißachtung ordnungspolitischer Prinzipien** verleitet und Rahmenbedingungen schafft, die zur **Schwächung der marktwirtschaftlichen Wettbewerbsordnung** führen.

7. Anhang

Tabaksteuergesetz (TabStG 1980)
vom 13. Dezember 1979
in der Fassung des Verbrauchsteueränderungsgesetzes 1982 (Bundesgesetzblatt, Jahrgang 1979, Teil I, S. 2118 ff. und Jg. 1981, Teil I, S. 1562)

§ 4
Steuertarif

(1) Die Steuer beträgt ... für Zigaretten 5,65 Pf je Stück und 31,5 vom Hundert des Kleinverkaufspreises, mindestens 9 Pf je Stück ...

§ 5
Bemessungsgrundlagen

(1) Kleinverkaufspreis ist der Preis, den der Hersteller oder Einführer als Einzelhandelspreis für ... Zigaretten je Stück ... bestimmt. Wird nur ein Packungspreis bestimmt, gilt als Kleinverkaufspreis der Preis, der sich aus dem Packungspreis und dem Packungsinhalt je Stück ... ergibt.

(2) Der Packungspreis ist auf volle Deutsche Mark und Pfennig zu bestimmen. Für ... Zigaretten ... derselben Marke oder entsprechenden Bezeichnung in mengengleichen Packungen ist derselbe Kleinverkaufspreis zu bestimmen.

---

[125] Zu einer theoretischen Behandlung dieser Frage vgl. *Fehl, U.*, Der Wechsel der Preisführerschaft und des „festen" Preisverhältnisses im Rahmen der „Politik der festen Preisrelation", Jahrbücher für Nationalökonomie und Statistik, Bd. 193 (1978), S. 254 ff.

§ 6
Verpackungszwang

(1) ... Zigaretten ... dürfen nur in geschlossenen, verkaufsfertigen Kleinverkaufspackungen aus dem Herstellungsbetrieb entfernt ... werden.

§ 15

(1) Der auf dem Steuerzeichen angegebene Packungspreis oder sich daraus ergebende Kleinverkaufspreis darf vom Händler bei Abgabe von Tabakwaren an Verbraucher, außer bei unentgeltlicher Abgabe als Proben oder zu Werbezwecken, nicht unterschritten werden. Der Händler darf auch keinen Rabatt gewähren.

Lebensmittel- und Bedarfsgegenständegesetz (LMBG)
vom 15. August 1974

§ 21
Ermächtigungen

(1) Der Bundesminister wird ermächtigt, im Einvernehmen mit den Bundesministern für Ernährung, Landwirtschaft und Forsten und für Wirtschaft durch Rechtsverordnung mit Zustimmung des Bundesrates,
1. soweit es zum Schutz des Verbrauchers vor Gesundheitsschäden erforderlich ist,
   a) die Verwendung von Stoffen, die nach § 20 Abs. 2 keiner Zulassung bedürfen, sowie die Anwendung bestimmter Verfahren bei dem Herstellen oder Behandeln von Tabakerzeugnissen zu verbieten oder zu beschränken,
   b) Vorschriften über die Beschaffenheit und den Wirkungsgrad von Gegenständen oder Mitteln zur Verringerung des Gehaltes an bestimmten Stoffen in bestimmten Tabakerzeugnissen oder in deren Rauch zu erlassen, sowie die Verwendung solcher Gegenstände oder Mittel vorzuschreiben,
   c) Höchstmengen für den Gehalt an bestimmten Rauchinhaltsstoffen festzusetzen,
   d) vorzuschreiben, daß im Verkehr mit bestimmten Tabakerzeugnissen oder in der Werbung für bestimmte Tabakerzeugnisse Angaben über den Gehalt an bestimmten Rauchinhaltsstoffen zu verwenden sind,
   e) vorzuschreiben, unter welchen Voraussetzungen Angaben verwendet werden dürfen, die sich auf den Gehalt an bestimmten Stoffen in bestimmten Tabakerzeugnissen oder in deren Rauch, insbesondere Nikotin oder Teer beziehen,
   f) für bestimmte Tabakerzeugnisse Warnhinweise oder sonstige warnende Aufmachungen vorzuschreiben;
2. soweit es zum Schutz des Verbrauchers vor Täuschung erforderlich ist, für bestimmte Tabakerzeugnisse Vorschriften zu erlassen ...

(2) Tabakerzeugnisse, die einer nach Absatz 1 Nr. 1 a–c erlassenen Rechtsverordnung nicht entsprechen, dürfen gewerbsmäßig nicht in den Verkehr gebracht werden.

§ 22
Werbeverbote

(1) Es ist verboten, für Zigaretten, zigarettenähnliche Tabakerzeugnisse und Tabakerzeugnisse, die zur Herstellung von Zigaretten durch den Verbraucher bestimmt sind, im Rundfunk oder im Fernsehen zu werben.

(2) Es ist verboten, im Verkehr mit Tabakerzeugnissen oder in der Werbung für Tabakerzeugnisse allgemein oder im Einzelfall
1. Bezeichnungen, Angaben, Aufmachungen, Darstellungen oder sonstige Aussagen zu verwenden,
   a) durch die der Eindruck erweckt wird, daß der Genuß oder die bestimmungsgemäße Verwendung von Tabakerzeugnissen gesundheitlich unbedenklich oder geeignet ist, die Funktion des Körpers, die Leistungsfähigkeit oder das Wohlbefinden günstig zu beeinflussen,

b) die ihrer Art nach besonders dazu geeignet sind, Jugendliche oder Heranwachsende zum Rauchen zu veranlassen,
c) die das Inhalieren des Tabakrauchs als nachahmenswert erscheinen lassen;
2. Bezeichnungen oder sonstige Angaben zu verwenden, die darauf hindeuten, daß die Tabakerzeugnisse natürlich oder naturrein seien.

Der Bundesminister wird ermächtigt, durch Rechtsverordnung mit Zustimmung des Bundesrates Ausnahmen von dem Verbot der Nr. 2 zuzulassen, soweit es mit dem Schutz des Verbrauchers vereinbar ist.

(3) Der Bundesminister wird ermächtigt, im Einvernehmen mit den Bundesministern für Ernährung, Landwirtschaft und Forsten und für Wirtschaft durch Rechtsverordnung mit Zustimmung des Bundesrates, soweit es zum Schutz des Verbrauchers erforderlich ist, Vorschriften zur Durchführung der Verbote des Absatzes 2 zu erlassen, insbesondere
1. die Art, den Umfang oder die Gestaltung der Werbung durch bestimmte Werbemittel oder an bestimmten Orten zu regeln,
2. die Verwendung von Darstellungen oder Äußerungen von Angehörigen bestimmter Personengruppen zu verbieten oder zu beschränken.

8. Zigarettenindustrie

Übersicht A 1: Zahl der in der Bundesrepublik Deutschland angebotenen Industriemarken und ihre Anbieter

Unternehmen	1982	1972	1961
1. *BAT*	41	38	15
2. *Reemtsma-Gruppe*	38	32	23
Reemtsma	27	24	14
Roth-Händle	11	8	9
3. *Brinkmann*	36	26	20
4. *Reynolds (Neuerburg)*	29*	13	13**
5. *Heinemann* [Importeur]	17	8	1
6. *Sonntag*	12	6	5
7. *Landewyck*	10	6	5
8. *Philip Morris*	9	1	·
9. *Austria*	9	13	13
10. *Jyldis*	9	9	7
11. *Tuxedo* [Importeur]	8	12	9
12. *Gianaclis*	5	4	·
13. *TETA*	2	·	·
14. *Theodorus Niemeyer*	1	·	·
15. *Rhenania*[1]	·	12	12
16. *Eilebrecht*[2]	·	8	22
17. *Bibertis*	·	7	15
18. *Alpen* [Importeur]	·	7	2
19. *GEG*	·	2	9
20. *Oldenkott*[3]	·	1	7
21. *Atos*[4]	·	·	9
22. *Muratti*[2]	·	·	9
23. *Paicos*[5]	·	·	7
24. *Kyriazi*[6]	·	·	6
25. *Burger*	·	·	5
26. *Stambul*	·	·	5
27. *Garbáty*[6]	·	·	4
28. *Tabak- u. Zigarettenfabrik Saarlouis*	·	·	3
29. *Cramer*	·	·	2
30. *Amanullah*	·	·	1
31. *Kothe*	·	·	1
32. *Voss* [Importeur]	·	·	1
Gesamtangebot	226	205	213

* einschließlich der *Imperial-* und *Rhenania*-Marken
** einschließlich der Importmarken *Camel* und *Winston*

Die Unternehmen bzw. deren Marken gingen über auf
[1] *Reynolds,* [2] *Brinkmann,* [3] *Niemeyer,* [4] *Eilebrecht,* [5] *Rhenania,* [6] *BAT*

Quelle: Die Tabak-Zeitung, Sonderausgabe 1961: Der europäische Zigarettenmarkt, S. 10ff., Die Tabak Zeitung vom 8.9.1972, S.IIIf., Die Tabak Zeitung vom 25.6.1982, S.VI.

Tabelle A 1: Produktion, Export und Versteuerung von Zigaretten, Ausgaben der Verbraucher und Steuereinnahmen des Staates (1960–1982)

Jahr	Produktion Mrd. Stück	Export Mrd. Stück	Versteuerte Menge Mrd. Stück	Ausgaben für Zigaretten[1] Mrd. DM	Tabaksteuer Zigaretten[2] Mrd. DM
1960	73,21	0,6	71,0	5,998	3,350
1961	80,61	1,1	78,0	6,585	3,683
1962	86,50	1,8	83,3	7,014	3,927
1963	90,03	2,5	85,5	7,171	4,018
1964	94,27	2,5	90,2	7,568	4,244
1965	102,06	4,1	96,1	8,050	4,517
1966	108,46	5,2	101,5	8,499	4,772
1967	107,11	5,4	99,1	9,121	5,376
1968	116,70	8,3	105,4	9,777	5,728
1969	123,07	7,2	112,4	10,437	6,067
1970	129,67	4,9	118,1	10,980	6,383
1971	136,01	5,6	125,5	11,702	6,758
1972	135,89	5,2	126,5	12,819	7,580
1973	140,57	9,3	125,5	14,092	8,661
1974	143,18	13,1	128,0	14,390	8,843
1975	144,16	16,1	126,2	15,700	8,798
1976	148,97	18,2	129,1	15,533	9,208
1977	141,18	24,2	116,1	16,052	9,614
1978	151,77	27,8	123,3	17,064	10,215
1979	156,27	33,4	126,0	17,958	10,564
1980	160,99	31,6	128,4	18,712	10,895
1981	163,87	36,9	130,3	19,036	11,071
1982	146,69	38,2	112,7	19,767	11,750

[1] Kleinverkaufswert der im jeweiligen Jahr versteuerten Zigaretten
[2] Steuerwert der im jeweiligen Jahr versteuerten Zigaretten
Quelle: *Statistisches Bundesamt* (Hrsg.), Statistisches Jahrbuch für die Bundesrepublik Deutschland, Stuttgart und Mainz, verschiedene Jahre.
Statistisches Bundesamt (Hrsg.), Fachserie L: Finanzen und Steuern, Reihe 8. I Tabaksteuer (bis 1976) und Fachserie 14: Finanzen und Steuern, Reihe 9. 1 Tabaksteuer, Stuttgart und Mainz, verschiedene Jahre.
Statistisches Bundesamt.

Tabelle A 2: Entwicklung des Anteils von Tabak- und Mehrwertsteuer am Kleinverkaufspreis von Zigaretten der Konsumpreislage (1957 bis 1983)

Zeitpunkt der Veränderung	Kleinverkaufspreis Pf je Stück	Tabak- und Mehrwertsteuer Pf je Stück	Steueranteil %
1.4. 1957	8,33	5,4	64,8
1.3. 1967	9,05	6,1	67,6
1.7. 1968	9,05	6,2	68,3
1.9. 1972	11,0	7,96	72,4
20.5. 1975	11,5	8,09	70,3
1.1. 1977	13,5	9,54	70,7
1.1. 1978	13,5	9,65	71,5
1.7. 1979	14,25	10,02	70,3
1.6. 1982	19,0	13,82	72,7
1.7. 1983	18,42	13,72	74,5

Quelle: Die Tabak Zeitung vom 7.4. 1978, S. III; Der Spiegel, Nr. 52/1982, S. 37; eigene Berechnung.

8. Zigarettenindustrie

Tabelle A 3: Verbrauch je potentiellen Verbraucher[1] 1957 bis 1980

Jahr	Zigaretten Stück	Feinschnitt[2] g	Zigarettenhüllen Stück
1957	1 336	231	131
1958	1 427	207	124
1959	1 516	209	115
1960	1 619	190	115
1961	1 775	183	103
1962	1 873	170	99
1963	1 905	171	97
1964	1 999	172	94
1965	2 101	157	91
1966	2 201	148	87
1967	2 145	150	98
1968	2 281	141	90
1969	2 402	129	88
1970	2 529	123	87
1971	2 653	108	78
1972	2 643	110	83
1973	2 602	119	101
1974	2 638	117	110
1975	2 566	113	105
1976	2 659	127	127
1977	2 363	220	205
1978	2 490	209	185
1979	2 501	219	195
1980	2 549	212	207

[1] Je Person im Alter von 15 Jahren und darüber.
[2] Einschließlich Kau-Feinschnitt.
Quelle: *Statistisches Bundesamt* (Hrsg.), Fachserie L: Finanzen und Steuern, Reihe 8. I Tabaksteuern (bis 1976) und Fachserie 14: Finanzen und Steuern, Reihe 9. 1 Tabaksteuer, Stuttgart und Mainz, verschiedene Jahre.

Tabelle A 4: Raucherstruktur und Zigarettenkonsum in der Bundesrepublik Deutschland

Jahr	Raucher Mio.	Zigarettenraucher			Anteil der Frauen an den Zigarettenrauchern %	Zigaretten pro Zigarettenraucher	
		insgesamt Mio.	Männer Mio.	Frauen Mio.		pro Jahr Stück	pro Tag Stück
1960	18,9	16,2	11,5	4,7	29,0	4 111	11,3
1965	19,1	17,0	12,1	4,9	28,8	5 330	14,6
1970	19,4	17,3	11,6	5,6	32,4	6 448	17,7
1975	19,0	17,3	9,8	7,5	43,4	7 138	19,6
1979	18,4	17,3	9,6	7,7	44,5	7 666	21,0

Quelle: *Kommission der Europäischen Gemeinschaften,* Daten und Fakten zur Entwicklung des Rauchens in Mitgliedsländern der Europäischen Gemeinschaften, Bericht EUR 7907, S. 203.

Tabelle A 5: Entwicklung der Preise für Zigaretten der Konsumpreislage und der gehobenen Konsumpreislage von 1953 bis 1983

Preisänderung		Konsumpreislage		Gehobene Konsumpreislage	
Zeitpunkt	Begründung	Normalpackung DM/Stück	Pf je Stück	Normalpackung DM/Stück	Pf je Stück
1953 – 1967		(bis 1957 auch: 0,50/6) 1,00/12 1,75/21	8⅓	ab 1960: 1,75/20	8¾
1.3. 1967	TabSt	1,90/21	9¹/₂₁	2,00/20	10
1.9. 1972	TabSt	2,20/20	11	2,30/20	11½
Mai 1975	autonom	2,30/20	11½	2,40/20	12
1.1. 1977	TabSt	2,70/20	13½	2,85/20	14¼
1.7. 1979	MwSt	2,85/20	14¼	3,00/20	15
1.1. 1982	autonom	3,00/20	15	3,15/20	15¾
1.6. 1982	TabSt	3,80/20	19	4,00/20	20
1.7. 1983	autonom	3,50/19	18⁸/₁₉	3,60/19	18¹⁸/₁₉

Tabelle A 6: *Marktanteile der führenden Zigarettenanbieter in der Bundesrepublik Deutschland 1960 bis 1982*

Jahr	Reemtsma-Gruppe			BAT	Brink-mann	Reynolds (Haus Neuerburg)	Philip Morris	Austria	Übrige
	Ins-gesamt	Reemtsma	Roth-Händle						
1960	49,0	·	·	32,0	9,7	6,0	—	·	3,3
1961	49,0	·	·	32,0	10,9	5,0	—	·	3,1
1962	49,5	·	·	31,0	12,2	4,5	—	·	2,8
1963	49,0	·	·	30,0	13,7	4,0	—	·	3,3
1964	49,0	·	·	29,0	14,7	3,9	—	·	3,4
1965	49,5	·	·	28,3	15,6	3,5	—	·	3,1
1966	49,1	·	·	28,2	16,5	3,4	—	·	2,8
1967	49,0	·	·	28,2	16,6	3,2	—	·	3,0
1968	48,2	·	·	27,4	18,3	3,2	—	·	2,9
1969	46,5	·	·	27,0	19,8	4,2	—	·	2,5
1970	42,8	33,0	9,8	27,8	21,2	5,1	1,2	1,5	0,4
1971	40,8	30,2	10,6	28,3	22,5	5,2	1,4	1,7	0,1
1972	38,3	27,9	10,5	28,3	23,1	5,4	2,0	1,6	1,3
1973	36,8	25,7	11,1	29,1	23,2	5,6	2,7	1,7	0,9
1974	36,1	24,7	11,4	29,8	22,4	5,8	3,6	1,5	0,8
1975	37,3	26,4	10,9	29,2	21,2	5,6	4,5	1,4[1]	0,8
1976	36,8	26,1	10,7	29,0	20,1	5,9	5,8	1,5	0,9
1977	35,4	25,1	10,3	29,7	18,7	6,5	7,1	1,9	0,7
1978	33,9	23,7	10,2	29,3	18,5	7,1	8,7	1,9	0,6
1979	32,6	22,6	10,0	28,2	18,5	8,6[1]	11,2	0,7	0,2
1980	30,7	21,3	9,4	27,5	17,2	9,2	13,2	0,6	1,6
1981	30,3	21,5	8,8	27,3	16,7	9,9[2]	14,4	0,4	1,0
1982	28,6	20,4	8,2	26,9	14,7	10,5	14,1	0,4	5,0

— = Anbieter nicht auf dem Markt   · = keine Angabe

[1] Einschließlich der Marken von *Imperial Tobacco,* deren Lizenzproduktion bis zum Frühjahr 1975 bei *BAT* lag; Herstellung und Vertrieb bis 30.4. 1979 bei *Austria,* ab 1.5. 1979 bei *Reynolds.*
[2] Ab 1.4. 1981 einschließlich der *Rhenania*-Marken.

Quellen: *Eckelmann, P.,* Werbung und Werbewettbewerb auf dem deutschen Zigarettenmarkt, Dissertation TH Aachen 1970, S. 22 (1960 bis 1969); Die Tabak Zeitung vom 25.4. 1980 (1970 bis 1979), 25.6. 1982 (1980 und 1981) und 29.4. 1983 (1982).

Tabelle A 7: Absatzentwicklung 1965 bis 1982 der zehn größten Zigarettenmarken 1982 in Mrd. Stück

Jahr	HB (1955)	Marlboro (1960)	Lord Extra (1962)	Camel Filters (1968)	Peter Stuyvesant (1959)	Ernte 23 (1956)	R 6 (1973)	Reval (1950)	Lux Filter (1955)	Krone (1964)
1965	20,895	·	3,823		13,784	17,280		4,086	5,057	·
1966	21,016	·	5,200		15,274	17,037		4,729	5,713	2,879
1967	20,624	·	5,716		15,775	16,340		5,233	6,191	2,721
1968	21,624	·	6,534	·	15,827	16,041		5,928	7,141	2,770
1969	22,160	·	8,157	·	15,509	15,751		6,711	8,141	2,948
1970	23,558	·	10,544	3,238	14,721	14,592		7,849	8,931	3,939
1971	24,317	·	12,922	3,606	13,723	14,089		8,416	9,373	4,558
1972	24,311	·	15,689	4,060	12,700	13,195		8,627	8,633	5,158
1973	24,685	·	16,526	4,402	11,645	12,110	·	8,846	8,294	5,108
1974	25,271	4,380	16,159	4,719	11,072	11,465	·	8,896	7,747	5,141
1975	24,215	5,467	15,175	4,374	10,665	10,660	4,509	8,225	6,788	4,936
1976	25,102	7,264	15,184	4,595	10,749	10,824	6,074	8,156	6,531	5,028
1977	23,591	7,856	12,643	4,945	9,634	9,587	5,752	6,987	5,776	4,100
1978	24,625	10,366	13,233	5,878	9,533	9,556	5,774	7,178	5,829	4,135
1979	23,723	13,530	13,240	6,851	9,191	9,139	5,629	6,991	5,642	3,986
1980	23,617	16,525	13,173	7,870	9,028	8,842	5,839	6,679	5,315	3,959
1981	23,480	18,246	12,778	8,738	9,029	8,582	6,203	6,215	4,985	3,850
1982	19,915	15,415	9,430	8,453	7,775	7,111	5,008	4,950	3,776	2,947

Einführungsjahr der Marke in Klammern
· = keine Angaben

Quelle: *Verband der Cigarettenindustrie.*

8. Kontrollfragen

1. Zeigen Sie anhand des intensiven Produktwettbewerbs in der Zigarettenindustrie die zirkulare Interdependenz beim Einsatz der Aktionsparameter auf!
2. Welche Ursachen hat der intensive Einsatz des Aktionsparameters Werbung in der Zigarettenindustrie und wie beurteilen Sie ihn aus gesamtwirtschaftlicher Sicht, vom Standpunkt des individuellen Verbrauchers und unter wettbewerbspolitischem Aspekt?
3. Was spricht im Falle einer Qualitätsangleichung – wie sie bei Zigaretten zu verzeichnen ist – für und was gegen eine Verlagerung des Wettbewerbs vom Preis auf die Werbung?
4. Zeigen Sie die parametrische Interdependenz von Preis, Produkt und Werbung in der Umbruchphase auf dem Zigarettenmarkt auf!
5. Kann sich das Gewicht der Marktzutrittsschranken zur Zigarettenindustrie je nach Aktionsparameter-Aktivität verändern?
6. Nennen Sie Beispiele für einen Zusammenhang zwischen institutionellen Rahmenbedingungen und wirtschaftlichem Verhalten und nehmen Sie jeweils eine wettbewerbspolitische Beurteilung vor!

7. Erläutern Sie den Einfluß von Erfahrungsprozessen auf den Einsatz von Aktionsparametern!
   Zeigen Sie dies anhand von Beispielen aus der Zigarettenindustrie! Warum fand auch nach Aufhebung der steuerlichen Vorschrift von Kleinverkaufspreisen im TabStG 1972 weiterhin kein Preiswettbewerb statt?
8. Ist unter allen Umständen der Preis das wirksamste Mittel, um durch oligopolistisches Verhalten verfestigte Strukturen aufzubrechen; müssen besondere Voraussetzungen vorliegen?
9. Lassen sich Gründe anführen, derentwegen der Marktführer *Reemtsma* als erstes der etablierten Unternehmen in den vom Handel ausgelösten Preiswettbewerb eingetreten ist?
10. Welche Bedingungen müssen für eine Reaktivierung des Aktionsparameters Preis gegeben sein?
    Lassen sich Argumente für die Muster-Prognose finden, daß sich die etablierten Unternehmen wieder auf ein Einmotten des Preises als Wettbewerbsmittel verständigen werden?
11. Nachdem *Reemtsma* Mitte Januar 1983 eine Preissenkung bei seiner 1980 eingeführten Marke *West* von DM 3,80 auf DM 3,30 je Packung bekanntgegeben hatte, richtete ein Mitwettbewerber folgendes Schreiben an den Tabakwaren-Fachhandel:

Sehr geehrter Geschäftsfreund,
ist eine Ära zu Ende?
Über viele Jahrzehnte bot der Cigarettenmarkt in Deutschland durch eine ausgewogene, beharrliche Zusammenarbeit von Handel, Industrie und Staat eine gesunde wirtschaftliche Basis zum Vorteil aller:
- der Konsument konnte aus einem breiten Angebot qualitativ hochwertiger Marken unterschiedlicher Art in einem sehr dichten Absatzstellennetz wählen
- der Staat erzielte ein Steueraufkommen in einmaliger Höhe
- Handel und Hersteller konnten in einem gesunden Wettbewerb bei guter kaufmännischer Geschäftsführung langfristig gute Renditen erzielen.

Durch eine drastische Tabaksteuer-Erhöhung im letzten Sommer (1.6. 1982) sind die wirtschaftlichen Verhältnisse in unserer Branche stark angespannt. In dieser schwierigen Situation hat nun die Fa. Reemtsma Markencigaretten (West) im Preis herabgesetzt bzw. neue Produkte mit wohlbekannten Namen (Juno Filter) neu in den Markt gegeben. Der Wirtschaftsanteil für Industrie und Handel, also der Teil des Kleinverkaufspreises, der nach Abzug von Tabak- und Mehrwertsteuer zur Deckung der Kosten und Erzielung eines Gewinns für Industrie und Handel verbleibt, beträgt bei diesen Produkten (20/DM 3,30) pro 1000 Cigaretten nur DM 37,54 – das sind DM 14,25 (entsprechend 27%) weniger als bei der derzeitigen Hauptkonsumpreislage. ... Das über viele Jahrzehnte aufgebaute und bewahrte System, das uns allen Sicherheit und Auskommen gab, ist gefährdet. Es kommt jetzt entscheidend darauf an, ob der Handel durch sein Verhalten zu erkennen gibt, ob ein solches Angebot von ihm akzeptiert wird, d. h. durch ihn eine Chance im Markt erhält. Davon hängt es nämlich ab, ob (unsere Firma) dem Schritt von Reemtsma folgen muß.

Kann dieser Brief als verschleierter Boykottaufruf interpretiert werden?
Auf welchen Unternehmertyp läßt dieses Schreiben schließen? Beachten Sie dabei den angesprochenen Zeithorizont!
Worauf bezieht sich die Interessenharmonie von Staat und Industrie? Erläutern Sie bitte den Begriff „Gesunder Wettbewerb" und beurteilen Sie ihn wettbewerbspolitisch!

9. Literaturhinweise

Voges, E./Wöber, O., Tabaklexikon, Mainz 1967.
   Umfangreiche produktionstechnische und warenkundliche Informationen.

Behnke, E.-A., Werbung und Zigarettenkonsum, Schriften zur wirtschaftswissenschaftlichen Forschung, Bd. 113, Meisenheim am Glan 1977.
   Untersuchung zum Einfluß der Zigarettenwerbung auf den Zigarettenkonsum in und außerhalb der Bundesrepublik.

Eckelmann, P., Werbung und Werbewettbewerb auf dem deutschen Zigarettenmarkt, Dissertation TH Aachen 1970.

Eher preistheoretisch angelegte Arbeit mit umfangreichem Datenmaterial zum deutschen Zigarettenmarkt der sechziger Jahre.

Die Tabak Zeitung (DTZ), Mainz, 1.Jg. (1891)ff., wöchentliche Erscheinungsweise.

Regelmäßige Berichterstattung über die gesamte Tabakwirtschaft; seit 1977 erscheint jährlich als Beilage die „DTZ-Dokumentation Zigarette" mit Marktanteilen von Unternehmen und Marken, Neueinführungen von Marken, Angebotsprogramm.

Statistisches Bundesamt (Hrsg.), Fachserie 14: Finanzen und Steuern.

Reihe 9.1.1 Absatz von Tabakwaren und Zigarettenhüllen

Vierteljährlich, im Bericht für das 4.Vierteljahr wird auch das Jahresergebnis veröffentlicht.

Reihe 9.1.2 Tabakgewerbe

Jährlich, Übersichten zur Herstellung, Einfuhr und zum Verbrauch.

Geschäftsberichte der Unternehmen *Reemtsma Cigarettenfabriken GmbH, BAT Cigaretten-Fabriken GmbH, Martin Brinkmann AG* und *R.J. Reynolds Tobacco GmbH*.

Spirituosenindustrie

Herwig Brendel
Peter Oberender

Gliederung

1. Einführung und Problemstellung
2. Kurzer historischer Abriß und Grundlagen der Spirituosenherstellung
3. Institutionelle Rahmenbedingungen: Branntweingesetzgebung
   3.1. Branntweinmonopol
   3.2. Branntweinsteuer
   3.3. Importmonopol
4. Struktur und Bedeutung der Spirituosenindustrie
   4.1. Nachfrage
   4.2. Versorgung mit Spirituosen
   4.3. Angebot
      4.3.1. Struktur des Brennereigewerbes
      4.3.2. Brennrechte und Alkoholerzeugung
      4.3.3. Alkoholabsatz der Bundesmonopolverwaltung an Spirituosenhersteller
   4.4. Entwicklung und Bedeutung der Spirituosenindustrie seit 1960
5. Markt und Verhalten
   5.1. Segmente des Spirituosenmarktes
   5.2. Verhalten der Anbieter von Spirituosen
      5.2.1. Markenspirituosenhersteller
      5.2.2. Nichtmarkenspirituosenhersteller
   5.3. Das Segment „Kornbranntwein"
   5.4. Das Segment „Weinbrand"
6. Ergebnis und wettbewerbspolitische Folgerungen
7. Anhang
8. Kontrollfragen
9. Literaturhinweise

1. Einführung und Problemstellung

Die Rahmenbedingungen wirtschaftlicher Aktivitäten werden in einem beachtlichen Ausmaß durch staatliches Handeln bestimmt. Der Staat als Gesetzgeber, der für die Wirtschaft einen Ordnungsrahmen schafft, und als wirtschaftspolitische Instanz, die steuernd in den Ablauf von Wirtschaftsprozessen eingreift, macht sich in den einzelnen Bereichen einer Volkswirtschaft jedoch mit unterschiedlicher Intensität der Maßnahmen und Eingriffe bemerkbar.

Die deutsche Spirituosenindustrie ist seit jeher ein Industriezweig im Schnittfeld sehr unterschiedlicher Interessen. Die Bedeutung, die diesem Industriezweig entgegengebracht wurde und noch wird, schlägt sich vor allem in den vielfältigen gesetzgeberischen Maßnahmen mit steuer-, agrar-, sozial-, regional- und gesundheitspolitischen Zielsetzungen nieder. Durch diese staatlichen Aktivitäten wurden Struktur und Entwicklung der Spirituosenindustrie entscheidend geprägt. Insofern kann die Spirituosenindustrie als eindringliches Beispiel für die Wirkungen staatlicher Eingriffe in das Unternehmenssystem einer Marktwirtschaft vorgestellt werden.

Es soll daher in erster Linie untersucht werden, welchen spezifischen Einfluß der Staat auf diesen Industriezweig ausgeübt hat, indem zunächst Art und Ausmaß staatlicher Gestaltung der institutionellen Rahmenbedingungen unternehmerischen Handelns aufgezeigt werden. Im Anschluß daran wird anhand einer markttheoretischen Untersuchung herausgearbeitet, wie sich innerhalb dieses gegebenen institutionellen Rahmens das Marktgeschehen gestaltet; ein besonderer Akzent liegt hierbei auf den Marktsegmenten „Kornbranntwein" und „Weinbrand".

2. Kurzer historischer Abriß und Grundlagen der Spirituosenherstellung

Die Geschichte der Alkoholgewinnung und der Branntweinproduktion[1] weist mehrere Entwicklungsschritte auf; sie werden vornehmlich durch die Rohstoffe bestimmt, die – als Folge der Entwicklung neuer Produktionsverfahren – zur Alkoholherstellung herangezogen wurden. Dabei wurde die Entwicklung bis zum 1. Weltkrieg im wesentlichen durch Rohstoffe landwirtschaftlichen Ursprungs geprägt.

Die erste Branntweingewinnung erfolgte aus Wein. Wegen des hohen Preises bestanden damals nur sehr begrenzte Verwendungsmöglichkeiten, hauptsächlich zu Heilzwecken. Auch der Übergang zu anderen Rohstoffen (Bier oder Bierhefe) Ende des 15. Jahrhunderts erlaubte noch keine Produktion in nennenswertem Umfang.

---

[1] Zur Geschichte der Branntweinwirtschaft vgl. u. a. *Herlemann, H.-H.*, Branntweinpolitik und Landwirtschaft, Kiel 1952; *Briefs, G.*, Spiritusindustrie, in: Handwörterbuch der Staatswissenschaften, 4. Aufl., Bd. 7 (1926), S. 713–724; *Wassermann, L.*, Die deutsche Spiritusindustrie, Leipzig 1909.

Erst die Entdeckung des Getreides als Rohstoff der Branntweingewinnung eröffnete im 16. Jahrhundert Möglichkeiten zur Ausweitung des Produktionsvolumens. Hierdurch konnte Branntwein in zunehmendem Umfang auch zu Trinkzwecken Verwendung finden. Dieser Entwicklungsschritt schuf die Voraussetzung, Branntwein zum Gegenstand der Besteuerung werden zu lassen.

Die nächste bedeutsame Erweiterung des Kreises agrarischer Rohstoffe, aus denen Alkohol gewonnen wurde, trat mit der Einführung des Hackfruchtbaus (Kartoffeln und Rüben) im 18. Jahrhundert ein. Damit wurde eine Periode der Branntweinherstellung eingeleitet, in der infolge der relativ leichten Verfügbarkeit der Rohstoffe in Verbindung mit technischen Verbesserungen der Produktionsverfahren die Voraussetzungen für einen Massenkonsum von Branntwein und damit für die Erschließung einer ergiebigen Steuerquelle geschaffen wurden. Zu dem Besteuerungsaspekt traten von vornherein andere politische Zielsetzungen. Aus agrarpolitischen Gesichtspunkten rückte die Kartoffel als Rohstoff in eine beherrschende Position bei der Alkoholherstellung, weil deren Verwertung in Brennereien als landwirtschaftlichen Nebenbetrieben eine „hervorragende Bedeutung ... für die landwirtschaftliche Kultur, insbesondere auf den leichten Böden Ostdeutschlands," zugemessen wurde.[2] Der Standort der Branntweinproduktion verlagerte sich immer mehr in die landwirtschaftlichen Betriebe: Aus einem städtischen Gewerbe wurde die Brennerei zu einem landwirtschaftlichen Nebenbetrieb, das Brennereigewerbe wurde weitgehend aus dem Industrialisierungsprozeß herausgenommen.

Die Wettbewerbsfähigkeit der Rübenmelasse (Rückstand der Zuckerproduktion) als Rohstoff der Branntweinproduktion wurde durch das Maischraumbesteuerungssystem erheblich beeinträchtigt, so daß nur einige Melassebrennereien (als Großbetriebe) entstanden. Das Rübenbrennen erlangte daher in Deutschland niemals die gleiche Bedeutung wie in anderen europäischen Ländern.

Die Entscheidungen hinsichtlich der Rohstoffbasis der deutschen Branntweinwirtschaft wirkten sich einmal auf die Standortverteilung und die realisierten Betriebsgrößen aus; gleichzeitig beeinflußte die einseitige staatliche Förderung der landwirtschaftlichen Kartoffelbrennereien den technischen Fortschritt in der Weise, daß nicht nur andere Rohstoffe diskriminiert wurden, sondern auch die Bildung gewerblicher Großbetriebe unterbunden wurde. Die mangelnde internationale Wettbewerbsfähigkeit eines Teils des deutschen Brennereigewerbes und die daraus resultierenden Probleme bei der Bildung einer EG-Alkoholmarktordnung haben zumindest teilweise ihre Ursache in dieser Begünstigung landwirtschaftlicher Brennereien.[3]

Die Entwicklung von Produktionsverfahren auf der Grundlage nichtlandwirtschaftlicher Rohstoffe wurde durch die Mangelsituation des 1. Weltkrieges beschleunigt.

---

[2] Vgl. *Herlemann, H.-H.*, Branntweinpolitik und Landwirtschaft, a.a.O., S. 11f. Herlemann stellt als Vorteile einer Kartoffelbrennerei für den landwirtschaftlichen Betrieb die gesicherte Kartoffelverwertung, die Gewinnung eines wertvollen Futtermittels (Schlempe) für die Rindviehhaltung und die finanzielle Festigung heraus, weist aber gleichzeitig darauf hin, daß diese Vorteile nur für einen sehr geringen Teil aller landwirtschaftlichen Betriebe Geltung haben (S. 105 f.).

[3] Diese Brennereien sind ohne besonderen Schutz „gegenüber den großen Alkoholfabriken in anderen EG-Ländern ... nicht lebensfähig"; *Cornelissen, J.*, Ordnung im zweiten Anlauf, in: Handelsblatt vom 28./29. 4. 1978, S. 29.

Nunmehr wurden industriell gewonnene Rohstoffe wie Zellstoff, Ablaugen der Zellstoffproduktion und Kalziumkarbid (sog. Monopolstoffe) herangezogen. Wegen des sinkenden Verbrauchs von Alkohol zu Konsumzwecken mußte zugleich nach neuen Absatzmöglichkeiten gesucht werden, die in Formen der technischen Alkoholverwertung (vor allem als Energiequelle und als Rohstoff der „Alkoholchemie") gesehen wurden.

Spirituosen müssen nach den „Begriffsbestimmungen für Spirituosen" als wertbestimmenden Anteil Alkohol enthalten, der durch Brennverfahren aus vergorenen zuckerhaltigen Stoffen oder in Zucker verwandelten und vergorenen Stoffen (Äthylalkohol) gewonnen ist.[4] Die Hauptgrundlage der Herstellung von Spirituosen stellen somit Alkohol (neutral im Geschmack) oder Branntwein (enthält Geschmacks- und Geruchsstoffe des verwendeten Rohstoffes) dar. Die einzelnen Stufen des Produktionsprozesses von der Gewinnung des Rohstoffes bis zur fertigen Spirituose sind in Übersicht 1 dargestellt; auf diese Weise lassen sich die Ansatzpunkte staatlicher Maßnahmen, die auf die Spirituosenherstellung einwirken, lokalisieren und angemessen beurteilen. Aufgrund der engen Verknüpfung von Brennereigewerbe und Spirituosenprodukten – die Mehrzahl der Spirituosenhersteller sind vertikal integrierte Unternehmen – erlangen die Rahmenbedingungen der Brennereiwirtschaft erhebliches Gewicht für die Spirituosenindustrie.

Übersicht 1: Stufen der Spirituosenproduktion

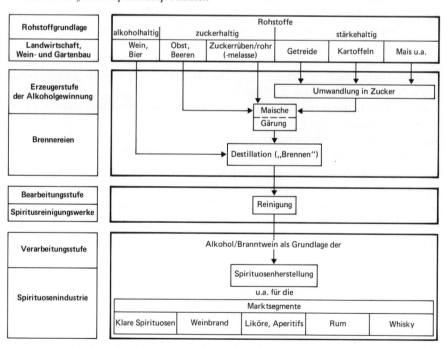

[4] Vgl. Begriffsbestimmungen für Spirituosen des Bundes für Lebensmittelrecht und Lebensmittelkunde, in der Fassung von 1971, abgedruckt in: *Versuchs- und Lehranstalt für Spiritusfabrikation und Fermentationstechnologie* (Hrsg.), Spirituosen-Jahrbuch, 33. Jg. (1982), S. 327.

3. Institutionelle Rahmenbedingungen: Branntweingesetzgebung

Entscheidend für Gestaltung und Entwicklung der institutionellen Rahmenbedingungen der Spirituosenindustrie sind die gesetzgeberischen Maßnahmen als Reaktion auf den sich seit Entdeckung der Kartoffel als Rohstoff verschärfenden Konflikt zwischen landwirtschaftlichen und gewerblichen Brennereien.[5] Schon früh wurde dieser Konflikt politisch zugunsten der Landwirtschaft entschieden. Das agrarpolitische Ziel, kleine landwirtschaftliche Brennereien zu schützen und zu begünstigen, – und damit tendenziell eine industriefeindliche Haltung –, schlug sich bereits im **Reichsbranntweinsteuergesetz** von 1887 nieder. Von dieser agrarfreundlichen Haltung wurde die gesamte weitere deutsche Branntweingesetzgebung getragen.

3.1. Branntweinmonopol

Von zentraler Bedeutung für die deutsche Brennereiwirtschaft ist das **Branntweinmonopolgesetz** (BranntwMonG) von 1922, das in seinen wesentlichen Zügen heute noch die maßgebliche Rechtsgrundlage bildet. Mit der Schaffung eines Branntweinmonopols behielt sich der Staat neben der Besteuerung eine Reihe weiterer Funktionen vor. So umfaßt das Branntweinmonopol[6], zu dessen Durchführung die *Bundesmonopolverwaltung (BMV)* alle erforderlichen Maßnahmen trifft,

- das Übernahmemonopol für Alkohol aus Kartoffeln, Mais und Melasse (ablieferungspflichtige Brennereien);
  Korn-, Obst- und Weinbrennereien sind von dieser Ablieferungspflicht ausgenommen (ablieferungsfreie Brennereien), ebenso Branntwein aus Monopolstoffen[7], aus Bier und Rückständen der Bierbereitung;
- das Einfuhrmonopol (mit Ausnahme von Rum, Arrak, Kognak und Likören);
- das Reinigungsmonopol;
- das Monopol zur Branntweinverwertung;
- das Handelsmonopol.

Das Monopol für Branntwein aus nichtlandwirtschaftlichen Rohstoffen (sog. Industriealkohol) wurde mit Wirkung vom 1.10.1979 aufgehoben, so daß sich das Branntweinmonopol nur noch auf Alkohol erstreckt, der aus landwirtschaftlichen Rohstoffen (sog. Agraralkohol) hergestellt wird.

Durch die im BranntwMonG festgelegten Grundsätze ist die deutsche Brennereiwirtschaft in ihrer Struktur entscheidend geprägt worden. Über die Klassifizierung der

---

[5] Vgl. *König, H.*, Entstehung und Wirkungsweise von Fachverbänden der Nahrungs- und Genußmittelindustrie, Berlin 1965, S.64 ff.

[6] Vgl. hierzu *Herlemann, H.-H.*, Branntweinwirtschaft, in: Handwörterbuch der Sozialwissenschaften, Bd. 2 (1959), S. 396.

[7] Unter „Monopolstoffen" versteht man die vor dem 1. Oktober 1914 im Monopolgebiet des Deutschen Reichs nicht gewerblich zur Branntweingewinnung verwerteten Stoffe (Zellstoffe einschließlich der Ablaugen aus der Zellstoffgewinnung, Kalziumkarbid u.a.). Brennereien, die Branntwein aus diesen Stoffen gewinnen, gehören zu den Monopolbrennereien (§ 21 BranntwMonG).

Brennereien, die eine besondere Begünstigung der Landwirtschaft beinhaltet, kann die *BMV* gezielt Einfluß auf die strukturelle Entwicklung des Brennereigewerbes nehmen.[8]

Neben der Grobunterscheidung von Monopolbrennereien (die Monopolstoffe verarbeiten) und Eigenbrennereien erfolgt eine Einteilung der Eigenbrennereien nach ihrer Betriebsweise in landwirtschaftliche und gewerbliche Brennereien sowie in Obstbrennereien. Die Eigenbrennereien werden weiter nach der Art der steuerlichen Erfassung des erzeugten Alkohols in Verschlußbrennereien (Produktionsanlagen unter zollamtlichem Verschluß) und in Abfindungsbrennereien (Schätzung der Herstellungsmenge, Jahreshöchsterzeugung auf 3 hl beschränkt) eingeteilt. Bei den Brennereien ohne Brennrecht (Kleinbrennereien) darf die jährliche Erzeugungsmenge 10 hl Alkohol nicht übersteigen. Die sog. Stoffbesitzer (sie verfügen über kein eigenes Brenngerät und verarbeiten bei ihnen anfallendes Obst usw. hauptsächlich in Abfindungsbrennereien) rechnen nicht zu den Brennereien; sie dürfen jährlich 50 l Alkohol gewinnen.

Die Klassifizierung der Brennereien nach der Betriebsweise und nach der Art der verarbeiteten Rohstoffe erlaubt dem Branntweinmonopol gezielte Maßnahmen zur Verfolgung seiner schutzpolitischen Ziele. Gegenüber den ablieferungspflichtigen Brennereien besitzt die *BMV* durch das System der Brennrechte in Verbindung mit preispolitischen Maßnahmen, die nach Rohstoffen differenziert sind, Instrumente zur effizienten Steuerung der Agraralkoholproduktion.

Mit der Einführung des Branntweinmonopols 1922 wurde den einzelnen Brennereien ein regelmäßiges **Brennrecht** (Produktionskontingent) in Höhe ihres früheren Durchschnittsbrands zugewiesen. Die Festsetzung neuer oder höherer Brennrechte (und damit auch die Neuentstehung von Brennereien) ist auf landwirtschaftliche Brennereien und Obstbrennereien beschränkt, wobei für landwirtschaftliche Brennereien 400 hl Alkohol und für Obstbrennereien 60 hl Alkohol nicht überschritten werden dürfen. Nur für Kartoffelgemeinschaftsbrennereien kann ein Brennrecht bis zu 1 500 hl Alkohol festgesetzt werden, „wenn der Bundesminister für Ernährung, Landwirtschaft und Forsten vor ihrer Einrichtung erkannt hat, daß die Brennereigüter nach ihrer Lage und ihren Bodenverhältnissen auf den Anbau von Kartoffeln und ihre Verarbeitung dringend angewiesen sind" (§ 33a BranntwMonG). Diese Regelungen zeigen die staatlichen Steuerungsmöglichkeiten auf und lassen den Tenor dieser staatlichen Interventionen deutlich erkennen, nämlich: Schutz und Förderung landwirtschaftlicher Kartoffelbrennereien.

Zur Steuerung der Alkoholproduktion kann die *BMV* „unter Berücksichtigung des Bestandes und des voraussichtlichen Verbrauchs an Branntwein und nach den zur Verfügung stehenden Mitteln" (§ 40 BranntwMonG) festsetzen, in welcher Höhe das Brennrecht ausgenutzt werden kann. Grundsätzlich wird damit den Brennereien die Freiheit der Produktion nicht beschränkt; in der Regel übertrifft auch die Brennereikapazität der größeren Spirituosenhersteller den Umfang des zugewiesenen regelmäßigen Brennrechts. Jedoch übernimmt die *BMV* nur die innerhalb des **„Jahresbrenn-**

---

[8] Vgl. *Schmoltzi, M.,* Strukturwandel der Brennereiwirtschaft in der BR Deutschland, in: Agrarwirtschaft, 31.Jg. (1982), S.33–38.

rechts" hergestellten Mengen zu einem festen Übernahmepreis, der nach dem Prinzip der Kostendeckung ermittelt wird.[9]

Grundlage für den Übernahmepreis sind die „durchschnittlichen Herstellungskosten eines Hektoliters Alkohol in gut geleiteten Kartoffelbrennereien mit einer durchschnittlichen Jahreserzeugung von 500 hl Alkohol" (§ 65 BranntwMonG).[10] Diese Berechnung des Branntweingrundpreises verdeutlicht, daß im Branntweinmonopolgesetz eine „Rentabilitätsgarantie für die landwirtschaftlichen Kartoffelbrennereien"[11] verankert ist.

Die von der Ablieferungspflicht ausgenommenen Brennereien verarbeiten Rohstoffe, die Geschmacks- und Geruchsstoffe an das Destillat abgeben und damit dem Branntwein einen spezifischen Charakter verleihen. Diese Brennereien sind in ihren Produktionsentscheidungen völlig frei, tragen jedoch das Absatzrisiko, weil keine Ablieferungspflicht und somit keine Abnahmegarantie durch die *BMV* besteht (§ 76 BranntwMonG).

Eine eigene Regelung wurde für die landwirtschaftlichen und gewerblichen Kornbrennereien getroffen. Nur der im Rahmen des **Jahreskornbrennrechts** hergestellte Kornbranntwein ist von der Ablieferungspflicht an die *Deutsche Kornbranntwein-Verwertungsstelle (DKV)* in Münster ausgenommen. Dieser Kornbranntwein muß vom Brennereibesitzer entweder in trinkfertigem Zustand vermarktet oder an die *DKV* abgesetzt werden, und zwar zu einem Übernahmepreis, der wegen der rohstoffabhängigen Zuschläge zum Grundpreis über dem Übernahmepreis der *BMV* liegt. Von der Ablieferungsmöglichkeit machen vor allem die landwirtschaftlichen Kornbrennereien Gebrauch, die aufgrund mangelnder Qualifikation sich nicht dem Vermarktungsrisiko auf dem Spirituosenmarkt aussetzen möchten. Die sogenannten selbstmarktenden Brennereien – in erster Linie handelt es sich um gewerbliche Brennereien – werden durch Beihilfen in Höhe des Unterschiedsbetrages zwischen *DKV*-Übernahmepreis für Rohbrand und Verkaufspreis für Kornfeindestillat zuzüglich einer Pauschale für die dem Brenner entstehenden Reinigungskosten subventioniert.[12]

---

[9] Das Brennrecht ist nach Auffassung des *Bundesfinanzhofs* und des *Bundesgerichtshofs* eine monopolrechtliche Vergünstigung und somit ein wertsteigernder Faktor, der bei ablieferungspflichtigem Alkohol in der Bemessung des Übernahmepreises zum Ausdruck kommt; vgl. Spirituosen-Jahrbuch 1982, S. 92.

[10] Kleinere Brennereien erhalten zum Ausgleich ihrer höheren Produktionskosten einen Zuschlag, während bei größeren Brennereien (über 600 hl Alkohol) die Kostendegression durch Abschläge berücksichtigt wird. Für Mengen, die über das Jahresbrennrecht hinaus produziert werden, wird der Übernahmepreis um den sog. Überbrand – ein Disagio in Höhe von mindestens 10 % bei Obstbrennereien und 20 % bei anderen Brennereien (§ 74 BranntwMonG) – gekürzt.

[11] Vgl. *Schmölders, G.,* Branntweinbesteuerung, in: Handwörterbuch der Sozialwissenschaften, Bd. 2 (1959), S. 393.

[12] So belief sich beispielsweise am 1.10.1978 (Beginn des Betriebsjahres 1978/79) der *DKV*-Verkaufspreis auf DM 170 pro hl reinen Alkohols (r. A.), der Übernahmepreis für Weizenkorn auf DM 244,90 pro hl r. A.; die Subvention in der Größenklasse von 600 hl r. A. betrug folglich – unter Berücksichtigung der Reinigungspauschale in Höhe von 47 DM/hl – DM 121,90 pro hl r. A.

3.2. Branntweinsteuer

Innerhalb der institutionellen Rahmenbedingungen kommt der Branntweinsteuer vor allem im Hinblick auf die Marktentwicklung ein überragender Stellenwert zu. Ursprünglich wurde diese Steuer aufgrund rein fiskalischer Erwägungen eingeführt. Im Laufe der Zeit trat jedoch eine Veränderung in zweifacher Hinsicht ein. Insbesondere in den letzten Jahren gewannen gesundheitspolitische Überlegungen ein stärkeres Gewicht. Entscheidender ist jedoch der agrarpolitische Einfluß auf die Ausgestaltung der Branntweinsteuer gewesen, durch den die finanzielle Ergiebigkeit dieser Steuerquelle immer wieder geschmälert wurde. Einerseits wurde die Steuer erhöht und nach Verwendungszwecken differenziert, während andererseits das Subventionssystem für die Landwirtschaft ständig verfeinert wurde.

Übersicht 2 gibt die unterschiedliche Höhe der Steuersätze für Branntwein sowie deren Entwicklung seit 1950 an. Bemerkenswert ist dabei, daß Trinkalkohol nicht nur

Übersicht 2: Steuersätze für Branntwein in der Bundesrepublik Deutschland von 1950 bis 1982

Verwendungszweck	DM/hl ab[1]						
	1.1. 1950	1.1. 1966	1.1. 1972	18.3. 1976	1.1. 1977	1.4. 1981	1.4. 1982
Branntwein							
(1) zu Trinkzwecken	1 000	1 200	1 500	1 650	1 950	2 250	2 550
(2) für ärztliche, chirurgische oder pharmazeutische Zwecke (unvergällt)	850	850	1 200	1 200	1 200	1 200	1 200
(3) zur Herstellung von Heilmitteln z. äußerlichen Gebrauch, Riech- und Schönheitsmitteln[2]	600	600	600	600	600	1 000	1 000
(4) zur Herstellung von Speiseessig[3]	50	50	50	50	50	0	0
(5) zur Herstellung von Branntweinerzeugnissen, die ausgeführt werden, zur Herstellung von Treibstoff, zu Putz-, Heizungs-, Koch- und Beleuchtungs- und besonderen gewerblichen Zwecken	0	0	0	0	0	0	0

[1] Vgl. Bundesgesetzblatt Teil I, Jg. 1965, S. 2070; Jg. 1971, S. 2137; Jg. 1976, S. 1145 und 1771; Jg. 1981, S. 303 und 1563.
[2] Der Branntwein, der diesem Steuersatz unterliegt, muß zu Genußzwecken unbrauchbar gemacht werden oder bei der Verarbeitung unter ständiger amtlicher Kontrolle stehen. – Mit Wirkung vom 1.4.1981 wurde eine Branntweinsteuer auch auf andere Alkohole als Äthylalkohol eingeführt, soweit diese Alkohole zur Herstellung von Riech- und Schönheitsmitteln verarbeitet werden (BGBl. I, Jg. 1981, S. 301).
[3] Die Branntweinsteuer für Branntwein zur Herstellung von Speiseessig wurde mit Wirkung vom 1.1.1981 aufgehoben (BGBl. I, Jg. 1980, S. 761).

Tabelle 1: Steuereinnahmen aus alkoholischen Getränken 1981

	absolut	Anteil in %	pro Liter r. A. ab 1.4.1982
Spirituosen	4,480 Mrd DM	(70,7%)	DM 25,50
Bier	1,289 Mrd DM	(20,3%)	DM 3,75
Sekt	0,569 Mrd DM	(9,0%)	DM 17,33
Wein	0 Mrd DM	(0,0%)	DM 0,00

Quelle: *Statistisches Bundesamt* (Hrsg.), Statistisches Jahrbuch 1982, S. 418. *Bundesverband der Deutschen Spirituosen-Industrie.*

mit großem Abstand gegenüber allen anderen Verwendungszwecken jeweils am stärksten belastet wird, sondern darüber hinaus die Diskrepanz im Laufe der Zeit weiter zunimmt. So erhöhte sich die Branntweinsteuer für Trinkalkohol von 1950 bis 1982 um 155% (von 1000 DM je hl r. A. (=reiner Alkohol) auf 2550 DM), während sich die Steuer auf Alkohol für ärztliche, chirurgische sowie pharmazeutische Zwecke um 41% und für kosmetische Zwecke um ca. 67% erhöhte.

Bereits die hohe Steuerlast für Trinkalkohol an sich stellt die Spirituosenindustrie vor Probleme der Preisgestaltung; als zusätzliches Erschwernis ist es zu werten, daß in der Bundesrepublik die verschiedenen alkoholhaltigen Getränke unterschiedlichen steuerlichen Belastungen unterworfen sind: 1982 beträgt die steuerliche Belastung je Liter reinen Alkohols bei Spirituosen DM 25,50, bei Sekt DM 17,33, bei Bier DM 3,75, während Wein keine alkoholbezogene Steuerlast zu tragen hat (vgl. *Tabelle 1*). Dieser Tatbestand ist für die einzelnen Unternehmen unter marktstrategischem Aspekt bedeutsam, weil durch die ungleiche fiskalische Belastung auf dem Markt für alkoholhaltige Getränke Verzerrungen herbeigeführt werden, die die Wettbewerbsfähigkeit der Spirituosenindustrie beeinträchtigen.

Für die öffentlichen Hände stehen dagegen Einnahmegesichtspunkte im Vordergrund: 1981 entfielen 70,7% der gesamten Steuereinnahmen aus alkoholischen Getränken auf Spirituosen (vgl. *Tabelle 1*). Seit 1955 stiegen die öffentlichen Branntweinsteuereinnahmen bis 1981 auf das 7,3fache (vgl. *Tabelle A 1* im Anhang). Gleichzeitig nahm die fiskalische Bedeutung dieser Steuer relativ zu. 1981 betrug der Anteil der Branntweinsteuer an den gesamten Bundessteuern 9,3%. Vergleicht man die Einnahmenentwicklung der Branntweinsteuer mit der der Tabaksteuer, einer anderen wichtigen Verbrauchsteuer, so stellt man fest, daß zwar die Einnahmen aus der Tabaksteuer absolut immer wesentlich höher sind, aber die relative Bedeutung der Branntweinsteuer-Einnahmen ständig zunimmt. Betrug 1956 die Relation zwischen Branntwein- und Tabaksteuer-Einnahmen noch 1:4, so erhöhte sie sich 1981 auf 1:2,5 (vgl. *Tabelle A 1*).

3.3. Importmonopol

Wie bereits erwähnt, bestimmte die *BMV* – mit Ausnahme von trinkfertigen Spezialitäten –, ob und welche Menge unverarbeiteten Alkohols aus dem Ausland eingeführt werden darf. Diese Abschottung vom internationalen Markt war notwendiger

Bestandteil der agrarfreundlichen Regelungen für die deutsche Alkoholwirtschaft. Aus dem besonderen Schutz der landwirtschaftlichen Kartoffelbrennereien resultierten nicht nur überhöhte Preise (im Vergleich zum internationalen Preisniveau), sondern darüber hinaus wurde auch die Verarbeitung teurer Rohstoffe (z. B. Getreide) begünstigt.[13] Als Stütze des inländischen Preisniveaus diente das Monopolausgleichssystem, mit dessen Hilfe die Preise der Importprodukte auf das deutsche Niveau gehoben wurden.

Eine grundlegende Änderung dieser Situation ergab sich durch das Urteil des *Europäischen Gerichtshofs (EuGH)* vom 17. 2. 1976.[14] Er erklärte Einfuhrverbote für Alkohole aus Staaten der Europäischen Gemeinschaft (EG) für vertragswidrig. Der bisher bei der Einfuhr erhobene Monopolausgleich entfällt, soweit er die steuerliche Belastung gleichartigen inländischen Branntweins übersteigt. Aus anderen Mitgliedsstaaten der EG kann nunmehr jedermann Alkohol jeder Art (verarbeitet und unverarbeitet) einführen.[15]

Die *BMV* zeigte eine rasche Reaktion auf das *EuGH*-Urteil, indem sie die Verkaufspreise für Branntwein mehrfach herabsetzte, um vor allem die Einfuhr billigen italienischen Melassealkohols abzuwehren. Dies wurde durch eine Erhöhung der Branntweinsteuer (18. 3. 1976) ermöglicht, aus deren Mehraufkommen der ermäßigte Abgabepreis subventioniert wurde.[16]

Durch die Einfuhrliberalisierung entstehen der *BMV* Verluste, weil sie gesetzlich verpflichtet ist, den überwiegend teurere Rohstoffe verarbeitenden kleinstrukturierten Brennereien einen Übernahmepreis für Rohbrand zu zahlen, der weit über dem erzielbaren Marktpreis für Feinsprit liegt.[17]

Durch dieses Urteil und die weiteren Urteile des *Europäischen Gerichtshofs*, der wiederholt die Konformität einzelner Bestimmungen des Branntweinmonopolgesetzes und des Weingesetzes mit dem EWG-Vertrag zu prüfen hatte, ist es auf dem Alkoholmarkt sukzessive zu einer Erosion der institutionellen Rahmenbedingungen gekommen.

---

[13] Vgl. *Dohm, H.*, Ein Monopolist ohne Monopol, in: Frankfurter Allgemeine Zeitung vom 31. 7. 1976, S. 13.

[14] Vgl. Urteil des *Europäischen Gerichtshofs* vom 17. 2. 1976 (Rechtssache 45/75).

[15] Bekanntmachung der *Bundesmonopolverwaltung* vom 11. 6. 1979, Bundesanzeiger Nr. 110 vom 19. 6. 1979.

[16] Der zum Zeitpunkt des *EuGH*-Urteils gültige regelmäßige Verkaufspreis der *BMV* in Höhe von 333 DM je hl r. A. (ohne Branntweinsteuer) wurde am 23. 2. 1976 zunächst auf 183 DM und am 26. 3. 1976 auf 130 DM gesenkt. Eine vorübergehende Eindämmung der Einfuhren gelang erst mit der Herabsetzung des Preises auf 95 DM (ab 1. 6. 1978). Auf Preisanstiege für EG-Agraralkohol reagierte die *BMV* sofort mit Preiserhöhungen bis auf 158 DM (ab 1. 12. 1979); ab 15. 10. 1981 beträgt der regelmäßige Verkaufspreis 138 DM. – Im gleichen Zeitraum senkte die *DKV* ihren regelmäßigen Verkaufspreis für Kornfeindestillat von 370 DM bis auf schließlich 165 DM; nach erneuten Preiserhöhungen (223 DM ab 1. 1. 1980) wurde der Preis am 1. 4. 1982 auf 200 DM festgesetzt.

[17] Im Urteil des *EuGH* vom 13. 3. 1979 (Rechtssache 91/78) wurde das deutsche System der Stützung des Übernahmepreises nicht beanstandet, weil ein staatliches Handelsmonopol wie das Branntweinmonopol Subventionscharakter haben kann und zur Erhaltung seiner Funktionsfähigkeit öffentliche Mittel aufgewendet werden dürfen. Vgl. Spirituosen-Jahrbuch 1980, S. 398.

Die faktische Aufhebung des Importmonopols hat zwar das Branntweinmonopol der Möglichkeit einer gezielten Steuerung der Alkoholproduktion nicht beraubt, sein Einfluß auf die Marktversorgung insgesamt ist jedoch stark zurückgegangen. Die Steuerung durch die *BMV* betrifft nun nicht mehr den Gesamtmarkt, sondern nur noch bestimmte Brennereiklassen. Jedoch haben auch Brennereien mit Brennrecht nach § 72 b Absatz 3 BranntwMonG die Möglichkeit, sich von der Ablieferungspflicht freistellen zu lassen, wenn der Übernahmepreis der *BMV* durch einen Abschlag gekürzt wird, weil die *BMV* den zu übernehmenden Alkohol unter Einstandspreis absetzen muß. Diese Brennereien unterliegen dann keiner mengenmäßigen Begrenzung bei der Branntweinerzeugung, allerdings entfällt in diesem Fall auch die Subventionierung durch das Branntweinmonopol. Aufgrund der neuen Situation sieht das Branntweinmonopol seine Aufgaben also zunehmend auf die reine Subventionierung begrenzt.

Die Aufhebung des Einfuhrmonopols hat außerdem zur Verminderung des Absatzes inländischen Trinkalkohols beigetragen (vgl. *Tabelle A 6*). Als eine Folge dieser Entwicklung kann die Herabsetzung der Jahresbrennrechte (Produktionsquote) der Brennereien angesehen werden. Dies bedeutet eine Schlechterstellung der deutschen Brennereien, wenn im Rahmen der zu erwartenden europäischen Alkoholmarktordnung die Verteilung der nationalen Brennrechte („Garantievolumen") von der durchschnittlichen tatsächlichen Erzeugung der letzten Jahre abhängig gemacht wird. In dieser Situation überrascht es nicht mehr, wenn von Interessenvertretern die Errichtung eines Branntweinmonopols auch auf europäischer Ebene gefordert wird, um negative Folgen für die deutsche Landwirtschaft abzuwehren.[18]

4. Struktur und Bedeutung der Spirituosenindustrie

4.1. Nachfrage

Der Getränkeverbrauch insgesamt bewegt sich in der Bundesrepublik auf eine Sättigungsgrenze zu. Dabei zeigen sich bei den einzelnen Getränkearten unterschiedliche Entwicklungen[19]: Während der Pro-Kopf-Verbrauch im Zeitraum von 1970 bis 1980 bei alkoholfreien Getränken um etwa 84% und bei sonstigen Getränken wie Kaffee und Tee um 18% anstieg, betrug die Erhöhung bei Alkoholgetränken nur 8,6%. Entsprechend sank der Anteil der Alkoholgetränke am gesamten Getränkeverbrauch von 32% (1970) auf 28% (1980). Jedoch erreichen alkoholhaltige Getränke an den Gesamtausgaben für Getränke einen Anteil von 53,7% (1980). Die strukturellen Ver-

---

[18] Vgl. *Beck, M.,* Veränderte Situation des Branntweinmonopols, in: Handelsblatt vom 28./29. 4. 1978, S. 25. – Die Spirituosenindustrie sieht dagegen einer Alkoholmarktordnung „in der Mehrheit mit Bangen" entgegen, weil Marktordnungen „zum einen unnatürliche Preise bescheren und zum anderen durch Reglementierung Schwierigkeit machen"; so *G. Paulus (Eckes)* beim Forumsgespräch am 13. 11. 1980 in Bonn, „Deutschland und Europa – Freiheit statt Reglementierung", in: *Bundesverband der Deutschen Spirituosen-Industrie/BSI* (Hrsg.), Die Spirituosenindustrie 1980/81, Bonn 1981, S. 105.

[19] Vgl. Ifo-Schnelldienst 29/81, S. 17.

9. Spirituosenindustrie

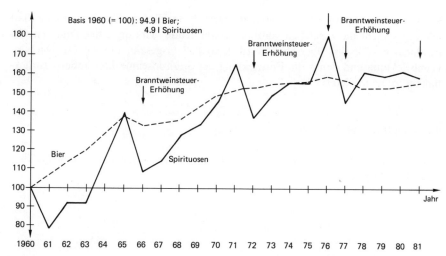

Quelle: Eigene Aufbereitung in Anlehnung an den *Nielsen-Marketing-Service;* Ifo-Schnelldienst 29/81 und 7–8/82.

Abbildung 1: Entwicklung des Pro-Kopf-Verbrauchs von Bier und Spirituosen 1960 bis 1981 (Bundesrepublik Deutschland)

schiebungen auf dem gesamten Getränkemarkt werden bestimmt durch die Expansion des Marktes für alkoholfreie Erfrischungsgetränke, vor allem durch den Anstieg des Pro-Kopf-Verbrauchs von Tafelwässern um 200%.

Stellt man auf die Struktur des Verbrauchs von Alkoholgetränken ab, zeigt sich, daß während dieses Zeitraums der Verbrauch von Spirituosen, Wein und Sekt auf Kosten des Bierkonsums gewachsen ist. 1980 beträgt der Anteil der Spirituosen am Gesamtkonsum alkoholhaltiger Getränke 4,5%.[20] Betrachtet man den Spirituosenmarkt näher, kann nicht von der Hand gewiesen werden, daß von Veränderungen der Branntweinsteuer ein erheblicher Einfluß auf Verbraucherverhalten und Marktentwicklung ausgeht (vgl. *Abbildung 1*). Vergleicht man die Entwicklung des Pro-Kopf-Verbrauchs von Bier und Spirituosen, so kontrastiert der relativ stetige Verlauf des Bierkonsums mit erheblichen Ausschlägen bei Spirituosen als Folge von Erhöhungen der Branntweinsteuer. In diesen „Verbrauchsspitzen" drückt sich hauptsächlich das Vorratsverhalten der Konsumenten als Reaktion auf den Ankündigungseffekt von Steuererhöhungen aus. Insgesamt ergibt sich aus diesen Steuererhöhungen ein Dämpfungseffekt, durch den das Stagnationsniveau des Marktes schneller erreicht wird.[21] Wie für alle Märkte, so gilt auch für den Spirituosenmarkt, daß in der Stagnationsphase bei einem Teil der Verbraucher eine zunehmende Orientierung zu höherwertigen Erzeugnissen hin erfolgt. Von dieser Entwicklung profitieren insbesondere Mar-

---

[20] Vgl. *BSI* (Hrsg.), Die Spirituosenindustrie 1981/82, Bonn 1982, S. 37.
[21] Inwieweit es aufgrund von Branntweinsteuererhöhungen zur Substitution zwischen Spirituosen und anderen alkoholhaltigen Getränken kommt, kann nicht eindeutig beantwortet werden. Vgl. ausführlich hierzu *Körner, J.,* Analyse und Prognose des Branntweinsteueraufkommens, Ifo-Studien zur Finanzpolitik, Nr. 21, München 1976, S. 39 f.

kenartikel mit einem hohen Qualitätsniveau.[22] In diesem Zusammenhang darf allerdings nicht die zusätzlich verbrauchsdämpfende Wirkung eines erhöhten Gesundheitsbewußtseins übersehen werden, so daß insgesamt die weitere Nachfrageentwicklung und damit die Entwicklung des Spirituosenmarktes äußerst zurückhaltend zu beurteilen ist.

4.2. Versorgung mit Spirituosen

Die Versorgung des deutschen Marktes mit Spirituosen in den Jahren 1960 bis 1980 zeigt *Abbildung 2*.

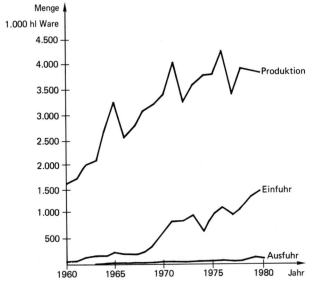

Quelle: *Tabelle A 2*.

Abbildung 2: Versorgung des deutschen Marktes mit Spirituosen 1960 bis 1980

Während die Bundesrepublik noch im Jahre 1960 durch eine Situation nahezu vollständiger Selbstversorgung mit Spirituosen gekennzeichnet war (der Importanteil an der Inlandsmarktversorgung belief sich auf 4%), hat sich der Anteil der Spirituoseneinfuhren in den folgenden Jahren ständig erhöht; die deutsche Produktion stieg von 1960 bis 1980 um 57,4%, dagegen verfünfzehnfachte sich die Einfuhr fertiger Spirituosen und erreichte 1980 einen Anteil von 22,8% an der Versorgung des deutschen Marktes (vgl. *Tabelle A 2*). Diese Erhöhung des Anteils der Importe ist auf mehrere Faktoren zurückzuführen: In erster Linie ist hierfür die Liberalisierung des EG-Handels nach dem *EuGH*-Urteil von 1976 verantwortlich, die zu einem sprung-

---

[22] Vgl. *Röper, B.*, Werbung für Markenartikel, in: *Blume, O./Müller, G./Röper, B.*, Werbung für Markenartikel, Göttingen 1976, S. 431 ff.

haften Anstieg der Einfuhr unverarbeiteten Alkohols führte; daneben hat sich aufgrund eines zunehmenden Qualitätsbewußtseins die Einfuhr trinkfertiger Spezialitäten ständig erhöht. Demgegenüber fällt die bisher fast völlige Vernachlässigung des Exports durch die deutsche Spirituosenindustrie auf.[23]

4.3. Angebot

Die Spirituosenindustrie deckt ihren Bedarf an Alkohol und Branntwein durch Erzeugung in eigenen Brennereien, daneben durch Alkoholbezug von der *Bundesmonopolverwaltung* bzw. von der *Deutschen Kornbranntwein-Verwertungsstelle* sowie durch Einfuhren. Aufgrund des engen Verbunds der Spirituosenproduktion mit der Brennereiwirtschaft soll zunächst auf das Brennereigewerbe eingegangen werden.

4.3.1. Struktur des Brennereigewerbes

Die Struktur des Brennereigewerbes ist Ergebnis der strukturpolitischen Eingriffe der *BMV* und weist deutlich in Richtung der Erhaltung und Förderung landwirtschaftlicher Brennereien.

Im Untersuchungszeitraum 1960 bis 1981 sinkt die Zahl sowohl der vorhandenen als auch der in Betrieb befindlichen Brennereien (mit Ausnahme der gewerblichen Melassebrennereien mit Brennrecht) ständig (Abnahme der betriebenen Eigenverschlußbrennereien um 29%; vgl. *Tabelle A 4*). Die Entwicklung in den einzelnen Brennereiklassen weist jedoch beträchtliche Unterschiede auf. Während die Zahl der betriebenen landwirtschaftlichen Verschlußbrennereien mit Brennrecht nur um 8,3% zurückging, verminderte sich die Zahl der gewerblichen Verschlußbrennereien mit Brennrecht um 32,4% und die Zahl der Obstverschlußbrennereien mit Brennrecht um 72,5%. In der Struktur der Brennereien nach Brennereiklassen traten entsprechende Verschiebungen ein: Der Anteil der landwirtschaftlichen Verschlußbrennereien an allen Eigenverschlußbrennereien erhöhte sich – im Vergleich der Betriebsjahre 1959/60 und 1980/81 – von 62,6% auf 77,7%, der Anteil der gewerblichen Verschlußbrennereien sank dagegen von 18,2% auf 14,1% und der der Obstverschlußbrennereien von 19,2% auf 8,2%.

4.3.2. Brennrechte und Alkoholerzeugung

1981 entfällt nahezu die Hälfte (49,3%) der regelmäßigen Brennrechte auf Kartoffelbrennereien, ein eindeutiges Zeichen für die Durchsetzung der landwirtschaftlichen Interessen in der Branntweingesetzgebung. Der Gesamtumfang aller regelmäßigen

---

[23] Nach einer Umfrage des *Bundesverbandes der Deutschen Spirituosen-Industrie (BSI)* ist ein zunehmendes Auslandsinteresse seiner Verbandsmitglieder festzustellen. Vor allem der Markenspirituosenindustrie sei es bereits gelungen, „einzelne ihrer Erzeugnisse an den ausländischen Verbraucher heranzuführen". Vgl. *BSI* (Hrsg.), Die Spirituosenindustrie 1981/82, Bonn 1982, S. 42 f.

Brennrechte hat sich seit 1974 nicht verändert. Bei den eingetretenen Verschiebungen – zugenommen hat der Umfang der Brennrechte der Melassebrennereien (von 1974 bis 1981 ein Anstieg um 237%) bei gleichzeitigem Rückgang der Brennrechte für Hefelüftungsbrennereien (Abnahme um ca. 56%; vgl. *Tabelle A 5*) – kann davon ausgegangen werden, daß es sich ausschließlich um Umschichtungen in Reaktion auf den seit 1976 steigenden Import billigen – vor allem italienischen und französischen – Melassealkohols handelt. Insgesamt ist eine Konservierung der Brennrechtsverteilung zu konstatieren.

Für die Brennereien ist insbesondere die Festsetzung des Prozentsatzes des Jahresbrennrechts von Belang, weil hierdurch bestimmt wird, in welcher Höhe die Alkoholproduktion von der *BMV* zu einem Festpreis übernommen wird. So betrug beispielsweise 1978/79 (1980/81) das Jahresbrennrecht der Eigenbrennereien 90% (80/90%) des regelmäßigen Brennrechts und das Jahreskornbrennrecht 125% (90%).[24]

Die Alkoholerzeugung in der Bundesrepublik nimmt von 1972/73 bis 1980/81 um 14,8% ab. Hinsichtlich der Struktur der Erzeugungsart ergibt sich eine geringfügige Verschiebung zugunsten der Monopolbrennereien; die Relation der Erzeugung in Eigen- und Monopolbrennereien verändert sich von 55:45 auf 51:49. Bei den Eigenbrennereien lassen sich leichte Vorteile für ablieferungspflichtige Brennereien ausmachen (vgl. *Tabelle A 6*). Innerhalb der ablieferungspflichtigen Eigenbrennereien fand schließlich als Reaktion auf die bereits erwähnten steigenden Importe von Melassealkohol ein Umschichtungsprozeß von Hefelüftungsbrennereien zu Melassebrennereien statt.

4.3.3. Alkoholabsatz der Bundesmonopolverwaltung an Spirituosenhersteller

Der Alkoholabsatz der *BMV* an die Spirituosenhersteller ist durch zwei Besonderheiten gekennzeichnet: Einerseits sinkt von 1960/61 bis 1980/81 die Anzahl der Bezieher von 4994 auf 1327 (Abnahme um knapp 74%), andererseits steigt zwar bis 1964/65 der Absatz der *BMV*, stagniert dann bis 1974/75 und sinkt danach – mit Ausnahme von 1978/79 – um etwa ein Drittel (vgl. *Abbildung 3*).

Die Entwicklung des Alkoholabsatzes der *BMV* wird bis 1974/75 ausschließlich von der marktlichen Situation in der Bundesrepublik bestimmt. Der starke Rückgang bis 1977/78 beruht auf den erheblich gestiegenen Alkoholimporten aufgrund der erwähnten Liberalisierung des EG-Handels (vgl. hierzu auch *Tabelle A 2*). Die vorübergehende Zunahme der Bezugsmenge der Spirituosenhersteller von der *BMV* im Jahre 1978/79 geht primär auf den Preisanstieg für Agraralkohol im EG-Raum zurück. Die erneute Abnahme rührt von dem sich vergrößernden Preisgefälle zwischen der Bundesrepublik und dem europäischen Ausland her.

Der Rückgang der Alkoholbezieher drückt unterschiedliche strukturelle Veränderungen in der Spirituosenindustrie aus: Zum einen schieden vor allem kleinere Spirituosenhersteller im Laufe der Zeit aus; über 86% der von 1973/74 bis 1980/81 ausgeschiedenen Betriebe entfielen auf die Größenklasse mit einer Jahresbezugsmenge bis

---

[24] Vgl. Spirituosen-Jahrbuch 1980, S. 373f. und 1982, S. 385.

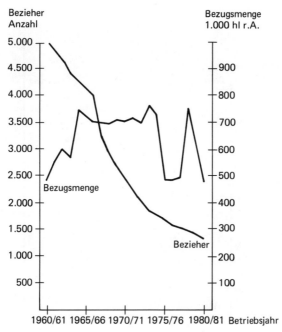

Quelle: Tabelle A 3.

Abbildung 3: Alkoholabsatz der Monopolverwaltung an Spirituosenhersteller 1960/61 bis 1980/81

zu 300 hl (vgl. *Tabelle A 7*). Zum anderen ist bemerkenswert, daß ab 1978/79 die Anzahl der Bezieher in der Gruppe über 5000 hl reinen Alkohols um über die Hälfte zurückgeht. Während der erste Fall Ausdruck einer zunehmenden Konzentration ist, handelt es sich im letzteren um ein Symptom der verstärkten Verlagerung des Alkoholbezugs ins europäische Ausland.

4.4. Entwicklung und Bedeutung der Spirituosenindustrie seit 1960

Die Entwicklung der deutschen Spirituosenindustrie ist zwischen 1960 und 1981 durch einen kontinuierlichen Rückgang der Anzahl der Betriebe und der Beschäftigten gekennzeichnet (vgl. *Abbildung 4*). Der Umsatz dagegen steigt auf das 3,9fache an. Da die Zahl der Betriebe um 63,9%, die Zahl der insgesamt in der Spirituosenindustrie Beschäftigten nur um 35,9% sinkt, bedeutet dies eine Zunahme der je Betrieb durchschnittlich Beschäftigten von ca. 36 auf ca. 65. Zugleich steigt sowohl der Umsatz je Beschäftigten (von DM 96000 auf DM 590000) als auch je Betrieb (von DM 3,5 Mio. auf DM 38,2 Mio.), eine Folge des Konzentrationsprozesses und Ausdruck der steigenden Produktivität in der Spirituosenindustrie.

Hinsichtlich der Bedeutung der Spirituosenindustrie innerhalb der Nahrungs- und Genußmittelindustrie sowie im Rahmen der gesamten Industrie ergibt sich folgendes Bild: 1960 entfallen 3,9% des Umsatzes und ca. 3% der Beschäftigten der Nahrungs-

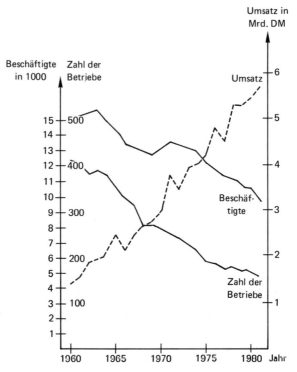

Quelle: Tabelle A 8.

Abbildung 4: Entwicklung der deutschen Spirituosenindustrie (Betriebe, Beschäftigte, Umsatz) 1960 bis 1981

Tabelle 2: Spirituosenindustrie im Vergleich zur Nahrungs- und Genußmittelindustrie sowie zur Gesamtindustrie 1960 und 1981 (Umsätze in Mrd. DM; Beschäftigte in 1 000)

Jahr	Spirituosenindustrie		Nahrungs- und Genuß-mittelindustrie		Gesamtindustrie	
	Umsatz	Beschäftigte	Umsatz	Beschäftigte	Umsatz	Beschäftigte
1960	1,46 (0,51%)	15,1 (0,19%)	37,28 (14%)	506 (6,3%)	266,37 (100%)	8 081 (100%)
1981	5,73 (0,46%)	9,7 (0,13%)	156,20 (12,4%)	488 (6,5%)	1 254,95 (100%)	7 490 (100%)
Veränderungen 1981 gegenüber 1960 auf der Basis der Werte von 1960 auf das						
	3,9-fache	0,6-fache	4,2-fache	0,96-fache	4,7-fache	0,93-fache

Quelle: *Institut der Deutschen Wirtschaft* (Hrsg.), Zahlen zur wirtschaftlichen Entwicklung der Bundesrepublik Deutschland, Ausgabe 1982, Köln 1982, S. 43 f.; *Bundesverband der Deutschen Spirituosen-Industrie*.

und Genußmittelindustrie auf die Spirituosenindustrie. Für 1981 lauten die entsprechenden Werte ca. 3,7% und ca. 2%, d. h. die Spirituosenindustrie verlor hinsichtlich des Umsatzes und der Beschäftigten an Gewicht. Wird auf die Gesamtindustrie abgestellt, zeigt sich, daß die Spirituosenindustrie umsatz- und beschäftigungsmäßig eine sehr geringe Rolle spielt. Sowohl der Umsatz der Spirituosen- als auch der Nahrungs- und Genußmittelindustrie wächst von 1960 bis 1981 im Vergleich zur Gesamtindustrie unterproportional (nämlich auf das 3,9fache bzw. 4,2fache gegenüber dem 4,7fachen der Gesamtindustrie; vgl. *Tabelle 2*). Die Beschäftigten in der Spirituosenindustrie sind im Vergleich zur Nahrungs- und Genußmittelindustrie und zur Gesamtindustrie von 1960 bis 1981 überproportional gesunken, ein bestimmender Faktor für die überdurchschnittliche Produktivitätssteigerung der Spirituosenindustrie.

5. Markt und Verhalten

Die Darstellung des institutionellen Rahmens und der Struktur der deutschen Spirituosenindustrie erlaubt nunmehr, den Markt als Ort des ökonomischen Agierens und Reagierens der Unternehmer näher zu untersuchen. Unternehmerisches Handeln manifestiert sich im bewußt gestalteten Einsatz von Aktionsparametern auf dem Markt, so daß bei der Untersuchung der Markt- und Wettbewerbsverhältnisse in der Spirituosenindustrie vor allem auf den marktprozessualen Einsatz der verschiedenen Aktionsparameter einzugehen ist.

5.1. Segmente des Spirituosenmarktes

Bei einer nach Spirituosenarten differenzierten Betrachtung des deutschen Spirituosenmarktes bietet sich eine Beschränkung auf die Marktsegmente Kornbranntwein, Weinbrand und Liköre aus zwei Gründen an: Diese Segmente repräsentieren 1980 wertmäßig fast 80% und mengenmäßig etwa 70% der deutschen Spirituosenproduktion (vgl. *Tabellen A 9* und *A 10*), außerdem findet der Wettbewerb auf dem Spirituosenmarkt im wesentlichen innerhalb und zwischen diesen Segmenten statt. Sichtbar wird dies an der Veränderung der wertmäßigen Marktanteile der einzelnen Spirituosenarten. Während sich Weinbrand (Marktanteil 1962: 29%; 1980: 33,1%) und Liköre (1962: 24,3%; 1980: 30,6%) ein Kopf-an-Kopf-Rennen liefern, sinkt der Marktanteil von Kornbranntwein von 17,6% (1962) auf 16,0% (1980).

Wird dagegen auf die Menge abgestellt, so zeigt sich, daß ab 1967 der Kornbranntwein absatzmäßig dem Weinbrand ebenbürtig wird. In den folgenden Jahren kommt es dabei zwischen diesen beiden Spirituosenarten zu einem ständigen Wechsel auf den ersten beiden Plätzen. Deutlich abgeschlagen liegen hierbei Liköre, denen es aber gelingt, den mengenmäßigen Marktanteil von 17,8% (1962) auf 23,8% (1980) zu erhöhen (vgl. *Abbildung 5*).

Bemerkenswert bei der Absatzentwicklung von Likör ist die starke Zunahme ab 1977 (vgl. *Tabelle A 9*). Es mag erstaunen, daß dieses Marktsegment gerade 1977, im Jahr einer Branntweinsteuererhöhung (vgl. *Übersicht 2*), die bei den übrigen Spirituosenarten ausgeprägte Absatz- und Umsatzrückgänge verursachte, beachtliche Marktanteilsgewinne erzielte. Ein wesentlicher Erklärungsgrund hierfür dürfte darin liegen, daß mit der Einführung des Apfelsaftlikörs („Apfelkorn") und der Sahneliköre Inno-

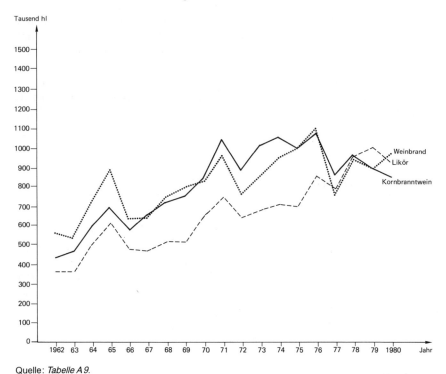

Quelle: *Tabelle A 9*.

Abbildung 5: Produktion von Kornbranntwein, Weinbrand und Likör in der Bundesrepublik Deutschland von 1962 bis 1980 (in Tausend hl)

vationen auf dem Markt angeboten werden, die dem erkennbaren Wunsch der Verbraucher nach niedergrädigen Spirituosen Rechnung tragen (vgl. *Tabelle 3*).

5.2. Verhalten der Anbieter von Spirituosen

Eine Übersicht über die führenden Anbieter auf dem deutschen Spirituosenmarkt zeigt zunächst, daß die Mehrzahl der Unternehmen schwerpunktmäßig in einzelnen Marktsegmenten tätig ist (vgl. *Übersicht 3* und *Tabelle A 11*).

Allgemein ist davon auszugehen, daß sich Marktprozesse immer über den Einsatz unternehmerischer Aktionsparameter vollziehen. Im folgenden wird daher das Augenmerk verstärkt auf diese Parameter (Preis, Produkt, Vertrieb, Werbung u.a.) gerichtet, weil sich in der Art und Weise ihres Einsatzes die jeweiligen marktstrukturellen und marktprozessualen Bedingungen widerspiegeln.[25] Diese Bedingungen sind in den einzelnen Marktsegmenten sehr unterschiedlich. Das bedeutet jedoch nicht, daß nun jeder Teilmarkt für sich zu untersuchen wäre; vielmehr kann auf Gemein-

---

[25] Vgl. hierzu ausführlicher *Oberender, P.,* Zur Diagnose wettbewerblicher und nichtwettbewerblicher Marktprozesse, in: Jahrbuch für Sozialwissenschaft, Bd. 27 (1976), S. 271 ff.

Tabelle 3: Die absatzstärksten Apfelsaftliköre („Apfelkorn") (Mio. Flaschen à 0,7 l)

Marke	1976	1977	1978	1979	1980	1981	Hersteller
Berentzen Appel	2,5	9,6	22,6	25,2	23,1	21,9	I.B. Berentzen, Haselünne
Boskop Apfel	·	·	3,1	3,0	1,9	1,4	Doornkaat AG, Norden (Ostfriesland)
Nissen goldener Apfel	·	·	2,0	2,0	1,8+	·	Herm. G. Dethleffsen, Flensburg
Hardenberger Grafenapfel	·	2,0	3,0	1,6	·	·	Gräfl. von Hardenberg'sche Kornbrennerei, Nörten-Hardenberg
Strothmann Apfel	·	1,0	2,1	1,3	·	·	Wilh. Strothmann, Minden
Schwarze Apfel Frühstück	·	·	1,3	1,3	·	·	Friedr. Schwarze, Oelde

· = keine Angaben bzw. Produkt nicht auf dem Markt
\+ = Schätzung

Quelle: Zusammengestellt nach den Listen der „Spirituosen-Millionäre" von *Horst Dohm* in der Frankfurter Allgemeinen Zeitung vom 3.6. 1977, 27.4. 1978, 14.4. 1979, 5.5. 1980, 26.8. 1981 und 9.7. 1982.

Übersicht 3: Marktführer und führende Importeure (und ihre Marken) in den wichtigsten Segmenten des deutschen Spirituosenmarktes 1981

	Klare Spirituosen	Weinbrand	Liköre	Rum	Whisky
Marktführer	DOORNKAAT (Doornkaat)	ECKES (Mariacron, Chantré, Attaché)	BERENTZEN (Appel)	RACKE (Pott)	RACKE (Rauchzart)
	DETHLEFFSEN (Bommerlunder)	ASBACH (Uralt, Macholl)	MAST (Jägermeister)	HANSEN (Hansen)	
			VERPOORTEN (Eierlikör)		
Führende Importeure	SIMEX (Moskovskaya)	UNDERBERG-GRUPPE (Metaxa)	SCHNEIDER-IMPORT (Cointreau)	CHARLES HOSIE (Rum Bacardi)	BOLS (Ballantines)

Quelle: Eigene Aufbereitung von Material in der Frankfurter Allgemeinen Zeitung vom 9.7. 1982.

samkeiten abgestellt werden. Eine solche Gemeinsamkeit besteht im Verhalten der Markenhersteller einerseits und der Nichtmarkenhersteller andererseits. Diese Unterscheidung nach typischen Verhaltensweisen ist aber nicht als starr anzusehen; es kann durchaus eintreten, daß Unternehmen Verhaltensattitüden der jeweils anderen Gruppe zeigen und möglicherweise in diese hineinwachsen.

5.2.1. Markenspirituosenhersteller

Bei den Anbietern von Markenspirituosen handelt es sich in der Regel um alteingesessene Unternehmen, die über eine lange Tradition verfügen. Aufgrund vielfältiger Besonderheiten, insbesondere wegen der institutionellen Reglementierungen, dominieren hier konservative Unternehmer.[26] Weil diese bewußt auf den wettbewerblichen Einsatz des Parameters **Preis** verzichten, bestimmen andere Aktionsparameter das unternehmerische Verhalten. Begünstigt wurde das Fehlen von Preiswettbewerb vor allem durch die bis zum 31. 12. 1973 gesetzlich verankerte Preisbindung der zweiten Hand. Inzwischen ist zwar diese Wettbewerbsbeschränkung auf dem Spirituosenmarkt aufgehoben, jedoch kann wegen des unternehmerischen Erfahrungsprozesses davon ausgegangen werden, daß sich an dem früheren Verhalten grundsätzlich nichts geändert hat. Als Indiz hierfür kann die bei vielen dieser Unternehmen noch weit verbreitete Gewohnheit unverbindlicher Preisempfehlungen angeführt werden.

Vor diesem Hintergrund überrascht es nicht mehr, daß die Unternehmen auf die Aktionsparameter Werbung, Produkt und Vertriebssystem ausweichen. Mit Hilfe einer intensiven **Werbung**[27] versuchen einzelne Unternehmen, die an sich homogene Nachfrage zu heterogenisieren, d. h. Marktnachfrage in Unternehmens- bzw. Produktnachfrage zu transformieren. Nicht zu übersehen sind die auch hier bereits vorhandenen Anzeichen, den freien Einsatz dieses Parameters zu begrenzen. So einigten sich die Unternehmen der Spirituosenindustrie 1976, wenn auch teilweise aufgrund starken politischen Drucks, „Verhaltensregeln über die Werbung für alkoholische Getränke" zu vereinbaren.

Hinsichtlich des Parameters **Produkt** erhöhten viele Unternehmen ihre Anstrengungen um das Produktdesign; außerdem stellten sie angeblich spezifische Eigenschaften ihrer Produkte (z. B. Reinheit, Klarheit, Bekömmlichkeit) stärker heraus. Die gegenwärtig auf dem Markt angebotenen ca. 2 000 Spirituosen deuten ferner auf eine starke Produktdifferenzierung hin. Seit einigen Jahren gehen außerdem fast alle Hersteller von Markenspirituosen dazu über, neben der üblichen 0,7 l-Flasche auch 0,2 l- und 0,04 l-Fläschchen anzubieten. Auf diese Weise soll dem Umstand Rechnung getragen werden, daß für manchen Konsumenten der Preis der 0,7 l-Flasche zu hoch ist. Diese intensive Bearbeitung der Nachfrage ist aber letztlich Ausdruck für die zunehmende Verengung des Marktes, die – neben dem gestiegenen Gesundheitsbewußtsein, der Herabsetzung der im Straßenverkehr gesetzlich zugelassenen Promille-Grenze auf 0,8 und der sich abzeichnenden Marktsättigung – von der mehrmaligen einseitigen Erhöhung der Branntweinsteuer für Spirituosen mit herbeigeführt wurde.

Die konservative Haltung der Markenspirituosenhersteller bedingt nun eine Inflexibilität ihres Verhaltens aus Gründen der Pflege des Images ihrer Unternehmen und ihrer Produkte. Das führt dann dazu, daß sie sich zurückhaltend zeigen, selbst solche

---

[26] Vgl. *Heuß, E.*, Allgemeine Markttheorie, Tübingen, Zürich 1965, S. 105 ff.
[27] Im Zeitraum 1970 bis 1977 bewegte sich der Anteil der Werbeausgaben am Produktionswert zwischen 8,1% und 10,7%. Eigene Berechnung anhand der *Tabelle A 9* im Anhang und der Zahlenangaben in: *Axel Springer Verlag* (Hrsg.), Der Getränkemarkt – Spirituosen, Hamburg (o. J.), S. 66.

Produktinnovationen – wie etwa der Apfelkorn –, die sich durchgesetzt haben und den Markt beleben, in ihr Produktionsprogramm aufzunehmen.

Typisch für Markenhersteller ist schließlich der von ihnen gewählte **Vertriebsweg**. Die Mehrzahl ihrer Produkte wird über den Fachhandel vertrieben, bei dem der Preis nicht – wie beispielsweise bei Verbrauchermärkten – im Vordergrund steht, sondern ein Parameter unter mehreren ist.

5.2.2. Nichtmarkenspirituosenhersteller

Das Segment der Nichtmarkenspirituosen, das durch sogenannte Konsumspirituosen repräsentiert wird, ist demgegenüber gekennzeichnet durch einen aktiven Preiswettbewerb. Dies hat unter anderem zur Folge, daß die Aktionsparameter Werbung und Produkt weniger intensiv als bei den Markenherstellern eingesetzt werden.[28] Diese Erscheinung hängt eng mit dem Vertriebsweg zusammen. Konsumspirituosen werden vornehmlich über Verbraucher-, C&C- und ähnliche Märkte abgesetzt. Diese Märkte stehen in einem starken Preiswettbewerb untereinander, der sich bei Spirituosen vor allem in Lockvogel-Angeboten äußert. Auf die Hersteller schlägt nicht nur dieser intensive Preiswettbewerb auf der Endverbraucherstufe voll zurück, sie sind überdies wegen der Nachfragemacht des Handels zusätzlichem Druck ausgesetzt. Dieser Umstand förderte die Bereitschaft der Hersteller zur Aufstellung von „Wettbewerbsregeln des Bundesverbandes der Deutschen Spirituosen-Industrie e. V."[29] Eine solche Vereinbarung birgt die Gefahr in sich, daß sie zu einem abgestimmten Verhalten beim Einsatz unternehmerischer Aktionsparameter führt.

5.3. Das Segment „Kornbranntwein"

Korn stellt den ältesten Trinkbranntwein dar und weist seit Ende des Zweiten Weltkrieges eine bewegte Entwicklungsgeschichte auf.[30] Bei dieser Spirituose handelt es sich um eine deutsche Spezialität, für die praktisch kein Außenhandel besteht.

Von 1962 bis 1980 stieg die mengenmäßige Produktion des Kornbranntweins auf das 1,95fache, während der Wert der Produktion „nur" auf das 1,77fache zunahm (vgl. *Tabellen A 9* und *A 10*). Aus *Abbildung 5* wird ersichtlich, daß sich Kornbranntwein seit 1971 in einer Phase der Stagnation befindet. Betrachtet man die Entwicklung der im Jahre 1981 absatzstärksten Kornbranntweinmarken seit 1975 (vgl. *Tabelle 4*), so fällt auf, daß zwar die Marke *„Doornkaat"* in den vergangenen Jahren Marktführer war, ihre Position jedoch bei weitem nicht mehr so unangefochten wie im Jahre 1975 hält. Generell haben alle Markenspirituosen (wie z.B. *„Doornkaat"*) von 1975 bis 1981 – mit Ausnahme von *„Fürst Bismarck" (Asbach)* – zum Teil sehr beträchtliche Absatzeinbußen zu verzeichnen, während Nichtmarkenspirituosen (wie z. B. *„Stroth-*

---

[28] Vgl. zur Interdependenz der Aktionsparameter *Oberender, P.,* Zur Diagnose wettbewerblicher und nichtwettbewerblicher Marktprozesse, a.a.O., S. 280.

[29] Vgl. Bundesanzeiger Nr. 16 vom 24.1.1978.

[30] Vgl. *Cornelissen, J.,* Die „Klaren" auf dem Vormarsch, in: Handelsblatt vom 28./29.4.1978, S.25.

Tabelle 4: Die absatzstärksten Anbieter von Kornbranntwein in der Bundesrepublik Deutschland 1981 (Mio. Flaschen à 0,7 l)

Hersteller	Produkt	1975	1976	1977	1978	1979	1980	1981
Doornkaat AG, Norden (Ostfriesland)	Doornkaat Corvit	18,8 2,6 **21,4**	19,7 2,8 **22,5**	12,4 2,4 **14,8**	14,3 2,5 **16,8**	13,8 2,5 **16,3**	13,2 2,2 **15,4**	11,3 2,0 **13,3**
Wilhelm Strothmann, Minden	Strothmann, Weizen und Kornett	·	8,8	9,1	9,4	10,2	10,9	11,7
Gräfl. von Hardenberg'sche Kornbrennerei, Nörten-Hardenberg	Hardenberger Korn-Spezialitäten	·	9,4	8,4	9,6	9,3	9,4	9,3
Aug. Ernst GmbH & Co. KG, Oldesloe	Oldesloer (Korn und Doppelkorn)	·	8,1	6,7	8,2	8,2	8,5	8,2
I. B. Berentzen, Haselünne	Echter Berentzen	·	7,5	6,1	7,5	7,9	8,1	8,0
Friedrich Schwarze, Oelde	Schwarze Westfälischer Weizen-Frühstückskorn Schwarze Swarte Korn, Doppelkorn, Sommerweizen	· · ·	2,1 · **2,1**	2,2 1,6 **3,8**	2,5 1,6 **4,1**	2,9 1,6 **4,5**	3,0 1,7 **4,7**	3,7 1,4 **5,1**
Fürstlich von Bismarcksche Brennerei GmbH, Friedrichsruh/ Weinbrennerei Asbach & Co., Rüdesheim	Fürst Bismarck	2,7	3,1	2,5	3,3	3,8	4,3	4,3
Melcher & Co., Uerdingen (Dujardin)	Uerdinger	4,0	4,8	3,8	4,4	4,4	4,0	3,7[+]
Herm. G. Dethleffsen, Flensburg	Nissen Weizenkorn	·	·	2,0	3,0	3,5	3,5[+]	3,3[+]
Jacob Jürgensen GmbH & Co., Bremen	Alter Senator	·	3,6	3,2	3,2	3,4	3,6	3,2
v. Cramm Weizenbrand Brennereigut, Harbarnsen	v. Cramm Weizenbrand (Korn und Doppelkorn)	·	2,5	2,2	2,4	2,4	2,5	2,5
Underberg-Gruppe, Rheinberg	Nienhaus (Korn und Doppelkorn)	·	·	·	2,8	2,8	2,6	2,4[+]
Aug. Schmidt KG, Hannover	Hainhölzer (Korn und Doppelkorn)	·	1,9	1,6	1,7	1,6	1,5	1,5
L. Schulte Kemna & Cie. KG, Bochum	Weizenjunge	·	2,0	1,4	1,5	1,7	1,8	1,5
Tebbenhoff-Buchholzer Private Kornbrennereien GmbH & Co. KG, Fürstenau	Original Tebbenhoff Weizenkorn	·	1,6	1,4	1,5	1,5	1,4	1,4

Hersteller	Produkt	1975	1976	1977	1978	1979	1980	1981
Westfälische Gutsbrennereien B. Böckenhoff GmbH & Co. KG, Raesfeld/Erle	BB Erntekorn	·	·	·	·	·	1,4	1,4
J. Hullmann Kornbrennerei, Oldenburg-Etzhorn	Hullmann's Weizenkorn	·	·	·	·	·	1,5	1,2
Hulstkamp & Zoon & Molijn GmbH, Nieder-Olm *(Eckes-Gruppe)*	Hulstkamp	2,5	2,5	1,5	1,6	1,6	1,4	1,2
Vereinigte Wünschelburger Kornbrennereien Nitsche & Co., Anröchte	Wünschelburger Korn	·	1,0	1,5	1,5	1,5	1,5	1,0

· = keine Angabe bzw. Produkt nicht auf dem Markt
+ = Schätzung

Quelle: Eigene Zusammenstellung nach den Listen der „Spirituosen-Millionäre" von *Horst Dohm* in der Frankfurter Allgemeinen Zeitung vom 20.5.1976, 3.6.1977, 27.4.1978, 14.4.1979, 5.5.1980, 26.8.1981 und 9.7.1982.

mann", „Echter Berentzen") ihre Position ausbauen konnten (vgl. *Abbildung 6*). Für die Sonderbewegung bei *„Fürst Bismarck"* dürfte in erster Linie die effiziente Vertriebsorganisation des Unternehmens *Asbach* als Erklärung heranzuziehen sein.

Das Vordringen der Konsumspirituosen beruht aller Wahrscheinlichkeit nach auf zwei Ursachen: zum einen auf einer Verschiebung der Nachfrage zugunsten niedriggrädiger Spirituosen, der die Nichtmarkenhersteller schneller als die Markenhersteller folgten; zum anderen findet auch eine Substitution zwischen Marken- und Nichtmarkenspirituosen statt, weil letztere dem gestiegenen Preisbewußtsein eines Teils der Nachfrager eher Rechnung tragen. Als weitere wesentliche Erklärung für diese Entwicklung kommt die wachsende Bedeutung des sog. Apfelkorns in Betracht (vgl. *Tabelle 3*). So gelang es *I. B. Berentzen,* dem Marktführer auf diesem Teilmarkt, mit der Einführung der Innovation *„Berentzen Appel"* im Frühjahr 1976 seinen Absatz innerhalb von vier Jahren zu verzehnfachen, und zwar von 2,5 Mio. Flaschen (1976) auf 25,2 Mio. Flaschen (1979).

Auffallend ist der späte Markteintritt der Markenspirituosenhersteller in den Teilmarkt für Apfelsaftlikör. Sie versuchen ein derartiges Verhalten oft damit zu rechtfertigen, daß es sich bei diesen Innovationen nur um kurzfristige Modeerscheinungen handele (wie beispielsweise bei den „Wellen" mit Aufgesetzten, Saueren und Persico); überdies schade es dem Image eines traditionellen Kornbranntweinherstellers und damit der Marktstellung seines Gesamtprogramms, wenn er sich diesen „Modeerscheinungen" anschließt. Deshalb wird häufig das Argument vorgebracht, ein solches Imitationsverhalten sei mit der „Ethik eines Markenspirituosenherstellers" nicht vereinbar.

Im einzelnen ist zu den angeführten Begründungen folgendes zu bemerken: Der Hinweis auf die Kurzlebigkeit von Produkten ist häufig eine willkommene Rechtfertigung für die Immobilität etablierter Unternehmen. Darüber hinaus kann das be-

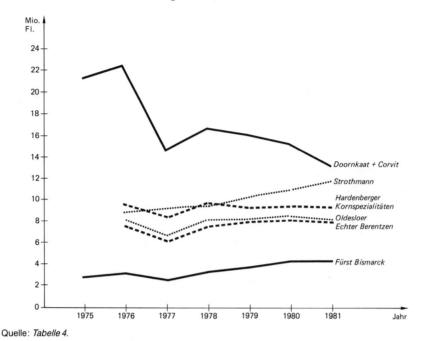

Quelle: Tabelle 4.

Abbildung 6: Absatzentwicklung ausgewählter Kornbranntweine in der Bundesrepublik Deutschland von 1975 bis 1981 (Mio. Flaschen à 0,7 l)

schriebene Verhalten auch als Indiz dafür gewertet werden, daß es diesen Unternehmen offenbar noch recht gut geht. Die Begründung eines verspäteten Markteintritts mit Image-Überlegungen kann durchaus einen wahren Kern haben, weil es in der Tat schwierig ist, ex ante zu prognostizieren, ob z.B. die „Softspirituose ein Mode-Hit oder ein ernstzunehmendes neues Produkt"[31] ist. Diese Unsicherheit verliert aber an Gewicht, je dauerhafter und expansiver sich das neue Produkt am Markt durchsetzt. So positiv das Festhalten am Überkommenen sein kann, dieses Verhalten endete schon für manches Unternehmen mit dem Ausscheiden aus dem Markt.

In diesem Zusammenhang erscheint es angebracht, einige Bemerkungen zur Marktführerschaft des Unternehmens *Doornkaat* zu machen. Generell ist die Marktführerschaft eines Unternehmens – sofern sie nicht durch wettbewerbsbeschränkende Praktiken zustandekommt – Ergebnis von Leistungen industrieller Führung. Diese Leistungen gründen letztlich auf Handlungen, durch die – im Vergleich zu anderen Anbietern – ein Bedürfnis nach Einschätzung der Nachfrager überlegener befriedigt wird.[32] Im Falle der *Doornkaat AG* liegt die Leistung industrieller Führung vornehmlich darin, in Deutschland Kornbranntwein durch nationale Distribution als Mar-

---

[31] Dohm, H., Die Softspirituosen – ein Mode-Hit oder ein ernstzunehmendes neues Produkt?, in: Frankfurter Allgemeine Zeitung vom 5.5. 1980, S. 14.
[32] Zur Bedeutung von Leistungen industrieller Führung für das marktwirtschaftliche System vgl. *Krüsselberg, H.-G.*, Marktwirtschaft und ökonomische Theorie, Freiburg i. Br. 1969.

kenartikel etabliert zu haben, und zwar auf einem Markt, der sonst durch viele lokal oder regional begrenzte Anbieter gekennzeichnet ist.

Soll die Leistungsabhängigkeit der Position eines Marktführers im Zeitablauf gewahrt bleiben, muß sie sich stets von neuem im Wettbewerb bestätigen: sie muß einer dauernden Leistungskontrolle durch Mitwettbewerber und Nachfrager unterworfen sein. Dieser Leistungszwang wird um so stärker, je mehr sich als Folge der Marktentwicklung oder aufgrund staatlicher Eingriffe der Handlungsspielraum auf einem Markt verengt, wie dies auf dem stagnierenden Spirituosenmarkt der Fall ist. Gerade eine derartig einschneidende Änderung in den Rahmenbedingungen unternehmerischen Handelns erfordert eine hohe Flexibilität. Darum ist die Aufgabe eingefahrener Verhaltensweisen, die in früheren Phasen der Marktentwicklung durchaus ihre Berechtigung haben konnten, geboten. Jedoch kann es für einen Markenartikler verhängnisvoll werden, wenn er – wie beispielsweise *Doornkaat* nach der Durchlöcherung der Preisbindung durch den Lebensmittelhandel in den 60er Jahren – seine bisherige Absatzpolitik zugunsten einer Mengenpolitik über Sonderangebote vorübergehend aufgibt. Damals wurde der Ruf des Markennamens „*Doornkaat*" stark angeschlagen; unter den negativen Folgen dieses Imageverlustes hat das Unternehmen noch heute zu leiden.

Ein konsequente Strategie wäre es dagegen, dem Unternehmen Märkte zu erschließen, die infolge ihres expansiven Charakters eine wirtschaftliche Nutzung der dem Unternehmen zur Verfügung stehenden Ressourcen und der auf dem angestammten Markt gewonnenen Erfahrungen versprechen. Die Erhaltung von Positionen der Marktführerschaft erfordert hierbei nicht nur die Bereitschaft, in – vom Standpunkt der bisherigen Unternehmenstätigkeit – Neuland vorzustoßen, sondern neue Marktentwicklungen auch selbst einzuleiten. Der Versuch von *Doornkaat*, sich neue Märkte außerhalb des bisherigen Tätigkeitsbereichs zu erschließen, kann mit dem Eintritt in den Markt der alkoholfreien Getränke als geglückt angesehen werden. Er folgt dabei jedoch nur dem auch bei anderen Unternehmen beobachtbaren Verhaltensmuster.

5.4. Das Segment „Weinbrand"[33]

Ähnlich wie Kornbranntwein weist das Segment Weinbrand (Qualitätsbranntwein aus Wein) Anzeichen einer Marktsättigung auf. Die Produktionsmenge stieg von 1962 bis 1980 auf das 1,76fache, während der Produktionswert auf das 2,23fache zu-

---

[33] Die Bezeichnung „Weinbrand" war ursprünglich deutschen Branntweinerzeugnissen aus Wein vorbehalten: Nach dem Weingesetz 1971 darf die Bezeichnung Weinbrand nur für Branntwein aus Wein gebraucht werden, wenn er „als Qualitätsbranntwein aus Wein bezeichnet werden darf und im gesamten Herstellungsland Deutsch Staatssprache ist" (§ 44 WeinG). Mit den Urteilen des *EuGH* vom 20.2. 1975 und 12.10. 1978 wurde die Benutzung der Bezeichnung Weinbrand in Abhängigkeit von der Einhaltung bestimmter Herstellungsvorschriften (§ 40 WeinG) als unvereinbar mit den EWG-Verträgen erkannt (nicht gerechtfertigte mengenmäßige Beschränkung). „Weinbrand" kann daher nicht mehr als geschützte deutsche Ursprungsbezeichnung verwendet werden. Vgl. Spirituosen-Jahrbuch 1982, S. 296 ff.

Tabelle 5: Die absatzstärksten Anbieter von Weinbrand in der Bundesrepublik Deutschland 1981 (Mio. Flaschen à 0,7 l)

Anbieter	Produkt	1975	1976	1977	1978	1979	1980	1981
Eckes-Gruppe, Nieder-Olm	Mariacron	32,0	38,0	28,0	29,0	29,4	29,0	25,1
	Chantré	11,0	10,0	10,5	11,5	12,0	12,4	12,7
	Attaché	(4,0)	(4,5)	(4,0)	(4,5)	(4,9)	(5,6)	5,0
		43,0	48,0	38,5	40,5	41,4	41,4	42,8
Weinbrennerei Asbach & Co., Rüdesheim	Asbach Uralt	17,6	20,4	15,3	19,0	20,3	21,8	20,8
Pabst & Richarz GmbH & Co. KG, Elsfleth/Weser	Weinbrand Prestige	·	·	·	·	·	2,5	2,5
	Noris Dreistern	(2,0)	(2,3)	(3,2)	(2,1)	(2,1)	(2,2)	2,2
	Tisserand	(4,2)	(4,3)	(3,4)	(3,9)	(3,9)	1,9	1,9
	Stück 1826	(2,1)	(2,1)	(1,6)	(1,3)	(1,2)	(1,4)	1,4
		·	·	·	·	·	4,4	8,0
Weinbrennerei Scharlachberg Sturm & Co., Bingen	Scharlachberg Meisterbrand	7,0	8,5	6,1	5,8	6,1+	6,9+	6,0+
	Scharlachberg Sternmarke	·	2,7	1,8	1,8	1,2+	1,4+	1,4+
		7,0	11,2	7,9	7,6	7,3+	8,3+	7,4+
Weinbrennerei Dujardin & Co., Uerdingen	Dujardin Imperial	5,0	5,5	5,0	5,7	5,9	4,8	4,2+
	Melcher's Rat	·	1,9	2,0	2,3	2,3	2,4	2,6+
		5,0	7,4	7,0	8,0	8,2	7,2	6,8+
Underberg-Gruppe, Rheinberg	Metaxa	·	·	·	2,1	2,3	4,0+	3,8+
	Martell	·	1,0	·	1,1	1,2	1,0	1,5+
		·	1,0	·	3,2	3,5	5,0+	5,3+
Weinbrennerei Jacobi KG, Stuttgart	Jacobi 1880	3,4	3,7	3,1	3,7	4,0	4,2	4,6+
I. B. Berentzen, Haselünne	Winkelhausen	(9,1)	(10,0)	(8,7)	(8,9)	(8,7)	(4,1)	4,2
Euromarken Import GmbH, Wiesbaden (Henkell-Gruppe/ Rémy Martin)	Rémy Martin	(1,5)	(2,2)	(2,0)	(2,9)	(3,0)	(3,0)	(2,7)

( ) = Produkt wurde im betreffenden Jahr von einem anderen Unternehmen angeboten
· = keine Angabe bzw. Produkt nicht auf dem Markt
+ = Schätzung

Quelle: Eigene Zusammenstellung nach den Listen der „Spirituosen-Millionäre" von *Horst Dohm* in der Frankfurter Allgemeinen Zeitung vom 20. 5. 1976, 3. 6. 1977, 27. 4. 1978, 14. 4. 1979, 5. 5. 1980, 26. 8. 1981 und 9. 7. 1982.

nahm (vgl. *Tabellen A 9* und *A 10*). Der Beginn einer Phase der Stagnation reicht ebenfalls in das Jahr 1971 zurück.

In wesentlichen Aspekten unterscheidet sich jedoch dieses Segment vom Marktsegment Kornbranntwein. Zu diesen Besonderheiten rechnet, daß es den Weinbrandherstellern aufgrund gesetzlicher Bestimmungen nicht gestattet ist, innerhalb ihres Marktsegmentes auf niedergrädige Produkte auszuweichen, weil der Akoholmindestgehalt von 38° ein Wesensmerkmal des Branntweins aus Wein ist (§ 35 WeinG).[34]

---

[34] Eine Ausweichmöglichkeit besteht lediglich in der Herstellung von „Branntwein-Verschnitt", dessen Mindestalkoholgehalt 32° beträgt, und der zu wenigstens 10% aus Weindestillat oder

9. Spirituosenindustrie

Allenfalls kann die Lagerzeit (nach § 40 WeinG mindestens sechs Monate Lagerung in Eichenholzfässern) verkürzt werden, wenn auch das Alter häufig als ein Qualitätsmerkmal des Weinbrands herausgestellt wird.

Im Vergleich zu Kornbranntwein ist die Zahl der Weinbrandhersteller geringer, wobei die Mehrzahl der Unternehmen mit mehreren Weinbrandmarken am Markt vertreten ist (vgl. *Tabellen 4* und *5*). Das Angebot enthält überwiegend national distribuierte Produkte; in der Regel konzentrieren sich die Anbieter auf die Bedienung bestimmter Preisklassen.

Kennzeichnend für das Segment Weinbrand ist ferner der Wettbewerb zwischen deutschen und ausländischen Erzeugnissen (Cognac, Armagnac, italienischer Brandy), die zu den bevorzugten Import-Spirituosen zählen. Dabei ist allerdings zu beachten, daß die bedeutenden Importmarken von deutschen Spirituosenunternehmen vertrieben werden.

Das Segment Weinbrand ist deshalb markttheoretisch von besonderem Interesse, weil es eindrucksvolle Beispiele für die unterschiedlichen Reaktionsweisen von Unternehmen auf eine Marktsättigung aufweist. Die in dem Marktsegment dominierenden Unternehmen, *Eckes* und *Asbach,* unterscheiden sich erheblich in den verfolgten Strategien.

Die *Eckes-Gruppe*[35], größter deutscher Spirituosenhersteller und Marktführer im Segment Weinbrand, zählt zu den innovationsfreudigsten Unternehmen der Spirituosenindustrie. Der eigentliche Aufschwung der Gruppe setzte nach dem Zweiten Weltkrieg mit einer Reihe von Produktinnovationen ein, die sich als Markenartikel durchsetzten. 1953 wurde der „weiche" Weinbrand *„Chantré"* eingeführt, der – unterstützt durch intensive Werbung – vor allem über den Aktionsparameter Preis zum Markterfolg geführt wurde. Als weitere erfolgreiche Marken wurden von der Gruppe *„Eckes Edelkirsch"* und *„Zinn 40"* (Klarer aus Wein) kreiert. Es ist für das Unternehmen, das seine Aktivitäten von vornherein auf den gesamten Getränkemarkt ausrichtete, typisch, daß es mit dem 1958 erstmals angebotenen Orangensaft *„hohes C"* ebenfalls zum Marktführer avancierte; die starke Marktstellung im Bereich nichtalkoholischer Getränke wird durch Fruchtsäfte unter den Markennamen *„Dr. Koch's"* (1979 Innovation des Multivitaminsaftes) und *„Eckes"* gestützt.

Eckes baute seine Position im Weinbrand-Segment vornehmlich durch eine Politik des externen Unternehmenswachstums auf. Die 1961 erworbene *Klosterbrennerei Mariacron* stellt die seit Jahren größte Spirituosenmarke der Bundesrepublik her, den Weinbrand *„Mariacron"*. 1981 ging mit der Übernahme der Weinbrennerei *Stromburg Siegert* der Weinbrand *„Attaché"* auf *Eckes* über, so daß die Gruppe trotz Ab-

---

Branntwein aus Wein bestehen muß. Nach der Richtlinie des *Verbands der Weinbrennereien* über die Aufmachung und Werbung für Branntwein-Verschnitt muß der Gesamteindruck der Aufmachung dieses Erzeugnisses jedoch so gestaltet sein, daß eine Verwechslung mit Branntwein aus Wein oder Weinbrand nicht möglich ist.

[35] Die Anfänge der *Eckes-Gruppe* liegen in der 1857 von dem Landwirt *Peter Eckes* in Nieder-Olm gegründeten Weinbrennerei (Destillation von Weinrückständen). Ein zweites Unternehmen (Weindestillation, Spirituosenherstellung) wurde 1922 gegründet; 1931 nahm *Eckes* die Produktion von Traubensaft auf. Vgl. Frankfurter Allgemeine Zeitung vom 9.6. 1982, S.16. Die *Eckes-Gruppe* besitzt Tochtergesellschaften in Österreich, Italien, Argentinien, in der Schweiz und in den Vereinigten Staaten.

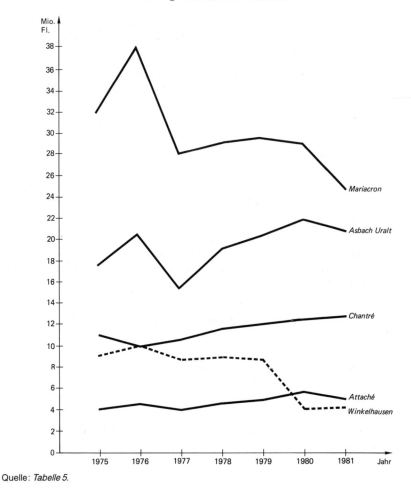

Quelle: Tabelle 5.

Abbildung 7: Absatzentwicklung ausgewählter Weinbrandmarken in der Bundesrepublik Deutschland von 1975 bis 1981 (Mio. Flaschen à 0,7 l)

satzrückgängen bei „*Mariacron*" ihre führende Position als Weinbrandanbieter behielt (vgl. *Tabelle 5* und *Abbildung 7*).

Gegenüber den Sättigungserscheinungen im Weinbrand-Segment bewies die Gruppe erneut ihre Kreativität. Die teilweise Verlagerung der Nachfrage auf niedergrädige Produkte, die sog. Soft-Drinks, machte sich das Unternehmen wieder mit einer Produktinnovation zunutze, und zwar mit dem 1980 eingeführten Weinbrand-Sahnelikör „*Chantré Cream*". Als Reaktion auf die Sättigungstendenzen erfolgte also – ähnlich wie mit dem Apfelsaftlikör bei den Kornherstellern – eine Programmerweiterung in das Marktsegment Liköre. Bereits im Einführungsjahr konnte *Eckes* 1,7 Mio. Flaschen seines Cream-Likörs absetzen (Rang 75); 1981 stieg der Absatz um mehr als die Hälfte auf 2,6 Mio. Flaschen und erreichte Rang 45 unter den absatzstärksten Spirituosen.

Schließlich verfügt *Eckes* über ein breites Importprogramm (Champagner, Cognac, Whisky, Wodka, Wein), so daß die von der Gruppe verfolgte Sortimentspolitik nicht nur bestehende Marktpositionen festigte, sondern auch die Abdeckung einer weiten Palette von Geschmacksrichtungen sicherstellt.

Im Gegensatz zu der von *Eckes* betriebenen Politik der Diversifikation vertraut der zweitgrößte deutsche Weinbrandanbieter, die ganz der Tradition verpflichtete *Weinbrennerei Asbach*, weiterhin einer konsequenten Markenartikelpolitik: „*Asbach Uralt*", das Produkt, dem erstmals in Deutschland der Name Weinbrand gegeben wurde, wird über ein gut ausgebautes Vertriebsnetz mit hohem Distributionsgrad (vor allem in der Gastronomie) angeboten. *Asbach* legt besonderes Gewicht auf eine ausgeprägte Marken- und Imagepflege und lehnt – als ehemals rigoroser Verteidiger der vertikalen Preisbindung – Billigpreisangebote strikt ab. Das Unternehmen setzt auf den Tatbestand, daß in Phasen der Marktsättigung sich das Konsumverhalten ändert und ein beachtlicher Teil der Konsumenten sich höherwertigen Qualitäten zuwendet. *Asbach* konzentriert sich bewußt auf diese Schicht der anspruchsvollen Nachfrager, die auch Zielgruppe der meisten Importmarken ist. Auf diese Weise ist es zu erklären, daß *Asbach* – trotz rückläufigen Absatzes bei anderen Weinbrandmarken – eine stetige Ausweitung des Absatzanteils gelang (vgl. *Abbildung 7* und *Tabelle 5*). *Asbach* liefert somit das Beispiel dafür, daß ein alteingesessenes Unternehmen, gefördert durch das Nachfragerverhalten, mit einer konsequenten Markenartikelpolitik auch auf einem stagnierenden Markt seine Position behaupten kann.[36]

Beim drittgrößten, 1969 durch eine Fusion entstandenen Weinbrandhersteller, *Pabst & Richarz*, lag der Schwerpunkt der Unternehmensaktivitäten zunächst in der Produktion von Handelsmarken (z. B. „*Gaston*" für die *Edeka*). Die Eigenmarke „*Prestige*" konnte trotz der ab 1975 intensivierten Werbung nur Rang elf unter den absatzstärksten Weinbränden des Jahres 1981 erreichen. Die beabsichtigte Stärkung des Markenartikelbereichs realisierte das Unternehmen schließlich durch externes Wachstum.[37]

Bemerkenswert ist weiterhin die Tatsache, daß auch die expansive Kornbrennerei *I. B. Berentzen* sich durch den Kauf der Weinbrennerei *H. A. Winkelhausen* im Marktsegment Weinbrand etablierte.

Ein vermehrtes Ausscheiden nicht mehr wettbewerbsfähiger Anbieter, der Zutritt neuer Anbieter und die Programmerweiterung bei bestehenden Anbietern kennzeichnen die Vorgänge im Marktsegment Weinbrand der letzten Jahre. Externes Unternehmenswachstum war der im Vordergrund stehende Aktionsparameter. Dabei herrschte die Ausweitung des Angebotsprogramms auf Spirituosen aus bis dahin von

---

[36] Die Marke *Asbach* wird am Markt durch sog. Spezialitäten unterstützt (Weinbrand-Pralinen, Rüdesheimer Kaffee, Früchtekuchen, Früchtetopf). Spirituosenimporte erfolgen über die *J. B. Sturm Markenimport und -export GmbH*. Neben der *Fürstlich von Bismarckschen Brennerei* besitzt *Asbach* die 1968 als Tochtergesellschaft übernommene Schwarzwälder Edelobstbrennerei *Haas & Burlacher*.
[37] Anfang 1980 kaufte *Pabst & Richarz* die Warenzeichen der Trierer *Michael Weber KG* („*Tisserand*"). Mit Wirkung vom 1.1. 1981 wurden die Firmenmäntel und die mit ihnen verbundenen Weinbrandmarken „*Noris Dreistern*", „*Alt Nürnberg*" und „*Stück 1826*" der Firma *Noris Weinbrennereien KG*, Nürnberg, und *Stück KG*, Nürnberg/Berlin, von der zur *Oetker-Gruppe* gehörenden *Söhnlein Rheingold KG*, Wiesbaden, übernommen.

den Unternehmen nicht betreuten Marktsegmenten vor. Angesichts der Sättigungserscheinungen im Gesamtmarkt und der teilweisen Änderung des Konsumverhaltens streben die Unternehmen eine Stärkung ihrer Wettbewerbsposition dadurch an, daß ihre Existenz nicht mehr vom Schicksal nur eines Marktsegments abhängig ist.

6. Ergebnis und wettbewerbspolitische Folgerungen

Zwei Merkmale charakterisieren die deutsche Spirituosenindustrie. Einmal stellt sie eine Branche unter dem entscheidenden Einfluß staatlich gesetzter Rahmenbedingungen dar. Zum anderen agiert sie auf einem stagnierenden Markt.

Den vielfältigen staatlichen Eingriffen liegen sowohl agrarprotektionistische als auch fiskalische Zielsetzungen zugrunde. Während das Branntweinmonopol in Verbindung mit dem System der Brennrechte primär dem Schutz kleiner landwirtschaftlicher Brennereibetriebe dient, stehen bei der Branntweinsteuergesetzgebung Einnahmegesichtspunkte des Staates im Vordergrund.

Die **institutionellen Rahmenbedingungen** der Industrie, die bis in die siebziger Jahre eine relative Stabilität aufwiesen, erfuhren durch das EuGH-Urteil vom 17.2. 1976 eine schlagartige und tiefgreifende Veränderung. Der *Europäische Gerichtshof* entschied, daß trotz Fehlens einer EG-Alkoholmarktordnung auch für Alkohol ein gemeinsamer Markt gelte, auf dem mengenmäßige Beschränkungen oder finanzielle Maßnahmen im Handelsverkehr zwischen den Mitgliedsstaaten unzulässig seien. Damit wurde die Abschirmung des deutschen Alkoholmarktes vor dem Wettbewerb aus anderen EG-Ländern für vertragswidrig erklärt. Wettbewerbselemente konnten nun wieder stärker zum Tragen kommen.

Diese Liberalisierung, die eine größere Unabhängigkeit der Spirituosenindustrie von den Maßnahmen der *Bundesmonopolverwaltung* bedeutete, legte jene **Fehlentwicklungen** bloß, die durch das **Branntweinmonopol** ausgelöst und gefördert wurden:[38]

- Schwächung der Konkurrenzfähigkeit der deutschen Brennereiwirtschaft gegenüber dem Ausland wegen der Wettbewerbsausschaltung durch das Importmonopol;
- Konservierung einer kleinbetrieblichen Brennereistruktur unter Erhaltung submarginaler Betriebe;
- Überhöhtes Alkoholpreisniveau wegen der Verarbeitung zu teurer Rohstoffe;
- Hemmung des technischen Fortschritts und der industriellen Alkoholerzeugung.

Ob und inwieweit diese unter dem Schutz des Branntweinmonopols entstandenen Verhältnisse nach der faktischen Aufhebung des Einfuhrmonopols eine durchgreifende Veränderung erfahren werden, hängt weitgehend davon ab, wann es zur Errichtung einer EG-Alkoholmarktordnung kommen wird und ob sich dabei die Verfechter einer umfassenden administrativen Regelung (Landwirtschaft) oder die Befürworter einer mehr wettbewerblichen Steuerung (Industrie) durchsetzen werden.

---

[38] Vgl. hierzu *Dohm, H.*, Ein Monopolist ohne Monopol, in: Frankfurter Allgemeine Zeitung vom 31.7. 1976, S.13.

Die eingetretene höhere Wandelbarkeit der institutionellen Rahmenbedingungen kommt auch in den in immer kürzeren zeitlichen Abständen vorgenommenen Erhöhungen der Branntweinsteuer zum Ausdruck (vgl. *Übersicht 2*). Es kann nicht bestritten werden, daß Branntweinsteuererhöhungen einen dämpfenden Effekt auf die Marktentwicklung ausüben, wenn auch das Ausmaß dieses Einflusses nicht genau quantifiziert werden kann. Die stagnierende Marktentwicklung wiederum läßt unterschiedliche Konsumentenpräferenzen deutlicher zutage treten. Zwei Verhaltenstendenzen werden dabei sichtbar: Bei einem Teil der Konsumenten wird das Preisbewußtsein noch stärker ausgeprägt; diese Nachfragergruppe präferiert Niedrigpreisspirituosen, die sog. Konsumspirituosen. Auf der anderen Seite ist eine Zunahme des Qualitätsbewußtseins zu beobachten; diese qualitätsorientierten Konsumenten fragen eher Spirituosen mit gehobenem Preisniveau nach. Durch diese Erscheinungen werden nicht nur Substitutionsprozesse innerhalb von Marktsegmenten ausgelöst, sondern auch zwischen den verschiedenen alkoholhaltigen Getränken. Diese Nachfragebewegungen bei insgesamt stagnierender und partiell rückläufiger Marktentwicklung wirken sich in Verbindung mit den durch die Liberalisierung ausgelösten Veränderungen sowohl auf Struktur und Entwicklung der Gesamtindustrie als auch auf die einzelnen Unternehmen und deren Strategien aus.

Die Prozesse des strukturellen Wandels sind klar ablesbar am nachhaltigen Rückgang sowohl der Zahl der Spirituosenhersteller als auch der Beschäftigten. Die Verschiebungen in der Unternehmensstruktur der Spirituosenindustrie als Folge von Ausscheidungs- und Konzentrationsprozessen gingen dabei zu Lasten der kleinen und mittleren Unternehmen.

Trotz der Marktenge ist jedoch das Marktverhalten der größtenteils sich in Familienbesitz befindlichen Unternehmen der Spirituosenindustrie, mitbedingt durch die Konkurrenz auf der Handelsebene, noch überwiegend wettbewerblicher Natur. Es darf aber nicht übersehen werden, daß mit dem strukturellen Umbruch sich Anzeichen auch für einen Verhaltensumbruch andeuten.[39] In diesen Zusammenhang sind die Konzentrationsbewegungen der letzten Jahre einzuordnen.

---

[39] Das Verhalten der Unternehmen kann dabei auch unter politischem Druck nichtwettbewerbliche Formen annehmen. In dieser Weise kann z. B. die Ankündigung der damaligen Gesundheitsministerin *A. Huber* interpretiert werden, sie werde die Alkoholwerbung durch eine Anordnung reglementieren, wenn die freiwilligen Vereinbarungen der Industrie über Werbebeschränkungen nicht zu den von ihr gewünschten Ergebnissen führen (vgl. *Huber, A.,* Offenbar reichen die Vereinbarungen nicht, in: Handelsblatt vom 2.4. 1980, S.5). Dieser gesundheitspolitisch positiv zu bewertende Appell ist unter wettbewerbspolitischem Aspekt als sehr problematisch zu beurteilen; er stellt eine direkte Aufforderung an die Herstellerfirmen zu einem abgestimmten Verhalten beim Aktionsparameter Werbung dar. Eine derartige Abstimmung beraubt aber den Aktionsparameter weitgehend seiner Wettbewerbsfunktion. Wegen der zirkularen Interdependenz kommt es zu Ausstrahlungen auf den marktlichen Einsatz anderer Parameter. So wäre es denkbar, daß sich die Unternehmen dann auch über den Einsatz der Parameter Preis und Produkt verständigen.

7. Anhang

Tabelle A 1: *Branntwein- und Tabaksteuereinnahmen in der Bundesrepublik Deutschland von 1955 bis 1981*

Jahr	Branntwein-steuer (Mio. DM)	Veränderung gegenüber Vorjahr in %	Anteil der Branntweinsteuer an den gesamten Bundessteuern in %*	Tabak-steuer	Relation Branntweinsteuer-einnahmen / Tabaksteuereinnahmen
1955	611		(1,73)		
1956	710	16,5	(1,80)	2816	0,25
1957	788	11,0	(1,92)	2960	0,27
1958	888	12,7	(2,02)	3124	0,28
1959	906	2,0	(1,83)	3326	0,27
1960	1023	12,9	(1,80)	3537	0,29
1961	1097	7,2	(1,66)	3897	0,28
1962	1222	11,4	(1,67)	4205	0,29
1963	1335	9,2	3,47	4311	0,31
1964	1441	7,9	4,04	4416	0,33
1965	1508	4,6	3,35	4697	0,32
1966	1779	18,0	3,95	4982	0,36
1967	1831	2,9	3,91	5801	0,32
1968	1989	8,6	4,12	5992	0,33
1969	2142	7,7	3,48	6233	0,34
1970	2228	4,0	8,13	6536	0,34
1971	2403	7,9	8,13	6863	0,35
1972	2870	19,4	8,67	7826	0,37
1973	3175	10,6	8,52	8872	0,36
1974	3288	3,6	8,81	8952	0,37
1975	3122	./. 5,0	8,49	8886	0,35
1976	3367	7,8	8,57	9379	0,36
1977	3743	11,2	9,18	9803	0,38
1978	3919	4,7	9,12	10459	0,38
1979	4012	2,4	8,98	10701	0,38
1980	3885	./. 3,4	9,3	11288	0,34
1981	4473	15,1	8,2	11300	0,40

* Bis einschl. 1962 Anteil an Bundes- und Ländersteuern.

Quelle: *Bundesministerium für Ernährung, Landwirtschaft und Forsten* (Hrsg.), Statistisches Jahrbuch über Ernährung, Landwirtschaft und Forsten der Bundesrepublik Deutschland, Jg. 1959 bis 1981; *Statistisches Bundesamt; Bundesverband der Deutschen Spirituosen-Industrie.*

Tabelle A 2: Marktversorgung mit Spirituosen (Menge in 1 000 hl Ware)

Jahr	Produktion[1]	Einfuhr	Ausfuhr	Inlandsmarkt-versorgung
1970	3 424	636,8	32,7	4 028
1971	4 054	811,1	43,6	4 822
1972	3 321	872,7	39,5	4 154
1973	3 653	965,4	45,7	4 573
1974	3 798	665,2	51,1	4 412
1975	3 827	987,0	51,0	4 763
1976	4 301	1 155,5	59,3	5 800
1977	3 412	977,7	55,5	4 335
1978	3 980	1 130,7	63,0	5 048
1979	3 985	1 362,9	142,4	5 206
1980	3 880	1 473,6[2]	103,1[3]	5 250

[1] Ab 1964 einschl. West-Berlin.
[2] Darin 359 676 hl Rohbrand.
[3] Darin 19 698 hl Rohbrand.

Quelle: *Bundesministerium für Ernährung, Landwirtschaft und Forsten* (Hrsg.), Statistisches Jahrbuch über Ernährung, Landwirtschaft und Forsten der Bundesrepublik Deutschland, Jg. 1971 bis 1981; *Statistisches Bundesamt; Bundesverband der Deutschen Spirituosen-Industrie.*

Tabelle A 3: Alkoholabsatz der Monopolverwaltung an Spirituosenhersteller im Bundesgebiet (ab 1964/65 einschließlich West-Berlin)

Betriebsjahr	Bezieher Anzahl	Bezugsmenge 1 000 hl r. A.
1960/61	4 994	489
1961/62	4 792	559
1962/63	4 644	604
1963/64	4 400	567
1964/65	4 246	752
1965/66	4 086	737
1966/67	3 482	701
1967/68	3 224	695
1968/69	2 904	697
1969/70	2 652	710
1970/71	2 441	708
1971/72	2 225	719
1972/73	2 022	696
1973/74	1 836	759
1974/75	1 766	728
1975/76	1 657	487
1976/77	1 570	487
1977/78	1 522	493
1978/79	1 464	756
1979/80	1 400	605
1980/81	1 327	479

Quelle: *Bundesverband der Deutschen Spirituosen-Industrie.*

Tabelle A 4: Struktur der Brennereien (Anzahl) in der Bundesrepublik Deutschland

Brennereiart	vorhanden (jeweils 30.9.)								
	1960	1965	1970	1975	1976	1977	1978	1979	1980	1981
Landwirtschaftliche Verschlußbrennereien									
• mit Brennrecht									
– Kartoffelbrennereien	661	651	684	628	623	605	602	590	572	542
– Kornbrennereien	419	444	403	417	412	400	393	385	370	352
– Gemischte Betriebe	157	149	135	140	140	138	136	134	132	135
• ohne Brennrecht									
– Kleinbrennereien	84	56	32	15	15	15	15	14	27	41
– andere	5	3	18	1	1	0	0	0	1	0
Gewerbliche Verschlußbrennereien									
• mit Brennrecht									
– Kornbrennereien	222	210	189	158	152	147	147	143	143	130
– Melassebrennereien	5	5	5	5	7	9	10	11	13	26
– Hefelüftungsbrennereien	26	25	25	21	19	14	12	11	10	9
– sonstige	9	6	4	2	2	2	2	2	2	1
– Gemischte Betriebe	11	13	13	9	9	8	8	9	7	8
• ohne Brennrecht									
– Kleinbrennereien	194	142	70	52	55	52	49	48	45	63
– andere	1	10	11	8	2	3	4	4	9	10
Obstverschlußbrennereien									
• mit Brennrecht	270	277	222	160	153	149	146	140	127	122
• ohne Brennrecht									
– Gemeinschaftsbrennereien	14	15	12	10	10	12	12	10	9	10
– Kleinbrennereien	276	202	124	99	94	89	89	85	89	90
– andere	32	15	11	4	7	7	7	12	10	8
Eigenverschlußbrennereien	2386	2223	1958	1729	1701	1650	1632	1598	1567	1544
Monopolbrennereien	25	18	17	14	14	15	15	15	13	14
Abfindungsbrennereien	41008	39432	36426	33681	33618	33492	33324	33223	33066	32949
Brennereien	43419	41673	38401	35424	35333	35157	34971	34836	34646	34507
Stoffbesitzer	–	–	–	–	–	–	–	–	–	–

Quelle: *Statistisches Bundesamt* (Hrsg.), Fachserie 14: Finanzen und Steuern, Reihe 9.4 Branntweinmonopol, verschiedene Jahrgänge.

Spirituosenindustrie

	in Betrieb								
1959/60	1964/65	1969/70	1974/75	1975/76	1976/77	1977/78	1978/79	1979/80	1980/81
611	620	644	623	616	597	580	563	550	531
379	395	386	403	394	387	370	352	336	338
102	110	119	136	133	134	125	124	127	132
50	31	21	8	8	8	6	5	7	7
2	0	11	1	1	0	0	0	1	0
204	195	177	153	146	137	127	125	119	123
5	5	5	5	7	9	9	10	10	26
26	25	25	21	19	14	12	10	10	9
3	2	2	2	2	1	1	1	1	1
9	11	12	8	9	7	7	8	7	8
82	49	35	16	13	15	17	13	14	10
4	7	12	8	2	3	4	4	9	6
193	208	154	76	72	72	69	66	57	53
2	8	10	7	9	12	12	8	8	9
150	89	71	37	37	33	30	29	31	36
6	10	13	4	7	7	7	11	10	8
1828	1767	1697	1508	1475	1436	1376	1329	1298	1297
23	18	15	12	12	13	13	11	10	11
30094	28004	28751	24140	25573	25735	22630	24219	24840	24620
31945	29789	30463	25660	27060	27184	24019	25559	26148	25928
194880	297886	288596	180837	172515	208875	143451	206462	196279	215059

Tabelle A5: Umfang und Ausnutzung der Brennrechte (hl r.A.) von 1974 bis 1981

	30.9.1974	30.9.1975	30.9.1976	30.9.1977	30.9.1978	30.9.1979	30.9.1980	30.9.1981
Hefelüftungsbrennereien								
Umfang	179861	179861	173792	149452	103106	76854	78566	78566
Ausnutzung	194315	124789	158024	150205	94115	71485	82974	74704
Melassebrennereien								
Umfang	42110	42110	48179	71431	117777	144029	142017	142017
Ausnutzung	127249	98489	53708	121431	137209	168684	179106	164308
Landwirtschaftliche und gewerbliche Kornbrennereien								
Umfang	386624	387070	386602	387567	386451	383717	385089	381007
Ausnutzung	485097	489836	456946	443719	477063	554754	454789	332622
Obstbrennereien								
Umfang	16027	15191	14971	14796	14646	14294	13571	12815
Ausnutzung	227703	203589	220877	201069	142819	153054	156738	141822
Landwirtschaftliche und gewerbliche Kartoffelbrennereien								
Umfang	587556	592155	592579	571660	592955	596603	594286	597812
Ausnutzung	623721	619342	546217	543594	534283	539731	610095	534719
Insgesamt								
Umfang	1212178	1216387	1216123	1194906	1214935	1215497	1213529	1212217
Ausnutzung	1658085	1536045	1435772	1460018	1385489	1487708	1483702	1248175

Quelle: Bundesverband der Deutschen Spirituosen-Industrie.

Tabelle A6: Erzeugung von Alkohol (hl r.A.) in der Bundesrepublik Deutschland von 1972/73 bis 1980/81

Erzeugungsart	1972/73	1973/74	1974/75	1975/76	1976/77	1977/78	1978/79	1979/80	1980/81
Eigenbrennereien	1730382	1771914	1700006	1604623	1580150	1480721	1604912	1604912	1373742
• ablieferungspflichtig									
Landwirtschaftliche Brennereien	967036	984024	945695	837874	855071	851501	928612*	906481	793484
Hefelüftungsbrennereien	607771	621583	550791	538283	551323	550461	580987	585552	520469
Melassebrennereien	216277	218966	194924	175625	153481	94113	71483	82972	79206
Sonstige Brennereien	57990	53476	40814	36462	58350	94074	124473	144468	107316
	84998	89999	91674	86809	91917	112853	151670	93489	86493
• ablieferungsfrei									
Stoffbesitzer	727015	731241	703469	695166	672172	589612	629596	642515	501523
Abfindungsbrenner	11632	18299	16389	14505	19962	11700	22477	19589	21832
Kornbrenner	11431	14831	14701	13667	14225	11794	18559	15983	16565
Weinbrenner	444158	466302	465472	442602	434806	420794	432417	446353	319330
andere Verschlußbrennereien	252764	233547	201509	218105	196874	141032	148718	152624	138473
	7030	8262	5398	6287	7305	4292	7425	7966	5323
• ablieferungsfähig									
Stoffbesitzer	36331	56649	50842	71503	52907	39608	46703	54145	48987
sonstige	8239	16816	14668	24422	16070	10856	13577	14073	12552
	28092	39833	36174	47161	36837	28752	33126	40072	36435
Monopolbrennereien	1408388	1726311	1255416	1359601	1415275	1241634	1280785	1443705	1300111
Erzeugung insgesamt	3138770	3498225	2955422	2964224	2995425	2722355	2885697	3046846	2644105

* Darin enthalten 130505 hl r.A. für *DKV* und andere Hersteller.
Quelle: *Bundesverband der Deutschen Spirituosen-Industrie.*

Tabelle A 7: Absatz der Monopolverwaltungen an Spirituosenhersteller (Absatzmenge in hl r. A.)

	1973/74	1974/75	1977/78	1978/79	1979/80	1980/81	absolute Veränderung 1980/81 gegenüber 1973/74
			Anzahl der Betriebe				
Gruppe nach l r. A.							
bis 1 000	833	825	738	733	719	687	− 146
über 1 000 bis 3 000	331	320	265	247	225	226	− 105
" 3 000 " 5 000	132	121	101	87	90	76	− 56
" 5 000 " 10 000	165	142	114	98	92	84	− 81
" 10 000 " 20 000	105	94	81	74	69	62	− 43
" 20 000 " 30 000	45	40	38	26	28	38	− 7
" 30 000 " 50 000	36	40	37	36	38	31	− 5
" 50 000 " 55 000	3	3	8	8	10	9	+ 6
" 55 000 " 60 000	7	8	3	5	1	4	− 3
" 60 000 " 65 000	4	7	6	3	7	1	− 3
" 65 000 " 70 000	7	4	5	2	2	4	− 3
" 70 000 " 75 000	4	5	4	8	4	6	+ 2
" 75 000 " 100 000	22	25	14	14	14	6	− 16
" 100 000 " 200 000	33	25	33	34	33	28	− 5
" 200 000 " 300 000	16	18	12	14	4	8	− 8
" 300 000 " 400 000	3	8	5	5	6	5	+ 2
" 400 000 " 500 000	4	3	3	7	4	2	− 2
" 500 000	31	27	13	27	23	15	− 16
Berlin	55	51	42	36	31	35	− 20
insgesamt	1 836	1 766	1 522	1 464	1 400	1 327	− 509

	1973/74	1974/75	1977/78	1978/79	1979/80	1980/81	absolute Veränderung 1980/81 gegenüber 1973/74
Gruppe nach l r. A.			**Absatzmenge**				
bis 1 000	2 374	2 318	1 895	1 913	1 842	1 786	− 588
über 1 000 bis 3 000	6 058	5 812	4 824	4 621	4 068	4 256	− 1 802
" 3 000 " 5 000	5 234	4 868	4 095	3 507	3 633	3 087	− 2 147
" 5 000 " 10 000	11 720	10 303	8 161	6 963	6 668	6 009	− 5 711
" 10 000 " 20 000	14 902	13 217	11 324	10 630	9 976	8 927	− 5 975
" 20 000 " 30 000	11 070	9 701	9 214	6 217	6 828	9 302	− 1 768
" 30 000 " 50 000	14 468	15 805	14 876	14 208	15 030	12 226	− 2 242
" 50 000 " 55 000	1 535	1 578	4 216	4 175	5 156	4 675	+ 3 140
" 55 000 " 60 000	4 004	4 611	1 709	2 804	553	2 263	− 1 741
" 60 000 " 65 000	2 468	4 380	3 817	1 867	4 434	623	− 1 845
" 65 000 " 70 000	4 714	2 699	3 353	1 306	1 347	2 735	− 1 979
" 70 000 " 75 000	2 954	2 646	2 888	5 870	2 901	4 354	+ 1 400
" 75 000 " 100 000	19 202	21 681	11 689	12 251	12 144	5 375	− 13 827
" 100 000 " 200 000	45 684	34 865	46 016	46 670	44 884	37 162	− 8 522
" 200 000 " 300 000	39 342	45 189	29 951	33 258	9 828	19 756	− 19 586
" 300 000 " 400 000	10 124	26 725	17 952	17 449	21 526	18 175	+ 8 051
" 400 000 " 500 000	17 345	13 046	13 346	30 609	17 800	9 207	− 8 138
" 500 000	426 768	385 132	204 304	409 076	328 076	226 444	− 200 324
Berlin	119 462	122 261	99 631	143 077	108 498	102 976	− 16 486
insgesamt	759 428	727 837	493 261	756 471	605 192	479 338	− 280 090

Quelle: *Bundesverband der Deutschen Spirituosen-Industrie.*

Tabelle A 8: *Entwicklung (Betriebe, Beschäftigte, Umsatz) der deutschen Spirituosenindustrie 1960 bis 1981*

Jahr	Betriebe[1] Anzahl	Beschäftigte[2] Anzahl	Umsatz[3] Mio. DM
1960	415	15 145	1 456
1961	403	15 236	1 593
1962	383	15 501	1 883
1963	391	15 717	1 967
1964	377	14 911	2 110
1965	351	14 319	2 522
1966	331	13 441	2 145
1967	316	13 167	2 482
1968	266	12 994	2 694
1969	269	12 716	2 748
1970	260	13 164	3 023
1971	249	13 529	3 766
1972	239	13 288	3 472
1973	228	13 115	3 917
1974	211	12 934	4 061
1975	191	12 234	4 236
1976	185	11 763	4 818
1977	175	11 267	4 523
1978	178	11 123	5 306
1979	172	10 729	5 310
1980	164	10 454	5 467
1981[4]	150	9 707	5 730

[1] Örtliche Niederlassungen mit 10 und mehr Beschäftigten einschließlich produzierendes Handwerk; Durchschnitt aus 12 Monaten.
[2] Alle im Betrieb tätigen Personen; Durchschnitt aus 12 Monaten.
[3] Umsatz aus eigener Erzeugung; Rechnungswerte einschl. Verbrauchsteuern (am 1.1. 1966, 1.1. 1972, 18.3. 1976, 1.1. 1977 und am 1.4. 1981 erhöht), Kosten für Fracht, Verpackung, Porto und Spesen; seit 1968 ohne Umsatzsteuer.
[4] Vorläufige Angaben.
Quelle: *Bundesverband der Deutschen Spirituosen-Industrie.*

Tabelle A 9: Spirituosenproduktion in der Bundesrepublik Deutschland nach Spirituosenarten in 1 000 hl von 1962 bis 1980*

Erzeugnis	1962	Anteil in %	1963	1964	1965	1966	1967	Anteil in %	1968	1969	1970	1971	1972	Anteil in %	1973	1974	1975	1976	1977	Anteil in %	1978	1979	1980	Anteil in %
Kornbranntwein	436,9	(21,3)	463,7	599,5	692,1	569,9	656,0	(23,6)	723,9	755,4	850,7	1052,6	887,7	(26,7)	1014,5	1055,0	991,6	1073,0	867,9	(25,4)	963,7	890,5	854,7	(22,0)
Weinbrand	549,9	(26,8)	529,8	725,4	890,5	632,0	643,3	(23,2)	752,3	796,7	834,0	966,0	759,6	(22,9)	861,8	951,0	995,6	1098,7	769,6	(22,6)	942,9	893,6	968,7	(25,0)
Obstbranntwein	11,3	(0,6)	13,9	14,3	19,8	19,9	19,5	(0,7)	21,6	22,8	28,2	38,3	38,2	(1,2)	45,5	57,0	55,5	61,6	56,6	(1,7)	66,8	59,8	54,6	(1,4)
Liköre bittere, halbbittere und Kräuterliköre,	363,8	(17,8)	360,6	497,7	605,8	474,8	467,7	(16,8)	509,7	509,0	317,0	400,6	374,9	(11,3)	388,1	416,6	407,6 67,5 (Eierlikör)	491,9	469,2	(13,7)	599,9	526,1	366,8	(9,5)
sonstige Liköre											333,3	345,7	267,1	(8,0)	289,4	290,0	287,4	364,2	322,7	(9,4)	356,9	479,7	555,8	(14,3)
Rum und Arrak	122,4	(6,0)	151,1	145,1	214,7	153,8	200,2	(7,2)	222,9	332,5	313,5	430,0	311,2	(9,4)	315,5	323,6	345,5	445,4	316,7	(9,3)	407,2	416,1	415,9	(10,7)
andere Trinkbranntweine: Wacholderbranntwein						231,2	274,4	(9,9)	309,5	303,1														
Steinhäger											146,2	176,4	153,2	(4,6)	165,3	138,7	111,1	105,3	75,5	(2,2)	73,9	71,8	65,5	(1,7)
Gin, Genever											33,8	41,3	32,2	(1,0)	33,5	27,9	26,5	23,5	17,2	(0,5)	16,8	16,6	14,4	(0,4)
sonstige Wacholderbranntweine											121,3	117,7	85,4	(2,6)	98,3	94,7	125,9	137,7	78,4	(2,3)	80,1	91,4	90,4	(2,3)
Whisky						13,5	23,1	(0,8)	28,2	24,9	29,0	32,0	36,2	(1,1)	36,1	48,8	13,9	30,6	23,8	(0,7)	31,6	38,9	16,2	(0,4)
Wodka						31,1	28,8	(1,0)	39,2	42,3	53,5	72,7	51,8	(1,6)	63,1	59,0	50,6	41,1	37,7	(1,1)	37,6	42,7	48,0	(1,2)
sonstige Trinkbranntweine (Doppelkümmel, Spirituosenmischgetränke)	564,0	(27,5)	574,9	756,2	899,1	443,3	465,5	(16,8)	520,6	445,5	363,3	381,1	323,2	(9,7)	342,2	335,4	380,2	430,9	377,8	(11,1)	403,1	402,4	428,3	(11,0)
	2048,3	100%	2094,0	2738,2	3322,0	2569,4	2778,5	100%	3128,3	3232,2	3423,8	4054,4	3320,6	100%	3653,3	3797,7	3826,9	4303,9	3413,1	100%	3980,5	3929,6	3879,3	100%

* Ab 1964 einschließlich West-Berlin.

Quelle: Eigene Aufbereitung von Material des *BSI* und des *Statistischen Bundesamtes*.

Tabelle A 10: Spirituosenproduktion in der Bundesrepublik Deutschland nach Spirituosenarten von 1962 bis 1980 – Wert in Mio. DM*

Erzeugnis	1962	Anteil in %	1963	1964	1965	1966	1967	Anteil in %	1968	1969	1970	1971	1972	Anteil in %	1973	1974	1975	1976	1977	Anteil in %	1978	1979	1980	Anteil in %
Kornbranntwein	177,2	(17,6)	187,3	216,5	250,2	226,3	241,4	(19,3)	236,2	242,0	221,5	346,3	301,3	(12,6)	329,3	376,3	395,7	433,1	306,9	(18,1)	336,8	312,7	315,0	(16,0)
Weinbrand	291,5	(29,0)	277,7	333,5	393,8	306,2	347,1	(27,8)	380,2	401,7	463,7	557,4	478,3	(28,0)	548,6	603,9	624,4	772,4	474,0	(28,0)	598,6	596,2	651,1	(33,1)
Obstbranntwein	12,8	(1,3)	13,5	14,2	17,0	14,6	13,9	(1,1)	15,4	15,6	19,5	24,3	22,8	(1,3)	26,4	34,3	33,5	34,8	39,2	(2,3)	56,4	60,3	55,5	(2,8)
Liköre bittere	244,4	(24,3)	216,9	302,2	355,8	287,0	306,7	(24,5)	312,2	329,9	242,0	297,5	314,9	(18,4)	328,1	352,2	344,9	417,3	360,8	(21,3)	397,0	372,8	338,0	(17,2)
sonstige											182,3	197,2	160,7	(9,4)	180,6	179,8	220,2	227,3	191,2	(11,3)	207,3	229,7	264,5	(13,4)
Rum und Arrak	34,4	(3,4)	32,1	36,0	51,8	37,7	45,0	(3,6)	73,3	110,2	118,0	184,9	152,2	(8,9)	134,5	125,7	133,1	154,1	107,0	(6,3)	119,4	108,7	112,4	(5,7)
Wacholder-branntwein						94,0	106,7	(8,5)	114,1	113,6														
Steinhäger											61,7	76,3	74,3	(4,3)	73,0	67,8	64,3	60,8	41,9	(2,5)	45,3	44,6	43,1	(2,2)
Gin, Genever											14,4	17,6	14,7	(0,9)	14,9	12,5	10,9	9,6	4,7	(0,3)	4,4	4,5	4,2	(0,2)
sonstige											43,7	40,9	31,8	(1,9)	35,6	34,9	41,2	42,9	26,4	(1,6)	27,8	30,0	30,6	(1,6)
Whisky						9,0	17,5	(1,4)	24,5	20,6	23,8	18,3	21,7	(1,3)	18,7	34,7	8,4	14,6	10,4	(0,6)	13,2	18,8	8,9	(0,5)
Wodka						17,4	14,4	(1,2)	20,3	23,8	29,1	40,6	27,7	(1,6)	34,5	31,6	27,5	21,8	17,6	(1,0)	17,5	19,5	21,2	(1,1)
sonstige Trinkbranntweine (Doppelkümmel, Spirituosen-mischgetränke)	244,9	(24,4)	246,4	287,4	355,4	155,0	157,2	(12,6)	175,1	163,2	114,5	123,5	110,8	(6,5)	110,6	117,7	111,5	134,8	112,4	(6,7)	115,0	117,3	124,6	(6,3)
	1005,2	100%	973,9	1189,8	1424,0	1147,2	1249,6	100%	1351,2	1420,6	1584,3	1924,9	1711,2	100%	1834,6	1971,4	2015,6	2236,5	1692,5	100%	1938,7	1915,7	1969,1	100%

* Ab 1964 einschließlich West-Berlin.

Quelle: Eigene Aufbereitung von Material des *BSI* und des *Statistischen Bundesamtes*.

Tabelle A11: Die absatzstärksten Spirituosenanbieter in der Bundesrepublik Deutschland 1981[1] (Absatzentwicklung 1974 bis 1981 in Mio. Fl. à 0,7 l)

Anbieter	Produkt	Rang 1981	1974	1975	1976	1977	1978	1979	1980	1981
1. Eckes	Mariacron	1	31,0	32,0	38,0	28,0	29,0	29,4	29,0	25,1
	Chantré	5	11,0	11,0	10,0	10,5	11,5	12,0	12,4	12,7
	Attaché[2]	18	.	(4,0)	(4,5)	(4,0)	(4,5)	(4,9)	(5,6)	5,0
	Chantré Cream	45	.	.	.	.	.	.	1,7	2,6
	Eckes Edelkirsch	58	3,7	3,7	3,5	2,0	2,4	2,3	2,4	2,1
	Zinn 40	80	4,5	4,5	3,9	3,6	2,0	1,7	1,8	1,4
	Klosterberg	86	.	1,3	1,7	1,5	1,7	1,8	1,5	1,2
	Hulstkamp	89	2,2	2,5	2,5	1,5	1,6	1,6	1,4	1,2
			52,4	**55,0**	**59,6**	**47,1**	**48,2**	**48,8**	**50,2**	**51,3**
2. Berentzen	Berentzen Appel	2	.	.	2,5	9,6	22,6	25,2	23,1	21,9
	Echter Berentzen	12	.	.	7,5	6,1	7,5	7,9	8,1	8,0
	Winkelhausen Weinbrand[3]	28	(8,3)	(9,1)	(10,0)	(8,7)	(8,9)	(8,7)	(4,1)	4,2
	Berentzen Bongo		.	.	.	.	.	2,1	2,2	.
	Berentzen Wildbeer		.	.	.	.	.	1,8	1,1	.
	Berentzen Appelsin		.	.	.	.	.	.	2,4	.
					10,0	**15,7**	**30,1**	**37,0**	**36,9**	**34,1**
3. Asbach	Asbach Uralt	3	15,5	17,6	20,4	15,3	19,0	20,3	21,8	20,8
	Fürst Bismarck	24	2,5	2,7	3,1	2,5	3,3	3,8	4,3	4,3
			18,0	**20,3**	**23,5**	**17,8**	**22,3**	**24,1**	**26,1**	**25,1**
4. Mast	Jägermeister	4	20,8	21,9	23,8	19,5	20,6	19,8+	19,0+	18,0+
	Schlehenfeuer	.	2,2	2,4	2,4	1,9	1,7	1,3+	.	.
			23,0	**24,3**	**26,2**	**21,4**	**22,3**	**21,1**	**19,0**	**18,0**
5. Hansen[4]	Hansen-Rum	9	9,0	11,0	13,5	11,3	12,1	11,1	10,8	10,1+
	Balle-Rum	26	4,0	4,0	4,9	3,3	4,1	4,6	4,3	4,2+
	Old Schmidt Rum	51	.	.	4,6	2,8	3,0	3,2	3,0	2,5+
	Nissen-Rum	90	.	.	.	1,2	1,1	1,2	1,2	1,2+
			13,0	**19,0**	**23,0**	**18,6**	**20,3**	**20,1**	**19,3**	**18,0**

9. Spirituosenindustrie

6. Racke	Pott-Rum	8	10,8	10,5	13,2	10,6	13,0	12,0+	11,7+	11,0+
	Holborn	49	2,2	2,5	3,2	2,9	3,0	3,9+	3,5+	2,5+
	Johnnie Walker[5]	50	(2,6)	(2,6)	(2,6)	(2,3)	2,3	2,4	2,4	2,5
	Racke rauchzart	68	2,5	2,3	2,5	2,0	2,1	2,0+	1,9+	1,7
			15,5	**15,3**	**18,9**	**15,5**	**20,4**	**20,3**	**19,5**	**17,7**
7. Doornkaat	Doornkaat	7	19,8	18,8	19,7	12,4	14,3	13,8	13,2	11,3
	Corvit	60	.	2,6	2,8	2,4	2,5	2,5	2,2	2,0
	Boskop Apfel	79	.	.	.	.	3,1	3,0	1,9	1,4
			19,8	**21,4**	**22,5**	**14,8**	**19,9**	**19,3**	**17,3**	**14,7**
8. Strothmann	Weizen und Kornett	6	.	.	8,8	9,1	9,4	10,2	10,9	11,7
	Samba	69	.	.	.	.	4,8	3,3	1,7	.
	Apfel	.	.	.	.	1,0	2,1	1,3	.	.
					8,8	**10,1**	**11,5**	**16,3**	**14,2**	**13,4**
9. Underberg	Underberg	20	8,0	8,0	8,0	8,0	8,3	8,2	8,0	5,0+
	Metaxa	29	.	.	.	.	2,1	2,3	4,0+	3,8+
	Nienhaus	53	.	.	1,0	.	2,8	2,8	2,6	2,4+
	Martell	73	.	.	.	.	1,1	1,2	1,0	1,5+
			8,0	**8,0**	**9,0**	**8,0**	**14,3**	**14,5**	**15,6**	**12,7**
10. Asmussen	Springer Urvater	14	.	.	.	.	6,3	6,9	7,0	7,0
	Feiner alter Asmussen	21	3,9	3,9	5,1	4,2	5,3	5,3	5,3	4,9
			3,9	**3,9**	**5,1**	**4,2**	**11,6**	**12,2**	**12,3**	**11,9**
11. Dujardin	Dujardin Imperial	27	5,5	5,0	5,5	5,0	5,7	5,9	4,8	4,2+
	Uerdinger	34	5,4	4,0	4,8	3,8	4,4	4,4	4,0	3,7+
	Melcher's Rat	46	.	.	1,9	2,0	2,3	2,3	2,4	2,6+
			10,9	**9,0**	**12,2**	**10,8**	**12,4**	**12,6**	**11,2**	**10,5**
12. Hosie	Rum Bacardi	13	2,2	2,5	3,1	3,1	5,0	6,0+	8,0+	8,0
	Gordon's Gin	62	.	1,2	1,9	1,7	2,0	2,1	2,2+	1,9
			2,2	**3,7**	**5,0**	**4,8**	**7,0**	**8,1**	**10,2**	**9,9**

Anbieter	Produkt	Rang 1981	1974	1975	1976	1977	1978	1979	1980	1981
13. *von Hardenberg*	Korn-Spezialitäten	10	.	.	9,4	8,4	9,6	9,3	9,4	9,3
	Grafenapfel	.	.	.	.	2,0	3,0	1,6	.	.
	Pampelmuse	.	.	.	.	.	.	1,1	.	.
	Persico	.	.	.	.	1,7	1,0	.	.	.
					9,4	**12,1**	**13,6**	**12,0**	**9,4**	**9,3**
14. *Bols*	Ballantines	35	1,2	1,85	2,4	2,2	2,7	2,8	3,3	3,5
	Bols Weinbrand	47	2,4	2,5	2,2	1,9	2,2	2,4	2,5	2,5
	Liköre	.	.	.	.	.	.	.	.	3,2
			3,6	**4,35**	**4,6**	**4,1**	**4,9**	**5,2**	**5,8**	**9,2**
15. *Ernst*	Oldesloer	11	.	.	8,1	6,7	8,2	8,2	8,5	8,2
	Specht Obstbrände	95	.	.	.	1,2	1,4	1,4	1,2	1,0
					8,1	**7,9**	**9,6**	**9,6**	**9,7**	**9,2**
16. *Scharlachberg*	Meisterbrand	16	7,1	7,0	8,5	6,1	5,8	6,1+	6,9+	6,0+
	Jim Beam	72	1,6	1,8	1,9	1,4	1,4	1,4+	1,4+	1,5+
	Sternmarke	76	.	.	2,7	1,8	1,8	1,2+	1,4+	1,4+
	Meisterlikör	.	.	.	1,2	.	.	.	.	.
	Meisterkorn	.	.	.	1,0	.	.	.	.	.
			8,7	**8,8**	**15,3**	**9,3**	**9,0**	**8,7**	**9,7**	**8,9**
17. *Dethleffsen*	Bommerlunder	17	7,0	7,2	9,0	6,0	6,0	6,0	6,0+	5,4+
	Nissen Weizenkorn	37	.	.	.	2,0	3,0	3,5	3,5+	3,3+
	Nissen Goldener Apfel	.	.	.	.	.	2,0	2,0	1,8+	.
	Dokator	.	1,8	1,2	1,0	.	.	.	.	.
			8,8	**8,4**	**10,0**	**8,0**	**11,0**	**11,5**	**11,3**	**8,7**
18. *Pabst & Richarz*	Weinbrand Prestige	52	.	.	.	.	.	.	2,5	2,5
	Noris Dreistern[7]	56	(1,8)	(2,0)	(2,3)	(2,2)	(2,1)	(2,1)	(2,2)	2,2
	Tisserand[6]	63	.	(4,2)	(4,3)	(3,4)	(3,9)	(3,9)	1,9	1,9
	Stück 1826[7]	75	(1,8)	(2,1)	(2,1)	(1,6)	(1,3)	(1,2)	(1,4)	1,4
									4,4	**8,0**

9. Spirituosenindustrie

19. Jacobi	Jacobi 1880	22	3,3	3,4	3,7	3,1	3,7	4,0	4,2	4,6+
	Fernet Branca	36	•	•	•	2,1	2,2	2,5	2,8	3,3+
			3,3	**3,4**	**3,7**	**5,2**	**5,9**	**6,5**	**7,0**	**7,9**
20. König	Schinkenhäger	32	5,0	4,7	4,9	4,0	4,8	4,4	4,2	3,2
	Puschkin	66	1,6	1,6	1,7	1,6	1,8	1,9	1,9	1,8
	Urkönig	91	•	•	•	•	•	1,1	1,3	1,2
	Leibwächter	94	3,3	1,6	1,6	1,2	1,2	1,2	1,2	1,0
			9,9	**7,9**	**8,2**	**6,8**	**7,8**	**8,6**	**8,6**	**7,7**

• = keine Angabe bzw. Produkt nicht auf dem Markt
+ = Schätzung
( ) = Produkt wurde im betreffenden Jahr von einem anderen Unternehmen angeboten

[1] Die tatsächliche Absatzgröße der einzelnen Unternehmen wird nicht immer zutreffend wiedergegeben, weil die FAZ-Listen in der Regel nur Einzelmarken mit einem Jahresabsatz von mindestens einer Million Flaschen à 0,7 Liter enthalten. Vor allem in der Likör- und Kornbrantweinproduktion erzielen einige Unternehmen einen Absatz von insgesamt mehreren Millionen Flaschen, jedoch keine ihrer Einzelmarken.
Die Zahlen für 1974–1978 beruhen zum Teil auf Unternehmensangaben, überwiegend jedoch auf Berechnungen von *Horst Dohm*.
[2] Der Weinbrand „Attaché" ging am 1. 1. 1981 mit dem Kauf der *Weinbrennerei Stromburg Siegert & Co. GmbH*, Düsseldorf, auf *Eckes* über.
[3] Die Brennerei *H. A. Winkelhausen*, Berlin/Bremen, wurde am 1. 10. 1980 von *I. B. Berentzen* erworben.
[4] 35%-Beteiligung bei *Herm. G. Dethleffsen*, Flensburg.
[5] Die Mehrheit an *Christian Adalbert Kupferberg & Cie.*, Mainz, dem Importeur von „Johnnie Walker", ging Mitte 1978 auf *Racke* über.
[6] *Pabst & Richarz* übernahm 1980 alle Spirituosen-Warenzeichen der *Michael Weber KG*, Trier.
[7] Firmenmäntel und Marken übernahm *Pabst & Richarz* am 1. 1. 1981 von der *Söhnlein Rheingold KG*, Wiesbaden (*Oetker-Gruppe*).

Quelle: Eigene Zusammenstellung nach den Listen der „Spirituosen-Millionäre" von *Horst Dohm* in der Frankfurter Allgemeinen Zeitung vom 20. 6. 1975, 20. 5. 1976, 3. 6. 1977, 27. 4. 1978, 14. 4. 1979, 5. 5. 1980, 26. 8. 1981 und 9. 7. 1982.

8. Kontrollfragen

1. Durch welche Maßnahmen wurde bzw. wird die Landwirtschaft begünstigt?
2. Durch welche Maßnahmen werden speziell die landwirtschaftlichen Kartoffelbrennereien begünstigt?
3. Mit Hilfe welcher Maßnahmen kann die Struktur der Brennereien gezielt beeinflußt werden?
4. Aus welchen ökonomischen Gründen sind Spirituosenhersteller am Besitz von Brennrechten interessiert?
5. Inwieweit sind die Brennrechte ein Mittel zur Steuerung der Alkoholproduktion?
6. Welche ökonomischen Konsequenzen ergeben sich aus der Höhe der festgesetzten Brennrechte? Zeigen Sie dies anhand des Verhältnisses zwischen Umfang und Ausnutzung der Brennrechte!
7. Welche wettbewerbspolitischen Probleme ergeben sich aus der Ermittlung des Übernahmepreises für Rohbrand nach dem Prinzip der Kostendeckung?
8. Erörtern Sie den staatlichen Einfluß auf die Marktentwicklung der Spirituosenindustrie!
9. Welchen Einfluß haben die institutionellen Rahmenbedingungen auf das Verhalten der Unternehmen, d.h. auf den Einsatz der unternehmerischen Aktionsparameter?
10. Hinsichtlich welcher Struktur- und Verhaltensaspekte hat sich die staatliche Einflußnahme eindeutig wettbewerbsmindernd ausgewirkt?
11. Welche ökonomischen Auswirkungen hat die Aufhebung des Einfuhrmonopols?
12. Erklären Sie die unterschiedlichen Verhaltensweisen der Markenartikler und der Nichtmarkenartikler auf dem Spirituosenmarkt!
13. In welcher Weise können sich Veränderungen des Konsumverhaltens in der Sättigungsphase auf das Unternehmensverhalten auswirken?
14. Begründen Sie den Einsatz der bei stagnierender Marktentwicklung dominierenden unternehmerischen Aktionsparameter!
15. Stellen Sie alle staatlichen Maßnahmen zusammen, die sich in der historischen Entwicklung der Spirituosenindustrie auf die Industriestruktur ausgewirkt haben!
16. Wie beurteilen Sie wettbewerbspolitisch den in den letzten Jahren verstärkten Einsatz des Aktionsparameters „externes Unternehmenswachstum"?

9. Literaturhinweise

Zur frühen **Geschichte der Brennereiwirtschaft** unter Berücksichtigung der technischen Entwicklung ist zu empfehlen:
Wassermann, L., Die deutsche Spiritusindustrie, Leipzig 1909.

Eine sehr ausführliche, ausgewogene und materialreiche Darstellung der Beziehung zwischen **Branntweinpolitik und Landwirtschaft** gibt:
Herlemann, H.-H., Branntweinpolitik und Landwirtschaft. Die Stellung der landwirtschaftlichen Brennereien in der westdeutschen Brennereiwirtschaft, Kiel 1952.

Einen guten Eindruck von der **Struktur und der Entwicklung der Brennereiwirtschaft** sowie der Spirituosenindustrie vermittelt:
Die Spirituosenindustrie, herausgegeben vom *Bundesverband der Deutschen Spirituosen-Industrie,* Bonn 1975ff.

Ein umfangreiches Spirituosen-ABC, **aktuelle Berichte** zu den Rahmenbedingungen von Brennereiwirtschaft und Spirituosenindustrie sowie aus dem Bereich des Branntweinmonopols sind enthalten in:
Spirituosen-Jahrbuch, herausgegeben von der *Versuchs- und Lehranstalt für Spiritusfabrikation und Fermentationstechnologie,* Berlin 1950ff.

Detailliertes **Zahlenmaterial** zum Bereich des **Branntweinmonopols** findet sich in:
Branntweinmonopol, herausgegeben vom *Statistischen Bundesamt,* Fachserie 14: Finanzen und Steuern, Reihe 9.4.

Umfangreiches **empirisches Material** findet man auch in:
Boysen, H./Burre, H./Sieben, R., Spirituosen, Schriftenreihe Märkte und Verbraucher, hrsg. vom *Gruner + Jahr Marketing-Service,* Hamburg, April 1979.
Axel Springer Verlag (Hrsg.), Der Getränkemarkt-Spirituosen, Hamburg o.J.

Brauereiindustrie

Joachim Schwalbach
Jürgen Müller

Gliederung

1. Einleitung
   1.1. Produkt Bier
   1.2. Historische Entwicklung und Bedeutung des Braugewerbes
   1.3. Entwicklung von Ausstoß und Nachfrage
   1.4. Außenhandel mit Bier
   1.5. Staatlich regulierte Eingriffe
2. Marktstruktur
   2.1. Entwicklung der Betriebsstruktur
   2.2. Größenvorteile und Transportkosten
   2.3. Entwicklung der Unternehmensstruktur
      2.3.1. Wichtigste Unternehmen und Unternehmensgruppen
      2.3.2. Unternehmenszusammenschlüsse
      2.3.3. Mehrbetrieblichkeit
      2.3.4. Unternehmenskonzentration
   2.4. Determinanten der Unternehmenskonzentration
      2.4.1. Größenvorteile
      2.4.2. Stochastische Bestimmungsfaktoren
      2.4.3. Marktzugänge und Marktabgänge
      2.4.4. Internes und externes Wachstum
   2.5. Analyse der Konzentrationsveränderung
3. Verhaltensweise
   3.1. Preispolitik
   3.2. Produktdifferenzierung und Werbung
   3.3. Fusionspolitik
   3.4. Kooperationspolitik
   3.5. Diversifikationspolitik
   3.6. Bierlieferungsverträge
4. Wettbewerbspolitische Folgerungen
5. Anhang
6. Kontrollfragen
7. Literaturhinweise

1. Einleitung*,**

1.1. Produkt Bier

Das Bier wird im Lehrbuch für Brauerei von *de Clerck* als ein Getränk definiert, das durch Gärung eines mit Hopfen versetzten wässerigen Auszugs aus gekeimtem Getreide entsteht.[1] In der Bundesrepublik schreibt das Biersteuergesetz vor, welche Rohstoffe bei der Herstellung verwendet werden müssen. Dieses Gesetz findet seinen Ursprung im Reinheitsgebot des bayerischen Herzogs *Wilhelm IV.* (1516), der den Brauern verbot, andere Stoffe als Gerste, Hopfen, Hefe und Wasser zu verwenden.

Die Bierherstellung[2] vollzieht sich im wesentlichen in drei Phasen:

Beim **Mälzen** wird der Hauptrohstoff, die Gerste, zum Keimen gebracht. Nach ca. drei Tagen wird der Keimungsprozeß durch Trocknen auf der Darre unterbrochen. Beim **Brauen** wird das Malz, d. h. die gekeimte und gedarrte Gerste, geschrotet und mit warmem Wasser extrahiert. Aus diesem Gemisch wird die Würze gewonnen. Beim **Gären** wird die abgekühlte Würze mit Hefe versetzt. Im Gärungsprozeß, der nach etwa acht Tagen (je nach Sorte und Temperatur) beendet ist, bilden sich Alkohol und Kohlensäure.

Unterschiede im Gärungsprozeß klassifizieren das Bier in bestimmte Bierarten, in unter- und obergärige Biere. Untergärige Biere gären bei einer Temperatur von $5°-10°C$, wobei sich die Hefe am Boden des Gärbeckens absetzt. Sie sind in der Regel haltbarer und geschmacklich eindeutiger bestimmbar als obergärige Biere. Etwa 85% (1980) des in der Bundesrepublik gebrauten Bieres zählen zu den untergärigen Arten, die zusätzlich in folgende Sorten eingeteilt werden: Pils, Export, Dunkel, Hell, Lager, Märzen, Bock etc. Obergärige Biere können gemäß dem Biersteuergesetz auch aus Weizenmalz gewonnen werden. Das obergärige Bier wird bei einer Temperatur

---

* Dieser Aufsatz ist Teil einer umfangreichen Studie über die deutsche Brauereiindustrie, die am *Internationalen Institut für Management und Verwaltung* des *Wissenschaftszentrums* Berlin durchgeführt wurde. Bisher sind im Rahmen der Industriestudie folgende Aufsätze erschienen: *Müller, J./Schwalbach, J.*, Kostendegressionen, Sortenvielzahl und Strukturwandel bei Brauereien, in: *Brockhoff, K./Dinkelbach, W./Pressmar, D.B./Spicher, K.* (Hrsg.), Proceedings in Operations Research 7, Würzburg, Wien 1978, S. 296–305. *Müller, J./Schwalbach, J.*, Untersuchungen zur langfristig effizienten Struktur der Brauereiindustrie, in: Zeitschrift für Betriebswirtschaft, 49. Jg. (1979), S. 1008–1031. *Müller, J./Schwalbach, J.*, Structural Change in West Germany's Brewing Industry: Some Efficiency Considerations, in: Journal of Industrial Economics, Bd. 28 (1980), S. 353–368. *Müller, J./Schwalbach, J.*, On the Use of Non-Linear Location Models to Evaluate the Structural Efficiency of an Industrial Sector, in: Journal of the Operational Research Society, Bd. 32 (1981), S. 3–10. *Schwalbach, J.*, An Alternative Approach to the Evaluation of Plant Structural Efficiency, in: International Journal of Production Research, Bd. 19 (1981), S. 361–369.
** Teile des Aufsatzes basieren auf dem unveröffentlichten Manuskript von *Müller, J./Burckhardt, W./Schwalbach, J.*, Vom Hausbrau zum Konzernbrau, Berlin 1978. Für wertvolle Hinweise möchten wir uns bei *Peter Oberender* sehr herzlich bedanken.
[1] Vgl. *Clerck, J. de*, Lehrbuch der Brauerei, Bd. 1, 2. Auflage, Berlin 1964.
[2] Dieser Abschnitt lehnt sich an den Text von *Clerck, J. de*, a.a.O., an.

Tabelle 1: *Biergattungen, Bierarten und Biersorten sowie ihr Anteil am Gesamtausstoß 1980*

Biergattungen			Bierarten							
			untergärig			obergärig			Insgesamt	
Bezeichnung	% StWG	Bekannte Biersorten	Ausstoß			Bekannte Biersorten	Ausstoß		Ausstoß	
			hl	%			hl	%	hl	%
Einfachbier	2– 5,5		50086	0,05		z. B. Süßbier	32202	0,03	82288	0,09
Schankbier	7– 8		120513	0,13		z. B. Braunbier Berliner Weiße	76685	0,08	197198	0,21
Vollbier	11–14	z. B. Pils, Export, Dunkel, Hell, Lager, Märzen	78035785	84,51		z. B. Alt, Kölsch, Weißbier, Weizenbier, Malzbier	13339567	14,45	91375352	98,95
Starkbier	16 und mehr	Spezial, z. B. Bock, Doppelbock	659987	0,71		z. B. Porter, Weizenbock, Weizendoppelbock	26759	0,03	686746	0,74
Insgesamt			78866371	85,41			13475213	14,59	92341584	100

Quelle: *Deutscher Brauer-Bund e. V.*, 15. Statistischer Bericht 1981, Bonn 1981, S. 71.

von 15°–20°C vergoren, dabei sammelt sich die Hefe an der Oberfläche. Es enthält häufig mehr Aromastoffe als untergäriges Bier, die breitere Geschmacksvariationen ermöglichen. Bekannte obergärige Biersorten sind das Braunbier, Berliner Weiße, Alt, Kölsch und Weizenbier. Nach dem Gärungsprozeß wird das Bier gelagert: untergärige Sorten im allgemeinen länger als obergärige. Die Lagerung führt zur vollständigen Reife des Bieres und einer weiteren Verfeinerung des Geschmacks. Die Stärke des Bieres wird nach seinem Stammwürzegehalt (StWG) beurteilt, dem Extraktgehalt der unvergorenen Würze. Er ist nicht identisch mit dem Alkoholgehalt, der im allgemeinen ein Drittel bis ein Viertel des Stammwürzegehalts beträgt. Die Bierarten werden entsprechend ihres Stammwürzegehaltes nach Biergattungen unterschieden (vgl. Tabelle 1).

Bekannte Biersorten werden häufig nach ihrem ursprünglichen Entstehungsort benannt, wie der herbere Pilsener, der mildere Dortmunder oder der süßlichere Münchener Typ. Dabei spielen die in der näheren Umgebung angebauten Ausgangsstoffe wie Gerste und Hopfen, aber auch das Brauwasser eine wesentliche Rolle. Die früher standort- und produktionstechnisch bedingten Unterschiede des Bieres in Geschmack, Farbe, Schaum etc. sind heutzutage kontrollierbar, reproduzierbar und dadurch weitgehend standortunabhängig. So kann Brauwasser unterschiedlicher Herkunft beliebig aufbereitet werden. Zudem läßt sich Bier aus anderen Rohstoffen schneller und billiger herstellen als aus den in der Bundesrepublik zugelassenen Rohstoffen Gersten- oder Weizenmalz, Hopfen, Hefe und Wasser. So ist es im Ausland erlaubt, Bier aus Mais, Hirse, Reis und Gries herzustellen und zusätzlich sind in verschiedenen Ländern Beigaben von Schwefelsäure, Bisulfit, Tannin etc. erlaubt.

1.2. Historische Entwicklung und Bedeutung des Braugewerbes

Bier wird schon seit „ewigen" Zeiten getrunken, wobei früher der Hausbrau dominierte. Mit Beginn des 13. Jahrhunderts wandelten sich die Brauereien mehr und mehr zu gewerblichen Bierproduzenten, d.h. es wurde mehr Bier als für den Hausbedarf (Eigenbedarf) gebraut.[3] Aufgrund der traditionellen Exportbrauereien der Hanse dominierten in Norddeutschland schon früh große Brauereien, während in Süddeutschland neben einigen bedeutenden Brauorten (z.B. Nürnberg) vor allem – auch wegen der Schutzzölle – lokale Brauereien bestanden, die teilweise als Nebenbetriebe (z.B. neben der Landwirtschaft) geführt wurden. Das Süd-Nord-Gefälle wurde außerdem durch bestehende Brauordnungen, die den Bierpreis bestimmten, unterschiedliche Biersteuer, unterschiedliche Praxis bei der Gewährung der Gewerbefreiheit u.a.m. verstärkt.

Die Verbesserung der Brautechnik[4] und der Transportwege (Straßenbau, Eisenbahn) führte zu einem relativ starken Konzentrationsprozeß, der sich besonders seit der statistischen Erfassung von 1880 recht gut verfolgen läßt. Im Zeitraum von 1880 bis

---

[3] Der historische Überblick basiert auf den Ausführungen von *Huntemann, H.*, Bierproduktion und Bierverbrauch in Deutschland vom 15. bis zum Beginn des 19. Jahrhunderts, Dissertation, Göttingen 1970.
[4] Z.B. durch Einführung der Postenrisierung und künstlichen Kühlung.

1917 ging die Zahl der gewerblichen Braustätten (im Erfassungsraum der Biersteuerstatistik, welche Bayern, Baden-Württemberg und Elsaß-Lothringen nicht erfaßt), von 10374 auf 2182 zurück, während die Produktion von 21 Mio. hl 1880 auf über 46 Mio. hl 1905 angestiegen war. Zu dieser Zeit war also der Konzentrationsprozeß wesentlich stärker als der uns heute beunruhigende Trend, und im Grunde wurden damals schon dieselben Themen erwähnt, die uns heute beschäftigen.[5]

Der 1. Weltkrieg und seine Folgen hatten eine starke Minderung des Bierkonsums zur Folge. Der Bierausstoß, der vor dem 1. Weltkrieg fast 70 Mio. hl erreicht hatte, sank während des 1. Weltkrieges und in der darauffolgenden Zeit um mehr als die Hälfte. Der sinkende Bierverbrauch intensivierte den Kampf um die Konsumenten, wobei die finanzkräftigeren Brauereien diesen Konkurrenzkampf besser überstehen konnten.[6] Die Wirtschaftskrise zu Beginn der 30er Jahre verschlechterte die Absatzchancen der deutschen Brauer erneut. So produzierten alle Brauereien des Deutschen Reiches im Jahre 1932 mit 33,5 Mio. hl Bier nur knapp die Hälfte des Jahresausstoßes von 1900.

Resultat dieser Nachfrageminderung war ein weiteres Ansteigen der Unternehmenskonzentration. Dabei ist die Konzentrierung in Berlin besonders interessant. Im Jahre 1929/30 erreichten acht Berliner Brauereien mit einer Gesamtproduktion von 7167 Mio. hl Bier einen Marktanteil von über 14%. Sie betreiben in Berlin zwanzig Braustätten.[7]

Während des Dritten Reiches veränderte sich die Brauereistruktur nur geringfügig.

Erst kurz vor Beginn des 2. Weltkrieges stieg der Bierkonsum wieder auf fast 50 Mio. hl an, ging jedoch während und kurz nach dem 2. Weltkrieg besonders stark zurück[8]: Wie die gesamte deutsche Industrie erlitten auch die Brauereien hohe Verluste. Sie verloren wertvolle Betriebsanlagen und wichtige Absatzgebiete.

1.3. Entwicklung von Ausstoß und Nachfrage

Für das Gebiet der Bundesrepublik Deutschland stiegen die Produktion und der Pro-Kopf-Verbrauch von Bier zwischen 1950 und 1976 kontinuierlich an (vgl. *Tabelle 2*);

---

[5] Vgl. *Andorfer, L.*, Die Rationalisierung in der Brauindustrie unter Berücksichtigung ihrer Einwirkung auf die Arbeiterschaft, Diss. Würzburg 1928; Nürnberg 1929.
Biergans berichtet für die späteren Jahre von folgendem Konzentrationsprozeß aufgrund der Zahl der gemeldeten gewerblichen Brauereibetriebe (1907–1956):

Rechnungsjahr*	1907	1914	1919	1920	1925	1930	1935	1938	1949	1950	1954	1955	1956
Brauereien	12297	9959	6519	6389	4773	4669	4509	4412	2740	2659	2615	2954	2508

* 1907–1928 für das Gebiet des deutschen Reiches
1949–1956 für das Gebiet der BRD einschließlich Berlin-West.

Quelle: *Biergans, E.*, Bierbrauerei, HdSW, Bd. 2, Stuttgart 1959, S. 215.

[6] Vgl. *Schmidt, P.*, Zur Standortökonomie der Deutschen Brauereiwirtschaft, Dissertation TU Berlin 1975.
[7] Vgl. *Bullemer, K.*, Beiträge zur Geschichte des Berliner Brauwesens und seiner Organisation, in: Jahrbuch 1961 der Gesellschaft für die Geschichte und Bibliographie des Brauwesens in Berlin, S. 63 ff.

Tabelle 2: *Bierausstoß, Pro-Kopf-Verbrauch, Umsatz 1950–1980*

	Bierausstoß (1 000 hl)	Pro-Kopf-Verbrauch (Liter)	Umsatz	
			pro hl in DM	in % vom Bruttosozialprodukt
1950	18 176	35,6		
1955	36 130	67,5		
1960	53 739	94,9	73,6	1,3
1965	73 178	122,1	81,3	1,3
1970	86 051	141,1	91,4	1,1
1975	93 457	147,8	109,2	0,93
1976	95 679	150,9	109,4	0,89
1977	94 347	148,7	127,8	0,96
1978	91 656	145,6	129,2	0,88
1979	91 643	145,1	133,2	0,84
1980	92 342	145,7	135,7	0,81

Quelle: *Deutscher Brauer-Bund e.V.*, diverse Statistische Berichte; *Statistisches Bundesamt*, Statistisches Jahrbuch 1981.

allerdings verlangsamten sich in diesem Zeitraum das Ausstoßwachstum und der Pro-Kopf-Verbrauch kontinuierlich. Seit 1977 stagniert die Nachfrage, und es scheint, daß der Biermarkt in den letzten Jahren nahe an die Sättigungsgrenze gekommen ist.

In bezug auf das Umsatzwachstum ist die Stagnation weniger deutlich ausgefallen; denn der Umsatz pro hl ist, auch aufgrund der Preissteigerungen, kontinuierlich weiter gewachsen. Dennoch ist im Verhältnis zum Bruttosozialprodukt die Bedeutung der Brauereiindustrie zurückgegangen (vgl. *Tabelle 2*).

1.4. Außenhandel mit Bier

Aufgrund der langen Tradition der deutschen Brauwirtschaft und auch wegen des international anerkannten Niveaus der deutschen Braukunst sollte man annehmen, daß der Außenhandel mit Bier von großer Bedeutung ist. Die Statistiken zeigen jedoch ein anderes Bild. Im Jahre 1980 betrug die Ausfuhr von Bier aus der Bundesre-

---

[8] Die Ausstoßzahlen für die Periode 1920–1939 betrugen (in Mio. hl)

Jahr	Gesamtausstoß	Jahr	Gesamtausstoß
1920	23,4	1930	48,6
1921	34,0	1931	37,1
1922	31,2	1932	33,5
1923	28,3	1933	34,1
1924	33,1	1934	35,9
1925	47,6	1935	39,8
1926	48,3	1936	39,9
1927	51,6	1937	43,6
1928	55,0	1938	48,1
1929	51,0	1939	47,1

publik Deutschland 3,3% des Bierausstoßes oder 3,044 Mio. hl und die Einfuhr von Bier 0,9% des Inlandsverbrauchs oder 0,826 Mio. hl[9]. Die Zahlen sind erstaunlich niedrig. Von der Gesamtausfuhr entfielen 1980 etwa 80% auf nur sechs Länder (Großbritannien, USA, Italien, Frankreich, Österreich und Schweiz), während 92% der Gesamteinfuhr lediglich aus fünf Ländern (Dänemark, Belgien, Luxemburg, CSSR und DDR) stammten.[10] Die geringe Bedeutung des Außenhandels mit Bier ist – wie wir noch sehen werden – hauptsächlich auf die hohen Transportkosten und auf Marktzutrittsbarrieren zurückzuführen.

1.5. Staatlich regulierte Eingriffe

Die staatlich regulierten Eingriffe betreffen den Preis, die Qualität, den Marktzutritt, den Transport von Bier und die Mittelstandsbrauereien. Der regulierte Eingriff auf den **Bierpreis** wird hauptsächlich durch die Biersteuer erzielt. Allerdings ist aufgrund der niedrigen Preiselastizität der Einfluß der Steuern auf die Nachfrage nach Bier gering.[11] Die Biersteuer, gestaffelt nach den innerhalb eines Rechnungsjahres erzeugten Mengen, bewirkt eine progressive Belastung je hl Bierausstoß.[12] Durch die Staffelung der Biersteuer soll den **Mittelstandsbrauereien** ein Ausgleich für deren Kostennachteil gegenüber den größeren Brauereien eingeräumt werden.

Ein weiterer Eingriff betrifft die **Produktqualität**. Die Richtlinien für diese hoheitliche Einflußnahme entstammen hauptsächlich dem Lebensmittelgesetz.[13] Der Staat über-

---

[9] Vgl. *Deutscher Brauer-Bund e.V.*, 15. Statistischer Bericht 1981, Bonn 1981, S. 102–103 und 18.

[10] Vgl. *Deutscher Brauer-Bund e.V.*, 15. Statistischer Bericht 1981, a.a.O., S. 17–18.

[11] Vgl. hierzu die von Sinz erwähnten Auswirkungen nach einer Veränderung der Steuersätze, *Sinz, G.*, Der Getränkemarkt, Berlin 1972, S. 44 ff. Die Preiselastizität der Nachfrage nach einzelnen Biersorten wird vermutlich höher sein als die der Biernachfrage insgesamt.

[12] Biersteuermengenstaffel (seit 1906). Die Biersteuer beträgt für jeden Hektoliter der in einem Brauereibetrieb innerhalb eines Rechnungsjahres erzeugten Biermenge

von den ersten	2 000 hl	12,00 DM
von den folgenden	8 000 hl	12,30 DM
von den folgenden	10 000 hl	12,60 DM
von den folgenden	10 000 hl	12,90 DM
von den folgenden	30 000 hl	13,20 DM
von den folgenden	30 000 hl	13,80 DM
von den folgenden	30 000 hl	14,40 DM
von dem Rest		15,00 DM

Quelle: *Deutscher Brauer-Bund e.V.*, 15. Statistischer Bericht, a.a.O., S. 21.

[13] In der Bundesrepublik regelt das Lebensmittelgesetz den Verkehr mit allen Lebensmitteln. „Lebensmittel im Sinne dieses Gesetzes sind alle Stoffe, die dazu bestimmt sind, in unverändertem oder zubereitetem, oder verarbeitetem Zustand von Menschen gegessen, gekaut oder getrunken zu werden..." (§ 1 Abs. 1 LMG).
§ 3 Abs. 1 LMG verbietet, „... Lebensmittel für andere derart zu gewinnen, herzustellen, zuzubereiten, zu verpacken, aufzubewahren, zu befördern oder sonst zu behandeln, daß ihr Genuß die menschliche Gesundheit zu schädigen geeignet ist." Weitere Verbote und Einschränkungen bringen die §§ 4. Im Einklang mit §§ 5 LMG regelt die Herstellung von und den Verkehr mit Getränken das Biersteuergesetz vom 14. 3. 1952 (BGBl. I S. 149).

nimmt hier eine Schutzfunktion, um den Verbraucher vor Produkten minderer Qualität zu schützen. Gleichzeitig beeinflussen andere staatliche Eingriffe den **Marktzutritt** auf den Biermarkt. Das Reinheitsgebot z. B. fungiert wesentlich als Marktzutrittsschranke für ausländische Biere. Die *EG-Kommission* versuchte bisher vergeblich gegen den Widerstand des *Deutschen Brauer-Bundes* und entsprechender staatlicher Institutionen im Zuge einer Vereinheitlichung eine Lockerung des Reinheitsgebots durchzusetzen. Branchenkenner sehen allerdings im deutschen Reinheitsgebot keine wirksame Marktzutrittsschranke gegen die ausländische Konkurrenz.[14]

Der staatliche Einfluß auf den **Transport** von Bier beschränkt sich bisher auf Überlegungen, den Werkfernverkehr in gewerblichen Verkehr überzuleiten. Im Jahre 1980 entfielen auf den Werkfernverkehr 81% aller im Fernverkehr beförderten Mengen von Bier[15].

2. Marktstruktur

2.1. Entwicklung der Betriebsstruktur

Im Jahr 1954/55 existierten über 32 000 steuerpflichtige Braustätten, davon allerdings über 90% Hausbrauer.[16] Für unsere Betrachtung sind jedoch nur die gewerblichen Braustätten von Bedeutung[17]. Die Anzahl der gewerblichen Braustätten ist laufend gefallen, im Jahre 1980 gab es nur noch 1 364. Dagegen stieg die durchschnittliche Betriebsgröße von 24 200 hl im Jahre 1960 auf 67 700 hl im Jahre 1980 an (für eine detaillierte Betrachtung vgl. *Tabelle A 1* im Anhang) – ein Zeichen für die kontinuierliche Umstrukturierung und Verlagerung der Produktion in größere Betriebsstätten.

Geographisch sind die Betriebe nicht gleichmäßig über die Bundesrepublik verteilt. Die Anzahl der Betriebe variiert zwischen den einzelnen Bundesländern. Die Entwicklung verlief sehr uneinheitlich, wie bereits im historischen Abschnitt angedeutet. Besonders die regional differierende Nachfrage und staatlich regulierte Eingriffe prägten den Verlauf dieser Entwicklung. Dabei ist die relativ hohe Anzahl von 931 Betriebsstätten in Bayern gegenüber nur 5 Betriebsstätten in Schleswig-Holstein im Jahre 1980 (für eine detaillierte Betrachtung vgl. *Tabelle A 1* im Anhang) besonders auffällig.[18] Der zweite Rang, den Baden-Württemberg in dieser Statistik ein-

---

[14] Vgl. „Großes Gedränge auf dem Biermarkt", in: Süddeutsche Zeitung vom 3. Juni 1981.
[15] Vgl. *Deutscher Brauer-Bund e. V.*, 15. Statistischer Bericht, a. a. O., S. 99.
[16] Nach der statistischen Definition sind Hausbrauer solche, die steuerbegünstigt Bier nur für den Hausbedarf herstellen.
[17] Gewerbliche Brauer sind solche, die für eigene Rechnung brauen. Die Zahl der gewerblichen steuerpflichtigen Brauer liegt wiederum höher als die Zahl der gewerblichen Braustätten, weil gewisse Braustätten von mehr als einer Person gewerblich genutzt werden.
[18] Hierzu gehört die Besonderheit der schon erwähnten Hausbrauer, die fast ausschließlich zu 99,9% im Bezirk der Oberfinanzdirektion Nürnberg ansässig waren. 1980 gab es noch 9 148 Hausbrauer, die zusammen weniger als 0,1% des gesamten Bierausstoßes produzierten. *Deutscher Brauer-Bund e. V.*, 15. Statistischer Bericht, a. a. O., S. 22.

Tabelle 3: Durchschnittliche und kumulative Betriebsgröße 1962–1980

Jahr	100%					50%	
	Ausstoß in Mio. hl	Anzahl der Braustätten	Durchschnittsgröße in 1 000 hl	Braustätten über 0,5 Mio. hl		Anzahl der Braustätten	Durchschnittsgröße in 1 000 hl
				Anzahl	Durchschnittsgröße in 1 000 hl		
1962	62,16	2 155	28,8	16	801,7	86	360,6
1966	76,10	1 998	38,0	24	887,3	80	474,9
1970	87,05	1 815	47,9	32	916,5	79	550,9
1975	93,46	1 568	59,6	41	958,6	64	730,2
1980	92,34	1 364	67,7	48	971,5	47	982,3

Quelle: *Deutscher Brauer-Bund e. V.*, Statistische Berichte, diverse Jahre.

nimmt (206 Betriebsstätten) ist vor allem auf die niedrige durchschnittliche Betriebsgröße in diesem Raum zurückzuführen.

Die Betriebsgrößenverteilung innerhalb der deutschen Brauindustrie zeigt eine breite Streuung. Nur eine Analyse der bedeutendsten Größenklassen ermöglicht eine ausreichend klare Aussage über die Größenstruktur, denn die Durchschnittsgröße wird zu stark von der Anzahl der Kleinstbrauereien beeinflußt. (Die Betriebsgrößenverteilung ist für die Jahre 1962 und 1980 in *Tabelle A 2* im Anhang dargestellt.) Der Trend zu größeren Betrieben in allen Bundesländern ist eindeutig. Noch eindeutiger ist allerdings die zunehmende Bedeutung der Großbetriebe (über 500000 hl) an der Gesamtproduktion. Um diese Tendenzen eindeutig aufzuzeigen wurde die durchschnittliche Betriebsgröße der Betriebe ermittelt, die 50% der Gesamtproduktion erzeugen. Die kumulative Durchschnittsgröße ist wesentlich aussagefähiger, da sie nicht von der sich eher verändernden Gesamtzahl der Brauereien abhängt. Die Werte sind für den Zeitraum 1962–1980 in *Tabelle 3* dargestellt. Die Anzahl der Braustätten, die nötig war, um 50% des Gesamtausstoßes zu produzieren, ist kontinuierlich gefallen, während die durchschnittliche Betriebsgröße dieser Gruppe von 0,36 auf 0,98 Mio. hl Jahresausstoß anstieg. Dies geht auch aus der Anzahl der Braustätten hervor, die über 0,5 Mio. hl produzieren. Ihre Durchschnittsgröße lag 1980 bei fast 1 Mio. hl Jahresausstoß. Die Zahlen zeigen, daß auch in den oberen Größenklassen die Betriebsgrößen kontinuierlich erweitert worden sind und daß schon ein kleiner Teil der 1364 gewerblichen Braustätten im Jahre 1980 genügt, um den Großteil der westdeutschen Biererzeugung zu gewährleisten. So gesehen ist der Rest der Verteilung relativ unbedeutend, obwohl gerade die Frage, welche Rolle langfristig die Betriebe unter 100000 hl Jahresausstoß spielen, strukturpolitisch besonders wichtig ist.

2.2. Größenvorteile und Transportkosten

Größenvorteile treten dann auf, wenn bei Steigerung der Produktion die dazu benötigten Produktionsfaktoren unterproportional wachsen. Die Verschiebung der Braustättenverteilung zu immer größeren Betriebseinheiten läßt darauf schließen, daß in der Brauindustrie solche Größenvorteile zunehmend an Bedeutung gewonnen haben. Sie sind auf Spezialisierungsvorteile, reine Kapazitätsgrößenvorteile und Losgrößenersparnisse zurückzuführen.

Durch **Spezialisierung** bei Produktionsfaktoren entstehen Effizienzsteigerungen und Kostendegressionen, die es größeren Betrieben erlauben, ihre Produkte zu niedrigeren Kosten herzustellen als kleinere Betriebe mit geringerem Spezialisierungsgrad. Diese Spezialisierungsvorteile entstehen durch Arbeitsteilung, d.h., produktive Faktoren (Arbeitskräfte, Maschinen, Kapital) können im Einsatz für einen bestimmten Prozeß oder bei der Bearbeitung eines Teilgebietes innerhalb des Produktionsprozesses (wie beispielsweise im Abfüll- und Brauprozeß) eine größere Produktivität erzielen.[19] Diese Spezialisierungsvorteile lassen sich jedoch nicht unbeschränkt ausweiten, denn mit steigender Spezialisierung treten größere Koordinierungsprobleme auf, während die Anpassungsfähigkeit beispielsweise an eine veränderte Nachfrage nachläßt.

Die Produktivität von Spezialmaschinen hängt nicht nur vom Grad der Spezialisierung der Anlage und des bedienenden Personals für einen bestimmten Prozeß ab, sondern auch von der Größe der Anlage (z.B. Sudhaus, Abfüllanlage) – also von den **Kapazitätsgrößenvorteilen.** Zwar variieren auch die Spezialisierungsvorteile je nach der Betriebsgröße – in einem kleinen Betrieb, in dem eine Person oder Maschine mehrere Arbeitsgänge durchführen muß, sind die Möglichkeiten zur Spezialisierung natürlich geringer –, doch die eigentlichen Größenvorteile haben eine andere Ursache. Sie ergeben sich bei Gebäuden und Gefäßen vor allem daraus, daß mit zunehmender Größe der Rauminhalt von Gebäuden, Tanks, Rohren usw. schneller wächst als ihre flächenmäßige Ausdehnung. Da gerade im Brauereiwesen aber hauptsächlich die flächenmäßige Ausdehnung die Investitionskosten verursacht[20], fallen diese Kosten pro Kapazität mit steigender Größe um ca. 30% (die sogenannte Zwei-Drittel-Regel). Allerdings sind diesen Größenvorteilen von der Statik, der Verfahrenstechnik sowie der Lebensdauer Grenzen gesetzt, die sich aber im Laufe der Zeit aufgrund des technischen Fortschritts ändern[21]. In einem solchen Fall ist der technische Fortschritt nicht größenneutral und kann zu größeren oder kleineren effizienten Einheiten führen.

Die Kapazitätsgrenzen, die normalerweise vom jeweiligen Entwicklungsstand der Technik abhängen, bestimmen auch die **mindestoptimale technische Betriebsgröße** (MOTB). Dieser Referenzpunkt gibt die Betriebsgröße an, von der ab alle technischen Kapazitätsgrößen- und Spezialisierungsvorteile ausgenutzt sind bzw. die lang-

---

[19] Diese Spezialisierungsvorteile wurden schon von *Adam Smith* beschrieben. Er berichtete, daß die Arbeitsproduktivität bei Nagelschmieden wesentlich höher sei, wenn nur ein Arbeiter jeweils das Schneiden, Strecken, Spitzen und Köpfen von Nägeln verrichtete, als wenn alle Arbeiter unspezialisiert alle Arbeitsgänge verrichten würden. *Smith, A.,* An Inquiry into the Nature and Causes of the Wealth of Nations, London 1776.
[20] Dies trifft bei Gebäuden nicht ganz zu.
[21] Vgl. hierzu *Lenel, H.O.,* Ursachen der Konzentration unter besonderer Berücksichtigung der deutschen Verhältnisse, 2. Auflage, Tübingen 1968, S. 87 ff.; *Lenel, H.O.,* Zur Problematik der Ermittlung optimaler Betriebsgrößen und ihrer Verwendung, in: *Neumark, F.,* u.a. (Hrsg.), Wettbewerb, Konzentration und wirtschaftliche Macht, Festschrift für Helmut Arndt zum 65. Geburtstag, Berlin 1976, S. 185 ff.

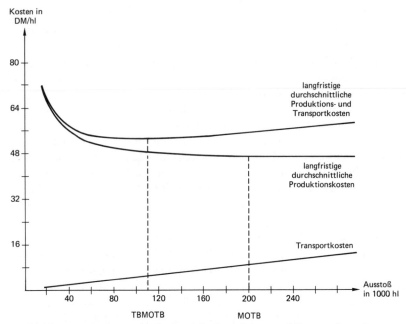

Abbildung 1: Langfristige durchschnittliche Produktions- und Transportkostenkurve

fristigen durchschnittlichen Produktionskosten ihr Minimum erreicht haben. In *Abbildung 1* haben wir eine geglättete langfristige durchschnittliche Produktionskostenkurve dargestellt. Sie wurde mit Hilfe der statistischen Kostenanalyse und ingenieurwissenschaftlichen Schätzungen für eine Brauerei entsprechend der 1970er Technologie approximativ ermittelt[22]. Die so geschätzte MOTB liegt bei etwa 2 Mio. hl Jahreskapazität (das entspricht einem Marktanteil von 2,2% im Jahre 1980). Der Kostennachteil einer Braustätte mit einem Drittel dieser MOTB Kapazität beträgt 17,2%.[23] Diese Kostenunterschiede weisen auf deutliche Größenvorteile im Produktionsbereich hin.

Die MOTB ist stark abhängig von der Unteilbarkeit der Spezialisten oder Spezialmaschinen, d.h. dem **Prinzip des kleinsten gemeinsamen Vielfachen.** Es besagt, daß die eingesetzte Maschine mit der größten Dimension die MOTB bestimmt. Innerhalb einer Brauerei kann das z.B. die Flaschenabfüllanlage sein, denn die Aggregatsgrößendegressionen erreichen nicht bei der gleichen Kapazität für alle Anlagen ihr Minimum.

---

[22] Auf die verschiedenen Meßmethoden kann hier nicht eingegangen werden. Für das weitere Studium sei verwiesen auf *Kaufer, E.,* Industrieökonomik, München 1980, S. 58–65, oder *Müller, J./Hochreiter, R.,* Stand und Entwicklungstendenzen der Konzentration in der Bundesrepublik Deutschland, Göttingen 1975.

[23] Der Standardfehler für die MOTB Schätzung ist gleich 0,3 Mio. hl und für den geschätzten Kostennachteil bei ein Drittel MOTB gleich 2,63%.

Während z. B. bei der Faßabfüllung schon bei etwa 0,2 Mio. hl Jahresausstoß die wesentlichen Kostendegressionen erschöpft sind, tritt dies bei einer modernen Flaschenabfüllanlage erst bei etwa 1,7 Mio. hl ein. Beträgt das Faß-Flaschenbier-Verhältnis 1:1, so benötigt man zur Erreichung der MOTB-Größe mehrere multiple Einheiten der Faßabfüllanlagen. Bei der Überschreitung der MOTB-Größe muß zur Beibehaltung der Minimalkosten eine multiple Vergrößerung des gesamten Maschinenparks erfolgen (z. B. anstatt einer, zwei Abfüllanlagen). Dies vor allem, um die erzielte Spezialisierung zu erhalten, es sei denn, Maschinen sind auch in anderen Größen teilbar, ohne daß dadurch wichtige Kostenvorteile verloren gehen.

Offensichtlich variiert der MOTB-Wert auch mit der Produktpalette, in diesem Fall mit dem Faß-Flaschenbier-Verhältnis und der Sortenvielzahl. Deshalb ist es notwendig, bei der MOTB-Definition immer die implizite Sortenverteilung zu berücksichtigen. Die Anzahl der Sorten beeinflußt vor allem **Losgrößendegressionen.** Sie sind bei kontinuierlicher Produktion einer Sorte am höchsten. Je mehr Sorten auf einer Anlage gefahren werden, desto höher die Sortenwechselkosten je Betriebsstunde und desto geringer die Losgrößenvorteile. Da das Bier in Chargen gebraut wird und nur zwischen den Chargen die Sorte wechseln kann, treten die Losgrößendegressionen hauptsächlich bei der kontinuierlichen Abfüllung auf.

Der deutlichen Produktionskostendegression stehen steigende **Transportkosten** bei zunehmender Betriebsgröße gegenüber. Der Anteil der Transportkosten an den Gesamtkosten hängt entscheidend von den jeweiligen Absatzwegen der Brauereien, vom Transportmedium und der Dichte des belieferten Marktes ab; nicht selten jedoch erreichen sie einen Anteil von 20%.[24] Im Verhältnis zum Faß- und Tanktransport ist der Versand von Flaschenbier besonders transportkostenintensiv. Deshalb sind einige Brauereien dazu übergegangen, das Bier in Tanks in den jeweiligen regionalen Markt zu befördern und es dort in Flaschen abzufüllen. Allerdings bleibt diese Transportkostenersparnis nur großen überregionalen Brauereien vorbehalten, weil die hohen Kostendegressionen bei der Flaschenabfüllung einen genügend großen Marktanteil voraussetzen.

Wegen dieser relativ hohen Transportkosten neigt der Biermarkt zur Bildung von – sich teilweise überschneidenden – regionalen Märkten. Die Brauereien tendieren dahin, sich entweder auf „ihren" regionalen Markt zu beschränken oder die Produktion in den jeweiligen anderen regionalen Markt zu verlagern, d. h. mehrbetrieblich zu produzieren. Die Betriebsgrößen von Brauereien werden demnach wesentlich durch den Trade-off zwischen Größenvorteilen und Transportkosten bestimmt. Dies erklärt auch, warum die in der Praxis beobachteten Betriebsgrößen von dem oben angegebenen MOTB-Wert abweichen. Die kostengünstigste Betriebsgröße bei Berücksichtigung der Transportkosten, die sogenannte „transportkostenbereinigte mindestoptimale technische Betriebsgröße" (TBMOTB), ist kleiner als der nur die Größenvorteile widerspiegelnde MOTB-Wert. In *Abbildung 1* haben wir diesen Trade-off beispielhaft dargestellt.

---

[24] Vgl. *Krüger, R.,* Transportkostenvergleich Werkverkehr/Fuhrunternehmen/Bundesbahn, Gutachten für die Deutsche Gesellschaft zur Förderung der Brauwissenschaft, e.V., 3. Auflage, Bad Godesberg 1976, S. 106–107.

2.3. Entwicklung der Unternehmensstruktur

2.3.1. Wichtigste Unternehmen und Unternehmensgruppen

Legt man die Bierabsatzmenge der Unternehmen der letzten Jahre zugrunde, dann ist die Gruppe der zehn größten Unternehmen relativ stabil geblieben. Im Jahre 1980 lagen folgende Unternehmen an der Spitze (mit jeweiligem Absatz in Mio. hl)[25]:

Dortmunder Union-Schultheiss Brauerei AG, Dortmund und Berlin	4,043
Dortmunder Actien-Brauerei AG, Dortmund	2,653
Binding-Brauerei AG, Frankfurt	2,607
König-Brauerei KG, Duisburg	2,450
Wicküler-Küpper-Brauerei, Wuppertal	2,379
Holsten-Brauerei AG, Hamburg	2,058
Henninger-Bräu AG, Frankfurt	1,870
Bitburger Brauerei Th. Simon GmbH, Bitburg	1,702
Karlsberg Brauerei KG Weber, Homburg	1,569
Bavaria-St. Pauli-Brauerei AG, Hamburg	1,556

Berücksichtigt man jedoch die Kapitalbeteiligungen zwischen den Unternehmen und erstellt eine Reihenfolge nach Unternehmensgruppen, dann ergibt sich ein völlig anderes Bild. Die größten Brauereibeteiligungen halten branchenfremde Unternehmensgruppen der Nahrungs- und Genußmittelindustrie und des Bankengewerbes. Die meisten Beteiligungen entfallen dabei auf die *Bayrische Hypotheken- und Wechselbank*. Danach folgen die Bierkonzerne von *Reemtsma* und *Oetker* (*Abbildung A1* im Anhang zeigt die Beteiligungen im Detail) und erst danach die „konzernfreien" Brauereien wie *Holsten, Beck, König* u. a.

2.3.2. Unternehmenszusammenschlüsse

Zwischen 1969 und 1973 gab es in der Brauereiindustrie eine solche Vielzahl von Unternehmenszusammenschlüssen, daß auch der sorgfältigste Beobachter kaum mit der Entwicklung Schritt halten konnte. Aktienpakete wurden gekauft und verkauft oder gegen Kommandit- oder Gesellschafteranteile eingetauscht und ganze Brauereien in neue Konzerne eingebracht. Der wohl spektakulärste Zusammenschluß fand im November 1972 statt, als die *Dortmunder Union Brauerei AG* mit der *Schultheiss Brauerei AG* fusionierte, was eine Brauereikapazität von 11 Mio. hl Jahresausstoß zum Resultat hatte. Aber auch etliche andere Fusionen erreichten eine beachtliche Größendimension.

Warum fanden gerade zwischen 1969–1973 so viele Unternehmenszusammenschlüsse statt? Sicher hängt das zum Teil mit der oben schon beschriebenen Tendenz zusammen: Dem verstärkten Absinken der spezifischen Produktionskosten bei wach-

---

[25] Quelle: *Deutscher Brauer-Bund e. V.*, 15. Statistischer Bericht, a.a.O., S.10.

sender Betriebsgröße (d.h. dem Ansteigen der MOTB) steht eine stagnierende Biernachfrage gegenüber. Weitere Wachstumsraten können also nur auf Kosten anderer erreicht werden. Fusionen sind eine Möglichkeit, diese Marktanteilsgewinne ohne verstärkten Preiswettbewerb zu erzielen.

2.3.3. Mehrbetrieblichkeit[26]

Durch die zahlreichen Unternehmenszusammenschlüsse ist das Ausmaß an Mehrbetrieblichkeit (MBK) heute relativ hoch. Einen Extremfall dürften die 36 Braustätten eines großen Brauereiunternehmens im Jahre 1970 darstellen. Die Fusionen haben jedoch häufig Rationalisierungsmaßnahmen ausgelöst oder begünstigt, die wiederum Betriebsstillegungen zum Ergebnis hatten. Die größten drei Unternehmensgruppen legten beispielsweise im Zeitraum von 1970 bis 1977 insgesamt 22 Braustätten still. Trotzdem ist das Ausmaß an MBK zumindest im Zeitraum 1970 bis 1977 ungefähr konstant geblieben, d.h. die Anzahl der durch Fusionen hinzugekommenen Betriebe entspricht ungefähr der Anzahl der stillgelegten Betriebe. Diese Situation hat sich nur durch einige Betriebsstillegungen leicht verändert.

Mehrbetriebliche Produktion kann gegenüber einbetrieblicher Produktion zu Wettbewerbsvorteilen führen[27], beispielsweise durch kombinierte Sorten- und Braustättenkoordination. Die Vorteile resultieren aus den Größenverhältnissen, die bei der Spezialisierung von Braustätten auf die Produktion nur eines Teils des gesamten Sortiments des Unternehmens erzielt werden. Geschieht diese kombinierte Sorten- und Braustättenkoordination unter der Vorgabe der Gesamtkostenminimierung, so lassen sich diese Vorteile auch nicht durch die höheren Transportkosten kompensieren.[28]

2.3.4. Unternehmenskonzentration

Die oben erwähnten zahlreichen Unternehmenszusammenschlüsse und das hohe Ausmaß an Mehrbetrieblichkeit, gekoppelt mit ansteigenden Betriebsgrößen, lassen darauf schließen, daß auch die Unternehmenskonzentration zunahm. In *Tabelle 4* haben wir die Entwicklung der Unternehmenskonzentration im deutschen Markt zwischen 1958 und 1979 für die größten acht Unternehmen unter Berücksichtigung der Kapitalbeteiligungen dargestellt. Dabei fällt unmittelbar das enorme Anwachsen der Konzentration zwischen 1965 und 1974 bei den großen drei Unternehmensgruppen (*Hypo-Bank, Reemtsma* und *Oetker*) ins Auge.

Die Gruppen *Reemtsma* und *Oetker* haben sich seit 1965 bzw. 1951 aus Diversifizierungsgründen mittels Kapitalbeteiligungen stark in der Brauereiindustrie engagiert.

---

[26] Die Ausführungen in diesem Abschnitt basieren u.a. auf der Schrift von *Schwalbach, J.*, „Zur Ökonomie der Mehrbetrieblichkeit", Bonn 1981.
[27] Vgl. auch *Schwalbach, J.*, Wettbewerbsvorteile durch Mehrbetrieblichkeit?, in: ORDO-Jahrbuch für die Ordnung von Wirtschaft und Gesellschaft, Bd. 31 (1980), S. 273–277.
[28] Vgl. auch *Müller, J./Schwalbach, J.*, Untersuchungen zur langfristig effizienten Struktur der Brauereiindustrie, Zeitschrift für Betriebswirtschaft, Jg. 49 (1979), S. 1008–1021.

Tabelle 4: Entwicklung der Unternehmenskonzentration, 1958–1979

1958	Ausstoß[1] (1000 hl)	Marktanteil	1965	Ausstoß[1] (1000 hl)	Marktanteil	1971	Ausstoß[1] (1000 hl)	Marktanteil	1974	Ausstoß[1] (1000 hl)	Marktanteil	1979	Ausstoß[1] (1000 hl)	Marktanteil
1. Dortmunder Union	1583	3,41	Oetker	3195	4,37	Hypo-Bank	11084	12,45	Hypo-Bank	17127	18,45	Hypo-Bank	14125	15,41
2. Oetker	1580	3,40	Dortmunder Union	2908	3,98	Reemtsma[2]	9498	10,67	Reemtsma	8255	8,89	Reemtsma	7000	7,64
3. Schultheiss	1294	2,78	Schultheiss	1717	2,35	Oetker	6875	7,73	Oetker	7255	7,81	Oetker	6726	7,34
4. Dresdner Bank	1038	2,23	Dortmunder Actien	1604	2,20	Holsten	2400	2,70	Holsten	2500	2,69	Holsten	3586	3,91
1–4	5495	11,82		9424	12,90		29857	33,55		35137	37,84		31437	34,30
5. Hypo-Bank	925	1,99	Dresdner Bank	1519	2,08	Dresdner Bank	2135	2,40	Beck	2100	2,26	Beck	2490	2,72
6. Dortmunder Actien (DAB)	910	1,96	Beck	1500	2,05	Beck	1900	2,13	König	1963	2,11	König	2286	2,50
7. Carl Funke	897	1,93	Holsten	1445	1,98	König	1550	1,74	Carl Funke	1543	1,66	Schörghuber	2185	2,38
8. Holsten	889	1,91	Hypo-Bank	1402	1,92	Carl Funke	1456	1,64	H. Wenker (Dortmund)	1200	1,29	Bitburger	1580	1,72
1–8	9116	19,61		15290	20,93		36898	41,46		41943	45,16		39978	43,62

[1] Die Ausstoßmengen beziehen sich jeweils auf das Kalenderjahr oder werden, beim Braujahr, dem letzten Kalenderjahr zugerechnet.
[2] 1971 wurde DUB je zur Hälfte Reemtsma und der Hypo-Bank zugerechnet.

Quelle: Eigene Berechnung.

Die Hauptursache für die starke Beteiligung der Banken, vor allem der *Hypo-Bank* aber auch zwischenzeitlich der *Dresdner Bank*, liegt in einer äußerst konservativen Beteiligungspolitik, da Brauereien sich anscheinend „wegen der stabilen, weitgehend konjunkturunabhängigen Absatzverhältnisse" besonders gut für eine sichere wertbeständige Anlage des Eigenkapitals eignen.[29] Erst nach diesen drei Unternehmensgruppen treffen wir auf die konzernfreien Brauereiunternehmen wie *Holsten, Beck, König* etc.

Beispielhaft für die recht große Gruppe von „konzernfreien" Großbrauereien, deren Betriebsgröße zwischen 0,5 und 2,5 Mio. hl liegt, haben diese drei letztgenannten Unternehmen durch eine konsequente interne Wachstumsstrategie ihren Marktanteil trotz allgemeiner Nachfragestagnation kontinuierlich erhöht. Dagegen haben die drei führenden Unternehmensgruppen seit etwa 1974 Marktanteile verloren. Dies ist besonders für die zur *Hypo-Bank* gehörende *Dortmunder-Union-Schultheiss-Brauerei AG* zutreffend. Seit der Fusion im Jahre 1972 hat dieses Unternehmen nicht wieder seinen ursprünglichen Bierausstoß erreicht. Überhaupt scheint bei den drei großen Unternehmensgruppen die mittels externen Wachstums beabsichtigte Marktanteilserhöhung nicht im gewünschten Ausmaß erzielt worden zu sein.

2.4. Determinanten der Unternehmenskonzentration

Die Tendenz zu steigender Konzentration kann darauf zurückzuführen sein, daß
- der technische Fortschritt Betriebs- und Unternehmensgrößen von zunehmender Größe notwendig macht (Zwang zur Größe, Größenvorteile),
- Zufallseinflüsse die Wachstumsraten der Unternehmen beeinflussen (Gesetz vom proportionalen Effekt),
- mehr Unternehmen den Markt verlassen als neu eintreten,
- internes und externes Wachstum bei Nachfragestagnation die Gesamtzahl von Unternehmen reduzieren.

In diesem Abschnitt werden wir auf jede dieser Determinanten gesondert eingehen, um danach in einer historischen Analyse das Gewicht der einzelnen Komponenten empirisch zu ermitteln.

2.4.1. Größenvorteile

In Abschnitt 2.2 wurde bereits ausführlich gezeigt, daß in der Brauereiindustrie Größenvorteile existieren, die auf Spezialisierungsvorteile, reine Kapazitätsgrößenvorteile und Losgrößenersparnisse zurückzuführen sind. Für Mehrbetriebsunternehmen können durch die Strategie der kombinierten Sorten- und Braustättenkoordination weitere Größenvorteile entstehen. Sämtliche potentiellen Größenvorteile bieten einen Anreiz zum Betriebs- und Unternehmensgrößenwachstum, was bei der beobachteten stagnierenden Nachfrage zur Förderung der Unternehmenskonzentration füh-

---

[29] *Ernstberger, A.*, Die Konzentration in der Brauwirtschaft, in: Tageszeitung für Brauereien, Jg. 68 (1971), S. 487.

ren kann. Wesentlich ist hier jedoch das Ansteigen der MOTB aufgrund des technischen Fortschritts im Anlagenbau der letzten 30 Jahre.

2.4.2. Stochastische Bestimmungsfaktoren

Das *Gibrat*sche Gesetz unterstellt, daß die Wachstumsraten der Unternehmen auf einer Zufallsverteilung beruhen, die unabhängig von der Firmengröße ist.[30] Die Wachstumschancen sind dadurch für alle Unternehmen gleich groß (proportional) und in jeder Zeitperiode unabhängig von der vorangegangenen.[31] Beginnt man z. B. in einer Periode mit einer Anzahl gleich großer Firmen, so führt diese Zufallsverteilung bald zu unterschiedlichen Wachstumsraten und langfristig zu steigender Unternehmenskonzentration.[32]

Welche empirische Absicherung gibt es für diese These? Die Auffassung, daß Wandlungen in der industriellen Branchenstruktur auf Zufallsfunktionen beruhen, ist umstritten. Wir wollen uns hier dieser Position auch nicht anschließen sondern nur auf folgendes Ergebnis aus dieser Diskussion verweisen: Sobald größenunabhängige Unterschiede in den Wachstumsraten der Unternehmen existieren, resultiert daraus automatisch ein Anwachsen der Konzentration.

2.4.3. Marktzugänge und Marktabgänge

Bei der Diskussion um die steigende Unternehmenskonzentration wird die langfristig wichtige Rolle von Marktzu- und -abgängen auf die Unternehmenskonzentration oft übersehen. Auch Großunternehmen können schrumpfen und von rasch vorstoßenden mittleren und sogar kleineren Unternehmen langfristig in ihrem Umsatz überholt werden. Selbst wenn eine steigende Konzentration zu einer kleinen Anzahl großer Unternehmen führt, kann die Mobilität innerhalb der Führungsgruppe recht hoch sein; es fallen einige Unternehmen im Wachstum zurück, während andere vorstoßen. Wenn auf der einen Seite Unternehmen, eventuell auch größere, ausscheiden können,[33] ist auf der anderen Seite der kontinuierliche Neuzugang von Unternehmen unerläßlich, um die Zementierung der dominanten Marktpositionen zu unterbinden.

Nun hat sich gerade in der Brauereiindustrie die MOTB als Ausdruck der potentiellen Größenvorteile in den letzten Jahrzehnten stark erhöht, so daß ein erfolgversprechender Markteintritt heute eine entsprechend große Betriebsgröße erfordert. Wei-

---

[30] Allerdings wird eine gewisse Mindestgröße der Unternehmen vorausgesetzt, die sich nach den MOTB-Werten orientiert. Vgl. *Simon, H.A./Bonini, C.B.*, The Size Distribution of Business Firms, in: American Economic Review, Vol. 48 (1958), S. 607–617.

[31] Vgl. *Scherer, F.M.*, Industrial Market Structure and Economic Performance, 2. Auflage, Chicago/Ill. 1980, S. 145–150; *Kaufer, E.*, a.a.O., S. 85–91.

[32] Die aus der Zufallsverteilung resultierende Unternehmensstruktur stabilisiert sich aber nach einer gewissen Zeit. Laut *Simon* und *Bonini* hängt sie sodann nur noch von den Marktzu- und -abgängen ab. Vgl. *Simon, H.A./Bonini, C.B.*, a.a.O.

[33] Wobei wegen der politischen Bedeutung und daraus folgender finanzieller Unterstützung das Ausscheiden großer Unternehmen weniger wahrscheinlich ist.

terhin bildet die bestehende regionale Sortenpräferenz neben den Größenvorteilen eine weitere Markteintrittsbarriere, so daß deren Überwindung durch potentielle Neuzugänge heute sehr schwierig erscheint. Neuzugänge haben in dem beobachteten Zeitraum auch nicht stattgefunden, es sei denn durch Aufkauf bereits bestehender Unternehmen durch Branchenfremde. Im Grunde hat es nur Neuzugänge etablierter Brauereien in anderen regionalen Märkten gegeben. Außerdem sind Brauereien mit den regionalen Sorten überregional aufgetreten und haben dadurch den Wettbewerb verstärkt.

Unternehmensabgänge waren fast keine zu verzeichnen; fast immer wurden diese Unternehmen von anderen wegen des dort vermuteten Marktpotentials aufgekauft. Erst danach wurden solche Betriebsstätten aufgrund von Rationalisierungsentscheidungen der neuen Anteilseigner stillgelegt, so daß eigentlich die Verminderung der Unternehmenszahl durch Unternehmenszusammenschlüsse geschah. Nur einige sehr kleine Brauereien wurden regelrecht stillgelegt, aber deren Marktanteil war zu gering, um deshalb die gemessene Unternehmenskonzentration wesentlich zu erhöhen.

2.4.4. Internes und externes Wachstum

Die Unternehmenskonzentration kann durch internes oder externes Wachstum ansteigen. Bei stagnierender Nachfrage lassen sich positive Wachstumsraten jedoch nur auf Kosten von negativem Wachstum anderer Unternehmen erreichen, oft unter intensivem Einsatz von Preisnachlässen, Werbung und Verkaufsförderung. Da die Gewinnentwicklung nach solchen Maßnahmen oft negativ verlief, bot sich als Alternative das **externes Wachstum** an. Die Produktionskapazität der erworbenen Brauerei spielt dabei in der Regel nur eine untergeordnete Rolle. Erstens besitzen die übernehmenden Brauereien oft selbst eine gewisse Überkapazität und zweitens läßt sich durch eine Fusion die Kostendegression in der Produktion nur nach einer darauffolgenden Betriebsstrukturrationalisierung erreichen. Das bedeutendere Fusionsmotiv ist die Gewinnung der etablierten Absatzwege der erworbenen Brauerei, insbesondere der durch Bierlieferungsverträge gesicherte Absatzweg Gastronomie (siehe auch Abschnitt 3) und das Markenimage und die damit verbundene Kundentreue der übernommenen Brauerei. Falls es sich dabei außerdem um ein konkurrierendes Unternehmen handelt, ist eine Wettbewerbsminderung für das fusionierende Unternehmen sicher, so daß sich auch aus dieser Sicht die in Abschnitt 2.3 beschriebene starke Fusionstätigkeit erklären läßt.

2.5. Analyse der Konzentrationsveränderung

Nach der Beschreibung der wesentlichen Komponenten der Konzentrationsveränderung soll nun deren Anteil quantifiziert werden. Hierbei bedienen wir uns des Ansatzes von *Leonard Weiss*,[34] der jedoch als Komponenten der Konzentrationsver-

---

[34] Vgl. *Weiss, L. W.*, An Evaluation of Mergers in Six Industries, in: Review of Economics and Statistics, Bd. 47 (1965), S. 172–181. Die Analyse ist relativ umfassend in *Müller, J./Hochreiter, R.* a. a. O. wiedergegeben.

änderung nur Fusionen, internes Wachstum, Marktzu- und -abgang sowie den Verdrängungseffekt berücksichtigt. Da die Faktoren Marktzu- und -abgang, wie oben erwähnt, in der Brauereiindustrie relativ unbedeutend sind, können wir uns hier auf die übrigen Komponenten beschränken. Für die Analyse wurden die Jahre 1958, 1965, 1971, 1974 und 1979 gewählt. Die Konzentrationsraten wurden am Produktionsanteil der größten vier bzw. acht Unternehmen gemessen. Die zwischenzeitliche Konzentrationsveränderung ergibt sich aus der Differenz der Konzentrationsraten zwischen den jeweiligen Zeitpunkten (vgl. *Tabelle 5*). Sie setzt sich aus Fusions-, internen Wachstums- und Verdrängungseffekten zusammen. Der Fusionseffekt stellt in jeder Periode den durch Fusion oder Beteiligung übernommenen oder aufgekauften Produktionsanteil der jeweils größten vier bzw. acht Unternehmen dar. Der interne Wachstumseffekt ist die in jeder Periode erzielte Produktionssteigerung. Sie wird als algebraische Restgröße ermittelt, die sich durch Abzug des Fusionseffekts und Verdrängungseffekts von der Konzentrationsänderung ergibt. Der Verdrängungseffekt tritt auf, wenn durch internes oder externes Wachstum ein „nicht führendes Unternehmen" in der nächsten Periode aufgrund seines gestiegenen Marktanteils unter die ersten vier bzw. acht gerät. Das Ansteigen des individuellen Marktanteils, das nötig war, um ein „führendes Unternehmen" von seinem Platz zu verdrängen, ist der Verdrängungseffekt. Die Summe der drei Komponenten ergibt die Veränderung der Marktkonzentration.

Die Ergebnisse in *Tabelle 5* zeigen, daß das interne Wachstum nur einen geringen Einfluß auf die Konzentrationsentwicklung hatte. Die beobachtete Erhöhung der Unternehmenskonzentration im Zeitraum 1965-1974 ist hauptsächlich auf Fusionen zurückzuführen. Nach 1974 hat diese externe Wachstumsstrategie völlig an Bedeutung verloren. Zusätzlich ergab sich ein negatives internes Wachstum, so daß in der letzten Periode der Marktanteil der führenden Unternehmen sogar zurückging. Dieser Rückgang ist auf betriebsstrukturelle und vertriebsstrategische Anpassungsprobleme stark fusionierter Unternehmen zurückzuführen.

Tabelle 5: Einfluß interner und externer Wachstumskomponenten auf die Konzentration

Jahr	Marktanteil 1–4	Veränderung	Externes Wachstum	Internes Wachstum	Verdrängungseffekt
1958	11,82				
1965	12,90	1,08	0,84	0,52	−0,28
1971	33,55	20,65	19,76	5,52	−4,63
1974	37,84	4,29	4,44	−0,15	0
1979	34,30	−3,54	−0,01	−3,55	0
	Marktanteil 1–8				
1958	19,61				
1965	20,93	1,32	1,44	0,46	−0,58
1971	41,46	20,53	21,06	5,19	−5,72
1974	45,16	3,70	4,65	−0,27	−0,68
1979	43,62	−1,54	0,03	0,05	−1,62

3. Verhaltensweise

3.1. Preispolitik

Die Überlagerung regionaler Märkte, Nachfragestagnation, Überkapazitäten, veränderte Absatzwege und gestiegene Kostenvorteile in den Großbrauereien sind wesentliche Ursachen für den intensiven Preiswettbewerb im Biermarkt. Ein gestiegenes Preisbewußtsein und die erhöhte Mobilität der Konsumenten haben des weiteren für Bewegung in der Preisstruktur gesorgt.[35] Wir haben oben schon gesehen, daß vor allem zur Durchsetzung von internem Wachstum absatzpolitische Instrumente wie Preis, Werbung und Verkaufsförderung eine wichtige Rolle spielen. Der Parameter Preis wird offensichtlich auch in Richtung Preisdifferenzierung eingesetzt. Ein Teil des Billigbiers z. B., das unter Handelsmarken oder als Cash- und Carry-Bier zu Kampfpreisen in Verbrauchermärkten, Supermärkten, Heimdiensten und Lebensmittelfilialketten vertrieben wird, gelangt sonst als Markenware in den Vertrieb. Sehr oft kann man auch beobachten, daß ein und dieselbe Biersorte einer Brauerei zu unterschiedlichen Preisen im Lebensmittelhandel und in der Gastronomie angeboten wird. Häufig zahlt der Wirt für Faßbier mehr als der Endverbraucher für sein Flaschenbier im Lebensmittelhandel.[36] Der Endverbraucher in der Gastronomie zahlt schließlich für das Faßbier je nach Gastronomietyp mindestens das Dreifache wie für Flaschenbier im Heimkonsum – sicherlich ein wesentlicher Faktor für die Stagnation der Gastronomie. Für den Konsumenten ist diese Preissituation, hervorgerufen durch Grenzkostenkalkulationen der Brauereien und des Getränkegroßhandels, Mischkalkulationen im Lebensmittelhandel und individuelle Preisbildung in der Gastronomie (nach dem sog. Preis-Leistungs-Verhältnis), verwirrend.

Allerdings erfahren die Faßbierpreise für den Absatzweg Gastronomie zahlreiche Abschläge. Grund dafür sind die zahlreichen Informations- und Distributionsleistungen der Handelspartner. Über deren quantitative Ausmaße gibt es jedoch nur grobe Schätzungen. Einige Hinweise ergeben sich aus der Gewinn- und Verlustrechnung, wo solche Abschläge als Erlösschmälerung unter „Sonstige Aufwendungen" erscheinen. Ein Listenpreis von 130 DM je hl kann deshalb netto einen Preis von unter 110 DM pro hl bedeuten. Analoges gilt auch für den Flaschenbierpreis, bei dem offizielle Rabatte für Mengen, Distributions- und Funktionsleistungen des Getränkegroßhandels bzw. des Lebensmittelhandels sowie individuelle Preiszugeständnisse, spezielle Konditionen und Zahlungsziele gewährt werden.

Die unterschiedliche Preispolitik der Brauereien läßt sich deswegen nur schematisch nach Bierpreisklassen und geographischer Verbreitung kategorisieren:

---

[35] Die Reaktionen des Konsumenten bei einer Preiserhöhung gingen in früheren Jahren von Bierkrawallen sogar bis zur Brandstiftung in einer Brauerei. Vgl. *Grübel, J.,* Kosten und Bierpreis im 19. und 20. Jahrhundert, in: Brauwelt, 101 (1961), S. 1438–42; *Reuter, H.,* Die Preispolitik der Brauereien in Theorie und Praxis, Dissertation TU Berlin 1964.

[36] Dabei ist zu berücksichtigen, daß die Abfüllkosten von Flaschenbier zwei- bis viermal so hoch liegen als bei Faßbier.

(1) Das Bier ist am Ort der Herstellung bzw. lokal und regional als Konsum- und Premiumbier[37] erhältlich.
(2) Im lokalen, regionalen und nationalen Markt wird das Bier als Premiumbier angeboten.
(3) Im lokalen und gestreut regionalen Bereich gibt es das Bier als Billigbier.[38]
(4) Im lokalen Markt ist das Bier ein Konsumbier, in gestreut regionalen Märkten ein Billigbier.
(5) Das Bier wird mit geringen Differenzierungen unter verschiedenen Namen als Konsum- und Billigbier am Ort der Herstellung und in regionalen Gebieten vertrieben.

Preispolitik (1) verfolgt traditionsgemäß die Mehrzahl der Mittelstandsbrauereien mittlerer Größe. Wegen geringer Expansionsspielräume beschränken sie sich auf die Defensive, was durch eine verstärkte Bindung von Absatzstätten der Gastronomie zum Ausdruck kommt (Bierlieferungsverträge, siehe Abschnitt 3.6).

Preispolitik (2) ist die Marketingpolitik aller großen regionalen und nationalen Marken. Hier hat das Produkt Premiumbier und die damit verbundene Preisstabilität eindeutig Vorrang vor der Steigerung des Absatzes. Der höhere Preis ist aus der Sicht der Unternehmen notwendig, um gegenüber dem Konsumenten das Bier als qualitativ hochstehendes Produkt und Spezialität zu pflegen.

Preispolitik (3) ist eine Lebensmittelhandel-orientierte Politik, wie sie klassisch z. B. von der sogenannten „Billigbierbrauerei" verfolgt wird. Eine notwendige Voraussetzung dieser Preispolitik ist, daß selbst für kleinere Brauereien eine Kapazität erreicht werden muß, die bei mindestens 0,5 Mio. hl liegt sowie relativ geringe Vertriebskosten hat. In gewissen regionalen Märkten wird das Bier sogar unter Selbstkosten angeboten mit dem Ziel, Wettbewerber vom Markt zu verdrängen (sog. Verdrängungswettbewerb).

Preispolitik (4) ist die Politik solcher Brauereien, die ihre „Spitzenhektoliter", also ihre Überkapazitäten, zu variablen Kosten als Flaschenbier in Gebiete vertreiben, die von ihrem eigenen lokalen Markt möglichst weit entfernt liegen sollen. Hierbei ist der sogenannte „Bumerang"-Effekt zu befürchten. Falls der lokale Konsument von dieser Preispolitik erfährt, fühlt er sich wegen höherer Preise trotz geringerer Transportkosten hintergangen und wechselt wegen dieses Vertrauensbruchs leicht die Marke. Diese Politik ist vor allem aus diesem Grund für die betreffenden Brauereien langfristig nicht ohne Gefahren, es sei denn, daß diese Art der Preisdifferenzierung über

---

[37] Premiumbier ist ein Branchenbegriff für Bier mit Markenartikelcharakter, das jede der folgenden Bedingungen erfüllt: gleichbleibende hohe Qualität und damit Rechtfertigung der hohen Preisklasse, bekannter Markennamen, nationale bzw. überregionale Distribution.

[38] Sehr umstritten ist der Begriff „Billigbier", der zunächst auf die Preisklasse hinweist, darüber hinaus aber auch auf die Qualität Rückschluß geben könnte. Der Staatssekretär eines deutschen Innenministeriums behauptet, es sei kurz gelagert, habe eine unansehnliche Farbe und halte keinen Schaum, sprich: wegen minderwertiger Qualität ein minderwertiges Bier zu einem niedrigen Preis (vgl. „Ins Bier soll Wahrheit", in: Die Zeit vom 5.9. 1975). Andererseits unterscheidet *G. Lange*, Vorstand der Kulmbacher *Reichelbräu AG,* zwischen zwei Formen des Billigbiers: Das Bier minderer Qualität, das nach Kurzzeit-Gär- und Lagerverfahren hergestellt wird, und das Billigbier normaler Qualität, das zu nicht kostendeckenden Erlösen abgegeben wird – sogenannte Spitzenhektoliter zu 0-Deckungsbeiträgen (vgl. „Der Biergroßhandel", 15.5. 1975, S. 294, Stuttgart).

10. Brauereiindustrie

Sorten und Brauereien eines Unternehmens durch neue „Pseudomarken" bzw. Handelsmarken geschieht, hinter denen der treue lokale Verbraucher nicht „seine" Brauerei vermutet.[39]

Preispolitik (5) entspricht der Politik im Konsumgüterbereich mit Markenartikeln. Sobald sich ein Markenartikel etabliert hat, wird häufig eine entsprechende Handelsmarke, oft vom gleichen Hersteller, auf dem Markt eingeführt.

Preisabsprachen zwischen Brauereien in einem regionalen Markt zur gemeinsamen Gewinnerhöhung haben wegen der Vielzahl der regionalen Wettbewerber kaum Aussicht auf Erfolg. Zudem unterliegt der Brauereibereich voll dem GWB. So setzte das *Bundeskartellamt* 1971 gegen acht Brauereien und deren Führungskräfte im Raum Essen/Bochum wegen des Verdachts einer Preisabsprache Geldbußen im Gesamtbetrag von etwa 1 Mio. DM fest, weil die Betroffenen die gemeinsame Erhöhung der Bierpreise im Frühjahr 1971 abgesprochen hatten.

3.2. Produktdifferenzierung und Werbung

Durch das Reinheitsgebot aus dem Jahre 1516 ist der qualitative Rahmen für das Produkt Bier abgesteckt, in dem sich die Sortenvielfalt bewegt. Eine detaillierte Analyse von „Hoppenstedts Brauereien und Mälzereien in Europa, 1975" ergab 2500–3000 deutsche Biersorten, selbst wenn alle Sortenbezeichnungen eingeschlossen waren. Bei einer objektiven Messung der wahrnehmbaren Geschmacksunterschiede würden sich jedoch wesentlich weniger differenzierbare Biersorten ergeben. Doch gibt es innerhalb der einzelnen Biersorten wie Export, Pils, Alt usw. genügend Variationen, die von einzelnen Brauereien mit verschiedenen Geschmacksrichtungen ausgefüllt werden. Produktinnovationen, wie sie in anderen Nahrungsmittelbranchen festzustellen sind, sind in der Brauereibranche allerdings kaum zu verzeichnen. Neue Sorten, wie alkoholfreies Bier oder Diätbier, bewegen sich absatzmäßig unterhalb der „Promillegrenze" – der Absatz von alkoholfreiem Bier *Birell* wurde 1975 auf unter 100000 hl geschätzt. Offensichtlich ist eine echte Produktdifferenzierung in diesem Bereich relativ schwierig. Sie erstreckt sich deshalb hauptsächlich auf die Bereiche Werbung, Verkaufsförderung sowie Aufmachung, Verpackung, Preis, Distribution und Qualitätsüberwachung. Allerdings können auch hier nicht alle Veränderungen als Produktdifferenzierung gelten. So wird z. B. als Folge des größeren Heimkonsums zunehmend Bier in Flaschen und Dosen gegenüber dem traditionellen Faßbier abgefüllt. Der Anteil des Flaschen- und Dosenbiers am Gesamtausstoß ist von 60,1% (1960) auf 70,1% (1980) gestiegen.[40] Bezüglich der Qualität gilt jedoch Faßbier, falls es nicht länger als zwei bis fünf Tage im Anstich ist, als hochwertiger gegenüber dem Flaschenbier. Besonders qualitätsorientierte Brauereien versuchen deshalb durch Maßnahmen wie aktive Qualitätskontrolle im Gaststättenausschank, ihr Qualitätsimage zu fördern, was wiederum auf die Flaschenbiernachfrage für den loyalen Heimkonsum zurückwirkt.

---

[39] „Geisterbrau im Supermarkt", in: Die Zeit vom 13.7.1973.
[40] Der Anteil des in Dosen abgefüllten Bieres wird auf 2,7% (1980) des Gesamtausstoßes geschätzt. Vgl. *Deutscher Brauer-Bund e. V.*, 15.Statistischer Bericht, a.a.O., S.12–13.

Nimmt man Qualität, Gebindearten und Sortenvielfalt für die letzten Jahre als gegeben an, hat es als Reaktion auf die veränderte Nachfrage innerhalb der einzelnen Hauptbiersorten erhebliche Verschiebungen gegeben. So sind beispielsweise die Anteile der Sorten Pils und Alt in Nordrhein-Westfalen von 49,7% bzw. 12,5% im Jahre 1974 auf 56,4% bzw. 16,5% im Jahre 1980 gestiegen, während der Anteil von Export von 22,6% im Jahre 1974 auf 10,4% im Jahre 1980 fiel.[41] Brauereien, deren Sortiment in diesem Trend lag, haben dabei wachstumsmäßig überdurchschnittlich profitiert, während Exportbrauereien wegen zu später Umstellung auf Pils Marktanteile verloren haben. Als Beispiel sei hier die Stagnation der klassischen Exportbier-Brauereien des Dortmunder Raumes in den Jahren 1969–1973 erwähnt, die auf die Verdrängung von Exportbier durch Pils zurückzuführen ist.

Die Werbung als Mittel zur Produktdifferenzierung hat in den letzten Jahren an Bedeutung gewonnen. Wie aus *Tabelle 6* hervorgeht, sind die Werbeausgaben für die klassischen Medien wie Illustrierte, Fachzeitschriften, Tageszeitungen, TV und Funk von 10,5 Mio. DM im Jahre 1960 auf über 120 Mio. DM im Jahre 1977 gestiegen, trotz eines zwischenzeitlichen Rückgangs der Werbeausgaben in den Jahren 1974 und 1975.

Tabelle 6: Werbeaufwand für Bier (klassische Werbemedien)

Jahr	Umsatz[1] in Mrd. DM	Klassische[2,3] Werbeaufwendungen in Mio. DM	Werbeaufwand pro hl (in DM)	Werbeaufwand in % vom Umsatz
1960	4,420[4]	10,5[3]	0,195	0,237
1961	4,790[4]	6,3	0,108	0,132
1962	5,987[5]	9,3	0,149	0,155
1963	5,557[4]	10,6	0,159	0,190
1964	6,158[4]	14,2	0,196	0,230
1965	5,951	17,5	0,239	0,294
1966	6,496	21,0	0,275	0,323
1967	6,959[4]	32,0	0,414	0,459
1968	6,384	40,7	0,514	0,627
1969	6,815	63,0	0,750	0,924
1970	7,462	72,9	0,837	0,977
1971	8,180	93,2	1,035	1,139
1972	8,462	94,4	1,036	1,116
1973	8,950	103,2	1,116	1,154
1974	9,241	97,2	1,047	1,052
1975	9,666	89,5	0,958	0,926
1976	9,977	102,8	1,074	1,030
1977	11,504	123,7	1,090	1,075

[1] *Deutscher Brauer-Bund e. V.*, Statistische Berichte diverser Jahre.
[2] *Schmidt & Pohlmann*, zitiert in: *Juhnke, K. H.*, Biermarkt, S. 61; Werbeaufwendungen von 1961–1969, 1970–1975; *Tietz, B.*, Markt & Marketing für Bier, Dortmund 1979, S. 530.
[3] Quelle: *Gesellschaft für Wirtschaftsanalyse und Markterkundung.*
[4] Umsatz errechnet aus Tabelle 52 in: *Deutscher Brauer-Bund e. V.*, 12. Statistischer Bericht, 1975, S. 52.
[5] Steuerpfl. Umsatz, Brauereien u. Mälzereien, *Deutscher Brauer-Bund e. V.*, 12. Statistischer Bericht 1975, S. 112 (aufgerundet).

---

[41] Vgl. *Deutscher Brauer-Bund e. V.*, Statistische Berichte, diverse Jahre.

Die Werbeausgaben je Hektoliter und in Prozent vom Umsatz ergeben ein ähnliches Bild.

Aufgrund fehlender Daten über die Werbeaussagen einzelner Brauereiunternehmen ist es nicht möglich zu analysieren, inwieweit Werbeaufwendungen direkt zur Marktanteilsveränderung beigetragen haben. Allerdings ist festzustellen, daß der Inhalt der Werbung seit Jahren einen geringen produktinformativen Charakter hat. Bei einem Produkt, bei dem seit vielen Jahrzehnten keine für den Verbraucher signifikante Produktinnovation stattgefunden hat, darf dies jedoch nicht verwundern.

3.3. Fusionspolitik

Die zahlreichen Unternehmenszusammenschlüsse im Zeitraum von 1969-1973 haben in einer Vielzahl von Fällen ihr intendiertes Ziel, eine langfristige Marktanteilserweiterung, nicht erreicht. Das hatte u. a. folgende Gründe:

- unvollständige Planung und Durchführung der Fusionspolitik,
- Probleme bei der Koordination der Interessen der einzelnen Brauereien mit denen der Unternehmensgruppe,
- unterlassene oder halbherzig durchgeführte Rationalisierung der Betriebsstruktur zum Abbau von Überkapazitäten,
- mangelnde Kooperation beim betrieblichen Leistungsaustausch in bezug auf Beschaffung, Produktion und Distribution,
- Probleme bei der Gestaltung der Sortimentspolitik in bezug auf die überregionalen Premium- und Spezialbiere,
- Überschätzung der Fähigkeiten des Managements.

Der Fusionseuphorie der Jahre 1969-1973 folgte eine eher nüchterne Fusionspolitik. Während die Fusionspolitik früher eher horizontalen Charakter hatte, ist sie heute stärker diversifizierend ausgerichtet.

3.4. Kooperationspolitik

Vor allem in den letzten Jahren haben sowohl die horizontale Kooperation zwischen Brauereien mit komplementären Sorten als auch die vertikale Kooperation zwischen Brauereien und Groß- und Einzelhandel zugenommen. Die **horizontale Kooperation** speziell von mittelständischen Brauereien hat zum Ziel, die Größenvorteile beim Einkauf, bei der Produktion und beim Vertrieb zu nutzen. Der zur Zeit größte Einkaufsverbund ist die *Brau Ringkooperationsgesellschaft,* der 62 Mittelstandsbrauereien angehören. Eine Kooperation in der Produktion und/oder im Vertrieb bei Spezialbieren beschränkt sich in der Regel auf zwei Brauereien, wobei die Kooperationsverträge ferner eine weitgehende Aufteilung der Absatzgebiete sowie Preis-, Gebiets- und Kundenschutzregelungen vorsehen. Die **vertikale Kooperation** besteht zunehmend zwischen Brauereien und Getränkegroßhandel. Die Brauereien sichern sich dadurch die Einflußnahme auf die Preis-, Absatzwege- und Marketingpolitik des Großhandels. Für diesen seinerseits sind die finanzielle und die technische Kooperation die maßgeblichen Anreize.

3.5. Diversifikationspolitik

Die Diversifikationspolitik umfaßt sowohl die vertikale Integration als auch die Erweiterung des bisherigen Produktprogramms um neue Produkte, die für einen neuen Markt bestimmt sind. Der Grad der **vertikalen Integration,** soweit er die Rückwärtsintegration von Mälzereien betrifft, ist zurückgegangen. Früher wurde der überwiegende Teil des Malzes bei der Brauerei selbst produziert; heute dominiert der gewerbliche Mälzereibetrieb, im Jahre 1980 bereits mit einem Produktionsanteil von 75% bis 80%.[42] Der Umfang der Vorwärtsintegration nimmt tendenziell zu. Obwohl die Mehrzahl der Brauereiunternehmen den direkten Vertrieb bevorzugen, ist in den letzten Jahren ein verstärktes Engagement mit dem Großhandel zu beobachten, sei es durch den Aufkauf von Großhandelsunternehmen oder durch das Abschließen von Kooperationsverträgen mit dem Großhandel. Die **Produktprogrammerweiterung** ist hauptsächlich wegen der synergetischen Effekte auf alkoholfreie Getränke gerichtet. Auch die Produktgruppen Wein und Spirituosen werden zunehmend in eine Diversifizierungsstrategie mit einbezogen. Konglomeraten Charakter haben die Beteiligungen von Brauereien an Immobilientransaktionen. Vor allem in Großstädten ist der Grundstücksbesitz der Brauereien recht umfangreich.[43]

3.6. Bierlieferungsverträge

Den Absatzweg Gastronomie haben sich die Brauereien durch Bierlieferungsverträge[44] (BLV) weitgehend gesichert. Ein BLV verpflichtet den Gastwirt im Höchstfall zwanzig Jahre lang entweder zur ausschließlichen Abnahme der Produktpalette (sog. **Ausschließlichkeitsklausel**) des Vertragspartners Brauerei oder zur Teilausschließlichkeit (nach Quoten und Sorten). Im Gegengeschäft werden dem Gastwirt günstige Konditionen bei der Kapitalbeschaffung und sonstige Zuwendungen für Ausstattung, Renovierung und Ausbau der Gaststätte geboten. Umstritten ist, wieviel Prozent der Gastwirte per BLV gebunden sind. Die Brauwirtschaft spricht von etwa 50%, während das Hotel- und Gaststättengewerbe 70%–80% schätzt.

---

[42] Vgl. *Deutscher Brauer-Bund e. V.,* 15. Statistischer Bericht, a.a.O., S. 24.
[43] So ist z. B. die Münchener Brauerei *Löwenbräu* nach der Stadt München zweitgrößter Grundbesitzer (vgl. dazu: US Zapfhahn langsamer, in: Handelsblatt vom 15.3. 1973). Der Verkehrswert des Immobilienbesitzes von *Löwenbräu* wurde 1973 auf über 0,5 Mrd. DM geschätzt (vgl. dazu: Grundstück-Transaktionen, in: Die Zeit vom 23.3. 1973). Die Münchner Brauerei *Paulaner-Salvator-Thomasbräu AG* verfügte im Jahre 1981 über insgesamt 400 nicht betriebsnotwendige Grundstücke.
[44] „Nach herrschender Auffassung versteht man unter einem Bierlieferungsvertrag einen gegenseitigen Vertrag, der zwischen einer Brauerei oder einem selbständigen Bierhändler – im folgenden Getränkegroßhandel genannt, Anmerkung des Verfassers – auf der einen Seite und einem Wirt oder sonstigen Bierabnehmer auf der anderen Seite für eine bestimmte Zeit über die Lieferung des gesamten oder eines Teils des von dem Abnehmer benötigten Bierbedarfs durch die Brauerei oder den Bierhändler abgeschlossen wird. Der Bierlieferungsvertrag beinhaltet daher in der Regel einen Rechtsverzicht von seiten des Abnehmers, mit einer anderen Brauerei oder mit einem anderen Bierlieferanten zum Zwecke der Deckung des Bierbedarfs in Geschäftsverbindung zu treten." Vgl. *Föhr, F.,* Die Bewertung des Bierlieferungsvertrages, Dissertation TU Berlin 1966, S. 4.

In der Vergangenheit hat es zahlreiche Rechtsprechungen zu BLV gegeben. Die wichtigsten Leitsätze sind kurz folgende: Erstens, ein BLV muß schriftlich erfolgen, anderenfalls ist er ungültig (§ 34 GWB). Zweitens, der BLV muß eine klare Vereinbarung bezüglich des Bierpreises (z. B. Tagesabgabepreis) beinhalten. Drittens, eine auf mehr als zwanzig Jahre abgeschlossene Verpflichtung, den gesamten Bierbedarf ausschließlich bei derselben Brauerei zu decken, verstößt gegen die guten Sitten (§ 138 Abs. 1 BGB).

Die Ursache für die Rechtsstreitigkeiten lag in der Mehrzahl der Fälle in der Ausschließlichkeitsklausel. Die Gastwirte fanden es nach gewisser Zeit lästig, nur die Biere einer Brauerei führen zu dürfen und ihre Sortenauswahl nicht nach den Wünschen der Kunden ausrichten zu können. Zudem hatten die Gastwirte den Eindruck, höhere Preise zahlen zu müssen als ungebundene Gastwirte mit größerem Verhandlungsspielraum. Deshalb wollten einige Gastwirte schlechthin aus dem BLV aussteigen.

Auch für die Brauereien ist der BLV nicht unumstritten. Der intensive Wettbewerb führt dazu, daß vor allem Mittelstandsbrauereien Darlehen und sonstige Leistungen gewähren müssen, die teilweise an die Grenze ihrer Finanzkraft stoßen. Ein individueller Verzicht auf die BLV würde jedoch für die entsprechende Brauerei bedeuten, daß der Absatzweg Gastronomie für sie verloren ginge. Ein kollektiver Verzicht auf die BLV ist unter den momentanen Gegebenheiten nicht zu erwarten. Die Vorteile, einen sicheren Absatzweg zu haben, werden anscheinend höher bewertet als die durch BLV gebundene Finanzlast.

4. Wettbewerbspolitische Folgerungen

Die bisherigen Ausführungen haben verdeutlicht, daß sich in der deutschen Brauereiindustrie ein starker Strukturwandel vollzogen hat, der fortschreiten wird. Kennzeichnend für diesen Strukturwandel war das Ansteigen der Unternehmenskonzentration, der Mehrbetrieblichkeit und der Betriebsgröße. Die traditionell mittelständische Industrie scheint sich zunehmend zu einer mehr und mehr von Groß- und Konzernbrauereien dominierten Branche zu entwickeln.[45] Wie ist dieser Strukturwandel aus wettbewerbspolitischer Sicht zu beurteilen?

In Abschnitt 2.5 haben wir gezeigt, daß die Erhöhung der Unternehmenskonzentration eindeutig auf die **Fusionen** und weniger auf das interne Wachstum zurückzuführen ist. Die Wettbewerbspolitik muß zwischen der durch einen Unternehmenszusammenschluß ermöglichten Kostenersparnis und den Auswirkungen auf den Wettbewerb abwägen. Das primäre Ziel der durchgeführten Fusion war jedoch zweifellos die Marktanteilserweiterung an durch Bierlieferungsverträge und Markentreue gesicherten Absatzwege in einem stagnierenden Biermarkt. Darüber hinaus haben die Fusionen die Möglichkeiten zu einer Effizienzsteigerung bei Produktion, Vertrieb

---

[45] Vgl. *Sandler, G. G.*, Entwicklung, Stand und Ziel der Konzentration in der deutschen Brauindustrie, in: Brauwelt, Jg. 111 (1971), S. 1707–1712.

und Marketing eröffnet. Die durch Fusionen ausgelösten oder begünstigten Rationalisierungsmaßnahmen verdeutlichen, daß Größenvorteile im Produktions- und Absatzbereich zumindest teilweise realisiert wurden. Allerdings hätten diese Rationalisierungsmöglichkeiten auch ohne Fusionen bestanden. In einem durch internes Wachstum gekennzeichneten Konzentrationsprozesses hätten solche Betriebsstillegungen sicherlich auch stattgefunden, nur hätte der Konsument von einem verstärkten Wettbewerb um Marktanteile mehr als von einem Wettbewerb um aus dem Markt drängende Brauereien. Die Hektoliterprämien, die für solche Brauereien gezahlt wurden (bis zu 100 DM je Hektoliter Jahresausstoß über den Bewertungsschätzungen) kamen hauptsächlich den Altbesitzern zugute und mußten von den Brauereien erst wieder verdient werden.

Trotz der zahlreichen Fusionen hat aber die Wettbewerbsintensität auf nationaler Ebene eher zugenommen. Bei den größten drei Unternehmensgruppen ist seit einigen Jahren sogar ein Marktanteilsrückgang zu beobachten. Eine erstarkende Mittelgruppe, die zunehmende Internationalisierung des deutschen Biermarktes und die zahlreichen bedeutenden regionalen Brauereien lassen weiterhin einen intensiven Wettbewerb erwarten. Ein Anzeichen dafür ist der zu beobachtende intensive Preiswettbewerb. Die Überlagerung der regionalen Märkte, notorische Überkapazitäten, Veränderung der Absatzwege, gestiegene Größenvorteile und ein höheres Preisbewußtsein beim Konsumenten werden die Preisstruktur auch in Zukunft in Bewegung halten.

Gefahren für den Wettbewerb entstehen durch die abnehmende Zahl von Wettbewerbern in gewissen Märkten. Wegen hoher Marktzutrittsbarrieren (Größenvorteile, Produktdifferenzierung, BLV), stagnierender Nachfrage und geringer Profitstabilität sind keine Marktzutritte zu erwarten. Im Gegenteil, es scheiden kontinuierlich Brauereien aus dem Markt aus. Die Frage, ob der immer häufiger auftretende Verkauf vor allem von Flaschenbier unter Selbstkosten zur Verdrängung von Wettbewerbern (Verdrängungswettbewerb) und damit zu einer weiteren Gefahr für den Wettbewerb wird, ist vorerst noch offen, denn durch den interregionalen Wettbewerb bleibt der Wettbewerbsdruck auch nach dem Ausscheiden einiger Mitkonkurrenten erhalten. Die vom *Deutschen Brauer-Bund e. V.* im Jahre 1977 aufgestellten und vom *Bundeskartellamt* genehmigten Wettbewerbsregeln haben kaum Bedeutung.[46] Auch wird die zunehmende Konzentration im Handel den Verdrängungswettbewerb fördern. Bei dem kontinuierlichen aggressiven Preiswettbewerb in einigen Regionen sind die Brauereien zwischen 80 000 hl und 200 000 hl Jahresausstoß am stärksten gefährdet, weil ihr lokaler Markt zur Absatzsicherung zu klein ist und der Wettbewerb mit den Großen von ihnen mehr Substanz verlangt.[47] Durch horizontale Kooperationsverträge bzw. durch anmeldepflichtige Kooperations- oder Spezialisierungskartelle versuchen die Mittelstandsbrauereien unter anderem, die Wettbewerbsnachteile gegenüber den Großen zu mindern. Die bestehenden Kooperations- und Spezialisierungskartelle wurden zugelassen, weil sie zur Effizienzsteigerung der Unternehmen und zur Erhaltung des Wettbewerbs beitragen.

---

[46] Der *Deutsche Brauer-Bund e. V.* fordert zusätzlich das Verbot von Bierverkauf unter Selbstkosten.

[47] Vgl. *Sandler, G. G.*, Entwicklung, Stand und Ziel der Konzentration in der deutschen Brauindustrie, in: Brauwelt, Jg. 111 (1971), S. 1707–1712.

Der Preiswettbewerb im Biermarkt beschränkt sich hauptsächlich auf die Absatzwege Handel und Heimdienst. Der Absatzweg Gastronomie ist durch die Bierlieferungsverträge (BLV) (speziell durch deren überlange Vertragsdauer und durch die Einbeziehung auch der alkoholfreien Getränke) fast ganz dem Preiswettbewerb entzogen. Wettbewerbsparameter in diesem Bereich sind die Konditionen der BLV, Werbeunterstützungen und gezielte Verkaufsförderungsmaßnahmen, die sich aus der Sicht der Gastwirte positiv darstellen. Viele Gastwirte würden jedoch ein Mehr an Preiswettbewerb begrüßen, weil ihnen dadurch die Möglichkeit gegeben wäre, ihre eigene Kombination der eingesetzten Wettbewerbsparameter zu wählen.

Der § 18 GWB schafft hier Eingriffsvoraussetzungen für die Kartellbehörde, um BLV für unwirksam zu erklären, wenn sie einen Vertragsbeteiligten „... in der Freiheit der Verwendung ... anderer Waren oder gewerblicher Leistungen beschränken" und soweit „... dadurch eine für den Wettbewerb auf dem Markt erhebliche Zahl von Unternehmen gleichartig gebunden ..." ist. Ein Verbot der BLV hätte ein verstärktes Ausscheiden von Gaststätten aus dem Markt zum Ergebnis. Zudem könnten zahlreiche Mittelstandsbrauereien ohne BLV im Wettbewerb mit Großbrauereien schwerlich überleben. Langfristig läßt sich eine solche Entwicklung jedoch nicht vermeiden, wenn Großbrauereien verstärkt in den Wettbewerb um BLV eintreten.

Eine konsequentere Lösung wäre folgende: Erstens, die Gastwirte sollten nicht auf die Darlehen der Brauereien angewiesen sein; es sollten ihnen stattdessen ebenso günstige Finanzierungsmöglichkeiten, zum Beispiel durch Banken und vor allem durch ERP-Mittel (European Recovery Program) oder durch Mittel aus Landesprogrammen für Kreditvergabe angeboten werden. Die Abhängigkeit von nur einer Brauerei entfiele zwar nicht gänzlich, da die Brauereien durch andere Angebote versuchen würden, eine Gaststätte an sich zu binden, doch die Abhängigkeit wäre erheblich reduziert. Für Gastwirte, die sich dennoch stärker an eine oder mehrere Brauereien binden wollen, sollte der BLV auf eine kürzere als die bisher übliche Laufzeit reduziert werden. Die Einbeziehung alkoholfreier Getränke sollte unterbleiben. Zweitens, wenn ein politischer Konsens zur Erhaltung mittelständischer Brauerein besteht, müßte eine konsequentere staatliche Mittelstandsförderung betrieben werden. Dem stünden jedoch auch zusätzliche volkswirtschaftliche Kosten gegenüber.

5. Anhang

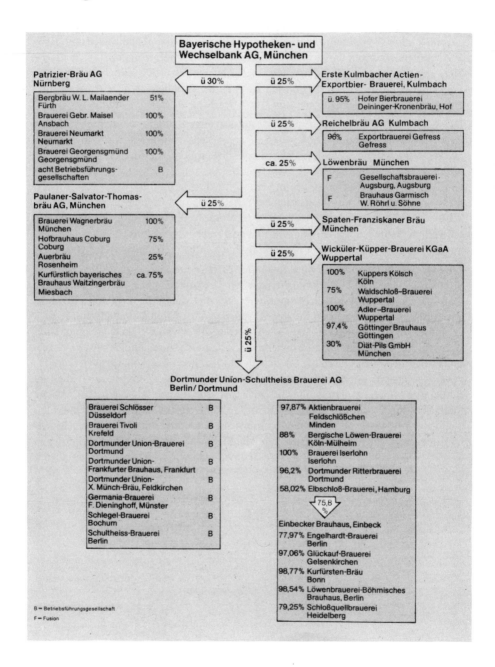

Quelle: Wirtschaftswoche, Jg. 32, Nr. 10, 1978 S. 18.

Abbildung A 1: Die großen drei Bierkonzerne

10. Brauereiindustrie

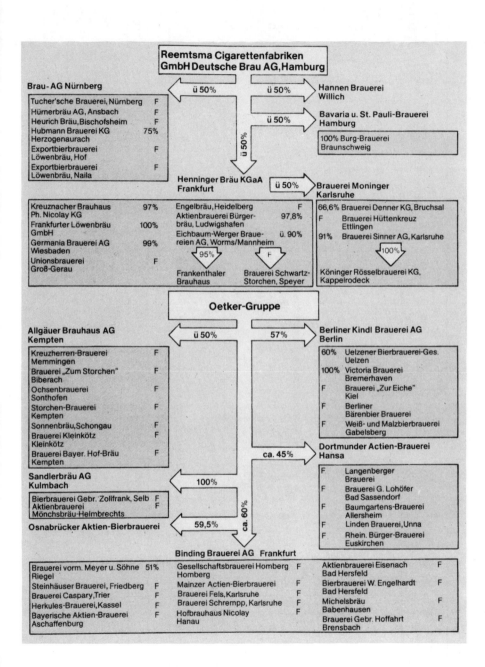

Tabelle A1: Zahl und Bierausstoß der in Betrieb gewesenen gewerblichen Braustätten nach Bundesländern

Jahr	Schleswig-Holstein	Hamburg	Niedersachsen	Bremen	Nordrhein-Westfalen	Hessen	Rheinland-Pfalz	Saarland	Baden-Württemberg	Bayern	Berlin (West)	Bundesrepublik Deutschland
					Anzahl							
1956	10	6	48	7	151	60	47		335	1602	14	2280
1960	9	6	41	6	147	59	46	12	313	1566	13	2218
1965	7	6	36	6	145	55	43	12	292	1421	11	2034
1970	7	6	33	6	138	52	40	11	265	1247	10	1815
1975	6	3	31	5	115	44	35	11	226	1081	11	1568
1980	5	3	24	3	104	40	31	9	206	931	8	1364
					Durchschnittlicher Bierausstoß je Braustätte (1 000 hl)							
1960	49,6	258,1	70,6	216,2	96,5	61,8	69,6	90,9	24,0	10,4	129,0	24,2
1965	78,4	352,3	111,4	267,0	137,7	101,6	97,4	124,5	35,2	14,8	200,9	35,9
1970	120,2	446,4	144,0	317,9	179,1	130,6	122,0	188,1	43,5	19,4	261,0	47,9
1975	131,6	911,4	170,6	512,1	238,4	153,9	152,8	232,5	50,3	24,1	227,3	59,6
1980	175,9	892,7	280,1		258,9	175,1	178,2	290,1	55,6	27,6	253,5	67,7

Quelle: Deutscher Brauer-Bund e. V., diverse Statistische Berichte.

Tabelle A2: Zahl der in Betrieb gewesenen gewerblichen Braustätten nach Größenklassen 1962–1978

Jahr	Betriebsgrößenklassen über ... bis einschließlich ... 1000 hl										Insgesamt
	bis 2	2–4	4–10	10–20	20–30	30–60	60–90	90–120	120–200	200–500	500 und mehr	
	Anzahl											
1962	705	272	383	256	155	172	56	45	51	44	16	2155
1965	608	227	361	257	153	180	70	43	58	55	22	2034
1970	462	190	332	235	133	186	78	44	51	72	32	1815
1975	393	163	260	212	98	167	71	43	56	64	41	1568
1980	318	144	242	190	96	127	57	32	56	54	48	1364

Quelle: Deutscher Brauer-Bund e. V., diverse Statistische Berichte.

6. Kontrollfragen

1. Wie läßt sich die jüngste Stagnationsphase im Bier-Konsum erklären?
2. Was sind die Ursachen für das Süd-Nord-Gefälle in der Braustättenverteilung?
3. Welche Determinanten können das Ansteigen der Betriebsgröße erklären?
4. Besteht die Möglichkeit, daß sich die Branchenstruktur langfristig dahingehend entwickelt, daß nur noch wenige Großbetriebe dominieren?
5. Welche Vor- und Nachteile existieren bei mehrbetrieblicher gegenüber einbetrieblicher Produktion?
6. Welche Voraussetzungen müssen erfüllt sein, damit ein Unternehmen in den Genuß von Größenvorteilen gelangt?
7. Wie können Größenvorteile gemessen werden?
8. Was besagt das sogenannte Gesetz vom proportionalen Effekt?
9. Warum haben zwischen 1969 und 1973 so viele Fusionen stattgefunden?
10. Welche Faktoren sind für das Ansteigen der Unternehmenskonzentration verantwortlich?
11. Erklären Sie den Ansatz von L. Weiss zur Analyse der Konzentrationsveränderung!
12. Was besagt der Verdrängungseffekt?
13. Welche Form der Preisdifferenzierung praktizieren die Brauereiunternehmen?
14. Auf welchem Prinzip basiert die Preiskalkulation?
15. Was sind die langfristigen Konsequenzen des Strukturwandels in bezug auf Sortenvielzahl, Produktveränderung und -qualität im Biermarkt?
16. Wie gestaltet sich die staatliche Regulierung auf dem Biermarkt?
17. Beschränken die staatlich regulierten Eingriffe den Wettbewerb auf dem Biermarkt?
18. Wo liegen die Probleme mittelständischer Brauereien?
19. Soll der Staat die mittelständischen Brauereien durch einen Ausgleich größenbedingter Nachteile gegenüber den Großbrauereien schützen?
20. Sind Bierlieferungsverträge generell wettbewerbsbeschränkend?

7. Literaturhinweise

Die umfangreichste **Datenquelle** bietet der alle zwei Jahre erscheinende statistische Bericht des *Deutschen Brauer-Bundes e.V.* Neben den Zahlen über die deutsche Brauwirtschaft und ihre Märkte enthält der Bericht auch Tabellen über die Brauwirtschaft der Europäischen Gemeinschaft und anderer bedeutender brauwirtschaftlicher Länder.

Fachzeitschriften für Brauereien sind u.a.: „Tageszeitung für Brauerei", „Brauwelt", „Monatsschrift für Brauerei" und „Fachzeitschrift für das Braugewerbe und die Getränkeindustrie".
Einen hervorragenden **betriebswirtschaftlichen Überblick** über die deutsche Brauwirtschaft bietet:
Tietz, B., Markt und Marketing für Bier. Eine Analyse aus Anlaß des 125jährigen Jubiläums der Privatbrauerei Thier, Dortmund 1979.
Über die Entwicklung der **Unternehmenskonzentration** in der deutschen Brauereiindustrie berichten ausführlich:
Marfels, Ch., International Sectoral Comparisons including Analyses on the Beverages Industries in Germany and Europe, Vol. 2: A Study of Evolution of Concentration in the Beverages Industry in the Federal Republic of Germany, Commission of the European Communities, Januar 1980.
Breitenacher, M., Untersuchungen zur Konzentrationsentwicklung in der Getränkeindustrie in Deutschland, Kommission der Europäischen Gemeinschaften, November 1976.
Über die Probleme **mittelständischer Brauereien** berichtet:
Priller, S., Zukunftsaussichten mittelständischer Brauereiunternehmen in der Bundesrepublik Deutschland, Dissertation Hochschule St. Gallen 1979.

Die folgende Studie untersucht die **technologischen Veränderungen**, deren arbeitssparende Effekte und die dadurch ausgelöste Veränderung der Arbeitskräftestruktur in der Deutschen Brauwirtschaft:

Weimer, K.-H./Protmann, G./Miedaner, H./Dienstbier, D., Rationalisierung und Strukturwandel in der Brauwirtschaft und ihre arbeitswirtschaftlichen Konsequenzen. Eine Studie im Auftrag des RKW, Frankfurt 1974.

Transportwesen

Walter Hamm

Gliederung

1. Verkehr als wettbewerbspolitischer Ausnahmebereich
2. Marktabgrenzung und historische Entwicklung
   2.1. Marktabgrenzung
   2.2. Historische Entwicklung
3. Staatlich gesetzte Rahmenbedingungen
   3.1. Angebot von Personenverkehrsleistungen
      3.1.1. Schutz öffentlicher Unternehmen als Grundsatz
      3.1.2. Eisenbahnverkehr
      3.1.3. Omnibusverkehr
      3.1.4. Gelegenheitsverkehr mit Omnibussen
      3.1.5. Taxiverkehr
      3.1.6. Personenverkehr auf Binnengewässern
   3.2. Angebot von Güterverkehrsleistungen
      3.2.1. Schutz öffentlicher Unternehmen
      3.2.2. Eisenbahngüterverkehr
      3.2.3. Marktsegmentierung im gewerblichen Straßengüterverkehr
      3.2.4. Binnenschiffsverkehr
      3.2.5. Werkverkehr
   3.3. Nachfrage nach Verkehrsleistungen
      3.3.1. Nachfrage im Personenverkehr
      3.3.2. Nachfrage im Güterverkehr
4. Marktstruktur
   4.1. Angebot
      4.1.1. Eisenbahnen
      4.1.2. Straßenpersonenverkehr
      4.1.3. Binnenschiffahrt
      4.1.4. Straßengüterverkehr
      4.1.5. Wettbewerbliche Beziehungen zwischen den Verkehrszweigen
   4.2. Nachfrage
      4.2.1. Struktur der Nachfrage im Personenverkehr
      4.2.2. Struktur der Nachfrage im Güterverkehr
5. Marktverhalten und Marktprozesse
   5.1. Preispolitik
   5.2. Mengenpolitik
   5.3. Produkt- und Innovationspolitik
   5.4. Werbung
6. Wettbewerbspolitische Beurteilung von Marktprozessen im Binnenverkehr
7. Kontrollfragen
8. Literaturhinweise

1. Verkehr als wettbewerbspolitischer Ausnahmebereich

In kaum einem anderen Wirtschaftsbereich reglementieren staatliche Organe die Marktprozesse in ähnlich umfassender und tiefgreifender Weise wie im innerdeutschen Personen- und Güterverkehr. Zwar wird weithin die Meinung vertreten, wegen **Marktversagens** seien staatliche Interventionen unerläßlich. Es gibt jedoch zahlreiche Länder, in denen der Personen- und Güterverkehr auch ohne behördliche Preisfestsetzung, Marktzugangsbeschränkung und Kapazitätsregulierung ausgezeichnet funktioniert. Als Beispiel seien Dänemark, Großbritannien, die Schweiz, Australien und Kanada erwähnt. Diese Erfahrungen widerlegen die vor allem von Verkehrsunternehmen vertretene Ansicht, ohne staatliche Interventionen komme es zwangsläufig zu Fehlentwicklungen, zu Versorgungsstörungen und zu **ruinösem Wettbewerb**.

Die Bundesregierung besteht einstweilen noch auf der seit Jahrzehnten von ihr vertretenen Auffassung, daß der Verkehr weiterhin als wettbewerbspolitischer Ausnahmebereich behandelt werden müsse[1], obwohl in anderen Ländern, vor allem in den USA, seit einigen Jahren eine Deregulierungspolitik verfolgt wird. Unbeachtet bleibt, daß staatliche Interventionen in der Bundesrepublik eine vergleichsweise schlechte und teure Marktversorgung zur Folge haben. Die internationale Wettbewerbsfähigkeit der deutschen Wirtschaft wird auf diese Weise beeinträchtigt.

Unnötig hohe volkswirtschaftliche Verkehrskosten verlängern die ökonomischen Entfernungen und behindern eine intensive Arbeitsteilung. Die von der Bundesregierung nach wie vor vertretene staatliche Reglementierung des Verkehrs trägt deutlich strukturkonservierende Züge und hat den Verkehr zu einer der am höchsten subventionierten Branchen werden lassen. Vor allem die *Deutsche Bundesbahn* wird mit Recht als „Haushaltsrisiko ersten Ranges" bezeichnet. Obwohl die staatlichen Interventionen alle Merkmale von Staatsversagen tragen, sind Änderungen des verkehrspolitischen Kurses noch nicht in Sicht.

Die behördliche Regulierung wird vor allem mit den sogenannten Besonderheiten des Verkehrs begründet. Hierzu werden unter anderem folgende Tatbestände gerechnet: Die Produktion auf Vorrat sei unmöglich. Für Nachfragespitzen müßten Reservekapazitäten vorgehalten werden. In der Nord-Süd-Richtung sei die Nachfrage im Güterverkehr größer als in der umgekehrten Richtung (Unpaarigkeit des Verkehrs), was zu Angebotsdruck und zu Marktstörungen führe. Hohe Fixkosten und langlebige Investitionsgüter verhinderten ein befriedigendes Funktionieren des Preissystems. Wegen der geringen **Preiselastizität der Nachfrage** komme es trotz Preissenkungen nicht zum Marktgleichgewicht. Die Produktionsmittel seien nicht standortgebunden. Im Verkehr konkurrierten private mit öffentlichen Unternehmen. Wegen hoher **externer Effekte** komme es zu einem Marktversagen. Der Verkehr sei ein wichtiges Instru-

---

[1] Vgl. *Bundesregierung*, Bericht über Ausnahmebereiche des Gesetzes gegen Wettbewerbsbeschränkungen, Drucksache 7/3206, Deutscher Bundestag, 1975. Auch noch in jüngster Zeit hat sich die Bundesregierung immer wieder für eine „kontrollierte Wettbewerbsordnung", das heißt für die Beibehaltung umfassender staatlicher Interventionen, ausgesprochen. Die gesetzliche Grundlage hierfür ist § 99 des Gesetzes gegen Wettbewerbsbeschränkungen.

ment staatlicher Politik (z. B. Regionalpolitik) und sei für eine arbeitsteilig organisierte Volkswirtschaft von existentieller Bedeutung, weswegen dieser Wirtschaftszweig nicht dem Markt überlassen werden dürfe. Einzelne dieser Besonderheiten gebe es zwar auch in anderen Wirtschaftszweigen; in dieser Häufung und Kombination gebe es diese Besonderheiten jedoch nur im Verkehr. Ruinöser Wettbewerb sei die Folge, wenn auf die staatliche Reglementierung der Verkehrsmärkte verzichtet werde.

Diese Ansicht ist wissenschaftlich[2] und durch vielfältige Erfahrungen widerlegt. Daß es in jeder Branche Besonderheiten gibt, ist unbestreitbar. Es handelt sich dabei um spezifische Risiken, auf die sich die Unternehmer einstellen müssen und mit denen sie durchaus fertig werden können. Externe Effekte gehen von allen Verkehrsmitteln, wenn auch in unterschiedlichem Ausmaß, aus; der Straßenverkehr wird hierfür finanziell erheblich belastet – weit über die ihm zuzurechnenden **Wegebenutzungsentgelte** hinaus. Die marktwirtschaftliche Steuerung schließt nicht aus, daß staatliche Organe politische Ziele verfolgen, indem sie einzelnen Verkehrsunternehmen konkrete Leistungsaufträge erteilen und diese aus öffentlichen Mitteln bezahlen.

Nicht nur im Ausland, sondern auch auf deutschen Verkehrsmärkten wird seit Jahrzehnten die Behauptung widerlegt, die Besonderheiten des Verkehrs machten eine marktwirtschaftliche Steuerung unmöglich. Zu verweisen ist auf den Gelegenheitsverkehr mit Omnibussen, in dem es keinerlei staatlich verordnete Wettbewerbsbeschränkungen gibt und auf den Speditions-Sammelladeverkehr. Bisher ist nicht dargetan worden, warum die Besonderheiten des Verkehrs nur in einigen Ländern und dort wiederum nur auf einigen Märkten eine wettbewerbliche Organisation von Marktprozessen verhindern sollen.

Daß staatliche Organe in massiver Form den Wettbewerb auf Verkehrsmärkten beschränken, ist im wesentlichen darauf zurückzuführen, daß öffentliche Verkehrsunternehmen vor privaten Konkurrenten geschützt werden sollen. Das gilt insbesondere für die *Deutsche Bundesbahn*. Als das staatliche Eisenbahnunternehmen in den zwanziger Jahren dieses Jahrhunderts sein Landverkehrsmonopol verlor, zeigte es sich, daß sich dieses Unternehmen nicht flexibel genug an die sich wandelnden Markt- und Wettbewerbsverhältnisse anzupassen vermochte. Aus den staatlichen Marktzugangsbeschränkungen, Kapazitätsrestriktionen und Preisvorschriften ziehen aber auch die privaten Verkehrsunternehmen erhebliche Vorteile in Form wettbewerblich kaum kontrollierter Gewinne. Infolgedessen hat sich eine Einheitsfront der Produzenten von Verkehrsleistungen zugunsten der – mißverständlich – als „kontrollierte Wettbewerbsordnung" bezeichneten staatlichen Verkehrsreglementierung gebildet.

Auch ohne unmittelbare staatliche Eingriffe in Marktprozesse kommen der öffentlichen Hand im Verkehr deswegen wichtige Funktionen zu, weil Bund, Länder und

---

[2] Siehe insbesondere *Storsberg, G.,* Die Bedeutung der Kleinen Verkehrsreform für die Preis- und Tarifbildung im Güterverkehr, Bonn 1963, S. 163 ff.; *Hamm, W.,* Preise als verkehrspolitisches Ordnungsinstrument, Heidelberg 1964, S. 77 ff.; *Peters, H.-R.,* Marktwirtschaftliche Verkehrsordnung und die „Besonderheiten" des Güterverkehrs, Bad Godesberg 1966; *Meyer, H.-R.,* Verkehrswirtschaft und Verkehrspolitik, Bern 1976, S. 52 ff. – Anderer Meinung: *Walcher, F.,* Das Planungs- und Steuerungssystem der staatlichen Verkehrspolitik zur Regulierung der Verkehrsmärkte, Berlin 1978, S. 85 ff.

Gemeinden für den Bau, die Unterhaltung und Instandsetzung der Verkehrswege finanziell verantwortlich sind. Das gilt auch für das Schienennetz, weil alle Investitionen von nennenswerter Höhe durch den *Bundesverkehrsminister* und den *Bundesfinanzminister* ebenso zu genehmigen sind wie die Auflassung vorhandener Strecken. Die privaten Verkehrsunternehmen verfügen lediglich über die Fahrzeuge und sind davon abhängig, daß die öffentliche Hand das Komplementärgut „Verkehrswegenetz" zur Verfügung stellt.

Von einer Entstaatlichung der Verkehrswege wird aus guten Gründen nicht ernsthaft gesprochen. Verkehrswege haben wichtige öffentliche Funktionen (z. B. gute Erschließung des gesamten Staatsgebietes auch mit dem Ziel, wichtige politische, kulturelle und soziale Dienste überall anbieten zu können; Landesverteidigung). Die Entscheidung über Verkehrswegeinvestitionen kann daher nicht in die Hände privatwirtschaftlich handelnder Organe (welcher Zusammensetzung auch immer) gelegt werden. Diese staatliche Infrastrukturverantwortung ist unteilbar. Auch im Falle einer wettbewerblichen Organisation des Verkehrsleistungsangebots bleibt daher ein starker staatlicher Einfluß auf den Verkehr erhalten. Dieser Tatbestand ist vor allem für Fragen der Raumordnung und der Regionalpolitik von erheblicher Bedeutung. Da die Dichte der verschiedenen Verkehrswegenetze und deren baulicher Zustand wesentlichen Einfluß auf die Verkehrskosten haben, können staatliche Organe allein über die Ausgaben für verschiedene Wegenetze und über die verlangten Benutzungsabgaben auf den Wettbewerb im Verkehr einwirken.

Die Tatsache, daß die Bundesregierung den Verkehr als wettbewerbspolitischen Ausnahmebereich behandelt, prägt nachhaltig die Marktstruktur und das Marktverhalten der Anbieter und Nachfrager von Verkehrsleistungen. Ohne Kenntnis der wichtigsten staatlichen Maßnahmen und deren Entstehungsgeschichte sind Marktvorgänge im Verkehr nicht plausibel zu erklären. Deswegen wird im nächsten Abschnitt – im Anschluß an eine Marktabgrenzung – der Entwicklung staatlicher Reglementierungen in den verschiedenen Verkehrsbereichen nachgegangen.

2. Marktabgrenzung und historische Entwicklung

2.1. Marktabgrenzung

Der innerdeutsche Personen- und Güterverkehr auf Schienen, Straßen und Wasserwegen steht im Mittelpunkt der folgenden Analyse. Der Rohrleitungs- und Luftverkehr ist – von Spezialmärkten abgesehen – verhältnismäßig unbedeutend und bleibt deshalb unberücksichtigt. Da in erster Linie der innerdeutsche Verkehr behandelt wird, kann der Seeverkehr ausgeklammert werden. Freilich ist zu berücksichtigen, daß deutsche Straßenverkehrs- und Binnenschiffahrtsunternehmen auch Leistungen im grenzüberschreitenden Verkehr anbieten.

1980 waren rund 850 000 Erwerbstätige in den so abgegrenzten Verkehrsunternehmen (ohne Omnibus- und Kleingutverkehr der *Deutschen Bundespost*) beschäftigt. Die Bruttowertschöpfung dieser Unternehmen erreichte mit rund 40 Milliarden DM gut 2,5 Prozent der Bruttowertschöpfung aller Wirtschaftsbereiche. In diesen Zahlen nicht enthalten ist die Eigenproduktion von Verkehrsleistungen, die sowohl in der Personenbeförderung (privater Personenkraftwagenverkehr, oft als Individualverkehr bezeichnet, und Beförderung von Arbeitskräften mit unternehmenseigenen Omnibussen) als auch im Güterverkehr (sogenannter Werkverkehr) von großer Bedeutung ist. Da enge Substitutionsbeziehungen zwischen dem Kauf von Verkehrsleistungen auf Märkten und der Eigenproduktion solcher Leistungen bestehen, müssen auch der Individual- und der Werkverkehr in die Analyse der Marktverhältnisse einbezogen werden. Das Anbieterverhalten wird wesentlich davon geprägt, inwieweit es den Kunden möglich ist, auf die Eigenproduktion von Verkehrsleistungen überzugehen.

Innerhalb des Personenverkehrs und des Güterverkehrs werden höchst verschiedenartige Leistungen produziert, was auch in den unterschiedlichen Preisen je Personen- und je Tonnenkilometer zum Ausdruck kommt. Nicht nur die Qualität des Transports (z. B. Sicherheit, Geschwindigkeit, Bequemlichkeit, Zuverlässigkeit, Häufigkeit), sondern auch die Transportroute (Verkehrsbeziehung), die Art des Transportguts (z. B. Sperrigkeit, Art des benötigten Ladegefäßes), die Transportweite und der Transportzeitpunkt (Verkehrsspitze oder verkehrsarme Zeit) sind mögliche Ursachen für Preisunterschiede. Es gibt daher eine sehr große Zahl von Verkehrsmärkten, die freilich von der Angebotsseite her dann verbunden sind, wenn Fahrzeuge zur Beförderung von Personen oder Gütern nach unterschiedlichen Qualitätsmerkmalen und auf verschiedenen Strecken geeignet sind. Den Nachfragern ist es dagegen nicht oder nur in engen Grenzen möglich, auf andere Verkehrsmärkte auszuweichen (z. B. Verlegung des Zeitpunkts der Nachfrage).

Obwohl also die in einer Volkswirtschaft produzierten Personen- und Tonnenkilometer höchst unterschiedliche Produkte sind, ist es mangels besser geeigneter Vergleichsmaßstäbe üblich, die Beförderungsleistungen verschiedener Verkehrszweige (Eisenbahnen, Straßenverkehr, Binnenschiffahrt) entweder nach der Zahl der beförderten Personen (Tonnen) oder nach der Zahl der geleisteten Personenkilometer (Tonnenkilometer) einander gegenüberzustellen.

Aus den stark gesunkenen Marktanteilen der Eisenbahnen an den Verkehrsleistungen im Personen- und Güterverkehr darf freilich nicht auf ein absolut gesunkenes Leistungsvolumen der Eisenbahnen geschlossen werden. Da die Verkehrsnachfrage insgesamt beträchtlich gestiegen ist, haben die Verkehrsleistungen der Eisenbahnen von 32 Milliarden Personenkilometer im Jahre 1950 auf 39 Milliarden Personenkilometer 1980 zugenommen. Im Güterverkehr stiegen die Verkehrsleistungen in der gleichen Zeit von 39 auf 65 Milliarden Tonnenkilometer. Die sich verschlechternde Ertragslage der Eisenbahnen kann also nicht auf einen sinkenden Ausnutzungsgrad der vorhandenen Anlagen und Betriebsmittel zurückgeführt werden. Der Zuwachs der Verkehrsnachfrage in den drei Nachkriegsjahrzehnten ist freilich ganz überwiegend dem Straßenverkehr zugutegekommen.

Bei der räumlichen Marktabgrenzung ist zu beachten, daß ausländische Verkehrsunternehmen nur begrenzt Zugang zum innerdeutschen Verkehr haben. Dies gilt umgekehrt in noch ausgeprägterem Maße für die Betätigung deutscher Verkehrsunternehmer im Binnenverkehr aller Nachbarländer. Ein Export oder Import von Verkehrsleistungen ist insoweit ausgeschlossen. Allein im grenzüberschreitenden Straßen-

Tabelle 1: Anteil der Verkehrsbereiche an der Verkehrsleistung im Personenverkehr (in Pkm) in der Bundesrepublik Deutschland 1950–1980 (in vH)

Verkehrsbereich	1950	1960	1970	1975	1976	1977	1978	1979	1980
Eisenbahnen	37,7	15,7	8,4	7,7	6,8	6,6	6,5	6,5	6,5
Öff. Straßenpersonenverkehr	28,9	19,2	12,8	13,0	12,7	12,6	12,4	12,3	12,4
Luftverkehr	0,1	0,6	1,4	1,6	1,7	1,7	1,7	1,8	1,8
Taxi- und Mietwagenverkehr	0,5	0,3	0,4	0,3	0,4	0,4	0,4	0,4	0,4
Individualverkehr	32,8	64,1	77,0	77,8	78,5	78,7	79,0	79,0	78,9
Personenverkehr insgesamt	100	100	100	100	100	100	100	100	100

Quelle: *Bundesminister für Verkehr* (Hrsg.), Verkehr in Zahlen 1976 und 1981, Bonn 1976 und 1981.

Tabelle 2: Anteile der Verkehrsbereiche an der Verkehrsleistung im Güterverkehr (in tkm) in der Bundesrepublik Deutschland 1950–1980 (in vH)

Verkehrsbereich	1950	1960	1970	1975	1976	1977	1978	1979*	1980*
Eisenbahnen	56,0	37,4	33,2	25,9	26,0	24,0	23,7	25,7	25,5
Binnenschiffahrt	23,7	28,5	22,7	22,3	20,0	21,2	21,3	19,7	20,1
Straßengüternahverkehr	10,2	15,3	16,8	17,2	17,0	17,5	17,7	17,5	17,4
Straßengüterfernverkehr	10,1	16,7	19,4	27,8	30,0	30,7	31,0	30,4	31,4
davon Werkverkehr	(3,1)	(2,8)	(3,4)	(6,4)	(7,0)	(7,7)	(7,3)	(6,5)	(6,9)
Rohrfernleitungen	–	2,1	7,9	6,8	7,0	6,6	6,3	6,7	5,6
Binnenländischer Verkehr	100	100	100	100	100	100	100	100	100

* Ohne Transportleistungen der im Werkverkehr eingesetzten Lastkraftwagen bis einschl. 4 t Nutzlast und Zugmaschinen bis einschl. 40 kW Motorleistung (1978 = 2,0 Mrd. tkm von insgesamt 240 Mrd. tkm).
Quelle: *Bundesminister für Verkehr* (Hrsg.), Verkehr in Zahlen 1976 und 1981, a. a. O.

und Binnenschiffsverkehr gibt es Betätigungsmöglichkeiten für deutsche Unternehmer (im gewerblichen Straßengüterverkehr durch staatliche Konzessionen begrenzt). Auch nach Gründung der Europäischen Wirtschaftsgemeinschaft hat sich der ausgeprägte Protektionismus in allen Bereichen des Verkehrs nicht überwinden lassen, obwohl der Schutz heimischer Produzenten gerade auf diesem für die Integration nationaler Märkte wichtigen Gebiet den Vertragszielen besonders klar zuwiderläuft. Die wettbewerbsbelebenden Wirkungen der Zulassung ausländischer Konkurrenten gelten in nahezu allen Ländern als unerwünscht. Alle Hinweise darauf, daß die nationale Verkehrsreglementierung wie ein System von Schutzzöllen wirkt, die mit einem Gemeinsamen Markt unvereinbar sind, haben an dem nationalen Widerstand in allen Mitgliedstaaten der EG gegen eine gemeinsame Verkehrspolitik bisher nichts ändern können.

Bei allen konkreten Marktanalysen ist sorgfältig darauf zu achten, daß es eine außerordentlich große Zahl von Verkehrsmärkten gibt und daß zutreffende Aussagen nur gewonnen werden können, wenn die qualitativen, zeitlichen und routenbezogenen und vom Transportgut abhängigen Einflüsse beachtet werden. Die Verbundenheit vieler Märkte auf der Angebotsseite ist ebenso zu berücksichtigen wie die Wirkungen, die von der Eigenproduktion von Verkehrsleistungen ausgehen. In dem folgenden Überblick über Marktstrukturen und Marktverhalten im Personen- und Güterverkehr werden im Hinblick auf die große Zahl von Märkten lediglich einige allgemeine Aussagen getroffen, die zur Erklärung von Verhaltensweisen auf Verkehrsmärkten wesentlich sind.

2.2. Historische Entwicklung

In diesem Beitrag kann es allein darum gehen, die wettbewerblich erheblichen, die gegenwärtigen Marktverhältnisse mitprägenden historischen Vorgänge in stark geraffter Form zu kennzeichnen. Technische Fortschritte haben innerhalb eines Jahrhunderts die Wettbewerbsverhältnisse auf den binnenländischen Verkehrsmärkten zweimal von Grund auf verändert. Zunächst verdrängten Dampfmaschinen auf Schienenwegen (in geringem Umfang auf Binnenwasserwegen) den durch Jahrtausende üblichen Transport auf Straßen. In den meisten Fällen war dies mit einer Monopolisierung des Leistungsangebots und der vollständigen Verdrängung kleiner Straßentransportunternehmer verbunden. Hundert Jahre später ermöglichte ein neuer technischer Fortschritt und die Entwicklung des motorisierten Straßenverkehrs wiederum die erfolgreiche Betätigung kleiner und kleinster Unternehmer im Transportgewerbe. Die Folge war eine erhebliche relative Verbilligung von Transportleistungen, dadurch eine ganz außergewöhnliche Zunahme der Verkehrsnachfrage und stark schrumpfende Marktanteile der bis dahin noch hoffnungslos überlegen eingestuften Eisenbahnen. Verbrennungsmotoren sind neben dem Elektromotor ein zweites wichtiges Beispiel dafür, daß technische Fortschritte weitgehend monopolisierte Märkte aufbrechen und nachhaltige wettbewerbsbelebende Wirkungen hervorrufen können.

Während der Siegeszug der Eisenbahnen seit den dreißiger Jahren des 19. Jahrhunderts von Staats wegen kaum gebremst wurde, hat das Aufkommen des gewerblichen Straßenverkehrs mit Kraftfahrzeugen schon seit den zwanziger Jahren dieses Jahrhunderts zu immer massiveren Schutzmaßnahmen zugunsten der weit überwiegend öffentlichen Eisenbahnunternehmen geführt. Die Konkurrenten der Eisenbahnen fanden dennoch gute Voraussetzungen vor, weil die Eisenbahnen an ihrer monopolistischen Preispolitik festhielten, die an der Belastbarkeit der Kunden aus der Monopolzeit orientiert war (Grundsatz: what the traffic will bear). Die Konkurrenten wurden infolge der starren Preispolitik der Eisenbahnen geradezu großgezüchtet. Nicht mehr die Eisenbahnen, sondern die privaten Wettbewerber kassierten die **Monopolrenten**, was von den Eisenbahnen als „**Rosinenpicken**" verurteilt wurde. Auf einigen Märkten bemühten sich die Eisenbahnen zwar, sich gezielt mit Preissenkungen gegen die Kraftwagenkonkurrenz zu wehren. An dem aus der Monopolzeit stammenden Tarifsystem änderte sich jedoch zunächst nichts. Vielmehr forderte vor allem die *Deutsche Reichsbahn* mit dem Hinweis, ihr bleibe nur noch das Monopol der schlechten Risiken, von der Reichsregierung wirksamen Schutz gegen die erstarkenden Konkurrenten.

11. Transportwesen

Einer der Hauptgründe, den die Eisenbahnen zugunsten ihres Verlangens nach staatlichem Schutz anführten, war, daß das Rosinenpicken die interne Subventionierung unrentabler Eisenbahnleistungen unmöglich mache. Diese Leistungen müßten jedoch im Interesse des allgemeinen Wohls erbracht werden („Gemeinwirtschaftlichkeit"). Der Konkurrenzschutz sei das einzige Mittel, die Allgemeinheit vor Schaden zu bewahren. Insbesondere dem aus der Monopolzeit überkommenen Tarifsystem seien wesentliche gemeinwirtschaftliche Wirkungen (Beispiele: Sozialtarife im Personenverkehr; Begünstigung schwach entwickelter Randgebiete) zu verdanken.

Unberücksichtigt blieb, daß den Rechnungen über die interne Subventionierung Vollkostenrechnungen mit einer willkürlichen Aufschlüsselung des großen Blocks von Gemeinkosten zugrundelagen und daß bei Anwendung anderer Kalkulationsmethoden (etwa der Deckungsbeitragsrechnung und ihrer Vorläufer) ganz andere Ergebnisse erzielt worden wären. Nicht beachtet blieb ferner, daß staatliche Organe viele Möglichkeiten haben, unrentable Verkehrsleistungen auf ihre Kosten gegen Entgelt produzieren zu lassen. Es bedarf also keines Wettbewerbsschutzes für die Eisenbahnen, wenn diese in die Lage versetzt werden sollen, unrentable, aber politisch gewünschte Leistungen zu produzieren.

Die Anfänge des strukturkonservierenden Wettbewerbsschutzes gehen auf das Jahr 1919 zurück. Durch die Verordnung betreffend Kraftfahrzeuglinien wurde für den Linienverkehr mit Autobussen und Lastkraftwagen – nicht dagegen für den Gelegenheitsverkehr – eine staatliche Genehmigung vorgeschrieben. Die *Deutsche Reichsbahn* und die *Deutsche Reichspost* blieben von dem Genehmigungszwang befreit. Die Marktzugangsbeschränkungen für private Straßenverkehrsunternehmen wurden in mehreren Schritten ausgebaut (Gesetz über Kraftfahrlinien von 1925; Kraftfahrlinienverordnung von 1928). Als Ziel wurde der Schutz der „öffentlichen Interessen" genannt, aber es war klar erkennbar, daß damit vor allem die Interessen öffentlicher Verkehrsunternehmen gemeint waren.

Der erhebliche Rückgang der Transportnachfrage im Verlauf der Weltwirtschaftskrise veranlaßte die Reichsregierung 1931 und 1932 zu wesentlich härteren Interventionen in die Verkehrsmärkte in Form von Notverordnungen. Nachdem die Bemühungen der *Deutschen Reichsbahn* gescheitert waren, ihr verlorengegangenes Landverkehrsmonopol im Güterverkehr durch Kampftarife (K.-Tarife) und durch bindende Verträge mit den Spediteuren zurückzugewinnen, schränkte die Reichsregierung durch Kapazitätsbeschränkungen den Überlandverkehr auf der Straße drastisch ein und zwang die Straßenverkehrsunternehmer, die gleichen Preise zu verlangen wie die *Deutsche Reichsbahn*. Auch für die deutschen Binnenschiffahrtsunternehmen wurden staatlich zu genehmigende Festfrachten im innerdeutschen Verkehr eingeführt. Anfang 1932 wurden die kleinen Binnenschiffahrtsunternehmen zwangsweise in „Schifferbetriebsverbänden" unter staatlicher Aufsicht zusammengeschlossen. Die Notverordnungen der Reichsregierung haben sich als überaus dauerhaft erwiesen. Die staatlichen Preis- und Kapazitätsregulierungen sind seitdem zwar mehrfach modifiziert, aber im Grundsatz bis heute erhalten geblieben, obwohl sich die Umstände, unter denen die Reichsregierung Zuflucht zu massiven Wettbewerbsbeschränkungen genommen hatte, vollständig änderten.

Die strukturkonservierende staatliche Politik hat sich im Verlauf der seitdem vergangenen fünf Jahrzehnte als zunehmend anachronistisch und unbezahlbar erwiesen.

Zwar haben die Eisenbahnen unter dem wachsenden Druck des Wettbewerbs und enorm steigender Verluste einige besonders unrentable Dienste reduziert oder ganz eingestellt. Dennoch ist insbesondere die *Deutsche Bundesbahn* – auch wegen des verzögernden politischen Drucks – viel zu langsam den Veränderungen der Markt- und Wettbewerbsverhältnisse gefolgt. Der politische Widerstand, der ursprünglich vor allem mit „gemeinwirtschaftlichen" Argumenten begründet worden war, hat sich unter gewerkschaftlichem Druck zunehmend zu einer Strategie der Arbeitsplatzerhaltung in öffentlichen Unternehmen entwickelt.

Die zunehmenden Bedenken gegen diese Art von Verkehrspolitik sind auch die Folge der verbreiteten Skepsis gegenüber der „gemeinwirtschaftlichen Ideologie".[3] Erstens überwiegt heute die Ansicht, daß den Eisenbahntarifen, von ganz wenigen Industrien abgesehen, nur eine geringe standortbildende Kraft zukommt. Zweitens wurde weithin anerkannt, daß von der überkommenen Struktur des Eisenbahngütertarifs sowohl Wirkungen zugunsten als auch zuungunsten wirtschaftlich schlecht entwickelter Randgebiete ausgehen (z. B. keine Begünstigung durch Ausnahmetarife). Die Anpassung der Eisenbahntarife an die veränderten Marktverhältnisse traf deshalb auf keinen nennenswerten Widerstand mehr. Drittens breitete sich die Überzeugung aus, daß über die Subventionierung bestimmter Industrien, Regionen oder Bevölkerungsschichten staatliche Organe entscheiden sollten und nicht die Leitung staatlicher Eisenbahnunternehmen, also ein parlamentarisch nicht verantwortliches Gremium. Was politisch als dringlich einzustufen ist, darf nicht den Eisenbahnen und ihrem Gutdünken überlassen werden. Wenn Subventionstarife als politisch wünschenswert anzusehen sind, dann haben die staatlichen Organe allerdings auch die Pflicht, den entstehenden Einnahmenausfall aus öffentlichen Kassen zu ersetzen.

Schutzmaßnahmen zugunsten der Eisenbahnen sind nach 1945 außerdem zunehmend mit Wettbewerbsverzerrungen begründet worden. Ungleiche Startbedingungen machten, so wurde argumentiert, staatliche Interventionen zum Schutz der benachteiligten Eisenbahnen erforderlich. Nicht nur die Eisenbahnen, sondern auch der Straßenverkehr und die Binnenschiffahrt behaupteten jedoch in dieser zeitweise lebhaften Auseinandersetzung, durch staatliche Maßnahmen einseitig benachteiligt zu sein, beispielsweise auf steuerlichem Gebiet, durch Subventionen, durch Sondervorteile öffentlicher Unternehmen oder durch die Berechnung der Abgaben für die Benutzung öffentlicher Verkehrswege. Die Notwendigkeit staatlicher Interventionen wurde also mit den unerwünschten Folgen früherer Staatseingriffe begründet. Der naheliegende Schluß, Wettbewerbsverzerrungen durch Verzicht auf reglementierende Maßnahmen zu beseitigen, wurde aus diesen Diskussionen erstaunlicherweise nicht abgeleitet.

Die Frage der Wegebenutzungsentgelte ist politisch noch ungeklärt. Nach wie vor wird mit Vollkostenrechnungen gearbeitet und daraus eine hohe Subventionierung der Binnenschiffahrt abgeleitet, obwohl solche Kostenrechnungen inzwischen nahezu allgemein als unsinnig und nicht aussagefähig erkannt worden sind. Die meisten Kanäle und kanalisierten Wasserstraßen sind bereits vor vielen Jahrzehnten für den Binnenschiffsverkehr freigegeben worden. Aus heutiger Sicht lohnte sich der Bau

---

[3] Siehe hierzu *Hamm, W.*, Regulated Industries: Transportation, in: Zeitschrift für die gesamte Staatswissenschaft, 136. Band (1980), S. 579.

nicht mehr. Es kann sich daher nur darum handeln, das früher investierte Kapital so gut wie möglich zu nutzen, was verhindert würde, wenn vollkostendeckende Abgaben verlangt würden. Von einer Subventionierung der Binnenschiffahrt kann nur dann gesprochen werden, wenn die Wegebenutzungsentgelte auf einzelnen Wasserstraßen nicht einmal die dem Verkehr zurechenbaren laufenden Betriebskosten decken und wenn auf erzielbare Deckungsbeiträge verzichtet wird. Derartige Analysen fehlen bisher in der fälschlich als „Wegekosten"-Diskussion bezeichneten politischen Auseinandersetzung.[4]

Die historische Entwicklung zeigt, daß es schwierig ist, wettbewerbsbeschränkende und strukturkonservierende staatliche Interventionen gegen den Druck von Vertretern der Produzenteninteressen (Unternehmen und Gewerkschaften) abzubauen. Selbst der erheblich gestiegene jährliche Zuschußbedarf der *Deutschen Bundesbahn* von rund 14 Milliarden DM jährlich (1981) hat bisher keine grundlegende Änderung der weithin als unzweckmäßig erkannten und als nahezu unbezahlbar erwiesenen Verkehrspolitik gebracht. Auch für die überschaubare Zukunft ergeben sich erhebliche Gefahren. Der Konkurrenzschutz für das Staatsunternehmen täuscht auf zahlreichen Verkehrsmärkten ein Maß an Wettbewerbsfähigkeit vor, das in Wirklichkeit nicht besteht. Für die Investitionspolitik des zweitgrößten deutschen Unternehmens (nach der Zahl der Beschäftigten) fehlen zuverlässige Informationen. Die Gefahr von Fehlinvestitionen ist unter diesen Umständen groß. Für eine nachhaltige Sanierung des Unternehmens mangelt es an der erforderlichen Beurteilungsgrundlage.

3. Staatlich gesetzte Rahmenbedingungen

3.1. Angebot von Personenverkehrsleistungen

3.1.1. Schutz öffentlicher Unternehmen als Grundsatz

Das Hauptziel staatlicher Wettbewerbsbeschränkungen im Personenverkehr besteht im Schutz öffentlicher Verkehrsunternehmen, in erster Linie der *Deutschen Bundesbahn*, aber auch der *Deutschen Bundespost* (im Omnibusverkehr) und der kommunalen Nahverkehrsunternehmen. Während beispielsweise in den USA ein dichtes Omnibusliniennetz – auch parallel zu Eisenbahnstrecken – das Land überspannt, ist in Deutschland eine solche Entwicklung von vornherein unterbunden worden. Das Personenbeförderungsgesetz von 1961 (und seine Vorläufer) sehen eine staatliche Konzessionserteilung für Omnibus-Linienverkehre mit strengen Vorrangsbestimmungen für öffentliche Verkehrsunternehmen vor.

Der *Deutschen Bundesbahn* ist der gesamte Schienenparallel- und Schienenersatzverkehr (z. B. bei der Stillegung von Streckenabschnitten) vorbehalten (§ 13 des Perso-

---

[4] Eingehend sind diese Fragen behandelt in der Abhandlung von *Hamm, W.*, Leitlinien für investitions- und abgabenpolitische Entscheidungen, in: *Hamm, W./Neumann, W.*, Binnenwasserstraßenpolitik. Systemmängel und Reformvorschläge, Berlin 1973, S. 118 ff.

nenbeförderungsgesetzes), wobei das Einzugsgebiet der Eisenbahn großzügig bemessen wird. Nahezu alle Strecken mit starkem Verkehrsaufkommen sind damit dem Wettbewerb anderer Omnibusunternehmer entzogen. Die *Deutsche Bundesbahn* bietet nur in ganz wenigen Fällen im Fernverkehr Busdienste an, so daß die Reisenden im Linienverkehr normalerweise keine Möglichkeit haben, zwischen Bahn oder Bus zu wählen.

Die *Deutsche Bundespost* hat gewisse Vorrechte, „wenn sich die Verbindung von Personen- und Postsachenbeförderung im öffentlichen Interesse bewährt hat" (§ 13 Personenbeförderungsgesetz). Kommunale Verkehrsunternehmen haben Vorrechte im Nachbarortslinienverkehr, wenn dieser Verkehr nach Tarifgestaltung und Häufigkeit einem Ortslinienverkehr vergleichbar ist. Nur auf den dann noch verbleibenden, meist wenig interessanten Märkten dürfen sich private Omnibusunternehmer betätigen.

Der Wettbewerb um Konzessionen wird auch durch die „Besitzstandsklausel" von § 13 Absatz 4 des Personenbeförderungsgesetzes beschränkt. Die regelmäßig auf acht Jahre befristete Genehmigung im Omnibuslinienverkehr wird nach Ablauf normalerweise erneut dem bisher tätigen Unternehmen erteilt. Ein Konkurrenzaufruf (z. B. Ausschreibung) findet nicht statt. Es wäre nach dem geltenden Recht auch nur in jenen Fällen möglich, in denen keine Vorränge öffentlicher Unternehmen gelten. Auf diese Weise hat der Gesetzgeber dauerhafte Monopolstellungen im Omnibuslinienverkehr geschaffen.

3.1.2. Eisenbahnverkehr

Bis auf wenige Strecken mit meist geringem Verkehr ist das gesamte, dem Personenverkehr dienende Eisenbahnnetz in der Hand der *Deutschen Bundesbahn*. Sowohl der Bau als auch die Stillegung von Strecken bedürfen staatlicher Genehmigung. Die Eisenbahnen sind verpflichtet, auf den vorhandenen Strecken Personenverkehrsleistungen anzubieten (Betriebspflicht). Die Häufigkeit des Leistungsangebots auf der Schiene steht im Ermessen der *Deutschen Bundesbahn*. Sie kann den Schienenverkehr auch nahezu vollständig auf die Straße verlagern. Die Fahrpreise im Schienenverkehr bedürfen staatlicher Genehmigung. Änderungen innerhalb einer Grenze von 20 Prozent pro Jahr nach oben gelten als automatisch genehmigt.

Trotz staatlicher Genehmigungsvorbehalte hat die *Deutsche Bundesbahn* also umfassende Möglichkeiten für freie unternehmerische Entscheidungen über die Höhe des Leistungsangebots und der Fahrpreise. Dies gilt auch für den gesamten Sozialverkehr (Schülertarife, Berufsverkehrstarife). Politischer Einfluß macht sich allerdings insofern nachteilig bemerkbar, als der *Deutschen Bundesbahn* in vielen Fällen die endgültige Einstellung des Personenverkehrs auf kaum noch frequentierten Strecken versagt oder erst nach langjähriger Verzögerung zugestanden worden ist. Insofern kann die Betriebspflicht in den genannten Grenzen als politische Last bezeichnet werden. Die Beförderungspflicht, das heißt die Verpflichtung, jeden Reisenden, der dies wünscht, mit den regelmäßig verkehrenden Zügen und Bussen (und innerhalb der damit gezogenen Kapazitätsgrenzen) zu transportieren, kann dagegen nicht als politische Last angesehen werden. Die Verpflichtung, einen Beförderungsvertrag zu den selbst gesetzten Bedingungen abzuschließen, ist keine Last. Zumindest steht es der *Deutschen Bundesbahn* frei, ihren Tarifsetzungsspielraum so zu nutzen, daß sie keine Nachteile erleidet. Die Beförderungspflicht kann um so weniger als politische Last bezeichnet werden, als der *Bundesbahn* mit dem staatlichen Konkurrenzschutz ein wesentlich erweiterter Tarifsetzungsspielraum eingeräumt wird.

3.1.3. Omnibuslinienverkehr

Auf die gesetzliche **Marktsegmentierung** und Monopolisierung des Omnibuslinienverkehrs (Angebot von Verkehrsleistungen auf einzelnen Strecken nach festen Fahrplänen und festgelegten Tarifen, unabhängig vom Umfang der Verkehrsnachfrage) war schon unter 3.1.1 eingegangen worden. Faktisch ist auf diese Weise der Wettbewerb zwischen Schiene und Straße im Linienverkehr ausgeschaltet. Obwohl die Bundesregierung sonst stets betont, daß sie den Grundsatz der freien Wahl des Verkehrsmittels durch die Nachfrager nicht antasten wolle, hat sie bisher keinerlei Schritte unternommen, diesem Prinzip im Personenlinienverkehr Geltung zu verschaffen.

Die Fahrpreise im Omnibuslinienverkehr bedürfen der Genehmigung durch öffentliche Organe. Voraussetzung für Tariferhöhungen ist regelmäßig der Nachweis, daß „die Kosten" mit den bisher geltenden Tarifen nicht mehr gedeckt werden können. Auch in diesem Fall werden willkürlich ermittelte Vollkosten den Genehmigungsbehörden vorgelegt und von ihnen akzeptiert. Bei Omnibusunternehmen handelt es sich stets um Vielproduktunternehmen, die keineswegs nur Linienverkehrsleistungen auf einer einzigen Strecke produzieren. Die Aufteilung der Gemeinkosten eröffnet daher beachtliche Ermessensspielräume.

Die Sonderformen des Linienverkehrs – hierzu gehören der Arbeiterlinienverkehr, der Schülerverkehr, Marktfahrten, Theaterfahrten und der Ferienziel-Reiseverkehr (§ 43 Personenbeförderungsgesetz) – unterliegen nicht den strengen Vorrangbestimmungen wie der allgemeine Linienverkehr. Private Omnibusunternehmen haben sich diesen frei zugänglichen Verkehrsmärkten besonders intensiv zugewandt. Obwohl Fahrgäste, die im Sonderlinienverkehr befördert werden, nur der jeweils genau umschriebenen Gruppe angehören dürfen – alle anderen Fahrgäste sind ausgeschlossen –, haben viele private Omnibusunternehmer gute wirtschaftliche Erfolge auf diesen Spezialmärkten erzielen können. Hieran zeigt sich deutlich, daß unternehmerische Initiative vor allem von privaten Verkehrsunternehmen entfaltet worden ist und wird.

Die Konzessionserteilung an ein Unternehmen besagt nicht, daß auch Omnibusse dieses Unternehmens in dem genehmigten Linienverkehr eingesetzt werden. Vor allem öffentliche Verkehrsunternehmen machen in großem Umfang von der Möglichkeit Gebrauch, Omnibusse privater Unternehmen in ihrem Auftrag und auf ihre Rechnung fahren zu lassen. Der Grund ist darin zu sehen, daß der Einsatz von Omnibussen, die den öffentlichen Unternehmen gehören und von ihnen mit eigenem Personal betrieben werden, wesentlich höhere Ausgaben verursacht als der Einsatz gemieteter Omnibusse. Daraus wird freilich nicht die Konsequenz gezogen, auch die Konzession den billiger arbeitenden privaten Unternehmen zu erteilen.

3.1.4. Gelegenheitsverkehr mit Omnibussen

Der Gelegenheitsverkehr mit Omnibussen (z. B. Ausflugsfahrten) ist von staatlichen Reglementierungen frei. Weder gibt es Beschränkungen des Marktzugangs noch irgendwelche Preisvorschriften. Allerdings wachen die Genehmigungsbehörden sorgfältig darüber, daß nicht unter dem Deckmantel des Gelegenheitsverkehrs den Linienverkehrsunternehmen Fahrgäste abgeworben werden.

Bezeichnenderweise gibt es im Gelegenheitsverkehr mit Omnibussen weder Klagen über ruinöse Konkurrenz noch andere Fehlentwicklungen des Wettbewerbs auf Verkehrsmärkten, beispielsweise die Gefährdung der öffentlichen Sicherheit wegen konkurrenzbedingter Vernachlässigung notwendiger Wartungs- und Reparaturausgaben. Die Verfechter umfassender staatlicher Reglementierung von Verkehrsmärkten haben bisher nicht erklären können, warum in diesem großen und wichtigen Marktbereich der Wettbewerb gut funktioniert und warum die generell für alle Verkehrsmärkte behaupteten Entartungen der Konkurrenz hier nicht zu beobachten sind.

Im Gelegenheitsverkehr mit Omnibussen herrscht lebhafter Wettbewerb. Auch insoweit dominieren private Omnibusunternehmer. Sie erweisen sich als ideenreicher, entfalten mehr Initiative und produzieren Leistungen bei vergleichbarer Qualität regelmäßig erheblich billiger als öffentliche Verkehrsunternehmen.

3.1.5. Taxiverkehr

Taxiunternehmen bieten im wesentlichen innerörtliche Beförderungsdienste an, die als Ergänzung des öffentlichen Verkehrs angesehen werden können. Zur Ausübung dieses Gewerbes ist eine Konzession erforderlich, die jedoch nur versagt werden darf, wenn Überkapazitäten mit der Folge **„ruinöser Konkurrenz"** konkret nachgewiesen werden. Die zuständigen Verwaltungsgerichte haben hierfür verschiedene Maßstäbe entwickelt.[5] Was von den Sorgen über ruinöse Auswüchse des Wettbewerbs bei fehlenden staatlichen Marktzugangsbeschränkungen zu halten ist, zeigen folgende Erfahrungen. Obwohl einige Städte faktisch auf Marktzugangsbeschränkungen verzichten, ist es dort nicht zu „ruinöser Konkurrenz" (im Sinne niedriger Durchschnittsverdienste und gehäufter Konkurse) gekommen. In Städten mit restriktiver Genehmigungspraxis werden Konzessionen für den Taxiverkehr zum Teil zu erheblichen Preisen gehandelt. Dies deutet auf knappheitsbedingte zusätzliche Gewinnchancen hin. Im Preis für eine Taxikonzession wird der kapitalisierte Wert des auf staatliche Kapazitätsbeschränkungen zurückzuführenden Zusatzgewinns abgegolten.

Die Preise für Taxifahrten werden für Fahrten innerhalb des Bezirks der Genehmigungsbehörde behördlich festgesetzt. Nur innerhalb dieses Gebiets besteht eine Beförderungspflicht. Es handelt sich um Festpreise, die offenbar sowohl den Schutz der Fahrgäste vor überhöhten Preisforderungen bewirken als auch den Preiswettbewerb

---

[5] Siehe *Bidinger, H.,* Kommentar zum Personenbeförderungsgesetz nebst sonstigen einschlägigen Vorschriften, 2. Auflage, Berlin 1971, S. 25 ff.

im Taxigewerbe ausschließen sollen. Bei Fahrten zu Zielen außerhalb des genannten Bezirks können die Fahrpreise frei vereinbart werden.

3.1.6. Personenverkehr auf Binnengewässern

Der Personenverkehr auf Binnengewässern hat nur bescheidene Bedeutung. Eine eingehende Behandlung erübrigt sich deshalb. Mit Ausnahme des Linienverkehrs auf dem Bodensee, der auch der Verbindung des deutschen und des schweizerischen Eisenbahnverkehrs dient, handelt es sich weitestgehend um Ausflugsverkehr. Der Linienverkehr auf dem Bodensee ist – soweit von deutscher Seite betrieben – in der Hand der *Deutschen Bundesbahn*. Im übrigen liegen die Verhältnisse hinsichtlich der Konzessionierung des Linienverkehrs und des Wettbewerbs im Gelegenheitsverkehr ähnlich wie im Omnibusverkehr.

3.2. Angebot von Güterverkehrsleistungen

3.2.1. Schutz öffentlicher Unternehmen

Auch im Güterverkehr sind die staatlichen Interventionen deutlich danach abgestuft, in welchem Ausmaß Wettbewerbsbeziehungen zur *Deutschen Bundesbahn* bestehen. Auf kurzen Entfernungen ist der Eisenbahnverkehr, vom Massengutverkehr zwischen Gleisanschlüssen abgesehen, wesentlich teurer als der Straßenverkehr. Schutzmaßnahmen zugunsten der Schiene sind daher unterblieben. In Marktbereichen, in denen Schiene und Straße in engen **Substitutionsbeziehungen** stehen, sind die Entfaltungsmöglichkeiten im Straßengüterverkehr dagegen drastisch eingeschränkt worden. In der Binnenschiffahrt, die wegen der relativ hohen Be- und Entladekosten auf kurzen Strecken ohnehin wenig Bedeutung hat, sind differenzierende wettbewerbsbeschränkende Reglementierungen zugunsten der Schiene je nach der Transportentfernung überflüssig. Deswegen hat der Gesetzgeber den gesamten Binnenschiffsverkehr einheitlichen Preisreglementierungen unterworfen.

Die Tarife bedürfen fast durchweg in allen Bereichen des Güterverkehrs staatlicher Genehmigung. Den Anträgen der zuständigen Gremien wird jedoch so gut wie stets gefolgt. Eine staatlich organisierte Tarifüberwachung und harte Sanktionen bei aufgedeckten Verstößen sollen für die Einhaltung der Tarife sorgen. Die für die Kontrollen entstehenden Kosten tragen die Verkehrsunternehmen. Freilich gibt es zahlreiche schwer aufzudeckende, zum Teil auch legale Unterbietungsmöglichkeiten, zum Beispiel die unentgeltliche Abgabe nicht preisgebundener Speditionsleistungen in Kombination mit preisgebundenen Verkehrsleistungen. Verkehrsunternehmen mit einem breiten logistischen Leistungssortiment sind gegenüber einstufigen Verkehrsunternehmen insoweit begünstigt.

3.2.2. Eisenbahngüterverkehr

Irgendwelche administrativen Hindernisse für die Entfaltung unternehmerischer Initiative gibt es im Eisenbahngüterverkehr nicht. Investitionen größeren Ausmaßes bedürfen allerdings der vorherigen Genehmigung durch die *Bundesminister für Verkehr und Finanzen*. Auch die vollständige Einstellung des Verkehrs auf einzelnen Streckenabschnitten bedarf vorheriger Genehmigung, nicht dagegen die Ausdünnung des Leistungsangebots. Wegen der oft jahrelangen Verzögerung betriebswirtschaftlich gebotener Streckenstillegungen können der *Deutschen Bundesbahn* erhebliche finanzielle Nachteile entstehen.

Die Eisenbahngütertarife sind fast durchweg Festpreise. Irgendwelche Spielräume für individuelle Preisverhandlungen gibt es daher normalerweise nicht. Gegen geheime Sonderabmachungen wenden sich insbesondere die Konkurrenten ganz entschieden. Festpreise im Schienenverkehr sind eine zuverlässige Grundlage für eigene Preisentscheidungen. Die Kunden können verschiedene Anbieter nicht gegeneinander ausspielen. Das gemeinsame Interesse an „auskömmlichen" Preisen sorgt für die Durchsetzung **oligopolistischer Preisstrategien**. Tarifänderungsanträge der *Deutschen Bundesbahn* werden regelmäßig genehmigt. Bleiben die Tarifänderungen innerhalb einer Grenze von 20 Prozent pro Jahr nach oben, kann von einer automatischen Zustimmung der staatlichen Organe ausgegangen werden. Im Stückgutverkehr gelten Margenpreise, die Chancen für individuelle Preisverhandlungen mit Großkunden eröffnen.

3.2.3. Marktsegmentierung im gewerblichen Straßengüterverkehr

Durch gesetzliche Regelungen sind die Straßengüterverkehrsmärkte in hermetisch gegeneinander abgeschottete Marktbereiche aufgeteilt worden. Der sogenannte Güternahverkehr ist völlig frei von staatlichen Kapazitätsregulierungen. Die Fahrzeuge werden für den Standort des Betriebs zugelassen und dürfen nur für Transporte innerhalb eines Radius von 50 Kilometer Luftlinie um den Standort des Fahrzeugs eingesetzt werden. Damit werden bei geschickter Standortwahl Transportweiten bis zu 120 Kilometer Straßenentfernung ermöglicht. Der Zugang neuer Unternehmer zum Markt ist nicht beschränkt, sondern lediglich an die Erfüllung subjektiver Zulassungsbedingungen geknüpft (persönliche Zuverlässigkeit und Leistungsfähigkeit des Unternehmers).

Im Bezirksfernverkehr (bis 150 Kilometer Radius um den Standort des Fahrzeugs) dürfen Transporte nur mit einer staatlichen Genehmigung ausgeführt werden. Die Gesamtzahl dieser Genehmigungen wird zum Schutz der *Deutschen Bundesbahn* bewußt knapp gehalten. Dies ermöglicht **Knappheitsrenten,** hat aber auch bewirkt, daß die Kunden verstärkt zur Eigenproduktion von Verkehrsleistungen übergegangen sind (Werkverkehr).

Neben Genehmigungen für den Bezirksverkehr gibt es noch Genehmigungen für den allgemeinen Güterfernverkehr (ohne Entfernungsgrenze). Seit 1970 ist die Zahl dieser Fahrzeugkonzessionen nicht mehr erhöht worden, obwohl das reale Bruttosozialprodukt seitdem um etwa ein Drittel gewachsen ist. Im (illegalen) Handel mit Konzessionen werden Preise bis zu 250 000 DM bezahlt, was darauf hindeutet, daß gut geführte Unternehmen beachtliche Knappheitsrenten erzielen können.

Neben Kapazitätsbeschränkungen gibt es auch eine staatliche Preisreglementierung, die im Nahverkehr am schwächsten, im Fernverkehr am schärfsten ausgeprägt ist. Im

Nahverkehr eröffnen Margenpreise (Höchst- und Mindestpreise) einen breiten Spielraum für individuelle Preisvereinbarungen. Auf vielen Märkten liegen die Mindestpreise unterhalb der Wettbewerbspreise, so daß die freie Preisbildung insoweit nicht oder nicht nennenswert behindert wird. Im Massengutverkehr mit Baustoffen unterbinden zu hohe Mindestpreise jedoch häufig wettbewerbsadäquate Preisvereinbarungen.

Im Straßengüterfernverkehr gelten durchweg Margentarife mit einem vergleichsweise geringen Abstand zwischen Mindest- und Höchstpreisen. Außerdem liegen die Mindestpreise überwiegend oberhalb des Wettbewerbspreises. Infolgedessen fallen die „freien" Preisvereinbarungen sehr häufig mit der Preisuntergrenze zusammen. Faktisch wirken die Mindestpreise in vielen Fällen wie Festpreise. Die Preismargen sind insoweit funktionslos, weil die Mindestpreise – den Tarifanträgen folgend – seit Jahren zu großzügig heraufgesetzt worden sind. Auf diese Weise wird der Preiswettbewerb faktisch ausgeschlossen.

Im grenzüberschreitenden Straßengüterfernverkehr gelten im allgemeinen bilateral vereinbarte Höchstzahlen für Fahrzeuggenehmigungen. Innerhalb des Gemeinsamen Marktes gibt es zusätzlich eine kleine Zahl von „Europa"-Genehmigungen, die zu Fahrten zwischen allen Mitgliedstaaten der Europäischen Gemeinschaft, aber nicht zu Fahrten innerhalb eines Mitgliedstaates berechtigen.

Mehrere Staaten haben unverbindliche Richtpreise für den bilateralen Verkehr vereinbart. Von den Straßenverkehrsverbänden wird die Einführung obligatorischer Margenpreise auch im internationalen Verkehr gewünscht. In einigen Mitgliedstaaten fehlen jedoch alle Voraussetzungen für die Überwachung solcher Tarife, so daß derartige Beschränkungen des Preiswettbewerbs – ganz abgesehen von den integrationsschädigenden Wirkungen – unzweckmäßig erscheinen.

3.2.4. Binnenschiffsverkehr

Alle Bemühungen des Binnenschiffahrtsgewerbes, eine einzelstaatlich oder supranational überwachte Angebotsbeschränkung durchzusetzen, sind bislang gescheitert. Eine angebotsvermindernde Wirkung hat jedoch in der deutschen Binnenschiffahrt die am 1. Januar 1969 begonnene, zwangskartellartig organisierte Abwrackaktion gehabt. Durch Gesetz sind alle Binnenschiffahrtsunternehmer verpflichtet, einen bestimmten Prozentsatz ihrer Erlöse in einen Fonds einzubezahlen, aus dem Prämien jenen Unternehmen zugesagt und ausgezahlt werden, die „technisch veralteten" Schiffsraum abwracken. Mit Hilfe solcher Prämien wurden rund 40 Prozent der am 1. Januar 1969 eingesetzten Tonnage abgewrackt. Ab 1978 hat auch das Binnenschifffahrtsgewerbe von einem ausgeglichenen Markt (keine Überkapazitäten mehr) gesprochen. Die deutsche Binnenflotte gilt als die modernste in Europa. Dennoch wird die Abwrackaktion fortgeführt, die in den ersten fünf Jahren auch aus Steuermitteln bezuschußt worden ist. Groteskerweise hat die *Bundesregierung* viele Jahre hindurch steuerliche Anreize zu Investitionen in Binnenschiffe gegeben und zugleich Prämien für den Abbau von Überkapazitäten in der Binnenschiffahrt bezahlt.

Im innerdeutschen Binnenschiffsverkehr werden die Frachten von paritätisch besetzten Frachtenkommissionen beschlossen und von Staats wegen genehmigt und verkündet. Weit überwiegend handelt es sich um Festfrachten, die jeden Preiswettbewerb ausschließen, zum kleineren Teil um Margenfrachten, bei denen allerdings die Margenuntergrenze häufig so hoch liegt, daß auch auf diese Weise der Preiswettbewerb faktisch ausgeschlossen ist. Alle Bemühungen, den binnenschiffahrtsinternen Preiswettbewerb zu intensivieren, sind bisher am entschiedenen Widerstand des Binnenschiffahrtsgewerbes gescheitert. Der weitreichende Ausschluß des Wettbewerbs zwischen den Binnenschiffahrtsunternehmen schützt zugleich – ähnlich wie im Straßengüterfernverkehr – die *Deutsche Bundesbahn* vor Preiswettbewerb.

Im grenzüberschreitenden Verkehr herrscht völlig freie Preisbildung. Die bei staatlicher Preisreglementierung auf den nationalen Märkten nicht benötigte Tonnage drängt in allen Rheinanliegerstaaten auf die freien Märkte und bewirkt dort besonders ausgeprägte Preisschwankungen (saisonal, konjunkturell). Diese durch partielle staatliche Regulierung verschärften Preisschwankungen auf den freien Märkten werden häufig als Argument gegen eine wettbewerbliche Ordnung von Binnenschiffsmärkten benutzt. Alle Bemühungen, privatwirtschaftlich organisierte Preiskartelle für bestimmte Güter auf einzelnen Verkehrsrouten zustandezubringen und den Preiswettbewerb im internationalen Verkehr auf diese Weise zu beschränken, sind bisher meist schon nach kurzer Zeit gescheitert.

3.2.5. Werkverkehr

Massive staatliche Wettbewerbsbeschränkungen und deren Auswirkungen auf die Preise haben die Bemühungen der davon betroffenen Nachfrager intensiviert, billigere Versorgungsmöglichkeiten zu erschließen. Wegen des im Verlauf von fünf Jahrzehnten seit 1931 ständig vervollkommneten Schutzes der Eisenbahnen gegen den Wettbewerb gewerblicher Anbieter von Verkehrsleistungen blieb nur eine Alternative: die verstärkte Eigenproduktion von Verkehrsleistungen, vor allem durch Einsatz eigener Straßenfahrzeuge. Faktisch wurden auf diese Weise die staatlich verordneten Wettbewerbsbeschränkungen zum Schutz der *Deutschen Bundesbahn* zum Teil unterlaufen. Deshalb ging die Bundesregierung schon Mitte der fünfziger Jahre und verstärkt in der Folgezeit dazu über, den Werkfernverkehr mit Straßenfahrzeugen administrativ (durch Einengung des Werkverkehrsbegriffes) und finanziell (durch zeitweise prohibitiv hohe Sondersteuern) einzuengen. Zeitweise mußte auf Werkfernverkehrsleistungen neben der normalen Umsatzsteuer eine etwa 35prozentige Zusatzbelastung auf fiktiv errechnete Erlöse bezahlt werden. Diese eindeutig diskriminierende Sondersteuer wurde nicht zuletzt auf Druck der *Europäischen Kommission* Anfang der siebziger Jahre beseitigt, was zu einer kräftigen Ausweitung des Werkfernverkehrs auf der Straße geführt hat. Der Versuch, durch Lizenzierung des Werkfernverkehrs, verbunden mit einem obligatorischen Marktgespräch mit Vertretern der *Deutschen Bundesbahn* und interessierten anderen kommerziellen Anbietern von Verkehrsleistungen mit dem Ziel, Alternativangebote zu unterbreiten, eine Ausweitung des Werkfernverkehrs zu verhindern, hat sich als untauglich herausgestellt.

Als wesentliches Hemmnis für den Werkverkehr auf der Straße hat sich die Bestimmung erwiesen, daß mit Werkverkehrsfahrzeugen Transporte für Dritte nicht ausgeführt werden dürfen. Der Leerfahrtenanteil ist daher vergleichsweise hoch, was rentabilitätsmindernd wirkt. Zugleich entstehen auf diese Weise auch gesamtwirtschaftlich unerwünschte Folgen. Die Straßen- und die Umweltbelastung nimmt zu, der Energieverbrauch wird künstlich vergrößert. Derartige Hinweise haben sich bisher als wenig erfolgreich erwiesen, den Wettbewerbsschutz zugunsten der *Deutschen Bundesbahn* abzubauen.

3.3. Nachfrage nach Verkehrsleistungen

3.3.1. Nachfrage im Personenverkehr

Institutionelle Regelungen, mit denen von Staats wegen der Wettbewerb unter den Nachfragern nach Personenverkehrsleistungen beschränkt würde, gibt es nicht. Damit würde den Interessen der öffentlichen Unternehmen zuwidergehandelt, da jede Form der Interessenabstimmung auf der Nachfrageseite den preispolitischen Entscheidungsspielraum der Anbieter einengen würde. Wegen der ungewöhnlichen Zersplitterung der Nachfrage wäre es zudem schwierig, eine gemeinschaftliche Interessenvertretung zu organisieren. Die für die Tarifgenehmigung zuständigen staatlichen Organe, die beispielsweise in den Jahren 1980 und 1981 die *Deutsche Bundesbahn* geradezu gedrängt haben, ihre Personenverkehrstarife zu erhöhen, nehmen für sich in Anspruch, auch die Interessen der Fahrgäste wahrzunehmen. Inwieweit dies tatsächlich geschieht, kann hier offenbleiben.

3.3.2. Nachfrage im Güterverkehr

Im Güterverkehr ist eine Mitwirkung der Verlader an Entschlüssen über Tarifänderungen (die dann von Staatsorganen zu genehmigen und zu verkünden sind) in unterschiedlicher Form vorgeschrieben. Die Tarifgremien für den gewerblichen Straßengüternahverkehr und für die Binnenschiffahrt sind beispielsweise paritätisch mit Vertretern der Verkehrsunternehmen und der Verlader besetzt, wodurch beide Seiten in der Lage sind, Anträge einzubringen und wodurch ein gewisser Einigungsdruck erzeugt werden kann. Für den Straßengüterfernverkehr ist dagegen nur die beratende Mitwirkung eines Verladerausschusses vorgeschrieben. Anregungen der Verlader haben oftmals keine Chance, von der Tarifkommission aufgegriffen zu werden. In anderen Fällen sind Entscheidungen jahrzehntelang verzögert worden (z. B. Entfernungsermittlung nicht nach Eisenbahnentfernungen, sondern nach Straßenkilometern; Einführung allgemein anwendbarer Rundfahrt- und Verteilertarife). Für den Eisenbahnverkehr gibt es ein Verladergremium mit beratender Tätigkeit (ständige Tarifkommission); die Kompetenzen dieses Organs sind allerdings eng begrenzt.

Eine mittelbare Beeinflussung und Lenkung der Verkehrsnachfrage ist staatlichen Organen in der Form möglich, daß die Angebotsbedingungen, beispielsweise durch Einschränkung der staatlichen Unterhaltungsausgaben für ein Wegenetz, erheblich verschlechtert werden und dadurch die Abwanderung auf andere Verkehrsmittel veranlaßt oder sogar erzwungen wird. Prohibitive Besteuerung oder bewußte Hinnahme von verkehrsdrosselnden Engpässen auf einem in staatlicher Verantwortung betriebenen Wegenetz sind weitere Beispiele für eine solche Strategie.

4. Marktstruktur

4.1. Angebot

4.1.1. Eisenbahnen

Die *Deutsche Bundesbahn* ist das mit weitem Abstand dominierende Schienenunternehmen. Alle übrigen Eisenbahnen des öffentlichen Verkehrs produzierten 1980 lediglich 509 Millionen Personenkilometer (*Deutsche Bundesbahn* über 38 Milliarden Personenkilometer einschließlich S-Bahnverkehr) und 1,1 Milliarden Tonnenkilometer (*Deutsche Bundesbahn:* knapp 64 Milliarden Tonnenkilometer). Die rund 60 nichtbundeseigenen Eisenbahnen haben in den letzten Jahrzehnten ihren Personenverkehr weitestgehend auf die Straße verlagert und bieten im Güterverkehr so gut wie keine Transporte mit eigenen Lastkraftwagen an. Der Zwang, auf steigende Verluste im Schienenverkehr zu reagieren, war bei diesen Eisenbahnen weit wirksamer als im Fall der *Deutschen Bundesbahn.* Zu beachten ist, daß es unmittelbare Wettbewerbsbeziehungen zwischen Eisenbahnen im Regelfall nicht gibt, da jedes Unternehmen auf anderen Routen tätig ist und dort über das Schienenverkehrsmonopol verfügt. Aussagen über Marktanteile einzelner Eisenbahnunternehmen am gesamten Schienenverkehr erübrigen sich daher.

4.1.2. Straßenpersonenverkehr

Im Linienverkehr sind weit überwiegend öffentliche Unternehmen tätig. Die Konzessionierung und der Besitzstandsschutz nach Ablauf der befristeten Konzessionen schalten jeglichen Wettbewerb zwischen den auf diesem Gebiet tätigen Unternehmen aus. Vorrangbestimmungen des Personenbeförderungsgesetzes verhindern weitgehend Konkurrenzbeziehungen zu den Eisenbahnen (Ausnahmen z. B. in großstädtischen Ballungsgebieten). Der *Verband öffentlicher Verkehrsbetriebe,* in dem auch einige im städtischen Personennahverkehr tätige private Omnibusunternehmen organisiert sind, hatte 1981 164 Mitglieder, die 1981 knapp 5 Milliarden Personen beförderten. Knapp 20 Prozent der rund 21 000 eingesetzten Omnibusse entfielen auf angemietete Fahrzeuge privater Unternehmer.

Die *Deutsche Bundesbahn* und die *Deutsche Bundespost* sind die einzigen Unternehmen, die im ganzen Bundesgebiet im Personenlinienverkehr tätig sind, und zugleich die mit weitem Abstand größten Anbieter. Die *Deutsche Bundesbahn* verfügt über ein Omnibusliniennetz von rund 90 000 Kilometer (Schienennetz: 28 500 Kilometer), auf dem 1980 mit rund 6 650 Omnibussen (davon rund 4 400 angemieteten Omnibussen privater Unternehmen) 545 Millionen Personen befördert worden sind. Die *Deutsche Bundespost* betreibt ein Streckennetz mit rund 50 000 Kilometer Länge und beförderte 1980 mit 4 600 Omnibussen (davon 3 200 angemieteten Unternehmerbussen) 330 Millionen Personen. Die Busdienste beider Bundesunternehmen werden zur Zeit zusammengelegt und sollen künftig von der *Deutschen Bundesbahn* betrieben werden. Wettbewerbsbeschränkende Wirkungen gehen davon nicht aus, da Bahn und Post auf jeweils anderen öffentlichen und regionalen Märkten tätig sind und da es einen Besitzstandsschutz zugunsten der auf wiederum anderen Märkten tätigen privaten und kommunalen Unternehmen gibt.

Gut 60 Prozent der insgesamt zugelassenen Omnibusse entfallen zwar auf die privaten Omnibusunternehmer. Ihr Anteil an den selbständig betriebenen Linienverkehrsdiensten ist jedoch gering. Bei den Sonderformen des Linienverkehrs (vor allem Arbeiterlinienverkehr und Ferienzielreiseverkehr) und im Ausflugsverkehr dominieren sie jedoch eindeutig. Im Ferienzielreise- und im Ausflugsverkehr herrscht freier Marktzugang. Zu nennenswerten Konzentrationsvorgängen ist es bisher nicht gekommen. Kleine und kleinste Unternehmen sind charakteristisch für diesen Verkehrsbereich. Wie sich schon aus dem hohen Anteil angemieteter Omnibusse bei den öffentlichen Verkehrsunternehmen zeigt, arbeiten private Unternehmer wesentlich kostengünstiger als öffentliche Unternehmen. Dies verschafft den privaten Unternehmen einen eindeutigen Vorsprung in allen Bereichen, in denen Preiswettbewerb besteht.

4.1.3. Binnenschiffahrt

In der deutschen Binnenschiffahrt waren Mitte 1981 2 111 Unternehmen tätig, davon 71 ausschließlich in der Werkschiffahrt. Im Verlauf der bereits erwähnten Abwrackaktion ist die Zahl der Unternehmen um über 1 200 zurückgegangen. Dennoch überwiegen nach wie vor Kleinunternehmer mit einem oder zwei Schiffen (Partikuliere). Mitte 1979 verfügten 93 Prozent der Unternehmen über eine Ladekapazität von weniger als 2 000 Tonnen. Der Anteil dieser Unternehmen an der Tragfähigkeit der gesamten Binnenflotte erreichte 43 Prozent. Demgegenüber lagen die Vergleichszahlen für die größten fünf Reedereien bei 20 Prozent und für die zehn größten Reedereien bei 29 Prozent.[6] Diese Zahlen, die lediglich den eigenen Frachtraum der Reedereien umfassen, ändern sich, wenn der verfügbare Frachtraum (also einschließlich des Frachtraums, der durch langfristige Beschäftigungsverträge gebundenen Hauspartikuliere) zur Grundlage genommen wird. Die fünf größten Reedereien hatten Anfang 1979 einen verfügbaren Frachtraum von 32 Prozent, die zehn größten Unternehmen von 46 Prozent.

Bis 1972 waren die Partikuliere in öffentlich rechtlichen Zwangsverbänden zusammengeschlossen („Schifferbetriebsverbände"), die Verträge für ihre Mitglieder abschlossen. Nach Auflösung dieser Zwangsverbände sind viele Partikuliere Mitglieder von Genossenschaften geworden, die wie eine Reederei geführt werden, oder sie haben sich als Hauspartikuliere über langfristige Beschäftigungsverträge Reedereien angeschlossen. Partikuliere können freilich auch Transportverträge selbständig abschließen. Die Zahl der Unternehmen sagt jedenfalls nichts darüber aus, wieviele unabhängige Anbieter auf den Märkten auftreten. Im übrigen sind unter anderem die unterschiedlichen Betriebsverhältnisse (Schubschiffahrt; Selbstfahrer), die regional

---

[6] Siehe hierzu die umfassende Analyse von *Schlenkermann, H.-G.*, Die Konzentration in der Binnenschiffahrt. Ursachen und Entwicklungen, Göttingen 1982, S. 74.

bedingten Einsatzverhältnisse in den verschiedenen Stromgebieten und auf den westdeutschen Kanälen, die unterschiedliche Größe, Qualität und Art der Schiffsgefäße (Güterschiffe für trockene Ladung; Tankschiffe) und die faktische Marktaufteilung durch unterschiedliche Chancen beim Zugang zu Aufträgen (z. B. konzerngebundene Transporte im In- und Ausland) zu beachten. Einen einzigen Markt für homogene Binnenschiffahrtsleistungen gibt es nicht. Die Verbundenheit der Märkte auf der Nachfrageseite ist nur innerhalb sorgfältig zu beachtender Grenzen gegeben.

Fast die Hälfte des Schiffsraums befindet sich in der Hand von zehn konzerngebundenen Großreedereien. Die Haupttätigkeitsgebiete der Konzerne liegen vor allem im Bereich der Montanindustrie und der Energiewirtschaft. Die konzerneigenen Reedereien können im grenzüberschreitenden Verkehr preisregulierend wirken. Im nationalen Verkehr sind Konzernvertreter zugleich Anbieter und Nachfrager auf Binnenschiffahrtsmärkten. Diese Tatsache trägt aber ganz offensichtlich nicht dazu bei, wettbewerbsfreundliche Regelungen, Preissetzungsverfahren und Wettbewerbspreise durchzusetzen.

Reedereien betreiben im Gegensatz zur Masse der Partikuliere nicht nur das Transportgeschäft. Sie sind daneben Anbieter zahlreicher nicht preisgebundener Speditions- und Lagereileistungen. Trotz nach wie vor dominierenden Festfrachten für innerdeutsche Binnenschiffsleistungen ergeben sich daher für Reedereien ganz andere Akquisitionschancen als für Partikuliere. Auch dann, wenn es nicht zu illegalen Unterbietungen von Festfrachten oder Mindestfrachten kommt, können Unternehmen mit breitem Leistungssortiment durch das Anbieten attraktiver Preise für nicht preisgebundene Leistungen Kunden gewinnen.

4.1.4. Straßengüterverkehr

Die vier Verkehrsbereiche, gewerblicher Güternah- und -fernverkehr sowie Werknah- und Werkfernverkehr lassen sich nicht eindeutig abgrenzen, weil viele Unternehmen in mehreren Verkehrsbereichen tätig sind. Auch dasselbe Fahrzeug wird oft in zwei verschiedenen Bereichen eingesetzt (z. B. gewerblicher Nahverkehr und Werknahverkehr). Grundlage für die folgenden Angaben ist die vom *Bundesminister für Verkehr* veranlaßte Nahverkehrsenquête[7] mit Zahlenangaben für das Jahr 1977.

Im gewerblichen Güternahverkehr waren danach 42 500 Unternehmer mit 117 000 Lastkraftfahrzeugen und 58 000 Anhängern tätig. 49 Prozent der Unternehmer verfügten nur über ein Lastkraftfahrzeug, weitere 21 Prozent über 2, 11 Prozent über 3 und 6 Prozent über 4 Lastkraftfahrzeuge. Die Hälfte der Unternehmen war gleichzeitig in einem anderen Gewerbe tätig, nämlich 16 Prozent in der Spedition und Lagerei, 10 Prozent im Brennstoffhandel, 12 Prozent im Baustoffhandel und 5 Prozent in der Landwirtschaft und im Holzhandel. 19 Prozent der Unternehmen betrieben gleichzeitig auch Werkverkehr und 17 Prozent gewerblichen Güterfernverkehr. 28 Prozent der Unternehmen hatten längerfristige Beschäftigungsverträge mit

---

[7] Vgl. *Bundesminister für Verkehr* (Hrsg.), Umfang und Motivstrukturen im Straßengüternahverkehr (gewerblicher Verkehr, Werkverkehr) in der Bundesrepublik Deutschland, Stuttgart 1981.

Spediteuren (10%), mit Verladern (11%), mit der *Deutschen Bundesbahn* (3%) oder mit mehreren Partnern (3%).

Der Markteintritt ist relativ leicht, da sich die Fahrzeuge durch die Händler vorfinanzieren lassen und da früher unselbständige Fahrer oft über Beziehungen zu potentiellen Auftraggebern verfügen. Die Fluktuation ist hoch. Im Mittel der Jahre 1957 bis 1980 lagen die Zugänge und die Abgänge bei 5 Prozent. Eine Umfrage der *Bundesanstalt für den Güterfernverkehr* nach den Gründen des Ausscheidens aus dem Markt für das Jahr 1980 wurde nur von 21 Prozent der betroffenen Unternehmen beantwortet. Nur in 3 Prozent aller Fälle wurden Konkurs oder Auftragsmangel, in 11 Prozent Altersgründe oder ein Todesfall angegeben. Die Ansicht, die hohe Fluktuation der Unternehmen gehe auf den scharfen Preiswettbewerb zurück, läßt sich mit diesen Zahlen weder bestätigen noch widerlegen. Aus der allgemeinen Konkursstatistik ergibt sich, daß der Straßengüternahverkehr nicht überproportional an Illiquiditäten beteiligt ist.

Im Werknahverkehr wurden 1978 609 000 Lastkraftwagen mit einer Ladekapazität von 1,9 Millionen Tonnen sowie 12 000 Sattelzugmaschinen und 86 000 Anhänger mit einer Nutzlast von 784 000 Tonnen eingesetzt. Im Werknahverkehr dominieren die kleinen Lieferwagen, bei denen Konkurrenzbeziehungen zum gewerblichen Güternahverkehr nicht bestehen. Dies ist beim Vergleich der Fahrzeugzahlen und der Kapazitäten im gewerblichen und werkeigenen Verkehr zu beachten. 79 Prozent aller im Werknahverkehr eingesetzten Lastkraftwagen entfallen auf die Nutzlastklasse von einer bis unter vier Tonnen. Am stärksten setzen das verarbeitende Gewerbe (31% des Gesamtbestands an werkeigenen Lastkraftwagen), das Baugewerbe (22%), der Großhandel (21%) und der Einzelhandel (14%) Lastkraftwagen im Werknahverkehr ein.

Soweit gewerblicher und werkeigener Verkehr gut substituierbare Leistungen anbieten (was z. B. im Baugewerbe häufig der Fall ist), bestehen zwischen beiden Bereichen lebhafte Wettbewerbsbeziehungen. Wegen des hohen Anteils der Frachtkosten am Warenwert entscheiden bei diesen Gütern schon geringe Frachtkostendifferenzen über die einzusetzenden Fahrzeuge.

Im gewerblichen Straßengüterfernverkehr (einschließlich Möbelfernverkehr)[8] waren im November 1978 rund 9000 Unternehmen tätig. Davon verfügten knapp 3000 Unternehmen nur über 1 Genehmigung, 2000 über 2, 1200 über 3 und 1600 über 4 bis 6 Genehmigungen. Auf 686 Unternehmen mit 7 bis 10 Genehmigungen entfielen insgesamt über 5700, und auf 534 Unternehmen mit 11 und mehr Genehmigungen über 9900 Fahrzeugkonzessionen.

Die Zahl der Kleinstunternehmen mit einer Genehmigung ist seit 1960 auf die Hälfte zurückgegangen. Gleichzeitig ist die Zahl der Konzessionen in Unternehmen mit 11 und mehr Konzessionen von 3000 (1960) auf 9900 (1978) gestiegen. Es hat also trotz des Konkurrenzschutzes durch staatliche Regulierung ein fühlbarer **Konzentrationsprozeß** stattgefunden. Ausländische Unternehmen sind vom innerdeutschen Verkehr so gut wie vollständig ausgeschlossen.

---

[8] Siehe zu den folgenden Zahlen über den gewerblichen Straßengüterfernverkehr den statistischen Sammelband „Verkehr in Zahlen 1981", herausgegeben vom *Bundesminister für Verkehr,* Bonn 1981, S. 119.

Tabelle 3: Unternehmen des gewerblichen Fernverkehrs* mit Lastkraftwagen nach Zahl der Genehmigungen je Unternehmen im Bundesgebiet

Genehmigungen je Unternehmen	1966 Juli		1970 Juli		1974 November		1978 November	
	Anzahl	vH	Anzahl	vH	Anzahl	vH	Anzahl	vH
	1	2	3	4	5	6	7	8
1	4639	43,5	3774	39,2	3204	35,0	2967	32,9
2	2554	24,0	2310	24,0	2145	23,4	2037	22,6
3	1247	11,7	1217	12,7	1213	13,3	1176	13,0
4 bis 6	1418	13,3	1413	14,7	1551	17,0	1631	18,1
7 bis 10	515	4,8	554	5,8	625	6,8	686	7,6
11 und mehr	281	2,6	346	3,6	410	4,5	534	5,9
Insgesamt	10654	100,0	9614	100,0	9148	100,0	9031	100,0

* Einschließlich Möbelfernverkehr.
Quelle: *Bundesanstalt für den Güterfernverkehr*, Köln.

Tabelle 4: Genehmigungen zum gewerblichen Fernverkehr* mit Lastkraftwagen nach Zahl der Genehmigungen je Unternehmen und Genehmigungsart im Bundesgebiet

Genehmigungen je Unternehmen, Genehmigungsart	1966 Juli		1970 Juli		1974 November		1978 November	
	Anzahl	vH	Anzahl	vH	Anzahl	vH	Anzahl	vH
	1	2	3	4	5	6	7	8
1	4639	15,9	3774	12,8	3204	10,2	2967	8,8
2	5108	17,5	4620	15,7	4290	13,7	4074	12,0
3	3741	12,8	3651	12,4	3639	11,6	3528	10,4
4 bis 6	6629	22,6	6658	22,6	7303	23,3	7763	22,9
7 bis 10	4176	14,3	4489	15,2	5065	16,2	5655	16,7
11 und mehr	4942	16,9	6295	21,3	7798	24,9	9912	29,2
Insgesamt	29235	100,0	29487	100,0	31299	100,0	33899	100,0

* Einschließlich Möbelfernverkehr.
Quelle: *Bundesanstalt für den Güterfernverkehr*, Köln.

Die *Deutsche Bundesbahn* ist mit 100 eigenen Last- und Sattelzügen und mit mehr als 3000 Genehmigungen von Vertragsunternehmen das mit weitem Abstand größte Unternehmen im gewerblichen Straßengüterfernverkehr.[9]

Insgesamt gab es im November 1978 knapp 34000 Genehmigungen, davon 20300 für den allgemeinen Güterfernverkehr, 7100 für den Bezirksgüterverkehr, 4900 für den Möbelfernverkehr und 1700 für den internationalen Verkehr. Ähnlich wie das Güternahverkehrsgewerbe weist auch der gewerbliche Straßengüterfernverkehr eine stark mittelständisch geprägte Struktur auf, was den Eigentumsbestand an Fahrzeugen angeht. Die Verfügung über die Fahrzeuge (einschließlich der vertraglich gebundenen Kapazität) ist im Fernverkehr stärker auf Großunternehmen, vor allem Speditionen, konzentriert als im Nahverkehr.

---

[9] Vgl. Geschäftsbericht der Deutschen Bundesbahn 1980, S. 30.

Tabelle 5: Gewerblicher Güter- und Möbelfernverkehr. Zahl der Unternehmen und ihrer Verflechtung mit weiteren Verkehrsgewerben bzw. anderen Gewerben nach Größenklassen der Betriebe (Stand: November 1978)

Unternehmen mit ...	Unter-nehmen ins-gesamt	Darunter mit				Anteil an Spalte 1 in %			
		Güter-nah-verkehr	Abferti-gungs-Spedi-tion	Spedi-tion und Lagerei	anderen Ge-werben	Güter-nah-verkehr	Abferti-gungs-Spedi-tion	Spedi-tion und Lagerei	anderen Ge-werben
	1	2	3	4	5	6	7	8	9
1 Genehmigung	2967	2000	174	251	601	67,4	5,9	8,5	20,3
2 Genehmigungen	2037	1455	238	308	434	71,4	11,7	15,1	21,3
3 Genehmigungen	1176	935	285	271	253	79,5	24,2	23,0	21,5
4–6 Genehmigungen	1631	1330	669	576	324	81,5	41,0	35,3	19,9
7–10 Genehmigungen	686	579	400	320	128	84,4	58,3	46,6	18,7
11 u. mehr Genehmig.	534	472	381	303	119	88,4	71,3	56,7	22,3
Insgesamt	9031	6771	2147	2029	1859	75,0	23,8	22,5	20,6

Quelle: *Bundesanstalt für den Güterfernverkehr*, Köln.

Nicht nur die *Deutsche Bundesbahn,* sondern auch private Unternehmen haben die Erfahrung gemacht, daß Kleinstunternehmen mit niedrigeren Kosten zu produzieren vermögen als Großunternehmen, vorausgesetzt freilich, daß der Fahrzeugeinsatz gut organisiert wird. Eine gute Ertragslage weisen meist jene Unternehmen auf, die sich nicht auf die Produktion von Verkehrsleistungen beschränken, sondern die ihr Leistungssortiment über Speditions- und Lagereidienste hinaus in die Logistik weiterentwickelt haben. Das Betriebsgrößenwachstum ist gerade auf den erfolgreichen Ausbau vieler Speditionen zu Logistikunternehmen zurückzuführen.

Im Werkfernverkehr wurden 1977 insgesamt 75000 Lastkraftwagen, 11000 Zugmaschinen und 40000 Anhänger mit insgesamt 870000 Tonnen Nutzlast von rund 34000 Betrieben eingesetzt.[10] 24000 Unternehmen verfügten nur über ein oder zwei Zugfahrzeuge, 6500 über 3–5, 2200 über 6–10 und nur 884 über mehr als 10 Zugfahrzeuge. Schwerpunktbereiche des Werkfernverkehrs sind das Nahrungs- und Genußmittelgewerbe (4200 Unternehmen mit 14700 Lastkraftwagen) sowie die Eisen- und Nichteisen-Metallerzeugung und -verarbeitung (5000 Unternehmen mit 9800 Lastkraftwagen), ferner der Großhandel (13000 Unternehmen mit 26900 Lastkraftwagen).

In der Zeit von 1970 bis 1980 hat der Werkfernverkehr sein Verkehrsaufkommen von 41 auf 100 Millionen Tonnen mehr als verdoppelt, was vor allem auf die Beseitigung der häufig prohibitiv wirkenden Sonderbesteuerung des Werkfernverkehrs im Jahre 1972 zurückzuführen ist (Vergleichszahlen für den gewerblichen Straßengüterfernverkehr: 105 und 141 Millionen Tonnen). Die mittlere Transportweite (rund 170 km gegenüber 280 km im gewerblichen Fernverkehr) und die durchschnittliche Sendungsgröße sind im Werkfernverkehr wesentlich geringer als im gewerblichen Ver-

---

[10] Siehe hierzu und zu den folgenden Zahlen über den Werkfernverkehr die vom Bundesminister für Verkehr herausgegebene Arbeit von *Köstring, R.,* Der Werkverkehr auf Straßen und Binnenwasserstraßen in der Bundesrepublik Deutschland, Stuttgart 1979.

kehr. Da die Rentabilität mit wachsender Nutzlast eines Lastzugs und mit steigender Transportweite bei dem geltenden Tarifsystem zunimmt, ist diese „Aufgabenteilung" zwischen gewerblichem und werkeigenem Verkehr nicht verwunderlich. Zu beachten ist ferner, daß im Werkfernverkehr zahlreiche Fahrzeuge mit Spezialaufbauten eingesetzt sind, die beim Transportgewerbe nicht zur Verfügung stehen.

4.1.5. Wettbewerbliche Beziehungen zwischen den Verkehrszweigen

Zwischen den Verkehrszweigen bestehen vor allem im Güterverkehr zum Teil intensive Wettbewerbsbeziehungen. Deshalb genügt es nicht, isoliert die Angebotsstruktur bei den Eisenbahnen, bei der Binnenschiffahrt und im Straßenverkehr zu betrachten. Was für jeden dieser Verkehrszweige gilt, nämlich daß es eine sehr große Zahl von Verkehrsmärkten gibt, die nur zum Teil von der Angebotsseite her miteinander verbunden sind (z. B. Spezialtransportfahrzeuge, unterschiedliche Anforderungen an die Qualität der Transportleistungen, Art des Transportgutes, Größe der Sendungen, regionale Unterschiede bei den Produktionsbedingungen), trifft erst recht auf den Wettbewerb zwischen den Verkehrsmitteln zu.

Im Massengutverkehr innerhalb des Einzugsbereichs von Binnenwasserstraßen besteht z. B. lebhafte Konkurrenz zwischen den Eisenbahnen und der Binnenschiffahrt. Fast im gesamten übrigen Güterverkehr ist von einem mehr oder weniger engen Substitutionsverhältnis von Schienen- und Straßenverkehr auszugehen, wobei sich Straßenverkehrsunternehmer vor allem im Stückgutverkehr und beim Transport hochwertiger Güter als der Schiene überlegen erwiesen und einen hohen Marktanteil errungen haben. Der ehemals große Preissetzungsspielraum der Eisenbahnen im Landverkehr ist teils erheblich eingeengt worden, teils vollständig beseitigt. In weiten Bereichen kommt der *Deutschen Bundesbahn* gleichwohl die Rolle eines **Preisführers** zu.

Die außerordentlich große Zahl heterogener Verkehrsleistungen macht es unmöglich, generalisierende Aussagen über Konzentrationsgrade auf den Verkehrsmärkten zu treffen. Bei Spezialuntersuchungen einzelner Märkte ist zu beachten, daß die Zahl potentieller Konkurrenten im allgemeinen groß ist. Davon werden die noch zu behandelnden Verhaltensweisen wesentlich geprägt.

Die noch immer relativ starke Machtstellung der *Deutschen Bundesbahn* ist wesentlich durch die hohe laufende Subventionierung mitbestimmt. Vergleichbare Unternehmen ohne eine ähnlich hohe finanzielle Stützung durch den Eigentümer haben sich längst von vielen Verkehrsmärkten zurückgezogen. Die Subventionierung und Reglementierung sorgen also dafür, daß ein höherer Konzentrationsgrad als unter Wettbewerbsbedingungen konserviert wird.

4.2. Nachfrage

4.2.1. Struktur der Nachfrage im Personenverkehr

Die Nachfrage nach Personenverkehrsleistungen ist auf Millionen von Haushalten und Unternehmen verteilt. Lediglich einzelne Reiseveranstalter bündeln die Nachfrage (als „Großhändler" für Verkehrsleistungen) in einem Maße, das ihnen die

Möglichkeit zu erfolgversprechenden Preisgesprächen gibt. Von einer wettbewerbspolitisch bedenklichen Nachfragekonzentration kann jedoch auf den Personenverkehrsmärkten nicht die Rede sein. Regelmäßig gibt es eine hinreichend große Zahl alternativer Einsatzmöglichkeiten, sofern ein Nachfrager seine begrenzte wirtschaftliche Macht auszunutzen versuchte. Freilich ist nicht auszuschließen, daß beispielsweise ein Omnibusunternehmer, der sich in ein enges und einseitiges Abhängigkeitsverhältnis mit einem Auftraggeber eingelassen hat, von diesem unter Druck gesetzt wird. Jeder Verkehrsunternehmer hat die Möglichkeit, eine Kundenstruktur anzustreben, die ihn nicht von einzelnen Großkunden abhängig werden läßt.

4.2.2. Struktur der Nachfrage im Güterverkehr

Im Bereich des Güterverkehrs gibt es Massengutmärkte, die auf der Nachfrageseite hochkonzentriert sind. Hierzu zählen insbesondere der Eisenerz-, Kohlen-, Stahl-, Mineralöl-, Zement-, Düngemittel- und Fahrzeugtransport. Je stärker ein Verkehrszweig auf derartige Transportgüter angewiesen ist – was in hohem Maße für die Binnenschiffahrt und in geringerem Umfang für die Eisenbahn zutrifft –, desto mehr werden es die Verkehrsunternehmen mit Großkunden zu tun haben. Diese Angewiesenheit auf die Nachfrage weniger Großkunden ist noch ausgeprägter, wenn es sich um Spezialfahrzeuge, z. B. für den Mineralöl-, Säure- oder Zementtransport, handelt. In diesen Fällen pflegen der Anschaffung von Fahrzeugen langfristige Beschäftigungsverträge vorauszugehen, die beiden Partnern – je nach der Risikoteilung (etwa Tragung des Risikos der Unterbeschäftigung von Fahrpersonal und Fahrzeugen) – ein mehr oder weniger großes Maß an Sicherheit geben, ihre Produkte absetzen zu können. Es gibt jedoch auch Transportmärkte (z. B. Steine und Erden), auf dem viele kleine Nachfrager dominieren.

Im Straßenverkehr mit seiner mittelständischen Struktur können kleine Unternehmer mit nur örtlichen Marktinformationen auch von Auftraggebern abhängig werden, die eine starke Stellung auf dem örtlichen Markt haben (z. B. Speditionen als „Großhändler" für Güterverkehrsleistungen). Es liegt jedoch in der Hand jedes Unternehmers, solchen Abhängigkeiten zu entgehen. Wie gering im allgemeinen der oft behauptete Druck von angeblich übermächtigen Verladern auf die Unternehmen des Straßengüterfernverkehrs ist, geht aus der Tatsache hervor, daß zahlreiche Unternehmen – wie bereits dargelegt – in wachsendem Umfang zur Eigenproduktion von Verkehrsleistungen übergegangen sind. Die wichtigsten Begründungen lauten dahingehend, daß die benötigten Transportleistungen nicht oder nicht in der erforderlichen Qualität oder nicht zum gewünschten Zeitpunkt oder zu teuer von den gewerblichen Unternehmen angeboten werden.

Es trifft zwar zu, daß auch zahlreiche Großunternehmen in erheblichem Umfang Straßenverkehrsleistungen nachfragen. Dem Versuch, wirtschaftliche Macht zu mißbrauchen, können kleine Straßenverkehrsunternehmer jedoch durchaus entgehen, wenn sie nur einen kleinen Teil ihrer Kapazität für die Belieferung eines einzigen Großkunden mit Transportleistungen einsetzen. Begibt sich ein Straßenverkehrsunternehmer, ohne daß dies unausweichlich wäre, in die Abhängigkeit von einem Großunternehmen, so sind die Auswirkungen allein von ihm zu vertreten und nicht etwa die Folge einer falschen Wettbewerbspolitik oder Marktorganisation.

5. Marktverhalten und Marktprozesse

5.1. Preispolitik

Die Marktprozesse werden im Verkehr entscheidend durch die tiefgreifenden staatlichen Regulierungen geprägt, die **kollektivmonopolistische** Verhaltensweisen in der Binnenschiffahrt und im Straßengüterverkehr, **oligopolistische** Strategien im Verhältnis zwischen den verschiedenen Verkehrszweigen und monopolistische Preispolitik auf den durch **Ausschließlichkeitsrechte** gegen jeglichen Wettbewerb geschützten Verkehrsmärkten bewirken. Weitgehend fehlender Kostendruck, schlecht funktionierende wettbewerbliche Sanktionen in weiten Bereichen des Verkehrs und vergleichsweise hohe Preise sind die Folge.

Ein deutliches Symptom für die nicht wettbewerblich orientierte Preispolitik sind die Begründungen, mit denen Tariferhöhungsanträge des Straßenverkehrs und der Binnenschiffahrt begründet zu werden pflegen. Regelmäßig werden gestiegene Kosten mehr oder weniger plausibel nachgewiesen, woraus die Notwendigkeit entsprechender Tariferhöhungen abgeleitet wird. Daß beispielsweise höhere Personal- und Energiekosten gezielte Rationalisierungs- und Einsparungsanstrengungen auslösen könnten, ist dieser Betrachtungs- und Argumentationsweise fremd. Zumindest wird der Versuch unternommen, steigende Kosten (bei gegebenen Faktoreinsatzmengen) auf die Kunden zu überwälzen. Die geringen Produktivitätszuwächse bei der *Deutschen Bundesbahn* – die Löhne steigen im Schienenverkehr trotz zeitweise hoher Investitionen seit Jahrzehnten wesentlich schneller als die Arbeitsproduktivität – haben auch den anderen Verkehrsbereichen die Überwälzung anwachsender Kostenbelastungen wesentlich erleichtert. Einer kurzen Phase, in der die *Deutsche Bundesbahn* vergeblich versuchte, durch Preissenkungen im Güterverkehr und Verzicht auf Preiserhöhungen ihren Marktanteil zu vergrößern, folgte rasch die Erkenntnis, daß eine gemeinschaftliche oligopolistische Preisstrategie für alle Anbieter die günstigste Lösung ist.

Typisch für die kollektivmonopolistische Preispolitik innerhalb der Binnenschiffahrt und des Straßengüterfernverkehrs ist die ausgeprägte Abneigung gegen Margenpreise, das entschiedene Eintreten für Mindestpreise, die oberhalb der Wettbewerbspreise liegen, sowie die zögernde Anpassung der Preise an Veränderungen der Marktverhältnisse. Seit mehr als zwei Jahrzehnten wird beispielsweise in der Tarifkommission für den Güterfernverkehr ergebnislos darüber gesprochen, allgemein anwendbare **Rundfahrt-** und **Verteilertarife** und eine auf Straßenkilometern (und nicht auf Schienenentfernungen) beruhende Entfernungsberechnung einzuführen. Neue Transportgüter – gleich welcher Art – werden stets in die teuerste Tarifklasse eingestuft, was die Hersteller häufig dazu veranlaßt, diese Güter mit Werkverkehrsfahrzeugen zu transportieren. Zwar gibt es eine große Zahl von Ausnahmetarifen für den Straßengüterfernverkehr (Mitte 1982 insgesamt 117). Aber nur etwas über 10 Prozent der Frachteinnahmen stammen aus solchen Transporten, was nicht für eine flexible Anpassung an die von Transportgut zu Transportgut und von Route zu Route unterschiedlichen Marktverhältnisse spricht. Allein die Änderung einer Ladestellenklausel in einem

Ausnahmetarif bedurfte fünfjähriger Verhandlungen. Hieran werden die Grenzen zwangskartellartiger Preisbildung deutlich erkennbar. Erst die Zustimmung vieler oft konservativ denkender Unternehmer macht die Fortbildung des Tarifs möglich. Preispolitische Vorstöße innovativer Unternehmer sind ausgeschlossen. Dynamische Wettbewerbsprozesse werden weitgehend durch die kollektive Bindung des Aktionsparameters Preis unterbunden.

Die Verhinderung individueller wettbewerblicher Preispolitik wirkt sich auch auf das Verhältnis zwischen den Verkehrszweigen aus. Die umständliche bürokratische, sich oft viele Jahre hinziehende Entscheidungsfindung macht überraschende preispolitische Vorstöße unmöglich. Keiner der (Kollektiv-)Oligopolisten kann sich irgendeinen temporären Erfolg von einer preispolitischen Initiative erhoffen. Da Vorsprungsgewinne nicht zu erwarten sind, unterbleiben entsprechende Anstrengungen. Insofern ist die Preisbildung auf den Güterverkehrsmärkten geradezu ein Schulbeispiel für die Folgen einer **oligopolistischen Preisbildung**, die in diesem Fall widersinnigerweise durch staatliche Reglementierung künstlich herbeigeführt wird.

Das Risiko der Unterbietung staatlich vorgeschriebener Fest- oder Mindestpreise ist infolge intensiver Kontrollen aller Frachtbriefe, infolge unvorhersehbarer Fahrzeugkontrollen, wegen der Möglichkeit jederzeitiger überraschender Nachprüfung von Zahlungsvorgängen in den Verkehrsunternehmen und bei ihren Kunden sowie infolge strenger Sanktionen hoch. Gleichwohl gibt es nicht zu beanstandende mittelbare Preisunterbietungen, indem preisgebundene und nicht preisgebundene Leistungen gekoppelt werden. Nur größeren Verkehrsunternehmen mit breitem Leistungssortiment steht dieser Weg offen. An der formellen rechtlichen Ausschaltung des Aktionsparameters Preis ändert sich dadurch freilich nichts. Vor allem die Kleinstunternehmen haben davon Nachteile. Auch die Konditionen werden im einzelnen staatlich genehmigt. Rabatte – mit Ausnahme der ausdrücklich zugelassenen – dürfen nicht eingeräumt werden. Preisbestandteile sind damit dem Wettbewerb ebenfalls entzogen. Der Vorstoß auf neue Märkte und die Erschließung zusätzlicher Nachfrage durch attraktive Angebote werden verhindert.

Daß sich auch deutsche Verkehrsunternehmen durchaus im Preiswettbewerb zu behaupten vermögen, daß sie vom Preiswettbewerb also nicht überfordert werden, zeigen die Verhältnisse im grenzüberschreitenden Verkehr. Aus unternehmerischer Sicht ist es freilich verständlich, wenn sie für staatlich verordnete Wettbewerbsbeschränkungen eintreten, die nicht – wie Preiskartelle – der Außenseiterkonkurrenz und der Auflösungsgefahr unterliegen.

5.2. Mengenpolitik

Als einzelwirtschaftlicher Aktionsparameter scheidet auf staatlich reglementierten Märkten auch die Mengenpolitik aus. **Mengenrabatte** dürfen ausschließlich in dem tariflich vorgeschriebenen Ausmaß eingeräumt werden. Unternehmerische Leistungserfolge, die es ermöglichten, höhere Mengenrabatte zuzugestehen, dürfen sich nicht in der Preispolitik niederschlagen. Die Tarifkommission für den Güterfernverkehr hat sogar von der fahrzeugtechnisch und energiewirtschaftlich möglichen Ausweitung der Mengenstaffel (Einführung höherer Gewichtsklassen mit niedrigeren

Frachtsätzen je Tonne Transportgut) nur zögernd und unvollständig Gebrauch gemacht.

In den Marktbeziehungen zwischen den (Kollektiv-)Oligopolisten ist allerdings die Mengenpolitik bedeutsam. Tarifzugeständnisse, etwa in Form von Ausnahmetarifen, werden häufig daran gebunden, daß die Verlader möglichst alle Transporte eines Gutes einem Verkehrszweig (Eisenbahn, Binnenschiffahrt oder Straße) zuweisen, womit dann zugleich der Konkurrent aus dem Felde geschlagen wird. Die Verlader ihrerseits haben ein Interesse daran, sich nicht einseitig zu binden. Konjunkturelle Nachfrageschwankungen können zudem die Erreichung von Mindesttransportmengen erschweren. Infolgedessen wird zwischen Verkehrsunternehmern und Verladern oft hart um Mindestmengenvorschriften in Ausnahmetarifen gerungen.

5.3. Produkt- und Innovationspolitik

Der auf zahlreichen Verkehrsmärkten staatlich verordnete Ausschluß des Preiswettbewerbs hat sehr verschiedenartige Auswirkungen auf die Produktpolitik.

Dort, wo zusätzlich Ausschließlichkeitsrechte eingeräumt worden sind und wo auch die Eigenproduktion von Verkehrsleistungen nicht als bedrohlich empfunden wird, wie es häufig im Personenlinienverkehr der Fall ist, werden Anstrengungen zur Qualitätsverbesserung im allgemeinen vernachlässigt. Auch die Suche nach neuartigen Produkten ist wenig reizvoll. Ähnlich liegen die Verhältnisse auf jenen Verkehrsmärkten (vor allem im gewerblichen Straßengüterfernverkehr), auf denen staatliche Kapazitäts- und Marktzugangsbeschränkungen dafür sorgen, daß die vorhandenen Betriebsmittel normalerweise ohne Schwierigkeiten voll eingesetzt werden können. Da Kapazitätserweiterungen ohnehin ausgeschlossen sind, erübrigen sich Bemühungen, mit produktpolitischen Verbesserungen Konkurrenten zu überflügeln.

Ganz andere Bedingungen sind dann gegeben, wenn staatliche Beschränkungen des Preiswettbewerbs und die dadurch verbesserten Gewinnchancen zu übermäßigen Investitionen veranlassen. Ähnliche Beobachtungen haben sich bei vielen Preiskartellen und Syndikaten machen lassen. Wenn Überkapazitäten auf den Markt drücken, ist es für die einzelnen Verkehrsunternehmen erfolgversprechend, mit Produktverbesserungen zum vorgeschriebenen Preis neue Kunden und zusätzliche Aufträge zu gewinnen. Da den Kunden als Folge staatlicher Preisinterventionen nicht die Möglichkeit eröffnet wird, zwischen verschiedenen Qualitäten zu unterschiedlichen Preisen zu wählen, führen die regelmäßig überhöhten staatlich vorgeschriebenen Preise dazu, daß Leistungsqualitäten angeboten werden, die die Kunden gar nicht wünschen. Ein Ausweichen auf qualitativ bescheidenere Leistungen zu niedrigerem Preis ist ausgeschlossen. Insbesondere im internationalen Linienluftverkehr hat der überhand nehmende Qualitätswettbewerb zu weiteren Interventionen veranlaßt, durch die in kleinlicher Weise die zulässigen Zusatzleistungen normiert worden sind.

Im Güterverkehr ist vor allem die Möglichkeit genutzt worden, den Kunden ein komplexes Sortiment logistischer Leistungen anzubieten. Ein umfassendes Angebot preisgebundener und nicht preisgebundener Leistungen eröffnet, wie bereits erwähnt, vielfältige Chancen mittelbarer Unterbietung staatlich vorgeschriebener Preise.

Nachahmungen ausländischer Verfahrensinnovationen hat es in den letzten Jahrzehnten im innerdeutschen Verkehr in einer ganzen Reihe von Fällen gegeben. Hierzu können insbesondere das Intercity-Netz im Personenverkehr der *Deutschen Bundesbahn*, der kombinierte Verkehr Schiene-Straße (Transport von Straßenfahrzeugaufbauten, Sattelaufliegern oder Lastzügen auf Plattformwagen der Eisenbahn), Binnenschiffahrt-Straße und Seeschiffahrt-Straße (roll on- roll off-Verkehr) sowie die Schubschiffahrt gerechnet werden. Es ist kennzeichnend für das Wettbewerbsklima in weiten Bereichen des Verkehrs, daß Kostensenkungen, soweit sie durch die Nachahmung von Verfahrensinnovationen erzielt worden sind, meist nicht an die Kunden weitergegeben worden sind. Der dafür erforderliche Wettbewerbsdruck fehlt regelmäßig.

Der Anreiz zu Verfahrensinnovationen ist zwar insoweit gegeben, als kostensenkende Produktionsverfahren bei staatlich vorgeschriebenen Preisen, die auf Grundlage der traditionellen Technik festgelegt wurden, zusätzliche Gewinnchancen eröffnen. Zu beachten ist jedoch, daß staatliche Fest- oder Margenpreise meist bereits gute Verdienstmöglichkeiten eröffnen, so daß der Anreiz zu risikoreichen Vorstößen in ökonomisches Neuland begrenzt ist. Bei den erwähnten Verfahrensinnovationen handelte es sich um ökonomische Lösungen, die im Ausland zum Teil schon Jahrzehnte vorher erfolgreich erprobt worden waren. Es ist nicht überraschend, daß in dem von Staats wegen geschaffenen Wettbewerbsklima originäre innovative Vorstöße innerhalb des Verkehrs (nicht in Zulieferunternehmen) kaum zu registrieren sind.

5.4. Werbung

Für die Werbung gilt ähnliches wie das unter 5.3 zur Produkt- und Innovationspolitik Gesagte. Werbung ist weitgehend unnötig, soweit Ausschließlichkeitsrechte (im Linienverkehr) verliehen worden sind und die Eigenproduktion von Verkehrsleistungen nur geringe Bedeutung hat oder soweit staatliche Organe für so geringe Kapazitäten sorgen, daß auch ohne Werbung die vorhandenen Betriebsmittel genutzt werden können.

Freilich sind nicht alle Transporte gleichermaßen lukrativ. Da ein Gewinne nivellierender Preiswettbewerb ausgeschlossen ist, werden sich die Verkehrsunternehmen auch bei begrenzten Kapazitäten um jene Kunden reißen, deren Transporte besonders gewinnträchtig sind. Verständlicherweise ist dazu ein gezieltes Umwerben vor allem der Versandleiter solcher Kunden-Unternehmen zweckmäßig. Generelle Werbung durch einzelne Unternehmen brächte die Gefahr mit sich, daß sich auch Nachfrager mit nicht lukrativen Transporten meldeten. Wie die zahlreichen Klagen der auf Werkverkehr angewiesenen Unternehmen zeigen, ist die Zahl dieser potentiellen Kunden hoch.

Anders liegen die Verhältnisse im (kollektiv-)oligopolistischen Wettbewerb zwischen Schiene und Straße. Die Gemeinschaftswerbung des gewerblichen Straßengüterfernverkehrs soll offenbar ein gewisses Gegengewicht zur Werbung der *Deutschen Bundesbahn* schaffen. Während sonst auf engen oligopolistischen Märkten mit geringem Preiswettbewerb häufig besonders hohe Werbungsausgaben festzustellen sind, trifft dies im nationalen Personen- und Güterverkehr allerdings nicht zu.

6. Wettbewerbspolitische Beurteilung von Marktprozessen im Binnenverkehr

Viele Verkehrsunternehmen klagen trotz staatlich „kontrollierter Wettbewerbsordnung", also trotz massiver wettbewerbsbeschränkender staatlicher Interventionen, lebhaft über den harten Wettbewerb auf Verkehrsmärkten. Im grenzüberschreitenden Verkehr, im Gelegenheitsverkehr mit Omnibussen und im Speditions-Sammelladeverkehr, also auf den nicht reglementierten Märkten, trifft dies sicherlich zu. Auch auf den anderen Verkehrsmärkten wird der Wettbewerb durch staatliche Eingriffe, wie im einzelnen dargelegt, keineswegs vollständig ausgeschaltet. Zum Teil verlagert sich der Wettbewerb von den gebundenen zu den nichtgebundenen Aktionsparametern.

Für das Wettbewerbsklima auf den Verkehrsmärkten ist gleichwohl entscheidend, daß kraft staatlichen Zwangs der interne Preiswettbewerb im Straßenverkehr und in der Binnenschiffahrt ganz erheblich beschränkt oder sogar ganz ausgeschaltet wird. Es bleibt ein (kollektiv-)oligopolistischer Wettbewerb zwischen Schiene, Straße und Wasserstraße, der dadurch gekennzeichnet ist, daß überraschende preispolitische Vorstöße und damit Vorsprungsgewinne faktisch ausgeschlossen sind. Unter solchen Vorzeichen lohnt sich **aggressiver Preiswettbewerb** nicht. Ohne staatlichen Zwang, ohne strenge Überwachung der Preisvorschriften und ohne harte Strafen für Preissünder ließen sich bei der gegebenen Marktstruktur oligopolistische Verhaltensweisen nicht erfolgreich (für die Verkehrsunternehmen) praktizieren. Verhaltensweisen, denen die Kartellbehörden auf anderen Märkten entgegenzuwirken haben, werden im Verkehr von Staats wegen bewußt und gegen die Marktkräfte zwangsweise herbeigeführt.

Die Motive für die staatlichen Interventionen sind, wie im einzelnen gezeigt wurde, fragwürdig. Erfahrungen auf deutschen und auf ausländischen Verkehrsmärkten beweisen, daß der Wettbewerb auch im Verkehr durchaus funktioniert und daß die Besonderheitenthese als falsifiziert anzusehen ist. Sozialpolitische, regionalpolitische und andere staatliche Ziele lassen sich mit speziellen, aus öffentlichen Mitteln abzugeltenden Aufträgen erreichen. Dazu bedarf es keiner umfassenden staatlichen Reglementierung der Verkehrsmärkte. Die strukturkonservierenden Eingriffe zugunsten öffentlicher Unternehmen widersprechen den Kundeninteressen, die die Bundesregierung zu beachten vorgibt. Überdies bewirkt die Strukturkonservierung erhebliche Faktorfehlleitungen, verteuert die Produktion von Verkehrsleistungen, schwächt die internationale Wettbewerbsfähigkeit der deutschen Wirtschaft und erfordert einen kaum noch zu tragenden Subventionsaufwand. Alles spricht dafür, daß es sich bei den Interventionen in Verkehrsmärkte um einen typischen Fall von Staatsversagen handelt.

Im einzelnen führt die derzeit verfolgte Verkehrspolitik zu überhöhten Preisen, zu oft unbefriedigender Leistungsqualität (deshalb Ausweichen in die Eigenproduktion von Verkehrsleistungen), zu geringer Anpassungs- und Umstellungsbereitschaft in den subventionierten Verkehrsbereichen, zu einem Versagen der Wettbewerbsauslese, zu geringer Innovationsbereitschaft, zum Entstehen von Überkapazitäten, in einigen Verkehrsbereichen zum Ausweichen in einen von den Kunden nicht gewünschten Qualitätswettbewerb, auf wichtigen Verkehrsmärkten zu diskriminierenden Preisen (Unterbindung des Gewinne nivellierenden Preiswettbewerbs) und zu hohen volkswirtschaftlichen Kosten für die Überwachung der vorgeschriebenen nicht marktgerechten Preise. Dennoch zeichnet sich einstweilen ein grundlegender Kurswechsel der inzwischen kaum noch zu bezahlenden Verkehrspolitik nicht ab.

7. Kontrollfragen

1. Was wird unter „kontrollierter Wettbewerbsordnung" im Verkehr verstanden?
2. Die „Besonderheiten des Verkehrs" machen angeblich eine wettbewerbliche Organisation der Verkehrsmärkte unmöglich. Nehmen Sie kritisch zu dieser Ansicht Stellung!
3. Inwiefern hat die staatliche Verkehrsreglementierung schutzzollartige Wirkungen?
4. Welche gesamtwirtschaftlich nachteiligen Folgen haben die staatlichen Verkehrsinterventionen?
5. Welche Gesichtspunkte müssen bei der Abgrenzung relevanter Märkte im Verkehr beachtet werden?
6. Inwiefern sind zahlreiche Märkte für Transportleistungen von der Angebotsseite her miteinander verbunden?
7. Was wird unter dem Begriff „Gemeinwirtschaftlichkeit" im Verkehr verstanden? Aus welchen Gründen ist eine „gemeinwirtschaftliche" Verkehrspolitik unzweckmäßig? Welche Einwände werden gegen eine „gemeinwirtschaftliche" Verkehrspolitik vorgebracht?
8. Welche Schwächen weist die sogenannte „Wegekosten"-Diskussion auf? Sind Wege-„Kosten" eine geeignete Grundlage für Entscheidungen über Wegebenutzungsabgaben?
9. Welche Hindernisse stehen der freien Wahl des Verkehrsmittels im Personenverkehr entgegen?
10. Worauf sind die kräftigen Impulse für die Eigenproduktion von Güterverkehrsleistungen zurückzuführen?
11. Welche Wirkungen sind vom technischen Fortschritt im Verkehr auf die Unternehmenskonzentration ausgegangen?
12. Welche Zusammenhänge bestehen zwischen monopolistischer Preispolitik, interner Subventionierung bestimmter Eisenbahndienste und dem „Rosinenpicken" von Konkurrenten der Eisenbahnen?
13. In welcher Weise wird die Eisenbahn im Personenverkehr und im Güterverkehr vor Konkurrenten geschützt?
14. Was versteht man unter „Marktsegmentierung" im Straßengüterfernverkehr? Inwiefern wirkt eine solche Politik produktivitätshemmend und kostenerhöhend?
15. Inwiefern hat die Reglementierung im Straßengüterfernverkehr umwelt- und energiepolitisch nachteilige Folgen?
16. Aus welchen Gründen kann von einer (kollektiv-)oligopolistischen Struktur des Wettbewerbs im innerdeutschen Güterverkehr gesprochen werden? Warum kommt es nicht zu aggressivem Preiswettbewerb zwischen Schiene, Straße und Binnenschiffahrt?
17. Können sich mittelständische Verkehrsunternehmer vor der Gefahr schützen, von einzelnen Kunden abhängig zu werden?
18. Welche gesamtwirtschaftlichen Folgen hat der staatlich beschränkte Preiswettbewerb im Verkehr?
19. Was versteht man unter „Margentarifen"? Ermöglichen Margentarife eine freie Preisbildung auf den Verkehrsmärkten?
20. In welcher Form ist trotz staatlicher Preisreglementierung im Verkehr ein legaler Preiswettbewerb möglich? Inwiefern sind große Unternehmen hierbei begünstigt?

8. Literaturhinweise

Aberle, G., Wegerechnung, Wegefinanzierung und Straßengüterverkehrssystem, Frankfurt 1980.
Die Belastung des Straßenverkehrs mit Wegebenutzungsabgaben gehört zu den am heftigsten umstrittenen Fragen der Verkehrspolitik. Der Verfasser beleuchtet kritisch frühere Ansätze der „Wegekosten"-Ermittlung, entwickelt neue Berechnungsmethoden unter Berücksichtigung technischer Fortschritte im Fahrzeugbau und liefert Alternativrechnungen unter Variation verschiedener Grundannahmen.

Bundesminister für Verkehr (Hrsg.), Bericht über die Kosten der Wege des Eisenbahn-, Straßen- und Binnenschiffsverkehrs in der Bundesrepublik Deutschland, Bad Godesberg 1969.
   Dieser Bericht schuf die Grundlage für die lebhafte „Wegekostendiskussion". Er geht von der – irrigen – Annahme aus, daß alle Verkehrsmittel gleichmäßig zur Deckung der ihnen zuzurechnenden „Wegekosten" heranzuziehen seien, und legt fragwürdige kostenrechnerische Annahmen zugrunde.

Bundesminister für Verkehr, Bericht über Verbesserung der Funktionsfähigkeit der Binnenschiffahrtsmärkte. Ziele und Mittel der Binnenschiffahrtspolitik, Heft 39 der Schriftenreihe des Bundesministers für Verkehr, Bonn o.J. (etwa 1971).
   Mit auch heute noch vertretenen Argumenten wird dargelegt, warum das *Bundesverkehrsministerium* an einer umfassenden Regulierung der Binnenschiffahrtsmärkte (Preisvorschriften; Anstreben einer kollektiven internationalen Kapazitätssteuerung) festhält.

Bundesminister für Verkehr (Hrsg.), Verkehr in Zahlen, 10.Jg., Bonn 1981.
   Die Zahlen, die vom *Deutschen Institut für Wirtschaftsforschung* in Berlin zusammengestellt werden, geben einen guten Überblick über die wichtigsten Vorgänge in allen Bereichen des Verkehrs (erscheint jährlich).

Bundesregierung, Bericht über Ausnahmebereiche des Gesetzes gegen Wettbewerbsbeschränkungen, Drucksache 7/3206, Deutscher Bundestag, 7. Wahlperiode, 1975.
   Die Bundesregierung begründet ihre Ansicht, den Verkehr insgesamt weiterhin als wettbewerbspolitischer Ausnahmebereich zu behandeln, vor allem mit der Wahrung des öffentlichen Interesses und den Gefahren konkurrenzwirtschaftlicher Fehlentwicklungen.

Diederich, H., Verkehrsbetriebslehre, Wiesbaden 1977.
   Die umfassende Darstellung der verkehrsbetrieblichen Leistungserstellung und Absatzpolitik ist für wettbewerbspolitische Analysen wichtig und aufschlußreich. Eingehend wird der Einsatz verschiedener Aktionsparameter in Verkehrsbetrieben analysiert.

Dünner, H.-W., Die Wettbewerbssituation auf den Güterverkehrsmärkten der Bundesrepublik Deutschland. Unter besonderer Berücksichtigung mittelständischer Güterverkehrsunternehmen. Göttingen 1980.
   Der Verfasser analysiert die Veränderungen der Angebots- und Nachfragestruktur auf den Binnenschiffahrts- und Straßenverkehrsmärkten. Daraus werden Folgerungen für die Wettbewerbsstellung mittelständischer Verkehrsunternehmen und für die staatliche Mittelstandspolitik abgeleitet.

Feldner, H. u.a., Umfang und Motivstrukturen im Straßengüternahverkehr (gewerblicher Verkehr, Werkverkehr) in der Bundesrepublik Deutschland, Heft 62 der Schriftenreihe des Bundesministers für Verkehr, Stuttgart 1981.
   Auf Grund von Unternehmensbefragungen sind die Verfasser den Gründen für die Eigenproduktion von Nahverkehrsleistungen mit Lastkraftwagen nachgegangen. Aus der Analyse werden Folgerungen für den Wettbewerb und die Politik abgeleitet.

Hamm, W., Preise als verkehrspolitisches Ordnungsinstrument, Heidelberg 1964.
   In dem Buch wird im einzelnen begründet, warum die Argumente für eine staatliche Reglementierung der Verkehrsmärkte nicht stichhaltig sind. Ausgehend von einer Analyse der Angebotsstruktur und typischer Verhaltensweisen kleiner Verkehrsunternehmen werden die gesamtwirtschaftlichen Vorteile freier Verkehrspreise entwickelt.

Hamm, W., Regulated Industries: Transportation, in: Zeitschrift für die gesamte Staatswissenschaft, 136.Jg. (1980), S.576ff.
   Ausgehend von den wesentlichen Zielen der Verkehrspolitik werden die eingesetzten wirtschaftspolitischen Instrumente kritisch gewürdigt und gesamtwirtschaftlich schädliche Wirkungen der wettbewerbsbeschränkenden Verkehrspolitik im einzelnen dargelegt.

Hamm, W./Neumann, W., Binnenwasserstraßenpolitik. Systemmängel und Reformvorschläge, Berlin 1973.
   W. Neumann stellt dar, in welcher Weise Kosten-Nutzen-Analysen für rationale Entscheidungen über Investitionen im Wasserstraßennetz verwendet werden können. *W. Hamm* entwickelt Leitlinien für die Festsetzung von Wegebenutzungsentgelten, die nicht wettbewerbsverzerrend sind.

Hoener, W., Der Güterverkehr als wettbewerbspolitischer Ausnahmebereich, Opladen 1980.
   Der Verfasser plädiert für eine wettbewerbliche Ordnung der Verkehrsmärkte und entwickelt einen Stufenplan für den Abbau staatlicher Reglementierungen.

Köstring, R. u. a., Der Werkverkehr auf Straßen und Binnenwasserstraßen in der Bundesrepublik Deutschland, Heft 55 der Schriftenreihe des Bundesministers für Verkehr, Stuttgart 1979.
In der Studie, die umfassende Erhebungen über Umfang und Art des Werkfernverkehrs mit Lastkraftwagen und Binnenschiffen enthält, wird den Motiven für die Eigenproduktion von Verkehrsleistungen nachgegangen. Die Verfasser äußern sich auch zur Substituierbarkeit des Werkfernverkehrs und ziehen verkehrspolitische Schlußfolgerungen.

Massenberg, H.-J., Deregulierung des Güterverkehrs in der Bundesrepublik Deutschland. Eine kritische Analyse vor dem Hintergrund der US-amerikanischen Deregulierungsdiskussion, Göttingen 1981.
Der Verfasser geht von den Mängeln der derzeit praktizierten Verkehrsregulierung aus, versucht die sozialen Kosten der Regulierung zu erfassen, berichtet über die US-amerikanischen Deregulierungsmaßnahmen und zieht daraus Schlüsse auf die deutschen Verhältnisse. Auf Grund der Marktstruktur und wegen der Gefahr von Überkapazitäten hält der Verfasser nur eng begrenzte Auflockerungen staatlicher Interventionen für zweckmäßig.

Meyer, H.-R., Verkehrswirtschaft und Verkehrspolitik. Aktuelles und Grundsätzliches, Bern 1976.
Aus schweizerischer Sicht werden die positiven Erfahrungen mit einer wettbewerblichen Ordnung des Verkehrs dargestellt, Interessentenargumente kritisch beleuchtet und zentrale Fragen der wettbewerblichen Ordnungspolitik überzeugend abgehandelt. Da meist nur spekulativ über mögliche Fehlentwicklungen des Wettbewerbs im Verkehr nachgedacht wird, sind die Erfahrungen des jahrzehntelang an maßgeblicher Stelle in der praktischen Verkehrspolitik tätigen schweizerischen Verkehrswissenschaftlers besonders aufschlußreich.

Peters, H.-R., Marktwirtschaftliche Verkehrsordnung und die „Besonderheiten" des Güterverkehrs, Bad Godesberg 1966.
Mit einleuchtenden Argumenten widerspricht der Verfasser der Ansicht, die „Besonderheiten" des Verkehrs ließen eine wettbewerbliche Organisation der Verkehrsmärkte nicht zu.

Schlenkermann, H.-G., Die Konzentration in der Binnenschiffahrt. Ursachen und Entwicklungen, Göttingen 1982.
Auf Grund umfangreichen empirischen Materials – auch über die internationale Rheinschiffahrt – werden Nachfrage- und Angebotsstruktur (horizontale und vertikale Konzentration) sowie die wichtigsten Unternehmen und Partikulierzusammenschlüsse dargestellt. Die einzel- und gesamtwirtschaftlichen Ursachen der Konzentration werden eingehend behandelt.

Schmidtchen, D., Politische Ökonomie staatlicher Preisinterventionen. Dargestellt am Beispiel der „politischen Preise" im Nachrichtenverkehr, Berlin 1973.
In eindringlicher Weise werden die oft sachfremden Motive von Regierungen bei Preisinterventionen und an Hand zahlreicher praktischer Beispiele die Fehlentwicklungen geschildert, die von der staatlichen Reglementierung ausgehen.

Seidenfus, H. St. (Hrsg.), Investitionsentscheidungen im Verkehr, Göttingen 1978.
Das Investitionsverhalten im Schienen-, Binnenschiffahrts- und Straßenverkehr und die wichtigsten Bestimmungsgrößen für Investitionen in Fahrzeugen stehen im Mittelpunkt der Analyse. Insbesondere wird auf die investitionsanregenden Folgen staatlicher Interventionen und die dadurch ausgelöste Gefahr des Entstehens von Überkapazitäten eingegangen.

Voigt, F. u. a., Determinanten der Nachfrage nach Verkehrsleistungen, Teil I: Personenverkehr, und Teil II: Güterverkehr, Opladen 1976.
Die Verfasser gehen der Frage nach, wovon kurz-, mittel- und langfristige Veränderungen der Nachfrage nach Personen- und Güterverkehrsleistungen abhängen. Getrennt nach verschiedenen Verkehrszwecken, Güterarten und Transportentfernungen wird der Einfluß der wichtigsten Determinanten auf die Nachfrage insgesamt und auf die Verkehrsmittelwahl dargestellt.

Willeke, R. u. a., Wettbewerbswirkungen unterschiedlicher Frachtenbildungssysteme in der Binnenschiffahrt. Der Fall Oberrheinkies, Düsseldorf 1978.
An einem konkreten Beispiel wird demonstriert, welche nachteiligen Folgen staatliche Preisreglementierungen im Verkehr für die Verkehrsunternehmen und ihre Kunden haben können, welche Umgehungsmöglichkeiten bestehen und daß die Marktkräfte gelegentlich die Auflockerung staatlich gebilligter Wettbewerbsbeschränkungen erzwingen.

Versicherungen

Rudolf Gärtner

Gliederung

1. Historischer Abriß
   1.1. Allgemeines
   1.2. Entwicklungsbedingungen der modernen Versicherungswirtschaft
       1.2.1. Zusammenhang mit dem Industrialisierungsprozeß
       1.2.2. Verhältnis zur Sozialversicherung
       1.2.3. Siegeszug der Versicherungsaktiengesellschaft und deren Geschäftsgrundsätze
   1.3. Entwicklung zu den Schwerpunkten des heutigen Versicherungsmarktes
2. Rahmenbedingungen
   2.1. Unbeschränkter Zugang zum Markt
   2.2. Staatsaufsicht und Gläubigerschutz
   2.3. Finanzierungssystem und Vermögensanlagen
   2.4. Gruppenbildung und Konzentration
   2.5. Bedingungs- und Tarifaufsicht
   2.6. Kartellrechtliche Sonderstellung der Versicherungswirtschaft
3. Verhaltensweisen
   3.1. Zusammenhang mit den Rahmenbedingungen
   3.2. Kooperation in der Versicherungswirtschaft
   3.3. Ausklammern von Qualität und Preis aus dem Wettbewerbsverhalten
   3.4. Ausweichen auf künstliche Differenzierungen und irrationale „Qualitäts"-merkmale
   3.5. Pflege des Beziehungswettbewerbs
   3.6. Techniken erleichterter Umsatzsteigerung
   3.7. Strategien im Vermögensanlagengeschäft
   3.8. Neigung zu Kartellbildungen
4. Wettbewerbspolitische Folgerungen
   4.1. Notwendigkeit von Veränderungen
   4.2. Stellenwert der kartellrechtlichen Bereichsausnahme
   4.3. Alternativen zur Staatsaufsicht
   4.4. Modifizierungen der Staatsaufsicht
       4.4.1. Qualitative Differenzierungen im Gläubigerschutz
       4.4.2. Das Problem quantitativer Übersicherungen
       4.4.3. Problematik des sog. Spartenausgleichs
       4.4.4. Verzerrungen im Provisionssystem
5. Kontrollfragen
6. Literaturhinweise

1. Historischer Abriß

1.1. Allgemeines

Das Versicherungswesen gehört zu den Materien, die von der wirtschaftsgeschichtlichen Forschung etwas vernachlässigt worden sind.[1] Risikogemeinschaften im weitesten Sinn gab es bereits im Altertum. Aber es ist wenig klar, ob es von dort aus Verbindungslinien zur Neuzeit gibt und wie man den ökonomischen und gesellschaftlichen Stellenwert der in sich recht verschiedenen historischen Gebilde einzuschätzen hat. Eigentümlich scheint allerdings den Frühformen der Versicherung zu sein, daß die Initiative zum Zusammenschluß von den Gefährdeten ausging, die dann eine Art Selbsthilfeeinrichtung schufen. Oft wird das dahingehend formuliert, die Versicherung habe in ihren Anfängen den Charakter einer **Gegenseitigkeitsversicherung** gehabt. Demgegenüber tritt die sogenannte **Erwerbsversicherung** erst mit Beginn der Neuzeit auf. Hier wurde die Risikotragung nicht mehr von den Gefährdeten selbst, sondern von einem außenstehenden Unternehmer in Gewinnerzielungsabsicht organisiert.[2]

1.2. Entwicklungsbedingungen der modernen Versicherungswirtschaft

Um die historischen Bedingungen des gegenwärtigen privaten Versicherungswesens zu verstehen, ist ein Zurückgreifen auf die ersten Anfänge allerdings nicht erforderlich. Das neuzeitliche Versicherungswesen erklärt sich aus mehreren vergleichsweise leicht rekonstruierbaren Faktoren, wobei im folgenden drei skizziert werden sollen.

1.2.1. Zusammenhang mit dem Industrialisierungsprozeß

Der Aufschwung der Privatversicherung geht überall einher mit dem Prozeß der **Industrialisierung**.[3] Das ist ein naheliegender Zusammenhang, wenn man bedenkt, daß Versicherung gewissermaßen ein Hilfsgeschäft ist, welches dazu beitragen soll, bestehende Güterlagen gegen das Risiko unvorhergesehener Verluste zu schützen.

Der Industrialisierungsprozeß trug in vielfältiger Weise dazu bei, solche Güterlagen vermehrt zu schaffen. Es kam zu einer Ausweitung der Produktion und zur Erschließung neuer, zum Teil ausländischer Märkte. Neue Technologien beschleunigten diesen Prozeß, erzeugten zugleich aber auch neue Gefahrenquellen.[4] Indessen drohten

---

[1] *Pohl, H.*, Versicherungsgeschichte – Wirtschaftsgeschichte – Versicherungspraxis, in: Zeitschrift für die gesamte Versicherungswissenschaft (ZVersWiss) 1978, S. 163, 176–177.
[2] *Farny, D.*, Artikel Privatversicherung, in: Handwörterbuch der Wirtschaftswissenschaft (HdWW) Stuttgart, New York, Tübingen, Göttingen, Zürich 1981, Buchstabe H (Geschichte der Privatversicherung); *Helmer, G.*, Grundlinien der Geschichte der Versicherung, in: Festschrift Albert Ehrenzweig, Karlsruhe 1955, S. 57–70.
[3] *Hax, K.*, Die Bedeutung des Versicherungswesens im Industrialisierungsprozeß, in: ZVersWiss 1963, S. 19–44.
[4] *Hax, K.*, a.a.O., S. 19–24, vgl. auch den Artikel Industrialisierung, in: Gablers Volkswirtschaftslexikon, Wiesbaden 1981.

dem neuen Standard planwidrige Störfälle. So konnte etwa ein Feuer eine Produktionsstätte vernichten und zu einem Produktionsausfall führen. Ein Arbeitsunfall konnte den Verlust der Erwerbsfähigkeit herbeiführen, und das Einstehenmüssen für Haftpflichtschäden konnte existenzvernichtend wirken. Es kamen indirekte Gefährdungen hinzu; man braucht nur daran zu denken, daß das Abbrennen eines Gebäudes außer dem Eigentümer auch die Hypothekenbank treffen konnte, deren Sicherungsobjekt nunmehr entwertet war. Ganz allgemein stiegen mit der wirtschaftlichen Entwicklung auch die Verlustrisiken. Das Instrument der Versicherung bot die Möglichkeit, durch Zahlung eines Entgelts die jeweilige Gefahr auf den Versicherer zu übertragen und damit das unbestimmte Risiko in kalkulierbare Kosten umzuwandeln.[5]

Es ist eine Erfahrungstatsache, daß die fortschreitende Industrialisierung bzw. das steigende Volkseinkommen nicht nur einen parallelen Versicherungsbedarf hervorruft, sondern daß mit dem allgemeinen Wachstum ein überproportionales Versicherungswachstum einhergeht.[6]

Wie unmittelbar der Zusammenhang zwischen Industrialisierung und Versicherungsdichte ist, zeigt sich auch bei einem Vergleich zwischen Industrieländern und Entwicklungsländern. Für das Jahr 1977 lag das Prämienaufkommen für Versicherungen weltweit bei etwa 300 Milliarden US-Dollar. Auf die Länder der sog. dritten Welt entfielen hiervon nur 5%, was ein Spiegelbild des relativen Industrialisierungsgrades ist.[7]

Tabelle 1: Volkseinkommen und Versicherungsausgaben in Deutschland

Jahr	Volkseinkommen in Mrd. DM	Brutto-Beitragseinnahmen der Versicherungsunternehmen in Mrd. DM	Anteil am Volkseinkommen in %
1890	22	0,3	1,6%
1913	50	1,2	2,6%
1938	78	2,2	2,8%
1950	76	2,3	3,1%
1960	240	8,7	3,6%
1970	533	26,6	5,0%
1980	1 155	73,8	6,4%

Quelle: *Hax, K.*, Die Bedeutung des Versicherungswesens im Industrialisierungsprozeß, in: ZVersWiss 1963, S. 30; Die deutsche Versicherungswirtschaft, Jahrbuch 1981 des *Gesamtverbandes der Deutschen Versicherungswirtschaft 1981 e. V.*, S. 18.

---

[5] *Farny, D.*, a. a. O., Buchstabe D 1.; *Mellerowicz, K.*, Versicherung und Betriebswirtschaftslehre, in: Veröffentlichungen des Berliner Hochschulinstituts für Versicherungswissenschaft, Heft 1, Berlin 1939, S. 30; *Voigt, F.*, Die volkswirtschaftliche Bedeutung der Versicherung, in: Versicherungswissenschaftliches Archiv (VersArch) 1955, S. 94.
[6] *Hax, K.*, a. a. O., S. 27–32; *Braeß, P.*, Zukunftsaussichten der Versicherung als Dienstleistungsgewerbe, Wiesbaden 1970, S. 11–12; vgl. auch die *UNCTAD* Studie, „Third World Insurance at the end of the Seventies", New York 1981 *(United Nations)*, Randziffer 17.
[7] *UNCTAD* Studie, a. a. O., Randziffer 17.

Das überproportionale Ansteigen der Versicherungsdichte dürfte damit zusammenhängen, daß mit steigendem Wohlstand das Bemühen einhergeht, den gestiegenen Standard möglichst zu sichern. Dabei entwickelt die Versicherungstechnik immer lückenlosere Formen der Risikodeckung, und das gestiegene Einkommen macht solche Sicherungsgeschäfte zunehmend finanzierbar.

1.2.2. Verhältnis zur Sozialversicherung

So unbestreitbar der Zusammenhang zwischen Industrialisierung und Versicherungsdichte ist, so wenig gibt es doch einen zwangsläufigen Automatismus in Richtung auf die **Privatversicherung**. Wie gerade die deutsche Entwicklung zeigt, kann es dazu kommen, für bestimmte Risikogruppen das Modell einer **gesetzlichen Sozialversicherung** zu wählen. Auch hier handelt es sich durchaus um Begleiterscheinungen des Industrialisierungsvorganges, und gerade die *Bismarck*'sche Sozialversicherungsgesetzgebung befaßte sich mit typischen Risiken, denen sich die Industriearbeiter ausgesetzt sahen.[8] Es ist also immer auch eine Frage der historischen und ökonomischen Situation und zudem eine politische Entscheidung, in welchem Maß das Problem einer Risikodeckung marktwirtschaftlich gelöst wird. Was die Situation in der Bundesrepublik angeht, so gibt es derzeit eine „gemischte" Versicherungsverfassung. Große Teile der Bevölkerung sind, vor allem in der Renten- und Krankenversicherung, in das Sozialversicherungssystem eingebunden. Aber selbst hier treten vielfach privatversicherungsrechtliche Ergänzungen hinzu, man denke etwa an die betriebliche Altersversorgung. Sozialversicherungsrechtlich organisiert ist auch das Feld der Arbeitsunfälle. Im übrigen sind wichtige Risikobereiche einer privatversicherungsrechtlichen Lösung überlassen worden. Sach- und Haftpflichtrisiken gehören grundsätzlich hierhin; auch die Verkehrsunfälle werden auf einer privatversicherungsrechtlichen Grundlage finanziell abgewickelt. Auch für die private Lebens- und Krankenversicherung ist beträchtlicher Raum geblieben.[9]

Hierbei wäre es viel zu einfach anzunehmen, die Ausdehnung des der Sozialversicherung unterfallenden Versichertenkreises müsse zu einer Auszehrung der Privatversicherung auf diesem Gebiet führen. Wie etwa das Beispiel der privaten Krankenversicherung in Deutschland zeigt, suchen viele Pflichtversicherte einen ergänzenden privaten Schutz. Und da die Leistungen der Sozialversicherung vielfach einer Grundversorgung näher stehen als einem maximalen Vermögensausgleich, kann die (ergänzende) Privatversicherung selbst dort eine Wachstumsbranche bleiben, wo der Kreis der in der Sozialversicherung Pflichtversicherten weit gezogen ist.

---

[8] Vgl. *Stolleis, M.*, Hundert Jahre Sozialversicherung in Deutschland, in: ZVersWiss 1980, S. 155–175 m. w. N.; *Gitter, W.*, Sozialrecht, München 1981, S. 10–17.

[9] Zum Entwicklungsprozeß vgl. *Hax, K.*, Die Entwicklungsmöglichkeiten der Individualversicherung in einem pluralistischen System der sozialen Sicherung, Köln 1968; über die gegenwärtige „gemischte" Versicherungsverfassung ausführlich *Bogs, H.*, Die Sozialversicherung im Staat der Gegenwart, Berlin 1973; materialreich ist auch die kritische und vergleichende Analyse bei *von Hippel, E.*, Grundfragen der Sozialen Sicherheit, Tübingen 1979.

1.2.3. Siegeszug der Versicherungsaktiengesellschaft und deren Geschäftsgrundsätze

Zu den wichtigsten neueren Entwicklungsbedingungen der Privatversicherung gehört die Tatsache, daß die **Versicherungsaktiengesellschaft** zur beherrschenden Unternehmensform geworden ist. Das ist weit mehr als nur eine Angelegenheit gesellschaftsrechtlicher Form. Wie bereits die bei historischen Analysen geläufige Gegenüberstellung von Erwerbsversicherung einerseits und von Gegenseitigkeitsversicherung andererseits andeutet, standen sich ehemals zwei unterschiedliche Geschäftsprinzipien gegenüber. Beim Gegenseitigkeitsverein als einer Form genossenschaftlicher Selbsthilfe fehlte nicht nur eine Gewinnerzielungsabsicht. Es kam hinzu, daß die Leistungsfähigeren für die Bedürftigen eintraten, daß also das Beitrags- und Leistungssystem eine gewisse „soziale Wärme" ausstrahlte.[10] Für die Versicherungsaktiengesellschaften kam demgegenüber nur eine risikotechnische Gleichbehandlung in Frage, d. h. die objektiv guten Risiken zahlten weniger als die schlechten (sog. Äquivalenz). Darin lag ja gerade ein Anreiz für die guten Risiken, sich bei einer Aktiengesellschaft zu versichern und sich der zusätzlichen Solidarlast zu entledigen. Das zehrte den Gegenseitigkeitsgedanken aus und machte manche Risiken praktisch unversicherbar. Ein Gegenseitigkeitsverein konnte nicht nur mit schlechten Risiken leben, und der von den Aktiengesellschaften geforderte risikogerechte Beitrag war vielfach nicht bezahlbar. Das war ja letztlich die Konstellation, welche für besonders kritische Risiken wie Krankheit oder Invalidität zur Schaffung einer gesetzlichen Sozialversicherung führte.[11]

Wo es zu einer konkurrierenden Tätigkeit zwischen Versicherungsaktiengesellschaft, Versicherungsverein auf Gegenseitigkeit und öffentlichrechtlicher Versicherungsanstalt kam, zeigte sich die Aktiengesellschaft als überlegen bzw. als erfolgreicher, und dies hatte zur Folge, daß deren Geschäftsprinzipien zunehmend imitiert und übernommen wurden. Der Gegenseitigkeitsverein führte die **versicherungstechnische Äquivalenz** ebenso ein wie das **System fester Vorbeiträge** (im Unterschied zu dem früher üblichen Umlageverfahren) oder das **Instrument der Rückversicherung**. Was die Gewinnerzielungsabsicht angeht, so blieb zwar ein prinzipieller Unterschied übrig. Praktisch verwischte sich dieser aber zunehmend. Eine gewisse Parallele zum Aktienkapital entstand in Gestalt des Gründungsstocks. Die Personen, die ihn zur Verfügung stellten, konnten neben einer Verzinsung auch eine Beteiligung am Jahresüberschuß erwarten (§ 22 Abs. 3 VAG). Die Erhöhung des Eigenkapitals ließ sich praktisch nur aus Überschüssen vornehmen. Vor allem aber erforderte der Übergang zur Vorausfinanzierung – insbesondere in der Lebensversicherung – eine entsprechend vorsichtige Tarifierungs- und Rückstellungspolitik. Unbeschadet einer fehlenden Gewinnerzielungsabsicht ist also der heutige Gegenseitigkeitsverein zur gleichen Überschuß- und Thesaurierungspolitik genötigt wie dies bei der Versicherungsaktiengesellschaft der Fall ist.[12]

---

[10] Vgl. *Helmer, G.*, a. a. O., S. 68.
[11] Dieser Zusammenhang ist richtig gesehen bei *Hax, K.*, Die Entwicklungsmöglichkeiten der Individualversicherung in einem pluralistischen System der sozialen Sicherung, a. a. O., S. 51; vgl. auch die Ausführungen bei *Gitter, W.*, a. a. O., S. 51–52.
[12] Ausführlich hierzu *Gärtner, R.*, Privatversicherungsrecht, 1. Auflage, Neuwied 1976, Kapitel 10 (Unternehmensformen der Privatversicherung).

Die oft beschriebene Angleichung der Unternehmensformen im Versicherungswesen[13] ist in der Sache nichts anderes als der Siegeszug der von den Versicherungsaktiengesellschaften entwickelten Geschäftsgrundsätze bzw. der Erwerbsversicherung.[14]

1.3. Entwicklung zu den Schwerpunkten des heutigen Versicherungsmarktes

Auch wenn man sagen kann, daß das Versicherungswesen seit Beginn der Neuzeit einen kontinuierlichen Aufschwung genommen hat, unterscheidet sich die gegenwärtige Lage doch in vielerlei Hinsicht von dem Ausgangspunkt. Dabei ist weniger an das erheblich gestiegene Geschäftsvolumen zu denken als an strukturelle Veränderungen innerhalb der Branche.

Wenn zu Beginn der Neuzeit ein einzelner Kaufmann zum Beispiel ein Schiff oder dessen Ladung für die Dauer einer Seereise gegen Verlust versicherte, so war das ein gewagtes Geschäft. Trat der Schaden ein, war eine große Summe zu zahlen, ohne daß es einen risikotechnischen Ausgleich nach dem Gesetz der großen Zahl gab. Entsprechend hoch waren die Prämien, welche nicht selten bei 40% des Wertes lagen. Das Ganze geriet leicht in die Nähe eines Glücksspiels, und so war auch in den Anfängen des modernen Versicherungswesens die Abgrenzung zwischen Versicherung und Wette ein im Schrifttum ständig diskutiertes Thema.[15] Vor allem im Laufe des 19. Jahrhunderts wurde das Geschäft zunehmend auf eine risikotechnisch rationale Grundlage gestellt. Versicherungsgesellschaften übernahmen die Rolle des ehemaligen Einzelkaufmanns, und es wurde eine Vielzahl vergleichbarer Risiken zusammengefaßt, wobei man sich der neuen Hilfsdisziplinen Versicherungsmathematik und Versicherungsstatistik bedienen konnte.[16] Als weiteres wichtiges Instrument der Risikodeckung wurde gegen Mitte des 19. Jahrhunderts die **Rückversicherung** entwickelt.[17] Sie eröffnete die Möglichkeit für die (Erst- bzw. Direkt-) Versicherer, Risiken zu übernehmen, die an sich ihre Zeichnungskraft überstiegen; indem man jedoch eine bestimmte Quote oder potentielle Spitzenbelastungen (Exzedenten) an einen Rückversicherer abgeben konnte, ließ sich die Deckungskapazität erhöhen bzw. stabilisieren.[18]

---

[13] *Farny, D.*, a.a.O., Buchstabe E (Versicherungsunternehmen): „Es besteht eine deutliche Tendenz der Angleichung von Unternehmenszielen, Produktionsprogrammen und -verfahren bei den verschiedenen Rechtsformen".
[14] Wiederum *Gärtner, R.*, siehe Fußnote 12.
[15] Weiterführende Hinweise bei *Gärtner, R.*, Das Bereicherungsverbot, Berlin 1970, S. 49–70.
[16] Vgl. *Farny, D.*, a.a.O., Buchstabe B (Merkmale der Privatversicherung).
[17] Vgl. *Farny, D.*, a.a.O., Buchstabe C.3.: „Die Rückversicherung stellt das wichtigste Instrument der Risikopolitik von Versicherungsunternehmen dar. Betriebswirtschaftlich ist sie als Fremdbezug einer Teilmenge von Versicherungsschutz anzusehen, ...". Die Kölnische Rückversicherungs-Gesellschaft wurde im Jahre 1846 gegründet und ist die älteste bestehende Rückversicherungsgesellschaft; vgl. den von der *Schweizerischen Rückversicherungs-Gesellschaft* herausgegebenen Sammelband: Die Versicherungsmärkte der Welt, Zürich 1964, S. 30.
[18] Vgl. den Artikel Rückversicherung, in: *Schmidt, R.*, Versicherungsalphabet, 6. Aufl., Karlsruhe 1982; *Farny, D.*, a.a.O., Buchstabe C.3. (Erst-Rückversicherung, Mitversicherung, Pools); *Müller-Lutz, H.-L.*, Die verschiedenen Versicherungszweige, 2. Auflage, Wiesbaden 1978.

Tabelle 2: Die zehn größten Versicherungszweige nach ihrem Brutto-Beitragsaufkommen 1980

Versicherungszweig	Beitragseinnahmen in Mrd. DM	Anteil am gesamten Beitragsaufkommen
1. Lebensversicherung	28,64	38,9%
2. Autoversicherung	15,31	20,8%
3. Private Krankenversicherung	9,84	13,2%
4. Allgemeine Haftpflichtversicherung	3,66	5,0%
5. Feuerversicherung	3,46	4,7%
6. Allgemeine Unfallversicherung	2,88	3,9%
7. Transportversicherung	1,79	2,4%
8. Hausratsversicherung	1,72	2,3%
9. Rechtschutzversicherung	1,64	2,2%
10. Wohngebäudeversicherung	1,32	1,8%
Beitragseinnahmen gesamt*	70,26	95,2%

* Auf die restlichen Versicherungszweige entfallen 3,53 Mrd. DM, was einen Anteil von 4,8% des gesamten Brutto-Beitragsaufkommens entspricht.

Quelle: Die deutsche Versicherungswirtschaft, Jahrbuch des *Gesamtverbandes der Deutschen Versicherungswirtschaft e. V.*, S. 81.

Tabelle 3: Konzentrationsraten in der Versicherungswirtschaft für die Versicherungsgruppen in Prozent der Prämieneinnahmen

Anzahl der größten ... Versicherungsgruppen	Lebensversicherung	Krankenversicherung	Schaden- und Unfallversicherung	alle Branchen
3	37,93	17,66	26,85	30,0
5	43,28	32,5	33,43	37,16
10	58,11	40,16	47,43	50,66

Quelle: *Farny, D.,* Deutsche Versicherungswirtschaft, Der Konzentrationsgrad hält sich in Grenzen – Die größte Gruppe hat 20% des Marktes, in: Handelsblatt vom 4.2.1982, S. 12.

Große Veränderungen hat es im Laufe der Entwicklung auch bezüglich der Qualität und der Gewichtung der Versicherungszweige gegeben. In den Anfängen des neuzeitlichen Versicherungswesens waren einerseits die (See-) **Transportversicherung** und andererseits die (Gebäude-) **Feuerversicherung** die klassischen Zweige. Später schoben sich andere Risikobereiche in den Vordergrund. Zu erwähnen sind insbesondere die zunehmend an Gewicht gewinnenden **Haftpflichtrisiken**.[19] Alsdann kamen die **Lebensversicherung** und die **Krankenversicherung** hinzu.[20] In neuester Zeit spielt die versicherungsmäßige Abdeckung von **Spezialrisiken** eine bedeutende Rolle, wie sie mit dem industriellen Entwicklungsprozeß verbunden sind; man denke an die Kernener-

---

[19] *Hax, K.,* a.a.O., S. 37–38.
[20] Die Lebensversicherung hatte bereits eine Tradition in England; vgl. zur Entwicklung *Braun, H.,* Geschichte der Lebensversicherung und der Lebensversicherungstechnik, 2. Aufl., Berlin 1963. Die Krankenversicherung erlebte ihren Aufschwung in Deutschland nach dem Ersten Weltkrieg, vgl. wiederum den Sammelband „Die Versicherungsmärkte der Welt", a.a.O., S. 30.

gierisiken oder an die Risiken fehlerhafter Produktion, z. B. im Arzneimittelbereich. Ansteigend ist auch das Gewicht der ehemaligen „Nebenzweige". Die Entwicklung ist ständig im Fluß, und es läßt sich im Grunde immer nur eine Momentaufnahme von der aktuellen Situation machen.[21] Für die zehn größten Versicherungszweige ergibt sich auf dem deutschen Markt für die Jahre 1979/1980 das in *Tabelle 2* dargestellte Bild.

Man sieht, daß es im Grunde keinen einheitlichen Versicherungsmarkt gibt,[22] sondern Märkte für Lebensversicherungen, Kreditversicherungen, Unfallversicherungen, usw. Es gibt auch keinen Universalversicherer, der zugleich auf allen Teilmärkten präsent wäre. So ist es auch nur bedingt möglich, über die Branchen hinweg eine Rangfolge der marktstärksten Versicherer aufzustellen.

Allerdings ist es nicht so, daß jede Risikoart von jeweils einer eigenen Gesellschaft betrieben würde. Vor allem unter der Sammelbezeichnung „Schaden- und Unfallversicherung" faßt man eine Vielzahl von Versicherungszweigen und Versicherungsarten zusammen, und in diesem Rahmen existiert doch eine Art von Mehrbranchenversicherung. Terminologisch spricht man hier von **Kompositversicherern.** Es ist naheliegend, daß sich die größeren Gesellschaften diese Struktur zugelegt haben, um auf allen Teilgebieten präsent sein zu können.[23] Innerhalb der Schaden- und Unfallversicherung gibt es in Deutschland die folgenden Gewichtungen, wobei allerdings nur die größeren Sparten erfaßt sind. Tatsächlich ist die Zahl der Spezialrisiken weit höher.

2. Rahmenbedingungen

Für die Tätigkeit der privaten Versicherungsunternehmen gibt es eine Vielzahl von Rahmenbedingungen, welche die Struktur dieses Wirtschaftszweiges prägen. Einige wichtige seien im folgenden genannt und erläutert.

2.1. Der unbeschränkte Zugang zum Markt

Zunächst gibt es die Tatsache, daß für den Zugang zum Markt keine Bedürfnisprüfung stattfindet. Das ist keineswegs selbstverständlich, wenn man an einen früher geltenden Rechtszustand denkt oder an die Verhältnisse in einigen ausländischen Rechtsordnungen. Gewisse Zweifel, die man in bezug auf ein Recht zu unbeschränktem Marktzutritt haben konnte, sind durch die Koordinierung des europäischen Aufsichtsrechts jedenfalls für den Bereich der EWG beseitigt worden.

---

[21] Vgl. die interessante Graphik in VW 1982, S. 42.
[22] *Farny, D.,* a. a. O., Buchstabe F (Versicherungsmärkte). Eine ausführliche Übersicht über die Vielzahl der Versicherungszweige findet sich bei *Müller-Lutz, H.-L.,* Die verschiedenen Versicherungszweige, 2. Auflage, Wiesbaden 1978.
[23] Vgl. zu diesem Zusammenhang sowie zahlreichen anderen Entwicklungsvorgängen den Beitrag von *Zwonicek, Ch.,* Die Privatversicherung im Wandel der Zeit, in: Versicherungswirtschaft 1982, S. 36–43.

Tabelle 4: Bestandszusammensetzung im selbst abgeschlossenen Versicherungsgeschäft der 21 größten Komposit-Versicherungsunternehmen* gemessen am Brutto-Beitragsvolumen im Jahr 1980

Versicherungszweige	21 Versicherungsunternehmen	
	Mill. DM	in vH des gesamten Brutto-Beitragsvolumens
Kraftfahrt	8814,2	45,2
Allgemeine Unfall	1607,6	8,2
Allgemeine Haftpflicht	2504,4	12,8
Rechtsschutz (Kraftfahrt-Strafrechtsschutz sowie Auslandszivilrechtsschutz)	5,3	0,0
Feuer	1950,8	10,0
Einbruch, Diebstahl	306,8	1,6
Leitungswasser	113,8	0,6
Glas	216,0	1,1
Sturm	73,2	0,4
Verbundene Hausrat	1022,8	5,3
Verbundene Wohngebäude	711,3	3,7
Hagel	5,1	0,0
Tier	20,7	0,1
Technische Zweige	974,3	5,0
Finheit	36,3	0,2
Transport	974,3	4,9
Kredit (Vertrauensschaden)	31,0	0,2
Sonstige	163,6	0,8
Gesamt	**19504,2**	**100,0**

* Diese 21 Versicherungsunternehmen vereinigten 1979 über 62% des gesamten Beitragsvolumens in diesen Versicherungszweigen auf sich.
Quelle: Vgl. Bundesaufsichtsamt für das Versicherungswesen Berlin, Geschäftsbericht 1980 (GB BAV), S. 14.

Auf Grund der in der EWG geltenden Dienstleistungsfreiheit ist es sogar möglich, ohne Errichtung einer örtlichen Niederlassung vom Ausland aus auf einen anderen Markt vorzustoßen.[24]

Die nahezu unbegrenzte Freiheit zum Markteintritt – verbunden mit einem vergleichsweise geringen Eigenkapitalbedarf – hat zu einer Vielzahl von Anbietern geführt. Läßt man einmal die zahlreichen unter Landesaufsicht stehenden regionalen Versicherungseinrichtungen außer Betracht, so verbleiben allein unter Bundesaufsicht über 800 Unternehmen.[25]

---

[24] Die praktische Realisierung steht allerdings noch weitgehend aus und ist mit vielerlei Problemen verknüpft.
[25] Der GB BAV 1980, Tabelle 010, weist die folgenden Zahlen aus: 108 Lebensversicherer, 273 Pensions- und Sterbekassen, 51 Krankenversicherer, 50 Transportversicherer und 33 Rückversicherer.

Allerdings gibt es hierunter Marktteilnehmer ohne wirkliche Bedeutung. Im allgemeinen spricht man jedoch davon, daß es auf dem deutschen Markt etwa 400 relevante Marktteilnehmer gebe. Obwohl es keine anerkannte Methode gibt, die optimale Größenordnung eines Versicherungsbetriebes festzustellen,[26] dürfte für den gegenwärtigen deutschen Markt doch davon auszugehen sein, daß der Markt übersetzt ist.[27] Hier deuten sich bereits Auswirkungen anderer, im folgenden zu besprechender Rahmenbedingungen an.

2.2. Staatsaufsicht und Gläubigerschutz

Neben dem freien Marktzugang tritt als rechtliche Rahmenbedingung der von der Staatsaufsicht zu gewährleistende **Gläubigerschutz**. Die Versicherer unterliegen einer staatlichen Aufsicht, und das „Gesetz über die Beaufsichtigung der Versicherungsunternehmen" (Versicherungsaufsichtsgesetz – VAG) nennt als deren zentrales Ziel die Sicherung der dauernden Erfüllbarkeit der Verträge.[28] Dieses gesetzliche Ziel ist auf dem Hintergrund der Tatsache zu sehen, daß die Versicherungsnehmer oft jahrelang Beiträge in der Erwartung leisten, daß bei Eintritt eines Versicherungsfalles dann auch die vertraglich vereinbarte Entschädigung zur Verfügung steht. Erfahrungen aus den Gründerjahren – vor allem im Ausland – gaben Anlaß zu der Befürchtung, unqualifizierte und unseriöse Unternehmer könnten versucht sein, einen schnellen Gewinn anzustreben, ohne später das eigene Leistungsversprechen einlösen zu können.

Obwohl die deutsche Aufsichtsbehörde die gesetzliche Zielsetzung sehr viel subtiler und perfektionistischer versteht, ist doch der Konkurs eines Versicherers der klassische Fall, bei dem sich die Gefahr für die dauernde Erfüllbarkeit der Versicherungsverträge realisiert. Aufsichtsrechtlich ist ein Versicherungskonkurs daher unerwünscht, und die deutsche Aufsichtsbehörde weist gern auf die Erfolge hin, die sie in dieser Hinsicht zu verzeichnen hat.[29]

---

[26] Vgl. *Eisen, R.,* Produktionstheoretische Bemerkungen zur ‚optimalen Betriebsgröße' in der Versicherungswirtschaft, in: Festschrift für H. L. Müller-Lutz, Praxis und Theorie der Versicherungsbetriebslehre, Karlsruhe 1972, S. 51–70.

[27] *Gärtner, R.,* Privatversicherungsrecht, 2. Auflage, a. a. O., S. 348; nach *Braeß, P.,* a. a. O., S. 475, „herrscht heute die Auffassung vor, daß auf den hauptsächlichen Versicherungsmärkten noch zu viele Versicherungsunternehmungen mit zu geringen Marktanteilen und zu geringer Leistungsfähigkeit... vorhanden sind".

[28] Die Überschrift des Gesetzes wurde neugefaßt durch das 14. Gesetz zur Änderung des Versicherungsaufsichtsgesetzes vom 29. 3. 1983 (BGBl. I, S. 377). § 8 I 2 VAG nennt als Versagungsgrund für die Zulassung zum Geschäftsbetrieb, daß „die Verpflichtungen aus den Versicherungen nicht genügend als dauernd erfüllbar dargetan sind".

[29] Nähere Angaben bei *Sieg, K.,* Der finanzielle Schutz des Versicherungsnehmers gegen und bei Insolvenz des Versicherers, in Festschrift Hans Möller, Karlsruhe 1972, S. 463–479. Man darf allerdings nicht übersehen, daß vor allem die Versicherungswirtschaft – ähnlich wie die Bankenwirtschaft – selbst immer bemüht war, Vertrauenskrisen zu vermeiden, so ist man mit Fusionen und Bestandsübertragungen nicht selten einem Zusammenbruch zuvorgekommen; vgl. hierzu *Braeß, P.,* Konzentration in der Versicherungswirtschaft, in: *Arndt, H.,* Die Konzentration in der Wirtschaft, Schriften des Vereins für Socialpolitik, N. F. Bd. 20/II, 2. Auflage, Berlin 1971, S. 463, 472.

Versicherungskonkurse lassen sich um so wirksamer vermeiden, je dichter man das Netz der vorsorglichen Aufsichtsmaßnahmen knüpft. Die deutsche Aufsichtsbehörde hat hierzu eine Vielzahl von Grundsätzen entwickelt. Dabei spielen die Eigenkapitalanforderungen keineswegs die alleinige Rolle. Mindestens so wichtig sind die versicherungstechnischen Rückstellungen und die damit korrespondierenden Vermögensanlagen. Aber auch die Aufsicht über die Tarife gehört hierhin oder die Gestaltung der Rückversicherungsbeziehungen.

2.3. Finanzierungssystem und Vermögensanlagen

Wie bereits erwähnt, haben die Versicherungsaktiengesellschaften neben der versicherungstechnischen Äquivalenz das Prinzip der Vorausfinanzierung auf der Grundlage fester Vorbeiträge allgemein durchgesetzt. Die Beiträge der Versicherten müssen danach so bemessen sein, daß sie ausreichen, um alle eingegangenen und in der Zukunft fällig werdenden Verpflichtungen zu erfüllen. In einem Zweig wie der Lebensversicherung wirft das besondere Probleme auf, denn niemand ist in der Lage, für einen Zeitraum von etwa 30 Jahren exakt vorauszusagen, wie sich die allgemeine Sterblichkeit, das Zinsniveau oder die Verwaltungskosten entwickeln werden. Will man angesichts dessen jede Gefahr für die dauernde Erfüllbarkeit der Verträge ausschließen, ist es geboten, allenthalben von der negativsten Eventualität auszugehen und eine Beitragskonstruktion zu wählen, die aber bei normalem Verlauf zu erheblichen Überschüssen führen muß.[30] Das Ergebnis sind die sog. **überhobenen Beiträge** in der Lebensversicherung.[31] Da das Unternehmen für die Erfüllung künftiger Verpflichtungen einzustehen hat, müssen entsprechende Passivposten bilanziert werden. Man spricht hier von versicherungstechnischen Rückstellungen, in der Lebensversicherung von der Deckungsrückstellung. Diesen Passivposten müssen Vermögenswerte gegenüberstehen, und so werden in Höhe der Rückstellungen Vermögensanlagen gebildet.[32]

In der Versicherungswirtschaft stellen die Vermögensanlagen die dominierende Größe dar. Vergleicht man die Summe der Vermögensanlagen mit dem jährlichen Beitragsaufkommen, so zeigt sich folgendes Bild (vgl. *Tabelle 5*).

Tabelle 5: Versicherungszweige und Vermögensanlagen in der Bundesrepublik Deutschland 1980

Versicherungszweig	Beiträge (Mrd. DM)	Vermögen (Mrd. DM)
Lebensversicherung	30,6	173,3
Krankenversicherung	9,8	13,7
Schaden- und Unfallversicherung	35,4	47,5
alle Zweige (ohne Rückversicherung)	78,9	278,7

Quelle: GB BAV 1980; Tabellen 040, 050, 111, 311, 411.

---

[30] *Sachs, W.*, Erfahrung und Erwartung, Karlsruhe 1967, S. 11.
[31] *Gärtner, R.*, Privatversicherungsrecht, 2. Auflage, a.a.O., S. 258 m. N.
[32] Umfassend zu diesem Thema *Prölss, E.R./v.d. Thüsen, E./Ziegler, G.*, Die versicherungstechnischen Rückstellungen im Steuerrecht, 3. Auflage, Karlsruhe 1973.

Tabelle 6: Kapitalanlagen aller Versicherungszweige im Jahre 1980

Anlagearten	Bilanzwerte (Mill. DM)	Anteil an den gesamten Kapitalanlagen (in v. H.)
Grundstücke und grundstücksgleiche Rechte	25 982,6	10,4
Hypotheken-, Grundschuld- und Rentenschuldforderungen	37 393,6	14,9
Namensschuldverschreibungen, Schuldscheinforderungen und Darlehen	108 311,9	43,1
Schuldbuchforderungen gegen den Bund und die Länder	3 833,0	1,5
Darlehen und Vorauszahlungen auf Versicherungsscheine	2 842,5	1,1
Beteiligungen	4 983,3	2,0
Wertpapiere und Anteile	64 890,8	25,8
Festgelder, Termingelder und Spareinlagen bei Kreditinstituten	3 071,3	1,2
Summe	251 309,1	100,0

Quelle: GB BAV 1980 Tabelle 050.

Noch deutlicher wird die Dominanz der Kapitalanlagen, wenn man eine Beziehung zum Eigenkapital der Versicherer herstellt; denn letzteres erreicht wiederum nur einen Bruchteil der Jahresbeitragseinnahmen. In der Krankenversicherung etwa 12%[33] und in der Schaden- und Unfallversicherung (brutto) rund 20%[34]. In der Lebensversicherung gibt es die auffallendste Relation. Hier erreicht das Eigenkapital nur wenig über 1% der Deckungsrückstellung.[35]

Das System der Vorausfinanzierung macht die Versicherer zu bedeutenden Kapitalsammelstellen, und obwohl die Kapitalanlage gewissermaßen als rein technische Notwendigkeit erscheint, führt das Verfahren doch zwangsläufig zu Entscheidungen von großem gesellschaftspolitischem Gewicht. Zum einen geht es um weittragende Investitionsentscheidungen, und es ist ein Unterschied, ob die Branche beispielsweise den Wohnungsbau zu einem Anlageschwerpunkt macht oder ob sie die öffentliche Hand mit Krediten versorgt. Zum anderen wird Vermögen oft in der Weise angelegt, daß es zu Beteiligungen an bestimmten Industrien und damit auch zu entsprechendem Einfluß kommt.[36] Durch die übliche Finanzierungstechnik werden die Versiche-

---

[33] Vgl. GB BAV 1980, S. 12.
[34] Vgl. GB BAV 1980, S. 17.
[35] Vgl. GB BAV 1980, S. 10.
[36] Vgl. für einige wichtige Versicherer: *Hoppenstedt,* Wirtschaftliche und finanzielle Verflechtungen in Schaubildern, Bd. 5, Darmstadt (Loseblattwerk) sowie allgemein zu diesem Thema das Hauptgutachten 1973/75 der *Monopolkommission,* S. 288–297.

rer – ähnlich wie die Banken – zu einer bestimmenden Teilnahme am Wirtschaftsgeschehen gleichsam genötigt. Neben das eigentliche Versicherungsgeschäft tritt das Vermögensanlagegeschäft, und dieses kann ohne weiteres in den Vordergrund des geschäftspolitischen Interesses rücken. Die Versicherer sind bei der Anlage ihres Vermögens aufsichtsbehördlich vielfältig gebunden. Gleichwohl bleiben erhebliche Entscheidungsspielräume, insbesondere bei den Rückversicherern. Bei den Vermögensanlagen zeigt sich die folgende Struktur (vgl. *Tabelle 6*).

Die größte Position unterteilt sich wie folgt (vgl. *Tabelle 7*):

Tabelle 7: Namensschuldverschreibungen, Schuldscheinforderungen und Darlehen, Bestand Ende 1980. Anzahl der berichtenden Versicherungsunternehmen: 806

Schuldner	Bestand in Mrd. DM	Anteil in vH
Bund, Länder und andere Körperschaften oder Anstalten des öffentlichen Rechts (außer Geld- und Kreditinstitute)	28,87	23,9
Öffentlich-rechtliche Geld-Kreditinstitute	38,74	32,1
Privatrechtliche Unternehmen (außer Geld- und Kreditinstitute)	10,94	9,1
Privatrechtliche Geld- und Kreditinstitute	41,11	34,1
Mitarbeiter	0,07	0,1
Sonstige	0,81	0,7
Summe	120,56	100,0

Quelle: GB BAV 1980 Tabelle 053.

Man sieht daraus, in welchem Umfang die öffentliche Hand zum Schuldner geworden ist. Hier hat sich im Laufe der Jahre eine deutliche Steigerung ergeben, während z.B. der Anteil der Grundstücke stetig abgenommen hat. Bei den Neuanlagen 1979 erreichten die Grundstücke nur noch 5%, während 61,9% auf Schuldscheinforderungen und Darlehen entfielen.[37]

Tabelle 8: Ausgewählte Kapital-Anlagearten der Versicherungswirtschaft (Gesamtbestand in Mrd. DM und Anteil in Prozent)

Anlagearten	1970		1976		1980	
	Mrd. DM	in vH	Mrd. DM	in vH	Mrd. DM	in vH
Grundstücke	11,4	13,0	22,0	12,1	27,4	9,8
Schuldscheinforderungen und Darlehen	28,1	31,9	69,1	38,0	120,6	43,3
Insgesamt	88,1	100,0	181,9	100,0	278,8	100,0

Quelle: Die Deutsche Versicherungswirtschaft, Jahrbuch 1981, S.61.

---

[37] Vgl. Die deutsche Versicherungswirtschaft, Jahrbuch 1981, S.60.

Was die Vermögensanlage in Form von „Beteiligungen" angeht, so führt die vergleichsweise geringe Quote insofern leicht zu Mißverständnissen als geschlossen werden könnte, die Versicherer seien nur zu geringen Anteilen am Kapital anderer Gesellschaften beteiligt. Hier ist jedoch zu berücksichtigen, daß - ähnlich wie im Bankensektor - von Beteiligungen praktisch nur dort gesprochen wird, wo es um Beteiligungen an Branchenunternehmen geht.[38] Hier erreicht das Anlagegeschäft der Rückversicherer bezeichnenderweise die relativ höchste Quote[39] und darin spiegelt sich der Einfluß der Rückversicherer auf die Versicherungswirtschaft wider. Im übrigen ist die insgesamt bescheidene Beteiligungsquote in zweifacher Hinsicht zu relativieren. Zum einen steht das Anlagevolumen der Versicherungswirtschaft - speziell in der Lebensversicherung - in einem zahlenmäßigen Mißverhältnis zum Eigenkapital der Branche. In einer geringen Beteiligungsquote - gemessen am gesamten Anlagegeschäft - kann sich also bereits ein hoher Verflechtungsgrad ausdrücken. Im übrigen werden in der Anlagestatistik die Beteiligungen an Nicht-Versicherungsunternehmen in der Rubrik „Anteile und Wertpapiere" ausgewiesen, und der hohe Prozentsatz zeigt, daß die Versicherungswirtschaft an anderen Unternehmen in erheblichem Maße beteiligt ist.[40]

2.4. Gruppenbildung und Konzentration

Wenn es das Kennzeichen der Unternehmenskonzentration ist, daß weniger und größere Einheiten auf Kosten ehemals selbständiger, meist kleinerer Marktteilnehmer entstehen,[41] dann vermittelt die große - wenn nicht übergroße - Zahl der auf dem deutschen Markt tätigen Versicherer zunächst das Bild einer relativ schwach entwickelten Unternehmenskonzentration. Das entspricht auch den wissenschaftlichen Analysen, die über den Versicherungsmarkt angestellt worden sind;[42] der frühere Präsident der Aufsichtsbehörde hat insoweit sogar von einem gewissen Nachholbedarf der Branche gesprochen.[43] Während der letzten zehn Jahre hat es in der Versicherungswirtschaft allerdings eine gewisse Fusionswelle gegeben.[44] Diese hing mit Um- und Neustrukturierungen von Unternehmensgruppen zusammen und scheint einen vorläufigen Abschluß gefunden zu haben. Im Ergebnis hat sich das Bild der Branche jedoch nicht grundlegend verändert. Geblieben ist die unverhältnismäßige

---

[38] Dazu auch nur von einer bestimmten Größe an; vgl. wiederum das Hauptgutachten 1973/75 der *Monopolkommission*, S. 289; im Ergebnis auch die amtliche Statistik des BAV; vgl. insoweit die Tabelle 055 im Geschäftsbericht 1980.
[39] Vgl. GB BAV 1980, Tabelle 055, während der Anteil der Rückversicherer an den Kapitalanlagen der Versicherungswirtschaft bei nur etwa 5 v. H. liegt (GB BAV 1980, S. 8).
[40] Vgl. wiederum GB BAV 1980, Tabellen 050 und 056.
[41] Vgl. hierzu nur *Emmerich, V./Sonnenschein, J.*, Konzernrecht, 2. Auflage, München 1977, S. 3-4.
[42] Vgl. insbesondere die den Stand von 1970 wiedergebende Arbeit von *Braeß, P.*, Konzentration in der Versicherungswirtschaft, in: *Arndt, H.*, Die Konzentration in der Wirtschaft, 2. Aufl., Bd. 2, Berlin 1971, S. 463-482.
[43] *Nowak, E.*, in: Die Versicherungs-Praxis 1971, S. 67, 74.
[44] *Kleyboldt, C.*, Die Versicherungswirtschaft im Wettbewerbsgeschehen der Praxis, ZVersWiss 1979, S. 123.

Zahl kleinerer und mittlerer Versicherungsunternehmen.[45] Fragt man nach den Gründen für die gegebene Situation, so gibt es mehrere Erklärungen.

Gewöhnlich wird als Hauptgrund der Aufsichtsgrundsatz der sog. **Spartentrennung** genannt. Dieser geht auf eine alte Verwaltungspraxis zurück und besagt, daß einige wichtige Sparten wie die Lebensversicherung, die Krankenversicherung oder die Kreditversicherung[46] jeweils von rechtlich selbständigen Versicherungsgesellschaften betrieben werden müssen. Einen der Universalbank entsprechenden Allbranchenversicherer darf es also nicht geben. Durch die Spartentrennung soll die Gläubigersicherheit erhöht werden. Der Zusammenbruch eines Schaden- und Unfallversicherers soll beispielsweise nicht die Versicherten des Lebensversicherungsbereichs in Mitleidenschaft ziehen.[47]

Wer sich als Versicherer nicht auf den Betrieb einer Teilsparte beschränken will, ist von Aufsichts wegen genötigt, eine Mehrzahl von (Sparten-)Gesellschaften zu gründen, und diese kommen für eine Fusion natürlich nicht in Betracht.

Mit dem Spartentrennungsgrundsatz allein läßt sich die unternehmerische ‚Atomisierung' jedoch nicht erklären. Es würde ja ausreichen, daß ein Versicherungsunternehmer jeweils eine Spartengesellschaft betreibt. Die Praxis sieht jedoch so aus, daß sich in einer Versicherungsgruppe oftmals mehrere Gesellschaften des gleichen Typs, z.B. Schaden- und Unfallversicherer, finden[48], und diese kämen für eine Fusion durchaus in Betracht. Im übrigen würde es der Spartentrennungsgrundsatz nicht ausschließen, daß es auf den entsprechenden Teilmärkten zu Fusionen und Machtkonzentrationen kommt. Eine größere Unternehmensgruppe kann es sich jedoch – schon mit Rücksicht auf den Außendienst – kaum leisten, eine Teilsparte aufzugeben. Im Gegenteil zeigt sich bei ehemaligen Spezialversicherern, etwa in der Kranken- oder Kraftfahrtversicherung, die Tendenz, nach Erreichen einer bestimmten Marktstellung nunmehr auch andere Sparten aufzunehmen, was im Ergebnis zu einer Verringerung der Marktanteile eingeführter Versicherer auf diesen Gebieten führen kann.[49] Das ließe immer noch die Fusion zwischen ganzen Gruppen zu, aber in dieser Richtung scheint es keine bedeutenden Tendenzen zu geben,[50] möglicherweise wegen der recht heterogenen Einflußsphären, die es jeweils gibt.[51] Im übrigen dürfte ein weiterer

---

[45] *Schmidt, R.,* in: *Röper, B.,* Wettbewerbsprobleme der Versicherungswirtschaft, a.a.O., S.139 („Es fehlen fünf Großbanken, ...").

[46] Es kommen noch andere Bereiche, wie z.B. die Rechtsschutzversicherung hinzu. Die Einzelheiten interessieren hier jedoch nicht.

[47] Zusammenfassend *Rohde-Liebenau, W.,* Spartentrennung als Ordnungsprinzip der Versicherungsaufsicht, Diss. FU Berlin 1973; *Müller, H.,* Der Grundsatz der Spartentrennung im gemeinsamen Markt nach Verabschiedung der Koordinierungsrichtlinien für die Lebensversicherung, in: ZVersWiss 1979, S.147–168.

[48] Das ist richtig herausgestellt bei *Gromann, H.-G.,* Die Staatsaufsicht über Versicherungskonzerne nach dem Versicherungsaufsichtsgesetz, in: Die Aktiengesellschaft 1981, S.241, 243.

[49] Hierzu *Kleyboldt, C.,* Die Versicherungswirtschaft im Wettbewerbsgeschehen der Praxis, ZVersWiss 1979, S.115, 123.

[50] Es hat im Gegenteil sogar neue Aufteilungen gegeben. So hat sich etwa die Aachen-Münchener Gruppe von der Rheinischen Gruppe abgekoppelt, und beide werden heute getrennt aufgeführt (so etwa in der Aufstellung bei *D. Farny,* im Handelsblatt vom 4.2.1982, S.12).

[51] Einen guten Überblick hierüber vermittelt der Beitrag von *D. Farny,* im Handelsblatt vom 4.2.1982, S.12.

Grund für den vergleichsweise geringen Konzentrationsgrad wiederum in der Staatsaufsicht zu sehen sein: Das aufsichtsbehördliche Ziel einer Solvenzsicherung schließt die Tendenz (und die Gefahr) ein, daß sich das behördliche Bemühen auch auf solche Unternehmen erstreckt, die in bezug auf ihre Leistungsfähigkeit eine weniger gute Position einnehmen. Unter den zahlreichen Motiven für eine Unternehmenskonzentration gibt es das Bestreben nach Rationalisierung, und hier kann die Bildung leistungsfähigerer Unternehmenseinheiten eine große Rolle spielen. Indem die Aufsichtsbehörde eher darauf hinarbeitet, ihr Hauptziel dadurch zu erreichen, daß den konkurrierenden Unternehmen Mäßigungen im Wettbewerbsverhalten auferlegt werden, verringern sich gleichzeitig gewisse Rationalisierungszwänge; es kann dann einfacher erscheinen, nach dem sog. Geleitzugsystem zu verfahren, was den leistungsfähigeren Einheiten zusätzliche Vorteile verschafft.

Es wurde vorstehend bereits von dem aufsichtsbehördlich (mit-)bedingten Zwang gesprochen, mehrere Gesellschaften zu gründen, wenn man in allen Sparten präsent sein will. Das relativiert und korrigiert zugleich das äußere Erscheinungsbild eines ‚atomisierten‘ Versicherungsmarktes und legt es nahe, eine Mehrzahl von Gesellschaften jeweils einer Gruppe zuzuordnen. Nicht ohne Grund hat es sich eingebürgert, von einer Versicherungsgruppe und seltener von einem Versicherungskonzern zu sprechen. In der Terminologie des Aktiengesetzes ist für einen Konzern die einheitliche Leitung charakteristisch (§ 18 AktG). Die Versicherungsgruppen sind jedoch eher lose verbunden.[52] Die mit Abstand umsatzstärkste Versicherungsgruppe ist die *Allianz (Münchener Rück)* Gruppe, die einen Marktanteil von etwa 20% erreicht.[53] Die zweite Gruppe liegt bereits unter 5%.[54] Zur Kennzeichnung der Gruppen ist jedoch nicht nur der Marktanteil – i. S. des Prämienaufkommens aus dem Versicherungsgeschäft – von Bedeutung. Innerhalb der Gruppen gibt es ein kompliziertes System wechselseitiger Kapitalbeteiligungen.[55] Bezogen auf die Verhältnisse von 1970 errechnete *Braeß,* daß die ersten sechs Gruppen nahezu 50% der Versicherungsaktiengesellschaften repräsentieren; kapitalmäßig entfielen auf die sechs größten Gruppen sogar mehr als zwei Drittel aller Versicherungsaktiengesellschaften.[56] Man kann vermuten, daß sich an dieser Konstellation im Grundatz nichts geändert hat.[57] Es gibt also innerhalb der führenden Gruppen einen hohen Verflechtungsgrad. Der weit überwiegende Teil des Aktienkapitals der Versicherungsgesellschaften wird wiederum von Branchenunternehmen gehalten, wobei die entscheidenden Gewichte bei wenigen Gruppen liegen.[58] Gleichwohl ist diese ‚Konzentration‘ rechtlich schwer faßbar. Kartellrechtlich wird der Grad der Marktbeherrschung (§ 22 GWB) nicht erreicht, und es fehlen auch die Voraussetzungen, unter denen eine Zusammenschlußkontrolle (§§ 23 ff. GWB) stattfinden könnte. Aber auch konzernrechtlich ist die Lage

---

[52] *Braeß, P.,* a. a. O., S. 473–475 und *Farny, D.* (vorige Fußnote); eine echte Konzernstruktur findet sich z. B. bei *Gerling.*
[53] Vgl. wiederum *Farny, D.* (Fußnote 51).
[54] *Farny, D.* (Fußnote 51).
[55] Einen Eindruck vermitteln die Schaubilder bei *Hoppenstedt,* Wirtschaftliche und finanzielle Verflechtungen in Schaubildern, Bd. 5, Darmstadt (Loseblattwerk).
[56] *Braeß, P.,* a. a. O., S. 473–474.
[57] Davon geht auch *Gromann, H.-G.,* a. a. O., S. 241–242 aus.
[58] *Gromann, H.-G.,* a. a. O., S. 241–242 m. N..

Tabelle 9: Die größten Versicherungsgruppen in der Bundesrepublik Deutschland 1970

	Zahl der Versicherungsunternehmungen	Aktienkapital (Mio. DM)	Innere Beteiligung (Mio. DM)	Verflechtungsgrad in v. H.
1. Rheinische Gruppe	29	158,7	93,5	58,9
2. Agrippina-Gruppe	6	30,3	14,1	46,5
3. Allianz-Münchener-Rück-Gruppe	26	373,1	166,4	44,6
4. Magdeburger Gruppe	13	80,35	30,5	37,9
5. Victoria-Gruppe	7	59,75	42,5	71,1
6. Gerling-Konzern	9	110,0	n.v.	n.v.
Zusammen	90	812,2	347,0	n.v.
Abzug für Doppelzählungen[1]	8	24,75	n.v.	n.v.
Insgesamt	82	787,45	347,0	51,8[2]

1 Für solche Gesellschaften, die kapitalmäßig zu zwei oder mehreren Gruppen gehören.
2 Berechnet auf das bereinigte Aktienkapital ohne *Gerling-Konzern*.

Quelle: *Braeß, P.*, Konzentration in der Versicherungswirtschaft, in: *Arndt, H.*, Die Konzentration in der Wirtschaft, 2. Auflage, Bd. 2, Berlin 1971, S. 474.

undeutlich. Eingliederungen (§§ 319ff.) sowie Beherrschungs- und Gewinnabführungsverträge (§§ 291 ff. AktG) bilden die Ausnahme. Es herrscht das vor, was man einen faktischen Konzern nennt.[59] Dessen Bewertung ist nicht nur aktienrechtlich problematisch.[60] Es können sich auch Konflikte mit dem Versicherungsaufsichtsrecht ergeben, zum Beispiel dann, wenn ein an der Spitze der Gruppe stehender Rückversicherer – eine häufige Konstellation – über die Gestaltung der Rückversicherungsverträge Ergebnisse erreicht, die einem Gewinnabführungsvertrag nicht unähnlich sind.[61]

2.5. Bedingungs- und Tarifaufsicht

Es gehört zu den wesentlichen Rahmenbedingungen der Versicherungswirtschaft, daß die Unternehmen in der Gestaltung der Vertragsinhalte sowie der Preise einer staatlichen Reglementierung unterliegen.

Was zunächst die Vertragsinhalte angeht, so werden diese entscheidend durch die **Allgemeinen Versicherungsbedingungen** geprägt, denn das Versicherungsvertragsgesetz

---

[59] *Gromann, H.-G.*, a.a.O., S. 242.
[60] Ausführlich und kritisch *Emmerich, V./Sonnenschein, J.*, Konzernrecht, 2. Auflage, München 1977, S. 196ff.
[61] Zu dieser speziellen Problematik vgl. wiederum *Gromann, H.-G.*, a.a.O., S. 249, wo auch allgemein auf die zahlreichen offenen Fragen und Widersprüche bezüglich der rechtlichen Behandlung der Versicherungskonzerne hingewiesen wird.

12. Versicherungen

(VVG) von 1908 enthält Regelungen nur für die wenigsten der heute interessierenden Geschäftszweige und Einzelfragen.

Grundsätzlich bedürfen Allgemeine Versicherungsbedingungen einer Genehmigung seitens der Aufsichtsbehörde (§ 5 Abs. 3 Satz 2 VAG), und entsprechendes gilt für ein Abweichen von dem genehmigten Bedingungswerk (§ 13 VAG). Damit ist es nur sehr begrenzt möglich, einem Versicherungsinteressenten im Einzelfall durch Zugeständnisse auf der Bedingungsseite entgegenzukommen.

Allgemeine Versicherungsbedingungen sind durchweg umfangreiche und nicht immer leicht verständliche „juristische" Texte, deren Details von dem normalen Verbraucher nicht gewürdigt werden können. Die Lage würde noch undurchsichtiger, wenn jedes Unternehmen mit eigenen Bedingungen an den Kunden heranträte. Der Versicherungsinteressent stünde vor der im Grunde unlösbaren Aufgabe eines Vergleichs; insbesondere ergäbe sich die Schwierigkeit abzuschätzen, inwiefern Unterschiede in den Bedingungen bestimmte Preisunterschiede rechtfertigen. Auf diesem Hintergrund hat die deutsche Aufsichtsbehörde den Verwaltungsgrundsatz entwickelt, wonach auf den jeweiligen Teilmärkten möglichst einheitliche Allgemeine Versicherungsbedingungen verwendet werden sollen.[62] Die so geforderte Markttransparenz soll einen **Preisvergleich** und einen **Preiswettbewerb** möglich machen. Es steht einem einzelnen Unternehmen allerdings frei, Bedingungen zu entwickeln, die gegenüber dem allgemeinen Standard zu merklichen Verbesserungen für den Versicherungsnehmer führen, und die Aufsichtsbehörde wird solche Innovationen im Zweifel auch genehmigen. Es entspricht aber der Erfahrung, daß sich die übrigen Marktteilnehmer alsbald dem verbesserten Standard anpassen, so daß sich die Einheitlichkeit wieder herstellt. Dieser Anpassungsprozeß wird nicht zuletzt durch die Tatsache begünstigt, daß es einen urheberrechtlichen Schutz für Allgemeine Versicherungsbedingungen nicht gibt. Wer mit Neuerungen auf den Markt tritt, muß also alsbald mit Nachahmungen rechnen.[63]

In bezug auf die Tarife gibt es ein kompliziertes System aufsichtsbehördlicher Einflußnahme. Für rund 75% des Prämienaufkommens, darunter so bedeutende Zweige wie die Lebensversicherung, die Krankenversicherung und die Kraftfahrtversicherung, besteht die **Genehmigungspflicht**,[64] wobei allerdings nicht – wie bei den Bedingungen – ein allgemeiner Branchentarif angestrebt wird, sondern ein Unternehmenstarif. In ihrer Eigenschaft als Genehmigungsbehörde ist der staatlichen Versicherungsaufsicht allerdings nicht die Rolle eines Preiskommissars zugewiesen. In erster Linie geht es um den Nachweis, daß dem Unternehmen ausreichende und zuverlässige Kalkulationsgrundlagen zur Verfügung gestanden haben. Im übrigen ist das Hauptaugenmerk auf die Frage gerichtet, inwieweit die zu genehmigenden Tarife ausreichen, um die dauernde Erfüllbarkeit der Verträge im Sinne des § 8 Abs. 1 Ziff. 2 VAG zu gewährleisten. Defizitäre Tarife werden nicht genehmigt.

---

[62] Die Forderung nach einem verstärkten Bedingungswettbewerb wird demgegenüber – jedenfalls für das sog. Jedermann-Geschäft – nur selten erhoben.
[63] *Farny, D.,* Die Versicherungswirtschaft im Wettbewerbskonzept der Marktwirtschaft, in: ZVersWiss 1979, S. 31, S. 69–70.
[64] Die rechtlichen Grundlagen und die gesetzgeberischen Motive sind nicht identisch, sollen hier aber nicht weiter verfolgt werden.

In den zahlreichen Versicherungszweigen, in denen eine aufsichtsbehördliche Tarifgenehmigung nicht vorgesehen ist, gibt es gleichwohl keine beliebige Preisgestaltung seitens der Unternehmen. Das Aufsichtsziel, für die dauernde Erfüllbarkeit der Verträge Sorge zu tragen, gilt auch hier, und wenn ein Unternehmen Tarife verwendet, die den Schaden- und Kostenbedarf nicht decken, wird das als Mißstand verstanden, der die Aufsichtsbehörde nach § 81 Abs. 2 Satz 1 VAG zum Eingreifen berechtigt. So gesehen gibt es in allen Versicherungszweigen eine Preisaufsicht im Sinne eines Forderns auskömmlicher Tarife.[65]

Es gibt Versicherungszweige, deren relatives Gewicht gering ist und wo unternehmerische Verluste nicht an die wirtschaftliche Existenz des Versicherers rühren. Streng genommen gibt es dann auch keine Gefahr für die dauernde Erfüllbarkeit der Verträge. Die Aufsichtsbehörde läßt es indessen nicht zu, daß Verluste in einer Teilsparte langfristig durch Überschüsse aus gut verlaufenden Teilsparten kompensiert werden, und so ist der Verwaltungsgrundsatz entstanden, nach dem sich jede Teilsparte selbst tragen müsse.[66] Wo es zwischen konkurrierenden Unternehmen unterschiedliche Tarifsätze gibt, kommt es immer wieder dazu, daß ein Außendienstmitarbeiter mit dem billigeren Angebot der Konkurrenz konfrontiert wird und ein Abschluß an die Bedingung geknüpft wird, es müsse auf diesen Preis eingegangen werden. Kommt es dazu, unterschreitet der Versicherer also im Einzelfall seinen eigenen Tarif, dann wird der Versicherungsnehmer im Vergleich zu den übrigen Versicherten des Unternehmens besser gestellt. Man spricht vom Abschluß eines **Begünstigungsvertrages**.[67]

Die Aufsichtsbehörde verbietet grundsätzlich den Abschluß von Begünstigungsverträgen, wobei allerdings die praktische Durchsetzbarkeit des Verbots ebenso zweifelhaft ist wie die rechtliche Grundlage hierfür.[68] Die zukünftige Behandlung dieses Gegenstandes ist höchst ungewiß.[69]

2.6. Kartellrechtliche Sonderstellung der Versicherungswirtschaft

Eine vieldiskutierte rechtliche Rahmenbedingung der Versicherungswirtschaft liegt in ihrer kartellrechtlichen Sonderstellung begründet.[70] Allerdings ist es nicht so, daß die Versicherungswirtschaft von der Kartellaufsicht völlig freigestellt wäre. So kämen

---

[65] In diesem Sinne *Gärtner, R.,* Privatversicherungsrecht, 2. Auflage, a.a.O., S. 166–169.
[66] Kritisch hierzu *Gärtner, R.,* Wettbewerb im Versicherungswesen, in: Der Betrieb 1972, S. 2447–2451, vgl. jetzt auch *Gromann, H.-G.,* a.a.O., S. 248.
[67] Der Terminus findet sich in § 81 II 3 VAG.
[68] Für eine umfassende Darstellung des Gegenstandes vgl. jetzt *Werber, M.,* Zur Begründung und aktuellen Tragweite eines Gleichbehandlungsgebots im Versicherungswesen, in: Versicherungswirtschaft, 1981, S. 1378–1390.
[69] Die Verlautbarungen der Aufsichtsbehörde waren vielfältig und widersprüchlich. Lockerungen des Begünstigungsverbots wurden ebenso in Aussicht gestellt wie eine Verschärfung. Nachdem zum 1. Juli 1981 eine Änderung (und Verschärfung) der Begünstigungsregelung angekündigt worden war, ist dies nach einer Intervention seitens des *Bundesministers der Finanzen* schließlich doch unterblieben (VerBAV 1981, S. 164). Für einen Teilbereich vgl. jetzt die Verordnung vom 17. 8. 1982, VerBAV 1982, S. 456–457.
[70] Grundlage bildet § 102 des Gesetzes gegen Wettbewerbsbeschränkungen (GWB). Eine umfassende Kommentierung – unter Berücksichtigung auch der wirtschaftswissenschaftlichen Aspekte – findet sich bei *Möschel, W.,* in: *Immenga, U./Mestmäcker, E.J.,* GWB Kommentar, München 1981.

z. B. Maßnahmen gegen den Mißbrauch einer marktbeherrschenden Stellung durchaus in Betracht. Allerdings ist das ein eher theoretischer Gedanke, weil die Marktbeherrschung durch einzelne Unternehmen oder Unternehmensgruppen für die Branche gerade nicht charakteristisch ist. Wichtig ist für die Praxis die Freistellung der Versicherungswirtschaft vom allgemeinen Kartellverbot; erst wenn diese Freistellung mißbraucht wird, kommen kartellrechtliche Maßnahmen in Betracht.[71] Diese sind allerdings an das Einvernehmen der Fachaufsichtsbehörde gebunden, was einem Vetorecht sehr nahe kommt. Die bisherigen Erfahrungen zeigen, daß sich Maßnahmen der kartellrechtlichen Mißbrauchsaufsicht bei der gegenwärtigen Rechtslage kaum realisieren lassen. Faktisch bewegt sich also die Versicherungswirtschaft in einem **kartellrechtlichen Freiraum**.

Die Gründe für die faktische Freistellung der Versicherungswirtschaft vom Kartellverbot sind nicht leicht einsehbar, und der seinerzeitige Regierungsentwurf sah eine solche Freistellung auch nicht vor.

Am Ende strebte man einen politischen Kompromiß an. Für die Notwendigkeit einer kartellrechtlichen Bereichsausnahme werden immer wieder verschiedene Begründungen ins Feld geführt, die aber allesamt auf schwachen Füßen stehen.[72] Zum einen soll in der Branche die Tendenz zu **ruinösem Preiswettbewerb** strukturell angelegt sein. Jeder Versicherer sei in der Lage, die unsichtbare Ware Versicherungsschutz in jeder Menge und sofort auf dem Markt anzubieten; so entstehe ein extremer Käufermarkt, und das Ungleichgewicht auf diesem Markt verhindere eine gesunde Wettbewerbsstruktur. Ruinöser Preiswettbewerb mit der Folge von Unternehmenszusammenbrüchen sei in einem besonders vertrauensempfindlichen Wirtschaftszweig nicht tragbar. Es komme hinzu, daß die Versicherungswirtschaft wegen ihres großen gesamtwirtschaftlichen Gewichts nicht den Folgen eines ruinösen Wettbewerbskampfes ausgesetzt werden dürfe. Auch die Fachaufsicht sei bereits mit dem Ziel eingesetzt worden, die strukturellen Besonderheiten und Gefahren zu korrigieren. Dabei gewährleiste die Fachaufsicht auch schon eine gewisse Pflege des Wettbewerbsgedankens. Auf einige dieser Aspekte wird noch einzugehen sein. An dieser Stelle genügt der Hinweis, daß die Besonderheiten der Versicherungsmärkte eher in der Theorie konstruierbar sind als daß sie praktisch hätten belegt werden können.[73] Angesichts der bestehenden Staatsaufsicht, speziell der Tarifaufsicht, ist die Vorstellung eines ruinösen Preiswettbewerbs eher theoretischer Natur. Allenfalls das sog. Industriegeschäft zeigt insoweit eine gewisse Anfälligkeit. Aber sein Anteil am Gesamtgeschäft ist gering, und nur wenige Versicherer halten nennenswerte Quoten davon.[74]

---

[71] § 102 I, IV GWB; es ist allerdings eine schwierige Frage, wo die Nutzung der Freistellung liegt und wo ihr Mißbrauch beginnt; vgl. hierzu wiederum *Möschel, W.,* a.a.O., § 102 Rdn. 38–48.
[72] Alle wesentlichen Argumente sind zusammengestellt und kritisch gewürdigt bei *Möschel, W.,* a.a.O., § 102, Rdn. 13–18.
[73] So mit Recht *Möschel, W.,* a.a.O., § 102, Rdn. 13; kritisch insoweit auch *Klaue, S.,* in: *Röper, B.,* Wettbewerbsprobleme der Versicherungswirtschaft, Schriften des Vereins für Socialpolitik, N.F. Bd. 93, Berlin 1978, S. 128–135.
[74] Vgl. hierzu *Schmidt, R.,* in: *Röper, B.,* a.a.O., S. 41. Das Beitragsaufkommen der industriellen Feuerversicherung ist mittlerweile schon geringer als das aus der verbundenen Hausratsversicherung (GdV 1981, S. 49).

Man kann nicht ein Ausnahmegeschäft zum allgemeinen Maßstab nehmen. Im übrigen ist nicht leicht einsehbar, inwiefern die Privatversicherung einerseits einen funktionsfähigen Wettbewerb nicht zulassen soll, während die Privatversicherer andererseits und zugleich auf der marktwirtschaftlichen Lösung bestehen.[75]

3. Verhaltensweisen

3.1. Zusammenhang mit den Rahmenbedingungen

Wenn im folgenden von einigen typischen Verhaltensweisen der Versicherungswirtschaft die Rede sein soll, so gibt es naturgemäß einen engen Zusammenhang mit den Rahmenbedingungen der Branche. Die bestimmenden ökonomischen und rechtlichen Eckdaten erklären weite Teile des branchenspezifischen Handelns. Vielfach lassen die Ausgangsdaten für ein anderes Verhalten praktisch keinen Spielraum. Entsprechend muß man sich im klaren darüber sein, daß sich Reformvorschläge nicht darin erschöpfen können, von den Unternehmen ein alternatives Handeln zu fordern.

3.2. Kooperation in der Versicherungswirtschaft

Es ist wiederholt festgestellt worden – unter anderem im Bericht der *Bundesregierung* über die Ausnahmebereiche des GWB –, daß es zwischen den Unternehmen der Versicherungswirtschaft ein traditionell großes Maß an Kooperation gibt.[76] Hierfür gibt es eine Vielzahl von Gründen. Es wurde an früherer Stelle davon gesprochen, daß im Versicherungswesen eine Vielzahl kleiner und mittlerer Unternehmen tätig ist. Wären diese völlig auf sich gestellt, dann müßte das zu kaum lösbaren Problemen führen. Es beginnt bereits damit, daß die Erstellung und Auswertung von Schadensstatistiken erst von einer gewissen Größenordnung an aussagekräftig ist. Kleinbetriebe sind daher darauf angewiesen, mit anderen Unternehmen zusammenzuarbeiten und das geschieht vornehmlich auf der Ebene der Verbände. Es geht aber nicht nur um Angelegenheiten der Schadensstatistik. Werden z. B. neue Allgemeine Versicherungsbedingungen entwickelt, so ist ein kleineres Unternehmen wiederum kaum in der Lage, diese Aufgabe allein zu übernehmen, zumal – wie erwähnt – die Aufsichtsbehörde auf einen Standard hinarbeitet, der brancheneinheitlich verwendet werden kann. So finden die Verhandlungen heute auch praktisch schon zwischen Aufsichtsbehörde

---

[75] Zu diesem Widerspruch vgl. wiederum *Klaue, S.*, a.a.O., S. 134; dieses Legitimationsproblem ist auch diskutiert bei *Farny, D.*, Die Versicherungswirtschaft im Wettbewerbskonzept der Marktwirtschaft, a.a.O., S. 31, 38–39.

[76] BT-Drucksache 7/3206, S. 21; vgl. auch *Mahr, W.*, Markt- und Wettbewerbsprobleme in der Versicherungswirtschaft, in: ZVersWiss 1971, S. 361, 371; *Schmidt, R.*, Konzentration und Kooperation in der Versicherungswirtschaft, in: Festschrift Karl Larenz, München 1973, S. 329–353.

und dem jeweiligen Fachverband statt, obwohl rechtlich gesehen die einzelnen Unternehmen und nicht die Verbände der Fachaufsicht unterworfen sind.

Alsdann gibt es eine Kooperation auch auf der Ebene der Tarifgestaltung. Auch hier geht es zuweilen um komplizierte Vorgänge, denen im Grunde nur die größeren Unternehmenseinheiten gewachsen sind. So haben denn auch die sog. Verbandstarife eine lange Tradition. Neuerdings sind diese „Einheitspreise" unter kartellrechtlichen Gesichtspunkten kritisch geprüft worden. Das *Bundeskartellamt* wendet sich gegen Bruttopreise, weil man zwar in bezug auf den Schadensverlauf von einem statistischen Einheitswert ausgehen könne, nicht aber hinsichtlich der Kostensätze. Hier müsse jedes Unternehmen seine individuelle Kostensituation zugrunde legen.[77]

In den genannten Beispielsfällen gewinnt die Kooperation eine andere Qualität als dies im Verbandswesen im allgemeinen der Fall ist. Nicht wenige Versicherer wären – auf sich gestellt – außerstande, das Versicherungsgeschäft zu betreiben, und so trägt das kooperative Verhalten zur Erhaltung von Unternehmenseinheiten bei, die anderenfalls zur Aufgabe gezwungen wären.[78]

Die Kooperation im Versicherungswesen hat noch andere Ursachen. Vielfach werden Risiken nicht von einem einzelnen Versicherer übernommen, sondern von mehreren gemeinschaftlich, mitunter von der ganzen Branche. Technisch gibt es dabei die Konstruktion der sog. **Mitversicherung**. Die beteiligten Unternehmen sind mit einer Quote vertreten; nach außen übernimmt ein Versicherer die Führung. Eine solche Form der Mitversicherung hat beispielsweise in der Speditionsversicherung eine lange Tradition. Eine andere Konstruktion stellt der sog. **Versicherungspool** dar. Auch er dient der gemeinschaftlichen Risikotragung, vor allem in solchen Bereichen, in denen es um Großrisiken geht, die im Grunde nur durch eine konzertierte Aktion aller Versicherer abgedeckt werden können (Beispiele sind der Deutsche Luftpool, der Pharmapool oder die Kernreaktor-Versicherungsgemeinschaft). Solche und ähnliche Formen gemeinschaftlicher Risikotragung fördern naturgemäß ein kooperatives Verhalten zwischen den Beteiligten.[79]

Eine Kooperation findet auch bei Vertragswechseln statt, wenn beim Vorversicherer nach den Gründen der Vertragsauflösung gefragt wird. Zu erwähnen ist auch eine spezielle Auskunftsstelle, die bei der Einstellung von Außendienstmitarbeitern eingeschaltet wird und der bestimmte Unregelmäßigkeiten zu melden sind.[80] Kooperation findet auch in bezug auf Schadensverhütungsmaßnahmen und bei der Werbung statt. Der Umstand schließlich, daß eine Vielzahl von Versicherern einer Gruppe zuzuordnen ist, legt es nahe, daß es innerhalb der Gruppe zu Formen der Kooperation kommt.

Nicht zu vergessen ist, daß ein Zwang zu konzertiertem Handeln auch von den Rückversicherern ausgehen kann. Wenn die Rückversicherer z.B. im industriellen Ge-

---

[77] Tätigkeitsbericht des *Bundeskartellamtes* für 1974, S. 82.
[78] Dies wird zutreffend herausgestellt bei *Klaue, S.,* in: *Röper, B.,* Wettbewerbsprobleme der Versicherungswirtschaft, a.a.O., S. 134.
[79] Zur kartellrechtlichen Beurteilung vgl. die Verlautbarung des *Bundeskartellamtes* vom 18.12. 1981, abgedruckt in VerBAV 1982, S. 13–15.
[80] Zugleich entspricht das Verfahren einer aufsichtsbehördlichen Forderung; vgl. das Rundschreiben R 6/72 (VerBAV 1973, S. 2–3).

schäft die Übernahme von Rückdeckungen von bestimmten minimalen Preis- oder Vertragsgestaltungen der Erstversicherer abhängig machen, kann das zu einem **Parallelverhalten** führen, welches einem Kartell in seinen Wirkungen sehr nahe kommt.[81]

Insgesamt trifft man in der Versicherungswirtschaft auf ein eher kooperatives, freundschaftliches Wettbewerbsverhalten als auf einen Stil von Aggressivität und Abgrenzung.[82] Das gilt auch für das Verhältnis der Rückversicherer zueinander.[83]

3.3. Ausklammern von Qualität und Preis aus dem Wettbewerbsverhalten

Nicht ohne Zusammenhang mit dem kooperativen Element steht eine für die Privatversicherung charakteristische Verhaltensweise, nämlich das Ausklammern der Hauptleistungsdifferenzierungen im Wettbewerb. Hinsichtlich der Vertragsinhalte ist diese Tatsache gewissermaßen aufsichtsbehördlich vorgegeben, weil Allgemeine Versicherungsbedingungen einheitlich zu sein haben.

Was den Preis betrifft, so ließe er sich als Wettbewerbsmittel durchaus einsetzen. Die aufsichtsbehördliche Forderung nach Transparenz der Allgemeinen Versicherungsbedingungen beruht ja wesentlich auf der Vorstellung, daß erst dadurch ein Preisvergleich und ein Preiswettbewerb möglich gemacht werde. In der Praxis – jedenfalls im vom Prämienvolumen her dominierenden Privatgeschäft – wird der Preis jedoch als Wettbewerbsfaktor möglichst ausgespart. Zum Teil hängt das damit zusammen, daß Ermittlung und Vergleich von Endpreisen sehr schwierig sein können. So hängt beispielsweise in der Lebensversicherung der Preis entscheidend vom Ergebnis der späteren Überschußbeteiligung ab; diese ist aber nie im voraus genau kalkulierbar. Charakteristisch ist denn auch, daß – um bei der Lebensversicherung zu bleiben – die Versicherer vielfach eine kooperative Gemeinschaftswerbung betreiben und dabei die Vorstellung vermitteln, der Versicherungsnehmer sei bei jeder Gesellschaft gleich gut aufgehoben. Und wenn eine einzelne Gesellschaft in einer Anzeige oder einem Radio- oder Fernsehspot auftritt, wird man vergeblich nach einem etwaigen Hinweis suchen, bei dem Unternehmen handele es sich um ein vergleichsweise besonders preisgünstiges, der Tarif liege etwa 20% unter dem Branchendurchschnitt.

Das Ausklammern des Preisvergleichs hat eine wettbewerbsrechtliche Tradition. Lange Zeit hindurch war eine sog. **vergleichende Werbung** aufsichtsrechtlich und verbandsrechtlich verboten. Nachdem die neue Judikatur zum UWG eine Lockerung des Verbots vergleichender Werbung gebracht hat, wurde auch das in den Wettbewerbsrichtlinien der Versicherungswirtschaft enthaltene Verbot modifiziert und leicht eingeschränkt. Im Ergebnis ist aber auch nach der neuen Fassung ein Preisvergleich nur mit großen Einschränkungen zulässig.[84] Jedenfalls wird das billigere Angebot nicht zum offenen Thema im Wettbewerb gemacht, auch nicht dort, wo sich

---

[81] Vgl. hierzu die bei *Röper, B.*, a.a.O., S. 164–165 abgedruckten Rückversicherungsklauseln.
[82] Vgl. die anschauliche Beschreibung der Situation bei *Mahr, W.*, Markt- und Wettbewerbsprobleme in der Versicherungswirtschaft, in: ZVersWiss 1971, S. 361, 371.
[83] Informativ insoweit *Prölss, E. R.*, Umrisse der Rückversicherungspolitik, in: Festschrift Paul Braeß, Karlsruhe 1969, S. 213, 237.
[84] Näheres bei *Gärtner, R.*, Privatversicherungsrecht, 2. Auflage, a.a.O., S. 358, mit Fußnote 24.

die Tarifsätze ohne weiteres vergleichen ließen, wie z. B. bei einer Hausratsversicherung.[85] Allenfalls finden sich allgemeine Hinweise, wonach man z. B. wegen des Fehlens eines Außendienstes besonders preisgünstig arbeiten könne. Gesellschaften mit einem Außendienst werden demgegenüber auf die hohe Servicequalität ihres Unternehmens hinweisen. Exakte Preisvergleiche und begründbare Preisunterschiede sind hier in der Tat problematisch.

3.4. Ausweichen auf künstliche Differenzierungen und irrationale „Qualitäts"merkmale

Es liegt kein Widerspruch darin, daß die Unternehmen einer Branche wesentliche Aktionsparameter wettbewerblich einfrieren, daß sie aber zugleich bemüht sind, sich durch den intensiven Einsatz anderer Parameter in einer besonderen Individualität zu präsentieren und dem Kunden als besonders attraktiv gegenüberzutreten. In diesem Sinne findet ein intensiver Wettbewerb statt. Mag das für Unternehmensleitungen und Außendienst zugegebenermaßen eine schwierige Aufgabe sein, so fehlen dennoch die wesentlichen Merkmale eines **Leistungswettbewerbs**. Auch bei einem vollkommenen Preiskartell bleibt ja ein „Bemühungswettbewerb" bestehen, nur fehlt bei solchem Zustand jegliche innere Legitimation, die Marktkräfte hier zum Zuge kommen zu lassen. Daß die Versicherer in ihrem Wettbewerbsverhalten nicht die Aktionsparameter einsetzen, die für den Versicherungsnehmer entscheidungserheblich sein müßten, sondern auf solche Parameter ausweichen, die mehr den Anschein als die Realität von Unterscheidungen vermitteln, zeigt sich im einzelnen an folgenden Strategien.

Zum einen lassen sich Produktdifferenzierungen vornehmen, die einerseits mit dem Anspruch auf größtmögliche individuelle Maßgerechtigkeit verbunden werden, die aber zugleich und notwendig den Preisvergleich erschweren, wenn nicht unmöglich machen. So gibt es beispielsweise im Bereich der privaten Krankenversicherung eine unübersehbare Zahl tariflicher Differenzierungs- und Kombinationsmöglichkeiten.[86] Das schafft naturgemäß Preisunterschiede. Aber wenn sich gegenüber dem ratsuchenden Nachfrager die Angebote von Gesellschaft zu Gesellschaft im Endpreis unterscheiden, dann dürfte das mehr mit den subtilen Tarifkombinationen und den Vorstellungen des Beraters über den maßgeschneiderten Versicherungsschutz zu tun haben als mit meßbaren Abweichungen in der Preiswürdigkeit. Zu nennen sind hier auch die verbreiteten Techniken der Kombination oder der Bündelung verschiedener Risiken. Ein Preisvergleich wird dann zu einer besonders subtilen Angelegenheit.

Ähnlich ist es in der Lebensversicherung. Die Systeme und Methoden der allseits praktizierten Überschußbeteiligung weisen beträchtliche Unterschiede auf. So mag es sein, daß ein Recht auf Überschußbeteiligung bereits in einem frühen Vertragsstadium entsteht, während ein anderer Anbieter diesen Anspruch erst vom dritten oder

---

[85] Das *Bundeskartellamt* spricht denn hier auch von einem geringen Prämienwettbewerb (Tätigkeitsbericht für 1965, S. 60).
[86] Das Standardwerk *Balzer, A./Aumüller, G.*, Tarife und Bedingungen der Privaten Krankenversicherungen (Stand Herbst 1982) vermittelt einen Eindruck von der Überfülle der tariflichen Strukturen.

vierten Jahr an zugesteht. Natürlich schafft das Differenzierungen, aber ob die verschiedenen Ausgangstarife billiger oder teurer sind, ist für das versicherungssuchende Publikum im Grunde nicht auszumachen.

Man könnte die Beispiele beliebig fortsetzen. So hängt etwa in der Sachversicherung der Preis von der gewählten Versicherungssumme ab. Der konkrete Endpreis für den einzelnen Versicherungsnehmer variiert also je nach gewählter Versicherungssumme. Dabei ist es nicht nur in der Theorie möglich, daß die Vertreter verschiedener Gesellschaften dem Versicherungsinteressenten unterschiedliche Vorschläge hinsichtlich der richtigen Summe oder auch bestimmter Klauseln machen. Das erschwert einen direkten Vergleich in Richtung auf die Preiswürdigkeit. Gegen den Einsatz des Preisvergleichs als Aktionsparameter wirken auch die „**Wettbewerbsrichtlinien der Versicherungswirtschaft**". Danach darf ein Preisvergleich keinesfalls zur Irreführung des versicherungssuchenden Publikums führen. Es heißt dann: „Die Möglichkeit einer solchen Irreführung besteht angesichts der Kompliziertheit des Versicherungswesens und der meist tatsächlichen Unmöglichkeit, alle bei einem zutreffenden Leistungsvergleich zu beachtenden Faktoren und Umstände hinreichend zu berücksichtigen und aufzuzeigen, in einem besonderen Maße" (Ziff. 30). So gesehen könnte die Komplizierung der Materie zur besten Waffe gegen den Preisvergleich werden.

Zu den gängigsten Differenzierungsversuchen gehören Angaben über einen angeblich besonders entwickelten Service, über „eine große Gemeinschaft", über eine „starke Gruppe", über „alle Versicherungen aus einer Hand", über eine „freundliche Versicherung" usw. Gemeinsam ist solchen Werbeaussagen, daß sie sich einer Verifizierung weitgehend entziehen und sich keinesfalls in meßbare Prämienunterschiede umsetzen lassen. So denaturiert der Wettbewerb im Versicherungswesen weitgehend zur inhaltslosen Namensreklame. Das ist im Bereich der Rückversicherung nicht anders.[87]

3.5. Pflege des Beziehungswettbewerbs

Muß man sonach davon ausgehen, daß im volumenmäßig entscheidenden Privatgeschäft nur sehr eingeschränkt von einem Leistungswettbewerb die Rede sein kann, so tritt um so deutlicher das hervor, was man den versicherungsspezifischen **Beziehungswettbewerb** genannt hat. Das verweist auf die Rolle des Außendienstes. Es gibt in der deutschen Praxis keine Warenhäuser, die die ganze Palette des Versicherungsangebotes feilhalten und zum Vergleich stellen. Eine wirkliche Markt- und Preisübersicht kann man allenfalls bei den großen Versicherungsmaklern erhalten; aber diese kümmern sich nicht um das private Geschäft, sondern befassen sich mit dem sog. qualifizierten Geschäft, insbesondere dem Industriegeschäft. Gelegentlich findet man Tarifvergleiche in Publikationsorganen des *ADAC*, der *Stiftung Warentest* usw. Aber in der Regel ist der Versicherungsinteressent über die Preissituation auf den zahlreichen Sach- und Tarifgebieten nicht informiert. Was er erfährt, erfährt er im Zweifel von dem Vermittler, mit dem er in Verbindung kommt.

Gerade Gesellschaften mit einem dichten Außendienstnetz werben gern mit dem „Mann in Ihrer Nähe", und dieser ist es auch, der im Schadensfall oder bei sonstigen

---

[87] Vgl. wiederum *Prölss, E. R.*, Umrisse der Rückversicherungspolitik, a.a.O., S. 231.

Problemen die erste Anlaufstelle ist. Wenn dieser Mann vor Ort seinen Klienten befriedigend bedient, wird er es auch sein, der Verlängerungen und Folgegeschäfte akquirieren kann, und der Kunde wird wenig danach fragen, ob es auch billigere Anbieter gibt. Gerade bei Zufriedenheit mit dem Außendienst wird er geneigt sein, diesen Standard einem „Billigversicherer" vorzuziehen.[88] Nun gibt es gewisse Versicherer, die ohne professionellen Außendienst arbeiten, und dies könnte gegen die These von dem Vorherrschen eines Beziehungswettbewerbs sprechen. Das ist jedoch nur ein äußerer Schein. Wo ein Versicherer auf einen klassischen Außendienst verzichtet, kann er dies nur tun, wenn es eine äquivalente Ansprechmöglichkeit gibt.

Zum Beispiel wird sich ein Versicherer, der sich an die Beamtenschaft als hauptsächlichen Kundenkreis wendet, der Publikationsorgane oder gewisser „Vertrauensleute" bedienen, mit denen er den Adressatenkreis erreicht.[89] Oder wer die Gruppe der Autofahrer ansprechen will, wird etwa in einem Publikationsorgan wie der *ADAC*-Zeitschrift ein Medium finden, welches die Funktion eines traditionellen Außendienstes jedenfalls teilweise übernimmt.

Für den normalen Versicherer ist also der Außendienst eine bedeutende Größe, und entsprechend schwer ist unter diesem Aspekt der Marktzutritt für einen newcomer, insbesondere für einen ausländischen Wettbewerber. Der für das Versicherungswesen charakteristische Beziehungswettbewerb ist nur sehr bedingt dazu angetan, Elemente eines Leistungswettbewerbs anzunehmen. Der Versicherungsvermittler steht im Dienst eines Unternehmens und hat dessen Absatz zu fördern. Wenn dieses Unternehmen zu den eher teuren Anbietern gehört, ist nicht ausgerechnet vom Vermittler hierüber Aufklärung zu erwarten, zumal seine Provision in direktem Zusammenhang mit dem akquirierten Prämienvolumen steht. Theoretisch könnten zwar die Vertreter preiswerterer Anbieter hier ein Verkaufsargument finden. Aber von den bereits erwähnten wettbewerbsrechtlichen Schranken für einen Preisvergleich einmal abgesehen, handelt es sich bei den besonders leistungsfähigen Wettbewerbern häufig um kleinere Unternehmen, die eine Außendienstdichte etwa nach Art der *Allianz*-Gruppe nicht aufbieten können. So bleibt der „Mann in der Nähe" ein wesentlicher Erfolgsfaktor, und es ist eine Erfahrungstatsache, daß es die Unternehmen mit einem besonders dichten Außendienstnetz sind, die am ehesten ein vergleichsweise hohes Preisniveau durchzusetzen in der Lage sind.

3.6. Techniken erleichterter Umsatzsteigerung

Das Prämienniveau eines Versicherungsunternehmens läßt sich über die Jahre hinweg kaum konstant halten. In einem Zweig wie der Kraftfahrtversicherung muß zum Beispiel dem steigenden Niveau der Reparaturkosten durch Beitragserhöhungen

---

[88] Es heißt bei *Kleyboldt, C.*, a.a.O., S. 120: „es gilt immer noch, daß der Versicherungsschutz beim Vermittler A und nicht beim Versicherungsunternehmen X erworben wird". Zum Thema der persönlichen Präferenzen vgl. auch *Farny, D.*, Die Versicherungsmärkte, Berlin 1961, S. 30–32.

[89] Sehr drastisch ist die Formulierung von *Seuß, W.*, in: Stenographisches Protokoll einer nichtöffentlichen Anhörung vor zwei Bundestagsausschüssen am 24.11.1982 (Protokoll Nr. 40, 41, S. 51): „Dieser Versicherer hat keine Außendienstkosten. Der Mann, der bei den Behörden beschäftigt ist, läuft dort während der Dienstzeit herum und schließt Versicherungen ab."

Rechnung getragen werden, und die Rechtsschutzversicherung kann nicht unberücksichtigt lassen, daß die Anwaltskosten oder die Gerichtsgebühren steigen. Die allgemeinen Verwaltungskosten tun ein übriges. Aber es gibt auch weniger offenkundige Anpassungsnotwendigkeiten. So läßt sich etwa ein Lebensversicherungsvertrag an sich über die Laufzeit von vielleicht 30 Jahren durchhalten; die Frage ist jedoch, welche Kaufkraft die Lebensversicherungssumme am Ende noch hat.

Die Regeln des Vertragsrechts würden es an sich erforderlich machen, über jede Änderung der getroffenen Vereinbarung einen Konsens herbeizuführen. In einem Massengeschäft ist das schwierig und aufwendig, und so haben die Versicherer seit langem Techniken entwickelt, die eine erleichterte Vertragsanpassung möglich machen. Am dringendsten ist das Problem natürlich dort, wo die Versicherer schlechthin zum Schadenersatz bzw. zum Kostenersatz verpflichtet sind, wie in der Haftpflicht- und Rechtsschutzversicherung und wo die Leistungen von der inflationären Entwicklung abhängig sind. Hier hat man sich mittlerweile des Mittels sogenannter **Prämienanpassungsklauseln** bedient,[90] d. h. es wird in den Versicherungsbedingungen vorgesehen, daß eine automatische Prämienanhebung erfolgt, wenn eine entsprechende Steigerung des Schadensbedarfs nachgewiesen ist.[91]

Problematischer ist es, wenn die Unterdeckung nicht den Versicherer belastet, sondern in den Folgen den Versicherten selbst trifft. Wer beispielsweise seinen Hausrat im Wert von 100 000 DM nur mit einer Summe von 50 000 DM versichert hat, kann für einen Schaden von 20 000 DM nur eine Entschädigung von 10 000 DM erwarten (§ 56 VVG). Um dem Abgleiten in eine Unterversicherung entgegen zu wirken, haben sich die Versicherer eine Anpassungsklausel genehmigen lassen, welche vorsieht, daß sich die ursprünglich vereinbarten Summen jährlich entsprechend dem Preisindex für „Verbrauchs- und Gebrauchsgüter ohne Nahrungsmittel" verändern.[92] Das ist eine bedenkliche Politik der Umsatzsteigerung. Nicht nur machen sich die Versicherer zum Sachwalter fremder Interessen. Es kommt hinzu, daß Hausrat im Laufe der Jahre eher zu wertlosem Trödel wird als daß kontinuierliche Wertsteigerungen stattfänden. Sinkt der Wert aber unter 50% des Wiederbeschaffungspreises, wird bedingungsgemäß nur der Zeitwert ersetzt (§ 4 Abs. 1 Satz 2 VHB).

In der Lebensversicherung läuft es auf eine Umsatzsteigerung hinaus, wenn Geschäftspläne vorsehen, daß die Überschußanteile zur Aufstockung der Versicherungssumme verwendet werden sollen. In gewisser Weise wird eine Umsatzsteigerung auch durch rechtliche Gegebenheiten erleichtert. So läßt sich ein Lebensversicherungsabschluß unter Umständen dadurch plausibler machen, daß man auf die Möglichkeiten einer Steuerersparnis hinweist oder auf das Recht, den Vertrag jederzeit wieder kündigen zu können (§ 165 VVG). Die sehr hohen Stornoquoten in der

---

[90] *Eucker, W.*, Prämienanpassungsklauseln in der privaten Versicherungswirtschaft. Eine Analyse ihrer gesamtwirtschaftlichen Wirkungen, Diss. Marburg 1980.
[91] Das jüngste Beispiel ist die „Beitragsangleichungsklausel für die Rechtsschutzversicherung" (VerBAV 1981, S. 162–163).
[92] „Summenanpassungsklausel für die Verbundene Hausratsversicherung" (VerBAV 1976, S. 212–213).

Lebensversicherung[93] legen jedenfalls die Vermutung nahe, daß nicht immer nur ein langfristig sinnvoller und finanzierbarer Versicherungsschutz vermittelt wird.

Ganz allgemein ist das Publikum gegenüber umsatzorientierten Abschlußbemühungen des Außendienstes dadurch stärker gefährdet, daß die Frage nach einem sinnvollen Versicherungsschutz oft schwer zu beantworten ist.[94] Viele Gefährdungen lassen sich theoretisch nicht leugnen, aber sie können – vor allem in ihrer Summierung – doch wenig wahrscheinlich sein. Man denke etwa an die zahlreichen auf dem Markt angebotenen Varianten und Kombinationen von Rechtsschutz. Ein um lückenlose Sicherheit bemühter Versicherungsinteressent kann leicht versucht sein, sich zu einem Übermaß an Absicherung bereit zu finden. Ein Indiz hierfür könnte z. B. darin gesehen werden, daß offenbar erst das Bestehen einer Rechtsschutzversicherung manchen Versicherten auf den Gedanken bringt, einen Rechtsfall zu „produzieren", damit die Beitragszahlungen nicht „umsonst" erfolgen. Es ist jedenfalls eine Tatsache, daß die Rechtsschutzversicherung zu einem steigenden Geschäftsanfall bei den Gerichten geführt hat.[95]

3.7. Strategien im Vermögensanlagegeschäft

Es wurde an früherer Stelle davon gesprochen, daß von dem System der Vorausfinanzierung notwendig ein Zwang zur Bildung von Rückstellungen bzw. von Vermögensanlagen ausgeht und daß deren Volumen das jährliche Beitragsaufkommen bei weitem übersteigt. Es ist klar, daß das Vermögensanlagegeschäft für die Versicherungs- ebenso wie für die Bankenwirtschaft von zentralem Interesse ist. Die relativ größte Bedeutung hat hier die Lebensversicherung. Die Langfristigkeit der Verträge, verbunden mit dem bereits erwähnten System der ‚überhobenen' Beiträge läßt ein entsprechend ‚überhobenes' Anlagevolumen entstehen. Da sich die Branche seit der Währungsreform in einem stetigen Wachstum befindet, potenziert sich der Anlageüberhang kontinuierlich. Es gibt Schätzungen, wonach die deutschen Lebensversicherer im Jahre 1990 etwa 90 Milliarden DM neu anzulegen haben werden und wonach im Jahre 2030 das Vermögen der deutschen Lebensversicherer größer sein wird als die in der Bundesrepublik anfallende Nettolohn- und Gehaltssumme.[96] Wie präzise diese Schätzungen auch sein mögen, schon jetzt haben die Vermögensanlagen der Versicherungswirtschaft eine Größenordnung erreicht, welche diesem Geschäftsbereich eine herausragende Rolle zuweisen.[97] Spezifische Verhaltensweisen sind die Folge.

---

[93] Vgl. die Statistik über die „Bewegung des Bestandes an selbst abgeschlossenen Lebensversicherungen" in VerBAV GB 1980, Tabelle 160.
[94] Auch *Farny, D.*, ZVersWiss 1979, S. 58 räumt ein, daß im Massenversicherungsgeschäft „große und kleine Fehlentscheidungen vorkommen können."
[95] Vgl. hierzu *Blankenburg, E./Fiedler, J.*, Die Rechtsschutzversicherungen und der steigende Geschäftsanfall der Gerichte, Tübingen 1981; *Adams, M.*, Ökonomische Analyse des Zivilprozesses, Königsstein 1981.
[96] Ausführlich hierzu *Surminski, A.*, Versicherungswirtschaft aus der Sicht des Verbrauchers, ZfV 1981, S. 274, 282–286.
[97] Es heißt bei *Schütte, E.*, Das Versicherungswesen der Sowjet-Union, Berlin 1966 S. 208: „Die Vermögensanlage und ihre Erträge, die für die westlichen Versicherungsunternehmen eine so

Besonders in einer Hochzinsphase, wo mit hohen Erträgen aus dem Anlagegeschäft gerechnet werden kann, trifft man vielfach auf eine Geschäftspolitik, welche darauf abzielt, versicherungstechnische Verluste hinzunehmen, sofern diese durch überdurchschnittliche Vermögenserträge kompensiert werden können. Dieses sog. ‚cash flow underwriting'[98] spielt auch im internationalen Rückversicherungsgeschäft eine zunehmende Rolle. In einigen Entwicklungsländern beispielsweise gibt es Zweige – wie die Kraftfahrtversicherung –, bei denen technische Verluste voraussehbar sind, wo es den beteiligten Versicherungswirtschaften aber dennoch gelingt, das Geschäft auf dem internationalen Rückversicherungsmarkt unterzubringen.[99] Das Thema ist außerordentlich kompliziert. Einerseits stellen die Erträge aus dem Anlagegeschäft eine kalkulatorische Realität dar. Andererseits birgt das cash flow underwriting beträchtliche Gefahren in sich. Ein kurzfristiger Zinsverfall kann der erhofften Verrechnung schnell seine Grundlage nehmen, und es kommt ein weiteres hinzu: Ein hohes Zinsniveau kann einen Versicherer dazu verleiten, ein technisch mangelhaftes Geschäft im Hinblick auf die zu erwartenden Vermögenserträge mitzuschleppen statt es zu sanieren.[100] Auf Dauer kann hierin keine gesunde unternehmerische Strategie liegen. Das Versicherungsgeschäft denaturiert zum Zubringer für eine andersartige unternehmerische Tätigkeit.

Man muß allerdings sehen, daß die Verselbständigung bzw. sogar die Dominanz des Vermögensanlagegeschäfts bereits ein Indiz für Fehlentwicklungen ist. Wenn die Vermögensanlagen eine Größenordnung erreichen, daß sich mit deren Erträgen die technischen Verluste – nicht nur kurzfristig – absorbieren lassen, dann spricht einiges dafür, daß die Vermögensanlagen ein überhöhtes Niveau erreicht haben. Das berührt einen weiteren Punkt.

In dem für die Vermögensanlagen wichtigsten Zweig, der Lebensversicherung, ist das Niveau der Anlagen ein Spiegelbild der Tarifkonstruktion. Die nach extremer, um nicht zu sagen künstlicher Vorsicht bemessenen Beiträge lassen unter normalen Umständen erhebliche Überschüsse (von etwa einem Drittel) erwarten. Die Versicherer können das Ergebnis nicht als Gewinn reklamieren. Nicht zuletzt aus steuerrechtlichen Gründen haben sich die Lebensversicherer gegenüber der Aufsichtsbehörde geschäftsplanmäßig verpflichtet, die zu erwartenden Überschüsse zu nahezu 100% an die Versicherten auszuschütten. Zunächst einmal aber wird bei den Versicherern ein ‚überhobenes' Vermögen gebildet.

Wenn die Versicherer verpflichtet sind, die gleichsam planmäßig anvisierten Überschüsse mehr oder weniger vollständig an die Versicherten auszuschütten, dann kann

---

große Bedeutung haben, daß gelegentlich das Versicherungsgeschäft ihnen gegenüber in den Hintergrund tritt und weitgehend nur als ein Mittel angesehen wird, Gelder (technische Reserven) anzusammeln, um mit diesem Kapital Erträge zu verdienen, ..."

[98] Die Thematik ist ausführlich dargestellt bei *Farny, D.*, Nichtversicherungstechnische Erträge und Prämienbedarf in der Schaden/Unfallversicherung oder: Versuche und Versuchungen des Cash flow-Underwriting, VW 1983, S. 398–403 und S. 476–485.

[99] Die Problematik dieser Praxis ist ausführlich dargestellt in den jüngsten Berichten der Welthandelskonferenz, es sei nur verwiesen auf die Studie ‚Les assurances dans les pays en développement; Leur évolution en 1980–1981' vom 27.10. 1982 (TD/B/C.3/178) Randziffer 110ff.

[100] Hierzu bereits die Studie der Welthandelskonferenz ‚Third world insurance at the end of the 1970s', New York – United Nations – 1981 Randziffer 53.

12. Versicherungen

keine Geschäftspolitik zulässig sein, die – im Extremfall – das Entstehen von Überschüssen verhindert und diese durch die Hintertür in Unternehmensgewinne ummünzt. Besteht insoweit noch Einigkeit, so wird es bei den Nuancen sehr viel komplizierter. Es gibt eine Vielzahl von Techniken, denen man nicht leicht ansehen kann, ob sie die Versichertenüberschüsse unzulässig schmälern oder ob sie nur Ausdruck risikopolitischer oder unternehmenspolitischer Notwendigkeiten sind. Man braucht nur an einen Rückversicherungsabschluß zu denken. Dieser kann im Einzelfall technisch geboten und in den Konditionen günstig ausgehandelt sein. Es ist aber auch keine Seltenheit, daß man in beiden Punkten zu einer negativen Aussage kommen muß. Wenn man bedenkt, daß an der Spitze einer Versicherungsgruppe meist ein Rückversicherer steht, ist es nicht nur eine theoretische Vorstellung, daß Rückversicherungsbeziehungen in einer Weise gestaltet werden können, welche auf eine Gewinnverlagerung hinauslaufen.[101]

Es gibt zahlreiche andere Problembereiche. Häufig sind Versicherer an Industrieunternehmen beteiligt und betätigen sich dabei auch als Kreditgeber. Zuweilen haben sich industrielle Gruppen unter diesem Gesichtspunkt sogar einen eigenen Hausversicherer aufgebaut.[102] Hier kann es durchaus vorkommen, daß der Versicherer Kreditkonditionen einräumt, die vergleichsweise günstig sind, zugleich aber – aus der Sicht der Versicherten – das Volumen der verteilungsfähigen Überschüsse in Grenzen halten.

Ganz allgemein ist in diesem Zusammenhang von der Position ‚Kosten' zu sprechen. Es gibt bekanntlich zahlreiche und subtile Methoden, Geldbewegungen eines Unternehmens als Bestandteile von Kosten zu deklarieren, und die Überschußsituation wird davon sehr direkt berührt. In der Lebensversicherung fallen Kosten an, die rund ein Viertel der Beiträge aufzehren,[103] und das ist angesichts des verwaltungsmäßig relativ einfachen Geschäfts – verglichen etwa mit einem Zweig wie der Kraftfahrtversicherung – eine sehr bedenkliche Größe.

Auf alle Einzelheiten ist an dieser Stelle nicht einzugehen. Das Grundproblem dürfte bereits deutlich geworden sein. Wenn man es unter Berufung auf extreme Vorsicht zuläßt, daß zunächst einmal ‚überhobene' Sicherungsmittel angesammelt werden, dann kann eine Überschußbeteiligung der Versicherten theoretisch eine nachträgliche Korrektur bewirken. In der Praxis aber gibt es die große Gefahr, daß die Versicherer diese Konstellation zu ihren Gunsten nutzen. Einige sprechen insoweit von einer systematischen Umverteilung.[104] Die Aufsichtsbehörde hat die Praxis der

---

[101] Dieser Aspekt ist gesehen bei *Farny, D.,* Die Versicherungsmärkte, Berlin 1961, S.111–113; vgl. auch *Gärtner, R.,* Privatversicherungsrecht, 2.Auflage, a.a.O., S.134, 251; aus neuerer Zeit vgl. auch die Kritik bei *Gromann, H.-G.,* Die Staatsaufsicht über Versicherungskonzerne nach dem Versicherungsaufsichtsgesetz, in: Die Aktiengesellschaft 1981, S.249.

[102] Als Beispiel seien die *Condor*-Gesellschaften genannt, die von der *Oetker*-Gruppe installiert worden sind. Natürlich stellen die Kreditaspekte nicht die einzigen dar.

[103] Es gibt Schätzungen, die höher liegen, z.B. bei 30%. Es ist nicht einfach, hier einen repräsentativen Durchschnittswert zu berechnen. Die hier zugrundegelegte Zahl von rund 25% entspricht den Berechnungen von *Seuß, W.;* vgl. das stenographische Protokoll einer nichtöffentlichen Anhörung vor zwei Bundestagsausschüssen am 24.11.1982 (Prot. Nr.40, 41, S.22).

[104] So *Schließer, W.,* Die Bewegung des Versicherungskapitals. Eine Studie über das westdeutsche Versicherungswesen, Diss. Berlin (DDR) 1958.

Versicherer bisher mehr gestützt als daß sie auf grundsätzliche Alternativen hingearbeitet hätte.[105] Die Rechtsprechung wiederum sieht in der behördlichen Aufsicht eine ausreichende Kontrolle, und sie hat nicht zuletzt deswegen dem einzelnen Versicherten Auskunftsansprüche gegen den Versicherer versagt, die darauf hinauslaufen sollten, über Einzelheiten der Beitragsverwendung und der Überschußentstehung Rechenschaft abzulegen.[106]

3.8. Neigung zu Kartellbildungen

Am Schluß ist noch eine für die Versicherungswirtschaft kennzeichnende Verhaltensweise zu erwähnen, die sich mit einer gewissen Zwangsläufigkeit aus vorhin bereits beschriebenen Faktoren ergibt. Es handelt sich um die Neigung zur Bildung sogenannter **Sanierungskartelle**.

Es ist zunächst eine allgemeine Beobachtung, daß eine stark entwickelte Kooperation häufig die Vorstufe für ein späteres Kartell darstellt. Es wird daher auch immer wieder davor gewarnt, die Kooperation als unbedenklich und geradezu erwünscht einem Kartell gegenüberzustellen.[107] Insoweit kann man vielleicht sagen, daß die Versicherungswirtschaft angesichts der dort stark entwickelten Kooperation von vornherein besonders kartellanfällig ist.

Insbesondere zeigt sich in spezifischen Krisensituationen ein Hang zu konzertierter Sanierung. Bei den genehmigungspflichtigen Tarifen bedarf es keiner Kartellbildung, weil bereits die Aufsichtsbehörde darauf hinwirken wird, daß ein defizitärer Branchendurchschnitt beseitigt wird, und die Unternehmen werden nicht zögern, entsprechende Anträge zu stellen.

Bei den genehmigungsfreien Tarifen hat es in den vergangenen Jahren defizitäre Entwicklungen vor allem dort gegeben, wo ein intensiver Preiswettbewerb stattfand, nämlich im Industriegeschäft bzw. dem Maklergeschäft. Speziell in der industriellen Feuerversicherung, aber auch in der Transportversicherung, etwa der Flußkaskoversicherung, führten die Wettbewerbsverhältnisse zu Unterbedarfsprämien, und die Versicherer griffen zum Mittel des Sanierungskartells. Im Ergebnis konnten Kartellbildungen gegenüber der Aufsichtsbehörde bzw. der Kartellbehörde verhältnismäßig leicht begründet werden. Einmal brauchten die Unternehmen ihre Sanierungsmaßnahmen nicht mit einer drohenden Gefahr für die Solvenz zu begründen. Auch ein für das Gesamtergebnis unbedeutender Teilbereich verlangt in den Augen der Aufsichtsbehörde eine Sanierung, wenn das technische Ergebnis sich nicht trägt. Zum anderen hat die Aufsichtsbehörde zum Ausdruck gebracht, daß sie zwar im defizitären Verlauf von Teilsparten einen Mißstand im Sinne des § 81 Abs. 2 Satz 1 VAG sehe, daß sie aber nicht imstande sei, diesen Mißstand mit dem Instrumentarium der Staatsaufsicht administrativ zu beseitigen. Als schlüssig wird man diese Sichtweise

---

[105] Zu dieser allgemeinen Haltung vgl. *Gärtner, R.*, Die Versicherer und ihr Recht, JZ 1978, S. 778, 784.
[106] BGH 8.6.1983 VersR 1983 S. 746–748 = VerBAV 1983 S. 298–302.
[107] Kritisch insoweit z. B. *Emmerich, V.*, Kartellrecht, 3. Auflage, München 1979, §§ 8 und 9.

kaum ansehen können.[108] Die Unternehmen wurden jedoch instand gesetzt, ihre abgestimmten Sanierungsmaßnahmen nicht nur als ein Gebot des Aufsichtsrechts darzustellen, sondern zugleich als einen Schritt, auf den die Aufsichtsführung mangels ausreichender eigener Kompetenzen sogar angewiesen sei.

Eine Kartellierungswirkung geht schließlich von der Tätigkeit der Verbände aus. Wie erwähnt, arbeiten die Verbände mit der Aufsichtsbehörde vielfältig zusammen, und wenn es darum geht, Prämienempfehlungen, Wettbewerbsregeln und ähnliches zu entwickeln, nehmen die Verbände gern für sich in Anspruch, letztlich die Versichertenbelange wahrzunehmen und so zugleich den Geboten des Aufsichtsrechts zu entsprechen. Das erhöht das Gewicht von Verbandsempfehlungen, auch wenn diese als unverbindlich bezeichnet werden. Die Unverbindlichkeit relativiert sich auch noch auf Grund des Umstandes, daß in den Verbandsgremien die führenden Versicherer maßgeblich vertreten sind und daß die ‚unverbindliche' Empfehlung zunächst einmal auf Verbandsebene beschlossen werden muß.[109]

4. Wettbewerbspolitische Folgerungen

4.1. Notwendigkeit von Veränderungen

Die geschilderten Rahmenbedingungen und Verhaltensweisen der Versicherungswirtschaft sollten ausreichenden Anlaß für Reformüberlegungen geben. Die wesentlichen rechtlichen Rahmenbedingungen, insbesondere das Versicherungsaufsichtsrecht, sind im ausgehenden 19. Jahrhundert geschaffen worden und haben ihre Struktur im wesentlichen beibehalten.[110] Das Gesetz gegen Wettbewerbsbeschränkungen hat der Privatversicherung einen Ausnahmebereich zugebilligt, und die Materie ist von diesem Gesetz bisher praktisch unberührt geblieben. Zwangsläufig müssen sich daher in der wettbewerbstheoretischen Fundierung Lücken und Widersprüche ergeben.

Gleichwohl sind die Reformbemühungen eher bescheiden. Ganz überwiegend trifft man auf die Überzeugung, daß es sich bei der Ordnung der Privatversicherung um eine gute und bewährte Ordnung handele. Das Markt- und Wettbewerbskonzept der Versicherungswirtschaft sei im wesentlichen befriedigend.[111]

Dieser positive Grundton überrascht nicht, wenn man sich das folgende vergegenwärtigt: die Wirtschaftswissenschaft hat – ebenso wie die Rechtswissenschaft – das

---

[108] Vgl. *Gärtner, R.*, Privatversicherungsrecht, a.a.O., S. 371–372.
[109] Zu diesem etwas widersprüchlichen Verfahren vgl. *Gärtner, R.*, Privatversicherungsrecht, 2. Auflage, a.a.O., S. 360 m. N. Nach Auffassung von *Farny, D.*, ZVersWiss 1979, S. 62–63 wird der Befolgungsgrad der Verbandsempfehlungen ebenso überschätzt wie die Rolle der Verbände überhaupt.
[110] Näheres zur Entwicklung und zum Traditionalismus im Versicherungswesen bei *Gärtner, R.*, Privatversicherungsrecht, a.a.O., S. 19–57.
[111] In diesem Sinne aus neuerer Zeit wieder *Farny, D.*, Die Versicherungswirtschaft im Wettbewerbskonzept der Marktwirtschaft, in: ZVersWiss 1979, S. 31–74; *Kleyboldt, C.*, Die Versicherungswirtschaft im Wettbewerbsgeschehen der Praxis, in: ZVersWiss 1979, S. 115–132.

Versicherungswesen nie zu einem zentralen Forschungsgegenstand gemacht. Was an Publikationen vorliegt, entstammt fast ausnahmslos von Vertretern der Branche selbst. Es gibt keinen bekannten Autor, der nicht zugleich Mitglied der Aufsichtsbehörde oder Funktionsträger in einem Versicherungsunternehmen gewesen wäre oder der Branche in irgendeiner Weise verbunden ist. Auch die meisten wissenschaftlichen Einrichtungen werden von der Branche getragen. Das gilt insbesondere für den *„Deutschen Verein für Versicherungswissenschaft"* und die von ihm herausgegebene *„Zeitschrift für die gesamte Versicherungswissenschaft"*. Hauseigen ist auch der *„Verlag Versicherungswirtschaft e. V."*, der nicht nur die großen Fachzeitschriften *„Versicherungswirtschaft"* und *„Versicherungsrecht"* verlegt, sondern bei dem der ganz überwiegende Teil aller das Versicherungswesen betreffenden Publikationen erscheint. So ist es nicht verwunderlich, daß im Schrifttum eine konservativ-zustimmende Richtung vorherrscht. Die Aufgabe einer kritischen Besinnung und Neuorientierung ist daher eine wichtige Aufgabe und Herausforderung für die Wissenschaft.

4.2. Stellenwert der kartellrechtlichen Bereichsausnahme

Von Seiten der Versicherungswirtschaft ist die Notwendigkeit eines kartellrechtlichen Ausnahmebereichs immer wieder zu begründen versucht worden. Dem sind gewichtige Gründe entgegengesetzt worden, verbunden mit der Forderung, die Bereichsausnahme zu beseitigen.[112] Wie immer man zu dieser Frage stehen mag, so sollte jedenfalls nicht die Illusion aufkommen, es bedürfe nur der Herstellung der allgemeinen kartellrechtlichen Lage, um die Wettbewerbssituation schlagartig zu verändern. Auch bei einer uneingeschränkten Geltung des GWB könnte nicht darüber hinweggesehen werden, daß die Versicherungswirtschaft einer Fachaufsicht unterliegt, und sofern diese gewisse Beschränkungen des Wettbewerbs geradezu erfordert, könnte man mit den Mitteln der Kartellaufsicht schwerlich eine gegenläufige Politik verfolgen. Es bedarf also allemal einer Abstimmung zwischen Fachaufsicht und Kartellaufsicht.

Die gegebene Rechtslage ist indessen unbefriedigend. Das überkomplizierte Verfahren des Zusammenwirkens von Kartellaufsicht und Fachaufsicht macht kartellbehördliche Maßnahmen praktisch unmöglich und führt im Ergebnis zu einem unüberwindbaren Vorrang des aufsichtsbehördlichen Standpunktes.[113] Die Bedenklichkeit liegt darin, daß ja oft die Frage ist, ob aufsichtsbehördlich geforderte oder gebilligte Wettbewerbsbeschränkungen überhaupt eine Legitimation in der Fachaufsicht finden. Unter Umständen gehen gesetzliche Normierungen und behördlich entwickelte Verwaltungsgrundsätze in ihren wettbewerbsbeschränkenden Auswirkungen über das hinaus, was den Zweck und die Rechtfertigung der Fachaufsicht ausmacht. Schließlich ist diese als gewerbepolizeiliche Gefahrenabwehr konstruiert,[114] und es

---

[112] Eine umfassende Dokumentation des Streitstandes findet sich bei *Möschel, W.*, in: *Immenga, U./Mestmäcker, E. J.*, GWB-Kommentar, a.a.O., Anm. 5–18 zu § 102 GWB.
[113] *Möschel, W.*, a.a.O., Anm. 50 zu § 102 GWB.
[114] Diese Auffassung ist nicht unumstritten, sie hat jedoch durch eine bedeutsame Entscheidung des Bundesverwaltungsgerichts vom 14.10.1980 (VersR 1981, S.221–227) eine wichtige Stütze erfahren. Danach ist es nicht Aufgabe der Versicherungsaufsicht, sich als oberster Konsumentenschützer zu gerieren, sondern Gefährdungen von den Versicherten abzuwehren.

sind nur solche Maßnahmen legitim, welche zur Erreichung dieses Ziels erforderlich sind. Daraus leiten sich zwei Folgerungen ab. Zum einen liegt eine Fehlkonstruktion darin, daß die Fachaufsichtsbehörde kartellrechtliche Maßnahmen blockieren kann, ohne daß die fachaufsichtsrechtliche Begründetheit der Weigerung gerichtlich überprüft werden kann.[115] Insofern läge bereits ein Fortschritt darin, das bisherige Einvernehmen durch eine bloße Anhörung der Fachaufsicht zu ersetzen.

Zum zweiten und vor allem liegt das Problem darin, daß das gegenwärtige Fachaufsichtsrecht selbst einer wettbewerbspolitischen Fundierung und Kritik bedarf.

4.3. Alternativen zur Staatsaufsicht

Nahezu alles, was an gesetzlichen und behördlichen Reglementierungen von der Fachaufsicht ausgeht, erfolgt unter Berufung auf den Gläubigerschutz, wobei das Anliegen einer dauernden Sicherung der Erfüllbarkeit der Verträge ganz im Mittelpunkt steht. Wenn die Aufsichtsbehörden dieses Ziel mittels vielfältiger Eingriffe in den Marktprozeß zu verwirklichen suchen, könnte der Gedanke aufkommen, es lasse sich auch eine marktwirtschaftliche Alternative zur Staatsaufsicht denken, indem die am Markt tätigen Unternehmen selbst für den Fall eines Konkurses Vorsorge treffen. Hier ließe sich etwa auf das Beispiel von *Lloyd's* hinweisen, deren verbandsmäßige Struktur immer so beschaffen war, daß es ein Gläubigerrisiko praktisch nicht gab. Weiterhin könnte ins Feld geführt werden, daß in neuerer Zeit vielfältige Formen der Konkurssicherung entwickelt worden sind. So ist z. B. im Zusammenhang mit der betrieblichen Altersversorgung das Insolvenzrisiko von einem *Pensions-Sicherungs-Verein* übernommen worden.[116] Die Kraftfahrtversicherer haben in Gestalt der *"Solidarhilfe e. V."* das Konkursrisiko aufgefangen, und auch im Bankenwesen gibt es eine begrenzte Einlagensicherung auf privatrechtlicher Grundlage. Man kann auch auf die verschiedensten Sicherungssysteme im Ausland verweisen.[117] Im Ergebnis dürfte jedoch in absehbarer Zeit keine Lösung in Betracht kommen, welche den Gläubigerschutz von der Staatsaufsicht auf die Versicherungswirtschaft überträgt.

Das erste wesentliche Hindernis ist rechtlicher Art. Im Zusammenhang mit der Verwirklichung der Niederlassungs- und Dienstleistungsfreiheit haben die Mitgliedsstaaten der Europäischen Wirtschaftsgemeinschaft in vielen Jahren ein koordiniertes Aufsichtsrecht geschaffen. Einheitliche Solvabilitätsregeln sind ebenso entwickelt worden wie Vorkehrungen für den Insolvenzfall, und bei allem ist den staatlichen Aufsichtsbehörden die entscheidende Überwachungsaufgabe zugewiesen worden. Nachdem dieser Zustand erreicht und in die nationalen Rechte umgesetzt worden ist, bleibt für eine innerstaatliche Regelung kein Raum mehr, welche auf einem grundsätzlich verschiedenen System aufbaut, mag man dieses theoretisch auch für diskussionswürdig halten. Unabhängig davon bleiben andere Einwände gegen eine „Privatisierung" der Staatsaufsicht bzw. des Gläubigerschutzes. Würde die Gesamt-

---

[115] Kritisch insoweit auch *Möschel, W.,* a.a.O., Anm. 50, 53 zu § 102 GWB.
[116] Vgl. *Grevemeyer, E.,* Insolvenzsicherung der betrieblichen Altersversorgung – ein neuer Versicherungszweig, in: ZVersWiss 1975, S. 33–53; *Bogs, H.,* Probleme neuer Insolvenzsicherungen für Arbeitnehmer, in: ZVersWiss 1975, S. 1–31.
[117] Vgl. nur den Hinweis bei *Farny, D.,* in: ZVersWiss 1979, S. 72, Fußnote 111.

heit der Versicherer für Konkursausfälle einzustehen haben, so müßte das zwangsläufig zu Kontroll- und Sanktionsmechanismen führen. Die Branche könnte es nicht hinnehmen, daß sich einzelne durch eine unseriöse Prämienpolitik kurzfristig Marktvorteile verschaffen, um am Ende die Konkursschäden auf die Gesamtheit der Marktteilnehmer abzuwälzen. Eine umfassende Solidarhaftung ohne Einflußnahme auf die Geschäftspolitik ist nicht vorstellbar.[118] Billigt man jedoch einer Solidargemeinschaft das Recht zu, von den Mitgliedern gewisse finanzielle Standards zu verlangen, so liegt hierin die Gefahr einer weitgehenden Disziplinierung in bezug auf das Preisverhalten.[119] Es wurde an früherer Stelle beschrieben, wie bereits von einem Rückversicherer Druck auf die Erstversicherer ausgeübt werden kann, bestimmte Preismarken nicht zu unterschreiten, und das kommt leicht in die Nähe einer aufgenötigten Kartellbildung. Ähnliches müßte von einer zentralen Konkurssicherungsinstanz erwartet werden. Mag man der Staatsaufsicht vorwerfen, das Sicherungsdenken vielfach zu übersteigern und demgegenüber die Aspekte des Wettbewerbs und der Preiswürdigkeit in den Hintergrund zu drängen,[120] so ist schwer vorstellbar, daß eine Selbstkontrolle der Wirtschaft insoweit zu günstigeren Ergebnissen käme.

Wenn es im Versicherungs- und Bankenwesen heute Ansätze in Richtung auf eine selbstorganisierte Gläubigersicherung gibt, so handelt es sich dabei um Ergänzungen zur Staatsaufsicht, und die Maßnahmen sind auf dem Boden der Erfahrung gewachsen, daß eine Staatsaufsicht keinen lückenlosen Gläubigerschutz bieten kann, sondern daß Restrisiken verbleiben. Diese sind begrenzt und ohne einschneidende Kontrollmaßnahmen trag- und finanzierbar.

Der im Versicherungswesen von der Staatsaufsicht praktizierte Gläubigerschutz ruft rechtlich und wettbewerbspolitisch eine Fülle von Zweifeln hervor. Die Lösung dürfte indessen nicht in einer Alternative zur Staatsaufsicht zu suchen sein, sondern in deren Modifizierung.

4.4. Modifizierung der Staatsaufsicht

4.4.1. Qualitative Differenzierungen im Gläubigerschutz

Gläubigerschutz gegen unternehmerische Insolvenz bzw. das Bemühen, ein Unternehmen möglichst am Leben zu halten, stellt in der geltenden Rechts- und Wirtschaftsordnung eine Ausnahme dar. Zusammenbrüche werden hingenommen, auch

---

[118] So zutreffend *Farny, D.,* a.a.O., S.73.
[119] Es heißt bei *Klaue, S.,* in: *Röper, B.,* Wettbewerbsprobleme der Versicherungswirtschaft, a.a.O., S.146: „Gegen eine Versicherung gegen das Konkursrisiko hätte ich einige Bedenken zu erheben. Ich will mich auf mein Hauptbedenken beschränken. Ich könnte mir denken, daß aus dieser Versicherung im Grunde genommen weiter nichts wird als ein Disziplinierungsinstrument zur Einhaltung der Prämienrichtlinien."
[120] Im Verständnis der Aufsichtsbehörde hat der Versichertenschutz stets Priorität vor dem freien Wettbewerb; vgl. nur *Nowak, E.,* Wettbewerb- und Kartellfragen in der Versicherungswirtschaft, in: Die Versicherungspraxis 1971, S.67.

12. Versicherungen

wenn davon schwerwiegende Schädigungen ausgehen. Daß es in der Versicherungswirtschaft einen entwickelten und wirksamen Gläubigerschutz gibt, entspricht zunächst einmal dem eigenen Interesse der Branche. Die Bereitschaft des Publikums zur Versicherungsnahme müßte abnehmen, wenn es hinsichtlich der unternehmerischen Solvenz begründete Zweifel gäbe. So haben sich gerade die maßgebenden Versicherer nie gegen die Einführung einer Staatsaufsicht gewehrt, sondern diese im Gegenteil als nützliches Instrument begrüßt.

Eine ganz andere Frage ist es, inwieweit es objektiv gerechtfertigt erscheint, die Versicherten aus dem Kreis der Gläubiger herauszuheben und als besonders schutzbedürftig hinzustellen. Hier kann man unter vielerlei Gesichtspunkten Zweifel haben. Wenn beispielsweise ein Feuerversicherer zahlungsunfähig wird, dann dürfte es für die Masse der Versicherten keine Schwierigkeit sein, sofort einen gleichwertigen Versicherungsschutz bei einem anderen Versicherer zu erhalten. Eine wirkliche Schädigung tritt nur bei denjenigen ein, die bereits einen Schaden erlitten haben und die nunmehr keinen Ersatz erhalten. Man braucht diesen Fall nicht zu bagatellisieren, aber er relativiert doch die Vorstellung von den Folgen eines Unternehmenszusammenbruchs.

Am ehesten wird man das Ziel einer Solvenzsicherung noch dort vertreten können, wo die Versicherungsleistung der unmittelbaren Existenzsicherung dient, aber auch dort, wo das Versicherungsgeschäft mit einem Sparvorgang verknüpft ist. Hier könnte man an Lebens- und Rentenversicherungen denken, an die Krankenversicherung oder auch an die Entschädigung eines Unfallopfers. Dem stehen jedoch Fallgruppen gegenüber, bei denen das Sicherungsanliegen weit weniger evident ist. Ob man an eine Fernsehgeräteversicherung denkt oder an eine Schirmverlustversicherung oder an die Vielzahl sonstiger Nebenversicherungszweige[121] bis hin zur Regenversicherung: hier kann man sich fragen, ob es eine sozialpolitische Notwendigkeit gibt, die Gläubigergruppe der Versicherten stärker zu schützen als andere Personengruppen, die der Gefahr eines Unternehmenszusammenbruchs ausgesetzt sind.

Zu denken ist hier auch an das sog. Industrie-Geschäft. Die Nachfrage geht schwerpunktmäßig von ausgesprochenen Großkunden aus, die oft durch Makler vertreten sind; manche industrielle Versicherungsnehmer verfügen sogar über eine eigene fachkundig besetzte Versicherungsabteilung.[122] Gläubigerschutz und Solvenzsicherung werden bei solcher Sachlage problematisch.

Es gibt also genügend Anlaß darüber nachzudenken, wie überzeugend die Verabsolutierung des Gläubigerschutzes im Versicherungswesen – mit den daraus folgenden staatlichen Eingriffen in das Marktgeschehen – wirklich ist, und es ist verschiedentlich vorgeschlagen worden, die **Intensität** des Gläubigerschutzes **zu staffeln**.[123]

---

[121] Vgl. die Aufzählung der weit über hundert Zweige und Arten bei *Müller-Lutz, H.-L.,* Die verschiedenen Versicherungszweige, a.a.O., S.67–76. Auch innerhalb der einzelnen Zweige gibt es Unterschiede. Für Unfallopfer wird es ein Unterschied sein, ob die Zahlung einer Rente in Frage steht oder die Ausgleichszahlung für einen (nicht genommenen) Mietwagen.

[122] Über die Marktstruktur dieser „Produktivversicherungen" vgl. *Kleyboldt, C.,* a.a.O., S.117–118; *Schmidt, R.,* in: *Röper, B.,* Wettbewerbsprobleme der Versicherungswirtschaft, a.a.O., S.44–45.

[123] In diesem Sinne etwa *Baumann, H.,* Versicherungswirtschaft, Kartellrecht und Gesamtrechtsordnung, in: ZHR 1975, S.291–346.

Mit einem gewissen Recht ist dem die Tatsache entgegengehalten worden, daß ein Versicherungsunternehmen eine rechtliche Einheit darstelle, so daß das Existenzschicksal nicht teilbar sei.[124]

Die Aufsichtsbehörde hat jedoch durch ihre Grundsätze über die Spartentrennung demonstriert, daß es notwendig und möglich sein kann, eine Trennung wichtiger Geschäftsbereiche vorzunehmen. In Gestalt der sog. **Kompositversicherer** sind jedoch recht heterogene Mischbetriebe erhalten geblieben. Partiell ist hier die Gläubigersicherung ein legitimes Anliegen, wie z. B. im Fall der Unfallopfer aus Kraftverkehrsschäden. Wenig überzeugend ist es jedoch, daß unter Berufung auf die Unternehmenseinheit auch solche Sparten am System der Gläubigersicherung partizipieren, bei denen ein gesteigertes Schutzbedürfnis nicht erkennbar ist. Bemerkenswert ist hier insbesondere das Beispiel der industriellen Feuerversicherung. Das Geschäft zeichnet sich seit langem durch intensiven Wettbewerb aus, und dies hat immer wieder zu Verlusten geführt. Wenn die Aufsichtsbehörde meint, solche Verluste dürften nicht aus anderen Teilsparten alimentiert werden bzw. deren Versicherte müßten vor den negativen Auswirkungen des Industriegeschäftes geschützt werden, so läge es näher, das Industriegeschäft im Sinne der Spartentrennung zu verselbständigen als es durch Einbeziehung in den besonderen Gläubigerschutz künstlich zu stützen.

4.4.2. Das Problem quantitativer Übersicherungen

Wurde vorstehend das gesetzgeberische Anliegen eines gesteigerten Gläubigerschutzes nicht prinzipiell kritisiert, sondern in seiner undifferenzierten Verallgemeinerung, so kann man eine übersteigerte staatliche Gläubigersicherung auch noch in anderer Hinsicht feststellen.

Geht man einmal von der Vorgabe aus, es müsse die dauernde Erfüllbarkeit der Versicherungsverträge gewährleistet sein, so bedarf dies einer Konkretisierung. In der Sozialversicherung beispielsweise geht man davon aus, daß die jeweiligen Ausgaben durch die jeweiligen Einnahmen gedeckt werden und daß Sicherheitsrücklagen allenfalls in Höhe weniger Monatsausgaben zu bilden sind.[125] In der Privatversicherung gibt es ein solches Umlagedenken nicht. Jeder Versicherte soll im voraus die auf ihn entfallenden Leistungen selbst aufbringen. Man strebt also nicht den sog. **Generationenvertrag** an, sondern das Prinzip ausschließlicher Eigenleistung und Vorausfinanzierung. Früher arbeitete auch die Sozialversicherung nach diesem sog. **Anwartschaftsdeckungsverfahren**. Heute würde es die Leistungsfähigkeit der Volkswirtschaft bei weitem übersteigen, wenn alle künftig fällig werdenden Sozialleistungen im voraus aufgebracht und angespart werden müßten.

Man kann sich die Frage stellen, inwieweit das derzeitige Finanzierungssystem der Privatversicherung auf Dauer beibehalten werden kann. Gewiß stehen diesem Wirtschaftsbereich nicht die gesetzlichen Mittel zur Verfügung, um durch Beitrittszwang die Kontinuität des Bestandes zu sichern sowie durch Anpassungen der Beitrags- und Leistungsstruktur der jeweiligen wirtschaftlichen und demographischen Realität Rechnung zu tragen. Aber es geht ja auch nicht darum, zu identischen Finanzie-

---

[124] Vgl. *Farny, D.,* ZVersWiss 1979, S. 71–72.
[125] Wegen Einzelheiten muß auf das Spezialschrifttum verwiesen werden.

rungswegen zu kommen, sondern einen Abbau von Übersicherungen ins Auge zu fassen.

Es wurde schon an früherer Stelle von den zahlenmäßigen Dimensionen gesprochen, die im Bereich der Vermögensanlagen mittel- und langfristig zu erwarten sind,[126] und dabei kann die Vorstellung von einem Staat im Staate kommen, mit all den damit verknüpften Implikationen.[127] Der Einfluß auf das Wirtschaftsleben muß zunehmen, und auch die wachsende Kreditgewährung an die öffentliche Hand wirft ernste Probleme auf. Die Funktion der Branche als Kapitalsammelstelle droht deformiert zu werden,[128] und der öffentliche Kreditbedarf kann am Ende so dringend sein, daß allein aus diesem Grund das bisherige Finanzierungsmuster unangetastet bleibt, auch wenn es über die versicherungstechnischen Notwendigkeiten hinausgeht. Darin liegt jedoch ein ernsthaftes Problem. Auch ohne das Bestehen einer Versicherungspflicht kann man mit einer gewissen Kontinuität im Neuzugang rechnen, so daß man sich fragen kann, ob die rigorose Vorausfinanzierung nicht zugunsten gewisser Umlageelemente abgeschwächt werden könnte. Eine Reduzierung des Beitrags- und Anlagevolumens würde nicht nur dazu führen, daß die Versicherten sofort – und nicht erst über ein langgestrecktes Verfahren der Überschußbeteiligung – entlastet werden. Es würden auch die Gefahren vermindert, daß den Versicherten auf dem Zwischenwege Werte verloren gehen. Es ist ja eine bedenkliche Tatsache, daß die Lebensversicherten einerseits die beschriebenen ‚überhobenen' Beiträge zu leisten haben, daß die Rentabilität ihrer Geldanlage aber – unter dem Strich – mehr als bescheiden bleibt.[129]

4.4.3. Problematik des sog. Spartenausgleichs

Im Rahmen der allgemeinen Aufsichtsgrundsätze hat die Aufsichtsbehörde das sehr weitgehende Sicherungssystem abermals dadurch perfektioniert, daß Teilsparten jeweils in sich einen technischen Ausgleich finden müssen; im Fall der Flußkaskoversicherung ist man sogar so weit gegangen, daß die Ausgeglichenheit einzelner Verträge zur Forderung erhoben wurde.[130] Hier entfernt man sich – rechtlich gesehen – zunehmend vom gesetzgeberischen Auftrag einer Solvenzsicherung. Aber es werden damit auch wettbewerbspolitische Fehlentwicklungen gefördert.

Es gibt einen praktisch unbeschränkten – und von den Kapitalanforderungen her im Grunde leichten – Zugang zum Markt. Sobald die Geschäftstätigkeit aufgenommen ist, gibt es das Ziel, den Marktteilnehmer nicht dem finanziellen Zusammenbruch zu überantworten. Wenn man das in der Weise interpretiert, daß auf allen Teilgebieten

---

[126] Oben zu Ziffer 3.7.
[127] Hierzu sehr eindringlich *Surminski, A.*, a.a.O., S. 285–286.
[128] Wiederum *Surminski, A.*, a.a.O., S. 285: „Wenn die Versicherer das Kapitalsammelbecken für Investitionen sein wollen, müssen sie sich aus der öffentlichen Kreditfinanzierung zurückziehen".
[129] In den Berechnungen gibt es allerdings keine Einigkeit. Die Versicherer sprechen meist von einem Ertrag von rund 5%, was der Rentabilität einer Spareinlage entspreche. Andere kommen sogar zu einem Ergebnis unter 0, wenn man die Mehrzahl der vorzeitigen Vertragsbeendigungen und die Geldentwertung berücksichtige.
[130] Zu dem ganzen Komplex kritisch *Gärtner, R.*, Wettbewerb im Versicherungswesen?, in: DB 1972, S. 2447–2451.

ein Ausgleich gewährleistet sein müsse, dann engt das die Geschäftspolitik eines Versicherers erheblich ein. Er könnte ja in einem bestimmten Sektor bewußt Verluste in Kauf nehmen, weil das durch andere Positiva ausgeglichen wird. Z. B. mag ein Makler einem Versicherer ein nicht ertragreiches Transport- oder Industrierisiko andienen, bei dessen Übernahme aber zugleich die Vermittlung günstiger Risiken aus einem anderen Zweig in Aussicht stellen. Indem sich die Aufsichtsbehörde solchen Kompensationen grundsätzlich ablehnend gegenüberstellt, erzwingt sie überall einen auskömmlichen Tarif und erleichtert es den weniger leistungsfähigen Unternehmen, ihre Position auf dem Markt zu verteidigen oder gar auszubauen. Damit wird die Tendenz gefördert, das Versicherungsgeschäft auch dann aufzunehmen, wenn die wettbewerbliche Position eher bescheiden ist.

Auf der anderen Seite werden die leistungsfähigeren Unternehmen ihre Geschäftspolitik nicht unbedingt darauf richten, das Tarifniveau der schwächeren Anbieter zu unterschreiten. Der Preiswettbewerb ist ohnehin bescheiden, und dann kann es sinnvoller sein, nach dem Geleitzugsystem zu verfahren und sich an dem Tarifniveau der weniger Leistungsfähigen zu orientieren.

4.4.4. Verzerrungen im Provisionssystem

Es ist nicht ohne weiteres erkennbar, daß durch die geltende Rechtsordnung bzw. durch eine insoweit mitvollziehende Versicherungsaufsicht ein bestimmtes Provisionssystem und damit eine bestimmte Wettbewerbspolitik gestützt werden. So wird in der Kraftfahrtversicherung, obwohl es sich um eine Pflichtversicherung handelt, nicht nur eine Abschlußprovision, sondern auch eine laufende Vermittlungsprovision gezahlt,[131] und angesichts der Tatsache, daß die Kraftfahrtversicherung zur mit Abstand bedeutendsten Sparte der Schaden- und Unfallversicherung geworden ist, kann man sagen, daß dieser Zweig nicht nur die Schicksalssparte für die Versicherer geworden ist, sondern daß auch die Lebensfähigkeit des Versicherungsaußendienstes weitgehend mit dieser Sparte und mit ihrer Provisionsbelastung verknüpft ist.[132]

In dem bedeutendsten Zweig der Privatversicherung überhaupt, nämlich der Lebensversicherung, gibt es hinsichtlich der Provisionen eine andere Anormalität. Obwohl es nämlich im Grundsatz so ist, daß Provisionen laufend, entsprechend dem Prämieneingang gezahlt werden, wird die Abschlußprovision in der Lebensversicherung auf die gesamte vorgesehene technische Vertragsdauer berechnet und sogleich bezahlt. Das bedeutet, daß ein vorzeitiges Vertragsende – und davon ist mehr als die Hälfte des Neugeschäfts betroffen – nicht zu Lasten des Vermittlers geht. Die Berechtigung hoher Provisionszahlungen ist auch im Grundsatz zweifelhaft. Der Lebensversicherungsnehmer ist nämlich meist von sich aus schon entschlossen, einen entsprechenden Vertrag abzuschließen, insbesondere wenn es sich um die Alterssicherung in freien Berufen handelt oder darum, Steuern zu sparen. So gesehen ist die

---

[131] Einzelheiten ergeben sich aus der auf Grund des Pflichtversicherungsgesetzes erlassenen Tarifverordnung vom 20.11. 1967 (die neueste Fassung ist abgedruckt in der BAV 1982, S. 92–102); näheres hierzu und zur Kraftfahrtversicherung überhaupt bei Asmus, W., Kraftfahrtversicherung, 2. Auflage, Wiesbaden 1982.
[132] *Gärtner, R.,* Privatversicherungsrecht, 2. Auflage, a. a. O., S. 208 ff.

erhebliche Kostenbelastung mit Provisionen nicht ohne weiteres sinnvoll. Im Industriegeschäft sind diese Zusammenhänge längst gesehen worden. Großabnehmer von Versicherungsschutz bedienen sich oftmals sog. firmeneigener Vermittlungsgesellschaften, um auf diese Weise die umsatzbedingten Provisionen im eigenen Haus zu behalten.[133]

Im Privatgeschäft gibt es vergleichbare Verfahren nicht, wenn man einmal von dem – wiederum aufsichtsbehördlich untersagten – Fall absieht, daß der Vermittler den Vertragsschließenden an der Provision beteiligt. Sowohl die laufende Provisionsbelastung in der Kraftfahrtversicherung als auch die besonders konstruierte Provisionsregelung der Lebensversicherung beruhen auf dem Gesetz,[134] und der Versicherungsaußendienst hat hierin eine entscheidende Lebensgrundlage. Dies macht es dann möglich, Versicherungsverträge zu vermitteln, bei denen der Prämienumsatz an sich eine lohnende Beratungs- und Betreuungstätigkeit nicht zuließe. Es findet also eine gewisse spartenmäßige Subventionierung bzw. Umverteilung statt.[135] Wenn man sich vergegenwärtigt, wie sehr sich die Aufsichtsbehörde bei der Frage des Spartenausgleichs gegen Subventionierungen eines Teilbereichs durch einen anderen gewandt hat, ist es nicht leicht einsehbar, weshalb die Beurteilung hinsichtlich des Provisionssystems offenbar anders ausfällt. Sozialpolitisch mögen manche Ergebnisse durchaus vertretbar sein. Ökonomisch gibt es jedoch die Tatsache, daß eine Marktverzerrung möglich wird und in breitem Maße gefördert wird. Überbelastungen gibt es in der Lebens- und Kraftfahrtversicherung, und das entspricht den Interessen des Außendienstes. Nicht kostendeckend sind dagegen viele Vermittlungen im Kleingeschäft, mögen auch aus der Sicht des Vermittlers solche Tätigkeiten durch eventuelle Folgegeschäfte in anderen Bereichen ausgeglichen werden.

Normalerweise müßte das geringe Prämienvolumen beim einzelnen Kleinvertrag, z. B. einer Privathaftpflicht-, einer Unfall- oder auch einer Hausratsversicherung zu verbilligten Vertriebswegen führen, z. B. in Gestalt eines Automatenverkaufs. Das aber wäre kaum möglich, ohne den Vertragsinhalt zu vereinfachen, z. B. in Gestalt einer Abschaffung der Unterversicherungsregelung in der Hausratsversicherung.[136] Gegenwärtig gibt es keine bedeutenden Bestrebungen in dieser Richtung. Man hält das vorhandene Provisionssystem für insgesamt tragfähig, und wenn an früherer Stelle davon gesprochen wurde, daß der Wettbewerb im Versicherungswesen weitgehend ein reiner Beziehungswettbewerb ist und daß die Außenorganisation die eigentliche „Absatzmaschinerie" der Versicherer ist,[137] dann wird verständlich, weshalb diese Konstruktion möglichst erhalten wird, auch wenn das nur um den Preis wechselseitiger Verzerrungen und Subventionierungen möglich ist.

---

[133] Vgl. *Kleyboldt, C.*, a.a.O., S.117–118 und *Schmidt, R.*, in: *Röper, B.*, Wettbewerbsprobleme der Versicherungswirtschaft, a.a.O., S. 44–45.
[134] Für die Lebensversicherung folgt das mittelbar aus der Regelung des § 173 VVG. Hierzu und zur Entstehungsgeschichte *Gärtner, R.*, Privatversicherungsrecht, 2. Auflage, a.a.O., S. 204–205.
[135] Wiederum *Gärtner, R.*, a.a.O., S. 201–206.
[136] Nach geltendem Recht wäre das ohne weiteres zu realisieren, indem man die Hausratsversicherung als sog. Versicherung auf erstes Risiko gestaltet.
[137] Vgl. hierzu die sehr realistische Schilderung von *Meyer, E.*, in: *Börner, B./Meyer, E.*, Ausnahmebereiche des GWB, Köln, Berlin, Bonn, München 1972, S. 30.

5. Kontrollfragen

1. Wie erklärt sich der Zusammenhang zwischen Industrialisierung und (überproportionalem) Versicherungswachstum?
2. Welche Gebietsaufteilung gibt es gegenwärtig zwischen Privat- und Sozialversicherung? Werden durch die Ausweitung der Sozialversicherung die Entwicklungsmöglichkeiten der Privatversicherung notwendig eingeschränkt?
3. Welche strukturellen Unterschiede gibt es zwischen Privat- und Sozialversicherung
   * in bezug auf das sog. Äquivalenzprinzip
   * hinsichtlich des (Voraus-)Finanzierungssystems?
4. Welches sind die wichtigsten Zweige der Privatversicherung, und wie haben sich im Laufe der Zeit die Gewichte verschoben?
5. Welche Unternehmensformen gibt es in der Privatversicherung? Gibt es zwischen ihnen substantielle Unterschiede?
6. Welcher Aufsichtsgrundsatz steht dem Betrieb eines ‚Allbranchenversicherers' entgegen?
7. Was ist demgegenüber ein ‚Kompositversicherer'?
8. Was ist das Kennzeichen einer Versicherungs‚gruppe'?
9. Wie erklärt es sich, daß es in der Versicherungswirtschaft einen vergleichsweise geringen Konzentrationsgrad gibt?
10. Was bedeutet demgegenüber der sehr hohe Verflechtungsgrad?
11. Welches ist die Funktion der Rückversicherung (im Unterschied zur Erst- bzw. Direktversicherung)?
12. Gibt es eine Bedürfnisprüfung für die Zulassung eines Versicherers zum Geschäftsbetrieb?
13. Welches ist das wesentliche Ziel der staatlichen Versicherungsaufsicht?
14. Welche wettbewerbliche Situation entsteht, wenn der unbeschränkte Zugang zum Markt mit dem aufsichtsbehördlichen Ziel der Solvenzsicherung verknüpft wird?
15. Welcher Zusammenhang besteht zwischen dem Aufsichtsziel einer Solvenzsicherung, dem Prämienniveau und dem Volumen der Vermögensanlagen?
16. Sind die ‚überhobenen' Beiträge in der Lebensversicherung deswegen unbedenklich, weil es eine Überschußbeteiligung der Versicherten gibt?
17. Wo setzen die Versicherer ihre Schwerpunkte im Vermögensanlagegeschäft?
18. Wird im sog. Privatgeschäft der Preis als unternehmerischer Aktionsparameter eingesetzt?
19. Wie ist es im sog. Industriegeschäft? Welches relative Gewicht hat dieses innerhalb der Privatversicherung?
20. In welcher Form und nach welchen materiellen Gesichtspunkten vollzieht sich die staatliche Aufsicht über die Tarife?
21. Was sind Unternehmenstarife einerseits und Verbandstarife andererseits? Wie sind letztere kartellrechtlich zu beurteilen?
22. Darf ein Versicherer sog. Begünstigungsverträge abschließen, d. h. seinen Tarif im Einzelfall aus Wettbewerbsgründen unterschreiten?
23. Läßt es die Aufsichtsbehörde zu, daß die Verluste in einer Teilsparte über längere Zeit hindurch durch Überschüsse aus anderen Teilsparten ausgeglichen werden?
24. Weshalb gibt es keinen Wettbewerb mit unterschiedlichen Allgemeinen Versicherungsbedingungen?
25. Was ist das Kennzeichen des sog. Beziehungswettbewerbs im Versicherungswesen?
26. Basieren die Provisionsregelungen überall auf dem System einer leistungsgerechten Vergütung?
27. Wie kommt es zu dem großen Maß an Kooperation zwischen den Versicherern? Welche Rolle spielen hierbei die Verbände?
28. Welche Stellung nimmt die Versicherungswirtschaft im Gesetz gegen Wettbewerbsbeschränkungen ein? Womit wird die Sonderstellung begründet?
29. Worin liegt die wettbewerbspolitische Problematik von sog. Sanierungskartellen?
30. Lassen sich Maßnahmen der kartellrechtlichen Mißbrauchsaufsicht gegen den Widerstand der Fach(Versicherungs)aufsichtsbehörde durchsetzen?

6. Literaturhinweise

Eine umfassende, moderne Gesamtdarstellung der deutschen Privatversicherung aus ökonomischer Sicht ist einstweilen nicht vorhanden. Die Mehrzahl der wissenschaftlichen Arbeiten gilt einzelnen Versicherungszweigen oder bestimmten Sachkomplexen, wie etwa der Rechnungslegung, dem Steuerrecht, der Organisation usw. Für erste Hinweise – auch auf das Schrifttum – sei auf die großen **Nachschlagewerke** verwiesen, wie z. B.:
Farny, D., Artikel „Privatversicherung", in: Handwörterbuch der Wirtschaftswissenschaft (HdWW), Stuttgart, New York, Tübingen, Göttingen, Zürich 1981, S. 233–256.
Wichtig ist noch immer das 1951 erschienene, gut lesbare und nicht zu theoretisch angelegte Werk von:
Mahr, W., Einführung in die Versicherungswirtschaft, 3. Auflage, Berlin 1970.
Ergänzend ist vom gleichen Verfasser zu nennen:
Mahr, W., Markt- und Wettbewerbsprobleme in der Versicherungswirtschaft, in: Zeitschrift für die gesamte Versicherungswissenschaft, 1971, S. 361–406.
Thematisch am umfassendsten ist derzeit das sechsbändige **Sammelwerk:**
Grosse, W./Müller-Lutz, H. L./Schmidt, R. (Hrsg.), Versicherungsenzyklopädie, Wiesbaden 1976.
Hier werden von zahlreichen Autoren und aus dem Blickwinkel verschiedener Disziplinen nahezu alle das Versicherungswesen berührenden Materien dargestellt. Es handelt sich um die Buchform der 2. Auflage des periodisch erscheinenden Ausbildungsmittels „Versicherungswirtschaftliches Studienwerk" (3. Auflage im Erscheinen). Entsprechend dem Zweck als Schulungsmittel steht allerdings die Wissensvermittlung im Vordergrund und nicht die kritische Forschung. Mehrere Beiträge aus dem Sammelwerk sind als Einzelschriften erschienen, wobei für eine **Literaturübersicht** verwiesen sei auf:
Koch, P., Einführung in das Versicherungs-Schrifttum, 2. Aufl., Wiesbaden 1976.
Hier ist das Versicherungsschrifttum in großer Breite nachgewiesen, wobei das Auffinden durch eine detaillierte Sachgliederung erleichtert wird. Als Einzeltitel aus dem Sammelwerk sei weiterhin genannt:
Müller-Lutz, H. L., Die verschiedenen Versicherungszweige, 2. Aufl., Wiesbaden 1978.
Hier wird ein Eindruck von der Vielfalt und der Gliederungsstruktur der zahlreichen Versicherungszweige vermittelt.
Sehr hilfreich (nicht nur für den Anfänger) und über den Charakter eines bloßen Wörterbuchs hinausreichend ist die Arbeit von:
Schmidt, R., Versicherungsalphabet, 6. Auflage, Karlsruhe 1982.
Hier werden nicht nur sämtliche Fachausdrücke erläutert. Es finden sich auch Hinweise auf gesetzliche Bestimmungen, die Allgemeinen Versicherungsbedingungen und vieles mehr.
Über die laufende Entwicklung unterrichten mehrere **Periodika,** von denen die folgenden genannt seien:
Als amtliches Publikationsorgan sind zu nennen die monatlich erscheinenden Veröffentlichungen des *Bundesaufsichtsamtes für das Versicherungswesen* (VerBAV) sowie der jährliche Geschäftsbericht dieser Behörde (GB BAV). Letzterer enthält jeweils einen umfangreichen statistischen Teil, auf dessen Daten für eine Branchenanalyse immer wieder zurückgegriffen werden muß.
Informativ sind auch die vom *Gesamtverband der Deutschen Versicherungswirtschaft e. V.* herausgegebenen jährlichen Geschäftsberichte (jetzt: Jahrbücher), in denen alle wichtigen Daten und Probleme aus der Sicht der Branche dargestellt und kommentiert werden.
Für aktuelle laufende Informationen – ebenfalls aus der Perspektive der Branche – gibt es die im *Verlag Versicherungswirtschaft e. V.* (Karlsruhe) – gewissermaßen dem Hausverlag der Versicherungswirtschaft – halbmonatlich erscheinende Zeitschrift „Versicherungswirtschaft" (VW).
Eine traditionsreiche, alle Teildisziplinen des Versicherungswesens umfassende Zeitschrift ist die vom *Deutschen Verein für Versicherungswissenschaft e. V.* herausgegebene (und wiederum nicht ganz branchenferne) „Zeitschrift für die gesamte Versicherungswissenschaft" (ZVersWiss).

Die Institution „Versicherung" ist immer wieder unter **risikotheoretischen Gesichtspunkten** analysiert worden. Aus dem sehr umfangreichen Schrifttum seien hier lediglich genannt:
Eisen, R., Theorie des Versicherungsgleichgewichts, Berlin 1979 (mit umfangreicher Auswertung der – auch ausländischen – Literatur).
Mahr, W., Unsicherheit und Versicherung, in: ZVersWiss 1980, S. 37–69 (gut lesbare und zur Einführung geeignete Problemübersicht).

Unter vielfältigen Aspekten ist im Schrifttum die **Lage auf den Versicherungsmärkten** untersucht worden, wobei die modelltheoretischen Arbeiten einen großen Anteil haben. Es gibt aber auch Untersuchungen, die eher bemüht sind, den konkreten Ist-Zustand zu beschreiben. Hier ist in erster Linie zu nennen:
Schweizerische Rückversicherungs-Gesellschaft (Hrsg.), Die Versicherungsmärkte der Welt, Zürich 1964.

Der Wert dieser Dokumentation wird nicht dadurch geschmälert, daß die Datenbasis heute zwangsläufig überholt ist. Im übrigen finden sich in dem Publikationsorgan „Sigma" der *Schweizer Rück* ständig Hinweise auf die aktuelle Situation auf den Versicherungsmärkten der Welt.

Eine wichtige Dokumentation aus neuerer Zeit, welche speziell die **Situation der Entwicklungsländer** darstellt, ist der Bericht der Welthandelskonferenz:
UNCTAD, Third world insurance at the end of the 1970s, United Nations, New York 1981.

Eine wichtige Arbeit zur **Spezifik der Versicherungsmärkte** ist noch immer:
Farny, D., Die Versicherungsmärkte, Berlin 1961.

Ein wenig tendiert die Arbeit allerdings dahin, die „Besonderheiten" der Versicherungsmärkte überzubetonen, was leicht in die Forderung nach einer Sonderstellung (z. B. kartellrechtlicher Art) einmündet. Zum Teil zurückhaltender und die neuere Diskussion einbeziehend:
Farny, D., Die Versicherungswirtschaft im Wettbewerbskonzept der Marktwirtschaft, in: ZVersWiss 1979, S. 31–74.

Überhaupt sind informativ die zahlreichen Tagungsbeiträge zum Thema ‚Marktwirtschaftliche Wettbewerbstheorie und Versicherungswirtschaft', abgedruckt in ZVersWiss 1979, S. 5–132. Zu einigen ausgewählten aktuellen Fragen auch:
Röper, B. (Hrsg.), Wettbewerbsprobleme der Versicherungswirtschaft, Berlin 1978.

Verwiesen sei auch auf die das Versicherungswesen berührenden Beiträge in:
Göppl, H./Henn, R. (Hrsg.), Geld, Banken und Versicherungen, Bd. I, II, Königstein/Ts. 1981.

Über die praktisch wichtigen und komplizierten Fragen der **Rechnungslegung** unterrichtet der Sammelband:
Institut der Wirtschaftsprüfer in Deutschland e. V. (Hrsg.), Rechnungslegung und Prüfung der Versicherungsunternehmen, Düsseldorf 1978.

Ein wichtiges Buch, welches über seine steuerrechtliche Thematik weit hinausreicht und Einblicke in das **Tarifierungs- und Bilanzierungssystem** der **Versicherungswirtschaft** (wenn auch aus der Sicht der Branche) bietet, ist die Arbeit von:
Prölss, E. R./v. d. Thüsen, E./Ziegler, G., Die versicherungstechnischen Rückstellungen im Steuerrecht, 3. Auflage, Karlsruhe 1973.

Auch aus ökonomischer Sicht ist das Schrifttum zum **Versicherungsaufsichtsrecht** von großer Bedeutung, weil zahlreiche Vorgaben, z. B. zur Tarifierung, zur Vermögensanlage, zum Wettbewerbsverhalten usw. hier ihre Grundlage haben. Von Mitgliedern der Aufsichtsbehörde stammt die umfangreiche – auch die europäische Rechtsentwicklung einbeziehende – Kommentierung:
Goldberg, A./Müller, H., Versicherungsaufsichtsgesetz, Berlin, New York 1980.

Hier ist allerdings die kritische Distanz zum geltenden Aufsichtssystem und zur Aufsichtspraxis weniger stark entwickelt.

Dies ist dagegen ein wesentliches Anliegen bei:
Gärtner, R., Privatversicherungsrecht, 2. Auflage, Neuwied, Darmstadt 1980.

Dieses Buch repräsentiert indessen keineswegs das, was man als die herrschende Lehre zu bezeichnen pflegt.

Umfassend, aktuell und praxisbezogen ist der Standard-Kommentar von:
Prölss, E. R./Schmidt, R./Frey, P., Versicherungsaufsichtsgesetz, 9. Auflage, München 1983.

12. Versicherungen

Zum **Kartellrecht der Versicherungswirtschaft** gibt es zahlreiche Darstellungen, die allerdings überwiegend den Standpunkt der Versicherungswirtschaft und des geltenden Rechtszustandes widerspiegeln. Eine umfassende und kritische Analyse findet sich nunmehr bei:

Möschel, W. in: *Immenga, U/Mestmäcker, E.J.*, GWB Kommentar, München 1981, Erläuterungen zu § 102 GWB.

Die wichtigen Fragen der **Versicherungsvermittlung** sind bisher kaum kritisch analysiert worden. Materialreich ist noch immer:

Trinkhaus, H., Handbuch der Versicherungsvermittlung, Bd. I, Berlin 1955.

Bruck, E./Möller, H., Kommentar zum Versicherungsvertragsgesetz, Bd. I, 8. Auflage, Berlin 1961, Anmerkungen zu §§ 43–48 VVG.

Material zu Funktion und Techniken der **Rückversicherung** findet sich in dem umfangreichen Werk von:

Gerathewohl, K. u. a. Rückversicherung, Grundlagen und Praxis, Bd. I, II, Karlsruhe 1976, 1979.

Banken

Friedrich Geigant

Gliederung

1. Merkmale und Entwicklung der deutschen Bankengruppen im Überblick
   1.1. Mischsystem
   1.2. Deutsche Universalbanken
       1.2.1. Struktur
       1.2.2. Geschichtlicher Abriß
   1.3. Deutsche Spezialbanken
   1.4. Bankähnliche Einrichtungen
2. Institutionelle Rahmenbedingungen des Bankenwettbewerbs
   2.1. Bankenrecht
   2.2. Regulierungssystem
       2.2.1. Geldpolitik und Banksystem
       2.2.2. Fachaufsicht
           2.2.2.1. Zugangsregeln
           2.2.2.2. Regeln zur laufenden Geschäftstätigkeit
               2.2.2.2.1. Eigenkapitalgrundsätze
               2.2.2.2.2. Liquiditätsgrundsätze
               2.2.2.2.3. Kreditregeln
           2.2.2.3. Gefahrregeln
       2.2.3. Kartellaufsicht
       2.2.4. Regulierungsprobleme in offenen Volkswirtschaften
   2.3. Sicherungssystem
       2.3.1. Einlagensicherung
       2.3.2. Unternehmenssicherung
3. Bankenwettbewerb
   3.1. Marktstruktur
       3.1.1. Angebotsstruktur
       3.1.2. Nachfragestruktur
   3.2. Marktverhalten
       3.2.1. Risikoverhalten
       3.2.2. Leistungskumulierung
       3.2.3. Einflußkumulierung
       3.2.4. Kooperation und Verhaltensabstimmung
           3.2.4.1. Ringbildungen
           3.2.4.2. Arbeitsgemeinschaften und Verbände der Bankwirtschaft
4. Bankenwettbewerb im Spiegel der Wirtschaftsergebnisse
5. Kontrollfragen
6. Literaturhinweise

1. Merkmale und Entwicklung der deutschen Bankengruppen im Überblick

1.1. Mischsystem

Die Kreditinstitute in der Bundesrepublik Deutschland lassen sich zu zwei Organisationsformen gruppieren, die vor allem wettbewerbspolitisch interessant sind:
- **Universalbanken** und
- **Spezialbanken.**

Bei den Universalbanken handelt es sich um eine Art Finanzwarenhaus. Sie können prinzipiell alle „Bankgeschäfte" ausführen:

„1. Die Annahme fremder Gelder als Einlagen ohne Rücksicht darauf, ob Zinsen vergütet werden (Einlagengeschäft);
2. die Gewährung von Gelddarlehen und Akzeptkrediten (Kreditgeschäft);
3. der Ankauf von Wechseln und Schecks (Diskontgeschäft);
4. die Anschaffung und die Veräußerung von Wertpapieren für andere (Effektengeschäft);
5. die Verwahrung und die Verwaltung von Wertpapieren für andere (Depotgeschäft);
6. die in § 1 des Gesetzes über Kapitalanlagegesellschaften in der Fassung der Bekanntmachung vom 14. Januar 1970 (Bundesgesetzblatt I S. 127), zuletzt geändert durch das Zweite Gesetz zur Änderung des Gesetzes über das Kreditwesen vom 24. März 1976 (Bundesgesetzblatt I S. 725), bezeichneten Geschäfte (Investmentgeschäft);
7. die Eingehung der Verpflichtung, Darlehensforderungen vor Fälligkeit zu erwerben;
8. die Übernahme von Bürgschaften, Garantien und sonstigen Gewährleistungen für andere (Garantiegeschäft);
9. die Durchführung des bargeldlosen Zahlungsverkehrs und des Abrechnungsverkehrs (Girogeschäft)."[1]

Die **wesentlichen Züge** des Universalbankencharakters sind freilich schon gegeben, wenn Kredit- und Einlagengeschäft einerseits sowie das Effektenemissions-, Effektenkommissions- und Effektendepotgeschäft andererseits unter einem Dach betrieben werden. Die Universalbankeigenschaft wird akzentuiert durch die Tatsache, daß Institute auch in regionaler, personeller, branchenmäßiger, quantitativer und qualitativer Hinsicht auf Breite resp. Differenziertheit angelegt sind.

Spezialbanken sind im Gegensatz dazu durch ein Ausleseprinzip in bezug auf ihren Geschäftskreis charakterisiert. Sie beschränken sich entweder auf das Kredit- und Einlagengeschäft oder auf das Effektengeschäft, ggf. kombiniert mit anderen – jedoch **nicht** den zuvor genannten – Geschäften.

Die große Bedeutung, welche Universalbanken in der Bundesrepublik Deutschland haben, markiert einen deutlichen Unterschied zum Bankwesen in den meisten Indu-

---

[1] § 1 Abs. 1 Satz 2 des Gesetzes über das Kreditwesen vom 10. Juli 1961 (KWG).

strieländern, wo schwergewichtig ein „Trennsystem" der zuletzt beschriebenen Art praktiziert wird. Im Inland wie im Ausland ist die tatsächliche Situation jedoch (noch) stärker von „Universalität" bestimmt als die nach gewerberechtlichen und statistisch-pragmatischen Gesichtspunkten gebildeten Bankengruppen erkennen lassen. Denn das faktische wirtschaftliche Engagement auf sämtlichen Gebieten der finanziellen Intermediation, also auch auf solchen, die, wie die Emission von Pfandbriefen und Kommunalobligationen, grundsätzlich Spezialkreditinstituten vorbehalten sind, ist durch **Kapitalverflechtung** in zunehmendem Maße hergestellt worden. Unbeschadet ihrer rechtlichen Selbständigkeit bilden die meisten Spezialkreditinstitute deshalb eine wirtschaftliche Einheit mit dominierenden Universalbanken.

1.2. Deutsche Universalbanken

1.2.1. Struktur

Zu den Universalbanken zählen 240 **Kreditbanken,** 610 **Institute des Sparkassensektors** und 2 278 **Institute des Genossenschaftssektors.** Schwerpunktmäßig finden sich unter den Kreditbanken Universalbanken, welche im Sinne ihrer ursprünglichen Konstitution nach dem erwerbswirtschaftlichen Prinzip arbeiten. Der Sparkassensektor umfaßt dagegen Universalbanken, die vorwiegend unter einem öffentlichen Auftrag mit starker sozial- und kommunalpolitischer Note stehen. Wiederum im Gegensatz dazu sind im Genossenschaftssektor solche Universalbanken vereinigt, die statutengemäß ein Förderungsprinzip zugunsten der Mitglieder zu befolgen haben. Im konkreten Geschäftsgebaren sind freilich diese Prinzipien nicht mehr ohne weiteres auszumachen. Die Annäherung vollzog sich insbesondere nach dem Zweiten Weltkrieg in großen Schritten.

Während die Untergliederung der Kreditbanken durch ein gewisses Nebeneinander gekennzeichnet ist, sind die Untergliederungen des Sparkassen- und Genossenschaftssektors mehr im Sinne einer hierarchischen Struktur (Ober-, Mittel- und Unterbau) zu verstehen. Die Universalbankeigenschaft der beiden letzten ist im Rahmen ihrer hierarchischen Struktur zu sehen. Diese kooperative Universalität ist wirtschaftlich bedeutsamer als die in der rechtlichen Kompetenz zur Ausführung aller möglichen Bankgeschäfte enthaltene Universalität des **Einzelinstituts.** Im übrigen hat das Verbundsystem mit Spezialbanken hier ebenfalls allergrößtes Gewicht.

Über Kapitalverflechtung besteht allerdings auch innerhalb der Gruppe der Kreditbanken eine gewisse hierarchische Struktur, die vor allem Privatbankiers und darüber hinaus viele Banken aus dem Kreis der Regionalbanken und sonstigen Kreditbanken zum faktischen Unterbau der großen Kreditbanken gehören lassen. Die großen Kreditbanken sind wiederum nicht identisch mit den „Großbanken" *Deutsche Bank AG, Dresdner Bank AG, Commerzbank AG* und deren Berliner Tochtergesellschaften. Der Kreis ist zu erweitern insbesondere um die *Bayerische Vereinsbank AG,* die *Bayerische Hypotheken- und Wechselbank AG* und die *Bank für Gemeinwirtschaft AG.* Bei den zwei Erstgenannten handelt es sich um „gemischte Banken", die (Universal-)Bankabteilung und Hypothekenabteilung umfassen, was das Hypothekenbankgesetz von 1899 für spätere Gründungen ausschloß. Die Letztgenannte zählt

Tabelle 1: Universalbanken (Anzahl und Geschäftsvolumen)

Positionen	Zahl der erfaßten Institute 1981	Geschäftsvolumen 1981		Anteil am Geschäftsvolumen aller Bankengruppen	
		Mio. DM	Veränderung 1960 = 100	1960 in vH	1981 in vH
Kreditbanken	240	578 922	933	22,8	24,6
• Großbanken	6	228 149	796	9,0	11,4
• Regionalbanken	98	261 969	975	10,3	10,6
• Zweigstellen ausländischer Banken	56	51 831	.	2,0	.
• Privatbankiers	80	36 973	569	1,5	2,6
Institute des Sparkassensektors	610	973 677	1 079	38,4	35,7
• Girozentralen (einschließlich Deutsche Girozentrale)	12	418 490	1 227	16,5	13,5
• Sparkassen	598	555 187	989	21,9	22,2
Institute des Genossenschaftssektors	2 278	386 768	1 820	15,2	8,4
• Genossenschaftliche Zentralbanken (einschließlich Deutsche Genossenschaftsbank)	10	103 218	1 455	4,1	2,8
• Kreditgenossenschaften	2 268	283 550	2 003	11,2	5,6
Universalbanken	3 128	1 939 367	1 118	76,4	68,7
Alle Bankengruppen	3 314	2 538 412	1 005	100,0	100,0

Quellen: Monatsberichte der Deutschen Bundesbank für März 1982, S.12*, 32*; *Deutsche Bundesbank, Deutsches Geld- und Bankenwesen in Zahlen 1876–1975*, Frankfurt a.M. 1976, S.136, 164ff.

sich zu den Unternehmen mit gemeinwirtschaftlicher, d.h. programmgemäß stärker auf den Verbraucher orientierter Geschäftsphilosophie. Ihre Aktien befinden sich direkt und indirekt in Gewerkschaftsbesitz, deren Finanztransaktionen über sie laufen. Was die Größe anbelangt, steht inzwischen auch eine Reihe von Instituten des Sparkassen- und Genossenschaftssektors den großen Kreditbanken gleich.

1.2.2. Geschichtlicher Abriß

Finanzielle Intermediation ist so alt wie die Geldwirtschaft. Denn das Bedürfnis einer sicheren Verwahrung von Vermögen bestand zu allen Zeiten, und ebenso existierte seit jeher ein Kreditbedarf. Darum sind bankmäßige Geschäfte mit Depositen, Darlehen, Anweisungen, Aufrechnungen und handelbaren Schuldscheinen im Zusammenhang mit dem Betrieb von Handel und Landwirtschaft von den ältesten Kulturen, etwa der Mesopotamiens im 3. Jahrtausend v.Chr., bezeugt.

Auch den eigentlichen „Bankier", der unabhängig von anderen Geschäften Depositen annahm und sie auf eigenes Risiko in Kredite verwandelte, findet man spätestens im Griechenland des ausgehenden 5. Jahrhunderts v. Chr.. Die Figur behielt bis ins 7. Jahrhundert n. Chr. ihre große wirtschaftliche Bedeutung für die zivilisierte Welt. Erst im Gefolge der Völkerwanderung und mit Rückfall des Abendlandes in die Naturaltauschwirtschaft verschwand auch der Bankier aus Westeuropa. In Alexandrien und Konstantinopel wurde dagegen die Tradition weiter gepflegt. Bei der geldwirtschaftlichen Renaissance des 12. Jahrhunderts konnte darum unverwandt an die antike Überlieferung angeknüpft werden, an Münzwesen, Geldwechsel, bankmäßige Geschäfte, Rechnungslegung und juristische Grundlage. In die Neuzeit wurde diese Tradition durch obrigkeitlich organisierte Anstalten zur Erleichterung des Zahlungsverkehrs sowie durch Handelshäuser („Merchant Banks"), Handwerker („Goldsmith Banks") bzw. jüdische Hoffaktoren („Hofjuden") getragen, welche bankmäßige Geschäfte – wie vor 4000 Jahren – zunächst nur im Nebengewerbe betrieben. Die Erweiterung des Bankgeschäfts der obrigkeitlichen Einrichtungen folgte dem merkantilistischen Geist des 18. Jahrhunderts, die Verselbständigung des Bankgeschäfts der Privathäuser ergab sich aus dem allgemeinen wirtschaftlichen Aufschwung um die Wende des 18. und 19. Jahrhunderts. Doch weder das Prinzip der bürokratischen Geldverwaltung noch das Prinzip der persönlichen Zuwendung, Einzelentscheidung und Einzelkapitalbasis wurden dem heraufziehenden industriellen Zeitalter gerecht. Gegen den Widerstand der überkommenen Institutionen schuf es sich Banken in der Rechtsform der Aktiengesellschaft, wie sie für frühkapitalistische Produktionsunternehmen entwickelt, im Zuge des Eisenbahnbaus erstmals staatlich geregelt und 1843 generell ermöglicht worden war. Um die Jahrhundertmitte kam es so zu einer ersten Gründungswelle von Aktienbanken, denen freilich überwiegend nur ein kurzer Erfolg beschieden war. Eine zweite Gründungswelle um die siebziger Jahre ging mit dem wirtschaftlichen Zusammenwachsen auf der Grundlage der kleindeutschen Lösung, mit der Einstimmung auf liberalistische Ideen und der nationalen Euphorie nach dem deutsch-französischen Krieg einher. In dieser Zeit entstanden auch jene Großbanken, die noch 100 Jahre später Symbolfiguren der deutschen Bankwirtschaft darstellen. Aus ursprünglich acht privaten Aktienbanken im Range von Großbanken, die während des letzten Drittels des 19. Jahrhunderts im Zuge eines Konzentrationsprozesses der alten Institute entstanden waren, wurden beim zweiten Konzentrationsprozeß in den 20er Jahren des Jahrhunderts fünf: *Berliner Handels-Gesellschaft, Commerz- und Privat-Bank, Danat-Bank, Deutsche Bank und Diskonto-Gesellschaft, Dresdner Bank.*

Die Weltwirtschaftskrise zwang die *Danat-Bank* zur Fusion mit der *Dresdner Bank.* Diese, wie auch die *Commerz- und Privat-Bank,* gerieten aufgrund von Stützungsaktionen unter Mehrheitsbeteiligung des Staates, der sich allerdings bis 1936 wieder daraus zurückzog. Die wirtschaftliche Bedeutung der verbliebenen Großbanken war erheblich, aber nicht überragend. Deshalb führten die alliierten Militärbehörden mehr des Symbolcharakters als objektiver Zweckmäßigkeiten wegen in der ausgehenden Ära des *Morgenthau*-Plans (1947/48) eine Zerschlagung der mit ihren Führungsstäben in die westlichen Besatzungszonen übergesiedelten „großen Drei" durch. Die Rekonzentration wurde befördert durch die Notwendigkeit der Intermediation in dem seit 1948/49 wieder zusammenwachsenden Wirtschafts- und Staatsgebiet, erleichtert überdies durch die ungeklärte Rechtslage nach der Zerschlagung. Dennoch konnte sie erst nach langen Verhandlungen mit den Alliierten in zwei Schritten (1952, 1956) vollzogen werden. Es entstanden: *Commerzbank AG,* Düsseldorf, *Deutsche Bank AG,* Frankfurt, *Dresdner Bank AG,* Frankfurt.

Die Nachkriegsentwicklung hat Frankfurt am Main, das seit dem Mittelalter der wichtigste Bankplatz war, diesen Rang aber bei der politischen, kulturellen und wirtschaftlichen Zentralisation an die Reichshauptstadt Berlin verloren hatte, wieder in die alte Bedeutung eingesetzt. Dies umso mehr, als Frankfurt auch (vorläufiger) Sitz der *Deutschen Bundesbank* ist.

Wie schon gesagt, sind zu den Großbanken längst weitere große Banken hinzugetreten, und zwar nicht zuletzt aus dem Kreis des Sparkassen- und Genossenschaftssektors. Diese beiden Sektoren blicken auf eine 200- bzw. 100jährige Geschichte zurück. Während das Sparkassenwesen aus der Idee entstanden ist, den armen Bevölkerungsschichten eine sichere und rentierliche Möglichkeit der Verwaltung von Notgroschen und Brautpfennigen zu eröffnen, sind die genossenschaftlichen Kreditinstitute aus der Not des kreditsuchenden Kleingewerbes entsprungen. Aus den historischen Wurzeln erwuchsen auch die maßgeblichen Geschäftsprinzipien. Der öffentliche Auftrag der Sparkassen zeugt für die obrigkeitliche Wirtschaftsführung des merkantilistischen Zeitalters. Das Förderungsprinzip unter der Selbsthilfemaxime der Genossenschaften war die Überlebensstrategie der Kleinen in einer liberalistischen Wirtschaftsverfassung. Die Entwicklung der Institute ist ein Spiegelbild der Entwicklung ihres Kundenkreises. So wie die Aktienbanken durch die industrielle Revolution emporgetragen wurden und dabei den auf das Bürgertum ausgerichteten Privatbankier ins Hintertreffen geraten ließen, so wurden die öffentlich-rechtlichen und genossenschaftlichen Kreditinstitute durch die zunehmende Sparfähigkeit der breiten Bevölkerungsschichten und das wirtschaftliche Aufkommen des Mittelstands emporgetragen und zu ernsthaften Konkurrenten der Aktienbanken.

Die Verankerung der Sparkassenideologie im Passivgeschäft und die der Genossenschaftsideologie im Aktivgeschäft konnte nicht verhindern, daß im Sinne der finanziellen Intermediation auch das jeweilige Komplementärgeschäft aufgenommen wurde. Der Bedeutungsgewinn der Kommunen nach den *Stein*'schen Reformen kam bei den Sparkassen diesem Anliegen entgegen. Im übrigen aber schritt man zur finanziellen Intermediation zunächst über den Weg der hierarchischen Entfaltung, wobei die untere Ebene der ursprünglichen Idee treu blieb, während die oberen Ebenen das ergänzende Geschäft betrieben. Der Prozeß vollzog sich in wechselseitiger Befruchtung mit der Verbandsbildung. Er war bis zum Zweiten Weltkrieg im wesentlichen abgeschlossen.

Der Genossenschaftssektor ist darüber hinaus durch fortschreitende Integration der historisch gewachsenen verschiedenen Systeme, insbesondere der gewerblichen und ländlichen Kreditgenossenschaften, gekennzeichnet.

Die Profilierung aller Institute des Sparkassen- und Genossenschaftssektors als Universalbanken wurde von verschiedenen Umständen gefördert. Dem Kundenanliegen einer Unterstützung im Zahlungsverkehr wurde 1908 durch Verleihung der passiven Scheckfähigkeit und Aufnahme des Giroverkehrs der Sparkassen Rechnung getragen. Die Sparkassen traten damit vor allem in Konkurrenz zur Post, die ihren alten Dienst des Bargeldtransports zur selben Zeit um den bankmäßigen Zahlungsverkehr erweiterte.

Eine maßgebliche Rolle bei der Ausbildung des Universalbankcharakters spielten auch Notwendigkeiten der Kriegsfinanzierung, die sparernahen Einrichtungen den Weg ins Wertpapiergeschäft ebneten. Schließlich sorgte die Scheu der – meist kommunalen – Gewährträger vor Einbußen durch notleidend werdende Sparkassen dafür, den Anstalten möglichst alle ertragversprechenden Sparten des Bankgeschäfts zu erschließen. Die ursprünglich als Kompensation für den öffentlichen Auftrag und Gewährleistung für gemeinnützige Arbeit eingeräumten Privilegien gewannen in diesem Umfeld zunehmend wettbewerbsverzerrenden Charakter. Ihr Abbau (seit 1968) trug freilich zu einem noch beschleunigten Ausschleifen der Geschäftsphilosophien bei.

Dasselbe trifft für die Kreditgenossenschaften zu, denen es seit 1974 freisteht, nicht mehr nur mit Mitgliedern Geschäftsbeziehungen zu unterhalten. Das Haftungsproblem wurde 1933 auf eine entsprechend der Haftsumme beschränkte Nachschußpflicht der Mitglieder zurückgenommen, falls im Konkurs das Vermögen der Genossenschaft nicht ausreicht. Auch die Nachschußpflicht ist neuerdings ausschließbar. Die mitgliedschaftliche Selbsthilfekonzeption verblaßt.

Die wirtschaftliche Stärke der im Geschäftsbereich angesiedelten Bevölkerung und Wirtschaftsunternehmen hat bei einzelnen Instituten der unteren und mittleren Ebene ein Geschäftsvolumen entstehen lassen, das sie mehr und mehr auch vom vertikalen Verbund unabhängig macht und eine gewisse Einebnung der hierarchischen Struktur bewirkt.

1.3. Die deutschen Spezialbanken

Zu den Spezialkreditinstituten, wie sie in der monatlichen Bankenstatistik erfaßt sind, zählen 38 Realkreditinstitute, 117 Teilzahlungskreditanstalten, 16 Kreditinstitute mit Sonderaufgaben, 13 Postscheck- und 2 Postsparkassenämter. Weitere dazugehörige „Kreditinstitute" (im Sinne des Gesetzes) sind insbesondere 31 Bausparkassen, 34 Kapitalanlagegesellschaften, 8 Wertpapiersammelbanken, 36 Bürgschaftsbanken (einschließlich sonstige Kreditinstitute) und 43 gemeinnützige Wohnungsbauunternehmen mit Spareinrichtung.

Realkreditinstitute gewähren langfristige, hypothekarisch gesicherte Kredite, die sie aus dem Ergebnis der ihnen vorbehaltenen Emission von Pfandbriefen finanzieren. Soweit sie außerdem langfristige Kredite an Kommunen geben, holen sie die Mittel dafür auch mit Hilfe von Kommunalobligationen herein. Der klassische Typ der privaten Hypothekenbank arbeitet zur Risikobegrenzung im Interesse der Gläubiger nach gesetzlich vorgezeichneten Prinzipien: Dem **Spezialitätenprinzip,** das die wirtschaftliche Betätigung auf die genannten Aktiv- und Passivgeschäfte konzentriert; dem **Fristenkongruenzprinzip,** das Übereinstimmung der Laufzeiten bei Ausleihungen einerseits und Schuldverschreibungen andererseits verlangt; dem **Deckungskongruenzprinzip,** das getrennte Deckungsmassen von gleicher Höhe und gleichem Zinsertrag in bezug auf die emittierten Papiere vorsieht.

Für öffentlich-rechtliche Institute gelten diese Prinzipien nicht in voller Breite. Vor allem das Spezialitätenprinzip muß nicht eingehalten werden, so daß es z. B. auch den Landesbanken/Girozentralen unbenommen ist, Pfandbriefe und Kommunalobligationen zu emittieren. Dem daraus erwachsenen Vorteil begegnen die privaten Realkreditinstitute durch alle möglichen Formen der Annäherung an private Universalbanken. Besonders in den 70er Jahren ging darum eine besonders rasche Kon-

Tabelle 2: Spezialbanken (Anzahl und Geschäftsvolumen)

Positionen	Zahl der erfaßten Institute 1981	Geschäftsvolumen 1981		Anteil am Geschäftsvolumen aller Bankengruppen	
		Mio. DM	Veränderung 1960=100	1960 in vH	1981 in vH
Realkreditinstitute	38	358375	831	14,1	17,1
• Private Hypothekenbanken	25	220009	1503	8,7	5,8
• Öffentlich-rechtliche Grundkreditanstalten	13	138366	485	5,5	11,3
Teilzahlungskreditanstalten	117	29755	803	1,2	1,5
Kreditanstalten mit Sonderaufgaben	16	169189	649	6,7	10,3
Postscheck- und Postsparkassenämter	15	41726	688	1,6	2,4
Spezialbanken	186	599045	759	23,6	31,3
Alle Bankengruppen	3314	2538412	1005	100,0	100,0

Quellen: Monatsberichte der Deutschen Bundesbank für März 1982, S.12*, 32*; *Deutsche Bundesbank,* Deutsches Geld- und Bankenwesen in Zahlen 1876–1975, Frankfurt a.M. 1976, S.136, 182 ff.

zernverflechtung vor sich, welche die Realkreditinstitute zu kooperativen Einheiten mit den Universalbanken verschweißte.

Realkreditinstitute verkörpern im Kern die 200 Jahre alte Idee einer kreditwirtschaftlichen Mobilisierung des Bodens. Zu ihrer heutigen Form haben sie um die Mitte des 19. Jahrhunderts gefunden. Ihr wirtschaftliches Schicksal ist mit dem Wohl und Wehe der Volkswirtschaft eng verknüpft, mit Agrarkrisen einerseits und Hochkonjunkturen des Wohnungsbaus andererseits. Innerhalb der Gruppe ist ein wechselvoller Verdrängungswettbewerb zwischen Bodenkredit und Kommunalkredit zu beobachten. In Kriegszeiten mußte regelmäßig auch der Kommunalkredit dem kriegsbedingten Staatskredit weichen.

Teilzahlungskreditinstitute sind Banken, deren Spezialität eine Ausleihung ist, die charakteristischerweise in regelmäßigen und annähernd gleich hohen Raten zurückfließt.

Die (Mitte der 20er Jahre) zunächst zur Absatzfinanzierung von Autos entstandenen Banken trugen der von Krieg und Inflation geschmälerten Kapitalbasis der Unternehmen ebenso Rechnung wie der finanziellen Beanspruchung der Kunden durch einen kostspieligen neuen Gebrauchsartikel. Der eigentliche Durchbruch ließ gleichwohl bis in die 50er Jahre auf sich warten, weil in den 40er Jahren Rationierung und zurückgestaute Inflation kein großes Bedürfnis nach Konsumentenkredit entstehen ließen. Die Geschäftsausweitung ging mit zunehmendem Konzernverbund einher, wodurch die Universalbanken die arbeitsintensive und dazu noch als etwas unfein geltende Konkurrenz für ihren Konsumentenkredit unter Kontrolle behielten.

Die **Kreditinstitute mit Sonderaufgaben** bilden einen bunten Strauß von Banken unterschiedlichster Entstehungszeiten, Entstehungsgründe und Initiatoren.

Häufig sind sie in besonderem Maße Zeugen des Jahrhunderts, weil sie – jedenfalls ursprünglich – beizutragen hatten, Kriegsfolgen zu bereinigen, also etwa zur Abwicklung des Lastenausgleichs dienten. Mit der Erledigung dieser Aufgaben haben sie häufig andere Funktionen übertragen erhalten: Nach Abschluß des deutschen Wiederaufbaus zum Beispiel die bankmäßige Durchführung der Entwicklungshilfe. Überwiegend handelt es sich um Aufgaben des öffentlichen Interesses, wie die bankmäßige Betreuung öffentlicher Programme und subventionierter Kredite in Befolgung von Anliegen wie Agrar-, Export- und Mittelstandsförderung.

Postscheck- und **Postsparkassenämter** bilden die Oberstufe der bankmäßigen Postdienste, während der eigentliche Kundenverkehr über das dichte Netz der Postämter und Poststellen läuft. Es handelt sich um Bewältigung von Gelddiensten und Sparbuchführung, wobei der „Bodensatz" der ersteren und das Mittelaufkommen der letzteren hauptsächlich den Finanzinteressen der *Deutschen Bundespost* dienen.

Die Postbank im eigentlichen Sinne ist ein Kind dieses Jahrhunderts, begründet durch die Postscheckordnung von 1908 und die Postsparkassenordnung von 1938.

Bausparkassen sind Kreditinstitute mit der Eigenart, daß ihr Geschäftsbetrieb darauf gerichtet ist, Einlagen von Bausparern entgegenzunehmen und Gelddarlehen für wohnungswirtschaftliche Maßnahmen ebenfalls an Bausparer zu geben. Das Bausparerkollektiv als maßgeblicher Kontrahent sowohl im Passiv- wie auch im Aktivgeschäft zeichnet die Intermediationstätigkeit der Bausparkassen aus.

Die Geschichte des Bausparwesens beginnt 1924 mit einer privaten Gründung. Um sich des Konkurrenten im Passivgeschäft zu erwehren, initiierten die Sparkassen wenig später die Errichtung öffentlich-rechtlicher Bausparkassen. Diese wiederum entwickelten im Aktivgeschäft das System der nachrangigen Hypothek, um nicht mit dem erststelligen Hypothekenkredit der Sparkassen in Konflikt zu geraten. Die öffentlich-rechtlichen Bausparkassen sind überwiegend rechtlich unselbständige Abteilungen oder Sonderanstalten von Landesbanken/Girozentralen und Sparkassen. Doch auch die privaten Bausparkassen sind stark mit Banken und Versicherungen verflochten, im letzteren Fall ausgelöst durch Zusammenarbeit im Außendienst und inzwischen fast immer zum Mehrheitsbesitz gediehen.

Kapitalanlagegesellschaften (Investmentgesellschaften) sind Kreditinstitute, deren Geschäftsbetrieb darauf gerichtet ist, eingelegtes Geld im eigenen Namen für gemeinschaftliche Rechnung der Einleger nach dem Grundsatz der Risikomischung in Wertpapieren (Wertpapierfonds) oder Grundstücken (Immobilienfonds) gesondert von dem eigenen Vermögen anzulegen und über die hieraus sich ergebenden Rechte der Einleger Anteilsscheine (Zertifikate) auszustellen.

Der erste Wertpapierfonds wurde 1949 nach alten Vorbildern im Ausland und (allerdings unbedeutenden) Vorläufern in der Zwischenkriegszeit aufgelegt. Zehn Jahre später folgte der erste Immobilienfonds. Der rasche Aufschwung wurde 1970 durch die *IOS*-Krise unterbrochen. Doch die deutschen Fonds erholten sich von diesem Rückschlag schnell. Sie profitierten vom Ansehen der Universalbanken, die hinter fast allen Fonds stehen. Zudem bewährte sich gerade in den 70er Jahren mit ihren Kapitalmarktwechselbädern die innovatorische Idee dieser Mütter, ergänzend zum eigenen Wertpapiergeschäft Anlagemöglichkeiten zu schaffen, die dem breiten Publikum den Vorteil der Risikomischung durch ein erfahrenes Fondsmanagement versprachen. Die erweiterte Anlagepalette wurde durch Konzernverbund unter Kontrolle gehalten.

Wertpapiersammelbanken sind auf die Sammelverwahrung von Wertpapieren und den Effektengiroverkehr spezialisiert. Depotkunden sind andere Banken, die eigene und von Kunden entgegengenommene Wertpapiere in Verwahrung geben.

Die durch Sammelverwahrung erreichbaren Zentralisierungsvorteile haben in mehr als 150-jähriger Tradition Banken zur Gründung von Spezialbanken an den Börsenplätzen zusammengeführt. An die Ursprünge erinnert oft noch der Name Kassenverein.

Bürgschaftsbanken und **Kreditgarantiegemeinschaften** geben akzessorische und abstrakte Sicherheiten zugunsten von Kreditnehmern, die zwar persönliche Kreditwürdigkeit besitzen, aber keine bankmäßigen Sicherheiten zu stellen vermögen.

Die Kreditinstitute wurden überwiegend als Selbsthilfeeinrichtungen geschaffen, wobei – z.B. unter dem Gesichtspunkt der Mittelstandsförderung – öffentliche Unterstützung geboten wurde. Die Tatsache, daß eine Konkurrenz zum traditionellen Avalkredit vorliegt, hat auch für Universalbanken eine Beteiligung an solchen Einrichtungen interessant gemacht.

Gemeinnützige Wohnungsunternehmen mit Spareinrichtung bauen im eigenen Namen Wohnungen und betreuen entsprechende Bauvorhaben Dritter. Die Bankgeschäfte haben im Geschäftsbetrieb einen untergeordneten Rang.

1.4. Bankähnliche Einrichtungen

Es existiert eine Vielzahl von Institutionen, die zwar finanzielle Intermediation betreiben, aber gewerberechtlich nicht als Kreditinstitute zählen und auch von der „Banken"-Statistik nicht erfaßt werden. Dazu gehören vor allem:

- Die *Deutsche Bundesbank,* welche als (Zentral-)Bank der Banken, Bank des Staates und (in eingeschränktem Maße, z.B. im Rahmen ihrer Aufgabe der bankmäßigen Abwicklung des Zahlungsverkehrs) als Bank der übrigen Nichtbanken fungiert, aber den Charakter einer mittelbaren Staatsverwaltung besitzt und deshalb kein Adressat des Gewerberechts ist.
- Die Versicherungen, welche Einzelrisiken in Sammelrisiken verwandeln und dabei umfangreiche Bankgeschäfte ausführen, aber entweder als Staatsverwaltungen (Sozialversicherungsanstalten) oder als Institute mit eigenem Aufsichtssystem der den Kreditinstituten gewidmeten Aufsicht nicht bedürfen. Die privaten Versicherungen umfassen:

- Lebensversicherungen, Pensions-, Sterbekassen,
- Krankenversicherungen,
- Schadens-, Unfallversicherungen,
- Rückversicherungen.
• Unternehmen, die Bankgeschäfte betreiben, deren Umfang aber keinen in kaufmännischer Weise eingerichteten Geschäftsbetrieb erfordert, z. B. Leihhäuser.

Darüber hinaus arbeiten zahlreiche Institutionen im Umfeld der finanziellen Intermediation. Beispiele sind:

• Finanzierungsleasing-Gesellschaften,
• Effektenbörsen,
• Vermittler von Effekten, Hypotheken, Bausparverträgen u. ä. Finanzierungen,
• Vermögensverwaltungen, Inkassobüros, Factoringgesellschaften,
• Beteiligungsgesellschaften zur Verwaltung von Anteilen am Kapital von Unternehmen.

2. Institutionelle Rahmenbedingungen des Bankenwettbewerbs

2.1. Bankenrecht

Seit einem halben Jahrhundert ist die Bankwirtschaft in Deutschland engmaschig rechtlich geregelt. Bis zur Bankenkrise von 1931 gab es ein eigentliches, Errichtung und Geschäftstätigkeit bestimmendes Bankenrecht in Deutschland nur für Teilbereiche der Kreditwirtschaft. Im übrigen galten auch für Kreditinstitute die allgemeinen, das Wirtschaftsleben regelnden Gesetze und Verordnungen. Deren Entwicklung nahm freilich auf das Bankwesen erheblichen Einfluß. So insbesondere die Ausbildung und schließliche Freigabe der Rechtsform der Aktiengesellschaft, die Mitte des 19. Jahrhunderts zusammen mit dem aus der Industrialisierung erwachsenen Intermediationsbedürfnis eine erste Bankgründungswelle hervorrief. Die Aufhebung des Erfordernisses der staatlichen Einzelgenehmigung für die Gründung einer Aktiengesellschaft hatte 1870 eine zweite, noch stärkere Gründungswelle zur Folge.

Ein Sonderrecht gab es früh schon für Banken der öffentlichen Hand (in Gestalt von Errichtungsgesetzen und genehmigungsbedürftigen Satzungen) oder für Banken unter öffentlicher Obhut. Zu den letzteren zählten Einrichtungen mit sozialpolitischem Hintergrund und agrar- oder gewerbepolitischer Bewandtnis. Das preußische Sparkassenreglement datiert von 1838, eine umfassende Sparkassengesetzgebung wurde 1880 eingeleitet. Die um die Jahrhundertwende auflebenden Kreditgenossenschaften fanden im preußischen Genossenschaftsgesetz von 1867 ihre rechtliche Basis. Das Realkreditwesen wurde durch das Hypothekenbankgesetz von 1889 einheitlich geordnet. 1927 und 1943 wurden die entsprechenden Aktivitäten der öffentlich-rechtlichen Kreditinstitute und Schiffsbanken gesetzlich geregelt. Jüngere Beispiele für Sonderrecht sind das Gesetz über Kapitalanlagegesellschaften von 1957 und das Gesetz über Bausparkassen von 1972.

Die sechzig Jahre von der Reichsgründung bis 1931 können als hohe Zeit der Bankfreiheit in Deutschland gelten. Selbst im gesetzlich geregelten Sparkassensektor wurde den Instituten der Weg zum Universalbankgeschäft geebnet. Durchbrechungen des Prinzips finden sich nur wenige. Im Genossenschaftsbereich gehört die Ausbildung der Oberstufe in Form einer Staatsbank (*„Preußenkasse"*, gegr. 1895) dazu. Vom systematischen Ansatz her bedeutsamer war die Regulierung der geschäftlichen Aktivitäten der Hypothekenbanken durch das Gesetz von 1889. Denn abweichend vom bis dahin befolgten Grundsatz und anders als bei den punktuellen – oft zahlungsbilanzorientierten – Interventionen der Folgezeit wurden der unternehmerischen Entscheidungsfreiheit mit Rücksicht auf Gesamtinteressen dauerhafte Fesseln angelegt und eine Fachaufsicht installiert. Dies blieb jedoch mehr als 40 Jahre lang eine gruppenspezifische Ausnahme von der Regel der Bankfreiheit. Erst mit der Verordnung des Reichspräsidenten über Aktienrecht, Bankenaufsicht und Steueramnestie von 1931 wurde die Ausnahme zur alle noch unregulierten Banken erfassenden Regel. Dieses Ende der Bankfreiheit inmitten einer tiefgehenden Bankenkrise wurde durch das Kreditwesengesetz von 1934, das den Hauptlinien der Notverordnung folgte, besiegelt. Das Gesetz über das Kreditwesen von 1961 führte die nachgerade schon Gewohnheit gewordene Zulassungs- und Geschäftsregulierung sowie Beaufsichtigung der Kreditwirtschaft fort. Dem darin zum Ausdruck kommenden Gedanken einer Sonderstellung des Bankensektors wurde auch im Gesetz gegen Wettbewerbsbeschränkungen von 1957 Rechnung getragen, das eine Bereichsausnahme vom Kartellverbot im Zusammenhang mit Tatbeständen, die der Genehmigung oder Überwachung nach dem Kreditwesengesetz unterliegen, enthält.

Über die Geld- und Kreditschöpfung, die das Bankgewerbe als zweite charakteristische Aktivität neben der finanziellen Intermediation ausübt, ist es auch vom Geld- und Währungsrecht unmittelbar erfaßt. Seit der Reichsgründung wirkten sich am nachdrücklichsten die sukzessiv durchgeführte Beschränkung des Notenprivilegs und die Profilierung einer Zentralbank als „lender of last resort" aus. Mit Rücksicht darauf entwickelte sich unbeschadet der Bankfreiheit eine wachsende Abhängigkeit von der 1875 gegründeten, 1924 reformierten *Reichsbank*, späteren *Deutschen Reichsbank* (1939). Die Funktionsnachfolge der *Deutschen Reichsbank* trat mit erweiterten, währungspolitischen Befugnissen 1948 die *Bank deutscher Länder* an. Sie wurde 1957 nach Verschmelzung mit den bis dahin selbständigen Landeszentralbanken in die *Deutsche Bundesbank* umgewandelt. Ihre Einwirkungsmöglichkeiten auf den grenzüberschreitenden Zahlungs- und Kapitalverkehr, der für den Bewegungsspielraum der Banken auch am Binnenmarkt entscheidende Bedeutung hat, sind durch das Außenwirtschaftsgesetz von 1961 gewährleistet.

2.2. Regulierungssystem

2.2.1. Geldpolitik und Banksystem

Die engen Beziehungen zwischen *Deutscher Bundesbank* und Kreditinstituten ergeben sich aus der gesetzlichen Hauptaufgabe der Bundesbank, Geldumlauf und Kreditversorgung zu regeln und für die bankmäßige Abwicklung des Zahlungsverkehrs zu sorgen. Einen deutlichen Schwerpunkt der ihr zu diesem Zweck übertragenen währungspolitischen Befugnisse bildet das Zentralbankgeld-Monopol. Es basiert auf dem Banknotenmonopol, der Kompetenz zur Regelung des Münzumlaufs (z. B. durch Kontrolle des In-Verkehr-Bringens) und der Ablehnung eines Kontrahierungszwangs, der ungewollte Guthaben auf Zentralbankgirokonto entstehen lassen könnte. Andererseits stehen Rediskont-, Lombard- und Offenmarktpolitik (ggf. mittels Papieren, die Rückkaufgarantie tragen) sowie Swapsatzpolitik zu Gebote, wenn Einfluß auf die Bankenliquidität genommen werden soll.

Ein weiterer Katalog von Befugnissen umfaßt Beschränkungen des geschäftspolitischen Entscheidungsspielraums der Kreditinstitute mittels direkter Auflagen und preispolitischer Eingriffe. Zu den ersteren gehören insbesondere Mindestreserveanforderungen, während geldpolitisch motivierte Plafondierungen des Kreditgeschäftes nicht erfolgen und (Refinanzierungs-)Kontingente sehr zurückhaltend vorgenommen werden. Demgegenüber sind die Steuerungsmöglichkeiten beim grenzüberschreitenden Kapitalverkehr sehr weitgehend. Sie sind zum größeren Teil im Außenwirtschaftsgesetz von 1961 verankert und ins (Mit-)Befinden der Bundesregierung gestellt.

Direkte Regulierung der Preissetzung erfolgt nicht. Über Rentabilitätseffekte entfalten jedoch die (unentgeltlichen) Mindestreserven, die Höhe der Leitzinsen im Diskont- und (Sonder-)Lombardgeschäft sowie entsprechende Vorgaben im Offenmarktgeschäft indirekten Einfluß auf die Preispolitik der Banken.

Die Aktivitäten der *Bundesbank* als „Bank der Banken" haben grundsätzlich globalsteuernden Charakter. Strukturpolitische Wirkungen sind nur insoweit intendiert, als die verschiedenen Bankgeschäfte unterschiedliche „Geldnähe", d.h. Relevanz für den gesetzlichen Auftrag der *Bundesbank* haben.

2.2.2. Fachaufsicht

Banken betreiben eine Vielzahl finanzwirtschaftlicher Geschäfte, von der Annahme fremder Gelder als Einlagen und der Gewährung von Gelddarlehen und Akzeptkrediten angefangen bis hin zur Durchführung des bargeldlosen Zahlungsverkehrs und des Abrechnungsverkehrs. Einlagen-, Kredit- und Girogeschäft sind im Sinne des gesetzlichen Auftrages der *Deutschen Bundesbank* von hohem währungspolitischem Belang und machen die Banken wie gezeigt zu unmittelbaren Adressaten der Währungspolitik. Die Geschäfte beinhalten darüber hinaus auch die Rechtfertigung einer Fachaufsicht für Banken mit dem Ziel, die Insolvenzgefahr so weit als möglich zu bannen. Denn Finanzintermediäre sind vertrauensanfälliger als viele andere Gewerbezweige, und Vertrauenskrisen in diesem Sektor führen zu größeren volkswirtschaftlichen Zerrüttungen. Die Schutzbedürftigkeit einer Vielzahl von Einlegern ist ein zusätzlicher legitimer Grund für öffentliches Interesse. Dieses Interesse wird verstärkt durch die Tatsache, daß der Anteil des haftenden Eigenkapitals am Geschäftsvolumen notorisch gering ist (3%–5%).

Die Bankenaufsicht wurde trotz vieler vorausgegangener Insolvenzwellen erst durch die Bankenkrise des Jahres 1931 mittels Notverordnungen in die Wege geleitet. Sie erfaßte alle Kreditinstitute, die nicht schon als öffentliche Anstalten unter der Obhut des Staates standen oder als private Institute kraft spezieller Gesetze schon einer staatlichen Aufsicht unterworfen waren. Das Reichsgesetz über das Kreditwesen von 1934 brachte eine Neukodifizierung und Systematisierung des Notverordnungsrechts und erfaßte nunmehr grundsätzlich alle Kreditinstitute. Nach einem dezentralen und durch große Überlappungsbereiche von aufsichtsrechtlichen und währungspolitischen Kompetenzen gekennzeichneten Zwischenspiel seit Kriegsende wurde mit dem Gesetz über das Kreditwesen von 1961 die Grundlage für eine zeitgemäße, den Strukturen des seit 1957 bestehenden Zentralbanksystems angepaßte, zentrale Aufsicht gelegt. Als selbständige, unterbaulose, einem Bundesministerium nachgeordnete Bundesoberbehörde wurde dazu das *Bundesaufsichtsamt für das Kreditwesen* in Berlin errichtet. Wegen des Aufgabenzusammenhangs sind Bundesaufsichtsamt und Bundesbank zu enger Zusammenarbeit verpflichtet. Die aufsichtsrechtliche Regulierung erfolgt mittels Rahmensetzung für Struktur und Verhalten der Kreditinstitute. Sie stützt sich dabei auf Offenlegungspflichten der Banken und Eingriffskompetenzen des Amtes.

2.2.2.1. Zugangsregeln

Der vollkaufmännische Betrieb von Bankgeschäften setzt die Erlaubnis des *Bundesaufsichtsamtes* voraus. Dazu findet keine Bedürfnisprüfung statt, wohl aber die Prüfung und Überwachung
- der Ausstattung mit haftendem Eigenkapital (zur Vollkonzession derzeit etwa 6 Mio. DM Anfangskapital, ausgenommen Kreditgenossenschaften),
- der persönlichen Zuverlässigkeit und fachlichen Eignung,
- der Einhaltung des Vier-Augen-Prinzips.

2.2.2.2. Regeln zur laufenden Geschäftstätigkeit

Im Zentrum der Bankenaufsicht steht die Überwachung der Geschäftstätigkeit nach Maßgabe von Strukturnormen hinsichtlich
- Eigenkapital und Liquidität gemäß den seit 1969 gültigen „Grundsätzen",
- Kreditgeschäften im allgemeinen, Groß- und Organkrediten im besonderen.

2.2.2.2.1. Eigenkapitalgrundsätze

Die sog. Solvenzregeln haben eine Bremsfunktion, indem sie eine Relation zwischen Eigenkapital und Geschäftsvolumen herstellen: Kredite sollen das 18fache des haftenden Eigenkapitals nicht übersteigen. Je nach Kreditrisikoklassen (für die einfache Kriterien gewählt werden) erfahren einzelne Kreditarten keine oder keine 100%ige Anrechnung. Beteiligungen sind zwar – im Gegensatz etwa zu Forderungen, die in Wertpapieren verbrieft sind – den Krediten gleichgestellt; dennoch erlauben sie eine Entschärfung der Solvenzregeln: Mittels Beteiligungen kann nämlich über dem eigentlichen Haftungskapital (der Mutterinstitute) eine mehr als 18fache auf Mutter-, Tochter-, Enkelinstitute verteilte Kreditpyramide errichtet werden.

Tabelle 3: Entwicklung der Eigenkapitalquoten der Kreditinstitutsgruppen 1870–1981

Bankengruppe	1870	1880	1890	1900	1910	1920	1930	1940	1950[1]	1960	1970	1975	1981
Kreditbanken[2]	.	.	39,4	33,9	23,3	5,0	10,6[3]	12,9[4]	1,8	5,1	4,3	4,7	4,7
Großbanken[2]	.	.	37,2	32,6	20,6	6,3	6,8	4,7	1,0	4,7	4,0	4,7	5,0
Sparkassensektor													
Sparkassen[5]	5,7	6,2	6,1	6,0	5,6	2,4	2,7	4,6	2,6	3,1	3,7	3,1	3,4
Girozentralen	.	.	.	.	2,5[6]	9,4[7]	4,1	3,1[8]	1,4	2,3	2,4	2,2	2,2
Genossenschaftssektor													
Kreditgenossenschaften[9]													
• ländliche	.	.	.	15,9	15,6	16,1[10]	10,3	6,7	5,0	6,0	4,5	3,7	3,5
• gewerbliche	23,5	23,9	23,4	.	4,3[11]	10,3[10]	6,5	5,1	4,1	5,5[12]	4,5	–	–
Zentralkassen	.	.	.	22,1	21,0	7,8	15,1	8,8	6,6	6,3[12]	4,5	–	–
• ländliche	.	.	.	7,7[13]	20,2[11]	20,8[10]	24,2	4,4	4,0	4,2	3,5	2,7	3,0
• gewerbliche	.	.	.	.	11,0[11]	17,2[10]	14,2	4,0	7,1	4,1[12]	–	–	–
	.	.	.	.	17,6[11]	17,1[10]	12,1	2,2	3,8	4,1[12]			

[1] Seitdem Kapital nach § 11 KWG 1934 resp. § 10 KWG 1961 bezogen auf das Geschäftsvolumen.
[2] Bis 1920 Kapital + Reserven bezogen auf die Bilanzsumme.
[3] Berliner Großbanken, Provinzbanken mit Filialnetz, Spezial- und Hausbanken und sonstige Kreditbanken.
[4] 1939.
[5] Sparkassen in Preußen bis 1890 (Reservefonds bezogen auf Aktivvermögen), im Deutschen Reich von 1900 bis 1920 (Rücklagen bezogen auf Aktivvermögen).
[6] 1913. [7] 1925, seitdem inkl. Deutsche Girozentrale. [8] 1939.
[9] Geschäftsguthaben der Mitglieder und Reservefonds bezogen auf die Summe der Aktiva (erste Angabe für 1901).
[10] 1924. [11] 1913.
[12] Geschäftsvolumen geschätzt aus Summe der Passiva zuzüglich Indossamentsverbindlichkeiten aus rediskontierten Wechseln und eigene Ziehungen im Umlauf.
[13] Preußische Zentralkassen.

Werte: *Deutsche Bundesbank* (Hrsg.), Deutsches Geld- und Bankwesen in Zahlen 1876–1975; Monatsberichte, verschiedene Jahrgänge; Statistisches Handbuch der Bank Deutscher Länder, Frankfurt 1955.

Quelle: *Grunwald, J.-G./Jokl, St.*, Wettbewerb und Eigenkapital in der Deutschen Kreditwirtschaft, Berlin 1978, S. 133; eigene Berechnungen.

Besondere Solvenzregeln gelten seit 1974 den in offenen Devisen- und Edelmetallpositionen liegenden Währungsrisiken.

Im Lichte der Erfahrungen mit Bankinsolvenzen kann man sich von der Geschäftsbegrenzung mittels Solvenzregeln, die das haftende Eigenkapital zugrundelegen, keine durchschlagende Beherrschung des Risikoproblems versprechen. Fallierende Banken gaben in der Grundsätze-Optik selten zu Kritik Anlaß. Mit näherrückender Insolvenz verbesserte sich diese nicht selten, weil beispielsweise das Geschäftsvolumen wegen Depositenabzugs schrumpfte.

Gesamtwirtschaftlich ist aus dem drastischen Verfall der Eigenkapitalquoten binnen 100 Jahren kein gleichermaßen gestiegenes Risiko abzulesen, weil die Expansion des Geschäftsvolumens nicht nur durch risikoträchtige Transformationsleistungen bewirkt wurde, sondern sehr nachdrücklich auch durch die wachstumsbedingt steigenden finanzwirtschaftlichen „Transportaufgaben" sowie die verstärkte Inanspruchnahme der Geschäftsbanken bei der Sicherstellung des Geldumlaufs.

Prinzipiell läßt sich der Begriff „haftendes Eigenkapital" als Garantie- und Haftungsgrundlage des Bankgeschäfts nur unvollkommen operationalisieren. Der Zusatz „haftend", der sprachlich eher als Einschränkung klingt, muß in Wirklichkeit begriffserweiternd interpretiert werden. Doch genau diese Erweiterung bereitet bei der quantitativen Umsetzung angesichts der konkreten rechtlichen und wirtschaftlichen Gestaltungsvielfalt erhebliche Schwierigkeiten. Bei den Kreditgenossenschaften etwa wird zu den Geschäftsguthaben und Rücklagen ein (ministeriell) festgesetzter Haftsummenzuschlag addiert, der den Verpflichtungen der Genossen Rechnung trägt. Umgekehrt wird aber bei den Sparkassen als Kreditinstituten des öffentlichen Rechts zu Dotationskapital und Rücklagen die letztlich durch Steuerkraft verbürgte Gewährträgerhaftung (noch) nicht ergänzend in Ansatz gebracht.

Eine vieldiskutierte Problematik enthalten die Solvenzregeln unter ordnungspolitischen Gesichtspunkten: Die Geschäftsbegrenzung hat zwar nicht den beabsichtigten Erfolg der Gefahrenabwehr, wohl aber das höchst unerwünschte Resultat der **Wettbewerbsverzerrung** wegen unterschiedlicher Erfassung der „echten" Haftungsmasse einerseits und unterschiedlicher Chancen der Eigenkapitalbeschaffung im Wege der Innen- und Außenfinanzierung andererseits. Daraus ist – zugunsten des Sparkassensektors etwa (den man überdies auch vom Handikap des öffentlichen Auftrags betroffen hielt) – ein Wildwuchs an Subventionen entstanden, der unter dem Gesichtspunkt, ob es sich um ausgleichende oder bevorzugende Interventionen handelt, schwer zu durchforsten ist. Angeregt durch den Bericht der Bundesregierung über „Wettbewerbsverschiebungen im Kreditgewerbe und Einlagensicherung" von 1968 hat dennoch ein nachhaltiger Rodungsprozeß begonnen. Die Steuer- und Bewertungsprivilegien einzelner Sparten des Kreditgewerbes dürften weitgehend abgebaut sein.

2.2.2.2.2. Liquiditätsgrundsätze

Liquiditätsregeln zielen im wesentlichen auf Begrenzung der Fristentransformation: Illiquide Anlagen sollen die Summe langfristiger Finanzierungsmittel nicht übersteigen, die aus Eigenkapital (in der Rolle der Finanzierungs-, nicht Haftungsmasse!), entsprechend terminierten Verbindlichkeiten und einem „Bodensatz" aus kürzerfristigen Verbindlichkeiten gebildet wird. Ebenso sollen die kurz- und mittelfristig gebundenen Vermögenswerte nicht die als fristkongruent angesehenen Finanzierungsmittel bzw. jene langfristigen Finanzierungsmittel, welche durch das langfristige Aktivgeschäft nicht in Anspruch genommen sind, übersteigen.

Mit den Liquiditätsgrundsätzen ist höchstens eine Annäherung an die **„Goldene Bankregel"** gelungen, wonach langfristig gebundene Vermögenswerte durch Eigenkapital und langfristiges Fremdkapital finanziert werden sollen, kurzfristig gebundene Vermögenswerte daneben auch durch kurzfristiges Fremdkapital „gedeckt" sein kann. Beispielsweise sind die Fristenkategorien sehr breit und zudem auf vereinbarte Laufzeiten statt Restlaufzeiten abgestellt.

2.2.2.2.3. Kreditregeln

Die aufsichtsrechtliche Erfassung des Kreditgeschäfts beinhaltet quantitative und qualitative Ordnungsnormen, die insbesondere **„Großengagements"** (als Summe aus Krediten, Beteiligungen, Schuldverschreibungen und nichtbilanzierungspflichtigen Forderungen im Verhältnis zu einem einzigen Unternehmen) betreffen. Derartige Großengagements liegen vor, wenn der Betrag 15% des haftenden Eigenkapitals übersteigt. Das einzelne Engagement darf 75% des haftenden Eigenkapitals nicht übersteigen, für die fünf größten Großengagements ist beim Dreifachen, für alle Großengagements zusammen beim Achtfachen des haftenden Eigenkapitals ein Limit gesetzt. Bei Gewährung von Großkrediten, Millionenkrediten und Krediten an dem Kreditinstitut nahestehende Personen und Unternehmen (Organkredite) sind bestimmte Entscheidungsprozeduren und Anzeigepflichten zu beachten.

Die getroffene Regelung ist nicht konsequent, indem sie bestimmte Kreditarten (Real-, Kommunalkredit) ausnimmt und einen eventuellen Risikoverbund von Krediten an verschiedene Unternehmen unberücksichtigt läßt. Andererseits behindert sie die Ausbildung eines Trennsystems, indem Kredite an Banken einbezogen sind, wodurch eine Spezialisierung in „Depositen"-banken und „Kredit"-banken am fehlenden Bindeglied „Großengagement" scheitert.

2.2.2.3. Gefahrregeln

Das Aufsichtsrecht hat sich auf dem schmalen Grat zwischen dem marktwirtschaftlichen Gebot der Unternehmensfreiheit und dem sozialstaatlichen Schutzprinzip zu bewegen. Darum ist vorbeugende Gefahrenabwehr sein beherrschender Gedanke. Im Gefahrenfalle sind mit zunehmender Dominanz der sozialstaatlichen Belange entsprechend stärkere Einwirkungs- und Eingriffsmöglichkeiten eröffnet. Der Maßnahmenkatalog umfaßt Anweisungen für die Geschäftsführung eines Kreditinstituts ebenso wie – durch Rechtsverordnung der Bundesregierung – einzuräumende Moratorien für ein Kreditinstitut, für einzelne Bankgeschäfte, Bankengruppen oder sogar alle Kreditinstitute.

2.2.3. Kartellaufsicht

Während die Fachaufsicht durch vorbeugende Gefahrenabwehr den Bestand der Bankwirtschaft sicherstellen, folglich auch „auskömmliche" Konditionen gewährleisten will und solche äußerstenfalls durch Reaktivierung der seit 1967 nicht mehr ausgefüllten Ermächtigung zu Zins- und Provisionsanordnung (§ 23 KWG) erzwingt, ist die Kartellaufsicht darauf gerichtet, die Bankwirtschaft daran zu hindern, im Wege mißbräuchlicher Markt- und Wettbewerbsbeschränkung volkswirtschaftlich unerwünschte Konditionen durchzusetzen. Die unterschiedlichen Aufgabenschwerpunkte von Fach- und Kartellaufsicht bergen eine Konfliktgefahr in sich, umso mehr, als Banken und Vereinigungen von Banken vom **kartellrechtlichen Verbotsprinzip** ausgenommen und stattdessen der **Mißbrauchsaufsicht** unterworfen sind. Dies wird mit der „Sonderstellung" der Banken begründet und mit Argumenten belegt, die zum großen Teil auch für die Rechtfertigung der Fachaufsicht herangezogen werden, wiewohl diese im Kern andere Ziele verfolgt. Die Sonderstellung der Banken wird meist daraus abgeleitet, daß die Banken im Passivgeschäft zum Geldumlauf beitragen, was jedoch hoheitliche Kontrolle und damit Absonderung vom Wettbewerb verlange. In dasselbe Argumentationsschema gehört die Behauptung, Banken bedürften als Medium und Partner der Geld- und Währungspolitik einer Abkopplung von marktwirtschaftlichen Effizienzkriterien. Schutztheoretische Positionen beziehen sich auf das mit Hilfe von Subventionen erreichte Vordringen öffentlich-rechtlicher Institute, einer daraus resultierenden ruinösen Konkurrenz und den Anspruch der privaten Banken auf Wettbewerbsbeschränkung zur Bewahrung der differenzierten Bankenstruktur. Analog wird dem Bankenwettbewerb nur in Form des Gruppenwettbewerbs eine Chance gegeben. Sparkassen und Kreditgenossenschaften bildeten von Anfang an im jeweiligen Verbund nicht konkurrierende Einheiten. Ihre geschäftspolitische Neuorientierung erzeugte bei den übrigen Universalbanken einen Nachholbedarf an Kollektivverhalten. Die Argumentationslinie ist in der **„Gegengift-These"** verallgemeinert: Auf einem unvollkommenen Markt (wie dem für Einlagen und Kredite) sei ein funktionsfähiger Wettbewerb nur durch korrespondierende Beschränkungen herstellbar.

Gegen diese Pro-Stimmen lassen sich jeweils Contra-Argumente ins Feld führen, die meist als schlagkräftiger eingeschätzt werden. Aktiv- und Passivgeschäft der Banken stehen beispielsweise in funktionellem Zusammenhang, so daß eine Dichotomie von marktwirtschaftlich organisiertem Aktivgeschäft und hoheitlich gestaltetem Passivgeschäft gekünstelt ist. Währungspolitik muß auch unter Wettbewerbsbedingungen für die Adressaten wirksam sein, darf sich freilich dann nicht an – vielleicht – traditionelle, als systemfremd erkannte Instrumente (ggf. Mindestreservepolitik) klammern. Die Marktunvollkommenheiten werden – allerdings mit abnehmender Verbreitung und Intensität – oft vom Staat geschaffen, so daß „Gegengift" verzichtbar ist, wenn das Gift nicht verabreicht wird. Wettbewerb hat bei genauem Hinsehen allemal Vorrang vor der angeblichen Effizienz von Wettbewerbsbeschränkungen.

Unbeschadet dessen ist das Sonderstellungs-Dogma – zu Zeiten und in der Folge des Erlasses des ersten Kreditwesengesetzes von 1934 noch kontrovers diskutiert – nahezu unreflektiert in den Begründungszusammenhang des Gesetzes gegen Wettbewerbsbeschränkungen von 1957 und des KWG 1961 übernommen worden.

13. Banken

Wettbewerbsbeschränkende Zusammenschlüsse
- auf Eigentums- und Kapitalbasis sowie
- auf vertraglicher Basis

haben in Deutschland etwa hundertjährige Tradition.

Erstere hatten vielfältige Triebkräfte. Dazu zählt das Aufkommen der öffentlich-rechtlichen und genossenschaftlichen Bankenkörper. Bankenkrisen, die regelmäßig den Gründungswellen folgten und gleichermaßen exogene wie endogene Ursachen hatten, waren im Ergebnis ebenfalls Auslese- und Konzentrationsvorgänge. Und nicht zuletzt erzwangen die wachsenden Dimensionen des Industriekredits Kooperationsformen, die sich oft von Ad-hoc-Konsortien über Dauerkonsortien zu Konzernverflechtungen steigerten.

Die Jahre um 1920 bildeten den Höhepunkt dieser Entwicklung. Nach Gründung der Bundesrepublik hat – von der Rekonzentration der Großbanken abgesehen – vor allem die Zusammenführung von Universal- und Spezialbanken Aufsehen erregt. Kartellrechtlich konnte gegen diese Zeitströmung nichts ausgerichtet werden.

Die Verbandsbildung war in dieses Geschehen einbezogen, und zwar wechselnd in der Ursache- und Wirkungseigenschaft, aber auch wechselnd als Schubkraft für kapitalmäßigen oder vertraglichen Zusammenschluß. Bei den Kreditbanken ging Verbandsbildung (anders als beim Sparkassen- und Genossenschaftssektor) mit **Kartellierung** einher.

Frühes Beispiel ist die Berliner Stempelvereinigung von 1883 zur Interessenvertretung in strittigen Steuerfragen. Es folgte 1894 ein Berliner Zinskartell, das in regionalen Zirkeln Schule machte. Die überregionalen „Allgemeinen Abmachungen der Vereinigungen von Banken und Bankiers" von 1913 kamen nicht zuletzt auf Betreiben der *Reichsbank* zustande, welche sich – irrtümlich – aus dem Konditionenkartell eine Bereitschaft der Banken zu höherer Reservehaltung versprach. Eine Querverbindung dieses Kartells zum Sparkassen- und Genossenschaftssektor wurde 1928 hergestellt und 1931 durch die Notverordnung des Reichspräsidenten gefestigt, welche das „Zinsabkommen der Spitzenverbände des deutschen Bankgewerbes" von 1932 initiierte und dessen Allgemeinverbindlichkeit sicherstellte. Das im Anschluß an das KWG 1934 durch den *Zentralen Kreditausschuß des Bankgewerbes* erweiterte und 1936 für allgemeinverbindlich erklärte Zinsabkommen wurde nach dem Krieg von den Bankaufsichtsbehörden der Länder materiell übernommen. Auch das KWG 1961 sanktionierte in § 23 die Regulierung. Die 1965 auf dieser Grundlage erlassene Zinsverordnung hob das *Bundesaufsichtsamt für das Kreditwesen* jedoch schon zwei Jahre später auf. Damit war eine Epoche staatlicher Zinsregulierung zu Ende gegangen. Umso dringlicher stellte sich jedoch die Frage, inwieweit die Banken (und Bankenverbände) die Tradition der Wettbewerbsbeschränkung fortsetzen dürften.

In § 1 des Gesetzes gegen Wettbewerbsbeschränkungen von 1957 sind prinzipiell alle Verträge und Beschlüsse von Unternehmen und Unternehmensvereinigungen für unwirksam erklärt, die geeignet sind, die Erzeugung oder die Marktverhältnisse für den Verkehr mit Waren oder gewerblichen Leistungen durch Beschränkung des Wettbewerbs zu beeinflussen. In § 102 Abs. 1 Satz 1 GWB werden jedoch Wettbewerbsbeschränkungen im Zusammenhang mit Tatbeständen, die der Genehmigung oder Überwachung nach dem KWG unterliegen, von den Vorschriften des § 1 GWB ausgenommen. Die Kartellbehörde kann lediglich, gemäß § 102 Abs. 2 GWB, im Einvernehmen mit der Fachaufsichtsbehörde Maßnahmen untersagen und Verträge und Beschlüsse für unwirksam erklären, die einen Mißbrauch der durch Freistellung vom Verbotsprinzip erlangten Stellung auf dem Markt beinhalten. Die Umwandlung des Verbotsprinzips in einen Mißbrauchstatbestand erfaßt alle entsprechenden Verträge, Beschlüsse und (Verbands-)Empfehlungen, sofern sie angemeldet werden.

Unbeschadet dessen, daß die übrigen Bestimmungen des Kartellgesetzes – beispielsweise das Verbot abgestimmten Verhaltens (§ 25 Abs. 1 GWB) – auch für Kreditinstitute gelten, ist die geschaffene **Bereichsausnahme** eine Durchbrechung des marktwirtschaftlichen Ordnungsprinzips, die umso schwerwiegender ist, je weniger von einer aus wirtschaftlichen Gegebenheiten des Bankgeschäfts erwachsenden, unabdingbaren Sonderstellung ausgegangen werden kann. Die Bedenklichkeit steigt, weil die Kartellaufsicht bei Verfügungen an das Einvernehmen mit der Fachaufsichtsbehörde gebunden ist, die – wie auch ihre mehr als 30jährige Liaison mit der Zinsregulierung zeigt – dem Gewerbeschutzgedanken nähersteht als der Wettbewerbsidee. Eine Blockierung der Mißbrauchsaufsicht hat das *Kartellamt* wiederholt zum letzten Mittel, der Ersetzung des Einvernehmens durch Weisung des zuständigen Ministeriums, greifen lassen – mit zweifelhaftem Erfolg allerdings.

2.2.4. Regulierungsprobleme in offenen Volkswirtschaften

Die Effizienz der Bankenregulierung ist durch den internationalen Rückhalt der Kreditinstitute erheblich beeinträchtigt.

In den 50er Jahren wuchsen mit dem Außenwirtschaftsverkehr auch die Banken wieder in den Weltmarkt hinein. Diese Entwicklung verstärkte sich ab der zweiten Hälfte der 50er Jahre mit Erreichen der faktischen und schließlich rechtlich statuierten Konvertibilität, die dem internationalen Kapitalverkehr Auftrieb verlieh. Als in den 60er Jahren das chronische amerikanische Zahlungsbilanzdefizit die internationale Liquidität anschwellen ließ und – zunächst amerikanische – Eurobanken lukrative Geschäfte damit machten, suchten auch immer mehr deutsche Banken einen Platz in den Oasen des „free banking". Das Wiederaufleben von Protektionismus und der daraus resultierende Zwang, Marktanteile über Direktinvestitionen zu gewinnen oder zu verteidigen, förderten ebenfalls die Internationalisierung des Bankwesens. Sie erhielt zusätzliche Dynamik durch erhöhte Währungsrisiken nach dem Zusammenbruch des Systems von Bretton Woods und durch das Avancieren der D-Mark zur Reservewährung im Laufe der 70er Jahre.

Die Rückkehr der deutschen Banken auf den Weltmarkt vollzog sich im Wandel vom Außenhandelsbankgeschäft zu „international banking". Die ersten Formen waren Korrespondenzbank-Beziehungen, Banken-Clubs und Konsortium-Banken (als Gemeinschaftsgründungen von Banken aus verschiedenen Ländern für bestimmte Leistungen). In den 70er Jahren gesellten sich dazu die Institutionen des Alleinvertriebs: Repräsentanzen (zur Geschäftsanbahnung), Filialen (eigene Präsenz), Tochterbanken (rechtlich selbständig, in 100%igem Besitz) und Beteiligungen.

Durch Beteiligungen an Tochtergesellschaften und verstärkt noch durch Beteiligungsketten sind Kreditinstitute in der Lage, bei konstanter Eigenkapitalbasis ein zunehmendes Kreditvolumen aufzubauen, ohne mit aufsichtsrechtlichen Grenzen, z. B. der Solvenzregel (Grundsatz I), in Konflikt zu geraten. Darin liegt ein betriebswirtschaftlicher Vorzug, aber eine volkswirtschaftliche Problematik. Sie nimmt an Schärfe zu, wenn die Beteiligungen im Ausland gehalten werden, wohin weder Auge noch Arm der deutschen Bankenaufsicht reichen. Es handelt sich nicht nur um ein Risikoproblem, sondern auch um ein Wettbewerbsproblem: Konzerne belegen das Eigenkapital mehrfach mit Krediten und erweitern den Kreditspielraum ggf. zusätzlich durch Nutzung geringerer bankaufsichtlicher Erfordernisse im Ausland.

Auf der Basis eines Gentlemen-Aggreements versucht man seit 1981 diese Sicherheits- und Wettbewerbsbeeinträchtigungen auszuräumen. Die Bankenaufsicht soll

Tabelle 4: Präsenz deutscher Banken im Ausland (Stand: 30.6.1979)

Bank	Niederlassungen/ Tochtergesellschaften			Repräsentanzen			Bankbeteiligungen		
	1973	1976	1979	1973	1976	1979	1973	1976	1979
Deutsche Bank	2	5	17	16	16	18	32	32	32
Dt. Überseeische Bank	5	4	–						
Dresdner Bank	6	8	10	7	11	14	16	15	14
Dt. Südamerik. Bank	13	13	13						
Commerzbank	3	7	13	9	10	19	37*	39*	31*
Bayerische Vereinsbank	1	5	8	5	7	11	15	17	16
Westdeutsche Landesbank	2	3	5	4	4	6	8	7	10
Hypo-Bank	1	1	4	–	1	8	4	6	5
Bayerische Landesbank	1	1	2	–	1	4	2	2	2
DG Bank	–	1	5	–	1	1	2	3	4
BHF Bank	–	2	4	–	2	3	8	10	10
BfG	1	1	3	3	4	2	3	5	5

* Inklusive sonstiger Finanzierungsinstitute.
Quelle: Reimpell, P., Wege der Bankenexpansion im Ausland, in: Die Bank 12/1980, S.561.

auf der Grundlage konsolidierter Ausweise gehandhabt werden. Dennoch ist die Situation wegen der Freiwilligkeit und der Beschränkung des Erfassungskreises auf Tochterinstitute, die (nahezu) vollständig der deutschen Mutterbank gehören, noch unbefriedigend.

2.3. Sicherungssystem

Das Bankgeschäft steht und fällt mit der finanziellen Intermediation und Transformation auf der Basis von Einlagen. Damit ist die Kreditwirtschaft aber auch extrem runanfällig. Das Runphänomen zeichnet sich dadurch aus, daß Einleger kaum Reaktionen zeigen, wenn sich – beispielsweise unter scharfem Wettbewerb – die wirtschaftliche Situation der Banken verschlechtert, doch eine Gefahr für die Sicherheit der Guthaben (noch) nicht gesehen wird; die Verzinsung der Guthaben spielt eine untergeordnete Rolle. Zeichnet sich hingegen die Gefahr einer Illiquidität ab, kommt es zu hastigen und verbreiteten Abhebungen. Diesem Publikumsverhalten ist bankpolitisch Rechnung zu tragen. Es geschieht durch gemeinschaftliche Vorkehrungen zur Einlagen- und Unternehmenssicherung.

2.3.1. Einlagensicherung

Neben dem staatlichen Aufsichtssystem, das zwar keineswegs ausschließlich, aber doch wesentlich dem Gläubigerschutz dient, existiert in der Bundesrepublik ein Sicherungssystem mit Vorkehrungen gegen Verluste, die überwiegend unteren und mittleren Einkommensschichten angehörige Konteninhaber träfen.

Derartige Hilfsfonds wurden im Genossenschaftssektor bereits zu Beginn der 30er Jahre geschaffen und nach den Erfahrungen mit der Bankenkrise zu Sicherungseinrichtungen auf Reichsebene und zugunsten aller Einlagen in unbegrenzter Höhe ausgebaut.

Bald nach dem Kriege bildeten sich ähnliche Fonds auch im Sparkassensektor. Ein sogenannter Feuerwehrfonds zugunsten von Spargeldern wurde 1966 vom *Bundesverband des privaten Bankgewerbes* nach dem Vorbild des schon 1959 gegründeten Bayerischen Bankenfonds eingerichtet. Den entscheidenden Ansporn erhielt der Gedanke, ergänzend zum haftenden Eigenkapital Sicherungsfonds vorzusehen, durch Erwägungen der Bundesregierung von 1968, eine allgemeine Einlagensicherung einzuführen, wenn es nicht gelänge, das bestehende System der verschiedenartigen Anstrengungen einzelner Gruppen in seiner Wirkung zu verbessern und auf eine für den Wettbewerb kostenneutrale Grundlage zu stellen. Genossenschafts- und Sparkassensektor verschlossen sich dem Appell für ein allgemeines System, so daß der *Bundesverband deutscher Banken* einen eigenen – reformierten – Gemeinschaftsfonds errichtete.

Zur Zeit existieren nebeneinander die Sicherungseinrichtungen
- der Kreditgenossenschaften,
- der Sparkassen- und Girozentralen,
- des *Bundesverbandes deutscher Banken* (endgültig institutionalisiert mit Statut von 1976).

Die Mittel werden nach dem Umlage-, nicht nach dem Versicherungsprinzip aufgebracht. Das Vermögen ist, gemessen an den Guthaben, für deren Sicherung es gedacht ist, allerdings noch verschwindend gering. Im Effekt handelt es sich um eine Auffanglinie, die von großen Instituten für Ausfälle kleiner Institute oder von vielen Instituten für Ausfälle bei wenigen, nicht allzu großen Instituten geschaffen wurde. Die Einlegerentschädigung beim *Herstatt*-Zusammenbruch (1974) mußte durch eine vom *Bundesverband deutscher Banken* organisierte Solidaritätsaktion sichergestellt werden. Die Ad-hoc-Aktion erinnert gleichsam an das zweite, aus Solidarität und gesamtwirtschaftlicher Verantwortung geknüpfte Sicherungsnetz, dem zweifellos vorrangige Bedeutung zugemessen werden muß.

Entsprechend dem Wachstum der ständigen Fonds wird zusehends der Katalog gesicherter Guthabenarten erweitert und die Entschädigungsgrenze erhöht. Rechtsansprüche auf Entschädigung werden freilich nach wie vor nicht zugestanden.

Als flankierende Maßnahme zur Förderung der Sicherungssysteme ist die – seit 1976 – im KWG verankerte Anhörung der Verbände vor Erteilung einer Erlaubnis zum Betreiben des Einlagengeschäfts zu verstehen. Dies und die (quasi-hoheitliche) Prüfungstätigkeit der Verbände im Zusammenhang mit der Einlagensicherung haben nachdrücklich dazu beigetragen, Verbands-, Aufsichts- und Sicherungssysteme zu verzahnen.

2.3.2. Unternehmenssicherung

Die Einlagensicherungssysteme sind bereits mehrfach ihrer Aufgabe gerecht geworden: Einleger wurden nach Schließung der Bank entschädigt oder mußten nicht entschädigt werden, weil dank des Eintretens der Sicherungseinrichtung ein Zusammenbruch verhindert wurde. Gefahrenabwehr im letzteren Sinne bedeutet jedoch schon mehr als nur „Einlagen"-Sicherung, sie ist Unternehmenssicherung.

Von der Einlagensicherung getrennte Fonds, welche zum Zwecke der Unternehmenssicherung die Aufgabe haben, ein Konkurs- oder Vergleichsverfahren abzuwenden, bestehen vor allem im Genossenschaftssektor schon seit längerer Zeit. Sie sollen die Genossen davor schützen, einer etwaigen Nachschußpflicht zu verfallen.

Seit 1974 verfolgt die *Liquiditäts-Konsortialbank GmbH* (Frankfurt) den Zweck, allen bonitätsmäßig einwandfreien Kreditinstituten bei vorübergehenden Liquiditätsschwierigkeiten die bankmäßige Abwicklung des Zahlungsverkehrs zu ermöglichen. Sie gibt dazu Kredite, legt Gelder ein oder kauft Wechsel an. Auch andere zweckdienliche Geschäfte sind erlaubt. Als Geschäftsgrundlage verfügt sie über ein eingezahltes Kapital von 250 Mio. DM, das durch Nachschüsse auf 1 Mrd. DM aufgestockt werden kann. Es bestehen im Bedarfsfalle außerdem eine Rediskontlinie der *Deutschen Bundesbank* und Rückgriffsmöglichkeiten auf Marktmittel. Am Stammkapital beteiligt sind
- die *Deutsche Bundesbank* (30%),
- Mitglieder des *Bundesverbandes deutscher Banken* (30%),
- Mitglieder des *Deutschen Sparkassen- und Giroverbandes* (26,5%),
- die *Deutsche Genossenschaftsbank* (11%),
- die *Bank für Gemeinwirtschaft* (1,5%),
- der *Wirtschaftsverband Teilzahlungsbanken* (1%).

Einrichtungen der Unternehmenssicherung bedürfen unter dem Gesichtspunkt der Wettbewerbskonformität besonders argwöhnischer Begutachtung. Denn die Effizienz der marktwirtschaftlichen Ordnung steht und fällt mit dem Ausleseprozeß, der Ressourcen für eine bessere Verwendung freisetzt. Zweifellos gibt es aber Situationen, in denen Unternehmenszusammenbrüche per Saldo volkswirtschaftliche Verluste bewirken. So muß bei allgemeinen Vertrauenseinbrüchen, die zu massenhaftem Abzug von Zentralbankgeld führen, der „lender of last resort" auf den Plan treten. Die Kreditinstitute können sich vernünftigerweise nicht gegen eine solche Vertrauenskrise schützen, ohne ihre in langer Entwicklung ausgereifte Eigenschaft des Transporteurs und Transformateurs von Finanzkapital zu verlieren. Auch bei partiellen Bankkrisen liegt Unternehmenssicherung im volkswirtschaftlichen Interesse, vorausgesetzt, daß die Geschäftsführung nach den bewährten Regeln des Bankgeschäfts erfolgte, daß die Schwierigkeiten im Bereich der Liquidität auftreten und daß sie offenkundig vorübergehender Natur sind.

3. Bankenwettbewerb

3.1. Marktstruktur

Wichtige Voraussetzung für Wettbewerb ist stets eine Marktstruktur, die Akteure mit rivalisierenden Interessen umfaßt, deren Entfaltungsmöglichkeit wiederum in wirtschaftlicher Gleichrangigkeit verankert ist. Rivalität hat solchermaßen eine Chance, prinzipiell auf jeder der beiden Marktseiten und zwischen diesen Seiten zum Tragen zu kommen. Im Kreditwesen erhält sie mit den verschiedenen Sparten des Bankgeschäfts, den Aktiv-, Passiv- und Dienstleistungsgeschäften, eine zusätzliche Dimension. Die strukturellen Aspekte des Outputs müssen darüber hinaus um diejenigen des Inputs der bankbetrieblichen Produktion noch ergänzt werden.

3.1.1. Angebotsstruktur

Aus der Marktstruktur kann zwar nicht unmittelbar auf das Verhalten der deutschen Kreditwirtschaft geschlossen werden, doch ein gewisser Einfluß ist unbestreitbar. So sind insbesondere folgende Gegebenheiten konkurrenzwirtschaftlich aktivierend:

- Das Nebeneinander von Universal- und Spezialbanken sowie von Ausgleichskalkulation im Rahmen eines breiten Leistungssortiments einerseits und von Einzelkalkulation andererseits;
- die Koexistenz von Banken mit privaten und öffentlichen Trägern;
- das Auftreten von Kreditinstituten mit unterschiedlicher Unternehmensverfassung, nämlich privaten, öffentlich-rechtlichen und genossenschaftlichen Instituten, sowie entsprechend unterschiedlichen Geschäftsphilosophien (Gewinnorientierung, Gemeinnützigkeit, Förderungsprinzip);
- die polypolistische Bankstellenstruktur.

Was die **Bankstellenstruktur** anbelangt, so beleuchtet sie schlaglichtartig die Problematik einer polypolistischen Marktstruktur und eines Anbieterwettbewerbs, der sich als Qualitätswettbewerb äußert: Die volkswirtschaftlichen Kosten der Intermediation werden einerseits gesenkt, wenn Bankstellen bequem erreichbar, d.h. Transaktions- und Informationskosten der Bankkunden niedrig sind. Andererseits bedeutet ein dichtes Netz von Bankstellen starke Inanspruchnahme von Ressourcen, also hohe volkswirtschaftliche Kosten.

Die konkrete Gestalt der gegenwärtigen Bankstellenstruktur ist das Ergebnis zweier entgegengesetzter Entwicklungstendenzen: Die Zahl der Kreditinstitute hat sich im Verlauf des letzten Vierteljahrhunderts durchwegs verringert, die der Zweigstellen durchwegs erhöht. Die expansive Tendenz überwog. Drastische Abnahmen bei den selbständigen Instituten verzeichnen Sparkassen und Kreditgenossenschaften. Bei den ersteren ist es auf Gebietsreformen zurückzuführen, bei den letzteren waren Rationalisierungsbemühungen, die Fusionen nahelegten, ausschlaggebend.

Die Zweigstellenexpansion wurde 1958 durch eine Entscheidung des *Bundesverwaltungsgerichts* möglich. Das Gericht stellte fest, daß Bedürfnisprüfung dem Art. 12 Abs. 1 des Grundgesetzes widerspreche, da sie nur dem Schutz der Kreditinstitute vor Konkurrenz diene, durch lebenswichtige Interessen der Allgemeinheit jedoch nicht geboten sei. Seit 1962 genügt eine Anzeige der Zweigstellenerrichtung an die Bankenaufsicht. Die oben aufgeworfene Kostenfrage der durch die ordnungspolitischen Maßnahmen eingeleiteten Entwicklung läßt sich nicht abschließend beantworten. Zwar hat sich die bankbetriebliche Faustregel bestätigt, daß ein Ausbau des Zweigstellennetzes zu besserem Einlagengeschäft, besserer Kundenstruktur und intensiviertem Dienstleistungsgeschäft mit entsprechendem „Bodensatz" führt. Doch diese Erscheinung liegt auch in den unabhängig von den Wettbewerbsanstrengungen der Banken verstärkten Intermediationsanforderungen der Zeit begründet. Die Marktanteile veränderten sich jedenfalls nicht entscheidend, und der Höhepunkt der

Tabelle 5: Zahl und Entwicklung der Bankstellen (Stand Ende 1981)

Bankengruppe	Kredit-institute	Zweig-stellen	Veränderungen 1957 = 100	
			Kredit-institute	Zweig-stellen
Kreditbanken	243	5912	66,8	308,4
Großbanken	6	3125	75,0	397,1
Regionalbanken und sonstige Kreditbanken	99	2465	103,1	241,7
Zweigstellen ausländischer Banken	55	46	366,7	766,7
Privatbankiers	83	276	33,9	265,4
Girozentralen	12	312	85,7	163,4
Sparkassen	598	16973	68,7	207,2
Genossenschaftliche Zentralbanken	10	47	52,6	52,8
Kreditgenossenschaften	3933	15799	33,3	685,4
Realkreditinstitute	38	31	86,4	163,2
Private Hypothekenbanken	25	23	100,0	287,5
Öffentlich-rechtliche Grundkreditanstalten	13	8	68,4	72,7
Teilzahlungskreditinstitute	104	654	53,6	290,7
Kreditinstitute mit Sonderaufgaben	16	74	100,0	217,6

Quelle: Monatsberichte der Deutschen Bundesbank für März 1982, S.45*.

aggressiven Zweigstellenpolitik ist definitiv überschritten, was auf ein Durchschlagen der Inputbelastung schließen läßt. Man kann darin Anzeichen einer vom Markt erzwungenen Korrektur jener Wettbewerbsstrategie verstehen, die im Massengeschäft an die Stelle des **Preiswettbewerbs** den **Qualitätswettbewerb** setzte.

Hinsichtlich ihrer wettbewerbspolitischen Relevanz bedürfen folgende Strukturmerkmale einer näheren Untersuchung:
- die Geschäftsvolumenstruktur;
- die Konzernstruktur;
- das Verbundsystem.

Nach Maßgabe der **Geschäftsvolumenstruktur** zeigt sich der Markt von vielen unbedeutenden und wenigen beherrschenden Instituten besetzt.

Allerdings eignet sich das Strukturmerkmal nicht für eine Beurteilung im Sinne des Marktformenschemas. Denn die wettbewerbsrelevanten Aktionseinheiten decken sich nicht mit den die Geschäftsvolumenstruktur bestimmenden Einheiten, welche im wesentlichen nach dem Kriterium rechtlicher Selbständigkeit gebildet sind. Die wettbewerbsrelevanten Aktionseinheiten müssen vor allem unter Berücksichtigung von Konzernverflechtung und öffentlich-rechtlichem oder genossenschaftlichem Verbund abgegrenzt werden.

Die direkte und indirekte, durch Beteiligungserwerb zustandegekommene **Konzernverflechtung** innerhalb der Kreditwirtschaft ist beträchtlich. Von 336 durch die Studienkommission „Grundsatzfragen der Kreditwirtschaft" befragten Kreditinstituten meldeten 138 Unternehmen 402 Interbankbeteiligungen mit einem Nominalwert von 2,2 Mrd. DM für Ende 1974. Das haftende Eigenkapital aller Kreditinstitute belief sich zum selben Zeitpunkt auf 44 Mrd. DM. Das Beteiligungskarussell drehte sich nach Feststellung der Kommission, aber auch in der Folgezeit, sehr rasch.

Tabelle 6: Gliederung der monatlich berichtenden Kreditinstitute nach Größenklassen (Stand 1981)

Geschäftsvolumen in Mio. DM	Anzahl der Kreditinstitute in vH	Gemeinsames Geschäftsvolumen in vH
unter 1	0,2	.
1 bis " 5	0,7	.
5 " " 10	0,4	.
10 " " 25	2,7	.
25 " " 50	20,3	2
50 " " 100	26,3	4
100 " " 500	32,3	19
500 " " 1 000	7,6	11
1 000 " " 5 000	7,0	42
5 000 und mehr	2,3	22
insgesamt	100	100

Quelle: Monatsberichte der Deutschen Bundesbank für März 1982, S. 44*.

Der Vorgang muß als Spielart des Größenwachstums angesehen werden, wie es sich in Stand und Entwicklung der Geschäftsvolumina spiegelt und im Zuge von verstärkten betrieblichen Aktivitäten sowie Unternehmensverschmelzungen eintrat. Im Sinne der Outputinteressen war es von den wettbewerbspolitischen Motivationen getragen, die Bankleistungen dem Konkurrenzangebot anzupassen und per Saldo das Sortiment zu erweitern. Die Interdependenz von Aktiv- und Passivgeschäft liegt ohnedies in der Logik der finanziellen Intermediation. Sie hat geschichtlich die Annäherung von Kreditbanken, Sparkassen und Kreditgenossenschaften beflügelt. Im **Sortimentwettbewerb** kommt darüber hinaus die Möglichkeit zum Tragen, durch Aufnahme des Dienstleistungsgeschäfts sich dessen „Bodensatz" zu erschließen oder volkswirtschaftliche Ersparnisse zu „privatisieren", welche mittels kundennaher bankmäßiger „Betreuung aus einer Hand" zu gewinnen sind. Die Absicht stand Pate bei der Konzernverflechtung von Universal- und Spezialbanken. In den 70er Jahren beherrschte sie das „Hypothekenkarussell", bei dem Schachtelbeteiligungen ausgetauscht und schließlich Fusionen durchgeführt wurden. Die Universalbanken erweiterten solchermaßen ihr traditionelles zinsvariables Kreditgeschäft um das zinskonstante Darlehensgeschäft der angeschlossenen Hypothekenbanken. Diese wiederum profitierten von der Pfandbriefwerbung im spararnahen Zweigstellennetz der Universalbanken sowie von deren Komplementärfinanzierung.

Eine wechselseitige Stimulierung von Größenwachstum und Sortimentsbreite resultierte auch aus den Aktivitäten im Auslands- und Emissionsgeschäft. Wettbewerbskonsequenzen dieser Art offenbarte schon die Bankengeschichte nach Erlaß des Börsengesetzes von 1896. In jüngerer Zeit war der **Konzentrationsprozeß** im Sparkassen- und Genossenschaftssektor besonders stark davon geprägt.

Innerhalb der zuletzt genannten Systeme bestehen Beteiligungen der Unterstufen an der oder den Oberstufen. Sie sind nicht Ausdruck einer Beherrschungsabsicht, sondern des auf Funktionsteilung beruhenden **Verbunds**. Nicht die Beteiligungen, wohl aber das Größenwachstum von einzelnen Instituten haben Elemente des Nebeneinanders in die hierarchische Gliederung getragen. Unbeschadet dessen sind die in den Verbundsystemen des Sparkassen- und Genossenschaftssektors zusammengefaßten Banken und bankähnlichen Einrichtungen in der Aktionseinheit des jeweiligen Verbunds den anderen Aktionseinheiten gegenüberzustellen, deren Konzernmantel Universalbanken, Spezialbanken und sonstige Finanzunternehmen umfängt. Mit Blick auf diese Aktionseinheiten kann festgestellt werden, daß der Markt in der Nachkriegszeit immer deutlichere Konturen einer **oligopolistischen Struktur** angenommen hat. Ein marktbeherrschender Wettbewerber ist übers Ganze gesehen, aber auch auf den wichtigsten Teilmärkten, nicht auszumachen.

3.1.2. Nachfragestruktur

Die Nachfrage nach Bankleistungen der beschriebenen Aktionseinheiten ist je nach Geschäftssparte unterschiedlich strukturiert, doch lassen sich zwei Hauptformen herausstellen:
- Das **Kleingeschäft** mit einer Vielzahl von privaten und kleinen öffentlichen (kommunalen) Haushalten sowie Unternehmen bis mittlerer Größenordnung;
- das **Großgeschäft** mit Bund und Ländern, großen Kommunen und Unternehmen.

Eine Nachfrageverfassung der ersten Art ist außer an den Strukturmerkmalen auch an den Geschäftsausprägungen zu erkennen: Es handelt sich um weitgehend standardisierte Bankleistungen mit schwacher Preiskonkurrenz. Die Zweigstellenexpansion könnte als wettbewerbspolitische Ausweichstrategie, nämlich als Marktsegmentierungsversuch der Anbieter aufgefaßt werden. Er ist als solcher freilich weitgehend gescheitert. Nichtsdestoweniger hat er die Kunden in den Genuß einer Qualitätskonkurrenz gebracht.

Eine Nachfrageverfassung der zweiten Art ist durch eher maßgeschneiderte Bankleistungen zu fallweise ausgehandelten Konditionen charakterisiert. Die entsprechenden Bankkunden vermögen die volle Breite des nationalen Kreditmarktes in Anspruch zu nehmen, wobei ihnen prinzipiell auch ein Verzicht auf den Intermediationsdienst der Banken möglich ist. Darüber hinaus steht ihnen auch der internationale Markt offen, wobei im Falle von Unternehmen sowohl diejenigen Länder in Betracht kommen, in welchen die das Finanzierungsbedürfnis auslösenden Grundgeschäfte abgewickelt werden, als auch Drittländer. Eine Marktsegmentierung als Anbieterstrategie scheitert an der Tatsache, daß die Finanzierungsfunktion typischerweise eine hochzentralisierte Aktivität öffentlicher und privater Entscheidungsträger ist und z. B. räumliche Präferenzen nur eine untergeordnete Rolle spielen.

Andererseits hat sich in jüngster Zeit die Nachfrage eher von den nichtintermediierten Märkten weg auf den Bankenmarkt verlagert. Dies trifft insbesondere für die Kreditnachfrage der großen öffentlichen Gebietskörperschaften zu, die – wie Gemeinden seit eh und je – im Bankkredit eine schnell realisierbare, flexible und kostengünstige Finanzierungsform entdeckt haben.

Im Rahmen der finanziellen Intermediation findet typischerweise neben anderen Transformationsarten auch Losgrößentransformation statt. Dabei haben es die Banken zur selben Zeit mit Kundenstrukturen des ersten und des zweiten Typs zu tun, vorwiegend breiten Einlegerkreisen und einem wesentlich engeren Kreis von Kreditkunden. Daraus ergeben sich auf kurze und lange Sicht unterschiedliche Konsequenzen: Wie erläutert, herrscht im Kleingeschäft geringere Preiskonkurrenz als im Großgeschäft. Die Preisverhandlungen der Banken mit Kredit- resp. Großkunden läuft so gesehen **kurzfristig** auf einen Kampf um Anteile am Profit aus der mangelhaften Preiskonkurrenz im Einlagen- resp. Kleingeschäft hinaus.

In **längerfristiger** Perspektive ist zu erwarten, daß an die Stelle der Preiskonkurrenz im Großgeschäft verstärkt eine Qualitätskonkurrenz tritt. Sie bewirkt einerseits Redistribution zugunsten der Einleger bzw. Kleinkunden, andererseits Kostenerhöhung mit trendmäßig rückläufiger Zinsmarge der Banken und geringerem Konzessionsspielraum bei Sollzinsverhandlungen.

3.2. Marktverhalten

3.2.1. Risikoverhalten

Finanzielle Intermediation ist als banktypische Leistung Transport von Finanzkapital der Überschußeinheiten zu den Defiziteinheiten bei gleichzeitiger Fristen-, Losgrößen- und Risikotransformation. Daraus resultieren die spezifischen Risiken des Bankgeschäfts, die

- **Liquiditätsrisiken,**
- **Ausfallrisiken,**
- **Zinsänderungsrisiken.**

Ihnen ist durch Strategien Rechnung zu tragen, die auf das Einzelrisiko eines bestimmten Geschäftsabschlusses und/oder auf das Gesamtrisiko mehrerer bzw. aller Abschlüsse gerichtet sind. Im Regelfall ist davon auszugehen, daß Risiko und Rentabilität positiv miteinander korreliert sind. Um beispielsweise Einzelrisiken zu begegnen, ist im Falle des Liquiditätsrisikos (unter Vernachlässigung anderer Marktchancen) materielle Fristenkongruenz sicherzustellen oder im Falle des Ausfallrisikos u.a. eine kostspielige Kreditwürdigkeitsprüfung durchzuführen. Das Gesamtrisiko läßt sich durch Diversifikationsstrategie begrenzen. Erfahrungsgemäß ist das Schnüren von Paketen nach unterschiedlichen Geschäftsarten, Bonitäten, Volumina, Laufzeiten, räumlichen und branchenmäßigen Gesichtspunkten außerordentlich arbeitsintensiv und damit auch teuer. Davon abgesehen ist Diversifikation in sich rentabilitätsbelastend. Denn Risikoeindämmung verlangt Geschäftskombinationen mit voneinander unabhängigen oder idealerweise gegeneinander verteilten Gewinn- und Verlustchancen.

Ein „optimales" Paket in Anbetracht von Risiko und Ertrag ist nach Maßgabe sowohl der objektiven Gegebenheiten als auch der subjektiven Interessen zusammenzustellen. Der Bankenwettbewerb führt leicht zum Abbau der Hemmschwelle vor Aktivitäten mit ungünstiger Wahrscheinlichkeitsverteilung für das Geschäftsergebnis. Denn die Wahrscheinlichkeitsverteilung trifft in einer über längere Zeit ausgelegten Grundgesamtheit von Bankgeschäften zu. Die Verlustereignisse verdichten sich aber naturgemäß während gesamtwirtschaftlicher Krisenzeiten. Daraus folgt, daß in

„normalen" Perioden die Rendite resp. Zinsmarge über dem längerfristigen Erwartungswert liegt. Eine Lockerung des Risikobewußtseins verführt in solchen Zeiten zu wettbewerbspolitisch motivierter Rücknahme der Risikoprämie. Sie äußert sich vor allem in Zinskonzessionen zugunsten von Kreditkunden im allgemeinen und Großkunden im besonderen. Das beschriebene Bankenverhalten liegt also in deren unmittelbarem Interesse und wird folgerichtig von ihnen unterstützt. Schlechte Bankenrentabilität berührt auch die Einleger nicht, solange die Rückzahlung gesichert ist; die Konditionen sind, wie erläutert, ohnedies wenig interessant.

Banken, die auf dem Boden der Tatsachen, d. h. der relevanten Wahrscheinlichkeitsverteilung, bleiben, haben in „normalen" Zeiten einen schlechten Stand gegenüber Hasardeuren, oft einen nicht haltbaren Stand. Mußte aus Wettbewerbsgründen die Risikoabwehr generell vernachlässigt werden, ist das Fiasko in gesamtwirtschaftlichen Krisenzeiten umso größer. Es wird auch zu Lasten von solide gebliebenen Banken verschlimmert, wenn die Einleger um ihr Kapital fürchten und die Guthaben aufzulösen wünschen („Run"). Dadurch wird jeder Intermediation und umso mehr jeder Transformation die Grundlage entzogen.

In der zeitlichen Struktur des mit Bankgeschäften verbundenen Risikos ist folglich eine Stimulanz zu Wettbewerbsverschärfung mit ruinösen Zügen enthalten. Objektiv betrachtet liegt dieser auf Vernachlässigung des Risikoproblems hinauslaufenden Wettbewerbsverschärfung eine Qualitätsverschlechterung der Bankleistung zugrunde. Doch im Unterschied zu anderen Märkten mobilisiert die Qualitätsverschlechterung nicht den Widerstand der Kunden, die sich lange Zeit in ihrem Vermögen nicht bedroht oder geschädigt fühlen. Die Marktgegenseite ist insoweit kein Korrektiv für die im Risikoverhalten angelegte Funktionsgefährdung des Bankenwettbewerbs.

3.2.2. Leistungskumulierung

Das Bankenverhalten ist durch das Bestreben gekennzeichnet, Pakete mit vielerlei Bankgeschäften anzubieten. Dieses Bestreben hat im Typ der Universalbank sichtbarste Gestalt angenommen, aber auch Fusionen, Konzernverflechtungen und Verbundsysteme entstehen lassen. Die wettbewerbspolitische Motivation dieser Leistungskumulierung liegt darin, eine Bindungswirkung zu erzeugen und auf solche Weise Spielraum für monopolistische Konkurrenz zu gewinnen bzw. zu erweitern.

Die Einwerbung und Bewahrung von Depositen als Grundlage für Intermediation und Transformation gehören zu den vorrangigen Zielsetzungen von Banken. Einleger sind überwiegend Mengenkunden. Dem Geschäft wohnt darum schon aus Kostengründen eine Tendenz zu Standardisierung und Stabilisierung der Konditionen inne. Diese Umstände sind eher mobilitätsfördernd. Ein Gegengewicht bilden Informations- und Transaktionskosten des Institutswechsels. Während die mobilitätsfreundlichen Tatbestände dem Interesse neuer Wettbewerber entgegenkommen, dienen hohe Kostenschranken dem Interesse der am Markt etablierten Oligopolisten. Sie sind naturgemäß in der Mehrzahl. Darum stellen solche Bankwechselkosten einen wichtigen – oft durchschlagenden – Aktionsparameter dar. Sie lassen sich allerdings nicht leicht quantifizieren. Es handelt sich beispielsweise um Änderungen der Kreditfazilitäten, welche bei einem Bankwechsel zu Lasten der Kunden eintreten.

Mit dem Abzug der Guthaben verschlechtern sich die Möglichkeiten der Kreditnahme. Denn die Banken verknüpfen sie mit der Dauer der Debitorenbeziehung und den durchschnittlichen Kontoständen. Die auf der bankbetrieblichen Produktion basierende, wettbewerbspolitisch ausgebaute Kuppelprodukteigenschaft erzeugt Kundenbindung, Wettbewerbsbeschränkung und Preissetzungsspielraum. Unter volkswirtschaftlichen Gesichtspunkten resultiert daraus eine Verteuerung der Intermediation.

Auch im Verhältnis zu Unternehmen und Gebietskörperschaften besteht ein Interesse an Haupt- bzw. Hausbankbeziehungen. Im Gegensatz zur Situation bei Mengenkunden spricht beim Großgeschäft allerdings wenig dafür, daß seitens der Banken eine wettbewerbsbeschränkende Absicht – soweit vorhanden – realisiert werden kann. In aller Regel verfügen Großkunden und sogar viele mittlere Unternehmen und Kommunen über Mehrfachbankverbindungen. Der Bankwechsel bereitet damit von vornherein geringere Schwierigkeiten als im Fall der Mengenkunden, die überwiegend nur eine einzige Bankverbindung unterhalten. Dennoch sind auch im Großgeschäft Hauptbankverbindungen festzustellen. Sie beruhen jedoch meist auf gegenseitigen Vorteilen, z. B. auf einem hohen Informationsstand dank Breitband- und Dauerbeziehung, folglich niedrigeren Informationskosten und Risikoprämien, demgemäß auch günstigeren Konditionen.

Leistungskumulierung involviert auf seiten der Banken Interessenkonflikte, die tendenziell den Wettbewerb zwischen den verschiedenen Finanzierungsinstrumenten verzerren. Refinanzierungsbedarf kann Banken veranlassen, im Rahmen der Anlageberatung unter Umständen entgegen dem Kundeninteresse Einlagen vor Wertpapiererwerb zu empfehlen. Der Interessenkonflikt zwischen Einlagegeschäft und Effektenkommissionsgeschäft verhindert in solchen Fällen die Ausbildung einer optimalen Finanzstruktur.

Analog kann der Interessenkonflikt zwischen Kreditgeschäft und Effektenkommissionsgeschäft eine möglicherweise sinnvolle Zuführung von Markt- oder Beteiligungskapital zu den Unternehmen erschweren. Ähnliche Interessenkonflikte existieren zwischen Kreditgeschäft und Effekteneigengeschäft. Unbeschadet dessen haben solche Konfliktpotentiale wegen des auf allen Teilmärkten des Bankgeschäfts herrschenden Wettbewerbs als Bestimmungsfaktoren für die volkswirtschaftliche Finanzverflechtung bisher nur geringen Stellenwert.

3.2.3. Einflußkumulierung

Bankenverhalten braucht nicht nur darauf gerichtet zu sein, durch faktische Bindungen den Entscheidungsspielraum der Marktgegenseite zu beeinflussen, sondern kann die Teilnahme an deren Entscheidungsprozeß selbst zum Ziel haben. Der Wettbewerb büßt damit freilich seine antagonistische Essenz ein. Vehikel einer solchen Denaturierungsmöglichkeit sind:

- Beteiligungen an Nichtbankenunternehmen,
- Ausübung von Vollmachtstimmrechten,
- Wahrnehmung von Aufsichtsratsmandaten.

Die Situation wird durch Kumulierung dieser Zugänge zu Entscheidungsbefugnissen noch verschärft.

Beteiligungen gehen an den Lebensnerv des Wettbewerbs und zugleich an den der finanziellen Intermediation: Die Banken kontrahieren mit sich selbst, und sie sind nicht mehr Mittler zwischen Überschuß- und Defiziteinheiten, sondern mit den letzteren liierte Kapitalbeschaffer. Allerdings ist die Begründung derartiger Verhältnisse nicht immer Motivation des Beteiligungserwerbs. So rühren manche Beteiligungen aus Sanierungsaktionen her, die keinen anderen Ausweg ließen. Zustandegekommene Beteiligungen werden außerdem nicht zwangsläufig in wettbewerbs- und intermediationsschädigender Weise genutzt. Suspekt ist gleichwohl, daß Anteilsbesitz an Nichtbanken

- bei einzelnen Institutsgruppen konzentriert ist (Großbanken, Girozentralen, Regionalbanken; die zehn beteiligungsstärksten Institute halten über 75% des Anteilsbesitzes);
- überwiegend in der Größenklasse von 25%-75% liegt.

Diese Sachlage spricht für konkurrenzwirtschaftliche Absicht bei Zustandekommen und Aktivierung des Anteilsbesitzes.

In bezug auf Vollmachtstimmrechte und Aufsichtsratsmandate sind ähnliche Überlegungen anzustellen und aufgrund der Gegebenheiten auch ähnliche Schlußfolgerungen zu ziehen. Dagegen bleibt die Intermediationsfunktion weitgehend unbeschädigt. Im Gegenteil, die Zusammenballung der Vollmachtstimmrechte bei einzelnen Banken ist Begleiterscheinung zu deren Engagement bei Intermediation via Aktienmarkt, der alles in allem Stiefkind unter den deutschen Finanzmärkten ist, so daß dem Vorgang auch eine positive Seite abzugewinnen ist.

3.2.4. Kooperation und Verhaltensabstimmung

Wie erläutert, hat das Motiv „Bankleistung aus einer Hand" maßgeblich zur Bildung großer Aktionseinheiten beigetragen. Mit den hohen Anforderungen der Sortimentsverbreitung an Personal und Bearbeitungstechnik gesellten sich den absatzwirtschaftlichen Wachstumsfaktoren kostenwirtschaftliche bei. Denn die entstehenden gewaltigen Fixkostenblöcke mußten durch erhöhte Ausbringung abgefangen werden.

Der aus solchen Zwängen resultierenden Wettbewerbsverschärfung begegnete die Bankwirtschaft traditionellerweise durch Kooperation, zumindest auf Teilgebieten. Einer in den spezifischen Verhaltensweisen, besonders aber im Risikoverhalten begründeten Wettbewerbsverschärfung suchte man hingegen durch Verhaltensabstimmung die Spitze zu brechen.

3.2.4.1. Ringbildungen

Die immanente Rationalität des Effektenwesens, die Wertpapiersammelverwahrung und der Wertpapiergiroverkehr führten früh zur Kooperation. Ausprägungen dieser Kooperation waren Spezialbanken, deren Kapital sich die Kontoinhaber teilten.

Ganz entsprechend zog der bargeldlose Zahlungsverkehr Kooperationseinrichtungen nach sich. Denn eine große Bankstellenzahl einerseits und organisatorische Geschlossenheit andererseits bieten den Vorteil, Zahlungsvorgänge weitgehend ohne Zuhilfenahme von Zentralbankgeld bewältigen und Wertstellungserlöse erzielen zu können. Der Geschäftstyp ist im Kern uralt. Dennoch bildeten sich leistungsfähige überregionale Systeme für den unbaren Zahlungsverkehr erst sehr spät.

Vorgänger waren nicht die konkurrierenden Individualisten des privaten Bankgewerbes, sondern die – zwar ebenfalls privaten, aber im Geist der Selbsthilfe kooperierenden – Kreditgenossenschaften. 1868 entstand der erste Giroverband der Volksbanken. Eine breite Grundlage für den Zahlungsverkehr bot jedoch erst die 1875 errichtete *Reichsbank*. Die (großen) Kreditbanken folgten um 1900 diesem Beispiel. Im Jahre 1909 eröffneten die Post und der Sparkassensektor den Giroverkehr. Der letztere begann zunächst in regional begrenzten Bereichen (Giroverband Sächsischer Gemeinden), doch die Konkurrenz des Postscheckverkehrs löste sogleich Zentralisierungstendenzen aus (*Deutscher Zentral-Giroverband*, 1916).

In der Bundesrepublik Deutschland existieren fünf Zahlungsverkehrsnetze:
- *Deutsche Bundesbank,*
- *Deutsche Bundespost,*
- *Sparkassen* und *Girozentralen* (Spargiroverkehr),
- *Kreditgenossenschaften* und *Zentralkassen* (Genossenschaftsringverkehr),
- Großbanken, einschließlich Filialen (vier Gironetze).

Die Netze sind für den übergreifenden Verkehr kontenmäßig verknüpft.

Die *Deutsche Bundesbank* unterhält ihr Netz in Befolgung der durch § 3 des Gesetzes über die *Deutsche Bundesbank* übertragenen Aufgabe, für „die bankmäßige Abwicklung des Zahlungsverkehrs im Inland und im Ausland" zu sorgen. In Anbetracht der übrigen Systeme dienen ihre Einrichtungen dem ordnungspolitischen Zweck, ein wettbewerbsneutrales Gironetz anzubieten und damit vor allem den netzfreien Kreditinstituten konditionengünstige Wege zu eröffnen.

Für den Bankkunden hat der Postscheckdienst noch unmittelbarer als der Bundesbankservice die Bedeutung, eine Marktführerschaft in bezug auf Laufzeit- und Preispolitik auszuüben. Voraussetzung dafür sind die Rationalisierungsmöglichkeiten im Massengeschäft und Unabhängigkeit des Staatsbetriebes von Wertstellungserlösen.

3.2.4.2. Arbeitsgemeinschaften und Verbände der Bankwirtschaft

Schon die hochdifferenzierte Gruppenzusammensetzung bei den Kreditinstituten hat eine facettenreiche Verbandskultur entstehen lassen. Der föderale Aufbau der Bundesrepublik und die Tatsache, daß das „Recht der Wirtschaft" zur konkurrierenden Gesetzgebung gehört (Art. 74 Ziffer 11 GG) und die Länder ihre Kompetenz im Bereich „Bank- und Börsenwesen" wahrnahmen, taten ein übriges, zahlreiche regionale Sonder- und Unterverbände anzuregen.

Im Vergleich zur Geschichte der Banken ist die der Bankverbände kurz. Zur ersten Verbandsgründung kam es 1859 im genossenschaftlichen Bereich. Es handelte sich um ein zentrales Korrespondenzbüro und den ersten deutschen Wirtschaftsverband schlechthin. Er nahm 1862 den Namen *„Allgemeiner Verband der auf Selbsthilfe beruhenden deutschen Erwerbs- und Wirtschaftsgenossenschaften"* an. Verbandsbildung und hierarchische Entfaltung des genossenschaftlichen Bankwesens sind überhaupt nicht zu trennen. Dies gilt genauso für den Sparkassensektor, wo das dezentrale Bankgeschäft nach einem zentralen Überbau verlangte, der jedoch

– mangels Rechtsfähigkeit der Sparkassen – eines Verbandes als Träger bedurfte. Umgekehrt entwickelten die Verbände aus sich heraus Ambitionen, ihre Stellung nach innen und außen zu festigen. Nach innen zogen sie das Prüfungswesen an sich, nach außen bauten sie die jeweiligen Mittel- und Oberstufen (Zentralbanken) über die von der Unterstufe angezeigten Bedürfnisse hinaus zu Universalbanken aus.

Während derartige Interaktionen die längerfristigen Entwicklungslinien kennzeichnen, waren unmittelbare Anlässe der ersten Verbandsgründungen aktuelle Probleme; so beim *„Verband der Sparkassen in Rheinland und Westfalen e. V."* (1881) der Plan des *Reichspostministers,* eine Postsparkasse zu gründen. Analog sollte der 1901 gegründete erste *„Centralverband des Deutschen Bank- und Bankiergewerbes"* zunächst nur Schutzfunktionen wahrnehmen.

Die heute tonangebenden Spitzenorganisationen sind:
- *Bundesverband deutscher Banken e. V.* (Köln),
- *Deutscher Sparkassen- und Giroverband e. V.* (Bonn),
- *Bundesverband der Deutschen Volksbanken und Raiffeisenbanken e. V.* (Bonn).

Die Gesamtzahl der Verbände beträgt 88 (einschließlich Arbeitgeberverbände; Stand Ende 1981).

Zwischen den Verbänden bestehen über institutionelle Kanäle und nicht zuletzt auch Personalunionen mannigfache Querverbindungen. Zwei Beispiele unter vielen sind:
- *Zentraler Kreditausschuß,* ursprünglich zur Durchführung der Zinsabkommen gebildet (1932; 1953), jetzt eine Institution für gemeinsame Belange der Kreditwirtschaft;
- *Zentraler Kapitalmarktausschuß* (1957), personenbezogener Gesprächskreis von Emissions- und Konsortialbanken zur Ordnung des Kapitalmarktes mit einem ständigen Gast aus der *Deutschen Bundesbank.*

Die Existenz von Verbänden der Kreditwirtschaft ist deshalb von herausragender Bedeutung, weil durch Verbandsempfehlungen ein wettbewerbsbeeinträchtigendes **Parallelverhalten** erzeugt werden kann, das wegen der Strukturbedingungen des Sektors auf andere Weise möglicherweise nicht bewirkt werden könnte. Verbandsempfehlungen nutzen den wettbewerbspolitischen Freiraum, den die Bereichsausnahme nach § 102 des Gesetzes gegen Wettbewerbsbeschränkungen den Banken eröffnet. Damit sind sie vom kartellrechtlichen Verbotsprinzip ausgenommen und nur in die Schranken der Mißbrauchsaufsicht verwiesen. Die Verbandsempfehlungen sind zwar in erster Linie kundenorientiert, denn es wird weniger auf das Verhältnis zwischen den Banken als auf Preise und Bedingungen bei den Geschäften zwischen Banken und Nichtbankenpublikum abgestellt. Da jedoch Austausch- und Parallelprozeß eine Einheit sind, strahlen diese Empfehlungen auch auf das Verhalten zwischen den Banken aus. Aus der Sicht des *Bundeskartellamts* bewegte sich insbesondere die Praxis der Habenzinsempfehlungen nach der Zinsfreigabe im Jahre 1967 zeitweise jenseits der Mißbrauchsgrenze. An die Stelle der staatlichen Regulierung war nach Auffassung des Amts eine privatwirtschaftliche Marktordnung mit kartellähnlicher Organisation des Wettbewerbs getreten. Ziel einer derartigen Organisation ist Orientierung der Banken, Schaffung von Dispositionssicherheit und Verminderung der Reaktionszeiten, die einen Kampf um Marktanteile trotz oligopolistischer Verfassung lohnend erscheinen lassen könnten. Verbandsempfehlungen entwickeln bei den ohnedies bestehenden vielfältigen Möglichkeiten der Information und des Gedankenaustausches eine zusätzliche drängende Koordinationskraft, die den Mißbrauchsvorwurf stützen kann.

Daß Habenzinsempfehlungen in besonderem Maße Argwohn erregen, beruht auf geschichtlicher Erfahrung. Zu Zeiten der Soll- und Habenzinsregulierung wurden die Sollzinsvorgaben verbreitet durch graue Zinsen zugunsten von Großkunden unterlaufen, während die Habenzinsregelungen zu Lasten von Mengenkunden durchaus effektiv blieben. Die im Mengengeschäft liegende Chance zu Wettbewerbsbeschränkung beschwört offenbar die Gefahr herauf, daß sich Banken und Großkunden des Aktivgeschäfts auf Kosten der Mengenkunden des Passivgeschäfts schadlos halten, daß ferner die Opportunitätskosten der Geldpolitik und der Bankenregulierung mit Vorrang auf denselben Kundenkreis überwälzt werden.

Die institutionellen Regelungen geben keine absolute Gewähr, einem Mißbrauch der Bereichsausnahme wirksam zu begegnen. Verbandsempfehlungen sind lediglich anmeldungsbedürftig. Eine vollzogene mißbräuchliche Nutzung ist seitens der Behörde nachzuweisen, ehe zur Gegenwehr geschritten werden kann. Soweit überwiegende Gesichtspunkte der Gesamtwirtschaft oder des Gemeinwohls bzw. Gefahren für den Bestand des überwiegenden Teils der Unternehmen des Wirtschaftszweiges in Betracht zu ziehen sind, muß das Einvernehmen zwischen Kartellaufsicht und Fachaufsicht hergestellt oder notfalls durch Weisung der *Bundesregierung* ersetzt werden. Die Prozedur bietet demnach reichlich Ansatzpunkte für eine Blockade wettbewerbsstärkender Maßnahmen. Von einer exzessiven Nutzung dieser Blockademöglichkeiten kann gleichwohl bisher keine Rede sein, so daß man den Verbänden wettbewerbspolitisches Verantwortungsbewußtsein nicht schlankweg absprechen kann.

4. Bankenwettbewerb im Spiegel der Wirtschaftsergebnisse

Die deutsche Kreditwirtschaft ist nach Maßgabe von Kriterien wie Marktstruktur, Verhaltensweisen, Rahmenbedingungen hochdifferenziert. Darum läßt sich auch über die Intensität des Wettbewerbs keine treffende Gesamtaussage machen. Dies umso weniger, als die „Bankleistung" selbst ein außerordentlich differenziertes Produkt darstellt.

Das Merkmal eintöniger und stabiler Konditionen im Mengengeschäft, mithin weite Teile des Einlagengeschäfts betreffend, kann nicht ohne weiteres als Wettbewerbsschwäche interpretiert werden. Beobachtungen über die Zweigstellenexpansion erlauben den Schluß, daß zwar der **Qualitätswettbewerb** vor dem **Preiswettbewerb** rangiert, der Qualitätswettbewerb aber sehr heftig ist.

Beim Großgeschäft haben verhandlungsstarke Kreditkunden die Möglichkeit, auf die Konditionen Einfluß zu nehmen. Diese aus Marktbeobachtung und Streubreite von Sollzinserhebungen zu gewinnende Erkenntnis läßt sich jedoch – so wünschenswert es wäre – auf repräsentativer Basis kaum näher präzisieren. Das Spektrum der Möglichkeiten ist weit und Häufigkeitsverteilungen nicht auszumachen. Selbst in einem wettbewerbspolitisch so bedeutsamen Fall wie dem der Bankbeteiligungen an Nichtbankenunternehmungen ist nur eine Vermutung auf Wettbewerbsbeschränkung aus den Gesamtumständen herzuleiten. Keineswegs entschieden ist jedoch, ob (geschweige in welchem Umfange) Beteiligungsunternehmen bevorzugt oder benachteiligt werden.

Wie notwendig es allerdings wäre, differenzierte Feststellungen zu treffen, illustriert das Effektenkonsortialgeschäft. Viele Anzeichen sprechen hier für Wettbewerbsbeschränkung, weil der Marktzutritt sogar für Bewerber, die Finanzierungs- und Plazierungskraft besitzen, nur schwer zu erringen ist. Dennoch besteht ein deutlicher Unterschied in der Wettbewerbsverfassung von Anleihe- und Anteilsmärkten. Interessenten für Anleihefinanzierung verfügen im Gegensatz zu Interessenten für Beteiligungskapital über eine breite Palette von Finanzierungsalternativen. Sie begrenzt den Spielraum der Konsortialbanken.

Auch ein Schluß von den Wirtschaftsergebnissen auf die Wettbewerbsintensität ist fragwürdig. Das in den Statistiken auf wenige Positionen verdichtete Rechenwerk der Banken läßt ohnedies nur grobe Konturen erkennen. Im Ergebnis spiegeln sich vor allem auch grundlegend verschiedene Geschäftsphilosophien wider von Staatsbanken, Banken mit öffentlichem Auftrag, privaten Banken mit Förderungsausrichtung oder privatkapitalistischer Zielsetzung auf kürzere oder längere Sicht.

Als Indiz für die Ertragsentwicklung nimmt man üblicherweise statt des Jahresüberschusses das Betriebsergebnis. Denn im Jahresüberschuß (vor Steuern) schlagen sich – für Außenstehende nicht erkennbar – unternehmenspolitische Entscheidungen zur Bildung und Auflösung stiller Reserven nieder. In schlechten Bankenjahren wird oft zum Mittel der Auflösung stiller Reserven gegriffen, um die Bilanzoptik zu verbessern, wobei aber – in ohnedies prekärer Situation – dem Steuerfiskus Tribut gezollt werden muß. Die Mobilisierung der Kurswertreserven durch Paketverkäufe zum Zwecke der Dividendenstabilisierung ist unter Ertragsgesichtspunkten besonders schwer zu würdigen, da nicht ausgeschlossen werden kann, daß die Transaktionen mit verbundenen Gesellschaften zu nicht marktgerechten Preisen stattfinden.

Das Betriebsergebnis wird durch Zinsüberschuß und Provisionsüberschuß abzüglich Verwaltungsaufwand gebildet. Unter den positiven Komponenten dominiert der Zinsüberschuß. Für den Zeitraum von 1968 bis 1980 liegen die jährlichen Anteile des Zinsüberschusses am Geschäftsvolumen aller monatlich berichtenden Kreditinstitute (ohne Postbank und Bausparkassen) im Durchschnitt bei 1,95%; der entsprechende Wert des Provisionsüberschusses ist 0,28%. Die Spannweite der in guten und schlechten Bankenjahren registrierten Anteile ist – gemessen an den Durchschnitten – in beiden Fällen etwa gleich. Bei den Ertrags- und Aufwandskomponenten, aus denen sich jeweils die Überschüsse errechnen, ist die Spannweite naturgemäß größer. So lagen die Zinserträge zwischen 8,19% und 4,90%, die Zinsaufwendungen zwischen 6,06% und 3,09%. Die Variabilität ist offenbar – nach der Aufhebung der Zinsverordnung am 1. April 1967 – bemerkenswert groß geworden. Die Spannweite ist (wiederum gemessen an den Durchschnitten) bei den Zinsaufwendungen kleiner als bei den Zinserträgen.

Unter Konkurrenzdruck haben „die" Banken ab Mitte der 70er Jahre intensiviert Fristentransformation zur vermeintlichen Ertragsverbesserung aus der Zinsmarge betrieben. Dabei hegten sie Zinserwartungen, die durch den nachfolgenden inflations-, währungs- und geldpolitischen Zinsauftrieb enttäuscht wurden. Die Refinanzierung des (längerfristig auf vergleichsweise niedriger Sollzinsbasis fixierten) Aktivgeschäfts mußte bei unvorhergesehen hohem Zinsniveau erfolgen. Das hohe Zinsniveau ging noch dazu einher mit einer Umkehrung der Fristigkeitsstruktur der Zinssätze, welche das kurzfristige Geschäft, also vor allem auch das Passivgeschäft, besonders stark verteuerte.

Im Rückblick auf die Zeit seit der ersten großen Nachkriegsrezession (1966/67) ist keine deutliche Tendenz einer Zunahme des Zinsüberschusses bezogen auf das Geschäftsvolumen auszumachen. Insoweit läßt es sich also nicht erhärten, daß ein – möglicherweise geschärftes – Bewußtsein für Risiko (und unter Umständen gewachsenes Risiko in der Folgezeit) beim Preis der finanzwirtschaftlichen Transformationsleistungen seine Spuren hinterlassen hätte. Unbeschadet dessen könnte die Zinsmarge auch eine zu grobe Kategorie für die intendierte Analyse sein. Denn es ist nicht auszuschließen, daß sich monopolistische Produzentenrenten, die zur Zeit des Zinskartells in der Marge verankert waren, nach 1967 in marktgerechte Risikoprämien verwandelten.

Die Zinsspanne würde nach dieser Überlegung einen – im Vergleich zur Zeit vor 1968 – höheren Anteil derjenigen Preiselemente enthalten, die den gestiegenen Risiken der Losgrößen-, Fristen- und Risikotransformation Rechnung trägt. Darüber hinaus muß man vermuten, daß Funktionen des Provisionsüberschusses auf den Zinsüberschuß verlagert wurden. Dies hängt mit der Entwicklung des Kleingeschäfts zusammen. Es steht aufgrund seiner Eigenart unter besonders starkem Kostendruck. Der Gruppenwettbewerb und die Tatsache, daß sich Banken aus dem Kleingeschäft Impulse für ertragsreichere Anschlußgeschäfte versprechen, haben bewirkt, daß die spezifische Kostensituation nicht durch entsprechende Provisionsgestaltung beant-

Tabelle 7: Gewinn- und Verlustrechnung der Kreditinstitute (ohne Postdienste und Bausparkassen); Anteile in vH des jahresdurchschnittlichen Geschäftsvolumens 1968–1980

Position	Mittelwert[1]	Niedrigster[2] Wert	Höchster[2] Wert
Zinsabhängiges Geschäft			
Zinserträge	6,55	4,90	8,19
Zinsaufwendungen	4,60	3,09	6,06
Zinsüberschuß	1,95	1,78	2,24
Zinsunabhängiges Geschäft			
Provisionserträge	0,36	0,32	0,41
Provisionsaufwendungen	0,08	0,06	0,10
Provisionsüberschuß	0,28	0,25	0,31
Verwaltungsaufwand			
Personalaufwand	1,05	0,89	1,18
Sachaufwand	0,50	0,46	0,53
Insgesamt	1,55	1,35	1,70
Betriebsergebnis	0,68	0,86	0,58
Saldo der sonstigen Erträge und Aufwendungen	0,09	−0,22	0,04
Jahresüberschuß vor Steuern	0,59	0,45	0,76

[1] Arithmetisches Mittel der jährlichen Anteilswerte von 1968–1980 (13 Jahre).
[2] Aus dem gesamten Beobachtungszeitraum.
Quelle: Monatsberichte der Deutschen Bundesbank für August 1981, S. 14; eigene Berechnungen.

Tabelle 8: Zinsabhängiges Geschäft der Kreditinstitute 1968–1980; Anteile in vH am jahresdurchschnittlichen Geschäftsvolumen

Geschäftsjahr	Zinsüberschuß	Zinserträge	Zinsaufwendungen
1968	1,81	4,90	3,09
1969	1,87	5,47	3,60
1970	1,88	6,54	4,66
1971	1,89	6,35	4,46
1972	1,93	6,08	4,15
1973	1,89	7,51	5,62
1974	2,13	8,19	6,06
1975	2,24	7,14	4,90
1976	2,06	6,49	4,41
1977	2,04	6,36	4,32
1978	1,98	6,04	4,06
1979	1,83	6,43	4,60
1980	1,78	7,60	5,82

Quelle: Monatsbericht der Deutschen Bundesbank für August 1981, S. 14.

wortet wurde. Das impliziert eine Abkehr von der Grenzkostenpreisbildung, die unter volkswirtschaftlichen Gesichtspunkten effizienzschwächende Folgen haben könnte. Verteilungswirkungen sind ebenso zu vermuten: Wenn es nicht zu einer Ertragsschmälerung kommt, muß der Ausgleich im übrigen Aktiv- und Passivgeschäft erfolgen mittels (dann nicht teilmarkt-gerechter) Soll- bzw. Habenzinsen. In den Zinsüberschuß gehen Provisionselemente ein. Funktionell läuft es auf eine Subventionierung des Kleingeschäfts hinaus.

Das Urteil wird allerdings durch inflationsbedingte Verzerrungen in der Aufwands- und Ertragsstruktur erschwert. Die Einlagenzinsen sind – nicht so sehr durch öffentliche Einflußnahme als durch faktische Gegebenheiten – erfahrungsgemäß weniger „indexiert" als die übrigen Zinsen des Passivgeschäfts und die Sätze des Aktivgeschäfts. Der Umstand vermischt sich nun mit den nicht kostengerechten Provisionen auf Leistungen im Zusammenhang mit dem Einlagengeschäft, wobei die entsprechenden (Personal-)Kosten eher „überindexiert" sind. Die Einflüsse stehen einander entgegen.

Ein angemessener Zinsüberschuß hat die allokative und wettbewerbspolitische Funktion, das finanzielle System für Innovationen offenzuhalten. Innovationen sind auf dem Gebiet der Produkt- und Prozeßgestaltung, hier vor allem in Gestalt der Automatisierung, in vollem Gange. „Bank"-Geschäfte können in zunehmendem Umfang zu den Registrierkassen des Handels und zu den Fernsehgeräten der Haushalte ausgelagert werden. Das zieht mit Sicherheit abermals verschärften Wettbewerb nach sich, um so mehr als für den Dienstleistungsbereich im allgemeinen und für das Bankgewerbe im besonderen charakteristisch ist, daß Innovation und Imitation zeitlich rasch aufeinanderfolgen. Der Entwicklung ist in Anbetracht des Rationalisierungseffekts nicht mit bankaufsichtsrechtlichen (Zugangs-)Sperren und kartellartigen Wettbewerbsbeschränkungen Einhalt zu gebieten. Infolgedessen wird es zu Ausleseprozessen kommen, die allerdings zur Eindämmung der Kettenreaktionsgefahr fach- und kartellaufsichtsrechtlich im Griff behalten werden müssen. Der alte

Konflikt zwischen „auskömmlichen" Konditionen und „marktgerechten" Konditionen wird erneut in den beiden Aufsichtsbehörden institutionalisiert, die für zahllose Einzelfälle zu entscheiden haben, ob ein funktionsgemäß harter Wettbewerb oder ruinöse Konkurrenz vorliegt, wie sie in Perioden mit Innovationsschüben durchaus nicht ungewöhnlich ist.

5. Kontrollfragen

1. Nennen Sie die Mindestanforderungen an den Typ „Universalbank". Inwiefern unterstützt dieser Bankentyp wettbewerbsbeschränkendes Verhalten?
2. Welche Unterschiede in den Geschäftsprinzipien charakterisieren Kreditbanken, Sparkassen und Genossenschaftsbanken?
3. Diskutieren Sie die „Runanfälligkeit" der Banken als Wettbewerbsproblem und als Problem der wirtschaftspolitischen Rahmensetzung!
4. Nennen Sie die geschichtlichen Hauptstufen des Übergangs von der Bankfreiheit zur Bankenregulierung!
5. Inwiefern und mit welcher Legitimation begrenzt die Geld- und Währungspolitik den wettbewerbspolitischen Handlungsspielraum der Banken?
6. Nennen Sie die wichtigsten regulierenden Normen der Fachaufsicht über die Banken!
7. Sind niedrige Eigenkapitalquoten ein Argument gegen Bankenwettbewerb?
8. Warum stellt die Risikobegrenzung durch bankaufsichtsrechtliche Liquiditätsregeln nur annähernd die Einhaltung der „Goldenen Bankregel" sicher?
9. Bezeichnen Sie die Konfliktzone zwischen Fachaufsicht und Kartellaufsicht über die Banken!
10. Erörtern Sie die Alternativkosten der Bankenregulierung im Hinblick auf das Erfordernis „auskömmliche Konditionen"!
11. Was versteht man unter der „Bereichsausnahme vom Kartellverbot" zugunsten von Banken? Wie wird sie begründet und wo liegen Schwächen dieser Begründung?
12. Welche bankaufsichtlichen und wettbewerbspolitischen Probleme ergeben sich aus „international banking"?
13. Worauf kann eine wettbewerbspolitische Bedenklichkeit von Sicherungssystemen beruhen?
14. Läßt sich aus der Zahl der Bankstellen auf die Wettbewerbsintensität schließen?
15. Nennen Sie Merkmale und Ursachen des Größenwachstums von Kreditinstituten.
16. Welches Urteil erlaubt die Struktur der Nachfrage nach Bankleistungen über die Wettbewerbsposition der Banken?
17. Wieso beinhaltet die typische Risikokonstellation des Bankgeschäfts eine Gefahr für funktionsfähigen Bankenwettbewerb?
18. Nennen Sie Beispiele für eine Gefährdung des Wettbewerbs durch bankwirtschaftliche Kuppelproduktion.
19. Diskutieren Sie das Problem der „Bankenmacht" unter dem Aspekt der Einflußkumulierung von Banken.
20. Erörtern Sie die wettbewerbspolitische Problematik der Verbandsempfehlungen.
21. Wie könnte man erklären, daß trotz verschärften Bankenwettbewerbs nach der Zinsfreigabe (1967) der Zinsüberschuß nicht nachhaltig unter Druck geriet?
22. Diskutieren Sie die These: „Banken und Großkreditnehmer halten sich auf Kosten der Einleger schadlos"!

6. Literaturhinweise

Einen Einblick in die **rechtlichen Grundlagen** geben:
Bank-Enzyklopädie, Bd. 1: Bankrecht, Wiesbaden 1975.
Consbruch, J./Möller, A. (Hrsg.), Bankrecht, 11. Auflage, München 1982.
Möschel, W., Das Wirtschaftsrecht der Banken, Frankfurt a. M. 1972.

13. Banken

Müller, H./Gießler, P./Scholz, U. (Hrsg.), Wirtschaftskommentar: Kommentar zum Gesetz gegen Wettbewerbsbeschränkungen, Kartellgesetz, Bd. 1 u. 2, 4. Auflage, Frankfurt a. M. 1981.

Szagunn, V./Neumann, W./Wohlschieß, K., Gesetz über das Kreditwesen, 3. Auflage, Stuttgart u. a. 1976.

Zur Einführung in die **Bankengeschichte** sei insbesondere auf folgende Literatur verwiesen:

Born, K. E., Geld und Banken im 19. und 20. Jahrhundert, Stuttgart 1976.

Klein, E., Deutsche Bankengeschichte, Bd. 1: Von den Anfängen bis zum Ende des alten Reiches (1806), Frankfurt a. M. 1982.

Pohl, M., Einführung in die deutsche Bankengeschichte, Frankfurt a. M. 1976.

Der Komplex **Bankbetrieb, Bankgeschäfte, Bankengruppen** wird dargestellt in:

Bank-Enzyklopädie, Bd. 2: Bankbetriebslehre 1, Wiesbaden 1975.

Bank-Enzyklopädie, Bd. 3: Bankbetriebslehre 2, Wiesbaden 1975.

Bitz, M. (Hrsg.), Bank- und Börsenwesen, Bd. 1: Struktur und Leistungsangebot, München 1981.

Bitz, M. (Hrsg.), Bank- und Börsenwesen, Bd. 2: Geschäftspolitik der Banken, München 1981.

Büschgen, H., Universalbanken oder spezialisierte Banken als Ordnungsalternative für das Bankgewerbe der Bundesrepublik Deutschland unter besonderer Berücksichtigung der Sammlung und Verwendung von Kapital, Teil I und II, Köln 1970.

Deppe, H.-D., Betriebswirtschaftliche Grundlagen der Geldwirtschaft, Bd. 1: Einführung und Zahlungsverkehr, Stuttgart 1973.

Deutsche Bundesbank (Hrsg.), Deutsches Geld- und Bankenwesen in Zahlen 1876–1975, Frankfurt a. M. 1976.

Deutsche Bundesbank (Hrsg.), Verzeichnis der Kreditinstitute und ihrer Verbände sowie der Treuhänder für Kreditinstitute in der Bundesrepublik Deutschland und in Berlin (West), Frankfurt a. M. 1982.

Enzyklopädisches Lexikon für das Geld-, Bank- und Börsenwesen, Bd. I und II, 3. Auflage, Frankfurt a. M. 1967/68.

Hagenmüller, K. F., Der Bankbetrieb, Bd. 1: Strukturlehre – Kapitalbeschaffung der Kreditinstitute, 4. Auflage, Wiesbaden 1976.

Hagenmüller, K. F., Der Bankbetrieb, Bd. 2: Aktivgeschäfte und Dienstleistungsgeschäfte, 4. Auflage, Wiesbaden 1978.

Hagenmüller, K. F., Der Bankbetrieb, Bd. 3: Rechnungswesen – Bankpolitik, 4. Auflage, Wiesbaden 1977.

Hahn, O., Struktur der Bankwirtschaft, Bd. I: Banktypologie und Universalbanken, Berlin 1981.

Hahn, O., Die Führung des Bankbetriebs, Berlin u. a. 1977.

Hein, M., Einführung in die Bankbetriebslehre, München 1981.

Mülhaupt, L., Einführung in die Betriebswirtschaftslehre der Banken, 3. Auflage, Wiesbaden 1980.

Obst, G./Hintner, O., Geld-, Bank- und Börsenwesen, 37. Auflage, Stuttgart 1980.

Einzeldarstellungen zu Instituten und Organisationen, betriebswirtschaftlichen Fragen, Märkten und Geschäftszweigen finden sich in der Reihe:

Möhring, Ph./Rittershausen, H. (Hrsg.), Taschenbücher für Geld, Bank und Börse, Frankfurt a. M., Fritz Knapp Verlag.

Zum **Verhältnis der Deutschen Bundesbank zum Bankensystem** sei vor allem auf folgende Literatur verwiesen:

Deutsche Bundesbank (Hrsg.), Währung und Wirtschaft in Deutschland 1876–1975, 2. Auflage, Frankfurt a. M. 1976.

Köhler, C., Geldwirtschaft, Bd. 1: Geldversorgung und Kreditpolitik, 2. Auflage, Berlin 1977.

Louda, D. E., Das Verhalten der Banken im Geldangebotsprozeß und seine Kontrollierbarkeit durch die Zentralbank, Nürnberg 1975.

v. Spindler, J./Becker, W./Starke O.-E., Die Deutsche Bundesbank, 4. Auflage, Stuttgart u. a. 1973.

Mit dem Problemkreis des **Wettbewerbs unter den Banken** beschäftigen sich:

Bericht der Bundesregierung über die Untersuchung der Wettbewerbsverschiebungen im Kreditgewerbe und über eine Einlagensicherung, Bundestagsdrucksache V/3500, Bonn 1968.

Bundesministerium der Finanzen (Hrsg.), Bericht der Studienkommission „Grundsatzfragen der Kreditwirtschaft", Bonn 1979.
Monopolkommission, Hauptgutachten 1973/1975: Mehr Wettbewerb ist möglich, Baden-Baden 1976.
Monopolkommission, Hauptgutachten 1976/1977: Fortschreitende Konzentration bei Großunternehmen, Baden-Baden 1978.
Revell, J. (Hrsg.), Competition and Regulation of Banks, Cardiff 1978.

Was die **laufende Berichterstattung** anbetrifft, u. a. mit Daten und Analysen
- zur Entwicklung des Bankstellennetzes,
- zur Geschäftsentwicklung der Bankengruppen,
- zur Ertragslage der Kreditinstitute,
- zur Finanzierungsrechnung,

sind insbesondere die Sonderaufsätze und Kommentare in den „Monatsberichten der *Deutschen Bundesbank*" zu erwähnen.

Ein **vollständiger Nachweis** findet sich in:
Verzeichnis der vor Januar 1960 erschienenen Sonderaufsätze und Kommentare (Anlage zum Monatsbericht Dezember 1960);
Verzeichnis der von Januar 1960 bis Dezember 1981 erschienenen Sonderaufsätze und Kommentare (Anlage zum Monatsbericht Dezember 1981).

Zahlenmaterial findet sich in:
Monatsbericht der *Deutschen Bundesbank* (Statistischer Teil);
Statistische Beihefte zu den Monatsberichten der *Deutschen Bundesbank*, Reihe 1: Bankenstatistik nach Bankengruppen.

Pressewesen

Horst Greiffenberg
Werner Zohlnhöfer

Gliederung

1. Vorbemerkung
2. Historische Entwicklung und gesellschaftspolitische Einordnung des Zeitungswesens
   2.1. Geschichtlicher Rückblick
   2.2. Gesellschaftliche Bedeutung
3. Theoretische Grundlegung
   3.1. Pressekonzentration und Wettbewerbstheorie
      3.1.1. Grundzüge der Theorie des funktionsfähigen Wettbewerbs
      3.1.2. Übertragung auf den Pressebereich
   3.2. Branchenspezifische Besonderheiten des Pressesektors
      3.2.1. Publizistische Vielfalt und ökonomische Konzentration
      3.2.2. Märkte der Presseerzeugnisse
      3.2.3. Verknüpfung von Leser- und Anzeigenmarkt
   3.3. Bedingungen der Funktionsfähigkeit des Wettbewerbs im Pressewesen
      3.3.1. Konzentration von Besitzanteilen
      3.3.2. Unternehmenskonzentration
4. Strukturen und Wettbewerbsbedingungen im Pressewesen
   4.1. Industrielle Struktur der Pressewirtschaft
      4.1.1. Tageszeitungen
      4.1.2. Zeitschriften
   4.2. Marktstruktur der Tageszeitungen
      4.2.1. Lesermarkt
      4.2.2. Anzeigenmarkt
   4.3. Führende Pressekonzerne
5. Verhalten und Marktergebnisse im Pressebereich
   5.1. Unternehmerische Maßnahmen zur Sicherung der wirtschaftlichen Lage
   5.2. Verdrängungswettbewerb von Zeitungen untereinander
   5.3. Unlauteres Verhalten im Wettbewerb
   5.4. Wirtschaftliche Ergebnisse bei Zeitungsunternehmen
   5.5. Technische Entwicklung beim Zeitungssatz
6. Pressespezifische gesetzliche Rahmenbedingungen
   6.1. Öffentlich-rechtliche Aufgabe und privatrechtliche Struktur der Presse
   6.2. Fusionskontrolle bei Presseunternehmen
7. Anhang
8. Kontrollfragen
9. Literaturhinweise

1. Vorbemerkung

Mit **Presse** bezeichnet man im allgemeinen die – an sich sehr heterogen zusammengesetzte – Gesamtheit der periodisch erscheinenden Druckschriften. Im engeren Sinne erfassen Presseuntersuchungen und -statistiken in der Hauptsache die Zeitungen, die in der Publizistikwissenschaft begrifflich durch die Merkmale

- Aktualität (jüngstes Gegenwartsgeschehen),
- Periodizität (kürzeste, regelmäßige Erscheinungsfolge),
- Publizität (Öffentlichkeitscharakter) und
- Universalität (Interessenvielfalt)

festgelegt werden.[1] Fallweise (wie etwa in der Pressestatistik des *Statistischen Bundesamtes*) werden zum engeren Pressebegriff auch die Zeitschriften gezählt, bei denen in der Regel eine geringere Erscheinungshäufigkeit vorliegt und die Merkmale Aktualität sowie Universalität fehlen oder zumindest eingeschränkt sind. Von diesem Verständnis des Pressebegriffs gehen auch die nachfolgenden Ausführungen aus. Zeitungen – und in Randbereichen auch Zeitschriften – finden ein herausragendes gesellschaftspolitisches Interesse aufgrund ihrer besonderen Betonung der aktuellen Berichterstattung und der meinungsbildenden Kommentierung.

Das **statistische Datenmaterial** zur Presse stützt sich auf mehrere Quellen[2]; eigene empirische Erhebungen wurden nicht angestellt. Die zeitlichen und sachlichen Abgrenzungen der Angaben unterschiedlicher Herkunft sind nicht einheitlich und daher nur bedingt miteinander vergleichbar.

Auf die in den verschiedenen empirischen Ansätzen enthaltene – vor allem durch die Erhebungsmethode und die Art der Abgrenzung bedingte – besondere statistikwissenschaftliche Problematik einschließlich der Auswirkungen auf die Qualität der Daten kann hier nur verwiesen werden.[3] Eine wesentliche Begrenzung für die Aussagefähigkeit der hier verwendeten Daten zur Beschreibung der strukturellen Bedingungen des Pressebereichs sowie der Marktergebnisse ergibt sich aus diesen methodischen Einschränkungen jedoch nicht.

---

[1] Vgl. *Dovifat, E./Wilke, J.*, Zeitungslehre (I), 6. Auflage, Berlin, New York 1976, S. 16 ff.

[2] In der Hauptsache werden Daten aus den Erhebungen der Pressestatistik des *Statistischen Bundesamtes* und aus dem Medienbericht 1978 der *Bundesregierung* (BT-Drs. 8/2264 vom 9. November 1978) angeführt. Bei der amtlichen Pressestatistik liegen bisher Daten für die Jahre 1975 bis 1981 vor, aus denen sich in Ansätzen Trendaussagen über die Struktur der Presse ableiten lassen.

[3] Vgl. dazu im grundsätzlichen z. B. den Vortrag von *Schütz, W.*, Die Problematik des statistischen Grundmaterials (ohne Regional- und Lokalbezug), abgedruckt in: *Klaue, S./Knoche, M./Zerdick, A.* (Hrsg.), Probleme der Pressekonzentrationsforschung, Materialien zur interdisziplinären Medienforschung, Band 12, Baden-Baden 1980, S. 21 ff. sowie die sich an den Vortrag anschließende Diskussion (a. a. O., S. 53 ff.). Zur Erhebungsmethode von *Schütz* und deren Auswirkungen auf die Aussagefähigkeit von Konzentrationsdaten äußern sich ausführlich *Kisker, K.-P./Knoche, M./Zerdick, A.*, Wirtschaftskonjunktur und Pressekonzentration in der Bundesrepublik Deutschland, Dortmunder Beiträge zur Zeitungsforschung, Band 29, München, New York, London, Paris 1979, S. 62 ff.

2. Historische Entwicklung und gesellschaftspolitische Einordnung des Zeitungswesens

2.1. Geschichtlicher Rückblick

Die **geschichtliche Entwicklung** der Presse[4] setzt ein mit der Erfindung der Druckerpresse durch Johannes Gutenberg um 1440 in Mainz. Bedrucktes oder beschriebenes Material war bereits sehr viel früher im Gebrauch. Als Unterlage dienten aus pflanzlichen (Papyrus), tierischen (Pergament) oder textilen Stoffen (Papier) gearbeitete Produkte; simple Druckvorgänge mit Hilfe von Tontafeln und Tonrollzylindern sowie mit Druckstempeln aus Ton und Metall (aber auch mit beweglichen Lettern aus Ton) waren bereits mehrere hundert Jahre vorher möglich gewesen. Aber erst die Drucklegung mittels aus Metall gegossener beweglicher Lettern ermöglichte die massenhafte Verbreitung von gedruckten Informationen mit einer Technik, die über Jahrhunderte hinweg nahezu unverändert blieb.

Vorläufer der modernen Zeitungen waren zwischen dem 15. und 16. Jahrhundert die Einblattdrucke und Flugschriften mit aktueller Berichterstattung; das Auftreten periodischer Druckwerke wird seit Ende des 16. Jahrhunderts verzeichnet. Anfang des 17. Jahrhunderts wurden die ersten Zeitungen herausgegeben, die bei sehr niedrigen Auflagen zumeist wöchentlich erschienen. Diese Druckschriften vereinigten noch nicht alle Elemente (Nachricht, Meinung, Anzeige) der modernen Zeitungen, sondern waren im wesentlichen Nachrichtenübermittler. Dagegen waren Meinungsäußerungen nicht zugelassen, und das Anzeigenwesen wurde von staatlichen Anzeigenmonopolen kontrolliert. Der „Intelligenzzwang" schrieb vor, daß Inserate allein in den „Intelligenzblättern", die etwa den heutigen Amtsblättern entsprechen, zu veröffentlichen waren bzw. sah eine Vorab-Veröffentlichung der Anzeigen in den Intelligenzblättern vor.

Bis zum Ende des 18. Jahrhunderts zeigten die Zeitungen wegen der staatlichen oder kirchlichen Vorzensur, die eine freie Meinungsäußerung unterdrückte, kein eigenständiges politisches Engagement. Der **Kampf um die Pressefreiheit** – als Individualrecht einer freien Meinungsäußerung wie auch als Kollektivrecht einer unzensierten Presse – setzte erst unter dem Eindruck des amerikanischen Unabhängigkeitskampfes (1776–1783) und der Französischen Revolution (1789) ein. Erste Erfolge zeichneten sich innerhalb einer Phase der Liberalisierung der Zensur während der Befreiungskriege gegen *Napoleon* (1813–1815) ab. In der Restaurationszeit nach dem Wiener Kongreß (1815) wurde die Vorzensur durch die Karlsbader Beschlüsse (1819) jedoch wieder verschärft. Erst im Gefolge der Märzrevolution sah die Reichsverfassung von 1848 die völlige Aufhebung der Zensur vor. In der Folgezeit ergab sich nach dem Scheitern der Revolution und der Rechtsunwirksamkeit dieser Reichsverfas-

---

[4] Die geschichtliche Entwicklung des Pressewesens wird ausführlicher behandelt in den Art. „Presse" und „Pressegeschichte", in: *Noelle-Neumann, E./Schulz, W.* (Hrsg.), Publizistik, Frankfurt/M. 1973, S. 220 ff. und S. 245 ff. sowie bei *Stammler, D.,* Die Presse als soziale und verfassungsrechtliche Institution, Schriften zum Öffentlichen Recht, Band 145, Berlin 1971, S. 19 ff.

sung ein starker Druck auf die Presse durch freiheitsbehindernde pressepolitische Maßnahmen (z. B. durch Stempelsteuer, Konzessionspflicht, Kautionszwang), die erst durch das Reichspressegesetz von 1874 aufgehoben wurden.

Nachdem die technischen Möglichkeiten (Setzmaschine, Rotationsdruck) und der wirtschaftliche Bedarf (Massenwerbung für maschinell erzeugte Produkte) gegeben waren, war mit der Liberalisierung des Pressewesens daneben auch die wesentlichste politische Voraussetzung für die Entstehung der **Massenpresse** geschaffen. Die Hinwendung der Presseverleger zu einer rein wirtschaftlichen Orientierung führte zur sog. „Generalanzeiger-Presse", die als Pendant zur – teilweise parteipolitisch oder konfessionell gebundenen – Presse mit festgelegtem publizistischem Standort ohne eigenständige politische Linie auftrat, aber massenwirksame Elemente der Zeitung[5] (Lokalteil, Sport) aufnahm und ausbaute. Ergebnisse der Entwicklung zur Massenpresse waren Konzentrationstendenzen mit der Folge der Herausbildung großer Pressekonzerne um die Jahrhundertwende. Der Höhepunkt der auch von der Wirtschaftskrise beeinflußten Konzentrationsbewegung, in der es auch zu zahlreichen Verflechtungen mit Industrieinteressen (z. B. *Stinnes-Konzern, Haniel-Reusch-Konzern*) kam, lag im Anschluß an den Ersten Weltkrieg. Als politischer Machtfaktor erwies sich dabei der *Hugenberg-Konzern*, ein in der Zeit der Weimarer Republik aufgebautes Medienimperium, das zum Wegbereiter für den Aufstieg des Nationalsozialismus wurde.

In der Zeit des **Nationalsozialismus** wurde – wie heute in den sozialistischen Staaten – die Presse von der politischen Führung als staatliches Instrument angesehen, das der Durchsetzung ideologischer und politischer Ziele dienen sollte. Auf der Grundlage dieser instrumentellen Grundauffassung der Presse erfolgte eine schrittweise Gleichschaltung der Presseorgane, die mit der durch Sonderverordnungen und -gesetze abgesicherten Ausschaltung der Linksopposition begann. Mißliebige Zeitungsverlage wurden durch behördliche Anordnung geschlossen oder enteignet und unter die Regie des Zentralverlags der *Nationalsozialistischen Deutschen Arbeiterpartei (NSDAP)* gestellt. So blieben von den 4703 Tages- und Wochenzeitungen im Jahre 1932 noch 1977 im Jahre 1944 übrig. Von diesen waren 352 Zeitungen (=36%) mit einer Auflage von 21 Mio. Exemplaren (=82,5%)[6] in der Hand der *NSDAP*.

Als Reaktion auf die Kontrolle und den politischen Mißbrauch der Presse durch die *NSDAP* erließen die alliierten Siegermächte des Zweiten Weltkrieges einen **Lizenzzwang** für die Presse, wodurch Personen mit NS-Vergangenheit sowie alle Verleger, die vor 1945 Zeitungen herausgegeben hatten (sog. Altverleger), von einer Lizenzerteilung ausgeschlossen wurden. Nach Aufhebung dieses Lizenzzwangs und Wiederzulassung der Altverleger im Jahre 1949 stieg die Zahl der Zeitungen sprunghaft von weniger als 150 auf über 500 an.[7] Seitdem hat sich die Zeitungslandschaft stetig konzentrierend zu ihrer heutigen Struktur hin entwickelt. Wesentliche Gründe für die konzentrative Entwicklung nach dem Zweiten Weltkrieg werden unter anderem auch

---

[5] Zu Befragungsergebnissen bezüglich der Leserattraktivität einzelner Zeitungsteile vgl. z. B. Noll, J., Die Deutsche Tagespresse, Frankfurt/M., New York 1977, S. 35 ff., wo die relativ geringe Bedeutung des politischen Teils für das Käuferverhalten hervorgehoben wird.
[6] Zu den Zahlenangaben vgl. Artikel „Pressegeschichte", a. a. O., S. 259 und S. 264.
[7] Zu den Zahlenangaben vgl. Artikel „Presse", a. a. O., S. 221.

im Zusammenhang mit dem Lizenzzwang gesehen: Der Ausschluß der Altverleger führte dazu, daß vielen Personen eine Lizenz erteilt wurde, die – als Journalisten, Drucker oder branchenfremde Lizenznehmer – nicht über kaufmännische Erfahrungen beim Verlag von Zeitungen verfügten.[8] Hinzu kam, daß die Aufhebung des Lizenzzwangs nicht nur den bestehenden „Nachfragestau" beendete, sondern darüber hinaus zu einem Überangebot von Zeitungsausgaben führte, das auch eine Reihe von auf lange Sicht nicht überlebensfähigen Zeitungen enthielt.[9]

Anders als bei der zentralen Presseorganisation des Dritten Reiches gibt es heute keine Zwangsmitgliedschaften in Presseverbänden. Dennoch ist der Organisationsgrad auf seiten der Verleger sehr hoch: Nach Angaben des *Bundesverbandes Deutscher Zeitungsverleger (BDZV)* gibt es nur wenige Nichtmitglieder unter den Verlegern. Die Auflagenrepräsentanz des Organisationsgrads liegt bei weit über 90 Prozent.

2.2. Gesellschaftliche Bedeutung

Die **Stellung der heutigen Presse** innerhalb ihres gesellschaftlichen Umfelds erweist sich letztlich als Resultante der historischen Entwicklung, die vor allem durch das Ringen um Freiheit der Meinungsbildung und -äußerung geprägt wurde. Die für die Presse erkämpften Rechte, aber auch die ihr zugeschriebenen Aufgaben im Rahmen des politischen Gemeinwesens begründen eine Sonderstellung, welcher in der Ausgestaltung der Normen des Grundgesetzes Rechnung getragen wird. Bei der öffentlichen Aufgabe hervorzuheben ist die Informationsfunktion (darin eingeschlossen die Kommentierung der übermittelten Informationen), durch welche die Presse zu einem konstitutiven Element der Meinungsbildung wird. Die politische Bedeutung der Massenkommunikationsmittel im allgemeinen sowie der Presse im besonderen läßt sich grundsätzlich auf die folgenden Funktionen zurückführen[10]:

- Herstellung der Öffentlichkeit von Informationen,
- Förderung der politischen Sozialisation,
- Ausübung politischer Kontrolle,
- Erfüllung von Bildungs- und Erziehungsaufgaben.

Die Funktion der **Veröffentlichung von Informationen** wird allgemein in erster Linie auf die Übermittlung von Nachrichten bezogen. Gleichrangig steht daneben aber auch die Artikulation von Meinungen, die dem „Konsumenten" der Information die „Meinungsstrukturen" politischer Prozesse transparent macht und ihn damit politisch sensibilisiert. Eine Darstellung von Interessenstandpunkten in der Presse ist darüber hinaus Bestandteil des politischen Prozesses, da die Publizierung von Meinungen (etwa durch die Pressestellen der politisch relevanten Institutionen) auch der Werbung für eigene Ziele und damit deren Durchsetzung dienen kann.

---

[8] Vgl. *Decker, H./Langenbucher, W. R./Nahr, G.*, Die Massenmedien in der postindustriellen Gesellschaft, Schriften der Kommission für wirtschaftlichen und sozialen Wandel, Band 111, Göttingen 1976, S. 21.

[9] Vgl. *Müller-Neuhof, K.*, Das Modell der Zeitungslandschaft zwischen Konzentration und Integration, in: Publizistik, 14. Jg. (1969), S. 258.

[10] Vgl. hierzu *Ronneberger, F.*, Die politische Funktionen der Massenkommunikationsmittel, in: Publizistik, 9. Jg. (1964), S. 291 ff., insbes. S. 294 ff.

Die Presse erfüllt außerdem auch die Rolle eines **sozialen Integrationsfaktors**. Die Vermittlung und damit verbunden die Akzeptanzförderung konventioneller Verhaltensnormen, gesellschaftlicher Wertvorstellungen und politischer Leitbilder bindet den Leser verstärkt in sein Sozialgefüge ein.

Die **politische Kontrolle** der Presse beschränkt sich nicht nur auf das Aufdecken einzelner spektakulärer Fälle von eklatanten Rechtsbrüchen hoheitlicher Organe oder von Versuchen der Umgehung demokratischer Kontrollen bei politischen Entscheidungen. Sie sollte vor allem in kritischen Stellungnahmen zur politischen Entwicklung bestehen. Die Kontrolle wirkt daneben tendenziell durch die laufende Artikulation des Wählerwillens zu politischen Fragestellungen. Dadurch werden – wenngleich nur in begrenztem Umfang – auch Einflüsse auf die Initiierung und die Entwicklung politischer Entscheidungsprozesse ermöglicht. Grundvoraussetzung für eine sachgerechte Erfüllung der politischen Kontrollfunktion ist freilich die Unabhängigkeit der Presse von jeder Art der Beeinflussung durch staatliche Organe.

Die **Bildungs- und Erziehungsfunktion** der Presse leitet sich im weitesten Sinne aus der Informationsfunktion ab. Nach diesem Vorverständnis gesellschaftlicher Aufgaben der Presse ist der Leser nicht mehr lediglich passiver Konsument von Informationen, woraus sich eine rein unterhaltende Funktion der Presse ergeben würde. Darüber hinaus wird auch – im Sinne der erwähnten politischen Sensibilisierung – das Interesse an einer kritischen (d. h. zumindest fragenden) Einstellung des einzelnen gegenüber Geschehnissen des sozialen und politischen Umfelds gefördert.

Geprüft werden muß, unter welchen Voraussetzungen die gesellschaftspolitische Funktionsfähigkeit der Presse ausreichend gewährleistet ist. In jedem Fall gehört hierzu die Schaffung oder Erhaltung von politischen Rahmenbedingungen, durch die die Pressefreiheit geschützt, vielleicht sogar institutionalisiert wird. Die staatliche Einflußnahme, deren schärfste Form in der Zensur vorlag, ist ebenso auszuschließen wie eine einseitige Zugriffsmöglichkeit auf die Presse durch Verflechtungen mit Partikularinteressen. Daraus läßt sich ableiten, daß – eingebettet in die politische Dimension der Pressefreiheit – auch wirtschaftliche Beziehungen zu beachten sind, da man davon ausgehen kann, daß Wechselwirkungen zwischen der Funktionsfähigkeit der Presse und dem Wettbewerb bzw. dem Stand der Konzentration auf den Pressemärkten bestehen.

3. Theoretische Grundlegung

3.1. Pressekonzentration und Wettbewerbstheorie

Nimmt man die wettbewerbstheoretische Konzeption des vollkommenen Wettbewerbs zum Maßstab, so tragen ökonomischer und publizistischer Wettbewerb gegenläufige Züge[11]. Der ökonomische Wettbewerb ist nach dieser Konzeption tendenziell am wirksamsten, wenn die Presseinhalte funktional austauschbar sind bis hin zur

---

[11] Vgl. *Klaue, S.*, Relevanter Markt und Pressekonzentrationsforschung, in: *Klaue, S./Knoche, M./Zerdick, A.* (Hrsg.), a. a. O., S. 99 f., bes. S. 103 f.

völliger Identität. Genau dann liegt aber keine Darbietung verschiedener Nachrichten oder Meinungen vor, ein Erfordernis der **Pressevielfalt,** das den publizistischen Wettbewerb charakterisiert. Schon daran wird deutlich, daß dieser theoretische Ansatz grundsätzlich ungeeignet ist, den relevanten Wettbewerb auf Pressemärkten zu erfassen.

Dagegen wird im Modell des funktionsfähigen Wettbewerbs die für die Untersuchung von Pressemärkten erforderliche Differenzierung nach dem Homogenitätsgrad der relevanten Güter und Dienstleistungen vorgenommen. Für die Zwecke dieser Arbeit wird daher auf diesen Ansatz der neueren Wettbewerbstheorie zurückgegriffen. Wie sich zeigen wird, empfiehlt sich dieses Vorgehen vor allem auch deshalb, weil mit diesem Ansatz der gesellschaftspolitischen Bedeutung des Pressesektors angemessen Rechnung getragen werden kann.

3.1.1. Grundzüge der Theorie des funktionsfähigen Wettbewerbs

Ausgangspunkt dieser Betrachtungsweise von Marktprozessen ist die Identifikation der Wettbewerbsfunktionen. Als Katalog von Wertsetzungen bedürfen sie gesamtgesellschaftlicher Zustimmung. Für demokratisch organisierte Gemeinwesen mit ausgeprägten Präferenzen für eine möglichst weitgehende Steuerung des wirtschaftlichen Geschehens über den Markt wird grundsätzlich unterstellt, daß der Wettbewerb sowohl politische als auch wirtschaftliche Funktionen erfüllen soll.

Entsprechend ist generell davon auszugehen, daß der Wettbewerb als Ordnungsprinzip

- die Aktualisierung und Sicherung der von der Verfassung garantierten individuellen Freiheit auf politischem, gesellschaftlichem und wirtschaftlichem Gebiet gewährleisten sowie gleichzeitig
- das einzelwirtschaftliche Erwerbsstreben aktivieren und auf eine im gesamtwirtschaftlichen Interesse liegende Leistungserstellung hin orientieren soll.[12]

Die Freiheit des Individuums ist somit nicht nur konstitutiv und damit grundlegende Voraussetzung für (politische und wirtschaftliche) Wettbewerbsprozesse. Sie ist auch Ergebnis und damit abhängig von der Existenz kompetitiver Strukturen. Erst alternative Bezugsquellen und/oder Absatzkanäle geben dem Individuum die Freiheit der Wahl in einem materiellen Sinne. Auf den hier interessierenden Pressesektor übertragen heißt dies: Nur wenn voneinander unabhängige Alternativen der Beschaffung und der Verbreitung von Informationen zugänglich sind, kann ernsthaft von der Freiheit der Meinungsbildung gesprochen werden. Und nur wer fürchten muß, von Konkurrenten überflügelt zu werden, wird sich zuverlässig um hohe Leistungsfähigkeit bemühen.

Unter welchen Bedingungen ist nun Wettbewerb in dem eben umschriebenen Sinne als funktionsfähig zu betrachten? Allgemein ist die Funktionsfähigkeit des Wettbe-

---

[12] Vgl. *Zohlnhöfer, W.,* Wettbewerbspolitik im Oligopol, Basel, Tübingen 1968, S. 6 ff. – Als wirtschaftliche Funktionen sind im einzelnen vor allem zu nennen: Angebotssteuerung nach den marktwirksamen Käuferpräferenzen, Faktoreinsatz nach Minimalkostenkombination, Einkommensverteilung nach Marktleistung, Stimulierung des technischen Fortschritts.

werbs entscheidend davon abhängig, daß ein von den Marktbeteiligten nicht kontrollierbarer Leistungsdruck besteht.[13] Er wird auch als Intensität des Wettbewerbs bezeichnet und kann als „die Geschwindigkeit, mit der ... Vorsprungsgewinne ... von der Konkurrenz weggefressen werden"[14] definiert werden. Als Determinanten der Wettbewerbsintensität sind die verschiedenen Komponenten der Marktstruktur im weiteren Sinne des Wortes zu betrachten, wie insbesondere Zahl und Größenverteilung der Marktteilnehmer, Homogenitätsgrad der Erzeugnisse, Ausmaß und Verteilung der Markttransparenz[15] sowie die Entwicklungsphase eines Marktes.[16]

Wie aus diesen kurzen Darlegungen schon hervorgeht, löst sich die Theorie des funktionsfähigen Wettbewerbs weitgehend von der Marktformen-Betrachtung. Das ist vor allem darauf zurückzuführen, daß schon allein wegen der Berücksichtigung der Marktphase als einer maßgeblichen Determinante der Wettbewerbsintensität eine eindeutige Aussage über die einer Marktform entsprechende Wettbewerbsintensität nicht mehr möglich ist. Dafür erlaubt dieser Theorieansatz die Beurteilung einer Vielfalt marktstruktureller Konstellationen daraufhin, inwieweit sie die Entfaltung eines funktionsfähigen Wettbewerbs erwarten lassen.

Nach weitgehend übereinstimmender Auffassung ist sowohl eine sehr geringe als auch eine sehr hohe Wettbewerbsintensität der Entfaltung eines wirksamen Wettbewerbs abträglich. Bei (sehr) geringer Intensität fehlt der Leistungsdruck, (sehr) hohe Intensität dagegen erhöht den Leistungszwang so massiv, daß die Betroffenen regelmäßig mit Bestrebungen zur Beschränkung des Wettbewerbs reagieren. Entsprechend sind die Bedingungen für die Entfaltung eines funktionsfähigen Wettbewerbs dann am günstigsten, wenn (vorstoßende) Innovatoren Gewinne erwarten können, die nicht umgehend möglichst vollständig, sondern langsam, aber sicher von den (nachstoßenden) Konkurrenten abgebaut werden.[17]

Es liegt auf der Hand, daß die Theorie des funktionsfähigen Wettbewerbs damit wettbewerbspolitische Leitbildvorstellungen vertritt, die von jenen der neoklassischen Preistheorie nicht unerheblich abweichen. Die für die folgende Branchenstudie zentralen Konsequenzen lassen sich gleichwohl auf einen kurzen Nenner bringen: So kann zum einen als unumstritten gelten, daß Abweichungen von jener atomistischen Marktstruktur, wie sie das Modell der vollständigen Konkurrenz idealisierte, wettbewerbspolitisch unbedenklich, ja erwünscht sind.[18] Andererseits sind Konzentrationsprozesse in Richtung eines engen Oligopols, zumal in späten Phasen eines Marktes, nach wie vor als Gefährdung der Funktionsfähigkeit des Wettbewerbs zu betrachten. Das gilt – und das ist für den hier zu untersuchenden Pressesektor von besonderer Bedeutung – nicht nur im Hinblick auf die wirtschaftlichen, sondern auch für die politischen Funktionen, die dem Wettbewerb übertragen sind.

---

[13] Vgl. Ebenda, S. 7.
[14] *Niehans, J.*, Das ökonomische Problem des technischen Fortschritts, in: Schweizerische Zeitschrift für Volkswirtschaft und Statistik, 90. Jg. (1954), S. 156. Zur Kritik an diesem Konzept vgl. z. B. *Bartling, H.*, Leitbilder der Wettbewerbspolitik, München 1980, S. 32.
[15] Vgl. dazu bes. *Kantzenbach, E.*, Die Funktionsfähigkeit des Wettbewerbs, 2. Auflage, Göttingen 1967.
[16] Vgl. *Heuss, E.*, Allgemeine Markttheorie, Tübingen, Zürich 1965.
[17] So schon *Clark, J. M.*, Competition, Static and Dynamic Aspects, in: American Economic Review, Vol. 45 (1955), S. 454.
[18] So vor allem *Kantzenbach, E.*, a. a. O., S. 49.

3.1.2. Übertragung auf den Pressebereich

Bezieht man den theoretischen Ansatz des Modells eines funktionsfähigen Wettbewerbs auf die Presse[19], so ist zwischen den Bedingungen des Lesermarktes einerseits und denjenigen des Anzeigenmarktes andererseits zu unterscheiden. Auf dem Lesermarkt besteht zumeist infolge „gewachsener" Präferenzen eine starke Bindung zwischen dem Leser und „seiner" Zeitung, die auch Preis- und Qualitätsänderungen – jedenfalls innerhalb bestimmter Grenzen – überdauert. Gleichermaßen ist die Angebotsbeweglichkeit als sehr gering einzustufen, da die inhaltliche Motivation der Redaktion beträchtlich ist und eine gewisse Bindung an ein bestehendes publizistisches Profil unterstellt werden muß. Somit liegen „Marktunvollkommenheiten" in erheblichem Ausmaß vor, die nach der Theorie des funktionsfähigen Wettbewerbs die Wirkungen einer konzentrationsbedingt extrem hohen Wettbewerbsintensität begrenzt kompensieren können. Insofern ist im Lesermarkt des Pressebereichs selbst bei relativ hoher Konzentration (z. B. im Dyopol) ein Mindestmaß an funktionsfähigem (publizistischem) Wettbewerb zu erwarten, wogegen eine vergleichbare Konzentration auf Märkten mit einem höheren Grad an „Marktvollkommenheit" sehr viel eher zu einem abgestimmten Verhalten führen würde.

Auf dem Anzeigenmarkt besteht dagegen eine relativ hohe Nachfrageelastizität und eine sehr hohe Angebotsbeweglichkeit, nicht zuletzt deshalb, weil das Gut „Werbung" wirtschaftlich sehr viel homogener als der Nachrichten- und Meinungsteil einer Zeitung ist. Einmal ist der publizistische Standort für die Werbungstreibenden völlig oder nahezu unerheblich, ein Wechsel zu anderen als den bisher genutzten Werbeträgern ist unproblematisch und kann bereits bei geringen Preisdifferenzen eintreten. Zum anderen besteht – abgesehen von Grenzfällen moralischer Vorbehalte gegen bestimmte Werbeinhalte – auf seiten der Verleger eine hohe Bereitschaft zur Übernahme von Inserenten. Dieser hohe Grad an Marktvollkommenheit führt dazu, daß entsprechend den Modellüberlegungen der Wettbewerb bei steigender Konzentration sehr schnell funktionsunfähig wird. Insbesondere durch die hohe Kostendegression bei steigender Auflage werden Konzentrationstendenzen ausgelöst oder verstärkt.

Nach der Theorie des funktionsfähigen Wettbewerbs ist auf dem Lesermarkt ein Qualitätswettbewerb zwischen Gütern mit starker Produktdifferenzierung zu erwarten; der Wettbewerb bei den Vertriebspreisen ist nur von untergeordneter Bedeutung. Durch die Verknüpfung von Leser- und Anzeigenmarkt werden durch den hohen Konkurrenzdruck im Anzeigengeschäft in Verbindung mit einer starken Kostendegression bei der Zeitungsherstellung Konzentrationstendenzen gefördert.[20] Insofern läßt sich bereits aus den Modellüberlegungen auf eine hohe wirtschaftliche und publizistische Konzentration in den Zeitungsmärkten schließen.

---

[19] Vgl. dazu *Kantzenbach, E./Greiffenberg, H.*, Die Übertragbarkeit des Modells des „funktionsfähigen Wettbewerbs" auf die Presse, in: *Klaue, S./Knoche, M./Zerdick, A.* (Hrsg.), a.a.O., S. 189–202.
[20] Vgl. die Ausführungen zur Anzeigen-Auflagen-Spirale in Abschnitt 3.2.3.

Die Sicherung publizistischen Wettbewerbs könnte jedoch trotz einer wirtschaftlichen Monopolstellung durch die Vielfalt mehrerer Meinungen innerhalb einer Zeitung bzw. durch die parallele Herausgabe mehrerer Zeitungen mit unterschiedlichem publizistischen Standort erfolgen bzw. gefördert werden. Diese Produktdifferenzierung ist aus wirtschaftlichen Gründen für einen „Monopol-Verleger" sinnvoll, wenn durch die Erfassung eines Spektrums von Konsumentenpräferenzen eine Vielzahl potentieller Nachfrager angesprochen wird. Dies würde für einen Verleger gelten, dem es nur am wirtschaftlichen Erfolg gelegen ist, ohne daß ein eigenständiges publizistisches Engagement vorhanden ist, wie dies z. B. für das Modell der *Westdeutschen Allgemeinen Zeitungsverlagsgesellschaft (WAZ)* gilt.[21] Die wirtschaftliche Funktionsfähigkeit dieses Modells ist aber gefährdet, wenn die Redaktionen vom Verleger unabhängig sind, da in diesem Falle die wirtschaftliche Rückkoppelung fehlt und der Wettbewerb nicht mehr als Allokations- und Sanktionsmechanismus wirksam werden kann.[22] Der inhärente Konflikt zwischen publizistischer Unabhängigkeit und wirtschaftlicher Abhängigkeit könnte letztlich nur durch eine Richtlinien-Kompetenz des Verlegers (zur Differenzierung des politischen Images der Zeitungen) bei publizistischer Selbständigkeit der Redakteure innerhalb dieser Richtlinien gelöst werden.

3.2. Branchenspezifische Besonderheiten des Pressesektors

Mit dem Verkauf von Presseprodukten wird eine Bedarfsdeckung besonderer Art vorgenommen, die sich sowohl auf den Leser- wie auch auf den Anzeigenmarkt bezieht. Zeitungen und Zeitschriften übermitteln einerseits gegen Entgelt Informationen an einen Leserkreis. Zum anderen werden die Kontakte zum Leser von Inserenten genutzt, um geschäftliche Werbung zu betreiben oder private Anzeigen aufzugeben. Diese Trennung in zwei **relevante Märkte** legt die isolierte Betrachtung wirtschaftlicher und publizistischer Aspekte der Pressekonzentration nahe, die nicht notwendig deckungsgleich sind. Daneben ergeben sich aus der Verknüpfung von Leser- und Anzeigenmarkt weitere Besonderheiten.

3.2.1. Publizistische Vielfalt und ökonomische Konzentration

In der Wettbewerbstheorie und -politik richtet sich die Betrachtung von Konzentrationstatbeständen in erster Linie auf die wirtschaftlichen Gegebenheiten, d. h. es wird in aller Regel auf die Umsatzkonzentration und Preiskontrolle der Unternehmen eines Marktes oder eines Industriebereichs abgestellt. Im Pressebereich gewinnen insbesondere im Hinblick auf medienpolitische Erwägungen zusätzlich die Begriffe des **Meinungsmonopols** sowie der publizistischen Konkurrenz bzw. der Pressevielfalt wesentliches Gewicht. Hierunter ist die Konkurrenz von Presseinhalten vergleichbarer

---

[21] Vgl. *Mestmäcker, E.-J.*, Medienkonzentration und Meinungsvielfalt, Wirtschaftsrecht und Wirtschaftspolitik, Band 54, Baden-Baden 1978, S. 45 ff.
[22] Vgl. zur Wirksamkeit der gesellschaftsrechtlichen Konstruktionen, die bei wirtschaftlicher Einheit publizistische Vielfalt sichern sollen, *Mestmäcker, E.-J.*, a.a.O., S. 59 ff.

Zeitungen bzw. Zeitschriften zu verstehen. Eine „Produktdifferenzierung" findet statt, wenn durch inhaltliche Bindungen der unterschiedlichsten Art (z. B. in sprachlicher oder konfessioneller Hinsicht sowie bezogen auf bestimmte Lebensgewohnheiten) unterschiedliche Leserkreise angesprochen werden. Bei den Zeitungen sind hierbei vor allem Zuordnungen zu einer bestimmten politischen Richtung von Bedeutung. Auch die Art der Aufmachung kann qualitative Unterschiede widerspiegeln, die sich etwa bei der Gegenüberstellung von Abonnement- und Straßenverkaufszeitungen zeigen.

Inwieweit Qualitätsunterschiede infolge von Produktdifferenzierungen und -abgrenzungen (insbesondere bei den Tageszeitungen) zugleich tatsächlich publizistische Vielfalt darstellen, läßt sich letztlich nur anhand von Inhaltsanalysen feststellen. Man kann im Sinne einer Arbeitshypothese jedoch davon ausgehen, daß eine Vielzahl wirtschaftlich selbständiger Verlage die Vielfalt der Meinungen wenn auch nicht garantiert, so doch zumindest mit hoher Wahrscheinlichkeit vermuten läßt. Insoweit bestehen zwischen publizistischer und ökonomischer Vielfalt parallele Beziehungen, für die eine positive Wirkung auf den Wettbewerb unterstellt werden kann. Umgekehrt hat die Einstellung von Zeitungsausgaben durch die Aufgabe vorher selbständiger Zeitungsverlage bzw. ihre Übernahme durch Konkurrenten in der Vergangenheit zu einer (gleichgerichteten) Abnahme sowohl der publizistischen als auch der ökonomischen Vielfalt geführt.

Auf der anderen Seite wurde der Bedrohung der wirtschaftlichen Existenz von Zeitungsunternehmen vielfach dadurch begegnet, daß Matern (insbesondere beim politischen Zeitungsteil) von anderen Zeitungen bzw. von einer Redaktionsgemeinschaft bezogen wurden. Damit war eine Beschränkung der publizistischen Vielfalt verbunden, die der Aufrechterhaltung wirtschaftlicher Einheiten diente und damit ökonomische Konzentration verhindern sollte. Der umgekehrte Fall liegt vor, wenn durch Verlagskonzentration bei Aufrechterhaltung der redaktionellen Selbständigkeit die publizistische Vielfalt erhalten werden soll. Gleichzeitige publizistische Vielfalt bei ökonomischer Konzentration könnte außerdem gegeben sein, wenn „Vielfalt innerhalb einer Zeitung" erreicht wird, d. h. wenn bei unveränderter wirtschaftlicher Konzentration **unterschiedliche** Meinungen innerhalb **eines** Mediums artikuliert werden können. Diese Überlegungen sind in der Pressewirklichkeit bereits teilweise realisiert (z. B. im sog. „WAZ-Modell", wonach die verlegerischen, nicht aber die publizistischen Funktionen mehrerer Zeitungen vergemeinschaftet werden), wobei sich jedoch noch keine abschließenden Wertungen vornehmen lassen.

3.2.2. Märkte der Presseerzeugnisse

Auf dem **Lesermarkt** konkurrieren Presseerzeugnisse vor allem mit gleichartigen oder verwandten Erzeugnissen (Zeitungen untereinander und mit Zeitschriften). Eine Substitutionskonkurrenz geht beim überregionalen Zeitungsteil in begrenztem Umfang aber auch von den Rundfunkmedien (Hörfunk, Fernsehen) aus. Diese Konkurrenzwirkungen werden für Tageszeitungen um so weniger spürbar, je mehr sie sich von ihren Wettbewerbern abgrenzen können. Ein besonderer Vorzug ist dabei der Lokalbezug von Nachrichten, der den Zeitungen gegenüber den anderen Medien eine herausragende Stellung im Wettbewerb um die Übermittlung von Informationen verleiht. Von der Intensität der Informationsaufnahme her spricht ebenfalls vieles dafür, daß die Interdependenzen zwischen verschiedenen Arten von Medien weniger solche der Substitutionskonkurrenz sind als solche komplementärer Nutzung: Vielfach hat die sehr viel aktuellere, aber vergleichsweise oberflächliche Informationsübermittlung über Fernsehen und Hörfunk eher eine impulsauslösende Wirkung, während die ausführlichere, vertiefte Information und Meinungsbildung anschließend über die Pressemedien erfolgt.[23] Auch die im Regelfall gemeinsame Nutzung beider Medien spricht für das Fehlen einer ausreichenden Austauschbarkeit von Presse und Rundfunk, die Voraussetzung für eine Konkurrenzbeziehung wäre. Gegenüber den Zeitschriften liegt bei Zeitungen eine größere Aktualität der Berichterstattung und gegenüber Hörfunk und Fernsehen eine erheblich höhere Ortsunabhängigkeit der Informationsaufnahme für den Konsumenten der Information vor. Damit ist für Zeitungen eine spürbare Konkurrenz auf dem Markt für Information und Meinungsbildung letztlich nur durch andere Zeitungen innerhalb des Verbreitungsgebiets (d.h. auf dem Lesermarkt der Zeitungen) gegeben. Vergleichbares gilt für Funkmedien und Zeitschriften. Eine Komplementärbeziehung wird hierbei besonders deutlich in den Programmzeitschriften, die auf der Existenz von Hörfunk und Fernsehen begründet sind.

Auf dem **Anzeigenmarkt** liegt eine ähnliche Situation vor. Hier stehen die Zeitungen und Zeitschriften ebenfalls mit konkurrierenden Presseerzeugnissen wie auch mit den übrigen Kommunikationsmedien[24] im Wettbewerb um den Anzeigenkunden. Auf überregionaler Ebene betrifft dies die geschäftliche Werbung und hierbei insbesondere die Werbung für Markenartikel. Auch in diesem Bereich wird eine teilweise komplementäre Funktion von Funkmedien einerseits sowie der Presse andererseits vermutet[25]: Die Werbewirksamkeit des Werbefernsehens hat die Einführung neuer Marken beschleunigt und eine Ausdehnung der Werbung im ganzen bewirkt, die sich auch für die Pressemedien vorteilhaft ausgewirkt hat.

Bei den Zeitungen sind aber neben dieser Werbung mit „**Massenwirkung**" auf lokaler Ebene die Anzeigen mit „**Selektionswirkung**" bedeutsam, die nicht generell zum Kauf eines Produkts auffordern, sondern gezielt einzelne Interessenten innerhalb eines lokal begrenzten Bereichs ansprechen (z.B. Kfz-Anzeigen, Stellenmarkt, Familienanzeigen).[26] Diese Sparten sind in Hörfunk und Fernsehen gar nicht vertreten.

Anders als beim Lesermarkt besteht im Anzeigenmarkt wesentliche Konkurrenz um Inserate mit lokalem Bezug nicht nur zwischen Zeitungen des gleichen Verbreitungs-

---

[23] Vgl. Schlußbericht der Pressekommission *(Günther-Kommission)*, BT-Drs. V/3122 vom 3. Juli 1968, S. 40f.
[24] Vom *BDZV* war vor allem im Zusammenhang mit der Diskussion um das Werbefernsehen eine für Zeitungsverlage nachteilige Wettbewerbsverzerrung beanstandet worden; vgl. *BDZV* (Hrsg.), Pressefreiheit und Fernsehmonopol, Beiträge zur Wettbewerbsverzerrung zwischen den publizistischen Mitteln, Bad Godesberg o.J. (1964). Die daraufhin von der Bundesregierung eingesetzte Kommission zur Untersuchung der Wettbewerbsgleichheit von Presse, Funk/Fernsehen und Film *(Michel-Kommission)* stellte in ihrem Bericht (BT-Drs. V/2120 vom 28. September 1967) dagegen fest, daß die bestehenden besonderen Eigenarten des Fernsehens keine Wettbewerbsverzerrungen zu Lasten der Presse begründeten (ebenda, S. 181f.).
[25] Vgl. *Michel-Kommission*, a.a.O., S. 180.
[26] Zur Begriffsbildung und zu weitergehenden Ausführungen vgl. *Noll, J.*, a.a.O., S. 51ff.

gebiets. In zunehmendem Maße sind in den letzten Jahren Anzeigenblätter gegründet worden, die, zum Teil mit vereinzelten, aber wenig kostenaufwendigen redaktionellen Beiträgen, unentgeltlich in regelmäßigen Abständen (zumeist wöchentlich) an Haushalte eines bestimmten Wohngebietes verteilt werden und einen für die Zeitungen spürbaren Anteil des Inseratenaufkommens an sich ziehen konnten.

Sowohl für den Leser- als auch für den Anzeigenmarkt ergeben sich Besonderheiten in der **räumlichen Abgrenzung des Zeitungsmarktes**. Bei Zeitungen ist eine enge Abgrenzung in Lokalmärkte deshalb zweckmäßig, weil man davon ausgehen kann, daß die Beziehung des Lesers zum Lokalteil der Zeitung (mit Meldungen aus dem nahen Lebensbereich) besonders eng ist.[27] Insofern wird die Bedeutung der Berichterstattung über kommunalpolitische Nachrichten und Meinungen im Lokalteil hervorgehoben, was eine räumliche Marktabgrenzung nach Landkreisen sinnvoll erscheinen läßt, wenngleich das Verbreitungsgebiet nicht immer vollständig mit dem jeweiligen Landkreis identisch sein muß. Für die lokale Marktabgrenzung spricht auch die Höhe der anteilig auf den Lokalbereich entfallenden Werbeumsätze, die für die Zeitungen von überragender Bedeutung sind.[28]

3.2.3. Verknüpfung von Leser- und Anzeigenmarkt

Bei gegebenem Anzeigenpreis ist für den Anzeigenkunden die Höhe der Auflage von Bedeutung, da bei Vorliegen eines nach Anzeigenraum gleichen Anzeigenpreises bei zwei alternativen Inseratemöglichkeiten diejenige mit der höheren Auflage einen günstigeren **Tausender-Preis** – d. h. den Preis eines bestimmten Anzeigenraums je 1000 Leser bzw. Werbekontakte[29] – realisiert. Insbesondere bei den Anzeigen mit Massenwirkungen ist anzunehmen, daß ein günstigerer Tausender-Preis für die Auswahl der Anzeigenplazierung unter konkurrierenden Zeitungen entscheidend ist.

Aufgrund der Verbindung von Leser- und Anzeigenmarkt sind Anzeigen- und Vertriebspreise gemeinsam in die wirtschaftlichen Überlegungen des Verlagsunternehmens einzubeziehen. Die Vertriebspreise werden dabei relativ niedrig sein, damit

---

[27] Vgl. *Klaue, S.*, a. a. O., S. 102. Nach dem Kriterium der „funktionellen Austauschbarkeit aus der Sicht des verständigen Lesers" müßte man sowohl in räumlicher als auch sachlicher Hinsicht die Märkte nach dem Schwergewicht, das einzelnen Zeitungsteilen (Lokalteil, Regionalteil, überregionaler Teil) vom Leser zugemessen wird, sowie nach der Gestaltung von Zeitungen (Abonnement- und Straßenverkaufszeitungen) abgrenzen. Werden vom Leser bestimmte Anforderungen an die Zeitung gestellt (z. B. bezüglich des politischen Standorts oder der konfessionellen Bindung), so verringert sich die funktionelle Austauschbarkeit, und es bilden sich Spezialmärkte heraus.

[28] Nach den Angaben des Jahresberichts 1979 des *BDZV* (Bonn 1980, S. 8) spielt der überregionale Markt mit etwa 6 Prozent Anteil am gesamten Anzeigenvolumen für das Anzeigengeschäft der Zeitungen nur eine geringe Rolle.

[29] Rechnerisch wird der Tausender-Preis demnach ermittelt durch die Relation $\frac{\text{Anzeigen-Preis (je Millimeter bzw. je Seite)} \times 1000}{\text{(verbreitete) Auflage}}$. Streng genommen sind die Werbekontakte nur näherungsweise in der Auflage erfaßt, wenn man davon ausgeht, daß typischerweise eine Zeitung von mehreren Personen gelesen wird und daher auch mehrere Werbekontakte herstellt.

eine möglichst hohe Auflage erzielt wird, die dem Inserenten eine große Zahl von Werbekontakten sichert. Wegen der Mechanik der Tausender-Preise lassen sich bei hoher Auflage die Anzeigenraum-Preise relativ hoch halten. Hierdurch kann der Anzeigenteil in erheblichem Umfang zum Gesamtertrag des Unternehmens beitragen.

Besonders bei den Zeitungen mündet dieser Zusammenhang zwischen Auflage und Anzeigenpreis oft in eine Spiralwirkung (sog. **„Anzeigen-Auflagen-Spirale"**) ein, die im Wettbewerbsprozeß zu einer Privilegierung des auflagenstärkeren Objekts führt.[30]

Während bei Zeitschriften aus Gründen der Begrenzung auf einen speziellen Leserkreis (Fachzeitschriften) bzw. wegen hoher Marktsättigung der Spielraum für nennenswerte Erhöhungen der Verkaufsauflage im allgemeinen begrenzt ist, kann bei im Wettbewerb stehenden Zeitungen dagegen mit einer Auflagensteigerung auf Kosten der Konkurrenten eine Ausweitung des Anzeigenumsatzes erzielt werden. Dabei sind zwei Entwicklungen denkbar:

- Bei konstanten Preisen für den Anzeigenraum sinken die Tausender-Preise, was zu einer Umsatzerhöhung infolge zunehmender Anzeigenmengen führt **(Mengeneffekt)**,
- bei Konstanz der Tausender-Preise läßt sich über die Auflagenerhöhung ein Spielraum zur Preiserhöhung des gegebenen Anzeigenvolumens durchsetzen **(Preiseffekt)**. Diese Umsatzerhöhung durch Auflagensteigerung führt im Zusammenwirken mit einer starken Kostendegression[31] gleichzeitig zu einer entsprechenden Gewinnerhöhung.

Eine erneute Auflagenerhöhung (und damit ein Eintreten der Spiralwirkung) läßt sich ggf. aus der verbesserten Gewinnsituation im Anzeigengeschäft finanzieren, indem das redaktionelle Angebot verbessert wird oder die Bezugspreise gesenkt bzw. trotz steigender Kosten konstant gehalten werden. Unabhängig davon kann bereits die Erweiterung des Anzeigenvolumens zu einer erneut einsetzenden Auflagensteigerung führen, wenn man ein spezielles Eigeninteresse des Lesers an den Anzeigen[32] (insbesondere den Anzeigen mit Selektionswirkung) unterstellt. Das Einsetzen dieser Anzeigen-Auflagen-Spirale bedarf dabei keines besonderen Anstoßes durch einzelne Wettbewerber. Infolge einer faktischen Privilegierung der auflagenstärksten Zeitung unter mehreren Zeitungen im Wettbewerb kann diese Wirkung bereits dadurch einsetzen, daß das Anzeigengeschäft überproportional (zur Auflage) den Erstzeitungen zuwächst. Damit werden Auflagenerhöhungen erzielt, wenn diese Zeitungen wegen ihres Anzeigenteils – und hier vor allem wegen der Anzeigen mit Selektionswirkung – auch von Nichtlesern bzw. von Abonnenten konkurrierender Blätter gekauft werden.[33] Der höchste Aufmerksamkeitswert für diese Anzeigen liegt bei der Zeitung, welche die meisten Inserate der gleichen Rubrik veröffentlicht. Dies ist aber in der

---

[30] Vgl. dazu z.B. den Medienbericht 1974 der *Bundesregierung*, BT-Drs.7/2104 vom 15.Mai 1974, S.35.
[31] Das Sinken der Durchschnittskosten wird vor allem auf die herstellungstechnischen Kostenvorteile bei steigender Auflage zurückgeführt (vgl. Medienbericht 1978 der Bundesregierung, a.a.O., S.38f.). Generell sind die starken Degressionserscheinungen durch die Höhe der im Prinzip auflagefixen Kosten (Redaktion, Verwaltung, Satzherstellung) bedingt.
[32] Vgl. *Ulmer, P.,* Schranken zulässigen Wettbewerbs marktbeherrschender Unternehmen, Materialien zur interdisziplinären Medienforschung, Band 6, Baden-Baden 1977, S.54f.
[33] Vgl. *Noll, J.,* a.a.O., S.51ff.

Regel die führende Zeitung, die damit insbesondere bei Zunahme des Anzeigenvolumens in begrenztem Umfang eine Phase des sich selbst tragenden Wachstums einleiten kann. Aber nicht nur der bestmögliche Werbeerfolg, sondern auch der im allgemeinen günstigere Tausender-Preis[34] führen zu einer Präferenz von Anzeigenplazierungen in der Erstzeitung.[35] Eine weitergehende Haushaltsabdeckung durch Inserate in Zweitzeitungen unterbleibt dann häufig aufgrund der Annahme, daß bereits die Exklusivanzeige zum Erfolg führt, oder infolge von Budgetbegrenzungen der Insertion beim Anzeigenkunden.

3.3. Bedingungen der Funktionsfähigkeit des Wettbewerbs im Pressewesen

Überlegungen zur Funktionsfähigkeit des Wettbewerbs im Pressewesen müssen generell sowohl ökonomische wie auch publizistische Kriterien berücksichtigen. Die Aussagen zu den Bedingungen der wirtschaftlichen Funktionsfähigkeit lassen sich auf die Darstellung des Modells des funktionsfähigen Wettbewerbs (Abschnitt 3.1) reduzieren. Die bisher offen gebliebenen Fragen der publizistischen Funktionsfähigkeit sollten sich im Rahmen dieser Ausführungen auf die Erfüllung der politischen Funktionen der Presse (entsprechend Abschnitt 2.2) beschränken. Dabei ist insbesondere auf die Bedeutung der (äußeren) Pressevielfalt für Information und Meinungsbildung abzustellen. Demgegenüber ist die Erfüllung der politischen Bildungsfunktion in höherem Maße beeinflußt von der jeweiligen Pressestruktur und wird vermutlich eher durch die **Vielfalt in der Zeitung** verbessert.[36] Pressestrukturell relevant für die Einflüsse auf den Zeitungsinhalt sind sowohl die Verteilung des Anteilsbesitzes als auch die Einwirkungen aufgrund von Konkurrenzbeziehungen innerhalb des Verbreitungsgebiets.

3.3.1. Konzentration von Besitzanteilen

Konzentration von Anteilsbesitz an einer Mehrzahl von Zeitungen wird bei entsprechenden Bemühungen des Verlegers zu einer Meinungskonformität der Zeitungen führen.[37] Daß ein Zusammenhang zwischen Anteilskonzentration und Meinungs-

---

[34] Die Tendenz sinkender Tausender-Preise bei zunehmender Auflage wird deutlich in der Aufstellung der *Tabelle A 1* im Anhang: In den verschiedenen Auflagengrößenklassen ist mit der Zunahme der Auflage ein Anstieg der Bruttoseitenpreise und eine gleichzeitige Abnahme der Tausender-Preise (bezogen auf s/w-Seitenpreise) verbunden. Als Ursache kann zum einen die Kostendegression unterstellt werden, die (zumindest teilweise) im Preis weitergegeben wird, zum anderen wirkt gegebenenfalls auch der für auflagenstarke Zeitungen anzunehmende stärkere Konkurrenzdruck der anderen überregionalen Werbemedien (Rundfunk, Fernsehen) auf die Preise ein.
[35] Vom Ergebnis her interessant – aber nur aufgrund von Einzelinformationen über Zeitungen durchführbar – wäre insofern auch eine Differenzierung der Tausender-Preise nach der Wettbewerbsstellung der Zeitungen untereinander (Monopolstellung, führende bzw. nachrangige Position) sowie im Wettbewerb mit verlagsfremden Anzeigenblättern.
[36] Insoweit übereinstimmend mit *Ronneberger, F.,* Konzentration und Kooperation in der deutschen Presse aus kommunikationspolitischer Sicht, in: Publizistik, 16.Jg. (1971), S.24.
[37] Fraglich ist, ob ein tatsächliches Vorliegen von Meinungskonformität der Zeitungen auch zur Konformität der Lesermeinungen führt. Angesichts bisheriger Ergebnisse der Kommunika-

konformität nicht zwangsläufig ist, haben Inhaltsanalysen der Zeitungen des in der deutschen Zeitungslandschaft führenden *Springer-Verlages* ergeben.[38] Dennoch muß ein „latenter Wirkungszusammenhang" unterstellt werden[39], der eine möglichst starke **Dekonzentration** von Verflechtungen des Anteilsbesitzes wünschenswert macht. Auch die Vorgeschichte des Nationalsozialismus weist auf die Gefahren der aggregierten Pressekonzentration hin, infolge welcher die politische Gleichschaltung der Presse wenn nicht ermöglicht, so doch erheblich erleichtert wurde.

Die Konzentration des Anteilsbesitzes an **einer** Zeitung ist unter publizistischem Aspekt unproblematisch, wenn eine Vielzahl voneinander unabhängiger Zeitungen zur Wahl steht. Anders ist dies, wenn durch die Konzentration eine (von der verlegerischen Linie bestimmte) einseitige Information und Meinungsbildung vorhanden ist, also insbesondere bei Monopolstellungen von Zeitungen innerhalb eines bestimmten Verbreitungsgebietes. In derartigen Fällen kann eine Annäherung an die Meinungsvielfalt bestenfalls durch den Abbau des Verlegereinflusses zugunsten größerer Redakteurskompetenzen über Mechanismen der „inneren Pressefreiheit" versucht werden. Ein Abbau der Anteilskonzentration beim Verleger könnte die Wirksamkeit dieser Mechanismen gegebenenfalls unterstützen; eine zwingende Notwendigkeit zu dekonzentrativen Maßnahmen läßt sich daraus jedoch nicht herleiten.

3.3.2. Unternehmenskonzentration

Andere Einflüsse auf die Funktionserfüllung können als Folge der Ausschaltung des Konkurrenzmechanismus auftreten. Die publizistische Leistungsfähigkeit lokaler Zeitungsmonopole[40] ist freilich umstritten: Neben der These von der Vielzahl als zuverlässigem Garanten für Qualität und Meinungsvielfalt gibt es auch die Auffassung, daß sich als Folge des Konkurrenzdrucks eine Vulgarisierung und Sensationsmache der Berichterstattung und Kommentierung und somit eine Einschränkung der publizistischen Qualität einstellen könnte.[41] Nach dieser Auffassung ist nur für Zeitungen von gewisser Größe bzw. Konzentration – gegebenenfalls also auch solche mit Monopolstellung – eine ausreichende redaktionelle Ausstattung und eine genügend unabhängige Stellung zu erwarten. Für beide Auffassungen lassen sich plausible Argumente finden. Einige der bisher nur in geringer Zahl vorliegenden empirischen Untersuchungen lassen auf einen Zusammenhang zwischen Wettbewerb und größerer Leistungsfähigkeit schließen.[42] Der Bericht der *Günther-Kommission*[43] sieht als

---

tionsforschung ist dies stark in Zweifel zu ziehen; vgl. *Noelle-Neumann, E.*, Pressekonzentration und Meinungsbildung, in: Publizistik, 13.Jg. (1968), insbesondere S. 118ff.

[38] Vgl. *Silbermann, A./Zahn, E.*, Die Konzentration der Massenmedien und ihre Wirkungen. Eine wirtschafts- und kommunikationssoziologische Studie, Düsseldorf, Wien 1970, S. 281 ff. sowie *Noelle-Neumann, E.*, a.a.O., S. 126ff.

[39] *Silbermann, A./Zahn, E.*, a.a.O., S. 334.

[40] Es müßten hier auch solche Monopole eingeschlossen werden, die bei wirtschaftlicher Selbständigkeit von Zeitungen durch redaktionelle Kooperation in Form von Maternlieferungen entstehen.

[41] Vgl. *Ronneberger, F.*, a.a.O., S. 17f., S. 23f.

[42] Im Gegensatz dazu ergibt sich aus der Einzelfallstudie von *Stofer, W.*, Auswirkungen der Alleinstellung auf die publizistische Aussage der Wilhelmshavener Zeitung, Nürnberger For-

Ergebnis einer Repräsentativumfrage zwar keine Anhaltspunkte für die Unterdrükkung von Nachrichten, einseitige bzw. unvollständige Kommentierungen oder Machtmißbrauch bei lokalen Monopolstellungen, schließt aber eine Vernachlässigung der Kontrollfunktion in solchen Fällen nicht aus. Anhaltspunkte dafür finden sich auch in einer Inhaltsanalyse des *Allensbach-Instituts,* wonach im Wettbewerb befindliche Zeitungen einen umfangreicheren redaktionellen Teil (Lokalteil) haben, in dem häufiger Kritik bei der Kommentierung von Themen des öffentlichen Bereichs geäußert wird.[44] Hingegen ist in einer jüngeren Langzeitstudie desselben Instituts eine Verkürzung publizistischer Leistung nach Erringen des Lokalmonopols nicht festzustellen.[45] Unter Umständen fällt indessen nicht dem Vorhandensein von Wettbewerbern, sondern vielmehr der **Intensität der Konkurrenzbeziehungen** die entscheidende Rolle für den Umfang der publizistischen Leistungsfähigkeit zu.[46]

Letztlich können die – von subjektiven Wertentscheidungen mitbedingten – eher rudimentären empirischen Belege aber bisher eine grundsätzliche Leistungsüberlegenheit weder für Zeitungen mit Monopolstellung noch umgekehrt für Zeitungen im Wettbewerb überzeugend begründen; die Frage bleibt also weiterhin offen. Auch Hinweise dafür, daß mit der Konzentration die Aufweichung eines publizistischpolitischen Standorts und die Entwicklung zur „Tendenzlosigkeit" der Generalanzeiger-Presse verbunden ist, lassen sich aufgrund struktureller Bezüge nicht generell ableiten. Eine feinere Differenzierung der Auswirkungen fehlenden Wettbewerbs auf Nachrichten (Informationsunterdrückung) oder deren Kommentierung (Meinungskonformität, Kritiklosigkeit) ist erst recht nicht möglich.

Das Dilemma zwischen Voraussetzungen der Leistungsfähigkeit (Größenvorteile der finanziellen und personellen Ausstattung) und des Leistungsdrucks (durch eine Vielzahl von Konkurrenten), das entsprechend den Ergebnissen der Theorie des funktionsfähigen Wettbewerbs bei gesättigten Märkten das Optimum im Bereich mäßiger Konzentration erwarten läßt, tritt wegen der engen räumlichen Marktabgrenzung bei Zeitungen in verstärktem Maße hervor. Hier unter allen Umständen Wettbewerb zwischen – im Einzelfall notwendigerweise – kleinen Einheiten zu fordern, wäre nicht sachgerecht. Dennoch müssen nicht in allen Fällen Monopolstellungen hingenommen werden. Wo Wettbewerb möglich ist, vor allem aber wo noch Wettbewerb herrscht, muß die Pressevielfalt mit den zu Gebote stehenden Mitteln angestrebt bzw. gesichert werden. Dabei kommt der Fusionskontrolle entscheidende Bedeutung zu. Weitergreifende Forderungen nach innerer Pressefreiheit oder – darüber hinausge-

---

schungsberichte, Band 2, Nürnberg 1975, kein Hinweis auf eine Einschränkung der publizistischen Leistung infolge einer Alleinstellung im Vergleich mit der Konkurrenzsituation.
[43] A.a.O., S. 17, 242ff.
[44] Vgl. *Knoche, M./Schulz, W.,* Folgen des Lokalmonopols von Tageszeitungen, in: Publizistik, 14.Jg. (1969), S. 299 ff.
[45] Vgl. *Noelle-Neumann, E.,* Folgen lokaler Zeitungsmonopole. Ergebnis einer Langzeitstudie, in: *Noelle-Neumann, E./Ronneberger, F./Stuiber, H.-W.,* Streitpunkt lokaler Pressemonopol-Untersuchungen zur Alleinstellung von Tageszeitungen, Journalismus, Band 8, Düsseldorf 1976, S. 11–57.
[46] So jedenfalls in bezug auf publizistische Vielfalt *Schönbach, K.,* Publizistische Vielfalt in Wettbewerbsgebieten, in: *Klaue, S./Knoche, M./Zerdick, A.* (Hrsg.), a.a.O., S. 142f.

hend – nach Aufhebung der privatwirtschaftlichen Struktur der Presse bedürfen einer sorgfältigen Prüfung, bevor entsprechende Änderungen der gesetzlichen Rahmenbedingungen in Angriff genommen werden.[47]

4. Strukturen und Wettbewerbsbedingungen im Pressewesen

4.1. Industrielle Struktur der Pressewirtschaft

4.1.1. Tageszeitungen

Dem allgemeinen pressestatistischen Sprachgebrauch folgend werden als Tageszeitungen alle periodischen Publikationen bezeichnet, die bei mindestens zweimal wöchentlichem Erscheinen aktuelle und thematisch nicht begrenzte Nachrichten übermitteln. Je nach Schwerpunkt des Vertriebs unterscheidet man zwischen Abonnement- und Straßenverkaufszeitungen, wobei entsprechend den Angaben der Pressestatistik für 1981 die Anteile ihres primären Vertriebswegs bei den Abonnementzeitungen 91,0% und bei den Straßenverkaufszeitungen sogar 98,4% der Auflage ausmachten.

In der Bundesrepublik Deutschland hat sich seit 1954 eine stetige **wirtschaftliche Konzentration** bei den Tageszeitungen ergeben, worauf die Entwicklung der verschiedenen Indikatoren hindeutet *(Tabelle 1)*.

Die Verlagsbetriebe (und damit einhergehend die Hauptausgaben) sind auf weniger als zwei Drittel zurückgegangen. Den Marktaustritten stehen keine Neugründungen wesentlichen Umfangs gegenüber; dies deutet auf das Vorliegen hoher **Marktzutrittsschranken** hin. Gestützt wird diese Vermutung dadurch, daß von den insgesamt 19 in den Jahren zwischen 1954 und Ende 1977 neu herausgebrachten Zeitungen nur 9 die Phase der Markteinführung überstanden haben.[48]

Bei den redaktionellen Ausgaben hat ebenso wie bei den Vollredaktionen seit 1954 gleichfalls eine starke Abnahme stattgefunden, wobei sich in den letzten Jahren eine Stabilisierung bzw. leichte Zunahme[49] abzeichnet. Da gleichzeitig die gesamte Auflage im Zeitablauf ständig gestiegen ist, ergibt sich eine Erhöhung der durchschnittlichen Auflage (pro Hauptausgabe) und damit auch ein Anstieg der Betriebsgröße. Dabei haben sich die Verlagsbetriebe kopflastig immer mehr in Richtung der höheren Auflagengrößenklassen (mit wachsendem Auflagenanteil) entwickelt (*Tabelle A 2* im Anhang). Derartige Rangverschiebungen sind bei der Zahl der Hauptausgaben sowie beim zugehörigen Auflagenanteil aus den Zahlenangaben der Pressestatistik nicht so eindeutig abzulesen (*Tabelle A 3* im Anhang). Hier ist eine Starrheit der Zei-

---

[47] Siehe dazu Abschnitt 6.
[48] Vgl. Medienbericht 1978 der Bundesregierung, a.a.O., S.7.
[49] Vgl. hierzu die Erläuterungen zu den Untersuchungsergebnissen *Schütz, W.J.*, Deutsche Tagespresse 1981, in: Media Perspektiven, Heft 9 (1981), S.654f. und: Deutsche Tagespresse 1983, in: Media Perspektiven, Heft 3 (1983), S. 183, 189.

Tabelle 1: Strukturdaten zur Entwicklung der Tagespresse

	1954	1964	1967	1969	1973	1976	1979	1981	1983
Verlagsbetriebe, die Tageszeitungen herausgeben*	624	573	535	517	438	403	400	392	385
davon: Straßenverkaufszeitungen	(13)	(12)	(9)	(10)	(8)	(8)	(.)	(8)	(8)
Redaktionelle Ausgaben von Tageszeitungen	1500	1495	1416	1372	1236	1229	1240	1258	1255
davon: Straßenverkaufszeitungen	(17)	(23)	(23)	(.)	(.)	(35)	(42)	(40)	(34)
Vollredaktionen	225	183	158	149	131	121	122	124	125
davon: Straßenverkaufszeitungen	(12)	(11)	(10)	(.)	(.)	(8)	(8)	(7)	(7)
Verkaufsauflage von Tageszeitungen (Mio. Exemplare)	13,4	17,3	18,0	18,1	18,6	19,5	20,5	20,4	21,2
davon: Straßenverkaufszeitungen	(2,5)	(5,4)	(6,0)	(5,5)	(5,4)	(6,3)	(6,6)	(6,2)	(6,9)

* Die Zahl der Verlagsbetriebe stimmt weitgehend (zu über 99%) mit der Zahl der Hauptausgaben überein.
Quelle: Medienbericht 1978 der Bundesregierung, BT-Drs. 8/2264 vom 9. November 1978 (auf der Grundlage der Auswertung von Stichtagserhebungen deutscher Tageszeitungen durch W. J. Schütz) sowie Fortschreibungen durch Schütz, W. J., in: Media Perspektiven, Heft 9 (1979), Heft 9 (1981) und Heft 3 (1983).

tungsstruktur festzustellen, wobei nicht nur die Gesamtzahl aller Zeitungen, sondern auch die Besetzung der einzelnen Größenklassen sich im Zeitablauf nur geringfügig geändert hat.

Ein Querschnitt durch die Verlagsgrößenstruktur im Jahre 1980 nach dem Umsatz weist eine hohe relative Konzentration aus *(Tabelle 2):* Nur etwa 7% (16%) der Verlage erwirtschaften über 50% (70%) des Umsatzes. Der Umsatz pro Beschäftigtem nimmt mit der Umsatzgröße des Verlages zu und liegt bei den Verlagen der obersten Größenklasse beim etwa Sechsfachen (ohne Berücksichtigung der Zusteller beim knapp Dreifachen) gegenüber den Verlagen der kleinsten Umsatzgrößenklasse. Das hängt offenbar auch damit zusammen, daß eine relativ hohe Konzentration der Zeitungen je Verlag bei den Verlagen der obersten Umsatzgrößenklasse vorliegt, während die anderen Klassen überwiegend mit Ein-Zeitungs-Verlagen besetzt sind.

Eine Zunahme der relativen Auflagenkonzentration von Tageszeitungen weisen die Konzentrationsraten der drei, sechs und zehn größten Zeitungen für die Jahre 1975 bis 1977 *(Tabelle 3)* aus. Dies ist auf die Zunahme bei den (außerordentlich hoch konzentrierten) Straßenverkaufszeitungen zurückzuführen, die den leichten Konzentrationsrückgang der weniger konzentrierten Abonnementzeitungen (für die drei bzw. sechs auflagenstärksten Ausgaben) überkompensiert. Für das Jahr 1979 ist in allen Bereichen eine Tendenzwende zu verzeichnen. Ob sich diese Umkehr stabilisiert, erscheint aber angesichts der – wenn auch sehr langsamen – kontinuierlichen Schrumpfung der Zeitungen bzw. Zeitungsgruppen äußerst fraglich.

Zwischen den Abonnement- und Straßenverkaufszeitungen bestehen starke strukturelle Unterschiede in der Zusammensetzung von Vertriebs- und Anzeigenerlösen so-

Tabelle 2: Größenstruktur der Zeitungsverlage im Jahre 1981

Umsatzgrößenklasse (in Mio. DM)	Zahl der Verlage		Umsätze		Beschäftigte		Umsatz pro Beschäftigtem in 1000 DM		Verlegte Zeitungen (Hauptausgaben)
	absolut	in vH	in Mio. DM	in vH	absolut	in vH	insgesamt	o. Zusteller	
bis 0,5	7	2,3	2,4	0,0	101	0,1	23,7	58,4	7
0,5 bis 1	13	4,2	8,9	0,1	241	0,2	37,0	65,7	13
1 bis 2	20	6,4	28,7	0,3	528	0,4	54,3	82,9	21
2 bis 5	62	19,9	218,2	2,0	4023	3,2	54,2	98,7	62
5 bis 10	54	17,4	377,1	3,5	7155	5,8	52,7	115,8	55
10 bis 25	67	21,5	1100,1	10,1	18034	14,5	61,0	126,2	72
25 bis 50	37	11,9	1361,0	12,5	18722	15,1	72,7	133,7	40
50 bis 100	30	9,6	2247,9	20,6	34625	27,9	64,9	145,2	32
100 und mehr	21	6,8	5549,7	50,9	40868	32,9	135,8	168,8	32
zusammen*	311	100,0	10894,0	100,0	124297	100,0	87,6	148,7	334

* Bei der Addition ergeben sich Summenfehler aus der Rundung der Zahlen.
Quelle: Pressestatistik des *Statistischen Bundesamtes*.

Tabelle 3: Konzentrationsraten von Tageszeitungen nach der Verkaufsauflage

Jahr	Verkaufsauflage in 1000 Stück	Anteil der ... größten Zeitungen in %					Anzahl der Zeitungen (Hauptausgaben)
		3	6	10	25	50	
Alle Zeitungen							
1975	22702	30,1	34,6	39,8	54,8	71,3	375
1977	23983	31,8	36,1	41,2	55,5	71,6	372
1979	25016	31,4	35,7	40,8	55,0	70,9	370
Abonnementzeitungen							
1975	14235	7,6	13,7	20,8	41,2	63,2	356
1977	14573	7,1	13,2	19,9	39,9	61,9	354
1979	15339	7,5	13,7	20,4	40,1	61,9	352
Straßenverkaufszeitungen							
1975	8467	80,0	89,6	96,9	–	–	19
1977	9409	81,1	90,5	97,6	–	–	18
1979	9677	80,3	89,6	96,6	–	–	18

Quelle: *Monopolkommission*, Fusionskontrolle bleibt vorrangig, Hauptgutachten III, Baden-Baden 1980; dies., Fortschritte bei der Konzentrationserfassung, Hauptgutachten IV, Baden-Baden 1982.

wie im Verhältnis von Anzahl und Verkaufsauflage (*Tabelle A 4* im Anhang). Während die Zahl der Abonnementzeitungen fast zwanzigmal so hoch ist wie die der Straßenverkaufszeitungen, ist die Verkaufsauflage nicht einmal doppelt so hoch. Dabei ergibt sich die größere durchschnittliche Auflagenziffer der Straßenverkaufszeitungen auch durch die Einbeziehung der „*Bild-Zeitung*", die mit weitem Abstand die höchste Auflage besitzt.[50] Das Verhältnis von Vertriebs- und Anzeigenumsätzen ist bei Straßenverkaufszeitungen ausgeglichen (*Tabelle A 4* im Anhang). Bei den Abonnementzeitungen überwiegen dagegen die Anzeigenumsätze, die knapp 70% zum Gesamtumsatz beitragen. Bei einer Differenzierung nach Größenklassen bei den Abonnementzeitungen findet man heraus, daß sich die Proportionen mit zunehmender Größe immer mehr in Richtung eines höheren Anzeigenumsatzes verschieben, der bei den kleineren Zeitungen einen geringeren Anteil am Gesamtumsatz ausmacht als bei den großen Zeitungen.

Die wirtschaftliche Lage der Zeitungsverlage insgesamt ist in den letzten Jahren gekennzeichnet durch eine stagnierende Beschäftigtenzahl und ein stetiges Umsatzwachstum von durchschnittlich etwa 10% pro Jahr.[51]

---

[50] Nach der Auflagenliste der „*Informationsgemeinschaft zur Feststellung der Verbreitung von Werbeträgern e. V. (IVW)*" betrug die Verkaufsauflage (Quartalsdurchschnitt) der „*Bild-Zeitung*" im 4. Quartal 1982 über 5,4 Mio. Exemplare. Die nächstgrößeren Auflagenhöhen finden sich bei den Abonnementzeitungen „Westdeutsche Allgemeine Zeitung" (646000 Exemplare) und „Süddeutsche Zeitung" (340000 Exemplare). Vgl. *Schütz, W.J.*, Die redaktionelle und verlegerische Struktur der deutschen Tagespresse, in: Media Perspektiven, Heft 3 (1983), S. 217 ff.

[51] Zur Differenzierung im einzelnen vgl. die Zahlenangaben in der amtlichen Pressestatistik.

[52] Gesondert ausgewiesen werden in der amtlichen Pressestatistik die Zeitschriftarten
- überregionale, regionale und lokale politische Wochenblätter,
- konfessionelle Zeitschriften,
- Publikumszeitschriften (mit weiteren Untergliederungen),
- wissenschaftliche und andere Fachzeitschriften (mit weiteren Untergliederungen)

4.1.2. Zeitschriften

Die Pressestatistik bezeichnet mit Zeitschrift alle mindestens viermal im Jahr erscheinenden periodischen Druckschriften mit kontinuierlicher Stoffdarbietung, soweit es sich nicht um Zeitungen handelt. Der Zusammensetzung nach handelt es sich um eine sehr heterogene Pressekategorie.[52] In den wesentlichsten wirtschaftsstatistischen Merkmalen (Verbreitungsgebiet, Zielgruppe, Bezugspreis sowie Verhältnisse von Vertriebs-/Anzeigenumsatz und Text-/Anzeigenseiten) liegen teilweise beträchtliche Unterschiede vor. Aus wirtschaftlicher Sicht bilden die Publikumszeitschriften einen Umsatzschwerpunkt, der die Gesamtheit der Umsätze aller übrigen erfaßten Zeitschriften überragt.[53]

Aus *Tabelle 4* läßt sich eine der Struktur der Zeitungsverlage entsprechende, aber weitaus stärker ausgeprägte relative Konzentration ablesen. 3% der Verlage vereinigen über 60% der Umsätze auf sich. Die Spanne zwischen den Verlagen der kleinsten und denjenigen der größten Umsatzklassen beträgt beim Umsatz pro Beschäftigtem das Sechsfache; noch extremer ist der Unterschied in der Zahl der durchschnittlich verlegten Zeitschriften je Verlag.

Ein Vergleich der *Tabellen 2* und *4* zeigt, daß die Anzahl der Zeitungsverlage weniger als ein Viertel der Anzahl der Zeitschriftenverlage beträgt. Dennoch erzielen die Zeitungsverlage größere Umsatzerlöse und beschäftigen mehr als zweimal soviele Mitarbeiter. Damit ist der Umsatz je Beschäftigtem bei den Zeitungsverlagen nur etwa halb so groß wie derjenige der Zeitschriftenverlage. Die Gründe für die personalintensivere Produktion liegen auch in der höheren Erscheinungshäufigkeit der Zeitungen sowie in dem Umstand, daß weit mehr als die Hälfte aller Zeitungen im Eigendruck erstellt werden, während die drucktechnische Herstellung bei Zeitschriften in überwiegendem Maße nicht im eigenen Verlag erfolgt.[54]

4.2. Marktstruktur der Tageszeitungen

Die im vorigen Abschnitt behandelten Strukturdaten beziehen sich auf die wirtschaftlichen Verhältnisse im gesamten Bundesgebiet. Zumindest für die Tagespresse ist dies jedoch keine sachgerechte Marktabgrenzung, da Tageszeitungen zumeist nur mehr oder weniger eng um ihren Erscheinungsort verbreitet sind. Die einzigen „echten" überregionalen Zeitungen (mit relativ gleichmäßiger Verteilung im ganzen Bundesgebiet) sind die „*Frankfurter Allgemeine Zeitung*" und „*Die Welt*" sowie – als Straßenverkaufszeitung – die „*Bild-Zeitung*"; wesentliche Auflagenanteile außerhalb

---

- Kundenzeitschriften,
- Verbandszeitschriften,
- amtliche Blätter,
- Anzeigenblätter und kostenlos verteilte Amtsblätter,
- sonstige Zeitschriften.

[53] Zur genaueren Erfassung vgl. die Zahlenangaben in der amtlichen Pressestatistik.
[54] Vgl. die detaillierten Angaben der amtlichen Pressestatistik zur technischen Herstellung von Zeitungen und Zeitschriften.

Tabelle 4: *Größenstruktur der Zeitschriftenverlage im Jahre 1981*

Umsatzgrößenklasse (in Mio. DM)	Zahl der Verlage		Umsätze		Beschäftigte		Umsatz pro Beschäftigten (in 1 000 DM)	verlegte Zeitschriften
	absolut	in vH	in Mio. DM	in vH	absolut	in vH		
bis 0,5	550	39,7	114,0	1,3	2506	5,0	45,5	684
0,5 bis 1	205	14,8	147,0	1,7	2811	5,6	52,3	472
1 bis 2	192	13,9	273,1	3,2	3317	6,7	82,3	619
2 bis 5	231	16,7	734,2	8,6	8556	17,2	85,8	902
5 bis 10	97	7,0	687,4	8,1	3923	7,9	175,2	400
10 bis 25	69	5,0	1093,8	12,8	8293	16,7	131,9	597
25 bis 50	23	1,7	744,4	8,7	2860	5,7	260,3	183
50 bis 100	9	0,6	626,4	7,4	2841	5,7	220,5	135
100 und mehr	10	0,7	4093,0	48,1	14686	29,5	278,7	175
zusammen*	1386	100,0	8513,3	100,0	49793	100,0	171,0	4167

* Bei der Addition der Prozentzahlen ergeben sich Summenfehler aus der Rundung der Zahlen.

Quelle: Pressestatistik des *Statistischen Bundesamtes*.

ihres engeren Verbreitungsgebietes haben (mit etwa einem Viertel ihrer Auflage) die *„Frankfurter Rundschau"* sowie die *„Süddeutsche Zeitung"*.[55] Bei der Darstellung der Wettbewerbsverhältnisse für alle übrigen Zeitungen muß der Markt regional enger als auf das gesamte Bundesgebiet bezogen abgegrenzt werden. Daneben muß auch eine sachliche Marktabgrenzung für Leser- und Anzeigenmarkt vorgenommen werden.[56]

4.2.1. Lesermarkt

Als Maß für die publizistische Vielfalt von Tageszeitungen kann die Anzahl der selbständigen **redaktionellen Einheiten** (Vollredaktionen) angesehen werden; bezogen auf das gesamte Bundesgebiet ist dieses Kriterium der Konzentration in *Tabelle 1* dargestellt. Die publizistische Abhängigkeit von Zeitungen ohne Vollredaktionen zeigt sich im Umfang der **Fremdherstellung** des aktuellen politischen Teils (sog. Zeitungsmantel). Hierbei sind vor allem die auflagenschwächeren Zeitungen häufig aus Kostengründen nicht in der Lage, eine Vollredaktion zu unterhalten, und beziehen daher den Zeitungsmantel ganz oder teilweise von anderen Redaktionen.[57, 58]

Wichtigste Bestimmungsgröße für die Auswahlmöglichkeiten der Leser von Tageszeitungen ist die **Zeitungsdichte**. Damit wird die Zahl der Zeitungen erfaßt, aus denen man sich jeweils über das örtliche Geschehen informieren kann. Entsprechend *Tabelle A 5* im Anhang ist die durchschnittliche Zeitungsdichte von 2,7 im Jahre 1954 auf 1,7 im Jahre 1983 zurückgegangen. Die prozentual häufigste Zeitungsdichte lag für 1954 bei einer Wahlmöglichkeit zwischen drei Zeitungen, während seit 1976 die örtliche Alleinstellung von Zeitungen (in den sog. „Ein-Zeitungs-Kreisen") überwiegt. Die größte Wahlmöglichkeit zwischen Tageszeitungen bestand 1954 in Berlin (mit zehn Tageszeitungen) und in Hamburg (mit acht Zeitungen). Bis zum Jahre 1983 hat auch hier ein Rückgang stattgefunden, so daß mit Ausnahme von Berlin nirgendwo mehr als fünf Zeitungen mit lokaler Berichterstattung zur Auswahl stehen. Die Häufigkeit der Ein-Zeitungs-Kreise sowie der Anteil der Bevölkerung dieser Kreise,

---

[55] Vgl. *Kommission der Europäischen Gemeinschaften* (Hrsg.), Untersuchung zur Konzentrationsentwicklung im Presse- und Verlagswesen der Bundesrepublik Deutschland, Band I: Zeitungen und Zeitschriften, Luxemburg 1978, S. 27.

[56] Auf Wettbewerbswirkungen aus dem Vertrieb über den monopolistisch strukturierten Pressegroßhandel wird hier nicht näher eingegangen. Zu einem Überblick vgl. *Kaiser, J. H.*, Das Recht des Presse-Grosso, Baden-Baden 1979, sowie die kritische Erwiderung bei *Wenzel, K. E.*, Rechtsprobleme des Presse-Grosso, in: Archiv für Presserecht, Heft 4 (1979), S. 380–389.

[57] Die Angaben der amtlichen Pressestatistik weisen aus, daß die Zeitungen in den kleineren Auflagengrößenklassen besonders stark an redaktionellen Kooperationen beteiligt sind.

[58] In gewisser Weise bewirken auch gemeinsame Korrespondenten sowie der Bezug von Nachrichten über Agenturdienste eine Vereinheitlichung der Zeitungsinhalte, insbesondere dann, wenn die Agenturmeldungen unkommentiert übernommen oder ohne redaktionelle Bearbeitung veröffentlicht werden. Zur Lage des deutschen Marktes für Nachrichtenagenturen vgl. Medienbericht 1978 der Bundesregierung, a.a.O., S. 59 ff. sowie *Minet, G.-W.*, Nachrichtenagenturen im Wettbewerb, Kölner Wirtschafts- und Sozialwissenschaftliche Abhandlungen, Band 24, Köln 1977, insbes. S. 175 ff.

Tabelle 5: *Ein-Zeitungs-Kreise in der Bundesrepublik Deutschland*

Land	1973				1976				1981				1983			
	Kreisfreie Städte/ Kreise insgesamt	darunter Ein-Zeitungs-Kreise			Kreisfreie Städte/ Kreise insgesamt	darunter Ein-Zeitungs-Kreise			Kreisfreie Städte/ Kreise insgesamt	darunter Ein-Zeitungs-Kreise			Kreisfreie Städte/ Kreise insgesamt	darunter Ein-Zeitungs-Kreise		
		Zahl		Wohnbevölkerung		Zahl		Wohnbevölkerung		Zahl		Wohnbevölkerung		Zahl		Wohnbevölkerung
		absolut	in vH	in 1000 / in vH		absolut	in vH	in 1000 / in vH		absolut	in vH	in 1000 / in vH		absolut	in vH	in 1000 / in vH
Baden-Württemberg	44	16	36,4	2931,4 / 32,4	44	18	40,9	3769,3 / 41,3	44	19	43,2	4186,6 / 45,3	44	21	47,7	4482,5 / 48,3
Bayern	97	60	61,9	5607,1 / 51,2	96	50	52,1	4783,7 / 44,3	96	50	52,1	4838,5 / 44,4	96	50	52,1	4878,0 / 44,5
Berlin	1	–	–	–	1	–	–	–	1	–	–	–	1	–	–	–
Bremen	2	1	50,0	144,5 / 19,6	2	1	50,0	142,7 / 20,0	2	1	50,0	138,9 / 20,0	2	1	50,0	138,0 / 20,0
Hamburg	1	–	–	–	1	–	–	–	1	–	–	–	1	–	–	–
Hessen	41	10	24,4	1077,6 / 19,6	30	8	26,7	1463,8 / 26,4	26	8	30,8	1543,0 / 27,6	26	8	30,8	1548,1 / 27,6
Niedersachsen	69	30	43,5	3026,0 / 42,1	58	37	63,8	4310,9 / 59,6	47	30	63,8	4499,3 / 62,1	47	30	63,8	4509,3 / 62,1
Nordrhein-Westfalen	82	6	7,3	547,6 / 3,2	55	1	1,8	290,3 / 1,7	55	3	5,5	864,0 / 5,1	55	3	5,5	863,5 / 5,1
Rheinland-Pfalz	38	23	60,5	2403,3 / 65,3	36	28	77,8	2876,4 / 78,7	36	28	77,8	2869,1 / 78,8	36	28	77,8	2871,8 / 78,9
Saarland	8	5	62,5	733,5 / 65,4	6	5	83,3	991,6 / 90,7	6	5	83,3	967,4 / 90,6	6	5	83,3	960,7 / 90,6
Schleswig-Holstein	16	2	12,5	509,1 / 20,0	15	8	53,3	1479,1 / 57,3	15	8	53,3	1475,2 / 56,6	15	8	53,3	1475,8 / 56,3
Bundesgebiet	399	153	38,3	16980,1 / 27,6	344	156	45,3	20108,4 / 32,7	329	152	46,2	21382,0 / 34,7	329	154	46,8	21727,7 / 35,3

Quelle: Medienbericht 1978 der *Bundesregierung*, BT-Drs. 8/2264 vom 9. November 1978 (auf der Grundlage der Auswertung von Stichtagserhebungen deutscher Tageszeitungen durch W. J. *Schütz*) sowie Fortschreibungen durch *Schütz*, W. J., in: Media Perspektiven, Heft: 9 (1979), Heft 9 (1981) und Heft 3 (1983).

der keine Wahlmöglichkeit unter mehreren Zeitungen mit lokalen Nachrichten hat, ist je nach Bundesland erheblichen Schwankungen unterworfen *(Tabelle 5)*.

Innerhalb der „Flächenbundesländer" lag im Jahre 1983 in Nordrhein-Westfalen mit nur drei Ein-Zeitungs-Kreisen (5,5% der Kreise mit 5,1% der Wohnbevölkerung) die geringste publizistische Konzentration vor. Die höchsten Vergleichswerte bestanden in den sechs Kreisen des Saarlandes mit 83,3% (Ein-Zeitungs-Kreise) und 90,6% (Wohnbevölkerung). Anteilswerte von weniger als 50% für die Ein-Zeitungs-Kreise lagen neben Nordrhein-Westfalen nur noch in Hessen und in Baden-Württemberg vor, sowie – lediglich bezogen auf die Wohnbevölkerung – in Bayern.

Die Analyse der Ein-Zeitungs-Kreise zeigt, daß bundesweit eine außerordentlich hohe **Konzentration der Lesermärkte** besteht. Die Untersuchung der Wettbewerbsstellung von Zeitungen mit örtlicher bzw. regionaler Verbreitung (*Tabelle A 6* im Anhang) für 1983 unterstreicht dies. Gut ein Drittel der Hauptausgaben verfügt danach über eine lokal abgegrenzte Alleinanbieterstellung. Eine führende Anbieterposition in ihrem jeweiligen lokalen Verbreitungsgebiet liegt daneben für die Hälfte der Hauptausgaben vor. Dagegen sind die nachrangigen Anbieter mit einem Anteil von nur 13,5% in der Minderheit.

4.2.2. Anzeigenmarkt

In der **überregionalen Werbung** waren, soweit aus den wenigen öffentlich zugänglichen Informationen entnommen werden kann, in den letzten Jahren keine bedeutenden strukturellen Verschiebungen der Anteile festzustellen, die auf die verschiedenen Werbeträger entfallen. Die Zusammensetzung der Werbeumsätze der „klassischen" Werbemedien (Presse, Rundfunk, Fernsehen) ist in *Tabelle A 7* im Anhang wiedergegeben. Hiernach entfällt der größte Anteil auf die Publikumszeitschriften[59]; aber auch bei den Zeitungen werden erheblich höhere Werbeaufwendungen getätigt als in Hörfunk und Fernsehen zusammen.[60] Wenn auch die jeweiligen Anteile im Zeitablauf leichten Schwankungen unterworfen waren, so ist die Struktur der Zusammensetzung im wesentlichen gleichgeblieben. Bei den Veränderungsraten, die für die verschiedenen Werbeträger, aber auch für die Vergleichszeiträume bei gleichen Werbeträgern außerordentlich schwankten, gibt die Veränderung des Mengenvolumens (Anzeigenseiten bei der Presse, Werbeminuten bei Hörfunk und Fernsehen) eine preisbereinigte und von Schätzfehlern weitgehend unabhängige Entwicklung des Werbevolumens wieder. Dabei sollten beim intermediären Vergleich die Begrenzungen der Werbezeit bei den Funkmedien berücksichtigt werden.

---

[59] Bei Hinzunahme der Lokalwerbung erhöht sich der Wert der Anzeigenumsätze bei den Zeitungen beträchtlich und liegt – wie die Angaben der amtlichen Pressestatistik ausweisen – mehr als ein Drittel über demjenigen der Zeitschriften insgesamt bzw. ist bedeutend mehr als doppelt so hoch wie der Anzeigenumsatz der Publikumszeitschriften.

[60] Einschränkend muß zur Vergleichbarkeit der Daten angemerkt werden, daß infolge der Bewertung der Zeitungsanzeigen zu den Brutto-Tarifen der Gesamtausgabe der Wertansatz im Medium Zeitung den betrachteten Werbeumfang systematisch unterschätzt (vgl. o.V., Zur Erfassungsmethode der S+P-Daten, in: Media Perspektiven, Heft 5 (1975), S.241f.). Indessen existiert aber eine starke Preisdifferenzierung infolge von Mengen- und Malstaffeln (Volumenrabatte bzw. Rabatte für Wiederholungen) sowie von Kombinationstarifen.

Ein gravierendes Strukturmerkmal im Anzeigengeschäft ist die **Anzeigenkooperation** von Tageszeitungen. Durch den Anzeigenverbund mehrerer Zeitungen kann eine ansonsten lediglich lokale Verbreitung des Werbemediums für die Anzeigenkunden erweitert werden. Dadurch lassen sich zusätzliche überregionale Werbemöglichkeiten erschließen, die einen Zuwachs im Anzeigengeschäft erwarten lassen. Überwiegend sind es besonders die kleinen Tageszeitungen, die einem solchen Anzeigenverbund angehören.[61]

Die Erhebungen des *Bundesverbandes Deutscher Zeitungsverleger (BDZV)* weisen die Anzeigenumsätze von Zeitungen unterteilt nach einzelnen Rubriken aus *(Tabelle 6)*. Obwohl der Repräsentationsgrad der Erhebung bei über 90% liegt, sind bei der Analyse der Daten Vorbehalte zu machen, da nur (teilweise erheblich) weniger als 50% der Anzeigenumsätze nach Rubriken unterteilt sind.

Darauf lassen sich vermutlich auch das weitgehende Fehlen von systematischen Trends sowie nicht erklärbare Schwankungen einer nach Größenklassen differenzierenden Aufstellung (entsprechend *Tabelle 6*) zurückführen, die in den letzten Jahresberichten des *BDZV* nicht mehr veröffentlicht wird. Die vom *BDZV* angegebene Zusammensetzung der Struktur des lokalen/regionalen Anzeigenmarktes[62] (45% bis 50% Einzelhandelsanzeigen, 15% Stellenanzeigen, 9% Immobilienmarkt und jeweils 8% aus den Bereichen Kfz, Familienanzeigen und Sonstiges) ist als grober Trend in *Tabelle 6* enthalten.

Sehr bedeutsam für die Konkurrenz auf den lokalen Anzeigenmärkten ist die Existenz von **Anzeigenblättern**. Hier hat in den vergangenen Jahren ein Wechsel in der Wertschätzung der Zeitungsverleger stattgefunden: Galten die Anzeigenblätter anfangs noch als Eindringlinge im lokalen Anzeigengeschäft der Zeitungen, so sind sie wegen ihres wirtschaftlichen Nutzens für Zeitungsverleger mittlerweile „standesgemäß" geworden.[63] Die ablehnende Haltung gegenüber den Anzeigenblättern legte sich, als die Zeitungsverleger das Geschäft mit diesem Werbemedium in verstärktem Maße selbst übernahmen. Durch Gründung und Aufkauf traten sie der Konkurrenz der nicht-zeitungsgebundenen Anzeigenblätter entgegen und steigerten gleichzeitig ihr lokales Anzeigengeschäft. Nach den Erhebungen des *BDZV* wurden 1977 von insgesamt 576 Anzeigenblättern 213 (=37% mit einem Anteil an der Druckauflage aller Anzeigenblätter von über 43%) von Zeitungsverlagen herausgegeben oder waren mit ihnen verbunden.[64] Im Jahre 1982 wurden 375 zeitungsgebundene Anzeigenblätter mit einer Auflage von 17,7 Mio. Exemplaren gezählt.[65]

4.3. Führende Pressekonzerne

Nicht nur auf den einzelnen Märkten, sondern auch bundesweit liegt bei Presseunternehmen eine starke Konzentration sowohl unter publizistischem als auch unter wirtschaftlichem Aspekt vor. Erste Hinweise auf die Umsatzkonzentration der Unter-

---

[61] Zu den Zahlenangaben im einzelnen vgl. die amtliche Pressestatistik.
[62] Vgl. Jahresbericht 1979 des *BDZV*, a.a.O., S.8.
[63] Vgl. o.V., Vom Konkurrenten zum Benefiz der Zeitungsverleger? – Anzeigenblätter werden standesgemäß, in: Media Perspektiven, Heft 12 (1976), S. 582.
[64] Vgl. Medienbericht 1978 der *Bundesregierung*, a.a.O., S.24ff.
[65] Vgl. Jahresbericht 1981/1982 des *BDZV*, Bonn o.J., S.22.

Tabelle 6: Struktur der Netto-Anzeigenumsätze[1] von Tageszeitungen[2,3]

Jahr	1971	1974	1977	1980
Anzahl der erfaßten Titel (Gesamtzahl aller Titel)	286 (357)	255 (326)	243 (322)	256 (312)
Auflagenrepräsentanz lt. IVW-Liste (in vH)	93,1	94,4	93,4	95,4
Anzeigenumsatz insgesamt	2329,7	2827,8	3927,3	5289,4
davon: Umsatzsumme aufgeschlüsselt nach Rubriken[4]	627,5 (100,0)	1074,0 (100,0)	940,2 (100,0)	2020,4 (100,0)
davon:				
• überregionale Anzeigen	105,0 (16,7)	111,5 (10,4)	110,5 (11,8)	212,8 (10,5)
• lokale Geschäfts- und Empfehlungsanzeigen	191,5 (30,5)	429,4 (40,0)	271,0 (28,8)	762,6 (37,7)
• Stellenmarkt und Vertretungen	149,8 (23,9)	138,5 (12,9)	47,1 (5,0)	388,3 (19,2)
• Familienanzeigen	23,1 (3,7)	47,7 (4,4)	67,1 (7,1)	88,0 (4,4)
• Immobilien und Wohnungsmarkt	47,7 (7,6)	104,4 (9,7)	103,7 (11,0)	165,9 (8,2)
• Kfz-Anzeigen	17,3 (2,8)	46,5 (4,3)	79,1 (8,4)	111,5 (5,5)
• Reise, Fremdenverkehrs- und Bäderanzeigen	8,1 (1,3)	16,9 (1,6)	20,0 (2,1)	30,6 (1,5)
• Veranstaltungen	9,7 (1,5)	23,1 (2,2)	28,1 (3,0)	35,4 (1,8)
• private Gelegenheitsanzeigen	– –	– –	– –	15,8 (0,8)
• sonstige Anzeigen	75,2 (12,0)	97,0 (9,0)	118,9 (12,6)	60,4 (3,0)
• Beilagen	– –	59,0 (5,5)	94,6 (10,1)	149,0 (7,4)

[1] Unter Berücksichtigung von Rabatten und Boni.
[2] Die Umsätze sind in Mio. DM angegeben; die Zahlen in Klammern bei den einzelnen Anzeigenrubriken bezeichnen die zugehörigen Prozentwerte.
[3] Die Zahlen der einzelnen Jahre sind nur bedingt vergleichbar wegen der unterschiedlich starken Beteiligung an der Erhebung sowie dem unterschiedlichen Anteil der aufgeschlüsselten Umsätze am Gesamtumsatz.
[4] Bei der Addition ergeben sich Summenfehler aus der Rundung der Zahlen.
Quelle: *BDZV*-Jahresbericht 1980.

nehmen ergeben sich aus den Berechnungen der Konzentrationsraten für Zeitungs- und Zeitschriftenverlage durch das *Statistische Bundesamt (Tabelle 7).*

Diese Angaben enthalten allerdings eine systematische Unterschätzung der Konzentration, da die Berechnungen von Unternehmen als rechtlichen Einheiten ausgehen; **Konzernverflechtungen** (und damit die Erweiterung auf wirtschaftliche Einheiten) sind

Tabelle 7: Konzentrationsraten von Zeitungs- und Zeitschriftenverlagen nach dem Umsatz

Jahr	Gesamt-umsatz (Mio. DM)	Anteil der ... umsatzstärksten Unternehmen in vH					Anzahl der Unternehmen
		3	6	10	25	50	
Zeitungs- und Zeitschriftenverlage (Anteil am Gesamtumsatz der Unternehmen)							
1975	11 451	22,9	29,9	35,2	48,6	61,0	1 267
1977	14 627	23,2	30,1	35,1	48,4	60,3	1 492
1979	17 392	22,4	29,5	34,6	47,7	59,7	1 586
Zeitungsverlage (Anteil am Gesamtumsatz der Unternehmen)							
1975	6 590	22,8	29,7	37,7	55,5	72,2	312
1977	8 277	23,4	30,0	37,7	55,3	71,7	311
1979	9 688	23,8	30,5	38,8	56,0	72,6	307
Zeitschriftenverlage (Anteil am Gesamtumsatz der Unternehmen)							
1975	4 861	39,5	47,2	52,6	63,8	72,0	955
1977	6 350	38,7	46,8	52,1	61,7	69,2	1 181
1979	7 704	36,5	44,0	49,6	60,3	68,3	1 279
Zeitungs- und Zeitschriftenverlage (Anteil am Zeitungs- und Zeitschriftenumsatz)							
1975	9 528	23,6	29,1	35,0	48,5	61,6	1 267
1977	12 235	23,6	29,4	34,7	48,0	61,3	1 492
1979	14 530	22,2	28,5	34,3	47,5	60,2	1 586
Zeitungsverlage (Anteil am Zeitungsumsatz)							
1975	5 239	17,7	25,6	33,6	52,7	71,5	312
1977	6 535	18,9	25,5	34,2	52,7	71,4	311
1979	7 712	19,2	27,1	35,2	54,3	72,4	307
Zeitschriftenverlage (Anteil am Zeitschriftenumsatz)							
1975	3 906	38,2	47,0	52,1	64,0	71,5	955
1977	5 167	36,9	46,2	52,2	61,3	68,8	1 181
1979	6 205	34,7	43,5	49,2	59,5	67,2	1 279

Quelle: *Monopolkommission*, Fusionskontrolle bleibt vorrangig, Hauptgutachten III, Baden-Baden 1980; dies., Fortschritte bei der Konzentrationserfassung, Hauptgutachten IV, Baden-Baden 1982.

dagegen nicht Gegenstand der Erhebung bzw. Ausweisung des Amtes. Für Umsatzermittlungen bei den Unternehmen als wirtschaftlichen Einheiten müßten zuerst einmal die wesentlichen Kapitalverflechtungen im einzelnen erhoben werden.[66] Zu den

---

[66] Vgl. hierzu (für die medienübergreifenden Verflechtungen) *Diederichs, H. H.*, Konzentration in den Massenmedien, Reihe Hanser Kommunikationsforschung, Band 120, München 1973, S. 174 ff. und Beilage zum Buch sowie (als Vollerhebung der Besitzverhältnisse der regionalen Abonnementszeitungen) *Kühne, R. M.*, Konzentrationsproblematik und optimale Zeitungsstruktur, Dissertation, Köln 1972 (Anlagenband). Neuere Erhebungen durch die *Monopolkommission* auf der Grundlage eines Gutachtenersuchens des *Bundesministers für Wirtschaft* scheiterten an einer mangelnden Beteiligung von Presseunternehmen an der Umfrage (vgl. *Monopolkommission*, Fortschreitende Konzentration bei Großunternehmen, Hauptgutachten II, Baden-Baden 1978, Tz. 684 ff., insbes. 696 ff.).

Tabelle 8: Auflagenkonzentration bei Verlagen/Verlagsgruppen der Tagespresse (Konzentrationsraten in v. H.)

Anzahl der ... größten Konzerne/Verlagsgruppen	1978	1980	1982
3	42,08	39,47	41,07[1]
5	48,41	45,57	47,05[2]
10	57,10	54,06	55,25

[1] Für Abonnementzeitungen: 20,97,
für Straßenverkaufszeitungen: 93,01.
[2] Für Abonnementzeitungen: 26,08,
für Straßenverkaufszeitungen: 97,28.

Quelle: *H. H. Diederichs*, Verlagsgruppen und Pressekonzentration. Abgrenzung und Datensammlung zur Situation der Bundesrepublik Deutschland im IV. Quartal 1978, in: Media Perspektiven, Heft 5 (1979), S. 265–279; ders., Daten zur Konzentration der Tagespresse und der Publikumszeitschriften in der Bundesrepublik Deutschland im IV. Quartal 1980, in: Media Perspektiven, Heft 7 (1981), S. 521–536, sowie ders., Daten zur Konzentration der Tagespresse und der Publikumszeitschriften in der Bundesrepublik Deutschland im IV. Quartal 1982, in: Media Perspektiven, Heft 7 (1983), S. 482–499.

Problemen der Ermittlung von Einzelumsätzen treten somit auch Zuordnungsprobleme. Als Ausweg können fiktive Umsatzanteile führender Verlagsgruppen der Zeitungen und der Publikumszeitschriften über die Zumessung von Auflagenanteilen von Presseobjekten in Höhe der zugehörigen Kapitalanteile (am jeweiligen Verlagsunternehmen) geschätzt werden. Der Indikator für publizistische Konzentration der Verlagsgruppen wird damit zur Hilfsgröße bei der Messung der Umsatzkonzentration im Zeitungs- und Zeitschriftensektor.

Bei den Zeitungen ergibt sich entsprechend *Tabelle 8* in den letzten Jahren ein Stagnieren der Konzentration, die infolge vielfältiger Verlagsverflechtungen[67] auf einem außerordentlich hohem Niveau liegt. Bezogen auf Stand und Entwicklung der Konzentration gilt (gemäß *Tabelle 9*) das gleiche für die Publikumszeitschriften, bei denen jedoch die Verflechtungen bei weitem nicht das Ausmaß wie bei den Tageszeitungen angenommen haben.

---

[67] Für Verflechtungen durch Kapitalbeteiligungen unterhalb der Grenze von 100 Prozent muß in jedem Einzelfall eine Entscheidung über die Abgrenzung der Verlagsgruppen und die (ggf. anteilige) Zuordnung von Auflagen der Tochterunternehmen vorgenommen werden. Vgl. zur Einordnung der in *Tabelle 10* erfaßten Verlage den Vortrag von *Diederichs, H. H.*, Abgrenzung von Verlagsgruppen für die Messung ökonomischer und publizistischer Konzentration, in: *Klaue, S./Knoche, M./Zerdick, A.* (Hrsg.), a.a.O., S. 37–43 und die sich daran anschließende Diskussion sowie *Diederichs, H. H.*, Verlagsgruppen der Tagespresse im IV. Quartal 1979, in: Media Perspektiven, Heft 8 (1980), S. 529–543, insbes. S. 529 ff. Zur kritischen Auseinandersetzung mit dem Ansatz von *Diederichs* speziell zu den Daten für die Publikumszeitschriften (entsprechend *Tabelle 11*) vgl. *Kommission der Europäischen Gemeinschaften* (Hrsg.), a.a.O., S. 114 f.

Tabelle 9: Auflagenkonzentration[1] bei Verlagen/Verlagsgruppen der Publikumszeitschriften (Konzentrationsraten der vier größten Konzerne/Verlage in vH als konsolidierter Marktanteil[2])

1974	1976	1978	1980	1982
ungewichtete Prozentanteile				
60,11	57,19	50,86	48,92	47,76
gewichtete Prozentanteile[3]				
67,41	68,39	65,47	64,01	63,85

[1] Die Auflagenziffern beruhen auf den Angaben der IVW-Auflagenlisten.
[2] In die konsolidierten Marktanteile sind „qualifizierte Beteiligungen" (ab 25 vH) anteilig hereingerechnet worden.
[3] Die Gewichtung besteht in einer Umrechnung aller nicht wöchentlich erscheinenden Publikumszeitschriften auf fiktive Wochenauflagen.

Quelle: *Diederichs, H. H.,* Daten zur Konzentration der Tagespresse und der Publikumszeitschriften in der Bundesrepublik Deutschland im IV. Quartal 1982, in: Media Perspektiven, Heft 7 (1983), S. 482–499.

5. Verhalten und Marktergebnisse im Pressebereich

Die auf der Mechanik der Tausender-Preise beruhende Anzeigen-Auflagen-Spirale führt im wesentlichen bei den Zeitungen zu einer verschärften Konkurrenzsituation. Insofern waren auch auf den Zeitungsmärkten besondere Verhaltensweisen zu beobachten, die sich als Ausdruck dieser Gegebenheiten deuten lassen.

5.1. Unternehmerische Maßnahmen zur Sicherung der wirtschaftlichen Lage

Im Vergleich zu den Zeitschriften, die überwiegend – auch bei den höheren Auflagengrößenklassen – im Fremddruck und Fremdsatz hergestellt werden, wird die technische Herstellung von Zeitungen in sehr viel stärkerem Maße im eigenen Verlagsunternehmen vorgenommen.[68] Zur besseren Nutzung der kapitalintensiven Druckerei werden durch die Verlagsunternehmen Aufträge zum Lohndruck und im Akzidenzgeschäft (Fertigung von Drucksachen, Prospekten, etc.) übernommen. Auch die Herstellung von Anzeigenblättern kann zur Verbesserung der Kapazitätsauslastung beitragen.

Zur erweiterten Erschließung des Anzeigengeschäfts sind Zeitungen in verstärktem Maße dazu übergegangen, von Zeit zu Zeit thematische Schwerpunkte in der (nichtaktuellen) redaktionellen Berichterstattung zu setzen. Diese **„redaktionelle Beilage"**, die z. B. besondere geographische Züge (auch durch Auslandsberichterstattung) herstellt oder bestimmte Bereiche oder Lebensgewohnheiten (Mode, Freizeit, Reisen) anspricht, erreicht damit in verstärktem Maße spezielle Leserkreise. Dies bildet für Verkaufsinteressen aus den jeweiligen Themenbereichen einen besonderen Anreiz

---

[68] Vgl. zur genaueren Erfassung die Zahlenangaben der amtlichen Pressestatistik.

zur Werbung, womit eine Steigerung des Anzeigenvolumens bei den einzelnen Zeitungen erreicht wird, unter Umständen zu Lasten des Wertvolumens anderer Werbeträger.

Ein anderer Weg zur Verbesserung der wirtschaftlichen Lage besteht in der Ergänzung von Zeitungsausgaben durch **Supplemente** mit zumeist wöchentlicher Erscheinungsweise, in der Regel in Form von Programmzeitschriften. Hierbei kooperieren oft mehrere Zeitungen durch den gemeinsamen Vertrieb eines Supplements. Insofern handelt es sich lediglich um eine besondere Form der Anzeigengemeinschaft, mit der ein über die Verbreitung der Zeitung hinausgehendes Werbegebiet erschlossen wird. Außerdem wird die Zeitung durch diese Erweiterung, die zugleich eine Konkurrenz für die Programmzeitschriften der Publikumspresse bedeutet, für den Leser attraktiver, womit positive Auswirkungen auf die Verkaufsauflage verbunden sind. Umgekehrt werben überregionale Ausgaben durch Beilegung von Lokalteilen neue Leser und Anzeigenkunden im Lokalbereich.

5.2. Verdrängungswettbewerb von Zeitungen untereinander

Der Pressemarkt des Ruhrgebiets liefert in besonderer Weise Anschauungsmaterial über typische Verhaltensweisen im Zeitungswettbewerb.[69] Der *WAZ-Konzern* hatte durch aggressives Marktverhalten und starkes externes Wachstum eine führende Position im Ruhrgebiet erlangt; innerhalb des Verbreitungsgebiets der *WAZ*-Zeitungen war nur eine Regionalzeitung, die *Ruhr-Nachrichten,* übriggeblieben, die aber überwiegend die Position einer nachrangigen Zeitung innehielt. Hinweise auf Verdrängungsabsichten des *WAZ-Konzerns* lieferten einmal die im Branchendurchschnitt und im Regionalvergleich ungewöhnlich niedrige Erhöhung der Bezugspreise sowie andererseits eine aggressive Politik im Anzeigengeschäft, unterstützt durch die Herausgabe von Anzeigenblättern auf den besonders stark umkämpften Anzeigenmärkten.[70] Die verdrängenden Wirkungen des Anzeigengeschäfts resultierten aus dem wettbewerbsstrategischen Anzeigenpreisgebaren in dreierlei Hinsicht: der regionalen und sachlichen Preisdifferenzierung sowie einer Anzeigenzwangskombination.

Die **regionale Preisdifferenzierung** richtete sich nach der Marktstellung und der Konkurrenzsituation der *WAZ*-Zeitungen in den entsprechenden lokal abgegrenzten Verbreitungsgebieten. In Gebieten mit führender Position waren die Tausender-Preise hoch, in den umkämpften lokalen Anzeigenmärkten dagegen besonders niedrig im Vergleich zu anderen nach Auflage vergleichbaren Insertionsmöglichkeiten. Im einzelnen wird dies dadurch belegt, daß
- der Tausender-Preis von Einzelausgaben der *WAZ*-Zeitungen Schwankungen aufwies, die nicht systematisch auf die Auflagenhöhe zurückzuführen waren, sondern sich nur durch die Marktstellung der zum *WAZ-Konzern* gehörenden Zeitungen einer **Tarifgemeinschaft** erklären lassen,

---

[69] Vgl. ausführlicher zu diesem Fall *Ulmer, P.,* a. a. O., insbes. S. 23 ff.
[70] Zur wettbewerbsrechtlichen Beurteilung dieser Verhaltensweisen vgl. *Mestmäcker, E.-J.,* a. a. O., S. 114 ff., *Ulmer, P.,* a. a. O., S. 85 ff. sowie *Möschel, W.,* Pressekonzentration und Wettbewerbsgesetz, Tübinger rechtswissenschaftliche Abhandlungen, Band 50, Tübingen 1978, insbes. S. 101 ff.

- die Tausender-Preise zwischen 1973 und 1976 in Märkten mit führender Position um 23,9 bis 46,0 Prozent, in den beiden übrigen Märkten dagegen nur um 5,1 bzw. 5,9 Prozent stiegen und
- die Tausender-Preise entgegen dem zu erwartenden Marktverhalten im Zuge steigender Auflage (als Folge von Fusionen) überwiegend weiter erhöht wurden.[71]

Die **sachliche Preisdifferenzierung** kam einmal in dem für Zeitungen üblichen und auch in der Höhe normalen Rabatt bei Gesamtbelegung zum Ausdruck. Daneben wurden außergewöhnlich hohe Nachlässe für einzelne Anzeigenarten (Stellen- und Immobilienanzeigen) gewährt. Schließlich gab es bei der Belegung von gleichzeitig mehreren örtlichen Teilausgaben noch einen zusätzlichen Rabatt.

Durch die Tarifstruktur der Zeitungen des *WAZ-Konzerns* war eine **Zwangskombination** bei der Belegung einzelner Zeitungen einer Tarifgemeinschaft nicht zu umgehen. Es bestand keine Wahlmöglichkeit zwischen einzelnen Zeitungen eines Tarifraums, sondern nur die Möglichkeit der gemeinsamen Belegung.

Die **Wirkungen** dieser Preispolitik wurden einerseits in einem **Absorptionseffekt** gesehen, der von den hohen Tausender-Preisen in den Verbreitungsgebieten mit führender Marktstellung ausging: Die tatsächliche oder vermeintliche Unverzichtbarkeit der Anzeigenbelegung bei der Erstzeitung in Verbindung mit deren hohen Anzeigenpreisen sorgten für eine Bindung hoher Anteile der Werbeetats beim *WAZ-Konzern* und damit für einen Rückgang der Werbeeinnahmen von Konkurrenten (unabhängig von deren Preispolitik). Die Preispolitik des *WAZ-Konzerns* führte weiterhin dazu, daß ein großer Teil der Inserenten eine Gesamtbelegung vornahm. Durch diesen **Anzeigenverbund** erschienen die *WAZ-Zeitungen* in den Verbreitungsgebieten, in denen sie nachrangige Positionen innehatten, mit einem relativ großen Anzeigenteil. Das steigerte die Attraktivität von Anzeigenschaltungen bei der *WAZ* auch für die Teile des Verbreitungsgebietes, in denen keine führende Stellung bestand. Die Zwangskombination bewirkte eine Ausdehnung der Erstanbieter-Positionen in Teilen des Verbreitungsgebietes, insbesondere wenn man von der überlegenen Werbewirksamkeit der Erstzeitung sowie der Existenz finanzieller Beschränkungen der Werbebudgets beim Inserenten ausgeht.

5.3. Unlauteres Verhalten im Wettbewerb

Der harte Wettbewerb im Anzeigengeschäft der Zeitungen und ganz besonders der Kampf um die Erringung einer Erstanbieter-Stellung können zu Verhaltensweisen führen, die – je nach ihren Begleitumständen – dem Tatbestand des **unlauteren Wettbewerbs** zuzuordnen sind. Es soll damit nicht unterstellt werden, daß unlauteres Verhalten für den Pressebereich besonders typisch ist; generelle strukturelle Bezüge hierzu lassen sich nicht herleiten. Indessen lassen die scharfen Konkurrenzbedingungen aus dem Anzeigengeschäft eine ausgeprägte Neigung zu wettbewerbsbeschränkendem und daneben auch zu unlauterem Verhalten plausibel erscheinen.

---

[71] Vgl. *Ulmer, P.*, a.a.O., S. 28 sowie S. 129 ff.

Eine Reihe von Praktiken unlauteren Verhaltens im Pressebereich war vor allem im Wettbewerb der Zeitungen untereinander zu beobachten.[72]

Vielfach sind die Handlungen an sich noch nicht unbedingt unlauter und können bei anderen Strukturen bzw. in anderem wettbewerblichem Umfeld wettbewerbskonforme Maßnahmen darstellen; dies gilt etwa für den Einsatz von Werbekolonnen als gängigem Mittel zur Abonnentenwerbung. Unlauteres Verhalten ist erst dann anzunehmen, wenn aggressive Werbemethoden unter Einsatz sittenwidriger Maßnahmen (z. B. überhöhte Werbeprämien) oder durch Aufstellung unzutreffender Behauptungen (z. B. über Qualität bzw. Preise des Konkurrenzprodukts) vorliegen. Die kostenlose Herausgabe eines Anzeigenblattes ist ebenfalls ein Mittel, dessen Wettbewerbswidrigkeit sich erst im Zusammenhang mit der – unter Umständen beabsichtigten – Schädigung oder Gefährdung des Zeitungsbestandes ergibt. Zu den unlauteren Praktiken müssen auch die Gewährung unzulässiger Rabatte oder die irreführende Werbung (mit überzogenen Angaben zu Auflage und/oder Verbreitung) gezählt werden. Die Auflistung unlauterer Verhaltensweisen läßt sich noch ergänzen um die sittenwidrigen Maßnahmen, durch welche die Geschäftsausübung oder der Vertrieb der Konkurrenten (z. B. mit Hilfe von Abwerbungen) behindert werden sollen.

Der *BDZV* hatte bereits 1972 die Eintragung von Wettbewerbsregeln für den Vertrieb von Abonnementszeitungen entsprechend § 28 GWB beantragt.[73] Die Regelung erfaßte unter anderem die Bezieherwerbung mit Hilfe von Prämien oder über eine Verteilung von Freiexemplaren und die Gewährung von Vorzugspreisen. Die Eintragung dieser Regeln erfolgte mit einigen Änderungen im Jahre 1975.

5.4. Wirtschaftliche Ergebnisse bei Zeitungsunternehmen

Mangels genauerer Angaben von seiten der Verlagsunternehmen lassen sich die Kosten- und Erlösstrukturen (und damit verbunden die Gewinne) nur unzureichend ermitteln; auch das Material der Pressestatistik des *Statistischen Bundesamtes* ist in dieser Hinsicht unvollständig. Insofern sind Gewinne aus Verlagstätigkeiten nur im Wege von Schätzungen oder aus einem Zeitungsbetriebsvergleich auf der Grundlage von Stichproben zu ermitteln.

Die in *Tabelle 10* wiedergegebenen Zahlen stellen Durchschnittswerte für die Zeitungsverlage insgesamt (ohne Differenzierungsmöglichkeiten nach Auflagen oder Umsatzgrößenklassen) dar. Demnach ist die Entwicklung der Vertriebserlöse (mit Ausnahme des Jahres 1968, in dem die Änderung des Umsatzsteuersystems wirksam wurde) von stetigen Zunahmen gekennzeichnet. Bei den Anzeigenerlösen zeigt sich die gleiche, stetig nach oben gerichtete Entwicklung, Ausnahmen bilden lediglich die

---

[72] Zu den Verhaltensweisen im einzelnen vgl. *Schopp, H.*, Ausprägungen und Auswirkungen des Verdrängungswettbewerbs bei der in begrenzten Bereichen erscheinenden Presse, in: *Fischer, H. D./Baerns, B.* (Hrsg.), Wettbewerbswidrige Praktiken auf dem Pressemarkt, Materialien zur interdisziplinären Medienforschung, Band 7, Baden-Baden 1979, S.61 ff.

[73] Vgl. Bericht des *Bundeskartellamtes* über seine Tätigkeit im Jahre 1975 sowie über Lage und Entwicklung auf seinem Aufgabengebiet (§ 50 GWB), BT-Drs.7/5390 vom 16.Juni 1976, S.78.

Tabelle 10: Kosten und Erlöse (von Abonnementszeitungen) je Monatsstück[1]; Umsatzrendite vor Steuern

Jahr	Erlöse				Gesamt-kosten	Gewinn	Gewinn vor Steuern in vH der Gesamterlöse	
	Vertrieb	Anzeigen	Sonstige	Gesamt			Zeitungen	alle Unternehmen
	in DM je Monatsstück							
1954	3,48	3,06	0,03	6,57	6,16	0,41	6,2	.
1958	4,02	4,63	0,06[2]	8,71	7,83	0,88	10,1	.
1962	4,50	7,52	0,09	12,11	10,49	1,62	13,4	.
1965	5,06	10,07	0,13	15,26	13,19	2,07	13,6	8,8
1966	5,26	10,11	0,13	15,50	13,98	1,52	9,8	8,3
1967	5,57	10,03	0,10	15,70	14,17	1,53	9,7	8,4
1968	5,46	11,06	0,12	16,64	14,25	2,39	14,4	7,3
1969	5,52	12,53	0,12	18,17	15,73	2,44	13,4	7,3
1970	5,88	13,73	0,14	19,75	18,10	1,65	8,4	6,6
1971	6,47	14,72	0,19	21,38	20,31	1,07	5,0	6,3
1972	7,07	16,77	0,13	23,97	21,49	2,48	10,3	6,4
1973	7,64	17,93	0,22	25,79	23,44	2,35	9,1	5,7
1974	8,52	17,76	0,25	26,53	24,39	2,14	8,1	5,0
1975	9,42	18,29	0,26	27,97	24,35	3,62	12,9	5,1
1976	10,09	19,91	0,18	30,18	25,89	4,29	14,2	5,6

[1] Das Monatsstück umfaßt je ein Stück aller im Monat erscheinenden Zeitungsnummern.
[2] Geschätzter Wert.
Quelle: Medienbericht 1978 der Bundesregierung, BT-Drs. 8/2264 vom 9. November 1978 (auf der Grundlage des Zeitungsbetriebsvergleichs *Engelmann/Rutsatz*) sowie *Deutsche Bundesbank* (Hrsg.), Jahresabschlüsse der Unternehmen in der Bundesrepublik Deutschland 1965 bis 1976, Sonderdrucke der Deutschen Bundesbank, Nr. 5, 2. Auflage, Frankfurt/M. 1978

Rezessionsjahre 1967 und 1974. Wenn dennoch die Marktzugänge relativ selten sind, so kann dies nur auf das Vorliegen **hoher Marktzutrittsschranken** zurückgeführt werden. Der Vergleich der Umsatzrenditen ergibt, daß Zeitungsunternehmen mit Ausnahme von 1971 stets – und teilweise erheblich – über dem Durchschnitt aller Unternehmen lagen.

Aus den Zahlen in *Tabelle 10* sind – insbesondere was die Anzeigenerlöse angeht – leichte Rückwirkungen konjunktureller Einflüsse auf die Zeitungen spürbar. Die von den Zeitungsverlegern beklagte „Anfälligkeit der Zeitungen gegen konjunkturelle Schwankungen der Wirtschaft"[74], die auch von der *Michel-Kommission* und von der

---

[74] Vgl. *BDZV* (Hrsg.), Pressefreiheit ..., a. a. O., S. 68.

Günther-Kommission insbesondere aufgrund steigender Anzeigenabhängigkeit der Gesamterlöse unterstellt wurde, ist daraus jedoch nicht schlüssig abzulesen. Ganz ähnlich lassen empirische Untersuchungen vermuten, daß die behauptete besondere Konjunkturanfälligkeit der Zeitungen generell nicht besteht.[75] Zum einen sind nicht alle Anzeigenrubriken in besonderem Maße konjunkturreagibel, zum anderen können die Zeitungen im allgemeinen Anpassungen durch Preis- oder Umfangsänderungen in relativ kurzen Fristen vornehmen. Dennoch können konjunkturelle Wirkungen insoweit auftreten, als die Benachteiligungen der Zweit- gegenüber der Erstzeitung im Konjunkturablauf stärker akzentuiert werden.[76] Dies würde partiell die These des konzentrationsfördernden Einflusses der Wirtschaftskonjunktur auf die Presse unterstützen.

5.5. Technische Entwicklung beim Zeitungssatz

Nachdem sich über Jahrhunderte hinweg in der Drucktechnik keine gravierenden Änderungen vollzogen haben, sind in jüngster Zeit bedeutende Umwälzungen bei der Satztechnik aufgetreten, die auf technischem Fortschritt im Bereich der Elektronik beruhen. Die Umstellung vom Bleisatz auf elektronische Textverarbeitung ermöglicht eine erheblich verbesserte redaktionelle Leistungsfähigkeit zu wesentlich geringeren Kosten.[77] Insbesondere die hohe Verarbeitungskapazität der neuen Technik und ihre vergleichsweise geringe Personalintensität haben zu der Befürchtung geführt, daß mit ihrem Einsatz beschleunigte Konzentrationsvorgänge und eine hohe Freisetzung von Beschäftigten unvermeidlich würden. Diese Vermutung wird unter anderem dadurch gestützt, daß für die Investitionssumme im Verhältnis zur Setzleistung bei den Setzmaschinen unterschiedlicher Leistung eine degressive Zunahme unterstellt werden kann. Daraus läßt sich ein Investitionsvorteil für Maschinen mit hoher Verarbeitungskapazität ableiten, womit den größeren Unternehmen ein Vorteil zukommt. Unter zwei Aspekten ist die Auslösung eines **Konzentrationsschubs** denkbar:

- Einmal können Zusammenschlußanreize infolge des hohen Investitionsaufwands für die vergleichsweise kostengünstigen Maschinen mit hoher Leistungsfähigkeit geschaffen werden (Push-Effekt).
- Zum anderen können die bei der Nutzung der neuen Zeitungstechnik vorhandenen Kapazitätsreserven durch stärkere Konzentration unter Umständen besser genutzt werden (Pull-Effekt).

Gegen die konzentrationsfördernde Wirkung der neuen Technik spricht indessen die Tatsache, daß aus einem Spektrum von unterschiedlich teuren und unterschiedlich leistungsfähigen Systemen dasjenige ausgewählt werden kann, das den jeweiligen betrieblichen Erfordernissen am ehesten entspricht. Nach amerikanischen Erfahrungen sind kleine Unternehmen bei der Einführung der neuen Technik im Vorteil, da

---

[75] Vgl. *Kisker, K.-P./Knoche, M./Zerdick, A.*, a.a.O., insbes. S. 132ff.
[76] Vgl. Medienbericht 1978 der *Bundesregierung*, a.a.O., S. 38.
[77] Vgl. (auch zum folgenden) die Ausführungen der *Monopolkommission*, a.a.O., insbes. S. 415ff.

sie auf Standardsysteme zurückgreifen können, die – ohne längere und kostensteigernde Planungs- oder Einarbeitungszeit – schnell zum Einsatz gebracht werden können. Die Anschaffung zu relativ geringen Kosten (aufgrund der Standardisierung und der je nach betrieblichen Erfordernissen geringen Leistungsanforderungen) sowie die schnellere Gewinnerzielung können daher sogar konzentrationshemmend wirken.

Eine Beurteilung der Konzentrationseinflüsse, die von der neuen Zeitungstechnik ausgehen, bedarf der Abwägung der einzelnen Zusammenhänge nach umfänglicher empirischer Erfassung. Keinesfalls ist mit ihrem Einsatz a priori ein wirtschaftlicher oder technischer Zwang zur Konzentration verbunden. Im Zuge von Ersatzinvestitionen wird überwiegend die neue Technik eingeführt werden, da man von etwa gleichen (eher noch geringeren) Kosten bei gleichzeitig höherer Leistungsfähigkeit gegenüber der konventionellen Technik ausgehen kann.[78] Gerade für die kleineren Verlage liegen in der neuen Zeitungstechnik Chancen und Risiken (aus Überkapazität und Freisetzung) der wirtschaftlichen Besserstellung dicht beieinander. Vorteilhaft sind dabei die redaktionellen Kooperationsmöglichkeiten, die auf der Grundlage der schnelleren und umfangreicheren Textverarbeitung zu Qualitätsverbesserungen und Kostensenkungen führen können.

6. Pressespezifische gesetzliche Rahmenbedingungen

Die besondere Stellung der Presse in Gesetzgebung und Rechtsprechung läßt sich zunächst aus der in Artikel 5 des Grundgesetzes (GG) niedergelegten Pressefreiheit ableiten. Die medienpolitische Diskussion hat in diesem Zusammenhang in jüngster Zeit vor allem die Vereinbarkeit von öffentlich-rechtlicher Aufgabe (entsprechend der Auslegung von Art. 5 GG) und privatrechtlicher Struktur der Presse kontrovers behandelt.

Von einer besonderen gesetzlichen Regelung ist das Pressewesen auch im Rahmen der Fusionskontrolle betroffen. Im Vergleich zu anderen Unternehmenszusammenschlüssen wurden für solche mit Beteiligung von Presseverlagen die **Eingriffsschwellen** herabgesetzt, damit die Konzentration sich nicht unter dem Schutz der **Toleranzklauseln** unbehindert weiter vollziehen kann.

Bisher gesetzlich noch nicht geregelt ist daneben die Aufgabenabgrenzung zwischen Verlegern und Redakteuren. Die Sicherung der **„inneren Pressefreiheit"** soll durch eine Regelung der Konflikte zwischen dem Weisungsrecht des Verlegers und den Freiheitsrechten der Redakteure gewährleistet werden. Hierzu liegt seit 1974 der „Entwurf eines Gesetzes über die allgemeinen Rechtsverhältnisse der Presse (Presserechtsrahmengesetz)" vor.[79] Bisher hat bei den Berufsverbänden von Verlegern und

---

[78] Nach Angaben im *BDZV*-Jahresbericht 1978 (Bonn 1979, S. 59) hat sich „die Einführung elektronischer Text- und Satzsysteme in der Druck- und Verlagsindustrie ... im abgelaufenen Zeitraum noch mehr verstärkt. Die sprunghafte technische Entwicklung hat dazu geführt, daß nunmehr kein Programmhersteller noch konventionelle Druckanlagen anbietet."

[79] Vgl. ausführlicher *Hoffmann-Riem, W./Plander, H.*, Rechtsfragen der Pressereform, Materialien zur interdisziplinären Medienforschung, Band 4, Baden-Baden 1977.

Redakteuren kein Einvernehmen über eine tarifvertragliche Regelung der „inneren Pressefreiheit" sowie über betriebsverfassungs- und mitbestimmungsrechtliche Fragen[80] in Form von Redaktionsstatuten[81] erzielt werden können, und auch eine diese Fragen regelnde Pressereform ist bisher über den Entwurf eines Presserechtsrahmengesetzes nicht hinausgekommen.

Als weitere pressespezifische gesetzliche Bestimmung ist das Pressestatistik-Gesetz zu erwähnen, das die Presse zu bestimmten Angaben gegenüber dem *Statistischen Bundesamt* verpflichtet. Der Aussagewert der darauf aufbauenden Statistik wird allerdings eingeschränkt durch den Umstand, daß die Erhebungen lediglich bei den rechtlichen Einheiten ansetzen, ohne die wirtschaftliche Einheit bzw. bestehende Unternehmensverflechtungen zu berücksichtigen.

6.1. Öffentlich-rechtliche Aufgabe und privatrechtliche Struktur der Presse

Die öffentliche Aufgabe der Presse, die durch die institutionelle Garantie der Pressefreiheit in Art. 5 GG abgesichert ist, wird vielfach in Beziehung zu ihrer privatrechtlichen Struktur gesetzt, wobei nicht selten die Rundfunkverfassung als Leitbild herangezogen wird.[82] Tatsächlich liegt die verfassungsrechtliche Begründung für die Existenz öffentlich-rechtlicher Monopolanstalten aber in den technischen Besonderheiten dieser Medien. An die Stelle einer Vielfalt von selbständigen, miteinander konkurrierenden Erzeugnissen tritt bei den Monopolanstalten die institutionelle Verankerung einer Repräsentation der gesellschaftlich relevanten Gruppen. Durch die neuen Entwicklungen im Medienbereich (insbesondere das Kabelfernsehen) entfallen aber die wesentlichen technischen Argumente für die monopolistische Struktur der öffentlich-rechtlich organisierten Medien. Das „dritte Fernsehurteil" des *Bundesverfassungsgerichts* vom 16. Juni 1981 eröffnet denn auch die Möglichkeit der Zulassung privater Rundfunk-Betreiber, jedoch nicht ohne die Pflicht zur Sicherung der Meinungsvielfalt durch geeignete gesetzliche Bestimmungen festzuschreiben.

Wenn die öffentlich-rechtliche Struktur der Presse auch nicht zwangsläufig aus ihrer öffentlichen Aufgabe folgt, so könnte sie jedoch immerhin zweckmäßiger sein als die privatwirtschaftliche Struktur. Die Begründung für eine solche Auffassung läßt sich aus dem Konzentrationsprozeß der Presse und der damit einhergehenden erheblichen Verringerung der publizistischen Vielfalt herleiten. Die Überführung der Presse in eine öffentlich-rechtliche Struktur würde somit der Sicherung der Meinungsvielfalt dienen. Aber gerade die Erfahrungen mit den Rundfunkanstalten sollten von einer Umsetzung derartiger Forderungen abhalten. Vor allem die geforderte erwerbswirtschaftliche Neutralität, auf deren Fehlen die Pressekonzentration zurückgeführt

---

[80] § 118 BetrVerfG und § 1 Abs. 4 Ziff. 2 MitbestG beschränken die Rechte der Belegschaft in den sogenannten „Tendenzbetrieben".

[81] Zu den Redaktionsstatuten vgl. die Untersuchung von *Branahl, M./Hoffmann-Riem, W.*, Redaktionsstatute in der Bewährung, Materialien zur interdisziplinären Medienforschung, Band 2, Baden-Baden 1975.

[82] Vgl. (zum gesamten Abschnitt) *Mestmäcker, E.-J.*, a.a.O., S. 17 ff. und zur Reform der privatrechtlichen Organisationsstruktur der Tagespresse *Stammler, D.*, a.a.O., S. 325 ff., insbes. S. 337 ff.

wird, ist durch eine Umgestaltung der Rechtsformen bei Presseverlagen (in eine Stiftung oder in eine Anstalt des öffentlichen Rechts) nicht erreichbar. Der öffentlichrechtliche Charakter der Rundfunkanstalten hat beispielsweise nicht verhindert, daß sie sich zu Großunternehmen mit erwerbswirtschaftlichen Beziehungen zu Unternehmen der Unterhaltungsindustrie und mit Erträgen aus kommerzieller Werbung entwickelt haben. Auch unter politischem Aspekt bestehen Bedenken gegen eine öffentlich-rechtliche Struktur der Presse, da die staatsunabhängige Neutralität gefährdet ist, wenn die Kontrollkompetenz entsprechend der Rundfunkverfassung auf die Vertreter der gesellschaftlich relevanten Gruppen übergeht. Diese vertreten entweder bestimmte Staatsorgane oder Gruppierungen (z. B. Wirtschaftsverbände oder die politischen Parteien) bzw. stehen aufgrund ihrer Interessenlage in einem bestimmten nicht-neutralen Verhältnis zu den um Ausübung der Staatsgewalt konkurrierenden Parteien. Zudem repräsentieren die Vertreter der „gesellschaftlich relevanten Gruppen" in der Regel gerade diejenigen Institutionen und Inhaber wirtschaftlicher Macht, die keinen hoheitlichen Kontrollen unterliegen und von denen eine kritische Presse unabhängig sein sollte.

Somit erscheinen die Alternativen zur privatwirtschaftlichen Pressestruktur nicht geeignet, die durch wirtschaftliche Konzentration gefährdete Meinungsvielfalt zu gewährleisten. Da auch die Möglichkeiten, Meinungsvielfalt innerhalb der Zeitungen durch die Institutionalisierung der inneren Pressefreiheit zu erreichen, rechtlich nicht geregelt sind, bleibt als wichtigstes Mittel, die Sicherung einer möglichst hohen Meinungsvielfalt auf dem Wege der Fusionskontrolle gegenüber Presseunternehmen zu erreichen.

6.2. Fusionskontrolle bei Presseunternehmen

Mit der Dritten Novelle 1976 des Gesetzes gegen Wettbewerbsbeschränkungen (GWB) wurden besondere presserechtliche Bestimmungen in das GWB eingefügt. Insbesondere war es die Absicht des Gesetzgebers, „die kartellrechtliche Fusionskontrolle auch auf regionale und lokale Pressezusammenschlüsse sowie auf den Aufkauf mittlerer und kleiner Presseunternehmen zu erstrecken".[83]

Maßgebliches Eingreifkriterium der Fusionskontrolle ist die Entstehung oder Verstärkung **marktbeherrschender Stellungen**. Die Änderungen für Presseunternehmen bestehen in einer Reduzierung der Umsatzgrenzen für die Anzeigepflicht (§ 23 GWB), für die Anmeldung nach § 24a GWB und für die Toleranzklauseln bei den Marktbeherrschungsvermutungen (§ 22 Abs. 3 GWB) durch die Anwendung von Rechenklauseln auf ein Zwanzigstel; gleiches gilt auch für die Großbetriebs- und die Bagatellmarktklausel (§ 24 Abs. 8 Satz 1 Nr. 1 und 3 GWB).[84] Gestrichen wurden für Presseunternehmen die Anschlußklausel (§ 24 Abs. 8 Satz 1 Nr. 2 GWB) und die (aufgrund der Vierten GWB-Novelle generell entfallene) Regionalklausel.

---

[83] Begründung zum Regierungsentwurf der Dritten GWB-Novelle, BT-Drs. 7/2954 vom 11. Dezember 1974, S. 5.
[84] Bei den Vertriebsumsätzen wird das allgemein für Handelsunternehmen geltende höhere Aufgreifkriterium (von lediglich drei Vierteln der Handelsumsätze) in Ansatz gebracht.

Nach den bisherigen Erfahrungen mit der Pressefusionskontrolle[85] waren einige wenige Großunternehmen besonders häufig an Zusammenschlüssen beteiligt: Seit Inkrafttreten der Novelle entfielen von den bis Ende 1978 insgesamt 71 Zusammenschlüssen 36 auf nur 4 erwerbende Unternehmen. Unter den ohne die zusätzlichen Vorschriften der Novellierung kontrollpflichtigen Zusammenschlußfällen, die etwa drei Viertel der Fälle ausmachten, waren zwei, die durch das Kartellamt untersagt wurden.

Insgesamt kann man davon ausgehen, daß die Pressefusionskontrolle mit dazu beigetragen hat, die Dynamik der Konzentrationsentwicklung in den letzten Jahren abzubauen. Die Grenzen der Fusionskontrolle zeigen sich indessen bei den sogenannten Sanierungsfällen im Zeitungswettbewerb[86], die eine Konzentration (mit oder ohne Zusammenschluß) unvermeidlich werden lassen. Bei der Abwägung dieser Fälle, in denen in der Regel die Existenz einer nachrangigen Zeitung in Frage gestellt wird, muß unter Umständen eine Liquidation in Kauf genommen werden, wenn als Alternative nur die Übernahme durch den Marktbeherrscher offensteht.[87] Das schwer widerlegbare Sanierungsargument führt ansonsten zu einer Aushöhlung der Fusionskontrolle im Pressebereich, wenn mit seiner Hilfe eine (weitere) Kumulation marktbeherrschender Stellungen möglich wird.

Zweifellos kam die verschärfte Fusionskontrolle für den Pressesektor reichlich spät; gleichwohl scheint es noch nicht zu spät zu sein. In Verbindung mit den erwähnten technischen Fortschritten dürfte die Pressefusionskontrolle den Wettbewerb als Garanten der wirtschaftlichen Leistungsfähigkeit und der Pressefreiheit sowie der freien Meinungsbildung hinreichend sichern können. Dabei sollte auch die (begrenzte) Substitutionskonkurrenz der verschiedenen Medien gewahrt bleiben. Staatliche Rahmensetzung zur (möglichen) Institutionalisierung praktikabler Regelungen der „inneren Pressefreiheit" könnten ein übriges tun, um die Wahrnehmung der dem Pressesektor obliegenden wirtschaftlichen und politischen Funktionen auf Dauer zu gewährleisten.

---

[85] Vgl. Bericht der *Bundesregierung* über die Erfahrungen mit der Fusionskontrolle bei Presseunternehmen, BT-Drs. 8/2265 vom 9. November 1978.
[86] Vgl. dazu *Mestmäcker, E.-J.*, a.a.O., S. 97ff. sowie *Möschel, W.*, a.a.O., S. 182ff.
[87] Vgl. *Monopolkommission*, Mehr Wettbewerb ist möglich, Hauptgutachten I, Baden-Baden 1976, Tz. 933ff.

7. Anhang

Tabelle A 1: *Anzeigenseitenpreise von Tageszeitungen[1] im IV. Quartal 1979*

Auflagengrößenklasse	Anzahl der Zeitungen/ Zeitungsgruppen	Niedrigster und höchster Brutto-Anzeigenpreis[2] je Seite in DM	Brutto-Anzeigenpreis je Seite bezogen auf 1 000 Stück verkaufter Auflage[3] in DM	
			niedrigster und höchster Preis	durchschnittlicher Preis
unter 5 000	7	1008,00 bis 2045,40	353,34 bis 618,13	485,12
5000 bis 10000	20	1512,00 bis 2783,90	196,16 bis 464,60	298,19
10000 bis 25000	47	1764,00 bis 5352,13	98,96 bis 309,19	189,79
25000 bis 50000	26	2915,50 bis 9417,00	91,89 bis 220,90	137,81
50000 bis 75000	12	5669,65 bis 11945,40	97,21 bis 183,67	136,49
75000 bis 125000	16	7221,00 bis 15300,00	62,05 bis 127,52	107,62
125000 bis 250000	26	14433,30 bis 30288,70	70,74 bis 153,16	110,39
	(3)	(11447,10 bis 16016,00)	(59,33 bis 122,83)	(83,86)
250000 und mehr	17	19995,00 bis 119936,70	59,02 bis 135,17	99,32
	(4)	(10522,50 bis 215424,00)	(33,66 bis 87,25)	(69,39)

[1] Die Klammerzusätze enthalten die Vergleichswerte für sieben Straßenverkaufszeitungen.
[2] Die Angaben zum s/w-Seitenpreis (der Gesamtausgabe) beziehen sich (mit einer Ausnahme) auf die Ausgaben von Montag bis Freitag/Samstag bzw. – bei den Berliner Zeitungen – auf die Ausgaben von Dienstag bis Samstag.
[3] Die Angaben zur Auflagenhöhe (der Gesamtausgabe) beziehen sich (mit zwei Ausnahmen) auf die Ausgaben von Montag bis Freitag/Samstag bzw. – bei den Berliner Zeitungen – auf die Ausgaben von Dienstag bis Samstag.

Quelle: Eigene Berechnungen aufgrund von Einzelangaben über Tageszeitungen/Zeitungsgruppen in: ZV + ZV, Heft 6 (1980) und Heft 7 (1980).

Tabelle A 2: Verlagsgrößenstruktur der Tagespresse

Auflagengrößenklasse	Anzahl der Verlagsbetriebe[1]							Anteil an der gesamten Verkaufsauflage in vH (in Klammern: jeweilige Höhe der Verkaufsauflage in Mio. Exemplaren)						
	1954	1964	1967	1972	1976	1981	1983	1954 (13,4)	1964 (17,3)	1967 (18,0)	1972 (18,1)	1976 (19,5)	1981 (20,4)	1983 (21,2)
ohne Angaben	12	18	30	12	1	–	–	–	–	–	–	–	–	–
bis 5000	277	215	173	118	89	76	68	5,4	3,2	2,5	1,6	1,2	1,0	0,8
5000 bis 10000	116	113	112	95	92	87	87	6,2	4,5	4,4	3,8	3,5	3,2	3,0
10000 bis 40000	143	142	136	131	132	135	136	21,4	16,2	14,8	14,4	13,6	13,5	13,1
40000 bis 60000	22	22	22	22	23	22	22	7,7	5,9	5,9	6,2	5,8	4,9	4,9
60000 bis 100000	23	29	22	21	17	22	22	13,6	13,6	9,6	9,4	6,8	8,2	8,0
100000 bis 150000	16	18	19	15	15	16	16	13,9	13,0	13,1	10,3	9,2	9,8	9,4
150000 bis 250000	13	12	15	21	24	24	24	17,6	14,6	17,3	22,7	22,3	21,5	20,8
250000 und mehr	2	4	6	7	10	10	10	14,2	29,0	32,4	31,7	37,7	37,9	40,0
zusammen[2]	624	573	535	442	403	392	385	100,0	100,0	100,0	100,0	100,0	100,0	100,0

[1] Die Zahl der Verlagsbetriebe stimmt weitgehend (zu über 99 Prozent) mit der Zahl der Hauptausgaben überein.
[2] Bei der Addition der Prozentzahlen ergeben sich Summenfehler aus der Rundung der Zahlen.

Quelle: Medienbericht 1978 der *Bundesregierung*, BT-Drs. 8/2264 vom 9. November 1978 (auf der Grundlage der Auswertung von Stichtagserhebungen deutscher Tageszeitungen durch *W.J. Schütz*) sowie Fortschreibungen durch *Schütz, W.J.*, in: Media Perspektiven Heft 9 (1979), Heft 9 (1981) und Heft 3 (1983).

Tabelle A 3: Auflagenentwicklung bei den Hauptausgaben von Abonnementzeitungen[1] (1975 bis 1981)

Auflagengrößenklasse	Zahl der Hauptausgaben				Anteil an der gesamten Verkaufsauflage[2] (in Klammern: jeweilige Höhe der Verkaufsauflage in Mio. Exemplaren)			
	1975	1977	1979	1971	1975 (13,5)	1977 (13,7)	1979 (14,1)	1981 (14,3)
unter 2500	59	58	22	16	1,3	1,2	0,3	0,2
2500 bis 5000			31	31			0,8	0,8
5000 bis 10000	71	67	68	65	3,7	3,5	3,5	3,3
10000 bis 25000	117	121	80	81	19,8	20,4	9,4	9,1
25000 bis 50000			40	44			10,4	11,2
50000 bis 75000	36	37	21	20	20,6	21,4	9,5	9,0
75000 bis 125000			19	20			13,2	13,8
125000 bis 250000	31	31	31	30	40,6	40,2	39,9	37,9
250000 und mehr	6	6	6	7	13,9	13,3	13,1	14,9
zusammen[3]	320	320	318	314	100,0	100,0	100,0	100,0

[1] Es handelt sich um wöchentlich fünfmal und mehr erscheinende Zeitungen.
[2] Die Zahlenangaben beziehen sich auf die durchschnittliche Verkaufsauflage der Gesamtausgabe im IV. Quartal.
[3] Bei der Addition der Prozentzahlen ergeben sich Summenfehler aus der Rundung der Zahlen.
Quelle: Pressestatistik des *Statistischen Bundesamtes*.

14. Pressewesen

Tabelle A 4: *Umsatzerlöse[1] der Tageszeitungen (Hauptausgaben) nach Umsatzarten im Jahre 1971*

	Anzahl		Verkaufsauflage[2]		Vertriebsumsatz		Anzeigenumsatz		Gesamtumsatz	
	absolut	in vH	in 1000	in vH	Mio. DM	in vH	Mio. DM	in vH	Mio. DM	in vH
Abonnementzeitungen	348	(95,3)	15 969	(63,6)	2 456,4	(81,4)	5 152,9	(90,3)	7 609,4	(87,2)
davon: mind. fünfmal wöchentlich erscheinend	314	100,0	14 324	100,0	2 384,3	100,0	5 103,4	100,0	7 487,7	100,0
davon mit einer Auflage										
unter 2 500	16	5,1	28	0,2	3,7	0,2	5,0	0,1	8,7	0,1
2 500 bis 5 000	31	9,9	112	0,8	17,6	0,7	35,4	0,7	53,0	0,7
5 000 bis 10 000	65	20,7	467	3,3	71,4	3,0	139,8	2,7	211,2	2,8
10 000 bis 25 000	81	25,8	1 302	9,1	219,9	9,2	424,0	8,3	643,9	8,6
25 000 bis 50 000	44	14,0	1 600	11,2	263,3	11,0	530,3	10,4	793,5	10,6
50 000 bis 75 000	20	6,4	1 291	9,0	206,5	8,7	436,1	8,5	642,6	8,6
75 000 bis 125 000	20	6,4	1 971	13,8	344,4	14,4	649,9	12,7	994,3	13,3
125 000 bis 250 000	30	9,6	5 424	37,9	913,7	38,3	1 935,9	37,9	2 849,6	38,1
250 000 und mehr	7	2,2	2 128	14,9	343,8	14,4	947,0	18,6	1 290,8	17,2
Straßenverkaufszeitungen	17	(4,7)	9 125	(36,4)	562,9	(18,6)	551,1	(9,7)	1 114,0	(12,8)
Zeitungen insgesamt[3]	365	(100,0)	25 094	(100,0)	3 018,3	(100,0)	5 704,1	(100,0)	8 723,4	(100,0)

[1] Die Umsatzangaben beziehen sich auf die Gesamtausgabe.
[2] Die Zahlenangaben beziehen sich auf die durchschnittliche Verkaufsauflage der Gesamtausgabe im IV. Quartal 1981.
[3] Bei der Addition ergeben sich Summenfehler aus der Rundung der Zahlen.

Quelle: Pressestatistik des *Statistischen Bundesamtes*.

Tabelle A 5: Zeitungsdichte in der Bundesrepublik Deutschland[1]

Kreisfreie Städte/Kreise		1954	1964	1967	1976	1979	1981	1983
		558 (100,0)	566 (100,0)	564 (100,0)	344 (100,0)	332 (100,0)	329 (100,0)	329 (100,0)
davon mit Zeitungsdichte	1	85 (15,2)	121 (21,4)	145 (25,7)	156 (45,3)	150 (45,2)	152 (46,2)	154 (46,8)
	2	162 (29,0)	201 (35,5)	228 (40,4)	140 (40,7)	134 (40,1)	134 (40,7)	133 (40,4)
	3	190 (34,1)	184 (32,5)	152 (27,0)	37 (10,8)	38 (11,4)	34 (10,3)	32 (9,7)
	4	89 (15,9)	53 (9,4)	35 (6,2)	7 (2,0)	5 (1,5)	4 (1,2)	4 (1,2)
	5	28 (5,0)	6 (1,1)	3 (0,5)	3 (0,9)	4 (1,2)	4 (1,2)	5 (1,5)
	6	2 (0,4)	–	–	1 (0,3)	–	–	–
	7	–	–	–	–	1 (0,3)	1 (0,3)	1 (0,3)
	8	1 (0,2)	–	1 (0,2)	–	–	–	–
	9	–	1 (0,2)	–	–	–	–	–
	10	1 (0,2)	–	–	–	–	–	–
durchschnittliche Zeitungsdichte		2,7	2,3	2,2	1,7	1,7	1,7	1,7

[1] Die Zahlen in Klammern bezeichnen die zugehörigen Prozentwerte (bei der Addition ergeben sich Summenfehler aus der Rundung der Zahlen).
Quelle: Schütz, W.J., Deutsche Tagespresse 1983, in: Media Perspektiven, Heft 3/1983, S. 181–203.

Tabelle A 6: Marktstellung der Verlage bei der Herausgabe von Abonnementzeitungen mit örtlicher/regionaler Verbreitung im Jahre 1983[1] nach Auflagengrößenklassen[2]

Auflagengrößenklasse	Verlage als Herausgeber insgesamt[3]		davon überwiegend als					
			Alleinanbieter		Erstanbieter		nachrangiger Anbieter	
bis 5000	67	(100,0)	10	(14,9)	41	(61,2)	16	(23,9)
gesamte Auflage	175,7	(100,0)	34,5	(19,6)	112,1	(63,8)	29,1	(16,6)
5000 bis 10000	86	(100,0)	31	(36,0)	42	(48,8)	13	(15,1)
gesamte Auflage	635,6	(100,0)	240,8	(37,9)	304,8	(48,0)	90,0	(14,2)
10000 bis 40000	133	(100,0)	55	(41,4)	69	(51,9)	9	(6,8)
gesamte Auflage	2679,1	(100,0)	1104,3	(41,2)	1397,6	(52,2)	177,2	(6,6)
40000 bis 60000	22	(100,0)	10	(45,0)	7	(35,0)	5	(20,0)
gesamte Auflage	1038,6	(100,0)	477,2	(45,8)	331,7	(34,6)	229,7	(19,6)
60000 bis 100000	22	(100,0)	9	(40,9)	10	(45,5)	3	(13,6)
gesamte Auflage	1697,1	(100,0)	735,0	(43,3)	760,0	(44,8)	202,1	(11,9)
100000 bis 150000	14	(100,0)	6	(42,9)	7	(50,0)	1	(7,1)
gesamte Auflage	1726,3	(100,0)	732,3	(42,4)	874,3	(50,6)	119,7	(6,9)
150000 bis 250000	21	(100,0)	9	(42,9)	9	(42,9)	3	(14,3)
gesamte Auflage	3870,1	(100,0)	1681,7	(43,5)	1637,9	(42,3)	550,5	(14,2)
250000 und mehr	5	(100,0)	–	–	5	(100,0)	–	–
gesamte Auflage	1858,0	(100,0)	–	–	1858,0	(100,0)	–	–
insgesamt	370	(100,0)	130	(35,1)	190	(51,4)	50	(13,5)
gesamte Auflage	13680,5	(100,0)	5005,8	(36,6)	7276,4	(53,2)	1398,3	(10,2)

[1] Die Angaben in Klammern bezeichnen die zugehörigen Prozentzahlen.
[2] Auflagenangaben in 1000 Exemplaren.
[3] Bei der Addition ergeben sich Summenfehler aus der Rundung der Zahlen.

Quelle: wie Tabelle A 5.

Tabelle A7: Bruttowerbeaufwendungen[1] in den „klassischen Werbemedien" für Produkte und Dienstleistungen mit regionaler Bedeutung[2]

Werbeträger	1968	1970	1972	1974	1976	1978	1980	1970 bis 1975		1975 bis 1980	
	Aufwendungen in Mio. DM							Zunahme (in vH)			
								Aufwendungen	Mengenvolumen	Aufwendungen	Mengenvolumen
Zeitungen[3]	740 (25,1)	952 (25,7)	1482 (31,0)	1506 (30,6)	1665 (29,9)	1761 (26,1)	2433 (29,5)	127,3	2,9	44,6	48,1
Publikumszeitschriften	} 1507 (51,2)	} 1900 (51,3)	} 2271 (47,5)	1930 (39,2)	2296 (41,2)	3005 (44,6)	3528 (42,8)	} 37,5	} 95,5	90,5	78,1
Fachzeitschriften				284 (5,8)	242 (4,3)	328 (4,9)	353 (4,3)			60,5	22,0
Presse insgesamt[4,5]	2247 (76,3)	2852 (77,0)	3753 (78,4)	3720 (75,5)	4203 (75,5)	5094 (75,5)	6315 (76,7)	67,1	–	68,2	–
Fernsehen	547 (18,6)	646 (17,4)	782 (16,3)	913 (18,5)	1078 (19,4)	1240 (18,4)	1395 (16,9)	92,7	–2,5	32,4	9,6
Hörfunk	152 (5,2)	206 (5,6)	250 (5,2)	294 (6,0)	287 (5,2)	408 (6,1)	538 (6,5)	44,7	5,6	144,5	42,6
zusammen[5]	2945 (100,0)	3703 (100,0)	4785 (100,0)	4928 (100,0)	5568 (100,0)	6743 (100,0)	8248 (100,0)	72,7	–	62,2	–

[1] Es handelt sich um fiktive Aufwendungen, die auf der Grundlage des Werbevolumens (gemessen an der Zahl der Werbeseiten bzw. Werbeminuten) ohne Berücksichtigung von Rabatten berechnet worden sind.
[2] Die Zahlen in Klammern bezeichnen die zugehörigen Prozentwerte.
[3] Hauptausgaben der überregionalen Abonnementszeitungen, einschl. Wirtschafts- und Sonntagszeitungen, einschl. Werbung für Kauf- und Warenhäuser sowie Handelsketten (ohne Lokal- und Rubrikenwerbung).
[4] Die von S+P ermittelten Brutto-Werbeaufnahmen repräsentieren – speziell bei Zeitungen und Fachzeitschriften – nicht den Werbegesamtumsatz, sondern nur die Gesamtheit der Werbeaufwendungen, die für die Produktgruppen der S+P-Systematik in den beobachteten Medien getätigt wurden. Aufgrund einer Umstellung bei der Erfassung durch S+P sind die Angaben für 1980 (insbesondere zur Presse) nur bedingt mit denen der Vorjahre vergleichbar.
[5] Bei der Addition ergeben sich Summenfehler aus der Rundung der Zahlen.

Quelle: Media Perspektiven (versch. Jahrgänge) auf der Grundlage der Marktuntersuchungen durch *Schmidt & Pohlmann, Gesellschaft für Werbestatistik (S+P)*.

8. Kontrollfragen

1. Warum ist das Modell der vollkommenen Konkurrenz auf dem Pressemarkt als Leitbild für eine wettbewerbspolitische Konzeption unbrauchbar?
2. Was besagt die Theorie des funktionsfähigen Wettbewerbs für den Pressesektor und welche ordnungspolitischen Postulate folgen aus ihren Annahmen?
3. Wie ist die Nachfragebeweglichkeit auf dem Anzeigenmarkt und Lesermarkt zu beurteilen?
4. Wie läßt sich die konzentrative Entwicklung der Presse wettbewerbstheoretisch erklären?
5. Durch welche institutionellen Regelungen könnte trotz ökonomischer Konzentration publizistische Vielfalt erreicht werden?
   Ist publizistische Vielfalt zu erwarten, wenn der „monopolistische" Verleger nur wirtschaftliche Interessen, nicht aber publizistisches Engagement hat?
6. Welche Kriterien werden für die Abgrenzung des relevanten Marktes üblicherweise herangezogen? Diskutieren Sie diese unter dem Aspekt der Presseerzeugnisse!
7. Durch welche Art von Konkurrenzbeziehungen bestehen zwischen den Presseerzeugnissen untereinander und im Verhältnis zu den übrigen Massenmedien Marktabgrenzungen?
8. Welcher Zusammenhang besteht zwischen ökonomischem und publizistischem Wettbewerb?
9. Welche Relation wird als „Tausender-Preis" bezeichnet? Wodurch ändert sich der „Tausender-Preis" und welche wirtschaftlichen Zusammenhänge werden von diesen Änderungen berührt?
10. Worin liegen die Ursachen und Wirkungen der Anzeigen-Auflagen-Spirale?
11. Durch welche Tendenzen zur wirtschaftlichen Konzentration wird die Funktionsfähigkeit des Wettbewerbs im Pressewesen beeinflußt?
    Wie kann sie erhalten bzw. wiederhergestellt werden?
12. Ist eine hohe Konzentration und ein geringer Wettbewerbsdruck bei Zeitungen wünschenswert, weil andernfalls solche negativen Erscheinungen wie Vulgarisierung und Sensationsmache in der Berichterstattung zu erwarten wären?
13. Welche Gefahren könnten auf den publizistischen und ökonomischen Wettbewerb davon ausgehen, daß es in der Bundesrepublik einige vor allem durch externe Konzentration entstandene marktmächtige Unternehmen (z.B. Burda, Springer) gibt?
14. Untersuchen Sie die Markteintrittsschranken auf dem Pressemarkt in der Bundesrepublik!
15. Welche strukturellen Unterschiede zwischen Abonnements- und Straßenverkaufszeitungen einerseits sowie Zeitungen und Zeitschriften andererseits lassen sich aus den vorliegenden Daten ablesen?
16. Anhand welcher Indikatoren läßt sich die Entwicklung der publizistischen und wirtschaftlichen Konzentration in der Presse beschreiben und nachzeichnen?
17. Warum ist Preisdiskriminierung nicht immer mit wettbewerbsbeschränkendem Verhalten gleichzusetzen?
    Wie sah es im Fall des WAZ-Konzerns aus, der regionale und sachliche Preisdifferenzierung betrieb?
18. Welche wirtschaftlichen und wettbewerblichen Wirkungen lassen sich aus dem verstärkten Einsatz der neuen Zeitungstechnik erwarten?
19. Läßt sich aus der öffentlichen Aufgabe der Zeitungen zugleich die Notwendigkeit einer öffentlich-rechtlichen Struktur postulieren?
    Welche Probleme sind mit einer öffentlich-rechtlichen Organisationsstruktur von Zeitungen verbunden?
20. Wie und warum wurden bei der dritten Kartellgesetznovellierung (1976) die Eingreifkriterien in bezug auf Untersagung von Fusionen im Pressewesen verschärft?
21. Welche Probleme ergeben sich bei der Anwendung der Eingreifkriterien im Rahmen der Fusionskontrolle im Pressewesen?
22. Welche Wettbewerbsprobleme ergeben sich bei der Zulassung von Sanierungsfusionen?

9. Literaturhinweise

Einen Überblick über Stand und Probleme der **Pressekonzentrationsforschung** geben, wobei eine Synthese zwischen publizistik- und wirtschaftswissenschaftlichem Erkenntnisstand angestrebt wird:
Klaue, S./Knoche, M./Zerdick, A. (Hrsg.), Probleme der Pressekonzentrationsforschung, Materialien zur interdisziplinären Medienforschung, Band 12, Baden-Baden 1980.
Knoche, M., Einführung in die Pressekonzentrationsforschung, Berlin 1978.

Die **Ursachen der Pressekonzentration** untersuchen (speziell unter konjunkturellem Aspekt):
Kisker, K.-P./Knoche, M./Zerdick, A., Wirtschaftskonjunktur und Pressekonzentration in der Bundesrepublik Deutschland, Dortmunder Beiträge zur Zeitungsforschung, Band 29, München, New York, London, Paris 1979.

Die **Struktur der Zeitungspresse** wird dargestellt bei:
Noll, J., Die deutsche Tagespresse, Frankfurt/M., New York 1977.
Nussberger, U., Die Mechanik der Pressekonzentration, Berlin 1971.

Eine umfassende statistische Beobachtung der Zeitungsstruktur auf der Grundlage von Stichtagssammlungen findet sich fortlaufend in den Veröffentlichungen von *Schütz, W.J.,* (in den Zeitschriften „Publizistik" 1956ff. und „Media Perspektiven" 1978ff.).
Die **Pressestatistik** des *Statistischen Bundesamts* erfaßt – beginnend mit dem Berichtsjahr 1975 – strukturelle Merkmale der Zeitungs- und Zeitschriftenpresse in detaillierter Form. Die Daten werden nach Maßgabe des Pressestatistikgesetzes jährlich fortgeschrieben (und für die Berichterstattung in den Hauptgutachten der *Monopolkommission* zum Teil in Konzentrationsraten umgerechnet):
Statistisches Bundesamt, Fachserie 11, Bildung und Kultur, Reihe 5, Presse 1975, Stuttgart, Mainz 1978; Presse 1976, Stuttgart, Mainz 1979; Presse 1977, Stuttgart, Mainz 1980; Presse 1978, Stuttgart, Mainz 1981; Presse 1979, Stuttgart, Mainz 1982; Presse 1980, Stuttgart, Mainz 1982; Presse 1981, Stuttgart, Mainz 1983.

Eine Zusammenstellung von Beiträgen zu den **wettbewerbspolitischen Problemen der Presse** aus nationaler und internationaler Sicht enthält das Buch von:
Fischer, H.-D./Baerns, B. (Hrsg.), Wettbewerbswidrige Praktiken auf dem Pressemarkt, Materialien zur interdisziplinären Medienforschung, Band 7, Baden-Baden 1979.

Ebenfalls unter wettbewerbspolitischem Aspekt steht die empirische Untersuchung der *Günther-Kommission,* die im Ergebnis Maßnahmen zur Gestaltung von Marktstrukturen (Begrenzung auf bestimmte Marktanteile) empfiehlt:
Günther-Kommission, Schlußbericht der Kommission zur Untersuchung der Gefährdung der wirtschaftlichen Existenz von Presseunternehmen und der Folgen der Konzentration für die Meinungsfreiheit in der Bundesrepublik Deutschland (Pressekommission), BT-Drs. V/3122 vom 3. Juli 1968.

Über den Pressebereich hinausgehend stellen die beiden folgenden empirischen Arbeiten auch auf das Verhältnis der **Presse** zu den **übrigen Kommunikationsmedien** ab:
Diederichs, H.H., Konzentration in den Massenmedien, Reihe Hanser Kommunikationsforschung, Band 120, München 1973.
Michel-Kommission, Bericht der Kommission zur Untersuchung der Wettbewerbsgleichheit von Presse, Funk/Fernsehen und Film, BT-Drs. V/2120 vom 28. September 1967.

Dies trifft ebenfalls für die **Medienberichte** der *Bundesregierung* zu, die sich neben der Analyse der gegenwärtigen Lage auch die Darlegung von Entwicklungstendenzen und -interdependenzen zur Aufgabe gemacht haben:
Bundesregierung, Bericht der Bundesregierung über die Lage von Presse und Rundfunk in der Bundesrepublik Deutschland (1974), BT-Drs. 7/2104 vom 15. Mai 1974 und (1978), BT-Drs. 8/2264 vom 9. November 1978.

Kommunikationspolitische Ordnungsmöglichkeiten der Massenmedien erörtern:

Decker, H./Langenbucher, W. R./Nahr, G., Die Massenmedien in der postindustriellen Gesellschaft, Schriften der Kommission für wirtschaftlichen und sozialen Wandel, Band 111, Göttingen 1976.

Die **Beziehung** speziell **zwischen Presse und Fernsehen** wird in dem Werk von *Arndt* ausgeführt. Die darin enthaltene Thematik ist im Zuge der Überwindung von Frequenzknappheiten infolge der technischen Entwicklung und der dadurch ausgelösten Diskussion um private Rundfunkorganisationen erneut aktuell geworden:

Arndt, H., Die Konzentration in der Presse und die Problematik des Verleger-Fernsehens, Frankfurt, Berlin 1967.

Grundlegende **wirtschaftsrechtliche Probleme** der Pressekonzentration enthalten die Studien von:

Mestmäcker, E.-J., Medienkonzentration und Meinungsvielfalt, Wirtschaftsrecht und Wirtschaftspolitik, Band 54, Baden-Baden 1978.

Möschel, W., Pressekonzentration und Wettbewerbsgesetz, Tübinger rechtswissenschaftliche Abhandlungen, Band 50, Tübingen 1978.

Ulmer, P., Schranken zulässigen Wettbewerbs marktbeherrschender Unternehmen, Materialien zur interdisziplinären Medienforschung, Band 6, Baden-Baden 1977.

Die Grenzen des Marktverhaltens von Presseunternehmen werden darin sowohl auf der Grundlage des Rechts gegen Wettbewerbsbeschränkungen (§§ 22 und 26 Abs. 2 GWB) als auch des Rechts gegen den unlauteren Wettbewerb (§ 1 UWG) geprüft.

Daneben ist die **Pressefusionskontrolle**, über deren Wirksamkeit von der Bundesregierung ein Zwischenbericht erstellt wurde, Gegenstand der rechtlichen Würdigungen:

Bundesregierung, Bericht der Bundesregierung über die Erfahrungen mit der Fusionskontrolle bei Presseunternehmen, BT-Drs. 8/2265 vom 9. November 1978.

Tourismusindustrie

Rolf Hochreiter

Gliederung

1. Entwicklung des Pauschalmarktes
   1.1. Entstehung und Eigenart des Gutes „Pauschalreise"
   1.2. Wichtige Tendenzen des Marktes
2. Marktstruktur
   2.1. Anzahl der Marktteilnehmer
   2.2. Strukturelle Änderungen
3. Verhaltensmerkmale
   3.1. Vertriebssysteme
   3.2. Preisverhalten
   3.3. Produktgestaltung
       3.3.1. Preisdifferenzierung der Pauschalreise
       3.3.2. Auflösung der pauschalen Form
   3.4. Marktphasen
4. Wettbewerbspolitische Problembereiche
   4.1. Konzentrationsentwicklung
   4.2. Wirkungen auf den Wettbewerb
5. Kontrollfragen
6. Literaturhinweise

1. Entwicklung des Pauschalreisemarktes

1.1. Entstehung und Eigenart des Gutes „Pauschalreise"

Reisen als Form menschlichen Verhaltens, das sich in grober Annäherung durch eine Ortsveränderung und einen vorübergehenden Aufenthalt am Zielort kennzeichnen läßt, findet sich in verschiedenen, auch sehr frühen geschichtlichen Perioden in unterschiedlicher Ausprägung, Intensität und mit unterschiedlicher zugrundeliegender Motivation. Wenn überhaupt gemeinsame Merkmale der „frühen" Erscheinungsformen des Reisens festgestellt werden können, so sind es vor allem eine Beschränkung der Reisetätigkeit auf einen kleinen Teil der Bevölkerung und eine weitgehend individuelle Planung, Ausgestaltung und Durchführung der Reise. Erst nach Beginn der Industrialisierung wurde mit zunehmendem Einkommen und Ausweitung der Freizeit Reisen allmählich zum gesellschaftlichen Phänomen insoweit, als immer weitere Bevölkerungskreise für die Reisetätigkeit erschlossen wurden. Diese blieb jedoch zunächst weitgehend individuelle Reise, bei der zwar in zunehmendem Maß Reisebüros als Vermittler für die verschiedenen Reiseleistungen – vor allem Transport und Unterkunft – in Anspruch genommen wurden, die gesamte Planung und Durchführung der Reise jedoch durch einzelne Personen geprägt und auf Einzelpersonen zugeschnitten war. Dies änderte sich jedoch in dem Augenblick, als aus den Reisebüros als reinen Vermittlungsinstituten Reiseveranstalter wurden, die vorgeplante („organisierte"), standardisierte und alle Leistungen umfassende **Reisepakete** anboten. Gleichzeitig wandelte sich die weitgehend individuelle und anonym vollzogene Reise zur Gruppenreise oder – wie es sich auch im Sprachgebrauch ausdrückte – zur „Gesellschaftsreise". Diese erst in den 50er Jahren einsetzende institutionelle Transformation in der Organisation des Reiseverkehrs und die rasche Expansion von Einkommen und Freizeit führten schließlich – begünstigt und beschleunigt durch die technologische Entwicklung im Flugverkehr – zu einem stürmischen Aufschwung des organisierten Reisens und des Reisens insgesamt innerhalb weniger Jahrzehnte, wenn nicht Jahre. Innerhalb kürzester Zeit wurden die industriellen Dimensionen des heutigen Tourismus erreicht, sowohl was seine Massenbasis als auch was seine Organisationsformen betrifft. Die äußerste Dynamik des Marktes führte zwangsläufig auch sehr früh und in zunehmendem Maße zu strukturellen Problemen, die spätestens dann allgemein sicht- und spürbar wurden, als sich Stagnationstendenzen der Nachfrage nach touristischen Leistungen bemerkbar machten. Gleichzeitig rückte der Pauschaltourismus in den Blickbereich wirtschaftspolitischen Interesses – nicht zuletzt auch wegen der entstandenen wettbewerbspolitischen Probleme – nachdem er bis in die jüngste Vergangenheit fast ausschließlich Gegenstand soziologischer und kulturkritischer Betrachtung geblieben war.

Beim Angebot von **„Pauschalreisen"** durch den Reiseveranstalter werden die Leistungselemente[1] in bestimmter variierbarer Weise miteinander verknüpft und als Ge-

---

[1] Grundleistungen: Transport, Unterkunft; Nebenleistungen: Transfer, Reisebegleitung, Unterhaltung, Verpflegung.

samtpaket angeboten. Die spezifische Veranstalterleistung besteht in der Zusammenfassung und Kombination der Grundleistungen, ihrer Standardisierung, Vorplanung und in der Vermarktung als vorgefertigtes, auf breiter Basis angebotenes Programmpaket mit wesentlicher Entlastungsfunktion für den Konsumenten hinsichtlich seines Kosten- und Zeitaufwandes. Hierdurch läßt sich der Reiseveranstalter theoretisch vom reinen Reisevermittler (Reisebüro) und andererseits die Pauschalreise gegenüber der individuellen Reise abgrenzen, bei der der Konsument die einzelnen Leistungsbestandteile selbst zusammenstellt und getrennt beschafft. Die Erhaltung der Selbständigkeit der hauptsächlichen Leistungselemente und weitgehend sich deckende Informationserfordernisse für die Erstellung ihrer spezifischen Dienstleistungen durch die verschiedenen an der Erstellung der gesamttouristischen Leistungen beteiligten Wirtschaftssubjekte (Reiseveranstalter, Reisevermittler, Anbieter der Grundleistungen Transport und Unterkunft und der Nebenleistungen sowie weiterer Vermittlungsstellen) könnten zu einem relativ engen Wettbewerbsverhältnis dieser Unternehmen auch im Sinne eines potentiellen Wettbewerbs führen. In der Tat zeigte sich, daß die Organisation des Reisemarktes in Form der Beziehungen zwischen den beteiligten Wirtschaftsunternehmen relativ labil und reversibel ist. Es ist eine Vielzahl von Beziehungen denkbar und in der Realität auch sichtbar geworden. Es erhebt sich deswegen die Frage, ob und wie die Funktion und die Stellung des Unternehmens „Reiseveranstalter" durch die Art seines Leistungsangebots innerhalb des gesamten Marktes so abgesichert ist, daß die Substitutionslücken gegenüber konkurrierenden Leistungsangeboten groß genug sind und nicht die Drohung potentiellen Wettbewerbs einer eigenständigen Veranstaltertätigkeit den Boden entzieht.

Als Konsequenz der für die Veranstalterfunktion typischen Leistungserstellung in Form eines verfügbaren, fertigen Programms und als wichtiger Aspekt für das Reiseveranstaltungsgeschäft als eigenständiger Tätigkeit sind die erhöhten Finanzierungs- und Kapitalerfordernisse anzusehen, die durch den zeitlich der Leistungsnutzung durch den Konsumenten vorangehenden globalen Einkauf von Unterkünften und Transport, durch die Werbung und durch die Kommunikation des Programms in den Katalogen hervorgerufen werden. Die Gewährleistung des Programms ist nur durch Ausweitung des Geschäftsumfangs und hohe Auslastung zu gewährleisten. Die bei einer umfassenden Veranstaltertätigkeit anfallenden Kapitalerfordernisse werden durch die sie begleitenden hohen Risiken akzentuiert. Diese entstehen nicht nur aus politischen Instabilitäten in den Zielländern, sondern auch aus einem in hohem Maße änderungsanfälligen touristischen Nachfrageverhalten, das durch verschiedene schwer vorhersehbare sozialpsychologische Faktoren mitdeterminiert wird. So dürfte **Mitläufer-, Snob-** und **Veblen-Effekte** bei Pauschalreisen eine große Bedeutung zukommen. Diese Faktoren wirken sich nicht nur hinsichtlich der Struktur der Nachfrage aus, sondern auch im Verhältnis Pauschal/Individualreise. Hierbei kommt auch das Element des Risiko- und Lernverhaltens der Touristen zum Tragen. Steigende Erfahrung und Informationsgewinnung hinsichtlich bestimmter Zielländer kann zum vorübergehenden Umsteigen auf individuelle Reiseformen führen, das unter Umständen wieder rückgängig gemacht wird, wenn neue Zielgebiete oder neue Reiseformen (z. B. Spezialreisen) gewählt werden.

Der Zwang zur Massenproduktion und zur Wahrnehmung der verschiedenen Kostendegressionen bedingte größere Unternehmenseinheiten; andererseits ließen es

Arbeitsteilung und Spezialisierung sinnvoll erscheinen, die eigentliche Veranstalterfunktion auszuklammern. Innerhalb dieses Differenzierungsprozesses wurden in den letzten Jahren weitere eigenständige Tätigkeiten wie die an die Reisebüros und -veranstalter vermittelnden Institutionen für Unterkünfte und Transporte ausgegliedert. Ist in der Entwicklung des Pauschaltourismus das Angebot von „Paketen" touristischer Einzelleistungen und die Wahrnehmung von Massenproduktionsvorteilen weitgehend parallel verlaufen, so ist dieser Zusammenhang dennoch nicht zwangsläufig. Kostenersparnisse wurden vor allem bei Transportmitteln erzielt; es fragt sich, ob sie organisatorisch auch beim Angebot getrennter Einzelleistungen erreichbar sind (z. B. durch getrennte Hotel- und Transportbündelung). Zudem könnten Änderungen des touristischen Verhaltens in Richtung individueller Reiseformen der Standardisierung durch Massenproduktion und/oder pauschaler Reiseformen entgegenwirken.

Diese Überlegungen machen deutlich, daß das pauschale Reiseangebot in einer sehr labilen Weise in den gesamttouristischen Bereich eingebettet ist, die möglicherweise auf die Leistung „Pauschalreise" insgesamt oder in bestimmter Weise auf die Struktur ihrer Anbieter einwirkt. Bei einer Global-Betrachtung des Pauschalreisemarktes sind demnach auch in starkem Maße die Entwicklung der vor- und nachgelagerten Stufen der Marktorganisation und ihre möglichen Änderungsimpulse zu berücksichtigen.

1.2. Wichtige Tendenzen des Marktes

Die Vereinheitlichung und Zusammenfassung im pauschalen Reiseangebot ist als ein wesentlicher Faktor für die rasche Entwicklung des Pauschaltourismus in den vergangenen dreißig Jahren anzusehen und als ein Beitrag dazu, daß der Tourismus Massencharakter angenommen hat. Durch die Neuorganisation des touristischen Bereichs ist die Basis dafür geschaffen worden, daß die in der Zunahme von Einkommen und Freizeit einerseits, der technologischen Entwicklung insbesondere der Verkehrsmittel andererseits liegenden Möglichkeiten für die touristische Nachfrage immer weiterer Bevölkerungsschichten verwirklicht wurden.

So nahm die Anzahl der Pauschalreisen von rund 1 Million im Jahre 1955 auf 9,3 Millionen im Jahre 1979 zu (für Urlaubsreisen insgesamt ergibt sich eine Zunahme von 15 Millionen 1962 auf nahezu 38 Millionen 1979)[2] *(Tabelle 1)*. Die Ausgaben für Pauschalreisen stiegen von 1,5 Mrd. DM (1969) auf über 5 Mrd. DM (1976) an.

Die Bedeutungszunahme des Pauschaltourismus spiegelt sich auch im zunehmenden Anteil der Pauschalreisen an den gesamten Urlaubsreisen[3]: von 13% im Jahre 1958 auf 26,8% im Jahre 1979.

Diese stürmische Entwicklung des pauschalen Reiseverkehrs wurde hauptsächlich vom Flugtourismus getragen, dessen eigentliche Anfänge erst Anfang der 50er Jahre

---

[2] Berechnet aus Unterlagen des *Statistischen Bundesamtes* und des *Studienkreises für Tourismus*. Siehe dazu und zum Folgenden ausführlich *Hochreiter, R./Arndt, U.,* Die Tourismusindustrie. Eine Markt- und Wettbewerbsanalyse, Frankfurt a. M. 1978.
[3] Nur Haupturlaubsreisen, ohne Zweit-, Dritt- und Kinderreisen.

Tabelle 1: Entwicklung der Anzahl von Pauschal- und Urlaubsreisen und des Pauschalreiseanteils

Jahr	Anzahl Pauschalreisen[1] (in Tausend)	Anzahl Urlaubsreisen[1] (in Mio.)	Pauschalreiseanteil[2] (in %)
1955	1 010	–	–
1958	1 250	–	–
1962	1 713	15,0	11,4
1966	2 641	22,6	–
1969	3 070	26,1	11,8
1970	3 267	27,7	13,0
1971	4 353	29,8	16,0
1972	5 553	32,9	18,3
1973	4 458	31,8	15,5
1974	6 980	34,2	22,6
1975	6 740	34,4	20,8
1976	6 404	33,9	20,7
1977	7 482	33,4	25,3
1978	8 340	36,2	25,3
1979	9 313	37,9	26,8

[1] Mit Kinderreisen. [2] Ohne Kinderreisen.
Quelle: 1955–1976: *Hochreiter, R./Arndt, U.*, Die Tourismusindustrie Frankfurt/M. 1978, S. 14, 27; 1977–1979: Berechnung nach Unterlagen des *Studienkreises für Tourismus*.

Tabelle 2: Benutzte Verkehrsmittel bei Pauschalreisen 1970–1976

	1970	1971	1972	1973	1974	1975	1976
Eisenbahn	24,1	24,4	18,2	24,4	16,5	16,7	12,8
Bus	28,3	16,7	16,8	18,0	19,5	26,8	23,4
Flugzeug	35,9	38,4	51,2	48,7	45,5	39,9	47,3
Linie	5,9	2,3	10,2	7,6	9,1	3,7	4,9
Charter	30,0	36,1	41,0	41,1	36,4	36,2	42,4
PKW	10,4	14,6	12,1	7,2	16,8	14,0	15,5
Schiff	1,3	0,7	1,5	1,5	1,4	1,4	0,5

Quelle: Reiseanalysen 1970–1976.

liegen. Die mit Flugzeug durchgeführten Pauschalreisen stiegen zwischen 1962 und 1976 von 46 000 auf nahezu 2,9 Millionen an, während insbesondere Eisenbahnreisen stagnierten. Der Anteil des Flugzeugs an den durchgeführten Gesamt-Pauschalreisen erreichte 1976 47,3% gegenüber 35,9% 1970 *(Tabelle 2)*. Die Entwicklung des gesamten Reiseverkehrs wird eindrucksvoll durch die Zunahme der Reiseintensität[4] dokumentiert, die von 28% 1958 auf 57% 1979 zunahm. Maßgeblich dafür war hauptsächlich das Hineinwachsen einkommensschwächerer Bevölkerungskreise mit relativ niedrigen Reiseintensitäten in die touristische Nachfrage, eine Entwicklung, die nicht zuletzt auch durch das Angebot preiswerter Pauschalangebote beeinflußt wurde.

---

[4] Anteil der Bevölkerung, der mindestens eine Urlaubsreise (über 5 Tage) im Jahr unternimmt.

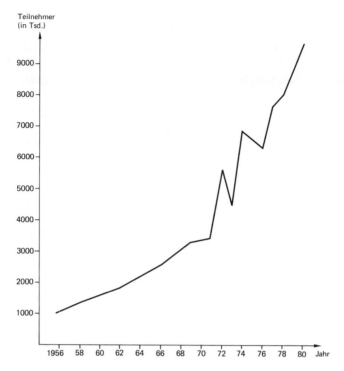

Abbildung 1: *Entwicklung des Pauschalreisevolumens 1956–1980*

Für die Bestimmung der Anzahl der Pauschalreisen spielt neben dem Pauschalreiseanteil, der Reiseintensität und der Bevölkerungszahl die Reisehäufigkeit eine Rolle.[5] Während die Reiseintensität mehr oder weniger kontinuierlich zugenommen hat, unterlag die Reisehäufigkeit zwischen 1970 und 1979 sehr starken Schwankungen.[6] Der Rückgang der Zweit- und Drittreisen dürfte zumindest für den Einbruch des Pauschaltourismus im Jahre 1973 mitverantwortlich gewesen sein. Die instabilste der Komponenten ist jedoch der Pauschalreiseanteil. Als Abgrenzungskriterium zwischen dem vom Reiseveranstalter abgedeckten Teil des Reisemarktes und den auf individueller Basis nachgefragten Einzelleistungen stellt er anschaulich die **Wettbewerbsbeziehungen** beider Bereiche dar. Der Anteil zeigte nach kontinuierlichem Anstieg zwischen 1974 und 1976 Beharrungstendenzen um 20%, um zwischen 1977 und 1979 erneut anzusteigen. Die Anzahl der Pauschalreisen in den vergangenen zwanzig Jahren zeigt sehr starke positive und negative Ausschläge *(Tabelle 1, Abbildung 1)*, für die in erheblichem Ausmaß auch variierende Pauschalreiseanteile verantwortlich zu machen sind; die Gesamtzahl der Urlaubsreisen hat nicht im selben Umfang geschwankt. Dies zeigt ein intensives Wettbewerbsverhältnis zwischen Pauschal- und Individualreisemarkt an.

---

[5] Anzahl Pauschalreisen = Pauschalreiseanteil × Reiseintensität × Bevölkerungszahl × Reisehäufigkeit.
[6] Vgl. zu Folgendem: Reiseanalysen des *Studienkreises für Tourismus* Starnberg, 1970–1980.

2. Marktstruktur

2.1. Anzahl der Marktteilnehmer

Trotz erheblicher Schwierigkeiten bei der Erfassung von eigentlichen Reiseveranstaltern, insbesondere wegen der Abgrenzung gegenüber Reisebüros, die in geringem Umfang selbst das Veranstaltungsgeschäft betreiben, lassen sich einige Entwicklungstendenzen aufzeigen. So dürfte es keinen Zweifel darüber geben, daß von 1950 bis 1976 die Teilnehmerzahl kontinuierlich zugenommen hat.[7] Herausragend ist dabei insbesondere der Flugbereich, in geringerem Ausmaß – jedoch in den letzten Jahren wieder verstärkt – das Busreisegeschäft. Hinsichtlich der **Marktzutritte** muß jedoch differenziert werden. So lassen sich sehr grob drei verschiedene Perioden unterscheiden: die Phase des Bahntourismus und des Beginns des Flugtourismus (bis 1962), die Entwicklung des Flugtourismus (1962–1971) und der Zustrom vor allem kleinerer Spezialveranstalter in den 70er Jahren. Historisch entwickelten sich die meisten Veranstalter der ersten Periode aus den Reisebüros (so die meisten der heute in der *Touristik Union International* zusammengeschlossenen Unternehmen), während die zweite Periode insbesondere durch den Beginn des Reisegeschäfts durch große Warenhauskonzerne und andere Branchenaußenseiter *(NUR*[8], *ITS*[9], *Transeuropa, gut*[10]*)* gekennzeichnet ist. Auch in dieser Periode kam es noch vielfach zur Aufnahme eigener Veranstaltungen mit breitem Angebot durch Reisebüros. Demgegenüber ist der letzte Abschnitt stärker durch den Eintritt von Spezialreiseveranstaltern (bestimmte Zielgebiete und Reisearten) gekennzeichnet, wobei Neugründungen bisher nicht als Reisebüro tätiger Unternehmen eine größere Rolle spielten. Im Gegensatz zu den Zugängen vor allem der großen Warenhäuser zwischen 1962 und 1971, die sehr schnell hohe Teilnehmer- und Umsatzzahlen erreichten, sind diese Neueintritte gewichtsmäßig relativ unbedeutend geblieben. Dies gilt bisher auch für einen der wenigen in diese Periode fallenden größeren Neueintritte *(Jahn-Reisen),* der auf überregionaler Basis mit breiter Angebotspalette angelegt ist. Lediglich *Tjaereborg* ist es nach 1971 gelungen, in die Gruppe der größeren Veranstalter vorzudringen.

Neben der auch durch die Zahl neuer Veranstalter belegten Bedeutungszunahme des Flugtourismus zeigt der Busbereich eine Sonderentwicklung auf. Der in den 70er Jahren zu beobachtende Wiederaufschwung, der sich sowohl im Anteil der Pauschalreisen als auch in der Anzahl der Veranstalter widerspiegelt, könnte durch die Ölverteuerung einen weiteren Auftrieb erhalten. Bei diesen Zugängen handelt es sich allerdings meist nur um lokal oder regional bedeutsame Unternehmen mit begrenztem Programm, das einen hohen Anteil von Kurzreisen enthält.

Die Neuzugänge zwischen 1962 und 1970 machten insgesamt 1970 ungefähr 29% der Gesamtkapazität des Marktes (nach Teilnehmern) aus, während die Zugänge zwi-

---

[7] Nach eigenen, auf verschiedenen Unterlagen basierenden Schätzungen von 100 (1950) auf nahezu 400 (1977). Siehe im einzelnen *Hochreiter, R./Arndt, U.*, a.a.O., S.110ff.
[8] *Neckermann* und Reisen.
[9] *International Tourist Services*/Länderreisedienste.
[10] Gemeinwirtschaftliches Unternehmen für Touristik.

schen 1970 und 1976 nur noch 17%-18% des Gesamtmarktes 1976 erreichten. Die Marktaustritte in dieser Zeit sind andererseits volumenmäßig angestiegen und beschränken sich nicht nur auf kleine und mittlere Unternehmen. Auch in den beiden letzten Jahren ist es zum Ausscheiden zumindest regional bedeutsamer Unternehmen gekommen. Inwieweit Ölverteuerung, andere Kostenerhöhungen sowie vor allem die wirtschaftliche Entwicklung diese Tendenzen weiter verschärfen und möglicherweise sogar zu einer Verringerung der Marktbesetzung führen werden, ist jedoch nicht abzusehen.

2.2. Strukturelle Änderungen

Bei einer Betrachtung des gesamten Pauschalreisemarktes zeigt sich zwischen 1962 und 1979 eine von einem hohen Ausgangsniveau ausgehende und in den einzelnen Jahren teilweise gegenläufige und sehr variierende Abnahme der Anteile der führenden drei bis sechs Reiseveranstalter *(Tabelle 3).*[11]

Tabelle 3: Entwicklung der Marktanteile der größten Reiseveranstalter

Marktanteil	1962	1966	1969	1970	1971	1973	1975	1976	1977	1978	1979
der drei größten Unternehmen	55	40	57	61	52	61	45	48	42	45	43
der sechs größten Unternehmen	56	45	63	70	63	73	56	59	51	53	53

Quelle: Hochreiter, R./Arndt, U., a.a.O., S.84 (1962-1976); Reiseanalysen des *Studienkreises für Tourismus* 1977-1980; eigene Berechnungen.

Insgesamt kann von einem oligopolistischen Marktbild mit einer **dominanten Oligopolspitze** der führenden zwei Unternehmen *TUI*[12] und *NUR* (Marktanteil 1979 36%) gesprochen werden. In einzelnen Jahren wurden die Vermutungskriterien für Marktbeherrschung des § 22 GWB deutlich überschritten. Auffällig ist dabei insbesondere die starke Zunahme der Marktanteile im Jahre 1973, in dem das gesamte Pauschalreisevolumen beträchtlich zurückging.[13]

Interessante Aufschlüsse über die Ursachen der Konzentrationsänderung ergeben sich, wenn die Veränderung der Marktanteile in verschiedene Komponenten zerlegt wird *(Tabelle 4).*[14] Bei einer Betrachtung der zwei Perioden 1962-1970 und 1970-1976

---

[11] Berechnet nach Teilnehmerzahlen; entsprechende Umsatzwerte weichen von dieser Tendenz nicht wesentlich ab.
[12] *Touristik Union International.*
[13] Generell kann jedoch aufgrund der vorliegenden Zahlen nicht von einer Konzentrationszunahme bei zurückgehendem Gesamtvolumen gesprochen werden.
[14] Im einzelnen Hochreiter, R./Arndt, U., a.a.O., S.116ff. und Weiss, L.W.: An evaluation of mergers in six industries, Review of Economics and Statistics, Bd. 47 (1965), S. 172ff.

Tabelle 4: Komponenten der Konzentrationsänderung 1962–1976

Effekt \ Periode	1962–1970*		1970–1976*	
Gesamtwachstum des Marktanteils der ersten drei/sechs Unternehmen	6,4	14,1	−13,3	−11,6
Fusionseffekt	14,7	14,7	11,4	11,4
Interner Wachstumseffekt	29,6	42,3	16,3	25,6
Verdrängungseffekt	−12,6	−13,5	−37,6	−43,9
Abgangseffekt	1,6	1,7	5,7	6,6
Zugangseffekt	−26,7	−31,1	−9,0	−11,3

* Die erste Spalte der jeweiligen Periode gibt die Werte für drei Unternehmen, die zweite Spalte die Werte für sechs Unternehmen wieder.
Quelle: *Hochreiter, R./Arndt, U.*, a. a. O., S. 119.

zeigt sich, daß sowohl externes Wachstum durch Fusionen als auch internes Wachstum eine außerordentliche Rolle gespielt haben, wobei beide Effekte sich in der zweiten Periode etwas abschwächten. Für die Zeit nach 1976, für die keine Berechnung vorliegt, dürfte sich wegen der Großfusion *NUR-gut* ebenfalls ein beachtlicher Fusionseffekt ergeben.

Beide Effekte werden in der zweiten Periode durch den aufgrund der Rangänderungen und Mobilität der nachstoßenden Unternehmen bewirkten Verdrängungseffekt noch übertroffen. Am auffälligsten ist jedoch die Auswirkung, die sich aus dem Zugang neuer Unternehmen ergab und die die Werte aus Untersuchungen anderer Märkte weit übertrifft. Diese Zugänge haben für die strukturelle Entwicklung des Pauschalreisemarktes eine ausschlaggebende Bedeutung gehabt und verhindert, daß die internen und externen Wachstumseffekte der eingesessenen Unternehmen die durch Marktanteile gemessene Konzentration erhöhten. Des weiteren ist kennzeichnend, daß die für den hohen Zugangseffekt verantwortlichen Unternehmen gleichzeitig stark auf die Werte für den Verdrängungseffekt eingewirkt haben, also sehr schnell in die Gruppe der drei bzw. sechs größten Veranstalter aufgestiegen sind. Soweit erkennbar dürfte sich diese Entwicklung in den letzten drei Jahren jedoch wesentlich abgeschwächt haben.

Eine derartige Betrachtung der Marktanteile der führenden Touristikunternehmen hat für die Wettbewerbsanalyse lediglich begrenzte Aussagekraft. So erfaßt sie nicht die verschiedenen, weitgehenden, kapitalmäßigen und personellen Verflechtungen dieser Veranstalter mit Unternehmen aus denselben und/oder anderen Wirtschaftszweigen. Hierbei sind von wettbewerbspolitischer Bedeutung insbesondere
- die Verflechtung der drei größten Veranstalter mit Waren- und Kaufhäusern *(Kaufhof, Karstadt, Horten)*,
- die indirekte Verflechtung von *Hapag-Lloyd*, einem der drei deutschen Charterflugunternehmen, mit den führenden Reiseveranstaltern,

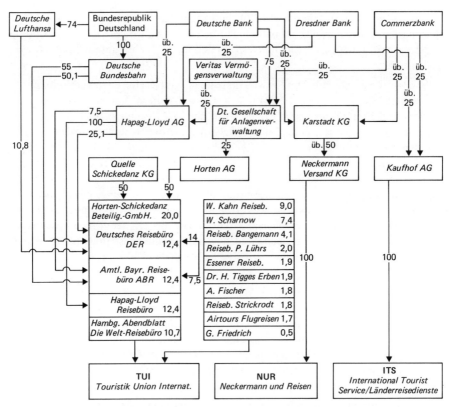

Quelle: *Commerzbank* (Hrsg.), Wer gehört zu wem?, Düsseldorf, 14. Auflage, 1982; TID, Touristik-Kontakt, Erbach/Odw.

Abbildung 2: Verflechtungen der drei größten Reiseveranstalter (Stand: April 1981)

- die indirekte Verbindung zu den Großbanken, die jeweils zu zweit oder dritt über 50% an beteiligten Waren- und Kaufhäusern und *Hapag-Lloyd* halten,
- der staatliche Einfluß über die *Deutsche Bundesbahn*[15], die *Deutsche Lufthansa* und die großen Reisebüroketten sowie die indirekte Verflechtung mit *TUI*.

Neben horizontalen Konzentrationsvorgängen spielt die vertikale Integration in vor- und insbesondere nachgelagerte Bereiche eine Rolle. Dabei war der Erwerb eigener Unterkünfte in der Vergangenheit zunächst von relativ geringer Bedeutung, gewann aber mit der Errichtung von Feriendörfern und Bungalowanlagen durch die großen Veranstalter an Gewicht. Im Flugverkehrsbereich gibt es zwar keine direkte Beteiligung durch einen Veranstalter an Charterfluggesellschaften, jedoch sind drei der vier großen überregionalen Veranstalter *(TUI, NUR, ITS)* indirekt mit der *Hapag-Lloyd* verbunden. Noch weitergehend stellt sich die Situation im Busbereich dar, in dem kleine und mittlere Busveranstalter im allgemeinen gleichzeitig Eigentümer der Fahr-

---

[15] Würden die über 50%igen Beteiligungen an Tochterunternehmen der *Deutschen Bundesbahn* zugerechnet, so wäre sie mit über 470 000 Reiseteilnehmern 1980 der dritt- oder viertgrößte Veranstalter.

zeuge sind und Veranstaltertätigkeit oft aufgenommen wurde, um den Busbestand auszulasten, sowie teilweise im pauschalen Bahnverkehr, wo eine Rückverflechtung bei den Veranstaltern *Deutsche Bundesbahn* und ihrem Tochterunternehmen *Ameropa* besteht.

Schon aus der geschichtlichen Entwicklung heraus gibt es eine enge Verbindung zwischen Vertriebsstellen (Reisebüros) und Reiseveranstaltern. Vor dem Auftreten der Waren- und Kaufhäuser waren die später in der *TUI* zusammengeschlossenen Firmen und die großen Reisebüroketten geschäftlich, teilweise auch finanziell eng verbunden. Der Vertrieb über eigenständige Reisebüros war neuen Veranstaltern weitgehend verschlossen. Die Veranstalter der Waren- und Kaufhäuser brachten eigene, integrierte Vertriebsstellen ein, was wiederum dazu führte, daß sich auch *TUI* einen eigenen Kaufhausvertriebsweg erschloß. In den Folgejahren wurde von allen Unternehmen immer wieder versucht, das Vertriebssystem und die Mischung zwischen eigenen und fremden Vertriebsstellen anzupassen. Die meisten der großen Veranstalter mit Ausnahme von *TUI* vertreiben ihre Erzeugnisse heute zu einem großen Teil über eigene Büros (Anteil an Teilnehmern 1979: *NUR* 65%, *ITS* 83%, *ADAC* 52%, *Tjaereborg* 41%).[16]

Eine Koordination wirtschaftlichen Verhaltens durch Kooperation und Kartelle hat im Pauschaltourismus hauptsächlich im Bereich des Einkaufs von Verkehrsmitteln Bedeutung erlangt. Schon in der Blütezeit des Bahntourismus ergaben sich aus dem Bestreben möglichst optimaler Ausnutzung und aufgrund der spezifischen technisch-organisatorischen Gegebenheiten dieses Verkehrsmittels verschiedene Kooperationsformen (Fahrgemeinschaften), die im wesentlichen bis heute erhalten blieben.

Im Flugbereich hat neben einem inzwischen erloschenen Rationalisierungskartell die Einrichtung zweier „Flugleitstellen" zur koordinierten, zentralen Abwicklung des Fluggeschäfts für je zwei große Veranstalter Bedeutung erlangt. Dessen Bedeutung läßt sich am addierten Marktanteilswert der beteiligten Unternehmen ermessen, die ihre Nachfrage nach Flugleistungen und damit ein zentrales Element ihres pauschalen Leistungsangebots koordinieren. Ein derart addierter Marktanteilswert ergibt für die ersten drei Unternehmensgruppen 1976 84%, also eine wesentliche Korrektur des o.a. einfachen Marktanteils. Neben den Flugleitstellen sind ferner verschiedene andere Kooperationsformen aufgetreten, wie die Teilübernahme von Programmen zwischen Veranstaltern, Split-Charter- und Zubuchungsvereinbarungen. Sie sind oft nur kurzlebig und in ihrer Bedeutung schwer einzuschätzen.

Im Hinblick auf die Aussagekraft obiger Anteilswerte muß ebenfalls die Annahme eines Gesamtmarktes für Pauschalreisen als **„relevantem" Markt** beachtet werden; eine Substituierbarkeit aller Pauschalreisen ist möglicherweise zu bezweifeln. Eine Aufteilung erscheint z.B. nach verschiedenen Kriterien wie Verkehrsmittel, Zielgebiete, Reiseformen, Zeitdauer der Reise oder nach dem Einzugsgebiet des Veranstalters (überregional/regional) möglich. Bedeutung hat in der Kartellrechtspraxis vor allem die Abgrenzung nach Verkehrsmitteln erlangt. Ohne im einzelnen auf die höchst kontroversen Auffassungen zur Marktabgrenzung einzugehen, lassen sich als Begründung für eine solche Aufteilung die mit typischen Flugreisen in entferntere

---

[16] Fremdenverkehrswirtschaft International Nr. 78, 1980.

Zielgebiete gegenüber anderen Verkehrsmitteln erreichbare Schnelligkeit und Bequemlichkeit sowie die Kostenvorteile von PKW-Reisen bei kurzen und mittleren Reiseentfernungen anführen. Dabei zeigt sich jedoch, daß diese Abgrenzungen fließend und in der Zeit veränderlich sind.

Legt man dennoch **Verkehrsmittel-Teilmärkte** zugrunde, so ergibt sich für die ersten 3 (6) Anbieter teilweise eine wesentliche Erhöhung der Marktanteile: auf 69% bzw. 78% bei Flugreisen (1976), auf 82% bzw. 89% bei Bahnreisen (1975). Es zeigt sich ferner, daß die einzelnen Großveranstalter zwar nicht in allen Teilbereichen führend sind, insgesamt jedoch außer beim Busverkehr ein Übergewicht von Großveranstaltern zu konstatieren ist. Im übrigen ist in jüngster Zeit eine verstärkte Aktivität der Großveranstalter im Busbereich festzustellen. Hier lag der nationale Marktanteil der drei größten Veranstalter 1976 bei ungefähr 10%. Dies ist jedoch wesentlich eine Folge des regionalen Charakters dieses Geschäftsbereichs, der wiederum durch gesetzliche Bestimmungen beeinflußt wird.[17] In einzelnen Gebieten bestehen allerdings durchaus starke Stellungen örtlicher oder regionaler Veranstalter.

Eine **regionale Marktabgrenzung** läßt sich für Flug- und Bahnreisen hauptsächlich durch die festen Abflug- und Abfahrtsorte und die dadurch entstehenden unterschiedlichen Kosten für die Anfahrt begründen. Inwieweit dies tatsächlich wirksam wird, hängt u. a. vom Gesamtreisepreis, verbilligten Zugangsmöglichkeiten und generell von der Bereitschaft der Touristen zur Mobilität ab und dem Bestehen „landsmannschaftlicher" Präferenzen. Als ein Indiz für die Wirksamkeit dieser Faktoren kann die außerordentlich starke Stellung einiger regionaler Veranstalter angesehen werden, gegen die sich auch die überregionalen Großveranstalter – auf dem Wege internen Wachstums – bisher nicht wesentlich durchsetzen konnten.

3. Verhaltensmerkmale

3.1. Vertriebssysteme

Die Ausdehnung und der Versuch optimaler Kombination eigener und fremder Vertriebssysteme haben während der gesamten Entwicklung des Pauschalreisetourismus einen als entscheidend angesehenen Wettbewerbsparameter der Reiseveranstalter dargestellt. Sie führten bei den großen Veranstaltern zu laufenden Neudispositionen und insbesondere Versuchen, neue Vertriebsstellen aufzubauen, die oft genug auch fehlgeschlagen sind. Wenn sich auch solche Bewegungen bis heute fortgesetzt haben, ist doch insgesamt eine Stabilisierung hinsichtlich Umfang und Zusammensetzung des Vertriebssystems festzustellen und Versuche, völlig neue Absatzwege zu finden, sind seltener geworden. Insgesamt läßt sich eine wesentliche Ausdehnung der Vertriebswege seit 1962 feststellen, bei der der Anteil eigener Büros im Zeitablauf jedoch starken Schwankungen unterlag. Der Vertriebsparameter hat seine entscheidende

---

[17] Vgl. § 48 Abs. 3 Personenbeförderungsgesetz: Zusteigeverbot von Fahrgästen außerhalb des Abfahrtsortes.

Bedeutung vor allem im Zusammenhang mit dem Eintritt der Waren- und Kaufhäuser in das Touristikgeschäft gehabt und dabei eine Schlüsselstellung für den Durchbruch vor allem des pauschalen Flugtourismus gespielt. Der diesen Unternehmen zur Verfügung stehende eigene Vertriebsapparat hat es ihnen erlaubt, innerhalb kürzester Zeit in großem Umfang neue Bevölkerungsschichten anzusprechen und so die Basis für eine Massenproduktion und das schnelle Erreichen der Gewinnzone zu schaffen. Darüber hinaus bot der eigene Vertriebsweg zusätzliche Vorteile wie die Ersparnis von Reisebüroprovisionen. Die Verfügung über eigene Vertriebswege war zudem wichtige Voraussetzung für den Marktzugang der neuen Veranstalter überhaupt, da die Mitgliedsunternehmen der *TUI* in **Agenturverträgen** mit ihren Reisebüros, die teilweise Gesellschafterbüros waren, einen Vertriebsausschluß der konkurrierenden neuen Veranstalter festlegten. Diese Reisebüros waren von Umsatzaufkommen, Standard und Qualifikation des Fachpersonals her erstrangig, und es fehlte an ausreichenden Vertriebsalternativen für neue Veranstalter. Der Neuaufbau eines auf eine überregionale Veranstaltertätigkeit ausgelegten eigenen Vertriebssystems muß auch heute noch als eine erhebliche Marktzutrittsbarriere betrachtet werden, da er erhebliche Investitionen für die Ausbildung oder die Übernahme fachkundigen Personals erfordert und diese Fachkenntnis andererseits für eine erfolgreiche Veranstaltertätigkeit als unabdingbar angesehen werden muß. Wie bedeutend diese Marktzugangsbeschränkung in der Vergangenheit war, zeigte sich z. B. an der Entwicklung des Reiseveranstalters *gut*, der jahrelang mit der Schaffung eines effizienten Vertriebssystems zu kämpfen hatte, was ihm letztlich auch nach der Öffnung der *TUI*-Reisebüros im Anschluß an ein vom *Bundeskartellamt* gegen *TUI* wegen Verdachts der mißbräuchlichen Ausnutzung ihrer marktbeherrschenden Stellung (§ 22 Abs. 4 GWB) eingeleitetes Verfahren[18] nicht gelang. Dabei spielte noch ein weiterer konkurrenzbehindernder Aspekt der Vertriebspolitik eine Rolle, der ebenfalls zugangsbeschränkend wirkt: durch Gewährung von **Umsatzstaffel-Provisionen** und von **Treueboni** wird für die Reisebüros ein Anreiz zur Konzentration auf ein Veranstalterprodukt geschaffen. Darüber hinaus kann auch bei freiem Zugang zu Reisebüros die Tatsache für ein neues und kleineres Unternehmen benachteiligend wirken, daß es für ein Reisebüro von großem Interesse sein wird, gleichzeitig auch das Angebot eines bekannten und umsatzstarken Reiseveranstalters zu führen.

Die Herausforderung der Neuveranstalter hat die verschiedenen Anpassungsaktivitäten aller Unternehmen ausgelöst: auch der Branchenführer *TUI* hat sich vorübergehend durch den Aufkauf von *Quelle/Transeuropa* auf einer breiten Basis den direkten d.h. vollkommen integrierten Absatz erschlossen und die Neuzugänge nahmen in zunehmendem Umfang die Dienste freier Reisebüros in Anspruch, nachdem erkannt wurde, daß sie eine Reihe von Vorteilen (Standard, Vollsortiment, ausgebildete Arbeitskräfte, Flexibilität) bieten, die das Marktpotential besser auszuschöpfen erlauben.

So zogen die traditionellen Reisebüros 1974 68,5% der verkauften Pauschalreisen auf sich. Es bestehen allerdings starke Unterschiede zwischen den Veranstaltern. So sind

---

[18] Siehe *Bundeskartellamt*, Tätigkeitsbericht 1975, S. 81f.

in der Tendenz die kleineren und mittleren Veranstalter stärker über fremde Vertriebsstellen vertreten.[19]

Die nach der Anfangsphase des Pauschaltourismus zunächst erfolgte Abschwächung der Bedeutung des Vertriebssystems als Wettbewerbsparameter zeigte sich auch darin, daß der zunächst auf städtische Agglomerationen konzentrierte Vertrieb, der die Erfassung weiterer Bevölkerungskreise erschwerte, aufgelockert und auch weitgehend ein räumliches Gleichgewicht erreicht wurde.

Diese relativ stabile Situation des Vertriebssektors ist jedoch in letzter Zeit durch die technologische Entwicklung erheblich in Frage gestellt worden: Durch die geplante Einführung des START-Systems, eines zentralisierten, vollelektronischen Buchungssystems, das in der ursprünglichen Planung die *Deutsche Bundesbahn* und *Deutsche Lufthansa,* die wichtigsten der *TUI* verbundenen Reisebüroketten und die *TUI* einschließen sollte, könnte der Anstoß zu einer weitgehenden Reorganisation des gesamten Vertriebssystems des Veranstaltermarkts mit möglichen Folgen auch für Veranstalter gegeben werden. Nicht-angeschlossene Veranstalter und Reisebüros könnten in schwer einholbaren Wettbewerbsrückstand kommen. Ferner besteht die Gefahr einer Benachteiligung kleiner Reisebüros, wenn sie nicht in der Lage sind, die relativ hohen Investitions- bzw. Mietkosten zu tragen. Ähnliches gilt auch für die mögliche Einführung weiterer Informationssysteme (z. B. Bildschirmtext).

3.2. Preisverhalten

Ein mit der Entfaltung des Marktes variierendes Gewicht zeigt sich auch bei der Preispolitik der Veranstalter. Die Entwicklung des Pauschaltourismus ist wesentlich durch das Aufkommen des Flugtourismus und durch den Eintritt finanz- und vertriebsstarker Veranstalter zu Beginn der 60er Jahre geprägt worden. Die durch den Zugang dieser Veranstalter ausgelösten Änderungen des Marktes, des Vertriebssystems und die Reorganisation des Beschaffungsmarktes führten zu einem scharfen Preiswettbewerb, dem teilweise eine Verbesserung der Kosteneffizienz durch die Reorganisation, teilweise die Bereitschaft zugrunde lag, über mehrere Jahre hinweg Verluste in Kauf zu nehmen. Die Zeit vor 1962 bis 1971 ist gekennzeichnet durch Niedrigpreispolitik der Newcomer *(NUR, Quelle, gut, ITS),* mit der möglichst schnell eine optimale Buchungszahl zur Wahrnehmung der Kostendegressionen und zur Auslastung der Flugkapazitäten erreicht werden sollte. Hierdurch konnten sowohl neue Kunden gewonnen als auch Kunden bei den etablierten Veranstaltern abgeworben werden. Diese haben sich in ihrem Preisverhalten entsprechend angepaßt. Diese Form der **„Preisführerschaft"** ist – mit Ausnahme des späteren Zugangs *Tjaereborg* – über die Jahre aufgelöst worden. Die Wirkung auf das allgemeine Preisniveau für Pauschalreisen wird auch im Vergleich mit dem Lebenshaltungsindex deutlich *(Tabelle 5)*: Bis 1973 ergibt sich ein wesentlich geringerer Anstieg, während es diesen in den Folgejahren – nicht zuletzt auch durch höhere Treibstoff-, Wartungs- und Hotelkosten bedingt – übersteigt.[20]

---

[19] Eine Ausnahme bildet die *TUI,* die 1979 zu 100% ihre Reisen über freie Büros verkaufte, nachdem im Zuge der Auflagen des *Bundeskartellamtes* bei der Fusion *NUR-gut* der Vertriebsweg über den bisherigen (indirekten) Gesellschafter *Karstadt* entfallen war.
[20] Statistische Jahrbücher für die Bundesrepublik Deutschland.

Tabelle 5: Entwicklung des Preisindexes für „Gesellschaftsreisen" und für Lebenshaltung 1968–1975

	1968	1969	1970	1971	1972	1973	1974	1975	1976
„Gesellschaftsreisen"	95,9	97,7	100	102,0	107,6	116,7	127,8	139,6	148,1
Lebenshaltung	94,9	96,7	100	105,3	111,1	118,8	127,1	134,7	140,4

Quelle: *Statistisches Bundesamt:* Statistische Jahrbücher 1974–1978 für die Bundesrepublik Deutschland.

Die Möglichkeiten preispolitischer Maßnahmen werden durch die **Nachfrageelastizität** begrenzt, die mit zunehmender Marktsättigung sinkende Tendenz aufweist.[21] Gerade im Tourismus sind allerdings bestimmte gegenläufige Wirkungen nicht zu verkennen: mit zunehmender Reiseerfahrung und zunehmender Transparenz in einem zunächst sehr unübersichtlichen, heterogenen Markt kann die Fähigkeit, die Preis-/Qualitätsbeziehungen besser einzuschätzen, zu einer erhöhten Preissensibilität führen. Verstärkt wird ein solcher Prozeß zudem sicherlich in konjunkturell kritischen Phasen. Hinweise darauf, daß die Veranstalter nach wie vor versuchen, preispolitische Instrumente einzusetzen, stellen die verschiedenen Formen von Preisdifferenzierungen und die Herausstellung von „Eckpreisen" in den Katalogen dar. Daß auch bei einer verringerten Bedeutung des Preisinstruments als aktiver **Wettbewerbsparameter** der Veranstalter Preise erhebliche wettbewerbliche Wirkungen entfalten können, macht sich, ausgelöst durch die Treibstoffverteuerungen, in den letzten Jahren speziell zu Lasten des pauschalen Flugtourismus bemerkbar. Durch die relativen Preiserhöhungen gegenüber Auto-, aber auch Bahn- und Busreisen mußte dieser Bereich spürbare Einbußen hinnehmen.

Daneben hat sich in den letzten Jahren in Einzelfällen der Preiswettbewerb zu einer Form hin verschoben, die mit der quasi-konglomeraten Struktur der Großveranstalter (verschiedene Zielgebiete und Reisearten) und ihrer finanziellen Stärke zusammenhängt: Durch niedrige Einführungspreise wurde versucht, in bestimmte geographische oder sachliche Teilmärkte einzudringen, zulasten kleiner Spezialveranstalter, die nicht die Mittel zu erfolgreichen Abwehrstrategien besitzen. Im Extremfall kann es zum Verdrängungswettbewerb dieser Unternehmen kommen, der auch kartellrechtlich relevant wird.[22]

Wenn hier insgesamt eine verringerte Bedeutung des preispolitischen Instrumentariums vermutet wird, liegt dies neben den kartellrechtlichen Möglichkeiten, „machtbedingte" Preissetzungsspielräume zu kontrollieren, auch an den wesentlich verengten realen Preissenkungsspielräumen durch die veränderte Situation in den meisten Beschaffungsmärkten. Die in der **Expansionsphase** teilweise zu beobachtenden Möglichkeiten der Kostensenkung bei der Beschaffung von Unterkünften, in der Werbung (einschließlich der Katalogwerbung) und im Vertrieb (eigene Vertriebsstellen) waren meist schnell erschöpft oder beruhten auf vorübergehenden Sondersituationen (z.B. Überangebot an Unterkünften in bestimmten Zielgebieten). Zudem hat sich durch die Tendenz zur Individualisierung bei der Pauschalreise ein der Stan-

---

[21] Vgl. *Heuss, E.,* Allgemeine Markttheorie, Tübingen, Zürich 1965, S. 63 ff.
[22] Dies ist bisher in zwei Fällen geschehen.

dardisierung und Wahrnehmung von Kostendegressionen entgegenwirkender Nachfragetrend der Konsumenten ergeben. Damit hängt auch ein gestiegenes Qualitätsbewußtsein der Kunden zusammen, das Kosteneinsparungen um jeden Preis nicht zuläßt. Als bedeutsamer noch sind die veränderten Verhältnisse vor allem im Bereich des Flugtransports anzusehen. Der Durchbruch des pauschalen Flugtourismus ist vor allem auf die durch eine wesentlich verbesserte Auslastung der Sitzplatzkapazität (80%–90% gegenüber 50% bei Linienflügen) mögliche Kostensenkung zurückzuführen.[23] Dieser Sitzladefaktor dürfte in nennenswertem Umfang kaum überschritten werden können. Zwar lassen sich theoretisch weitere Kostensenkungen durch Streckung der Saison und gleichmäßigeres Aufkommen erreichen[24], doch sind dem durch das touristische Verhalten und durch die Technik ebenfalls enge Grenzen gesetzt.

Die relative Verbilligung des Flugtransports wurde weiterhin entscheidend durch die technologische Entwicklung ermöglicht. Sowohl im Langzeitflugbereich als auch bei Kurz- und Mittelstrecken haben neue Flugzeugtypen zunächst die durchschnittlichen Kosten pro Sitzkilometer gesenkt. Seit Beginn der 70er Jahre schlug diese Entwicklung insgesamt durch überkompensierende Kostenänderungen im Flugzeugbetrieb um. Die sprunghaft gestiegenen Kerosinpreise der letzten Jahre haben diesen Trend weiter verschärft. Mangels neuer technologischer Entwicklungen ist nicht zu erwarten, daß Veranstalter durch kluge Einkaufspolitik wesentliche Kosten- und Preisvorsprünge gegenüber Konkurrenten gewinnen können.

Voraussetzung dafür wäre auch, daß Kostenverbesserungen von den Charterflugunternehmen an die Veranstalter weitergegeben werden. Die zunehmende **Konzentration** des Fluggerätemarktes stellt dies jedoch zumindest in Frage. Die relativ hohe Wettbewerbsintensität zwischen 1960 und 1973 führte zu einem **scharfen Preiswettbewerb** der Anbieter. Nach dem Ausscheiden mehrerer Gesellschaften und dem Verbleiben von nur drei deutschen Gesellschaften mit einem Marktanteil von rund 60% erscheint die Marktsituation heute stabilisiert, zumal der ausländische Anteil durch politische Einflüsse und zwischenstaatliche Vereinbarungen als weitgehend dem Wettbewerb entzogen anzusehen ist.

3.3. Produktgestaltung

3.3.1. Differenzierung der Pauschalreise

Bei der Entwicklung des Pauschalreisemarktes lassen sich im Bereich der Produktgestaltung zwei teilweise zusammenhängende Entwicklungen unterscheiden: die Differenzierung der Leistungen – und darauf aufbauend eine Spezialisierung von Veranstaltern – sowie eine Tendenz der Auflösung des Pauschalpakets in seine Einzelleistungen (hauptsächlich Transport und Unterkunft).

Die in entwickelten Märkten zu beobachtende **Produktdifferenzierung** läßt sich im pauschaltouristischen Bereich durch das Bedürfnis nach Individualisierung der Ur-

---

[23] Vgl. zum Folgenden im einzelnen *Hochreiter, R./Arndt, U.*, a.a.O., S. 129 ff.
[24] Dadurch verringert sich die Belastung durch Leerflüge am Anfang und Ende der Saison.

laubsart, einschließlich der Transport- und Unterkunftsleistungen begründen und charakterisieren.

Eine horizontale Differenzierung erfolgte dabei hauptsächlich durch die Bildung verschiedener Spezialurlaubsarten, die sich zumeist auf Tätigkeiten während des Urlaubs (z. B. Sprach-, Golf-, Kegelreisen), teilweise auch auf neue Zielgebiete beziehen. Diese Spezialisierung auf bestimmte Zielgebiete und Reisearten als Ausdruck vorstoßenden Wettbewerbs sowohl eingesessener als auch neuer Veranstalter und als Versuch, neue Kundenkreise zu erschließen, kann zwar nicht generell als neues Phänomen angesehen werden, hat jedoch in diesen neuen Ausprägungen quantitativ an Bedeutung gewonnen. Dabei ist auffällig, daß für neue, kleine Veranstalter das Auffinden solcher „**Marktnischen**" in vergangenen Jahren zu einem Hauptweg des Marktzugangs geworden ist und einzelne dieser Teilmärkte durch Spezialveranstalter (z. B. Mexiko durch *Terramar*) erst erschlossen wurden. Es zeigte sich jedoch ebenfalls, daß die überregionalen Unternehmen oft sehr schnell auf solche Entwicklungen reagierten und selbst erfolgreich ihr Angebot differenzierten. Von einem im Sinne einer Marktnischenhypothese aufgeteilten Markt mit weitgehendem Schutz für kleine Spezialunternehmen kann demnach nicht gesprochen werden.

Eine weitere **Produktvariierung** ergibt sich durch die **Dauer** der Urlaubsreise. Hierbei könnten sich nicht nur Wettbewerbsimpulse im Verhältnis der Reiseveranstalter zueinander, sondern möglicherweise durch eine Verschiebung zur Individualreise hin ergeben, wenn verschiedene Kurzurlaubsreisen mit einem höheren Anteil individueller Organisation anstelle längerer Pauschalreisen unternommen werden. Hinsichtlich des ersten Aspekts zeigte sich tatsächlich eine starke Entwicklung im Kurzreisebereich tätiger neuer und/oder kleiner und mittlerer Veranstalter gegenüber den Großveranstaltern im Bereich des Flug- (u. a. Wochenend-Städteflüge) und des Bahntourismus, ohne daß dies jedoch zu einer Gefährdung der Position der Großveranstalter insgesamt führte. Dies trifft auch im Verhältnis zur Individualreise zu. Nach den vorliegenden Befunden[25] ergibt sich durch die Möglichkeit der Durchführung mehrerer kurzer Urlaubsreisen keine wesentliche Verengung des Pauschalreisemarkts, da Kurzreisen eher Komplemente zur Haupturlaubsreise darstellen. Anzahl und Anteil der Kurzreisen haben sich seit 1962 nicht wesentlich geändert, ebensowenig wie die Kurzreiseintensität.

Der Wunsch nach Individualisierung kommt in der touristischen Nachfrage vor allem auch im Übergang von kollektiven zu individuellen Organisationsformen der Reise sowohl im Transport als auch bei den Unterkünften zur Geltung sowie in einer flexibleren Gestaltung von Reisezeitpunkt und Reiseablauf. Der Verkehrsbereich hat durch die Entwicklung verschiedener Reise- und Tarifformen (IT-, ABC-Flüge, Sondertarife der Liniengesellschaften, IT- und Einzelpauschalreisen der *Bundesbahn*[26]) auf diesen Trend in zunehmendem Ausmaß reagiert, so daß insgesamt – in den einzelnen Bereichen sehr unterschiedlich – eine Zunahme dieser Formen festzustellen ist. Dies wird noch unterstrichen, wenn als hierbei ebenfalls relevante Entwicklungen

---

[25] Reiseanalysen des *Studienkreises für Tourismus,* Starnberg, 1970–76.
[26] Die verschiedenen Tarifformen unterscheiden sich nach Einbeziehung oder Nichteinbeziehung von Unterkünften, Gültigkeitsdauer des Tickets, Zusammensetzung der Reisegruppe, Zahlungsmodalitäten und Buchungsformen sowie Art der Transportleistung.

die des pauschalen Autoreiseverkehrs (package tours) und verschiedener Unterkunftsformen (z. B. Ferienwohnungen) mitberücksichtigt werden.

3.3.2. Auflösung der pauschalen Form

Diese Erscheinungen stehen gleichzeitig in Verbindung mit einer anderen, sehr wesentlichen Tendenz im Veranstaltermarkt, der teilweisen Auflösung des Angebots in Form von „Teilpauschalreisen". Die oben beschriebene, aus der Eigenart der Leistungserstellung von Pauschalreisen sich ergebende Labilität der Abgrenzung des Veranstaltermarktes gegenüber den individuellen Einzelmärkten könnte zu einer Aushöhlung des Produktes und zu einer Umstrukturierung der gesamten touristischen **Marktorganisation** führen. Solche Änderungsimpulse sind ohne Zweifel mit zunehmender Expansion des Reisesektors, mit gestiegener Reiseerfahrung und Bedürfnisdifferenzierung der Reisenden aufgetreten; es zeigte sich jedoch, daß die Reiseveranstalter sich auch hier weitgehend an diese Impulse anpassen konnten.

Organisatorische Änderungen des Verkehrsbereichs haben vor allem im für die meisten Reiseveranstalter zentralen Bereich des Flugtransports stattgefunden. Im Bahnbereich hat die Aktivität des Monopolanbieters *Bundesbahn* durch das Angebot preiswerter Transportangebote zwar ebenfalls eine gewisse Bedeutung erlangt; sie beschränkt sich allerdings im wesentlichen auf Kurzreisen bzw. schließt auch Unterkünfte ein.

Ein Trend zur Verselbständigung der Flugtransportleistung ergab sich sowohl durch die sich ändernde Stellung des Charterflugverkehrs im Verhältnis zum Linienverkehr als auch durch interne Änderungen des Charterbereichs selbst. Die meisten der bisher entwickelten Tarif- und Organisationsformen im Luftverkehr sind als Ausdruck des Konkurrenzkampfes zwischen beiden Verkehrsformen anzusehen, der zur Erosion ihrer Unterschiede – auch bezüglich der Preise – beigetragen und sich gleichzeitig vom eine Sonderstellung einnehmenden Nordatlantikverkehr auf andere Gebiete ausgedehnt hat. Der vertragliche Rahmen der *IATA*[27] und der staatlichen Luftfahrtbehörden hatte zunächst durch die Statuierung von Form, Organisation und Voraussetzungen im Linien- und Charterverkehr für eine im wesentlichen voneinander unabhängige Entwicklung und damit auch zur raschen Ausbreitung des pauschalen Chartertourismus und zum Aufstieg der großen, überregionalen Reiseveranstalter beigetragen. Durch den weitgehenden Zusammenbruch insbesondere des *IATA*-Systems ist die wettbewerbliche Distanz der beiden Bereiche gesunken und die Bedingungen des Beschaffungsmarktes haben sich geändert. Als Konsequenz daraus ergab sich eine Differenzierung der angebotenen Flugpauschalen, eine wettbewerbliche Annäherung der verschiedenen spezialisierten Anbieter (Reiseveranstalter, Reisebüros, Flugunternehmen) und ein verstärkter **potentieller Wettbewerb** der Flugunternehmen.[28, 29] Die mit diesen Änderungen verbundenen Möglichkeiten machten sich

---

[27] Kartell der internationalen Fluggesellschaften mit weitgehender Festlegung der Konditionen und insbesondere der Preise.
[28] Der in Einzelfällen bei ausländischen Gesellschaften in Ansätzen schon ein tatsächlicher Wettbewerb geworden ist und im Falle der Lufthansa in jüngster Zeit zu verstärkten Spekulationen über die Aufnahme eigener Veranstaltertätigkeit geführt hat.
[29] Typisch für die Aushöhlung des Konzepts der Pauschalreisen sind die ABC-Flüge, die im

neue Veranstalter und Reisebüros zunutze. Jedoch auch etablierte Reiseveranstalter sind schließlich mehr oder weniger stark in diese Geschäftszweige eingestiegen (vor allem *ABC, IT* und *APEX*) und spielen heute insgesamt eine bedeutende Rolle.

Für die interne Änderung des Charterverkehrs ist die Herausbildung von Direktbuchungsmöglichkeiten bei Charterflugunternehmen kennzeichnend. Traditionell kauften die Reiseveranstalter eine bestimmte Anzahl von Flugplätzen (Voll- oder Teilcharter) für eine Anzahl von Flügen vor Saisonbeginn ein. Schon relativ früh entwickelte sich ein grauer Markt durch die Möglichkeit, Charterleistungen ohne Unterkünfte oder mit fiktiven Arrangements für Unterkünfte zu buchen. Dies führte schließlich zu konkreten organisatorischen Formen dergestalt, daß entweder Plätze bei einer nach einem festen Flugplan arbeitenden Charterfluggesellschaft *(LTU)* oder über Vermittlungsstellen *(ACS, HIT)* nach Bedarf eingekauft werden konnten. Somit eröffneten sich Zugangsmöglichkeiten nicht nur für kleine Reiseveranstalter sondern auch für Reisebüros, die selbst „veranstaltend" tätig wurden oder auch nur die Transportleistung vermittelten. Entscheidend dabei ist, daß das Reiseunternehmen nicht mehr eine kritische, große Anzahl von Kunden gewinnen und ein hohes **Auslastungsrisiko** tragen muß. Zwar ist in Rechnung zu stellen, daß durch die Marktmacht der großen **Einkaufsgemeinschaften** und durch möglicherweise höhere Preise bei Einzelplatzbuchung Gegentendenzen wirksam sind, doch weisen die Zahlen für die Direktbuchungsaufkommen auf eine gestiegene Bedeutung hin.[30] Strukturell wichtig ist jedoch auch hierbei wiederum, daß sich der Branchenführer *TUI* durch die Einrichtung eines ähnlichen Systems selbst die Möglichkeit geschaffen hat, diese Änderungsimpulse aufzufangen. Die Zunahme seiner Buchungen von 54 200 auf 126 800 zwischen 1975 und 1980 zeigt den Erfolg dieser Anpassungsreaktion.

Für die gestiegene Bedeutung von „Teilpauschalreisen", wie sie auch von den Reiseanalysen[31] belegt wird, sind ebenfalls Entwicklungen beim Angebot von Unterkünften verantwortlich zu machen, die in engem Zusammenhang mit dem Autotourismus, dem tragenden Element der Individualreise, stehen. Im Bestreben, den individuellen Autoverkehr für das Veranstaltergeschäft zu gewinnen, wurden dabei vor allem das Ferienwohnungsangebot und die package tours entwickelt. Steht beim ersten letztlich die Vermittlung der Unterkünfte im Vordergrund, kommen bei package tours unter Umständen Beratungsleistungen eine größere Bedeutung zu. Am Aufschwung dieser Bereiche[32] als Reiseveranstaltertätigkeit partizipierten wesentlich eingesessene Großunternehmen, wenngleich auch hier eine Pionierrolle von zu-

---

Nordatlantikverkehr von Chartergesellschaften angeboten werden und bei denen Unterkunftsbuchung nicht erforderlich ist. In zunehmendem Maße werden diese Flüge auch zu touristischen Zwecken (nicht nur Verwandtenbesuchen) benutzt und ersetzen das auf dieser Strecke fehlende reguläre Pauschalangebot.

[30] Zunahme des Passagieraufkommens (Anzahl in Tsd.):

1970	1971	1972	1973	1974	1975	1976
180	230	268	291	321	460	620

Quelle: Eigene Berechnungen

[31] *Studienkreis für Tourismus*, Starnberg.
[32] Siehe *Hochreiter, R./Arndt, U.*, a.a.O., S. 172f.

nächst kleineren und neuen Unternehmen festzustellen ist. Obwohl es quantitativ nicht genau zu belegen ist, läßt sich das Veranstalter-Teilangebot „Unterkunft" gegenüber dem Verkehrsbereich eher dadurch charakterisieren, daß offensiv versucht wurde, in den Individualmarkt einzubrechen. Gleichzeitig bedeutet dies, daß der Unterschied der Veranstaltertätigkeit gegenüber reiner Vermittlung eingeebnet wurde.

Insgesamt ist festzustellen, daß durch das Angebot von touristischen Einzelleistungen zwar spürbare Wirkungen auf die Struktur des Pauschalreisemarktes ausgegangen sind, daß sich jedoch das spezielle Produkt „Pauschalreise" und auch die eingesessenen Veranstalter insgesamt behaupten konnten. Dabei hat eine nicht geringfügige Rolle deren Fähigkeit gespielt, die Änderungsimpulse selbst aufzunehmen. Ferner muß als wesentlicher Faktor angesehen werden, daß die bloße Existenz eines großen Veranstalters mit weitgehenden finanziellen Mitteln, die werbliche Ansprache eines breiten Publikums, die Zusammenfassung eines umfassenden und vielfältigen Programms und seine Vorstellung in Form von Katalogen ein starker Wettbewerbsfaktor sind und die aus der Aushöhlung des Pauschalangebots resultierende Gefährdung auch durch Nicht-Veranstalter zumindest kompensiert haben. Dennoch ist nicht auszuschließen, daß eine in Ansätzen schon sichtbare Weiterentwicklung im Flugbereich, kombiniert mit auf breiter Basis organisierten parallelen Einzelplatzangeboten bei Unterkünften – mit direkter oder indirekter Einbuchung über Vermittlungsbüros[33] – zu einem umfassenden Angebot von „Baukastensystemen" führen könnte, die zu einer Öffnung des engeren Veranstaltermarktes beitragen.

3.4. Marktphasen

Das beschriebene, seit Beginn des Pauschaltourismus variierende Gewicht der verschiedenen Wettbewerbsparameter und hauptsächlich die in den vergangenen Jahren sichtbar gewordenen Tendenzen in der **Produktpolitik** und **Produktgestaltung** stellen Anzeichen für einen in typischen Phasen ablaufenden Marktzyklus im Sinne der Theorie von *Heuss*[34] dar *(Tabelle 6)*. Nachdem nach den **Stagnationsjahren** 1973–76 ein rascher Wiederaufschwung zwischen 1977 und 1979 erfolgte, wird angesichts der erneuten Abschwächung 1980 wiederum die Frage zu stellen sein, ob der Veranstaltermarkt schon in eine Sättigungsphase übergegangen ist, eine Frage, die speziell für die weitere strukturelle Entwicklung und ihre wettbewerbspolitischen Konsequenzen von außerordentlicher Bedeutung ist.

Läßt sich aufgrund der variierenden Bedeutung der Wettbewerbsparameter eine gewisse Bestätigung der Phasenhypothese feststellen, so konnte demgegenüber durch eine für die Jahre 1962 bis 1976 durchgeführte quantitative Analyse des Pauschalreisevolumens[35] letztlich keine eindeutige Antwort darauf gefunden werden, ob ein autonomer Marktzyklus vorliegt. Zumindest jedoch dürfte eine einfache konjunkturelle Abhängigkeit des Pauschalreiseaufkommens in Frage zu stellen sein.

Einen Einblick in Zusammenhänge, die für das Pauschalreiseaufkommen wichtig sind, geben ferner die u.a. touristischen Kennziffern[36]. Danach sind vor allem die

---

[33] In Hotelvermittlungssystemen einiger Veranstalter teilweise schon verwirklicht.
[34] Siehe *Heuss, E.*, a.a.O.
[35] Siehe *Hochreiter, R./Arndt, U.*, a.a.O., S. 20ff.
[36] Siehe *Tabelle 6*.

Tabelle 6: Bedeutung der Absatzinstrumente in verschiedenen Phasen der Entwicklung des Pauschalreisemarktes

Zeit \ Instrument	Preispolitik	Absatz-organisation	Produkt-gestaltung
bis ungefähr 1965	–	–	–
bis ungefähr 1973 (Expansion)	+	+	+/–
ab ungefähr 1974	+/–	+/– (?)	+

+ (–) große (geringe) Bedeutung.

weitere Entwicklung der Reiseintensität und des Pauschalreiseanteils als Erklärungsvariable für das Gesamtreisevolumen bzw. für den auf Reiseveranstalter entfallenden Anteil hervorzuheben. Die bisherige Entwicklung der Reiseintensität und zum Teil weitaus höhere Werte für andere Länder haben zu Prognosen eines Anteils von 70% bis 80% von Reisenden an der Gesamtbevölkerung geführt, bei denen eine längerfristige Sättigung des Marktes zu erwarten wäre.[37] Dies würde bei sonst gleichbleibenden Werten der anderen Komponenten, einschließlich des Pauschalreiseanteils, einen weiteren Anstieg der Anzahl von Pauschalreisen bedeuten. Allerdings müssen diese Prognosen angesichts möglicher Veränderungen der zugrundeliegenden Faktoren wie Freizeitverhalten und Lebensarbeitszeit entsprechend vorsichtig betrachtet werden. Dennoch wird ersichtlich, daß es hinsichtlich des zukünftigen Pauschalreisevolumens vor allem entscheidend darauf ankommen wird, ob es den Veranstaltern gelingt, trotz vorhandener und eventuell zunehmender Gegentendenzen ihren Anteil am Reisegeschäft zu halten oder sogar auszubauen. Geht man davon aus, daß der Flugtourismus weiterhin Hauptbestandteil ihrer Tätigkeit sein wird[38], hängt dies neben der Entwicklung alternativer Organisationsformen und ihrer eigenen Anpassungsfähigkeit entscheidend auch von der Entwicklung der **Preisrelationen** zwischen Flugzeug und den anderen Verkehrsmitteln ab. Dies trifft insbesondere für die Wettbewerbsfähigkeit gegenüber dem nach wie vor für die Gesamtheit der Reisen vorherrschenden[39] PKW-Urlaub zu, der nur zu einem geringen Teil pauschal abgewickelt wird.

4. Wettbewerbspolitische Problembereiche

4.1. Konzentrationsentwicklung

Die in 1979 in Marktanteilen der führenden Touristikunternehmen gemessene Konzentration des Gesamtmarktes liegt unter den in der Literatur genannten kritischen Schwellenwerten, bei denen **oligopolistisches Verhalten** zu erwarten ist und unter der

---

[37] Vgl. *Sauer, W.,* Quantitative Aspekte zum Reiseverhalten der Deutschen bis 1985, in: *Ausstellungs-Messe-Kongreß-GmbH* (Hrsg.), *Kongreß der Internationalen Tourismusbörse Berlin,* Berlin 1977, S. 113–130.
[38] Siehe *Tabelle 2.*
[39] Anteil am Reiseaufkommen 1980 59,2% (Reiseanalyse des *Studienkreises für Tourismus* 1980).

Marktbeherrschungsvermutung des Kartellrechts. Berücksichtigt man die verschiedenen indirekten Verflechtungen zu Kaufhäusern, Banken und zum staatlichen Bereich *(DB)* und eine mögliche Aufteilung des Marktes in „relevante" Teilmärkte – insbesondere nach Verkehrsmitteln, wie sie vom *Bundeskartellamt* vorgenommen wird – muß von einer kritischen strukturellen Situation des Marktes gesprochen werden. Dies gilt umso mehr, als die führenden vier überregionalen Veranstalter selbst wieder sehr unausgeglichene Größenverhältnisse aufweisen. Die dominante Position der zwei größten Veranstalter *TUI* und *NUR* wird noch offensichtlicher beim Flugpauschalmarkt, der das Touristikgeschäft insgesamt wesentlich prägt.

Auf die Entwicklung der Marktstruktur haben Fusionen einen bedeutenden Einfluß gehabt. Die Zusammenschlüsse beschränkten sich in der ersten Phase des Pauschaltourismus zunächst im wesentlichen auf den Branchengrößten *TUI* bzw. auf Fusionsvorgänge zwischen kleineren Unternehmen. Dies änderte sich durch den Zusammenschluß von *NUR* mit *gut*.[40] Hierbei sind zudem seit Inkrafttreten der Fusionskontrolle 1973 zum erstenmal zwei der größeren überregionalen Veranstalter, die das **enge Oligopol** des Reisemarktes bilden, verbunden worden. Die dadurch bewirkte weitere Verschiebung der Marktstruktur zugunsten der **Oligopolspitze** wurde allerdings in den Folgejahren wieder abgebaut. Eine weitere Tendenz der Fusionsaktivität der Großveranstalter muß besonders kritisch gesehen werden: ihr Versuch, bei starken Regionalunternehmen Fuß zu fassen, der in zwei Fällen – wenn auch mit geringen Beteiligungsquoten – erfolgreich war. Angesichts der in einzelnen Teilbereichen des Pauschalreisemarkts (nach Regionen, Verkehrsmitteln, Reisearten) bestehenden starken Stellungen von Regionalunternehmen und Spezialveranstaltern muß solchen Tendenzen große Bedeutung zukommen, da sie eine Gefährdung des aus solchen Sonderstellungen resultierenden belebenden Wettbewerbselements mit sich bringen können und die insgesamt marktstarke Stellung der Großveranstalter dadurch nicht mehr aufgelockert wird. Hier wachsen der Fusionskontrolle wichtige Aufgaben zu; dies gilt auch im Hinblick auf mögliche Versuche der Großveranstalter, durch Fusionen in bisher überwiegend mittelständisch strukturierte Teilmärkte (z. B. Busreisen) hinein zu diversifizieren.

Einen weiteren kritischen Bereich stellen die Neuzugänge dar, die in der bisherigen Entwicklung als wesentliches Element der Offenhaltung der Märkte und der Gegenentwicklung zu einer durch **internes** und **externes Wachstum** sich verschlechternden Marktstruktur fungierten. Schon die Höhe der für die großen Neuzugänge nach der Anlaufphase des Pauschaltourismus erforderlichen Kapitalbeträge zum Ausgleich der Anlaufverluste[41] legt angesichts zurückgehender Wachstumsraten, der unsicheren weiteren Entwicklung und der Besetzung des Marktes durch etablierte, finanzstarke Unternehmen nahe, daß das quantitative Gewicht einzelner neuer Unternehmen in Zukunft geringer sein wird. Doch auch ein verstärkter zahlenmäßiger Zustrom kleiner Veranstalter als Spezialveranstalter in von Großunternehmen vernachlässigte Marktbereiche muß mit Fragezeichen versehen werden. Dabei ist weniger entscheidend, daß auch für relativ kleine Veranstalter durch gestiegene Kosten für Bürotechnik und Werbung die Bedeutung des Startkapitals größer geworden ist,

---

[40] Siehe *Bundeskartellamt,* Tätigkeitsbericht 1979, S. 78 ff.
[41] So wurden die Anlaufverluste von *ITS* auf 22,5 Millionen DM beziffert.

sondern dies sind vorrangig Faktoren, die ihre speziellen Marktchancen in Zweifel stellen.

Als Hauptbeschäftigungsfeld für Kleinunternehmen werden auch im Pauschaltourismus spezielle **Marktnischen** angesehen, die für die Großveranstalter wegen fehlender Masse und Standardisierungsmöglichkeit uninteressant erscheinen. Dies hängt zunächst von der Größe des Teilmarktes ab. Je mehr potentielle neue Kunden gewonnen werden können und je geringer die gegenwärtige Auslastung beim Großveranstalter ist, umso lohnender werden neue Märkte. Zudem wird die durchschnittliche Nettoumsatzrentabilität auch bei den Großen für relativ niedrig gehalten, so daß auch niedrige Gewinnerwartungen auf kleinen Märkten attraktiv sein können. Finanzstärke und die Möglichkeit der Mischkalkulation eröffnen Großveranstaltern weiterhin gegenüber kleineren Wettbewerbern ein überlegenes Instrumentarium, das durch größere Risiken von auf bestimmte Reisen spezialisierten Veranstaltern noch verstärkt wird. Die Vorteile größerer Flexibilität und Anpassungsfähigkeit an Konsumentenpräferenzen bei kleineren Unternehmen müssen angesichts der Bedeutung kundennaher Beratung und Information im Reisegeschäft als besonders gewichtig angesehen werden. Diese Vorteile können jedoch zum Teil durch organisatorische Maßnahmen der Großveranstalter und durch den Einsatz der elektronischen Datenverarbeitung wettgemacht werden. Über die Frage potentiellen Wettbewerbs durch die Großunternehmen hinaus ist ferner zu berücksichtigen, daß in den vergangenen Jahren schon eine weitgehende Differenzierung des Produktes und ein teilweise starker Strom neuer Spezialveranstalter in diese Teilmärkte stattgefunden hat und somit engere Grenzen gesetzt sind. Ein positiver Impuls hinsichtlich des Zugangseffekts könnte sich allerdings durch die Auflösungstendenzen des Pauschalangebots ergeben, indem direkt in verstärktem Ausmaß bisherige Anbieter von Einzelleistungen als Veranstalter tätig oder indirekt die angebotenen Teilleistungen für das Veranstaltungsangebot wettbewerblich relevant werden. Angesichts dieser kritischen, ungewissen Entwicklung der Zugangskomponente wird die Aufgabe von Wettbewerbsrecht und -politik zur Offenhaltung der Märkte für innovatorische Impulse umso dringlicher.

Neben der **Fusionskontrolle** ist dabei insbesondere die **kartellrechtliche Mißbrauchsaufsicht** gefordert. Es geht neben der Gewährleistung wettbewerblichen Verhaltens der schon am Markt befindlichen Veranstalter wesentlich auch um einen unbehinderten Zugang neuer Marktteilnehmer einschließlich der Wahrnehmung der Möglichkeiten aus der Verschiebung des Pauschalreisemarktes gegenüber den angrenzenden touristischen Märkten.

4.2. Wirkungen auf den Wettbewerb

Einfluß auf die weitere Konzentrationsentwicklung und auf das Wettbewerbsverhalten können von einer Reihe zugunsten der Großveranstalter wirkender Faktoren ausgehen, die zum Teil aus realen Kostenvorteilen, zum Teil jedoch auch aus ihrer Größe, Eigenart und Finanzausstattung entstehen. In der bisherigen Entwicklung sind diese Faktoren nicht vorherrschend geworden: Trotz einer relativ hohen Konzentration war der Pauschalreisemarkt von einer im wesentlichen starken Wettbewerbsintensität gekennzeichnet. Doch stellen die konzentrationsfördernden und wettbewerbsbeschränkenden Aspekte ein Gefährdungspotential dar, das besonders bei angespannter wirtschaftlicher Entwicklung einschließlich der Ölverteuerungen und langfristigen **Sättigungstendenzen** zum Tragen kommen und sowohl zur Benachteiligung der Wettbewerber als auch als Marktzugangsbeschränkung wirken kann.

Durch die finanziellen Ressourcen, die quasi-konglomerate Struktur der überregionalen Pauschalreiseunternehmen (Angebot einer Vielzahl von Zielgebieten und Reisearten), des dadurch ermöglichten geringeren Risikos gegenüber auf bestimmte Angebote konzentrierten Wettbewerbern und die Vorteile der **Mischkalkulation** eröffnen sich begünstigende Verhaltensspielräume, die nicht in jedem Fall als mißbräuchlicher Verdrängungswettbewerb kartellrechtlich anfechtbar sind. Bei zwei vom *Bundeskartellamt* eingeleiteten Verfahren,[42] die schließlich zur Änderung der Preispolitik des betroffenen Großveranstalters führten, war versucht worden, in ein neues Zielgebiet durch **Preisunterbietung** gegenüber dem in diesem Markt bis dahin erfolgreichen Spezialveranstalter einzudringen. Das Amt wandte sich dabei nicht generell gegen die von Großveranstaltern praktizierte Mischkalkulation, sondern sah einen Mißbrauch nur dann, wenn nicht einmal die Selbstkosten gedeckt sind und der Spezialveranstalter über keine Gewinnausgleichsmöglichkeit aus Gewinnen anderer Zielgebiete verfügt und somit verdrängt wird.

Für die Aufrechterhaltung wettbewerblicher Verhältnisse wird in starkem Maße die Offenhaltung der Vertriebswege und Beschaffungsmärkte von Bedeutung sein. Behindernd können sich dabei ebenfalls Größenvorteile der überregionalen Veranstalter auswirken. Durch die Nachfragemacht können beim Einkauf von Unterkünften und Transportplätzen unter Umständen Preisvorteile verwirklicht bzw. wegen des Systems des globalen Großeinkaufs vor Saisonbeginn – je nach Angebotssituation auf den Beschaffungsmärkten – Wettbewerber von bestimmten Zielgebieten faktisch ausgeschlossen werden. Weiterhin spielen auch reale Kostenersparnisse aus **Größendegression** beim Transfer, bei der Werbung und der Erstellung von Katalogen eine Rolle.

Unter dem Aspekt der Offenheit der Vertriebs- und Beschaffungswege als Voraussetzung für die Aufrechterhaltung des Wettbewerbs und den Zugang neuer Veranstalter und Wettbewerber außerhalb des eigentlichen Veranstaltermarktes im Zuge der Auflösungstendenzen des Pauschalangebots ist die aktive Gestaltung dieser Wettbewerbsparameter durch die Veranstalter von vorrangigem Interesse. Bestimmte Bindungspraktiken gegenüber den Reisebüros wie der Ausschluß von konkurrierenden Veranstaltern in Agenturverträgen, die Gewährung von Staffelprovisionen oder die Gewährung eines **Treuebonus** können zur Behinderung vor allem umsatzschwächerer Wettbewerber oder neuer Veranstalter führen.[43] So hatte das *Bundeskartellamt* den Vertriebsausschluß von *gut* in den Agenturverträgen der *TUI* zum Anlaß eines Verfahrens wegen Verdachts der mißbräuchlichen Ausnutzung einer **marktbeherrschenden**

---

[42] Wegen Verdachts der mißbräuchlichen Ausnutzung einer marktbeherrschenden Stellung der *TUI* gegenüber Spezialreiseveranstaltern *(Ischia-Reisen, Terramar); Bundeskartellamt,* Tätigkeitsbericht 1975, S. 40f. und 1976, S. 81f.
[43] Siehe Seite 642.

Stellung genommen, worauf diese Konkurrenzklausel gegenüber *gut* von *TUI* aufgehoben wurde.[44]

Die Einführung neuer vollautomatisierter Auskunfts-, Reservations- und Buchungssysteme, wie sie im START-System beispielhaft verwirklicht wurden, sowie von neuen Büro- und Informationstechniken (z. B. Bildschirmtext) könnte zu erheblichen Änderungen der Vertriebssysteme mit möglicherweise auch spürbaren Konsequenzen für den Veranstaltermarkt führen. Es besteht die Gefahr, daß durch die mit der Einführung der neuen Techniken verbundenen hohen Investitionserfordernisse bzw. hohen Mietbelastungen eine Verengung des Vertriebsweges erfolgt, wenn kleine Veranstalter und Reisebüros die erforderlichen Mittel nicht aufbringen können und an teure Systeme angeschlossene Konkurrenten entscheidende Wettbewerbsvorteile gewinnen. Ähnlich wirkt der Ausschluß von nicht an der Entwicklung beteiligten Unternehmen beim START-System, der bei starker Kundenpräferenz für automatische Buchung zum faktischen Ausschluß nicht-integrierter Veranstalterprogramme in den Reisebüros führen könnte. Dem Verwertungsinteresse der an der Entwicklung beteiligten Unternehmen stehen die mögliche Verschlechterung der Wettbewerbsverhältnisse gegenüber. Aus wettbewerblichen Gründen wäre ein möglichst offener Zugang zu den neuen Systemen – mit Entrichtung eines angemessenen Entgelts für die Entwicklungskosten – anzustreben.

Die gemeinsame Beschaffung von Transportmittelkapazitäten, teilweise in Form von Rationalisierungskartellen, und die Abstimmung der Einsatzpläne der Verkehrsmittel ist seit langem die vorherrschende Organisationsform der Verkehrsnachfrage im Bahn- und Flugtourismus. Durch eine solche Verhaltensabstimmung wird ein wesentlicher Teil des Pauschalangebots dem Nachfragewettbewerb entzogen. Entscheidend für die Beurteilung dieser Koordinationsformen ist, inwiefern sie die Wirtschaftlichkeit der Unternehmen und das Angebot für die Reisenden vorteilhaft beeinflussen und wie stark sich die Wettbewerbsbeschränkungen auswirken. So hat das *Bundeskartellamt*[45] bei der Genehmigung von Rationalisierungskartellen der Flug- und Bahnveranstalter wesentliche, durch die erhöhte Auslastung der Transportkapazitäten und Abstimmung der Fahr-/Flugpläne mögliche Kosten- und Preissenkungen gesehen.[46] Gemeinsame Beschaffung kann bei Vorliegen von Rationalisierungseffekten dann gerechtfertigt werden, wenn nicht das gesamte Angebot abgestimmt wird. Es ist andererseits zu beachten, daß **Einkaufskartelle** und **-gemeinschaften** meist unter Beteiligung mehrerer Großveranstalter erfolgten und dadurch erhebliche Nachfragemacht entstanden ist.[47]

Als wettbewerbsverzerrend zu Lasten der kleinen Veranstalter können sich speziell im Flugtourismus die dadurch erzielbaren Kostenvorteile der Großveranstalter aus-

---

[44] Vgl. *Bundeskartellamt*, Tätigkeitsbericht 1976, S.81ff. Auch die von *TUI* geplante Gewährung eines Treuebonus stieß auf Bedenken des Amtes.
[45] In einem abgeschlossenen Verfahren hat das *Bundeskartellamt* eine beschränkte Zulassung zum START-System von nicht an der Entwicklung beteiligten Reisebüros (*IATA*-Subagenten) angeordnet (Presseinformation Nr.4/81 des *Bundeskartellamtes* vom 17.2. 1981). In einem weiteren Verfahren geht es um den Zugang von ausländischen Fluggesellschaften.
[46] Presseinformation Nr.15/80 des *Bundeskartellamtes* vom 20.8. 1980.
[47] So z.B. bei der früheren Luftleitstelle von *TUI/ITS*, die seit der Genehmigung 1981 als Rationalisierungskartell weitergeführt wird.

wirken sowie mögliche Abhängigkeitsverhältnisse kleiner Veranstalter, wenn neben dem gemeinsamen Einkauf mit Großunternehmen nur schlechtere oder keine Beschaffungsmöglichkeiten bestehen. Als wettbewerbspolitisch positives Element muß zwar das durch gemeinsamen Einkauf erst ermöglichte Engagement auf bestimmten Strecken und Zielgebieten gesehen werden. Es fragt sich jedoch, ob dies nicht auch durch eine – in der Praxis seltene – Zusammenarbeit zwischen mehreren Kleinveranstaltern erreicht werden könnte. Die Entwicklung der Direkteinbuchung und von Linien-Sondertarifen hat aus dieser Sicht ebenfalls Möglichkeiten geschaffen, die Unabhängigkeit dieser sowie die Zugangsfähigkeit neuer Unternehmen zu stärken. Ihre verstärkte Inanspruchnahme und eventuelle Grenzen werden auch von den für die Charterflugunternehmen sich ergebenden Konsequenzen dieser Einflüsse und ihrem Anpassungsvermögen abhängen. So könnte sich die Notwendigkeit ergeben, wegen auf bestimmten Strecken verstärkter Konkurrenz der Liniengesellschaften Kapazitäten abzubauen, um nicht die Existenz insgesamt zu gefährden. Ferner ist bei Vordringen der Direkteinbuchung gegenüber den Voll- und Teilcharterformen zu fragen, ob sich wegen zunehmender Unsicherheit der Auslastung des Maschinenparks oder der durchschnittlichen Auslastung der Maschinen ein verstärkter Druck zu Preiserhöhungen ergibt, der sich zuungunsten kleiner Veranstalter auswirkt.

Die Beschaffungspraktiken insbesondere im Flugbereich weisen demnach eine Reihe nicht unerheblicher und schwer einzuschätzender Risiken auf. Umso mehr müssen Wettbewerbspolitik und -recht dafür Sorge tragen, daß in diesem für das Veranstaltergeschäft zentralen Bereich im übrigen die Unabhängigkeit von Charterfluggesellschaften gewahrt bleibt. Eine über die jetzigen indirekten Verbindungen von drei der großen Veranstalter zu einem der deutschen Charterflugunternehmen hinausgehende Verflechtung könnte gerade auch die sich aus den Wandlungen des Pauschaltourismus ergebenden Ansätze zu einer Offenhaltung des Marktes wesentlich beeinträchtigen.

5. Kontrollfragen

1. Inwiefern kann man von einem eigenständigen, „relevanten" Markt für Pauschalreisen in Abgrenzung gegenüber Individualreisen sprechen?
2. Nach welchen Kriterien und mit welcher Berechtigung könnte man Pauschalreisen in verschiedenen Teilmärkten als relevante Märkte zusammenfassen?
3. Inwiefern ist für die Marktabgrenzung und Beurteilung der Wettbewerbsverhältnisse der Gesichtspunkt der (über)regionalen Tätigkeit von Veranstaltern von Bedeutung?
4. Welche Rolle spielte der Parameter „Vertrieb" bei der strukturellen Entwicklung des Pauschalreisemarktes?
5. Welche Gesichtspunkte sind für die Entscheidung zwischen eigenen und fremden Vertriebswegen für die Reiseveranstalter von Bedeutung?
6. Welche Konsequenzen hatte der von den Mitgliedsunternehmen der *Touristik Union International (TUI)* mit ihren Reisebüros vereinbarte Vertriebsausschluß für andere Veranstalter?
7. Inwieweit behindern Vertriebspraktiken wie Umsatzstaffelprovisionen und Treueboni konkurrierende Veranstalter und potentielle Marktzugänge?
8. Welche Rolle spielte der Marktzugang neuer Reiseveranstalter bei der Entwicklung der Struktur des Pauschalreisemarktes in der Vergangenheit?
9. Kann weiterhin von einem derartigen Einfluß dieser Komponente ausgegangen werden?

10. Wie sind die heutigen Überlebenschancen und die Möglichkeit des Markteintritts für kleine Reiseveranstalter einzuschätzen?
11. Inwieweit ist es berechtigt, bei der Entwicklung des Pauschaltourismus die Marktphasenanalyse anzuwenden?
12. Welches sind die Vorteile von Großveranstaltern bei der Beschaffung von Transport- und Unterkunftskapazitäten und anderen Leistungskomponenten?
13. Worauf beruhen die Möglichkeiten der Mischkalkulation der überregionalen Großveranstalter und zu welchen wettbewerbspolitischen Folgen können sie führen?
14. Wo können sich spezielle Wettbewerbsvorteile von Großveranstaltern durch ihre finanziellen Ressourcen ergeben?
15. Wo sind heute die kritischen Bereiche für die Fusionskontrolle im Pauschaltourismus zu sehen?
16. Welche Rolle kommt insgesamt der Fusionskontrolle im Verhältnis zur Mißbrauchsaufsicht bei der Aufrechterhaltung eines funktionsfähigen Wettbewerbs zu?
17. Welche Rolle spielten in der Vergangenheit die Beschaffungsmärkte, vor allem die Transportmärkte, für die Entwicklung des Pauschalreisemarktes (Umfang, Struktur, Wettbewerbsverhalten)?
18. Welche Konsequenzen könnten sich aus der zu beobachtenden Schließung des Charterflugmarktes für den Pauschalreisemarkt ergeben?
19. Welches sind die traditionellen Formen der Beschaffung von Transportmittelkapazitäten im Bahn- und Flugtourismus und zu welchen strukturellen Folgen führte dies?
20. Wie wurde die Zulassung von Flugleitstellen und Rationalisierungskartellen am Beschaffungsmarkt vom Bundeskartellamt begründet?
21. Welche Zusammenhänge bestehen zwischen der Entwicklung neuer Organisationsformen im Transportbereich (Direkteinbuchung, Sondertarife) und der Möglichkeit des Markteintritts neuer Veranstalter?
22. Welche Konsequenzen könnten sich aus dem Angebot von „Teilpauschalen" für den Veranstaltermarkt ergeben?

6. Literaturhinweise

Arndt, U., Der Zugang zum Markt muß erhalten bleiben, in: Fremdenverkehrswirtschaft International Nr. 4 vom 24.2.1981 (Darstellung der aktuellen Wettbewerbsprobleme des Pauschaltourismus).

Bleile, G., Die Rezession und ihr Zeitzünder-Effekt im Tourismus, in: Der Fremdenverkehr, Heft 10/1976 (stellt Hypothesen der Konjunkturabhängigkeit des Tourismus auf).

Buchwald, P., Die Hauptprobleme des heutigen und zukünftigen Luftverkehrs: Eine Untersuchung der verkehrspolitischen Probleme des internationalen Personenluftverkehrs unter besonderer Berücksichtigung von Großraumflugzeugen, 2. Auflage, Bad Homburg 1974 (stellt die Entwicklung des Luftverkehrs besonders unter technologischen Gesichtspunkten heraus).

Burkart, A.J./Medlik, S., Tourism, Past, Present and Future, London 1974 (grundlegendes Werk über die internationale Entwicklung des Tourismus).

Fink, Ch., Soziologische und wirtschaftliche Aspekte des Massentourismus unter besonderer Berücksichtigung schweizerischer Verhältnisse, Dissertation St. Gallen 1969 (zeigt die Entwicklung des Tourismus vor allem unter soziologischer Perspektive).

Fischer, J., Die Konzentration im Reisebürogewerbe, Dissertation München 1957 (Analyse der Reisebürostruktur und der Anfänge des Pauschaltourismus).

Fuss, K., Geschichte des Reisebüros, Darmstadt 1960 (gute Darstellung der frühen Entwicklung des Vertriebssektors).

Hahn, H./Sauer, W. (unter Mitarbeit von *Aderhold, P.*), Marktforschung für den Tourismus – mit Fallstudie, in: *Behrens, K. Chr.* (Hrsg.), Handbuch der Marktforschung, Band 2, Wiesbaden 1977, S. 1477 ff. (gewährt einen guten Überblick über die wichtigsten Ergebnisse der verhaltenswissenschaftlichen Tourismusforschung).

Hebestreit, D., Touristik Marketing. Ziele, Strategien, Instrumentarium, Organisation und Planung des Marketing von Reiseveranstaltern, 2. Auflage, Berlin 1977 (grundlegendes Werk über die betriebswirtschaftlichen Fragen der Reiseveranstaltertätigkeit).
Kamp, J., Air Charter Regulation, A Legal, Economic and Consumer Study, New York, Washington, London 1976 (stellt die Tarifprobleme im modernen Luftverkehr dar).
Knebel, H., Soziologische Strukturwandlungen im modernen Tourismus, Stuttgart 1960 (stellt soziologische Betrachtungen des Massentourismus an).
Levitt, Th., The Industrialisation of Service, in: Harvard Business Review, September-Oktober 1976 (allgemeine Darstellung über die Industrialisierung von Dienstleistungen).
Sauer, W., Prognosen über die Entwicklung des Tourismus, Sonderdruck des *Studienkreises für Tourismus Starnberg* und der *Deutschen Airbus GmbH* München, o.J.
Sauer, W., Quantitative Aspekte zum Reiseverhalten der Deutschen bis 1985, in: Kongreß der 11. ITB Berlin, 9.–10. März 1977, hrsg. von *AMK Berlin,* S. 119 ff. (prognostiziert die Entwicklung des Tourismus).
Scherrieb, H. R., Der westeuropäische Massentourismus. Untersuchungen zum Begriff und zur Geschichte des Massentourismus, insbesondere der Verhaltensweisen bundesdeutscher Urlaubsreisender, Institut für Fremdenverkehrs- und Freizeitforschung, Würzburg 1975 (stellt die Haupttendenzen des modernen Tourismus dar).
Schlegel, H., Wettbewerbsanalyse des Reisemarktes. Das Beispiel der Flugtouristik, Dissertation München 1971 (analysiert den Charterflugbereich).
Steindl, A. F., Zur Wahl der Absatzmethode von Reiseveranstaltern: Das vermittelnde Reisebüro und vertriebspolitische Alternativen, Dissertation Wien 1972 (analysiert den Vertriebssektor und ist auch wettbewerbspolitisch interessant).
Studienkreis für Tourismus e. V., Reiseanalysen 1970, ... bis 1979. Berichts- und Tabellenbände (unveröffentlicht) Starnberg (Grunddokumentation der Entwicklung des Tourismus).
Studienkreis für Tourismus e. V., Urlaubsreisen 1970, ... bis 1979. Kurzfassungen der Reiseanalysen 1970, ... bis 1979, Starnberg.

Sachverständigenmarkt: Die Technischen Überwachungsvereine als Beispiel

Volker Emmerich

Gliederung

1. Historischer Abriß
    1.1. Entwicklung bis 1937
    1.2. Umgestaltung der Technischen Überwachung nach 1937
    1.3. Entwicklungen der Nachkriegszeit
2. Institutionelle Rahmenbedingungen
    2.1. Prüfung überwachungsbedürftiger Anlagen
    2.2. Kraftfahrzeugprüfungswesen
    2.3. Prüfungen im Auftrage der Berufsgenossenschaften
    2.4. Atomrechtliche Genehmigungs- und Aufsichtsverfahren
    2.5. Sonstige Prüfungen auf gesetzlicher Grundlage
3. Marktstruktur
    3.1. Überblick
    3.2. Größe und Bedeutung der TÜV
4. Verhaltensweisen
    4.1. Preiswettbewerb
    4.2. Expansion der TÜV
5. Wettbewerbspolitische Folgerungen
    5.1. Systemkritik
    5.2. Diskussion über die TÜV-Monopole
    5.3. Folgerungen
6. Kontrollfragen
7. Literaturhinweise

Vorbemerkung

Wenn hier im Folgenden die Rede von dem „Sachverständigenmarkt" sein soll, so mag dies auf den ersten Blick für den Leser vielleicht überraschend erscheinen. Tatsächlich hat es jedoch nichts Ungewöhnliches an sich, da (selbstverständlich) auch die Leistungen von Sachverständigen ebenso wie andere gewerbliche Leistungen am Markt angeboten und nachgefragt werden. Auf einzelnen Teilen dieses Marktes herrscht zudem auch tatsächlich ein lebhafter Wettbewerb, während wichtige andere Teile des Marktes kraft Gesetzes oder Herkommens ganz oder weitgehend dem Wettbewerb entzogen sind. Gerade hierauf beruht der Reiz einer näheren Beschäftigung mit dem Sachverständigenmarkt. Besonderes Interesse verdienen dabei die sog. Prüfmonopole der *Technischen Überwachungsvereine (TÜV)*, zumal die hierauf beruhende übermächtige Stellung der *TÜV* auf verschiedenen Teilmärkten in letzter Zeit auch in der Öffentlichkeit auf zunehmende Kritik gestoßen ist.[1] Dabei muß mit einem kurzen, historischen Rückblick begonnen werden, weil nur auf diesem Hintergrund die heutige Stellung der *TÜV* auf den einzelnen Sachverständigenmärkten überhaupt verständlich wird.

1. Historischer Abriß[2]

1.1. Entwicklung bis 1937

Die Entstehung eines besonderen Bedürfnisses für qualifizierte, technische Sachverständigenleistungen und damit auch eines Marktes für derartige Leistungen hängt unmittelbar mit der Entwicklung der Technik zusammen. An deren Anfang stand be-

---

[1] Vgl. insbesondere *Bundesregierung*, Bericht über Grundlagen und Praxis der Sachverständigentätigkeit im Rahmen atomrechtlicher Genehmigungs- und Aufsichtsverfahren, Bonn 1979, S. 8 ff., besonders S. 42 ff.; dieselbe, Tätigkeiten der TÜV im Verhältnis zu freien Berufen, Aktuelle Beiträge zur Wirtschafts- und Finanzpolitik Nr. 84/1981; Empfehlungen des Mittelstandsbeirats zu den Tätigkeiten der TÜV im Verhältnis zu freien Berufen, abgedruckt in: Der Sachverständige (SV) 1982, S. 59; Antwort der Bundesregierung auf eine parlamentarische Anfrage, Bundestags-Drucksache (BT-Dr) 9 (1980)/654; Ausschuß für Wirtschaftspolitik des Bundestages, BT-Dr 8 (1979)/2824; TÜV: Ein lupenreines Monopol, in: Der Spiegel 1977, Nr. 26, S. 42; TÜV: Verträgt keinen Wettbewerb, in: Wirtschaftswoche 1978, Nr. 32, S. 14.

[2] Vgl. zum folgenden insbesondere *v. Busch, H., Trabandt, H.,* Das Recht der überwachungsbedürftigen Anlagen. Erläuterungen zu den §§ 24–24d GewO, Köln, Berlin 1955, S. 9–28; *Hoffmann, W. E.,* Die Organisation der technischen Überwachung in Deutschland, Düsseldorf 1980; *Plischka, H. P.,* Technisches Sicherheitsrecht, Berlin 1969; *Rupp, H. H.,* Privateigentum an Staatsfunktionen?, Tübingen 1963; *Siebert, W.,* Technische Überwachungsvereine und Dampfkesselüberwachungsvereine, Rechtsnatur, Identität und Rechtsnachfolge, TÜV Essen 1956; derselbe, Rechtsstellung und Haftung der Technischen Überwachungsvereine im Kraftfahrzeugprüfungswesen, Heidelberg 1957; *Wiesenack, G.,* Wesen und Geschichte der technischen Überwachung, Köln, Berlin 1971.

kanntlich überall der zunehmende Einsatz von Dampfmaschinen. Diese Entwicklung hatte in Preußen schon unter *Friedrich dem Großen* begonnen und sich in der ersten Hälfte des vorigen Jahrhunderts zunehmend beschleunigt. Indessen war der Stand der Technik damals doch noch so mangelhaft, daß es in großer Zahl zu Dampfkesselexplosionen mit zum Teil verheerenden Folgen kam. Deshalb war in Preußen bereits 1856 eine staatliche Dampfkesselüberwachung durch Kreisbaubeamte eingeführt worden.[3]

Wenig später begannen auch die Dampfkesselbetreiber damit, im Wege der Selbsthilfe die Sicherheit der Dampfkessel zu verbessern. Nach englischen Vorbildern gründeten sie zu diesem Zweck seit 1866 in schneller Folge nicht-wirtschaftliche, private Vereine, die die Aufgabe hatten, die Mitglieder bei dem Bau und dem Betrieb von Dampfkesseln zu beraten. Das war die Geburtsstunde der sog. *Dampfkesselüberwachungsvereine (DÜV)*, deren Zahl bis 1911 auf 36 anwuchs.

Die eigenartige, seither nicht mehr abgerissene Verbindung zwischen den *DÜV*, den Vorläufern der *TÜV*, und dem Staat resultierte nun daher, daß der Staat, der nicht über genügend qualifiziertes Personal für die Dampfkesselüberwachung verfügte, hierfür in ständig wachsendem Maße auf das entsprechende Potential der *DÜV* zurückgriff. Deshalb wurde den *DÜV* in Preußen schon 1872 gestattet, die gesetzlich vorgeschriebenen Untersuchungen an den Kesseln ihrer Mitglieder vorzunehmen.[4] Durch weitere Gesetze von 1897 und 1900 wurde die Zuständigkeit der *DÜV* dann auch auf die Dampfkessel von Nichtmitgliedern erstreckt, während sich der Staat schließlich ganz aus der Dampfkesselüberwachung zurückzog.[5] In den folgenden Jahren wurde die Zuständigkeit der *DÜV* außerdem auf die Prüfung zahlreicher anderer gefährlicher Anlagen ausgedehnt. Beispielshalber seien genannt Aufzüge, Dampffässer, Acetylenanlagen und Elektrizitätsanlagen in explosionsgefährdeten Räumen.[6] Die allergrößte Bedeutung für die Entwicklung der *DÜV* hatte aber der Umstand, daß ihnen nur wenig später vom Staat auch noch das gesamte Kraftfahrzeugprüfungswesen übertragen wurde.[7] Bis auf den heutigen Tag ist die nahezu ausschließliche Zuständigkeit der *TÜV* für das Kraftfahrzeugprüfungswesen die entscheidende Grundlage für ihre überragende Stellung auf dem gesamten Sachverständigenmarkt geblieben.

1.2. Umgestaltung der Technischen Überwachung nach 1937

Gesetzliche Regelungen der Rechtsstellung der *DÜV* fehlten bis 1937 weitgehend. Die *DÜV* galten vielmehr als normale, nichtwirtschaftliche Vereine i.S. des § 21 BGB. Dies änderte sich erst in den Jahren nach 1937, nachdem der Reichswirt-

---

[3] Vgl. Gesetz vom 7.5.1856, Preußische Gesetzessammlung (GS) 1856, S.295; vgl. zum Folgenden insbesondere *Steiner, U.*, Öffentliche Verwaltung durch Private, Hamburg 1975, S.119f.

[4] Vgl. Dampfkesselüberwachungsgesetz vom 24.6.1872, Ministerialblatt der Inneren Verwaltung (MBliV) 1872, S.163.

[5] Gesetze vom 15.3.1897 (MBliV, S.55) und vom 9.3.1900 (MBliV 1900, S.139).

[6] Vgl. Preußisches Gesetz von 1905 (GS, S.317); vgl. auch die Bekanntmachungen (Verordnungen) des Bundesrates über die Anlegung von Landdampfkesseln und über die Anlegung von Schiffsdampfkesseln, Reichsgesetzblatt (RGBl) 1909, S.3 und S.51 mit späteren Änderungen.

[7] Vgl. Reichsgesetz vom 3.5.1909 (RGBl, S.901).

schaftsminister durch eine Änderung des § 24 der Gewerbeordnung (GewO) ermächtigt worden war, auf dem Gebiet der überwachungsbedürftigen Anlagen Zusammenschlüsse zu bilden und die Zugehörigkeit zu solchen Zusammenschlüssen anzuordnen sowie den Kreis der überwachungsbedürftigen Anlagen zu bestimmen. Von dieser Ermächtigung hat der Reichswirtschaftsminister in einer ganzen Reihe von Verordnungen Gebrauch gemacht[8], durch die die technische Überwachung völlig umgestaltet wurde. Zu diesem Zweck wurde das Reichsgebiet in sog. Überwachungsbezirke aufgeteilt. Sodann wurde in jedem Bezirk ein *Technischer Überwachungsverein (TÜV)* als Zwangszusammenschlüsse der Betreiber überwachungsbedürftiger Anlagen in der Rechtsform eines privatrechtlichen, nicht-wirtschaftlichen Vereins geschaffen. Schließlich wurden die bisherigen *DÜV* aufgelöst; ihr Vermögen wurde den neuen *TÜV* übertragen, die ihrerseits in einer neuen, beim Reichswirtschaftsminister eingerichteten *Reichshauptstelle für die technische Überwachung* zusammengefaßt wurden.

1.3. Entwicklungen der Nachkriegszeit

Mit dem Zusammenbruch von 1945 ging die Reichshauptstelle ersatzlos unter. Außerdem traten in den Ländern Hamburg und Hessen nach 1945 an die Stellen der *TÜV* staatliche Überwachungsämter, die auch heute noch existieren. In allen anderen Bundesländern blieben jedoch die *TÜV* als nicht-wirtschaftliche, privatrechtliche Vereine mit im wesentlichen unverändertem Aufgabenkreis bestehen. Inzwischen sind auch alle *TÜV* wieder ins Vereinsregister eingetragen, nachdem sie durchweg ihre Satzungen einer neuen, von der *Vereinigung der Technischen Überwachungsvereine (VdTÜV)* herausgegebenen Mustersatzung angepaßt haben.[9] Nach diesen Satzungen sind Mitglieder der *TÜV* überwiegend die Betreiber überwachungsbedürftiger Anlagen sowie Verkehrsunternehmen. Die *TÜV* verstehen sich selbst als nichtwirtschaftliche, eingetragene, rechtsfähige Vereine, die sich aus Mitgliedsbeiträgen, Vergütungen für ihre Dienstleistungen und sonstigen Einnahmen finanzieren. Sie haben u. a. den Zweck, eine Sachverständigenorganisation zur Beratung, Begutachtung, Prüfung und Überwachung auf den Gebieten der Sicherheitstechnik und des Umweltschutzes bereitzustellen. Die Führung eines auf Gewinn abzielenden Geschäftsbetriebs ist ihnen verboten. Sie beschäftigen eine ausreichende Zahl von Sachverständigen, Prüfern und vergleichbaren Fachkräften, die ihre Aufgaben objektiv und unparteiisch zu erfüllen haben und hinsichtlich ihrer Sachverständigenaussagen von den Vereinsorganen unabhängig sind. Organe der *TÜV* sind die Mitgliederversammlung, der Vorstand und die Geschäftsführer, wobei die Führung des Dienstbetriebes Aufgabe der Geschäftsführer ist.

Heute bestehen elf *TÜV*, die in der *VdTÜV* zusammengefaßt sind.[10] Ihre Größe ist sehr unterschiedlich; insgesamt überschreiten jedoch ihre Umsätze mittlerweile

---

[8] Vgl. die Verordnungen vom 19.3. 1938 (RGBl I, S.297), vom 19.3. 1938 (Ministerialblatt des Reichswirtschaftsministers (RWMBl, S.72), vom 22.11. 1938 (RWMBl, S.281), vom 5.10. 1939 (RWMBl, S.412) und vom 4.4. 1941 (RGBl I, S.239).
[9] Abgedruckt z. B. bei *Hoffmann, W.,* a. a. O., S. 131 ff.
[10] Abdruck der Satzung der *VdTÜV* z. B. bei *Hoffmann, W.,* a. a. O., S. 140 ff.

schon längst die Milliardengrenze (s. im einzelnen Abschnitt 3.2.). Auch die Tätigkeitsbereiche der *TÜV* haben sich ständig ausgeweitet. Schließlich sind die *TÜV* in letzter Zeit in zunehmendem Maße auch noch dazu übergegangen, im In- und Ausland Tochtergesellschaften zu gründen, durch die sie weitere Konstruktions-, Beratungs-, Prüf- und Gutachtenaufgaben übernommen haben.

Auf allen diesen Tätigkeitsfeldern konkurrieren die *TÜV* heute mit zahlreichen anderen Sachverständigen und Sachverständigenorganisationen, die im Gegensatz zu den *TÜV* meistens freie Sachverständige genannt werden. Eine besondere Gruppe innerhalb dieser freien Sachverständigen bilden dabei die öffentlich bestellten und vereidigten Sachverständigen im Sinne des § 36 GewO.

2. Institutionelle Rahmenbedingungen

Die überragende Position der *TÜV* auf den Märkten für technische Sachverständigenleistungen beruht auf einer Reihe institutioneller Gegebenheiten, deren Kenntnis zum Verständnis der Sachverständigenmärkte unerläßlich ist. Hervorzuheben sind in diesem Zusammenhang zunächst die verschiedenen, gesetzlichen Bestimmungen, aus denen sich die Alleinzuständigkeit der *TÜV* auf bestimmten Teilmärkten ergibt.

2.1. Prüfung überwachungsbedürftiger Anlagen

Historisch gesehen liegt die Wurzel für die Entstehung der *DÜV*, der Vorgänger der *TÜV*, in der fortschreitenden Übertragung der Prüfung überwachungsbedürftiger Anlagen durch den Staat auf die *DÜV* (siehe oben 1.1.). Rechtsgrundlage hierfür sind heute die §§ 24 und 24c GewO, auf Grund derer die Bundesregierung u. a. ermächtigt ist, durch Rechtsverordnung bestimmte, überwachungsbedürftige Anlagen Prüfungen vor Inbetriebnahme, regelmäßig wiederkehrenden Prüfungen und Prüfungen aufgrund behördlicher Anordnung zu unterwerfen. Der Kreis der überwachungsbedürftigen Anlagen umfaßt hierbei nach § 24 Abs. 3 GewO Dampfkesselanlagen, Druckbehälter außer Dampfkesseln, Anlagen zur Abfüllung von verdichteten, verflüssigten oder unter Druck gelösten Gasen, Leitungen unter innerem Überdruck für brennbare, ätzende oder giftige Gase, Dämpfe oder Flüssigkeiten, Aufzugsanlagen, elektrische Anlagen in besonders gefährdeten Räumen, Getränkeschankanlagen und Anlagen zur Herstellung kohlensaurer Getränke, Acetylenanlagen und Kalzium-Karbidlager, Anlagen zur Lagerung, Abfüllung und Beförderung von brennbaren Flüssigkeiten sowie seit 1980 auch medizinisch-technische Geräte.

Die Prüfungen der genannten Anlagen werden nach § 24c GewO, soweit in den nach § 24 Abs. 1 GewO erlassenen Rechtsverordnungen nichts anderes bestimmt ist, von amtlichen oder amtlich für diesen Zweck anerkannten Sachverständigen vorgenommen, die in technischen Überwachungsorganisationen zusammenzufassen sind. Die Landesregierungen sind ermächtigt, die Organisation der technischen Überwachung, die Aufsicht über sie sowie die Durchführung der Überwachung zu regeln (§ 24c

Abs. 4 GewO). Aufgrund dieser Ermächtigung haben die Bundesländer seit 1960 im wesentlichen übereinstimmende Verordnungen über die Organisation der technischen Überwachung erlassen, soweit sie nicht wie Hessen und Hamburg an der staatlichen Überwachung festhielten.[11]

Aufgrund des § 24 Abs. 1 GewO sind bisher acht Verordnungen des Bundes über überwachungsbedürftige Anlagen ergangen.[12] Eine weitere Verordnung über medizinisch-technische Geräte befindet sich in Vorbereitung und soll 1983 in Kraft treten. In allen diesen Verordnungen ist – mit ganz wenigen Ausnahmen – der Kreis der zu den gesetzlich vorgeschriebenen Prüfungen zugelassenen Sachverständigen auf die amtlichen und amtlich anerkannten Sachverständigen nach § 24c GewO beschränkt worden. Von der Möglichkeit abweichender Regelungen ist nur vereinzelt und auch dann in der Regel nur zugunsten der Eigenüberwachung durch große Betreiber Gebrauch gemacht worden. Der Schwerpunkt dieser Eigenüberwachung durch Großunternehmen liegt heute bei der Überwachung von Druckbehältern, nachdem die früher auch bei Dampfkesseln in wenigen Einzelfällen erlaubte Eigenüberwachung 1940 abgeschafft worden ist. Andere Sachverständige als die amtlichen und amtlich anerkannten Sachverständigen sind lediglich in § 12 Abs. 1 Nr. 3 der Verordnung über Gashochdruckleitungen zu Prüfungen zugelassen worden, da hiernach zu den Sachverständigen für die Prüfung von Gashochdruckleitungen für die öffentliche Versorgung auch Sachverständige des *Deutschen Vereins von Gas- und Wasserfachmännern* gehören, soweit sie von der zuständigen Behörde für die Durchführung dieser Prüfungen anerkannt worden sind. Weitere Ausnahmen soll die Medizingeräteverordnung und für Bauartprüfungen eine Neufassung des Gerätesicherheitsgesetzes bringen. Im Augenblick beschränkt sich jedoch der Kreis der zur Prüfung von überwachungsbedürftigen Anlagen zugelassenen Sachverständigen grundsätzlich auf die amtlichen und amtlich anerkannten Sachverständigen im Sinne des § 24c GewO. Hierin hat man die erste Grundlage der sog. *TÜV*-Monopole zu erblicken. Denn die amtliche Anerkennung eines Sachverständigen hängt nach den Länderorganisationsverordnungen ausnahmslos von der Zugehörigkeit des Prüfingenieurs zu einem der elf *TÜV* ab. Mit anderen Worten: Nur wer bei einem *TÜV* angestellt ist, wird als Sachverständiger anerkannt. Alle anderen Sachverständigen sind damit kraft Gesetzes von der Prüfung überwachungsbedürftiger Anlagen ausgeschlossen. In den Länderverordnungen ist außerdem bestimmt, daß für jedes Gebiet nur ein einziger *TÜV* anerkannt werden darf. Die Folge ist, daß bei der Prüfung überwachungsbedürftiger Anlagen heute ein nahezu lückenloses, gesetzlich abgesichertes Prüfmonopol der

---

[11] Vgl. Fundstellen der Länderorganisationsverordnungen bei *Landmann-Rohmer,* Gewerbeordnung und ergänzende Vorschriften, Kommentar Band I, 13. Auflage, München 1981, § 24c Randnummer 14; *Götz, V.,* in: *Götz, V./Lukes, R.,* Zur Rechtsstruktur der TÜV, Heidelberg 1975, S. 26.

[12] Vgl. Dampfkesselverordnung vom 27.2.1980 (Bundesgesetzblatt – BGBl – I, S. 173); Druckbehälterverordnung vom 27.2.1980 (a.a.O.); Aufzugsverordnung vom 27.2.1980 (a.a.O.); Verordnung über elektrische Anlagen in explosionsgefährdeten Räumen vom 27.2.1980 (a.a.O.); Acetylenverordnung vom 27.2.1980 (a.a.O.); Verordnung über brennbare Flüssigkeiten vom 27.2.1980 (a.a.O.); Verordnung über Gashochdruckleitungen vom 17.12.1974 (Bundesgesetzblatt I, S. 3591); Getränkeschankanlagenverordnung vom 14.8.1962 (Bundesgesetzblatt I, S. 561, 660) in der Fassung vom 27.11.1973 (Bundesgesetzblatt I, S. 1762).

TÜV besteht. Lockerungen sind zwar geplant; die Realisierungschancen dieser Pläne sind aber nicht abzusehen.

2.2. Kraftfahrzeugprüfungswesen

Das Kraftfahrzeugprüfungswesen ist in der Straßenverkehrszulassungsordnung (StVZO) vom 15.11.1974[13] geregelt. Die wichtigsten dieser Prüfungen sind die Untersuchung von Kraftfahrzeugführern auf ihre geistige und körperliche Eignung (§ 3 Abs. 2 StVZO), die Führerscheinprüfung (§ 10 StVZO), die Zulassung von Kraftfahrzeugen zum Straßenverkehr (§§ 18 ff. StVZO) sowie insbesondere die regelmäßige Untersuchung von Kraftfahrzeugen und Anhängern (§ 29 StVZO in Verbindung mit der Anlage VIII). Auch diese Prüfungen sind mit wenigen Ausnahmen amtlich anerkannten Sachverständigen oder Prüfern für den Kraftfahrzeugverkehr vorbehalten. Die Voraussetzungen für diese amtliche Anerkennung regelt heute das Kraftfahrsachverständigengesetz vom 22.12.1971[14], nach dem die Anerkennung der Sachverständigen oder Prüfer vor allem voraussetzt, daß der Sachverständige einer technischen Prüfstelle für den Kraftfahrzeugverkehr angehört. Die technischen Prüfstellen werden dabei von denjenigen Stellen unterhalten, die von der Landesregierung hiermit beauftragt sind, wobei für denselben Bereich nicht mehrere technische Prüfstellen errichtet oder unterhalten werden dürfen.

Aufgrund dieses Gesetzes sind in Hamburg und Hessen die staatlichen Überwachungsämter und in allen übrigen Bundesländern die *TÜV* mit der Einrichtung und Unterhaltung der technischen Prüfstellen beauftragt worden. Die Folge ist wiederum, daß auch nur die *TÜV* im Kraftfahrzeugprüfungswesen tätig werden können, weil nur sie über amtlich anerkannte Sachverständige oder Prüfer für den Kraftfahrzeugverkehr verfügen. Das ist die zweite und heute dem Umfang nach wichtigste Grundlage der sog. Prüfmonopole der *TÜV*.

Auch dieses Monopol ist freilich nicht lückenlos, da für die regelmäßige Überwachung von Kraftfahrzeugen nach § 29 StVZO aufgrund der Anlage VIII zur StVZO Ausnahmen möglich sind. Die Einzelheiten regelt dabei die Richtlinie für die amtliche Anerkennung von Überwachungsorganisationen.[15] Von dieser Ausnahmemöglichkeit ist jedoch bis heute nur ganz selten Gebrauch gemacht worden. Bisher sind nämlich lediglich der *Deutsche Kraftfahrzeugüberwachungsverein (DEKRA)* und die *Freiwillige Kraftfahrzeugüberwachung (FKÜ)*, eine Tochtergesellschaft der *TÜV,* als weitere Überwachungsorganisationen anerkannt worden. Seit 1971 besteht sogar ein Verbot für die Anerkennung weiterer Überwachungsorganisationen.

Nach Meinung der Bundesregierung ist dieses Verbot nicht mehr zeitgemäß.[16] Die Verkehrsminister der Bundesländer haben deshalb am 16.11.1981 beschlossen, in der Kraftfahrzeugüberwachung zu mehr Wettbewerb zu gelangen. Daraufhin haben zwei weitere Sachverständigenorganisationen, nämlich die *Gesellschaft für technische*

---

[13] Vgl. Bundesgesetzblatt I, S. 3193.
[14] Vgl. Bundesgesetzblatt I, S. 2086.
[15] Vgl. Verkehrsblatt 1960, S. 481.
[16] Vgl. Antwort der Bundesregierung, BT-Dr. 9 (1981)/654.

Überwachung mbH (GTÜ) und die *Kraftfahrzeugüberwachungsorganisation freiberuflicher Kraftfahrzeugsachverständiger e. V. (KÜS)* ihre Anerkennung als Sachverständige und Prüfer nach der StVZO beantragt. In Übereinstimmung mit der Nr. 7 der Anlage VIII zur StVZO soll diesen Organisationen jedoch die amtliche Anerkennung nur für die freiwilligen, regelmäßigen, jährlichen Kraftfahrzeuguntersuchungen und nicht für die gesetzlich vorgeschriebenen, zweijährigen Untersuchungen erteilt werden[17], so daß auch von ihnen kein spürbarer Wettbewerbsdruck auf die *TÜV* ausgehen dürfte.

2.3. Prüfungen im Auftrage der Berufsgenossenschaften

Auch in zahlreichen Unfallverhütungsvorschriften der Berufsgenossenschaften sind Prüfungen gefährlicher Anlagen vor Inbetriebnahme und regelmäßige Prüfungen der Anlagen während ihres Betriebes vorgeschrieben. Dies gilt z. B. für Druckbehälter, bestimmte Krane, Seilbahnen, Rolltreppen, Karussells, Achterbahnen und Kläranlagen. Als Sachverständige für die Prüfungen sind dabei durchweg nur Sachverständige der technischen Überwachung zugelassen, worunter die amtlichen und amtlich anerkannten Sachverständigen im Sinne des § 24c GewO, d. h. die Prüfingenieure der *TÜV* sowie der staatlichen Überwachungsämter in Hamburg und Hessen, zu verstehen sind. Die Berufsgenossenschaften können zwar nach den meisten Unfallverhütungsvorschriften unter engen Voraussetzungen auch andere Sachverständige zu Prüfungen ermächtigen, machen hiervon jedoch nur ganz selten Gebrauch, so daß im Ergebnis in dem weiten Bereich der durch die Unfallverhütungsvorschriften vorgeschriebenen Prüfungen ein weiteres Prüfmonopol der *TÜV* besteht, dessen praktische Bedeutung kaum überschätzt werden kann.[18]

2.4. Atomrechtliche Genehmigungs- und Aufsichtsverfahren

Kein gesetzliches, wohl aber ein nahezu vollständiges, faktisches Prüfmonopol besitzen die *TÜV* schließlich in dem besonders aufwendigen, atomrechtlichen Genehmigungs- und Aufsichtsverfahren. Die Entstehung dieses Quasi-Monopols ist ein Lehrstück dafür, wie Wettbewerbsbeschränkungen auf einzelnen Märkten nahezu zwangsläufig Beschränkungen auf anderen Märkten nach sich ziehen. Das Atomgesetz von 1976[19] sieht für kerntechnische Anlagen eine Vielzahl überaus aufwendiger Prüfungen vor. Die *TÜV* hatten ursprünglich versucht, den Kreis der insoweit prüfberechtigten Sachverständigen auf die amtlichen und amtlich anerkannten Sachverständigen im Sinne des § 24c GewO, d. h. auf sich selbst zu beschränken.[20] Der Ge-

---

[17] Vgl. Wirtschaftswoche 1981, Nr. 32, S. 14 ff.
[18] Vgl. hierzu *Bachherms, J.*, Berufsgenossenschaftlich ermächtigte Sachverständige sind Beliehene, in: Gewerbearchiv (GewA) 1979, S. 323; *Weber, H P./Seitz, F. R.*, Der Sachverständige bei der Prüfung überwachungsbedürftiger Anlagen – Ein Beliehener?, in: Gewerbearchiv 1980, S. 151; *Wolber, K.*, Sind mit berufsgenossenschaftlicher Ermächtigung bestellte Sachverständige bzw. Sachkundige sogenannte Beliehene?, in: Gewerbearchiv 1979, S. 219.
[19] Vgl. Bundesgesetzblatt I, S. 3053.
[20] Vgl. *Wiesenack, G.*, a. a. O., S. 117.

setzgeber ist jedoch diesen Wünschen der *TÜV* nicht gefolgt und hat sich in § 20 Atomgesetz auf die Bestimmung beschränkt, daß im Genehmigungs- und Aufsichtsverfahren von den zuständigen Behörden Sachverständige zugezogen werden können. Da auch eine Sachverständigenverordnung nach § 12 Abs. 1 Nr. 11 Atomgesetz[21] bisher nicht ergangen ist, sind die zuständigen Länderbehörden im Augenblick nach der Gesetzeslage in der Auswahl der in den Verfahren stets in großem Umfang zugezogenen Sachverständigen an sich frei. Tatsächlich werden jedoch nahezu ausschließlich die *TÜV* hinzugezogen, wobei die *TÜV* heute sogar meistens obendrein auch noch mit den anschließenden Prüfungen im Aufsichtsverfahren beauftragt werden.[22]

Diese Entwicklung hat viele Gründe. Besonders wichtig ist jedoch der Umstand, daß ein Großteil der Prüfungen ohnehin in den Rahmen des § 24 GewO fällt, weil es sich bei den meisten Teilen von Atomkraftwerken zugleich um konventionelle, überwachungsbedürftige Anlagen im Sinne der Gewerbeordnung handelt. Da somit die *TÜV* ohnehin in großem Umfang in die Prüfungen eingeschaltet werden müssen, lag und liegt es nahe, sie dann auch gleich mit den zusätzlichen, atomrechtlichen Prüfungen zu beauftragen. Haben sie aber einmal diese Prüfungen im Genehmigungsverfahren durchgeführt, so empfiehlt es sich außerdem, ihnen noch zusätzlich die anschließenden Prüfungen im Aufsichtsverfahren zu übertragen, da sie mit den Plänen aufgrund ihrer Prüfungen ohnehin am besten vertraut sind.[23] Die Folge ist, daß heute rund 80% der zahlreichen und sehr aufwendigen Prüfungen, die im atomrechtlichen Genehmigungs- und Aufsichtsverfahren anfallen, den *TÜV* übertragen werden.[24] Ökonomisch gesprochen, handelt es sich dabei um ein nahezu klassisches Beispiel für ein sog. Koppelungsmonopol.

Zur Erfüllung ihrer umfangreichen Aufgaben im atomrechtlichen Genehmigungs- und Aufsichtsverfahren haben die *TÜV* 1975 die *TÜV-Leitstelle Kerntechnik* gegründet, die vor allem eine Koordinierung der Prüfkapazitäten bei den einzelnen *TÜV* ermöglichen soll. Außerdem haben sich die *TÜV* 1976 neben den Ländern Bayern und Nordrhein-Westfalen sowie der *Germanischen Lloyd* an der Gründung der *Gesellschaft für Reaktorsicherheit mbH (GRS)* mit Sitz in Köln beteiligt. Diese Gesellschaft unterhält ihrerseits als Tochtergesellschaften das *Institut für Reaktorsicherheit (IRS)* in Köln und das *Institut für Reaktordynamik und Anlagensicherheit (IRA)* in München-Garching. Auch die *GRS* wird in großem Umfang bei atomrechtlichen Prüfungen tätig. Nach einem Vertrag zwischen den *TÜV* und der *GRS* beteiligen sich beide Sachverständigenorganisationen stets gegenseitig an atomrechtlichen Prüfungen.[25]

---

[21] Vgl. *Bundesregierung*, Bericht über Grundlagen und Praxis, a.a.O., S. 58 ff.
[22] Vgl. *Bundesregierung*, Bericht über Grundlagen und Praxis ..., a.a.O., S. 28 f; *Lukes, R.*, Grundlagen und Praxis der Sachverständigentätigkeit im Rahmen atomrechtlicher Genehmigungs- und Aufsichtsverfahren, in: *Bundesregierung*, Bericht über Grundlagen und Praxis ..., a.a.O., S. 99; *Lukes, R./Bischof, W./Pelzer, N.*, Sachverständigentätigkeit im atomrechtlichen Genehmigungs- und Aufsichtsverfahren, Heidelberg 1980, S. 13 (36 ff.).
[23] Vgl. *Bundesregierung*, Bericht über Grundlagen und Praxis ..., a.a.O., S. 28; *Lukes, R.*, Grundlagen und Praxis ..., a.a.O., S. 65 f.
[24] Vgl. *Bundesregierung*, Bericht, Aktuelle Beiträge Nr. 84/81, a.a.O., S. 13 f.; *Lukes, R.*, Grundlagen und Praxis ..., a.a.O., S. 59.
[25] Vgl. *Bundesregierung*, Bericht über Grundlagen und Praxis ..., a.a.O., S. 30 f.

2.5. Sonstige Prüfungen auf gesetzlicher Grundlage

Die Zahl der Gesetze, die Prüfungen vorschreiben, nimmt ständig zu. Besonders hervorzuheben sind aus letzter Zeit außerdem noch das Gerätesicherheitsgesetz (GSG) vom 24.6. 1968[26], das Bundesimmissionsschutzgesetz (BImSchG) vom 15.3. 1974[27] sowie das Gesetz über Betriebsärzte, Sicherheitsingenieure und andere Fachkräfte für Arbeitssicherheit, das sog. Arbeitssicherheitsgesetz vom 12.12. 1973.[28] In keinem dieser neueren Gesetze ist jedoch mehr ein Prüfmonopol der *TÜV* vorgesehen. Eine privilegierte Stellung besitzen die *TÜV* lediglich noch bei den Prüfungen im Rahmen des GSG aufgrund der Gerätesicherheitsprüfstellenverordnung vom 30.10. 1981.[29] Denn zu den aufgrund dieser Verordnung zugelassenen 60 Prüfstellen gehören (selbstverständlich) auch sämtliche *TÜV* sowie die staatlichen Überwachungsämter in Hessen und Hamburg, daneben aber z.B. auch die *VDI*, der *DIN*, die *DVGW-Forschungsstelle* sowie zahlreiche andere Fachausschüsse, Bundesanstalten und staatliche Überwachungs- und Materialprüfungsämter.

3. Marktstruktur

3.1. Überblick

Auf dem Markt für Sachverständigenleistungen besteht grundsätzlich Gewerbefreiheit. Jedermann kann sich daher – im Rahmen der allgemeinen Gesetze – als Sachverständiger betätigen. Irgendwelche besonderen Voraussetzungen gelten dafür nicht.[30] Innerhalb der freien Sachverständigen finden sich dabei sowohl freiberuflich tätige Sachverständige als auch normale, gewerbliche Sachverständigenunternehmen in den unterschiedlichsten Rechtsformen. Eine besondere Gruppe bilden lediglich die nach § 36 GewO öffentlich bestellten und vereidigten Sachverständigen. Bei der öffentlichen Bestellung eines Sachverständigen handelt es sich indessen ebenfalls nicht um die Zulassung zu einem besonderen Beruf, sondern lediglich um die Zuerkennung einer besonderen Qualifikation an einen beliebigen, freien Sachverständigen. Zweck der öffentlichen Bestellung von Sachverständigen ist es nämlich allein, der Allgemeinheit die Möglichkeit zu geben, sich auf allen in Betracht kommenden Sachgebieten besonders sachkundiger und zuverlässiger Personen als Sachverständiger bedienen zu können, ohne jedesmal vorher genötigt zu sein, deren besondere Sachkunde im einzelnen zu überprüfen. Zuständig für die öffentliche Bestellung und Vereidigung von Sachverständigen sind in der Regel die Industrie- und Handelskam-

---

[26] Vgl. Bundesgesetzblatt I, S. 717.
[27] Vgl. Bundesgesetzblatt I, S. 721, 1193.
[28] Vgl. Bundesgesetzblatt I, S. 1885 i.d. F. von 1976, Bundesgesetzblatt I, S. 965.
[29] Vgl. Bundesgesetzblatt I, S. 1172.
[30] Vgl. z.B. Entscheidungen des Bundesverwaltungsgerichts (BVerwGE), Band 5 (1957), S. 95 (97).

mern, die für jedes Gebiet durchweg nur so viele Sachverständige öffentlich bestellen, wie ihrer Meinung nach jeweils erforderlich sind.

Über die Zahl, Größe, Bedeutung und Verbreitung der freien Sachverständigen gibt es ebensowenig verläßliche Daten wie über das Marktvolumen. Nähere Angaben sind lediglich – in beschränktem Maße – hinsichtlich der *TÜV* möglich.

3.2. Größe und Bedeutung der TÜV

In Deutschland bestehen heute elf *TÜV* sehr unterschiedlicher Größe, nämlich die *TÜV Baden, Bayern, Berlin, Hannover, Hessen, Norddeutschland, Pfalz, Rheinland, Saarland* und *Stuttgart* sowie der *Rheinisch-Westfälische TÜV* in Essen. Alle diese *TÜV* sind Vereine mit sehr unterschiedlicher Mitgliederzahl. So hat der *TÜV Norddeutschland* z. B. 3 500 Mitglieder, der *TÜV Bayern* hingegen über 10 000 Mitglieder. Aus dem Kreis dieser Mitglieder werden auch die Vorstände der *TÜV* gebildet, in denen traditionell die größten Unternehmen des jeweiligen Mitgliederkreises – oft schon über Jahrzehnte – vertreten sind. Der mit Abstand größte *TÜV* ist heute der *TÜV Rheinland* mit Sitz in Köln. Er hatte 1977 rund 2 700 Mitarbeiter, wovon über 1 700 Sachverständige waren. Seine Erträge beliefen sich in diesem Jahr auf 211 Mio. DM. Die nächstgrößten *TÜV* sind der *TÜV Bayern* (2 227 Mitarbeiter, davon 1 427 Sachverständige, 182 Mio. DM Erträge, rund 7 Mio. DM Gewinn), der *TÜV Hannover* (rund 1 200 Mitarbeiter, davon 783 Sachverständige, 93 Mio. DM Erträge), der *TÜV Norddeutschland* mit Sitz in Hamburg (rund 1 000 Mitarbeiter, davon über 670 Sachverständige, rund 88 Mio. DM Erträge) sowie der *Rheinisch-Westfälische TÜV* mit Sitz in Essen (über 1 800 Mitarbeiter, davon fast 1 200 Sachverständige, 152 Mio. DM Erträge, rund 4 Mio. DM Gewinn). Die Umsätze der *TÜV* sind in den letzten Jahren kontinuierlich gewachsen; in den Jahren von 1971 bis 1978 haben sie sich vervierfacht. Mittlerweile haben die Gesamtumsätze der *TÜV* bei weitem die Grenze von 1 Milliarde DM überschritten. Insgesamt haben die *TÜV* mittlerweile 13 000 Mitarbeiter, von denen rund 8 300 Sachverständige und Prüfer (Ingenieure) sind.[31]

Die Tätigkeiten der *TÜV* weisen heute drei deutliche Schwerpunkte auf. Den ersten Schwerpunkt bildet die Prüfung überwachungsbedürftiger Anlagen nach § 24 GewO. Der zweite Schwerpunkt liegt bei dem Kraftfahrzeugprüfungswesen aufgrund der StVZO mit deutlichem Übergewicht der regelmäßigen Kraftfahrzeugüberwachung nach § 29 StVZO. Der dritte Schwerpunkt wird schließlich aus der sog. freiwirtschaftlichen Tätigkeit der *TÜV* gebildet, wobei die *TÜV* zum Teil auf gesetzlicher Grundlage in Konkurrenz mit anderen Sachverständigen, zum Teil auch ohne solche gesetzliche Grundlage als freie Sachverständige tätig werden. Dabei entfallen rund 9% der Tätigkeiten der *TÜV* auf Prüf- und Überwachungsaufgaben im Rahmen der GewO, rund 41% auf Aufgaben im Rahmen des Kraftfahrzeugprüfungswesens nach der StVZO sowie die restlichen 50% auf die übrigen sog. freiwirtschaftlichen Tätigkeiten der TÜV.[32]

---

[31] Vgl. *Bundesregierung,* Aktuelle Beiträge Nr. 84/81, a. a. O.; *Hoffmann, W.,* a. a. O., S. 45–76; *Wiesenack, G.,* a. a. O.; TÜV: Verträgt keinen Wettbewerb, Wirtschaftswoche 1978, Nr. 32, S. 14 ff.

[32] Vgl. *Hoffmann, W.,* a. a. O., S. 38; *Götz, V.,* in: *Götz, V./Söllner, A.,* Einheitlichkeit und Unabhängigkeit der technischen Überwachung, Heidelberg 1978, S. 19.

Schwerpunkte der freiwirtschaftlichen Tätigkeit der *TÜV* sind die Prüfungen aufgrund der Unfallverhütungsvorschriften der Berufsgenossenschaften und im Rahmen des atomrechtlichen Genehmigungs- und Aufsichtsverfahrens. Man schätzt z. B., daß heute rund 1% bis 2% der Bausumme eines Kernkraftwerks allein als Prüfungskosten an die *TÜV* fließen. So haben z. B. im Jahr 1977 auf diesem Gebiet erlöst der *TÜV Baden* 10,7 Mio. DM, der *TÜV Bayern* 21 Mio. DM, der *TÜV Hannover* 8,7 Mio. DM, der *TÜV Norddeutschland* rund 12 Mio. DM, der *Rheinisch-Westfälische TÜV* rund 22 Mio. DM, der *TÜV Rheinland* rund 11 Mio. DM und der *TÜV Stuttgart* 5,4 Mio. DM. Hinzu kommen Erlöse der *GRS* in Höhe von 35,7 Mio. DM. In allen Fällen sind dabei namhafte Gewinne angefallen.[33]

Die *TÜV* betätigen sich darüber hinaus beratend, entwerfend und Gutachten erstellend auf nahezu allen anderen Gebieten der Technik. Beispiele sind Schweiß- und Werkstoffprüfungen, die Prüfung von Gasturbinenanlagen, Ölbrennern und Kühlfahrzeugen, die wärmewirtschaftliche Beratung der Wirtschaft einschließlich von Lehrgängen für Kesselheizer und Maschinisten, die Prüfung von Müllverbrennungsanlagen, Laboruntersuchungen von Brennstoffen sowie von Heiz- und Schmierölen, Speisewasseruntersuchungen sowie die Durchführung von Forschungsprogrammen und Entwicklungsaufgaben auf den verschiedensten Gebieten.[34]

Die *TÜV* führen weiter selbst oder über Tochtergesellschaften Prüfungen im Ausland und bei aus dem Ausland importierten Produkten durch, wobei sich die *TÜV* die Aufgaben untereinander nach Ländern aufgeteilt haben. So ist für Prüfungen aus den Ländern Schweiz, Ostfrankreich, Spanien und Portugal der *TÜV Baden* zuständig, während Produkte aus Italien, Österreich, Bulgarien, Jugoslawien, Rumänien, Ungarn und Griechenland vom *TÜV Bayern* und Produkte aus Dänemark, Finnland, Norwegen und Schweden vom *TÜV Norddeutschland* geprüft werden.[35] Der *TÜV Berlin* prüft Produkte aus der Sowjetunion, während Produkte aus Polen und der Tschechoslowakei vom *TÜV Hannover* geprüft werden. England, Irland und die Niederlande gehören schließlich zur Zuständigkeit des *Rheinisch-Westfälischen TÜV*.[36]

4. Verhaltensweisen

Über die auf den Sachverständigenmärkten typischen Verhaltensweisen der Unternehmen ist nur wenig bekannt. Soweit Untersuchungen vorliegen, haben sie sich nahezu ausschließlich mit den *TÜV* beschäftigt. Wegen der Sonderstellung der *TÜV* können jedoch die Ergebnisse dieser Untersuchungen nicht auf die anderen Sachverständigen und Sachverständigenorganisationen übertragen werden. Die folgenden Ausführungen können daher nur einige Aspekte unternehmerischen Verhaltens auf

---

[33] Quelle: *Bundesregierung*, Bericht über Grundlagen und Praxis der Sachverständigentätigkeit, a.a.O., S. 29.
[34] Vgl. *Hoffmann, W.*, a.a.O.; *Wiesenack, G.*, a.a.O., S. 177 ff.
[35] Vgl. Wirtschaftswoche 1978, Nr. 32, S. 17.
[36] Vgl. Der Spiegel 1977, Nr. 26, a.a.O., S. 42 ff.

den Sachverständigenmärkten hervorheben, die in den letzten Jahren das besondere Interesse der Öffentlichkeit gefunden haben.

4.1. Preiswettbewerb

Soweit die *TÜV* kraft Bundesrechts über ein **Prüfmonopol** verfügen, hat der Gesetzgeber durch den Erlaß von Gebührenordnungen Vorsorge gegen eine etwaige, mißbräuchliche Ausnutzung des Monopols seitens der *TÜV* getroffen. Einschlägig sind die Kostenordnung für die Prüfung überwachungsbedürftiger Anlagen vom 31.7. 1970[37] sowie die Gebührenordnung für Maßnahmen im Straßenverkehr vom 26.6. 1970.[38] Rund die Hälfte der Tätigkeiten der *TÜV* fallen unter den Anwendungsbereich dieser Verordnungen. Auf allen anderen Gebieten bestehen keine gesetzlichen Preisregelungen. Die *TÜV* sind daher hier an sich grundsätzlich in der Preisfestsetzung frei; jedoch müssen sie dabei beachten, daß sie nach den Organisationsverordnungen der Länder nur kostendeckende Preise verlangen dürfen, da ihnen eine Gewinnerzielung untersagt ist. Gleichwohl lassen sich die *TÜV* bei der Festsetzung ihrer Preise in den sog. Entgeltordnungen[39] von dem Bestreben umfassender Selbstfinanzierung leiten. Die Preise sind daher so kalkuliert, daß sie nicht nur die Ersatzinvestitionen, sondern auch alle Neuinvestitionen und sämtliche Rücklagen decken. Dabei werden – trotz des Verbots der Gewinnerzielungsabsicht – Überschüsse systematisch angestrebt.[40] Das *Bundeskartellamt* hat deshalb mit Bezug auf die *TÜV* sogar von einer besonders ausgeprägten Gewinnerzielungsabsicht gesprochen und in verschiedenen Fällen die Preise der *TÜV* auch schon als mißbräuchlich überhöht beanstandet, so z.B. in Fällen, in denen einzelne *TÜV* Gebühren verlangten, deren Forderung nach den genannten Gebührenordnungen nicht zulässig war, weiter bei der Belastung einzelner, mißliebiger Kunden mit zusätzlichen Gebühren, die in anderen Fällen nicht verlangt wurden, sowie bei Festsetzung von Pauschbeträgen in den Entgeltordnungen ohne Rücksicht auf den individuellen Arbeitsaufwand für die einzelnen Prüfungen mit der Folge maßlos überhöhter Stundensätze bei ganz einfachen Prüfungen.[41] Das *Bundeskartellamt* hat dabei zugleich zum Ausdruck gebracht, daß den *TÜV* die Durchsetzung solcher Preise nur aufgrund ihrer überragenden Marktstellung möglich sei, während sie im Wettbewerb solche Preise nicht erzielen könnten.

Tatsächlich erwirtschaften die *TÜV* auch durchweg ansehnliche Überschüsse[42], wobei berücksichtigt werden muß, daß Kosten ohnehin nahezu unbegrenzt manipuliert werden können.[43] Beispiele sind etwa hohe Investitionen in Grundstücke und Ge-

---

[37] Vgl. Bundesgesetzblatt I, S. 1162, zuletzt geändert durch die Verordnung vom 5.8. 1981 (Bundesgesetzblatt I, S. 813); ergangen auf Grund des § 24 Abs. 1 Nr. 5 Gewerbeordnung.
[38] Vgl. Bundesgesetzblatt I, S. 865, 1298, zuletzt geändert durch die Verordnung vom 3. 12. 1980 (Bundesgesetzblatt I, S. 2231); ergangen auf Grund des § 6a Straßenverkehrsgesetz.
[39] Vgl. *Hoffmann, W.*, a.a.O., S. 24ff.
[40] So ausdrücklich *Wiesenack, G.*, a.a.O., S. 158ff.
[41] Vgl. Brief vom 7.7. 1975, Wettbewerb in Recht und Praxis (WRP) 1976, S. 344; Brief vom 24.7. 1977, Der Sachverständige 1977, S. 280; Tätigkeitsbericht 1975, S. 79f; 1977, S. 76f.
[42] Vgl. *Hoffmann, W.*, a.a.O., S. 45 ff.; *Wiesenack, G.*, a.a.O., S. 159.
[43] Vgl., ebenso *Bundesregierung*, Bericht über Grundlagen und Praxis ..., a.a.O., S. 57; im Anschluß an *Lukes, R.*, Grundlagen und Praxis der Sachverständigentätigkeit ..., S. 205, in: *Lukes, R./Bischof, W./Pelzer, N.*, a.a.O., S. 83.

bäude, wie sie denn auch bei den *TÜV* tatsächlich in großem Umfang festzustellen sind.

Soweit ausnahmsweise bei der Prüfung überwachungsbedürftiger Anlagen oder im Kraftfahrzeugprüfungswesen andere Sachverständige und Sachverständigenorganisationen neben den *TÜV* tätig werden können, gelten die genannten Gebührenordnungen auch für sie. Im übrigen besteht Preiswettbewerb, über dessen Ausmaß und Wirkungen nichts bekannt ist.

4.2. Expansion der TÜV

Die *Technischen Überwachungsvereine* betreiben eine auch von der Bundesregierung konstatierte Politik der ständigen Expansion auf immer neue Märkte. Sie gründen Tochtergesellschaften im In- und Ausland; sie beraten, konstruieren und entwerfen im Auftrag der Wirtschaft; sie übernehmen immer neue Prüfungsaufgaben und dehnen so ihren Geschäftsumfang ständig aus. Die Folge sind seit Jahren zum Teil geradezu sprunghaft wachsende Umsätze der *TÜV*.[44] In der Öffentlichkeit ist diese Geschäftspolitik schon wiederholt auf Kritik gestoßen[45], während die *TÜV* zu ihrer Rechtfertigung vor allem darauf hinweisen, daß es nur durch eine solche ständige Expansion möglich sei, die vorhandenen Ressourcen umfassend zu nutzen und kontinuierlichen Zugang zu der neuesten, technologischen Entwicklung zu gewinnen.[46]

Den *TÜV* wird diese Geschäftspolitik durch eine Reihe von Umständen erheblich erleichtert, durch die zugleich die Position der freien Sachverständigen im Wettbewerb mit den *TÜV* nachhaltig beeinträchtigt wird. Hervorzuheben ist hier zunächst die Monopolstellung der *TÜV* bei der Prüfung überwachungsbedürftiger Anlagen und im Kraftfahrzeugprüfungswesen, die es mit sich bringt, daß die *TÜV* über einen optimalen Zugang zu den Absatzmärkten verfügen, weil infolgedessen nahezu alle Betreiber von Anlagen ohnehin auf die *TÜV* in der einen oder anderen Weise angewiesen sind.[47]

Weitere Gründe für die Vorrangstellung der *TÜV* auf nahezu allen ihren Märkten sind die Bekanntheit und Wertschätzung der *TÜV* bei den Behörden, die mit den *TÜV* auf allen möglichen Gebieten zusammenarbeiten und sie zugleich beaufsichtigen.[48] Zudem sind die *TÜV* auch in fast allen amtlichen und halbamtlichen Gremien, Ausschüssen und Kommissionen, die sich mit technischen Problemen beschäftigen, maßgeblich vertreten, wodurch sich weiter auch der große Einfluß der *TÜV* auf Gesetzgebung und Verwaltung erklärt.[49]

Dementsprechend gehört es geradezu zu den satzungsmäßigen Aufgaben der Vereinigung der *TÜV*, die zuständigen Ministerien und andere in Frage kommende Be-

---

[44] Vgl. *Bundesregierung*, Bericht über Grundlagen und Praxis..., a.a.O., S. 53 ff.
[45] Vgl. Der Spiegel 1977, Nr. 26, a.a.O., S. 42 ff.; Wirtschaftswoche 1978, Nr. 32, S. 14 ff.
[46] Vgl. *Hoffmann, W.*, a.a.O., S. 36 ff.; *Wiesenack, G.*, a.a.O., S. 177 ff.
[47] Vgl. *Bundesregierung*, Bericht über Grundlagen und Praxis..., a.a.O., S. 28 ff.; *Lukes, R.*, Grundlagen und Praxis..., a.a.O., S. 176 ff. = in: *Lukes, R./Bischof, W./Pelzer, N.*, a.a.O., S. 64 ff.
[48] Vgl. *Lukes, R.*, Grundlagen und Praxis der Sachverständigentätigkeit..., a.a.O.
[49] Dazu eingehend von seiten der *TÜV: Hoffmann, W.*, a.a.O., S. 110 ff. mit zahlreichen Einzelangaben.

hörden bei der Gesetzgebung zu beraten sowie bei der Gestaltung von Normen, Regeln und Richtlinien auf den Arbeitsgebieten der *TÜV* mitzuwirken. Über die systematische Mitarbeit bei der Aufstellung von Regeln der Technik beeinflussen die *TÜV* darüber hinaus schließlich auch noch ihre eigenen Prüfungsmaßstäbe und letztlich sogar die Rechtsprechung, die zur Ermittlung des Standes von Technik und Wissenschaft in wachsendem Maße auf die jeweiligen Regeln der Technik zurückgreift.[50] Insgesamt haben alle diese und noch zahlreiche andere Umstände dazu geführt, daß sämtliche Behörden, die die wichtigsten Auftraggeber für Sachverständige sind, bei den *TÜV* stets Sachkunde und Unparteilichkeit ohne weiteres unterstellen, während sie diese bei allen anderen Sachverständigen, selbst wenn sie öffentlich bestellt sind, oft sehr kritisch überprüfen. Hierin dürfte letztlich der wichtigste Grund für die Vorzugsstellung der *TÜV* auf sämtlichen Sachverständigenmärkten liegen, da sie infolge dieser quasi-amtlichen Bevorzugung naturgemäß auch über einen optimalen Zugang zu allen anderen Absatzmärkten verfügen.[51]

5. Wettbewerbspolitische Folgerungen

In den letzten Jahren ist an dem Sachverständigenwesen im allgemeinen und an der Tätigkeit der *TÜV* im besonderen in Deutschland verbreitete Kritik geäußert worden. Zahlreiche Reformmodelle sind entwickelt, diskutiert und alsbald wieder zu den Akten gelegt worden. Geblieben sind nur die Prüfmonopole der *TÜV* auf dem Gebiet der überwachungsbedürftigen Anlagen und im Kraftfahrzeugprüfungswesen sowie die überragende Stellung der *TÜV* auf allen anderen Sachverständigenmärkten. Im folgenden soll deshalb – nach einem kurzen Hinweis auf die auch hier ausufernde „Systemkritik" – vor allem auf die wettbewerbspolitische Berechtigung dieser Prüfmonopole eingegangen werden.

5.1. Systemkritik

Die verbreitete, grundsätzliche Kritik an dem heutigen Sachverständigenwesen hat ihren Grund letztlich in dem allgemeinen Unbehagen an der Stellung wissenschaft-

---

[50] Vgl. zu dieser vielfach umstrittenen Problematik z.B. *Lukes, R.,* Grundlagen und Praxis ..., a.a.O., S.52ff.; *Marburger, P.,* Die Regeln der Technik im Recht, Köln 1979; *Nicklisch, F.,* Zur rechtlichen Relevanz wissenschaftlich-technischer Regelwerke bei der Genehmigung technischer Anlagen, in: *Nicklisch, F./Schottelius, D./Wagner, H.,* Die Rolle des wissenschaftlich-technischen Sachverstandes bei der Genehmigung chemischer und kerntechnischer Anlagen, S.67; *Plischka, H.P.,* Technisches Sicherheitsrecht, Berlin 1969; *Wagner, H.,* Zur rechtlichen Relevanz der Aussagen wissenschaftlich-technischer Sachverständiger bei der Genehmigung großtechnischer Anlagen, in: *Nicklisch, F./Schottelius, D./Wagner, H.,* Die Rolle des wissenschaftlich-technischen Sachverstandes bei der Genehmigung chemischer und kerntechnischer Anlagen, Heidelberg 1982, S.107, alle mit zahlreichen Nachweisen.
[51] Vgl. zuletzt *Bundesregierung,* Bericht über Grundlagen und Praxis ..., a.a.O., S.17ff.; *Lukes, R.,* Grundlagen und Praxis ..., a.a.O., S.151f. = in: *Lukes, R./Bischof, W./Pelzer, N.,* a.a.O., S.47f.

lich-technischer Sachverständiger in behördlichen und gerichtlichen Verfahren, zu dem viele Umstände beigetragen haben. So kann zunächst in der Tat niemand die Augen vor der Tatsache verschließen, daß sowohl Behörden als auch Gerichte mit der Aufgabe überfordert sind, die von ihnen angeforderten oder ihnen vorgelegten, wissenschaftlich-technischen, zum Teil hochkomplexen Gutachten fachmännisch zu überprüfen. Die unvermeidliche Folge ist ein Übergewicht technischer Sachverständiger in diesen Verfahren, denen sich die Beteiligten infolgedessen häufig geradezu schutzlos ausgeliefert fühlen. Es kommt hinzu, daß man sich auch über die ganz ungewöhnlichen Schwierigkeiten von Sicherheitsprüfungen keinen Illusionen hingeben darf. Der Stand von Wissenschaft und Technik ist hier noch weithin ungesichert; die allermeisten Fragen sind auch unter den Fachleuten hoffnungslos kontrovers. In vielen Punkten ist daher ohne Wertungen und Abschätzungen nicht auszukommen. Was der eine Sachverständige noch als ein ohne weiteres tolerierbares Risiko ansieht, stellt für den anderen schon eine untragbare Gefahr dar, so daß in zahlreichen Fällen bereits die Auswahl des Sachverständigen über den Ausgang des Verfahrens entscheidet.[52] Angesichts des politischen Stellenwertes, den heute die Entscheidung über alle großtechnischen Anlagen erlangt hat, ist es unter diesen Umständen nur zu verständlich, daß auch die Rolle der Sachverständigen in den behördlichen und gerichtlichen Verfahren zunehmend in den Mittelpunkt der öffentlichen Diskussion geraten ist.

Die Fülle der in diesem Zusammenhang entwickelten Reformkonzepte kann hier nicht näher ausgebreitet werden. Es mag daher der Hinweis genügen, daß diese Konzepte durchweg in der einen oder anderen Form darauf hinauslaufen, die Sachverständigen entweder selbst zum Entscheidungsträger zu machen oder sie doch verantwortlich in das behördliche oder gerichtliche Verfahren miteinzubeziehen, etwa nach dem Beispiel der Kammern für Handelssachen bei den Landgerichten, in denen auch Berufsrichter und Kaufleute zusammenwirken.[53] Jedoch stoßen alle Konzepte dieser Art auf derart schwerwiegende, rechtsstaatliche Bedenken, daß sie hier nicht weiter verfolgt zu werden brauchen. In der Tat dürfte es mit der verfassungsmäßigen Position von Behörden und Gerichten schlechthin unvereinbar sein, die Entscheidung von ihnen weg partiell oder sogar total hin zu niemandem verantwortlichen Sachverständigengremien zu verlagern.[54]

---

[52] Vgl. nur beispielshalber *Brötz, W.*, Struktur und Inhalt der Aussagen wissenschaftlich-technischer Sachverständiger bei der Bewertung des sicherheitstechnischen Gesamtkonzepts technischer Anlagen, in: *Niklisch, F./Schottelius, D./Wagner, H.*, Die Rolle des wissenschaftlich-technischen Sachverstandes bei der Genehmigung chemischer und kerntechnischer Anlagen, Heidelberg 1982, S. 101 ff. mit Nachweisen.

[53] Vgl. den sogenannten Wiedenfelser Entwurf, von: *Beck/Fischer/Glienicke/Jansen/Wüstenhagen*, in: Schriftenreihe der Arbeitsgemeinschaft für Umweltfragen in Bonn, Das Umweltgespräch – aktuell: Umweltforum 1974; das sogenannte *Pichtgutachten:* Gutachten zur Organisation der wissenschaftlichen Beratung der Bundesregierung in Umweltfragen vom 30.7. 1971, in: Materialienband zum Umweltprogramm der Bundesregierung, Bonn 1971, S. 565–591; zuletzt *Wagner, H.*, Zur rechtlichen Relevanz der Aussagen wissenschaftlich technischer Sachverständiger, a.a.O.; vgl. dazu auch *Bundesregierung*, Bericht über Grundlagen und Praxis..., a.a.O., S. 43 ff.; *Lukes, R.*, Grundlagen und Praxis..., S. 153 ff., 206 ff. = in: *Lukes, R./Bischof, W./Pelzer, N.*, a.a.O., S. 48 ff., 84 ff.

[54] Vgl. ebenso auch *Bundesregierung*, a.a.O., (o. Fußn. 53).

Die öffentliche Kritik richtet sich außerdem unter vielen Gesichtspunkten speziell gegen die *TÜV*. Nicht nur ihre Monopole und die ständige Ausweitung ihres Geschäftsumfangs werden beanstandet; sondern es werden auch Zweifel an der Unabhängigkeit der *TÜV* von den Betreibern und an der Unabhängigkeit der Prüfingenieure von den *TÜV* sowie an der Qualität der Prüfungen geäußert. Beanstandet wird außerdem in vielfacher Hinsicht das Wettbewerbsverhalten der *TÜV*. Ihnen wird namentlich ein vielfach ruinöser Preiswettbewerb und ein Auftreten mit quasi-hoheitlichem Anspruch vorgeworfen.[55] Die meisten dieser Vorwürfe sind jedoch kaum nachprüfbar oder betreffen Randprobleme. Hier soll daher allein der wettbewerbspolitischen Frage nach der Berechtigung der Prüfmonopole der *TÜV* auf dem Gebiet der überwachungsbedürftigen Anlagen und im Kraftfahrzeugprüfungswesen näher nachgegangen werden, weil davon letztlich die Stellung der *TÜV* auf allen Märkten entscheidend abhängt.

5.2. Diskussion über die TÜV-Monopole

Die Prüfmonopole der *TÜV* sind von Literatur und Rechtsprechung in Deutschland bisher überwiegend gebilligt worden. Zu ihrer Rechtfertigung wird vor allem geltend gemacht, die bestehende Regelung habe sich aufgrund der geschichtlichen Entwicklung als zweckmäßig erwiesen, da allein eine Zusammenfassung aller Prüfingenieure in einer einzigen Organisation in dem gebotenen Ausmaß den umfassenden Erfahrungsaustausch zwischen allen Sachverständigen sowie deren kontinuierliche Weiterbildung auf den sich schnell entwickelnden Gebieten der Technik gewährleiste. Die Zusammenfassung der Sachverständigen in den *TÜV* erleichtere darüber hinaus die Staatsaufsicht und gewährleiste zugleich die nötige, wirtschaftliche Unabhängigkeit und Unparteilichkeit der Sachverständigen im Verhältnis zu den Betreibern überwachungsbedürftiger Anlagen. Schließlich sei auch nur eine solche umfassende Organisation, wie sie die *TÜV* entwickelt haben, in der Lage, sämtliche für die Prüfungen erforderlichen, zum Teil sehr aufwendigen Geräte anzuschaffen und überall in der nötigen Zahl bereitzustellen.

Demgegenüber werden von einem Wettbewerb zwischen Sachverständigen und Sachverständigenorganisationen überwiegend Nachteile befürchtet. Die Hauptsorge der Befürworter der *TÜV*-Monopole geht hierbei dahin, bei Zulassung des Wettbewerbs werde nicht mehr die absolut beste, sondern nur noch die relative beste Leistung im Wettbewerb zum Zuge kommen. Außerdem wird angenommen, vielen Betreibern fehle die nötige Sachkunde, um den jeweils besten Sachverständigen auszuwählen zu können. Es kommt die Sorge hinzu, viele Betreiber seien ohnehin gar nicht daran interessiert, den absolut besten, sondern lediglich den für sie angenehmsten Sachverständigen auszuwählen. Auch wird befürchtet, bei einer Vielzahl unabhängiger Sachverständiger seien die nötige Kontinuität und Einheitlichkeit der Prüfungsmaßstäbe ebenso wie der unerläßliche Erfahrungsaustausch zwischen den Sachverständigen gefährdet. Aus allen diesen Gründen müsse daher an den Prüfmo-

---

[55] Vgl. statt aller *Bundesregierung*, Bericht über Grundlagen und Praxis . . ., a.a.O., S. 45 ff.

nopolen der *TÜV* auf den Gebieten der überwachungsbedürftigen Anlagen und im Kraftfahrzeugprüfungswesen festgehalten werden.[56]

Diese Argumente vermögen indessen schon deshalb nicht zu überzeugen, weil auf den allermeisten Sachverständigenmärkten tatsächlich Wettbewerb herrscht, ohne daß sich irgendwo jemals die angedeuteten Gefahren realisiert hätten. In Wirklichkeit haben die beiden Prüfmonopole der *TÜV* lediglich historische Gründe. Auch die Bundesregierung hat betont, daß das Sachverständigenwesen grundsätzlich marktwirtschaftlich geordnet sein solle.[57] Deshalb müssen sich auch die Monopole trotz oder gerade wegen ihres ehrwürdigen Alters einer Überprüfung auf ihre Berechtigung stellen, wobei sich dann sehr schnell zeigt, wie wenig tatsächlich die beiden Prüfmonopole der *TÜV* heute noch berechtigt sind.

Zunächst ist es abwegig, von der Eröffnung des Wettbewerbs auf den Sachverständigenmärkten einen Qualitätsverlust bei den Prüfungen zu erwarten. Vom Preiswettbewerb kann eine solche Gefahr schon deshalb nicht drohen, weil es auf den fraglichen Märkten gar keinen Preiswettbewerb gibt, da die Gebühren staatlich geregelt sind. Ebenso wenig trifft aber auch die Befürchtung zu, im Wettbewerb werde sich immer nur die relativ beste, nicht die absolut beste Leistung bei den Prüfungen – was auch immer dies sein mag – durchsetzen. Denn diese Behauptung ist identisch mit der Leugnung des Wettbewerbs als Mittel zur Steigerung des technischen Fortschritts. Sie müßte – ernst genommen – auch zur Beseitigung des Wettbewerbs auf allen anderen Sachverständigenmärkten und ebenso etwa zur Beseitigung des Wettbewerbs zwischen den Wirtschaftsprüfern führen. Da niemand hieran ernsthaft denkt, erledigt sich dieses Argument von selbst.

Aber auch die Befürchtung, bei Zulassung der Konkurrenz verschiedener Sachverständiger bestehe die Gefahr, daß die Betreiber nicht mehr den besten, sondern statt dessen den für sie angenehmsten Prüfer auswählten, trifft nicht zu. Denn einer solchen Gefahr könnte mühelos schon dadurch begegnet werden, daß an die staatliche Zulassung von Prüfern strenge Anforderungen gestellt werden. Ergänzend würde es vollauf genügen, eine strenge Berufsaufsicht einzuführen. Es genügt in allen diesen Beziehungen der Hinweis auf den in jeder Hinsicht vergleichbaren Markt der Wirtschaftsprüfer. Was dort gut ist und funktioniert, kann hier nicht schlecht sein.[58]

Ebenso wenig existieren daher die angeblichen Gefahren für die Kontinuität und Einheitlichkeit der Prüfungsmaßstäbe, weil derartigen Gefahren ohne weiteres dadurch begegnet werden könnte, daß jeder Betreiber verpflichtet wird, den Prüfungsauftrag stets für längere Zeiträume zu vergeben. Auch die vielfach befürchteten Gefahren für die Unabhängigkeit der Prüfer von den Betreibern werden durchweg übertrieben. Angesichts der großen und ständig wachsenden Zahl prüfungspflichti-

---

[56] Vgl. Bundesverwaltungsgesetz, Gewerbearchiv 1961, S.156f.; Die Öffentliche Verwaltung (DÖV) 1966, S.195; *Götz, V.*, in: *Götz, V./Söllner, A.*, Einheitlichkeit und Unabhängigkeit der Technischen Überwachung, Heidelberg 1978, S.19ff., 34ff.; *Söllner, A., daselbst*, S.77; *Herschel, E.*, Rechtsfragen der Technischen Überwachung, Heidelberg 1972, S.58ff.; *Hoffmann, W.*, a.a.O., S.18ff.; *Krüger, H.*, Die Verfassungsprobleme des Entwurfs eines Kraftfahrsachverständigengesetzes, Hamburg 1968, S.33ff.; 73ff.; *Wiesenack, G.*, a.a.O., S.149f., 152ff.
[57] Vgl. *Bundesregierung*, Bericht über Grundlagen und Praxis, a.a.O., S.42ff.
[58] Vgl. *Emmerich, V.*, Die Kontrolle der Kontrolleure, in: Wirtschaftsprüfung heute, Entwicklung oder Reform, Wiesbaden 1977, S.215ff. mit Nachweisen.

ger Anlagen wird stets jeder Sachverständige in der Lage sein, sich dem Druck einzelner Betreiber in Richtung auf die Erzielung bestimmter Ergebnisse zu entziehen. Bestünden ernsthaft solche Gefahren, so müßte schleunigst auch das geltende System der Wirtschaftsprüfer, die ebenfalls im Wettbewerb von den prüfungspflichtigen Gesellschaften ausgewählt werden, abgeschafft werden. Wenn bisher dort niemand auf diese Idee gekommen ist, ist nicht einzusehen, warum es hier anders sein sollte.

Es bleibt das Problem der Organisation des in der Tat unerläßlichen Erfahrungsaustausches zwischen allen Sachverständigen und Sachverständigenorganisationen. Wie wenig ernst der Gesetzgeber freilich selbst dieses Problem nimmt, zeigen die schon jetzt bestehenden Ausnahmen von der Alleinzuständigkeit der amtlich anerkannten Sachverständigen der *TÜV* in den Verordnungen aufgrund des § 24 GewO ebenso wie die geplante Erweiterung des Kreises der Prüfberechtigten bei der anstehenden Reform des Rechts der überwachungsbedürftigen Anlagen. Und in der Tat vermögen die zugegebenermaßen existierenden Schwierigkeiten bei der Organisation des Erfahrungsaustausches zwischen selbständigen Sachverständigen allein niemals die Schaffung von Monopolen zugunsten hochprivilegierter Privatunternehmen, wie sie die *TÜV* der Sache nach darstellen, zu rechtfertigen; vielmehr genügte es insoweit bereits, alle zugelassenen Sachverständigen in Zukunft kraft Gesetzes zu verpflichten, ihre sämtlichen Erfahrungen einer neutralen, zur Verschwiegenheit verpflichteten Stelle mitzuteilen, die dann (ebenso wie jetzt die Vereinigung der *TÜV*) als Clearing-Stelle für den Erfahrungsaustausch der Prüfer funktionieren könnte. Hierzu bedürfte es noch nicht einmal der Einrichtung neuer Behörden; vielmehr reichte bereits die Errichtung eines gemeinsamen Organs der zugelassenen Sachverständigen aus, etwa in der Form eines Berufsverbandes oder einer Kammer, wie sie auch bei den Wirtschaftsprüfern existiert und dort bei der Fortentwicklung der Grundsätze ordnungsmäßiger Buchführung aufgrund des gemeinsamen Erfahrungsschatzes der Wirtschaftsprüfer ausgezeichnete Leistungen erbringt.

5.3. Folgerungen

Die *Technischen Überwachungsvereine* sind heute normale, gewerbliche Unternehmen mit ausgeprägter Gewinnerzielungsabsicht und einer auf ständige Expansion ausgerichteten Geschäftspolitik. Ihre überragende Position auf sämtlichen Sachverständigenmärkten beruht auf ihren Prüfmonopolen auf den beiden zentralen Märkten für überwachungsbedürftige Anlagen und für das Kraftfahrzeugprüfungswesen. Eine wettbewerbspolitische Berechtigung dieser beiden Monopole kann jedoch heute nicht mehr anerkannt werden. Das in mehr als einer Hinsicht lehrreiche Beispiel des durchaus vergleichbaren Marktes für Wirtschaftsprüferleistungen zeigt vielmehr, daß auch auf allen Sachverständigenmärkten ohne weiteres der Wettbewerb zugelassen werden könnte. Zur Sicherung der unerläßlichen Qualität und Unabhängigkeit der Sachverständigen sowie des Erfahrungsaustausches zwischen den Sachverständigen genügten dann einige, wenige, staatliche Rahmendaten, unter denen strenge Berufszulassungsvoraussetzungen und die Schaffung einer Sachverständigenkammer zur Organisation des Erfahrungsaustausches hervorzuheben sind. Es ist dementsprechend auch kein Zufall, daß der Gesetzgeber seit 1910 keine neuen Prüfmonopole der *TÜV* mehr geschaffen hat, obwohl die Zuständigkeit von Sachverständigen auf allen Gebieten der Technik unaufhörlich ausgeweitet worden ist; die beiden überkommenen *TÜV*-Monopole sind vielmehr Relikte aus vergangenen, wirtschaftspolitischen Epochen und sollten deshalb so schnell wie möglich zum Vorteil aller beseitigt werden.

6. Kontrollfragen

1. Auf welchen Gebieten sind vor allem Prüfungen technischer Anlagen gesetzlich vorgeschrieben?
2. Auf welchen dieser Gebieten besteht ein Prüfmonopol der TÜV?
3. Sind die Prüfmonopole der TÜV lückenlos oder gibt es Ausnahmen?
4. Wie ist die Rechtslage im atomrechtlichen Genehmigungs- und Aufsichtsverfahren?
5. Welche Tätigkeiten üben die TÜV außerdem noch aus?
6. Welche Sachverständigen und Sachverständigenorganisationen gibt es außerhalb der TÜV noch?
7. Besteht auf den Märkten für Sachverständigenleistungen uneingeschränkter Preiswettbewerb?
8. Welche Preispolitik verfolgen die TÜV?
9. In welchen Punkten wird die gegenwärtige Rechtslage vor allem kritisiert?
10. Welche Gründe werden zur Rechtfertigung der TÜV-Monopole angeführt?
11. Ist nur mit behördlichen Maßnahmen eine Qualitätssicherung möglich?
12. Halten Sie eine technische Überwachung bei Kraftfahrzeugen für geboten, wo man doch in den USA ohne eine solche Sicherheitsüberwachung auskommt?
13. Ist es wegen des an sich sinnvollen Erfahrungsaustausches zwischen Sachverständigen notwendig, diese Sachverständigen in einer Institution zusammenzufassen?

7. Literaturhinweise

Bundesregierung, Bericht über Grundlagen und Praxis der Sachverständigentätigkeit im Rahmen atomrechtlicher Genehmigungs- und Aufsichtsverfahren, Bonn 1979.
Bundesregierung, Tätigkeiten der Technischen Überwachungsvereine im Verhältnis zu freien Berufen, Aktuelle Beiträge zur Wirtschafts- und Finanzpolitik Nr. 84/1981, Bonn 1981.
Götz, V./Lukes, R., Zur Rechtsstruktur der Technischen Überwachungsvereine, Heidelberg 1975.
Götz, V./Söllner, A., Einheitlichkeit und Unabhängigkeit der Technischen Überwachung, Heidelberg 1978.
Herschel, W., Staatsentlastende Tätigkeit im Arbeitsschutz, in: Festschrift für Nipperdey, Band II, München, Berlin 1965, S. 221.
Herschel, W., Staatsentlastende Tätigkeit im Arbeitsschutz, in: Festschrift für H. C. Nipperdey,
Hoffmann, W., Die Organisation der Technischen Überwachung in Deutschland, Düsseldorf 1980.
Lukes, R., Namens- und Kennzeichenschutz für Technische Überwachungsvereine, Heidelberg 1972.
Lukes, R., Grundlagen und Praxis der Sachverständigentätigkeit im Rahmen atomrechtlicher Genehmigungs- und Aufsichtsverfahren, in: *Lukes, R./Bischof, W./Pelzer, N.,* Sachverständigentätigkeit im atomrechtlichen Genehmigungs- und Aufsichtsverfahren, Heidelberg 1980, S. 13, sowie in: *Bundesregierung,* Bericht über Grundlagen und Praxis, a. a. O., S. 99.
Nicklisch, F., Sachkunde, Neutralität und Unabhängigkeit technischer Sachverständiger und Sachverständigenorganisationen, in: Betriebsberater, 1981, S. 1653.

Peters, H., Öffentliche und staatliche Aufgaben, in: Festschrift für H.C. Nipperdey, Band II, München, Berlin 1965, S. 877.
Rupp, H. H., Privateigentum an Staatsfunktionen?, Tübingen 1963.
Siebert, W., Technische Überwachungsvereine und Dampfkesselüberwachungsvereine, Rechtsnatur, Identität und Rechtsnachfolge, TÜV Essen 1956.
Siebert, W., Rechtsstellung und Haftung der Technischen Überwachungsvereine im Kraftfahrzeugprüfungswesen, Heidelberg 1957.
Steiner, U., Öffentliche Verwaltung durch Private, Hamburg 1975.
Wiesenack, G., Wesen und Geschichte der Technischen Überwachungsvereine, Köln 1971.

Autorenverzeichnis

Prof. Dr. rer. pol. *Hartwig Bartling,* Ordinarius für Volkswirtschaftslehre (Wirtschaftspolitik) an der Johannes-Gutenberg-Universität Mainz.
Prof. Dr. rer. pol. *Hartmut Berg,* Ordinarius für Wirtschaftspolitik an der Universität Dortmund.
Dipl.-Volkswirt *Herwig Brendel,* wissenschaftlicher Mitarbeiter in der Abteilung für Wirtschaftspolitik an der Philipps-Universität Marburg.
Prof. Dr. jur. *Volker Emmerich,* Ordinarius für Bürgerliches Recht, Wirtschafts- und Handelsrecht an der Universität Bayreuth.
Prof. Dr. rer. pol. *Ulrich Fehl,* Ordinarius für Volkswirtschaftslehre (Allgemeine Wirtschaftstheorie) an der Universität Oldenburg.
Prof. Dr. jur. *Rudolf Gärtner,* Institut für Bürgerliches, Handels- und Zivilprozeßrecht an der Freien Universität Berlin.
Prof. Dr. rer. pol. *Friedrich Geigant,* Ordinarius für Volkswirtschaftslehre (Geld, Kredit, Währung) an der Universität Hannover.
Dr. rer. pol. *Horst Greiffenberg,* Generalsekretär der Monopolkommission, Bonn.
Prof. Dr. rer. pol. *Helmut Gröner,* Ordinarius für Volkswirtschaftslehre (Wirtschaftspolitik) an der Universität Bayreuth.
Prof. Dr. rer. pol. *Walter Hamm,* Ordinarius für Volkswirtschaftslehre (Wirtschaftspolitik) an der Philipps-Universität Marburg.
Prof. Dr. rer. pol. *Helmut Hesse,* Ordinarius für Volkswirtschaftslehre an der Georg-August-Universität Göttingen, Vorsitzender des Wissenschaftlichen Beirates beim Bundesministerium für Wirtschaft.
Dr. rer. pol. *Rolf Hochreiter,* Oberregierungsrat im Referat Industriestruktur des Bundesministeriums für Wirtschaft, Bonn.
Prof. Dr. rer. pol. *Harald Jürgensen,* Ordinarius für Volkswirtschaftslehre und Direktor des Instituts für Europäische Wirtschaftspolitik der Universität Hamburg.
Dr. rer. pol. *Jürgen Müller,* Abteilungsleiter im Deutschen Institut für Wirtschaftsforschung, Berlin.
Prof. Dr. rer. pol. *Peter Oberender,* Ordinarius für Volkswirtschaftslehre (Wirtschaftstheorie) an der Universität Bayreuth.
Dr. rer. pol. *Joachim Schwalbach,* Internationales Institut für Management und Verwaltung, Berlin.
Prof. Dr. rer. pol. *Werner Zohlnhöfer,* Ordinarius für Volkswirtschaftslehre (Wirtschaftspolitik) an der Johannes-Gutenberg-Universität Mainz.

Sachverzeichnis

Agrarpolitik 3, 10, 25f., 30, 34f., 39, 43, 48, 67, 373f., 376, 379, 547
Alternativproduktion 15
Arbeitslosigkeit, strukturelle 74
Arbitragehandel 274
Ausnahmebereich 98, 101, 128, 135, 164, 246, 457, 459, 511f., 523f., 548, 556, 569f.
Ausschließlichkeitsbindung 113, 115, 188, 446f.
Automobilindustrie 169ff.
   Angebot 171, 173, 175f., 178f., 181, 183ff., 192, 194f., 197ff., 206ff., 211
   Ausschließlichkeitsbindung 188
   Betriebsgröße, mindestoptimale 184f.
   Differentialrente 189
   Diversifikation 211
   Dyopol 181
   Export 172f., 176f.
   Forschung und Entwicklung 187, 205f.
   Fortschritt, technischer 196, 203, 205
   Fusion 172f.
   Gebietsschutz 189
   Historische Entwicklung 171
   Innovation 187, 196f., 200, 205f., 211
   Integration, vertikale 186
   Interdependenz, oligopolistische 181, 199
   Investition 197, 209ff.
   Kapazität 173, 184, 211
   Kapazitätsauslastung 190, 205
   Kartell, Zwangs- 173
   Konkurrenz, potentielle 182
   Konzentration 175, 179f.
   Kosten 184
   Stück- 172, 183ff., 187, 192f., 195, 197, 205, 208f.
   Kostendegression 184
   Markentreue 181, 193, 203
   Markt, relevanter 178f., 184
   Marktanteil 180, 187, 193, 196, 198, 203, 206
   Markteintrittsschranke 181, 183, 185, 189
   Marktergebnis 178, 181, 204
   Marktform 179, 181
   Marktphasen
      Expansionsphase 196
      Experimentierungsphase 171
      Sättigungsphase 197
   Marktstruktur 178f.
   Markttransparenz 192, 208
   Massenproduktionsvorteile 183
   Modellpolitik 193ff.
   Nachfrage 172, 176, 178, 181, 190ff., 196f., 203, 209
   Ölpreisschock 176, 206
   Oligopol 180
   Parallelverhalten 183
   Preisdisparität 178
   Preispolitik 198f.
   Preiswettbewerb 198f.
   Produktdifferenzierung 195
   Produktpolitik 193, 197
   Qualitätssicherung 187
   Skaleneffekte (economies of scale) 186
   Substitutionslücke 178f.
   Verhalten, abgestimmtes 198
   Verhaltensweise 178, 181, 193
   Werbung 206ff.
   Wettbewerbsbeschränkung 183
   Wettbewerbsintensität 203f.

Banken 537ff.
   Aktionsparameter 565
   Allokation 573
   Angebot 560, 562
   Ausnahmebereich 548, 556, 569f.
   Bankengruppe 539f.
   Bundesbank 542, 546, 548f., 559, 568f.
   Deckungskonkruenzprinzip 544
   Depotgeschäft 539
   Diskontgeschäft 539
   Effektengeschäft 539
   Effektenkommissionsgeschäft 566
   Effektenkonsortialgeschäft 571
   Einlagengeschäft 539, 549, 558, 560, 564, 566, 570, 573
   Einlagensicherung 557ff.
   Emissionsgeschäft 562
   Fach-, Bankaufsicht 548ff., 553f., 560, 570, 574
   Finanzielle Intermediation 541, 545ff., 557, 560, 562ff.
   Fristenkonkruenzprinzip 544
   Fusion 542, 555, 560, 562, 565
   Garantiegeschäft 539
   Gegengiftthese 554
   Geld- und Kreditschöpfung 548
   Girogeschäft 539, 543, 549
   Gläubigerschutz 557
   Goldene Bankregel 553
   Grenzkostenpreisbildung 573
   Gruppenwettbewerb 554, 572

Historischer Abriß 541
Imitation 573
Innovation 546, 573 f.
Insolvenzsicherung, Unternehmens- 549, 557 f.
Intervention, staatliche 548 ff., 551, 555 f., 569 f.
Investmentgeschäft 539
Kartell
  Konditionen- 555, 573
  Zins- 555, 572
Kartellaufsicht 554 ff., 570, 573 f.
Kartellverbot 548
Konkurrenz
  monopolistische 565
  ruinöse 554, 565, 574
Konzentration 542, 555, 562
Kooperation 555, 567 f.
Kosten 558, 560, 563 ff., 567, 570, 572 f.
Kreditgeschäft 539, 549 f., 553, 566
Kreditpyramide 550
Kuppelprodukt 566
Marktanteil 556, 560, 569
Marktbeherrschung 563
Markteintritt 571
Marktform 561
Marktführer 568
Marktsegmentierung 563
Marktstruktur 559 f., 563, 570
Marktunvollkommenheiten 554
Mißbrauchsaufsicht 554 f., 556, 569 f.
Nachfrage 563
Parallelverhalten 569
Preiswettbewerb 549, 561, 563 f., 570
Qualitätswettbewerb 560 f., 563 f., 570
Rahmenbedingungen 547, 570
Sortimentwettbewerb 562
Spezialbank 539, 543, 546, 555, 560, 562 f., 567
Spezialitätenprinzip 544
Subvention 551, 554, 573
Universalbank 539 f., 543 ff., 548, 554 f., 560, 562 f., 565, 569
Verbundsystem 540, 563, 565
Verdrängungswettbewerb 545
Verflechtung 540, 561 f., 565
Verhalten, abgestimmtes 556
Verhaltensweise 564, 567, 570
Wettbewerbsbeschränkung 554 ff., 570 f., 573
Wettbewerbsintensität 570 f.
Wettbewerbspolitik 539, 561 ff., 565 f., 569 f., 573
Wettbewerbsverzerrung 543, 551
Zweigstellenpolitik 561, 563, 570
Behinderungsmißbrauch 101, 127, 131 ff.
Bereichsausnahme, s. Ausnahmebereich

Betriebsgröße 479, 595
Betriebsgröße, (mindest-)optimale 4, 6, 12, 17 ff., 43, 45 f., 184 f., 431 ff., 435, 438, 501
Branchenbesonderheiten
  Elektrizitätsversorgung 91, 113, 116, 126
  Landwirtschaft 23, 30
  Pharmazeutische Industrie 246 f., 295
  Pressewesen 587
  Spirituosenindustrie 392
  Transportwesen 457 f., 486
  Versicherungen 511
  Wohnungswirtschaft 56 f.
Brauereiindustrie 421 ff.
  Aktionsparameter 441, 449
  Angebot 449
  Ausschließlichkeitsbindung 446 f.
  Betriebsgröße, durchschnittliche 429 f., 447
  Betriebsgröße, mindest-optimale 431 ff., 435, 438
  Bierlieferungsvertrag 439, 442, 446 ff.
  Biersteuer 423, 425, 427
  Diversifikation 435, 446
  Effekt, synergetischer 446
  Elastizität, Preis- der Nachfrage 428
  Fortschritt, technischer 431, 437 f.
  Fusion 434 f., 437, 439, 445, 447 f.
  Fusionspolitik 445
  Gesetz vom proportionalen Effekt 437
  Gibratsches Gesetz 438
  Historische Entwicklung 425
  Innovation 443, 445
  Integration, vertikale 446
  Intervention, staatliche 428 f.
  Investition 431
  Kalkulation, Grenzkosten- 441
  Kapazität, Über- 439, 441 f., 445, 448
  Kapazitätsgrenze 431 f., 434, 442
  Kartell
    Kooperations- 448
    Spezialisierungs- 448
  Konzentration 425 f., 435, 437 ff., 447 f.
  Kooperation 445, 448
  Kosten
    variable 428, 432, 442, 447
    volkswirtschaftliche 449
  Kostendegression 431, 433, 439
  Markentreue 447
  Marktanteil 426, 432 f., 435, 437, 439 f., 444, 447 f.
  Marktaustritt 429, 438, 440
  Markteintritt 428 f., 438 f., 440, 448
  Marktsättigung 427
  Marktstruktur 429
  Mehrbetrieblichkeit 435, 437, 447
  Nachfrage 426 ff., 431, 435, 437, 439, 441, 443 f., 447
  Preisabsprache 443

Preisdifferenzierung 441 f.
Preispolitik 441 ff.
Preiswettbewerb 435, 441, 448 f.
Produktdifferenzierung 443 f., 448
Reinheitsgebot 423, 429, 449
Skaleneffekte
  Kapazitätsgrößenvorteile 431, 437
  Losgrößenvorteile 431, 433, 437
  Spezialisierungsvorteile 430 f., 437 ff., 445, 447
Verdrängungseffekt 440
Verdrängungswettbewerb 442, 448
Verhaltensweise 441
Wachstum
  externes 437, 439
  internes 427, 435, 437 ff., 444, 447 f.
Werbung 441, 443, 444 f.
Wettbewerbsintensität 448
Wettbewerbspolitik 447
Wettbewerbsregeln 448

Chemiefaserindustrie 217 ff.
Aktionsparameter 230 ff.
Aktions-Reaktions-Verbundenheit 231 f.
Angebot 220, 226, 235
Effekt, synergetischer 223
Erdölkrise 235 f.
Export 224
Forschung und Entwicklung 231 f.
Integration, vertikale 224
Investition 231, 233, 237
Kapazität, Über- 219, 222 f., 230, 232 ff.
Kapazitätsauslastung 234 ff.
Kapazitätsreserve 233 f.
Kartell 232
Strukturkrisen 238
Kompensationsgeschäft 235
Konkurrenz, potentielle 232, 234
Konzentration 223 f.
Kosten
  Gemein- 236
  Lohn- 235
  Stück- 222, 231
Kuppelprozeß 220, 236
Lernprozeß 230 f.
Marktanteil 222 ff., 233
Markteintritt 234
Markteintrittsschranke 223
Marktphasen
  Ausreifungsphase 219, 226, 230, 234 f.
  Expansionsphase 226, 233 f.
  Rückbildungsphase 226, 234
Marktstruktur 219
Marktversagen 219
Mehrproduktunternehmen 220
Nachfrage 219, 222 ff., 226, 230 f., 233 ff.
Oligopolisierung 231 ff.

Politik der festen Preisrelationen 231
Produktdifferenzierung 232
Skaleneffekte
  dynamische 222 f., 236
  statische 219, 222 f., 233, 236
Substitutionsprozeß 220
Subvention 219, 237
Verhaltensweise 230, 233 f.
Werbung 232

Deregulierungspolitik 457

Elastizität 8 ff., 20, 22 ff., 27, 83, 142, 148, 166, 245, 250 f., 273, 428, 457, 586, 644
Elektrizitätsversorgung 87 ff.
Allokation 130
Allokationseffizienz 122
Als-Ob-Wettbewerb 127, 129, 131
Angebot 98, 103, 125
Ausnahmebereich 98, 101, 128, 135
Ausschließlichkeitsbindung 113, 115
Behinderungsmißbrauch 101, 127, 131 ff.
Betriebsgröße, optimale 117
Branchenbesonderheiten 91, 113, 116, 121
Diskriminierungsverbot 132
Elektrizitätsversorgung, öffentliche 89, 91, 94 f., 98 ff., 107, 109, 113, 116 ff., 128, 130, 132 ff.
Energiepolitik 95, 98, 118 ff., 131, 133
Energieverbrauch 89
Energieversorgung 99, 127
Fach-, Energieaufsicht 96, 99, 116 f., 134 f.
Gebietsabgrenzungsverträge (Demarkationsverträge) 113, 127, 135
Gebietsschutzabrede 101, 127
Gemeinschaftsunternehmen 107
Grenzkostenpreis-Regel 131
Intervention 118, 134
Investition, -kontrolle 91, 96, 99 f., 118
Kapazität, Leer- 103
Kapazitätsbelastung 95, 99 ff., 104, 121 f., 125, 131
Kartell, Gebiets- 113
Kartellaufsicht 111, 126 f.
Konzentration 107, 117, 121
Konzessionsvertrag 113
Kosten
  fixe 100 f., 103, 105, 107, 119, 122, 125 f., 128, 130, 133
  Grenz- 122, 131
  strukturbedingte 128
  unternehmensindividuelle 128
  variable 122
Lastkurven 101 ff.
Marktaustritt 99, 117
Marktbeherrschung 101, 126
Markteintritt 99 f., 116, 122

Sachverzeichnis

Marktergebnistest 127
Marktmacht 122, 126, 134
Marktregulierung 116
Marktspaltung 123
Marktstruktur 101, 109, 112f., 115ff., 126f., 133ff.
Marktstrukturlenkung, -kontrolle 116f.
Marktstrukturmißbrauch 131, 135
Marktversagen 121
Marktzutrittsschranke 99
Mehrproduktunternehmen 93
Mißbrauchsaufsicht, -kontrolle 101, 117, 126ff., 132, 133f.
Monopol
  Gebiets- 135
  natürliches 121f.
Nachfrage 101, 103f., 121ff.
Preis
  Arbeits- 122, 124f.
  Grund- 124f.
  Höchst- 100, 124f.
  Kosten- 127
  Leistungs- 122, 124
  Mindest- 131
Preisbindung, staatliche 100, 124
Preisdifferenzierung 132
Preisführer 128
Preiskontrolle 124ff., 134
Preismißbrauch 101, 127ff.
Preisstrukturmißbrauch 131
Rahmenbedingungen 91, 94f., 98
Rosinenpicken, Politik des 122
Spitzenlastpreisbildung 122
Stellung, marktbeherrschende 101, 126
Syndikat, Absatz- 115
Unternehmen
  gemischtwirtschaftliches 94, 109, 112
  marktbeherrschendes 132
  öffentliches 94, 109, 111f.
Verbundbetrieb, -unternehmen 93, 107, 115, 121
Verflechtung 107
Wegemonopol 100, 115
Wettbewerbsbeschränkung 98f., 101, 112f., 115ff., 122, 126f., 129, 133
Wettbewerbsverzerrung 121
Energiepolitik 95, 98, 118ff., 131, 133f., 147, 154, 163ff.
Engelsches Gesetz 10f., 31

Fachaufsicht 96, 99, 117, 134f., 499ff., 506ff., 509ff., 520ff., 527ff., 548ff., 553ff., 560, 570, 574
Fusion 172f., 317, 319, 322, 334f., 401, 434f., 437, 439f., 447f., 505f., 542, 555, 560, 562, 565, 610, 613f., 616ff., 638, 651
Fusionskontrolle 335, 507, 594, 614, 616f., 651

Gegengiftthese 554
Geheimwettbewerb 345
Geldpolitik 69f., 81, 548f., 554, 570f.
Gemeinschaftsunternehmen 107, 152, 156, 294
Gesellschaftspolitik 579f., 583f.
Gesetz vom proportionalen Effekt 437
Gesundheitspolitik 249, 254, 279, 313, 351, 356, 373, 379
Gewerbepolitik 547
Gibratsches Gesetz 438
Grenzanbieter 162
Grenzkostenpreisbildung 573
Grenzkostenpreis-Regel 131
Grenzproduktivitätstheorie 13, 19

Intervention, staatliche
  Banken 548ff., 551, 555f., 569f.
  Brauereiindustrie 428f.
  Elektrizitätsversorgung 118, 134
  Landwirtschaft 47
  Pharmazeutische Industrie 252, 274, 287f., 291, 296
  Spirituosenindustrie 377
  Transportwesen 463, 484
  Versicherungen 508, 525
  Wohnungswirtschaft 55, 57, 61, 63, 72, 75, 79

Kartell 232, 514, 522f., 526
  Einkaufs- 640, 654
  Gebiets- 113
  Gesamtumsatzrabatt- 345f.
  Konditionen- 555, 573
  Kooperations- 448
  Normen- bzw. Typen- 281
  Preis- 145, 162, 472, 483f., 515
  Rabatt- 318, 322, 345, 358
  Rationalisierungs- 640, 654
  Sanierungs- 522
  Spezialisierungs- 448
  Strukturkrisen- 238
  Zins- 555, 572
  Zwangs- 173, 317, 319, 322, 345f., 358, 471f., 483
Kartellaufsicht 101, 126ff., 510, 513, 524f., 554ff., 570, 573
Kartellverbot 511, 548, 554, 569
Kingsche Regel 22
Knappheitsgewinn 81
Kompensationsgeschäft 235
Konkurrenz
  potentielle 182, 232, 234, 266, 268, 293, 480, 632, 647
  ruinöse 27, 29, 31, 39, 45, 154, 457f., 468, 554, 565, 574
Konsumentensouveränität 58

Konzentration
 Automobilindustrie 179 f.
 Banken 542, 555, 562
 Brauereiindustrie 435, 437 ff., 447 f.
 Chemiefaserindustrie 223 f.
 Landwirtschaft 25 f.
 Mineralölindustrie 152, 156, 158 ff.
 Pharmazeutische Industrie 246, 257, 260 ff.
 Pressewesen 581, 583, 585 ff., 592 ff., 599, 601, 603 ff., 607, 613 ff., 616 f.
 Spirituosenindustrie 387
 Tourismusindustrie 637 ff., 642, 645, 650, 652
 Transportwesen 475, 477, 480
 Versicherungen 505 ff.
 Zigarettenindustrie 317 ff., 322, 346, 358
Konzession, staatliche 154, 461, 465 ff., 474, 477, 581
Konzessionsvertrag 113
Kooperation 111, 118 ff.
Kuppelproduktion 145, 147, 151, 566
Kuppelprozeß 220, 236

Landwirtschaft 1 ff.
Abschöpfung 32 f.
Agrarmarktordnung 25, 31 ff., 47
Agrarpolitik 3, 10, 25 f., 30, 34 f., 39, 43, 48
Allokationseffizienz 30 f., 38, 45, 47
Allokationsverluste 41 f., 44
Alternativproduktion 15
Angebot 4, 15, 20 f., 26 ff., 31 ff., 36 ff., 41 f., 44
Angebotsreaktion, inverse 21 f.
Angebotsrigiditäten 24, 31
Betriebsgröße, (mindest-)optimale 4, 6, 12, 17 ff., 43, 45 f.
Branchenbesonderheiten 23, 30
Effekte (Erträge), externe 26 f., 31
Einkommensdisparitäten 6, 11, 26, 30, 35
Elastizitäten
 direkte Preis- des Angebots 22 ff.
 Einkommens- 8 ff., 27
 Kreuzpreis- der Nachfrage 9
 Preis- der Nachfrage 8 ff., 20, 23
Engelsches Gesetz 10 f., 31
Exporterstattung 33, 38, 41, 43
Fortschritt, technischer 12, 27 ff., 43
Grenzausgleich 34
Intervention 45, 47 f.
Investition 29
Kapazität 17 f., 25
Kingsche Regel 22
Konkurrenz, ruinöse 27, 29, 31, 39, 45
Kontingent 41 ff.
Konzentration 25 f.
Kosten
 externe 26

 fixe 16 f.
 Grenz- 15 f., 17 f., 20, 22 f., 26, 37 f.
 soziale 28, 33, 37 ff., 42
 Stück- 15 ff.
Mansholtplan 6
Marktaustrittsschranke 19 f., 27, 29 ff., 45, 48
Markttransparenz 25
Marktversagen 21 ff., 31, 45
Marktzutrittsschwelle 19
Mehrproduktbetriebe 15
Nachfrage 4, 8, 12, 23 f., 27, 31 ff., 37 f., 41 f., 44
Nutzen 38
Parallelproduktion 15
Polypol 4, 15, 25 f., 38
Preis
 Höchst- 25, 32
 Interventions- 33
 Mindest- 25, 33
 Richt- 32 f., 39
 Schwellen- 32 f.
Preisverfall, ruinöser 27, 29 f., 46, 48
Preisverzerrung 25 f., 31
Selbststeuerungseffizienz, wettbewerbliche 26, 30 f., 46 f.
Slutsky-Schultz-Relation 9
Spinngewebe-Theorem 24, 30, 45
Strukturpolitik 45 f., 48
Subvention 33
Transferzahlung 43 ff.
Verhaltensweise 8
Wettbewerbsbeschränkung 26

Macht, wirtschaftliche 481
Machtmißbrauch 164, 594
Markt, relevanter 151, 178 f., 184, 587, 590, 594, 640, 651
Marktabgrenzung 151, 176, 459 f., 599, 601, 640 f., 647
Marktaustrittsschranken
 Landwirtschaft 19 f., 27, 29 ff., 45, 48
Marktbeherrschung 101, 126, 132, 273, 319, 335, 507, 511, 563, 616 f., 672
Markteintrittsschranken
 Automobilindustrie 181, 183, 185, 189
 Brauereiindustrie 428 f., 439, 448
 Chemiefaserindustrie 223
 Elektrizitätsversorgung 99
 Landwirtschaft 19
 Pharmazeutische Industrie 246, 266, 268, 275, 277, 292
 Pressewesen 595, 612
 Tourismusindustrie 642, 653
 Transportwesen 457 f., 463, 468, 484
 Zigarettenindustrie 326, 330, 332, 337, 340, 343, 356 f., 359

Marktergebnis
  Automobilindustrie 178, 181, 203
  Pharmazeutische Industrie 246, 271 f.
  Pressewesen 579, 608
  Zigarettenindustrie 341
Marktkampf, strategischer 234
Marktmacht 62, 159, 165, 648
Marktphasen 219, 226, 230, 233 f.
  Einführungsphase 595
  Expansionsphase 162, 196, 245, 313 f., 318, 644, 649
  Experimentierungsphase 171
  Sättigungsphase 197, 392, 397, 399 ff., 585, 644, 649 f., 653
  Stagnationsphase 383, 393, 398, 402 f.
Marktsegmentierung 351, 467, 470, 563
Marktstruktur
  Automobilindustrie 178 f.
  Banken 559 f., 563, 570
  Brauereiindustrie 429
  Chemiefaserindustrie 219
  Elektrizitätsversorgung 101, 109, 112 f., 115 ff., 126 f., 133 ff.
  Mineralölindustrie 142, 156, 164
  Pharmazeutische Industrie 246, 254 f., 258, 266, 268
  Pressewesen 585, 599
  Sachverständigenmarkt 669
  Tourismusindustrie 636, 651
  Transportwesen 459, 462, 474, 486
  Zigarettenindustrie 341
Markttransparenz 25, 192, 208, 253, 272, 274, 279, 285, 287, 346, 356, 509, 514, 585, 644
Marktverhalten, s. Verhaltensweise
Marktversagen
  Chemiefaserindustrie 219
  Elektrizitätsversorgung 121
  Landwirtschaft 21 ff., 31, 45
  Transportwesen 457
  Wohnungswirtschaft 56
Marktzugang, s. Markteintritt
Mehrproduktunternehmen 15, 93, 220
Mineralölindustrie 139 ff.
  Allokation 164
  Anbieterstruktur 150 f., 158 f.
  Angebot, Über- 144, 147, 159, 162 f., 164
  Ausnahmebereich 164
  Differentialrente 165
  Elastizität
    Angebots- 148
    Anpassungs- 166
    Preis- der Nachfrage 142
  Energiebedarf 141, 143, 145, 149
  Energiepolitik 147, 154, 163 ff.
  Energieverbrauch 143 f., 148, 166
  Energieversorgung 148
  Exklusivrecht 164

Expansionsphase 162
  Fachaufsicht 164
  Förderzinsen 154
  Forschung 143
  Fortschritt, technischer 143
  Gewinne, Nichtleistungs- 164
  Grenzanbieter 162
  Handelshemmnisse, administrative 163
  Innovation 143 f., 165 f.
  Integration, vertikale 155
  Investition, Anpassungs- 142, 164
  Kapazität
    Angebots- 163
    Destilliations- 148
    Konversions- 163
    Über- 147 f., 155 f., 158, 162 f.
  Kapazitätsabbau 148
  Kapazitätsanpassung 163 f.
  Kapazitätsauslastung 163
  Kapazitätsbereinigung 164
  Kapazitätsstruktur 163
  Kartell 145
    Preis- 162
  Konkurrenz, ruinöse 154
  Konzentration, vertikale 152, 156, 158 ff.
  Kosten, Durchschnitts- 156, 160 ff.
  Kuppelproduktion 145, 147, 151
  Machtmißbrauch 164
  Markt, relevanter 151
  Marktabgrenzung 151
  Marktform 163
  Marktphase 162
  Marktstruktur 142, 156, 163 f.
  Nachfrage 144 f., 148, 151, 155 f., 159, 162 f., 166
  Ölförderung 141 f., 154, 162
  OPEC 142, 145, 153 f., 162, 164, 166 f.
  Produktionsstruktur 145, 147
  Rahmenbedingungen 143 f., 165
  Spotmarkt 147
  Substitutionsgüter 151
  Substitutionsprozeß 166
  Subvention 154
  Unternehmen, marktbeherrschendes 159
  Verhaltensweise 144, 151, 159 f., 162 f.
  Wettbewerb, oligopolistischer 158
  Wettbewerbsintensität 159
  Wettbewerbspolitik 163
  Wettbewerbsverzerrung 154, 163, 165
  windfall profits 154, 163 ff.
Mißbrauchsaufsicht, -kontrolle 101, 117, 126 ff., 132 ff., 246, 273, 291, 511, 554, 556, 569, 652
Mitläufereffekt 632
Mittelstandspolitik 449
Monopolisierung 316, 462, 467
Moral-Hazard-Phänomen 250

Nachahmung, s. Imitation
Nachfrage
  abgeleitete 12
  Kern- 351
  Markt- 351, 382, 384, 392, 395 ff., 400 f., 403
Nachfragemacht 393, 653 f.
Nutzen 56 ff., 59, 67, 84, 192, 196, 250

Oligopol
  enges 180, 585, 651
  weites 180
Ordnungspolitik 551, 568

Parallelproduktion 15
Parallelverhalten 183, 514, 569
Parameter, s. Aktionsparameter
Patent 275
Pharmazeutische Industrie 243 ff.
  Äquivalenzprinzip 249
  Aktionsparameter 246, 259, 264, 270 ff., 277 f., 280 f., 285 ff., 294 ff.
  Aktions-Reaktions-Verbundenheit 285 f., 294 ff.
  Allokation 278
  Angebot 246 f., 255, 281, 297
  Apothekenmarkt, öffentlicher 258 ff.
  Apothekenpflicht 247
  Arbitragehandel 274
  Aus-Einzelungs-Verbot 248, 272
  Ausnahmebereich 246
  Aut-simile-Verbot 248, 268
  Branchenbesonderheiten 246 f., 295
  Elastizität
    Einkommens- 245
    Preis- der Nachfrage 250 f., 273
  Forschung und Entwicklung 264, 267, 272, 280, 287 f., 292 ff., 296
  Handverkauf 254 f., 270 f.
  Imitation 264 ff., 275, 296
  Imitationswettbewerb 275, 282, 296
  Innovation 245, 264 f., 267 f., 275, 282
  Interdependenz, zirkulare 271 f., 283
  Intervention, staatliche 252, 274, 287 f., 291, 296
  Investition 265
  Konkurrenz, potentielle 266, 268, 293
  Konzentration 246, 257, 260 ff.
  Kosten 247, 253 f., 265 ff., 273, 283, 292 ff., 296
  Kostenerstattungsprinzip 252
  Krankenhausmarkt 261
  Lizenz 266, 274
  Markentreue 267, 277
  Marktanteil 258 ff., 277, 285, 288
  Marktbeherrschung 273
  Markteintrittsschranke 246 f., 266, 268, 275, 277, 292
  Marktergebnis 246, 271 f.
  Marktphase, Expansionsphase 245
  Marktstruktur 246, 254 f., 258, 266, 268
  Markttransparenz 253, 272, 274, 279, 285, 287
  Me-too-Produkt 280, 294
  Mißbrauchsaufsicht 246, 273, 291
  Nachfrage 245 f., 255, 265, 268, 270, 272 ff., 277, 279, 281, 285 f., 295 f.
  Patentschutz 266 ff., 275, 277, 281 f.
  Politik des Kostenmachens 278, 295
  Preisbindung der zweiten Hand 247, 273
  Preisempfindlichkeit 270, 273 f.
  Preiswettbewerb 273 ff., 277, 285, 296
  Produktdifferenzierung 266, 268, 272, 279, 281, 287, 294
  Produktwettbewerb 279 f., 285, 293
  Qualitätssicherung 247
  Rahmenbedingungen 246 f., 254, 272, 274, 287, 295, 297
  Sachleistungsprinzip 249
  Selbstbeschränkung 286 f.
  Skaleneffekte 266
  Solidarprinzip 249
  Substitution 270, 275, 297
  Verflechtung 246, 260
  Verhalten, abgestimmtes 285
  Verhaltensweise 246, 271 f., 294 f.
  Vertriebsbindung 247
  Vertriebsstruktur 268
  Warenzeichenschutz 267
  Werbung und Information 247, 272, 283 ff., 294 f.
  Wettbewerbsbeschränkung 267, 282, 286, 296
  Wettbewerbsintensität 258
  Wettbewerbspolitik 295
Politik des Kostenmachens 278, 295
Präferenzen 176, 183, 189, 192, 197, 200, 208 f., 232, 286, 326, 328 f., 338, 403, 439, 584, 586 f., 592, 641
Preis
  Höchst- 25, 32, 100, 124 f., 471
  Mindest- 25, 33, 131, 471, 476, 482 f.
Preisabsprache 443
Preisausschlußprinzip 250
Preisbindung 73, 100, 125
Preisbindung der zweiten Hand 247, 273, 320, 342, 392, 397, 401
Preisdifferenzierung 132, 195, 441 f., 609 f., 644
Preisempfehlung, unverbindliche 392
Preiskonkurrenz, ruinöse 511, 672 f., 676 f.
Preismeldestelle 285
Preismißbrauch 101, 127 ff., 159
Preistheorie, neoklassische 585
Preiswettbewerb 198 f., 273 ff., 277, 285, 296,

Sachverzeichnis

320, 342ff., 356ff., 392f., 435, 441, 448, 468, 471f., 475, 477, 483ff., 486, 509, 514, 522, 530, 549, 561, 563f., 570, 643ff.
Pressewesen 577ff.
  Allokation 587
  Angebot 582, 586, 591
  Anzeigenauflagenspirale 591, 608
  Anzeigenblätter 590, 604, 608f., 611
  Anzeigengeschäft 608ff.
  Anzeigenkooperation, -verbund 604, 609f.
  Anzeigenmarkt 586f., 589ff., 603f.
  Anzeigenmonopol 580
  Anzeigenzwangskombination 609f.
  Betriebsgröße 595
  Branchenbesonderheiten 587
  Elastizität, Preis- der Nachfrage 586
  Fortschritt, technischer 613, 617
  Fusion 610, 613f., 616ff.
  Fusionskontrolle 594, 614, 616f.
  Historische Entwicklung 580
  Innovation 585
  Investition 613f.
  Kapazität 613
    Über- 614
  Kapazitätsauslastung 608
  Kapazitätsreserven 613
  Konkurrenz, vollständige 585
  Konzentration 581, 583, 585ff., 592ff., 599, 601, 603ff., 607, 613ff., 616f.
  Konzessionspflicht 581
  Kosten 590f., 601, 611, 613f.
  Kostendegression 586, 591
  Lesermarkt 586ff., 601, 603
  Lizenzzwang 581f.
  Machtmißbrauch 594
  Markt, relevanter 587, 590, 594
  Marktabgrenzung 599, 601
  Marktaustritt 595
  Marktbeherrschung 616f.
  Markteintritt 612
  Markteintrittsschranke 595, 612
  Marktergebnis 579, 608
  Marktform 585
  Marktphase
    Einführungsphase 595
    Sättigungsphase 591
  Marktstruktur 585, 599
  Markttransparenz 585
  Marktunvollkommenheiten 586
  Matern 588
  Meinungsmonopol 587
  Nachfrage, potentielle 582, 587
  Oligopol, enges 585
  Preisdifferenzierung 609f.
  Preispolitik 610
  Pressefreiheit 580, 582f., 593f., 614ff., 617
  Pressekonzern 581, 604

  Pressevielfalt 584, 587, 592, 594
  Produktdifferenzierung 586ff.
  Qualitätswettbewerb 586
  Rahmenbedingungen 583, 595, 614
  Stempelsteuer 581
  Substitutionskonkurrenz 588f., 617
  Verdrängungswettbewerb 609
  Verflechtung 605f., 615
  Verhalten, abgestimmtes 586
  Verhaltensweise 608ff.
  Wachstum, externes 609
  Wettbewerb
    funktionsfähiger 584ff., 592, 594
    unlauterer 610f.
  Wettbewerbsbeschränkung 585, 610
  Wettbewerbsfunktionen 584
  Wettbewerbsintensität 585f., 594
  Wettbewerbspolitik 585
  Wettbewerbsregeln 611
  Zeitschrift
    Programm- 579, 588f., 591, 599, 608f.
    Publikums- 599, 603, 607
  Zeitung
    Abonnements- 580f., 586ff., 598f., 601, 603f., 607ff.
    Straßenverkaufs- 588, 595f., 598f.
    Tages- 595, 599, 601, 604, 607
  Zeitungsdichte 601
  Zeitungsmonopol, lokales 587, 593f., 603
Produktdifferenzierung 195, 232, 266, 268, 272, 279, 281, 287, 291, 346, 349ff., 356, 392, 443f., 448, 515, 586ff., 645f., 652
Produktwettbewerb 279f., 285, 293, 349

Qualitätssicherung 187, 247, 677f.
Qualitätswettbewerb 349, 356, 484, 486, 560f., 563f., 570, 586

Rahmenbedingungen
  Banken 547, 570
  Elektrizitätsversorgung 91, 94f., 98
  Mineralölindustrie 143f., 165
  Pharmazeutische Industrie 246f., 254, 272, 274, 287, 295, 297
  Pressewesen 583, 595, 614
  Sachverständigenmarkt 664
  Spirituosenindustrie 373, 375f., 379, 381, 402f.
  Transportwesen 465
  Versicherungen 499, 501, 508, 510, 512, 523
  Wohnungswirtschaft 55, 58, 60ff.
  Zigarettenindustrie 313, 319ff., 341, 344, 358, 360
Regionalpolitik 373, 458f., 486
Regulierung, staatliche; s. Intervention, staatliche
Rosinenpicken, Politik des 122, 462

Sachverständigenmarkt 659 ff.
   Dampfkesselüberwachung 662
   Eigenüberwachung 665
   Fachaufsicht 675 f.
   Fortschritt, technischer 677
   Gebührenordnung 672 f.
   Historischer Abriß 661
   Investition 672
   Kosten 671 f.
   Kraftfahrzeugprüfung 662, 666, 670, 673 f., 676 ff.
   Koppelungsmonopol 668
   Marktstellung, überragende 672
   Marktstruktur 669
   Mißbrauch 672
   Monopolstellung, TÜV-Monopol 673
   Preis, kostendeckender 672
   Preiskonkurrenz, ruinöse 672 f., 676 f.
   Preisregelung, gesetzliche 672
   Prüfmonopol 661, 665, 666 f., 669, 672, 674, 676 ff.
   Prüfung, atomrechtliche 668, 671
   Qualitätssicherung 677 f.
   Rahmenbedingungen 664
   Sicherheitsprüfung 675
   Überwachung, staatliche 663, 665 f., 669
   Überwachungsbedürftige Anlage 664 f., 668, 670, 673 f., 676 ff.
   Verhaltensweise 671
   Wettbewerbsbeschränkung 667
   Wettbewerbspolitik 674, 676
   Zwangszusammenschluß 663
Selbstbeschränkung 286 f., 321
Slutsky-Schultz-Relation 9
Snobeffekt 632
Sozialpolitik 63, 82, 249, 373, 486, 527, 531, 540, 547
Spinngewebe-Theorem 24, 30, 45
Spirituosenindustrie 371 ff.
   Abnahmegarantie 378
   Aktionsparameter 389 f., 392 f., 399, 401
   Alkoholmarktordnung 374, 382, 402
   Angebot 385, 399, 401
   Ankündigungseffekt 383
   Branchenbesonderheiten 392
   Branntweinmonopol 376 ff., 381 f., 386, 402
   Branntweinsteuer 373, 376 f., 379 ff., 383, 389, 392, 402 f.
   Brennrecht 377 f., 382, 385 f., 402
   Diversifikation 401
   Fortschritt, technischer 374, 402
   Fusion 401
   Historischer Abriß 373
   Imitation 395
   Importmonopol 380, 382, 402
   Innovation 389 f., 393, 395, 399
   Integration, vertikale 375

   Intervention, staatliche 377
   Kapazität 377
   Kontingent, Produktions- 377
   Konzentration 387, 403
   Kosten 383
   Kostendeckungsprinzip 378
   Lockvogelangebot 393
   Marktabschottung 380
   Marktanteil 389
   Markteintritt 395 f.
   Marktführer 393, 395 ff., 399
   Marktphase
      Sättigungsphase 393, 397, 399 ff.
      Stagnationsphase 383, 393, 398, 402 f.
   Nachfrage 392
   Preis
      Fest- 386
      Grund- 378
      Übernahme- 378, 381 f.
   Preisbindung der zweiten Hand 392, 397, 401
   Preisempfehlung, unverbindliche 392
   Preiswettbewerb 392 f.
   Produktdifferenzierung 392
   Produktivität 387, 389
   Rahmenbedingungen 373, 375 f., 379, 381, 402 f.
   Substitution 395, 403
   Subvention 378 f., 381 f.
   Tabaksteuer 380
   Verbrauchsteuer 380
   Verhalten, abgestimmtes 393
   Verhaltensweise 390 f.
   Vertriebssystem 392 f.
   Wachstum, externes 399, 401
   Werbung 390, 392 f., 399, 401
   Wettbewerbsbeschränkung 392, 396
   Wettbewerbspolitik 402
   Wettbewerbsregeln 393
Staatsaufsicht, s. Fachaufsicht
Staatsversagen 457, 486
Stabilitätspolitik 70 f., 81
Steuerpolitik 313, 373
Strukturpolitik 45 f., 48, 237, 385, 430, 549
Suchprozesse, wettbewerbliche 295
Syndikat 115, 484

Tourismusindustrie 629 ff.
   Agenturvertrag 642, 653
   Aktionsparameter 641, 643 f., 649, 653
   Angebot 632 ff., 636, 640, 642, 646 ff., 652 ff.
   Einkaufsgemeinschaft 648, 654
   Elastizität, Preis der Nachfrage 644
   Fusionskontrolle 651 f.
   Größendegression 653
   Individualreisemarkt 635, 649
   Innovation 652

Integration, vertikale 639
Investition 642 f., 654
Kapazität 655
Kapazitätsauslastung 643, 645
Kartell
 Einkaufs- 640, 654
 Rationalisierungs- 640, 654
Konkurrenz, potentielle 632, 647
Konzentration 637 ff., 642, 645, 650, 652 f.
Kooperation 640
Kosten 632, 637, 641, 643 ff., 651, 653 f.
Kostendegression 632, 643, 645
Markt
 grauer 648
 heterogener 644
 oligopolistischer 637
 relevanter 640, 651
Marktabgrenzung 640 f., 647
Marktanteil 637 f., 640 f., 645, 650
Marktaustritt 637
Marktbeherrschung 637, 642, 651, 653 f.
Marktdynamik 631
Markteintritt 636, 638, 642 f., 646, 651
Markteintrittsschranke 642, 653
Marktmacht 648
Marktnische 646, 652
Marktphase 649
 Expansionsphase 644
 Sättigungsphase 644, 649 f., 653
Marktstruktur 636, 651
Markttransparenz 644
Massenproduktionsvorteile 632 f., 642
Mißbrauchsaufsicht 642, 652 f.
Nachfrage 632 ff., 640, 645 f., 654
Nachfragemacht 653 f.
Offenhaltung der Märkte 651 ff.
Oligopol, enges 651
Pauschalreisemarkt 631 ff., 642 ff.
Preisdifferenzierung 644
Preisführer 643
Preispolitik 643 f., 653
Preisunterbietung 653
Preiswettbewerb 643 ff.
Produktdifferenzierung 645 f., 652
Reisebüro 631 f., 633, 636, 639 ff., 647 f., 653 f.
Reiseintensität 634 f., 646, 650
Reisemarkt 632
Reisepaket 631 ff.
Reiseveranstalter 631 ff.
Spezialreise 632
Substitutionslücke 632
Treuebonus 642, 653
Umsatzstaffelprovision 642, 653
Verdrängungswettbewerb 644, 653
Verflechtung 638
Verhalten, abgestimmtes 654

Verhaltensweise 641, 650
Vertriebssystem 640 ff.
Wachstum 638, 641, 651
Wettbewerbsbeschränkung 653 f.
Wettbewerbsintensität 645, 652 f.
Wettbewerbspolitik 631, 638, 649 f., 652, 655
Wettbewerbsverzerrung 654
Transferzahlung 43 ff.
Transparenz, s. Markttransparenz
Transportwesen 455 ff.
 Aktionsparameter 483, 486
 Allokation, Fehl- 486
 Angebot 459 f., 462, 465 ff., 469 ff., 480, 483
 Ausnahmebereich 457, 459
 Ausschließlichkeitsrecht 482, 484 f.
 Beförderungspflicht 466 ff.
 Betriebsgröße 479
 Betriebspflicht 466
 Branchenbesonderheiten 457 f., 486
 Effekte, externe 457 f.
 Elastizität, Preis- der Nachfrage 457
 Festpreis, -fracht 463, 468, 470 ff., 483, 485
 Fortschritt, technischer 462
 Fracht, Margen- 472
 Historische Entwicklung 459, 462
 Imitation 485
 Innovation 489 ff.
 Intervention, staatliche 457 ff., 464 f., 468 f., 472, 477 ff., 486
 Investition 459, 465, 469, 471, 482, 484
 Kapazität, Über- 475, 477 f., 481, 484 ff.
 Kapazitätsbeschränkung 458, 468, 470 f., 484
 Kapazitätsgrenzen 457, 463, 466, 470
 Kapazitätsregulierung 463, 468
 Kapazitätsreserve 457
 Kartell
  Preis- 472, 483 f.
  Zwangs- 471, 483
 Knappheitsrente 470
 Kollektivoligopol 483 ff.
 Konkurrenz
  potentielle 480
  ruinöse 457 f., 468
 Konzentration 475, 477, 480
 Konzession, staatliche 451, 465 ff., 474, 477
 Kosten
  Fix- 457
  Gemein- 463, 467
  volkswirtschaftliche 457, 459, 465, 467, 469, 477, 479, 482, 487
  Voll- 463 ff., 467
 Lizenz 472
 Marktabschottung 470
 Marktanteil 460, 462, 474, 480, 482
 Marktaustritt 477

Markteintritt 470, 475, 477
Markteintrittsschranke 457 f., 463, 468, 484
Marktsegmentierung 467, 470
Marktstruktur 459, 462, 474, 486
Marktversagen 457
Monopolrente 462
Nachfrage 457, 460, 462 f., 467, 472 f., 476, 480 f., 483, 485
Preis
  Höchst- 471
  Margen- 470 f., 482, 485
  Mindest- 471, 476, 482 f.
  Richt- 471
Preisfestsetzung 457
Preisführer 480
Preispolitik, monopolistische 462, 473, 482 f., 486
Preisreglementierung, staatliche 459, 469 f., 472
Preiswettbewerb 468, 471 f., 475, 477, 483 ff., 486
Produktpolitik 484 f.
Protektionismus 461
Qualitätswettbewerb 484, 486
Rahmenbedingungen 465
Rosinenpicken, Politik des 462 f.
Substitution 460, 469, 480
Subvention 457, 463 ff., 480, 486
Syndikat 484
Unternehmen, öffentliches 457, 462, 464 ff., 473 ff., 486
Verhaltensweise 459, 462, 480, 482, 486
Verkehrspolitik 457, 461, 464 f., 486 f.
Werbung 485
Wettbewerbsbeschränkung 458, 463, 465, 469, 472, 475, 483, 486
Wettbewerbsverzerrung 464
Trust 315 f.

Unterkostenverkauf 448
Unternehmen, öffentliches 94, 109, 111 f., 457, 462, 464 ff., 473 ff., 486
Unternehmenszusammenschluß, s. Fusion

Vebleneffekt 632
Verdrängungswettbewerb 442, 448, 545, 609, 644, 653
Verhalten, abgestimmtes 198, 285, 316, 342, 346, 358, 360, 393, 556, 586, 654
Verhaltensweise
  Automobilindustrie 178, 181, 193
  Banken 564, 567, 570
  Brauereiindustrie 441
  Chemiefaserindustrie 230
  Landwirtschaft 8
  Mineralölindustrie 144, 151
  Pharmazeutische Industrie 246, 271, 294 f.

Pressewesen 608 ff.
Sachverständigenmarkt 671
Spirituosenindustrie 390
Tourismusindustrie 641
Transportwesen 459, 462, 480, 482
Versicherungen 512, 514, 519, 522 f.
Zigarettenindustrie 341
Verkehrspolitik 194, 457, 461, 467 f., 486 f.
Vermögenspolitik 71
Versicherungen 491 ff.
Äquivalenz, versicherungstechnische 496, 502
Aktionsparameter 515 f.
Allgemeine Versicherungsbedingungen 508 f., 512, 514
Altersversorgung, betriebliche 495, 525
Angebot 510, 514 ff.
Anwartschaftsdeckungsverfahren 528
Außendienst 510, 515 ff., 519, 530 f.
Ausnahmebereich 511 f., 523 f.
Begünstigungsvertrag 510
Beiträge, überhobene 502, 519, 521, 529
Betriebsgröße, optimale 501
Beziehungswettbewerb 516 f., 531
Branchenbesonderheiten 511
Cash flow underwriting 520
Fachaufsicht 499 ff., 506 ff., 509 ff., 520 ff., 527 ff.
Fusion 505 f.
Fusionskontrolle 507
Genehmigungspflicht, Preis- 509
Generationenvertrag 528
Gesetz der großen Zahl 497
Gläubigerschutz 501, 525 ff.
Historischer Abriß 493
Innovation 509
Intervention, staatliche 508, 525
Kapitalsammelstelle 503, 529
Kartell 514, 522 f., 526
Kartell
  Preis- 515
  Sanierungs- 522
Kartellaufsicht 510, 513, 524 f.
Kartellverbot 511
Kompositversicherung 499, 528
Konkurssicherung, Solvenz- 526 f.
Konzentration 505 ff.
Kooperation 512 ff., 522
Kosten 494, 502, 513, 517 f., 521, 530
Leistungswettbewerb 515 ff.
Marktanteil 506 f.
Marktbeherrschung 507, 511
Markteintritt 499 ff., 517, 529
Markttransparenz 509, 514
Mißbrauchsaufsicht 511
Mitversicherung 513
Nachfrage 515, 527

Sachverzeichnis

Parallelverhalten 514
Prämienanpassungsklausel 518
Preiskommissar 509
Preiskonkurrenz, ruinöse 511
Preisvergleich 509, 514 f.
Preiswettbewerb 509, 514, 522, 530
Prinzip der Spartentrennung 506, 528
Prinzip der Vorausfinanzierung 496, 502 f., 519, 528 f.
Prinzip des Spartenausgleichs 529, 531
Privatversicherung 493, 495 f., 512, 514, 523, 528, 530
Produktdifferenzierung 515
Rahmenbedingungen 499, 501, 508, 510, 512, 523
Rückstellungspolitik 496, 519
Rückversicherung 496 f., 502, 504 f., 508, 513 f., 516, 520 f., 526
Sozialversicherung, gesetzliche 495 f., 528
Subvention 531
Tarifgenehmigung 510
Thesaurierungspolitik 496
Überschußbeteiligung 496, 515, 521, 529
Universalversicherung, Allbranchen- 499, 506
Unterbedarfsprämie 522
Verbandstarif 513
Verhaltensweise 512, 514, 519, 522 f.
Vermögensanlagegeschäft 502, 519
Versicherung
    Erwerbs- 493, 496 f.
    Gegenseitigkeits- 493, 496
Versicherungsgruppe 505 ff., 513, 521
Versicherungspool 513
Werbung 514
Wettbewerbsbeschränkung 524
Wettbewerbspolitik 523, 525 f., 529 f.
Wettbewerbsregeln 514, 516, 523
Verteilungspolitik 62, 82
Vertriebsbindung 247

Wachstum 638, 641, 651
Währungspolitik 548 ff., 554, 571
Wettbewerb
    funktionsfähiger 584 ff., 592, 594
    unlauterer 610 f.
Wettbewerbsbeschränkung
    Automobilindustrie 183
    Banken 554 ff., 570 f., 573
    Elektrizitätsversorgung 98 f., 101, 112 f., 115 ff., 122, 126 f., 129, 133
    Landwirtschaft 26
    Pharmazeutische Industrie 267, 282, 286, 296
    Pressewesen 585, 610
    Sachverständigenmarkt 667
    Spirituosenindustrie 392, 396

Tourismusindustrie 653 f.
Transportwesen 458, 463, 465, 469, 475, 483, 486
Versicherungen 524
Zigarettenindustrie 335
Wettbewerbsintensität 159, 200, 203, 258, 448, 570 f., 585 f., 594, 645, 652 f.
Wettbewerbspolitik 121, 163, 295, 402, 447, 481, 486, 523, 525 f., 529 f., 539, 561 ff., 565 f., 569 f., 573, 585, 631, 638, 649 f., 652, 655, 674, 676
Wettbewerbsregeln 393, 448, 514, 611
Wettbewerbsverzerrung 121, 154, 163, 165, 464, 543, 551, 654
Wirtschaftspolitik 631, 679
Wohnungspolitik 63, 69, 71 ff., 76
Wohnungswirtschaft 53 ff.
    Allokation 55, 73, 75 f., 82, 84
    Angebot 55 f., 62 ff., 67, 71, 73 ff., 80 ff.
    Bauherrenmodell 69 f.
    Branchenbesonderheiten 56 f.
    Differentialrente 81
    Effekte, externe 56, 59 f., 82 ff.
    Elastizität, Substitutions- 83
    Gerechtigkeit 61 ff., 72, 82
    Güter, meritorische 58 ff., 83
    Individualförderung 84
    Inflation 69 f., 72, 76, 79, 81 f.
    Intervention, staatliche 55, 57, 61, 63, 72, 75, 79
    Investition 57, 70 f., 75, 79
    Kapitalfehlleitung 74 f.
    Kosten
        Mobilitäts- 73
        soziale- 56, 60, 66, 70 ff., 77 f., 80 f., 83 f.
    Kündigungsschutz 64 f., 71 f., 76, 78
    Marktversagen 56
    Mietpreisregelung 64 f.
    Nachfrage 55 ff., 59, 62, 64, 67 ff., 73 ff., 80, 83
    Objektförderung 57, 63 f., 82, 84 f.
    Preisspielraum, monopolistischer 61 f.
    Rahmenbedingungen 55, 58, 60 ff.
    Sickerprozeß 56, 59
    Subjektförderung 80
    Subvention 63, 66, 68, 75, 79 f., 83 ff.
    Transfer
        freier 82 ff.
        gebundener 59 ff., 63, 82
    Vertragsfreiheit 76 ff., 82
    Wohnungsbau
        freifinanzierter 64, 66
        Miet- 64, 70 f., 74
        nicht gebundener 68
        sozialer 63, 65 f., 70, 74, 84
    Wohnungspolitik 63, 69, 71 ff., 76

Zigarettenindustrie 311 ff.
Aktionsparameter 314 ff., 341 ff., 349 ff., 353 ff.
Aktions-Reaktions-Verbundenheit 341, 356, 359
Allokation 342
Angebot 335, 341, 349 f.
Fusion 317, 319, 322, 334 f.
Fusionskontrolle 335
Historische Entwicklung 314
Image-Transfer 350, 356
Imitation 355
Innovation 315, 348
Investition 321
Kapazität, Über- 317, 324, 326
Kartell
  Rabatt- 318, 322, 345, 358
  Zwangs- 317, 319, 322, 345 f., 358
Kontingentierung 318 f.
Konzentration 317 ff., 322, 346, 358
Kosten, Neueinführungs- 354 ff.
Lizenzvergabe 332, 355
Markentreue 316, 344, 354, 359
Marktanteil 317, 329, 332 ff., 338, 340, 342 ff., 350, 354, 359 f.
Marktaustritt 332
Marktbeherrschung 319, 335
Markteintrittsschranke 326, 330, 332, 337, 340, 343, 356 f., 359
Marktergebnis 341
Marktführer 333, 336, 340, 348
Marktphase, Expansionsphase 313, 315 f., 318

Marktsegmentierung 351
Marktstruktur 341
Markttransparenz 346, 356
Nachfrage 314 ff., 326, 328, 341, 346 f., 350, 354, 359 f.
Preisbindung der zweiten Hand 320, 342
Preisempfindlichkeit 330, 332
Preislage, vorgeschriebene 319, 329 f., 342 ff.
Preispolitik 330, 343 f.
Preiswettbewerb 320, 342 ff., 356 ff.
Produktdifferenzierung 346, 349 ff., 356
Produktwettbewerb 349
Qualitätswettbewerb 349, 356
Rabattwettbewerb 318, 345
Rahmenbedingungen 313, 319 ff., 341, 344, 358, 360
Skaleneffekte (economies of scale) 324
Substitution 330, 332
Tabakmonopol 332
Tabaksteuer 317, 342 ff., 358 ff.
Verhalten, abgestimmtes 316, 342, 346, 358, 360
Verhaltensweise 341, 344, 357, 359 f.
Vertriebssystem 315, 324, 326, 340, 360
Werbeelastizität der Nachfrage 351
Werbung 314, 318 f., 321 f., 341, 346, 350 ff., 359
Wettbewerbsbeschränkung 335
Zusammenschlußkontrolle, s. Fusionskontrolle